Interkommunale Kooperation im Alpenraum

MINDERHEITEN UND AUTONOMIEN

BAND 35

Herausgegeben von Karl Kössler und Alice Engl

Greta Klotz

Interkommunale Kooperation im Alpenraum

Die lokalen Dienstleistungen in Graubünden, Südtirol und Tirol

PETER LANG
Berlin · Bruxelles · Chennai · Lausanne · New York · Oxford

Bibliografische Information der Deutschen Nationalbibliothek
Die Deutsche Nationalbibliothek verzeichnet diese Publikation in der Deutschen Nationalbibliografie; detaillierte bibliografische Daten sind im Internet über http://dnb.d-nb.de abrufbar.

Zugl.: Freiburg (Breisgau), Univ., Diss., 2024

Ein besonderer Dank geht an die Stiftung Südtiroler Sparkasse, durch welche dieses Dissertationsprojekt verwirklicht werden konnte.

D 25
ISSN 2944-4713
ISBN 978-3-631-93080-9 (Print)
E-ISBN 978-3-631-93081-6 (E-PDF)
E-ISBN 978-3-631-93082-3 (E-PUB)
DOI 10.3726/b22565

Verlegt durch Peter Lang GmbH, Berlin (Deutschland)

info@peterlang.com

Diese Publikation wurde begutachtet.

www.peterlang.com

Danksagung

Dieses Buch ist aus meiner Dissertation entstanden. Diese war für mich ein sehr lehrreicher Weg und ich freue mich, das Ergebnis mit der Wissenschaft und Praxis zu teilen. Gerne möchte ich mich an dieser Stelle bei mehreren Personen bedanken, die mich beim Verfassen dieses Forschungsprojekts begleitet und mir mit fachlichem Rat und Unterstützung zur Seite gestanden sind.

Zuerst gebührt mein Dank meinen Doktormüttern, den Professorinnen Eva Maria Belser und Silvia Bolgherini, für ihre stetige Motivation. Ohne sie wäre diese Forschungsarbeit nicht möglich gewesen und ich hoffe sie mit dieser Arbeit stolz zu machen. Mein Dank gilt auch dem Leiter des Eurac Research-Instituts für Vergleichende Föderalismusforschung, an dem ich beruflich tätig bin: Professor Francesco Palermo, der mir seit vielen Jahren ein Mentor ist. Am Institut für Vergleichende Föderalismusforschung konnte ich die vergangenen Jahre zahlreiche Erfahrungen sammeln und Netzwerke aufbauen, die zum Gelingen dieses Buches beigetragen haben.

Weiterer Dank gilt all meinen langjährigen Kolleg*innen vom Eurac Research-Institut für Vergleichende Föderalismusforschung, mit denen ich seit Beginn meiner Dissertation stets Ideen und Zweifel besprechen konnte und die mir wertvolle Tipps gegeben haben. Ein besonderer Dank gilt hierbei Professor Jens Woelk, Ass.-iur. Carolin Zwilling sowie meiner Freundin Dr. Martina Trettel, die mir geholfen haben den Berg der Wissenschaft zu erklimmen. Dank gebührt auch meinem ehemaligen Professor Günther Pallaver, mit dem ich diese wissenschaftliche Reise begonnen habe. Weiteres danken möchte ich außerdem einer Reihe von Kolleg*innen, die mich mit konstruktiven Gesprächen unterstützt oder mich in der empirischen Ausarbeitung beraten haben: Paulina M. Borowska, Kerstin Wonisch, Nicolò Paolo Alessi, Heidi Flarer, Agnieszka Stawinoga, Elena Chiocchetti und Uwe Lennart Fromm.

Bedanken möchte ich mich auch bei meinen Doktorandenkolleg *innen von der Universität Freiburg, die mich in unseren gemeinsamen Doktorandenseminaren und darüber hinaus immer wieder motiviert und inspiriert haben: Simon Mazidi, Liliane Minder und Thea Bächler.

Einen großen Beitrag zum Gelingen dieser Forschungsarbeit hat auch meine Familie geleistet. Ich danke an dieser Stelle meinen Eltern, insbesondere meiner Mutter, die mich bei allen Vorhaben stets unterstützt, meinem Freund Daniel für den Ansporn durchzuhalten, meinen drei Geschwistern für ihre Unterstützung und vor allem meinem Bruder David, der mir stets mit hilfreichen Antworten zur Seite stand.

Ein Dank gebührt auch allen politischen und administrativen Repräsentanten aus Graubünden, Südtirol und Tirol, die mir mit ihrem Fachwissen und Datensätzen bei der empirischen Erhebung weitergeholfen, sich als Interviewpartner*innen zur Verfügung gestellt sowie den Fragebogen ausgefüllt haben. Nur mithilfe ihres Erfahrungsschatzes und ihrer Bewertungen hat diese Forschungsarbeit eine praktische Relevanz und bietet hoffentlich vielen Politiker*innen und Beamt*innen interessante Einblicke in die Durchführung der interkommunalen Kooperation im Alpenraum.

Letztens möchte ich mich bei der Stiftung Südtiroler Sparkasse bedanken, welche dieses Forschungsprojekt finanziell unterstützt hat und dank dieser es verwirklicht werden konnte.

Widmen möchte ich dieses Buch meinen Großeltern und Eltern, die mir Vorbilder sind und denen ich hoffe gerecht zu werden.

Greta Klotz, Mai 2025

Inhaltsübersicht

Inhaltsverzeichnis

Abbildungsverzeichnis

Tabellenverzeichnis

Abkürzungsverzeichnis

Abb.	Abbildung
Abs.	Absatz
ALI	*Autonomie Locali Italiane*
ANCI	*Associazione Nazionale Comuni Italiani*
ANPCI	*Associazione Nazionale Piccoli Comuni di Italia*
Aufl.	Auflage
Art.	Artikel
BGBl.	Bundesgesetzblatt
Bsp.	Beispiel(e)
BV	Bundesverfassung
B-VG	Bundes-Verfassungsgesetz
Bzgm.	Bezirksgemeinschaft
Bzw.	Beziehungsweise
d.h.	das heißt
DEGURBA	*Degree of Urbanisation*
Dl.	*Decreto legislativo*
Ebd.	Ebenda
EU	Europäische Union
EVTZ	Europäischer Verbund für territoriale Zusammenarbeit
f, ff	folgende(n)
FAG	Finanzausgleichsgesetz
FHG	Finanzhaushaltsgesetz
FHVG	Finanzhaushaltsverordnung für die Gemeinden
FiAV	Verordnung zur Finanzaufsicht über die Gemeinden
F-VG	Finanzverfassungsgesetz
GB	Graubünden
GG	Gemeindegesetz
GO	Gemeindeordnung
GV	Gemeindeverband
Hg.	Herausgeber*in / herausgegeben von
IGB	Intergouvernementale Beziehungen
IGK	Interessengemeinschaft der Kleingemeinden Graubündens
IWO	Innsbrucker Wahlordnung
IKZ	Interkommunale Zusammenarbeit
itVerf	italienische Verfassung

Kodex	Kodex der örtlichen Körperschaften
KV	Kantonsverfassung
LAI	*Local Autonomy Index*
LAU	*Local administrative unit(s)*
LeG	Leistungsgrenze
LG	Landesgesetz
LGBl.	Landesgesetzblatt
L-VG	Landes-Verfassungsgesetz
N	*Number* (in diesem Fall: Anzahl)
o.A.	Ohne Autor*in
o.J.	Ohne Jahr
o.O.	Ohne Ort
OECD	*Organisation for Economic Co-operation and Development*
ÖStP	Österreichischer Stabilitätspakt 2012
ÖVP	Österreichische Volkspartei
PV	Planungsverband
RAI	*Regional Autonomy Index*
RG	Regionalgesetz
SAB	Schweizerische Arbeitsgemeinschaft für die Berggebiete
sog.	So genannt / so genannte / so genannter
SPÖ	Sozialdemokratische Partei Österreich
ST	Südtirol
SVP	Südtiroler Volkspartei
T	Tirol
Tab.	Tabelle
TGO	Tiroler Gemeindeordnung
u.a.	unter anderem
v.a.	vor allem
UNCEM	*Unione Nazionale Comuni Comunità Enti Montani*
UPI	*Unione Province d'Italia*
VfGH	Verfassungsgerichtshof
VG	Verwaltungsgemeinschaft
Vgl.	vergleich/vergleiche
Vlg.	Vernehmlassungsverfahren
z.B.	zum Beispiel
ZGB	Zivilgesetzbuch

Teil 1: Einführung

Kapitel 1: Zielsetzung und Methodik des Forschungsprojekts

1.1. Einleitung

Täglich erfüllen Gemeinden eine Reihe von Dienstleistungen für die Bürgerinnen und Bürger. Die Redewendung *„von der Wiege bis zur Bahre"*, die für die Bindung einer Person mit traditionellen Massenparteien verwendet wird,[1] kann als Sinnbild für die Aufgaben einer Gemeinde und ihre Verbindung mit den Gemeindebürger*innen hergenommen werden. Eine Gemeinde begleitet die Bürger*innen bildlich gesprochen ein gesamtes Leben hindurch: Von der Meldung der Geburt über den Besuch der Schule, die Jugend- und Freizeitgestaltung bis hin zum Wohnbau und die Altenbetreuung. Die Gemeinden repräsentieren in einem politischen System auch jene Regierungsebene, bei welcher der Kontakt zwischen den Bürger*innen und gewählten Volksvertreter*innen am direktesten und einfachsten ist, was insbesondere in Zeiten der Politikverdrossenheit wesentlich ist. Außerdem gehören die Gemeinden meist zu jener Regierungsebene, denen die Bürger*innen mehr Vertrauen entgegenbringen als anderen.[2]

Den Gemeinden kommt als Verwaltungs- und Regierungsebene in vielen Staaten zudem eine immer bedeutendere Rolle zu: rechtlich und politisch. Internationale Studien zeigen, dass die lokale Autonomie und das politische Gewicht der lokalen Regierungsebene nicht nur zugenommen haben,[3] sondern sich im europäischen Vergleich auch angleichen.[4] Damit werden die Unterschiede zwischen den europäischen Verwaltungssystemen geringer und die Rolle der Gemeinden im Vergleich ähnlicher. Eine größere Autonomie kann für die lokalen Institutionen allerdings auch neue Herausforderungen bedeuten. Ihre lokalen Aufgaben werden mehr und deren Bewältigung komplexer. Hinzu kommen immer öfter auch transnationale Krisen und Herausforderungen, für welche spezifisches Fachwissen und die Kooperation zwischen Regierungsebenen und Akteuren notwendig ist. Dies betrifft nicht nur neue Entwicklungen, wie die Digitalisierung, sondern zum Beispiel auch das Management der Covid-Pandemie oder die Folgen der

---

1 Vgl. Sandner 2012, S. 26.
2 Vgl. Stoker et al. 2023.
3 Vgl. Steytler und Kincaid 2009, Vodyanitskaya 2016; Steytler 2024.
4 Vgl. Ladner et al. 2019.

Klimakrise. Von der Politik heißt es dazu das *„ohne die Gemeinden ist keine Krise zu bewältigen."*.[5] In den vergangenen Jahren wurde die *lokale Governance* nicht nur anspruchsvoller, sondern multidimensionaler, in Bezug auf die involvieren Regierungsebenen (*multilevel*) sowie die involvierten Akteure (*multi-actor*).[6]

Gemeinden sind als unterste Regierungsebene in Mehrebenensystemen in mehreren Belangen von den Nationalstaaten und den subnationalen Gebietskörperschaften[7] abhängig, doch sie sind mehr als bloße Verwaltungseinheiten. Gemeinden haben die Möglichkeiten, Politikbereiche nicht nur passiv zu verwalten, sondern auch aktiv mitzugestalten. Die Forschung zur lokalen Regierungsebene in Europa hat in den letzten zwei Jahrzehnten dementsprechend zugenommen. Im Interesse lag dabei vor allem der Wandel der lokalen Regierungsebene zu einem immer wichtigeren *Player* im politischen System. Diese Voraussetzungen machen das Forschungsfeld der lokalen Regierungsebene überaus spannend, weil das Ausmaß und die Qualität der lokalen Dienstleistungen alle Bürger*innen direkt betreffen.

Im Alpenraum gehören die Gemeinden[8] aufgrund der Kleinräumigkeit und einer ausgeprägten Autonomie schon lange zu zentralen politischen Akteuren. Allerdings sind sie vielerorts damit konfrontiert, dass sie für die Fülle ihrer komplexer werdenden Zuständigkeiten personell wie finanziell nicht ausreichend ausgerüstet sind. Der Ausgangspunkt dieses Forschungsprojekts ist, dass Gemeinden als primäre Dienstleistungserbringer zwar eine wesentliche Rolle im Mehrebenensystem zukommt,[9] sie diese aber häufig nicht (mehr) allein bewältigen können und zunehmend auf Zusammenarbeit angewiesen sind. Die Hauptthese der Forschungsarbeit ist somit, dass die horizontale Zusammenarbeit zwischen Gemeinden ein geeigneter Lösungsansatz für die lokalen Herausforderungen darstellen kann. Es wird demnach angenommen, dass die Kooperation eine zunehmende

5 Zitat des Präsidenten des österreichischen Gemeindebunds auf der Eröffnung des Gemeindetages 2022. Vgl. Kommunal 29.06.2022.

6 Hlepas et al. 2018.

7 Aus Gründen der Lesbarkeit wird in der vorliegenden Arbeit – falls nicht anders spezifiziert – der Begriff „Region" als Synonym für alle subnationalen Gebietskörperschaften in den hier behandelten Fällen gefasst: Den autonomen Provinzen und Regionen in Italien, den Kantonen in der Schweiz sowie den Ländern in Österreich.

8 Die Schweiz kennt verschiedene Arten von Gemeinden. Die vorliegende Arbeit fokussiert sich auf die politischen Gemeinden. Wenn der Begriff „Gemeinde" ohne zusätzliche Spezifizierung benutzt wird, sind die politischen Gemeinden und nicht andere Typen von Gemeinden, wie etwa Bürgergemeinden oder Kirchgemeinden, gemeint.

9 Vodyanitskaya 2016, Steytler und Kincaid 2009, Steytler 2024.

Rolle in der lokalen Verwaltung im Alpenraum spielt, wobei deren politische Nutzung und Bewertung von dem Territorium, in welchem sich die Gemeinde befindet, sowie ihrer Größe und geografischen Lage, abhängig ist.

Wie in anderen Regionen Europas ist das Regieren im Alpenraum, wie bereits betont, komplexer geworden.[10] Dienste sollen modern, effizient und bürgernah sein und es muss – auch in ländlichen und peripheren Gemeinden – eine hochwertige Lebensqualität mit qualifizierten Arbeitsplätzen gewährleistet werden,[11] um der Abwanderung entgegenzuwirken. Gleichzeitig wachsen die Anforderungen an die Verwaltung, sowohl von Seiten der Bürger*innen als auch des subnationalen Gesetzgebers.[12] Gemeinden verspüren Ansprüche von unten in Form der Erwartungshaltung der Bürger*innen, die nach einer hohen Qualität der Dienstleistungen verlangen. Sie verspüren zudem Ansprüche von oben durch die Gesetzgeber, die den Gemeinden mehr Aufgaben übertragen und effiziente Regierungseinheiten voraussetzen. Die Herausforderungen für Gemeinden können somit institutioneller Natur sein, wenn es sich um das Ausmaß der zu bewältigenden Aufgaben oder die Finanzausstattung handelt. Die Herausforderungen können aber auch gesellschaftspolitische Fragen betreffen, etwa durch eine zunehmend alternde Bevölkerung oder die Jugendabwanderung. Solche Wandlungsprozesse betreffen vor allem kleine und ländliche Gemeinden.

Wie verwalten die Gemeinden unter diesen Voraussetzungen ihre vielen Aufgaben? Sie sind in jedem Fall keine isolierten Institutionen. Sie sind durch nationale und subnationale Regelungen und finanzielle Ressourcen mit anderen Regierungsebenen vernetzt und von diesen häufig abhängig, außerdem stehen sie aufgrund von sozioökonomischen Veränderungen mit weiteren Akteuren in Kooperation: Mit anderen Gemeinden, privaten Akteuren, der organisierten Zivilgesellschaft oder den Bürger*innen. Eben zu diesem Thema der lokalen

---

10 Denicoló et al. 2016; Expert*innen-Interviews mit Andreas Schatzer am 17.01.2018 (Präsident des Gemeindeverbandes Südtirol), Ernst Schöpf am 23.01.2018 (Präsident des Tiroler Gemeindeverbandes), Christine Clausen am 13.03.2018 (Präsidentin des Netzwerks der Oberwalliser Berggemeinden), Simon Theus am 18.02.2019 (Stellvertreter/Leiter Projekte, Amt für Gemeinden, Kanton Graubünden).

11 Autonome Provinz Bozen-Südtirol 2014a.

12 Dies bestätigen die Präsidenten der Gemeindeverbände von Tirol und Südtirol sowie ein hochrangiger Beamter des Kantons Graubünden: Andreas Schatzer am 17.01.2018 (Präsident des Gemeindeverbandes Südtirol), Ernst Schöpf am 23.01.2018 (Präsident des Tiroler Gemeindeverbandes), Simon Theus am 18.02.2019 (Stellvertreter/Leiter Projekte, Amt für Gemeinden, Kanton Graubünden). Vgl. hierzu auch: Denters und Rose 2005b; Strebel 2018.

Kooperation stehen verschiedene Fragen und Thesen im Raum, zu denen die vorliegende Arbeit einen wissenschaftlichen Beitrag leisten möchte: Zum einen möchte ich mich auf das *WIE* fokussieren, das institutionell verankert ist: Unter welchen Rahmenbedingungen kooperieren Gemeinden eigentlich miteinander? Ist diese Entwicklung in verschiedenen Gebieten ähnlich? Zusätzlich geht es mir darum, mehr über das *WESHALB* zu erfahren – eine Frage, die praktischen Niederschlag hat: Sind Gemeinden denselben oder verschiedenen Problemen ausgesetzt, die sie zur Kooperation bewegen? Oder handelt es sich um obligatorische Kooperationen? Letztlich geht es auch um das *WER*: Kooperieren alle Gemeinden miteinander oder betrifft die Kooperation nur bestimmte Typen von Gemeinden?

Die horizontale Kooperation zwischen Gemeinden gilt in der Forschung als eine der möglichen Lösungsstrategien für die steigende Komplexität der Aufgaben von Gemeinden.[13] Vor diesem Hintergrund widmet sich diese Forschungsarbeit der interkommunalen Kooperation als mögliche Lösungsstrategie für lokale Entwicklungen und Herausforderungen. Bereits vor zwanzig Jahren (2002) hat der Politikwissenschaftler Reto Steiner eine Studie zur Schweiz publiziert, die von den Herausforderungen, dem zusätzlichen Druck der Gemeinden und verschiedenen Lösungsansätzen sprach.[14] In der Wissenschaft und von der Politik wurden seitdem diverse Handlungsstrategien für eine effizientere Daseinsvorsorge diskutiert und implementiert. In diesem Zusammenhang fanden in den letzten zwei Jahrzehnten in vielen europäischen Ländern territoriale oder verwaltungsrechtliche Reformen statt. Diese zielten unter anderem auf eine zunehmende Kooperation zwischen Gemeinden, die Zusammenlegung der Gebietskörperschaften zur Schaffung von größeren Einheiten, gleichwohl wie auf eine vermehrte Beteiligung der Bürger*innen oder die Zusammenarbeit mit privaten Akteuren.[15]

Diese Dissertation richtet das Augenmerk auf die horizontale Dimension der öffentlich-rechtlichen Kooperation: Diese so genannte interkommunale Kooperation besteht in der gemeinsamen Verwaltung und Ausführung von Dienstleistungen zwischen zwei oder mehreren Gemeinden. Sie erlaubt es Gemeinden, die für eine Aufgabe über zu wenigen Ressourcen verfügen, etwaige Verantwortung, Kosten oder Personal zu teilen und dadurch Dienste womöglich effektiver umzusetzen. Dabei kann die interkommunale Kooperation mittels diverser Formen durchgeführt werden. Da diese oft flexibel sind, wird die interkommunale Kooperation in verschiedenen Politikbereichen angewandt. Dieser Umstand

13 Denters und Rose 2005a, S. 252.
14 Vgl. Steiner 2002.
15 Vgl. Schwab et al. 2017b; Bergström et al. 2021b.

charakterisiert das Phänomen als überaus vielfältig, wie es auch die Herausforderungen sind, denen nicht mehr alle Gemeinden allein begegnen können. Es ist vor diesem Hintergrund eine berechtigte Frage, welcher formale Stellenwert der interkommunalen Kooperation zukommt und wie diese in der politischen Praxis angewandt und wahrgenommen wird. Die Forschungsarbeit möchte dieser Frage aus vergleichender und interdisziplinärer Sicht nachgehen und richtet den Blick dabei auf drei subnationale Gebietskörperschaften im Alpenraum. Als Fallstudien wurden der Kanton Graubünden in der Schweiz, die Autonome Provinz Bozen/Südtirol[16] in Italien und das Land Tirol in Österreich ausgewählt. Diese Gebietskörperschaften grenzen räumlich aneinander und sind politisch seit Jahrzehnten miteinander vernetzt. Sie weisen eine Reihe von ähnlichen strukturellen Variablen auf, sind aber in unterschiedliche verfassungsrechtliche Mehrebenensysteme eingebettet und unterschiedlichen politischen Kulturen ausgesetzt. Dennoch handelt es sich um drei Territorien, die durch die Eingliederung in ein föderales bzw. regionales System mit einer hohen Gesetzgebungs- und Verwaltungsautonomie ausgestattet sind. In den meisten alpinen Regionen ist die autonome Selbstverwaltung formell verankert und wird seit Jahrzehnten durch regionale und föderale Systeme gelebt und gefördert. Diese Voraussetzungen machen eine Gegenüberstellung innerhalb der Föderalismus- und Regionalismusforschung besonders interessant.

Der Forschungsgegenstand wird aus der Sicht der Rechts- und Politikwissenschaft betrachtet. Der interdisziplinäre Zugang ist für die Beantwortung der Forschungsfragen zielführend, weil Institutionen allein nicht kooperieren. Hinter den jeweiligen Prozessen stehen Personen, die Kooperation einleiten, weiterführen bzw. überhaupt nicht beginnen, außer es handelt sich um eine von oben angeordnete Kooperation. Die Untersuchung der politischen Prozesse ist ein Aspekt, mit dem sich die Politikwissenschaft vielfach auseinandersetzt, die aber in der Rechtswissenschaft eine untergeordnete Rolle spielen. Eben diese Verknüpfung – die rechtlichen Voraussetzungen und die praktische Relevanz des Forschungsgegenstands – ist eine Besonderheit, welche diese Forschungsarbeit als innovativ charakterisiert. Dabei beschäftigt sich das Forschungsprojekt mit den folgenden konzeptuellen Schwerpunkten: Zum einen die lokale Autonomie, die als Voraussetzung für eine etwaige Kooperation der Gemeinden gilt. Zum anderen

---

16 Die offizielle Bezeichnung der subnationalen Gebietskörperschaft lautet Autonome Provinz Bozen/Südtirol. In der gesamten Forschungsarbeit werden folgende Begriffe synonym verwendet: Autonome Provinz Bozen/Südtirol, Autonome Provinz Bozen, Land Südtirol oder Südtirol.

den intergouvernementalen Beziehungen von lokalen Gebietskörperschaften und hierbei insbesondere ihre horizontalen Kooperationsmechanismen.

Wissenschaftlich betrachtet betritt die Forschungsarbeit kein vollkommenes Neuland. In der europäischen Rechts-, Kommunal- und Politikforschung sind zahlreiche Untersuchungen vorhanden, die sich mit der Selbstverwaltung der Gemeinden, lokalen Herausforderungen und etwaigen Lösungsansätzen in Form der interkommunalen Kooperation beschäftigen. Eine weitere wissenschaftliche Untersuchung bietet sich dennoch an, weil es zu den drei ausgewählten alpinen Territorien bisher keine vergleichenden und/oder systematischen Untersuchungen gibt. Dem steht aber eine hohe politische Relevanz gegenüber, was durch die territorialen Reformen und Strategien, die in den behandelten Gebietskörperschaften durchgeführt wurden und werden, unterstrichen wird. Außerdem war das Thema der lokalen Kooperation für die vergleichende Föderalismusforschung bisher kaum relevant. Mehr noch: Die Gemeinden spielen in den Diskursen zu den intergouvernementalen Beziehungen und Kooperations- und Koordinationsmechanismen in Mehrebenensystemen eine im Vergleich zu der subnationalen Regierungsebene vernachlässigte Rolle. Letztens gibt es nur wenige Untersuchungen zur Relevanz von lokaler Kooperation in praktischer Hinsicht oder eine Bewertung derselben aus Sicht der politischen Eliten. Dieser Aspekt ist jedoch bedeutsam, denn als Wissenschaft, Politik und Gesellschaft sollten wir nicht nur über vergleichende Kenntnisse verfügen, wie Kooperation in spezifischen Territorien geregelt ist, sondern auch, ob sie politisch gewollt ist. Erst darauf basierend können gezielte Untersuchungen zum Mehrwert von Kooperation aufbauen. Die vorliegende Arbeit möchte diesen Forschungsdefiziten entgegensetzen.

Die Kooperation zwischen Gemeinden wird in dieser Dissertation innerhalb der intergouvernementalen Beziehungen definiert. Diese können verschiedene Ausgestaltungen haben und sind insbesondere in föderalen Systemen allgegenwärtig.[17] Obwohl die Wissenschaft sich in diesem Zusammenhang hauptsächlich auf die vertikalen Beziehungen zwischen Regierungsebenen fokussiert, kann die horizontale Kooperation von gleichwertigen Ebenen ebenso als deren Bestandteil definiert werden.[18] Unter lokale Kooperationsbeziehungen werden somit auch jene gefasst, welche Gemeinden untereinander eingehen. In diesem Fall nicht nur um miteinander zu interagieren oder sich zu konsultieren, sondern um gemeinsame Aufgaben zu erfüllen. Die Forschungsarbeit wird neben dem Konzept der intergouvernementalen Beziehungen auch in die *multilevel governance* eingebettet,

17 Vgl. Poirier 2019.
18 Vgl. Bowman 2004.

um die horizontale Kooperation von Gemeinden zu kontextualisieren. Durch die steigende Notwendigkeit von Kooperationen zwischen Regierungsinstitutionen und über Regierungsebenen hinweg, wird erklärt, weshalb die interkommunale Kooperation für viele Gemeinden eine wichtige Strategie in der Praxis ist.

Die zentrale Forschungsfrage der Dissertation lautet: **Welche Rolle nimmt die interkommunale Kooperation bei der Ausführung von lokalen Dienstleistungen in Graubünden, Südtirol und Tirol ein?** Diese allgemeine Frage wird in folgende vier Forschungsfragen gegliedert:

1. Über welches Ausmaß der lokalen Autonomie verfügen Gemeinden in Graubünden, Südtirol und Tirol? (***Forschungsfrage*** **1**)
2. Welche rechtlichen Rahmenbedingungen gelten für die interkommunale Kooperation in Graubünden, Südtirol und Tirol? (***Forschungsfrage*** **2**)
3. Wie werden diese rechtlichen Rahmenbedingungen der interkommunalen Zusammenarbeit genutzt? (***Forschungsfrage*** **3**)
4. Wie bewerten die lokalen politischen Führungspersönlichkeiten die interkommunale Zusammenarbeit? (***Forschungsfrage*** **4**)

Um diese Fragen zu beantworten, wird eine vergleichende rechts- und politikwissenschaftliche Untersuchung durchgeführt. Ziel ist es, zuerst die rechtlichen Rahmenbedingungen der lokalen Autonomie und der interkommunalen Kooperation in den ausgewählten Ländern zu erfassen (Forschungsfrage 1 und 2) und darauf basierend deren praktische Relevanz festzustellen (Forschungsfrage 3 und 4). Der Zugang zu dem Forschungsgegenstand ist somit zuerst formalorientiert (was regeln Verfassungen und Gesetze), und anschließend politikorientiert (was meinen die politischen Akteure). Der Forschungsgegenstand wird damit zum einen über die rechtlichen Grundlagen aus einer formalen Perspektive betrachtet und danach mittels eines Fragebogens und vertiefenden Interviews mit Bürgermeister*innen bzw. Gemeindepräsident*innen[19] aus einer praktischen Perspektive. Die empirische Erhebung soll als Ergänzung zur rechtlichen Analyse aufzeigen, wie Gemeinden die lokale Kooperation anwenden und wie die politischen Führungspersönlichkeiten diese bewerten. Als Akteure dienen die Bürgermeister*innen der drei Territorien, da sie jene Personen sind, die in den kleinen und mittleren Gemeinden den Dreh- und Angelpunkt der lokalen Verwaltung repräsentieren.

19 Nachfolgend werden die Begriffe Bürgermeister und Bürgermeisterin für die politischen Oberhäupter aller drei Gebiete benutzt. Dies schließt somit auch die Gemeindepräsidentinnen und Gemeindepräsidenten im Kanton Graubünden mit ein.

Durch den Vergleich zwischen den Territorien soll aufgezeigt werden, ob die Rahmenbedingungen und die praktische Nutzung der Kooperation in den drei Territorien ähnlich sind. Diese Gegenüberstellung ist deshalb interessant, weil es sich um drei Gebietskörperschaften in einem homogenen wirtschaftlich-territorialen Raum handelt. Insbesondere aber, weil die drei Territorien bisher unterschiedliche Wege für eine höhere Effizienz der lokalen Dienstleistungen eingeschlagen haben: Während im Kanton Graubünden seit Jahren eine Fusionspolitik betrieben wird, setzten die Länder Südtirol und Tirol auf eine verstärkte interkommunale Kooperation und somit eine alternative Strategie. Wird die interkommunale Kooperation von der lokalen Politik dennoch ähnlich betrachtet?

Für die Beantwortung der Forschungsfragen werden neben dem Territorium der Gemeinde (Graubünden, Südtirol oder Tirol) auch die Größe der Gemeinde (Zahl der Einwohner*innen) sowie die geografische Lage der Gemeinde (Entfernung zu größeren Zentren) als Erklärungsfaktoren für die Nutzung und Bewertung der Kooperation analysiert. Es wird davon ausgegangen, dass die Einstellungen zur Kooperation von diversen Variablen beeinflusst werden. Der Hintergrund für diese Annahme ist, dass politische Einstellungen nicht nur vom politischen Willen abhängig sind,[20] sondern auch von institutionellen und externen Faktoren. Mit der Untersuchung der Daten anhand dieser drei Aspekte soll beleuchtet werden, ob kleine/große bzw. peripher liegende/zentral liegende Gemeinden Kooperation womöglich verschiedenartig umsetzen und bewerten und es somit eine grenzüberschreitende Parallele in den Alpenterritorien gibt oder aber die interkommunale Kooperation eher herkunftsbedingt ist.

Die Forschungsarbeit ist in drei Teile und sechs Kapitel gegliedert. Der erste Teil betrifft die Einordnung der Dissertation und den Forschungsstand (Kapitel 1 und 2). In Kapitel 1 wird der Forschungsgegenstand eingegrenzt sowie die drei Fälle und das methodische Vorgehen im Detail erklärt. Das Kapitel 2 widmet sich einem Forschungsüberblick sowie der Definition der Grundkonzepte. Hierbei wird die Stellung der lokalen Gebietskörperschaften in Europa diskutiert sowie die Definition der lokalen Autonomie vorgestellt. Weiters werden die Rolle der Gemeinden in Mehrebenensystemen, die intergouvernementalen Beziehungen von Gemeinden und die Position der Bürgermeister*innen in der lokalen Verwaltung behandelt. Die nachfolgenden zwei Teile bestehen aus dem rechtsvergleichenden Teil (Kapitel 3 und 4) und dem praktisch orientierten Teil (Kapitel 5 und 6). Die Kapitel 3 und 4 konzentrieren sich auf die Gemeinden in Graubünden, Südtirol und Tirol. Zuerst wird in Kapitel 3 deren normative Stellung und das

---

20 Vgl. Teles 2013.

Ausmaß ihrer Lokalautonomie einander gegenübergestellt. Kapitel 4 fokussiert sich dann auf die Formen der interkommunalen Kooperation und die politischen Strategien in den drei Territorien. Die Kapitel 5 und 6 präsentieren und diskutieren schließlich die erhobenen Daten zur Nutzung und Bewertung der lokalen Kooperation, d.h. die reellen Erfahrungen und Meinungen in Graubünden, Südtirol und Tirol. Mit der Variable der „Nutzung" soll eruiert werden, ob und wenn ja, auf welche Art und Weise Gemeinden miteinander kooperieren. Die Nutzung wird dabei durch die Dimensionen Erfahrung, Politikfelder, Formen, Akteure und Intensität definiert. Demgegenüber geht es bei der Variable der „Bewertung" darum, wie lokale Kooperation politisch bewertet wird. Dieser Aspekt wird über die Dimensionen Gründe, Wichtigkeit, Zufriedenheit, Hindernisse, Unterstützung sowie Kooperation als Lösungsansatz definiert.

Bereits am Ende der Kapitel 3 bis 6 werden die jeweiligen wichtigsten Erkenntnisse der Untersuchung durch ein Zwischenfazit zusammengefasst, um den Leser*innen zentrale Ergebnisse zu liefern.

Abschließend wird ein Schlussfazit die Hauptergebnisse des Forschungsprojekts zusammenfassen und die Forschungsfragen beantworten. Dieses soll Klarheit bieten, wie die lokale Kooperation in Graubünden, Südtirol und Tirol rechtlich ausgestaltet ist sowie praktisch funktioniert und somit augenscheinlich machen, wie es um die Bedeutung der Kooperation in Theorie (Recht) und Praxis (Politik) steht. Es wird aufgezeigt, ob der (theoretische) Mehrwert, welcher der Kooperation in der Wissenschaft und Politik zugeschrieben wird, auch auf lokaler politischer Ebene in der Praxis wahrgenommen wird. Eben dieser Beitrag zu *„role, capacity and significance"*[21] von lokaler Kooperation kann eine Bereicherung für den wissenschaftlichen Diskurs der interkommunalen Kooperation in Mehrebenensystemen bieten.

1.2. Ziele und Definition des Forschungsgegenstands

Das Forschungsprojekt führt eine interdisziplinäre vergleichende Untersuchung zur horizontalen Kooperation von Gemeinden in drei subnationalen Gebietskörperschaften von Mehrebenensystemen im Alpenraum durch: Der Autonomen Provinz Bozen/Südtirol (Italien), dem Land Tirol (Österreich) sowie dem Kanton Graubünden (Schweiz). Das Forschungsprojekt hat zum Ziel die rechtliche Einbettung von horizontaler Kooperation zu erfassen sowie die Einstellungen der Bürgermeister*innen bzw. Gemeindepräsident*innen zur Nutzung und

21 Teles 2016, S. 87.

Bewertung von Kooperation zu erheben und anschließend zu vergleichen. Das Forschungsinteresse liegt basierend auf den einleitend gestellten Fragen darin zu erfassen, inwiefern Theorie und Praxis von horizontaler Kooperation auf lokaler Ebene in Graubünden, Südtirol, und Tirol in Einklang stehen. Durch die vergleichende Analyse der rechtlich verankerten und darauffolgend der praktisch angewandten Kooperation soll erhoben werden, ob und wenn ja, wie Gemeinden in den drei Territorien mit anderen Gemeinden kooperieren, wenn es um die Durchführung von lokalen Dienstleistungen geht. Zusammengefasst, kann man die zwei Teile der Forschungsarbeit wie folgt auf den Punkt bringen: Der erste Teil beschäftigt sich damit, *wie* Gemeinden kooperieren können, während der zweite Teil den Fokus vornehmlich auf darauflegt, *wie* und *weshalb* tatsächlich kooperiert wird.

Im Mittelpunkt der Untersuchung stehen die Gemeinden und deren öffentlich-rechtliche Zusammenarbeit mit anderen Gemeinden. Der Handlungsakteur „Gemeinde" wird im empirischen Teil durch die Aussagen der politischen Führungspersönlichkeiten der individuellen Gemeinden definiert. Da die Formen der lokalen Zusammenarbeit unterschiedlich und umfassend sind, hat sich das Forschungsprojekt bestimmte Grenzen gesetzt. In diesem Sinne verstehe ich unter Kooperation

- die gemeinsame Verwaltung bzw. Ausführung von lokalen Dienstleistungen über verbindliche Rechtsgrundlagen bzw. politische Organe,
- die gemeinsame Planung und Umsetzung von Projekten oder
- die gemeinsame Tätigkeit in institutionellen Gremien zur Organisation und Verwaltung von bestimmten Aufgabenbereichen in bi- oder multilateraler Form.

Dabei werden die Begriffe interkommunale Zusammenarbeit, interkommunale Kooperation, horizontale Zusammenarbeit und horizontale Kooperation synonym verwendet. Im Konkreten wird unter horizontaler Zusammenarbeit die gemeinsame Durchführung bzw. Verwaltung von Dienstleistungen in bi- oder multilateraler Form verstanden: zum einen als Kooperation zwischen einer oder mehreren Gemeinden in Bezug auf die gemeinsame Ausführung einer bestimmten Dienstleistung, zum anderen die Kooperation zwischen Gemeinden in Form von übergeordneten Institutionen (Verbänden/Gemeinschaften), denen die Verwaltung von bestimmten Diensten delegiert wird. Nicht mit eingeschlossen werden die rein politischen Interessensvertretungen, in welchen Gemeinden ausschließlich politisch kooperieren, aber keine Dienstleistungen ausführen. In Bezug auf die begriffliche Eingrenzung der „interkommunalen Kooperation" hat der Kommunalwissenschaftler Markus Matschek einen geeigneten Zugang, weshalb die nachfolgenden Definitionen für die vorliegende Arbeit hergenommen werden. Demnach kann

> *„von Zusammenarbeit nur gesprochen werden, wenn eine Gemeinde aktiv ordnend oder leistend eingreift. Interkommunal ist die Aufgabenerfüllung nur dann, wenn die erbrachte Leistung einer weiteren Gemeinde dient. Es ist indes nicht notwendig, dass sich mehr als eine Gemeinde an der Leistungserfüllung beteiligt. Interkommunale Zusammenarbeit ist somit das willentliche Zusammenwirken von wenigstens zwei Gemeinden. Passives Betroffensein von einem Sachverhalt reicht nicht aus."*[22]

Der Autor stellt auch fest, dass die interkommunale Kooperation in einem weiteren Sinne als

> *„Verflechtung über Gemeindegrenzen hinweg [bezeichnet werden kann], die durch die Tätigkeit, d.h. mindestens mittelbare Erfüllung gemeindlicher Aufgaben durch eine oder mehrere Gemeinden, zu Stande kommt. In einem engeren Sinn bedeutet ‚interkommunale Zusammenarbeit' die Verbindung von zwei oder mehr Gemeinden zur gemeinsamen Erfüllung einer oder mehrerer Gemeindeaufgaben."*[23]

Auf der Basis dieser Überlegungen definiert Matschek die interkommunale Kooperation wie folgt:

> *„die eigenverantwortliche Erfüllung einer Gemeindeaufgabe durch eine einzelne Gemeinde, gemeinsam durch mehrere Gemeinden oder durch eine dritte (gemeinsame) juristische Person, wobei die Aufgabenerfüllung mindestens zwei Gemeinden gleichzeitig dient und sich die beteiligten Gemeinden direkt (‚leistend') oder indirekt (‚ordnend') daran beteiligen."*[24]

Basierend auf den genannten Ausführungen werden zur Forschungseingrenzung außerdem die folgenden Kriterien angewandt:

- Das Forschungsprojekt fokussiert sich auf die gemeinsame Ausführung und Verwaltung von lokalen Aufgaben zwischen Gemeinden. Es umfasst es nur jene Kooperationsformen, bei denen eine Gemeinde Dienste gemeinsam mit anderen Gemeinden ausführt oder mehrere Gemeinden einen Dienst gemeinsam verwalten bzw. planen. Hierbei sind alle Aufgaben eingeschlossen, bei welchen die einzelnen Akteure an den Entscheidungsprozessen bzw. an der konkreten Ausführung beteiligt sind, aber nicht jene, in welchen einer der

22 Matschek 2011, S. 27.

23 Matschek 2011, S. 27, der Autor zitiert in diesem Zusammenhang auch Arn und Friederich 1994, S. 5.

24 Matschek 2011, S. 27, der Autor zitiert in diesem Zusammenhang auch Steiner 2002, S. 90.

Akteure nur (mit)-finanziert oder passiv davon betroffen ist.[25] Demnach kann nicht jede Form von Kooperation als eine interkommunale Zusammenarbeit bezeichnet werden.

- Das Forschungsprojekt erhebt nur formelle Formen der Kooperation zwischen zwei oder mehreren Gemeinden. Dies umfasst Kooperationen, die innerhalb einer rechtlichen Form, wie z.B. Vereinbarungen oder Verträgen stattfinden oder durch ein institutionalisiertes Organ, wie z.B. Gemeindeverbände oder intermediäre Einrichtungen ausgeführt werden. Nicht dazu zählen informelle Tätigkeiten zwischen Gemeinden, wie etwa Absprachen oder spontane Hilfestellungen ohne rechtlichen Rahmen. Diese informellen Mechanismen werden nicht diskutiert, wie auch nicht die Kooperation mit privaten Akteuren.
- Das Forschungsprojekt beschäftigt sich nur mit der Untersuchung der Kooperation von Gemeinden innerhalb eines Landes. Obwohl die grenzüberschreitende lokale Zusammenarbeit einen innovativen und zunehmend relevanten Forschungsbereich[26] darstellt, wird diese ausgeklammert. Es handelt sich hierbei zwar um ein Forschungsfeld, welches im Alpenraum und bei allen hier untersuchten Gebieten aufgrund der Lage als Grenzregion sehr relevant ist und gleichzeitig ist die Forschung zur Rolle der Gemeinden in der grenzüberschreitenden Kooperation noch bescheiden, so dass eine Vertiefung großes Potential hätte. Dennoch betrifft die grenzüberschreitende Kooperation nicht alle Gemeinden in den drei Territorien, sondern nur jene, die an einer subnationalen oder nationalen Grenze liegen. Zum anderen ist die „klassische" innerländliche Kooperation innerhalb der Territorien noch nicht ausschöpfend untersucht, so dass die hier eruierten Ergebnisse später hoffentlich auch auf die Untersucheng der grenzüberschreitenden Kooperation hilfreich sein können.

Abgesehen von den genannten Eingrenzungen möchte ich darauf hinweisen, dass diese Forschungsarbeit keine Antworten auf die Frage der positiven oder negativen Auswirkungen der Kooperation auf die Effizienz oder die Demokratie einer Gemeinde bietet oder unter welchem Voraussetzen Kooperation erfolgreich sein kann. Weiters geht es hier nicht um die Untersuchung der potenziellen Kostenersparnis oder der demokratischen Legitimation von Kooperation.

Zudem soll an dieser Stelle erwähnt werden, dass die lokale Kooperation in der Praxis nicht auf die horizontalen Beziehungen zwischen Gemeinden beschränkt ist, sondern diese nur einen Teil der Kooperation ausmachen. Neben der horizontalen Kooperation sind die intergouvernementalen Beziehungen von Gemeinden

25 Vgl. Steiner 2003, S. 3.

26 Vgl. Svensson 2015; Alber et al. 2019; Engl 2016; Zwilling und Engl 2014.

auch durch eine vertikale Dimension – die Zusammenarbeit mit der subnationalen und nationalen Regierungsebene – charakterisiert. In der Tat sollten diese anfänglich ebenso Gegenstand dieser Dissertation sein und die rechtliche Einbettung sowie praktische Relevanz beider Kooperationsebenen diskutiert werden. Bei der vertikalen Kooperation können diverse Formen unterschieden werden: Zum einen werden darunter häufig nur die klassischen intergouvernementalen Beziehungen zwischen Gemeinden und höheren Regierungsebenen bezeichnet, die sich insbesondere auf die Mitgestaltung und Mitentscheidung im subnationalen und nationalen Entscheidungsprozess fokussieren (siehe Kapitel 2 und 3). Daneben existieren weitere Formen von vertikalen Beziehungen zwischen Regierungsebenen, etwa um Dienstleistungen oder Projekte auszuführen. Hierbei unterscheiden Hulst/van Montfort zwei Typen, die eine starke Ähnlichkeit zu den Formen der interkommunalen Kooperation aufweisen: Zum einen die Kooperation mittels Organisationen, welche für die Ausführung von Dienstleistungen gegründet werden. Zum anderen gibt es die vertragsbasierte Kooperationen oder Vereinbarungen zur gemeinsamen Koordination von Dienstleistungen.[27]

Zu Beginn dieser Forschungsarbeit wurde den Typen von Hulst/van Montfort folgend, davon ausgegangen, dass die vertikale Kooperationsdimension der Gemeinden nicht nur eine reine politische Komponente aufweist, sondern auch für die tägliche Praxis der Durchführung von Dienstleistungen relevant ist. Im Laufe meiner Recherche habe ich schließlich festgestellt, dass sowohl die theoretische wie auch die praktische Relevanz der vertikalen Kooperation in Graubünden, Südtirol und Tirol komplex, vielseitig und sehr verschieden sind. Die Untersuchung hat ergeben, dass es die vertikalen Kooperationsmechanismen zwischen Gemeinden und (hauptsächlich) der subnationalen Ebene bei der Ausführung von Aufgaben sehr wohl gibt. Allerdings sind diese im Gegensatz zur interkommunalen Kooperation meist nicht über eigene Rechtsinstrumente geregelt, sondern die vertikale Zusammenarbeit ist in den täglichen Verwaltungsprozess eingebunden sowie über die jeweilige subnationale Bereichsgesetzgebung oder die Kompetenzverteilung vorgesehen. Eine weitere Schwierigkeit ergab sich durch den Umstand, dass es kaum wissenschaftliche Abhandlungen gibt, welche die vertikale lokale Kooperation konzeptualisieren. Im Unterschied zur interkommunalen Kooperation ist die vertikale lokale Kooperation somit schwerer fassbar. Dies gilt für alle drei Territorien, womit die tatsächliche Praxis länderspezifisch ist. Es ist zudem feststellbar, dass die vertikale im Gegenzug zur horizontalen Kooperation von den Gemeinden weniger als tatsächliche „Kooperation“ wahrgenommen wird. Dies

27 Vgl. Hulst und van Montfort 2012, S. 272 f.

kann damit erklärt werden, dass die Regierungsebenen nicht immer gleichwertig zueinanderstehen, sondern in einem hierarchischen Verhältnis zueinander agieren. Oder es handelt sich um logische und definierte Verwaltungsprozesse, die durch die unterschiedlichen Kompetenzen der einzelnen Verwaltungsebenen vorgesehen werden. Kooperationen auf vertikaler Ebene in verschiedensten Bereichen sind somit zwar vorhanden und wichtig für die *Governance*, doch sind die Zuständigkeiten der beteiligten Akteure meist klar zugeordnet. Durch den Umstand, dass die vertikale Kooperation in der praktischen Durchführung für die Gemeinden keinen so relevanten Stellenwert einnimmt, wie die interkommunale Kooperation und aufgrund des Umfangs der Dissertation wurde schließlich entschieden, die vertikale Kooperation von der Recherche auszuschließen und sich nur der interkommunalen Kooperation zu widmen. Die hier erhobenen Ergebnisse sollen, wie einleitend erwähnt, Aufschluss geben, welche Rolle der interkommunalen Kooperation in der Theorie und Praxis zukommt. Die zweifache Zielsetzung der Arbeit kann auch mit den Worten von Bogumil/Holtkamp zitiert werden:

> *„die Lektüre der Gemeindeordnung [verrät] nur wenig darüber [...], wie Kommunalpolitik tatsächlich ‚tickt'. Wesentlich ist vielmehr das Verhalten der Akteure, das nur begrenzt von den rechtlichen Rahmenbedingungen beeinflusst wird.“*[28]

Die Forschungsfragen lehnen sich an die drei Konzepte der Politikwissenschaft an bzw. darin sind die drei Dimensionen des Begriffs der Politik erkennbar, welche die *Polity* (Form), die *Policy* (Inhalt) sowie *Politics* (Prozesse) umfassen. So beziehen sich die Forschungsfragen 1 und 2 auf die institutionellen Rahmenbedingungen und formellen Strukturen der horizontalen Kooperation, d.h. welche Instrumente den Gemeinden zur Verfügung stehen und welche Akteure bei der Kooperation involviert sind (*Polity*). Forschungsfrage 3 untersucht hingegen unter anderem die politischen Inhalte, d.h. in welchen Politikbereichen die Gemeinden kooperieren (*Policy*) und Forschungsfrage 4 abschließend die politischen Verfahren, d.h. auf welche Art die Gemeinden kooperieren, mit welchem Ziel und welche Wichtigkeit die Führungspersönlichkeiten der Kooperation zuschreiben (*Politics*).

> **Forschungsfrage 1:** Über welches Ausmaß der lokalen Autonomie verfügen Gemeinden in Graubünden, Südtirol und Tirol?

Die Forschungsfrage 1 beschäftigt sich mit dem institutionellen Kontext, in den eine Gemeinde eingebettet ist. Um sich dem Forschungsfeld anzunähern, wird

28 Bogumil und Holtkamp 2006.

zuerst der rechtlich-politische Stellenwert der Gemeinden in den Mehrebenensystemen Schweiz, Italien und Österreich sowie den subnationalen Gebieten Graubünden, Südtirol und Tirol analysiert und verglichen. Im Kapitel 3 soll durch die Gegenüberstellung des rechtlichen Grads der Autonomie aufgezeigt werden, ob die Gemeinden Rand- oder Hauptakteure innerhalb der *Governance*-Struktur sind. Ziel ist es, einen Überblick zur Lokalautonomie und des damit verbundenen rechtlichen und politischen Spielraums der Gemeinden zu liefern. Die Forschungsarbeit bedient sich, gemäß der Definition von Ladner et al. einer multidimensionalen Lokalautonomie[29], an mehreren Definitionsmerkmalen. Zur Abhandlung der relevanten Faktoren der Lokalautonomie orientiere ich mich zum Großteil am von den genannten Autoren entwickelten *Local Autonomy Index (LAI)*.

Forschungsfrage 2: Welche rechtlichen Rahmenbedingungen gelten für die interkommunale Kooperation in Graubünden, Südtirol und Tirol?

Aufbauend auf der Gegenüberstellung der lokalen Autonomie wird in Kapitel 4 analysiert, wie die interkommunale Kooperation von Gemeinden in den ausgewählten Alpenregionen geregelt ist und welchen rechtlichen Stellenwert diese in den Staaten und Regionen einnimmt. Hierbei wird untersucht, welche formellen Kooperationsformen existieren und welche Funktionen diese haben. Außerdem wird beleuchtet, wie die Kooperationsformen ausgestaltet sind (bi- oder multilateral) und unter welchen Rahmenbedingungen sie stattfinden. Auch hierbei soll in vergleichender Perspektive Ähnlichkeiten und Unterschiede zwischen den Territorien herausgearbeitet werden.

Forschungsfrage 3: Wie werden diese rechtlichen Rahmenbedingungen der interkommunalen Zusammenarbeit genutzt?

Basierend auf den Ergebnissen der Forschungsfragen 1 und 2, beschäftigen sich die Forschungsfragen 3 und 4 mit der tatsächlichen Nutzung und der politischen Bewertung von interkommunaler Kooperation. Mit „*Nutzung*" ist gemeint, ob und falls ja, auf welche Art und Weise die Gemeinden in ihrer täglichen Praxis miteinander kooperieren, um lokale Aufgaben auszuführen. Zur Untersuchung des Konzepts wurden fünf Dimensionen definiert, die untersucht werden: Erfahrung, Politikfelder, Formen, Akteure, Intensität. Die Forschungsfragen 3 und 4

29 Vgl. Ladner et al. 2019.

sollen zudem beantworten, ob es in der horizontalen Kooperation Unterschiede zwischen verschiedenen Typen von Gemeinden gibt (große vs. kleine Gemeinden, Stadtgemeinden vs. ländliche Gebiete) oder aber die Kooperation eher auf die territoriale Herkunft von Gemeinden zurückzuführen ist.

Forschungsfrage 4: Wie bewerten die lokalen politischen Führungspersönlichkeiten die interkommunale Zusammenarbeit?

Bei der „*Bewertung*" geht es im Anschluss in Kapitel 6 darum zu eruieren, in welchem Ausmaß Kooperation von den lokalen politischen Führungspersönlichkeiten als zielführend bzw. notwendig erachtet wird. Im Mittelpunkt dieses Konzepts stehen mehrere Dimensionen: Gründe, Wichtigkeit, Zufriedenheit, Hindernisse, Unterstützung sowie die Kooperation als Lösungsstrategie. Die Dissertation konzentriert sich darauf, wie die Bürgermeister*innen als politische Führungspersonen die Kooperation wahrnehmen, perzipieren und welche Vergleiche hieraus gezogen werden können. Damit entfernt sich die Untersuchung von dem rechtlich gegebenen Handlungsspielraum der Gemeinden – der objektiven Ebene – und bewegt sich hin zu einer subjektiven Ebene der Bewertung durch die kommunale Elite.[30]

1.3. Forschungskonzept und methodisches Vorgehen

1.3.1 Methodik der Analyse und Aufbau der Forschungsarbeit

Nachfolgend wird die Methodik zur Beantwortung der Forschungsfragen ausgeführt. Es handelt sich um eine vergleichende Fallstudienforschung (*comparative case research*). Der Vergleich ist einer der meistgenutzten methodischen Zugänge.[31] Im europäischen Verfassungsrecht spielt die vergleichende Forschung eine prominente Rolle, insbesondere seit Ende des Zweiten Weltkrieges, als viele Rechtsordnungen ihre Grundrechte verstärkten.[32] Die rechtsvergleichende Forschung ist mit mehreren methodischen Herausforderungen konfrontiert, u.a. inwiefern Rechtssysteme überhaupt miteinander vergleichbar sind, auf welche Art und Weise Rechtssysteme klassifiziert werden können oder ob kulturelle Unterschiede relevant sind.[33] Ziel einer Fallstudie ist es, einen

30 Vgl. Melcher 2017.
31 Vgl. Halperin und Heath 2012, S. 202.
32 Vgl. Bogdandy 2012, S. 30.
33 Vgl. Saunders 2009, S. 5 ff.

bestimmten Fall im Detail zu analysieren, wobei für Alan Bryman eine Fallstudie eine solche ist, in denen der „Fall" die *Unit of Analysis* darstellt.[34] Durch den Vergleich von mehreren Fallstudien sollen Ähnlichkeiten und Unterschiede hinsichtlich verschiedener Strategien auf ähnliche Problematiken herausgearbeitet werden, somit fällt diese Arbeit unter eine *multiple case study*.[35] John Gerring definiert eine Fallstudie als *„intensive study of a single unit for the purpose of understanding a larger class of (similar) units."*[36] Demnach fällt die vergleichende Untersuchung mehrerer Fälle nicht unter eine Fallstudie, sondern ist eine *„cross-sectional"* (Querschnitts-)Studie.[37] In jedem Fall weist auch Gerring darauf hin, dass der Unterschied zwischen einer Fallstudie und einer *cross-unit* Studie darin liegt, wie man die Fälle definiert und nicht wie man sie analysiert: *„Indeed, the two modes of analysis are interdependent, and this is as it should be."*[38]

Da in dieser Arbeit drei Regionen, aber auch Gemeinden als *Unit of Analysis* dienen, wird gemäß dieser Definitionen sowohl eine *multiple case study* wie auch eine *cross-sectional study* durchgeführt. Ein Vorteil der multiplen Fallstudienforschung ist, dass sie einen Beitrag zur Theoriebildung leisten kann. So könne die Untersuchung von mehreren Fällen Theorien bestätigen oder selbst neue Erkenntnisse schaffen.[39]

Gleichzeitig sind andere Autoren der Meinung, dass multiple Fallstudienforschungen Nachteile dahingehend aufweisen, da man dazu tendiere eher die Divergenzen zu unterstreichen anstatt die Fälle spezifisch zu analysieren.[40] Für die Auswahl von Fällen gibt es nach Gerring verschiedene Methoden: So kann es sich um typische, diverse, extreme, abweichende, maßgebende, essentielle, pfadgebende, sehr ähnliche oder sehr verschiedene Fälle handeln.[41] Wie erwähnt, handelt es sich bei Graubünden, Südtirol und Tirol aufgrund ähnlicher Variablen um *„most similar"* Fälle.

34 Vgl. Bryman 2012, S. 68.
35 Yin 2003.
36 Vgl. Gerring 2004, S. 342.
37 Vgl. Gerring 2004, S. 343.
38 Gerring 2004, S. 353.
39 Bryman 2012, S. 74.
40 Vgl. Bryman 2012, S. 75.
41 Gerring 2008, S. 646 (eigene Übersetzung).

Die vergleichende Forschung hat das Ziel, soziale Phänomene besser zu verstehen, in dem die Fragestellungen in Bezug auf zwei oder mehrere meist gegensätzliche Fälle untersucht werden.[42] Durch Vergleiche sollten Fälle nicht bloß einander gegenübergestellt werden, sondern durch ein theoriegeleitetes Ziel untermauert sein.[43] Gerring weist auf die Herausforderungen von Fallstudien und deren Generalisierung hin. So sei es schwierig zu erklären, welche der Merkmale einer Einheit typisch für nur einen bestimmten Fall oder typisch für eine größere zu untersuchende Einheit seien.[44]

Zur Beantwortung der Forschungsfrage, welche Rolle die interkommunale Kooperation in der Ausführung der lokalen Dienstleistungen in Graubünden, Südtirol und Tirol spielt, wird zuerst eine rechtlich-institutionelle und darauf basierend eine empirische Untersuchung durchgeführt. Damit bedient sich die Arbeit einer rechtswissenschaftlichen sowie einer politikwissenschaftlichen Perspektive. Das Thema der intergouvernementalen Beziehungen, unter welche die horizontale Kooperation gefasst wird, bietet sich für eine solche interdisziplinäre Untersuchung an. So stellt Robert Agranoff fest:

> *„It is a field of study that is rooted in political science, but the dynamics of federal development and emphasis placed on fiscal policies and administrative action necessarily take IGR well outside of one discipline, for example, management, economics, and interorganizational relations.“*[45]

Ebenso unterstreichen die Föderalismusforscherinnen Johanne Poirier und Cheryl Saunders die Wichtigkeit, intergouvernementale Beziehungen als Schnittfläche zwischen Recht und Politik zu verstehen.[46] Bei der hier angewandten Methode handelt es sich um eine qualitative Analyse. Dieser Umstand trifft nicht nur auf den rechtsvergleichenden, sondern auch auf den empirischen Teil zu. Die qualitative Untersuchung bietet sich für die Beantwortung der Forschungsfragen an, da es um das Verständnis des Kontexts von lokaler Kooperation sowie deren praktische Nutzung und Bewertung geht. Nach Bryman kann qualitative Forschung durch folgende Aspekte definiert werden: 1) Sie betont vorrangig einen induktiven Forschungsansatz zum Verhältnis zwischen Theorie und Forschung, in der Theorien eher erzeugt anstatt getestet werden. 2) Sie bevorzugt die Betonung der Art und Weise, wie ein Individuum das soziale Gefüge interpretiert und

42 Bryman 2012, S. 72.
43 Vgl. Halperin und Heath 2012, S. 203 ff.
44 Vgl. Gerring 2004, S. 346.
45 Agranoff 2004b.
46 Vgl. Poirier und Saunders 2015a.

3) Sie verkörpert eine Sichtweise der sozialen Wirklichkeit, als eine sich ständig verändernde Eigenschaft. Demgegenüber haben quantitative Forschungen die folgenden Identifikationsmerkmale: 1) Sie beinhalten eine deduktive Herangehensweise an die Beziehung zwischen Theorie und Forschung, wobei der Akzent auf die Prüfung von Theorien gesetzt wird; 2) Sie setzen den Schwerpunkt auf die Praktiken und Normen der Naturwissenschaft und insbesondere den Positivismus und 3) Sie verkörpern eine Sichtweise der sozialen Realität als externe, objektive Realität.[47]

Der Autor weist auf die Schwierigkeit hin, diese beiden Forschungsstrategien voneinander abzugrenzen, da sie oft fließend seien. Auch wenn es sich bei der vorliegenden Arbeit nicht um eine gemischte Methodologie handelt, charakterisierten einige Elemente von beiden Ansätzen das Projekt. So gibt es zur Kooperation der lokalen Gebietskörperschaften bereits Untersuchungen, womit sich die Arbeit zum Teil auf bestehende Theorien und Erkenntnisse stützen kann und wird. Demzufolge würde der Forschungsansatz in eine quantitative Forschung fallen, da bestehende Theorien geprüft und bereichert werden. Gleichzeitig ist der Zugang zu den Forschungsfragen induktiv, d.h. es sollen aus den gesammelten Daten und Ergebnissen auch neue Schlussfolgerungen, insbesondere für die hier behandelten Fälle, erarbeitet werden. Die durchgeführte Erhebung umfasst Daten quantitativer und qualitativer Art, die allerdings nur qualitativ interpretiert werden. Ein Teil der Daten, jene die durch einen Fragebogen erhoben werden, ist zum Großteil quantitativer Natur. Somit können statistisch quantitative Vergleiche[48] gezogen werden, etwa „wie viele" Gemeinden in welcher Form auf gewisse Fragen antworten, „wie viele" Bürgermeister*innen ähnliche oder abweichende Meinungen vertreten. Allerdings werden die Daten in erster Linie in deskriptiver Form – demnach qualitativ – analysiert. Die Datensammlung enthält zudem klare qualitative Elemente, da subjektive Einstellungen der politischen Elite erhoben und gegenübergestellt werden, insbesondere durch die persönlichen Interviews. Die qualitative Forschung zeichnet sich dadurch aus, zu verstehen, „weshalb" oder „warum" bestimmte Personen wie denken oder – in diesem Fall – bestimmte politische Strategien umsetzen.[49]

---

47 Bryman 2012, S. 36.
48 Vgl. Walter 2013, S. 55.
49 Vgl. Walter 2013, S. 56.

Abbildung 1: Zentrale Konzepte des Forschungsprojekts.

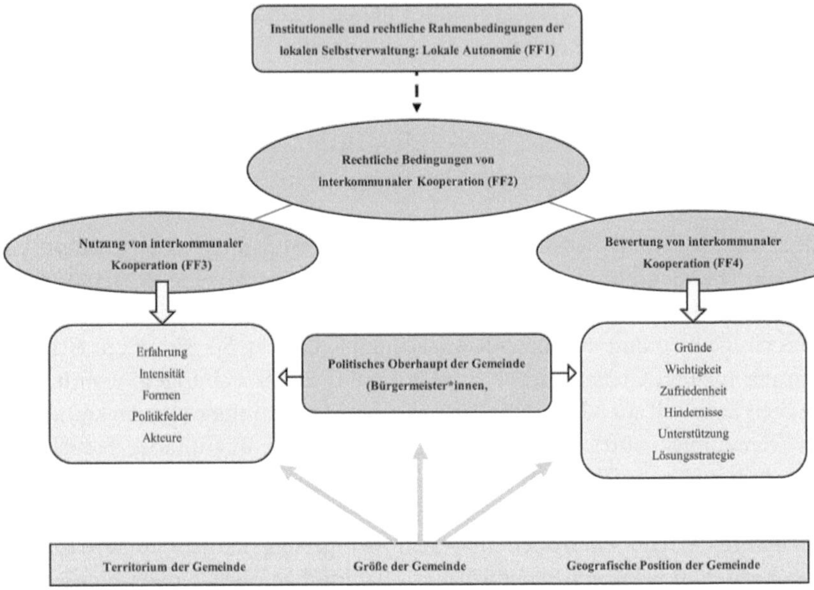

1.3.2 Datenerhebung

1.3.2.1 Die rechtsvergleichende Untersuchung (Kapitel 3 und 4)

Die Ausgestaltung von interkommunaler Kooperation ist u.a. von dem politischen System, dem Dezentralisierungsgrad, der politischen Kultur bzw. der Rolle der lokalen Regierungsebene innerhalb eines Staates sowie einer subnationalen Gebietskörperschaft abhängig.[50] Aus diesem Grund werden die Forschungsfragen 1 und 2 über eine rechtsvergleichende Analyse beantwortet. Der erste Fokus liegt auf der Analyse des Handlungsspielraums der Gemeinden in der Schweiz, Italien und Österreich bzw. innerhalb der Gebietskörperschaften Graubünden, Südtirol und Tirol (Kapitel 3). Darauffolgend wird dargelegt, welche formalen Möglichkeiten Gemeinden haben, um miteinander zu kooperieren mit dem Ziel ihre Dienstleistungen zu erfüllen bzw. lokale Aufgaben umzusetzen (Kapitel 4). Die Analysen in Kapitel 3 und 4 dienen der Einbettung des Forschungsgegenstands und legen den Rahmen für die darauffolgende empirische, vermehrt

50 Teles und Swianiewicz 2018a, S. 6.

politikwissenschaftliche, Analyse. Zudem sollen Gemeinsamkeiten und Unterschiede erarbeitet sowie vergleichende Schlussfolgerungen gezogen werden. Dieser Teil der Arbeit stützt sich auf Sekundärliteratur, die Prüfung von Verfassungen und Rechtsakten sowie den Vergleich mit bestehenden Fallstudien, Statistiken und Informationen aus Internetportalen der betroffenen Institutionen.

Bei der Untersuchung der Lokalautonomie in Kapitel 3 wird auf die 11 Dimensionen der Lokalautonomie (LAI)[51] Bezug genommen, wobei diese nicht strikt abgearbeitet werden. Ergänzend zur deskriptiven Gegenüberstellung der lokalen Autonomie wird diese im Anschluss zusätzlich anhand der quantitativen Messung nach dem LAI dargelegt. Ziel dieser zusätzlichen Untersuchung ist es, die diskursive Gegenüberstellung mit quantitativen Bewertungskriterien zu ergänzen und den Leser*innen somit ein umfassenderes Bild zur Stellung der Gemeinden in Graubünden, Südtirol und Tirol zu liefern.

Die Arbeit stützt sich bei diesen quantitativen Daten nicht allein auf die Ergebnisse des LAI 2014, sondern auf eine zwischen Mai und August 2020 neu durchgeführte online-Expert*innenumfrage,[52] bei welcher die Methode so weit wie möglich repliziert wurde. Der originale LAI bezieht sich auf das Jahr 2014 und wurde in Bezug auf die Staaten Österreich und Schweiz nicht für die nationale Ebene, sondern auch differenziert für die jeweilige subnationale Ebene durchgeführt.[53] Somit widerspiegelt die Erhebung, dass der Grad der lokalen Autonomie zwischen den subnationalen Einheiten in föderalen Systemen divergieren kann. Für asymmetrische regionale Staaten wie Italien existiert allerdings keine spezifische subnationale Messung, sondern nur ein Gesamtwert für das Staatsgebiet.[54] Diese zusätzliche Messung wurde durch eine weitere Expert*innenumfrage im Jahr 2020 durchgeführt und somit dem asymmetrischen Kontext Rechnung getragen. Diese Umfrage bietet nicht nur eine aktualisierte Version des LAI 2014,

51 Vgl. Ladner et al. 2019. Ladner et al. 2016b.

52 Vgl. Bolgherini et al. 2020. Die Zusammenstellung des Expert*innengremiums stützte sich zum Teil auf das LAI-Projekt von Ladner et al. 2019. In diesem Zusammenhang wurde versucht die gleichen Wissenschaftler*innen einzubeziehen, um eine zuverlässige Aktualisierung der bisherigen Ergebnisse zu bieten. Gleichzeitig wurden neue Expert*innen eingeladen, um die Kompetenzen und Forschungsdisziplinen zu erweitern. Zudem wurde das Konsortium durch die Teilnahme von regionalen Expert*innen ergänzt.

53 Das betroffene Kapitel wurde von der Autorin 2020/2021 verfasst. Mittlerweile wurde das „LAI"-Projekt von Ladner et al. weiterentwickelt (*Local Autonomy Index 2.0*) und zusätzliche Daten von 2015–2020 erhoben. Außerdem wurden die 2014 angewandten Kodierungen in manchen Dimensionen umgeändert. Vgl. Ladner et al. 2021a.

54 Vgl. Bolgherini et al. 2021b.

sondern erlaubt auch eine eigene Bewertung für die Autonome Provinz Bozen/Südtirol, die damals nicht spezifisch untersucht wurde.[55]

Wie bei der Untersuchung von Ladner et al. wurden auch 2020 ausgewählte Expert*innen gebeten, die einzelnen Dimensionen der Lokalautonomie in einem bestimmten Territorium mit einer Punktezahl nach einem Schema zu bewerten. Zudem hatten die Expert*innen die Möglichkeit, schriftliche Beurteilungen und Einschätzungen für jede Dimension abzugeben. Darüber hinaus wurden in einigen Fällen nachträglich Befragungen per Telefon oder E-Mail mit den jeweiligen Expert*innen durchgeführt, um Bewertungen zusätzlich zu erläutern. Die Umfrage 2020 stützte sich auf die 11 Dimensionen und Indikatoren der *Self-Rule* und *Interactive-Rule*, die für den originalen LAI verwendet und zuvor bereits von Hooghe et al. für einen *Regional Autonomy Index* (RAI)[56] eingeführt wurden. Die Umfrage war in zwei Abschnitte gegliedert, nämlich A) Länderbewertung (nationale Ebene) und B) Regionalbewertung (subnationale Ebene), wobei in dieser Dissertation nur die Werte für die drei Regionen wiedergegeben werden. Die Fragen und Kodierungsanweisungen[57] der originalen Untersuchung wurden beibehalten.

Somit wurde die Methode der Expert*innenumfrage angewandt, auch wenn diese von manchen Autoren kritisch hinterfragt wird. So erklären etwa Steenbergen und Marks, dass Umfragen von Expert*innen subjektiv sind und die Herausforderung einer geringen Validität besteht, weil auch Expert*innen Fragen unterschiedlich interpretieren. Nichtsdestotrotz handelt es sich bei der Expert*innenumfrage um eine kostengünstige und flexible Methode, um Daten zu komplexen Aspekten zu erheben.[58] Methodisch wurden pro subnationaler Gebietskörperschaft mehrere Expert*innen gebeten, eine Bewertung abzugeben: Für Graubünden drei, für Südtirol und Tirol je fünf Personen. Für die Vergleichbarkeit wurde für den endgültigen LAI der Durchschnitt aus den einzelnen Bewertungen der Expert*innen berechnet. Die Messung der Lokalautonomie von 2020 bezieht sich auf den LAI in seiner nicht gewichteten Darstellung, der oftmals auch nur als LA (*Local Autonomy*) benannt ist.[59] Die Bewertung des nicht

---

55 Die Umfrage von Ladner et al. im Jahr 2014 hat nur föderale Länder bzw. nichtföderale Länder, in denen einige lokale Gebietskörperschaften formal mit unterschiedlichen Kompetenzen ausgestattet sind in Bezug auf die subnationale Ebene untersucht. Vgl. Bolgherini et al. 2021b.

56 Vgl. Hooghe et al. 2008; Hooghe et al. 2016.

57 Vgl. Ladner et al. 2015a.

58 Vgl. Steenbergen und Marks 2007.

59 Vgl. Ladner et al. 2015b, Bolgherini et al. 2020.

gewichteten LAI liegt zwischen 0 und 37, wobei die Bewertungen der einzelnen Dimensionen summiert und nach keiner spezifischen Formel berechnet wurden.

1.3.2.2 Die empirische Untersuchung (Kapitel 5 und 6)

Der zweite Teil der Dissertation widmet sich der Erhebung der Nutzung und Bewertung von Kooperation in den Gemeinden der analysierten subnationalen Gebietskörperschaften und beantwortet die Forschungsfragen 3 und 4. Die Daten werden mithilfe der Meinungen von Bürgermeister*innen erhoben. Bisher haben sich nur wenige Studien mit den Einstellungen und Bewertungen von politischen Eliten beschäftigt,[60] so dass diese Erhebung neue Erkenntnisse bringen soll. Dieser Teil der Forschungsarbeit birgt, neben dem Vergleich der verfügbaren Kooperationsformen, somit das größte Innovationspotential der Dissertation. In den Kapiteln 4 und 5 werden die Forschungsfragen sowohl mit Hilfe eines online-Fragebogens sowie durch semistrukturierte Interviews beantwortet.

Im Zentrum der Untersuchung steht die lokale politische Leadership, d.h. der politische Akteur der Bürgermeister*innen als höchste Repräsentationsfigur der Kommunalpolitik. Diese Personen dienen als Subjekt, weil davon ausgegangen wird, dass diese Person für die Einleitung und Umsetzung von lokaler Kooperation entscheidend ist und über einen ausreichenden Wissensstand zu den Vorgängen der Gemeindeverwaltung verfügt (siehe Kapitel 2).[61]

Auch wenn Agranoff[62] das administrative Personal als Dreh- und Angelpunkt der intergouvernementalen Beziehungen von Gemeinden bezeichnet, sind die Bürgermeister*innen als zentrale Entscheidungsträger*innen – vor allem in kleinen Gemeinden – meiner Meinung nach mindestens gleichwertig relevant. Die horizontale Zusammenarbeit mit anderen Gemeinden weist sehr häufig eine politische Komponente auf, dessen Funktionen in den meisten Fällen von den Bürgermeister*innen selbst wahrgenommen werden (dies bestätigen auch die Ergebnisse des Fragebogens, siehe Kapitel 5 und 6). Nichtsdestotrotz bin ich mir des Risikos bewusst, dass das Forschungsergebnis womöglich ein anderes sein könnte, wenn die Zielgruppe der Erhebung nicht die politischen

---

60 Es gibt Studien zu den Einstellungen von lokalen Eliten zum politischen System, der Demokratie oder dem Verwaltungssystem, vgl. etwa Gabriel 2007, Bäck et al. 2006, Krapp 2013.

61 Die Gemeinden in den drei subnationalen Gebietskörperschaften können entweder der *strong-mayor form* oder der *collective form* zugeordnet werden. Vgl. Mouritzen und Svara 2002, S. 55; Heinelt et al. 2018c, S. 27 ff.

62 Vgl. Agranoff 2004b, 2013.

Führungspersönlichkeiten, sondern die Führungskräfte der lokalen Verwaltung gewesen wären. Würde sich die Forschungsfrage um die Effizienz von Kooperation drehen, wäre eine Erhebung aus verwaltungswissenschaftlicher Sicht vermutlich notwendig. Dennoch gibt der hier gewählte Ansatz dem Projekt zusätzliches Innovationspotential: Da die Entscheidungen primär von politischen Akteuren getroffen werden, ist es notwendig zu verstehen, wie diese denken und handeln.

Datensatz 1: Standardisierter Fragebogen

Um einen Überblick über die Realitäten der lokalen Kooperation zu erhalten, wurde zuerst eine Befragung in Form eines online-Fragebogens durchgeführt, der an die politischen Oberhäupter aller Gemeinden per E-Mail geschickt wurde. Die Umfrage ist eine bewährte Methode der sozialwissenschaftlichen Untersuchung. Eine Stärke der Methodik ist ihre Vielseitigkeit, weil sie für die Erhebung von verschiedenen Meinungen, Ansichten bzw. Werte genutzt werden kann. Weitere Vorteile einer Befragung durch Fragebogen sind dessen Effizienz, die Möglichkeit große Gruppen gleichzeitig zu befragen oder die Nutzung von statistischer Datennutzung bei der Identifizierung von Variablen.[63] Die Methode bringt laut Maggie Walter allerdings auch Risiken: Die jeweilige Forscherin muss sich beispielsweise im Klaren sein, dass die erhobenen Daten subjektive Informationen wiedergeben sowie nur eine kurze Momentaufnahme einer Meinung und somit kein stabiles Phänomen darstellen. Je nach Konstellation der Fragen, können mithilfe der Methodik sowohl quantitative wie auch qualitative Daten erhoben werden. Die in diesem Fragebogen eingesetzten Fragen bedienten sich beider Formen (geschlossene und offene Fragen). Bei der hier durchgeführten Umfrage handelt es sich um eine *„one-shot case study“*,[64] weil es sich bei den Bürgermeister*innen um eine bestimmte Personengruppe handelt, die zu einem bestimmten Zeitpunkt befragt wurde. Dadurch werden zwar wichtige Daten generiert, es muss aber darauf hingewiesen werden, dass es sich hierbei um keine repräsentative Umfrage handelt, mit welcher auf andere Gemeinden geschlossen werden kann.

Eine Umfrage kann mehrere Zwecke erfüllen, die deskriptiver und analytischer Natur sind. Bei ersterem Zweck geht es nach Sandra Halperin und Oliver Heath darum Informationen über Meinungen und Verhalten von Personen zu geben. Der analytische Zweck liegt hingegen in der Verifizierung oder Falsifizierung von bestimmten Hypothesen und Theorien.[65] Fragebogen sind eine hilfreiche

63 Vgl. Walter 2013, S. 122 f.
64 Walter 2013, S. 124.
65 Vgl. Halperin und Heath 2012, S. 230.

Methode zur Sammlung von Daten, können aber eine bestimmte Fehlerquote beinhalten und müssen daher vorsichtig angewandt werden. So muss vor allem auf die Art der Fragen sowie deren Formulierung geachtet werden bzw. nicht außer Acht gelassen werden, dass Fragen verschiedenartig interpretiert werden können.[66] Bei der Konstruktion des Fragebogens wurde darauf geachtet, die wissenschaftlich geltenden Hinweise zu befolgen, u.a. die Fragen kurz und einfach zu formulieren, wiederholende Fragen zu vermeiden, nicht zu wenige, aber auch nicht zu viele Antwortkategorien zu bieten, eher geschlossene Fragen als offene Fragen zu wählen sowie die Antwortkategorie „anderes" und „ich weiß nicht" zur Verfügung zu stellen.[67]

Durch die Befragung wurden Daten erhoben, wie horizontale Kooperation *umgesetzt* und von der politischen Elite im Allgemeinen und im Spezifischen auf ihrer eigenen Erfahrungsbasis *bewertet* wird. Dadurch können Unterschiede und Ähnlichkeiten bei der Nutzung und Bewertung von Kooperation auf politischer Ebene eruiert werden. Weiters sollen die Daten Hinweise darauf geben, wo die politischen Eliten Herausforderungen der Kooperation definieren und welche Formen sie als erfolgreiche Beispiele nennen. Für die Beantwortung der Forschungsfragen eignet sich die Befragung besonders gut, weil es um die Erhebung der Kooperationspraxis der Gemeinden geht. Es gibt mehrere Gründe, weshalb sich vergleichende Umfragen von politischen Leadern als geeignete Datenquellen anbieten:[68] Sie können Erstinformationen liefern, die für die wissenschaftliche Untersuchung von lokaler Politik bedeutend sind, wie etwa die Darstellung von Prioritäten oder zu Werten, Verhalten oder der Beziehung mit anderen Akteuren. Rolf Porst unterstreicht korrekterweise, dass ein Fragebogen stets in Verbindung mit theoriegeleiteten Fragen und Hypothesen stehen muss. So müssen die gestellten Fragen theoretisch begründet sein und der Fragebogen dazu dienen, die Theorie zu überprüfen.[69]

Die Grundgesamtheit der dieser Arbeit zu Grunde liegenden Befragten sind 500 Bürgermeister*innen zum Zeitpunkt April 2020. Der Fragebogen wurde erstmals am Donnerstag, 23. April 2020 an alle amtlichen Adressen der betroffenen Personen per E-Mail verschickt, daraufhin wurden noch mehrere Erinnerungsnachrichten sowie auch individuell personalisierte Emails an ausgewählte Gemeinden geschickt, um einen höchstmöglichen Rücklauf zu erreichen. Die E-Mail-Adressen wurden im Vorfeld im Internet recherchiert und den offiziellen

66 Vgl. Halperin und Heath 2012, S. 231 ff.
67 Vgl. Mowbray und Yoshihama 2001; Walter 2013, S. 121–146.
68 Vgl. Heinelt und Magnier 2018.
69 Vgl. Porst 2014, S. 14.

Webauftritten der Gemeinden entnommen. Dort, wo keine amtliche persönliche E-Mail-Adresse auffindbar war, wurde die E-Mail an das Sekretariat der jeweiligen Gemeinde mit der Bitte um Weiterleitung an die Bürgermeister*innen geschickt.

Da es sich um eine qualitative Untersuchung handelt, wurde keine spezifische Rücklaufquote angestrebt. Darüber hinaus ist eine Ablehnung eines Online-Fragebogens im Vergleich zu anderen Umfragetypen sehr wahrscheinlich. Die Rücklaufquote wird in einem solchen Fall nur auf fünf bis zehn Prozent geschätzt, da die Aufforderung zum Ausfüllen eines Fragebogens, die im Allgemeinen per E-Mail oder über soziale Medien verschickt wird, ignoriert werden kann. Somit sollte bei einer online-Umfrage die Größe der Zielgruppe ernsthaft berücksichtigt und bedacht werden, dass sie für Gruppen mit nur wenigen hundert Personen ausgeschlossen werden sollte.[70] Zusätzliche Komplexität bringt die Durchführung von Erhebungen mit Eliten im Vergleich zu Meinungsumfragen. Dies aus Gründen des erschwerten Zugangs zu diesen Personen (z.B. aufgrund des engen Terminplans) oder der Zurückhaltung bei der Beantwortung von Fragen, die nicht in den Zuständigkeitsbereich der Befragten fallen oder die politisch oder persönlich unangenehm sein könnten.[71] Nichtsdestotrotz wird die Elitebefragung für diese Forschung als geeignet bewertet.

Zur Bewerbung der Befragung wurden im Vorfeld die Gemeindeverbände von Südtirol und Tirol sowie das Amt für Gemeinden des Kantons Graubünden kontaktiert, die ihre Bereitschaft erklärten, das Projekt zu unterstützen. Allerdings war schließlich nur der Südtiroler Gemeindeverband bereit, dafür ein spezifisches Empfehlungsschreiben zu verfassen, welches vom Verband im Vorfeld des Versendens des Fragebogens dankenswerterweise an alle 116 Südtiroler Gemeinden verschickt wurde.

Der Fragebogen „Vertikale und horizontale Kooperation von Gemeinden" umfasste insgesamt 64 Fragen, die in 11 Themenbereiche gegliedert waren. Diese waren: Angaben zur Gemeinde, Erfahrung mit Kooperation, Intensität der Kooperation, Formen, Akteure, Wichtigkeit, Zufriedenheit, Kooperation als Lösungsansatz, Hindernisse, Unterstützung, Angaben zur Person. Der Fragebogen orientierte sich bei manchen Fragestellungen an bereits abgeschlossenen Studien bzw. existierenden Erhebungen. Der Fragebogen wurde original in deutscher Sprache erstellt und dann ins Italienische übersetzt, so dass die Bürgermeister*innen die Auswahl zwischen beiden Sprachen hatten. Insgesamt

70 Vgl. Mosca 2014.
71 Vgl. Rodríguez-Teruel und Daloz 2018.

haben von den 142 Personen, 134 die Befragung auf Deutsch ausgefüllt und acht Personen auf Italienisch. Bevor der Fragebogen an die Bürgermeister*innen geschickt wurde, wurden mehrere Pre-Tests mit Expert*innen aus dem Bereich der Lokalautonomie bzw. aus allen drei Territorien durchgeführt.[72] Daraufhin wurde der Fragebogen nochmals in beiden Sprachen überarbeitet und angepasst. Die Zeitspanne, in welcher die 142 Fragebogen ausgefüllt wurden, betraf die Monate April bis September 2020. Diese lange Zeitspanne erklärt sich durch mehrmalige Aufrufe in Form von Erinnerungsemails sowie persönliche Anrufe mit dem Ziel, einen höheren Rücklauf zu generieren. Die mehrmaligen Erinnerungen waren zeitintensiv, doch konnte die Rücklaufquote in den drei Ländern dadurch stetig erhöht werden. Das Enddatum der Befragung war der 30. September 2020, somit blieb der Fragebogen für die Bürgermeister*innen insgesamt fünf Monate online zugänglich.

Alle Ergebnisse wurden mithilfe der Software „SPSS" tabellarisch im Hinblick auf ihre Häufigkeit aufgearbeitet (absolute Zahlen sowie Prozentanteile). Diese Aufarbeitungen wurde zum einen für die Gesamtergebnisse und anschließend im Hinblick auf die Variablen Territorium, Größe und geografische Lage der Gemeinden erarbeitet. Für letztere beiden Variablen wurden die Ergebnisse sowohl insgesamt zusammengefasst sowie hinsichtlich des Landes, woher sie stammen, unterteilt.

*Tabelle 1: Übersicht der befragten Bürgermeister*innen*

	Gesamtanzahl	**Anteil in Prozent**	**Rücklauf Fragebogen**	**Rücklauf in Prozent**
Gemeindepräsident*innen Graubünden	105	21,0 %	47	47,0 %
Bürgermeister*innen Südtirol	116	23,2 %	50	43,1 %
Bürgermeister*innen Tirol	279	55,8 %	45	16,1 %
Insgesamt	**500**	**100 %**	**142**	**28,4 %**

72 Insgesamt wurde der Fragebogen vorab an Bürgermeister*innen aus allen drei Territorien versendet, wovon allerdings nur eine Person aus Graubünden diesen durchgeführt hat. Außerdem haben sieben weitere Expert*innen den Fragebogen getestet: Zwei Beamte, fünf Wissenschaftler*innen. Die Wichtigkeit von Pretests wird u.a. von Mowbray und Yoshihama 2001 unterstrichen.

Insgesamt sich 28,4 Prozent der Bürgermeister*innen an der Befragung beteiligt (122 Bürgermeister*innen, 20 Vertretungspersonen). Die Rücklaufquote von 28,4 Prozent ist beschränkt, doch für eine online-Umfrage bemerkenswert hoch, deren Quote normalerweise zwischen 5–10 Prozent liegt.[73] Für Graubünden und Südtirol wurde eine Rücklaufquote von über 40 Prozent erreicht, für Tirol bedauernswerterweise nur knapp über 16 Prozent. Immerhin wurde insgesamt fast ein Abbild von einem Drittel (entspräche 166 Fragebogen statt 142) der 500 Gemeinden erreicht. In Südtirol und Graubünden wurde die Anzahl von einem Drittel der jeweiligen Gemeinden bei weitem erreicht, in beiden Territorien entspricht der Rücklauf sogar fast der Hälfte der Gemeinden. Der Ausreißer der Ergebnisse ist somit das Land Tirol, wo nur knapp ein Sechstel der Bürgermeister*innen an der Befragung teilgenommen haben.

Es ist zu unterstreichen, dass es sich bei der Befragung um eine erstmals durchgeführte Datenerhebung handelt. Es gibt zwar Datensammlungen zum Land Tirol, die teilweise auch Südtirol und Graubünden miteinschließen,[74] doch es wurde soweit mir bekannt, erstmals ein (identischer) Fragebogen zum Thema der Nutzung und Bewertung interkommunaler Kooperation an alle Gemeinden in Graubünden, Südtirol und Tirol verschickt. Somit bieten die Ergebnisse wichtige Informationen für die Wissenschaft sowie die subnationale und lokale Verwaltung in den betroffenen Territorien.

Der Rücklauf kann auf mehrere Faktoren zurückgeführt werden. Zum einen fiel die Befragung mitten in den Ausbruch der Covid-19 Pandemie in Europa im März 2020, was womöglich mehrere Bürgermeister*innen aus Zeitgründen davon abgehalten hat, an der Befragung teilzunehmen. Des Weiteren handelte es sich bei der Befragung nicht um eine oberflächliche und kurzweilige, sondern eine zeitintensive und auf vertiefendem Wissen basierte Erhebung. So waren für das Ausfüllen des Fragebogens mindestens 30 bis 40 Minuten notwendig und die Fragen mitunter spezifisch, was manche Bürgermeister*innen möglicherweise an einer Teilnahme gehindert hat. Nichtdestotrotz sind in den Ergebnissen der Erhebung diverse Gruppen von Gemeinden repräsentiert, was die Beantwortung der Forschungsfragen bzw. eine eingehende Analyse erlaubt.

73 Vgl. Mosca 2014, S. 408.

74 Siehe: Bußjäger et al. 2016a.

Tabelle 2: Rücklauf der Fragebogen nach Größe der Gemeinde

Einwohner*innen	Gesamtanzahl	Anteil in Prozent	Rücklauf Fragebogen	Rücklauf in Prozent
Unter 500 (Kleinstgemeinden)	67	13,4 %	19	28,4 %
501–2.000 (Kleine Gemeinden)	236	47,2 %	63	26,7 %
2.001–5.000 (Mittlere Gemeinden)	148	29,6 %	43	29,1 %
Über 5.000 (Große Gemeinden)	49	9,8 %	17	34,7 %
Insgesamt	**500**	**100 %**	**142**	**28,4 %**

Der Rücklauf im Hinblick auf die Größe sowie die geografische Lage der Gemeinden zeigt eine hohe Ausgeglichenheit. Von den vier Größenklassen sind alle mit mindestens 26 Prozent repräsentiert, womit es keine Einwohner*innenklasse gibt, die unterrepräsentiert wäre. Den höchsten Anteil der Ergebnisse machen die Gemeinden mit über 5.000 Einwohner*innen aus, von denen knapp 35 Prozent an der Befragung teilgenommen haben. Von den insgesamt 17 Gemeinden über 10.000 Einwohner*innen haben sich sogar neun Gemeinden beteiligt, das entspricht über 50 Prozent.

Tabelle 3: Rücklauf der Fragebogen nach Lage der Gemeinde

Geografische Lage	Gesamtanzahl	Anteil in Prozent	Rücklauf Fragebogen	Rücklauf in Prozent
Städte (DEGURBA 1 Kategorie)	2	0,4 %	0	0
Kleinere Städte und Vororte (DEGURBA 2 Kategorie)	95	19,0 %	30	31,5 %
Ländliche Vororte (DEGURBA 3 Kategorie)	403	80,6 %	112	27,7 %
a) Ländliche Zentren	*61*	*12,2 %*	*10*	*16,3 %*
b) Ländliche Vororte	*273*	*54,6 %*	*79*	*28,9 %*
c) Ländlich periphere Gebiete	*69*	*13,8 %*	*23*	*33,3 %*
Insgesamt	**500**	**100 %**	**142**	**28,4 %**

Auch der Blick auf die geografische Lage der Gemeinden zeigt Diversität, allerdings nicht in einem ausgewogenen Maße wie in Bezug auf die Größe. Die beiden Städte Innsbruck und Bozen haben den Fragebogen leider nicht ausgefüllt, dafür sind die kleineren Städte und die ländlichen Vororte mit jeweils fast 30 Prozent gut repräsentiert. Ein Blick auf die Sub-Kategorien der ländlichen Vororte offenbart, dass die Antwortrate auch hier zwischen 16 und 33 Prozent liegt.

Datensatz 2: Semistrukturierte Interviews

Um die Ergebnisse des Fragebogens mit persönlichen Einschätzungen zu bereichern, wurde die Untersuchung durch eine qualitative Erhebung in Form von semistrukturierten Interviews mit ausgewählten Beispielgemeinden ergänzt. Das zweite Datenset besteht somit aus semistrukturierten Interviews, die mit politischen Führungspersönlichkeiten in 12 ausgewählten Beispielgemeinden zwischen Februar und Juli 2021 durchgeführt wurden. Wie beim Datensatz des Fragebogens, wurde auch hier der Bürgermeister*innen als zentraler Stakeholder befragt. Um die Beispielgemeinden auszuwählen, wurden im Vorfeld vier Kategorien von Gemeinden gebildet und aus jeder dieser Kategorie eine Gemeinde pro subnationaler Gebietskörperschaft ausgewählt. Daraufhin wurde mit den Bürgermeister*innen dieser Gemeinden ein Interview per E-Mail angefragt und durchgeführt. Die Daten wurden somit durch je ein persönliches Interview auf digitalem Wege gesammelt.

Bei der qualitativen Methode des vertiefenden Interviews handelt es sich, wie beim Fragebogen, um eine bewährte Methode der Sozialwissenschaft.[75] Durch Interviews können Erfahrungen, Beweggründe und Meinungen von bestimmten Personen erhoben werden. Diese können auch hilfreich sein, um bestehende Annahmen zu revidieren.[76] Auf diese Forschungsarbeit angewandt, ist der Zweck der Interviews der vertiefende Einblick und das bessere Verständnis der Bewertung von interkommunaler Kooperation. In diesem Sinne sollen in den Gesprächen vor allem die Gründe für Kooperation, deren Wichtigkeit sowie Zufriedenheit in Bezug auf etwaige Kooperationsformen besprochen werden. Damit handelt es sich zum großen Teil um eine Datensammlung, welche subjektive Wahrnehmungen bzw. Momentaufnahmen von politischen Eliten wiedergibt.

Es wurde die Methode des semistrukturierten Interviews angewandt, wobei die Sozialwissenschaft verschiedenste Formen von Interviews unterscheidet. Das semistrukturierte Interview wird meist als Unterkategorie des vertiefenden bzw. qualitativen Interviews bezeichnet.[77] Es unterscheidet sich von einem standardisierten Fragegebogen oder strukturiertem Interview durch die Möglichkeit,

75 Vgl. Walter 2013, S. 228 ff.; Halperin und Heath 2012, S. 253 ff.
76 Vgl. Rubin und Rubin 2005, S. 3 ff.
77 Vgl. Rubin und Rubin 2005, S. 29.

Fragen flexibel zu stellen, die Reihenfolge zu ändern oder mit zusätzlichen Fragen nachzuhaken.[78] Weiters können laut Walter die Meinungen vertieft werden und man könne auf spezifische Erfahrungen eingehen, was einen weiteren Mehrwert biete. Zu den Schwächen der Methode gehören hingegen u.a. die Beschränkung auf wenige bestimmte Personen, so dass keine allgemeinen Rückschlüsse möglich sind sowie der Umstand, dass die Befragten womöglich falsche oder irreführende Informationen angeben könnten.[79] Die Anzahl der Interviews ist hingegen nicht ausschlaggebend, die Frage ist viel mehr, welchen Zweck die Ergebnisse erfüllen sollen.[80] Irving Seidman schreibt, dass der Zweck eines vertiefenden Interviews nicht die Suche nach Antworten auf bestimmte Fragen oder das Testen von Hypothesen sei. Die Basis eines Interviews liege im Interesse die Erfahrungen von Personen zu hören und deren gelebte Erfahrung zu verstehen.[81] Bei der Durchführung muss sich eine Wissenschaftlerin somit stets im Bewusstsein halten, dass sie damit nur die Meinung einer bestimmten Person erhebt und dies nicht repräsentativ ist – ähnlich wie es bei einem Fragebogen der Fall ist. Nach Rubin/Rubin werden vertiefende Interviews durch folgende Merkmale charakterisiert: a) Die Forscher*in bezweckt reichhaltige und detaillierte Informationen in Form von Erfahrungen und Beispielen und keine ja/nein Antworten; b) es werden den Befragten keine spezifischen Antwortkategorien geboten, es handelt sich um offene Fragen; c) die Fragen sind nicht fix und endgültig, die Interviewer*in muss sich an keine strikte Reihenfolge halten, sondern kann Formulierungen ändern und Fragen auslassen.[82]

Im Vorfeld der Interviews wurde ein Leitfaden mit mehreren Themenblöcken und spezifischen Fragen erstellt. Der Leitfaden enthält alle thematischen Schwerpunkte, inklusive der *follow-up*-Fragen, welche nicht allen Interviewpartner*innen gestellt wurden. Die angewandte Methodik erlaubte eine flexible Gesprächsführung durch zusätzliche Fragen einerseits – wenn es für notwendig erachtet wurde – aber auch einen geregelten Ablauf für den späteren Vergleich andererseits.[83] Somit wurde Wert daraufgelegt, die Interviews nicht komplett offen durchzuführen, um die spätere Analyse zu erleichtern.[84]

78 Vgl. Walter 2013, S. 229.
79 Vgl. Walter 2013, S. 245.
80 Vgl. Walter 2013, S. 233.
81 Vgl. Seidman 2006, S. 9, 92.
82 Vgl. Rubin und Rubin 2005, S. 29.
83 Vgl. Halperin und Heath 2012, S. 258.
84 Vgl. Bryman 2012, S. 472.

Die Interviews wurden im Zuge der Covid-19 Pandemie nicht persönlich, sondern per (Video-)Telefon mithilfe der Plattform „Zoom“ durchgeführt. Sie wurden online aufgezeichnet und im Nachhinein transkribiert. Die Gespräche dauerten zwischen 41 und 90 Minuten. Eigentlich wären ursprünglich persönliche, so genannte *face-to-face* Interviews geplant, welche dann aufgrund der Pandemie mit digitalen Interviews ersetzt werden mussten. Die Methode eines Telefoninterviews hat einige Vorteile: Sie sind nicht nur kosten- sondern auch zeitsparend, weil der Aufwand der An- und Abreise wegfällt. Demgegenüber gibt es allerdings auch Schwächen, wie etwa den Zeitfaktor. Demnach sollten Telefoninterviews nicht länger als 20–25 Minuten dauern, auch sollten sie nicht die Erhebung von sensiblen Daten beinhalten. Ein weiterer nicht zu vernachlässigender Aspekt ist, dass bei einem Telefoninterview die Beobachtung einer etwaigen Reaktion auf bestimmte Fragen wegfällt, die für die Interviewführung relevant sein könnte.[85] Um von den Stärken eines Telefoninterviews zu profitieren und die genannten Schwächen abzumildern, wurde entschieden, die Interviews mit einer digitalen Video-Telefonie-Plattform durchzuführen.

Die 12 Beispielgemeinden wurden nach einer selbst erarbeiteten Methodik ausgewählt. Dabei spielte das Kriterium der Repräsentativität keine Rolle, ausschlaggebend war die Relevanz für den Forschungsgegenstand. Demnach wurde auf der Basis der Struktur der 500 Gemeinden bezogen auf ihre Größe beschlossen, nur jene Gemeinden in das Datenset der Interviews aufzunehmen, die eine Einwohner*innenzahl bis zu 5.000 aufweisen. Die Rechtfertigung für diese Entscheidung war, dass die Gemeinden mit einer Größe bis zu 5.000 Einwohner*innen insgesamt 90,2 Prozent der Gemeinden in Graubünden, Südtirol und Tirol ausmachen. Damit sind die Gemeinden mit mehr als 5.000 Einwohner*innen eine klare Minderheit und für den Forschungsgegenstand zwar gleichwertig interessant, für die Vertiefung der Forschungsfragen allerdings weniger relevant als die Gruppe der Gemeinden mit bis zu 5.000 Einwohner*innen. Zudem repräsentieren die Gemeinden mit weniger als 5.000 Einwohner*innen auch innerhalb der drei Gebiete die große Mehrheit: Sie machen in Graubünden und Tirol über 90 Prozent der Gemeinden aus (91,3 und 96,1 %), in Südtirol sind es mit 81,8 Prozent etwas weniger, aber dennoch eine klare Mehrheit. Zu beachten ist, dass der prozentuelle Anteil der Gemeinden dabei nicht immer in Verbindung mit der dort ansässigen Wohnbevölkerung steht. So leben in Graubünden knapp 68 Prozent der Gesamtbevölkerung in Gemeinden mit bis zu 5.000 Einwohner*innen, in

85 Vgl. Bryman 2012, S. 215.

Tirol sind es mit 54,4 Prozent immerhin mehr als die Hälfte der Bevölkerung. Der Außenseiter ist das Land Südtirol, wo nur 39,7 Prozent der Gesamtbevölkerung in Gemeinden mit bis zu 5.000 Einwohner*innen leben, die große Mehrheit der Personen hingegen in größeren Gemeinden ansässig sind. Nichtsdestotrotz war es aufgrund der höheren Repräsentativität von größerem Interesse sich bei den Interviews auf die Gemeinden mit bis zu 5.000 Einwohner *innen zu fokussieren. Mit diesem Ausschluss der größeren Gemeinden reduzierte sich das Datenset für die Interviews von 500 auf 451 Gemeinden (101 Graubünden, 95 Südtirol, 255 Tirol).

Der nächste Schritt zur Auswahl der potenziellen Interviewpartner*innen war, die 451 Gemeinden in übersichtliche Kategorien einzuteilen. Dafür habe ich mich auf jene zwei Variablen gestützt, welche für diese Forschungsarbeit ein zentrales Interesse bilden und auch in den zu erwartenden Erkenntnissen eine Rolle spielen: Dies ist zum einen die **Größe der Gemeinde gemäß der Einwohner*innenzahl** (Kriterium 1) sowie zum anderen die **geografische Lage einer Gemeinde gemäß Distanz zu einer zentralen Gemeinde** (Kriterium 2). Mit der Fokussierung auf diese Kriterien wurden zwei Variablen hergenommen, welche für die Forschungsfragen relevant sind. Es handelt sich bei der Auswahl der Interviewpartner*innen somit um Gemeinden, deren Struktur in den drei Territorien häufig vorhanden ist und die sich gut als Beispielgemeinden eignen. Zudem nimmt die Arbeit somit in zweifacher Hinsicht auf zwei relevante Variablen Bezug: Zum einen werden sie im Kapitel 1 einander beschreibend gegenübergestellt, um die territoriale Struktur der Länder ersichtlich zu machen. Zum anderen werden sie für die empirische Untersuchung zu Hilfe genommen, um jene Gemeinden auszuwählen, die für Interviews in Frage kommen.

In Bezug auf das Kriterium 1 (**Größe der Gemeinde**) befinden sich die 451 Gemeinden mit bis zu 5.000 Einwohner*innen in den Größenkategorien der Kleinstgemeinen (bis zu 500 Einwohner*innen), kleine Gemeinden (501–2.000 Einwohner*innen) sowie den mittleren Gemeinden (2.001 bis 5.000 Einwohner*innen). Für die Auswahl der Interviews wurden diese drei Kategorien in zwei Unterkategorien zusammengefasst, um eine ausgeglichene Repräsentativität innerhalb des Datensatzes zu erhalten. So wurden die Kleinstgemeinden und kleinen Gemeinden zu einer Kategorie aggregiert (Gemeinden mit 0–2.000 Einwohner*innen), während die Kategorie der mittleren Gemeinden (2.001–5.000 Einwohner*innen) separat bestehen blieb. Insgesamt befinden sich in der Gruppe der Gemeinden bis zu 2.000 Einwohner*innen 303 Gemeinden und in der Gruppe zwischen 2.001 und 5.000 Einwohner*innen 148 Gemeinden. Die Gemeinden mit bis zu 2.000 Einwohner*innen repräsentieren in Graubünden 71,43 Prozent, in Südtirol 40,51 Prozent und in Tirol 64,78 Prozent. Demgegenüber repräsentieren die Gemeinden zwischen 2.001 und 5.000 Einwohner*innen in Graubünden 24,76 Prozent, in Südtirol 41,38 Prozent und in Tirol 26,52 Prozent. Insgesamt entspricht die Verteilung der Gemeinden in diese beiden Kategorien 67 Prozent (Kleinst- und kleine Gemeinden) sowie 33 Prozent (mittlere Gemeinden).

*Tabelle 4: Datensatz für Interviews nach Einwohner*innen*

Kategorie	Kanton Graubünden	Land Südtirol	Land Tirol	Summe
Kleinst- und kleine Gemeinden: 0–2.000 Einwohner*innen	75	47	181	303
Mittlere Gemeinden: 3.001–5.000 Einwohner*innen	26	48	74	148
Insgesamt	**101**	**95**	**255**	**451**

Für das zweite Kriterium **(geografische Lage)** wurde der Fokus auf die ländlichen Gemeinden gelegt. Wie im Anschluss ausgeführt, zählen über 80 Prozent der Gemeinden in Graubünden, Südtirol und Tirol zu ländlichen Gebieten, was der europäischen DEGURBA Kategorie 3 entspricht. Da diese Gruppierung auch in allen drei Territorien knapp unter bzw. über 80 Prozent ausmacht (Graubünden: 84,7 %, Südtirol: 87,8 %, Tirol 75,8 %) erschien es am sinnvollsten, nur diese Gemeinden für die Befragung in Betracht zu ziehen. Dieser Entscheidung entsprechend wurden die zwei Städte Innsbruck und Bozen sowie auch die 95 kleineren Städte und Vororte (16 in Graubünden, 13 in Südtirol, 66 in Tirol) vom Datenset ausgeschlossen. Die Städte Innsbruck und Bozen befanden sich bereits aufgrund ihrer Einwohner*innenzahl des Kriteriums 1 nicht mehr im relevanten Datenset, bei den 95 kleineren Städten und Vororten bedurfte es hingegen einer zusätzlichen Verifizierung, ob und welche Gemeinden sich noch in den Gruppierungen der Gemeinden zwischen 0–2.000 sowie 2.001–5.000 Einwohner*innen befanden. Das Ergebnis ergab, dass der Großteil der Städte und kleineren Städte und Vororte bereits aufgrund des Kriteriums 1 vom Datenset ausgeschlossen war. Einige der 95 kleineren Städte und Vororte befanden sich hingegen noch in den beiden Kategorien des Kriteriums 1, weil sie weniger als 5.001 Einwohner*innen zählen. Insgesamt wurden daraufhin nochmals 61 Gemeinden aus dem Datensetz entfernt (12 aus Graubünden, 4 aus Südtirol, 45 aus Tirol). Mit dem Ausschluss der Gemeinden, die als kleinere Städte und Vororte gelten, verringerte sich das Datenset von 451 auf 390 Gemeinden (89 Graubünden, 91 Südtirol, 210 Tirol).

*Tabelle 5: Neuer Datensatz für Interviews nach Einwohner*innen und ländliche Gemeinden*

Einwohner*innenzahl	Kanton Graubünden	Land Südtirol	Land Tirol	Summe
Kleinst- und kleine Gemeinden: 0–2.000 Einwohner*innen	70	46	159	331
Mittlere Gemeinden: 3.001–5.000 Einwohner*innen	19	45	51	59
Insgesamt	**89**	**91**	**210**	**390**

Wie beim Kriterium 1 wurde auch für das Kriterium der geografischen Lage eine weitere Spezifizierung angewandt. Um in der späteren Analyse einen Vergleich durchzuführen, wurden dafür zwei gegensätzliche Kategorien in Betracht gezogen: Zum einen ländliche Gemeinden, die eher peripher liegen und zum zweiten ländliche Gemeinden, die eher zentral liegen. Zur Definition dieser beiden Kategorien wurden die Entfernungskategorien zu einer Gemeinde mit über 10.000 Einwohner*innen verwendet. Da die Städte und die kleineren Städte und Vororte vom Datenset ausgeschlossen waren, wurden die relevanten Gemeinden nur aus jenen drei Entfernungskategorien ausgewählt, welche für die die ländlichen Gebiete relevant sind. Dies sind:

A. **Ländliche Gebiete mit schneller Erreichbarkeit (ländliche Zentren):** Eigene Berechnung, Distanz zwischen 0 bis zu 10 km zu einer Gemeinde mit über 10.000 Einwohner*innen (entspricht 61 von 500 Gemeinden)
B. **Ländliche Gebiete mit mittlerer Erreichbarkeit (ländliche Vororte):** Eigene Berechnung, Distanz zwischen 10,1 bis zu 50 km zu einer Gemeinde mit über 10.000 Einwohner*innen (entspricht 273 von 500 Gemeinden)
C. **Ländliche Gemeinden mit geringer Erreichbarkeit (ländlich periphere Gebiete):** Eigene Berechnung, Distanz von mehr als 50 km zu einer Gemeinde mit über 10.000 Einwohner*innen (entspricht 69 von 500 Gemeinden)

In Kategorie B, ländliche Vororte, fallen insgesamt 54,6 Prozent der 500 Gemeinden von Graubünden, Südtirol und Tirol, so dass diese Kategorie als sehr relevant für die Gemeinden in den drei Territorien eingestuft werden kann. Diese soll somit die „eher peripher liegenden" Gemeinden repräsentieren. In diese Kategorie fallen insgesamt 59,5 Prozent der Bündner Gemeinden, 74,5 Prozent jener aus Südtirol sowie 67,9 Prozent der Tiroler Gemeinden. Als „zentral gelegen" wird hingegen die Entfernungskategorie von weniger als 10 km hergenommen, die als ländliche Zentren bezeichnet werden können. Immerhin insgesamt 12,2 Prozent der 500 Gemeinden fallen in diese Kategorie (2,2 % aus Graubünden, 18,6 % aus

Südtirol, 18,8 % aus Tirol). Die Fokussierung auf diese beiden Entfernungskategorien bedeutet im Umkehrschluss, dass von den 391 Gemeinden jene ausgeschlossen werden müssen, welche eine Entfernung von mehr als 50 km zu einer Gemeinde mit über 10.000 Einwohner*innen aufweisen (ländlich periphere Gemeinden). Als solche können vom bisherigen Datensatz 68 Gemeinden bezeichnet werden (34 in Graubünden, 6 in Südtirol, 28 in Tirol). Mit Ausschluss dieser 68 Gemeinden verringert sich das finale Datensetz erneut und umfasst schließlich 322 Gemeinden (55 aus Graubünden, 85 aus Südtirol, 182 in Tirol). Nach dieser Reduzierung des Datensatzes auf insgesamt **322 Gemeinden** wurden im nächsten Schritt die beiden beschriebenen Variablen „Größe" und „Lage" miteinander verknüpft, womit sich schlussendlich **vier Kategorien** für potenzielle Interviewpartner*innen ergaben:

- Gruppe A: Kleinst- und Kleine Gemeinden plus ländliche Vororte
- Gruppe B: Mittlere Gemeinden plus ländliche Vororte
- Gruppe C: Kleinst- und Kleine Gemeinden plus ländliche Zentren
- Gruppe D: Mittlere Gemeinden plus ländliche Zentren

Für alle vier Kategorien haben sich für Graubünden, Südtirol und Tirol eine diverse Anzahl an Gemeinden herauskristallisiert, wie die folgende Tabelle aufzeigt.

*Tabelle 6: Einteilung der Gemeinden nach Einwohner*innen und geografischer Lage*

Falltyp	Kanton Graubünden	Land Südtirol	Land Tirol	Summe
Kleinst- und kleine Gemeinden (0–2.000 Einwohner*innen) und ländliche Vororte	40	34	103	**177**
Mittlere Gemeinden (2.001–5.000 Einwohner*innen) und ländliche Vororte	13	32	39	**84**
Kleinst- und kleine Gemeinden (0–2.000 Einwohner*innen) und ländliche Zentren	1	8	28	**37**
Mittlere Gemeinden (2.001–5.000 Einwohner*innen) und ländliche Zentren	1	11	12	**24**
Insgesamt	**55**	**85**	**182**	**322**

Mit dieser Verknüpfung der zwei Variablen ergaben sich für jedes Territorium in jeder der vier Kategorien eine Anzahl an potenziellen Interviewpartner*innen, aus denen die Autorin je eine Gemeinde ausgewählt hat. Wie aus Tabelle 6 ersichtlich, gehören die meisten Gemeinden der Gruppe A an, d.h. es sind die Kleinst- und kleinen Gemeinden, die ländlich gelegen sind. Sie machen sowohl insgesamt wie auch innerhalb jedes Territoriums die größte Gruppe aus. Die wenigsten Gemeinden befinden sich insgesamt in der Gruppe D, welches die mittelgroßen Gemeinden sind, die ländlich zentral gelegen sind. Ebenso in Tirol handelt sich hierbei um die Gruppe mit den wenigsten Gemeinden, während dies in Südtirol der Gruppe C entspricht. In Graubünden sind sowohl in Gruppe C wie auch D nur eine einzige Gemeinde repräsentiert, sodass diese beiden Gemeinden für ein Interview angefragt wurden.

In jenen Gruppen, wo mehr als eine Gemeinde vorhanden war, wurden jenen Gemeinden Präferenz für die Interview-Anfrage eingeräumt, welche den online-Fragebogen (Datenset 1) nicht ausgefüllt hatten. Dies, um die Bereicherung der Daten zu verstärken und zusätzliche Daten zu garantieren. Es wurde bei der Endauswahl der Gemeinden ebenso berücksichtigt, dass sich die Gemeinden nicht im selben Bezirk bzw. derselben Region der jeweiligen Gebietskörperschaft befinden. Hintergrund dieser Entscheidung war eine breite territoriale Abdeckung und die Sicherstellung einer geografischen Verteilung innerhalb des jeweiligen Landes. Schlussendlich wurden 12 Gemeinden für ein Interview ausgewählt und im Januar 2021 dafür angefragt. Einige ausgewählte Bürgermeister*innen haben ein Interview abgelehnt, so dass für diese eine Ersatzgemeinde mit denselben strukturellen Voraussetzungen gesucht wurde. Schließlich wurden vertiefende Interviews mit den Bürgermeister*innen folgender Gemeinden durchgeführt:

Tabelle 7: Interviews mit 12 Beispielgemeinden

Gemeinde	**Subnationale Gebietskörperschaft**	**Falltyp**	**Datum des Interviews**	**Dauer des Interviews**
Zernez	Graubünden	A	04.02.2021	01:00:29
Surses	Graubünden	B	17.02. 2021	01:06:16
Tschiertschen-Praden	Graubünden	C	24.02.2021	01:23:18
Trimmis	Graubünden	D	12.07.2021	01:08:58
Martell	Südtirol	A	26.02.2021	01:22:00
Villnöss	Südtirol	B	09.02.2021	00:55:00
Pfatten	Südtirol	C	10.02.2021	00:56:34

(forts.)

Tabelle 7: (forts.)

Gemeinde	**Subnationale Gebietskörperschaft**	**Falltyp**	**Datum des Interviews**	**Dauer des Interviews**
St. Lorenzen	Südtirol	D	24.02.2021	00:41:16
Kaunertal	Tirol	A	18.05.2021	01:27:00
Westendorf	Tirol	B	19.02.2021	01:01:15
Polling in Tirol	Tirol	C	01.03.2021	01:07:09
Schwoich	Tirol	D	16.02.2021	01:03:18

Die Analyse der Interviews erfolgte mithilfe der Methode der qualitativen Auswertung. Die Kodifizierung wurde mittels einer „thematischen Kodierung" durchgeführt. Dafür wurden die Inhalte 20 Kernthemen zugeordnet, die als *Codes* dienten und welche die Grundlagen der empirischen Untersuchung ausmachen. Für die Sammlung und Zuordnung der Textbausteine zu den jeweiligen *Codes* wurde die Software „*Atlas.ti*" benutzt. Mit diesem Programm wurden die Aussagen der Bürgermeister*innen den folgenden Kodierungen zugeordnet und im Anschluss vergleichend analysiert:

Tabelle 8: Kodierungen der Interviews (alphabethische Reihenfolge)

Akteure
Ansprüche Bürger*innen
Ansprüche Land
Erfahrung
Formen
Fusion
Größe der Gemeinde
Gründe
Herausforderungen
Hindernisse
Intensität
Kooperation als Lösung
Kurze Information
Lage der Gemeinde
Politikfelder

Regieren (Sandwich)
Unterstützung
Vertikale Kooperation
Wichtigkeit
Zufriedenheit

Für die beschreibende Analyse der Aussagen der Bürgermeister*innen (Kapitel 5 und 6) wurden die Gemeinden anonymisiert. Nachfolgend listen die Tabellen 9–12 für eine schnelle Übersicht alle interviewten Gemeinden nach Falltyp mit Details zu der Zahl ihrer Einwohner*innen, geografischen Lage und Fläche.

Tabellen 9–12: Die 12 Beispielgemeinden[86]

*Tabelle 9: Gruppe A – Kleine Gemeinden (Einwohner*innen zwischen 0 und 2.000) und ländliche Vororte (Entfernung zwischen 10,1 und 50 km vom nächsten größeren Ort)*

Gemeinde	**Subnationale Gebietskörperschaft**	**Bezirk/ Region**	**Einwohner* innen (Anzahl)**	**Geografische Lage (Entfernung Kilometer)**	**Fläche**
Zernez	Graubünden	Val Müstair	1.532	33,7	344 km²
Martell	Südtirol	Vinschgau	841	42,9	143,82 km²
Kaunertal	Tirol	Landeck	604	36,4	193,53 km²

*Tabelle 10: Gruppe B – Mittlere Gemeinden (Einwohner*innen zwischen 2.001 und 5.000) und ländliche Vororte (Entfernung zwischen 10,1 und 50 km vom nächsten größeren Ort)*

Gemeinde	**Subnationale Gebietskörperschaft**	**Bezirk/ Region**	**Einwohner* innen (Anzahl)**	**Geografische Lage (Entfernung Kilometer)**	**Fläche**
Surses	Graubünden	Abula	2.343	37,4 km	325 km²
Villnöss	Südtirol	Eisacktal	2.629	18,8 km	81,06 km²
Westendorf	Tirol	Kitzbühl	3.679	15,8 km	95,49 km²

86 Die Daten zu den Einwohner*innenzahlen, der geografischen Lage und Fläche basieren sich auf den erhobenen Daten der Autorin im Jahr 2020 und den bereits zitierten Internetquellen der offiziellen statistischen Ämter.

*Tabelle 11: Gruppe C – Kleine Gemeinden (Einwohner*innen zwischen 0 und 2.000) und ländliche Zentren (Entfernung weniger als 10 km vom nächsten größeren Ort)*

Gemeinde	Subnationale Gebietskörperschaft	Bezirk/ Region	Einwohner*innen (Anzahl)	Geografische Lage (Entfernung Kilometer)	Fläche
Tschiertschen-Praden	Graubünden	Plessur	318	8,4 km	18,77 km^2
Pfatten	Südtirol	Überetsch-Unterland	1.057	4,6 km	13,51 km^2
Polling in Tirol	Tirol	Innsbruck Land	1.221	8,8 km	4,97 km^2

*Tabelle 12: Gruppe D – Mittlere Gemeinden (Einwohner*innen zwischen 2.001 und 5.000) und ländliche Zentren (Entfernung weniger als 10 km vom nächsten größeren Ort)*

Gemeinde	Subnationale Gebietskörperschaft	Bezirk/ Region	Einwohner*innen (Anzahl)	Geografische Lage (Entfernung Kilometer)	Fläche
Trimmis	Graubünden	Landquart	3.283	6,7 km	42,87 km^2
St. Lorenzen	Südtirol	Pustertal	3.885	3,2 km	51,5 km^2
Schwoich	Tirol	Kufstein	2.520	5,2 km	18,77 km^2

1.3.2.3 Operationalisierung der empirischen Untersuchung

Bei der „Nutzung“ und „Bewertung“ handelt sich um zwei Variablen, die sich gegenseitig bedingen können, aber nicht müssen. Demgemäß werden die Variablen getrennt voneinander untersucht, auch wenn sie in bestimmten Fällen sehr wohl zusammenhängen können. So hat eine aktive Nutzung von lokaler horizontaler Kooperation womöglich Einfluss auf die Bewertung derselben (positive Nutzung = positive Bewertung und umgekehrt), muss aber nicht sein. Denn eine Gemeinde könnte auch Kooperationsformen umsetzen, ohne dass daran eine positive Bewertung geknüpft ist. Ebenso könnte ein*e Bürgermeister*in Kooperation prinzipiell als wichtig einstufen, aber die Nutzung läuft schlecht und dementsprechend negativ fällt die Bewertung aus. Wieder anders kann es auch Fälle von Gemeinden geben, die gar nicht oder kaum kooperieren, obwohl die Bürgermeister*innen Kooperation als wichtig bewerten. Es handelt sich hierbei also um ein Forschungsfeld, das mehrere Korrelationen aufweisen kann. Beide Konzepte – Nutzung und Bewertung – werden durch verschiedene Dimensionen definiert. Diese Dimensionen wurden mit Hilfe der Befragung mittels Fragebogen sowie den darauffolgenden Interviews erhoben. Im Folgenden werden die beiden Konzepte erklärt und die damit verbundenen Erwartungen vorgestellt.

1.3.3 Nutzung von Kooperation

Mit der Nutzung von Kooperation (Forschungsfrage 3) soll eruiert werden, *ob* und wenn ja, *auf welche Art und Weise* Gemeinden in der Praxis miteinander kooperieren, um lokale Aufgaben auszuführen. Die Nutzung umfasst also nicht das *warum* – was zur Bewertung von Kooperation gezählt wird – sondern das *wie* einer politischen Tätigkeit. Zur Konkretisierung können als Synonyme die Begriffe Ausführung oder Verwirklichung hergenommen werden. Bei dieser Variable geht es zum Teil um persönliche Meinungen der Befragten, aber auch um ein neutrales Abbild, ob und falls ja, wie, Kooperation in den Gemeinden durchgeführt wird. Geleitet vom ausgeführten Forschungsinteresse, werden unter die Nutzung von Kooperation folgende fünf Dimensionen gefasst:

1. ***[Erfahrung]:*** *Ob Gemeinden horizontal kooperieren;*
2. ***[Politikfelder]:*** *Wenn ja, in welchen Politikfeldern sie horizontal kooperieren;*
3. ***[Formen]:*** *Wenn ja, mit welchen Formen und Instrumenten;*
4. ***[Akteure]:*** *Wenn ja, von welchen Akteuren Kooperation eingeleitet und durchgeführt wird;*
5. ***[Intensität]:*** *Wenn ja, wie häufig Gemeinden horizontal kooperieren.*

Dimension 1: Erfahrung

Um die Relevanz von Kooperation zu erfassen, ist es zu Beginn notwendig zu erheben, ob Gemeinden überhaupt mit anderen Gemeinden kooperieren. Die Erhebung der Erfahrung soll Auskunft geben, welches Gewicht der Kooperation auf lokaler Ebene in der Praxis zukommt. Neben der allgemeinen Frage, ob die Gemeinden überhaupt Erfahrung aufweisen, wird im Fragebogen erhoben, wie lange erfahrene Gemeinden bereits zusammenarbeiten und mit wie vielen Gemeinden dies geschieht. Im Rahmen der Interviews werden die Bürgermeister*innen ebenso danach gefragt, ob die Gemeinden Erfahrungen mit Kooperation aufweisen. Im persönlichen Gespräch wurde dies gleichzeitig mit den Politikfeldern und Formen der Kooperation abgefragt.

Existierende Studien weisen darauf hin, dass eine bestimmte Tradition mit interkommunaler Kooperation einen positiven Effekt auf Kooperation im

Allgemeinen hat. So sind Politiker*innen, die bereits Erfahrung mit Kooperation haben, eher dazu bereit, die Kooperation zu intensivieren.[87] Es wird, basierend auf Vorgesprächen mit Experten sowie vorhandenen Studien erwartet, dass eine Vielzahl von Gemeinden in Graubünden, Südtirol und Tirol bereits Erfahrung mit lokaler Kooperation hat.[88]

Bußjäger et al.[89] haben 2016 eine detaillierte Erhebung zur interkommunalen Kooperation in Tirol durchgeführt. Demnach verfügt jede Gemeinde Tirols im Durchschnitt über 27 Kooperationsschnittstellen. Insgesamt wurden in Tirol 946 Kooperationen erhoben, wobei an einer Kooperation im Durchschnitt acht Gemeinden beteiligt sind.[90] Diese Ausführungen weisen darauf hin, dass die Tiroler Gemeinden über eine hohe Kooperationserfahrung verfügen. Für Südtirol gibt es seit 2020 eine formelle Übersicht der interkommunalen Kooperation vonseiten des Amtes für Gemeinden der Autonomen Provinz Bozen.[91] Laut diesem Datensatz wurde im Jahr 2020 um Fördermittel für 102 Vereinbarungen zwischen Südtiroler Gemeinden angesucht und im Jahr 2021 für 58 Vereinbarungen, wobei einige dieser Vereinbarungen dieselben wie im Jahr zuvor betrafen. Von diesen Vereinbarungen sind fast die Hälfte der Südtiroler Gemeinden betroffen: 28 als ansuchende Gemeinden und weitere 21 als Partnergemeinden, wobei einige mehrere Kooperationsvereinbarungen mit verschiedenen oder denselben Gemeinden abgeschlossen haben. Die Liste von 2021 umfasst zu den genannten 102 Vereinbarungen weitere acht neue Gemeindevereinbarungen. Zudem kamen drei neue Gemeinden als ansuchende bzw. Partnergemeinden hinzu, womit sich die Anzahl der kooperierenden Gemeinden auf 52 von insgesamt 116 Gemeinden erhöht. In einigen Fällen ist als zusammenarbeitende Gemeinde sogar die gesamte Bezirksgemeinschaft angegeben. Ausgehend von dieser Anzahl

87 Vgl. Camões et al. 2021, S. 610; Tavares und Feiock 2018.

88 Vgl. Experteninterviews mit Andreas Schatzer am 17.01.2018 (Präsident des Gemeindeverbandes Südtirol), Ernst Schöpf am 23.01.2018 (Präsident des Tiroler Gemeindeverbandes), Simon Theus am 18.02.2019 (Stellvertreter/Leiter Projekte, Amt für Gemeinden, Kanton Graubünden); Bußjäger et al. 2016a; Bernhart und Promberger 2006.

89 Vgl. Bußjäger et al. 2016a.

90 Vgl. Bußjäger et al. 2016a, S. 10; Sonntag 2016.

91 Die Tabelle für 2021 enthält nur die Zusammenarbeiten für welche innerhalb 31.01.2021 um einen Beitrag angesucht wurde. Im Laufe des Jahres wird für weitere Zusammenarbeiten (solche die es 2020 nicht gab und solche die in der Tabelle 2020 bereits enthalten sind, aber für die – für 2021 – noch nicht angesucht wurde) um Finanzierung angesucht werden. Freundliche Auskunft von Dr. Elisabeth Zappaterra, 18.03.2021.

kann man, ähnlich wie in Tirol, von einer ausgeprägten zwischengemeindlichen Kooperationslandschaft sprechen.

In Bezug zu den Gemeinden in Graubünden offenbaren bestehende Studien zur Schweiz, dass fast alle schweizerischen Gemeinden Erfahrung mit horizontaler Kooperation haben und die Gemeinden im Durchschnitt in neun Politikfeldern zusammenarbeiten.[92] Eine Langzeitstudie von Ladner et al[93] zeigt ein sehr hohes Niveau an Kooperation in allen Kantonen. Demnach wurde die interkommunale Kooperation zwischen 2012 und 2017 in über der Hälfte der Gemeinden (55,9 %) intensiviert, während sie in 42,8 Prozent immerhin gleichgeblieben ist.[94] Der Kanton Graubünden verfügt, ähnlich wie Südtirol, über eine eigene Übersicht der lokalen Kooperationstätigkeit für 2010 sowie 2018,[95] die allerdings nicht nach der benutzten Rechtsform, sondern nur nach Politikfeldern gegliedert sind. Das kantonale Amt spezifiziert, dass diese Erhebung nicht flächendeckend sei, sondern es sich nur um jene lokalen Kooperationen handelt, die dem Kanton bekannt sind. Demnach wird innerhalb der kantonalen Verwaltung vermutet, dass die tatsächliche Praxis noch höher liegt, als die Daten wiedergeben.[96] Während dem Kanton im Jahr 2010 noch eine Anzahl von 414 Gemeindeverbindungen bekannt waren, hatten sich diese im Jahr 2018 halbiert und umfassten nur mehr 213 Kooperationsformen. Der Rückgang von 213 Gemeindeverbindungen ist eine starke Entwicklung und kann mit großer Wahrscheinlichkeit auf die in der Zwischenzeit zahlreich durchgeführten Fusionen zurückgeführt werden.[97]

Obwohl die bestehenden Studien aus den drei Ländern sowie vergleichende Untersuchungen für Europa einen Trend der interkommunalen Kooperation bestätigen,[98] wird vermutet, dass die diesbezügliche Erfahrung in Südtirol noch nicht flächendeckend ausgeprägt ist. Für Graubünden und Tirol wird hingegen

---

92 Vgl. Steiner und Kaiser 2018b, S. 174 ff.; Ladner et al. 2021b (Gemeindemonitoring 2009 und 2010).

93 Das Schweizer Gemeindemonitoring wird seit 1988 kontinuierlich durch das ZHAW Zürcher Hochschule für Angewandte Wissenschaften (ZHAW) und das IDHEAP Lausanne (bzw. deren Vorgängerinstitutionen) durchgeführt. Die letzte Erhebung fand im Jahr 2017 statt und hatte eine Rücklaufquote von über 80 Prozent. Mehr Informationen: https://www.zhaw.ch/de/sml/institute-zentren/ivm/forschung-und-beratung/schweizer-gemeindemonitoring/, zuletzt geprüft am 06.04.2023.

94 Vgl. Steiner und Kaiser 2018a.

95 Vgl. Botschaft der Regierung an den Grossen Rat 2017–2018, S. 696.

96 Vgl. Botschaft der Regierung an den Grossen Rat 2010–2011, S. 660.

97 Vgl. Botschaft der Regierung an den Grossen Rat 2017–2018, S. 696.

98 Vgl. Teles und Swianiewicz 2018a, S. 336.

aufgrund der langjährigeren Tradition von Kooperation eine intensivere Erfahrung angenommen.

Dimension 2: Politikfelder

Sollte eine Gemeinde Erfahrung mit Kooperation haben, ist es von großem Interesse, in welchen Politikfeldern sie zusammenarbeitet. Die von Kooperation betroffenen Politikfelder sind ein zentraler Parameter für Aussagen über die Nutzung und daher ein Kernpunkt für dessen Verständnis. Zudem können durch diese Fragestellung wertvolle Vergleiche zwischen Gemeindetypen gezogen werden, da es sein könnte, dass verschiedene Arten von Gemeinden nicht in denselben Politikfeldern kooperieren. Die Arbeit erfasst, in welchen Politikbereichen Gemeinden aktuell zusammenarbeiten.

Basierend auf Länderfallstudien aus Europa wissen wir, dass Kooperation bei der Ausführung von lokalen Dienstleistungen überaus vielfältig ist und in verschiedensten Politikbereichen angewandt wird. Allerdings gibt es einige Politikbereiche, in denen Gemeinden besonders häufig kooperieren, wie etwa im Abfall-, Wasser- und Abwassermanagement.[99] Europäische Länderstudien zeigen zudem, dass Gemeinden im Bereich von EU-Strukturfonds zusammenarbeiten, bei der wirtschaftlichen Entwicklung und im Tourismus oder – hier hinein fällt auch die Schweiz – im Bereich Planung, soziale Dienste sowie Zivilschutz.[100] In den vorhergegangenen Interviews zu dieser Arbeit nannten die territorialen Experten folgende Bereiche als beliebt für IKZ: Abwasser, Schule, Schneeräumung (Tirol); Soziale Dienste, Müll- und Abwasser, Wasserversorgung (Südtirol). Die Interviewpartner*innen aus Südtirol und Tirol erwähnten den Bereich der engen Verwaltungsaufgaben als großes Potential. In Tirol gibt es bis auf die Kooperationen im Bereich Standesamt allerdings noch wenige Zusammenarbeiten in der engeren Verwaltung.[101]

In der Schweiz hat die interkommunale Kooperation, wie erwähnt, eine lange Tradition.[102] Eine Studie von 2003 zeigt, dass die Kooperation der schweizerischen Gemeinden in allen Politikfeldern im Vergleich zu fünf Jahren zuvor zugenommen hat. Die häufigsten Politikfelder waren dabei Schule, medizinische Versorgung, Abwasser, Müllentsorgung sowie Zivilschutz, in denen 60 Prozent der Gemeinden kooperieren.[103] In der Schweiz kooperieren viele Gemeinden auch im Bereich des Spitex (Gesundheits- und Krankenpflege außerhalb des Krankenhauses), der

99 Vgl. Teles und Swianiewicz 2018a, S. 341.
100 Vgl. Teles and Swianiewicz 2018.
101 Vgl. Grießer 2019.
102 Vgl. Kübler und Ladner 2003; Meylan et al. 1972, S. 220 f.
103 Vgl. Thom und Steiner 2003; Steiner 2003, S. 558 ff.

Feuerwehr oder den Alten- und Pflegeheimen. Die Hälfte der Gemeinden arbeitet in weiteren Politikbereichen zusammen: Soziales, Energie, Kinderbetreuung, oder Mobilität. Demgegenüber spielen Kooperationen im Bereich der Behörden und der engeren Verwaltung, wie etwa dem Sekretariat, eine geringe Rolle.[104] In Bezug auf Graubünden offenbaren die Daten der Kantonsverwaltung, dass die meisten Kooperationen in den Bereichen der Grundbuchämter, bei den Spitälern/Alters- und Pflegeheimen sowie der Bildung stattfinden und somit vor allem im sozialen Bereich.[105]

Für Tirol haben sich Bußjäger et al. mit den Politikfeldern beschäftigt: Ein großer Teil der Kooperationen wird demnach im Sozial- und Gesundheitsbereich durchgeführt (Sanitätssprengel, Sozial- und Gesundheitssprengel, Sonstiges ohne Alten- und Pflegeheime.). Viele Kooperationen sind auch in den Bereichen Schule, Kinderbetreuung sowie Standesamts- und Staatsbürgerschaftsverbänden zu verorten. Von 946 im Jahr 2016 erhobenen Kooperationen, betrafen 217 (22,4 %) die Schulsprengel.[106] Zusätzlich zur Erhebung 2016, hat das Land Tirol 2021 eine Auflistung der interkommunalen Kooperationen erstellt, welche alle existierenden Gemeindeverbände listet. Die Ergebnisse offenbaren, dass insbesondere die Politikbereiche Altenheim, Abwasser- sowie Abfallentsorgung relevant sind, so gibt es:

- 128 Gemeindeverbände aufgrund einer Vereinbarung (Altenwohn- und Pflegeheime, Abwasserverbände, Abfallverbände)
- 37 Gemeindeverbände aufgrund von Verordnungen der Landesregierung (Planungsverbände nach dem Tiroler Raumordnungsgesetz)
- 58 Gemeindeverbände aufgrund von Verordnungen der Landesregierung (Sanitätssprengel)
- 55 Gemeindeverbände aufgrund bundesgesetzlicher Vorschriften (Standesamts- und Staatsbürgerschaftsverbände)
- 9 Gemeindeverbände aufgrund von Landesgesetzen (Bezirkskrankenhäuser- und Gemeindeverbändegesetz; Gemeindeverband für die Kranken- und Unfallfürsorge der Tiroler Gemeindebeamten; Gemeindeverband für das Pensionsrecht der Tiroler Gemeindebeamten; Gemeindeverband für die Zuwendungen an ausgeschiedenen Bürgermeister)[107]

---

104 Vgl. Steiner und Kaiser 2018b, S. 175.

105 Vgl. Botschaft der Regierung an den Grossen Rat 2017–2018, S. 696.

106 Vgl. Bußjäger et al. 2016a, S. 43. Im Jahr 2020 waren in Tirol 33 Schulverbände aktiv, vgl. Salcher et al. 2020.

107 Vgl. Salcher et al. 2020, S. 12.

Für Südtirol geben die Daten aus den interkommunalen Vereinbarungen Aufschluss in welchen Politikbereichen Gemeinden Vereinbarungen abgeschlossen haben. Es zeigt sich dabei eine beschränkte Anzahl an Politikfeldern, denn bei 105 Vereinbarungen sind insgesamt nur 10 Dienstleistungen betroffen.

Die meisten Vereinbarungen wurden für ein*n gemeinsame*n Gemeindesekretär*in abgeschlossen (18), gefolgt von Kooperationen in der Buchhaltung (16) sowie dem Bauamt (12). Weitere Politikfelder, in welchen die Südtiroler Gemeinden kooperieren, sind die öffentlichen Arbeiten (10), Steuern und Gebühren (10), Lizenzen und Handel (9), demografische Dienste (9), allgemeines Sekretariat (8) sowie die Personalverwaltung (7). Auch die acht Vereinbarungen, die innerhalb Januar 2021 hinzukamen, betreffen dieselben Politikbereiche: Je zwei wurden in Bezug auf öffentliche Arbeiten sowie dem Bauamt abgeschlossen, je eine Vereinbarung betraf die demografischen Dienste, die Finanzdienste sowie das Lizenzamt. 2016 zitierte Günther Pallaver eine interne Sammlung von Vereinbarungen der Südtiroler Gemeinden, wonach 70 im Bereich der Nutzung von Techniker*innen sowie weitere 70 zur örtlichen Polizei abgeschlossen wurden.[108] Die Techniker*innen sind vermutlich in Bezug auf Angelegenheiten im Bereich der öffentlichen Bauten sowie Baubewilligungen abgeschlossen, die auch in der aktuellen Liste aus den Jahren 2020 und 2021 aufscheinen.

Basierend auf diesen Erkenntnissen wird erwartet, dass die Gemeinden in Graubünden, Südtirol und Tirol, sollten sie bereits Erfahrung mit gemeinsamen Dienstleistungen haben, diese eher in den klassischen oben genannten Politikfeldern durchführen (Wasser, Abwasser, Müll), als in den Bereichen Schule, Kindergarten oder Altenbetreuung.

Dimension 3: Formen

Um ein umfassendes Bild von der Nutzung der Kooperation zu erhalten, möchte das Forschungsprojekt eruieren, auf welche Art und Weise Gemeinden ihre Aufgaben erfüllen und welche Formen der Kooperation sie nutzen. Um hierzu Daten zu sammeln, wird im Fragebogen danach gefragt, ob und wenn ja, in welcher Form, Gemeinden lokale Aufgaben erfüllen und ob sie bestimmte Formen der Aufgabendurchführung anwenden und wenn ja, seit wie vielen Jahren. Es wird danach gefragt, welche Kooperationsformen Gemeinden nutzen: Übertragung von Aufgaben an Dritte (Outsourcing); *Public–Private-Partnerships* (PPP); Vertragliche Zusammenarbeit mit anderen Gemeinden oder dem Land; öffentlich-rechtliche oder privatrechtliche Formen der Zusammenarbeit mit anderen

108 Vgl. Pallaver 2016.

Gemeinden oder dem Land. Zudem wird erhoben, wie sich die Formen der Aufgabenerfüllung in den letzten fünf Jahren entwickelt haben und ob bestimmte Formen zu- oder abgenommen haben. Auch in den Interviews wird im Zuge der Erfahrung und den betroffenen Politikfeldern nach den angewandten juridischen Formen gefragt und somit ein Gesamtbild erfragt, wie Kooperation in der Praxis von der jeweiligen Gemeinde umgesetzt wird.

Die Fragestellungen zu den Formen sind insbesondere im Hinblick auf die in Kapitel 3 durchgeführte rechtsvergleichende Analyse interessant. So wird erhoben, welche zur Verfügung stehenden Instrumente von Gemeinden in der Praxis wirklich umgesetzt werden.

In Bezug auf die existierenden Formen haben vergangene Studien festgestellt, dass es in den europäischen Staaten eine Vielzahl von Arten gibt durch welche Gemeinden Dienstleistungen gemeinsam ausführen können. Diese reichen von informellen/formellen, bilateralen/multilateralen Instrumente über privatrechtlich- bzw. öffentlich-rechtliche Kooperationsmechanismen.[109] Es gibt verschiedene Kategorisierungen für die Formen der horizontalen Kooperation (siehe Kapitel 2). Die vorliegende Arbeit bezieht sich bei der Befragung nur auf eine allgemeine Einteilung, so standen im Fragebogen folgende Kategorisierungen zur Auswahl:

- Vertragliche Zusammenarbeit mit anderen Gemeinden (Verträge, Vereinbarungen)
- Vertragliche Zusammenarbeit mit dem Land/Kanton (Verträge, Vereinbarungen)
- Öffentlich-rechtliche Formen der Zusammenarbeit mit anderen Gemeinden (z.B. Gemeindeverband, Bezirksgemeinschaft, Region, Verwaltungsgemeinschaft, Bezirksverband)
- Öffentlich-rechtliche Formen der Zusammenarbeit mit dem Land/Kanton
- Privatrechtliche Formen der Zusammenarbeit mit anderen Gemeinden (Verein, Kapitalgesellschaft, Personengesellschaft, Genossenschaft)
- Privatrechtliche Formen der Zusammenarbeit mit dem Land/Kanton (Verein, Kapitalgesellschaft, Personengesellschaft, Genossenschaft)

Zudem konzentriert sich die Erhebung nur auf die formellen Kooperationsformen, da eine Befragung der informellen und nicht-institutionalisierten Kooperation eine zusätzliche Komplexität bedeuten würde. Es wird erwartet, dass die

109 Vgl. Teles und Swianiewicz 2018a, S. 337; Steiner und Kaiser 2018b, S. 178 f.

Gemeinden all jene Formen durchführen, die ihnen rechtlich zur Verfügung stehen.

*Dimension 4: Akteur*innen*

Für die Untersuchung der Nutzung ist auch von Interesse, welche Akteur*innen für Kooperation verantwortlich sind. Studien bestätigen, dass der „*leadership factor*“ einen Einfluss auf die Kooperation oder den Auf- und Ausbau von Netzwerken einer Gemeinde hat.[110] Die Fragestellung nach den primären Akteur*innen soll Aufschluss geben, von wem Kooperation in der Praxis geplant und umgesetzt wird, sowie wer für die operative Leitung zuständig ist. Es handelt sich um einen wichtigen Aspekt, weil dadurch definiert wird, wer für die Nutzung verantwortlich ist sowie wer innerhalb einer Gemeinde die zentrale Ansprechperson für Kooperation ist. Vorhergegangene Untersuchungen bestätigen, dass es zu großen Unterschieden kommen kann, welche Personen bei der IKZ involviert sind. Dies können interne Akteure, wie lokale Politiker*innen oder Verwaltungsbedienstete sein, aber auch externe Akteure, wie zivilgesellschaftliche Organisationen oder private Unternehmen.[111]

Obwohl davon ausgegangen wird, dass es hauptsächlich Bürgermeister*innen sind, die die Kooperation beeinflussen, sind sie nicht die einzigen relevanten Akteure. Wie die meisten Tätigkeitsbereiche, insbesondere in Gemeinden von der Größenordnung in Graubünden, Südtirol und Tirol, wird die lokale Kooperation im Zusammenspiel von Politik und Verwaltung umgesetzt. Bei den intergouvernementalen Beziehungen in nationalen und subnationalen Institutionen sind es meist eigens eingerichtete Büros der Präsidenten oder spezifische Sekretariate, die sich für die Kooperationen zwischen Regierungsebenen verantwortlich zeichnen.[112] Auf lokaler Ebene sind solche Abteilungen meist nicht vorhanden, womit die Kooperation eine stärkere politische Tragweite aufweist, und Politik und Verwaltung stark miteinander verflechten. Im Fragebogen stehen mehrere Akteur*innen zur Auswahl, die von den Befragten für die Nutzung von Kooperation ausgewählt werden können: Die Bürgermeister*innen, andere Mitglieder der politischen Exekutive sowie der politischen Legislative, der*die Gemeindesekretär*in oder weitere Institutionen oder Personen. In den Interviews wurden die Bürgermeister*innen hingegen direkt gefragt, ob sie sich selbst als

110 Vgl. Teles und Swianiewicz 2018a, S. 343 f., 346 f.; Denters et al. 2018.

111 Vgl. Teles 2016, S. 17.

112 Vgl. Poirier und Saunders 2015b, S. 465.

primären Akteur bzw. primäre Akteurin der Kooperation bezeichnen würden bzw. wer für die Durchführung der Kooperation primär verantwortlich ist.

Es wird angenommen, dass die Kooperation der Gemeinden primär von den Bürgermeister*innen, d.h. der exekutiven Führungspersönlichkeit beeinflusst werden (siehe Kapitel 2). Swianiewicz stellte in seiner Studie in mehreren europäischen Staaten fest, dass die Bürgermeister*innen die aktivsten und am einflussreichsten Akteure bei der Planung und Nutzung von interkommunaler Kooperation sind.[113] Es wird erwartet, dass dieser Umstand auch auf die hier behandelten Fälle zutrifft, vor allem vor dem Hintergrund, dass es sich vorrangig um räumlich kleine Realitäten handelt, in denen die Bürgermeister*innen erfahrungsgemäß in alle relevanten Entscheidungen eingebunden sind. Um diese These zu verifizieren, untersuchen Fragebogen und Interviews, ob die Bürgermeister*innen sich selbst als zentrales Entscheidungsorgan bei der Einleitung und Nutzung von Kooperation definieren oder ob dies ihrer Meinung nach andere politische Persönlichkeiten/Organe sind. Im Fragebogen wird sowohl danach gefragt, wer primär für die Planung und Nutzung von Kooperationsformen verantwortlich, als auch wer für die operative Leitung dieser zuständig ist. Zudem wird erfasst, wer die Gemeinde üblicherweise in Meetings von interkommunalen Gremien, Institutionen oder Treffen mit anderen Gemeinden sowie mit Vertreter*innen der subnationalen Gebietskörperschaften repräsentiert.

Dimension 5: Intensität

Für die Nutzung ist letztlich ebenso von Interesse, wie häufig Gemeinden mit anderen Gemeinden in Kontakt stehen und somit, welchen Stellenwert Kooperation im Allgemeinen in der Gemeindeverwaltung einnimmt. In diesem Zusammenhang wird im Fragebogen danach gefragt, wie häufig sich die Gemeindeverwaltung mit Themen beschäftigt, für welche eine Zusammenarbeit mit anderen Gemeinden notwendig ist.

Die Bemessung der Häufigkeit von Kooperation als Ganzes ist komplex zu erfassen. Daher wird bei den persönlichen Interviews von dieser Dimension abgesehen, da es nur subjektive Einschätzungen wären, die mündlich schwierig zum Wiedergeben sind. Im Fragebogen wird hingegen spezifisch danach gefragt, wie oft die Bürgermeister*innen mit anderen Akteuren zu tun haben (Meetings, mündlich, Telefonate…), um einen Indikator für die Intensität zu erhalten. Auch die Studie zur lokalen Leadership „POLLEADER“[114] hat die Interaktion von

113 Vgl. Swianiewicz 2018, S. 52.
114 Vgl. Navarro et al. 2018, S. 370 ff.

Akteuren – in diesem Fall dem Bürgermeister*innen mit der Exekutive, Legislative und der Verwaltung – anhand der Häufigkeit von offiziellen Meetings gemessen, so dass die Frage von dieser Studie inspiriert wurde.

Tabelle 13: Dimensionen der Nutzung von Kooperation

Dimension	Frage im Fragebogen	Befragung Interview
Dimension 1: Erfahrung	6–11	Ja
Dimension 2: Politikfelder	15–16	Ja
Dimension 3: Formen	17–20	Ja
Dimension 4: Akteure	21–26	Ja
Dimension 5: Intensität	12–14	Nein

1.3.4 Bewertung von Kooperation

Nach der Nutzung geht es bei der *Bewertung* der Kooperation (Forschungsfrage 3) darum, wie die lokale Kooperation von den politischen Führungspersönlichkeiten beurteilt wird. In erster Linie soll eruiert werden, welche Wichtigkeit die Bürgermeister*innen – auch wenn sie Kooperation noch nicht umgesetzt haben – dieser einräumen. Die Bewertung wäre eigentlich in einer zeitlichen Dimension zu spezifizieren, denn es ist ein Unterschied, ob die Bürgermeister *innen die Kooperation vor oder nach der Nutzung oder gar unabhängig davon bewerten. Das Forschungsprojekt legt den Fokus auf die generelle Bewertung im Sinne einer allgemeinen Wichtigkeit, aber möchte sehr wohl auch einen Zusammenhang herstellen, ob eine Gemeinde bereits Erfahrung mit Kooperation hat oder nicht. Konkret soll mit der „Bewertung" erhoben werden, wie die Bürgermeister*innen zur horizontalen Kooperation stehen und ob sie diese als zielführend betrachten – auch im Hinblick auf diverse Politikfelder, aber unabhängig davon, ob ihre eigene Gemeinde schon Erfahrung damit hat. Daraufhin wird noch eine spezifische Bewertung erhoben und zwar, welche Meinung die Bürgermeister*innen auf Basis der eigenen erlebten Erfahrungen mit Kooperation haben. Von der spezifischen Bewertung von einzelnen Kooperationsformen wird im Fragebogen abgesehen, da die Anzahl der individuellen Fälle zu hoch wäre. Der Aspekt der Bewertung wurde in den 12 Interviews genauer betrachtet, da hier ein Nachfragen möglich war. Geleitet vom oben ausgeführten Forschungsinteresse, werden unter die Bewertung von Kooperation folgende Dimensionen gefasst:

1. ***[Gründe]:*** *Warum bzw. mit welchem Ziel (sollten) Gemeinden kooperieren;*
2. ***[Wichtigkeit]:*** *Wie wichtig den Bürgermeister*innen Kooperation der eigenen Gemeinde ist bzw. wäre;*

3. ***[Zufriedenheit]:*** *Wie zufrieden die Bürgermeister*innen, die bereits Erfahrung mit Kooperation haben, mit dieser sind;*
4. ***[Hindernisse]:*** *Welche Hindernisse bei Kooperation laut den Bürgermeister*innen auftreten;*
5. ***[Unterstützung]:*** *Welche Faktoren die Kooperation laut den Bürgermeister*innen begünstigen;*
6. ***[Lösung]:*** *Ob Bürgermeiste*innen Kooperation als Lösungsansatz für lokale Herausforderungen betrachten und warum.*

Dimension 1: Gründe

Eines der zentralen Forschungsinteressen ist, aus welchen Gründen und mit welchen Zielen Gemeinden miteinander Aufgaben ausführen. Mit diesem Thema beschäftigten sich bereits eine Reihe von Untersuchungen, wobei Teles feststellte, dass es wenige empirische Daten gebe.[115] Basierend auf bestehenden Untersuchungen wird davon ausgegangen, dass die Gründe unterschiedlich sind.[116] Zwei zentrale Erklärungsansätze, die zum Teil in den Experteninterviews vor Beginn der Recherche genannt wurden, sind die Faktoren Wirtschaftlichkeit und Verwaltungskapazität. Diese Faktoren werden auch von Teles/Swianiewicz als häufige Gründe angeführt.[117] So erhoffen sich Gemeinden durch Kooperationen zum einen Kostenersparnisse, andererseits geht es ihnen auch darum, Dienste (weiterhin) auszuführen, die sie allein nicht (mehr) im Stande sind durchzuführen. Die Literatur nennt ebenso mehrere Gründe, die interkommunale Zusammenarbeit erklären (siehe Kapitel 2). Es sind insbesondere Gründe der Kostenersparnis, aber auch der Professionalisierung oder die Steigerung der Qualität der Dienstleistungen. Gemäß Wirth/Biwald basiert interkommunale Kooperation zum Teil auch auf Verpflichtungen von Seiten anderer Regierungsebenen. Sollte Kooperationen freiwillig passieren, entscheiden sich die Gemeinden meist aufgrund eines akuten Handlungsdrucks dafür, etwa wenn sie eine neue Aufgabe überfordert oder es um Investitionen geht, die allein nicht zu bewältigen sind (z.B. eine neue Schule oder Altenheim). Andere Gründe sind die wachsende Komplexität der Aufgaben und das notwendige Fachpersonal, welches nicht alle Gemeinden bereitstellen können. Letztens kann Kooperation auch aus Gründen eines vorausschauenden politischen Handelns initiiert werden.[118]

---

115 Vgl. Teles 2016, S. 16.
116 Vgl. Teles und Swianiewicz 2018a, S. 341 ff.
117 Vgl. Swianiewicz und Teles 2018.
118 Vgl. Wirth und Biwald 2006, S. 23.

Es wird angenommen, dass der Großteil der Gemeinden in Graubünden, Südtirol und Tirol unter anderem aus den Gründen der mangelnden Finanzausstattung bzw. der fehlenden Fachkompetenz des Personals mit anderen Gemeinden kooperiert. Die Dimension „Gründe" wird untersucht, indem die Befragten, welche bereits Erfahrung mit Kooperation haben, im Fragebogen gefragt werden, was die primären Beweggründe für horizontale Kooperation bei der Erfüllung von Dienstleistungen sind. Zur Auswahl stehen folgende Aspekte, wobei die Befragten maximal fünf Gründe auswählen konnten:

- Höhere Effizienz der Verwaltung
- Bessere Qualität der Dienstleistungen
- Höhere Professionalität der Verwaltung
- Reduzierung von Kosten[119]
- Erhöhung der Sichtbarkeit der Gemeinde[120]
- Erlangung von technischen Kompetenzen, die in der Gemeinde nicht vorhanden sind
- Personalmangel innerhalb der eigenen Gemeindeverwaltung
- Es handelt sich um eine obligatorische Zusammenarbeit
- Finanzielle Anreize von Seiten des Landes oder des (Bundes)Staates
- Um in den Genuss von finanziellen/fiskalischen Anreizen oder externen Finanzierungen zu kommen (z.B. EU-Projekte)
- Anderes

Zudem wurden im Rahmen der Dimension alle Gemeinden im Fragebogen befragt – auch jene die keine Erfahrung mit Kooperation aufweisen – welche Politikfelder sich ihrer Meinung nach für horizontale Kooperation besonders gut eignen würden. In den Interviews fokussierte sich die Befragung hingegen auf die primären Gründe und Notwendigkeiten, weshalb die Bürgermeister*innen Kooperation in ihrer Gemeinde durchführen

Dimension 2: Wichtigkeit

Im Rahmen der Bewertung soll erhoben werden, wie zielführend Bürgermeister*innen horizontale Kooperation als allgemeines Instrument einstufen und dies unabhängig davon, ob sie bereits Erfahrung damit gemacht haben oder nicht. Diese Ergebnisse sollen Aufschluss geben, wie Bürgermeister*innen zur Kooperation stehen und ob diese deren Meinung nach für ihre Gemeinde

119 Vgl. Eythórsson 2018, S. 216.
120 Vgl. Eythórsson 2018, S. 216.

zielführend ist, um effizienter zu verwalten. Im Fragebogen wird zuerst danach gefragt, ob die Befragten horizontale Zusammenarbeit im Allgemeinen als zielführend bewerten, um effizienter zu verwalten. Daraufhin wurden jene Bürgermeister*innen, die mit „Ja" oder „Weiss nicht" geantwortet hatten, gefragt, wie wichtig ihnen die gemeinsame Ausführung von Diensten mit anderen Gemeinden in Bezug auf ihre eigene Gemeinde im Spezifischen sei. In den Interviews wurde die Frage allgemein gestellt und zwar, ob den Befragten die Kooperation wichtig sei. Aufgrund einer vorhandenen Erfahrung mit Kooperation in allen drei Territorien wird erwartet, dass Kooperation im Allgemeinen als zielführend eingestuft wird. Nichtsdestotrotz werden voraussichtlich diverse Kontextfaktoren dafür beachtet werden müssen.

Dimension 3: Zufriedenheit

Die Forschungsarbeit sammelt auch Daten darüber, wie zufrieden die Befragten mit ihrer bisherigen Erfahrung von Kooperation sind. In Bezug auf diese Dimension werden nur jene Bürgermeister*innen befragt, die zuvor angegeben haben, bereits Erfahrung mit Kooperation zu haben. Die Dimension Zufriedenheit soll Aufschluss geben, wie die Qualität einer Kooperation bewertet wird und ob die Erfahrung positiver oder negativer Natur ist. Zudem wurden im Fragebogen erfolgreiche Beispiele der Kooperation gesammelt (offene Frage). In den Interviews wurde die Zufriedenheit ebenso erhoben und allgemein danach gefragt, ob die Bürgermeister*innen mit ihren bisherigen Kooperationserfahrungen zufrieden sind.

Die Erwartung hinsichtlich dieser Dimension ist offen, tendiert aber eher zu einer positiven Bewertung. Basierend auf der angenommen zahlreichen Erfahrung mit Kooperation wird nämlich angenommen, dass jene Bürgermeister*innen, die Kooperation durchgeführt haben auch großteils zufrieden damit sind. Somit wird erwartet, dass die Mehrheit der Bürgermeister*innen bisher positive Erfahrungen mit Kooperation gemacht hat.

Dimension 4: Hindernisse

Eine weitere Dimension der Bewertung sind die Faktoren, welche die Nutzung von Kooperation womöglich behindern oder bisher behindert haben. So wird im Fragebogen und den Interviews danach gefragt, ob Gemeinden, die bereits Erfahrung mit Kooperation haben, etwaigen Hindernissen bei der Planung oder Nutzung begegnet sind. Gleichzeitig werden auch jene Gemeinden befragt, die keine Erfahrung mit Kooperation haben. In diesem Fall wurden die Bürgermeister*innen gefragt, welche Faktoren Einfluss darauf haben, dass ihre

Gemeinde bisher noch keine formelle Zusammenarbeit mit anderen Gemeinden eingegangen ist. Zur Auswahl standen im Fragebogen bei beiden Fragestellungen folgende mögliche Einflussfaktoren, während es sich bei den Interviews um eine offene Frage handelte:

- Mangelnde rechtliche Rahmenbedingungen
- Mangelnde Unterstützung von Seiten der Landes- bzw. Kantonspolitik
- Mangelnde Unterstützung von Seiten der Landes- bzw. Kantonsverwaltung
- Mangelnde Erfahrung bzw. technische Kompetenzen innerhalb der Gemeindeverwaltung
- Mangelnde finanzielle Ressourcen in der eigenen Gemeinde
- Mangelndes politisches Interesse (z.B. „Kirchturmdenken")
- Mangelnde Zeitressourcen
- Mangelnde Personalressourcen
- Sorge um den Verlust der lokalen Identität
- Sorge um den Verlust von politischem Einfluss
- Mangelndes Interesse von Seiten des Gemeindepersonals
- Unterschiedliche politische Ausrichtung zwischen ihrer Gemeinde und dem Bürgermeister der anderen Gemeinde
- Fehlendes Vertrauen zu Kooperationspartnern
- Anderes

Im Zuge der Interviews werden die Bürgermeister*innen nach Faktoren gefragt, die ihrer Meinung nach Kooperation behindern oder erschweren. Es gibt in der Literatur Hinweise auf mehrere Herausforderungen, die bei der gemeinsamen Ausführung von Dienstleistungen auftreten können. Einerseits ist es die Abgabe von Macht in Form von Entscheidungskompetenzen, es kann aber auch zu Interessenskonflikten zwischen den Kooperationspartnern aufgrund von unterschiedlichen institutionellen Kontexten kommen oder – sollten die politischen Interessen ähnlich sein – zu Schwierigkeiten beim Monitoring der Kooperation.[121]

Zudem definieren Wirth und Hack in ihrem Prozess für eine funktionierende Kooperation einige Punkte, welche es für eine erfolgreiche Kooperation zu überwinden gilt. Das sind u.a. die strukturellen Unterschiede in Bezug auf die Größe und Finanzkraft der potenziellen Partnergemeinden. Es sind gemäß den Autoren aber auch unterschiedliche Zielsetzungen, die auftreten können, weil jede Partnergemeinde auf den eigenen Nutzen bedacht ist und diesen für die Legitimation der Kooperation benötigt. Letzens können es auch kulturelle Unterschiede aufgrund

121 Vgl. Bel et al. 2022.

diverser Wertvorstellungen oder Befürchtungen in Bezug auf Steuerungsverluste durch den Transfer von Entscheidungskompetenzen zwischen den Kooperationspartnern auftreten.[122]

Es wird erwartet, dass die Bürgermeister*innen in Graubünden, Südtirol und Tirol verschiedenen Hindernissen ausgesetzt sind und diese vor allem mit dem politischen Willen und der Sorge um der Verlust des politischen Einflusses zusammenhängen.

Dimension 5: Unterstützung

Im Umkehrschluss zur Dimension Hindernisse, wird im Fragebogen und den Interviews eruiert, welche Faktoren Kooperation womöglich begünstigen oder bisher begünstigt haben. Diese Frage wurde nur jenen Personen gestellt, die zuvor angegeben hatten, bereits Erfahrung mit Kooperation zu haben.

So wurden die Bürgermeister*innen gefragt, welche Faktoren die positive/erfolgreiche Nutzung von Kooperation mit anderen Gemeinden beeinflusst hätten. Zur Auswahl standen im Fragebogen folgende Faktoren:

- Rechtliche Rahmenbedingungen
- Unterstützung vonseiten der Landes- bzw. Kantonspolitik
- Unterstützung vonseiten der Landes- bzw. Kantonsverwaltung
- Politischer Wille
- Erfahrung und technische Kompetenzen innerhalb der Gemeindeverwaltung
- Finanzielle Ressourcen der Gemeinde
- Ähnliche politische Ausrichtung zwischen ihrer Gemeinde und dem Bürgermeister der anderen Gemeinde
- Anderes

Ähnlich wie im Fragebogen, wurden die Bürgermeister*innen auch im Rahmen der Interviews gefragt, ob es Faktoren gebe, die sich ihrer Meinung nach positiv auf Kooperation auswirken würden und welche Faktoren die Durchführung positiv beeinflussen können. Die Frage wurde offen gestellt.

Die Erwartung hinsichtlich der Unterstützungsfaktoren von Kooperation ist, dass es sehr wohl einige Aspekte gibt, welche die Bürgermeister*innen als solche definieren. So könnte es sein, dass vor allem die rechtlichen Rahmenbedingungen, die Unterstützung vonseiten der Landesverwaltung, der politische Wille sowie die Erfahrung innerhalb der Verwaltung die Kooperation gemäß den Bürgermeister*innen begünstigen können. Matschek definierte einige

122 Vgl. Wirth und Hack 2006, S. 304 f.

Faktoren, die zum Erfolg von Kooperation beitragen können, dies könnte sich auch in den Daten aus Graubünden, Südtirol und Tirol widerspiegeln: Dies seien das wechselseitige Vertrauen zwischen Partnern, ein positiver Kooperationssaldo für alle Beteiligten („*win-win*"-Situation) sowie eine klare Definierung der gemeinsamen Ziele.[123]

Dimension 6: Kooperation als Lösungsansatz

Im Rahmen der Bewertung wird letztens untersucht, ob Kooperation von den Bürgermeister*innen als Lösung für die Herausforderungen der Gemeinden wahrgenommen wird oder nicht. Diese Dimension wird im Fragebogen durch mehrere Aspekte analysiert. So wird zuerst untersucht, welchen gesellschaftlichen Herausforderungen die Gemeinden sich ausgesetzt fühlen, welche Leistungsgrenzen sie verspüren und wie sie das lokale Regieren bewerten. Darauf basierend wird untersucht, ob sie die Kooperation als einen Lösungsansatz für Herausforderungen beurteilen. Durch die Experteninterviews im Vorfeld der Untersuchung wurde bestätigt, dass die Gemeinden in Graubünden, Südtirol und Tirol mit einer hohen Aufgabenlast konfrontiert sind. Die Frage ist, ob und wenn ja, welche Herausforderungen die Bürgermeister*innen für ihre Gemeinde im Spezifischen angeben. Die Forschungsarbeit geht davon aus, dass die Bürgermeister*innen sehr wohl bestimmte Herausforderungen für ihre Gemeinde verspüren, unabhängig vom Gemeindetyp und unabhängig von der subnationalen Gebietskörperschaft, in der sie angesiedelt sind. Um diese Thesen zu verifizieren, soll mit Hilfe des Fragebogens erörtert werden:

- Ob und wenn ja, in welchem Ausmaß Gemeinden von bestimmten Herausforderungen betroffen sind (z.B. Arbeitslosigkeit, Abwanderung, Personalknappheit…);
- Ob es bei der lokalen Regierungsführung in bestimmten Bereichen zu Leistungsgrenzen kommt, weil die Gemeinde gewisse Aufgaben kaum in angemessener Weise bewältigen kann (z.B. bei der Alterspflege, Raumplanung, Gemeindeverwaltung.);
- Wie hoch die Bürgermeister*innen die Ansprüche von Seiten der Bürger*innen bzw. von Seiten des subnationalen Gesetzgebers gegenüber der eigenen Gemeinde einschätzen;
- Ob die Bürgermeister*innen die horizontale Zusammenarbeit als Lösungsansatz für diese ihre zuvor genannten Herausforderung definieren und warum.

123 Vgl. Matschek 2011, S. 75 ff.

Zudem wird in diesem Zusammenhang ermittelt, wie die Gemeinden die finanzielle Ausstattung ihrer Gemeinde bewerten (ungenügend bis sehr gut) sowie ob sie bestimmten allgemeinen Aussagen zu ihrer eigenen Gemeindeverwaltung zu- oder nicht zustimmen. Die Antworten dienen dazu, die Einstellungen der Bürgermeister*innen zu Kooperation umfassender zu erheben und aufzuzeigen, an was es deren Meinung nach in der Gemeinde mangelt. Für diese Fragestellung werden folgende Aussagen zur Auswahl gestellt, denen die Bürgermeister*innen zu- oder nicht zustimmen konnten:

- Die Gemeinde hat zu viele Aufgaben zu leisten
- Eine stärkere bzw. häufigere Zusammenarbeit mit anderen Gemeinden bei der Ausführung von Dienstleistungen könnte ein geeigneter Lösungsansatz sein, um den Herausforderungen der Gemeinde zu begegnen
- Eine Fusion mit anderen Gemeinden könnte ein geeigneter Lösungsansatz sein, um den Herausforderungen der Gemeinde zu begegnen
- Eine stärkere bzw. häufigere Zusammenarbeit mit dem Land bei der Ausführung von Dienstleistungen könnte ein geeigneter Lösungsansatz sein, um den Herausforderungen der Gemeinde zu begegnen

Im den Interviews werden die Bürgermeister*innen im Gegensatz zum Fragebogen nicht nach all diesen Aspekten gefragt. Die persönliche Befragung fokussierte sich nur auf den Aspekt der Schwierigkeiten des Regierens und der Kooperation als möglichen Lösungsansatz. Es wird davon abgesehen, die Interviewpartner*innen auch nach ihren spezifischen Herausforderungen bzw. der Bewertung der finanziellen Ausstattung ihrer Gemeinde zu fragen.

Es wird davon ausgegangen, dass Gemeinden steigende Ansprüche von Seiten der Bürger*innen verspüren in Form von einer hohen Qualität der Dienstleistungen, aber auch Erwartungen von den höheren Regierungsebenen in Form einer hohen Effizienz der lokalen Leistungserbringung.[124] Die Erwartungen hinsichtlich dieser Dimension sind somit, dass die meisten Gemeinden bestimmten Herausforderungen ausgesetzt sind und die Kooperation einen Beitrag zu deren Verminderung leisten kann. Basierend darauf wird angenommen, dass die meisten Bürgermeister*innen in der Kooperation sehr wohl einen möglichen Lösungsansatz sehen.

124 Vgl. Strebel 2018, S. 273 f.

Tabelle 14: Dimensionen der Bewertung von Kooperation

Dimension	Frage im Fragebogen	Befragung Interview
Dimension 1: Gründe	27–30	Ja
Dimension 2: Wichtigkeit	31–38	Ja
Dimension 3: Zufriedenheit	39–42	Ja
Dimension 4: Hindernisse	51–54	Ja
Dimension 5: Unterstützung	56–57	Ja
Dimension 6: Lösungsansatz	43–50	Ja

1.4. Variablen und Erwartungen

1.4.1 Rechtliche Untersuchung

Die rechtliche Untersuchung widmet sich der Beantwortung der Forschungsfrage 1. In diesem Zusammenhang werden zuerst die lokale Autonomie und dann die lokale Kooperation im Vergleich betrachtet. In Bezug auf die lokale Autonomie wird angesichts der Bedeutung der Gemeindeebene sowie dem institutionellen Kontext der Mehrebenensysteme, in den die Gemeinden eingebettet sind, erwartet, dass diese in allen drei Regionen stark ausgeprägt ist und sich demnach auch ähnelt.

Hinsichtlich der lokalen Kooperation und basierend auf den institutionellen Unterschieden zwischen den Ländern, wird angenommen, dass sich die rechtlichen Rahmenbedingungen für Kooperation zwar ähneln, aber doch auch unterschiedliche Kooperationsformen und -varianten präsent sind. Allerdings wird aufgrund der aktuellen Relevanz des Themas gleichzeitig davon ausgegangen, dass in allen drei Ländern mehrere formelle Instrumente sowie gesetzliche Rahmenbedingungen für die interkommunale Kooperation zur Verfügung stehen. Da von einem gewissen Rechtsrahmen ausgegangen wird, ist es insbesondere interessant zu analysieren, ob die Strukturen in Graubünden, Südtirol, Tirol ähnlich oder verschieden aufgebaut sind und wie sich die nationalen und subnationalen Gesetzgeber zum Thema der lokalen Kooperation verhalten bzw. diese steuern. In der rechtlichen Untersuchung liegt die Variable des **Territoriums** (Graubünden, Südtirol, Tirol) somit im Fokus. Es sind demnach die Nationalstaaten und/oder die subnationalen Gebietskörperschaften, welche die Rahmenbedingungen der lokalen Autonomie und lokalen Kooperation vorgeben.

1.4.2 Empirische Untersuchung

Kapitel 5 und 6 widmen sich der der Beantwortung der Forschungsfragen 2 und 3. Es wird davon ausgegangenen, dass die Einstellungen der Bürgermeister*innen von bestimmten Kontextfaktoren abhängig sind. Die Annahme ist, dass politische Einstellungen nicht nur vom politischen Willen eines lokalen Leaders abhängig sind,[125] sondern auch von externen Faktoren. Eine Studie zur Einstellung von Kommunalpolitiker*innen im Bundesland Hessen bestätigt dies und nimmt auf eine Reihe von möglichen Kontextfaktoren für politische Orientierungen Bezug: Dort werden politische Aspekte (wie etwa Wahlbeteiligung), sozial-strukturelle (wie etwa Ausländer*innenanteil oder Vereinsdichte) und schließlich wirtschaftliche Rahmenbedingungen (wie etwa Arbeitslosenquote oder Verschuldung) als mögliche Erklärung für bestimmte Einstellungen von Politiker*innen oder Bürger*innen genannt.[126] Es gibt außerdem eine Studie zu interkommunalen Vereinen in Portugal, welche die Bereitschaft (*commitment*) von lokalen gewählten Vertreter*innen in diesen Kooperationen untersucht hat. Die Ergebnisse deuten ebenso drauf hin, dass die Bereitschaft zur Kooperation von bestimmten Aspekten beeinflusst wird, etwa der Anzahl der Partner, der Tradition mit Kooperation sowie ähnlichen Voraussetzungen zwischen den Kooperationspartnern hinsichtlich Größe und ökonomischem Profil.[127]

Für die Forschungsfragen 2 und 3 besteht die Annahme, dass die Nutzung (*Dependent Variable 1*) und die Bewertung (*Dependent Variable 2*) der Kooperation von externen Faktoren (*Independent Variables*) beeinflusst werden, etwa durch strukturell-politische oder wirtschaftliche Aspekte. So wird das Augenmerk neben dem **Territorium** auf weitere zwei Variablen gelegt, die als strukturelle Faktoren bezeichnet werden können: Zum einen die **Größe (Einwohner*innenzahl)** und zum anderen die **Lage (geografische Position einer Gemeinde)**. Es wird erwartet, dass die Einstellungen der Bürgermeister*innen zu horizontaler Kooperation und somit sowohl die Nutzung wie auch die Bewertung mit diesen drei Faktoren in Zusammenhang gebracht werden können.

Dieser These liegt die Annahme zu Grunde, dass die Notwendigkeit für lokale Zusammenarbeit zum einen davon beeinflusst ist, welche rechtlichen Rahmenbedingungen und politische Tradition in einem Territorium vorherrschen. Zum zweiten wird davon ausgegangen, dass die lokale Kooperation auch von weiteren

125 Vgl. Teles 2014.

126 Vgl. Tausendpfund und Vetter 2017, S. 4 ff.; van Deth und Tausendpfund 2013, S. 13 ff.

127 Vgl. Camões et al. 2021.

Gegebenheiten beeinflusst ist, unabhängig davon welcher subnationalen Gebietskörperschaft eine Gemeinde angehört. Die empirische Untersuchung soll Einblick geben, ob Gemeinden innerhalb derselben subnationalen Gebietskörperschaft lokale Kooperation ähnlich umsetzen bzw. bewerten oder nicht. Weiters soll ersichtlich werden, ob die Führungspersönlichkeiten unterschiedlicher Gemeindetypen ähnliche oder verschiedenartige Meinungen aufweisen, unabhängig davon, ob sie in Graubünden, Südtirol oder Tirol beheimatet sind. Im Folgenden werden die unabhängigen Variablen Größe und Lage definiert und mit den einzelnen Indikatoren der abhängigen Variablen in Verbindung gesetzt. Dabei wird auf theoretische Überlegungen hingewiesen, die sich mit diesen Einflussfaktoren beschäftigt haben. Es kann vorweggenommen werden, dass der Einfluss von einer Variable allein kaum als Erklärungsfaktor für einen bestimmten politischen Prozess herangezogen werden kann. Dies ist stets auch kontextabhängig und von weiteren Kriterien beeinflusst. Nichtsdestotrotz können die Variablen der Größe und Lage einer Gemeinde als Erklärungsansätze oder zumindest relevante Untersuchungskategorien herangezogen werden, um mehr Klarheit in das Feld der lokalen Kooperation in der Praxis zu bringen.

*Unabhängige Variable A: Größe der Gemeinde (Einwohner*innen)*

Die optimale Größe einer Verwaltungseinheit ist bei der Untersuchung von lokalen Gebietskörperschaften häufig eine relevante Variable mit der sich schon eine Vielzahl von Autor*innen seit vielen Jahren auseinandersetzt. Dies betrifft insbesondere den Zusammenhang zwischen der Größe einer Gebietskörperschaft mit der Demokratie.[128] Das Thema der optimalen Größe ist auch für territoriale Reformen, wie etwa Fusionen oder die obligatorische interkommunale Zusammenarbeit von hoher Relevanz.[129] Die Größe einer Gebietskörperschaft ist nach Dahl/Tufte ein komplexes Konstrukt, das von mehreren Perspektiven betrachtet werden kann.[130] Manche Studien beziehen sich auf die Flächengröße, andere auf die Zahl der Einwohner*innen oder die Bevölkerungsdichte. „*Demographic size alone, however, tells only part of the story*",[131] stellen Baldersheim und Rose fest. Es gibt eine Reihe von Untersuchungen, welche die ideale Größe einer Verwaltungseinheit diskutieren, um festzustellen, wie Dienstleistungen so effizient und

128 Vgl. Denters et al. 2014; Dahl und Tufte 1973.

129 Vgl. Bolgherini et al. 2018a, S. 29 ff.; Teles und Kettunen 2016, S. 142. Siehe auch: Kersting und Vetter 2003; Keating 1995 sowie diverse Beiträge in Baldersheim und Rose 2010b.

130 Vgl. Dahl und Tufte 1973, S. 18 ff.

131 Baldersheim und Rose 2010b, S. 4.

gleichzeitig so demokratisch wie möglich ausgeführt werden können. Zusammengefasst spricht man hierbei von einem Dilemma zwischen der idealen Systemkapazität in Bezug auf die Effizienz der zu erbringenden Leistungen (*system capacity*) sowie der idealen Nähe zu den Bürger*innen im Sinne von demokratischer Legitimität (*citizen effectiveness*).[132]

Dahl betrachtet die Größe in einem globalen Kontext: So hätten zu große Einheiten, wie supranationale Einrichtungen, die Schwierigkeit die notwendige Demokratie zu gewährleisten, weil die Bürger*innen für die Entscheidungen niemanden zur Rechenschaft ziehen können. Andererseits sind zu kleine Einheiten häufig nicht für große Entwicklungen ausreichend gerüstet und damit stark von externen Einflüssen abhängig, weil sie sonst nicht zufriedenstellend auf die Bedürfnisse der Bürger*innen reagieren können.[133] Die Frage, ob es die optimale Größe einer Gebietskörperschaft für demokratische Partizipation auf der einen und Effizienz auf der anderen Seite gebe, haben sich Dahl/Tufte schon 1973 gestellt.[134] Sie kommen zum Schluss, dass es keine ideale Größe gebe, die beide Dimensionen gleichzeitig zufriedenstellend begegnen könne. Demnach würden verschiedene Probleme nach verschiedenen Größen verlangen.

Das Thema der geeigneten Größe einer Gemeinde im Zusammenhang mit der demokratischen Qualität wurde auch von Denters et al. ausführlich diskutiert sowie empirisch in 234 Gemeinden in vier Ländern, darunter der Schweiz, untersucht. Die Autoren teilen die theoretischen Werke, die sich mit der optimalen Größe von lokalen Gebietskörperschaften und deren Auswirkungen auf die Demokratie beschäftigen, in *„Liliputaner"* und *„Brobdingnager"* ein. Erstere argumentieren, dass je größer die Zahl der Einwohner*innen einer Gemeinde, desto mehr negative Auswirkungen gebe es auf die Demokratiequalität. Zweitere argumentieren das Gegenteil und zwar, dass eine höhere Einwohner*innenzahl positive Effekte auf die Demokratie hätte.[135] Auch andere empirische Studien,[136] kommen zu keinem eindeutigen Schluss, ob kleinere oder größere Gemeinden Herausforderungen am effizientesten begegnen können. Denters et al. argumentieren, dass es einige (schwache) empirische Beweise für das Lilliput-Argument gebe und falsifizieren das Brobdingnag-Argument. Sie unterstreichen, dass das Argument *„size do matter"* die historischen Studien zum Thema vereine, ihre

132 Vgl. Dahl und Tufte 1973, S. 20, Bolgherini et al. 2018a, S. 31 ff.
133 Vgl. Dahl 1994.
134 Vgl. Dahl und Tufte 1973, S. 61 ff., 134 f.
135 Vgl. Denters et al. 2014.
136 Siehe u.a.: Hansen et al. 1987; Mouritzen 1989; Oliver 2001.

eigene Untersuchung allerdings nicht eindeutig zu diesem Schluss käme.[137] Dass die Definition einer idealen Größe für eine Gebietskörperschaft ein Ding der Unmöglichkeit sei, unterstreichen auch Bolgherini et al.[138] Die italienischen Wissenschaftler*innen bemerken, dass eine optimale Größe zu sehr auch von individuellen Faktoren abhänge.[139]

Diese Dissertation möchte die Gemeindegröße als Erklärungsfaktor für die Nutzung und Bewertung von Kooperation heranziehen. Es wurde bereits angesprochen,[140] dass eine bestimmte Größe eine Motivation für Kooperation oder einen Zusammenschluss von Gemeinden sein könnte. Eine häufige Ansicht in diesem Zusammenhang ist, dass Kooperation in kleinen Gemeinden aufgrund der beschränkten Verwaltungskapazität eher praktiziert wird als in größeren. Auch in der politischen Praxis ist diese Meinung verbreitet. Kleine Gemeinden hätten mehr Bedarf für Kooperation. Ebenso gibt es in der Föderalismusforschung Autor*innen, die anmerken, dass Unterschiede in der Größe einen Einfluss auf die Kooperation haben können. So würden mächtige Regierungen dazu tendieren, weniger zu kooperieren, während kleinere und wirtschaftlich schwächere Regierungen ein höheres Interesse für Kooperation aufweisen würden.[141]

Eine Studie, welche die Einstellung von Lokalpolitiker*innen zu interkommunaler Kooperation untersucht, haben Bergholz und Bischoff in 59 Gemeinden im deutschen Bundesland Hessen durchgeführt. Auch sie gingen davon aus, dass die Größe und Lage einer Gemeinde einen Einfluss auf die politische Unterstützung von Kooperation haben könnten. Sie kamen zum Schluss, dass je größer eine Gemeinde war, die politischen Vertreter*innen positiver zu IKZ standen und nicht umgekehrt. Als Grund führen die Autoren die Sorge um den Verlust des politischen Einflusses der Vertreter*innen aus kleinen Gemeinden an.[142]

Eine Studie von Wirth/Matschek hat ebenso bestätigt, dass interkommunale Kooperation von der Größe beeinflusst wird. Demnach sei das Interesse für Kooperation bei größeren Gemeinden und Städten begrenzter, während die Haltung der kleinen Gemeinden ambivalent sei.[143] So sehen die kleineren Gemeinden in einer Zusammenarbeit einerseits Potentiale in Bezug auf die Wirtschaftlichkeit oder die Verbesserung der Leistungsqualität. Andererseits gebe es auch Befürchtungen

137 Vgl. Denters et al. 2014, S. 315, 328 ff.
138 Vgl. Bolgherini et al. 2018a, S. 172.
139 Vgl. Bolgherini et al. 2018a, S. 43 ff.
140 Vgl. Steiner 2003.
141 Vgl. Bolleyer und Bytzek 2009, S. 377; Phillimore 2013b.
142 Vgl. Bergholz und Bischoff 2016, S. 21 f.
143 Vgl. Wirth und Matschek 2005, S. 8.

hinsichtlich einer verminderten Autonomie oder Identitätsverlust.[144] Wirth geht somit von unterschiedlichen Gründen aus, weshalb Gemeinden kooperieren: Für Kleingemeinden seien es u.a. die Professionalisierung in Bezug auf qualifiziertes Personal oder die Auslastung bestehender Infrastrukturen. Für größere Städte sei es hingegen eine Möglichkeit gemeinsam die eigene Wettbewerbsposition zu stärken.[145] Demnach wäre die Motivation von größeren Gemeinden vor allem darauf ausgerichtet, die ökonomischen Chancen der Kooperation zu nutzen.[146]

Steiner brachte die Größe ebenso in Zusammenhang mit interkommunaler Zusammenarbeit und Fusionen: Demnach neigen kleinere Gemeinden aus Gründen einer höheren Effizienz, Professionalisierung oder der Notwendigkeit von Infrastrukturen eher zu Fusionen oder interkommunaler Zusammenarbeit als größere Gemeinden.[147] Steiner unterstreicht ebenso, dass u.a. der politische Wille einen Einfluss hätte, ob solche Projekte ausgeführt werden.[148] Auf Basis ihrer Gemeindeschreiber*innenbefragung, haben auch Thom und Steiner eine positive Korrelation – wenn auch schwache – zwischen der Größe einer Gemeinde und der interkommunalen Kooperation festgestellt. Demnach setzten sich kleine Gemeinden häufiger mit IKZ und Fusionen auseinander.[149]

Bel, Fageda und Mur[150] stellten in ihrer Untersuchung zur lokalen Abfallwirtschaft in der spanischen Autonomen Gemeinschaft Aragon fest, dass die Größe einer Gemeinde sehr wohl die Kooperation beeinflusse. So tendieren kleine Gemeinden eher zu Kooperation, um Kosten einzusparen, während größere Gemeinden eher zur Privatisierung von Diensten neigen. Je größer eine Gemeinde, desto höher die Wahrscheinlichkeit, dass Dienste privat ausgelagert werden, anstatt in Kooperation mit anderen Gemeinden durchgeführt zu werden. Es existieren auch empirische Studien, die diesen Unterschieden zwischen den Größen einer Gemeinde widersprechen. Demnach ist die interkommunale Zusammenarbeit sowohl in den Niederlanden wie auch in Finnland beliebt, obwohl die Gemeinden dort flächenmäßig sehr groß und kaum fragmentiert sind.[151] Teles und Swianiewicz erklären sich diese Umstände dadurch, dass Gemeinden nicht nur so genannten *push*-Faktoren ausgesetzt sind, sondern auch *pull*-Faktoren.

144 Vgl. Wirth und Matschek 2005.
145 Vgl. Wirth 2012, S. 54.
146 Vgl. Wirth und Biwald 2006, S. 22 f.
147 Vgl. Steiner 2003.
148 Vgl. Steiner 2003, S. 562 ff.
149 Vgl. Thom und Steiner 2003, S. 17.
150 Vgl. Bel et al. 2013.
151 Vgl. Swianiewicz und Teles 2018, S. 339 f.

Erstere Faktoren wären der Bedarf an Kooperation aufgrund einer kleinen Größe, zweitere Faktoren wären die notwendige Kapazität sich zu engagieren.[152]

Unabhängige Variable B: Geografische Position einer Gemeinde (Lage)

Neben der Größe wird in diesem Projekt auch die Lage der Gemeinden untersucht und angenommen, dass diese Einfluss auf die Nutzung und Bewertung von lokaler Kooperation hat.

Bereits Lipset und Rokkan haben die Konfliktlinie zwischen Zentrum und Peripherie in ihrem bedeutenden Werk als zentralen Erklärungsansatz für die politische Mobilisierung und Entstehung von Parteien in Europa hergenommen und die Parteiensystemforschung damit maßbeglich beeinflusst.[153] Die geografischen Lage im Zusammenhang mit lokaler Kooperation wurde noch nicht so häufig untersucht wie die Größe, doch kann auch diese Variable bei der lokalen Daseinsvorsorge sehr wohl eine Rolle spielen. So etwa im Hinblick auf die Erreichbarkeit und die damit verbundene Attraktivität eines Ortes. Gebiete mit verschiedenen territorialen Charakteristiken können unterschiedlichen Herausforderungen und Chancen ausgesetzt sein,[154] wobei diese nicht nur mit der eigenen Geografie, sondern auch mit dem ökonomischen Kontext einer Region zusammenhängen können.[155]

In Europa beschäftigt insbesondere die wachsende Kluft zwischen urbanen und ländlichen Gemeinden die Wissenschaft und Politik. So ist die Frage nach dem Gleichgewicht zwischen urbanen und ländlichen Gebieten aufgrund des schnellen Wachstums der Metropolen und einer zunehmenden Urbanisierung mit gleichzeitiger Abwanderung aus ländlichen Gebieten in vielen Ländern wichtiger geworden.[156] Dieses Thema kann ebenso in Verbindung mit Kooperation betrachtet werden, denn vielerorts wandern Personen aus ländlichen Regionen in größere Ortschaften ab, weil dort mehr Entwicklungsmöglichkeiten bzw. mehr Dienstleistungen vorhanden sind. Das Thema der Urbanisierung ist in Graubünden, Südtirol und Tirol aufgrund der vorherrschenden Ländlichkeit weniger

152 Vgl. Swianiewicz und Teles 2018, S. 340.
153 Vgl. Lipset und Stein 1967.
154 Vgl. ESPON 2012, S. IV ff.
155 Vgl. ESPON 2017, S. 1.
156 2019 beschäftigte sich auch eine Session des Kongresses der Gemeinden und Regionen des Europarats mit diesen Fragen. Siehe: Council of Europe, Congress of Local and Regional Authorities, 36th Congress Session – Chamber of Local Authorities, https://search.coe.int/congress/pages/result_details.aspx?objectid=090000168093c77f, zuletzt geprüft am 06.04.2023.

relevant, doch bestätigt die Lehre und Empirie, dass Gemeinden in peripheren Lagen mit anderen Herausforderungen konfrontiert sind als zentraler gelegene Gemeinden.[157] Somit kann auch ein Territorium ohne Metropolen mit verschiedenen Herausforderungen konfrontiert sein, da auch hier Land- und Stadtgemeinden zu finden sind, die sich voneinander differenzieren. Außerdem spielt insbesondere der Faktor der Erreichbarkeit einer Gemeinde eine relevante Rolle, denn unterschiedliche gebotene Dienstleistungen zwischen Land und Stadt können die Lebensqualität und Bedürfnisse der Bürger*innen beeinflussen, so etwa in den Bereichen Schule, Infrastrukturen, Gesundheitsdienste oder Freizeit.[158] Die Geografin Jane Atterton unterstreicht in diesem Zusammenhang, dass die Definition eines *„ländlichen Gebietes"* mit Vorsicht vorgenommen werden sollte, da jedes Territorium eigene Stärken habe und *„ländlich"* nicht gleichzeitig bedeutet, vollkommen anders zu sein. Zudem stehe die Definition von ländlich/urban nicht immer im Zusammenhang mit Peripherie und Zentrum. So können auch ländliche Gebiete sich stark voneinander unterscheiden (dies trifft im Übrigen auf alle Gebiete mit besonderen Herausforderungen zu[159]), weil jedes Gebiet andere Voraussetzungen habe. Weiters haben auch ländliche Gebiete bestimmte Potentiale und sind nicht immer von den umliegenden Zentren abhängig.[160]

Neben dem Wachstum der urbanen Gebiete, sollte darauf hingewiesen werden, dass mittlerweile auch das umgekehrte Phänomen existiert, und zwar die Nachfrage nach einem Wohn- und/oder Arbeitsort in ländlichen bzw. Berggebieten. Diese Entwicklung bedarf in Zukunft vermehrter Aufmerksamkeit, da ländliche, gebirgige und periphere Regionen wichtige Funktionen erfüllen können.[161] Eine Studie in der italienischen Region Piemont analysierte die Beweggründe für die Emigration von Unternehmer*innen in ländlichen Gebiete. Diese ergab, dass das Leben in den Bergen in diesem Fall nicht als eine Isolation empfunden, sondern als positives Spannungsverhältnis zwischen der Natur und der städtischen

157 Vgl. Lechner et al. 2011, S. 11.

158 Davon geht eine Untersuchung des italienischen Amts für Entwicklung und ökonomische Kohäsion aus, siehe: Dipartimento per lo Sviluppo e la Coesione Economia 2012.

159 Siehe auch: ESPON 2012, S. 39 ff.

160 Siehe: Congress of Local and Regional Authorities, 36th Congress Session – Chamber of Local Authorities, Notes for statement by Jane Atterton, https://search.coe.int/congress/pages/result_details.aspx?objectid=090000168093c77f, zuletzt geprüft am: 28.03.2022.

161 Vgl. Membretti et al. 2022; Barbera et al. 2018; Corrado et al. 2014.

Gesellschaft verstanden wurde, wo kulturelle Bedürfnisse gestillt werden können sowie ein breiteres soziales Umfeld sowie Marktchancen zu finden seien.[162]

Auf europäischer Ebene definierte der Vertrag von Lissabon den territorialen Zusammenhalt als einen Grundsatz der EU, um die Unterschiede zwischen den europäischen Regionen zu vermindern.[163] Zu den Gebieten mit besonderen territorialen Herausforderungen, denen vermehrte Aufmerksamkeit geschenkt werden soll, zählen die ländlichen, vom industriellen Wandel betroffenen sowie benachteiligten Gebieten, wie Gebiete mit geringer Einwohner*innendichte sowie Insel-, Grenz- oder Bergregionen. Dies sind auch Gebiete, die eine verstärkte horizontale Kooperation sowie innovative Dienstleistungsangebote benötigen.[164] Solche Gebiet mit einer spezifischen Geografie sind häufig von bestimmten Entwicklungen betroffen, u.a. Abwanderung, vor allem von jungen Leuten aufgrund von höherer Bildung; geringer ökonomischer Diversifikation; kleinräumiger Landwirtschaft; hoher Biodiversität und hoher Empfindsamkeit für Klimawandel; beschränkter Erreichbarkeit.[165] Im Jahr 2013 wurden im Rahmen eines europaweiten Projekts die sozialen, ökonomischen und ökologischen Muster und Trends von Gebieten mit spezifischer Geografie untersucht. In diesem Zusammenhang haben sich die Forscher*innen auf mehrere Aspekte dieser Gebiete bezogen, u.a. deren Erreichbarkeit und den Zugang zu Dienstleistungen, die Wohnortsattraktivität oder ökonomische Verwundbarkeit im Hinblick auf die Globalisierung.[166] Bezüglich der Erreichbarkeit mittels Flugzeug wurde bestätigt, dass Inseln, dünnbesiedelte Gebiete und Berggebiete im Vergleich zu anderen Gebieten in Europa deutlich schwieriger erreichbar sind. Ähnlich wurde festgestellt, dass es Bergregionen, Inseln, Gebiete in äußerster Randlage sowie dünnbesiedelte Gebiete schwieriger haben in ihrem Umkreis auf viele verschiedene Dienstleistungen zuzugreifen. Weitere Ergebnisse deuten darauf hin, dass die Lebensbedingungen in Gebieten mit besonderen territorialen Herausforderungen unterschiedlich zu

162 Vgl. Membretti 2022.

163 Artikel 3 des Vertrages über die Europäische Union (EUV) und Artikel 174 des Vertrages über die Arbeitsweise der Europäischen Union (AEUV). Im Vertrag heißt es, dass die Union „den wirtschaftlichen, sozialen und territorialen Zusammenhalt und die Solidarität zwischen den Mitgliedstaaten" fördert bzw. „weiterhin ihre Politik zur Stärkung ihres wirtschaftlichen, sozialen und territorialen Zusammenhalts [entwickelt und verfolgt], um eine harmonische Entwicklung der Union als Ganzes zu fördern."

164 Vgl. ESPON 2012, S. 50 f., 54.

165 Vgl. ESPON 2017, S. 1 ff.

166 Vgl. ESPON 2012, S. 20 ff.

anderen Regionen sind, wobei nicht alles negativ konnotiert sein muss. So können Gebiete mit spezifischen Herausforderungen aufgrund ihres ökologischen oder kulturellen Kapitels auch eine hohe Attraktivität aufweisen.[167]

Es gibt aktuelle Untersuchungen, die den Einfluss der geografischen Position von Gemeinden auf bestimmte politische Gegebenheiten veranschaulichen. Lorenzo de Sio und Cristiano Vezzoni untersuchen beispielsweise in welchem Zusammenhang die geografische Position von lokalen Gebietskörperschaften mit dem Wahlverhalten bzw. den lokalen Parteiensystemen steht.[168] Sie definieren die geografische Entfernung bzw. geografische Zerstreuung einer Gemeinde (*geographical remoteness, geographical dispersion*) anhand der Distanz zu einem größeren wirtschaftlichen oder politischem Zentrum. Dabei gehen sie davon aus, dass die geografische Position einer Gemeinde einen Zusammenhang mit den Wertvorstellungen und somit dem politischen Verhalten von Bürger*innen hat. Es gibt auch Untersuchungen, die sich mit der Lage der Gemeinden in Zusammenhang mit Kooperation beschäftigt haben: In der bereits genannten Studie zur interkommunalen Zusammenarbeit von spanischen Gemeinden haben Bel et al. Festgestellt,[169] dass Gemeinden, die sehr „*zerstreut*" sind, ihre Dienste eher selbstständig durchführen, anstatt diese zu privatisieren. Die Autoren gehen aufgrund dieser Ergebnisse davon aus, dass eine erhöhte flächenmäßige Ausbreitung eines Gebiets dazu beiträgt, Dienste eher selbst durchzuführen, da die Supervision von Kooperation in diesem Fall sehr komplex sei. In diesem Zusammenhang kooperieren geografisch zerstreute Gemeinden auch eher weniger mit anderen Gemeinden, weil die Qualitätssicherung der Dienstleistungen bei diesen Voraussetzungen sehr komplex ist.[170] Die geografische Ausdehnung einer Gemeinde hat zwar nur bedingt mit der geografischen Position zu tun, kann aber mit dieser in Zusammenhang stehen. In ihrer Studie zu schweizerischen Gemeinden und deren Kooperationsintensität haben Thom/Steiner ebenso festgestellt, dass die geografische Lage einer Gemeinde eine Rolle bei der interkommunalen Kooperation spielt. Demnach kamen sie zum Schluss, dass die intensiv kooperierenden Gemeinden besser erreichbar waren als jene, die eine geringe Kooperationsintensität aufwiesen. Somit schlussfolgerten die Autoren, dass die Topografie und die Erreichbarkeit einer Gemeinde das kooperative Verhalten begünstigen können.[171] Auf diese Annahmen stützt sich auch die vorliegende Forschungsarbeit.

---

167 Vgl. ESPON 2012, S. 20 ff.

168 Vgl. Sio und Vezzoni 2013; Kjaer und Elklit 2010; Bolgherini et al. 2021a.

169 Vgl. Bel et al. 2013.

170 Vgl. Bel et al. 2013.

171 Vgl. Thom und Steiner 2003, S. 23.

1.4.3 Erwartungen und Thesen

Basierend auf den obigen Ausführungen wird angenommen, dass die Nutzung und Bewertung von horizontaler Zusammenarbeit von der Größe und der Lage einer Gemeinde beeinflusst werden können, aber auch vom Umstand in welchem Territorium sich die Gemeinde befindet.

Einfluss des Territoriums (Region)

Die Herkunft der Gemeinde, d.h. die Region Graubünden, Südtirol oder Tirol, ist für die vergleichende Untersuchung von großem Interesse. Diese Variable steht vorab bereits in der rechtlichen Untersuchung im Fokus (Kapitel 1 und 2). Es gilt anschließend zu analysieren, ob das Territorium bei der Nutzung und Bewertung von Kooperation eine Rolle spielt. Damit liefert die empirische Untersuchung zusätzliche Ergebnisse für den Vergleich der drei Grenzregionen und eine weitere Facette der *Governance* in der Praxis.

Es handelt sich beim Territorium um eine unabhängige Variable, die für alle Dimensionen der empirischen Untersuchung betrachtet wird, wobei ein spezifischer Einfluss der Variable nicht in allen Dimensionen erwartet wird. Es wird angenommen, dass das Territorium im Bereich der Nutzung insbesondere auf die Dimensionen der **Erfahrung** und den **Politikfeldern** Einfluss hat. So ist davon auszugehen, dass sich sowohl die Erfahrung der Gemeinden wie auch in welchen Bereichen kooperiert wird, einen starken Bezug dazu hat, inwiefern eine bestimmte Tradition oder eine übliche Praxis in dem jeweiligen Territorium vorhanden und ausgeprägt ist. Einen weiteren Einfluss könnte die Variable Territorium auf die **Formen** der Kooperation haben. Sollte sich in der rechtlichen Analyse bestätigen, dass die rechtlichen Rahmenbedingungen in den einzelnen Territorien unterschiedlich sind, so unterscheiden sich folglich auch die angewandten Formen zwischen den Gemeinden in den drei Territorien.

In Bezug auf die Bewertung der Kooperation wird ein Einfluss des Territoriums hingegen nur bei den Dimensionen **Gründe** und **Lösungsansatz** angenommen. Nachdem davon ausgegangen wird, dass sich die Erfahrung und politische Tradition zwischen den drei Gebieten unterscheidet, wird auch vermutet, dass die Gründe weshalb kooperiert wird unterschiedlich sind. So könnte es in Südtirol eher aus Gründen der finanziellen Förderung der Fall sein, während es in Graubünden und Tirol dieser Faktor weniger ausgeprägt sein könnte. Auch in Bezug auf die Bewertung der Kooperation als Lösungsansatz werden Unterschiede erwartet. So wird vermutet, dass die Gemeinden in Graubünden – wo die Fusionen stark gefördert werden – in der Kooperation eher weniger einen Lösungsansatz sehen, als die Gemeinden in Südtirol und Tirol.

*Einfluss der Größe (Einwohner*innenzahl)*

Es wird angenommen, dass diese Variable Einfluss auf fast alle Dimensionen der Nutzung und Bewertung hat. So wird erwartet, dass kleinere Gemeinden Kooperation unterschiedlich umsetzen und bewerten als größere Gemeinden. Wie ausgeführt, werden vier verschiedene Kategorien von Gemeinden unterschieden: Kleinstgemeinden, kleine Gemeinden, mittlere Gemeinden sowie große Gemeinden.

Es wird angenommen, das kleinere Gemeinden im Verhältnis mehr und seit mehreren Jahren **Erfahrung** bei der Nutzung aufweisen als größere Gemeinden, sie auch mit mehr anderen Gemeinden kooperieren, sie **intensiver** kooperieren und sie andere **Formen** der Kooperation anwenden. Diese Annahme beruht darauf, dass kleinere Gemeinden üblicherweise über weniger Verwaltungspersonal und geringere finanzielle Ressourcen verfügen und daher mehr auf Kooperation angewiesen sind als größere Gebietskörperschaften. Auch in Bezug auf die **Intensität** wird aus den genannten Gründen angenommen, dass kleinere Gemeinden sich häufiger mit Themen auseinandersetzen, für welche eine Kooperation notwendig wäre als Gemeinden mit einer höheren Einwohner*innenzahl. Dies soll nicht darüber hinwegtäuschen, dass sich auch mittlere und große Gemeinden mit solchen Themen beschäftigen. Zudem wird vermutet, dass je kleiner eine Gemeinde ist, sie häufiger mit Beamt*innen oder Politiker*innen des Landes, anderen Bürgermeister*innen oder übergemeindlichen Institutionen zu tun hat als größere Gemeinden. Ähnlich wie in Bezug auf die Erfahrung und Intensität kann davon ausgegangen werden, dass die Größe auch Einfluss auf die **Formen** der Kooperation hat, und zwar ob eine Gemeinde eher mit anderen Gemeinden, dem Land oder privaten Anbietern zusammenarbeitet. So könnte sich herausstellen, dass bestimmte Formen der Kooperation – z.B. öffentlich-rechtliche – für kleinere Gemeinden in der Nutzung zu komplex sind und daher kaum angewandt werden, weil es dafür bestimmter Voraussetzungen bedarf. Etwa jene nach einem gewissen Budget oder spezifische personelle Ressourcen. Diese Annahme gilt nicht nur für kleine, sondern auch für peripher liegende Gemeinden. Zudem könnte, der Analyse von Bel at folgend, festgestellt werden, dass größere Gemeinden mehr Erfahrung mit der Privatisierung von Diensten aufweisen als kleinere Gemeinden.[172] In Bezug auf die zentralen **Akteure** wird erwartet, dass diese in den Gemeinden unter 5.000 Einwohner*innen die Bürgermeister*innen sind, in anderen hingegen auch andere Akteure, wie beispielsweise die obersten Führungskräfte oder weitere Regierungsmitglieder. Ich gehe davon aus, dass die

172 Vgl. Bel und Fageda 2006.

Bürgermeister*innen in kleineren Gemeinden direkt in die Planung und Leitung der Zusammenarbeit involviert sind, während diese Aufgabe in größeren Gemeinden vom Verwaltungspersonal wahrgenommen wird.[173]

Was die Dimensionen der Bewertung betrifft, wird erwartet, dass die Größe auch mit **Gründen, Wichtigkeit, Lösungsansatz, Hindernissen** und **Unterstützung** der Kooperation zusammenhängt. So wird erstens erwartet, dass die **Gründe** der Kooperation zwischen kleinen und großen Gemeinden unterschiedlich sind. Erwartungsgemäß werden kleine und mittlere Gemeinden vermehrt aus Gründen der Effizienz- und Qualitätssteigerung, Personalknappheit oder aus einer Notwendigkeit heraus kooperieren, weil sie sonst nicht imstande wären ihre Dienstleistungen auszuführen. Größere Gemeinden werden eher aus anderen Gründen kooperieren, etwa um Kompetenzen zu erlangen, die nicht in der Gemeinde vorhanden sind oder um finanzielle Ressourcen anzuwerben. Bei der Variable **Wichtigkeit** wird angenommen, dass horizontale Kooperation von Bürgermeister*innen aus Gemeinden mit einer niedriger Einwohner*innenzahl als zielführender bewertet wird bzw. ihnen diese wichtiger ist als jenen aus größeren Gemeinden. Kooperation könnte für kleinere Gemeinden wichtiger sein, weil sie es ohne solche nicht schaffen all ihre lokalen Zuständigkeiten effizient umzusetzen. Im Gegenzug dazu, wird erwartet, dass mittlere bis große Gemeinden die Wichtigkeit im Allgemeinen geringer einstufen. So wird erwartet, dass je kleiner eine Gemeinde ist, sie desto mehr Notwendigkeit in der Kooperation und der gemeinsamen Ausführung von Dienstleistungen sieht als größere Gemeinden, die ihre Aufgaben lieber ohne Partner ausführen.

Ähnliches gilt für die Dimension **Lösungsansatz**. Bürgermeister*innen aus kleineren Gemeinden werden in der Kooperation eher einen Lösungsansatz für ihre Herausforderungen erkennen als größere Gemeinden, denen mehr personelle und finanzielle Ressourcen sowie politisches Gewicht zur Verfügung stehen. Abschließend wird erwartet, dass auch die **Hindernisse** und **Unterstützung** von der Größe beeinflusst werden. Kleinere Gemeinden haben bzw. verspüren womöglich andere Rahmenbedingungen als hinderlich, um eine Kooperation durchzuführen. So sind die Faktoren, welche größere Gemeinden an einer Kooperation hindern oder beeinflussen können, wahrscheinlich der Mangel an Zeitressourcen, Vertrauen zu Kooperationspartnern und der politische Wille oder die

173 Vgl. Swianiewicz und Teles 2018, S. 343 f., 346 f. Die Autoren gehen basierend auf Mouritzen und Svara 2002 davon aus, dass in Systemen mit starken und direktgewählten Bürgermeister*innenn (*strong Mayor leadership model*) diesen eine wichtige Funktion zu kommt, während in mehr kollektiven Leadership-Modellen diese Rolle vom Beamtentum und Expert*innen eingenommen wird.

Sorge des Verlusts von politischem Einfluss, während es kleineren Gemeinden wahrscheinlich eher an der Erfahrung innerhalb der Verwaltung oder an Personal mangelt. Umgekehrt könnten es auch verschiedene Faktoren sein, welche eine Kooperation in den einzelnen Gemeinden fördert. So ist es bei kleineren Gemeinden vermutlich der politische Wille, bei größeren Gemeinden wohl eher die Erfahrung innerhalb der Gemeindeverwaltung.

Einfluss der geografischen Lage (Position)

In Kapitel 5 und 6 wird auch die geografische Lage der Gemeinden in Zusammenhang mit Kooperation betrachtet. Die Gemeinden wurden nach ihrer Lage in fünf Kategorien zusammengefasst, wobei die ersten drei als Parameter für Gemeinden hergenommen werden, die „zentral" gelegen sind die letzten beiden als „peripher" gelten: Städte, Kleinere Städte und Vororte, Ländliche Gebiete mit schneller Erreichbarkeit (ländliche Zentren); Ländliche Gebiete mit mittlerer Erreichbarkeit (ländliche Vororte); Ländliche Gemeinden mit geringer Erreichbarkeit (ländlich periphere Gebiete).

Die Thesen dieser Variable stützen sich auf ähnliche Ausführungen und Argumente wie für die Variable Größe. Es wird erwartet, dass die geografische Lage einer Gemeinde Einfluss auf eine Reihe von Dimensionen der Nutzung und Bewertung hat. So wird angenommen, dass die horizontale Zusammenarbeit für ländliche (hier synonym verwendet mit peripher liegende[174]) Gemeinden notwendiger ist, weil sie es ohne diese nicht schaffen all ihre Zuständigkeiten allein zu erfüllen bzw. alle ihre Dienste effizient umzusetzen. Im Gegenzug kann davon ausgegangen werden, dass es für zentral gelegenere (entsprechen hier den nicht peripher liegenden) Gemeinden angenehmer ist, alle Aufgaben selbst zu erfüllen und sie es mitunter als Last sehen, wenn sie mit anderen Gemeinden zusammenarbeiten müssen. In diesem Zusammenhang wird davon ausgegangen, dass peripher liegende Gemeinden eine andere Einschätzung bzw. Haltung zu Kooperation haben als Gemeinden, welche zentraler gelegen sind. Letztere könnten aufgrund ihrer zentralen geografischen Lage womöglich weniger auf Kooperation angewiesen sein. Gleichzeitig könnte die Untersuchung allerdings ebenso ergeben, dass peripher liegende Gemeinden gar keine Kooperation umsetzen, aus dem schlichten Grund, dass sie über kaum bzw. keine umliegenden Gemeinden verfügen, mit denen sie kooperieren können.

174 Peripher liegende Gemeinden sind in Bezug auf verschiedene Aspekte gegenüber urbanen Gebieten benachteiligt (öffentliche Dienste, Nahversorgung, Abwanderung, öffentlicher Verkehr).

Im Spezifischen wird erwartet, dass die **Erfahrung** und **Intensität** von der geografischen Position einer Gemeinde abhängen können. So wird davon ausgegangen, dass peripher liegende Gemeinden ähnliche Kooperationsmuster ausweisen, wie kleine Gemeinden. Ländlichere Gemeinden sind wahrscheinlich häufiger auf Kooperation angewiesen als zentrale Gebiete, womit auch ihre Erfahrung größer ist. Andererseits könnte es auch der Fall sein, dass sie – eben aufgrund ihrer peripheren Position – kaum Erfahrung mit Kooperation aufweisen, da ihnen die Partner hierfür fehlen. Ähnlich verhält es sich mit der Dimension **Intensität**: Je peripherer eine Gemeinde liegt, desto eher wird sie in ihrer täglichen Verwaltung mit Kooperation zu tun haben. Allerdings könnte diese auch These falsifiziert werden, wenn ersichtlich wird, dass eine Gemeinde zwar im Prinzip gerne kooperieren möchte, in der Praxis aufgrund von fehlenden in der Nähe liegenden Gemeinden aber kaum die Möglichkeit dazu hat. Ein weiterer Aspekt, der sich bei ländlichen und zentralen Gemeinden unterscheiden könnte, ist die Anzahl der Kooperationspartner. So werden aller Wahrscheinlichkeit nach urbane Gemeinden mehrere Kooperationspartner aufweisen, da sie durch ihre zentrale Lage vermutlich mit mehr Nachbargemeinden in Kontakt stehen als ländlich gelegene Gemeinden. Ebenso könnten die **Formen** der Kooperation einen Zusammenhang mit der geografischen Lage von Gemeinden aufweisen. So könnten Gemeinden mit einer ländlichen Position eher mit privaten Anbietern zusammenarbeiten als mittels vertraglichen Zusammenarbeiten oder öffentlich-rechtlichen Kooperationsformen mit anderen Gemeinden. Zentral positionierte Gebiete könnten demgegenüber eher Erfahrung mit mehreren Formen der Kooperation haben, weil sie mehr Auswahl an privaten Anbietern haben und gleichzeitig auch mit mehr Nachbargemeinden in Kontakt stehen. Anders als bei der Variable Größe könnte es sein, dass es in Bezug auf die Lage der Gemeinde auch Zusammenhänge mit der Dimension **Politikfelder** gibt. Demnach wird erwartet, dass peripher gelegene Gemeinden in anderen Bereichen als zentrale Gemeinden zusammenarbeiten. Zum einen haben sie wahrscheinlich weniger spezifisches Verwaltungspersonal zur Verfügung, zum anderen ist es in bestimmten Politikfeldern für eine periphere Gemeinde aufgrund ihrer Position kaum möglich zusammenzuarbeiten. So wird im Bereich der Schule, im Sozial- oder Jugendbereich aufgrund von mangelnden Partnergemeinden eher weniger zusammengearbeitet werden, hingegen womöglich eher im Bereich der engeren Verwaltung.

Es wird auch angenommen, dass die Lage im Zusammenhang mit einigen der Bewertung steht. Hierbei sind alle Variablen bis auf die Zufriedenheit betroffen. Bezüglich der **Gründe** werden zentrale Gemeinden sich voraussichtlich von peripheren Gemeinden unterscheiden. So könnten ländlichere Gemeinden eher aus Gründen der Kostenreduzierung, Effizienzsteigerung, höheren Professionalität oder Personalmangel zusammenarbeiten, während zentrale Gemeinden – ähnlich wie größere Gemeinden – eher aus Gründen der finanziellen Anreize zusammenarbeiten. Der Argumentation in Bezug auf die Größe folgend, wird erwartet, dass die **Wichtigkeit** von Kooperation sowie ob Kooperation als **Lösungsansatz** eingestuft wird, einen bestimmten Zusammenhang mit der geografischen Lage einer Gemeinde aufzeigt. Dementsprechend werden Bürgermeister*innen, je peripherer ihre Gemeinde liegt, Kooperation als umso wichtiger einstufen, um ihre Gemeinde effizienter zu verwalten. Zentrale Gebiete sind hingegen – ähnlich wie größere Gemeinden – vermutlich weniger daran interessiert, Dienste gemeinsam mit anderen Gemeinden durchzuführen.

Außerdem wird erwartet, dass ländlichere Gemeinden mehr Leistungsgrenzen ausgesetzt sind als zentrale Gemeinden. Demzufolge werden sie Kooperation eher als einen Lösungsansatz betrachten. Abschließend wird angenommen, dass die Lage Einfluss auf die **Hindernisse** und **Unterstützung** hat. So sind ländliche Gemeinden, ähnlich wie kleinere Gemeinden mit großer Wahrscheinlichkeit anderen Hindernissen und Unterstützungsfaktoren ausgesetzt als zentrale Gebiete. Ein häufige Schwierigkeit der ländlichen Gemeinden könnten mutmaßlich die mangelnde Erfahrung bzw. technischen Kompetenzen innerhalb der Verwaltung sein oder die mangelnden Personalressourcen. Zentrale Gemeinden könnten demgegenüber eher ein mangelndes politisches Interesse aufweisen, weniger Zeit haben sowie den Verlust der lokalen Identität oder des politischen Einflusses fürchten, sollten sie kooperieren.

1.4.4 Abhängige Variablen und deren Zusammenhang mit den unabhängigen Variablen

Im Folgenden wird zusammengefasst, wie die Dimensionen mit den unabhängigen Variablen Territorium, Größe und Lage in Verbindung stehen könnten. Für die Variablen wurden spezifische Fragen ausgearbeitet, welche sie mit den unabhängigen Variablen in Verbindung setzen. Es muss vorausgeschickt werden, dass es sich bei der Analyse der Nutzung und Bewertung um zwei verschiedene analytische Ansätze handelt. Wie beschrieben, werden alle Daten nur qualitativ ausgewertet. Bei der gesamten Erhebung handelt es sich um subjektive Daten, die keine Rückschlüsse auf andere Gemeinden möglich machen. Es geht bei der „Nutzung" zwar zum Großteil um objektiv vorhandene Daten, die mitunter von anderen Quellen abgerufen werden könnten, die jedoch durch den Fragebogen vom Subjekt der Bürgermeister*innen wiedergegeben werden. Demgegenüber handelt es sich bei der Variable „Bewertung" um eine reine subjektive Momentaufnahme einer persönlichen Meinung. Aus diesem Grund widerspiegeln die folgenden Auflistungen zwar zwei analytische Schemas, inwiefern unabhängige Variablen die abhängigen Variablen beeinflussen können, doch kausale Zusammenhänge werden nur für die Variable 1 festgestellt werden können. Für die Variable 2 wurden ebenso Erwartungen aufgestellt, doch die Daten können nicht in eine kausale Verbindung mit den unabhängigen Variablen gesetzt werden. Es handelt sich hierbei nur um eine Verbindung zwischen unabhängigen Variablen und persönlichen Bewertungen.

Korrelationen der Nutzung:

1. **Erfahrung:**
   1_A, 1_B, 1_C: Hängt die Erfahrung im Bereich der lokalen Kooperation vom Territorium einer Gemeinde sowie deren Typologie ab (Größe, Lage)?
2. **Politikfelder:**
   2_A, 2_C: Beeinflusst das Territorium einer Gemeinde oder ihre geografische Lage die Themenbereiche, in welchen kooperiert wird?
3. **Formen:**
   3_A, 3_B, 3_C: Hängen die Formen der Kooperation von bestimmten Faktoren wie Territorium, Größe oder geografischer Position einer Gemeinde ab?
4. **Akteure:**
   4_A: Wer sind die primären Akteure bei der Nutzung von Kooperation und gibt es hierbei Unterschiede zwischen kleinen und großen Gemeinden?
5. **Intensität:**
   5_B, 5_C: Gibt es Unterschiede in der Kooperationsintensität zwischen Land-/Stadt-, kleinen/großen Gemeinden?

Korrelationen der Bewertung:

1. **Gründe:**
   1_B, 1_C: Aus welchen Gründen kooperieren Gemeinden und steht dies in Verbindung mit deren Größe oder geografischer Lage?
2. **Wichtigkeit:**
   2_B, 2_C: Welche Wichtigkeit nimmt die lokale Kooperation auf politischer Ebene ein und gibt es hierbei Unterschiede zwischen verschiedenen Gemeindetypen (Größe, Lage)?
3. **Hindernisse:**
   3_B, 3_C: Gibt es Faktoren, welche die Nutzung von Kooperation hemmen? Wenn ja, gibt es hierbei Unterschiede zwischen verschiedenen Gemeindetypen (Größe, Lage)?

4. **Unterstützung:**
   4_B, 4_C: Gibt es Faktoren, welche die Nutzung von Kooperation fördern? Wenn ja, gibt es hierbei Unterschiede zwischen verschiedenen Gemeindetypen (Größe, Lage)?
5. **Lösungsansatz:**
   5_B, 5_C: Bewerten die Bürgermeister*innen lokale Kooperation als Lösungsansatz und gibt es hierbei Unterschiede zwischen verschiedenen Typen von Gemeinden (Größe, Lage)?

1.5. Die Fälle: Drei subnationale und 500 lokale Gebietskörperschaften

In dieser Forschungsarbeit stehen unterschiedliche Fälle im Mittelpunkt. Im rechtsvergleichenden Teil sind es die drei subnationalen Gebietskörperschaften Graubünden, Südtirol und Tirol und im empirischen Teil die 500 Gemeinden dieser. Die Ausgestaltung von interkommunaler Kooperation ist unter anderem vom jeweiligen politischen System, dem Dezentralisierungsgrad, der politischen Kultur bzw. der Rolle der lokalen Regierungsebene innerhalb einer Gebietskörperschaft abhängig.[175] Graubünden, Südtirol und Tirol dienen daher als *Units of Analysis* des ersten Teils. Es handelt sich hierbei um eine *small-n Vergleich*, weil drei Fälle vertiefend untersucht werden. Demnach werden die Schlussfolgerungen am Ende der Kapitel 3 und 4 für die Territorien insgesamt gezogen und es sind diese drei Analyseeinheiten, welche miteinander verglichen werden (insbesondere in Bezug auf die Forschungsfrage 1). In der Beantwortung von Forschungsfrage 2 und 3, werden schließlich die Gemeinden der drei Fälle zur *Unit of Analysis*. So werden in der empirischen Analyse insgesamt 500 Fälle in Betracht gezogen, dies entspricht der gesamten Anzahl der Gemeinden in den drei Gebieten im Januar 2020 (105 in Graubünden, 116 in Südtirol, 279 in Tirol).

Die subnationalen Gebietskörperschaften weisen eine Reihe von ähnlichen Variablen in Form von kulturellen, geografischen, sozialen und historischen Aspekten auf. Sie grenzen geografisch aneinander, womit sie in gesellschaftlicher Hinsicht stark miteinander verbunden sind (durch Berufspendler*innen, Einkaufsmöglichkeiten, Student*innen). Zudem sind sie als alpendurchzogene Gebiete in mehreren öffentlichen und privaten Institutionen seit Jahrzehnten politisch und wirtschaftlich miteinander vernetzt (EVTZ Europaregion Tirol-Südtirol-Trentino, Makroregionale Strategie des Alpenraums (EUSALP), Arge

175 Vgl. Ladner et al. 2016a.

Alp, Alpenkonvention, Allianz in den Alpen, Verein Alpenstadt des Jahres). Sie verfügen vor diesem Hintergrund über mehrere gemeinsame Herausforderungen. Insbesondere der makroregionalen Strategie für den Alpenraum kann politisch und in Bezug auf eine grenzüberschreitende *Governance* auf subnationaler Ebene ein hoher Stellenwert zugemessen werden.[176] Im Juni 2012 veröffentlichten die Alpenregionen mit dem Initiativpapier „Die Alpen – Innovation und Wirtschaftskraft in einer intakten Umwelt" eine offizielle gemeinsame Position. Dort wurden konkrete Ziele für Schlüsselbereiche aufgezählt, in dessen Rahmen ein aufeinander abgestimmtes Vorgehen einen Mehrwert für das Territorium erbringen würde. Dazu gehörten Wettbewerbsfähigkeit und Innovation, Wasser und Energie, Umwelt und Klima sowie Zugänglichkeit, Verkehrsmittel, Transport. Diese Themenbereiche fanden später Eingang in die Ziele der EUSALP.[177] Neben ähnlichen Herausforderungen sind die Gebiete auch in Bezug auf ihren rechtlich-politischen Gestaltungsraum und der subnationalen Selbstverwaltung ähnlich aufgebaut. Zwar sind Österreich und die Schweiz verfassungsrechtlich föderal organisierte Systeme, während Italien als asymmetrischer Regionalstaat definiert wird (siehe Kapitel 3).[178] Da die Autonome Provinz Bozen/Südtirol allerdings über einen weitreichenden gesetzgeberischen Gestaltungsspielraum innerhalb des Verfassungsgefüges Italiens verfügt, ähnelt sie eher den alpinen Nachbarregionen bzw. den Gliedstaaten eines föderalen Systems als anderen italienischen Regionen ohne Autonomiestatut.[179]

Ein weiterer ähnlicher Aspekt der Territorien ist, dass alle drei durch eine ausgesprochene Kleinräumigkeit in der Beschaffenheit ihrer lokalen Regierungsebene geprägt sind. Vor dem Hintergrund der zunehmenden Bedeutung

---

176 Diese wurde 2015 von der Europäischen Kommission angenommen, wobei im Alpenraum bereits seit 2010 eine intensive Debatte im Gange war. Die Initiative ging damals vor allem von den subnationalen Gebietskörperschaften aus. Bereits 2010 forderten Regierungsvertreter*innen der Schweiz und von sieben Alpenregionen, darunter Graubünden, Tirol und Südtirol, in der „Mittenwalder Erklärung" die Nationalstaaten und die Kommission auf, die Ausarbeitung einer makroregionalen Strategie zu unterstützen. Auch bei der politischen Resolution, die dem Europäischen Rat 2013 vorgelegt wurde, waren die drei subnationalen Gebietskörperschaften beteiligt. Sie waren auch, neben anderen fünf Alpenregionen, im Steuerungsausschuss vertreten, welcher das Konsultationspapier für die EUSALP ausarbeitete. Vgl. Klotz und Trettel 2016.

177 Siehe: EUSALP, EU Strategy for the Alpine Region, Objectives, https://www.alpine-region.eu/objectives, zuletzt geprüft am 06.04.2023.

178 Vgl. Palermo 2012.

179 Vgl. D'Orlando und Grisostolo 2018, S. 98 f.

der Gemeinden in Mehrebenensystemen,[180] ist die Untersuchung dieser Regierungsebene für die Föderalismus- und Regionalismusforschung sehr lehrreich: Alle drei Gebiete bieten ihren lokalen Gebietskörperschaften unterschiedliche Rahmenbedingungen für die Selbstverwaltung, doch weisen sie auch Ähnlichkeiten in Bezug auf ihre Größe oder geografische Lage auf, was wiederum einen interessanter Ausgangspunkt für den Vergleich darstellt.

Die drei Regionen sind auch in Bezug auf ihre Flächengröße ähnlich. Das größte Territorium weist das Land Tirol auf und demnach auch die höchste Einwohner*innenzahl. Südtirol und Graubünden sind flächenmäßig fast gleich groß, allerdings hat Graubünden im Vergleich zu den beiden Nachbargebieten eine deutlich geringere Einwohner*innenzahl (Tab. 15). Dennoch ist auch die Anzahl der Gemeinden fast deckend mit Südtirol (105 zu 116), während Tirol über mehr als doppelt so viele Gemeinden verfügt (279). Berechnet man die Einwohnerzahl pro km^2, so besitzt Südtirol die höchste Bevölkerungsdichte, gefolgt von Tirol. Graubünden ist im Vergleich sehr dünn besiedelt. Was die Struktur der lokalen Gebietskörperschaften betrifft, so sind die Fälle im Vergleich zu anderen Mehrebenensystemen[181] dahingehend homogen, dass sie nur einen Typus von politischen Gemeinden kennen. In allen drei ist die politische Gemeinde jene Gebietskörperschaft, die eine Vielzahl von Dienstleistungen erbringt. Die ländliche Beschaffenheit der Gemeinden in Graubünden, Südtirol und Tirol erleichtert letztens eine vergleichende Betrachtung.

Basierend auf volkswirtschaftlichen Kriterien können ebenso Ähnlichkeiten festgestellt werden. Hierfür gibt es mehrere Indikatoren, die man als Vergleichswerte heranziehen kann. Zu den gängigsten ökonomischen Werten gehört das Bruttoinlandsprodukt pro Kopf oder die durchschnittliche Arbeitslosenrate der vergangenen Jahre. Das Bruttoinlandsprodukt pro Kopf ist in den drei Gebieten ähnlich, auch die Arbeitslosenrate ist ähnlich niedrig. Gemessen am so genannten *„Regional well-being dataset“* der OECD schneiden die drei Gebietskörperschaften[182] in den meisten Faktoren ebenso ähnlich ab. Bei diesem Index werden elf

---

180 Vgl. Palermo und Kössler 2017; Steytler und Kincaid 2009.

181 Vgl. Steytler und Kincaid 2009.

182 Siehe für Tirol: OECD Regional Well-Being, Tyrol, https://www.oecdregionalwellbeing.org/AT33.html; für Südtirol: OECD Regional Well-Being, Province of Bolzano-Bozen, https://www.oecdregionalwellbeing.org/ITH1.html, für die Ostschweiz: OECD Regional Well-Being, Eastern Switzerland, https://www.oecdregionalwellbeing.org/CH05.html, alle zuletzt geprüft am 06.04.2023. Für Tirol und Südtirol existieren separate Untersuchungen, während der Kanton Graubünden unter die Großregion „Ostschweiz“ gefasst wird (*Eastern Switzerland*), so dass exakte Vergleiche zwischen den drei Territorien nicht möglich sind.

Themenbereiche, darunter Einkommen und Arbeit, Bildung und Gesundheit, sowie subjektive Faktoren untersucht und mit einem Wert von 0 bis 10 beurteilt. Die größten Unterschiede zwischen Graubünden, Südtirol und Tirol sind bei den Faktoren „Lebenszufriedenheit", „Ziviles Engagement", „Bildung" und „Umwelt" feststellbar. Bis auf das zivile Engagement liegt Südtirol in den drei anderen Bereichen stets hinter Tirol und der Ostschweiz. Nur beim Indikator der Wahlbeteiligung liegt die Ostschweiz deutlich hinter den anderen Territorien, womit sie einen geringeren Wert im Bereich „ziviles Engagement" erreicht. Demgegenüber sind Tirol, Südtirol sowie auch die Ostschweiz in Bezug auf den Indikator „Arbeitsplätze" unter den Top-19 Prozent der OECD-Regionen und hinsichtlich des durchschnittlichen Einkommens eines Haushalts pro Jahr und pro Kopf unter den Top-27 Prozent der OECD-Regionen. Trotz soziokultureller Unterschiede sowie Divergenzen im politisch-institutionellen System, die in den weiteren Kapiteln diskutiert werden, können die drei subnationalen Gebietskörperschaften basierend auf diesen Ausführungen als *most similar*[183] bezeichnet werden.

Tabelle 15: Die subnationalen Gebietskörperschaften im Vergleich

	Kanton Graubünden	**Land Südtirol**	**Land Tirol**
Anzahl intermediäre Verwaltungseinheiten (Bezirke bzw. Regionen)	11	7	9
Anzahl Gemeinden	105	116	279
Hauptstadt	Chur	Bozen	Innsbruck
Stadtgemeinden/Städte	4	8	11
Fläche	7.105 km²	7.398 km²	12.648 km²
Einwohner*innen insgesamt	198.379 (2018)	533.439 (2019)	754.705 (2018)
Einwohner*innen pro km²	27,9	72,1	59,6
Gemeinde mit höchster Einwohner*innenzahl	Chur 35.038 (2018)	Bozen 107.739 (2018)	Innsbruck 132.110 (2018)
Gemeinde mit niedrigster Einwohner*innenzahl	Lohn (42, 2018)	Waidbruck (193, 2017)	Gramais (41, 2018)
Arbeitslosenrate in Prozent	0,9 (2018)	2,9 (2018)	4,5 (2019)

183 Vgl. Gerring 2008, S. 648; 668 ff.

	Kanton Graubünden	Land Südtirol	Land Tirol
Bruttoinlandsprodukt (Milliarden Euro)	13,1 (2017)[184]	23,7 (2018)	33,78 (2018)
Bruttoinlandsprodukt je Einwohner*in (Euro)	66.509 (2017)[185]	44.806 (2018)	45.200 (2018)

Quelle: Eigene Erstellung basierend auf folgenden Quellen: Graubünden,[186] Südtirol,[187] Tirol.[188]

184 Das BIP des Kantons in Graubünden betrug im Jahr 2017 14 Milliarden Franken. Die Währungsumrechnung von Franken in Euro zum 26.06.2020 ergibt 13,1 Milliarden Euro (Quelle: www.oanda.com), Daten siehe: Amt für Wirtschaft und Tourismus, BIP der Kantone, https://www.gr.ch/DE/institutionen/verwaltung/dvs/awt/statistik/Volkswirtschaft/Seiten/BIP_der_Kantone.aspx, zuletzt geprüft am: 06.04.2023.

185 Das BIP pro Einwohner*in in Graubünden betrug 2017 70.909 Franken. Die Währungsumrechnung von Franken in Euro zum 26.06.2020 ergibt 66.509 Euro (Quelle: www.oanda.com), Daten siehe: Amt für Wirtschaft und Tourismus, BIP der Kantone, https://www.gr.ch/DE/institutionen/verwaltung/dvs/awt/statistik/Volkswirtschaft/Seiten/BIP_der_Kantone.aspx, zuletzt geprüft am: 06.04.2023.

186 Kanton Graubünden, Amt für Wirtschaft und Tourismus, Bevölkerungsstand und -struktur, https://www.gr.ch/DE/institutionen/verwaltung/dvs/awt/statistik/Bevoelkerung/Seiten/Bevoelkerungsstand_und_-struktur.aspx, zuletzt geprüft am: 06.04.2023; Arbeitslosigkeit September 2018, https://www.gr.ch/DE/Medien/Mitteilungen/MMStaka/2018/Seiten/2018100801.aspx, zuletzt geprüft am 19.05.2023.

187 Istituto Nazionale di Statistica ISTAT, Codici statistici delle unità amministrative territoriali: comuni, città metropolitane, province e regioni, https://www.istat.it/it/archivio/6789, zuletzt geprüft am 23.03.2022. Die Einwohner*innenanzahl bezieht sich auf die letzte amtliche Volkszählung im Jahr 2011; Gemeinde Bozen, amtliche Volkszählung, https://www.gemeinde.bozen.it/UploadDocs/23711_Pressemitteilung_bil_bev18.pdf, zuletzt geprüft am 26.06.2020; Landesinstitut für Statistik ASTAT, Volkswirtschaftliche Gesamtrechnung Südtirols – 1995–2017, https://astat.provinz.bz.it/de/aktuelles-publikationen-info.asp?news_action=4&news_article_id=628749, zuletzt geprüft am 08.01.2020; Erwerbstätige und Arbeitsuchende: internationaler und regionaler Vergleich – 2018, https://astat.provinz.bz.it/de/aktuelles-publikationen-info.asp?news_action=4&news_article_id=627349; Bevölkerung, https://astat.provincia.bz.it/de/bevoelkerung.asp; BIP, öffentliche Finanzen und Non-Profit, https://astat.provinz.bz.it/de/oeffentliche-finanzen-non-profit.asp, zuletzt geprüft am 26.06.2020.

188 Land Tirol, Demografische Daten Tirol 2020, https://www.tirol.gv.at/fileadmin/themen/statistik-budget/statistik/downloads/Bevoelkerung/bev_2020.pdf, zuletzt geprüft am 19.05.2023. Wirtschaftskammer Österreich, Basisdaten für Österreich, http://wko.at/statistik/bundesland/basisdaten.pdf, zuletzt geprüft am 06.04.2023.

1.6. Gemeindestruktur in Graubünden, Südtirol und Tirol

1.6.1 Gemeinden nach Einwohner*innenzahl

Insgesamt kann in allen drei Territorien eine Kleinräumigkeit festgestellt werden, d.h. die Mehrheit der Gemeinden ist gemessen an seinen Einwohner*innen mittlerer oder kleiner Größe. In keinem der Territorien gibt es Metropolen oder große Städte. Bei der Analyse der Gemeindegröße, liegt Tirol an erster Stelle, da es insgesamt die höchste Einwohner*innenzahl aufweist. Die Gemeindestruktur betrachtend, hat Tirol einige Gemeinsamkeiten sowohl mit Südtirol wie auch mit Graubünden. Die beiden letzteren Gebiete haben hingegen weniger Ähnlichkeiten. Graubünden nimmt in diesem Bereich die größte Sonderrolle ein, weil es insgesamt nur vier von 105 Gemeinden gibt, die über 5.000 Einwohner*innen haben (3,8 %). Die Gemeinden mit weniger als 3.000 Einwohner*innen machen demgegenüber über 85 Prozent aus, während diese Gruppe in Tirol 78,49 Prozent umfasst, in Südtirol hingegen nur 58,63 Prozent. Gegenüber vier Gemeinden in Graubünden, die mehr als 5.000 Einwohner*innen haben, ist diese Gruppe sowohl in Tirol wie auch in Südtirol bedeutend größer: In Tirol haben 24, in Südtirol 21 Gemeinden mehr als 5.000 Einwohner*innen. Insgesamt betrachtet ist die Bevölkerungszahl nach Gemeinden in Südtirol ziemlich ausgeglichen, während es in Tirol und Graubünden eine klare Mehrheit der Gemeinden mit weniger als 3.000 Personen gibt. Demnach gibt es in Südtirol im Vergleich zu den anderen beiden Gebieten, Gemeinden mit sehr viel höheren Einwohner*innenzahlen.

In Graubünden hat ein Viertel der Gemeinden (25,4 %) weniger als 500 Einwohner*innen, was in absoluten Zahlen 27 Gemeinden entspricht. Ähnlich dazu, gibt es auch in Tirol 35 Gemeinden mit weniger als 500 Einwohner*innen, was allerdings aufgrund der hohen Anzahl von Gemeinden insgesamt nur 12,5 Prozent ausmacht. In Südtirol haben demgegenüber nur fünf Gemeinden weniger als 500 Einwohner*innen (4,3 %). Wenn wir die Gemeinden in Bezug auf die Höhe der Wohnbevölkerung betrachten, so leben 48 Prozent der Einwohner*innen in Gemeinden unter 3.000 Einwohner*innen, in Tirol sind es 35 Prozent der Bevölkerung, im Südtirol 21 Prozent.

Trotz dieser allgemeinen Unterschiede gibt es auch große Ähnlichkeiten zwischen den Gebieten. In allen Territorien weist die Minderheit der Gemeinden eine Einwohner*innenzahl über 10.000 auf, wobei Südtirol etwas hervorsticht. Dort überschreiten sieben von 116 Gemeinden (6 %) die 10.000er-Grenze, in Tirol acht von 279 (1,8 %), in Graubünden hingegen nur zwei Gemeinden von 105 (1,9 %). Insgesamt haben nur 17 von 500 Gemeinden (3,4 %) mehr als 10.000 Einwohner*innen. Die Bevölkerungszahl in diesen wenigen Gemeinden ist im Vergleich allerdings sehr hoch und macht einen großen Teil der Gesamtbevölkerung aus (insgesamt entspricht diese 27,5 Prozent der Einwohner*innen,

Tabelle 16: Die Gemeinden in Graubünden, Südtirol und Tirol insgesamt

Einwohner*innen	Anzahl der Gemeinden	Anteil der Gemeinden	Wohnbevölkerung in Zahlen	Wohnbevölkerung in Prozent
Unter 500	67	13,4 %	18.173	1,2 %
501–1.000	93	18,6 %	69.531	4,6 %
1.001–2.000	143	28,6 %	207.447	13,9 %
2.001–3.000	75	15,0 %	184.645	12,4 %
3.001–5.000	73	14,6 %	276.766	18,6 %
5.001–10.000	32	6,4 %	215.959	14,5 %
10.001–15.000	8	1,6 %	102.449	6,9 %
Über 15.000	9	1,8 %	408.801	27,5 %
Insgesamt	**500**	**100,0 %**	**1.483.771**	**100,0 %**

Quelle: Eigene Erstellung nach offiziellen Daten, siehe Quellenangaben weiter oben.

in Südtirol 43,9 %; in Tirol 30,6 % in Graubünden 23,4 %). Es existieren in der Summe nur neun Gemeinden mit über 15.000 Einwohner*innen (1 Graubünden, 5 Südtirol, 3 Tirol). Insgesamt verfügen nur zwei (Stadt)Gemeinden über 50.000 Einwohner*innen (Bozen und Innsbruck). In Graubünden gibt es keine Gemeinde mit über 50.000 Einwohner*inne, die größte Gemeinde bildet Chur mit knapp 36.000 Personen.

Zusammenfassend kann festgestellt werden, dass es sich bei den Gemeinden in der Gruppe zwischen 501 und 2.000 Einwohner*innen um die relevanteste Gruppe handelt, da dort die meisten Ähnlichkeiten zwischen den drei Regionen erkennbar sind. Von den insgesamt 500 Gemeinden machen die Gemeinden zwischen 501 und 2.000 den größten Anteil (47,2 %) aus. Unterteilt man den Wert in zwei Kategorien, so ist die Gruppe der Gemeinden zwischen 1.001 und 2.000 Einwohner*innen insgesamt die größte Gruppe der 500 Gemeinden (28,6 %), gefolgt von der Gruppe zwischen 501 und 1.000 Einwohner*innen (18,6 %). Die Gruppe der Gemeinden zwischen 501 und 2.000 Einwohner*innen ist nicht nur die Gruppe, die insgesamt den höchsten prozentuellen Anteil aufweist, sie macht auch in Tirol und Graubünden den größten Anteil an Gemeinden aus (Tirol 52,3 %, Graubünden 45,7 %). In Südtirol ist es hingegen nur die zweitgrößte Kategorie (42 Gemeinden, 36,2 %), aber fast gleich hoch wie die Gruppe zwischen 2.001 und 5.000 Einwohner*innen (41,3 %).

Wenn wir einen kurzen Blick auf die Gemeindestruktur nach Einwohner*innenzahlen innerhalb der einzelnen Gebiete werfen, fällt einerseits die Vielzahl von kleinen Gemeinden im dünn besiedelten Graubünden auf, sowie die im Vergleich dichtbesiedelten Zentren in Südtirol. Wie in Tabelle 17 ersichtlich, ist die Mehrheit der Südtiroler Gemeinden im Verhältnis eher klein. Nur sieben Gemeinden haben über 10.000 Einwohner*innen und 79 Gemeinden zwischen 1.001 und 5.000. Es leben fast 44 Prozent der Südtiroler Bevölkerung in Gemeinden mit über 10.000 Einwohner*innen, die Mehrheit der Personen allerdings in kleinen und mittleren Gemeinden. Hier hat sich im Vergleich zu vor zehn Jahren nur wenig verändert.[189] Südtirol entspricht damit ungefähr dem italienweiten Trend, im gesamten Staatsgebiet haben nur 747 von knapp 8.000 Gemeinden eine höhere Wohnbevölkerung als 15.000, das entspricht neun Prozent[190] – in Südtirol sind es sechs Prozent (5 von 116 Gemeinden). Die Bevölkerungszahl von Südtirol hat sich in den vergangenen zehn Jahren zwar insgesamt erhöht, doch die Größenordnung der Gemeinden blieb konstant.

Tabelle 17: Die Südtiroler Gemeinden im Vergleich (Stand: Dezember 2018)

Einwohner*innen	**Anzahl der Gemeinden**	**Anteil der Gemeinden**	**Wohnbevölkerung in Zahlen**	**Wohnbevölkerung in Prozent**
Unter 500	5	4,3 %	1.595	0,3 %
501–1.000	11	9,4 %	8.799	1,6 %
1.001–2.000	31	26,7 %	47.825	9,0 %
2.001–3.000	21	18,1 %	54.606	10,2 %
3.001–5.000	27	23,2 %	98.411	18,5 %
5.001–10.000	14	12,0 %	86.730	16,3 %
10.001–15.000	2	1,7 %	27.445	5,1 %
Über 15.000	5	4,3 %	205.767	38,7 %
Insgesamt	**116**	**100,0 %**	**531.178**	**100,0 %**

Quelle: Eigene Erstellung auf Grundlage der Daten des Landesinstituts für Statistik ASTAT[191]

---

189 Vgl. Just 2012.

190 Stand zum 1. Januar 2017, siehe: Istituto Nazionale di Statistica ISTAT, Popolazione residente al 1° gennaio, http://dati.istat.it/Index.aspx?QueryId=19101, zuletzt geprüft am 10.05.2019.

191 Siehe: Landesinstitut für Statistik ASTAT, Wohnbevölkerung nach Geschlecht (amtliche Wohnbevölkerung, http://qlikview.services.siag.it/QvAJAXZfc/opendoc.htm?document=gemeindedatenblatt.qvw&host=QVS%40titan-a&anonymous=true, zuletzt geprüft am 06.04.2023.

In Graubünden fällt die hohe Anzahl an Kleinstgemeinden mit unter 500 Einwohner*innen auf (27), die sich von den anderen beiden Territorien klar unterscheidet. Tabelle 18 zeigt, dass 50 Gemeinden, also fast die Hälfte der Bündner Gemeinden, nur bis zu 1.000 Einwohner*innen aufweisen. Demgegenüber gibt es nur zwei Gemeinden mit über 10.000 Einwohner*innen (Davos und Chur). Der Kanton ist zwar flächenmäßig der größte der Schweiz, aber auf die Wohnbevölkerung bezogen, liegt er nur im Mittelfeld. Obwohl es so viele kleine Gemeinden gibt, lebt nur ein geringer Anteil der Bevölkerung in Kleinstgemeinden. Knapp 40 Prozent der Einwohner*innen wohnen in Gemeinden mit einer Wohnbevölkerung zwischen 2.001 und 5.000. Der höchste Anteil der Personen (19,6 %) lebt in Gemeinden zwischen 2.001 und 3.000 Einwohner*inne, knapp gefolgt von den Gemeinden zwischen 3.001 und 5.000. In Graubünden gibt es seit einigen Jahren politische Bestrebungen, die Anzahl der Gemeinden zu reduzieren, was vonseiten des Kantons aktiv gefördert wird. Dementsprechend hat sich die Anzahl der Gemeinden in den vergangenen 20 Jahren halbiert.[192] Innerhalb der vergangenen sieben Jahre (2015–2022) wurden ganze 18 Fusionsprojekte durchgeführt und die Gesamtanzahl der Gemeinden hat sich von 125 (2015) auf 101 im Januar 2021 reduziert.[193] Und dieser Trend geht weiter: Im Januar 2021 trat eine Fusion zwischen den Gemeinden Casti-Wergenstein, Donat, Lohn und Mathon in Kraft sowie eine zwischen den Gemeinden Chur und Haldenstein, wobei Haldenstein an die Kantonshauptstadt Chur angeschlossen wurde. Seit 2022 war auch eine Fusion der Gemeinden Laax, Sagogn und Schluein geplant, doch diese scheiterte im Januar 2023 aufgrund der Ablehnung der Mehrheit der Stimmbürger*innen der Gemeinde Laax.[194] Insgesamt wurden in den zwanzig Jahren der Gebietsreformen für die Fusionen 190 Millionen Franken zur Verfügung gestellt.[195]

---

192 Im Jahr 2001 gab es in Graubünden noch 212 Gemeinden, seit Januar 2021 nur mehr 101. Vgl. Botschaft der Regierung an den Grossen Rat 2017–2018, S. 667; Kanton Graubünden, Amt für Wirtschaft und Tourismus, Gemeindefusionen, Entwicklung der Anzahl Gemeinden Graubündens, in: https://www.gr.ch/DE/institutionen/verwaltung/dfg/afg/Dokumentenliste/Entwicklung%20Anzahl%20Gemeinden%20GR.pdf, zuletzt geprüft am 06.04.2023.

193 Siehe: Kanton Graubünden, Amt für Wirtschaft und Tourismus, Gemeindefusionen, Entwicklung der Anzahl Gemeinden Graubündens, https://www.gr.ch/DE/institutionen/verwaltung/dfg/afg/Dokumentenliste/Entwicklung%20Anzahl%20Gemeinden%20GR.pdf, zuletzt geprüft am 06.04.2023.

194 Siehe: Nau.ch Lokal (2023).

195 Vgl. Botschaft der Regierung an den Grossen Rat 2017–2018, S. 668.

Tabelle 18: Die Bündner Gemeinden im Vergleich[196]

Einwohner*innen	**Anzahl der Gemeinden**	**Anteil der Gemeinden**	**Wohnbevölkerung in Zahlen**	**Wohnbevölkerung in Prozent**
Unter 500	27	25,7 %	5.609	2,8 %
501–1.000	23	21,9 %	17.198	8,6 %
1.001–2.000	25	23,8 %	34.212	17,2 %
2.001–3.000	16	15,2 %	38.817	19,6 %
3.001–5.000	10	9,5 %	38.653	19,5 %
5.001–10.000	2	1,9 %	16.919	8,5 %
10.001–15.000	1	0,9 %	10.937	5,5 %
Über 15.000	1	0,9 %	35.543	17,9 %
Insgesamt	**105**	**100,0 %**	**197.888**	**100,0 %**

Quelle: Eigene Erstellung auf Grundlage der Daten des Kantons Graubünden[197]

Im Land Tirol gab es in den vergangenen Jahren keine von oben gesteuerte Zusammenlegung (seit 1945 fanden insgesamt neun Fusionen statt), allerdings gab es eine freiwillige Fusion im Jahr 2022.[198] Die Gemeinden Matrei am Brenner, Mühlbachl und Pfons fusioniereten zu der Gemeinde „Matrei", womit die Anzahl der Tiroler Gemeinden seit dem 277 beträgt. Die Zusammenlegung wurde im September 2020 per Volksbefragung mehrheitlich bestätigt und im Januar 2022 umgesetzt.[199] In Bezug auf die Bevölkerungsentwicklung gab es in Tirol zwischen 2000 bis 2018 einen Bevölkerungszuwachs von 12 Prozent.[200] Da Tirol sehr gebirgig ist, können nur 12,4 Prozent seiner Fläche besiedelt werden, was auch Auswirkung auf die

196 Mit Fusionen bis 1. Januar 2020; Stand der Einwohner*innenzahl: Dezember 2017.

197 Siehe: Kanton Graubünden, Amt für Wirtschaft und Tourismus, Bevölkerungsstand und -struktur, https://www.gr.ch/DE/institutionen/verwaltung/dvs/awt/statistik/Bevoelkerung/Seiten/Bevoelkerungsstand_und_-struktur.aspx, zuletzt geprüft am 06.04.2023.

198 Siehe: Land Tirol (2020c).

199 Siehe: Österreichischer Gemeindebund, „Nur mehr 2.093: Nach Fusion zwei Gemeinden weniger in Österreich", https://gemeindebund.at/nur-mehr-2-093-nach-fusion-zwei-gemeinden-weniger-in-oesterreich/, zuletzt geprüft am 06.04.2023.

200 Wirtschaftskammer Österreich, Basisdaten für Österreich, http://wko.at/statistik/bundesland/basisdaten.pdf, zuletzt geprüft am 06.04.2023.

Verteilung der Bevölkerung hat.[201] Den größten Anteil der Gemeinden machen, wie erwähnt, die Gruppe zwischen 1.001 und 2.000 Personen aus. Allerdings leben hier nur etwas über 16 Prozent der Einwohner*innen. Der größte Anteil der Tiroler*innen lebt in den Gemeinden mit über 15.000 Einwohner*innen, obwohl diese Gruppe nur drei Gemeinden umfasst (Innsbruck, Kufstein und Telfs). Am zweitmeisten Personen wohnen in Gemeinden zwischen 3.001 und 5.000 Einwohner*innen. Den geringsten Anteil der Gemeinden machen interessanterweise die drei Gemeinden über 15.000 Einwohner*innen aus, während – wie in Südtirol – die wenigsten Einwohner*innen Tirols in Kleinstgemeinden leben.

Tabelle 19: Die Tiroler Gemeinden im Vergleich[202]

Einwohner*innen	Anzahl der Gemeinden	Anzahl der Gemeinden	Wohnbevölkerung in Zahlen	Wohnbevölkerung in Prozent
Unter 500	35	12,5 %	10.969	1,4 %
501–1.000	59	21,1 %	43.534	5,7 %
1.001–2.000	87	31,1 %	125.410	16,6 %
2.001–3.000	38	13,6 %	91.222	12,0 %
3.001–5.000	36	12,9 %	139.702	18,5 %
5.001–10.000	16	5,7 %	112.310	14,8 %
10.001–15.000	5	1,7 %	64.067	8,4 %
Über 15.000	3	1,0 %	167.491	22,1 %
Insgesamt	**279**	**100,00 %**	**754.705**	**100,0 %**

Quelle: Eigene Erstellung auf Grundlage der Daten des Landes Tirol[203]

201 Land Tirol 2020a.

202 Ohne durchgeführte Fusion vom 01.01.2022, Stand der Einwohner*innenzahl: 2018.

203 Siehe: Land Tirol, Bevölkerung in Tirol, https://www.tirol.gv.at/statistik-budget/statistik/wohnbevoelkerung/, zuletzt geprüft am 16.05.2023.

Nach diesem spezifischen Einblick in die einzelnen Größenklassen wurden die Gemeinden in vier übersichtliche Kategorien zusammengefasst:

1. Bis 500: **Kleinstgemeinden** (entspricht 13,4 Prozent der Gemeinden und 1,22 Prozent der Wohnbevölkerung)
2. 501–2.000: **Kleine Gemeinden** (entspricht 47,7 Prozent der Gemeinden und 18,67 Prozent der Wohnbevölkerung)
3. 2.001–5.000: **Mittlere Gemeinden:** (entspricht 29,6 Prozent der Gemeinden und 31,1 Prozent der Wohnbevölkerung
4. Über 5.001: **Große Gemeinden** (entspricht 9,8 Prozent der Gemeinden und 49 Prozent der Wohnbevölkerung)

Tabelle 20: Alle Gemeinden nach vier Kategorien[204]

Kategorie	Anzahl der Gemeinden	Anteil der Gemeinden	Wohnbevölkerung in Zahlen	Wohnbevölkerung in Prozent
Unter 500 (Kleinstgemeinden)	67	13,4 %	18.173	1,2 %
501–2.000 (Kleine Gemeinden)	236	47,2 %	276.978	18,6 %
2.001–5.000 (Mittlere Gemeinden)	148	29,6 %	461.411	31,1 %
Über 5.000 (Große Gemeinden)	49	9,8 %	727.209	49,0 %
Insgesamt	**500**	**100,0 %**	**1.483.771**	**100,0 %**

Der Hintergrund für die Definierung dieser vier Größenklassen ist es, dem*der Leser*in einen schnellen Überblick zu bieten und die Größenklassen effizienter mit den Ergebnissen der empirischen Erhebung in Verbindung zu setzen. Die beiden Gruppen der Kleinstgemeinden und der großen Gemeinden haben sich als Minderheit herauskristallisiert und repräsentieren insgesamt ungefähr denselben Anteil der Gemeinden. Wenn wir uns die Verteilung laut Tabelle 20 ansehen, so gehören die meisten Gemeinden in Graubünden und Tirol der Gruppe der kleinen Gemeinden an (Graubünden: 45,7 %, Tirol: 52,3 %). In Südtirol können wir hingegen „nur" 36,2 Prozent der Gemeinden dieser Gruppe zuordnen, während 41,3 Prozent mittlere Gemeinden darstellen. Tirol und Graubünden haben eine weitere Gemeinsamkeit, weil in beiden Territorien die Minderheit der Gemeinden den großen Gemeinden, d.h. jenen mit einer Einwohner*innenzahl über 5.000 angehört. Diese Gruppe ist in beiden Regionen nur ein einstelliger Prozentwert,

204 Basierend auf oben genannten Daten.

während er in Südtirol immerhin 18,1 Prozent ausmacht. Nichtsdestotrotz machen in allen drei Gebieten die Gemeinden bis zu 5.000 Einwohner*innen (Kleinstgemeinden, kleine und mittlere Gemeinden) die große Mehrheit aus und repräsentieren über 80 Prozent (Graubünden: 96,1 %, Südtirol: 81,8 %, Tirol: 91,3 %).

1.6.2 Gemeinden nach Erreichbarkeit

Eine zweite Variable, die Einfluss auf die Kooperationsbeziehungen haben könnte, ist die geografische Lage der Gemeinden. Die Einteilung von Räumen in ländliche oder urbane Gebiete ist eine komplexe Aufgabe, die verschiedene wissenschaftliche Zugänge haben kann und meistens ein Fachgebiet der Regionalforschung darstellt. Auch Datenrecherchen und Telefonate mit den zuständigen Ämtern in Graubünden, Südtirol und Tirol haben ergeben, dass die offiziellen Institutionen die statistische Einteilung ihrer Gemeinden unterschiedlich handhaben. Als ein Referenzrahmen, um die urbane bzw. ländliche Ausgestaltung in den hier untersuchten Gebieten zu definieren, wurde daher der Verstädterungsgrad DEGURBA des europäischen Instituts für Statistik „Eurostat“ herangezogen.

Der Index wurde von der Generaldirektion Regionalpolitik der EU gemeinsam mit der OECD entwickelt und wird für die Charakterisierung und Einteilung von territorialen Gebieten benutzt. Demnach werden seit dem Jahr 2012 lokale Verwaltungseinheiten (*local administrative units*, LAU) unter anderem nach ihrem Urbanisierungsgrad in drei verschiedene Gebietstypen eingeteilt: 1) Städte, 2) kleinere Städte und Vororte sowie 3) ländliche Gebiete. Die so gennannten LAU umfassen alle Gemeinden innerhalb der EU und ermöglichen deren statistische Vergleichbarkeit.[205] Dabei gelten als Städte solche Gemeinden, die dicht besiedelt sind. Kleinere Städte und Vororte entsprechen demgegenüber Gebieten mit mittlerer Bevölkerungsdichte. Ländliche Gebiete umfassen hingegen dünn besiedelte Gebiete.[206] Diese Methodik basiert auf einer Berechnung der jeweiligen

205 Siehe: Eurostat, Lokale Verwaltungseinheiten, https://ec.europa.eu/eurostat/de/web/nuts/local-administrative-units, zuletzt geprüft am 16.03.2020.

206 Siehe: Eurostat, Verstädterungsgrad, https://ec.europa.eu/eurostat/de/web/degree-of-urbanisation/background, zuletzt geprüft am 06.04.2023.

Einwohner*innenzahl und deren Dichte auf Grundlage der Daten von so genannten „Bevölkerungszellen" (*population grid cells*) für 1 km^2.[207]

Aus dem Datensatz der EU bzw. offiziellen Statistiken der drei Länder konnten die Verstädterungsgrade der Gemeinden in Graubünden, Südtirol und Tirol definiert werden. Demnach gehören 0,4 Prozent – zwei Gemeinden – zur Kategorie 1 (Städte), 19 Prozent zur Kategorie 2 (Kleinere Städte und Vororte) und die Mehrheit der Gemeinden – 80,6 Prozent – zu der Kategorie 3 (ländliche Gebiete). Von den insgesamt 500 Gemeinden dieses Datensatzes gelten somit nur zwei als Gemeinden mit urbanem Charakter, das wären die Tiroler und Südtiroler Hauptstäte Innsbruck und Bozen. Graubünden verfügt nach dieser Definition über keine Stadt. Demgegenüber fällt die große Mehrheit von 403 Gemeinden in die DEGURBA 3 Klassifizierung und wird somit als ländlich bezeichnet. Betrachtet man die Territorien getrennt, ergibt sich ein ähnlicher Trend. Auch hier fällt die Mehrheit der Gemeinden in die Kategorie 3: In Graubünden und Südtirol entsprechen über 80 Prozent den ländlichen Gebieten. In Graubünden fallen 84,7 Prozent der 105 Gemeinden in diese Kategorie und 15,2 Prozent zu den kleinen Städten und Vororten (16 Gemeinden).[208] In Südtirol ist es ähnlich: Hier gelten fast 90 Prozent der 116 Gemeinden als ländlich (87,9 %, 102 Gemeinden) und 11,2 Prozent (13 Gemeinden) entsprechen kleineren Städten und Vororten.[209]

207 Für die Einteilung in die Rasterzellen werden wiederum drei Kategorien unterschieden: Ländliche Rasterzellen (außerhalb der anderen beiden Kategorien), urbane Rasterzellen (mit einer Bevölkerungsdichte von mindestens 300 Einwohner*innen pro km^2 und einer Mindestanzahl an 5.000 Einwohner*innen) sowie urbane Zentren mit einer Einwohner*innendichte von mindestens 1.500 pro km^2 und einer Mindestanzahl an Einwohner*innen von 50.000. Nach dieser Klassifizierung in Rasterzellen folgt die Einteilung in die Kategorien Städte, kleinere Städte und Vororte sowie ländliche Gebiete. Vgl. Eurostat 2019, S. 38 ff.

208 Gemeindestand Januar 2020, siehe: Schweizerische Eidgenossenschaft, Raumgliederungen, https://www.agvchapp.bfs.admin.ch/de/typologies/results?SnapshotDate=01.01.2020&SelectedTypologies%5B0%5D=HR_DEGURB2011, zuletzt geprüft am 06.04.2023.

209 Stand: Dezember 2019. Die 13 Gemeinden in der Kategorie 2 waren: Eppan a.d.W., Brixen, Branzoll, Bruneck, Kaltern a.d.W., Tscherms, Algund, Leifers, Lana, Marling, Meran, St. Ulrich sowie Sterzing. Bei den Daten zum 31.12.2022 haben sich die Kategorien geringfügig geändert: Bozen bleibt die einzige Gemeinde, die als Stadt definiert wird. Hingegen wurden die zwei Gemeinden Kuens und Schlanders von der Kategorie 3 (ländliche Gebiete) zu den kleineren Städten und Vororten hinzugefügt, wo sich demnach 15 und nicht mehr nur 13 Gemeinden befinden. Die Kategorie 3 besteht somit nur mehr aus 100 Gemeinden und nicht mehr 102. Siehe: Istituto Nazionale di Statistica ISTAT, Principiali statistiche geografiche sui Comuni, https://www.istat.it/it/archivio/156224, zuletzt geprüft am 06.04.2023.

Tirol hebt sich von den Nachbargebieten ab. Hier gehört nur Innsbruck zu den Städten, aber immerhin 66 von 279 Gemeinden (23,6 %) zu den kleineren Städten und Vororten. Demnach ist auch der prozentuelle Anteil der ländlichen Gebiete kleiner, entspricht aber immerhin noch 75,9 Prozent (212 von 279 Gemeinden).[210] Zusammenfassend kann festgehalten werden, dass die Mehrheit der Gemeinden in allen drei Gebieten gemäß DEGURBA als ländlich zu bezeichnen ist, auch wenn der prozentuelle Ansatz zwischen den Gebieten nicht identisch ist und zwischen 75,9 und 87,9 Prozent liegt.

Um ein klares Bild der geografischen Lage der Gemeinden in Graubünden, Südtirol und Tirol zu erlangen, scheint es angebracht, die große Zahl der ländlichen Gebiete durch ein zusätzliches Kriterium einer weiteren Differenzierung zu unterziehen. Nachdem die Mehrheit der 500 Gemeinden – im Durchschnitt 80,6 Prozent – zur DEGURBA Kategorie 3 zählt, wird ein zusätzliches Unterscheidungsmerkmal angewandt. In seiner Studie zu „Abgrenzung und Typisierung ländlicher Räume“ präsentiert Patrick Küpper eine Methodik zur Abgrenzung und Typisierung von ländlichen Räumen.[211] Für die Definition von Ländlichkeit[212] nennt er verschiedene Variablen. So hänge Ländlichkeit u.a. von der Siedlungsdichte, dem Anteil der land- und forstwirtschaftlichen Fläche eines Gebiets, dem Anteil der Ein- und Zweifamilienhäuser, dem Bevölkerungspotential sowie der guten/schlechten Erreichbarkeit größeren Zentren ab. Da es sich bei der vorliegenden Arbeit um keine regionalwissenschaftliche Untersuchung handelt, sondern die Lage in Verbindung mit Kooperation gebracht werden soll, beschränke ich mich auf die letzte Dimension von Küpper und somit die Erreichbarkeit von Zentren.

Für die 403 Gemeinden der Kategorie 3 in Graubünden, Tirol und Südtirol wurde demgemäß eine Berechnung nach Distanz und Erreichbarkeit durchgeführt.[213] Nach Küpper sind ländliche Räume meist *„durch weite Wege zwischen dem Wohnort und den übrigen Funktionen des alltäglichen Lebens wie Arbeitsplatz,*

---

210 Stand: Januar 2020. Daten zur Zuordnung der Tiroler Gemeinden von Land Tirol, Abteilung Raumordnung und Statistik, März 2020.

211 Vgl. Küpper 2016.

212 Die Methodik von Küpper ist um einiges komplexer und umfasst zwei Dimensionen: Jene der Ländlichkeit und jene der sozioökonomischen Lage. Die Erreichbarkeit ist hierbei ein Merkmal der Dimension der Ländlichkeit. Vgl. Küpper 2016, S. 3.

213 Die Autorin bedankt sich an dieser Stelle bei Herrn MA Uwe Lennart Fromm für die Unterstützung bei der Erhebung dieser Daten.

Ausbildungsstätte, Versorgungsmöglichkeiten oder Freizeitangeboten gekennzeichnet". In diesem Sinne bietet sich die Einteilung der DEGURBA 3 Gemeinden in Zusammenhang mit der Erreichbarkeit von größeren Ortschaften an. Für die Einordung als „größere Ortschaft" war dabei die Einwohner*innenzahl maßgeblich und wurde mit einer Gemeinde mit größer-gleich 10.000 Einwohner*innen innerhalb derselben Region definiert. Bei 10.000 handelt es sich im europaweiten Vergleich zwar um keine großen Städte, im Verhältnis zu den Gemeinden in den drei Gebieten kann diese Zahl aber als hohe Bevölkerungszahl bezeichnet werden. Auch das Amt für Statistik der Autonomen Provinz Bozen/Südtirol (ASTAT) nimmt als Parameter für Gemeinden mit städtischem Charakter den Wert von 10.000 Einwohner*innen her. Gemeinden mit weniger als 10.000 Einwohner*innen werden dort hingegen pauschal als „ländlich" eingestuft, zudem gelten Gemeinden mit unter 5.000 Einwohner*innen als solche mit „Dorfcharakter".[214]

Für alle betroffenen Gemeinden der DEGURBA Kategorie 3 wurde somit die Distanz zu einer nächsten größeren Gemeinde ermittelt (Anzahl Kilometer) sowie wie vielen Autominuten dies entspricht (Fahrtzeit in Minuten). Bei der Distanzermittlung wurde die Ü10.000-Gemeinde als Ausgangs- und die kleinere Gemeinde als Zielort herangezogen. Als Werkzeug der Ermittlung diente die Applikation „Google Maps". Die Daten wurden alle im Zeitraum vom 15.06.2020 bis 19.06.2020, jeweils an Vormittagen ermittelt. Von primärem Interesse bei der Ermittlung der Distanz waren die Straßenkilometer. Gewählt wurde dabei stets die kürzeste Stecke in Kilometern. Die ermittelnden Fahrzeiten orientieren sich dann an der Strecke mit den jeweils wenigsten Straßenkilometern. Dies führt dazu, dass die Fahrtzeit mit dem Auto zwischen zwei Gemeinden eventuell auf einer anderen, längeren, Strecke schneller zurückgelegt werden könnte. Schließlich habe ich mich für die Einteilung der Gemeinden bewusst für die Distanz in Straßenkilometern entschieden. Hintergrund ist, dass alle drei Gebiete zum Großteil ländlich geprägt sind, was Einfluss auf die Ausgestaltung der Straßenwege hat. Zum anderen analysiert die Arbeit *nicht* die funktionalen Räume der Kooperation, etwa wie Personen lokale Dienste nutzen und weshalb (etwa den Post- oder Bankdienst in einer bestimmten Gemeinde oder einer anderen). In diesem Fall wäre es angebrachter eine zeitliche Dimension zu eruieren, zum

214 Vgl. Landesinstitut für Statistik (ASTAT) 2018.

Beispiel wie lange eine Person für die Fahrtstrecke in eine andere Gemeinde benötigt. Da sich diese Untersuchung allerdings auf einen Überblick der allgemeinen geografischen Lage konzentriert, beschränkt sich die angewandte Methode allein auf die Straßenkilometer. Außerdem konnte festgestellt werden, dass die Streuung der Distanzen mit einigen sehr wenigen Ausnahmen, in allen drei untersuchten Gebieten auf ein lineares Verhältnis von Weg und Zeit hinweist. So sind alle drei Regionen geomorphologisch ähnlicher Natur, so dass im Durchschnitt die Straßenkilometer auch einer ähnlichen Uhrzeit in Fahrtminuten entsprechen. Nur in wenigen Ausnahmefällen ergeben sich hierbei Unterschiede.

Um die Differenzierung innerhalb der Gemeinden der Kategorie 3 übersichtlich zusammenzufassen, wurden die Gemeinden nach Ermittlung der Distanz in Straßenkilometern in fünf Entfernungskategorien eingeteilt: 0–10 km; 10,1–30 km; 30,1–50 km; 50,1–70 km und mehr als 70 km. Um eine klareren Überblick zu bieten, wurde diese fünf Kategorien anschließend nochmal in drei Klassifizierungen zusammengefasst, wobei die Gruppe mit einer Entfernung zwischen 10,1 und 30 sowie 30,1 und 50 km zu einer einzigen Kategorie zusammengefasst wurden sowie auch jene zwischen 50,1 bis 70 und einer Entfernung über 70 km. Gemeinsam mit der DEGURBA-Einteilung 1 (Städte) und 2 (Kleinere Städte und Vororte) ergeben sich somit insgesamt fünf Kategorien der Erreichbarkeit von Gemeinden in Graubünden, Südtirol und Tirol. Tabelle 21 zeigt die Einteilung der 500 Gemeinden in diese Kategorien:

1. **Städte:** Dicht besiedelte Gemeinden nach der offiziellen DEGURBA Berechnung (in diese Kategorie fallen von allen 500 Gemeinden nur die Städte Bozen und Innsbruck)
2. **Kleinere Städte und Vororte:** Gemeinden mit einer mittleren Bevölkerungsdichte nach der offiziellen DEGURBA Berechnung (entspricht 95 von 500 Gemeinden)
3. **Ländliche Gebiete mit schneller Erreichbarkeit (ländliche Zentren):** Eigene Berechnung, Distanz bis zu 10 km zu einer Gemeinde mit über 10.000 Einwohner*innen (entspricht 61 von 500 Gemeinden)
4. **Ländliche Gebiete mit mittlerer Erreichbarkeit (ländliche Vororte):** Eigene Berechnung, Distanz zwischen 10,1 bis zu 50 km zu einer Gemeinde mit über 10.000 Einwohner*innen (entspricht 273 von 500 Gemeinden)
5. **Ländliche Gemeinden mit geringer Erreichbarkeit (ländlich periphere Gebiete):** Eigene Berechnung, Distanz von mehr als 50 km zu einer Gemeinde mit über 10.000 Einwohner*innen (entspricht 69 von 500 Gemeinden)

Tabelle 21: Geografische Einteilung der 500 Gemeinden mit fünf Entfernungskategorien

Kategorie	**Distanzen der DEGURBA 3 Gemeinden zu Zentren**	**Anzahl Gemeinden**	**Prozent Anteil**	**Prozent Anteil insgesamt**
Städte (DEGURBA 1)		2		0,4 %
Kleinere Städte und Vororte (DEGURBA 2)		95		19,0 %
Ländliche Gebiete (DEGURBA 3)	Bis 10 km (ländliche Zentren)	61	12,2 %	
	Zwischen 10,1–50 km (ländliche Vororte)	273	54,6 %	
	Mehr als 50 km (ländlich periphere Gebiete)	69	13,8 %	
	Summe Kategorie 3	403		80,6 %
Summe		**500**	**80,6 %**	**100,0 %**

Insgesamt hat der größte Anteil der ländlichen Gemeinden in den drei Regionen (54,6 %) eine Entfernung zwischen 10,1 und 50 km von einer nächsten größeren Gemeinde, wohlgemerkt innerhalb derselben subnationalen Gebietskörperschaft. Ob sich eine Gemeinde in der Nähe einer größeren Gemeinde einer anderen subnationalen Körperschaft befindet (etwa die Südtiroler Gemeinde Sterzing von der Tiroler Stadt Innsbruck) war in diesem Zusammenhang nicht relevant, da die grenzüberschreitende Komponente bewusst ausgeschlossen wurde. Es ist mir bewusst, dass es in der Praxis allerdings sehr wohl eine Rolle spielen kann, ob Einwohner*innen aus Sterzing für bestimmte Notwendigkeiten eher nach Innsbruck als nach Bozen fahren.

Betrachtet man die Ergebnisse getrennt, so weisen die Gebietskörperschaften einige Unterschiede auf. Es ist befindet sich zwar in allen Gebieten der höchste prozentuelle Anteil der ländlichen Gemeinden in der Entfernungskategorie 10,1 bis 30 km, doch nicht im selben Ausmaß. So fallen in Südtirol fast 60 Prozent der ländlichen Gemeinden in diese Kategorie, in Tirol immerhin 40 Prozent, während es in Graubünden nur etwas über 34 Prozent sind. In der Kategorisierung mit nur fünf Gruppierungen sind in allen drei Gebieten über die Hälfte der ländlichen Gemeinden zwischen 10,1 und 50 km von der nächsten größeren Ortschaft entfernt und können somit als ländliche Vororte betitelt werden. In Graubünden 59,5 Prozent, in Tirol 67,9 Prozent und in Südtirol sogar 74,1 Prozent.

Die zweitgrößte Kategorie der ländlichen Gemeinden verteilt sich unterschiedlich über die drei Territorien. In Tirol und Südtirol ist es die Gruppe der Gemeinden, die bis zu 10 km von einer größeren Gemeinde entfernt sind (ländliche Zentren),[215] in Graubünden sind es hingegen jene Gemeinden, die über 50 km von einer größeren Ortschaft distanziert sind.

Tabelle 22: Geografische Einteilung der Bündner Gemeinden

Kategorie	**Distanzen der DEGURBA 3 Gemeinden zu Zentren**	**Anzahl Gemeinden**	**Prozent Anteil**	**Prozent Anteil insgesamt**
Städte (DEGURBA 1)		0		0,0 %
Kleinere Städte und Vororte (DEGURBA 2)		16		15,2 %
Ländliche Gebiete (DEGURBA 3)	Ländliche Zentren	2	2,2 %	
	Ländliche Vororte	53	59,5 %	
	Ländlich periphere Gebiete	34	38,2 %	
	Summe Kategorie 3	89	100,0 %	84,7 %
Summe		**105**		**100,0 %**

Den höchsten Anteil an peripheren Gemeinden hat demnach Graubünden. Hier liegen ganze 38,2 Prozent der ländlichen Gemeinden in einer Entfernung von über 50 km von einem größeren Ort,. Diese im Verhältnis große Entfernung von einem größeren Ort betrifft in Südtirol und Tirol hingegen nur eine Minderheit der ländlichen Gemeinden. Zu beachten ist, dass die Definition einer „größeren" Gemeinde mit über 10.000 Einwohner*innen in Graubünden nur auf die beiden Städte Chur und Davos zutrifft, während es in Tirol und Südtirol weit mehr gibt und die im gesamten Land verteilt sind.

215 In Südtirol sind 18,6 Prozent der ländlichen Gemeinden bis zu 10 km von einer größeren Gemeinde mit mehr als 10.000 Einwohner*innen entfernt, dies ist in Tirol sehr ähnlich (18,8 %).

Tabelle 23: Geografische Einteilung der Südtiroler Gemeinden

Kategorie	**Distanzen der DEGURBA 3 Gemeinden zu Zentren**	**Anzahl Gemeinden**	**Prozent Anteil**	**Prozent Anteil insgesamt**
Städte (DEGURBA 1)		1		0,8 %
Kleinere Städte und Vororte (DEGURBA 2)		13		11,2 %
Ländliche Gebiete (DEGURBA 3)	Ländliche Zentren	19	18,6 %	
	Ländliche Vororte	76	74,5 %	
	Ländlich periphere Gebiete	7	6,8 %	
	Summe Kategorie 3	102	100,0 %	87,9 %
Summe		**116**		**100,0 %**

In Südtirol sind es nur sieben Gemeinden, in Tirol 29, die eine Entfernung von über 50 km bis zu größeren Ortschaft aufweisen. In der Entfernungskategorie zwischen 50,1 und 70 km liegen in Südtirol sechs und in Tirol immerhin 14 Gemeinden. Die sechs Südtiroler Gemeinden, die am weitesten von größeren Ortschaften entfernt sind, sind: Glurns, Mals, Prad am Stilfserjoch, Schluderns, Stilfs und Taufers im Münstertal. Die Grenzgemeinde Graun im Vinschgau ist sogar 73 km von der nächsten Gemeinde mit über 10.000 Einwohnern innerhalb des eigenen Territoriums entfernt. Während 73 der höchste Kilometerwert in Südtirol ist, beträgt dieser in Tirol 101 (Kaisers), in Graubünden sogar 123 km (Rossa).

Tabelle 24: Geografische Einteilung der Tiroler Gemeinden

Kategorie	**Distanzen der DEGURBA 3 Gemeinden zu Zentren**	**Anzahl Gemeinden**	**Prozent Anteil**	**Prozent Anteil insgesamt**
Städte (DEGURBA 1)		1		0,3 %
Kleinere Städte und Vororte (DEGURBA 2)		66		23,6 %

Kategorie	Distanzen der DEGURBA 3 Gemeinden zu Zentren	Anzahl Gemeinden	Prozent Anteil	Prozent Anteil insgesamt
Ländliche Gebiete (DEGURBA 3)	Ländliche Zentren	40	18,8 %	
	Ländliche Vororte	144	67,9 %	
	Ländlich periphere Gebiete	28	13,2 %	
	Summe Kategorie 3	212	100,0 %	75,9 %
Summe		**279**		**100,0 %**

Trotz Ähnlichkeiten weisen Tirol und Südtirol auch Unterschiede auf. Zum einen hat Südtirol prozentuell einen viel höheren Anteil an ländlichen Gemeinden als die Nachbarregion, während die kleineren Städte und Vororte in Tirol mehr als zehn Prozent über jenen von Südtirol liegen. Allerdings liegt auch in Tirol der höchste Anteil der ländlichen Gemeinden in einer Entfernung zwischen 10,1 und 50 km von der nächsten größeren Gemeinde. Demgegenüber sind es in Tirol mehr Gemeinden als in Südtirol, die mehr als 50 km von einer großen Ortschaft entfernt sind. Interessanterweise sind immerhin fast sieben Prozent der ländlichen Gemeinden über 70 km von größeren Gemeinden distanziert, dieser Anteil unterscheidet sich beträchtlich von Südtirol. Dort ist eine einzige Gemeinde so peripher gelegen. Alle 14 dieser Tiroler Gemeinden liegen im Bezirk Reutte, der an Bayern und Vorarlberg grenzt und sich im Nordosten des Landes befindet. Graubünden weist ebenso einige Besonderheiten in Bezug auf die Distanz auf. Insgesamt ist der Anteil der ländlichen Gebiete ähnlich hoch wie in Südtirol, doch die Distanz zu größeren Ortschaften innerhalb des Kantons ist im Vergleich beträchtlich. So sind nur zwei Gemeinden (Trimmis und Tschiertschen-Praden) bis zu 10 km von größeren Gemeinden entfernt und der Großteil der ländlichen Gebietskörperschaften – 62,9 Prozent – sind mehr als 30 km von einem größeren Ort entfernt. Demgegenüber sind 38 Prozent der ländlichen Gemeinden zwischen 50,1 und 70 km entfernt, davon ganze 18 sogar mehr als 70 km. Letztere liegen dabei fast alle (bis auf sechs Gemeinden) in der Region Moesa. Diese Region liegt an der Grenze zu Italien im ostsüdlichen Teil des Kantons und ist hauptsächlich italienischsprachig.

Kapitel 2: Definition der Grundkonzepte und Forschungsüberblick

2.1. Die Gemeinde als multifunktionaler Akteur im Wandel

2.1.1 Mehr Kompetenzen und neue Herausforderungen für die lokale Regierungsebene

Dem Forschungsgegenstand der lokalen Kooperation in horizontaler Hinsicht nähere ich mich aus theoretischer Hinsicht mithilfe von drei Forschungsschwerpunkten an: Zum einen durch die Stellung der lokalen Gebietskörperschaften im politischen System und insbesondere der lokalen Autonomie; zum zweiten durch die intergouvernementalen Beziehungen von Gemeinden und insbesondere der Motivation und den Formen der interkommunalen Kooperation; zum dritten durch die Rolle des politischen Oberhaupts in der Gemeindeverwaltung und die politische Bewertung von lokaler Kooperation. Das folgende Kapitel wird den theoretischen Rahmen und den Stand der Literatur zu diesen Schwerpunkten definieren, um den Forschungsgegenstand in den aktuellen fachlichen Diskurs einzubetten.

Dieses Kapitel beginnt mit einem Überblick über die Entwicklung der lokalen Regierungsebene in den letzten Jahrzehnten. Hier wird aufgezeigt, dass die Gemeinden in den meisten europäischen Staaten nicht nur formal aufgewertet wurden, es hat sich auch ihre Rolle gewandelt: Von einem Akteur, der Kompetenzen nur ausfüllt zu einem, der für viele Herausforderungen gefestigt sein muss. Dies ist eine Erkenntnis, die erklären kann, weshalb viele Gemeinden zunehmend auf interkommunale Kooperationen angewiesen sind. Es ist wissenschaftlich unumstritten, dass Gemeinden innerhalb der Verwaltungsstruktur eine schwierige Rolle zu erfüllen haben. Schon lange wird darüber diskutiert, dass die Gemeinden zahlreichen politischen, wirtschaftlichen und sozialen Herausforderungen unterliegen.[216] Zum einen gehen ihre vielen Aufgaben und ihre große Verantwortlichkeit nicht immer mit den notwendigen finanziellen Mitteln von den höheren Regierungsebenen einher, zum anderen haben viele Bürger*innen hohe Ansprüche an die Ausführung von Dienstleistungen, aber auch an eine vermehrte Partizipation an Entscheidungen.[217] Die Gemeinden als die unterste

216 Schwab et al. 2017b; Bergström et al. 2021b.
217 Vgl. Kuhlmann et al. 2021b, S. 1.

Regierungsebene in Mehrebenensystemen sind außerdem in ein komplexes System von diversen Entscheidungsprozessen bzw. eine mehr oder weniger ausgeprägte Mehrebenen-Politik eingebunden. Sie führen verschiedene Dienstleistungen aus, haben aber nicht immer die Hoheit über die sie betreffenden Entscheidungen, weil diese meist auf anderen Regierungsebenen getroffen werden.[218]

Es gilt in diesem Zusammenhang auch den Begriff der „Gemeinde" zu definieren. Aus formaler Sicht können Gemeinden definiert werden als eine „*Gebietskörperschaft mit dem Recht auf Selbstverwaltung in allen Angelegenheiten der örtlichen Gemeinschaft im Rahmen der Gesetze.*"[219] Gemeinden sind öffentlich-rechtliche Institutionen und gleichzeitig autonome Regierungseinheiten, die es in Europa seit Jahrhunderten gibt und die in vielen Ländern auf einer viel längeren Geschichte fußen als Regionen oder Nationalstaaten. Die lokalen Gebietskörperschaften sind ein Forschungsgegenstand, der in den vergangenen Jahrzehnten von vielen Fachdisziplinen untersucht wurde. Das Fachinteresse an den Rahmenbedingungen und deren praktischer Nutzung ist groß, dies betrifft die Rechts- und Politikwissenschaft sowie die Verwaltungswissenschaften. Dabei sind es vor allem Themen, wie die Typologisierung der Verwaltungssysteme,[220] die institutionellen Reformen der lokalen Gebietskörperschaften sowie politische und gesellschaftliche Herausforderungen und Entwicklungen,[221] welche in den letzten 30 Jahren reichlich Aufmerksamkeit erfahren haben. Die Forschung zur lokalen Regierungsebene und deren Einbettung in politische Systeme sind demzufolge breit gefächert. Sie betrifft die lokale Selbstverwaltung im Allgemeinen gleichwohl wie spezifische Themenbereiche, etwa die Finanzausstattung oder den Zustand der lokalen Demokratie. Ebenso existieren zur rechtlichen und politischen Stellung von Gemeinden in Europa zahlreiche rechts- und politikwissenschaftlichen Abhandlungen, darunter auch der lokalen Selbstverwaltung in Österreich, Italien und der Schweiz.[222] Eine Forschungslücke ist hingegen dahingehend feststellbar, dass sich bestehende Studien meist auf die fallspezifische Untersuchung der Gemeinden in den nationalen Systemen und deutlich weniger mit deren Stellung innerhalb der subnationalen Gebiete auseinandersetzen. Dieser Aspekt soll in der

218 Vgl. Dahl 1994.
219 Schmidt 2004, S. 252.
220 Siehe u.a.: Kuhlmann und Wollmann 2013; Kuhlmann und Bouckaert 2016.
221 Siehe u.a.: Kersting und Vetter 2003; Bogumil und Kuhlmann 2010; Bolgherini 2015; Nunes Silva 2020a.
222 Siehe u.a.: Italien: Vandelli 2014, Vandelli 2012b; Österreich: Schantl et al. 2021, Bußjäger 2009bEller 2020; Schweiz: Vatter 2018, Fiechter 2010.

vorliegenden Arbeit im Zentrum stehen, da wir es mit drei Fällen zu tun haben, die eine hohe subnationale Autonomie aufweisen.

Eine Erklärung für das zunehmende wissenschaftliches Interesse für die lokale Regierungsebene in den letzten Jahrzehnten ist, dass seit dem Ende des 20. Jahrhunderts in fast allen europäischen Staaten Reformen stattgefunden haben, welche die Beziehungen zwischen Regierungsebenen umgestaltet haben – zum einen, um die zentrale Ebene aufzuwerten, öfter aber, um die subnationalen oder lokalen Gebietskörperschaften zu stärken und die anderen Regierungsebenen zu entlasten.[223] In Bezug auf diese institutionellen Reformen gingen die wissenschaftlichen Untersuchungen lange Zeit von der Annahme aus, dass dadurch entweder die zentrale oder die lokale Regierungsebene gestärkt werden könne (im Sinne einer dualistischen Politik), ab den 1990er Jahren kam es dann vermehrt zur Auffassung, dass die Zentralebene und die lokale Ebene auch von derselben Reform profitieren könnten.[224] Zwischen den 1970er Jahren und dem ersten Jahrzehnt der 2000er-Jahre hat das Konzept der Dezentralisierung viele Reformen charakterisiert und dadurch den fachlichen Diskurs zur Entwicklung der lokalen Regierungsebene in Europa begleitet.[225] Durch Reformen mit dem Ziel der Dezentralisierung oder der Aufwertung der lokalen Autonomie kamen auf die Gemeinden eine Reihe von neuen Aufgaben und Verantwortungen zu. Ein Grundstein für die formelle Aufwertung und einheitliche Mindeststandards für die lokale Regierungsebene in Europa wurde zudem durch die Europäische Charta der kommunalen Selbstverwaltung 1988 gelegt. Mittlerweile sind, aufgrund von finanziellen Krisen oder spezifischen politischen Entwicklungen, hingegen in manchen europäischen Ländern auch wieder Re-Zentralisierungstendenzen zu beobachten.[226]

Eine parallele Entwicklung zur fortschreitenden Dezentralisierung und einer damit zusammenhängenden formalen Aufwertung von Regionen und Gemeinden war, dass das Regieren in den lokalen Gebietskörperschaften in den vergangenen Jahrzehnten durch eine wachsende Komplexität geprägt war. Es wurde aufgrund der zunehmenden Europäisierung anspruchsvoller und komplexer,[227] dagegen wurde der finanzielle Spielraum der öffentlichen Haushalte kleiner oder ist zumindest nicht größer geworden. Hinzu kamen jeweils noch länderspezifische Herausforderungen oder globale Krisen und grenzüberschreitende

223 Vgl. Loughlin 2001, S. 393 ff.; Kuhlmann und Bouckaert 2016.

224 Wayenberg und Kuhlmann 2017, S. 843.

225 Vgl. Keating 1997, 1998; Bolgherini 2015; Kersting und Vetter 2003; Kuhlmann und Bogumil 2010.

226 Vgl. Kuhlmann et al. 2021a.

227 Vgl. Loughlin 2001, S. 394 ff.

Entwicklungen, wie beispielswiese die Finanzkrise oder die steigenden Migrationsbewegungen von außerhalb Europa, die auch Auswirkungen auf Gemeinden hatten und noch haben.

In der politik- und verwaltungswissenschaftlichen Forschung wird schon seit längerem auf einen Wandlungsprozess hingewiesen, den die lokale Regierungsebene in den vergangenen Jahrzehnten durchgemacht hat. Denters und Rose sprachen 2005 von einem *age of local governance* und definieren drei große externe (*macro*) und zwei kleinere interne (*micro-meso*) Entwicklungen, die in den meisten Demokratien zum Bedeutungsgewinn der lokalen Regierungsebene geführt hätten: Im Zusammenhang mit sozioökonomischen und politischen Veränderungsprozessen sind es die Entwicklungen der Urbanisierung, Globalisierung und Europäisierung als Einflussfaktoren auf lokale politische Entscheidungsstrukturen. Daneben kam es zu gesellschaftlichen Veränderungsprozessen, die wiederum das Verhältnis der Bürger*innen mit der lokalen Gebietskörperschaft beeinflussten. Als interne Entwicklungen werden hierbei die steigenden Ansprüche durch die Bürger*innen an eine effiziente und effektive Regierungsführung sowie der erhöhte Wunsch nach Bürger*innenbeteiligung definiert, welche Gemeinden vor immer neue Herausforderungen stellten.[228] Der Politikwissenschaftler Barber geht sogar so weit zu prognostizieren, dass Städte und Gemeinden die *de-facto*-Souveräne des 21. Jahrhundert seien, weil die lokalen Gebietskörperschaften im Gegensatz zu Staaten einen Aufstieg erleben und durch ihren pragmatischen Ansatz politischer erfolgreicher sein können als andere Institutionen.[229]

Diese Faktoren unterstreichen, dass die Gemeinde in den politischen Systemen von heute ein zentraler Handlungsakteur ist. Während Hesse und Sharpe bereits in den 1990er Jahren zum Schluss kamen, dass die lokale Regierungsebene in Westeuropa eine bedeutende Rolle im Erbringen von öffentlichen Gütern erfüllt, hat sich das Wesen *wie* Gemeinden diese Rolle ausführen, mittlerweile drastisch verändert.[230] Dementsprechend kommen Denters und Rose zum Schluss, dass sich Gemeinden zu Akteuren entwickelt hätten, die Herausforderungen von Bürger*innen selbst gestalten und dafür auch mit anderen Akteuren kooperieren (müssen). Somit haben sich die Gemeinden von der Rolle eines reinen „Anbieters" von Dienstleistungen, die von anderen beschlossen wurden, wegentwickelt.[231]

In den vergangenen Jahren sind also viele neue Herausforderungen auf die Gemeinden zugekommen. Ausdruck sind nicht nur die globalen Entwicklungen,

---

228 Denters und Rose 2005a.
229 Vgl. Barber 2013.
230 Denters und Rose 2005a, S. 251.
231 Denters und Rose 2005a, S. 247.

wie die Bevölkerungsveränderungen oder die Urbanisierung, sondern auch die Digitalisierung, die zunehmende Notwendigkeit für Kinderbetreuungen oder der Klimawandel in Form von Naturkatastrophen.[232] Eine zusätzliche Schwierigkeit in dieser Entwicklung ist, dass grundlegende Dienstleistungen, welche die Gemeinden ausführen, häufig nicht nur lokal bedingt sind, sondern durch regionale oder nationale Vorgaben reguliert und dadurch komplexer geworden sind als noch vor einigen Jahrzehnten. Ein großer Bedarf der Gemeinden liegt vor diesem Hintergrund insbesondere in der Notwendigkeit eines qualifizierten Personals, das die Bereitschaft und die Kompetenz mitbringt mit anderen Gebietskörperschaften und Regierungsebenen zusammenzuarbeiten.[233] Mittlerweile sind die Gemeinden in Europa gegen keine Entwicklungen mehr „immun", die nicht auch die Regionen oder die Nationalstaaten betreffen.[234] In der lokalen Politik ist man sich dieser Problematik sehr wohl bewusst: Die kantonale Regierung in Graubünden wies bereits 2011 darauf hin, dass *„Probleme und Sachfragen, die sich den Gemeinden stellen, (…) in den vergangenen Jahren an Dichte und Komplexität stark zugenommen [haben]. Der einzelnen Gemeinde fällt es zunehmend schwerer, Aufgaben in eigener Regie effizient und wirtschaftlich zu lösen."*[235] Und der österreichische Gemeindebundpräsident erklärte im Juni 2022: *„Alle Krisen kommen sehr rasch in den Kommunen an. Daher brauchen wir auch die nötigen finanziellen Ressourcen, um den Aufgaben gewachsen zu sein."*[236]

Aktuelle Beispiele für grenzüberschreitende Krisen mit Auswirkungen auf die kommunalen Haushalte sind die globale Finanzkrise (ab 2008) oder die Covid-19 Pandemie (seit Frühjahr 2020), seit Herbst 2022 kommen die steigenden Energiepreise in Europa hinzu. Mit den Auswirkungen von globalen Krisen auf die Gemeinden setzt sich die Wissenschaft immer wieder auseinander.[237] Insbesondere in Folge der globalen Pandemie haben viele Gemeinden mit finanziellen Einbußen zu rechnen, betroffen sind beispielsweise die Tourismusabgaben oder andere Einnahmen.[238] Die Pandemie ist ein Beispiel für eine Krise, die nicht nur die wirtschaftliche Resilienz vieler Gemeinden betroffen hat, sondern große Auswirkungen auf diverse Aufgaben und Aspekte der Gemeinden hatte,

---

232 Vgl. Kuhlmann et al. 2021b, S. 7; Nunes Silva 2020b, S. 2.
233 Vgl. Agranoff 2014b, S. 52; Baldersheim 2021.
234 Vgl. Teles und Swianiewicz 2018b, S. 2.
235 Botschaft der Regierung an den Grossen Rat 2010–2011, S. 659.
236 Steinbock 2022.
237 Siehe zum Beispiel: Boin und Lodge 2016; Padovani et al. 2021; Bergström et al. 2022.
238 Für Österreich bestätigt dies Peter Biwald, siehe: Diskurs – Das Wissenschaftsnetz 2021.

etwa auf die lokalen demokratischen Prozesse, die sozialen Zustände und nicht zuletzt auf die Beziehungen innerhalb eines politischen Systems.[239] So führte das unterschiedliche Management der Pandemie in den Nationalstaaten zu neuen Erkenntnissen in Bezug auf die intergouvernementalen Beziehungen zwischen Regierungsebenen.[240]

Die Politik und die Wissenschaft sind sich bewusst, dass die Regierungsebene der Gemeinden nicht erst seit diesem Jahrzehnt, sondern schon länger vor schwierigen Aufgaben steht. Vor einigen Jahren hat Pollitt vier zentrale *„Megatrends“* definiert, die Einfluss auf Regierungen und die lokalen Dienstleistungen auf allen Ebenen haben werden: Die demografischen Veränderungen, der Klimawandel, die technologischen Veränderungen sowie die fiskalischen Einschränkungen.[241] Dabei sind viele Gemeinden mit ähnlichen Herausforderungen konfrontiert. In Deutschland untersuchte die Bertelsmann Stiftung 2006 die künftige Entwicklung der deutschen Kommunen. Bereits damals lautete das Ergebnis, dass viele Gemeinden demographisch schrumpfen und altern werden – eine Entwicklung, die in enger Verbindung mit der Ökonomie eines Ortes steht. Basierend auf dieser Prognose seien langfristig orientierte Entwicklungsstrategien notwendig, zu denen eine zukunftsorientierte Sozialpolitik, eine kinder- und familienfreundliche Politik, ein ausbalanciertes Infrastrukturmanagement, Urbanität und Flächenentwicklung sowie ein Entgegenwirken der sozialen Segregation gehöre.[242]

Die Veränderung der Demographie steht auch mit einem anderen Phänomen im Zusammenhang: Viele europäische Staaten sind von einer zunehmenden Urbanisierung mit einer gleichzeitigen Emigration aus dem ländlichen Raum betroffen. So ist zwischen 1960 und 2020 ist die weltweite urbane Bevölkerung um über 22 Prozentpunkte angestiegen, innerhalb der Europäischen Union war der Anstieg weniger rasant, betrug aber 16,2 Prozent. Im Jahr 2020 lebten 74,9 Prozent der Bürger*innen der EU in urbanen Gebieten (Italien: 71 %; Österreich: 58,7 %; Schweiz: 73,9 %).[243] Basierend auf diesen Entwicklungen – einerseits eine zunehmende Urbanisierung und Verdichtung der Stadtgebiete und dessen Umland, andererseits entvölkerte ländliche Gebiete – fordern supranationale Institutionen, wie der Europarat, zunehmende Kooperationen zwischen städtischen und ländlichen Gebieten, um der steigenden Kluft entgegenzuwirken.[244]

---

239 Vgl. Steytler 2024.

240 Vgl. Bergström et al. 2022.

241 Vgl. Pollitt und Bouckaert 2017, S. 224.

242 Vgl. Schmidt und Große Starmann 2006, S. 12 ff.

243 Siehe: The World Bank 2021.

244 Congress of Local and Regional Authorities 2020.

Entwicklungen wie die Urbanisierung und Europäisierung führten in mehreren Staaten zu Reformen mit dem Ziel die lokalen Gebietskörperschaften umzustrukturieren oder die lokale Verwaltung zu reorganisieren.[245] Dabei betreffen solche Reformen vor allem folgende vier Trends: Der Re-Organisation der lokalen Dienstleistungen; der Umstrukturierung des Führungswesens; territorialen und funktionalen sowie demokratischen Reformen.[246]

Die genannten Herausforderungen können die Performanz einer Gemeinde beeinflussen und zu Schwierigkeiten insbesondere im Haushaltsgleichgewicht führen, speziell wenn höhere Verantwortungen nicht mit höheren finanziellen Mitteln einhergehen. Ladner et al. verweisen auf eine doppelte Rolle, welche die Gemeinden heutzutage einnehmen müssen – im Hinblick auf ihre Verantwortlichkeit, wie auch ihre Ansprechbarkeit: Es gibt die externe horizontale Dimension, welche die Beziehung zur lokalen Bürgerschaft betrifft. Und es gibt die vertikale Dimension, welche die Beziehung mit dem Staat betrifft. Eine damit zusammenhängende Notwendigkeit ist, dass sich Gemeinden im Zuge ihrer erhöhten Aufgabenlast Strategien überlegen müssen, um den an sie gestellten Ansprüchen gerecht zu werden.[247]

Hierbei kann die interkommunale eine potenzielle Hilfestellung leisten. Franzke und Schaap erklären, dass lokale Gebietskörperschaften zunehmend von Kooperation abhängen, um ihren verschiedenen Herausforderungen zu begegnen.[248] Gemeinden sind demnach vermehrt auf Zusammenarbeiten angewiesen, um erfolgreich zu sein. Diese kann nicht nur mit anderen Gemeinden und privaten Unternehmen, sondern auch den Bürger*innen in Form von partizipativen Modellen umgesetzt werden. Es ist Fakt, dass sich die Art wie lokale Dienstleistungen von der öffentlichen Hand ausgeführt werden, in den vergangenen vier Jahrzehnten drastisch verändert hat.[249] In den 1980er und 1990er Jahren gab es etwa einen weltweiten Trend zu einem *New Public Management*, das neue Instrumente in die Organisation der öffentlichen Verwaltungen einführte, etwa die Entwicklung hin zu ganzheitlichen Dienstleistungen und Strategien, mehr Transparenz, *e-government* oder eine erhöhte Netzwerktätigkeit mit anderen Akteuren.[250] Hinzu kamen die bereits genannten Entwicklungen der Dezentralisierung oder Schwierigkeiten Dienstleistungen finanziell zu stemmen.

245 Wayenberg und Kuhlmann 2017; Bouckaert and Kuhlmann 2016.
246 Schwab et al. 2017b.
247 Vgl. Kuhlmann und Bouckaert 2016; Franzke et al. 2016.
248 Vgl. Franzke und Schaap 2021, S. 39 f.
249 Vgl. Steen et al. 2017, S. 53.
250 Vgl. Pollitt und Bouckaert 2017, S. 212 ff.

Diese Veränderungen führten nicht nur dazu, dass Gemeinden ihre Dienstleistung zunehmend auslagern mussten (*outsourcing*) oder für deren Ausführung eigene Körperschaften gründen[251] – sondern auch direkt in Kooperation mit privaten und öffentlichen Akteuren durchführen. Als Reaktion auf die zunehmenden Herausforderungen definiert die Literatur und zeigen sich in der Praxis zusammengefasst folgende Möglichkeiten: Dies sind zum einen eine territoriale Umstrukturierung (Fusionen) innerhalb eines Territoriums, um größere Regierungs- und Verwaltungseinheiten zu schaffen, da diese womöglich effizienter reagieren können und über mehr Ressourcen verfügen. Zum zweiten sind es die Privatisierung bzw. das *Outsourcing* von lokalen Diensten an private oder öffentliche Unternehmen. Und zum dritten ist es die interkommunale Kooperation, also die gemeinsame Ausführung von Dienstleistungen zwischen zwei oder mehreren Gemeinden.[252] Eine weitere Antwort auf die Herausforderungen in Gemeinden ist außerdem die Neuverteilung von Verantwortlichkeiten zwischen Regierungsebenen.[253]

Die beiden weitverbreitetsten Konzepte sind jene der Fusionierung und der interkommunalen Kooperation. Diese werden häufig als „territoriale Reformen" zusammengefasst und sind eine Strategie, die seit den 1980er Jahren vertiefend erforscht wird. Lange Zeit wurden die Konzepte getrennt voneinander untersucht, bis sie schließlich in vermehrter Weise gemeinsam analysiert wurden, auf welche Weise lokale Dienstleistungen ausgeführt werden können.[254]

Baldersheim und Rose haben sich schon vor mehreren Jahren mit der Struktur von lokalen Gebietskörperschaften und der Reaktion auf Probleme der Größenordnung aus vergleichender Sicht beschäftigt, u.a. mit den Ergebnissen von territorialen Reformen. Diese können demnach in der Zusammenlegung von kleinen zu größeren Verwaltungs- und Regierungseinheiten münden (*upscaling*), im Beibehalt oder Schaffen von kleineren Einheiten (*downscaling*) oder einer verstärkten Kooperation (*transcaling*).[255] Die Autoren kamen nach ihrer Untersuchung von 11 Fällen zum Ergebnis, dass Reformen in fünf verschiedenen Typen von Ergebnissen resultieren können: 1) Der Erweiterung von Gemeinden in Form von Zusammenlegungen (z.B. Dänemark), 2) Netzwerke von spezifischen interkommunalen Kooperationen (z.B. Frankreich), 3) *Hosting arrangements* bzw. funktionale Differenzierung, bei der nicht alle Gemeinden dieselben Funktionen

---

251 Vgl. van Genugten et al. 2020; Voorn et al. 2017.

252 Vgl. Hulst et al. 2009, S. 265.

253 Vgl. Hulst und van Montfort 2007b, S. 4 ff.

254 Vgl. Tavares 2021.

255 Vgl. Baldersheim und Rose 2010c, S. 18, Baldersheim und Rose 2010a, S. 252 f.

zukommen (z.B. Tschechische Republik), 4) Regionalisierung (z.B. Italien) sowie 5) *Deadlock*, wenn Reformen, wie etwa Fusionen scheitern und in der Folge manche lokalen Funktionen von höheren Regierungsebenen durchgeführt werden (z.B. Norwegen).[256]

Die folgenden Ausführungen zeigen, dass die lokale Regierungsebene in Form der politischen Gemeinde schon lange mehr kein Einzelspieler im politischen System ist. Obwohl die Herausforderungen zwischen Gemeindetypen und in geografischen Gebieten variieren, bleibt der Umstand, dass die Institution Gemeinde alles andere als ein „Auslaufmodell" ist, sondern als ein multifunktionaler und strategischer Akteur innerhalb eines Mehrebenensystems fungieren muss.[257] Diese Entwicklungen sind weltweit feststellbar und haben sich in den vergangenen 60 Jahren stetig verändert. Dies trifft auch auf viele Gemeinden in Europa zu und somit auch auf jene im Alpenraum. Wir werden noch sehen, dass Gemeinden mit externen Akteuren und höheren Regierungsebenen in Kontakt stehen, gleichwohl wie mit anderen Gemeinden, privaten Unternehmen, politischem und administrativem Vertreter*innen der subnationalen und zu manchen Themen auch der nationalen Ebene – je nach Bedürfnis und spezifischem Kontext. Gemeinden sind in bestimmten Netzwerken tätig und nutzen unterschiedliche Kooperationsformen bzw. verfügen womöglich über eigene Strategien, um erfolgreich zu regieren. Die zu beantwortende Frage ist, was haben sie für rechtliche und politische Möglichkeiten und wie werden diese genutzt?

2.1.2 Die lokale Autonomie als grundlegendes Prinzip der Gemeinden

2.1.2.1 Die europäische Charta der kommunalen Selbstverwaltung

Damit das Phänomen der lokalen Kooperation umfassend analysiert werden kann, soll vorab eine Diskussion über die rechtliche und politische Einbettung der lokalen Regierungsebene in das politische System durchgeführt werden. Die lokale Autonomie und die damit zusammenhängenden Verantwortlichkeiten stehen im direkten Zusammenhang mit deren formalen Kooperationsmöglichkeiten. Außerdem ist die Voraussetzung einer interkommunalen Kooperation die gefestigte Stellung im subnationalen und nationalen Verfassungssystem. Bevor im Kapitel 3 die lokale Selbstverwaltung in Graubünden, Südtirol und Tirol

256 Vgl. Baldersheim und Rose 2010a, S. 236 ff.
257 Vgl. Alber 2014.

vorgestellt wird, wird im Folgenden ein Blick auf die europäische Ebene und die Bedeutung der lokalen Autonomie in vergleichender Hinsicht geworfen.

Die Grundsätze der lokalen Selbstverwaltung in Europa wurden, wie erwähnt, durch die Europäische Charta der kommunalen Selbstverwaltung des Europarates[258] geschaffen, die 1988 in Kraft trat. Carlo Panara weist auf die Grundprinzipien dieser Charta hin und erklärt, dass für die Definition von *local governance* zwei Konzepte ausschlaggebend seien: Zum einen die politische Autonomie, zum anderen die lokale Demokratie. Demzufolge müssen lokale Gemeinschaften mit einer bestimmten Autonomie ausgestattet sein, um eigene Entscheidungen treffen zu können. Diese muss nicht unbegrenzt, sondern mit regionalen oder nationalen Gesetzen in Einklang sein bzw. der Kontrolle einer höheren Stelle unterliegen. Zudem müsse die lokale Regierungsebene freie Wahlen abhalten, bei denen es den Bürger*innen möglich ist, ihre eigenen politischen Organe und Vertreter*innen direkt zu wählen und so eine Demokratie repräsentieren.[259] Die Charta zur Stärkung der Gemeinden erklärte die Dezentralisierung sowie die lokale Selbstverwaltung zu einem Grundprinzip, welches geschützt und gefördert werden soll. Damit gehört eine starke lokale Selbstverwaltung in Europa schon seit drei Jahrzehnten zu den gemeinsamen Grundsätzen der Nationalstaaten. Die Charta wurde als Regelwerk verfasst und mittlerweile von allen 47 Staaten des Europarats ratifiziert, wenn auch nicht alle Staaten den Vertrag zur Gänze umgesetzt haben. Das Dokument definiert die kommunale Selbstverwaltung als

> *„Recht und die tatsächliche Fähigkeit der kommunalen Gebietskörperschaften, im Rahmen der Gesetze einen wesentlichen Teil der öffentlichen Angelegenheiten in eigener Verantwortung zum Wohl ihrer Einwohner zu regeln und zu gestalten. Dieses Recht wird von Räten oder Versammlungen ausgeübt, deren Mitglieder aus freien, geheimen, gleichen, unmittelbaren und allgemeinen Wahlen hervorgegangen sind und die über Exekutivorgane verfügen können, die ihnen gegenüber verantwortlich sind. Der Rückgriff auf Bürgerversammlungen, Volksabstimmungen oder jede sonstige Form unmittelbarer Beteiligung der Bürger, sofern dies gesetzlich zulässig ist, wird dadurch nicht berührt.“*[260]

Die Charta spricht in ihrer englischen Originalfassung vom Begriff „*local authority*“, der für die vorliegende Arbeit mit „lokaler Gebietskörperschaft“ und somit einer „politischen Gemeinde“ übersetzt wird. Dies soll nicht darüber

---

258 Obwohl sich Ladner et al. beim LAI maßgeblich auf die Prinzipien der Charta beziehen, gibt es bei der Definition bzw. Eingrenzung der Lokalautonomie auch einige Unterschiede, etwa beim tatsächlichen Ausmaß der rechtlichen oder der finanziellen Autonomie von Gemeinden. Vgl. Franzke und Schaap 2021, S. 36 f.

259 Panara und Varney 2013, S. 371.

260 Europarat 1988, Art. 3.

hinwegtäuschen, dass es auch unterschiedliche Interpretationen und Anwendungen für den Begriff gibt.[261] Die Charta besteht aus 18 Artikeln, welche die Mitgliedsstaaten dazu verpflichten den lokalen und regionalen Gebietskörperschaften politische, administrative und finanzielle Autonomie zu garantieren. Zu den Grundprinzipien der lokalen Selbstverwaltung gehören unter anderem: eine rechtliche Anerkennung durch die Verfassung oder zumindest die einfache Gesetzgebung; autonome Zuständigkeiten; angemessene Verwaltungsstrukturen; beschränkte Verwaltungsaufsicht; angemessene finanzielle eigene Mittel und Ausgabenhoheit; lokale Steuererhebung; Vereinigungsrecht zur gemeinsamen Ausübung von Zuständigkeiten.[262] Ein für diese Arbeit zentraler Punkt sind jene Artikel der Charta, die sich mit der Kooperation von Gemeinden beschäftigen und die später noch aufgegriffen werden. So sind die europäischen Gemeinden gemäß der Charta dazu berechtigt zu kooperieren: zum einen um ihre gemeinsamen Interessen zu vertreten, zum anderen um Aufgaben gemeinsam zu erfüllen.[263]

Die Charta erlaubt den unterzeichnenden Staaten auch eine gewisse Flexibilität, was die drei in dieser Forschungsarbeit behandelten Fälle emblematisch repräsentieren: So ist die Charta zwar verbindlich, sie können aber bestimmte Artikel von der Ratifizierung ausschließen. Dabei existieren dennoch einige Kernelemente, die alle Staaten verpflichtend ratifizieren müssen (Art. 12). Zu diesen verpflichtenden Grundprinzipien gehört, dass jede Vertragspartei sich durch mindestens 20 Absätze des ersten Teils der Charta gebunden erklärt. Von diesen 20 Artikeln müssen mindestens zehn aus bestimmten Artikeln und Absätzen gewählt werden:[264] Diese Artikel umfassen beispielsweise den Umfang der kommunalen Selbstverwaltung, den Schutz der Grenzen der Gebietskörperschaften, die Verwaltungsaufsicht oder die interkommunale Zusammenarbeit.

Von den drei Fällen dieser Arbeit haben Italien und Österreich die Charta bereits im Jahr 1985, die Schweiz im Jahr 2004 unterzeichnet.[265] Bisher hat Italien

261 Vgl. Panasyuk 2018.

262 Vgl. Europarat 1988.

263 Siehe Europarat 1988, Art. 10.

264 Folgende Artikel und Absätze sind betroffen: Artikel 2, 3 (Abs. 1 und 2), 4 (Abs. 1, 2, 4), 5, 7 (Abs. 1), 8 (Abs. 2), 9 (Abs. 1, 2, 3), 10 (Abs. 1) sowie Artikel 11.

265 In diesem Zusammenhang ist zu nennen, dass die Charta in der Schweiz für die Gebietskörperschaften der Gemeinden gilt, nicht aber für die Kantone. Zum beschwerlichen Weg der Schweiz zum Charta-Beitritt, vgl. Meyer 2011, S. 101 ff.

alle 18 Artikel gänzlich ratifiziert, Österreich und die Schweiz hingegen jeweils nur 24 von 30 Maßnahmen (siehe Tab. 25).[266]

Tabelle 25: Europäische Charta der Lokalen Selbstverwaltung

Staat	Datum der Unterzeichnung der Charta	Ratifizierung	Inkrafttreten	Nicht ratifizierte Maßnahmen	Anzahl der ratifizieren Maßnahmen
Österreich	15.10.1985	23.09.1987	01.09.1988	6 – 4.2, 4.3, 4.5, 7.2, 8.2, 11	24
Italien	15.10.1985	11.05.1990	01.09.1990	keine	30
Schweiz	21.01.2004	17.02.2005	01.06.2005	6 – 4.4, 6.2, 7.2, 8.2, 9.5, 9.7	24

Quelle: Ladner/Keuffer, S. 28 ff.

Die Charta als transnationales Dokument gilt trotz der flexiblen Anwendung als beispielhaftes Regelwerk. Es handelt sich um das erste formelle multilaterale Dokument weltweit, das auf die Stärkung von lokalen Gebietskörperschaften zielt und von einer hohen Anzahl an Staaten unterzeichnet wurde.[267] Zudem beschäftigt es sich mit einer Vielzahl von essentiellen Aspekten der lokalen Autonomie und enthält verbindliche Kernregelungen für innerstaatliche Sachverhalte.[268] Dies vorausgeschickt bewertet Chris Himsworth, der selbst jahrelang als unabhängiger Experte für den Europarat tätig war, den Einfluss der Charta auf die lokale Autonomie in Europa als beschränkt. Trotz dieser nüchternen Bewertung erkennt er

266 Der Kongress der Gemeinden und Regionen des Europarats stellte 2017 fest, dass es für die Schweiz im Grund keine Herausforderung darstellen würde, die ausständigen Artikel – bis auf 7.2. – zu ratifizieren, da die aktuelle Situation der lokalen Selbstverwaltung in der Schweiz diese bereits erfülle. Artikel 7.2 betrifft hingegen die finanzielle Besoldung der gewählten Vertreter*innen, was für das Land vielleicht schwieriger wäre zu erfüllen. Vgl. Congress of Local and Regional Authorities 2017d, S. 26.

267 Seit 2014 existiert eine afrikanische Charta „*African Charter on the values and principles of decentralization, local governance and local development*", die von der Afrikanischen Union gefördert wurde. Allerdings ist diese nicht von allen Staaten Afrikas unterzeichnet oder ratifiziert (Ende 2019 haben sie 17 von 55 Staaten unterzeichnet). Ähnliche Chartas gibt es auch für Australien bzw. Iberisch-Amerika. Vgl. Himsworth 2015.

268 Vgl. Palermo und Kössler 2017, S. 284 ff.

dennoch deren symbolischen Charakter und Einfluss vor allem auf die neueren Demokratien im Osten des Kontinents an.[269] Demgegenüber steht die Meinung von Giovanni Boggero, der sich ebenso mit der Nutzung der Charta aus rechtlicher Perspektive auseinandergesetzt hat. Er kommt zum Schluss, dass die Charta „*more living than dead*" sei und sie vor allem dazu beitrage, die Rechtssysteme der europäischen Staaten in Bezug auf die lokalen Gebietskörperschaften anzugleichen.[270] Auch wenn die Charta von ihren Mitgliedsstaaten in unterschiedlicher Weise innerstaatlich umgesetzt wird und sie bei der Ratifikation bestimmte Gebietskörperschaften ausschließen können, so gelang es auch gemäß Anna Gamper „*einen europäischen Minimalkonsens darüber herzustellen, welche grundsätzliche Bedeutung und Stellung lokale Gebietskörperschaften im Staatsgefüge haben sollen.*"[271]

Im Mai 2019 feierte der Europarat sein 70-jähriges Bestehen. Ein zentrales Gremium der internationalen Organisation ist der Kongress der Gemeinden und Regionen (kurz: Kongress), der über 200.000 lokale und regionale Gebietskörperschaften Europas repräsentiert. Auch dieser blickt mittlerweile auf eine über 25-jährige Zusammenarbeit zurück.[272] Der Kongress ist für die Überwachung der Charta in den Staaten und die Stärkung der lokalen Selbstverwaltung verantwortlich. In einem 2019 verabschiedeten Bericht über die Zukunft des Europarates unterstrich er, dass die lokale Demokratie eine zentrale Säule der europäischen Demokratie und das Netzwerk zwischen Gemeinden ein Reichtum für eine stärkere Demokratie sei.[273] Wie es um die rechtliche Ausstattung der lokalen Regierungsebene in den 47 Mitgliedsstaaten steht, hat der Kongress 2017 in einer vergleichenden Analyse untersucht. Ein Ergebnis war, dass die Dezentralisierung in Europa zwar ein kontinuierlicher Prozess sei, aber immer wieder von Rückschlägen betroffen ist. Vor allem bestätigt der Kongress, dass es Diskrepanzen zwischen den Aufgaben von lokalen Gebietskörperschaften und den ihnen zur Verfügung gestellten Ressourcen gebe. Weiters seien institutionalisierte Konsultationsmechanismen in nicht zufriedenstellender Weise vorhanden, um die lokalen Gebietskörperschaften in sie betreffende Entscheidungen miteinzuschließen.[274]

---

269 Vgl. Himsworth 2015, S. 143 ff.

270 Vgl. Boggero 2018, S. 281 ff.

271 Gamper 2014.

272 Im September 2018 jährte sich das Inkrafttreten der Charta zum 30. Mal. Vgl. Kiefer 2018.

273 Congress of Local and Regional Authorities 2019.

274 Vgl. Congress of Local and Regional Authorities 2017a, S. 32.

2.1.2.2 Eine konzeptuelle Eingrenzung

Das Konzept der lokalen Autonomie, welches in der Charta der lokalen Selbstverwaltung umfassend definiert wird, ist für diese Forschung zentral. Dadurch kann erklärt und eingegrenzt werden, welche Stellung den Gemeinden innerhalb eines Mehrebenensystems zukommt und inwiefern sie tatsächlich selbstständig agieren können. In der europäischen Kommunal- und Lokalforschung nimmt die Lokalautonomie eine prominente Rolle ein, um die Stellung und Bedeutung von lokalen Gebietskörperschaften in einem politischen und verfassungsrechtlichen System zu bewerten und zu vergleichen.[275] Es gilt auch als ein *„fundamentales Konzept"* für die gesamte Politikwissenschaft.[276] Die meisten Typologien von lokalen Verwaltungssystemen[277] berufen oder fokussieren sich auf den Umfang der lokalen Autonomie und nehmen diese als Kernelement für die Kategorisierung der lokalen Gebietskörperschaft in diversen geografischen Kontexten her. Letzens gelten die politische Dezentralisierung und die lokale Autonomie auch international als Ausdruck von *good governance* und einer zentralen Komponente für eine positive Regierungsführung.[278] Studien belegen, dass die Autonomie der lokalen Gebietskörperschaften in den meisten europäischen Staaten in den letzten beiden Jahrzehnten signifikant zugenommen hat und man von einem *„kommunalfreundlichen Entwicklungstrend"* sprechen kann, auch wenn Ausnahmen die Regel bestätigen.[279] Darüber hinaus veranschaulicht die Lehre und Empirie, dass lokale Gebietskörperschaften und deren Einbettung in subnationale und nationale Systeme sich ständig entwickeln und kein stabiles Phänomen sind.[280]

Nun ist bei der Beschäftigung mit der Lokalautonomie eine berechtigte Frage, was genau darunter zu fassen ist. Das Grundprinzip kann als die rechtliche begründete Gestaltungsmacht einer Gemeinde eingegrenzt werden. Wie genau und anhand welcher Kriterien die lokale Autonomie konkret definiert wird, hängt von der Forschungsdisziplin ab. Die Lehre bestätigt, dass es keine einvernehmliche Definition des Konzepts gibt (*„local autonomy means many different things to different people"*[281]). Obwohl die lokale Autonomie für verschiedene wissenschaftliche

275 Vgl. Kuhlmann und Wollmann 2014.

276 Vgl. Pratchett 2004, S. 358.

277 Siehe u.a. Page und Goldsmith 1987; Hesse 1990/1991; Kuhlmann und Bouckaert 2016.

278 Vgl. OECD 2019.

279 Vgl. Schwab et al. 2017a; Kuhlmann et al. 2021a.

280 Vgl. Steytler und Kincaid 2009; Steytler 2024, Teles 2016; Kuhlmann et al. 2021a.

281 Clark 1984, S. 205.

Ansätze zu einer der Grundlagen für das Funktionieren von lokalen Gebietskörperschaften zählt, existiert kein allgemein gültiges Konzept, wie lokale Autonomie zu definieren ist und darauf aufbauend empirisch gemessen werden kann.[282] Für einige Wissenschaftler*innen muss lokale Autonomie breit gefasst werden,[283] für andere ist sie hingeben nur ein Teil der lokalen *Governance*.[284] Sabine Kuhlmann et al. beschreiben die kommunale Autonomie etwa als ein Konzept von insgesamt fünf, welche ausschlaggebend für die Handlungs- und Gestaltungsfähigkeit der kommunalen Akteure sind. Die kommunale Autonomie wird dabei definiert als

> *„die Handlungs- und Gestaltungsfreiheit von Kommunen, über lokale Politik und Leistungserbringung zu entscheiden und diese zu vollziehen."*[285]

Nach Tejado und Pano[286] ist die Autonomie einer lokalen Gebietskörperschaft, neben jener der Abhängigkeit, ein zentrales Element, um die lokale Selbstverwaltung einer Gebietskörperschaft zu erfassen. Auch Lawrence Pratchett ist dieser Meinung. Er definiert die Lokalautonomie als einen Aspekt von Souveränität über bestimmte Bereiche, wenn auch diese in manchen Staatsformen nur auf der Zentralebene verankert ist und somit als Spannung zwischen den Regierungsebenen angesehen werden kann.[287]

Die meisten traditionellen Untersuchungen zur lokalen Autonomie beziehen sich laut Franzke/Schaap auf die rechtlichen Rahmenbedingungen und die finanzielle Ausstattung von Gemeinden. In solchen Studien wird meist davon ausgegangen, dass über je mehr rechtliche Kompetenzen die lokale Regierungsebene verfügt und verfassungsrechtlich geschützt ist, desto höher sei ihre lokale Autonomie.[288] Aus rechtlicher Sicht geht es bei der lokalen Selbstverwaltung in erster Linie darum, dass ein bestimmter Träger – eine juristische Person – über einen eigenen Wirkungsbereich verfügt, in dem dieser weisungsfrei ist.[289] Auch der schweizerische Jurist Meyer fasst unter Gemeindeautonomie die *„Selbstständigkeit der Gemeinden"*.[290]

---

282 Vgl. Ladner et al. 2019; Fiechter 2010, S. 333; Vgl. Keuffer und Horber-Papazian 2020. Vgl. Keuffer 2016.
283 Vgl. Ladner und Keuffer 2018; Ladner et al. 2019.
284 Vgl. Sharpe 1970; Keuffer 2021, S. 67.
285 Vgl. Kuhlmann et al. 2021a, S. 17.
286 Vgl. Medir Tejado und Pano 2018.
287 Vgl. Pratchett 2004, S. 362.
288 Vgl. Franzke und Schaap 2021, S. 33.
289 Vgl. Öhlinger 1997, S. 218.
290 Meyer 2011.

Eine bekannte Definition der Lokalautonomie stammt von Gordon L. Clark,[291] der Mitte der 1980er Jahre vier Idealtypen der lokalen Autonomie basierend auf zwei Variablen definierte und die lokale Regierungsebene in Beziehung zu den höheren Regierungsebenen setzt.[292] Clark geht dabei von zwei Konzepten aus, welche lokale Autonomie determinieren: Zum einen der *power of initiation* (Initiativkraft), zum anderen der *power of immunity* (Immunitätskraft). Ersteres definiert die Möglichkeit der lokalen Regierungsebene bei bestimmten Aufgaben auch einen eigenen Gestaltungsspielraum zu haben sowie selbst gewählte Tätigkeiten auszuführen. Dagegen definiert die Immunitätskraft, inwiefern die lokale Regierungsebene von der zentralen Ebene kontrolliert bzw. beaufsichtigt wird.[293] Diese zwei Grundprinzipien, also das Ausmaß der Aufgaben sowie die Aufsicht der lokalen Regierungsebene, scheinen in vielen Diskursen zur Lokalautonomie auf. Sie entsprechen laut Fiechter einer Perspektive, die *„lokale Autonomie primär als Freiheit vor dem Einfluss der übergeordneten Ebene betrachtet."*[294]

Weitere Dimensionen der lokalen Autonomie aus einer juridischen Perspektive wurden von Gurr und King[295] definiert. Sie sprechen davon, dass Autonomie zum einen aus den Beziehungen der lokalen Gebietskörperschaften mit lokalen wirtschaftlichen und sozialen Gruppen bestehe, weil diese die Abhängigkeit von höheren Regierungsebenen bedingen können (Typ 1 Autonomie). Dabei geht es um verschiedene soziale und ökonomische Faktoren, etwa inwieweit in einer Gemeinde finanzielle Einnahmen generiert werden oder inwiefern wirtschaftliche sowie soziale Akteure die politische Agenda beeinflussen.[296] Zum anderen ergebe sich die lokale Autonomie nach Gurr/King aus den Beziehungen mit dem Nationalstaat (Typ 2 Autonomie). Hierbei geht es spezifisch um das Ausmaß, inwiefern die lokale Regierungsebene ihre Interessen auf der regionalen oder nationalen Ebene geltend machen kann.

Aus interdisziplinärer Sicht umfasst das Konzept der Lokalautonomie einen breiteren Kontext als nur die formalen Kompetenzen oder die Freiheit der Gebietskörperschaften von anderen Regierungsebenen.[297] Diese Ansicht finde ich für den vorliegenden Forschungskontext zielführend. So wird in der Kommunalforschung die Konzeptualisierung der lokalen Autonomie von Pratchett

---

291 Clark 1984.
292 Vgl. Keuffer 2016, S. 4.
293 Vgl. Fiechter 2010, zit. Clark 1984, S. 36.
294 Fiechter 2010, S. 41.
295 Vgl. Gurr und King 1987.
296 Vgl. Keuffer 2016, S. 4.
297 Ladner et al. 2019, S. 26.

häufig zitiert: Er weist drauf hin, dass lokale Autonomie nicht mit der lokalen Demokratie verwechselt werden dürfe und beschreibt die lokale Autonomie durch die drei Grundlagen *„freedom from central intereference“*, *„freedom to effective particular outcomes“* sowie *„reflection of local identity“*.[298] Demnach wird die lokale Autonomie zum einen als Freiheit von einer zentralen Einmischung angesehen (*freedom from*), also die Souveränität auch unabhängig Entscheidungen treffen zu können. Dies, so weist der Autor selbst hin, ist eine Definition, die bei vielen Wissenschaftler*innen im Fokus steht und welche vor allem auf einer verfassungsrechtlichen und juridischem Verständnis von innerstaatlichen Beziehungen fußt. Zum anderen besteht die lokale Autonomie aber auch aus der Freiheit spezifische Ergebnisse zu liefern (*freedom to*) und fokussiert sich somit auch auf die jeweiligen Resultate.[299] Letztens definiert Prachett die lokale Autonomie als Freiheit durch politisches Handeln eine bestimmte lokale Identität auszudrücken (*reflection of local identity*). Pratchett führt ebenso aus, dass die lokale Autonomie eine wichtige Voraussetzung für die Definition der Beziehungen von Gemeinden mit anderen Akteuren ist:

> *„(…) it is almost impossible to discuss the relationship between central and local government, or the political context of local government more generally, without substantial reference to concepts of local autonomy.“*[300]

So sei es laut ihm nicht möglich, die Beziehungen der lokalen und zentralen Regierungsebene zu diskutieren ohne sich auch den politischen Kontext der lokalen Regierungsebene im Allgemeinen sowie dem Konzept der lokalen Autonomie anzuschauen. Dies ist ein weiterer Grund, warum sich diese Forschungsarbeit im Detail mit der lokalen Autonomie in Graubünden, Südtirol und Tirol beschäftigen wird (Kapitel 3). Ladner et definieren im Unterschied zu anderen Wissenschaftler*innen die Lokalautonomie als ein *„multidimensionales“* Konzept, das von verschiedenen Forschungsdisziplinen unterschiedlich erläutert wird – auch diese Herangehensweise finde ich sehr aufschlussreich.[301]

Die Autoren haben im Jahr 2018 mit einem Projekt zur Lokalautonomie in Europa einen großen Beitrag zur Forschung und Klassifizierung der lokalen Autonomie geleistet.[302] Auf der Grundlage des *Regional Autonomy Index* (RAI) von

298 Vgl. Pratchett 2004.
299 Vgl. Keuffer 2016, S. 5.
300 Vgl. Pratchett 2004.
301 Ladner und Keuffer 2018, S. 16 ff.
302 Vgl. Ladner et al. 2019, Ladner et al. 2015b; Ladner et al. 2016a; Keuffer 2016.

Hooghe et al.[303] haben Wissenschaftler*innen eine umfassende Untersuchung zum Status der Autonomie von lokalen Gebietskörperschaften in Europa durchgeführt und eine quantitative Typologie entwickelt (*Local Autonomy Index* (LAI)). Zuvor hatten bereits Hooghe et al. eine quantifizierbare Messung zur regionalen Autonomie erarbeitet und eine systematische Untersuchung von subnationalen Gebietskörperschaften in 81 Staaten durchgeführt. Demgegenüber wurde die Untersuchung von Ladner et al. in 39 Ländern durchgeführt. Ein innovatives Element des Forschungsprojekts ist, dass die Studie einen Zeitraum von 25 Jahren (1990–2014) umfasst, womit Veränderungsprozesse in der Entwicklung der lokalen Autonomie augenscheinlich werden. Die Studie bedient sich bei der Definition von lokaler Autonomie an verschiedenen Faktoren aus diversen Forschungsdisziplinen. Methodisch betrachtet weisen Ladner et al. darauf hin, dass es bei der Einteilung in Indikatoren auch das Risiko der Komplexitätsverringerung herrscht.[10]

Die Autor*innen unterscheiden verschiedene Ansätze, die bei bisherigen Untersuchungen der Lokalautonomie eine Rolle gespielt haben. Im Allgemeinen gruppieren sie diese in formale, funktionelle, organisatorische sowie politische Ansätze. Jeder Forschungsansatz verfügt über bestimmte Schwerpunkte:[304] Die formalen Elemente beinhaltet die Analyse von rechtlichen Prinzipien, d.h. über welchen rechtlichen Spielraum die lokale Ebene verfügt sowie wer für deren Steuerung und Aufsicht zuständig ist.[305] Bei der funktionalen Dimension geht es um die finanzielle Ausstattung und Aufgaben, bei der organisatorischen Autonomie darum, wie sich Gemeinden politisch strukturieren.[306] Abschließend analysiert der politische Ansatz die intergouvernementalen Beziehungen und die Kooperation der lokalen Gebietskörperschaften mit anderen Regierungsebenen.[307] Laut den Autor*innen sei die Definition der lokalen Autonomie von einem rechtlichen Ansatz her enger geschnürt als jener in der Politik- oder Wirtschaftswissenschaft. So zähle aus der juridischen Perspektive insbesondere das Recht auf Existenz und das Recht zur Entscheidung über die eigenen territorialen Grenzen zu den Grundprinzipien von lokaler Autonomie. Weitere Merkmale betreffen die bereits genannte Kompetenzverteilung zwischen den Regierungsebenen, die Überwachung der lokalen Gebietskörperschaften durch den nationalen bzw. subnationalen Gesetzgeber sowie das Vorhandensein von (verfassungs)rechtlichen

303 Vgl. Hooghe et al. 2016; Hooghe et al. 2008; Hooghe et al. 2010.

304 Ladner et al. 2019, S. 16 ff. Vgl. Ladner et al. 2015a, 2015c, S. 67 f.

305 Siehe u.a.: Pratchett 2004; Clark 1984; Gurr und King 1987.

306 Siehe u.a.: Oates 1990; Scharpf 1978.

307 Siehe u.a.: Goldsmith 2002.

Schutzmechanismen.[308] Der LAI klassifiziert die lokale Regierungsebene demgegenüber mit 11 Variablen, die wiederum in sieben Dimensionen als Definitionsmerkmale zusammengefasst werden:[309]

1. Rechtsschutz (*legal protection*): Diese Variable umfasst den rechtlichen Status und Schutz, den die Gemeinden innerhalb ihres States einnehmen.
2. Organisatorische Autonomie (*organizational autonomy*): Diese Variable bezieht sich auf die Möglichkeiten der lokalen Regierungsebene über das lokale politische System und die Verwaltung zu entscheiden.
3. Umfang der Aufgaben (*policy scope*): Diese Variable beschreibt die tatsächlichen Aufgaben und Funktionen, für welche die lokale Gebietskörperschaft zuständig ist, selbst finanziert bzw. über eigenes Personal verfügt.
4. Tatsächlicher politischer Handlungsspielraum (*effective political discretion: institutional depth + effective political discretion*): Diese Dimension setzt sich aus zwei Variablen zusammen. Sie umfasst die Aufgaben und Dienstleistungen bei denen die Gemeinden eine tatsächliche Mitsprache haben bzw. sie über echten Einfluss verfügen.
5. Finanzielle Autonomie (*financial autonomy: fiscal autonomy + financial self-reliance + borrowing autonomy*): Diese Dimension kombiniert drei verschiedene Variablen zum Thema Finanzen. Sie umfasst die finanziellen Ressourcen der lokalen Ebene, die Möglichkeit über den eigenen Haushalt zu entscheiden sowie inwiefern Gemeinden Geld anleihen können.
6. Zentrale oder regionale Kontrolle (*central or regional control: financial transfer systems + administrative supervision*). Auch diese Dimension kombiniert zwei Variablen und beschreibt zum einen das finanzielle Transfersystem innerhalb eines Staates und zum anderen in welchem Ausmaß Gemeinden von den höher gelegenen Regierungsebenen in ihren Tätigkeiten überwacht werden.
7. Vertikaler Einfluss (*central or regional access*): Diese Variable betrifft das Ausmaß, inwieweit die lokale Regierungsebene auf politische Entscheidungen der höher gelegenen Ebenen einwirken kann.

Im Kapitel 3 werden diese Kriterien hergenommen, um die lokale Autonomie in Graubünden, Südtirol und Tirol zu vergleichen. Allerdings muss hingewiesen werden, dass der gewählte formale Ansatz, wie er von Ladner et al. verwendet wird, für manche Wissenschaftler*innen zu kurz greift. So stützen sich die

308 Vgl. Ladner et al. 2019, S. 16 ff., 82 f.

309 Die spezifische Methodologie der Messung, siehe: Ladner et al. 2019, 49 ff. bzw. Table 2.7 und S. 221 f.

Erhebungen zur Ermittlung des LAI hauptsächlich auf die Rahmenbedingungen der nationalen und subnationalen Verfassungen und die jeweiligen Gesetzgebung der betroffenen Länder. Anderen Wissenschaftler*innen zu Folge ist die Untersuchung der formellen Autonomie nicht ausreichend, um den gesamten tatsächlichen Handlungs- und Gestaltungsspielraum von Gemeinden zu erklären. Dieser Zugang ist äußerst interessant und meiner Ansicht nach für das Thema der lokalen Kooperation sehr wichtig.

Demnach wird für eine komplementäre Untersuchung der Lokalautonomie plädiert.[310] Denn die lokale Autonomie in der Praxis geht weit über den formalen Entscheidungs- oder finanziellen Gestaltungsspielraum, den eine lokale Gebietskörperschaft laut nationaler oder subnationaler Verfassung innehat, hinaus. Eine Herausforderung, die hierbei zu bedenken ist, ist dass die Verantwortlichkeit für eine lokale Aufgabe nicht bei allen Gemeinden gleichzusetzen ist, denn nicht alle Gemeinden führen ihre Aufgaben gleich aus. Eben dieser Aspekt ist es, der in Analysen ebenso Platz finden sollte. Dieser Umstand macht den Vergleich zwischen Gebietskörperschaften sehr komplex, da sie unterschiedlich sein können, auch wenn sie formal gleichgestellt sind.

Fleurke und Willemsen sind der Meinung, dass es für eine sorgfältigere Analyse der Lokalautonomie notwendig sei, die Analyse auf die lokale Praxis zu fokussieren – zumindest in jenen Staaten mit einer beschränkten formalen Lokalautonomie. Der formale Aspekt könne nämlich nur Hinweise darauf geben, wie hoch die Autonomie theoretisch ausgestaltet sein könnte oder sollte, dies widerspiegele aber nicht immer die tatsächlichen Zustände. Weiters werde bei der normativen Untersuchung der Autonomie die tatsächlichen Auswirkungen, die von dem jeweiligen Politikbereich abhängen, ausgeklammert.[311] Die Autoren erklären die lokale Autonomie daher mithilfe von drei Dimensionen: der Initiative (*initiative*), der Entscheidungsfreiheit (*freedom of choice*) sowie der Abhängigkeit (*dependency*). Bei der Initiative geht es um das Ausmaß, inwiefern die lokale Regierungsebene über ihre eigene Agenda entscheiden kann. Bei der Entscheidungsfreiheit geht es darum inwiefern andere politische Institutionen den Gemeinden Freiheit für die Politikgestaltung zugestehen und bei der Abhängigkeit darum, inwiefern die lokalen Institutionen bei ihren Tätigkeiten von anderen Autoritäten abhängig sind. Am Beispiel der Niederlande kommen die Autoren durch ihre Methode zu einem anderen Schluss als formale Bewertungen der Lokalautonomie.[312]

---

310 Vgl. Fleurke und Willemse 2006; Fiechter 2010; Keuffer und Horber-Papazian 2020.

311 Vgl. Keuffer und Horber-Papazian 2020, S. 307.

312 Vgl. Fleurke und Willemse 2006, S. 74 ff.

Ähnlich wie Ladner et al., erklärt auch Fiechter, dass die Definition einer Gemeindeautonomie davon abhänge, aus welchem Blickwinkel man die lokale Regierungsebene betrachte.[313] Er vertritt allerdings, ähnlich Fleurke und Willemsen, die Meinung, dass lokale Autonomie nicht nur von formalen Grundlagen definiert werden könne, sondern auch von lokalen Faktoren beeinflusst wird. Fiechter hat, basierend auf seiner Untersuchung der Schweiz, festgestellt, dass es *„nebst dem Verhältnis zum Kanton auch lokale Faktoren gibt, welche das Ausmass der Autonomie mitbestimmen“*.[314] Basierend auf diversen Forschungsansätzen,[315] legt er vier Gruppen von Determinanten dar, welche sich auf diverse Facetten der Gemeindeautonomie beziehen: Dies sind zum einen rechtliche und politische Einflussfaktoren, aber auch ökonomische sowie soziale Determinanten. Die ersten beiden ergeben sich laut dem Autor vor allem aus dem kantonalen Kontext, die letzteren hingegen aus dem lokalen Kontext.[316] Unter die rechtlichen Determinanten fasst der Autor die Stellung der Gemeinden in den Verfassungen und Gesetzen, bei den politischen Determinanten geht um das Verhältnis zwischen dem Kanton und den jeweiligen Gemeinden, u.a. die Aufgaben und die finanzielle Autonomie, aber auch die Aufsicht durch die höhere Regierungsebene – Faktoren, die auch laut Ladner et al. eine Lokalautonomie ausmachen. Demgegenüber umfassen die ökonomischen Determinanten nicht die finanzielle Autonomie der Gebietskörperschaften, sondern den Zustand der tatsächlichen Gemeindefinanzen und deren Leistungsfähigkeit. Letztens wird die Gemeindeautonomie noch von sozialen Faktoren beeinflusst, die in anderen Studien kaum als Merkmale der Autonomie genannt werden. Als solche sozialen Determinanten gilt der Einfluss von lokalen Interessensgruppen, welche den autonomen Handlungsspielraum begrenzen können.

Ähnliche Ausführungen kommen von Keuffer und Horber-Papazian. Sie stellten durch eine Untersuchung der schweizerischen Lokalautonomie fest, dass die formelle Autonomie (*formal autonomy*) durch eine effektive Autonomie (*effective autonomy*) sowie eine wahrgenommene Autonomie (*perceived autonomy*) ergänzt werden müsse und der Fokus auf erstere nicht das gesamte Bild der lokalen Realität wiedergebe. Die effektive Autonomie entspricht der Fähigkeit, Dienstleistungen auszuführen und die wahrgenommene Autonomie ist das Instrument, durch welche politische Aktionen stattfinden können. Alle drei Elemente seien zwar miteinander verknüpft und essenziell, um lokale Praktiken zu definieren, aber

313 Vgl. Fiechter 2010, S. 26.
314 Fiechter 2010, S. 104.
315 Vgl. King und Pierre; Pierre, Gurr und King 1987.
316 Vgl. Fiechter 2010, S. 45 ff.

nicht dasselbe.[317] Ebenso unterstreichen Kuhlmann et al. in ihrer vergleichenden Publikation zur Zukunft der lokalen Regierungsebene, dass die formale (*de jure*) Autonomie nicht immer mit der *de-facto* Autonomie übereinstimme und dass beide diese Seiten in Betracht gezogen werden müssen, um das Handeln der Gemeinden in ihrer Gesamtheit zu erfassen.[318]

Dieser Unterschied zwischen der formalen und *de facto* Autonomie ist insbesondere in politisch oder verfassungsrechtlich asymmetrischen Kontexten ein interessanter Untersuchungsgegenstand. Eine *de facto* Autonomie kann in jedem Land unterschiedlich ausgestaltet sein, in einem asymmetrischen institutionellen Kontext kommt aber auch eine unterschiedliche formale Autonomie zum Vorschein. So kann die lokale Autonomie einer Gebietskörperschaft auch von einem territorialen Kontext beeinflusst werden und sich innerhalb eines nationalen Verfassungsgefüges unterschieden. Dies zeigt sich sowohl in symmetrisch organisierten Ländern, wo die Autonomie der subnationalen Gebietskörperschaften formell gleich hoch ist (z.B. Österreich) oder in solchen, wo die subnationalen Gebietskörperschaften für die Regelung der Gemeindeautonomie selbst verantwortlich sind und somit bereits rechtlich gesehen Unterschiede in der lokalen Autonomie auftreten können (z.B. Schweiz, Sonderautonomien in Italien).[319]

Dass es bei dem Konzept der Autonomie nicht nur um verfassungsrechtliche Kompetenzen geht, sondern auch darum, auf welche Art diese politisch umgesetzt wird, hat Francesco Palermo bereits im Hinblick auf die unterschiedliche Ausschöpfung der Autonomie in den italienischen Regionen mit Sonderstatut festgestellt.[320] Solche Überlegungen sollten auch im Hinblick auf die Erklärung und den Vergleich der lokalen Autonomie mitberücksichtigt werden. Es ist im Hinblick auf eine dynamische Lokalautonomie, die sich stetig in Veränderung befindet, außerdem festzuhalten, dass die Autonomie einer Gemeinde nicht nur von direkten institutionellen Reformen zu deren Struktur oder dem Aufgabenspektrum betroffen ist. Gemeinden können indirekt auch durch etwaige Reformen in spezifischen Politikbereichen beeinflusst werden. So haben Gesetzesvorschriften, die nicht die Funktionen der Gemeinden im engeren Sinne betreffen, dennoch Auswirkungen auf das lokale Handeln in einem Territorium und somit indirekt auf deren lokale Autonomie.[321] Es sollte zudem bedacht werden, dass eine ausgeprägte Autonomie für Gemeinden nicht nur mehr Handlungsspielraum bedeutet. Eine solche kann

317 Vgl. Keuffer und Horber-Papazian 2020.
318 Vgl. Kuhlmann et al. 2021b, S. 4.
319 Vgl. Bolgherini et al. 2021b.
320 Vgl. Palermo 2018; Palermo 2020.
321 Vgl. Bolgherini und Lippi 2021.

das lokale Regieren auch in anderen Aspekten beeinflussen. So wurde in empirischen vergleichenden Untersuchungen festgestellt, dass lokale Autonomie einen positiven Einfluss auf die Zufriedenheit der Bürger*innen hinsichtlich lokaler Dienstleistungen haben kann.[322]

2.1.2.3 Typologien von Verwaltungssystemen

Bei den ausgewählten Fällen handelt es sich um drei aneinandergrenzende Mehrebenensysteme im Alpenraum: Italien, Österreich und die Schweiz. Bedeutet ihre geografische Nähe auch, dass sie ein ähnliches Verwaltungssystem und somit eine ähnliche lokale Selbstverwaltung aufweisen? Um diese Frage zu klären und den eben geführten Diskurs der lokalen Autonomie praktisch zu untermauern, wird im Folgenden ein Blick auf die europäischen Verwaltungssysteme geworfen.

Wie aufgezeigt, offenbaren neuere Untersuchungen,[323] dass die Unterschiede bezüglich der rechtlichen Stellung der lokalen Regierungsebene in einzelnen Ländern in den vergangenen Jahren abgenommen haben und sich deren Stellung europaweit vermehrt angleicht. Dies weist auf eine Tendenz der Homogenisierung hin, d.h. die geografische Position einer Gemeinde hat keinen so großen Einfluss mehr auf die formale Ausgestaltung der lokalen Selbstverwaltung wie es noch vor einigen Jahrzehnten und in den historischen Typologien von Verwaltungssystemen der Fall war.[324] Zudem wurde festgestellt, dass in den meisten europäischen Staaten ein Trend zu mehr Lokalautonomie besteht, wenn auch dies nicht für alle Staaten ausnahmslos gilt.[325]

Es gibt viele Untersuchungen, welche sich auf die Typologisierung der lokalen Gebietskörperschaften konzentrieren und das Beziehungsgeflecht zwischen Gemeinden und subnationalen bzw. nationalen Regierungsebenen definieren.[326] Zum Großteil beziehen sich diese Studien auf denselben Variablen und kommen zu ähnlichen Klassifizierungen. In einer Zusammenfassung von bestehenden Typologien zu europäischen lokalen Gebietskörperschaften unterteilen Ladner et al. die bisherigen Forschungsarbeiten in „qualitative und kategorische“ Untersuchungen[327] sowie in „quantitative und eigenständige“[328] Studien, wobei

322 Vgl. Ladner et al. 2021a.
323 Vgl. Ladner et al. 2019.
324 Ladner und Keuffer 2018.
325 Vgl. Ladner et al. 2019, S. 243; Steytler 2024.
326 Siehe etwa: Goldsmith und Page 2010, Kuhlmann und Wollmann 2013, S. 19 ff.
327 Page und Goldsmith 1987; Hesse und Sharpe 1990/1991.
328 Vgl. Sellers und Lidström 2007; Harguindéguy et al. 2021.

die beiden Ansätze nicht strikt voneinander zu trennen seien.[329] Im Folgenden werden einige dieser Klassifizierungen erwähnt, um einen kurzen Überblick zum Stand der Forschung zu bieten, wobei die Erkenntnisse weit vertiefender sind.[330]

Eine historische Einteilung der Verwaltungssysteme stammt von Page und Goldsmith (1987): Sie untersuchten die Beziehungen der lokalen Gebietskörperschaften mit dem Zentralstaat anhand der drei Dimensionen a) funktionelle Verantwortlichkeit bzw. Zuständigkeiten (*functions*), b) Ermessensspielraum (*discretion*) sowie c) Einfluss (*access*).[331] Page stellt die rechtliche Regulierung der lokalen Gebietskörperschaften in den Fokus und hat das Konzept des *legal centralism* vs. *legal localism* entwickelt. Demnach werden die politischen Systeme danach eingeteilt, inwiefern sie vom Zentrum aus geregelt werden oder nicht.[332] Als Fallbeispiele wurden sowohl unitarische (Schweden, Norwegen, Dänemark, Vereinigtes Königreich, Frankreich), wie auch dezentrale Staaten mit einer starken Zentralebene (Italien, Spanien) analysiert. Dabei unterscheiden Page/Goldsmith die Fallbeispiele in nordeuropäische und südeuropäische Systeme: Während in der Dimension Ermessensspielraum kaum Unterschiede feststellbar waren, sondern eher innerhalb der Staaten bezogen auf einzelne Politikfelder, waren im Bereich Funktionen und Einfluss sehr wohl Differenzen zu finden. Die Gemeinden in den nordeuropäischen Staaten hatten mehrere Funktionen, als jene des südeuropäischen Typs, bei denen erst seit Ende der 1970er Jahre Dezentralisierungstendenzen feststellbar waren. Im Bereich des Einflusses waren ebenso Unterschiede zwischen Nord und Süd nachweisbar, wobei die Autoren im Süden durch direktere Verbindungen zum Zentrum mehr Möglichkeiten der Beeinflussung sahen.

Page und Goldsmiths Werk wird als wesentliche Grundlagenforschung zu lokalen Gebietskörperschaften anerkannt, stieß aber auch auf Kritik.[333] So kritisierte Peter John einige Jahre später nicht nur die enge Fallauswahl, sondern auch die Beschränkung auf unitarische bzw. regionale Staaten. Zudem sei die Kategorisierung mit nur zwei Typen von lokalen Gebietskörperschaften zu simplifiziert, obwohl John anerkennt, dass die Unterscheidung in nord- und südeuropäische Staatentypen in Bezug auf Zuständigkeiten, den Einfluss von lokaler Politik, die Art der Repräsentation und die Verwaltungskapazität auch 15 Jahre später noch

329 Vgl. Ladner et al. 2019, S. 258 ff.

330 Für eine Übersicht und Zusammenfassung zu wichtigen Kategorisierungen, siehe: Bolgherini 2015, S. 29 ff.

331 Vgl. Page und Goldsmith 1987.

332 Vgl. Page 1991.

333 Vgl. John 1991.

aufrecht war. Nichtsdestotrotz erklärte er, dass sich die Unterschiedlichkeiten zwischen den Gemeindetypologien mittlerweile verweichlicht hätten, so dass es sich mehr um Nuancen als fundamentale Unterschiede handle.[334]

Die Wissenschaftler Hesse und Sharpe haben 1991 eine weitere Klassifizierung der europäischen Verwaltungssysteme anhand einer Untersuchung von 20 Industriestaaten durchgeführt, welche ebenso zu einer prominenten Studie der Kommunalforschung gehört. Basierend auf den zwei Kriterien „funktionale und politische Rolle“ sowie „Performanz“ teilen sie ihre Fallbeispiele in drei Staatengruppen ein: Die frankophone, anglosächsische sowie nördlich-mitteleuropäische. Sie kamen zum Schluss, dass die lokale Regierungsebene in Westeuropa eine bedeutende Rolle im Erbringen von öffentlichen Gütern erfüllt und einen großen Zuwachs an Zuständigkeiten erlebt hat:

> *„Despite its sometimes still limited scope of action, the local level has gained ground and has become – as an agent of implementation, co-ordination, integration and even innovation – an increasingly important part of national policy-making and problem-solving“.*[335]

Diese Entwicklung hatte laut Hesse/Sharpe ein steigendes Interesse des Zentrums in die lokalen Gebietskörperschaften zur Folge. Die Autoren nahmen in ihrer Typologisierung auf Goldsmith/Page Bezug und fokussierten sich hauptsächlich auf die Zuständigkeiten sowie den verfassungsrechtlichen Status der Gemeinden. Diesen historischen Typologien wird der Schwachpunkt angekreidet, dass sie die osteuropäischen Staaten ausklammern. So wurden diese lange Zeit vernachlässigt bzw. als eine einzige ähnliche Staatengruppe betrachtet, womit es bis vor einigen Jahren kaum umfassende vergleichende bzw. differenzierte Studien zur gesamteuropäischen Situation gab.[336]

Im Jahr 2013 haben Kuhlmann und Wollmann eine weitere Typologie erarbeitet und gruppierten die europäischen Länder in fünf Verwaltungsprofile, welche zum einen auf deren Verwaltungstradition und Verwaltungskultur sowie zum anderen auf politisch-institutionellen Merkmale basieren. Das Ergebnis war ein kontinental-europäischer Typ (z.B. Frankreich, Italien), der kontinentaleuropäisch-föderale Typ (z.B. Deutschland), der skandinavische Typ (z.B. Schweden), der angelsächsische Typ (z.B. Vereinigtes Königreich) und der osteuropäische

334 Vgl. John 2001. Im Jahr 2010 haben Goldsmith/Page eine weitere Studie publiziert und kommen nach fast 25 Jahren selbst zum Schluss, dass die Beziehungen zwischen Regierungsebenen sich komplexer entwickelt hätten und nicht mehr nur in zwei Staatengruppen eingeteilt werden könnte. Vgl. Goldsmith und Page 2010.

335 Hesse 1990/1991.

336 Vgl. Swianiewicz 2014; Tavares 2021.

Typ (z.B. Ungarn).[337] Darauf bezugnehmend haben Bouckaert und Kuhlmann die Verwaltungssysteme ebenso gemäß ihrem politisch-administrativen System eingeteilt, das allerdings auf einer historischen, institutionellen sowie kulturellen Dimension fußt. Diese Typologie haben sie auf 28 europäische Staaten angewandt.[338] Das Ergebnis war eine differenziertere Untersuchung und gruppierte die europäischen Verwaltungssysteme noch spezifischer in sechs Staatengruppen: Den kontinental-europäischen napoleonischen Typ, den kontinentaleuropäischen föderalistischen Typ, den nordischen Typ, den anglosächsischen Typ, den zentraleuropäischen Typ sowie den südeuropäischen Typ.

Neben den genannten Typologien, die sich auf qualitative Merkmale stützen, gibt es auch Klassifizierungen mit quantitativen Werten. So haben Sellers/Lidström[339] eine Untersuchung von lokalen Gebietskörperschaften aufgrund von mehreren Indikatoren erarbeitet. Dabei untersuchten sie die finanziellen und politisch-administrativen Kapazitäten von Gemeinden (niedrig vs. hoch) sowie den politisch-administrativen und finanziellen Einfluss durch die höher gelegenen Regierungsebenen (niedrig, moderat, hoch) in 20 Staaten. Die Kombination der Variablen ergibt sechs idealtypische Modelle. In der praktischen Erhebung fällt aber keines der untersuchten Länder in die Kombination mit einer hohen Bewertung sowohl lokalen Kapazitäten wie bei dem Einfluss der höheren Regierungsebenen. Auch entspricht kein Land der Kombination aus hohen Kapazitäten und einer geringen Supervision.[340]

Wie bereits erwähnt, kamen Ladner et al. 2018 zum Schluss, dass die Unterschiede zwischen der lokalen Regierungsebene in Europa in den letzten Jahren abgenommen haben.[341] Die Fälle Italien, Österreich und die Schweiz können für diese Entwicklung beispielhaft herangezogen werden. Alle drei Staaten befanden sich in den historischen Typologien nie in derselben Kategorie, wobei Österreich und die Schweiz meist in eine gemeinsame Gruppe gefasst wurden. In der Klassifizierung von Hesse/Sharpe befindet sich Italien in der frankophonischen Gruppe, die durch hohen verfassungsrechtlichen Status aber geringen Grad an Autonomie und eine hohe Kontrolle von „oben" gekennzeichnet ist. Demgegenüber befanden sich die beiden Alpenstaaten in der Nord-Mitteleuropäischen Gruppe, die umgekehrt durch einen hohen Grad an Autonomie der lokalen Ebene, aber ebenso

337 Vgl. Kuhlmann und Wollmann 2013, S. 61 ff.

338 Vgl. Bouckaert und Kuhlmann 2016; Kuhlmann und Wollmann 2019; Kuhlmann et al. 2021a, S. 12 ff.

339 Vgl. Sellers und Lidström 2007.

340 Vgl. Sellers und Lidström 2007, S. 622.

341 Vgl. Ladner und Keuffer 2018.

einen hohen verfassungsrechtlichen Status gekennzeichnet ist. Auch in der Typologie von Bouckaert/Kuhlmann befindet sich Italien, ähnlich den historischen Typologien, in der Gruppe der kontinental-europäischen napoleonischen Staaten. Dieser Staatentyp basiert auf einer römisch-französischen Rechtstradition und einem zentralisierten Verwaltungssystem. Traditionell sind die Funktionen der lokalen Gebietskörperschaften in diesen Staaten eher schwach ausgeprägt. Demgegenüber werden Österreich und die Schweiz in die Gruppe des kontinental-europäischen föderalen Typs gefasst, der sich in der Verwaltungskultur und Rechtsstaatlichkeit zwar ebenso an der römischrechtlichen Tradition orientiert, aber wo das Subsidiaritätsprinzip sowie die Rolle der subnationalen Regierungsebene eine viel wichtigere Rolle als beim napoleonischen Typ spielt.

Im Unterschied dazu haben sich die drei Fälle im Jahr 2014 und 2020 basierend auf der Wertung des LAI beträchtlich aneinander angenähert. Je nachdem wie die Indikatoren angewandt werden, verändert sich die Klassifizierung innerhalb des Ländervergleichs, allerdings bleibt die Angleichung: So ist der erste entwickelte Indikator eine einfache Summierung der 11 Variablen, der zweite Indikator eine einfache Summierung der sieben Dimensionen ohne Gewichtung. Der dritte Indikator umfasst hingegen die spezifischste Messung und gewichtet die sieben Dimensionen nach einer bestimmten Formel.[342]

Wenn man die diversen Indikatoren auf die Fälle Schweiz, Italien und Österreich anwendet, verändert sich deren Klassifizierung interessanterweise nur bedingt. Im Index der Lokalautonomie nach der gewichteten Berechnung (LAI 2014) erreichte die Schweiz mit 79,5 Punkten den höchsten Wert der Lokalautonomie von 39 Ländern in Europa. Italien lag demgegenüber mit 66,4 und Österreich mit 64,6 deutlich dahinter.[343] In allen drei Rangordnungen befindet sich die Schweiz immer an erster Stelle der 39 Staaten und Österreich stets im ersten Drittel (je einmal an 11., 10. sowie 12. Stelle).[344] Italien ist bei allen drei Berechnungen immerhin immer in der oberen Hälfte (je einmal an 18., 17. sowie 15. Stelle). Der Unterschied zwischen Österreich und Italien ist bei den ersten beiden Berechnungen gleich hoch (sieben Plätze), bei der letzten Berechnung beträgt dieser hingegen nur mehr drei Plätze. Dies unterstreicht den Einfluss der jeweiligen Gewichtung, bestätigt aber auch, dass die Unterschiede der Lokalautonomie

342 LAI = (1*legal autonomy + 3*political discretion + 2*policy autonomy + 3*financial autonomy + 2*organisational autonomy + 1*non-interference + 1*access)/13. Der LAI 2014 umfasst einen Mittelwert der Werte von 2010–2014. Vgl. Ladner et al. 2019, S. 213 ff.; Ladner et al. 2015a; Ladner et al. 2016b.

343 Vgl. Ladner et al. 2019, S. 240.

344 Im Jahr 2020 wurde die Schweiz von Finnland überholt. Vgl. Ladner et al. 2021a.

abgenommen haben. Die Daten zeigen deutlich a, dass die Differenzen zwischen den drei Ländern nicht (mehr) enorm hoch sind.

Das Ergebnis der Studie von Ladner et al. sind insgesamt neun Typen der Lokalautonomie, wobei die Autor*innen in ihrer Berechnung den Fokus auf zwei – für sie die signifikativen – der insgesamt sieben Dimensionen gesetzt haben: Zum einen das politische Ermessen, zum anderen die finanzielle Autonomie. Beide Dimensionen können sich durch eine niedere, mittlere oder hohe Autonomie kennzeichnen, die in kombinierter Form zu der Zuordnung zu einem Typus führt.[345] Die folgenden Kategorien sind die vier Idealtypen der Lokalautonomie, die sich durch die jeweils niedrigsten und höchsten Werte des LAI ergeben:[346]

a. *Partnership* (Typ I): Dieser Typ kennzeichnet die höchste lokale Autonomie in beiden Dimensionen: Eine hohe Autonomie beim politischen Ermessensspielraum sowie eine hohe finanzielle Autonomie. Zu dieser Gruppe gehören im Jahr 2014 insgesamt sieben Staaten, unter anderem Dänemark, Finnland, Deutschland und Island.
b. *Guided democracy* (Typ VI): Dieser Typ kennzeichnet sich durch eine hohe finanzielle Autonomie und eine hohe Autonomie im Bereich des politischen Ermessensspielraums. Dieser Gruppe wurden 2014 Zypern, Irland oder Spanien zugeordnet.
c. *Chained democracy* (Typ V): Dieser Typ ist von einer geringen Autonomie beim politischen Ermessensspielraum charakterisiert, aber genießt eine hohe finanzielle Autonomie. Dazu gehörten 2014 Staaten wie Estland, Lettland, die Niederlande oder Rumänien.
d. *Tutelle* (Typ IX): Dieser Typ ist der Extremtyp mit der geringsten Lokalautonomie und umfasst im Jahr 2014 insgesamt fünf Staaten: Georgien, Malta, Türkei, Moldawien und Vereinigtes Königreich. Diese haben einen geringen politischen Ermessensspielraum sowie eine geringe finanzielle Autonomie.

Die Schweiz, Italien und Österreich, gemeinsam mit Belgien und Frankreich, gehören dem Typ II der Lokalautonomie an, der keinem der vier Idealtypen entspricht. Diese Gruppe ist durch eine hohe finanzielle Autonomie geprägt, fällt aber im Bereich des politischen Ermessensspielraums nur in eine mittlere Kategorie. Zudem ist es laut den Autor*innen kein Zufall, dass der Typ II jene Staaten umfasst, die üblicherweise über kleine Gemeinden verfügen, die nicht imstande

345 Die Autor*innen stellen klar, dass ihr Ansatz von der Politikwissenschaft beeinflusst ist. Vgl. Ladner und Keuffer 2018, S. 217 ff.

346 Vgl. Ladner et al. 2019, S. 265 ff.

sind, viele Dienstleistungen selbstständig auszuführen[347] – ein Thema, das für diese Arbeit ebenso sehr relevant ist.

Zu erwähnen ist, dass keiner der drei Staaten Schweiz, Italien und Österreich sich 25 Jahre zuvor (1995) in dieser Kategorie des Typ II befand. Im zweiten Untersuchungszeitpunkt (2004) konnte die Schweiz zwar bereits dem Typ II zugeordnet werden, Österreich und Italien befanden sich aber noch im Typ III. Dieser ist durch eine mittlere Wertung sowohl bei der finanziellen Autonomie wie auch bei dem politischen Ermessensspielraum gekennzeichnet. Dies zeigt, dass sich im Laufe von zehn Jahren die Gemeinden in Italien und Österreich weiterentwickelt haben und ihre Autonomie gestärkt wurde. Im Dezember 2021 wurde eine aktualisierte Version des LAI veröffentlicht (*Local Autonomy Index, Release 2.0*), welche den Zeitraum 2015–2020 abdeckt, in mehr Ländern weltweit durchgeführt wurde und neue Variablen hinzufügte.[348] In diesen neuen Daten hat der LA (einfache Summierung der Werte aller Dimensionen) in allen drei Ländern leicht abgenommen. Dennoch gehören sie im internationalen Vergleich von 57 Ländern weltweit zu jenem Kreis von 15 Ländern mit der höchsten Lokalautonomie: Die Schweiz befindet sich an 2. Stelle, Österreich an 14. und Italien an 15. Stelle.[349] Auch im Vergleich der (gewichteten) Lokalautonomie (LAI 2020) sind die Werte zwischen den drei Ländern ähnlich hoch, aber geringer als noch 2014: Die Schweiz hat insgesamt einen Wert von 76,98, Italien folgt mit 61,78 und Österreich mit 56,96.[350]

Die verändernden Werte der lokalen Autonomie bestätigen, dass diese starken Beeinflussungen ausgesetzt und nicht statisch sind, so auch in Italien, Österreich oder der Schweiz.

2.1.3 Die lokale Regierungsebene in der Föderalismusforschung

Nachdem wir auf die Entwicklung und Verschiedenartigkeit der europäischen Verwaltungssysteme hingewiesen haben, soll in diesem Kapitel die Stellung der Gemeinden in Mehrebenensystemen diskutiert werden. Dieser Diskurs ist von Bedeutung, da es sich bei den hier behandelten drei Fällen um Mehrebenensysteme handelt, deren subnationale Gebietskörperschaften über eine ausgeprägte

347 Vgl. Ladner et al. 2019, S. 269 f.

348 Vgl. Ladner et al. 2021a.

349 Der Mittelwert der Jahre 2015–2020 zum Vergleich zu 2010–2014: Schweiz 28,85 (–0,01), Italien 24,24 (–1,06), Österreich 24,31 (–1,75). Siehe: Ladner et al. 2021a, S. 67 f.

350 Vgl. Ladner et al. 2021a, S. 74.

Autonomie verfügen. Demnach wird der Forschungsgegenstand in das umfassende Forschungsfeld der vergleichenden Föderalismus- und Regionalismusforschung eingebettet. Die Schweiz, Italien und Österreich können unter die Definition eines Mehrebenensystems gefasst werden (siehe Kapitel 3), da die legislativen Entscheidungskompetenzen auf mehrere Regierungsebenen verteilt sind. Nicht alle drei Staaten entsprechen allerdings der klassischen Definition eines Bundesstaates.[351] Obwohl die Wissenschaft unterstreicht, dass es keine übereinstimmende Meinung gibt, was Föderalismus bedeutet,[352] assoziieren viele Wissenschaftler*innen grundlegende Elemente damit, die wiederum regional oder dezentral organisierte Staaten ausschließen können.[353] Als Basis von föderalen Systemen gilt, dass sie zum einen ein Regierungsgeflecht mit mehreren Akteuren ermöglichen (*shared governance*) und gleichzeitig ihren subnationale Gebietskörperschaften einen bestimmten Grad an autonomer Selbstverwaltung garantieren *(self-governance)*.[354] Die Forschung ist sich einig, dass es in der Praxis diverse Ausgestaltungen der *„föderalen Idee“*[355] gebe, wobei ein Grundprinzip des normativen Konzepts des Föderalismus die Kombination von *self-rule* und *shared-rule* darstellt und die Verteilung der legislativen und exekutiven Entscheidungsmacht verfassungsrechtlich festgeschrieben ist.[356] Die praktische Umsetzung des Föderalismus basiert, wie Watts feststellte, allerdings nicht nur auf dem Verfassungsrecht, sondern auch der politischen Praxis und wie diese beiden Faktoren interagieren.[357] So gibt es zwischen den weltweit vorhandenen föderalen Systemen eine Reihe von Gemeinsamkeiten und Unterschiede, etwa wie Zuständigkeiten verteilt sind, inwiefern Diversität in einem Staatsgebiet eine Rolle spielt oder ob die subnationalen Gebietskörperschaften symmetrisch oder asymmetrisch organisiert sind.[358] Demnach kann Föderalismus in der Praxis diverse Ausprägungen haben und auch ein Mehrebenensystem eine Reihe von föderalen Elementen aufweisen, auch wenn es nicht in jeglicher Hinsicht der Definition eines föderalen Staates entspricht. Dies entspricht den Gedanken von Palermo/Kössler, welche in ihrem vergleichenden Handbuch den Begriff Föderalismus ebenso in seiner

351 Vgl. Palermo und Kössler 2017, S. 4.
352 Vgl. Gamper 2005.
353 Vgl. Palermo und Kössler 2017, S. 8.; Hueglin und Fenna 2015, S. 79 ff.
354 Vgl. Watts und Kincaid 2008.
355 Vgl. Watts 2008, S. 5, 10 f.
356 Vgl. Elazar 1994, 1991, S. XVI; Watts 2008, S. 8; Watts 2006, S. 322 ff.
357 Vgl. Watts 2008, S. 9.
358 Vgl. Watts 2008, S. 19.

„praktischen Bedeutung“ anwenden.[359] Auch Patricia Popelier plädiert für eine neue Definition im Rahmen des Föderalismus und definiert den Begriff *multi-tiered system* als passender für Systeme, die auf eine Balance zwischen Autonomie und Kohäsion zielen.[360]

Zu den grundlegenden Charakteristiken einer „Föderation“ als Form eines föderalen Systems zählte Watts insbesondere den Umstand, dass keine der beiden zentralen Regierungsebenen – das Zentrum bzw. die subnationalen Gebietskörperschaften – einander untergeordnet sind, sondern durch die Verfassung jeweils souveräne Kompetenzen innehaben, sich direkt mit den Bürger*innen durch legislative, exekutive und steuerrechtliche Kompetenzen auseinandersetzen sowie über direkt gewählte politische Organe verfügen. Folgende sechs Charakteristiken sind dabei wesentlich: Die politischen Systeme müssen mindestens zwei Regierungsebenen haben; über eine formale verfassungsrechtliche Aufteilung der legislative/exekutiven Zuständigkeiten und Zuordnung der Einnahmen zwischen den Regierungsebenen verfügen; Regelungen für die Repräsentanz der subnationalen Gebietskörperschaften im föderalen Entscheidungsprozess umfassen; eine schriftliche Verfassung, die nicht einseitig abänderbar ist, besitzen; Schiedsrichter in Form von Gerichten oder Normen für Referendums zur Konfliktlösung sowie Institutionen und Prozesse für intergouvernementale Beziehungen bieten.[361]

Ein Mehrebenensystem besteht, wie es der Begriff schon erahnen lässt, aus mehreren Regierungsebenen. Wo befinden sich in dieser Struktur nun die lokalen Gebietskörperschaften? In der Föderalismusforschung wurden die Entwicklung und der Einfluss der lokalen Regierungsebene bisher nur in bescheidener Hinsicht vergleichend analysiert. Obwohl die Wissenschaft zu Mehrebenensystemen durch die Untersuchung von Kompetenzverteilungen oder die Kooperation zwischen Regierungsebenen dazu prädestiniert wäre, hat sich die Forschung bisher hauptsächlich auf die Analyse der Beziehungen zwischen der föderalen und der subnationalen Regierungsebene fokussiert.[362] Mathias Eller führt diesen Umstand darauf zurück, dass die lokale Regierungsebene als eine ohne Staatlichkeit bzw. Souveränität gilt.[363] Trotz der bisher bescheidenen Untersuchung zur Stellung der lokalen Gebietskörperschaften innerhalb von Mehrebensystemen, hat dieser

359 Palermo und Kössler 2017, S. 4.
360 Popelier 2021, S. 50 ff.
361 Vgl. Watts 2008, S. 9.
362 Vgl. Gibbins 2001.
363 Vgl. Eller 2020, S. 8 ff.; Steytler 2009b, S. 411.

Aspekt in den letzten beiden Jahrzehnten an Relevanz gewonnen.[364] Studien zu föderal organisierten Staaten bestätigen die steigende Bedeutung der lokalen Regierungsebene in diesen Staatssystemen, dennoch geht diese Feststellung noch nicht so weit, dass man von einer dreigliedrigen Ordnung oder einem gleichwertigen Verhältnis von drei Regierungsebenen sprechen könnte.[365]

Obwohl die Autonomie der lokalen Regierungsebene in vielen Staaten gestärkt wurde und gleichzeitig ein Trend zu einer steigenden verfassungsrechtlichen Regelung der lokalen Regierungsebene in föderalen Systemen feststellbar ist, ist es nach wie vor die subnationale Regierungsebene, welche im Zusammenspiel mit der nationalen Ebene den politischen Entscheidungsprozess in den meisten Systemen dominiert. Daher spricht die Föderalismusforschung von keinem gleichwertigen Partner oder *„three-tiered-system“*, sondern vielmehr von *„two and a half partner“*.[366] Nico Steytler verweist auf eine „Junioren-Rolle“[367] der lokalen Regierungsebene in föderalen Staaten. Dennoch weist er auf deren steigende Wichtigkeit in einer Mehrebenen-Governance hin:

> *„Although local government is a yet, a best, only a ‘half’ or ‘junior’ partner, multisphere government is an emerging reality. It brings with it new challenges such as managing the increased complexity of relationships, addressing the slowness in consultation and decision-making processes, and ensuring the accountability of the three orders of government.‘*[368]

Ebenso unterstreichen Lazar und Leuprecht, dass die lokalen Gebietskörperschaften durch ihre administrative ausführende Tätigkeit für andere Regierungsebenen zwar eine substantielle Rolle innerhalb der Mehrebenensysteme einnehmen, sie aber nur beschränkten Einfluss auf die nationale Politik hätten.[369] Steytler kommt in seinen vergleichenden Untersuchungen zu föderalen Systemen dennoch zum Schluss, dass die lokalen Gebietskörperschaften ein *„integraler Teil der föderalen governance“* seien.[370] Obwohl die nationalen und subnationalen Regierungsebenen die gesetzgeberischen Funktionen innehaben, sind die lokalen Gebietskörperschaften ein immer wichtigerer politischer Akteur, der Entscheidungen nicht (mehr) nur ausführt, sondern zunehmend beeinflussen kann. Außerdem ist, wie bereits erwähnt, die Rolle der der lokalen Regierungsebene nicht statisch, sondern

364 Vgl. Steytler 2023; Palermo und Kössler 2017; Eller 2020; Slack und Chattopadhyay 2013; Watts und Kincaid 2008; Lazar und Leuprecht 2007; Gamper 2006a.

365 Vgl. Steytler und Kincaid 2009; Leuprecht und Lazar 2007.

366 Vgl. Steytler 2023; Palermo und Kössler 2017, S. 314 f.

367 Steytler 2009b, S. 435.

368 Steytler 2009b, S. 435; Steytler 2024.

369 Vgl. Leuprecht und Lazar 2007, S. 9.

370 Steytler 2009b.

in stetiger Entwicklung.[371] Gleichzeitig sind auch föderale und regionale Systeme nicht statische institutionelle Geschöpfe, sondern politische Systeme, die sich aufgrund von bestimmten Mechanismen wandeln und weiterentwickeln können.[372]

Mit der steigenden Bedeutung und Autonomie der lokalen Regierungsebene befinden sich laut Steytler auch die föderalen Systeme in einem langsamen Wandel und entwickeln sich von dem klassischen „dualen" Regierungssystem mit zwei Ebenen zu einem *„multi-government"* System.[373] Ein Hinweis dafür sei etwa, dass zunehmend direkte Beziehungen auch zwischen Gemeinden und der zentralen Ebene stattfinden und nicht mehr nur zwischen Gemeinden und den subnationalen Gebietskörperschaften. In manchen Staaten werden die lokalen Gebietskörperschaften sogar zu echten Regierungspartnern, wenn auch nicht auf einer gleichwertigen Ebene.[374]

Viele Jahre wurde das Konzept der lokalen Autonomie eng mit jenem der Dezentralisierung verflechtet und gemeinsam beobachtet. Demnach wurde angenommen, dass mit einer höheren Dezentralisierung auch mehr lokale Autonomie einhergehe bzw. ein hoher Grad der regionalen Autonomie auch in einem Zusammenhang mit einer hohen Lokalautonomie steht.[375] Die aktuelle empirische Forschung zeigt, dass ein föderales System nicht zwingend auch mit autonomeren Gemeinden einhergehen muss – auch wenn im Bereich der Finanz- und Organisationsautonomie zwischen den politischen Systemen Unterschiede festzustellen sind.[376] Trotz einem geringen Zusammenhang von einem Mehrebenensystem und einer hohen lokalen Autonomie eröffnen sich für die Untersuchung der lokalen Regierungsebene in Mehrebenensystemen interessante Fragestellungen. Durch die Machtverteilung auf mehrere Ebenen kann das lokale Regieren dort nämlich komplexer vonstattengehen als in zentralistisch organisierten Staaten. Dies kann nicht nur die rechtliche Einbettung der Gemeinden betreffen, sondern auch deren Aufgaben, finanzielle Ausstattung oder die Beziehungen mit anderen Regierungsebenen.

Für solche und andere Aspekte, die mit der lokalen Autonomie in Zusammenhang stehen, können in Mehrebenensystemen ausschließlich die nationale, die subnationale Regierungsebene oder beide Ebenen gemeinsam verantwortlich sein. Dies kann eine zusätzliche Asymmetrie zwischen lokalen Gebietskörperschaften

---

371 Steytler 2009a, S. 432; Steytler 2024.

372 Vgl. Benz und Broschek 2013, S. 8 ff.

373 Vgl. Steytler 2007, S. 8.

374 Vgl. Steytler 2009b, S. 432 ff.

375 Vgl. Fleurke und Willemse 2004, S. 1.

376 Vgl. Ladner et al. 2021a.

schaffen, die zwischen Ländern ohnehin bereits schwer vergleichbar sind. Meist definieren in Mehrebensystemen zwei politische Ebenen die institutionellen und politischen Rahmenbedingungen der lokalen Gebietskörperschaft bzw. sind für diese betreffenden Politikfelder verantwortlich. Somit erfolgen die Beziehungen der lokalen Regierungsebene nicht nur mit der Zentral- oder der subnationalen Ebene, sondern womöglich auch mit beiden im Zusammenspiel. Da eine subnationale Regierungsebene in einem Mehrebenensystem über mehr oder weniger Gestaltungsmacht zu den Gemeinden verfügen kann, kann sie – auch wenn die Zuständigkeit für die lokale Regierungsebene nicht (nur) bei ihr selbst liegen – beträchtlichen Einfluss auf die Praxis der lokalen Autonomie haben, was wiederum in eine mehr oder weniger ausgeprägte Asymmetrie münden kann.[377]

Eine Frage, welche sich in einem unitarischen System außerdem kaum stellt, ist die mögliche Konkurrenz oder der Wettbewerb zwischen Regierungsebenen. So kann es in einem Mehrebenensystem der Fall sein, dass die subnationalen Gebietskörperschaften eine zu hohe Autonomie der lokalen Regierungsebene fürchten, da diese mit der eigenen Entmachtung einhergehen würde und auf Dauer zu einem Konflikt zwischen zentraler und subnationaler Ebene führen könnte. Dieser mögliche „Sanduhren-Föderalismus“ (*hourglass federalism*) zeichnet sich durch eine starke föderale und eine starke lokale Regierungsebene, aber geschwächte subnationale Gliedstaaten aus.[378] Für Gemeinden, die in ein Mehrebenensystem eingebettet sind, können die eigene Position und der Regierungsalltag unter diesen Voraussetzungen komplexer sein als in anderen politischen Systemen. Andererseits ergibt sich womöglich auch eine vorteilhafte Situation, weil eine Regierungsebene auch weniger beachtet werden kann. Ein weiterer Unterschied zu unitarischen Staaten ist, dass die lokalen Gebietskörperschaften in Mehrebenensystemen einen möglichen Druck nicht nur von einem Akteur, sondern von zwei verspüren.[379] Andererseits stellt Anna Gamper fest, dass Gemeinden von der Einbettung in ein Mehrebenensystem insofern profitieren,

> *„weil die räumliche Einbettung in eine regionale Einheit und die in dieser Nähe mögliche rechtliche und politische Verflechtung mehr Einflussmöglichkeiten gestatten als die weit ferner stehende Bundesebene (…).“*[380]

Gemeinden sind, wie erwähnt, in verschiedene Rechts- und Verwaltungssysteme eingebettet. Abgesehen davon ist die lokale Regierungsebene in der Praxis

377 Vgl. Bolgherini et al. 2021b.
378 Vgl. Courchene 2004, Kincaid und Chattopadhyay 2008; Steytler 2009b, S. 433.
379 Vgl. Risse et al. 2008.
380 Gamper 2006a, S. 81.

von einer immensen Heterogenität gekennzeichnet, die auf alle Typen von Staaten zutreffen kann. Diese Verschiedenartigkeit betrifft nicht nur die jeweilige Struktur und Größe, sondern auch den rechtlichen Status. So erklärt Steytler, dass die vergleichende Forschung mit der Schwierigkeit konfrontiert ist, dass man kaum von einer lokalen Gebietskörperschaft sprechen könne. Die lokalen Gebietskörperschaften umfassen nicht nur klassische Gemeinden als einzelne Mehrzweckinstitutionen, sondern auch andere Typen, die entweder nur einzelne Zwecke erfüllen (etwa die so genannten Schulgemeinden in der Schweiz), solche die mehrere Gemeinden zusammenfassen und als intermediäre Verwaltungseinheiten dienen oder aber indigene Formen von lokalen Institutionen.[381] Die lokale Regierungsebene kann aufgrund dieser Formenvielfalt, vor allem im Vergleich zur Bundesebene oder den subnationalen Gliedstaaten, als „einzigartig" bezeichnet werden.[382]

Ein zentraler Aspekt der lokalen Regierungsebene ist dabei die jeweilige Größe der Gemeinden, was aber ebenso keinen direkten Bezug zu einem Mehrebenensystem haben muss. Es gibt Gemeinden in Südafrika mit über 100.000 Einwohner*innen und es gibt die sehr kleinen Realitäten in Europa, wo Gemeinden wenige hundert Einwohner*innen haben, wie sie auch in der Schweiz, Italien und Österreich zu finden sind. Eine Dichotomie gibt es nicht nur in Bezug auf die Anzahl der Einwohner*innen, sondern auch zwischen der Stellung von urbanen und ländlichen Gemeinden. Demnach können lokale Gebietskörperschaften nicht nur zwischen Ländern Unterschiede aufweisen, sondern haben womöglich auch innerhalb eines Staates nicht denselben rechtlichen Status inne.[383] In diesem Zusammenhang kann man von einer „Verschmelzung" der regionalen und kommunalen Ebene sprechen, da große Gemeinden – wie etwa Hauptstädte oder Metropolregionen – über eine ausgeprägtere Autonomie verfügen können, die hingegen anderen Gemeinden innerhalb desselben Staates nicht zugestanden wird.[384]

Diese Ausführungen unterstreichen, dass es in der vergleichenden Forschung unangebracht ist, nur von der einen lokalen Regierungsebene zu sprechen und welche Herausforderungen es mit sich bringt, Gemeinden im Vergleich zu betrachten. Wie die Ausführungen zur lokalen Autonomie und den Typologien von Gemeinden zeigten, sind es mehrere Prinzipien, die analysiert werden können, wenn es um die Rolle der lokalen Gebietskörperschaft in einem politischen

381 Vgl. Steytler 2009b, S. 397.
382 Vgl. Eller 2020, S. 203.
383 Steytler 2009a, S. 432.
384 Vgl. Gamper 2006a, S. 66.

System geht. Diese betreffen auch Gemeinden in einem Mehrebenensystem, wobei dort folgende Aspekte besonders interessant sind:[385] Deren (verfassungs) rechtliche Stellung und der Rechtsschutz, welcher schwach oder stark ausgeprägt und national oder subnational bedingt sein kann. Zweitens sind es die Finanzbeziehungen zwischen den Regierungsebenen und drittens die Einbindung der Gemeinden in Entscheidungen, die sie direkt betreffen oder institutionelle Möglichkeiten, mit denen sie ihre Anliegen gegenüber anderen Regierungsebenen artikulieren können. Der erste Punkt betrifft die formale Regelung der lokalen Gebietskörperschaften und inwiefern sie in einem Staat und/oder Region rechtlich geschützt sind. Die Stellung der lokalen Regierungsebene innerhalb der föderalen Staaten ist – wie auch die föderalen Systeme weltweit – sehr unterschiedlich. Es stellt sich diesbezüglich die Frage, ob sie über die nationalen Verfassungen oder durch die nationale bzw. sogar nur subnationale einfache Gesetzgebung geregelt sind. Von diesem Umstand kann auch die Bedeutung der lokalen Gebietskörperschaften in einem politischen System abgeleitet werden. In der Föderalismusforschung werden die politischen Systeme im Hinblick auf die Organisation der lokalen Regierungsebene in ältere Systeme (z.B. USA, Kanada, Australien oder Schweiz bis 1999) sowie neuere Systeme unterteilt.[386] Das traditionelle Modell des Föderalismus basiert auf zwei Regierungsebenen, wobei die lokalen Gebietskörperschaften als keine eigene Regierungsebene galten, sondern als Zuständigkeit der substaatlichen Regierungsebene. Darüber hinaus verfügten sie über keinen unabhängigen Beziehungen mit der föderalen Ebene.[387] Demgegenüber tendieren föderale Systeme, die nach dem Zweiten Weltkrieg entstanden sind dazu, die lokale Autonomie in der nationalen Verfassung zu regeln (z.B. Deutschland, Spanien, Brasilien), wobei Details nur in wenigen Fällen Niederschlag finden,[388] aber vorhanden sind.[389] Nun hat sich dieser Umstand und die Position der lokalen Regierungsebene weiterentwickelt und der Trend geht in vielen Ländern in die Richtung einer stärkeren Rolle der lokalen Ebene: Während diese früher vielfach als Zuständigkeit der subnationalen Regierungsebene galt, sind sie heute entweder durch eine verfassungsrechtliche Verankerung ein integrierter Teil des politischen Systems oder haben zumindest einen größeren Grad an Autonomie, oftmals auch durch eine direkte Kooperation mit der zentralen Regierungsebene.[390]

385 Vgl. Gibbins 2001.
386 Vgl. Risse et al. 2008; Palermo und Kössler 2017, S. 281 ff.
387 Vgl. Steytler 2009b, S. 393.
388 Vgl. Palermo und Kössler 2017, S. 290.
389 Vgl. Steytler 2024.
390 Vgl. Steytler 2009b.

Palermo und Kössler stellten fest, dass eine ausgeprägte verfassungsrechtliche Regelung der lokalen Gebietskörperschaften in der Praxis kaum eine höhere Autonomie garantiert. Im Allgemeinen können die Erwähnung und Regelung der Gemeinden in einer Verfassung zwar positiv bewertet werden, da diesen damit eine relevante Rolle zugesprochen wird und ein beträchtlicher Rechtsschutz einhergeht. Gleichzeitig kann eine detaillierte Regelung zu einem Risiko der „Überregulierung" führen, womit die Gemeinden des betroffenen Staates vereinheitlicht und die Gestaltungsmacht der subnationalen Gesetzgeber wiederum eingeschränkt werden.[391] Ein weiterer Punkt, der in Bezug auf die lokalen Gebietskörperschaften unterschieden werden kann, ist inwiefern diese unter der Kontrolle der nationalen Ebene oder der subnationalen Ebene stehen oder – aufgrund eines besonders ausgeprägten Grades an Autonomie – womöglich als eigene Regierungsebene definiert werden.[392] In einem Mehrebenensystem ist es aufgrund der Verteilung der legislativen Zuständigkeiten von besonderem Interesse in welcher Form die lokale Regierungsebene geregelt ist. So gibt es Beispiele von klassischen föderalen Systemen, in denen die Zuständigkeiten im Sinne des traditionellen dualen Systems des Föderalismus klar aufgeteilt sind und von den subnationalen Einheiten geregelt werden (z.B. USA, Australien). Dann gibt es Fälle, wo die Zuständigkeiten für lokale Gebietskörperschaften von beiden Regierungsebenen gemeinsam behandelt werden (z.B. Deutschland, Österreich, Südafrika).[393]

Ein zweiter relevanter Punkt in Bezug auf die Stellung der lokalen Gebietskörperschaften sind deren Finanzausstattung und die Finanzbeziehungen mit anderen Regierungsebenen, um festzustellen inwiefern sie tatsächlich Einfluss auf politische Entscheidungen haben.[394] Meist verfügen die Gemeinden über eigene Einnahmen sowie Transfers vonseiten der subnationalen sowie nationalen Regierungsebene. Einen Einfluss auf die Stellung der Gemeinden in einem Mehrebenensystem hat insbesondere der Umstand, wie hoch ihr Anteil an selbst erhobenen Einnahmen ist bzw. inwiefern sie von finanziellen Transfers von anderen Ebenen abhängig sind.[395] In der Praxis sind die Unterschiede zwischen föderalen Systemen teilweise groß. Es gibt Länder, wo die die lokalen Gebietskörperschaften über 70 Prozent der Einnahmen selbst einheben (z.B. Schweiz, Südafrika) und andere bei denen es weit weniger und unter 50 Prozent ist (z.B. Mexiko, Indien).[396]

391 Palermo und Kössler 2017, S. 286 f.
392 Vgl. Steytler 2007, S. 3.
393 Vgl. Steytler 2009b, S. 406 ff.
394 Vgl. Steytler 2009b, S. 412, 418; Steytler 2023, S. 129.
395 Vgl. Steytler 2024.
396 Vgl. Steytler 2024.

Eine dritte Fragestellung zur Rolle der Gemeinden in Mehrebenensystemen ist schließlich, in welcher Form die lokale Regierungsebene mit den anderen Regierungsebenen zusammenarbeitet und welche Beziehungen dabei dominieren. Intergouvernementale Beziehungen können über einen formalen Prozess bzw. eigens eingerichtete Instrumente ablaufen oder die Meinung der lokalen Gebietskörperschaften kann mit Hilfe von Verbänden artikuliert werden.[397] Aufgrund ihrer Bedeutung für die Föderalismusforschung existieren verschiedene Konzepte, welche sich mit der Kooperation zwischen Regierungsebenen beschäftigen, so etwa der kooperative Föderalismus, der kollaborative Föderalismus oder der administrative Föderalismus.[398] In diesen Diskursen stehen insbesondere die Beziehungen zwischen den Nationalstaaten (zentrale Ebene) und ihren jeweiligen Gliedstaaten (subnationale Ebene) im Mittelpunkt.[399] Hierbei dreht sich die Frage vor allem darum, inwiefern die Gliedstaaten Einflussmöglichkeit auf nationale Entscheidungen haben. Die klassischen intergouvernementalen Beziehungen zielen auf Informationsaustausch, Netzwerkarbeit, Verhandlung und das gemeinsame Verwalten von Ressourcen. Weitere Gründe sind die Artikulation in Themenbereichen von exklusiver Kompetenz einer Regierungsebene oder die Koordinierung bei konkurrierenden Kompetenzen.[400] Innerhalb der Zusammenarbeit zwischen Regierungsebenen geht es nicht allein um die Kooperation zwischen exekutiven Institutionen, wobei diese vorherrschend sind,[401] sondern können auch die legislativen Organe betreffen. In seiner vergleichenden Untersuchung stellte Steytler fest, dass die intergouvernementalen Beziehungen zwischen lokaler und föderaler Ebene, aber auch die Dreierbeziehungen zwischen allen Ebenen zunehmen und aufgrund von überlappenden Verantwortlichkeiten oder anderen Aspekten vermehrt zu einer Notwendigkeit werden.[402]

Zusammengefasst kann festgehalten werden, dass der lokalen Regierungsebene auch in Mehrebenensystemen vermehrt eine stärkere Rolle zukommt – eine Entwicklung, die wir auch in den hier ausgewählten Fällen feststellen werden. Aus dem Blickwinkel der Föderalismus- und Regionalismusforschung sind für das funktionierende Zusammenspiel von mehreren Regierungsebenen verschiedene Elemente notwendig, die auch für die Autonomie der lokalen Regierungsebene relevant sind: Neben der Partizipation an Entscheidungsprozesse, einer

397 Vgl. Kincaid und Chattopadhyay 2008.
398 Vgl. Hueglin und Fenna 2015, S. 239.
399 Vgl. Saunders 2006; Bolleyer und Bytzek 2009; Agranoff 2014b.
400 Poirier 2019.
401 Vgl. Hueglin und Fenna 2015, S. 239 ff.
402 Vgl. Steytler 2024.

formalisierten Kooperations- und Koordinationspraxis und einem ausgeprägten Grad an Autonomie ist es insbesondere das Prinzip der Subsidiarität, d.h. dass öffentliche Aufgaben und Tätigkeiten von jener Gebietskörperschaft erfüllt werden, die sie am nächsten betrifft,[403] wobei sie auch finanziell dafür ausgestattet sein müssen. Das Subsidiaritätsprinzip ist auch im Vertrag von Lissabon der Europäischen Union festgeschrieben[404] und ein Grundsatz, dem sich die Europäische Charta der lokalen Selbstverwaltung verschrieben hat. Wenn nun auf die Gemeinden immer mehr Aufgaben und Verantwortung zukommen, ist es eine berechtigte Frage, wie sie diese erfüllen und inwiefern sie dabei auf Kooperation und das Zusammenwirken mit anderen Akteuren angewiesen ist.

2.2. Die intergouvernementalen Beziehungen in Mehrebenensystemen

2.2.1 Die Kooperation zwischen und von Regierungen

Der zweite Forschungsstrang, mit dem sich die Dissertation beschäftigt, sind die intergouvernementalen Beziehungen der lokalen Regierungsebene. Sie sind das Konzept, über welches ich mich der interkommunalen Kooperation annähere. Die Beziehungen zwischen Gemeinden werden in als Teil der intergouvernementalen Beziehungen und damit auch als ein Teil der *multilevel governance* betrachtet. In einem Mehrebenensystem agieren nicht nur mehrere Regierungsebenen miteinander, sondern es arbeiten auch öffentliche und private Akteure sowie Verwaltungen und Bürger*innen zusammen, um bestimmte Ziele in Abstimmung umzusetzen. Ein wesentlicher Forschungsstrang der Föderalismusforschung ist, wie die Beziehungen zwischen Regierungsebenen innerhalb eines Systems mit- und zueinander ausgestaltet sind. Diese Kooperationsformen, die institutionalisiert oder informell vonstattengehen, werden im Allgemeinen als intergouvernementale Beziehungen (IGB) bezeichnet und schließen alle Regierungsebenen von den Gemeinden bis hin zu der supranationalen Ebene mit ein.

In der vorliegenden Forschungsarbeit werden die intergouvernementalen Beziehungen als Überbegriff für die vertikale wie auch horizontale Kooperation von Gemeinden verwendet und die interkommunale Kooperation als Form der intergouvernementalen Beziehungen betrachtet. Dies auch wenn es dabei nicht ausschließlich um eine politische Konsultation oder den politischen Austausch zwischen hierarchischen Institutionen handelt, sondern um die gemeinsame

403 Vgl. Eller 2020, S. 34.

404 Vertrag über die Europäische Union („Vertrag von Lissabon"), Art. 5.

Ausführung von Dienstleistungen und Projekten. Auf die Eingrenzung und Schwierigkeit der Begrifflichkeit von intergouvernementalen Beziehungen aus der Sicht der Föderalismusforschung haben Johanne Poirier und Cheryl Saunders bereits vor Jahren hingewiesen.[405] Sie spezifizieren die IGB von föderalen Systemen als:

> *„modalities of interaction between orders of government in a federation include co-operative institutions and processes (e.g. consultation, co-decision, and coordination) as well as more conflictual processes of tension, collusion, competition, control, and even coercion“.*[406]

Es gibt mehrere relevante Konzepte, die sich mit den IGB aus der Sicht der lokalen Regierungsebene beschäftigen, auch wenn diese bis heute untererforscht bleiben.[407] Es herrscht in der Forschung Einigkeit darüber, dass die Koordination und Zusammenarbeit zwischen Regierungsebenen in Mehrebenensystemen von großer Bedeutung sind.[408] Wie der – an das Englische angelehnte – Begriff der intergouvernementalen Beziehungen suggeriert, sind damit die Beziehungen zwischen Regierungen gemeint. Sie sind die

> *„Ausgestaltung der rechtlichen, finanziellen, politischen, administrativen und organisatorischen Beziehungen und Verbindungen zwischen verschiedenen Elementen und Einheiten, die in einem Staat unterschieden werden.“*[409]

In der Untersuchung von Mehrebenensystemen nehmen die IGB eine zentrale Rolle ein, weil sie auch Gradmesser für dessen Funktionieren sind (*„lifeblood of federalism in practice“*[410]). Die Bedeutung der IGB für und in Mehrebenenystemen resultiert daher, dass die politischen Zuständigkeiten in diesen politischen Systemen nicht nur auf eine einzelne Regierungsebene beschränkt sind, sondern in den Kompetenzbereich von mehreren Entscheidungsebenen fallen können. Demnach betreffen viele Politikfelder und damit zusammenhängende Entscheidungen nicht nur eine einzelne Regierungsebene. Eine Entwicklung, die im Sinne der *multilevel governance* (siehe unten) alle Staaten zunehmend betrifft. Allerdings können in einem Mehrebensystemen mehrere Akteure auch formell in den Entscheidungsprozess eingebunden sein, weshalb es einer gewissen Kooperations- und Diskussionskultur und dementsprechende institutionalisierte

405 Poirier und Saunders 2015a.

406 Poirier und Saunders 2015a, S. 1.

407 Siehe: Goldsmith 2012, der auf die Studien von Oates 1972, Wright 1978; Rhodes 1981 hinweist.

408 Vgl. Bolleyer et al. 2014.

409 Toonen 2009, S. 40, eigene Übersetzung aus dem Englischen.

410 Poirier und Saunders 2015a, S. 4.

Formen der Zusammenarbeit bedarf.[411] In nachhaltigen Mehrebenensystemen sollten lokale und regionale Gebietskörperschaften Möglichkeiten haben, ihre eigenen Bedürfnisse und Erfahrungen auf allen Entscheidungsebenen vorzubringen und Gesetzesvorhaben beeinflussen zu können.[412] Da föderale Systeme auch einen Wettbewerb zwischen den Gebietskörperschaften hervorrufen können, sind neben einer vertikalen, auch horizontale Koordinationen und Kooperationen unabdingbar, wenn auch nicht immer konfliktfrei oder einfach.[413] Die existierenden Formen der IGB in der Praxis sind mannigfaltig, können die Exekutive und Legislative miteinschließen und werden durch diverse Faktoren beeinflusst: Der Kompetenzverteilung in einem System, dessen politischer Kultur oder der Staatsform.[414] Poirier, Saunders und Kincaid stellen in ihrem Grundlagenwerk zu intergouvernementalen Beziehungen fest, dass die Beziehungen zwischen Regierungsebenen

> *„are integral to every federal system, regardless of differences in history, geography, constitutional framework, legal culture, distribution of competences or resources, and federal design."*[415]

Aufgrund der starken Kontextabhängigkeit weist Poirier bei den Kooperationsbeziehungen auch auf das Risiko der Verallgemeinerung hin.[416] Demnach sind Beziehungen zwischen Regierungsebenen nicht nur sehr komplex, sondern verändern sich auch mit der Zeit und sind – wie die lokale Autonomie und die Stellung der Gemeinden – ein dynamischer Gegenstand.[417] John Phillimore bezeichnet die intergouvernementalen Beziehungen ebenso als *„processes and institutions through which governments within a political system interact."*[418] Auch er unterstreicht, dass, obwohl IGB eine zentrale Bedeutung innerhalb eines Systems einnehmen, sie komplex zu theoretisieren sind. Er teilt die intergouvernementalen Beziehungen in folgende Dimensionen ein:[419]

---

411 Vgl. Watts 2006, S. 341 ff.
412 Vgl. Belser 2020.
413 Vgl. Behnke und Mueller 2017; Belser 2020.
414 Vgl. Poirier 2019.
415 Poirier und Saunders 2015a.
416 Vgl. Poirier 2019.
417 Vgl. Behnke und Mueller 2017.
418 Vgl. Phillimore 2013a, S. 229.
419 Vgl. Phillimore 2013a, ebd.

- Eine vertikale Dimension, welche die Zusammenarbeit zwischen der Zentralebene und den subnationalen (in geringerem Ausmaß auch die lokalen) Gebietskörperschaften umfasst;
- eine horizontale Dimension, die jene zwischen den subnationalen Gebietskörperschaften betrifft;
- eine sektorale Dimension, bei der es um Kooperation in spezifischen Politikbereichen geht.

In Bezug auf die komplexen Regierungsprozesse, die immer öfters alle Regierungsebenen betreffen, sprechen Wissenschaftler*innen auch vom Begriff der „intergouvernementalen Koordinierung", die ebenso auf die Erhöhung der Effizienz und Legitimität von politischen Entscheidungen zielt. Dabei kann man von der *Koordinierung als Ergebnis* sprechen und von der *Koordinierung als Prozess*. Im ersteren Fall geht es um die Koordinierung, die auf gemeinsame Entscheidungen und Aktionen zielt, im zweiteren Fall die Art wie man dorthin kommt: Durch Information, Kommunikation und Verhandlung.[420]

Im Unterschied zu den Beziehungen zwischen nationaler und subnationaler Ebene, spielen die lokalen Gebietskörperschaften in den meisten Diskussionen zu den intergouvernementalen Beziehungen in der Föderalismus- und Regionalismusforschung eine deutlich untergeordnete Rolle. Außerdem konzentrierten sich die bisherigen Diskussionen durch den Fokus auf die zentrale und substaatliche Ebene größtenteils auf die Kooperationsbeziehungen in vertikaler Hinsicht und weniger auf die horizontale Kooperation zwischen ebenbürtigen Gliedstaaten oder anderen Partnern.[421] In der Praxis hat diese Zusammenarbeit zwischen subnationalen Gebietskörperschaften an Bedeutung gewonnen und dieser Umstand wird zunehmend auch von der Wissenschaft erkannt.[422] Auch Poirier/Saunders stellten bereits vor einigen Jahren fest, dass die Entwicklung und Umsetzung von horizontalen IGB im Aufwärtstrend sei, doch nehmen diese im Gegensatz zu den vertikalen Beziehungen wissenschaftlich eine geringere Bedeutung ein.[423] Ziel dieser horizontalen Kooperationsformen ist nicht nur der Austausch

420 Vgl. Behnke und Mueller 2021, S. 7 f.

421 Vgl. Goldsmith 2012, S. 148.

422 Vgl. Poirier und Saunders 2015b, S. 484; Bolleyer und Bytzek 2009; Bolleyer 2013, S. 340.

423 Vgl. Poirier und Saunders 2015b, S. 484. Eine Ausnahme bildet die vergleichende Studie von Bolleyer 2009.

untereinander, sondern auch das Bilden einer „Front“ gegen die zentrale Regierungsebene („*Föderalismus ohne Washington*“[424]).

Für die vorliegende Arbeit ergeben sich angesichts dieser Ausführungen zwei Herausforderungen: Zum ersten, betreffen die Diskurse zu den intergouvernementalen Beziehungen in Mehrebenensystemen die Rolle und den Stellenwert der lokalen Regierungsebene nur am Rande. Darüber hinaus existieren kaum Untersuchungen zur interkommunalen Kooperation als Teil der intergouvernementalen Beziehungen. Dies weil sich das Verständnis der IGB meist auf die Einflussnahme oder die Teilhabe der niederen Regierungsebene auf Entscheidungen der höheren Regierungsebenen oder die politische Verständigung zwischen den Institutionen beschränkt. Zum Zweiten fokussiert sich die Föderalismusforschung fast ausschließlich auf die vertikalen Beziehungen zwischen Regierungsebenen und nicht mit den horizontalen Beziehungen. Nichtsdestotrotz sind sich einige Wissenschaftler*innen sehr wohl der Wichtigkeit bewusst, welche die lokale Ebene in den intergouvernementalen Beziehungen spielt oder spielen könnte.[425] So unterstrichen bereits Poirier und Saunders die Bedeutung der lokalen Regierungsebene als *emerging trend* der IGB, wenn diese auch häufig durch eine direkte Kooperation mit dem Staat von statten gehe und somit ohne Einbindung der subnationalen Ebene.[426] Auch für die politikwissenschaftliche Föderalismusforschung ist die Analyse der *center-local relations* und somit die möglichen Formen der Interaktion zwischen lokaler und nationaler Regierungsebene schon lange ein interessanter Analysegegenstand. Die Verwaltungsforscher*innen Bouckaert und Kuhlmann erklärten die Koordinations- und Kooperationsstrukturen von lokalen Gebietskörperschaften im Jahr 2017 ebenso zu einem Themenfeld, das zusätzlicher Forschung bedarf.[427] Die bestehende Lücke soll durch diese Arbeit gefüllt werden, dabei wird aber nicht auf die gesamten intergouvernementalen Beziehungen der Gemeinden geschaut, sondern nur auf jene, die Gemeinden mit anderen Gemeinden unterhalten.

Der interkommunalen Kooperation als Teil der intergouvernementalen Beziehungen kann man sich insbesondere durch die Gedanken des amerikanischen Politikwissenschaftlers Robert Agranoff annähern.[428] Dieser weist drauf hin, dass sich die intergouvernementalen Beziehungen verändert hätten und nicht mehr nur aus einem einzigen Blickwinkel betrachtet werden könnten. So fasst er alle

---

424 Vgl. Watts 2006, S. 342.
425 Vgl. Steytler 2009b, S. 427; Poirier und Saunders 2015b.
426 Vgl. Poirier und Saunders 2015b, S. 485 f.
427 Vgl. Schwab et al. 2017a.
428 Vgl. Agranoff 2004a, S. 29; Agranoff 2009.

Aktivitäten und Interaktionen zwischen Regierungseinheiten und insbesondere jene mit Nichtregierungsorganisationen unter die intergouvernementalen Beziehungen. Dabei macht er deutlich, dass politische Beziehungen sehr verschieden sind und zwischen allen Ebenen stattfinden können.

Weiters definiert Agranoff vier analytische Kategorien der intergouvernementalen Kooperation seit dem 19. Jahrhundert („*major epochs of IGR*"), zu der a) Recht und Politik gehören sowie b) Abhängigkeit des Wohlfahrtsstaates, c) Partnerschaft und d) Netzwerke. Diese vier Phasen existieren gleichzeitig und können nicht strikt getrennt voneinander betrachtet werden. Sie erweitern den Begriff der intergouvernementalen Beziehungen über ihre verfassungsrechtliche Bedeutung hinaus und beinhalten auch eine administrative Dimension, in welche wir die interkommunale Kooperation fassen können.[429] Die Bedeutung der lokalen Regierungsebene für und innerhalb eines Kooperationsgeflechts erklärt Agranoff wie folgt:

> *„It is at the local level where policies and programs are implemented, where the routines build policy, and where the enduring challenges of promoting economies, eliminating poverty, integrating immigrants and building democracy take place."*

Und weiter:

> *„Comparative research (Argullol & Velasco 2010, p. 565) confirms the widespread use of collaboration among governments, particularly for developing public works, managing services and financing. This not only includes networks but also special government-private corporations, public-private partnerships, public consortia, public service foundations, intermunicipal corporations, cooperative agreements, and public service corporations."*[430]

Wie Agranoff richtigerweise ausführt, sind es die Gemeinden, die trotz ihrer im Vergleich zur subnationalen Ebene beschränkten politischen Rolle für einen Großteil der Umsetzung von politischen Inhalten verantwortlich sind. Um die Dienstleistungen für die Bürger*innen bestmöglich auszuführen, sind sie unter bestimmten Umständen auf Kooperation angewiesen und nutzen auch die Kooperation zwischen Gemeinden. Diese Entwicklungen haben Einfluss auf die Forschung der intergouvernementalen Beziehungen und sollten mitberücksichtigt werden.[431] Dabei können die Kooperationsbeziehungen der lokalen Regierungsebene, wie jene der subnationalen und nationalen Institutionen, vertikal, horizontal, bilateral und multilateral ausgestaltet sein.[432] Hinsichtlich der IGB der lokalen

429 Vgl. Agranoff 2011; Agranoff 2013, S. 49; Agranoff 2009, S. 79 ff.

430 Vgl. Agranoff 2013.

431 Vgl. Agranoff 2014b, S. 59 f.

432 Vgl. Poirier 2019.

Gebietskörperschaften spricht Agranoff vom Überbegriff der *„local connectivity"*, die drei Dimensionen beinhalte: Die Vernetzung nach oben (im Hinblick auf die subnationalen und nationalen Regierungen), die Vernetzung nach außen (im Hinblick auf die parallelen Regierungen, aber auch externe Akteure) sowie die Vernetzung nach innen (in Bezug auf die Interaktion mit den Bürger*innen).[433]

Auch im Hinblick auf die oben genannte Kategorisierung der IGB durch John Phillimore (vertikal, horizontal, sektoral) kann die interkommunale Kooperation in die horizontalen, aber auch sektorale Dimension verortet werden. Dies, obwohl der Autor die lokale Regierungsebene nicht in seine Kategorisierung mitaufnimmt, sondern von der Zusammenarbeit zwischen subnationalen und nationalen Gebietskörperschaften spricht. Nichtsdestotrotz handelt es sich bei der interkommunalen Kooperation um eine Kooperation zwischen Regierungen und Verwaltungen, die wiederum Ziele zur Lösung von gesellschaftlichen Herausforderungen verfolgt. Wenn man so will, kann die interkommunale Kooperation sogar als eine besondere Form der intergouvernementalen Kooperation betrachtet werden, da sie eine politische und auch administrative Charakteristik aufweist. Es handelt sich nämlich um eine administrativ-lastige Form der horizontalen Kooperation zwischen Institutionen, da sie in den meisten Fällen die gemeinsame Ausführung von Dienstleistungen oder die Umsetzung von bestimmten Projekten betrifft. Gleichzeitig ist die interkommunale Kooperation durch die Involvierung der Bürgermeister*innen oder anderer Politiker*innen sehr politisch geprägt. Weiters involviert sie weitere Akteure: Nicht nur Mitglieder der lokalen Exekutive, sondern auch Repräsentanten der Versammlungsorgane sowie Beamt*innen.

Die Beziehungen zwischen Gemeinden mit anderen Regierungsebenen stehen auch auf der Agenda des Europarats, denn auch die Charta der lokalen Selbstverwaltung nimmt auf die intergouvernementalen Beziehungen der lokalen Gebietskörperschaften Bezug.[434] Einerseits fokussiert sich die Charta auf die Einbindung in Entscheidungsprozesse, welche die lokalen Gebietskörperschaften betreffen und die somit in das klassische Verständnis der intergouvernementalen Beziehungen fallen. In Artikel 4, Absatz 6 der Charta heißt es, dass *„kommunale Gebietskörperschaften (…) soweit wie möglich bei Planung- und Entscheidungsprozessen für alle Angelegenheiten, die sie unmittelbar betreffen, rechtzeitig und in geeigneter Weise angehört"* werden müssen. Zudem sind die Gemeinden berechtigt und sogar dazu angehalten zu kooperieren: zum einen um ihre gemeinsamen Interessen zu vertreten (vertikale Zusammenarbeit), zum anderen um gemeinsam Aufgaben zu

433 Vgl. Agranoff 2013; Agranoff 2011.
434 Europarat 1988.

erfüllen (horizontale Zusammenarbeit). Artikel 10.1 der Charta schreibt fest, dass *„die kommunalen Gebietskörperschaften (…) bei der Ausübung ihrer Zuständigkeiten berechtigt [sind], zusammenzuarbeiten und im Rahmen der Gesetze Verbände zu bilden, um Aufgaben von gemeinsamem Interesse durchzuführen.“*[435] Weiters spezifiziert Absatz 2: *„Das Recht der kommunalen Gebietskörperschaften, einer Vereinigung zum Schutz und zur Förderung ihrer gemeinsamen Interessen anzugehören, und ihr Recht, einer internationalen Vereinigung kommunaler Gebietskörperschaften anzugehören, werden von jedem Staat anerkannt.“*[436] Der dritte Absatz weist schließlich auf die Berechtigung der Kooperation auch über Staatsgrenzen hinaus, hin: *„Die kommunalen Gebietskörperschaften sind berechtigt, im Rahmen der vom Gesetz vorgegebenen Bedingungen mit den kommunalen Gebietskörperschaften anderer Staaten zusammenzuarbeiten.“*[437]

Mit diesen Artikeln – zum einen das Recht auf Beteiligung im Entscheidungsprozess (Art. 4) und zum zweiten die Berechtigung zur Zusammenarbeit, um gemeinsame Interessen zu vertreten oder Aufgaben durchzuführen (Art. 10) – wird die Bedeutung der lokalen Kooperation auf europäischer unterstrichen und rechtlich verbindlich. Abgesehen von diesen Artikeln, weist der Kongress der Gemeinden und Regionen des Europarats in einer seiner Empfehlungen explizit auf die Wichtigkeit der horizontalen Kooperation hin.[438] Demnach ist die interkommunale Kooperation im Hinblick auf die Herausforderungen der lokalen Gebietskörperschaften, essenziell und verfügt über signifikante Vorteile im Vergleich zu der Zusammenlegung von Gemeinden oder der Privatisierung. Aufgrund dieser Prämissen empfiehlt der Kongress seinen Mitgliedsstaaten die Unterstützung und Förderung der interkommunalen Kooperation, die Begründung eines diesbezüglichen Rechtsrahmens sowie die Information und Aufklärung der lokalen gewählten Vertretungen über die Vorteile der interkommunalen Kooperation.

2.2.2 Das vernetzte Regieren auf mehreren Ebenen

Die Ausführungen zum Konzept der intergouvernementalen Beziehungen weisen darauf hin, dass die Kooperation und Konsultation zwischen Regierungsebenen eine Notwendigkeit insbesondere in Mehrebenensystemen ist und deren Praxis und Theorie eine lange Tradition aufweist. Ein weiteres Konzept, welches

---

435 Europarat 1988, Art. 10, Abs. 1.
436 Europarat 1988, Art. 10, Abs. 2.
437 Europarat 1988, Art. 10, Abs. 3.
438 Congress of Local and Regional Authorities.

diese institutionelle und politische Vernetzung beschreibt und für die Regionalismus- und Föderalismusforschung ebenso von Bedeutung ist, ist jenes der *multilevel governance*, manchmal auch als *multisphere governance* bezeichnet.[439] Das Aufkommen der *multilevel governance* hat die Bedeutung und Interpretation der klassischen Sicht auf intergouvernementale Beziehungen – die Kooperation zwischen Regierungen – verändert[440] und soll hier deshalb kurz zusammengefasst werden. Dabei sollen die intergouvernementalen Beziehungen und die *multilevel governance* nicht als separate Konzepte betrachtet werden. So kann die *multilevel governance* als eine Ergänzung der intergouvernementalen Beziehungen gesehen werden.[441] Goldsmith ist sogar der Meinung, dass die intergouvernementalen Beziehungen durch ihre komplexen vertikalen und horizontalen Vernetzungen mit öffentlichen wie privaten Akteuren mit dem Begriff der *multilevel governance* passender beschrieben werden könnten.[442]

Bei der *multilevel governance* geht es um eine Regierungsführung, die auf oder zwischen mehreren Regierungsebenen erfolgt anstatt in hierarchisch geordneten und einzelnen Regierungsorganisationen.[443] Ihren Ursprung hat die multilevel governance im Zusammenhang mit den politischen Prozessen und der supranationalen Kooperation innerhalb der Europäischen Union und der europäischen Integrationsforschung. Im Jahr 2009 hat der Ausschuss der Regionen der EU ein Weißbuch verfasst, welches sich mit der Zusammenarbeit zwischen Regierungsebenen, auch bis hin zur lokalen Regierungsebene, beschäftigt.[444] Dort wird unter *multilevel governance* verstanden:

> *„(…) das koordinierte, auf Partnerschaft beruhende Vorgehen der Union, der Mitgliedstaaten und der regionalen und lokalen Gebietskörperschaften zur Ausarbeitung und Umsetzung der Politiken der Europäischen Union. (…).“*[445]

Das Konzept geht davon aus, dass alle Regierungsebenen horizontal und vertikal miteinander vernetzt sind, gemeinsam handeln und agieren. Den Aufschwung der Forschung zu *multilevel governance* erklärt Thomas Hueglin mit Versuchen neue Regierungsformen außerhalb eines einzelnen Staatsgebildes zu erklären,

---

439 Die Autoren vertreten die Meinung, dass der Begriff „*level*“ eine hierarchische Bewertung impliziert und der Begriff „*sphere*“ neutraler und somit angebrachter wäre. Vgl. Leuprecht und Lazar 2007, S. 1 ff.

440 Vgl. Toonen 2009.

441 Vgl. Peters und Pierre 2004, S. 75 f.

442 Vgl. Goldsmith 2012, S. 138.

443 Vgl. Benz 2009, S. 13.

444 Ausschuss der Regionen 2009.

445 Ausschuss der Regionen 2009, S. 1.

auch weil die bis dahin verwendete Terminologie des Föderalismus und dessen Beschränkung auf ein amerikanisches Modell eines zentralisierten Zwei-Ebenen-System nicht mehr ausreichte.[446]

Man möchte meinen, dass die Kooperation zwischen Gemeinden von dieser Regierungsführung kaum betroffen ist, da man von Governance in Mehrebenensystemen nur sprechen sollte, wenn *„politische Prozesse eine Ebene überschreiten."*[447] Allerdings umfasst die *multilevel governance* nicht nur die politische Kooperation oder Koordination von Regierungsebenen in vertikaler Dimension – also von oben nach unten und umgekehrt – sondern auch jene zwischen Gebietskörperschaften auf der horizontalen Ebene und demnach nebeneinander.[448] Damit kann sie auch die Kooperation zwischen Gemeinden betreffen. Um das Konzept in der gegenständlichen Forschung zu platzieren, sollte auch der Begriff *Governance* eingrenzt werden. Hierbei geht es zu wenig weit den englischen Begriff nur mit dem deutschen Wort des „Regierens" gleichzusetzen. Im Kontext der Politik und der politischen Prozesse ist es nämlich ein Begriff,

> *„um die Gesamtheit der in einer politischen Ordnung mit- und nebeneinander bestehenden Formen der kollektiven Regelung gesellschaftlicher Sachverhalte zu bezeichnen".*[449]

Arthur Benz und Nicolai Dose zeigten auf, dass *Governance* ein breiter Begriff ist, der nicht nur unterschiedlich erklärt werden kann, sondern insbesondere – wie bereits in Bezug auf die Lokautonomie festgestellt wurde – von dem jeweiligen disziplinarischen Zugang abhängt und unterschiedliche Anwendungsbereiche hat.[450] Nichtsdestotrotz definieren die Autoren einen Begriffskern, der sich durch folgende vier Elemente kennzeichnet:[451] Zum einen bedeute Governance *„Steuern und Koordinieren (oder auch Regieren) mit dem Ziel des Management von Interdependenzen zwischen Akteuren"*. Zum anderen basiere diese Steuerung und Koordinierung auf *„institutionalisierten Regelsystemen, welche das Handeln der Akteure lenken sollen (…)"*. Zum Dritten gehören zur Governance *„Interaktionsmuster und Modi kollektiven Handelns, welche sich im Rahmen von Institutionen ergeben, ohne von ihnen determiniert zu sein (…)"*. Und viertens, überschreiten die Steuerungsprozesse und Interaktionsmuster,

446 Vgl. Hueglin 2013, S. 29.
447 Vgl. Benz 2010, S. 112.
448 Vgl. Benz 2010, S. 112.
449 Vgl. Mayntz 2010, S. 37.
450 Vgl. Benz und Dose 2010, S. 13 ff.
451 Vgl. Benz und Dose 2010, S. 25.

„die der Governance-Begriff erfassen will, (...) in aller Regel Organisationsgrenzen, insbesondere aber auch die Grenzen von Staat und Gesellschaft, die in der politischen Praxis fließend geworden sind. Politik in diesem Sinne findet normalerweise im Zusammenwirken staatlicher und nicht-staatlicher Akteure (...) statt.“

Das Regieren zwischen mehreren Ebenen oder – im Falle der interkommunalen Kooperation – zwischen gleichwertigen, aber nicht denselben Institutionen, fällt ebenso in die *Governance*, wie sie Benz und Dose beschreiben:

„Wer den Governance-Begriff verwendet, muss unterstellen, dass Steuerung in Interaktionen zwischen Akteuren möglich ist, dass also Politik nicht durch wirtschaftliche Zwänge oder Institutionen determiniert ist. Unterstellt werden muss aber auch, dass institutionelle Regelsysteme wirken, dass Politik also nicht einfach mit unkontrollierbarer Machtausübung von Eliten gleichgesetzt werden kann. In theoretischer Hinsicht verweist Governance also auf das dynamische Zusammenwirken zwischen Strukturen und Prozessen, zwischen Institutionen und Akteuren, zwischen Regeln und Regelanwendung etc.“[452]

Die *multilevel governance* spezifiziert nun den breit gefassten Begriff der Governance:

„Er verweist darauf, dass sich Ebenen nicht in einer gestuften Ordnung befinden, in der auf jeder Ebene autonom regiert wird, sondern dass Regieren im Wesentlichen in der Koordination zwischen Ebenen besteht.“[453]

Benz fasst die *Governance* in Mehrebenensystemen anhand von folgenden Merkmalen zusammen: Es seien die Interdependenzen zwischen den Ebenen; das Zusammenwirken öffentlicher und privater Akteure; die institutionalisierten Regelsysteme innerhalb von Ebenen; die Koordinationsformen zwischen Ebenen, welche auf Verhandlungen oder Wettbewerb beruhen sowie die Art der Koppelung zwischen internen und externen *Governance*-Mechanismen.[454] Andere Wissenschaftler*innen sehen die zunehmenden Interdependenzen zwischen Regierungsebenen im Zusammenhang mit dem Trend zur *„Governance trough networks“*[455] oder eines *„spiderweb of interactions“*[456] aus verschiedenen Netzwerken, Verträgen und Verbindungen. Diesen Gedanken folgend sind wir heute mit einer Politik konfrontiert, die zunehmend auf Kooperation und Vernetzung basiert. Diese Entwicklung kann auf allen Regierungsebenen verortet werden. Agranoff erklärte diesbezüglich, dass es einen Trend zum Regieren gebe,

452 Benz und Dose 2010, S. 27.
453 Benz 2009, S. 15.
454 Vgl. Benz 2010, S. 121.
455 Bergström et al. 2021a, S. 279.
456 Kübler und Pagano 2012, S. 118.

der zunehmend einer vernetzten, voneinander abhängigen sowie gemeinsamen *Governance* entspreche.[457] Dabei sei dies keine völlig neue Entwicklung, denn *„connections between governments in a polity are as old as the age of empires"*.[458]

Bei den verschiedenen Zugängen zur *multilevel governance* geht es darum, Formen des Regierens und der Zusammenarbeit zu beschreiben, welche Zuständigkeiten flexibel auf mehrere Ebenen verbreiten (*„diffusion of authority"*).[459] Liesbet Hooghe und Gary Marks unterscheiden aufgrund der Vielschichtigkeit zwei Typen der *multilevel governance* (Typ I und Typ II), die komplementär sind: Beim Typ I geht es um die *Governance* zwischen einzelnen wenigen Gebietskörperschaften bzw. Regierungsebenen, bei welchen Körperschaften u.a. mehrere Zwecke, Funktionen und Kompetenzen erfüllen (*„general-purpose jurisdictions"*), eine begrenzte Anzahl an Ebenen involviert ist und eine dauerhafte Struktur haben. Dieser Typ entspreche vor allem den Gedanken des Föderalismus und eines Mehrebensystems, wobei er sich nicht darauf beschränke. Demgegenüber existiert ein Typ II, der meist in einen rechtlichen Rahmen des Typ I eingebettet ist. Dieser Typ II charakterisiert eine flexible, aufgabenspezifische Art des Regierens, die eine höhere Anzahl an Ebenen umfassen kann und spezifische Dienstleistungen durchführt. Als Beispiele für die Typ II Governance weisen die Autor*innen insbesondere auf Formen und Mechanismen auf lokaler Ebene hin und nennen u.a. Kooperationen zwischen öffentlichen und privaten Institutionen, Formen der grenzüberschreitenden Kooperation oder die Zweckverbände in der Schweiz als konkrete Ausprägung. Bei den Zweckverbänden handle es sich um funktionale Verbände zwischen lokalen Gebietskörperschaften, die zielorientiert handeln.[460] Im Allgemeinen definieren Hooghe und Marks die Governance Typen II als sehr anpassungsfähig, die etabliert werden, um spezifische politische Probleme zu lösen bzw. um dem Bedürfnis einer gemeinsamen Entscheidungsfindung entgegenzukommen.[461]

Basierend auf diesen Aussagen kann die interkommunale Kooperation meiner Ansicht nach ebenso zu dieser Art des Regierens auf mehreren Ebenen gezählt und als Typ II-Governance bezeichnet werden, auch wenn sie nur eine horizontale Dimension umfasst. Es ist in diesem Zusammenhang nochmals festzuhalten, dass die Beziehungen der Gemeinden stetig vielschichtiger werden. Damit werden Strategien der Netzwerkbildung für die lokale Regierungsebene zu

457 Vgl. Agranoff 2014b.
458 Agranoff 2011.
459 Vgl. Hooghe und Marks 2003.
460 Vgl. Hooghe und Marks 2003, S. 237; Marks und Hooghe 2004.
461 Vgl. Hooghe und Marks 2003, S. 240.

einem wichtigen Aspekt ihrer *Governance*, was die lokalen Gebietskörperschaften wiederum zur Implementierung von bestimmten Formen der Kooperation bewegt.[462] Die zunehmende Abhängigkeit und Vernetzung zu und mit anderen Institutionen und Akteuren hat dabei auch Auswirkungen auf die Verwaltung innerhalb einer Gemeinde und demzufolge die politischen Organe sowie das Verwaltungspersonal.

Es ist in der lokalen Praxis in manchen Fällen schwierig, Projekte oder Dienstleistungen ausschließlich allein zu behandeln oder auszuführen. Eine Gemeinde ist je nach Politikfeld und ihrem institutionellem Kontext auf diverse Akteure angewiesen, dabei kann es sich um externe Beamt*innen, Fachexpert*innen, Nachbargemeinden oder höher gelegene Regierungsebenen handeln.[463] Auch die Praxis im Alpenraum bestätigt – wie wir in den folgenden Kapiteln bestätigen werden – dass Kooperation zwischen Gemeinden eine relevante Strategie der Verwaltung ist. Diese Ausführungen sind wichtige Rahmenbedingungen für die Untersuchung, wie Kooperation in der Praxis ausgestaltet ist (Kapitel 4 bis 6). Zum Unterschied der vertikalen Kooperation zwischen Gemeinden und den subnationalen oder nationalen Gebietskörperschaften ist die horizontale Kooperation außerdem durch kein hierarchisches Verhältnis gekennzeichnet, sondern es kooperieren ebenbürtige Institutionen miteinander. Nun stellt sich noch die Frage, welche Motivationen hinter den interkommunalen Kooperationen aus Sicht der Gemeinden stehen.

2.3. Die horizontalen Beziehungen zwischen Gemeinden: Interkommunale Kooperation

2.3.1 Die Entstehungsbedingungen und Ziele der interkommunalen Kooperation

Die lokale Kooperation in horizontaler Dimension steht im Mittelpunkt dieser Forschungsarbeit. Dabei dreht sich, wie im Kapitel 1 im Detail ausgeführt, die empirische Untersuchung (Kapitel 5, 6) um die Zusammenarbeit zwischen Gemeinden als potenzielle Strategie für wachsende Herausforderungen. Dies soll vor dem Hintergrund analysiert werden, dass die interkommunale Kooperation häufig als Lösungsansatz für die politischen, administrativen oder gesellschaftlichen

462 Vgl. Teles 2016, S. 4 ff.

463 Vgl. Agranoff 2014a.

Herausforderungen von Gemeinden definiert wird,[464] die „*Vernetzung als lokale Krisenstrategie*“[465] sozusagen.

Die horizontale Zusammenarbeit zwischen lokalen Gebietskörperschaften ist ein Gegenstand, der in den vergangenen Jahren große Aufmerksamkeit erlangt hat, allerdings für die Föderalismus- und Regionalismusforschung bisher weniger relevant war. Nichtsdestotrotz steht sie nicht nur in einem Zusammenhang mit der lokalen *(multilevel)Governance*, sondern auch mit der Reorganisation von Gebietskörperschaften und der Optimierung des lokalen Verwaltens. Zur Zielerreichung von effizienten lokalen Gebietskörperschaften gibt es auf der einen Seite „*harte Mechanismen*“ wie die Gemeindezusammenlegungen und auf der anderen Seite „*weiche Mechanismen*“ wie die interkommunale Kooperation.[466] Auf die Eingrenzung des Begriffs der interkommunalen Kooperation, wie er in dieser Arbeit verwendet wird, wurde bereits in Kapitel 1 hingewiesen. Im Folgenden wird nun ein vertiefender Blick auf den bisherigen Forschungsstand geworfen. Bei der interkommunalen Kooperation handelt es sich um einen Begriff, der für viele Arten der lokalen Zusammenarbeit verwendet wird. Steiner und Kaiser haben sich in den vergangenen Jahren intensiv mit Thema beschäftigt und definieren diese wie folgt:

> „*Inter-municipal cooperation (IMC) can be defined as the fulfillment of a public municipal task by an individual municipality, by two or more municipalities jointly or by a third legal entity, whereby the task fulfillment simultaneously serves at least two municipalities and the participating municipalities participate directly ('performing') or indirectly ('organizing').*“[467]

Demnach kann eine Gemeinde einen Dienst gleichzeitig auch für andere Gemeinde ausführen und von dieser somit für die Durchführung einer bestimmten Dienstleistung beauftragt werden. Andererseits kann eine Dienstleistung von mehreren Gemeinden gemeinsam durchgeführt werden oder aber die Dienstleistungen wird von mehreren Gemeinden an eine dritte Institution übertragen. Dabei weisen Steiner und Thom auf eine wichtige Eingrenzung bei der Definition für interkommunale Kooperation hin:

---

464 Vgl. Hulst und van Montfort 2007b, S. 4 f.; Kersting 2006; Teles 2016.

465 Straßheim 2013, S. 121.

466 Vgl. Steen et al. 2017, S. 67 f.; Teles und Swianiewicz 2018b.

467 Steiner und Kaiser 2018a, S. 4.

> *„Von IKZ kann also nur gesprochen werden, wenn Gemeinden von einem bestimmten Sachverhalt nicht nur passiv betroffen sind, sondern sie selbst aktiv leistend oder ordnend mithelfen, eine Gemeindeaufgabe zu erfüllen. Es handelt sich um eine Verflechtung über die Gemeindegrenzen hinweg.“*[468]

Die interkommunale Kooperation wird durch verschiedene Konzepte erklärt und differenziert betrachtet: Für manche gilt sie als eine Form der institutionellen Vereinbarung (*institutional arrangement*[469]), für andere als ein Organisationsmodell[470] der Verwaltung oder sie wird als eine Form der territorialen Reform[471] definiert. Sie wird somit nicht nur theoretisch unterschiedlich interpretiert, sondern die Heterogenität in der Praxis macht sie auch empirisch zu einem komplexen Forschungsfeld.[472]

Eine grundlegende Unterscheidung bei der Analyse der interkommunalen Kooperation ist, ob sie von oben vorgeschrieben oder freiwillig initiiert wurde. Demnach ist die interkommunale Kooperation ein politischer Ansatz, der von der subnationalen Ebene gefördert oder sogar verpflichtend vorgeschrieben werden oder von den Gemeinden selbst ausgehen kann.[473] Die Hintergründe, weshalb Gemeinden miteinander kooperieren (sollen), sind somit heterogen.[474] Die Ursachen, die in der Wissenschaft als Begründung angeführt werden, umfassen hingegen hauptsächlich enge finanzielle Spielräume, welche die lokalen Gebietskörperschaften zur Kooperation zwingen würden oder der Bedarf nach spezialisiertem Personal, welches nicht bei allen Gemeinden zur Verfügung stünde.[475]

Die verpflichtende Kooperation, die vom Staat oder der Region vorgeschrieben ist, ist eine wichtige Entstehungsbedingung für gemeinsame Dienstleistungen oder Infrastrukturprojekte zwischen Gemeinden. In seinem solchen Fall reagieren nationale oder subnationale Gesetzgeber auf die sozialen und ökonomischen Herausforderungen der lokalen Regierungsebene entweder durch die Förderung der Zusammenlegung von Gemeinden oder die Kooperation zwischen Gemeinden. Baldersheim und Rose haben fünf verschiedene Typen von Reformen für die lokale Regierungsebene kategorisiert, wobei die interkommunale Kooperation

468 Thom und Steiner 2003.
469 Vgl. Teles 2016.
470 Vgl. Matschek 2011, S. 88.
471 Vgl. Biwald et al. 2004.
472 Vgl. Teles 2016, S. 20.
473 Vgl. Teles 2016; Hulst und van Montfort 2007b.
474 Teles 2016, S. 19 ff.
475 Vgl. Bel und Warner 2016.

und die Fusionen als häufige Lösungen genannt werden.[476] Dabei können die Gründe für territoriale Umstrukturierungen in der Effizienzsteigerung, der Demokratisierung oder der Bewahrung der lokalen Identität liegen, gleichwohl wie in der Europäisierung, der Förderung des Unternehmertums sowie einer wirtschaftlichen Innovation.[477] Die von oben vorgeschriebene Kooperation kann auch mit einem erleichterten Zugang zu Fördergeldern verbunden sein, denn die Entstehung von interkommunaler Kooperation kann durch staatliche oder substaatliche Förderungen begünstigt und vorangetrieben werden.[478] Die Zusammenarbeit zwischen Gemeinden, die von oben angeordnet wird, ist in einigen Staaten eine Folge von wirtschaftlichen Krisen, die sich auf diese Weise auf die territoriale Re-Organisation auswirken können. In diesem Zusammenhang wird die interkommunale Zusammenarbeit in der Forschung,[479] wie auch in der Praxis[480] häufig als Alternative zu Fusionen oder der Privatisierung von Diensten insbesondere für räumlich kleine bzw. einwohner*innenschwache Gemeinden definiert. So können diese Gemeinden durch Kooperationen einerseits die eigene Identität und Selbstständigkeit bewahren, gleichzeitig, aber auch für die Bürger*innen notwendige Dienste beibehalten und anbieten.

Die Diskussionen zur idealen Größe einer Gebietskörperschaft und den jeweiligen Vorteilen von kleinen oder großen Gebietskörperschaften sind zahlreich (siehe Kapitel 1) und stehen in einem direkten Zusammenhang mit territorialen Reformen der lokalen Regierungsebene oder der interkommunalen Kooperation.[481] Demnach werden vor allem Kleinstgemeinden mit zu wenig Mitarbeiter*innen als ökonomisch ineffizient betrachtet sowie als nicht bereit eine effiziente und umfassende Verwaltung zu garantieren.[482]

Da die Kooperation zwischen Gemeinden eine Möglichkeit darstellt, wie Gemeinden mit ihren eigenen Herausforderungen umgehen können, bezeichnet sie Teles aber auch als eine institutionelle Innovation:

476 Vgl. Baldersheim und Rose 2010a, S. 236.
477 Vgl. Baldersheim und Rose 2010a, S. 242 ff.
478 Vgl. Bischoff und Wolfschütz 2021.
479 Teles und Swianiewicz 2018a, S. 5; Bel und Fageda 2017; Hertzog 2010.
480 Diese These bestätigten drei Experten aus der Gemeindeverwaltung und -politik in persönlichen Vorgesprächen zu dieser Forschungsarbeit.
481 Vgl. Steen et al. 2017, S. 70 f.; Teles und Swianiewicz 2018b, S. 4; Baldersheim und Rose 2010c.
482 Vgl. Bußjäger et al. 2016a, S. 10 ff.

„The rationale behind cooperation as institutional innovation considers that, despite the potential conflicting situations, network cooperation and coordination of different actors permit new policy solutions (Hargrave and van de Ven, 2006).“[483]

Es existieren mehrere Ansätze, die zur Analyse der interkommunalen Kooperation hergenommen werden. Besonders der Hintergrund und der Impuls für die Entscheidung für eine Kooperation sind Fragestellungen, die durch die Linse diverser theoretischer Konzepte betrachtet werden können, so etwa: Dem *political economy model*, der Netzwerktheorie, die Theorie der *Public Choice* sowie der *collective action* Ansatz.[484] All diese Konzepte gehen von unterschiedlichen Erklärungsansätzen aus, wie und weshalb politische Akteure überhaupt miteinander kooperieren. In jedem Fall basiert die interkommunale Kooperation auf dem Gedanken, lokale Dienstleistungen zu verbessern bzw. die lokalen Finanzen zu entlasten. Das ökonomische Konzept basiert etwa auf dem Kosten-Nutzen-Verhältnis und geht davon aus, dass Gemeinden mit dem Ziel kooperieren, Ressourcen zu sparen. Die Netzwerktheorie geht demgegenüber davon aus, dass man kooperiert, um Ressourcen und Entscheidungen zu teilen, die Theorie der *public choice* basiert auf rationalem Handeln der Akteure und der kollektive Ansatz fokussiert sich auf den Gedanken, das Gemeinden kooperieren, um gewisse Verbesserungen voranzubringen. Zum *collective action* Ansatz gehört auch das Konzept des *institutional collective action framework*. Dieser verbindet Elemente aus diversen Konzepten miteinander und geht davon aus, dass politische Akteure miteinander kooperieren, wenn dadurch Risiken und Kosten gesenkt werden können.[485] Das Konzept basiert außerdem auf der Ansicht, dass Gebietskörperschaften bestimmten Dilemmas ausgesetzt sein können, denen durch verschiedene kollaborative Mechanismen entgegenwirkt wird.[486] Der *institutional collective action framework* ist für die interkommunale Kooperation und die Daseinserbringung in Gemeinden insofern interessant, da die so genannten Dilemmas bzw. Probleme auch auf der lokalen Regierungsebene und hierbei nicht nur vertikal und funktional, sondern auch auf horizontaler Ebene auftauchen können. Diese Dilemmas auf lokaler Ebene treffen beispielweise dann ein, wenn lokale Gebietskörperschaften nicht dafür ausgestattet oder im Stande sind eine gewisse Dienstleistung allein durchzuführen. Oder wenn bestimmte Entscheidungen bzw. Umsetzung von Politiken Auswirkungen auch auf andere Gebietskörperschaften haben.[487] Ein weiteres

483 Vgl. Teles 2016, S. 30.
484 Vgl. Teles 2016, S. 21 ff.; Teles und Kettunen 2016, S. 142 f.
485 Vgl. Feiock 2013, S. 399; Feiock und Scholz 2010b.
486 Vgl. Feiock und Scholz 2010b, S. 3 ff.
487 Vgl. Feiock 2013.

relevantes Konzept für die Erklärung der interkommunalen Kooperation ist jenes des historischen Institutionalismus, wonach Institutionen das Verhalten von Akteuren beeinflussen und politische Entscheidungen ein Resultat der Interaktion zwischen Institutionen und der Rationalität von Akteuren sind.[488]

Teles geht auf einige der genannten theoretischen Ansätze und ihre Rechtfertigung für interkommunale Kooperation ein. Er erklärt, dass die zeitgenössische Literatur zur interkommunalen Kooperation einer Variante des *rationale choice* Ansatzes entspreche, sich auf den US-amerikanischen Kontext fokussiere und sich vornehmlich mit den individuellen Entscheidungsträger*innen beschäftige. Demgegenüber gebe es in der europäischen Wissenschaft verschiedene Methodologien und theoretische Ansätze, die vornehmlich vergleichender Natur sind und sich auf Kooperationen fokussieren an denen mehrere Akteure beteiligt sind oder darauf welche Auswirkungen diese auf institutionelle Rahmenbedingungen, politische Prozesse oder Inhalte haben.[489] Steiner geht ebenso auf vier theoretische Ansätze ein mit denen Aussagen zur interkommunalen Kooperation getroffen werden können: Einem strategieorientierten Ansatz, einem institutionsökonomischen Ansatz, dem *Public Choice* Ansatz sowie dem wohlfahrtsökonomischen Ansatz.[490] Ein anderer Begriff, um die Beziehungen zwischen Gemeinden zu beschreiben ist die so genannte intergouvernementale Koordination. Hierunter kann die minimale Ausprägung der reinen Information zwischen Regierungsebenen gemeint sein oder aber die maximale Ausprägung der gemeinsamen Entscheidung. Handelt es sich um Gemeinden, kann damit auch die interkommunale Kooperation umfasst werden.[491]

Die vorliegende Forschungsarbeit bezieht sich, wie bereits erwähnt, auf die Überlegungen von Agranoff und McGuire, wonach die interkommunale Kooperation eine Form des *network management* und der intergouvernementalen Beziehungen darstellt.[492] Diese Eingrenzung basiert auf der Annahme, dass horizontale Beziehungen zwischen Gebietskörperschaften die *Governance* erleichtern, indem verschiedene Probleme gemeinsam gelöst werden. Von diesem gewählten Blickwinkel betrachtet ist die interkommunale Kooperation förderlich, weil sie Netzwerke zwischen Beamt*innen und Institutionen schafft, durch welche diese mittels der Zusammenarbeit und dem Informationsaustausch profitieren können. Dies wiederum kann nicht nur Einfluss auf ein spezifisches Politikfeld haben,

488 Vgl. Hulst et al. 2009, S. 265.
489 Vgl. Teles 2016, S. 23.
490 Vgl. Steiner 2002, S. 185 ff.
491 Vgl. Behnke und Mueller 2021, S. 3.
492 Vgl. Agranoff und McGuire 2003, zit. von Muraoka und Avellaneda 2021.

sondern auf die gesamte lokale Verwaltung im Allgemeinen.[493] Ich vertrete die Meinung, dass alle genannten Forschungsansätze für die Erklärung von interkommunaler Kooperation relevant sind, es für die Entstehung zu einer Kooperation aber mehrere Gründe geben kann, wobei vor allem das Verbesserungspotential für die eigene Gemeinde im Mittelpunkt steht. Die spezifischen Gründe können dabei ökonomischer, strategischer oder institutioneller Natur sein.

Obwohl der Schwierigkeit der Eingrenzung des Phänomens, hat sich die interkommunale Kooperation zu einer *Governance*-Strategie entwickelt, die sowohl mit der Selbstverwaltung (*self-government*) und der rationalen Verwaltung (*rational government*) in Zusammenhang steht.[494] So versuchen die lokalen Gebietskörperschaften durch die Kooperation einerseits ihre Autonomie zu wahren, sie öffnen sich gleichzeitig aber auch für neue – notwendige – Lösungen. Eine Fähigkeit, die moderne Regierungen brauchen, um sich in der Mehrebenen-*Governance* zurecht zu finden:

> „*Inter-municipal cooperation on one hand keeps local polities and community identities preserved. On the other hand it aspires to provide an alternative to other – more rational, some would say – consolidation alternatives: amalgamation or corporatisation, while, at the same time, seeks to achieve similar results regarding policy coordination and service delivery efficiency.*“[495]

Dabei geht es bei der Umsetzung von interkommunaler Kooperation nicht nur um die Fähigkeit Dienstleistungen weiterhin anzubieten. Es handelt sich auch um eine langfristige Strategie für die jeweilige Gemeinde sowie die Kompetenz der politischen Akteure eine solche zu erkennen und wahrzunehmen:

> „*Inter-municipal governance capacity is more than just the ability to efficiently deliver services at a higher scale. It includes the ability of local actors to recognise opportunities to do so, gathering relevant policy and organisational tools, choose between alternatives, assuring responsivity to citizens and taking collective action. A key element of this capacity is the ability to maintain success and keep the negotiated consensus between involved actors over time.*“[496]

Wir wissen, dass Gemeinden in Europa intensiv miteinander kooperieren. So wurde im Projekt „*Local Public Sector Reforms (LocRef)*“ (2013–2017) festgestellt, dass Gemeinden in einem hohen Ausmaß zusammenarbeiten – mit dem Privatsektor, mit anderen Gemeinden und anderen Regierungsebenen. Weiteres kamen

493 Vgl. Muraoka und Avellaneda 2021, S. 619 f.
494 Vgl. Teles 2016, S. 94.
495 Teles 2016, S. 83.
496 Teles 2016, S. 76.

die Expert*innen zum Schluss, dass es keine *best practice* der Kooperation gebe. Das Ausmaß und die Form der lokalen Kooperation hänge vom spezifischen Kontext der Gemeinde sowie deren Aufgaben und Dienstleistungen ab – ein Ergebnis, auf welches die vorliegende Forschungsarbeit noch Bezug nehmen wird.[497] Auch aktuellere Untersuchungen (2019–2022)[498] zeigen, dass Instrumente der interkommunalen Kooperation in vielen europäischen Staaten relevant sind. Dabei kommt zu Tage, dass für die Entwicklung der lokalen Gebietskörperschaften nicht nur die rechtlichen Rahmenbedingungen relevant sind, sondern auch die Politik und Geschichte eines Territoriums, etwa historische Zäsuren oder staatliche Krisen. Die interkommunale Kooperation ist ein Phänomen, das weltweit verbreitet ist. Sie kann allerdings auf unterschiedlichen Traditionen basieren und in der Praxis diverse Ausprägungen haben.[499]

Es gibt viele Länderfallstudien zur interkommunalen Kooperation, dennoch fehlen systematische vergleichende Forschungen.[500] Angesichts der hohen Diversität des Phänomens und der verschiedenen Voraussetzungen innerhalb eines Staates ist es auch mit einer großen Herausforderung verbunden, die interkommunale Kooperation zu konzeptualisieren und zu typologisieren.[501] Nicht zuletzt sind unter dieser Voraussetzung mehr empirische vergleichende Untersuchungen wertvoll: „*In fact, theoretical debates are rich enough right now, but more evidence is needed.*“[502]

Die vorliegende Untersuchung wird von der Grundthese geleitet, dass horizontale Zusammenarbeit ein möglicher Lösungsansatz für lokale Herausforderungen sein kann. Es ist zum einen die Menge an Aufgaben, welche die Gemeinden vor zunehmende Herausforderungen stellen. Es sind aber auch besonders für räumlich kleine bzw. einwohner*innenschwache Gemeinden mit wenig Verwaltungspersonal die zunehmende Komplexität des Regierens im Allgemeinen und die hohen Anforderungen für effiziente Dienstleistungen, welche sie mit Schwierigkeiten konfrontieren.[503] Mittlerweile verlangt die Verwaltung ihren Mitarbeiter*innen spezifisches Expertenwissen in diversen Bereichen ab, was

497 Ladner 2017.
498 Siehe: LOGOV *Local Government and the Changing Urban-Rural Interplay, Country Reports*, https://www.logov-rise.eu/country-map/, zuletzt geprüft am 06.04.2023.
499 Vgl. Teles und Swianiewicz 2018b, S. 5 ff.; Swianiewicz und Teles 2018, S. 336 ff.
500 Vgl. Hulst und van Montfort 2007b; Teles und Swianiewicz 2018b, S. 5, Swianiewicz und Teles 2018, S. 347.
501 Vgl. Teles 2016, S. 80.
502 Teles 2016, S. 89.
503 Vgl. Hulst und van Montfort 2007b, S. 211 ff.

für viele zu einer „Spezialisierungsfalle“[504] führen kann. So haben Gemeinden einerseits zwar eine Vielzahl an Aufgaben, was mit einer hohen lokalen Autonomie gleichgesetzt werden könnte. Doch haben sie auch zu wenig finanzielle und personelle Ressourcen, um diese kompetent und effizient zu bewältigen. Das sind zwei Ausgangspositionen, die es vielen Gemeinden schwierig machen den hohen Anforderungen gerecht zu werden. Gemeinden verfolgen durch interkommunale Kooperation insbesondere das Ziel effizientere und qualitätsvollere Dienstleistungen auszuführen bzw. Kosten einzusparen und somit wirtschaftlicher zu verwalten und zu regieren (*economy of scale*).[505] Durch Formen der Kooperation können die Gemeinden finanzielle und administrative Kompetenzen bündeln und Dienstleistungen ausführen, die sie allein nicht anbieten könnten.[506] Hulst und van Montfort fassen den Hauptgrund für interkommunale Kooperation wie folgt zusammen: Die Kooperationen fungieren als institutionalisierte *governance*, die mehrere Themen adressiert: Den steigenden Druck vonseiten des Marktes, die Herausforderungen der Größe oder den steigenden Anforderungen der Bürger*innen. Auf der anderen Seite werden durch die interkommunale Kooperation keine weiteren Verwaltungseinheiten geschaffen, sondern die Gebietskörperschaft und die damit verbundene lokale Demokratie bleiben theoretisch bestehen.[507]

Neben einer möglichen Kostenersparnis, die Kooperation üblicherweise zugeschrieben wird, ist es auch die damit einhergehende Professionalisierung der Dienstleistungen oder ein erhöhtes politisches Gewicht durch ein gemeinsames starkes Auftreten, das Gemeinden motiviert mit anderen Gemeinden zu kooperieren.[508] Ein weiterer häufig genannter Grund ist das Ziel der höheren Qualität der Dienstleistungen, die nicht jede Gemeinde garantieren und zu der eine Kooperation möglicherweise beitragen kann. Doch auch bestimmte soziale Entwicklungen, wie ein Bevölkerungsrückgang bzw. Abwanderungstendenzen in einer Gemeinde, kann interkommunale Kooperation antreiben.[509]

Biwald et al. fassen die Gründe für die interkommunale Kooperation in ökonomische Gründe (die Gemeinde möchte durch Kostenoptimierungen profitieren), organisatorische Gründe (die Gemeinde sieht durch Kooperation und den Wissens- und Erfahrungsaustausch Möglichkeiten Projekte effektiver umzusetzen)

---

504 Bußjäger 2020, S. 39.

505 Vgl. Teles 2016; Teles 2016; Hulst und van Montfort 2007b; Bel und Warner 2016; CoE, UNDP, & LGI 2010, S. 14 ff.

506 Vgl. Keuffer und Horber-Papazian 2020.

507 Vgl. Hulst und van Montfort 2007b, S. 8 f.

508 Vgl. Bel und Warner 2016, S. 110.

509 Vgl. Bischoff und Wolfschütz 2021.

sowie schließlich rechtliche Gründe zusammen. Letztere wären Faktoren, welche die Kooperation vorschreiben oder fördern, etwa verpflichtende Verbände. Neben diesen drei Gründen nennen die Autoren drei weitere Motive für Kooperation: Die Bürger*innenorientierung (Angebot bieten, das ohne Kooperation nicht möglich wäre), Änderungen im Gemeindeumfeld (neue Herausforderungen, Wettbewerbsfähigkeit) sowie Macht und Einfluss (gemeinsam ist man stärker).[510]

Demgegenüber definiert Teles vier „*drivers*", die Kooperation motivieren: Das sind zum einen die so genannten „*a priori*"-Gründe: Diese umfassen Probleme, mit welchen Gemeinden konfrontiert sind sowie die Erfahrung mit vorhergegangenen Kooperationen, welche den Start einer Kooperation fördern können. Die zweite Gruppierung sind die „*intrinsic*" Gründe. Hierbei geht es um interne Gründe, die die Gemeinden dazu bewegen Kooperation einzugehen, etwa die gemeinsame lokale Identität mit anderen Gemeinden, die Machtbeziehungen, der institutionelle Kontext oder die Organisation der Gemeinde. Die dritte Kategorie sind die externen Einflüsse, etwa finanzielle Förderungen oder unerwartete Situationen. Letzens sind es nach Teles noch die „*posteriori*"-Gründe, die den Beginn einer Kooperation beeinflussen: Dabei geht es um die erwarteten Auswirkungen einer Kooperation, denn eine Gemeinde suche stets auch einen Nutzen, der Kosten abfedert und sie erwartet sich durch die Kooperation bestimmte Ziele.[511]

Bogumil und Holtkamp haben sich ebenso mit der interkommunalen Kooperation auseinandergesetzt. Ähnlich wie andere Autoren sowie empirische Daten bestätigen, erklären sie, dass sich die Motivation zur lokalen Kooperation aufgrund von externen und internen Entwicklungen verändert habe:

> „*Galt anfänglich das Interesse einer effizienten Wahrnehmung und Sicherstellung der klassischen Aufgaben der kommunalen Daseinsvorsorge, begründet sich die Motivation heutzutage vermehrt aus:*
>
> 1. *mangelnder personeller und finanzieller Leistungsfähigkeit einer Kommune,*
> 2. *demografischen Veränderungen,*
> 3. *einer erhöhten Erwartung von Bürgern und Wirtschaft an die Qualität,*
> 4. *kommunaler Leistungen (z.B. Zugänglichkeit, Bearbeitungsgeschwindigkeit),*
> 5. *Kommunalisierungstendenzen bei den Ländern (Verlagerung von staatlichen Aufgaben auf die kommunale Ebene),*
> 6. *steigenden fachlichen Anforderungen an die Mitarbeiter,*
> 7. *der vermehrten Vermittlung betriebswirtschaftlicher Inhalte in der Ausbildung,*
> 8. *Verflechtungsprozessen von Stadt und Umland durch die Suburbanisierung und dem globalen wie nationalen Standortwettbewerb.*"[512]

---

510 Vgl. Biwald et al. 2004, S. 15 f.

511 Vgl. Teles 2016, S. 10 f.

512 Bogumil und Holtkamp 2006.

Schließlich hat auch Wirth einige These aufgestellt,[513] die auch für die vorliegende Fallstudienforschung zu Graubünden, Südtirol, und Tirol interessant sind. So hänge die Entscheidung für eine Kooperation nur bedingt von den rechtlichen Möglichkeiten ab. Auch wenn es nur beschränkte Formen der Kooperation gebe, sei jede Kooperation von einem kulturell-politischen Kontext abhängig. So sei die lokale Kooperation zum einen von technisch-sachlichen Argumenten (Notwendigkeit, ökonomische Sinnhaftigkeit) bedingt, aber auch von interessensgeleiteten politischen Argumenten der beteiligten Akteure (was ist politisch vertretbar, individuelle Ziele, wie stark wollen sich Gemeinden aufeinander einlassen). Er erklärt in diesem Zusammenhang: *„Jede Kooperation ist damit ein Beispiel dafür, dass sowohl technische Probleme gelöst als auch unterschiedliche Zielsetzungen und Interessensgegensätze überwunden worden sind.“*

Wie angeführt, haben Kooperationen verschiedene Gründe und können aus diversen Motivationen resultieren. Ob eine interkommunale Kooperation tatsächlich in der Folge zu mehr Effizienz und geringeren finanziellen Kosten in der lokalen Verwaltung führt, ist hingegen nicht eindeutig empirisch belegt.

Es gibt Studien die auf solche Auswirkungen hinweisen, andere kommen hingegen zu einem anderen Schluss.[514] Es gibt Untersuchungen, die bestätigen, dass man durch interkommunale Zusammenarbeit Kosten einsparen kann, wobei es aber u.a. auch auf interne Aspekte wie institutionelle Kooperation, die Größe einer Gemeinde sowie das Management ankomme.[515] In Bezug auf die Abfallentsorgung in einem Gebiet der Tschechischen Republik haben Soukopeva und Vacekova festgestellt, dass die durchschnittlichen Pro-Kopf-Ausgaben in kooperierenden Gemeinden weniger betragen, als jene in Gemeinden ohne Kooperation, wobei die Kosten von internen Faktoren, etwa der institutionellen Ausgestaltung der jeweiligen Kooperation, beeinflusst werden.[516] Demgegenüber haben Allers und de Greef festgestellt, dass die Argumentationslinie der Kostenreduzierung noch nicht vergleichend genug empirisch nachweisbar ist. Anhand ihres Fallbeispiels der Niederlande im Politikfeld der Steuererhebung konnten sie zumindest nicht eindeutig nachweisen, dass interkommunale Zusammenarbeit die Ausgaben der Gemeinden in jedem Fall reduziere oder deren Effizienz steigere.[517]

Die Kooperation von Gemeinden ist eine potenzielle Lösungsstrategie für lokale Herausforderungen und ihr werden, wie angeführt, eine Reihe von

513 Vgl. Wirth und Biwald 2006, S. 173.
514 Vgl. Teles und Kettunen 2016, S. 146 f.; Soukopová und Vaceková 2016.
515 Vgl. Soukopová et al. 2017.
516 Vgl. Soukopová und Vaceková 2016.
517 Vgl. Allers und Greef 2018, S. 128.

Vorteilen zugesprochen. Nicht außer Acht gelassen darf man allerdings, dass sie unter Umständen auch negative Auswirkungen auf lokale Gebietskörperschaften haben kann.[518] Abgesehen von möglichen Interessenskonflikten zwischen Akteuren, die zu politischen Kontroversen führen kann, kann eine Herausforderung die Auswirkung der Kooperation auf den politischen Entscheidungsprozess an sich sein. So setzen bestimmte Kooperationen die Auslagerung von Entscheidungskompetenzen voraus (etwa von einer Gemeinde zu einem Gemeindeverband).[519] In diesem Zusammenhang können solche Risiken negative Auswirkungen auf die lokale Demokratie[520] oder Autonomie umfassen, da Gemeinden durch Kooperation einige Entscheidungen nicht mehr allein treffen, sondern teilen müssen. In solchen Fällen könnten Entscheidungen zunehmend von der lokalen Exekutive oder delegierten Mitgliedern in Kooperationsinstitutionen getroffen werden, womit die politische Verantwortlichkeit und demokratische Kontrolle abnimmt. Diese Entwicklungen betreffen die Transparenz sowie die demokratische Legitimation einer Gemeinde.[521] Andere Risiken können Verantwortlichkeitskonflikte sein.[522] So können Kooperationen Probleme potentiell nicht nur lösen, sie können aufgrund der hohen Komplexität – etwa in der Kompromissfindung zwischen politischen Institutionen und Akteuren – auch zu politischen Konflikten führen.[523] Laut Ladner verringere die interkommunale Kooperation durch die Zusammenarbeit zwar die Autonomie der einzelnen Gemeinden, schwäche aber nicht die Institution Gemeinde im Allgemeinen.[524] Demgegenüber könne eine intensivierte Kooperation mit der höheren Regierungsebene sehr wohl zum Verlust der lokalen Autonomie führen.[525]

Außer den genannten Aspekten, gibt noch weitere Risiken, die Biwald et al. auf der Basis einer Expertenbefragung als mögliche Konsequenzen und Problembereiche von Kooperation listen. Dies sind unter anderem der hohe Abstimmungs- und Koordinierungsbedarf, also eine hohe Kompromissbereitschaft der Gemeinden. Außerdem müsse bei jeder Kooperation auch Rücksicht auf Partner genommen werden, Gemeindeverbände können schwerfällig sein, die

518 Vgl. Steinacker 2010.
519 Vgl. Bel et al. 2022.
520 Vgl. Franzke et al. 2016, S. 84 ff.
521 Teles 2016, S. 87.
522 Vgl. Teles und Kettunen 2016, S. 149.
523 Vgl. Teles und Swianiewicz 2018b, S. 8.
524 Vgl. Ladner 2017, S. 43.
525 Vgl. Ladner 2017, S. 43.

Eigenständigkeit gefährdet sein oder man ist mit einem starren rechtlichen Konzept konfrontiert, das die Gemeinde auf mehrere Jahre bindet.[526]

Ob die interkommunale Kooperation tatsächlich den richtigen Lösungsansatz für die lokalen Herausforderungen darstellt, konnte die Forschung bisher noch nicht eindeutig beantworten.[527] Allerdings gibt es empirische Evidenz, dass die Kooperation die Ausführung von Dienstleistungen positiv beeinflusst.[528] Nicht zu unterschätzen ist zudem der positive *„spill-over effect“*, den eine Kooperation mit sich bringen kann.[529] So können Kooperationen dazu führen, dass in weiteren Bereichen kooperiert wird oder aber die Gemeinde im Allgemeinen eine höhere Kooperationsbereitschaft an den Tag legt bzw. auf dessen Basis eine politische Kultur aufgebaut wird, die vermehrt auf Austausch und Zusammenarbeit mit andere Akteuren auf Augenhöhe setzt. Dass interkommunale Kooperation auch die allgemeine Performanz von lokalen Gebietskörperschaften, abseits der zentralen Servicebereiche, positiv beeinflussen kann, haben Muraoka und Avellaneda empirisch aufgezeigt. Sie kommen in der Untersuchung von interkommunaler Kooperation in El Salvador zum Schluss, dass durch interkommunale Kooperationen Netzwerke gebildet werden, die wiederum die wirkungsvolle Zusammenarbeit und den Informationsaustausch zwischen Gemeinden fördern können.[530]

Was die folgende Arbeit nicht untersucht, dem hier aber ebenso kurz Raum geboten werden soll, sind die Erfolgskriterien von interkommunaler Kooperation. Gemäß Heinelt/Kübler braucht es für eine Kooperation einige Voraussetzungen, die sich sowohl auf Macht und Demokratie beziehen wie auch auf gesetzliche Rahmenbedingungen, wirtschaftliche Effizienz sowie Erfolg und Niederlagen.[531] Ein langjähriger Beamter der Gemeindeabteilung des Landes Kärnten hat 17 Erfolgsfaktoren für interkommunale Kooperation definiert. Er kam zum Schluss, dass erfolgreiche Kooperation von zahlreichen Faktoren beeinflusst wird und dass sich Erfolgsfaktoren durch die jeweilige Gemeinde und die damit verbundenen Beziehungsmöglichkeiten unterscheiden können. Zu den drei wichtigsten Erfolgsfaktoren gehören a) das wechselseitige Vertrauen als Kooperationsbasis, b) der positive Kooperationssaldo für alle Beteiligten (*„win-win“*-Situation) sowie c) die frühzeitige Bestimmung und Formulierung der Ziele.[532]

526 Vgl. Biwald et al. 2004, S. 31.
527 Teles 2016, S. 32 ff.
528 Vgl. Steen et al. 2017, S. 69.
529 Vgl. Teles und Swianiewicz 2018b, S. 8.
530 Vgl. Muraoka und Avellaneda 2021.
531 Vgl. Teles 2016, S. 86.
532 Vgl. Matschek 2011, S. 61 ff.

Nach Heinelt/Kübler gibt es für eine erfolgreiche Kooperation demgegenüber drei Voraussetzungen: die Organisationskultur, externe Anreize sowie eine strenge Leadership.[533] Teles und Swianiewicz nehmen diese Faktoren als Erklärungsfaktoren für die heterogene Umsetzung und die vielen verschiedenen Formen der interkommunalen Zusammenarbeit her und bilden daraus mehrere Hypothesen. Die Organisationskultur beziehe sich auf verschiedene Verwaltungssysteme und das soziale Kapital eines Staates: Je mehr Vertrauen in die politischen Akteure besteht, desto einfacher ist sei die Umsetzung der interkommunalen Zusammenarbeit. Die externen Anreize beziehen sich auf die europäische und nationale Politik und deren Förderprogramme (hier würde ich die subnationale Politik ergänzen). Diese sind wichtig, um Kooperation zu fördern. Die starke Leadership betrifft schließlich die formelle Position des Leaders innerhalb einer Gemeinde. Hierbei gehen die Wissenschaftler davon aus, dass die Bürgermeister*innen in Gemeinden mit Direktwahl eine wichtigere Rolle in der Initiierung und Beibehaltung von Kooperation einnehmen.[534] Schließlich nennen die zwei Autoren noch einen vierten und fünften Faktor, der erfolgreiche interkommunale Kooperation erklären könne: Der vierte Faktor betrifft die territoriale Fragmentierung bzw. Konsolidierung der lokalen Gebietskörperschaften. Sie gehen davon aus, dass der Wunsch nach Kooperation nicht nur in den Gebieten mit höherer Fragmentierung vorhanden ist, sondern davon unabhängig. Der fünfte Faktor betrifft den Grad der Dezentralisierung und der lokalen Selbstverwaltung – für die vorliegende Forschungsarbeit ein besonders interessantes Kriterium. Teles und Swianiewicz sind überzeugt, dass die Kompetenzverteilung auf mehrere Ebenen einen direkten Einfluss auf die potentielle Anwendung von Kooperation habe. Deshalb gehen sie davon aus, dass Gemeinden mit mehr Aufgabenbereichen und einer höheren finanziellen Autonomie eine höhere Nachfrage für Kooperation haben.[535]

Die Voraussetzungen, die Biwald et al. für eine erfolgreiche Zusammenarbeit definieren, ergänzen jene von Teles/Swianiewicz: Zum einen nennen diese die Bereitschaft und den Willen, die vorhanden sein müssen, um Kooperation erfolgreich auszuführen. Die zweite Voraussetzung ist der Bedarf für eine bestimmte Kooperation, damit sich die inhaltlichen Interessen der Gemeinden überschneiden. Weitere wichtige Punkte sind die Unterstützung der Politik sowie eine langfristige und sorgfältige Planung, aber auch rechtliche Rahmenbedingungen.[536] Letzens wird davon ausgegangen, dass Ähnlichkeiten zwischen den

533 Vgl. Heinelt und Kübler 2005.
534 Vgl. Swianiewicz und Teles 2018, S. 346 f.
535 Vgl. Swianiewicz und Teles 2018, S. 347.
536 Vgl. Biwald et al. 2004, S. 15 ff.

Kooperationspartnern bei bestimmten strukturellen Faktoren die Durchführung einer Kooperation begünstigen können. Dies wären Übereinstimmungen bei der Einwohner*innenzahl, der finanziellen Ausstattung sowie der politischen Ideologie[537] Dies bestätigen auch andere Studien: So hat Youngmi Lee in einer Untersuchung zur regionalen wirtschaftlichen Entwicklung bestätigt, dass es vor allem die physischen (z.B. Bevölkerung), politischen und geografischen Ähnlichkeiten zwischen Gemeinden sind, die eine übergemeindliche Kooperation positiv beeinflussen.[538]

Wie beschrieben, sind die Gründe und Erfolgsfaktoren für Kooperation vielfältig. Während das Thema der Erfolgsfaktoren in der folgenden Untersuchung nicht vertieft wird, sind es vor allem die Gründe, die empirisch verifiziert werden sollen. Nach dem zusammenfassenden Überblick zu den Hintergründen und Zielen der Kooperation, soll nun darauf eingegangen werden, welche Dimensionen eine interkommunale Kooperation ausmachen und wie sich eine spezifische Kooperationsform auseinandersetzen kann.

2.3.2 Die Kategorien und Formen der interkommunalen Kooperation

Es gibt mehrere wissenschaftliche Zugänge, um die horizontale Kooperation zu kategorisieren und einzuteilen. Dies ist auch mit einer Schwierigkeit verbunden:

> *„municipal cooperation processes are today shaping a dynamic that questions the research agendas and to some extent challenges conventional categories of thinking, which are often locally or nationally based."*[539]

Nach Hulst und van Montfort hängen die strategischen Entscheidungen für interkommunale Kooperation und die angewandten Kooperationsformen stark vom jeweiligen institutionellen Kontext ab. Dieser wird durch die formelle Struktur eines Staates, dessen Verwaltungskultur und die Gesetzgebung, aber auch die spezifischen Förderungsstrukturen in Bezug auf die interkommunale Kooperation bedingen.[540] Dabei ist zu bedenken, dass die interkommunale Kooperation nicht nur in ihrer institutionalisierten Form auf verschiedene Arten und Weisen durchgeführt werden kann, sondern auch informell eine sehr Bandbreite

---

537 Vgl. Camões et al. 2021, S. 599.

538 Vgl. Lee 2016.

539 Teles 2016, S. 38.

540 Vgl. Hulst et al. 2009, S. 266 f.

aufweist („*Inter-municipal cooperative arrangements vary in shape, scope and integration.*“[541]).

Zu der Verschiedenartigkeit der institutionalisierten Formen von interkommunaler Kooperation in Europa gibt es mehrere Untersuchungen. Eine grundlegende Frage ist, aus welchem Blickwinkel Kooperation überhaupt betrachtet wird. So wird häufig zuerst sehr allgemein auf die Art der Rechtsform Bezug genommen. Dann wäre eine Einteilung von horizontaler Kooperation die Kategorisierung in diverse Rechtsformen des öffentlichen Rechts, des Privatrechts und des Europarechts. Zu ersteren zählen üblicherweise formelle übergemeindliche Institutionen, denen Aufgaben der Gemeinden delegiert werden, oder Verträge zwischen einzelnen Gemeinden. Auch im Privatrecht haben die europäischen Staaten unterschiedliche Regelungen, die Gemeinden für Kooperationen nutzen können. Auch hier findet sich meist die Form der Verträge, aber auch diverse Gesellschaftsformen und Vereine.[542] Die Kategorisierung nach der Rechtsform geht auch spezifischer: So kann die IKZ durch einfache Vereinbarungen über gemeinsame Dienstleistungen ausgeführt werden,[543] es können aber auch gemeinsame Vereine[544] oder interkommunale Unternehmen oder Körperschaften[545] gegründet werden. Allen Formen können Vor- und Nachteile zugeschrieben werden, wobei die vorliegende Arbeit nicht auf die einzelnen Effekte oder Auswirkungen von juridischen Formen eingeht.

Markus Matschek teilt die Formen der Zusammenarbeit zwischen Gemeinden allgemein und simpel in eine informelle Zusammenarbeit (rechtlich unverbindlich) und eine formelle Zusammenarbeit (rechtlich verbindlich) ein.[546] Dabei gehören zu ersterer Form Erfahrungsaustausche zwischen Gemeinden genauso wie Expert*innenrunden oder Bürgermeister*innenkonferenzen, die in vielen Kontexten und kontinuierlich stattfinden. Die formelle Zusammenarbeit teilt er wiederum in eine vertragliche Zusammenarbeit und eine rechtlich institutionalisierte Zusammenarbeit ein, die wiederum öffentlich-rechtlich oder privatrechtlich basiert sein kann. Auch der Europarat hat gemeinsam mit dem Entwicklungsprogramm der UNO sowie der *Local Government Initiative* eine Kategorisierung der interkommunalen Kooperation erarbeitet, die sehr breit aufgestellt ist. Die Formen der interkommunalen Kooperation umfassen demnach: die informelle

541 Teles und Swianiewicz 2018b, S. 5 f.
542 Vgl. Bußjäger 2016, S. 1 ff.
543 Siehe etwa: Shrestha und Feiock 2009.
544 Siehe etwa: Camões et al. 2021; van Genugten et al. 2020.
545 Siehe etwa: Tavares und Camões 2010.
546 Vgl. Matschek 2011, S. 28.

IKZ; die schwach formalisierte IKZ (z.B. Vereinbarungen oder Verträge); die interkommunale Kooperation in funktionalen Unternehmen (z.B. Kooperationen zur Verwaltung von Sport- oder Freizeitreinrichtungen oder sonstigen Anlagen) oder die interkommunale Kooperation als Modell von territorialer Kooperation. Unter letztere Form fassen die Herausgeber Organisationen mit eigener Rechtspersönlichkeit bei Themen von strategischem Interesse.[547]

Hulst und van Montfort gehen einen Schritt weiter und haben die interkommunaler Kooperation nach mehreren Dimensionen zusammengefasst, mit denen Kooperationsformen spezifisch und konkret analysiert und verglichen werden können.[548] Da diese verschiedene Aspekte aufweisen, wird sie für diese Arbeit als sehr nützlich betrachtet: Die erste Dimension der Kooperation betrifft deren *Zusammensetzung* und die Frage, wer die jeweiligen involvierten Akteure sind: Sind es nur Gemeinden oder auch andere öffentliche oder private Institutionen? Demnach unterschieden die Autoren zwischen interkommunalen Verbindungen und Mischformen. Die zweite Dimension betrifft die Art der *Aufgaben*: Geht es bei einer Kooperation nur um koordinierende Funktionen in einem Politikbereich (*policy coordination*) oder die direkte Umsetzung von Dienstleistungen an die Bürger*innen (*service delivery*)? Die dritte Dimension ist dem *Anwendungsbereich* der Kooperation gewidmet: Handelt es sich bei einer Kooperation um die Umsetzung von nur einer bestimmten Tätigkeit oder verfolgt sie mehrere Ziele? Die vierte Dimension betrifft den *Grad der Institutionalisierung*: Sind die Kooperationen rechtlich verankert und durch spezifische Rechtsinstrumente determiniert oder münden sie in einer neuen unabhängigen Institution? Oder aber werden sie nur informell abgeschlossen und entsprechen somit eher einem politischen Netzwerk bzw. einer Konsultation zwischen Gemeinden? Letztens gibt es nach Hulst/van Montfort noch die beiden Dimensionen *Entscheidungsmacht* und *demokratische Legitimation*. Beide Dimensionen stehen in engem Zusammenhang mit dem Grad der Institutionalisierung und die Frage danach stellt sich nur bei jenen Kooperationen, die in die Gründung einer unabhängigen Institution münden und demnach eine sehr institutionalisierte Kooperation bedeuten. Bei der *Entscheidungsmacht* geht es um die Frage, inwieweit die Gemeinden ihre Entscheidungskompetenz auf andere Kooperationsformen verlagern. In diesem Fall fragen sich die Autoren, ob die interkommunale Organisation noch für die Gemeinden agiert und die Entscheidungskompetenzen nach wie vor bei dieser selbst liegen oder die interkommunale Organisation an Stelle der Gemeinden tritt und anstatt

547 Vgl. CoE, UNDP, & LGI 2010, S. 13.
548 Vgl. Hulst und van Montfort 2007a, S. 211 ff.

dieser agiert. Die Dimension der *demokratischen Legitimation* fokussiert sich schließlich auf die politische Repräsentation innerhalb der Kooperation und die Verantwortlichkeit der involvierten Akteure. Bestehen die Kooperationsformen aus eigenen Leitungsgremien, aus Mitgliedern der gewählten Gemeindeorgane oder wer repräsentiert sie?

Auf Basis ihrer Studie konnten Hulst und van Montfort bestätigen, dass in den europäischen Staaten eine große Varietät an Kooperationsmodalitäten vorhanden ist. Basierend auf den beiden zentralen Kriterien des *Aufgabenbereichs der Kooperation* und dessen *Grad der Institutionalisierung* definieren sie vier Grundtypen von Kooperationsformen, die mehr oder weniger in allen von ihnen untersuchten Staaten zu finden waren. Diese Modelle führen die Autoren wiederum auch auf den institutionellen Kontext zurück, der in einem Staat gegeben ist.[549]

1. *Quasi-regionale Regierungen* (*quasi- or semi-regional government*): Dazu zählen interkommunale bzw. intermediäre Institutionen zwischen den Gemeinden und Regionen. Diese haben eigene Entscheidungskompetenzen inne und übernehmen Aufgaben der Gemeinden. Sie sind in die Planung und Koordinierung von lokalen Dienstleistungen involviert und durch ihre Leitungsorgane, die oftmals aus Repräsentanten der Mitgliedergemeinden bestehen, mit den Gemeinden vernetzt. Diese Institutionen können mit einem Verlust der lokalen Autonomie einhergehen und werden meist von „oben" initiiert.
2. *Organisationen zur Durchführung von Dienstleitungen* (*service delivery organisation*): Damit charakterisierten die Autoren Institutionen, welche lokale Dienstleistungen für mehrere Gemeinden ausführen. Sie können, wie die quasi-regionalen Regierungen, ebenso über Entscheidungskompetenzen verfügen oder handeln nur *für* die betroffenen Gemeinden.
3. *Vereinbarungen zur Durchführung von Dienstleitungen* (*service delivery agreement)*: Hierbei handelt es sich um vertragsbasierte Kooperationen zwischen Gemeinden, mit welchen Dienstleistungen gemeinsam durchgeführt werden. Im Gegensatz zu den vorhergegangen Formen werden keine neuen Institutionen gegründet, sondern es handelt es sich um eine weniger institutionalisierte Form. Die Kooperation kann darin bestehen, dass eine Gemeinde (meist die größere) für eine andere einen Dienst erledigt oder dass zwei oder mehrere Gemeinden einen Dienst gemeinsam an einen Dritten vergeben.

549 Vgl. Hulst und van Montfort 2007a, S. 224 ff.; Hulst und van Montfort 2012.

4. *Planungsforen* (*planning forums*): Hierbei handelt sich um lose Kooperationsnetzwerke bestehend aus diversen öffentlichen und privaten Akteuren, die ebenso in die Planung und Koordination von lokalen Dienstleistungen involviert sind. Die Planungsforen bringen keine neuen Institutionen mit sich, können aber bestimmte Mitarbeiter*innen erfordern. Es handelt sich um Netzwerke, häufig regional organisiert zwischen mehreren Gemeinden, die vor allem in den Politikfeldern Raumplanung, sozioökonomische Entwicklung oder bei Umweltfragen tätig sind.

Franzke et al. haben den vier Kategorien von Hulst/van Montfort noch eine fünfte hinzugefügt: die *ad-hoc Projektkooperation*, welche nur spezifische Projekte umfasst.[550]

Als Gegenstück zu den genannten Typologien, die sich hauptsächlich auf die rechtliche Verbindlichkeit von Kooperation berufen, wurde von Wirth und Biwald eine andere Art der Kategorisierung von interkommunaler Kooperation vorgenommen. Diese setzt den Fokus auf die *„rechtlich-organisatorischen Formen“* bzw. die Ziele der Zusammenarbeit und ist daher ebenso sehr interessant zu erwähnen.[551] Demnach können Kooperationen auch wie folgt kategorisiert werden:

1. *Raumbezogene Kooperationen* (Nachbarschaftskooperationen): Dies betrifft Kooperationen, die mit den Nachbargemeinden eingegangen werden, weil mit dieser bestimmte Herausforderungen (gemeinsame Straßen, Grundwasser) geteilt werden.
2. *Regionalbezogene Kooperationen:* Dies sind räumlich ausgedehntere Kooperationen innerhalb eines Gebiets/einer Region, etwa bei wirtschaftlichen Zielen, z.B. der Ansiedelung von Infrastrukturen.
3. *Themenbezogene Kooperationen:* Diese Kooperationen sind raumunabhängig und basieren auf technischen oder sachlichen Gründen, etwa zum Wissens- und Erfahrungsaustausch.
4. *Kulturhistorisch oder politisch begründete Kooperationen:* Unter diese Kooperationen fallen z.B. Städtepartnerschaften.

Einen anderen, eher gemischten, Zugang zur Typologisierung haben schließlich die beiden Wissenschaftler Teles und Swianiewicz. Sie fokussieren sich bei der Einteilung von IKZ auf diverse Dimensionen, die Kooperation charakterisierten – unabhängig von deren jeweiligen Rechtsform. Einige davon fanden sich

550 Vgl. Franzke et al. 2016, S. 85.
551 Vgl. Wirth und Biwald 2006, S. 23 ff.

bereits bei Hulst/van Montfort wieder, andere kommen neu hinzu. Es sind die *Formalisierung;* ob eine Kooperation *freiwillig/verpflichtend* ist; welche *Ziele* sie hat; wie hoch die *Anzahl der Partner* ist, wie die *Beschaffenheit der Mitglieder* ist und welchen *Bereich die Kooperation* betrifft.[552]

Wenn wir auf den *institutional collective action framwork* zurückkommen, der zuvor angesprochen wurde, so zeigt auch dieser Möglichkeiten auf, wie kollektive Dilemmas von Institutionen und Akteuren gemeinsam adressiert werden können. Feiock unterscheidet mehrere Mechanismen, die für Kooperationen in föderalen Systemen im Allgemeinen gelten, aber auch auf Entwicklungen der Dienstleistungserbringung der lokalen Regierungsebene angewandt werden können. Demnach können Kooperationsmechanismen aus zwei Dimensionen betrachtet werden: Zum einen hinsichtlich ihres Integrationsmechanismus (*type of integration mechanism*), zum anderen in Bezug auf ihren institutionellen Umfang (*institutional scope*). Mit diesen beiden Dimensionen analysiert der Autor ähnliche Aspekte wie die erwähnten Kategorien, etwa ob eine Kooperation eher formeller oder informeller Natur ist, sie vorgeschrieben oder freiwillig ist oder ob sie bi- bzw. multilateral hinsichtlich der Anzahl der involvierten Partner oder der Anzahl der betroffenen Politikfelder strukturiert ist. Von solchen Variablen hängen der Grad der Komplexität ab und inwiefern eine Kooperation bestimmte Kosten verursacht. So können Kooperation höhere bzw. niedrige Kosten im Bereich der Entscheidungskomplexität oder im Bereich der lokalen Autonomie mit sich bringen.[553] Feiock definiert folgende Kategorien von Kooperationsmechanismen, die jeweils unterschiedliche Kosten und potenzielle Gewinne für die politischen Akteure zur Folge haben können sowie in Verbindung mit weiteren Risiken gesehen werden müssen, denen Entscheidungsträger*innen ausgesetzt sind:[554]

- Informelle Netzwerke (*informal networks*)
- Verträge (*contracts*)
- Mandatierte Vereinbarungen (*mandated agreements*)
- Arbeitsgruppen (*working groups*)
- Partnerschaften (*partnerships*)
- Eingerichtete Netzwerke (*constructed networks*)
- Vielfältige selbstorganisatorische Systeme (*multiplex self-organizing systems*)
- Räte von Gebietskörperschaften (*councils of governments*)
- Zentralisierte regionale Institutionen (*centralized regional authorities*)

552 Vgl. Teles und Swianiewicz 2018b, S. 6 f.
553 Vgl. Tavares und Feiock 2018, S. 303 f.
554 Vgl. Feiock 2013, S. 402 ff.

Tavares und Feiock sind der Meinung, dass die Auswahl der Kooperationsform sehr wohl von den jeweiligen Transaktionskosten abhängt mit denen eine lokale Gebietskörperschaft konfrontiert ist. So geht es bei der Kooperation ihrer Meinung insbesondere um die lokale Autonomie, welche durch eine etwaige Kooperation eingeschränkt werden kann: Durch eine eher informelle oder freiwillige Kooperation weniger, durch von oben vorgeschriebene Kooperationen, die Verpflichtungen mit sich bringen, hingegen mehr.[555] Solche Transaktionskosten betreffen nicht nur den verfassungsrechtlichen Rahmen eines Staates, sondern stehen in Verbindung mit der jeweiligen Geschichte, Kultur oder Tradition in einem Territorium. So weisen die Wissenschaftler darauf hin, dass der rechtliche Rahmen, welchem Gemeinden in einem politischen System ausgesetzt sind, direkten Einfluss auf die ökonomischen und politischen Transaktionskosten der Kooperationsmechanismen haben. Demnach reflektiere die Wahl der Kooperationsinstrumente etwa die jeweiligen funktionalen Kompetenzen und Verantwortlichkeiten, welche Gemeinden innehaben und welcher durch das jeweilige verfassungsrechtliche System definiert ist.[556]

Teles hat schließlich einen weiteren zusätzlichen Versuch unternommen lokale Kooperationsformen kategorisch darzustellen und untersucht diese anhand von nur zwei Variablen. Auch diese sind sehr interessant und für die Einteilung von Kooperation nützlich. Zum einen analysiert er die Kooperationen nach der Beschaffenheit der beteiligten Akteure, zum anderen nach dem Grad der Institutionalisierung.[557] Er kategorisiert die interkommunale Kooperation somit anhand von vier Dimensionen: In Bezug auf ihre Beschaffenheit unterscheidet er zwischen „harten" und „weichen" Kooperationsformen, da eine Zusammenarbeit informell oder formell ausgestaltet sein kann (*nature of cooperation*). Zudem können die Formen der Kooperationen gleichzeitig einen hohen oder niedrigen Institutionalisierungsgrad aufweisen (*institutionalisation*).[558] Aus der Kombination dieser zwei Variablen ergeben sich folgende vier Kooperationstypen:

- *Institutionalisierung mit hartem Charakter:* Dies sind Kooperationen, welche in der Gründung einer neuen intermediären Regierungsebene mit spezifischen Kompetenzen münden.
- *Institutionalisierung mit weichem Charakter:* Die *„soft cooperation"* ist laut Teles durch informelle Verbindungen sowie nicht rechtlich verbindliche

555 Vgl. Feiock und Scholz 2010a, 2010b, S. 13 ff.

556 Vgl. Tavares und Feiock 2018, S. 304 f.

557 Vgl. Teles 2016, S. 19 ff.

558 Vgl. Teles 2016, S. 19 ff.

Vereinbarungen gekennzeichnet, bei der es vor allem um die gemeinsame Koordination zwischen Gemeinden geht. Dennoch fasst der Autor in diese Kategorie auch Kooperationen, welche die Gründung von neuen Körperschaften zur Folge haben, wobei es allerdings primär um Koordination und Ausführung von Dienstleistungen geht.

- *Keine Institutionalisierung mit hartem Charakter:* Diese Kategorie umfasst Kooperationen, die auf rechtlich verbindlichen Instrumenten wie Verträgen oder Vereinbarungen basieren, aber nur zur Ausführung von spezifischen Diensten eingegangen werden.
- *Keine Institutionalisierung mit weichem Charakter:* Dazu zählt der Autor jene Kooperationsformen, die *ad-hoc* und sporadisch ohne rechtliche Grundlage durchgeführt werden. Hierzu können wir die informellen Kooperationen und politischen Absprachen fassen, die in dieser Forschungsarbeit allerdings nicht erhoben wurden.

Tabelle 26: Kooperationsformen der Gemeinden

	Institutionalisierung (Institutionalisation)	
Beschaffenheit der Kooperation (Nature of Cooperation)	*High (hoch)*	*Low (niedrig)*
Hard (verbindlich)	Erbringung von Dienstleistungen	Verträge
Soft (unverbindlich)	Koordination	Information

Quelle: Teles 2016, S. 20.

Abschließend kann zusammengefasst werden, dass es zwar verschiedene Kategorien und Definitionsboxen für die horizontale Kooperation zwischen lokalen Gebietskörperschaften gibt, diese aber häufig große Ähnlichkeiten zueinander aufweisen und mithilfe von ähnlichen Variablen untersucht und miteinander verglichen werden. In jedem Fall wurde ersichtlich, dass die Wissenschaftsliteratur sich bereits ausgiebig mit diversen Merkmalen und Eigenschaften von interkommunaler Kooperation auseinandergesetzt hat – sowohl aus einem theoretischen Blickwinkel wie auch basierend auf den praktischen existierenden Erfahrungen. Nun stellt sich die Frage, ob diese vergleichenden Aussagen auch auf den Alpenraum und die drei hier untersuchten Ländern zutreffen.

2.3.3 Die alternative Strategie: Die Zusammenlegung von Gemeinden

Neben der interkommunalen Kooperation wird in der Wissenschaft und Politik über eine weitere Lösungsstrategie für die Herausforderungen von Gemeinden in Form der mangelnden Effizienz oder geringer finanzieller oder personeller Ressourcen debattiert. Diese ist die Neugliederung von Territorien in Form der Zusammenlegung von lokalen Gebietskörperschaften. Fusionen von Gemeinden gelten neben der Privatisierung von Diensten als Alternative zur interkommunalen Kooperation, die im Gegensatz dazu eher als weicherer Ansatz (*soft approach*[559]) dargestellt wird. Im Folgenden wird auf den Forschungsstand des Themas Gemeindefusionen aus zwei Gründen Bezug genommen: Zum einen ist es eng mit der interkommunalen Kooperation verknüpft, da Fusionen entweder als weitere Wahlmöglichkeit für Gemeinden oder als Folgestufe der Kooperation angesehen werden. Zum zweiten ist es im Kontext des Fallbeispiels Graubünden und der dortigen politisch relevanten Rolle der Fusionen wichtig,[560] die theoretische Grundlage zu den Gemeindezusammenlegungen aufzuzeigen. Trotz dieser Bedeutung wird nachfolgend nicht in die Tiefe des Forschungszweiges geblickt, über welchen es eine Reihe von umfassenden sowie vergleichenden Untersuchungen gibt.[561]

Bei einer Zusammenlegung oder Fusion von Gemeinden handelt es sich um die *„radikalste Variante der Gebietsänderung“*.[562] Eine Fusion besteht in der Zusammenlegung von zwei oder mehreren souveränen Gebietskörperschaften (Gemeinden) zu einer einzigen Gemeinde, die daraufhin das einzige öffentliche Rechtssubjekt bildet, während die einzelnen Gemeinden aufhören zu existieren. Zum Unterschied zu einer Vereinigung zwischen zwei ehemals souveränen Gemeinden, gibt es auch die Form der „Eingemeindung“, wo eine (meist kleinere) Gemeinde einer anderen (meist größeren) einverleibt wird und somit nur erstere aufhört zu existieren.[563] Zum Thema der Gebietsänderungen von lokalen Gebietskörperschaften nimmt auch die Charta der lokalen Selbstverwaltung Stellung, die in Artikel 5 festhält, dass

> *„vor jeder Änderung der lokalen Gebietsgrenzen (…) die betroffenen lokalen Gebietskörperschaften zuvor, allenfalls im Wege eines Referendums, wo dies gesetzlich möglich ist, angehört [werden].“*[564]

Die territorialen Reformen der lokalen Regierungsebene wurden und werden in Europa mit dem generellen Ziel der Verringerung der Anzahl der Gemeinden

559 Vgl. Steen et al. 2017, S. 55.
560 Siehe etwa: Fetz 2020.
561 Siehe etwa: Swianiewicz et al. 2022.
562 Gamper 2013, S. 159.
563 Vgl. Steiner 2002, S. 115; Fetz 2020, S. 156 ff.
564 Europarat 1988, Art. 5.

umgesetzt. Gemeindezusammenschlüsse waren in den vergangenen 60 Jahren in mehreren europäischen Staaten eine verbreitete politische Strategie, etwa im Vereinigten Königreich, Frankreich, Deutschland und der Schweiz, aber auch in nord- und osteuropäischen Staaten.[565] In einigen europäischen Ländern hat sich der Gemeindebestand zwischen 1950 und 2001 sogar um über 50 Prozent verringert.[566] Der Rückgang der Gemeinden durch Gebietsreformen ist augenscheinlich kein historisches Phänomen, denn solche Reformen wurden im vergangenen Jahrzehnt zwischen 2008 und 2017 in mehreren europäische Länder durchgeführt oder sind noch dabei.[567]

In einer vergleichenden Untersuchung von 40 europäischen Staaten wurde in 19 Fällen eine substanzielle Verminderung (über 5 %) der Anzahl der Gemeinden seit dem Jahr 2000 festgestellt, wobei einige nur bestimmte subnationale Gebiete betreffen und andere eine Umstrukturierung im gesamten Land.[568] Zu den Ländern mit vielen Fusionen gehören u.a. Albanien, Dänemark, Estland, Georgien oder Griechenland, aber auch Österreich (Steiermark) und die Schweiz (u.a. Graubünden). In Bezug auf die hier behandelten Fälle wird eine Gebietsreform seit einigen Jahren nur im Kanton Graubünden politisch gefördert[569] (siehe Kapitel 4), während es in Tirol seit den 1970er Jahren nur eine einzige Fusion gegeben hat, in der Autonomen Provinz Bozen/Südtirol wurden seit den 1920er Jahren hingegen gar keine Gemeinden zusammengelegt.

Wie einzelne Staaten, in denen Fusionen durchgeführt werden, verschieden sind, sind es auch die Reformen an sich, die nicht immer gleichartig von statten gehen, so dass ihre Intensität anhand von zwei Variablen unterschieden werden kann:[570] Zum einen anhand deren *Tiefe* und hierbei, ob es sich um tiefgreifende Verringerung der Anzahl der Gemeinden handelt oder weniger. Zum anderen anhand der *Zeitspanne*, ob es sich um ein schnelles Phänomen zu einem bestimmten Zeitpunkt oder einen gradualen Prozess handelt.

Die Gründe weshalb es zu Gemeindezusammenlegungen kommt oder diese politisch in Erwägung gezogen werden, decken sich zum Großteil mit den Herausforderungen denen Gemeinden im Allgemeinen gegenüberstehen: Der

565 Vgl. Calciolari et al. 2013; Goldsmith 2002; Nelson 1992.

566 Vgl. Steiner 2002, S. 176.

567 Vgl. Swianiewicz 2016.

568 Vgl. Swianiewicz et al. 2022, S. 15 ff.

569 In Graubünden hat sich die Anzahl der Gemeinden in den letzten 20 Jahren sogar halbiert, siehe: Botschaft der Regierung an den Grossen Rat 2017–2018.

570 Vgl. Swianiewicz et al. 2022, S. 22 f.

finanzielle Druck, die Urbanisierung und die Dezentralisierung.[571] Die Zusammenlegung von Gemeinden gründet sich nämlich meist ebenso darauf Kosten einzusparen, effizientere Dienste anzubieten oder die Qualität der Dienstleistungen zu steigern.[572] Die Argumente für Gemeindezusammenschlüsse ähneln somit stark jenen, die als Begründungen für die interkommunale Kooperation hergenommen werden. Andererseits sind Gemeindezusammenlungen auch kontextabhängig und hängen von den jeweiligen aktiven politischen Akteuren ab.[573] Die grundlegende Begründung für die Zusammenlegung von Gemeinden ist jene, dass größere Gebietskörperschaften eher in der Lage sind, lokale Dienstleistungen effizienter und kostengünstiger zu erfüllen als für kleinere Gemeinden.[574] Der Diskurs dreht sich damit vor allem um die ideale Größe einer Gebietskörperschaft und wurde in dieser Forschungsarbeit bereits einleitend erwähnt. Somit zielen Gemeindezusammenlegungen auf die Schaffung einer größeren Gebietskörperschaft, um eine Verwaltung effizienter zu gestalten und einfacher auf Problematiken reagieren zu können.

Die Praxisbeispiele in Europa betrachtend kam Teles zum Schluss, dass es mehrere Erklärungsansätze für territoriale Gebietsreformen gibt: Zum einen geht es um die Rolle und Funktion von lokalen Gebietskörperschaften – Fusionen werden eher dort gemacht, wo die lokale Selbstverwaltung schwach ausgeprägt ist und Gemeinden klein sind. Ein zweiter Erklärungsansatz ist der Zentralisierungsgrad eines Staates, denn Gemeinden mit einem starken Zentrum hätten weniger Möglichkeiten sich bei einer möglichen Reform zur Wehr zur setzen. Relevant ist gemäß Teles zudem die Rolle der politischen Parteien, da Reformen einfacher durchzusetzen sind, wenn es klare politische Mehrheiten gibt. Weiters sind eine gering institutionalisierte lokale Identität und bestehende Gemeindegrenzen zwei Faktoren, die Fusionen begünstigen können. Letztens können es auch soziökonomische Veränderungsprozesse sein, die Fusionen erleichtern.[575] Swianziwicz et al. haben in ihrer vergleichenden Untersuchung überdies einen klaren Zusammenhang zwischen institutionellen Struktur eines Landes und der Intensität von territorialen Reformen festgestellt.[576]

Die Autor*innen fassen die befürwortenden Argumente, die in Bezug auf territoriale Reformen benutzt werden, wie folgt zusammen: Kostenersparnis/Effizienz;

571 Vgl. Askim et al. 2016.
572 Vgl. Baldersheim und Rose 2010a, S. 242 ff.; Steiner et al. 2016; Teles 2016, S. 34 ff.
573 Vgl. Swianiewicz et al. 2022, S. 62.
574 Vgl. Steen et al. 2017, S. 71; Reingewertz und Serritzlew 2018, S. 604.
575 Vgl. Teles 2016, S. 40.
576 Vgl. Swianiewicz et al. 2022, S. 64 ff.

Kapazitäten; Demokratie; Raum und lokale wirtschaftliche Entwicklung; Rekrutierung und Personal.[577] Zum Großteil beschränken sich die Diskurse zu Reformen auf die Themen der Wirtschaftlichkeit und Demokratie, aber es gibt in vielen Ländern auch Diskussionen zu einer Vielzahl dieser Themen.[578] In diesem Zusammenhang können zahlreiche Parallelen mit der interkommunalen Kooperation festgestellt werden. Wie dort, drehen sich auch die Diskussionen der territorialen Reformen u.a. um eine höhere Effizienz oder die Skaleneffekte bei der Ausführung einer Dienstleistung. Es geht stets um die Kapazitäten der Daseinserbringung und die Professionalität von kleineren vs. größeren Gebietskörperschaften. Außerdem fokussieren sich die Diskurse um demokratische Argumente, weil territoriale Reformen das Vertrauen in die Politik oder die Bürger*innenbeteiligung beeinflussen können. Letztens geht es um die wirtschaftliche Entwicklung, die räumliche Nähe von Dienstleistungen oder den Einfluss von Reformen auf die Rekrutierung von qualifiziertem Personal.

Es existieren verschiedene Argumentationslinien für oder gegen Gemeindezusammenschlüsse. Dabei beziehen sich die Befürworter*innen wie auch die Gegner*innen auf ähnliche Argumentationslinien. Diese sind, wie genannt, ökonomischer Natur, betreffen die Demokratie, die Verteilung von Ressourcen oder die regionale Entwicklung als Ganzes – etwa welche Gemeindestruktur für die politische Integration der Bürger*innen am geeignetsten sei.[579] Zu den Gründen der Ablehnung gehören in großem Ausmaß hingegen die Sorge nach dem Verlust der lokalen Autonomie oder Identität einer Gemeinde bzw. deren Einwohner*innen.[580] Im Unterschied zur interkommunalen Kooperation, welche für die Bürger*innen meist keine augenscheinliche Auswirkung hat, ist eine politisch vorangetriebene Zusammenlegung von Gemeinden häufig ein komplexeres Unterfangen. So spielt die Akzeptanz der Bevölkerung für den Erfolg einer territorialen Reform eine große Rolle.[581] Es gibt Studien, die auf die negativen Auswirkungen der Veränderung von Gemeindegrenzen hinweisen. Dies kann die lokale Demokratie betreffen, etwa etwaige Folgen auf das politische Vertrauen der Bürger*innen.[582]

In jedem Fall scheint es von großer Bedeutung, dass nicht nur Politiker*innen, sondern auch die Bevölkerung hinter einem Vorhaben der Fusion steht und deren

577 Vgl. Swianiewicz et al. 2022, S. 100.
578 Vgl. Swianiewicz et al. 2022, S. 115.
579 Vgl. Steiner 2002, S. 121 ff.
580 Vgl. Soguel und Jaquerod 2021.
581 Vgl. Bolgherini et al. 2018b, S. 450 f.
582 Vgl. Hansen 2013; Hansen 2015.

Notwendigkeit und Mehrwert nachvollziehen kann. Die Unterstützung oder Ablehnung einer Fusion vonseiten der Bevölkerung kann dabei von diversen Faktoren abhängen, z.B. der Wirtschaftlichkeit einer Gemeinde, deren Größe, dem persönlichen Interesse der lokalen Elite, aber auch der Art und Weise, wie Reformen durchgeführt werden.[583] Insbesondere von oben herab entschiedene Reformen oder solche die nicht *bottom-up* diskutiert werden, können zu maßgeblichen Konflikten in einer Gemeinde führen. Es kann zu Divergenzen in der Gesellschaft, aber auch zwischen Regierungsebenen, politischen Eliten oder Gebietskörperschaften kommen. Dies können z.B. Konflikte zwischen Zentrum und Peripherie sein, solche zwischen kleinen und großen Gemeinden oder zwischen urbanen und ländlichen Gebieten.[584]

Es gibt eine Studie zur Schweiz, die erklärt, dass viele Gemeinden eine Fusion dennoch einer Kooperation vorziehen würden. Grund dafür ist ein gefürchteter Kontrollverlust über die lokalen Finanzen bei einer etwaigen Kooperation.[585] Es gibt außerdem Gemeinden, die in mehrere Kooperationen gleichzeitig involviert sind, was für die Verwaltung einen großen Ressourcenaufwand mit sich bringt. Es sind die Organisation, das Personal oder die Finanzplanung, die dabei in Betracht gezogen werden müssen.[586]

Lange Zeit galt die interkommunale Zusammenarbeit als Vorstufe der Zusammenlegung von Gemeinden,[587] allerdings weichen neuere Studien von dieser These ab.[588] Steiner/Kaiser haben bezüglich der Schweiz festgestellt, dass die interkommunale Zusammenarbeit eine alternative und zur Fusion unabhängige Strategie sei. Demnach müsse eine intensive interkommunale Zusammenarbeit nicht zwingend in eine Fusion münden.[589] Im Gegenzug zur Förderung von Fusionen, kann eine interkommunale Kooperation sogar dazu beitragen mögliche Fusionen zu verhindern.[590] Was Fusionen allerdings sehr wohl begünstigen können, sind eine finanzielle Unterstützungen vonseiten der höheren Regierungsebenen.[591]

Darüber ob eine Fusion, insbesondere in Bezug auf die ökonomischen Argumente, tatsächlich die erwartenden Effekte bringt, gibt es wissenschaftliche

583 Vgl. Hanes et al. 2012; Bolgherini et al. 2018b, S. 450 f.
584 Vgl. Baldersheim und Rose 2010a, S. 249 ff.
585 Vgl. Calciolari et al. 2013.
586 Vgl. Soguel und Jaquerod 2021, S. 135.
587 Vgl. Henkel 1992.
588 Vgl. Teles und Swianiewicz 2018b; Kersting 2006; Franzke et al. 2016.
589 Vgl. Steiner und Kaiser 2018a, S. 16 f.
590 Askim et al. 2016.
591 Vgl. Steiner und Kaiser 2018a, S. 16 f.

Zweifel – zumindest scheint die Größe einer Gemeinde einen Einfluss darauf zu haben.[592] So weisen Blesse et al. darauf hin, dass Einspar-, oder Effizienz- und Wachstumseffekte nach Zusammenlegungen *„nur vereinzelt“* nachweisbar seien, es gleichzeitig allerdings Hinweise auf einen Rückgang der Zufriedenheit der Bürger*innen nach einer Zusammenlegung gebe.[593] Die Auswirkungen auf die lokale Demokratie etwa hinsichtlich der Wahlbeteiligung in fusionierten Gemeinden sind empirisch ebenso nicht eindeutig nachgewiesen. Eine Untersuchung von fusionierten Gemeinden in zehn Staaten hat zwar ergeben, dass die Wahlbeteiligung tatsächlich sinkt, wobei dieses Phänomen stark variieren kann. Demnach kann die Entwicklung der Wahlbeteiligung nach einer Fusion nicht generalisiert werden und hängt etwa davon ab, ob es sich um ein freiwilliges oder verpflichtendes Fusionsprojekt handelt oder wie groß die Gemeinden vorher waren.[594]

Zusammenfassend ist festzustellen, dass die Strategien der Zusammenlegung und der IKZ eine Reihe von Ähnlichkeiten aufweisen. Der Hintergrund und die politische Motivation für Fusionen ähneln sehr häufig den Argumenten, warum auch eine Kooperation eingeleitet wird oder werden soll. Auch sind beide Vorhaben nicht ohne einen bestimmten politischen Einsatz oder die Akzeptanz der Bevölkerung erfolgreich durchführbar. Letztlich haben territoriale Reformen, die in Fusionsprojekte münden, oder freiwillige Zusammenschlüsse von Gemeinden sowohl für die Verwaltung wie auch die betroffenen Bürger*innen stärkere Auswirkungen auf ihre bisherige Beschaffenheit als etwaige lokale Kooperationen, die in dieser Hinsicht als Lösungsstrategie weniger riskant sind.[595] Eine berechtigte Frage für den Forschungsdiskurs ist daher, wie politische Entscheidungsträger*innen die diversen politischen Strategien bewerten.[596]

2.4. Die Akteure der Kooperation: Die Rolle des politischen Oberhaupts in der Gemeinde

Der theoretische Rahmen der Forschungsarbeit umfasst neben der lokalen Autonomie auch die intergouvernementalen Beziehungen zwischen lokalen Institutionen. Zudem steht er auch im Zusammenhang mit den politischen Akteuren, die darin agieren. Dies ist vor allem deshalb von Bedeutung, weil Institutionen allein kaum Auswirkungen auf die praktische Umsetzung von Politik haben.

592 Vgl. Swianiewicz 2016, S. 5 f.; Reingewertz und Serritzlew 2018, S. 604 f.
593 Vgl. Blesse und Rösel Felix 2017, S. 4 f.
594 Vgl. Bolgherini und Paparo 2023; Reingewertz und Serritzlew 2018, S. 605 f.
595 Vgl. Swianiewicz et al. 2022, S. 179.
596 Vgl. Swianiewicz et al. 2022, S. 179.

Politische Entscheidungen werden erst durch die Interpretation und das Verhalten von individuellen Akteur*innen geformt und geprägt.[597] So wäre ohne bestimmte Personen auch keine interkommunale Kooperation möglich: Da Institutionen allein nicht kooperieren (können), stehen hinter jeder Kooperation reale Personen. Aus diesem Grund ist die soziale Komponente bei der Untersuchung miteinzubeziehen.[598]

Diese Ausgangslage kann gut auf diesen Forschungsgegenstand angewandt werden: Eine Gemeinde als Institution kann nicht mit anderen Gemeinden in Kooperation treten, sondern es werden nur rechtliche Rahmenbedingungen vorgegeben. Es sind dann die politischen Akteure, welche diesbezügliche Entscheidungen treffen und für bestimmte Entwicklungen verantwortlich sind.[599] Hier kommen insbesondere die Akteure der Bürgermeister*innen ins Spiel, die im Fokus der empirischen Analyse stehen.

Es wird in der Kommunalforschung viel über die lokale *Leadership* diskutiert, die für die Mobilisierung des lokalen Entwicklungspotentials als zentral betrachtet wird.[600] Von einer theoretischen Perspektive aus, kann die Forschungsarbeit an dieser Stelle mit dem Konzept des akteurszentrierten Institutionalismus in Verbindung gebracht werden, der hier allerdings nicht angewandt wird.[601] Das Konzept geht davon aus, dass das Handeln von Akteuren auf einen bestehenden institutionellen Kontext zurückgeht und formale Institutionen das Verhalten von Akteuren beeinflussen. Demzufolge ist Scharpf der Meinung, dass Strukturen und Akteure gemeinsam betrachtet werden sollen. Demnach können Policy-Entscheidungen nicht nur durch die Entscheidungen von Akteuren, sondern auch den jeweiligen institutionellen Kontext erklärt werden.[602] Institutionen werden dabei als „*Regelsysteme*" bezeichnet, „*die einer Gruppe von Akteuren offen stehende Handlungsabläufe strukturieren.*"[603] Dieses Konzept würde in Bezug auf die interkommunale Kooperation folgendes bedeuten: Der institutionelle Rahmen beeinflusst die Kooperation von Gemeinden durch Gesetze, Normen, Prozesse, Ressourcen und Instrumente, die diese erleichtern oder behindern. Doch diese Regelsysteme können Kooperationen nicht von Grund auf bedingen, weil diese erst durch Akteure umgesetzt werden müssen. Nichtsdestotrotz wären die

597 Vgl. Steyvers et al. 2016; Steyvers et al. 2010, S. 15.
598 Vgl. Teles 2016, S. 90.
599 Vgl. Steyvers et al. 2016, S. 240.
600 Vgl. Heinelt 2021, S. 199.
601 Vgl. Mayntz und Scharpf 1995, Scharpf 2000.
602 Vgl. Treib 2015.
603 Scharpf 2000, S. 77.

Orientierungen der Bürgermeister*innen durch die bestehenden Institutionen beeinflusst.

Im vorangegangen Kapitel wurde auf die Typologien von lokalen Gebietskörperschaften hingewiesen. Diese Kategorisierungen konzentrieren sich insbesondere auf die vertikalen Machtbeziehungen zwischen Regierungsebenen oder die Stellung der Gemeinden innerhalb eines Verfassungssystems. Demgegenüber stehen die horizontalen Machtbeziehungen innerhalb einer lokalen Gebietskörperschaft, d.h. die Beziehungen zwischen dem politischen Oberhaupt mit dem Legislativ- bzw. Versammlungsorgan sowie anderen Akteuren innerhalb der Gemeindeverwaltung.[604] Für diese Forschungsarbeit sind beide Dimensionen der Machtbeziehungen von Interesse. Die vertikale Dimension, weil sie die institutionelle Rolle der Gemeinden in einem politischen System und deren Beziehungen zu anderen Regierungsebenen charakterisiert. Die horizontalen Machtbeziehungen, weil sie die Rolle der Akteure in einem Verwaltungssystem definieren. Letzteres ist relevant, da die Bürgermeister*innen die Ergebnisse der Empirie liefern. Der Fokus der Arbeit erlaubt keine vertiefende Analyse der Machtbeziehungen zwischen politischen Akteuren, allerdings soll im Folgenden die Rolle des lokalen Leaders angesprochen werden, dem sich andere Untersuchungen im Detail widmen.[605]

In Kapitel 5 und 6 werden die Daten zur Nutzung und Bewertung mithilfe der Meinungen der Bürgermeister*innen aus Graubünden, Südtirol und Tirol gesammelt. Dieser Fokus auf die politischen Führungspersönlichkeiten wurde bewusst gewählt und basiert auf der Annahme, dass diese die Kooperationsbeziehungen einer Gemeinde maßgeblich prägen und dafür verantwortlich sind. In der Tat bestätigt die Empirie, dass die Bürgermeister*innen von den lokalen Politiker*innen bei weitem als einflussreichste Akteure bewertet werden (neben der Exekutive und der Verwaltung). Doch nicht nur das: Studien bestätigen zudem, dass lokale Politiker*innen die Bürgermeister*innen als Akteure mit dem höchsten Einfluss auf das Versammlungsorgan einer Gemeinde bewerten.[606]

Die steigende Komplexität des lokalen Regierungsalltags führte in den vergangenen Jahrzehnten auch im Regierungsprozess zu mehr Pluralität: Wie das Regieren auf anderen Ebenen, findet das lokale Regieren zunehmend auf mehreren Ebenen statt und wird von mehreren Akteuren ausgeführt (*multilevel and multi-actor*).[607] Im Zentrum des multidimensionalen Kontexts von Erwartungen

---

604 Vgl. Heinelt et al. 2018b, S. 21 ff.

605 Siehe insbesondere: Bäck et al. 2006; Heinelt et al. 2018c.

606 Vgl. Plüss und Kübler 2013.

607 Vgl. Steyvers et al. 2016, S. 231; Hlepas et al. 2018.

vonseiten der Bürger*innen oder anderen Regierungsebenen sowie unterschiedlichen Herausforderungen steht die moderne Figur der Bürgermeister*innen als politisches Oberhaupt einer Gemeinde. Wenn diese Führungspersonen die jeweilige Gemeinde effizient und erfolgreich führen möchte, so sind sie auf Kooperation mit anderen Ebenen und Akteuren angewiesen. Zudem werden die Entscheidungen eines Leaders mitunter von der Komplexität des Regierens mit-beeinflusst.[608]

Die institutionelle Antwort auf die gesellschaftlichen Veränderungen und deren Auswirkungen auf die lokalen Institutionen ist die Stärkung der Exekutive, wie es in vielen europäischen Ländern in den vergangenen Jahren geschehen ist. Steyvers et al. haben sich mit der Rolle der Bürgermeister*innen in vergleichender Perspektive auseinandergesetzt. Sie erinnern, dass diese in mehreren Staaten seit den 1990er Jahren rechtlich gestärkt wurde (etwa durch die Einführung der Direktwahl). Außerdem habe sich die lokale Leadership vielerorts verändert und sich mittlerweile zu einer Art Unternehmertum entwickelt, welches auf ein starkes Netzwerken angewiesen ist.[609] Die Bedeutung der „externen Beziehungen" für die lokale Leadership, so etwa die Beziehungen mit den Medien, Repräsentationsverbänden, aber auch mit privaten und zivilgesellschaftlichen Akteuren bestätigten bereits frühere Studien.[610]

In Bezug auf die Akteure der interkommunalen Kooperation, geht die Forschungsarbeit davon aus, dass die Person der Bürgermeister*innen die Kooperation einer Gemeinde entscheidend beeinflusst. Haus und Ladner haben den Einfluss der lokalen Akteure in der schweizerischen Lokalpolitik untersucht und gezeigt, dass die Gemeindeexekutive und die Gemeindepräsidenten den stärksten Einfluss auf die Gemeindepolitik haben. Interessanterweise stellten sie auch fest, dass sich die Machtstrukturen in den Gemeinden seit den 1990er Jahren trotz anderer Rahmenbedingungen kaum verändert haben, da auch damals dieselben Akteuren zu den einflussreichsten Personen gehörten.[611] Neben der Studie zur Rolle der Gemeindepräsidenten, gibt es auch jene, die sich spezifisch mit den Akteuren der interkommunalen Kooperation beschäftigt haben. So unterstreichen Teles und Swianiewicz die Relevanz von lokalen Akteuren und die politische Leadership innerhalb von Kooperationsmodalitäten.[612] Auch Behnke und Müller gehen von der Annahme aus, dass politische Repräsentant*innen der

608 Vgl. Kopric et al. 2018.
609 Vgl. Steyvers et al. 2016; Steyvers et al. 2010, S. 15.
610 Vgl. Leach und Wilson 2000, S. 89 ff.
611 Vgl. Haus und Ladner 2020.
612 Vgl. Teles und Swianiewicz 2018b, S. 7.

Exekutive für die Umsetzung von intergouvernementalen Beziehungen zentral sind. Es sei nämlich die politische Elite, welche die Ergebnisse und Ausgestaltung von Kooperationsprozessen präge.[613] Die politischen Akteure sind demnach auch eine zentrale Variable, wenn es darum geht den Erfolg der intergouvernementalen Kooperationen zu fördern oder zu behindern, wobei auch die Parteipolitik einen bestimmte Einfluss hat.[614] Wirth definiert die Bürgermeister*innen ebenso als Impulsgeber für Gemeindekooperationen.[615] Gleichzeitig spricht er von einer „*menschlichen Herausforderung*“: Demnach hänge die Planung und Umsetzung von Kooperation nicht zuletzt von den politischen Persönlichkeiten einer Gemeinde oder einer bestimmten Organisation ab.[616] Letztlich stellte auch Steiner fest, dass die Umsetzung von Kooperation von mehreren Faktoren beeinflusst wird: So sind es Institutionen, die Reform-offen sind, der intensive Kontakt innerhalb der Bürgerschaft, eine vorteilhafte geografische Position sowie die kantonale Politik.[617] Bei drei von diesen vier Faktoren kann ein Zusammenhang mit den lokalen Politiker*innen einer Gemeinde gemutmaßt werden. Somit basieren die Umsetzung und Bewertung von lokaler Kooperation unter anderem auf den politischen Entscheidungen für oder gegen Kooperation bzw. die Auswahl von spezifischen Formen, den Politikfeldern der Kooperation oder weiteren Aspekten.

In den vergangenen drei Jahrzehnten hat die Figur des lokalen *Leaders* nicht nur institutionell, sondern auch im Hinblick auf einen neuen Regierungsstil an Bedeutung gewonnen. Pilet et al. gehen sogar soweit auf ein quasi-präsidentielles System in lokalen Gebietskörperschaften hinzuweisen.[618] Für den institutionellen Kontext, in welchem sich Bürgermeister*innen bewegen, ist das Konzept der *local leadership* zentral. Dieses gibt Aufschluss von welchen Variablen die Führungsstruktur innerhalb einer Gemeinde abhängt. Zudem kann durch diesen theoretischen Kontext untermauert werden, weshalb die Bürgermeister*innen eine zentrale Rolle in den lokalen Gebietskörperschaften einnehmen. Dabei sind die politischen (und administrativen) Führungspersonen in öffentlichen Institutionen von großer Wichtigkeit für deren effiziente Performanz, aber auch die langfristige Entwicklung und Modernisierung der Gebietskörperschaften.[619]

613 Vgl. Behnke und Mueller 2017.
614 Vgl. Behnke und Mueller 2021, S. 12 f.
615 Vgl. Wirth 2012, S. 50.
616 Vgl. Wirth 2012, S. 51.
617 Vgl. Steiner 2003, S. 567.
618 Vgl. Pilet et al. 2010.
619 Vgl. Drumaux und Joyce 2017.

Durmaux und Joyce beschreiben die Bedeutung der Führungspersönlichkeiten, nicht nur auf lokaler, sondern für alle Regierungsebenen, wie folgt:

> „*The challenges of leadership in Europe's public governance institutions are numerous and include the importance of long-term thinking, the importance of selectivity when setting goals and priorities, and the importance of interaction between government and civil society (including citizens).*“[620]

Das Verhalten von politischen Führungsfiguren wird von mehreren Faktoren beeinflusst. Primär sind dies die persönliche politische Agenda und die persönlichen Fähigkeiten sowie die politische und organisatorische Kultur, sekundär auch kontextuelle, institutionelle, parteiorganisatorische und weitere externe Faktoren.[621] Es gibt in der Wissenschaft verschiedene Modelle, um die politische Führung und die Kooperationsmechanismen innerhalb einer lokalen Gebietskörperschaft zu definieren und zu analysieren.[622] Eine der anerkanntesten Modelle ist jene von Mouritzen und Svara. Diese haben eine Typologie der *local leadership* ausgearbeitet und diverse Formen von Leadership definiert, welche nicht zwingend allein von der Person der Bürgermeister*innen bestimmt sein müssen, sondern sich mitunter auf andere Akteure beziehen. Die Autoren unterscheiden zwischen folgenden idealtypischen Modellen:[623]

- *Strong Mayor form*: Der*die direkt gewählte Bürgermeister*in kontrolliert die Mehrheit des Gemeinderates und hat die exekutive Macht inne.
- *Committee-leader form*: Es gibt eine Person, die als politischer Leader der Gemeinde auftritt, der allerdings nicht zwingend der*die Bürgermeister*in sein muss. Die exekutive Macht ist nicht auf eine einzige Person konzentriert, sondern wird zwischen mehreren Personen/Organen geteilt, u.a. die gewählten Mandatar*innen der Exekutive oder die oberste Führungskraft der Gemeinde.
- *Collective form*: Die exekutive Entscheidungsmacht liegt bei einem Kollegialorgan, welches aus direkt gewählten Politiker*innen und dem*der Bürgermeister*in besteht.
- *Council Manager form*: Die Entscheidungsmacht liegt bei hochrangigen Beamt*innen, z.B. einem*einer City Manager*in, die von der politischen Versammlung gewählt oder ernannt wird.

---

620 Drumaux und Joyce 2017, S. 136.
621 Vgl. Leach und Wilson 2000, S. 8 f.
622 Siehe: Heinelt et al. 2018b, S. 21 ff.
623 Vgl. Mouritzen und Svara 2002, S. 55 f.

Mouritzen und Svara stellen fest, dass die Leadership eine der zentralen Prinzipien von lokaler Regierungsführung und politischer Gestaltung ist. So widerspiegele jedes lokale Regierungssystem den Kompromiss zwischen drei Organisationsprinzipien: Der Laienregelung (Bürger*innen bestellen den Gemeinderat), politischer Leadership (Exekutive) und Professionalisierung (Expertise innerhalb der Verwaltung). Die Wissenschaftler Heinelt und Hlepas haben die Typologie von Mouritzen/Svara weiterentwickelt, das Ergebnis sind folgende vier idealtypische Modelle von Bürgermeister*innen:[624]

- Die politischen Bürgermeister*innen (*political mayor*): Dieses Modell gehört der *„strong mayor form“* an und ist vor allem in den südeuropäischen Staaten feststellbar, wo Gemeinden nur für bestimmte Funktionen zuständig sind.
- Die exekutiven Bürgermeister*innen (*executive mayor*): Auch dieses Modell bezieht sich auf den *„strong mayor“* von Mouritzen/Svara, wobei die Bürgermeister*innen in diesem Fall eine Gemeinde leiten, die für viele Aufgaben zuständig ist.
- Die kollegialen Bürgermeister*innen (*collegial leader*): Dieses Modell kann in der *„committee leader form“* oder auch der *„collective form“* auftauchen und kennzeichnet Leader, die in einer kollegialen Kooperation mit anderen Personen und Organen zusammenarbeiten.
- Die zeremoniellen Bürgermeister*innen (*ceremonial mayor*): Dieses Modell gehört der *„council manager form“* an, in welcher eine Gemeinde von einer hochrangigen Führungskraft geleitet wird und den Bürgermeister*innen nur repräsentative Aufgaben zukommen.

Steyvers et al. gehen noch einen Schritt weiter und weisen auf zwei allgemeine idealtypische Modelle von Leadership hin, die geografisch zugeordnet werden können:[625] Zum einen existiere ein Modell, in welchem ein starker Leader in der Person der Bürgermeister*innen den Gemeinderat (legislativ) und die Verwaltung (administrativ) dominiert. In diesem Formen sind die Bürgermeister*innen meist direkt oder quasi-direkt gewählt und das politische System dem Mehrheitsprinzip angelehnt. Dieses Modell sehen die Autoren vor allem in Südeuropa vorhanden. Im zweiten Modell ist die Leadership hingegen schwach ausgeprägt, z.B. weil sie nicht zwingend lokal gewählt oder nicht-politisch ist, d.h. die Exekutive wird von Expert*innen oder Manager*innen repräsentiert. Dieses Modell existiere vor allem in Ost- bzw. Zentraleuropa, wobei es auch in einer kollektiven Form des

---

624 Vgl. Heinelt et al. 2018b, S. 29 ff.

625 Vgl. Steyvers et al. 2016, S. 230 ff.

Regierens vorhanden sein kann. In einem solchen System existiert zwar eine Leadership, die politische Macht wird aber von einem ernannten oder nicht direkten gewählten Kollektiv geteilt (wie etwa in Nordeuropa).[626]

Wenn wir diese Überlegungen auf Graubünden, Südtirol und Tirol anwenden, so können die Gemeinden in Südtirol und Tirol dem Modell der starken und exekutiven Bürgermeister*innen zugeordnet werden, während die Gemeinden in Graubünden eher dem Kollektiv-Modell und dem Modell der kollegialen Bürgermeister*innen entsprechen (siehe Kapitel 3). Trotz der institutionellen Unterschiede fungiert die Person der Bürgermeister*innen in kleinräumigen Realitäten, wie es auf alle drei untersuchten Länder zutrifft, als zentraler Dreh- und Angelpunkt der lokalen Politik und der Dorfgemeinschaft. Mag er*sie auch institutionell nicht die alleinige Entscheidungskompetenz innehaben und diese mit anderen Organen teilen, so verfügen die Bürgermeister*innen über eine sichtbare Außen- und Innenwirkung und damit politischen Einfluss. Hinzu kommt, dass die Bürgermeister*innen in allen drei Territorien durch die direkte Wahl politisch legitimiert sind und ihnen dadurch eine starke repräsentative Rolle und Erwartung zufällt. Insbesondere die Direktwahl von politischen Akteur*innen trug nicht nur zu einer Demokratisierung der lokalen Gebietskörperschaften bei, sondern verstärkte auch die Personalisierung der Politik. Davon profitieren vor allem die Bürgermeister*innen, die somit mehr Einfluss erhalten.[627]

Abgesehen von den unterschiedlichen Kategorien der Leadership, gibt es Untersuchungen, die sich dem Einfluss der Bürgermeister*innen mithilfe von quantitativen Methoden annähern.[628] Ähnlich der Messung der Lokalautonomie existiert auch für die Rolle der Bürgermeister*innen ein quantitatives Untersuchungsmodell. Dieser *Mayoral Strength Index* misst die Stärke der Bürgermeister*innen innerhalb eines politischen Systems anhand von sieben Variablen. Zu den Kriterien gehören u.a. die Art von dessen Wahl, die Überschneidung der Amtsperioden von Bürgermeister*innen mit dem Versammlungsorgan oder die Art der Ernennung von Beamt*innen. Gemäß dieses Indexes befindet sich Italien im europäischen Vergleich mit 10 Punkten sehr weit vorne, während Österreich über zwei verschiedene Indexe verfügt: Einen Index (9) für jene Länder, wo die Bürgermeister*innen direkt gewählt werden und einen Wert (7) für die Länder, in denen diese kollektiv vom Gemeinderat gewählt werden. Die Schweiz hat demgegenüber nur einen

626 Vgl. Steyvers et al. 2016, S. 241 ff.

627 Vgl. Tronconi und Verzichelli 2016.

628 Vgl. Heinelt und Hlepas 2006, S. 37 f.; Heinelt et al. 2018b, S. 36 ff.

Index von 4, was die dortige Stärke der Bürgermeister*innen im Vergleich zu Italien und Österreich als deutlich geringer charakterisiert.

Abgesehen von den Einflussmöglichkeiten der lokalen Leader ist es für diese Arbeit von Interesse, was die Forschung zur Bewertung der Politik durch die Bürgermeister*innen aussagt. Obwohl es einige Studien zur Rolle und dem Selbstverständnis von Bürgermeister*innen (bzw. Gemeinderät*innen) oder zu deren Bewertung der lokalen Herausforderungen gibt,[629] existieren wenige Untersuchungen, die sich mit der Wahrnehmung oder der Evaluierung von Kooperation seitens der politischen Eliten befassen. Eine umfangreiche Forschungsarbeit, die sich mit der Rolle der politischen Oberhäupter beschäftigt hat, ist *Political Leaders in European Cities* (POLLEADER und POLLEADER II).[630] Dabei wurde zwischen 2003–2004 und ein weiteres Mal 2015–2016 eine Umfrage zur Rolle der Bürgermeister*innen in Gemeinden mit über 10.000 Einwohner*innen in über zwanzig Ländern durchgeführt. Die Publikation gibt Einsichten in Rollenverständnis, Charakteristika, Karriere und Arbeit der Leader auf lokaler Ebene. So wurde beispielsweise untersucht, welche Aufgaben Bürgermeister*innen für sich selbst als am wichtigsten definieren.[631] Dabei wurde festgestellt, dass die Wahrnehmung der Rolle der Bürgermeister*innen auch von deren institutionellen Designation abhängt, d.h. ob sie direkt gewählt wurden oder nicht. In diesem Zusammenhang bestätigt die Untersuchung, dass direkt gewählte Bürgermeister*innen dem Einfluss vonseiten der politischen Parteien weniger ausgesetzt sind als nicht direkt gewählte. Zudem sind den direkt gewählten Führungspersonen die Unterstützung der Bürger*innen, die Leitung des Personals sowie die Qualität der Dienstleistungen wichtiger als jenen Bürgermeister*innen, die nicht direkt gewählt wurden.

Denters, Steyvers und Klok haben sich mit dem Aufbau und der Nutzung von Netzwerken durch Bürgermeister*innen beschäftigt, worunter auch die Kooperation mit externen Akteuren gefasst wird (*external networking*).[632] Dabei wurde untersucht inwieweit Bürgermeister*innen bei der Umsetzung ihrer politischen Prioritäten von verschiedenen Akteuren abhängig sind. Das Ergebnis war, dass die Bürgermeister*innen in der Netzwerkarbeit aktiv sind und diese einen relevanten Aspekt ihrer politischen Tätigkeit ausmacht. So sind die Abhängigkeiten von externen Akteuren (z.B. anderen Gemeinden oder Regierungsebenen) in einigen Politikbereichen wie der Nachhaltigkeit, Infrastruktur und Sozialpolitik

---

629 Siehe etwa: Egner et al. 2013; Heinelt et al. 2018c; Heinelt et al. 2018a; Heinelt 2020.
630 Siehe: Bäck et al. 2006; Heinelt et al. 2018c.
631 Vgl. Kopric et al. 2018.
632 Vgl. Denters et al. 2018.

besonders deutlich,[633] wobei diese in Ländern wie Österreich und der Schweiz im Durchschnitt weniger ausgeprägt sind als in Italien oder einigen osteuropäischen Ländern.

Was speziell die Einstellung von lokalen Politiker*innen zur interkommunalen Zusammenarbeit angeht, gibt es noch weniger Studien als zur Wahrnehmung oder Bewertung von Kooperationsformen im Allgemeinen. Allerdings existieren zunehmend Untersuchungen darüber, welche Meinungen und Präferenzen Bürger*innen zu lokalen Kooperations- oder Fusionsprozessen haben[634] oder wie Politiker*innen zu Fusionen stehen.[635] Studien, die sich gezielt mit den Einstellungen von Politiker*innen zur interkommunalen Kooperation beschäftigen sind hingegen rarer und betreffen einzelne Fallstudien, etwa das Bundesland Hessen[636] oder die peripheren Regionen Grönland, Island und den Faröer Inseln.[637]

Bergholz und Bischoff befragten Gemeindepolitiker*innen in 59 hessischen Kommunen, ob ihre Gemeinde eng mit den Nachbargemeinden zusammenarbeiten sollte. Die Ergebnisse zeigen, dass die Unterstützung für interkommunale Kooperation in verschiedenen Politikfeldern unterschiedlich ausfällt. So wurde die Kooperationen im Bereich der Kinderbetreuung beispielsweise weniger gewünscht als im Bereich der Straßenunterhaltung oder der engeren Verwaltung. Eythórsson et al. beschäftigen sich in ihrer Befragung von Bürgermeister*innen und anderen Politiker*innen hingegen u.a. mit der politischen Bewertung von Gemeindezusammenlegungen und interkommunaler Kooperation. Ein Fokus lag dabei auf der Frage, ob die interkommunale Kooperation eine alternative Strategie zu den Fusionen für die Stärkung von kleinen Gemeinden sein könne, die in den drei Untersuchungsländern bereits umgesetzt wurden. Die Meinung zur interkommunalen Kooperation als Möglichkeit zur Problemlösung entpuppte sich in allen drei Ländern als positiv. Auch überwiegt in allen drei Ländern die Meinung, dass die IKZ ein Weg sei, um effizienter zu verwalten. Interessant sind gleichzeitig die Meinungen zu Fusionen: Einige Befragte haben Interesse an deren Ausbau, besonders in Grönland, wo starke Fusionen bereits stattgefunden haben.

633 Die höchsten Werte wurden in den Politikfeldern nach Nachhaltigkeit und Infrastruktur gemessen. Vgl. Denters et al. 2018, S. 286.

634 Siehe etwa: Kushner und Siegel 2008; Bischoff et al. 2014; Ryan et al. 2016; Higdem et al. 2020; Strandberg und Lindell 2020; Strandberg et al. 2022; Strebel und Kübler 2021, 2021; Strandberg et al. 2022; Manaf et al. 2022.

635 Siehe etwa: Vakulenko et al. 2022; Myksvoll 2023.

636 Vgl. Bergholz und Bischoff 2016.

637 Vgl. Eythórsson et al. 2015.

In beiden Fällen konnten die Wissenschaftler*innen einen Zusammenhang mit der Größe der Gemeinde feststellen.

Eine systematische Studie zur Umsetzung (aber nicht der Bewertung) der interkommunalen Zusammenarbeit wird demgegenüber in der Schweiz bereits seit 1988 durchgeführt.[638] Im Rahmen eines nationalen Gemeindemonitorings werden Befragungen u.a. zur Leistungsfähigkeit, den Finanzen und den Reformen der Schweizer Gemeinden durchgeführt, die sich an hochrangige Beamte*innen und letztens auch an Mitglieder der politischen Exekutive richten. Ein Teil der Umfrage befasst sich mit den Formen der lokalen Leistungserbringung und damit in welchen Politikfeldern Gemeinden mit anderen Gemeinden oder privaten Akteuren zusammenarbeiten.

Andere Studien beschäftigten sich speziell mit den Akteuren der Zusammenarbeit, so jene von Swianiewicz.[639] Dort hat man sich der Frage gewidmet, welche Rolle den Bürgermeister*innen bei der Umsetzung von interkommunaler Kooperation zukommt. In einer vergleichenden Untersuchung von acht Staaten kommt Swianiewicz zum Schluss, dass diese die aktivsten und einflussreichsten Akteure bei der Initiierung und Beibehaltung von interkommunaler Zusammenarbeit sind.[640] Zu ähnlichen Ergebnissen kommt eine Umfrage bei österreichischen Städten. Demnach liegt die Leitung der interkommunalen Kooperationen meist bei den Bürgermeister*innen und nur vereinzelt bei anderen Personen.[641]

Swianiewicz hat den Einfluss von politischen Akteuren auf die interkommunale Kooperation auch empirisch untersucht. So stellte er die These auf und verifizierte sie durch Daten aus mehreren Ländern, dass je institutionalisierter die Kooperation einer lokalen Gebietskörperschaft sei, desto höher sei auch das Interesse des*der Bürgermeister*in dafür. Zudem ging der Wissenschaftler davon aus, dass Bürgermeister*innen in einer Gemeinde mit einer *strong-mayor leadership* im Rahmen der interkommunalen Kooperation einflussreicher seien als jene aus Gemeinden, die einer *council-manager* Form zuzuordnen ist. Diese These

---

638 Das Schweizer Gemeindemonitoring bzw. die so genannte Gemeindeschreiberbefragung wird seit 1988 kontinuierlich durch die Zürcher Hochschule für Angewandte Wissenschaften (ZHAW) und das IDHEAP Lausanne (bzw. deren Vorgängerinstitutionen) durchgeführt. Die letzte Erhebung fand im Jahr 2017 statt und hatte eine Rücklaufquote von über 80 Prozent. Mehr Informationen unter: https://www.zhaw.ch/de/sml/institute-zentren/ivm/forschung-und-beratung/schweizer-gemeindemonitoring/, zuletzt geprüft am 06.04.2023.

639 Siehe etwa: Swianiewicz 2018; Poirier und Saunders 2015b; Steyvers et al. 2016.

640 Vgl. Swianiewicz 2018, S. 52 ff.

641 Vgl. Biwald et al. 2004, S. 28.

konnte hingegen nicht eindeutig verifiziert werden, doch tendierten die Ergebnisse ebenso in diese Richtung.[642] Als weiteres Beispiel für eine Untersuchung von u.a. Gründen, Formen und Auswirkungen von interkommunaler Kooperation kann die Studie von Bucaite-Vilke zitiert werden. Die Autorin hat eine Befragung mit lokalen Amtspersonen, Politiker*innen sowie lokalen Unternehmen und zivilgesellschaftlichen Gruppen in Litauen durchgeführt. Sie kam zur Erkenntnis, dass die einflussreichsten Akteure in der Umsetzung der Kooperation die Gemeindeverwaltungen und die Beamt*innen sind, die mit Bürgermeister*innen und anderen lokalen Politiker*innen zusammenarbeiten[643].

Es wurde ersichtlich, dass sowohl die Lehre wie auch die Empirie auf die einflussreiche und prägende Rolle der Bürgermeister*innen für die lokale Entwicklung im Allgemeinen, aber auch die interkommunale Kooperation im Spezifischen hinweisen. Demnach wird die hier aufgestellte Annahme untermauert, dass die Bürgermeister*innen zu den zentralen Akteuren der Kooperation gehören und somit interessante und bedeutende Einblicke in die Nutzung und Bewertung von Kooperation liefern können. Durch die Wahl dieses Blickwinkels kann eine vorhandene Forschungslücke mit praktischem Wissen und Erfahrungen gefüllt werden.

2.5. Der Beitrag dieser Arbeit zur Forschungsdebatte

Dieses Kapitel hat die drei zentralen Konzepte zur Einordnung der Dissertation definiert. Dies sind die *lokale Autonomie in den europäischen Mehrebenensystemen*, die *intergouvernementalen Beziehungen und Kooperationsmechanismen von lokalen Gebietskörperschaften in horizontaler Hinsicht* sowie die *Bewertung der lokalen Kooperation durch lokale politische Eliten*. Wie ausgeführt, wurde die Entwicklung der lokalen Regierungsebene in Europa, deren Herausforderungen und die damit zusammenhängenden notwendigen Kooperationsmodalitäten, bereits vielfach erforscht und verglichen. In allen drei relevanten Forschungssträngen ist der Stand der Forschung fortgeschritten, nichtsdestotrotz wurden einige Forschungslücken definiert, welche das Innovationspotential dieser Arbeit untermauern und zu welchen die vorliegende Forschungsarbeit einen Beitrag leisten möchte.

Für die Beantwortung der Forschungsfragen und den methodischen Zugang zum Forschungsgegenstand sind nicht alle in diesem Kapitel erwähnten Theorien relevant. Dennoch war es mir wichtig, die grundlegenden Diskussionen der

642 Vgl. Swianiewicz 2018, S. 52 ff.
643 Vgl. Bučaitė-Vilkė 2021.

aktuellen Forschung zumindest anzuschneiden, wenn sie auch nicht alle vertiefend diskutiert wurden. Der Fokus der folgenden Kapitel liegt nun auf der rechtlich-politischen Einordnung der interkommunalen Kooperation in den ausgewählten Fällen und der Überprüfung von theoretischen Annahmen zur Durchführung und Notwendigkeit von Kooperation mit Stimmen aus der Praxis. Ich betrachte die horizontale lokale Kooperation als einen Teil der intergouvernementalen Beziehungen von lokalen Gebietskörperschaften, die in manchen Fällen Teil ihrer täglichen *governance* geworden ist. Diese Beziehungen können wiederum als Bestandteil der *multilevel governance* angesehen werden, die in den europäischen Mehrebenensystemen und auch in den drei Fallstudien vorhanden ist.

Mit der lokalen Selbstverwaltung in Europa und der dynamischen Entwicklung der lokalen Autonomie in den vergangenen Jahrzehnten haben sich, wie aufgezeigt, schon eine Reihe von Autor*innen auseinandergesetzt. Es existieren zahlreiche Abhandlungen zur Kategorisierung von Gemeinden sowie zur lokalen Selbstverwaltung in Österreich, Italien und der Schweiz. Allerdings beschränken sich die bestehenden Studien häufig auf Untersuchungen der lokalen Gebietskörperschaften innerhalb der nationalen Systeme und weniger mit deren Stellung innerhalb der subnationalen Gebiete, insbesondere nicht aus vergleichender oder interdisziplinärer Perspektive. Besonders für die angewandte Föderalismus- und Regionalismusforschung ist dieser Blickwinkel aber maßgebend, weil die rechtlichen Voraussetzungen und somit auch die lokale Praxis innerhalb einzelner Territorien asymmetrisch organisiert sein und voneinander divergieren können.[644]

Die lokale Regierungsebene spielt auch in den bisherigen Diskursen zu den intergouvernementalen Beziehungen in Mehrebenensystemen eine zurückgestellte Rolle. Es wurde darauf hingewiesen, dass die Verflechtungen zwischen Regierungsebenen und -institutionen ständig zunehmen. Dies ist nicht nur der Fall in vertikaler, sondern auch in horizontaler Dimension. Dennoch nimmt das Thema der horizontalen Beziehungen in der bisherigen Forschung von Mehrebenensystemen kaum Aufmerksamkeit ein. Diese Forschungslücke betrifft nicht nur die Debatten auf internationaler Ebene, sondern spezifisch das Gebiet des Alpenraums und die Fälle Graubünden, Südtirol und Tirol. Es ist demnach nicht nur von Bedeutung, mehr Untersuchungen zu den rechtlich-politischen Rahmenbedingungen der interkommunalen Kooperation durchzuführen, es scheint auch notwendig, existierende Thesen zu überprüfen. Die lokale Kooperation wurde in vergleichender Hinsicht bisher noch wenig systematisch analysiert, allerdings

644 Vgl. Bolgherini et al. 2021b.

ist ihre politische Relevanz aufgrund von aktuellen Reformen in den drei ausgewählten Gebieten sehr hoch.

Letztens wurde auf die prägende Rolle der Bürgermeister*innen in den Gemeindeverwaltungen hingewiesen und deren potenzieller Einfluss auf die Kooperations- und Netzwerkmodalitäten in den Gemeinden. Dennoch gibt es auch zur politischen Bewertung von Kooperation nur wenige Fallstudien und kaum vergleichenden Untersuchungen. Diese Erkenntnis ist aber notwendig und eröffnet weitere Fragestellungen, um die Relevanz von politischen Strategien praktisch zu überprüfen und zu bewerten.

Neben dem Ziel zu den genannten Forschungslücken einen Beitrag zu leisten, bietet die Untersuchung durch den vergleichenden Zugang ein weiteres wertvolles Element für den Stand der Lokalforschung im Alpenraum. So ist es sowohl für die Rechts-, Politik- und Verwaltungswissenschaft und auch die lokale und regionale Politik von Interesse, ob Gemeinden in einem wirtschaftlich und geografisch homogenen Raum ähnlich miteinander kooperieren bzw. die politischen Eliten ähnliche Meinungen zu dieser Art von territorialen Strategien aufweisen oder nicht. So bietet das Projekt mittels neu erhobener Daten Einblicke in Mechanismen, die intergouvernementale horizontale Kooperation regeln und gleichzeitig in politische Bewertungen, die diese begleiten. In diesem Zusammenhang werden auch Primärdaten zu den Meinungen von Bürgermeister*innen erhoben und damit erstmals eine explorative Untersuchung zur Nutzung und Bewertung von lokaler Kooperation in drei alpinen Territorien durchgeführt.

Die empirischen Daten sind nicht repräsentativ für den Alpenraum, bieten aber Erfahrungsberichte von über 150 politischen Persönlichkeiten und somit die Basis für weitere Studien. Ebenso stellt das Analysekonzept zur Definition der Nutzung und Bewertung von lokaler Kooperation für die betroffenen Gebietskörperschaften eine Pionierarbeit dar. Wenn beide Aspekte, die hier untersucht werden – die lokale Autonomie und die formale und praktische Rolle der lokalen Kooperation – zusammengenommen werden, ergeben sich politisch und gesellschaftlich relevante Fragestellungen, deren Ergebnisse auch für andere geografische Kontexte interessant sein können.

Den Gedanken von Lehnert et al. Folgend,[645] soll jede Forschungsfrage eine theoretische Relevanz für die Wissenschaft sowie eine gesellschaftliche Relevanz für „Außenstehende“ aufweisen. Diese Arbeit erfüllt beide Kriterien. Aus theoretischer Sicht handelt es sich um einen Beitrag zur wissenschaftlichen Debatte. Dieser wird durch die Diskussion hinsichtlich der Stellung der lokalen Kooperation in

645 Vgl. Lehnert et al. 2007.

Recht und Praxis geleistet. Der Wissensstand wird auf drei subnationale Gebietskörperschaften erweitert, die Aufschluss geben, wie die Kooperation in diesen Territorien ausgestaltet ist und ob sie ähnlichen Voraussetzungen ausgesetzt ist. Weiteres dient das Forschungsprojekt als systematische Analyse, um ähnliche oder unterschiedliche Ansätze von Kooperation aufzuzeigen. Die Relevanz wird dadurch verstärkt, dass es zu den drei Ländern bisher nur einzelne Studien zur interkommunalen Kooperation gibt. Des Weiteren ist die Untersuchung durch die erhobenen Primärdaten für diese Diskussionen nützlich, weil sie erstmal Einblicke in die Einstellungen der politischen Eliten in Graubünden, Südtirol und Tirol gibt. Die Daten bereichern bisherige Untersuchungen und eröffnen Interessierten Zugang zu aktuellen Erkenntnissen.

Zusätzlich zu dieser theoretischen Relevanz weisen die Forschungsfragen eine gesellschaftlich relevante Komponente auf. Diese wird insofern garantiert, weil alle Bürger*innen direkte Begünstigte von lokalen Dienstleistungen, deren Leistungsangebot, der Effizienz und/oder den jeweiligen Kosten sind. Bürger*innen haben ein primäres Interesse daran, dass eine Gemeinde so viele Dienstleistungen wie möglich in ihrer räumlichen Nähe ausführt, ihnen ein breites Angebot zur Verfügung gestellt wird und auch, dass Aufgaben effizient und kostengünstig durchgeführt werden. Die Ergebnisse zur Regelung, Nutzung und Bewertung der lokalen Kooperation haben auf die Bürger*innen der ausgewählten Länder zwar keinen direkten Einfluss, doch können die Ergebnisse auf lange Sicht Auswirkungen auf das lokale Verwaltungssystem haben. Und zwar dann, wenn die Entscheidungsträger*innen die Ausführung ihrer Dienstleistungen hinterfragen oder künftig anpassen.

Da die Gemeinden ein bedeutender Teil unseres politischen Systems sind, ist das Verständnis ob und auf welche Art und Weise sie miteinander kooperieren für die Entwicklung des lokalen Regierens bedeutsam. Wir können viele theoretische Abhandlungen zu der lokalen *governance* und möglichen Lösungsstrategien für lokale Herausforderungen verfassen, doch die grundlegende Frage, die meistens unbeantwortet bleibt, ist: Werden diese Empfehlungen und Erkenntnisse politisch auch umgesetzt? Werden sie positiv oder negativ aufgenommen? Denn ohne einen bestimmten politischen Willen werden Erkenntnisse auf der lokalen Ebene nicht umgesetzt – außer diese werden dazu von oben beordert. Da der politische Wille ein Grundelement für die praktische Nutzung von Strategien ist, ist es für die Wissenschaft und Politik zentral zu eruieren, was Politiker*innen über bestimmte Zielvorhaben denken. Durch diese Untersuchung wird auch Wissen für politische Vertreter*innen in subnationalen und lokalen Regierungen und Parlamenten generiert. Diese können sich über existierende Erfahrungen und Meinungen zu Kooperation informieren und daraus Lehren für künftige Reformen ziehen. Weiters erfahren die Entscheidungsträger*innen auf lokaler Ebene wie Gemeinden in ihren Nachbarregionen oder innerhalb der eigenen Region kooperieren bzw. wie andere/ähnliche Gemeindetypen Dienstleistungen ausführen. Politiker*innen können ihre eigene Gemeinde in Vergleich stellen und ihre Kooperationsmechanismen basierend auf anderen Erfahrungen verändern oder sich in ihrer bisherigen Strategie bestärkt fühlen. Zusammengefasst bietet die Untersuchung in den ausgewählten Fallbeispielen ein hohes Innovationspotential in mehrfacher Hinsicht.

Teil 2: Recht

Kapitel 3: Lokale Autonomie in Graubünden, Südtirol und Tirol

3.1. Der nationale Kontext: Die Mehrebenensysteme Schweiz, Italien, Österreich

3.1.1 Territoriale Gliederung und Mehrebenen-Governance

In diesem Kapitel 3 wird die Verankerung der lokalen Autonomie in den nationalen und subnationalen Rechtsgrundlagen der ausgewählten Fälle dargestellt und anhand von mehreren Definitionsmerkmalen miteinander verglichen. Wie angeführt, setzt sich die lokale Autonomie aus verschiedenen Facetten zusammen, die in den folgenden Abschnitten zusammengefasst werden. In einem abschließenden Abschnitt werden vergleichende Beobachtungen aufgestellt. Bevor der Blick auf das Ausmaß der Autonomie der Gemeinden in den Territorien geworfen wird, folgt zuerst ein Überblick über die territoriale Gliederung der drei ausgewählten Nationalstaaten sowie dann ein Einblick in die drei subnationalen Territorien, mit denen sich diese Forschungsarbeit beschäftigt.

Italien, Österreich und die Schweiz sind Mehrebenensysteme in Mittel- bzw. Südeuropa, die historisch, verfassungsrechtlich und politisch unterschiedlich geprägt sind. Einer der relevantesten Unterschiede ist, dass Österreich und die Schweiz in ihrer Verfassung als Bundesstaaten definiert und auch in der Forschung als solche kategorisiert werden,[646] Italien hingegen als Regionalstaat oder „quasi-föderales“[647] System gilt. Obwohl die drei Staaten verfassungsrechtlich divergieren, werden sie in die Gruppe der dezentralisierten Systeme eingeordnet und haben eine klare Berechtigung miteinander verglichen zu werden. Sie verfügen über subnationale und lokale Gebietskörperschaften, die mit einem bestimmten Grad an Autonomie ausgestattet sind und Selbstverwaltung innerhalb eines verfassungsrechtlichen Rahmens ausüben. Eine weitere Gemeinsamkeit der Staaten ist, dass sie alle – vollständig oder teilweise – zum europäischen territorialen Großraum des Alpenraums gehören. Nach der Definition der makroregionalen

646 Vgl. Hueglin und Fenna 2015, S. 47 ff.
647 Lippi 2011.

Strategie für den Alpenraum (EUSALP)[648] trifft diese Zugehörigkeit für Österreich auf alle neun Bundesländer zu, für die Schweiz auf alle 26 Kantone und für Italien auf die sieben nördlichen Regionen Aostatal, Friaul-Julisch-Venetien, Ligurien, Lombardei, Piemont, Trentino-Südtirol sowie Venetien. Dass die beiden Staaten Österreich und Schweiz flächenmäßig deutlich kleiner als die Italienische Republik sind, hat Auswirkungen auf die Beschaffenheit und Entwicklung der subnationalen Gebietskörperschaften. Italien ist im Gegensatz zu den anderen beiden Staaten von einer größeren Heterogenität geprägt. So sind die italienischen Regionen nicht nur im Hinblick auf ihre geografische Charakterisierung (Gebirge/Meer) deutlicher voneinander abgrenzbar, sondern auch bezüglich ihrer wirtschaftlichen Performanz und politisch-kulturellen Identität.[649]

---

648 Siehe: EUSALP, EU Strategy for the Alpine Region, 7 Countries and 48 Regions, https://www.alpine-region.eu/7-countries-and-48-regions, zuletzt geprüft am: 06.04.2023. Die Alpenkonvention fasst die Ausdehnung der administrativen Einheiten des Alpenraums enger. Dort gehören nur acht der neun österreichischen Bundesländer dazu (und zum Teil nicht alle Gemeinden) sowie 15 der 26 schweizerischen Kantone, wobei auch hier nicht immer der gesamte Kanton. Siehe: Alpenkonvention, Vertragsparteien, https://www.alpconv.org/fileadmin/user_upload/Fotos/Banner/Organisation/contracting_parties/Liste_der_administrativen_Einheiten_des_Alpenraums.pdf, zuletzt geprüft am 19.05.2023.

649 Vgl. Palermo und Valdesalici 2019.

Tabelle 27: Die Nationalstaaten im Vergleich

	Schweiz	**Italien**	**Österreich**
Verfassungsstruktur	Bundestaat	Asymmetrischer Regionalstaat	Bundesstaat
Anzahl subnationale Gebietskörperschaften	26	20 (15 Regionen mit Normalstatut, 5 Regionen mit Sonderstatut davon zwei Autonome Provinzen)	9
Anzahl Gemeinden	2.148[650]	7.904[651]	2.093[652]
Fläche	41.285 km²	301.338 km²	83.879 km²
Einwohner*innen	8,3 Mio.	60,6 Mio.	8,7 Mio.

Demgegenüber können die drei subnationalen Gebietskörperschaften in allen drei Gebieten als Sonderlinge bezeichnet werden. Die Autonome Provinz Bozen differenziert sich von den meisten italienischen Regionen zum einen durch ihren verfassungsrechtlich geschützten Sonderstatus und die sprachliche Vielfalt (deutsch- und ladinischsprachige Minderheit), aber auch durch die historisch bedingte kulturelle Zugehörigkeit zum deutschsprachigen Raum und ihre wirtschaftliche Prosperität. Zudem ist Trentino-Südtirol bevölkerungs- und flächenmäßig eine der kleinsten italienischen Regionen.

Auch der Kanton Graubünden sticht unter den 26 Kantonen der Schweizerischen Eidgenossenschaft hervor: Er ist flächenmäßig der größte Kanton und zudem der Einzige, der offiziell dreisprachig ist (Deutsch, Rätoromanisch, Italienisch). Im Hinblick auf seine Bevölkerungszahl liegt das Territorium trotz der ausgedehnten Fläche allerdings nur im Schweizer Mittelfeld.[653] Wie die italienischen

650 Stand: Januar 2022, siehe: Schweizerische Eidgenossenschaft, Bundesamt für Statistik, Amtliches Gemeindeverzeichnis der Schweiz: www.bfs.admin.ch/bfs/de/home/grundlagen/agvch.assetdetail.20604220.html, zuletzt geprüft am 06.04.2023.

651 Stand: März 2022, siehe: Istituto Nazionale di Statistica ISTAT, *Codici statistici delle unitá amministrative territoriali, novitá per l'anno 2019*, https://www.istat.it/it/archivio/6789, zuletzt geprüft am 23.03.2022.

652 Stand: März 2022, siehe: Statistik Austria, Klassifizierungen, Gemeinden, http://www.statistik.at/web_de/klassifikationen/regionale_gliederungen/gemeinden/index.html, zuletzt geprüft am 23.03.2023.

653 Die Zahlen beziehen sich auf das Jahr 2017, siehe: Schweizerische Eidgenossenschaft, Bundesamt für Statistik, Kantonportraits, https://www.bfs.admin.ch/bfs/de/home/statistiken/regionalstatistik/regionale-portraets-kennzahlen/kantone.html, zuletzt geprüft am 06.04.2023.

Regionen, weisen auch die Schweizer Kantone vor allem in Bezug auf ihre Größe, ihre sprachliche, religiöse und kulturelle Vielfalt sowie die wirtschaftliche Performanz Unterschiede auf.[654]

Demgegenüber sind sich die österreichischen Gebietskörperschaften in sprachlicher und religiöser Hinsicht homogener als ihre italienischen und schweizerischen Nachbarländer. Dennoch sind auch die Länder in Österreich durch gewisse Asymmetrien in sozialer, wirtschaftlicher und kultureller Hinsicht charakterisiert.[655] In Kärnten gibt es zudem eine offiziell anerkannte slowenische Minderheit. Der Bundesstaat Österreich besteht aus neun Ländern, wobei das Land Tirol bis 1919 auch das heutige Territorium der autonomen Provinz Bozen/Südtirol umfasste und somit eine bewegungsreiche Geschichte aufweist. Die beiden Länder Nord- und Südtirol eint nicht nur eine jahrhundertelange gemeinsame Historie im Habsburgerreich und dem Kaisertum Österreich, sondern auch enge wirtschaftliche und politische Beziehungen, die seit 2012 im Europäischen Verbund für territoriale Zusammenarbeit (EVTZ) „Europaregion Tirol-Südtirol-Trentino" institutionalisiert wurden.[656] Das Land Tirol liegt in Bezug auf seine Einwohner*innenzahl im österreichischen Mittelfeld, hinsichtlich seiner Flächengröße ist es eines der größten Länder Österreichs, nur die beiden Länder Steiermark und Oberösterreich sind flächenmäßig ausgedehnter.

Im Folgenden werden die Nationalstaaten sowie die subnationalen Gebietskörperschaften anhand ihrer territorialen Gliederung und deren verfassungsrechtlicher Verankerung vorgestellt. Diese Zusammenfassung dient als kontextuelle Einbettung für die nachfolgenden Ausführungen.

3.1.2 Schweizerische Eidgenossenschaft: Das Paradebeispiel des Bundesstaats

Die Schweiz kann als Föderalstaat im klassischen Sinne bezeichnet werden. Neben den Vereinigten Staaten von Amerika ist der mitteleuropäische Alpenstaat einer der ältesten Bundesstaaten der Welt und zählt als *„mature federation"*.[657] Die USA und die Schweiz eint zudem der Zusammenschluss von vormals unabhängigen Staaten zu einem gemeinsamen Bundesstaat mit starker subnationaler Autonomie (*coming together federalism*[658]). Aufgrund der bezeichnenden Selbstverwaltung

---

654 Vgl. Linder und Steffen 2006.
655 Vgl. Hermann 2020.
656 Vgl. Engl und Zwilling 2013.
657 Vgl. Watts 2008, S. 30.
658 Vgl. Stepan 1999.

der subnationalen Gliedstaaten – den Kantonen – gilt die Schweiz als einer der *„föderalisten Staaten der Welt“.*[659] Bezieht man den Bundestaat auf die Merkmale von Watts, so erfüllt die Schweizerische Eidgenossenschaft alle Prinzipien der *self-rule* wie auch der *shared-rule*:[660] zwei Regierungsebenen, die direkt mit den Bürger*innen im Kontakt stehen; die subnationale Selbstverwaltung durch eine legislative und exekutive verfassungsrechtliche Kompetenzverteilung und finanzielle Autonomie; die Einbindung der subnationalen Regierungsebene in den föderalen Gesetzgebungsprozess; eine geschriebene Verfassung, die nicht ohne die Zustimmung der subnationalen Gebietskörperschaften abänderbar ist; institutionelle Verfahren, um Konflikte zwischen den Regierungsebenen zu regeln; Prozesse und Institutionen zur intergouvernementalen Zusammenarbeit.

Der Zusammenschluss von vormals souveränen Kantonen zu einem gemeinsamen Staat mündete 1848 in die erste Verfassung des Bundesstaates. Ziel war es, die bestehende Vielfalt auf dem neuen Staatsgebiet, die sich im Vorhandensein von vier Sprachgruppen (Deutsch, Französisch, Italienisch, Rätoromanisch) und zwei Religionsgemeinschaften (Katholizismus und Protestantismus) äußerte, weitmöglichst anzuerkennen.[661] Dementsprechend war die Verfassung nicht nur ein Kompromiss zwischen protestantischen und katholischen Territorien, sondern auch von zentralistischen und föderalen Kräften.[662] Es sind vor allem zwei Elemente, welche Häfelin et al. als charakteristisch für die Bundesverfassung nennen: Die rechtsstaatliche Demokratie nach Vorbild der existierenden Kantonsverfassungen[663] sowie der bundesstaatliche Aufbau nach Vorbild der Vereinigten Staaten von Amerika.[664] Die erste Verfassung des Bundesstaates wurde 1874 einer vollständigen Revision unterzogen und blieb, abgesehen von einer Vielzahl von Änderungen, 75 Jahre lang bis zur zweiten Totalrevision 1999 in Kraft.

---

659 Vgl. Mueller und Vatter 2016, S. 99.

660 Vgl. Watts 1999, S. 6 ff.

661 Vgl. Schmitt 2012 S. 351.

662 Vorausgegangen waren Streitigkeiten zwischen den Lagern der Konservativen und Liberalen, die im Sonderbundskrieg (3.–29. November 1947) mündeten. Vgl. Vatter 2018, S. 444 f.

663 Die meisten Schweizer Kantone kannten bereits vor der Bundesverfassung eine eigene geschriebene Verfassung. Zur Verfassungsgeschichte der Schweiz, siehe u.a.: Diggelmann et al. 2020. Interessanterweise wurde die Bundesverfassung von 1999 von 12 von 26 Kantonen abgelehnt. Vgl. Schmitt 2012, S. 376.

664 Vgl. Häfelin et al. 2012, S. 16.

Territorial und politisch ist die Schweiz in drei Regierungsebenen gegliedert: Bund, Kantone und Gemeinden. Der Bund setzt sich aus 26 Kantonen[665] zusammen, die laut Bundesverfassung souverän sind, *„soweit diese Souveränität nicht durch die Bundesverfassung beschränkt ist"*. Zudem üben die Kantone *„alle Rechte aus, die nicht dem Bund übertragen sind"* (Art. 3). Demgemäß genießen die schweizerischen Kantone ein hohes Maß an Autonomie und haben eine Residualkompetenz.[666] Die Bundesverfassung ist es auch, welche dem Bund dessen Aufgaben zuweist (Art. 42). Dieser ist nur für jene Aufgaben verantwortlich, welche ihm durch die Bundesverfassung zustehen. Daraus folgt, dass eine Abänderung der Zuständigkeitsordnung eine Verfassungsänderung verlangt. Dafür bedarf es wiederum der Zustimmung des Volkes sowie der Kantone (Art. 140, BV), was die starke Stellung der subnationalen Gebietskörperschaften erneut unterstreicht.[667] Gemäß der BV muss jede Verfassungsänderung nicht nur von der Mehrheit der schweizerischen Bevölkerung, sondern auch einer territorialen Mehrheit der Kantone, das so genannte *Ständemehr*, abgestimmt werden. Thomas Fleiner und Alexander Misic unterstreichen vier Grundprinzipien, die den schweizerischen Föderalismus bestimmen: Erstens den Reichtum, die Komplexität und das Konfliktpotential der kulturellen, sprachlichen und religiösen Vielfalt anzuerkennen. Zweitens das Bedürfnis, diese Vielfalt zu fördern. Drittens die Demokratie über den Föderalismus noch zu verstärken. Sowie viertens die individuelle Gleichheit mit der Gleichheit der Kantone zu ergänzen.[668]

Neben der sprachlichen und religiösen Pluralität gehören die ausgeprägte lokale und subnationale Selbstverwaltung sowie der Einbezug der Bürger*innen in den Gesetzgebungsprozess und bei Verfassungsänderungen zu den Säulen der Eidgenossenschaft.[669] Die Schweiz sticht europaweit durch eine ausgeprägte direkte Demokratie hervor, denn die Bürger*innen sind mehrmals im Jahr zu

665 1848 waren es noch 25 Kantone. Der Kanton Jura wurde erst 1978 nach einem Referendum gegründet. Zum Ablauf und der Historie der Abspaltung des Kanton Jura, siehe: Linder und Mueller 2017, S. 212 ff.

666 Vgl. Ehrenzeller und Ehrenzeller 2016, S. 37 ff.

667 Vgl. Linder und Mueller 2017, S. 181 ff.

668 Fleiner und Misic 2001.

669 Vgl. Freiburghaus und Vatter 2023. Das Gesetzesreferendum wurde 1874 eingeführt und die Verfassungsinitiative 1981. Der Prozess für eine Verfassungsänderung sieht eine obligatorische Volksabstimmung mit doppelter Mehrheit vor: Die Mehrheit des Volks sowie den Ständen (Kantonen). Siehe Art. 140, Bundesverfassung (BV). Zur Verfassungsgeschichte der Schweiz, vgl. u.a. Vatter 2018., S. 415 ff.; Diggelmann et al. 2020.

Abstimmungen zu verschiedensten Sachfragen aufgerufen.[670] Bereits in Artikel 1 der Bundesverfassung steht, dass *„das Schweizervolk und die Kantone*[671] *(...) die Schweizerische Eidgenossenschaft [bilden].“* Der Politologe Adrian Vatter definiert ergänzend drei Merkmale als besonders prägend für das schweizerische politische System, was dieses international zu einem positiv konnotierten Sonderfall[672] mache: Die gesellschaftliche Pluralität und die damit zusammenhängende Identität als *„Willensnation“*[673] auf multikultureller Grundlage, die Schweiz als Mikrokosmos Europas und Vorbild für den Integrationsprozess der EU sowie die Schweiz als modernes und direktdemokratisches Labor.[674]

Obwohl die Kantone über eine weitreichende Selbstverwaltung verfügen, wurden in den vergangenen Jahrzehnten mehrere kantonale Zuständigkeiten auf den Bund übertragen. Aus diesem Grund liegt eine der Hauptaufgaben der Kantone in der Umsetzung des Bundesrechts.[675] Der schweizerische Föderalismus wird in diesem Zusammenhang als *„Vollzugsföderalismus“* betitelt.[676] Dennoch ist der Bundesstaat kein reiner Vollzugsföderalismus, denn die Kantone haben weitreichende Gesetzgebungskompetenzen sowie das Recht, ihre politische Organisation frei zu wählen und eigene Steuern festzusetzen.[677] Artikel 47 der Bundesverfassung sieht die kantonale Autonomie und deren Wahrung durch den Bund vor:

> *„Der Bund wahrt die Eigenständigkeit der Kantone. Er belässt den Kantonen ausreichend eigene Aufgaben und beachtet ihre Organisationsautonomie. Er belässt den Kantonen ausreichende Finanzierungsquellen und trägt dazu bei, dass sie über die notwendigen finanziellen Mittel zur Erfüllung ihrer Aufgaben verfügen.“*

---

670 Man spricht daher auch von einer „halbdirekten Demokratie“ oder „Abstimmungsdemokratie“, vgl. Belser 2021a.

671 Zürich, Bern, Luzern, Uri, Schwyz, Obwalden und Nidwalden, Glarus, Zug, Freiburg, Solothurn, Basel-Stadt und Basel-Landschaft, Schaffhausen, Appenzell Ausserrhoden und Appenzell Innerrhoden, St. Gallen, Graubünden, Aargau, Thurgau, Tessin, Waadt, Wallis, Neuenburg, Genf und Jura.

672 Vgl. Watts 2008, S. 32; Palermo und Kössler 2017, S. 76 ff.

673 Der Begriff wurde erstmal von Ernest Renan geprägt. In der Lehre wird in Bezug auf die Schweiz sehr häufig von einer „Willensnation“ gesprochen. Gemeint sind damit die fehlenden Voraussetzungen für ein starkes Nationalbewusstsein im traditionellen Sinne, wie eine gemeinsame Sprache oder Religion.

674 Vgl. Vatter 2018, S. 37.

675 Vgl. Ehrenzeller und Ehrenzeller 2016, S. 65.

676 Vgl. Fleiner 2006, S. 278 f.

677 Zu einer detaillierten Übersicht des kantonalen Staatsrechts siehe: Auer 2016.

Laut Bundesverfassung (Art. 51) muss jeder Kanton über eine demokratische Verfassung verfügen, die vom jeweiligen Stimmvolk bestätigt wird. Außerdem sind die Kantone berechtigt, innerhalb ihrer Zuständigkeiten mit dem Ausland Verträge abzuschließen (Art. 56). Die Kantone sind somit einerseits souveräne Gebiete[678] und andererseits dem Bund untergeordnete Einheiten, aber gleichzeitig mitbestimmende Organe im Gesetzgebungsprozess. Aufgrund dieser Widersprüchlichkeit bezeichnet Andreas Auer die Kantone als „eigenartige Gebilde“, deren Erfassung *„zu den schwierigsten Fragen im schweizerischen Staatsrecht“* gehöre.[679] Interessanterweise sind die kantonalen Verfassungen heute trotz ihrer Wichtigkeit politisch und rechtlich kaum relevant.[680] Anders als im asymmetrischen Regionalstaat Italien, aber ähnlich wie die Gliedstaaten in Österreich, sind alle 26 Kantone durch eine verfassungsrechtliche Symmetrie gekennzeichnet. Sie haben dieselben Rechte, Pflichten und Funktionen.[681] Die rechtlichen Unterschiede zwischen den Kantonen sind zum einen die Anzahl der Mitglieder in der zweiten Kammer des Ständerates, in welchen zwanzig Kantone zwei Abgeordnete und sechs Kantone (früher so genannte Halbkantone) nur einen Abgeordneten entsenden.[682] Ein zweiter Unterschied betrifft die Gewichtung der Stimmen beim Ständemehr im Rahmen eines Volksreferendums (Art. 140, BV). Bei dieser Mehrheit zählen sechs Kantone nur eine halbe Stimme anstatt einer ganzen.[683]

Die Kantone beeinflussen den nationalen Gesetzgebungsprozess nicht nur durch ihre Repräsentation in der zweiten Kammer (Ständerat) und die doppelte

---

678 Zur Definierung des Begriffs Souveränität im Schweizer Kontext, vgl. Aubert 1995, S. 237 f.; Fleiner und Misic 2001, S. 436 f.

679 Auer 2016, S. 249 ff.

680 Vgl. Belser 2021b.

681 Vgl. Belser 2021b.

682 Siehe: „Zusammensetzung und Wahl des Ständerats“, Art. 150, Abs. 2, BV, wonach die Kantone Obwalden, Nidwalden, Basel-Stadt, Basel-Landschaft, Appenzell Ausserrhoden und Appenzell Innerrhoden je einen Abgeordneten; die übrigen Kantone je zwei Abgeordnete in den Ständerat wählen. Seit der Verfassungsrevision von 1999 spricht man nicht mehr von Halbkantonen. Die so genannte halbe Standesstimme ist ein historisches Produkt, das nicht auf Größe oder Einwohner*innenzahl bezogen wurde. Mehrmals wurde versucht das Ungleichgewicht im Ständerat aufzuheben und die betroffenen Kantone anzugleichen. Politisch wurde davon abgesehen, weil es das Gleichgewicht zwischen den Sprachgemeinschaften verändern und die Vetomacht der Deutschsprachigen Kantone steigern würde. Vgl. Belser 2018.

683 Dieses Mehrheitserfordernis wird als „Eckpfeiler des schweizerischen Föderalismus“ bezeichnet und hat historische Wurzeln in den Konflikten zwischen großen und kleinen Kantonen. Vgl. Vatter 2018, S. 424 f.

Mehrheit bei Volksabstimmungen (Ständemehr). Sie verfügen zudem über weitere Möglichkeiten der Mitentscheidung: Diese äußern sich im Rahmen des so genannten Vernehmlassungsverfahren,[684] durch die Möglichkeit einer Gesetzesinitiative für Bundesgesetze oder sogar Verfassungsänderungen (Standesinitiative[685]) oder schließlich durch das Verlangen eines fakultativen Referendums[686] bei einer Bundesgesetzesvorlage, was bisher allerdings nur einmal der Fall war (2003).[687] Diese ausgeprägten Mitwirkungsrechte der subnationalen Gebietskörperschaften sind eine Besonderheit des schweizerischen Föderalismus und unterstreichen deren wesentliche Rolle innerhalb des Mehrebensystems.[688] Auch für den Juristen Jean-Francois Aubert ist die Mitwirkung der Kantone innerhalb des Mehrebenensystems ein primäres Definitionsmerkmal der Schweiz als Bundesstaat.[689] Ein weiterer Kernpunkt ist die Pflicht zur Zusammenarbeit zwischen den Regierungsebenen:[690] Demnach müssen Bund und Kantone einander unterstützen, zusammenarbeiten und schulden sich Rücksicht und Beistand.

Wo auf der einen Seite großteils eine Symmetrie innerhalb des Bundesstaates und gegenüber dem Bund herrscht, weisen die Kantone im Verhältnis zueinander große Heterogenität auf. Eben durch ihre ausgedehnte Selbstverwaltung genießen sie eine hohe Autonomie und setzen diese unterschiedlich um

---

684 Das Vernehmlassungsverfahren ist eine besondere Form der Partizipation innerhalb des gesetzgeberischen Entscheidungsprozesses der Schweiz und durch Artikel 147 der BV geregelt: „Die Kantone, die politischen Parteien und die interessierten Kreise werden bei der Vorbereitung wichtiger Erlasse und anderer Vorhaben von grosser Tragweite sowie bei wichtigen völkerrechtlichen Verträgen zur Stellungnahme eingeladen." Für Schenk stellt es das wichtigste Instrument der Mitwirkung der Kantone dar, vgl. Schenk 1997. Zum Vernehmlassungsverfahren allgemein siehe auch: Belser 2021a.

685 Die Standesinitiative ist nicht dasselbe wie eine Volksinitiative, sondern gewissen Beschränkungen ausgesetzt. Zur verfassungsrechtlichen Regelung der Kantone, vgl. Jaag 2001.

686 Laut Artikel 141 der BV können abgesehen von 50.0000 Stimmberechtigten auch acht Kantone innerhalb von 100 Tagen seit der Veröffentlichung des Erlasses ein fakultatives Referendum verlangen: Zu Bundesgesetzen, dringlich erklärten Bundesgesetzen, Bundesbeschlüssen bzw. völkerrechtlichen Verträgen. Vgl. Häfelin et al. 2012, S. 313.

687 Vgl. Belser 2018, S. 171 f.

688 Vgl. Vatter 2018, S. 484; Aubert 1995, S. 240 ff.

689 Vgl. Aubert 1995, S. 212.

690 Vgl. Vatter 2018, 2018, S. 445.

(verfassungsrechtliche vs. *de facto* Asymmetrie[691]). Dies betrifft zum Beispiel ihre interne Verwaltungsorganisation, das Schul- oder das Wahlsystem.[692]

Im Hinblick auf die Zuweisung der gesetzgeberischen Zuständigkeiten zwischen den Regierungsebenen ist das politische System der Schweiz – ähnlich dem italienischen Verfassungsgefüge – trotz deren Auflistung in der Bundesverfassung durch zahlreiche Überschneidungen charakterisiert. Die Kompetenzverteilung in der BV ist sehr detailliert, ein *„historisch gewachsenes komplexes System der vertikalen Machtteilung und Machtverschränkung"*.[693] Das betroffene Kapitel *„Zuständigkeiten"* in der Bundesverfassung ist in zehn thematische Abschnitte gegliedert. Insgesamt wird in den Artikeln 54 bis 134 der Regelung einer Vielzahl von Politikbereichen Platz eingeräumt. Es existieren ausschließliche, konkurrierende und parallele Zuständigkeiten. Einige der aufgelisteten Kompetenzen hat allein der Bund inne (z.B. Militär, Zivilschutz), für einige sind hingegen nur die Kantone zuständig (z.B. Schulwesen, Kultur). Für wiederum andere legt der Bund nur die Grundsätze fest (z.B. Weiterbildung, Raumplanung) und es sind beide Regierungsebenen verantwortlich. Da die Verflechtung der Aufgaben zwischen Bund und Kantonen in der ersten Hälfte des 20. Jahrhundert sich als immer intensiver herausstellte, wurde schon in den 1980er-Jahren der Ruf nach einer Restrukturierung laut.[694] Zu einer Reform kam es allerdings erst 2004, also über zwanzig Jahre später. Ziel war die Entflechtung der Zuständigkeiten zwischen Bund und Kantonen sowie ein neuer Finanzausgleich, wodurch mehr Effizienz erreicht sowie das ökonomische Gefälle zwischen den Kantonen kompensiert werden sollte.[695] Mit dieser *„Neugestaltung des Finanzausgleichs und der Aufgabenteilung zwischen Bund und Kantonen"* (NFA) wurde die Verfassung zu Gunsten der Kantone abgeändert, gleichzeitig wurde das Subsidiaritätsprinzip verfassungsrechtlich festgeschrieben.[696] Im Rahmen der NFA wurden einige Zuständigkeiten

691 Vgl. Requejo Coll 2011, S. 4 ff.

692 Vgl. Linder und Mueller 2017, S. 191 ff.

693 Vgl. Ehrenzeller und Ehrenzeller 2016, S. 34.

694 Bereits Ende der 1980er Jahre wurden erste Projektvorlagen ausgearbeitet, für nähere Informationen siehe: Mueller und Vatter 2016, S. 84 ff.

695 Siehe: Schweizerische Eidgenossenschaft, Eidgenössisches Finanzdepartment EFD, https://www.efv.admin.ch/dam/efv/de/dokumente/finanzausgleich/dokumentation/NFA_ueberblick_2008_d.pdf.download.pdf/NFA_ueberblick_2008_d.pdf, zuletzt geprüft am 06.04.2023.

696 Vgl. Linder und Mueller 2017, S. 233.

vollständig dem Bund, andere den Kantonen zugesprochen, wiederum andere als Kooperationsaufgaben festgelegt.[697]

Politisch betrachtet ist die Schweiz mit ihrer stabilen Konkordanzregierung[698] das Gegenbeispiel zu dem sich in Dauerreform befindenden instabilen Italien. Trotz des funktionierenden Mehrebenensystems ist auch der schweizerische Bundesstaat einigen Herausforderungen ausgesetzt, beispielsweise dem zunehmenden Einfluss des EU-Rechts und die intensiven wirtschaftlichen und politischen Beziehungen mit der EU.[699] Ebenso bleibt die Kompetenzverteilung zwischen Bund und Kantonen eine Herausforderung, aber auch die Funktion des Ständemehrs ist in der Lehre umstritten. So bewerten Wolf Linder und Isabelle Steffen die notwendige doppelte Mehrheit und somit das Gleichheitsprinzip der 26 Kantone bei Volksabstimmungen beispielsweise als kritisch, da kleine Kantone dadurch überproportionalen Einfluss auf die Bundesgesetzgebung bzw. Verfassungsänderungen nehmen könnten. Die Autor*innen bewerten die subnationale Autonomie in der Schweiz aus politischer Hinsicht dennoch als vorbildhaft, aus ökonomischer Hinsicht sei der hohe Grad an Dezentralisierung jedoch problematisch.[700]

Die dritte Regierungsebene des Bundesstaates sind schließlich die Gemeinden, deren lokale Autonomie aufgrund der subnationalen Kompetenzen je nach Kanton unterschiedlich ausgestaltet ist.[701] Die schweizerische Gemeinde ist nicht nur eine reine Verwaltungseinheit, sondern eine *„selbstständige öffentlich-rechtliche Gebietskörperschaft"*,[702] deren Autonomie allerdings erst seit 1999 verfassungsrechtlich verankert ist. Artikel 50 der BV erklärt, dass *„die Gemeindeautonomie (…) nach Maßgabe des kantonalen Rechts gewährleistet"* ist. Im Januar 2022 gab es auf dem Staatsgebiet insgesamt 2.148 Gemeinden.[703] Ähnlich wie in Italien und Österreich hat es in den vergangenen Jahrzehnten aufgrund der Kleinräumigkeit

697 Vgl. Mueller und Vatter 2016, S. 86 ff.

698 Die schweizerische Regierung besteht aus sieben Mitgliedern aus unterschiedlichen Parteien, der so genannten „Zauberformel": Demnach wurde 1959 eine Vereinbarung zwischen den vier stärksten Parteien zur künftigen Regierungsbildung getroffen. Das vereinbarte Stärkenverhältnis der Regierung von je zwei Sitzen für die FDP, CVP, SP sowie einen Sitz für die SVP blieb bis 2003 in Kraft und wurde danach zu Gunsten der SVP abgeändert.

699 Vgl. Linder und Iff 2011, S. 67 ff.

700 Vgl. Linder und Steffen 2006.

701 Vgl. Belser et al. 2021b; Felder 2021.

702 Seiler 2001, S. 491.

703 Siehe: Schweizerische Eidgenossenschaft, Bundesamt für Statistik, Amtliches Gemeindeverzeichnis der Schweiz, https://www.bfs.admin.ch/bfs/de/home/grundlagen/agvch.assetdetail.20604220.html, zuletzt geprüft am: 06.04.2023.

der schweizerischen Gemeinden diverse Reformen gegeben, um diese Anzahl zu verringern oder aber es kam zu lokalen Initiativen für Fusionen.[704] Alle Kantone bestehen aus lokalen Gebietskörperschaften, wobei von der Bundesverfassung keine Pflicht zu dessen Einrichtung ablesbar ist.[705] Neben den Gemeinden existiert in den meisten Kantonen noch eine intermediäre Regierungsebene, die nicht in der Bundesverfassung festgeschrieben und kantonal geregelt ist. Deren Bezeichnung, Ausgestaltung und Zuständigkeiten variiert zwischen den subnationalen Gebietskörperschaften: In einigen Kantonen handelt es sich um Verwaltungseinheiten, bei anderen um öffentlich-rechtliche Körperschaften.[706]

Da die Autonomie der Gemeinden verfassungsrechtlich geschützt ist, kann deren Verletzung auch vor dem Bundesgericht gerügt werden (Art. 189, BV). Zudem ist der Bund gemäß Verfassung verpflichtet, bei seinem Handeln die möglichen Auswirkungen auf die Gemeinden zu beachten und hierbei Rücksicht auf die besondere Situation der Städte, Agglomerationen[707] und Berggebiete zu nehmen.

Da die Gemeinden Teil der Organisationsautonomie der Kantone sind, werden ihre Kompetenzen ausschließlich in den Kantonsverfassungen bzw. durch kantonales Recht geregelt. Sie können daher als *„Institute des kantonalen Rechts“* bezeichnet werden und sind im Hinblick auf ihre Aufgaben von diesen abhängig.[708] Damit ähneln die schweizerischen Kantone den Regionen mit Sonderstatut in Italien, wo die Gesetzgebungskompetenz zu den Gemeinden ebenfalls nicht bei der Zentralregierung liegt.

Die Gemeinden in der Schweiz gelten somit zwar als dritte Ebene, dennoch wird staatsrechtlich zumeist nicht von einer echten *„Dreigliedrigkeit“* der Regierungsebenen gesprochen, sondern von einer *„doppelten Zweigliedrigkeit“*: Auf der einen Seite eine Beziehung Bund-Kantone auf der anderen jene zwischen

---

704 So waren es vor dreißig Jahren noch 3.021 Gemeinden, siehe: Schweizerische Eidgenossenschaft, Statistischer Atlas der Schweiz, https://www.atlas.bfs.admin.ch/maps/13/de/14045_229_228_227/22541.html, zuletzt geprüft am: 06.04.2023. Für weiterführende Informationen siehe Ladner 2008; Belser et al. 2021a.

705 Vgl. Crameri 2019, S. 35.

706 Vgl. Auer 2016, S. 127 ff.

707 Eine Agglomeration ist ein zusammenhängendes Gebiet von mehreren Gemeinden mit insgesamt mindestens 20.000 Einwohner*innen, wobei der Begriff nicht rechtlich, sondern nur statistisch definiert ist. Siehe: Schweizerische Eidgenossenschaft, Bundesamt für Statistik, Analyseregionen, https://www.bfs.admin.ch/bfs/de/home/statistiken/querschnittsthemen/raeumliche-analysen/raeumliche-gliederungen/analyseregionen.html#accordion1680597953454, zuletzt geprüft am: 06.04.2023.

708 Vgl. Meyer 2011, S. 20 f.

Kantone-Gemeinden und weniger Gemeinden-Bund, weil sich Organisation der Gemeinden aus dem Kantonsrecht ableiten.[709] Kilian Meyer spricht demgegenüber von einem dreistufigen Föderalismus: „*Die Kantone sind eigenständige Gliedstaaten (…), die Gemeinden autonome, dem kantonalen Recht unterstellte örtliche demokratische Gebietskörperschaften.*“[710]

In der Schweiz gibt es verschiedene Gemeinden, wobei nur die so genannte „Einwohnergemeinde“ eine politische Gemeinde bezeichnet, auf die sich die Bestimmungen der Bundesverfassung und die Bundesgesetze beziehen.[711] Die Einwohnergemeinde ist jene öffentlich-rechtliche Körperschaft, die in allen Kantonen vorherrschend ist.[712] Sie wird in den einzelnen kantonalen Verfassungen politische Gemeinde, Einheitsgemeinde, *commune municipale*, Einwohnergemeinde oder einfach Gemeinde genannt. Demgegenüber gibt es die so genannte Bürgergemeinde, die nicht alle Bewohner*innen einer jeweiligen Gemeinde umfasst, sondern nur jene, die das Bürgerrecht dieser Gemeinde innehaben – sie müssen allerdings nicht mehr dort wohnen. Die Bürgergemeinde definiert sich damit nicht über ein territoriales Kriterium, sondern ist an Personen gebunden.[713] Solche Bürgergemeinden existieren nur in einigen Kantonen[714] und werden auch als Bürgergemeinde, Ortsbürgergemeinde, Ortsgemeinde oder *patriziato* bezeichnet.[715] Als dritte Kategorie von Gemeinden existieren die Kirchgemeinden. Diese sind in einigen Kantonen öffentlich-rechtliche Körperschaften,[716] in anderen privatrechtlich organisiert. Sie beziehen sich auf Personen, die Mitglied einer jeweiligen Kirchgemeinschaft sind und in der betroffenen Gemeinde den Wohnsitz haben.[717] Neben diesen drei Arten von Gemeinden gibt es in einigen Kantonen noch weitere Spezialgemeinden.[718]

---

709 Vgl. Kägi-Diener 2014; Meyer 2011, S. 11; Bächtiger und Hitz 2007, S. 71.

710 Meyer 2011, S. 416.

711 Vgl. Auer 2016, S. 135 ff.

712 Folgende acht von 26 Kantonen kennen nur diese Art von Gemeinde: Luzern, Schwyz, Freiburg, Schaffhausen, Appenzell Ausserrhoden, Waadt, Neuenburg, Genf.

713 Vgl. Auer 2016, S. 135 ff.

714 Bern, Uri, Obwalden, Zug, Solothurn, Basel-Stadt, Basel-Landschaft, St. Gallen, Graubünden, Aargau, Thurgau, Tessin, Wallis und Jura.

715 Zum Beispiel: „Bürgergemeinde“ (Art. 107, KV Bern); „Ortsbürgergemeinden“ (§ 104, KV Aargau; Art. 64, KV Uri); „Ortsgemeinde“ (Art. 93, KV St. Gallen).

716 Zum Beispiel: Art. 107, KV Bern; § 112, KV Aargau.

717 Vgl. Auer 2016, S. 136 f.

718 Vgl. Auer 2016, S. 136 f. Zum Beispiel: Korporationsbürgergemeinde (Kanton Uri, Zug), Schulgemeinde (Kanton Nidwalden, St. Gallen, Zürich).

Die politische Gemeinde, die als Forschungsgegenstand dient, hat unterschiedliche Aufgaben. Meist sind diese vom Bund und vom jeweiligen Kanton übertragene sowie eigene Aufgaben und haben keine homogene politische Organisation.[719] So verfügen nicht alle Gemeinden über ein direkt gewähltes Parlament, sondern ausschließlich über Gemeindeversammlungen, in welchen alle Stimmbürger*innen der jeweiligen Gemeinde die Legislative verkörpern. Zu den wichtigsten Rechten der schweizerischen Gemeinden gehört, dass sie eigene Steuern festsetzen können. Die Folge dieses hohen Grades an Autonomie ist, dass nicht nur die Gemeinden von Kanton zu Kanton unterschiedlich organisiert sind, sondern auch die Gemeinden innerhalb desselben Kantons heterogen sein können.[720] Damit grenzt sich die lokale von der kantonalen Autonomie ab: Nach Auer ist zwar die Autonomie beider Gebietskörperschaften durch die Bundesverfassung gewährleistet, doch während die kantonale Autonomie sich ebenbürtig ist, sei jene der Gemeinden unterschiedlich.[721] In Bezug auf die tatsächliche lokale Autonomie in den Kantonen ist im Übrigen ein Ost-West-Gefälle feststellbar.[722]

3.1.3 Republik Italien: Der asymmetrische Regionalstaat

Zum Unterscheid der Schweiz wird Italien in der Föderalismus- und Regionalismusforschung meistens in die Staatengruppe der Regionalstaaten eingeteilt, wobei es verfassungsrechtlich durchaus als *„quasi-föderal“*[723] oder *„polyzentrisch“*,[724] mit Sicherheit aber als asymmetrisch bezeichnet werden kann. Ein Teil der Lehre definiert Italien als *„dezentralen Einheitsstaat“*.[725] Trotz der asymmetrischen Regionalstruktur und der Festschreibung der territorialen Autonomie hält die italienische Verfassung nämlich ausdrücklich fest, dass die Republik *„unteilbar und einheitlich“* ist (Art. 5). Aufgrund mangelnder Merkmale eines Bundesstaats, wie zum Beispiel der Vertretung der subnationalen Gebietskörperschaften im

---

719 Vgl. Auer 2016, S. 138 ff.

720 Vgl. Linder und Mueller 2017, S. 195 ff.

721 Vgl. Auer 2016, S. 162.

722 Sean Mueller stellte fest, dass die westlichen Kantone in Bezug auf ihre Gemeinden zentralisierter seien als jene der Ostschweiz (u.a. Graubünden). Als Gründe werden die Flächengröße, die politische Kultur sowie die Stärke linker Parteien im subnationalen Parlament angeführt. Vgl. Mueller 2015.

723 Vgl. Lippi 2011.

724 Vgl. Olivetti 2003.

725 Vgl. Riz und Happacher 2013, S. 255 ff.; Watts 1999, S. 8.

parlamentarischen System,[726] ist Italien für einige Wissenschaftler*innen weit von einem föderalistischen System entfernt. Auf der anderen Seite wird Italien als „*federal country without federalism*“[727] bezeichnet. Dieser These folgend seien die verfassungsrechtlichen Voraussetzungen für ein bundesstaatliches System zum Teil vorhanden, was hingegen fehle – sowohl auf nationaler als auch auf subnationaler Ebene – ist das politische Interesse geltendes Recht auszuschöpfen. Zudem fehle es, im Unterschied zu anderen europäischen Mehrebenensystemen, an einer ausgeprägten föderalen Kultur, welche der regionalen Selbstverwaltung zuträglich wäre.[728]

Bereits mit der Gründung der asymmetrischen Regionalstruktur 1947 setzten die Verfassungsgeber der Republik einen Weg des Kompromisses zwischen Zentralisten und Föderalisten um.[729] In der Folge erlebte Italien ab den 1990er Jahren verschiedenste Reformversuche zu Gunsten einer verstärkten Dezentralisierung, hauptsächlich, um den Regionen mehr politisches Gewicht zu geben. Dennoch bleibt die Definition Italiens als Regional- oder Einheitsstaat weiterhin umstritten, mit großer Wahrscheinlichkeit wird das auch so bleiben, zumindest so lange, wie das Land im institutionellen Reformstau steckt. In den letzten 30 Jahren erschwer(t)en häufig wechselnde politische Mehrheiten, instabile Regierungen oder die Auswirkungen der Wirtschafts- und Finanzkrise die effektive Umsetzung territorialer Reformen auf der einen sowie einen einheitlichen Reformprozess in Richtung vermehrte regionale Selbstverwaltung auf der anderen Seite.[730]

---

726 Das italienische Zweikammernsystem wird als „perfekter Bikameralismus“ klassifiziert. Er besteht aus zwei alle fünf Jahre per Mischwahlsystem direkt gewählten Kammern – der Abgeordnetenkammer sowie dem Senat. Die Abgeordnetenkammer wird auf nationaler Ebene, der Senat auf regionaler Ebene gewählt. Dennoch handelt es sich beim Senat nicht um eine territorial beschickte Kammer. Beide Kammern haben dieselben Kompetenzen und müssen der Regierung das Vertrauen aussprechen. Die Regierung wird von einem Premierminister geleitet, an der Spitze des Staates steht allerdings der – alle sieben Jahre von beiden Kammern – gewählte Staatspräsident. Die Regierungsbildung erfolgt durch die Beauftragung eines Ministerpräsidenten durch den Staatspräsidenten. Siehe: Art. 55–69, itVerf.

727 Palermo 2012, S. 249.

728 Vgl. Palermo 2012, S. 248; Palermo 2021.

729 Vgl. Bin und Falcon 2012, S. 48, S. 72 ff.

730 Es gab mehrere Versuche, die Verfassung teilweise oder umfänglich zu reformieren, z.B. in Form von parlamentarischen Ausschüssen, deren Vorschläge allerdings nicht im Parlament behandelt wurden. Im Jahr 2005 wurde von der Regierung Berlusconi eine Föderalismusreform initiiert, die an einem Volksreferendum scheiterte. Vgl. Riz und Happacher 2013, S. 80 f.; Palermo und Valdesalici 2014.

Innerhalb dieses „*Reformstillstandes*“[731] stehen politische Forderungen – insbesondere aus den wirtschaftlich starken Regionen im Norden – nach mehr Autonomie.[732]

In der Verfassung beschäftigen sich die Artikel 114 bis 133 mit der Stellung der Regionen, Provinzen und Gemeinden im Staatsgefüge. Politisch-territorial ist Italien in fünf Ebenen gegliedert: Laut Artikel 114.1 der Verfassung bilden Gemeinden, Provinzen, Großstädte mit besonderem Status, Regionen und der Staat die Republik. Zudem werden diese als „*autonome Körperschaften mit eigenen Statuten, Befugnissen und Aufgaben gemäß in der Verfassung verankerten Grundsätzen*“ definiert (Art. 114.2). Die direkt dem Staat untergeordnete Regierungsebene sind 20 Regionen, von denen fünf (Friaul-Julisch Venetien, Sardinien, Sizilien, Trentino-Südtirol, Aostatal) gemäß Art. 116 der Verfassung über besondere Formen der Autonomie gemäß Sonderstatuten verfügen. Diese so genannten Sonderautonomien wurden bis auf Friaul Julisch Venetien (1963[733]) bereits mit der ersten republikanischen Verfassung von 1947 begründet: Sie wurden aufgrund von sprachlichen Minderheiten (Trentino-Südtirol, Aostatal, Friaul-Julisch-Venetien) eingerichtet, gingen zum Teil auf völkerrechtliche Abkommen zurück (Trentino-Südtirol) oder wurden aufgrund ihrer peripheren Lage und der damit verbundenen schwierigen sozioökonomischen Situation zuerkannt (die Inseln Sardinien und Sizilien).[734] Erheblichen Einfluss auf das Zugeständnis von autonomen Statuten hatte nach Ende des zweiten Weltkrieges auch die Gegenwart von autonomistischen und sezessionistischen Bewegungen und deren Forderung nach politischer Selbstverwaltung in den betroffenen Gebieten.[735] Ein Sonderfall innerhalb der fünf Regionen mit Sonderstatut ist die an Österreich und die Schweiz angrenzende Autonome Region Trentino-Südtirol. Diese setzt sich als einzige Region aus zwei autonomen Provinzen (Bozen und Trient) zusammen, die ebenso über gesetzgeberische und administrative Zuständigkeiten verfügen.

731 Vgl. Zwilling 2017.

732 Ein Teil der Lehre ist der Meinung, dass die Aktivierung des Artikels 116.3 (Zuerkennung von vermehrter Autonomie an Regionen mit Normalstatut) eine neue Phase der Wiederauferstehung für den italienischen Regionalismus einleiten könnte. Vgl. Palermo 2019.

733 Die autonome Region Friaul-Julisch Venetien war ein Sonderfall, da sie bis 1954 von den alliierten Militärmächten regiert wurde. Vgl. D’Orlando und Grisostolo 2018.

734 Vgl. Bin und Falcon 2012, S. 71 ff.

735 Vgl. Nevola 2003.

Im Gegenzug zu den fünf Regionen mit Sonderstatut bestanden die 15 Regionen mit so genanntem Normalstatut[736] trotz des seit der republikanischen Verfassung existierenden regionalen Systems lange Zeit nur im Text der Verfassung, nicht aber in der Praxis. Erst 1970 fand die erste Wahl ihrer politischen Organe statt, woraufhin regionale Statute verabschiedet sowie der erste Transfer von staatlichen Funktionen auf die subnationale Regierungsebene eingeleitet wurden.[737] Auch die italienischen Provinzen spielten bis in die 1970er Jahre politisch eine gemäßigte Rolle, waren vornehmlich nur Verwaltungseinheiten und wurden erst in den 1990er Jahren mit einigen Kompetenzen ausgestattet.[738]

Im Kontext der verfassungsrechtlich verankerten Asymmetrie zwischen den 15 Regionen mit Normalstatut und den fünf Regionen mit Sonderstatut können folgende vier institutionelle Aspekte als deren zentrale Unterscheidungsmerkmale markiert werden:[739]

1. Verfassungsrang der Autonomiestatute: Gemäß Art. 123 der Verfassung verfügt jede italienische Region über ein Statut, welches in Übereinstimmung mit der Verfassung die Regierungsform sowie die Grundsätze ihrer Arbeitsweise und dessen Aufbau festlegt. Nur die Statute der autonomen Regionen haben den Rang eines Verfassungsgesetzes, während jene der Regionen mit Normalstatut einem Staatsgesetz gleichgestellt sind. Erstere müssen zur Abänderung somit den für die Änderung eines Verfassungsgesetzes vorgesehenen Prozess (Art. 138 itVerf[740]) durchschreiten. Die daraus resultierende schwierige

736 Abruzzen (Abruzzo), Apulien (Puglia), Basilikata (Basilicata), Emilia-Romagna (Emilia-Romagna), Kalabrien (Calabria), Kampanien (Campania), Latium (Lazio), Ligurien (Liguria), Lombardei (Lombardia), Marken (Marche), Molise (Molise), Piemont (Piemonte), Toskana (Toscana), Umbrien (Umbria), Venetien (Veneto).

737 Vgl. Bin und Falcon 2012, S. 78 ff.

738 Vgl. Bolgherini 2015, S. 72 f.

739 Vgl. Palermo 2021. Für eine umfassende Analyse der einzelnen autonomen Regionen, insbesondere in Bezug auf die –nicht in Kraft getretene – geplante Verfassungsreform 2016 siehe: Palermo und Parolari 2016.

740 Gemäß Artikel 13 werden Verfassungsrevisionen und andere Verfassungsgesetze *„von jeder Kammer durch zwei mit einer Zwischenzeit von mindestens drei Monaten gefasste Entschließungen angenommen und mit absoluter Mehrheit der Mitglieder beider Kammern bei der zweiten Abstimmung genehmigt.“* Sollte das jeweilige Gesetz nicht mit Zweidrittelmehrheit beschlossen worden sein, können ein Fünftel der Mitglieder einer Kammer oder 500.000 Wähler*innen oder fünf Regionalräte einen Volksentscheid in Form eines Referendums innerhalb von drei Monaten verlangen. Die Autonomiestatute dürfen zum Unterschied von anderen Verfassungsänderungen keinem nationalen Referendum unterzogen werden.

Änderung der Sonderstatute kann als Vorteil im Sinne eines verfassungsrechtlichen Schutzmechanismus gesehen werden, gleichzeitig aber als Nachteil gelten, wenn eine Reform des geltenden Rechts angestrebt wird.[741]

2. Ausmaß der Gesetzgebungs- und Verwaltungskompetenzen: Im Unterschied zu den 15 Regionen mit Normalstatut haben die Regionen mit Sonderstatut zum Teil größere Gesetzgebungs- und Verwaltungskompetenzen, die in ihrem jeweiligen Statut gelistet bzw. in Durchführungsbestimmungen zum Statut zu finden sind.[742] Die Kompetenzverteilung zwischen dem Staat und den Regionen mit Normalstatut ist hingegen in der Verfassung angeführt (Art. 117). Demnach hat der Staat die exklusive Zuständigkeit in bestimmten explizit gelisteten Politikbereichen,[743] zudem gibt es eine Liste von Politikfeldern, die der konkurrierenden Gesetzgebung angehören.[744] Konkurrierend bedeutet, dass der Staat die wesentlichen Grundsätze in diesen Bereichen festlegt und die detaillierte Gesetzgebung den Regionen obliegt. Ebenso haben die Regionen

741 Vgl. Palermo und Valdesalici 2019.

742 Vgl. Zwilling 2007b.

743 Außenpolitik und internationale Beziehungen des Staates mit der Europäischen Union, Asylrecht; Einwanderung; Beziehungen zwischen der Republik und den religiösen Bekenntnissen; Verteidigung und Streitkräfte; Währung; Organe des Staates und entsprechende Wahlgesetze; Aufbau und Organisation der Verwaltung des Staates und der gesamtstaatlichen öffentlichen Körperschaften; öffentliche Ordnung und Sicherheit mit Ausnahme der örtlichen Verwaltungspolizei; Staatsbürgerschaft; Gerichtsbarkeit; Festsetzung der wesentlichen Leistungen im Rahmen der bürgerlichen und sozialen Grundrechte, allgemeine Bestimmungen über den Unterricht; Sozialvorsorge; Wahlgesetzgebung, Regierungsorgane und grundlegende Aufgaben der Gemeinden, Provinzen und Großstädte; Zoll; Gewichte; Umwelt-, Ökosystem- und Kulturgüterschutz.

744 Die internationalen Beziehungen der Regionen und ihre Beziehungen zur Europäischen Union; Außenhandel; Arbeitsschutz und -sicherheit; Unterricht, unbeschadet der Autonomie der Schuleinrichtungen und unter Ausschluss der theoretischen und praktischen Berufsausbildung; Berufe; wissenschaftliche und technologische Forschung und Unterstützung der Innovation der Produktionszweige; Gesundheitsschutz; Ernährung; Sportgesetzgebung; Zivilschutz; Raumordnung; Häfen und Zivilflughäfen; große Verkehrs- und Schifffahrtsnetze; Regelung des Kommunikationswesens; Produktion, Transport und gesamtstaatliche Verteilung von Energie; Ergänzungs- und Zusatzvorsorge; Harmonisierung der öffentlichen Haushalte und Koordinierung der öffentlichen Finanzen und des Steuersystems; Aufwertung der Kultur- und Umweltgüter und Förderung und Organisation kultureller Tätigkeiten; Sparkassen; Landwirtschaftsbanken, Kreditinstitute regionalen Charakters; Körperschaften für Boden- und Agrarkredit regionalen Charakters.

die Gesetzgebungskompetenz für alle Sachgebiete, die nicht ausdrücklich der nationalen Gesetzgebung vorbehalten sind. Eine Verfassungsreform im Jahr 2001, welche auch das Subsidiaritätsprinzip verankerte, hatte das Ziel die Unterschiede zwischen Regionen mit Normal- und Sonderstatut im Hinblick auf die Gesetzgebungskompetenzen zu verringern, sie wurde aber nicht zur Gänze umgesetzt.[745]

3. Finanzielle Ausstattung: Auch bei der finanziellen Ausstattung gibt es Differenzen zwischen den Regionen mit Sonder- und Normalstatut. Ähnlich den Gesetzgebungsbefugnissen ist die Finanzautonomie einer jeden Sonderregion in ihrem Autonomiestatut festgeschrieben, während die Regionen mit Normalstatut diesbezüglich per Verfassung (Art. 119) oder einfacher Gesetzgebung geregelt werden. Die finanzielle Ausstattung der autonomen Regionen wird zudem bilateral mit dem Staat verhandelt, was bei den Regionen mit Normalstatut nicht der Fall ist.[746]
4. Bilaterale Kooperationsmechanismen: Ein weiterer Unterschied zwischen den Typen von Regionen ist der vertikale Kooperationsmechanismus mit der Zentralregierung, über welchen jede autonome Region verfügt. Dabei handelt es sich um ein institutionelles Organ in Form einer paritätischen Kommission, welche aus derselben Anzahl an Vertreter*innen des Staates und der jeweiligen autonomen Region besteht. Die Kommission wird als Instrument zur Kooperation und Verbindung zwischen Staat und autonomer Region definiert[747] und ist für die Verabschiedung von sogenannten Durchführungsbestimmungen[748] verantwortlich, welche das jeweilige Autonomiestatut umsetzen. Diese Kommissionen sind das einzige intergouvernementale Gremium zwischen autonomer Region und Staat und somit politisch von großer Bedeutung. Erstens, weil die Durchführungsbestimmungen eine eigene Rechtsquelle darstellen, die rangmäßig nur der Verfassung untersteht und somit weder von einem

745 Vgl. Palermo und Valdesalici 2019.

746 Zur Finanzausstattung der Regionen mit Sonderstatut siehe: Valdesalici 2018, Valdesalici 2021.

747 Urteil des Verfassungsgerichtshofs 109/1995.

748 Die Durchführungsbestimmungen sind eine atypische Rechtsquelle, die hierarchisch über einem ordentlichen Staatsgesetz gereiht sind und nur der Verfassung unterliegen. Sie werden nach der Ausarbeitung in der jeweiligen bilateralen Kommission vom Staatspräsidenten unterzeichnet und als Legislativdekret veröffentlicht. Die jeweiligen paritätischen Kommissionen sind in den einzelnen Statuten der Regionen geregelt: Friaul-Julisch Venetien: Art. 65; Sardinien: Art. 56; Sizilien: Art. 43; Aostatal: Art. 48-bis; Trentino-Südtirol: Art. 107. Für mehr Informationen siehe: Palermo 2008.

regionalen noch nationalen Gesetz abgeändert werden kann. Zweitens, weil alle Entscheidungen zur Autonomie im bilateralen Konsens zwischen Staat und Sonderautonomie getroffen werden, womit die Beziehung auf politischer Ebenbürtigkeit basiert.[749] Folglich können die Statute der autonomen Regionen nicht unilateral, sondern nur im Einvernehmen abgeändert werden. Diese Bilateralität ist eine Stärke der Autonomie, kann aber – besonders im Zusammenspiel mit anderen (Sonder-)Regionen – isolierende Wirkung haben.[750]

Als fünften Punkt, welchem in der Lehre als zentrales Unterscheidungsmerkmal zwischen Normal- und Sonderstatutsregionen bisher kaum Aufmerksamkeit geschenkt wurde, kann die Regelung zur Ordnung der lokalen Gebietskörperschaften, sprich der Gemeinden, definiert werden. Dieser Bereich fällt als legislative Zuständigkeit zwar auch unter Punkt 2 der obgenannten Aufzählung, ist durch seine Auswirkung auf den Aufbau und das Funktionieren des Mehrebenensystems allerdings hervorzuheben. Seit dem Verfassungsgesetz Nr. 2/1993 verfügen die Regionen mit Sonderstatut über die ausschließliche Gesetzgebungskompetenz bei der Ordnung der örtlichen Körperschaften. Demnach regeln die Regionen mit Sonderstatut, anders als die anderen Regionen, ihre Gemeinden mit eigenem Regionalgesetz. Die Gemeinden innerhalb der Regionen mit Normalstatut unterliegen in Bezug auf ihre Wahlgesetzgebung, Regierungsorgane und grundlegenden Aufgaben hingegen der ausschließlichen Gesetzgebungsbefugnis des Staates (Art. 117.2, Buchst. p, itVerf). Da die Regionen allerdings für alle übrigen Sachgebiete verantwortlich sind, die nicht ausdrücklich der staatlichen Gesetzgebung vorbehalten sind (Art. 118.4), ist die Kompetenzverteilung zwischen nationaler und subnationaler Ebene im Bereich der lokalen Gebietskörperschaften eng verwoben.[751]

Die fünf autonomen Regionen unterscheiden sich aufgrund der obgenannten Aspekte nicht nur maßgeblich von den anderen Regionen, sondern auch voneinander, denn ihre Autonomie ist zwar verfassungsrechtlich geschützt, aber nur in den jeweiligen Statuten begründet. Diesbezüglich stellt sich die Lehre die Frage, ob nicht jede autonome Region eigentlich als ein Fall für sich betrachtet werden müsste.[752] Wie es Palermo/Valdesalici treffend analysieren, ist die verfassungsrechtlich verankerte Sonderstellung der fünf Regionen zwar dieselbe,

---

749 Vgl. Palermo und Valdesalici 2019.

750 Francesco Palermo spricht von einer „Einsamkeit der Bilateralität" (*solitudine del bilaterlismo*), vgl. Palermo 2018, S. 562 ff.

751 Vgl. Bin und Falcon 2012, S. 250 f.; Villamena 2013, S. 195.

752 Vgl. Palermo 2018.

dies gelte aber nicht für die praktische Umsetzung ihrer Selbstverwaltung.[753] Die Differenzierung rührt daher, dass einige „Sonderregionen" ihre Möglichkeiten politisch intensiver genutzt haben als andere. Auf der einen Seite stehen die beiden flächen- und bevölkerungsmäßig kleinen Regionen Trentino-Südtirol und Aostatal, auf der anderen Seite die Inseln Sardinien und Sizilien sowie die an Slowenien angrenzende Region Friaul-Julisch-Venetien, die sich zunehmend den nationalen rechtlichen Rahmenbedingungen angenähert haben.[754] Hinzu kommt eine fehlende kollektive Identität der Regionen mit Sonderstatut, die meist nur ihre rechtliche Sonderstellung eint, nicht aber Notwendigkeiten oder politische Interessen.[755]

Die dezentrale Entwicklung Italiens ist auch innerhalb der Regionen mit Normalstatut dynamischer Natur. Seit 2001 erlaubt die Verfassung eine weitere Form der politisch-institutionellen regionalen Asymmetrie (Art. 116.3), bekannt als *„differenzierter Regionalismus"* (*regionalismo differenziato*). Demzufolge ist es den Regionen mit Normalstatut erlaubt, mit der Zentralregierung über zusätzliche legislative Kompetenzen in allen konkurrierenden Kompetenzbereichen sowie einigen der exklusiven Staatskompetenzen zu verhandeln, sofern sie etwa spezifische Haushaltskriterien erfüllen.[756] Diese Möglichkeit wurde 2017 von den Regionen Emilia-Romagna, Lombardei und Venetien erstmals in Anspruch genommen und daraufhin wurden vorbereitende Vereinbarungen mit der Regierung unterzeichnet. Mittlerweile hat eine Reihe von anderen Regionen formelles Interesse bekundet, zusätzliche Autonomie mit dem Staat erörtern zu wollen.[757] Die territoriale Asymmetrie auf subnationaler Ebene bleibt in Italien somit ein charakteristisches Kontinuum.

753 Vgl. Palermo und Valdesalici 2019; Palermo 2021.

754 Vgl. Palermo und Valdesalici 2019; Palermo 2018, S. 560 f.

755 Vgl. Palermo 2018, S. 563 ff.

756 „Auf Initiative der daran interessierten Region können, nach Anhören der örtlichen Körperschaften und unter Wahrung der Grundsätze laut Artikel 119, den anderen Regionen mit Staatsgesetz weitere Formen und besondere Arten der Autonomie zuerkannt werden; dies gilt für die Sachgebiete gemäß Artikel 117 Absatz 3 und Absatz 2 desselben Artikels unter Buchstabe l), beschränkt auf die Friedensgerichtsbarkeit, und Buchstabe n) und s). Das entsprechende Gesetz wird von beiden Kammern mit absoluter Stimmenmehrheit ihrer Mitglieder auf der Grundlage des Einvernehmens zwischen Staat und entsprechender Region genehmigt." Vgl. Palermo und Valdesalici 2019.

757 Vgl. Servizio studi del Senato 2019, S. 23.

Die Regierungsebenen, welche den 20 Regionen untergeordnet sind, sind 80 Provinzen, 14 Großstädte mit besonderem Status[758] und 7.915[759] Gemeinden, die in der Verfassung gemeinsam geregelt werden. Sie gelten als lokale Gebietskörperschaften[760] und verfügen über keine Gesetzgebungskompetenz. Die Grundlage der Autonomie der Provinzen, Großstädte und Gemeinden ist im Artikel 5 der Verfassung verankert, der besagt, dass die Republik die lokalen Selbstverwaltungen fördert. Alle drei Körperschaften besitzen laut Verfassung (Art. 117.6) die Verordnungsgewalt für die Regelung der Organisation und der Wahrnehmung der ihnen zuerkannten Aufgaben, sie haben Finanzautonomie und eigene Einnahmequellen (Art. 119). Die Verwaltungsbefugnisse sind prinzipiell den Gemeinden zuerkannt, außer sie wurden aus Gründen der Einheit anderen Regierungsebenen übertragen (Art. 118.1). Für die Hauptstadt Rom gilt ein eigenes Staatsgesetz (Art. 114.3).

Die den Regionen untergeordnete Regierungsebene der Provinzen ist mittlerweile nicht mehr im gesamten Staatsgebiet vorhanden. So haben etwa die autonomen Regionen Sizilien und Friaul-Julisch-Venetien diese territorialen Einheiten abgeschafft.[761] Auch die autonome Region Aostatal besteht nur aus Gemeinden, wogegen die autonome Region Trentino Südtirol aus zwei autonomen Provinzen zusammengesetzt ist (die aber eher einer autonomen Region gleichkommen).

758 Die Begriffe Metropolstätdte (*città metropolitane*) und Grossstädte mit besonderem Statuts werden hier synonym verwendet. Es gibt in den Regionen mit Normalstatut folgende 10 Metropolstädte: Bari, Bologna, Florenz, Genua, Mailand, Neapel, Reggio Calabria, Turin, Venedig. In den Regionen mit Sonderstatut Sardinien und Sizilien gibt es weitere vier: Cagliari (Sardinien), Catania, Messina, Palermo (Sizilien). Für die Regionen mit Sonderstatut gilt das nationale Gesetz Nr. 56/2014 zu den Metropolstädten in seinen Prinzipien ebenso, doch müssen die dortigen Metropolstädte auch mit einem eigenen Regionalgesetz geregelt werden.

759 Vgl. Istituto Nazionale di Statistica ISTAT, *Codici statistici delle unitá amministrative territoriali, novità per l'anno 2019*, https://www.istat.it/it/archivio/6789, zuletzt geprüft am: 23.03.2022).

760 Gemäß Gesetz Nr. 267/2000 werden in den Regionen mit Normalstatut nicht nur Gemeinden, Provinzen und Großstädte mit besonderem Status unter den Begriff „lokale Gebietskörperschaften" *(enti locali)* gefasst, sondern auch Berg-Gemeinschaften, Insel-Gemeinschaften sowie Gemeindeverbünde.

761 Sizilien hat die Provinzen durch das Regionalgesetz Nr. 15/2015 mit neuen territorialen Gebietskörperschaften ersetzt. Sechs sind so genannten *consorzi comunale* gewichen, drei den Metropolstädten. Friaul-Julisch Venetien hat die Provinzen mit dem Regionalgesetz Nr. 20/2016 abgeschafft, ihre Funktionen wurden auf die Region oder die Gemeinden übertragen.

Mit Ausnahme dieser vier Regionen, verfügen alle anderen Regionen über mindestens zwei (Molise) bis maximal 11 Provinzen (Lombardei). Ab 2010 gerieten die Provinzen im Zuge der Wirtschafts- und Finanzkrise zunehmend in Kritik ob ihrer Effizienz und wurde umfassenden Reformen unterzogen. Zuerst wurden sie politisch entmachtet,[762] bevor sie mit Gesetz Nr. 56/2014[763] in ihrer bisherigen verfassungsrechtlichen Form aufgehoben und funktionell sowie organisatorisch umgestaltet wurden. Von dieser Reform waren auch die 14 Großstädte betroffen, die mit dieser Umgestaltung – nach vorangegangenen gescheiterten Versuchen – erst offiziell eingeführt wurden und nun an die Stelle einer vormaligen Provinz rückten. Seitdem gelten die Provinzen und 14 Metropolstädte als so genannte *area vasta* (übersetzt: weites Territorium). Ihre politischen Zuständigkeiten beziehen sich u.a. auf die strategische Planung des Territoriums und die territoriale Entwicklung, Straßen, Verkehr sowie das Management der sekundären Bildungseinrichtungen (letzteres nur Provinzen).[764] Ihre politischen Organe

---

762 Durch die Gesetze Nr. 214/2011 und 135/2012 wurden die politischen Organe und Zuständigkeiten der Provinzen reformiert. Die diesbezüglichen Artikel wurden allerdings 2013 als nicht-verfassungskonform erklärt. Vgl. Bolgherini 2015, S. 132 f. In der Regierung Monti wurde 2012 auch ein Gesetzesentwurf für eine „Charta der Lokalautonomien" diskutiert, welche u.a. die staatlichen Bestimmungen zu den lokalen Gebietskörperschaften zusammenführen und mit neuen Bestimmungen das Gesetz Nr. 267/2000 ersetzen hätte sollen.

763 Das Gesetz Nr. 56/2014 *„Disposizioni sulle città metropolitane, sulle province, sulle unioni e fusioni di comuni"* ist auch als *„Legge Delrio"* bekannt, benannt nach dem damaligen Regionenminister. Mit diesem wurden die per Verfassung bereits vorgesehenen Metropolstädte umgesetzt und die Provinzen in ihrer bisherigen Funktion abgeschafft, eine Reihe der bisherigen Funktionen sollten an die Regionen oder die Gemeinden übertragen werden. Das Gesetz galt nicht für die beiden autonomen Provinzen Bozen und Trient sowie die Region Aosta. Das Gesetz Delrio war an die Verfassungsreform 2016 gebunden: Mit dieser hätten die Provinzen aus der Verfassung gestrichen werden sollen. Vgl. Donno 2016. Die Verfassungsreform 2016 kam einer *„vollständige[n] Kehrtwende der jüngeren Verfassungstradition"* gleich (Zwilling 2017). Ziel war es, die Mehrheit der konkurrierenden Zuständigkeiten dem Staat zuzuerkennen und somit eine großflächige Umgestaltung des Zusammenspiels von Staat, Regionen und lokalen Gebietskörperschaften zu Gunsten des Zentrums durchzuführen. Die Reform trat nicht in Kraft, weil sie durch ein Volksreferendum mehrheitlich abgelehnt wurde. Für eine zusammenfassende Erläuterung der wichtigsten Inhalte der Reform, des Referendums und dessen Folgen für den Regionalismus, vgl. Zwilling 2017.

764 Siehe: Gesetz Nr. 56/2014.

werden nicht mehr direkt, sondern indirekt über die politischen Vertreter*innen der Gemeinden innerhalb der jeweiligen Provinz bzw. Metropolstadt gewählt.[765]

Schließlich bilden die Gemeinden die unterste Regierungsebene und Verwaltungseinheit des Regionalstaats. Wie die Provinzen und Metropolstädte verfügen sie über statuarische Autonomie, haben aber direkt gewählte Organe (Bürgermeister*innen, Gemeinderat) und eigene Aufgaben.[766] Ähnlich der Einrichtung der Regionen, hat sich die Selbstverwaltung der lokalen Gebietskörperschaften in Italien nur schleppend entwickelt.[767] Erst nach der Ratifizierung der Europäischen Charta der Lokalen Selbstverwaltung kam es zu einem umfassenden Gesetz für die Organisation und Funktionen der Gemeinden (Nr. 142/1990), das zehn Jahre später reformiert wurde (Nr. 267/2000) und für die lokalen Gebietskörperschaften in den Regionen mit Normalstatut bis heute gilt.[768] Dieses Einheitsgesetz regelt neben den Gemeinden als lokale Gebietskörperschaften noch die Berg-Gemeinschaften (*comunità montane*) sowie Insel-Gemeinschaften (*comunità isolane*), die sich aus dem Zusammenschluss von Gemeinden – auch aus unterschiedlichen Provinzen – formen können.[769]

Ähnlich wie die italienischen Provinzen, waren auch die Gemeinden im Zuge der Wirtschaftskrise einigen territorialen Reformen ausgesetzt, die sich teilweise noch immer in Umsetzung befinden. Diese zielten vor allem auf die Verringerung der hohen Anzahl,[770] so dass in diesem Zusammenhang die verpflichtende

765 Jede Provinz verfügt über eine*n Präsident*in der Provinz, einen 10- bis 16-köpfigen Rat sowie eine Versammlung der Bürgermeister*innen. Demgegenüber hat jede Metropolstadt eine*n Bürgermeister*in, einen Rat sowie eine Konferenz. Für ausführliche Informationen zur Entwicklung der Provinzen, siehe: Staderini et al. 2019, S. 56 ff.; zu der Einführung der Metropolstädte gemäß dem „Delrio Gesetz“, siehe: Longo 2021.

766 Vom Einheitsgesetz für die lokalen Gebietskörperschaften können folgende drei Themenbereiche als Hauptfunktionen der Gemeinden abgeleitet werden: wirtschaftliche Entwicklung und industrielle Tätigkeiten; Land, Umwelt und Infrastrukturen; Dienstleistungen für Bürger und Gemeinschaft, vgl. Vandelli 2015.

767 Zur Stellung und den Funktionen der Gemeinden zwischen 1948 und 2001, vgl. Rolla 2003.

768 Für weitere Informationen zur rechtlichen Entwicklung der Gemeindeautonomie, vgl. Villamena 2013 sowie Longo 2021; zur Regelung des Subsidiaritätsprinzips, vgl. Pizzolato 2003, 197–206.

769 Siehe: Art. 27–29, Gesetz Nr. 267/2000.

770 Vgl. Bolgherini et al. 2018b.

interkommunale Zusammenarbeit[771] vorangetrieben und auch die Fusion zwischen Gemeinden durch finanzielle Anreize gefördert wurde.[772]

In den Regionen mit Sonderstatut gibt es demgegenüber keine einheitliche Regelung der Gemeinden, denn diese wird aufgrund der autonomen Zuständigkeit per Regionalgesetz festgelegt.[773] Insgesamt hat sich die lokale Autonomie in Italien nur schrittweise entwickelt und ihre tatsächliche Kapazität bleibt bis heute beschränkt, zudem sind die Gemeinden in den Regionen mit Normalstatut immer wieder von nationalen oder regionalen Reformen ausgesetzt.[774]

3.1.4 Republik Österreich: Der zentralistische Bundesstaat

Die demokratische Republik Österreich wird, wie die Schweiz, verfassungsrechtlich als Bundesstaat definiert (Art. 2, B-VG) und darauf aufbauend auch in der Lehre als föderales System klassifiziert.[775] Anders als die Schweizerische Eidgenossenschaft, die international als Paradebeispiel für einen Bundesstaat steht, gilt Österreich in der vergleichenden Föderalismusforschung aufgrund der starken Stellung der nationalen Regierungsebene allerdings eher als Sonderfall,[776] der *„weder [als] Prototyp noch Modell"*[777] fungiert. Die Lehre spricht im Hinblick auf die bundesstaatliche Struktur von einem unitarischen Föderalismus, da die Autonomie der subnationalen Gebietskörperschaften dem Bund klar untergeordnet ist und der Großteil der Gesetzgebung beim Zentrum liegt.[778]

---

771 Eine der wichtigsten Neuerungen war die Einführung der verpflichtenden gemeinsamen Ausführung von Grunddiensten für Gemeinden mit weniger als 5.000 Einwohner*innen. Als mögliche Formen standen Gemeindeverbünde oder Vereinbarungen zur Verfügung. Betroffen waren 63 Prozent der Gemeinden, die ersten Dienste hätten bereits innerhalb 1. Januar 2013, die restlichen bis zum 1. Januar 2014 gemeinsam verwaltet werden müssen. In der Folge gab es mehrere Verlängerungen bis Ende 2018. Vgl. Bolgherini et al. 2018b, S. 452.

772 Siehe u.a.: Gesetzesdekret Nr. 138/2011, Nr. 95/2012 (wobei dies 2013 teilweise als verfassungswidrig erklärt wurde, siehe: Urteil Nr. 220 vom 19.07.2013); Gesetz Nr. 148/2011, 135/2012 und 208/2015, vgl. Nicolini und Trettel 2017; Bolgherini 2015, S. 136 ff.

773 Vgl. D'Orlando und Grisostolo 2018, S. 106.

774 Vgl. Alber et al. im Erscheinen.

775 Vgl. Gamper 2008a.

776 Vgl. Palermo und Kössler 2017, S. 294.

777 Gamper 2019, S. 32.

778 Vgl. Sturm 2005; Gamper 2006b, S. 72.

Dardanelli kommt in einer vergleichenden Untersuchung sogar zum Schluss, Österreich als *„de facto Einheitsstaat"* zu bezeichnen.[779] Obschon der Klassifizierungen als *„dezentralisierter Einheitsstaat"*[780] oder *„unitarischer Bundestaat"*,[781] gelten neben der in Verfassung festgeschriebenen Selbstdefinition als Bundesstaat folgende verfassungsrechtlich verankerten Merkmale als Hinweise für die föderale Ordnung des Alpenstaates: Die Verteilung der staatlichen Funktionen zwischen Bund und Ländern; die Mitwirkung der Länder an der Bundesgesetzgebung (wenn auch ohne weitreichende Vetofunktion); der verfassungsrechtliche Schutz der Kompetenzen der Länder sowie die Verfassungsautonomie der Länder, wobei die beiden letzteren Aspekte im Vergleich zu anderen existierenden Bundesstaaten eher schwach ausgeprägt sind.[782] Ein weiteres Merkmal, das vom Verfassungsgerichtshof als tragendes Element des bundesstaatlichen Prinzips definiert wird, ist die mittelbare Bundesverwaltung (VfSlg 11403/1987). Bußjäger und Schramek fassen zusammen: *„Österreich kann zwar formell als Bundesstaat qualifiziert werden, allerdings als einer, der verfassungsrechtlich äußerst schwach ausgebildet ist."*[783]

Die Bundesrepublik Österreich ist somit im Vergleich zu anderen föderalen Systemen durch schwache Elemente eines Bundesstaates gekennzeichnet, in welchem die subnationalen Gebietskörperschaften hauptsächlich für die Ausführung von Gesetzen zuständig sind.[784]

Nichtsdestotrotz oder gerade aus diesem Grund kommt der politischen Kooperation zwischen den Regierungsebenen eine wichtige Bedeutung zu.[785] Dieser *„kooperative Föderalismus"* ist zentrales Merkmal Österreichs und manifestiert sich auch in der jahrzehntelang praktizierten Konsensdemokratie in Form einer „Großen Koalition" zwischen der Österreichischen Volkspartei (ÖVP) und der Sozialdemokratischen Partei Österreichs (SPÖ). Der schwachen rechtlichen Ausprägung des Föderalismus setzt der Politikwissenschaftler Ferdinand Karlhofer die These entgegen, dass die vorherrschende politische Praxis, die

---

779 Dardanelli hat ein neues Konzept für die Klassifizierung von Staaten entworfen, welches auf der Messung der institutionellen, politischen und finanziellen Autonomie basiert. Vgl. Dardanelli 2019.

780 Öhlinger 1997, S. 132.

781 Vgl. Pernthaler 2000, S. 29.

782 Vgl. Öhlinger 1997, S. 54.

783 Vgl. Bußjäger und Schramek 2020, S. 36.

784 Vgl. Pernthaler 2000, S. 35 ff.

785 Vgl. Gamper 2006b.

Machtbeziehungen und die Interaktion die föderale Dynamik Österreichs klar zum Ausdruck bringen.[786]

Die Merkmale des Bundesstaates sind immer wieder Anstoß für wissenschaftliche und politische Diskussionen zu einer umfassenden Reform des österreichischen Föderalismus. In den vergangenen Jahrzehnten gab es diverse Versuche das föderale System umzugestalten, die bisher allerdings an fehlenden politischen Mehrheiten bzw. dem notwendigen Interesse scheiterten. Zu den wichtigsten Versuchen einer Verfassungsreform gehört die Einsetzung des „Österreich-Konvent"[787] (2003–2005), welche auch die lokale Regierungsebene umfassend betroffen hätte. Die Ergebnisse des Konvents und seiner Nachfolgeeinrichtungen wurden bis heute nicht vollständig umgesetzt, allerdings kam es zur Umsetzung von einzelnen Konvent-Vorschlägen, etwa die Reform der Verwaltungsgerichte.[788] Auch der Kongress der Gemeinden und Regionen des Europarats riet Österreich nach seinem Monitoring 2011 zu einer institutionellen Reform des Bundesstaates.[789] Laut Bußjäger et al. müsse eine Föderalismusreform vor allem darauf abzielen, die Effizienz und Verantwortung zwischen den Regierungsebenen zu stärken. Dazu gehöre eine umfassende Umgestaltung der Kompetenzverteilung (Gesetzgebung und Vollziehung), aber auch eine Neukonzeption der zweiten Kammer und der Finanzbeziehungen zwischen den Regierungsebenen.[790]

Verfassungshistorisch wird die österreichische Republik in eine erste (1918–1934) und eine zweite Republik (seit 1945) gegliedert.[791] Zwischen 1934 und 1938 herrschte in Österreich eine Diktatur („Austrofaschismus"), von 1938 und 1945 war das Land Teil des nationalsozialistischen Deutschen Reichs. Der österreichische Staat wurde nach dem Zusammenbruch der österreich-ungarischen Monarchie 1918 durch eine provisorische Nationalversammlung als „Deutschösterreich" gegründet. Der Prozess zur Gründung einer Verfassung zog sich zwei Jahre hin, bevor im Oktober 1920 die erste föderale Verfassung (B-VG 1920) der „Republik Österreich" beschlossen wurde.

Bereits in der Ersten Republik bestand der österreichische Bundesstaat aus den neun Ländern Burgenland, Kärnten, Niederösterreich, Oberösterreich, Salzburg, Steiermark, Tirol, Vorarlberg und Wien. Nach der Ausrufung der Republik wurde die Verfassung 1918 durch Beitritts- bzw. Willenserklärungen von den meisten

786 Vgl. Karlhofer 2016b, S. 627 ff.
787 Vgl. Bußjäger 2004.
788 Siehe: Verwaltungsrichter-Vereinigung 26.06.2013.
789 Vgl. The Congress of Local and Regional Authorities 2011, S. 3.
790 Vgl. Bußjäger et al. 2012, S. 10 ff.; Bußjäger 2016b, S. 819.
791 Vgl. Pelinka und Rosenberger 2002.

dieser Länder anerkannt.[792] Heute verankert das Bundesverfassungsgesetz (Art. 2), das neun „selbstständige Länder" den Bundesstaat bilden. Im Gegensatz zum asymmetrischen System Italiens ist Österreich von einem symmetrischen Aufbau geprägt, denn die Länder unterliegen alle denselben Rechten und Pflichten – nur in der zweiten Kammer (Bundesrat) sind sie nicht gleichwertig vertreten. Ähnlich wie die Verfassung Italiens nach dem Zweiten Weltkrieg, war auch das erste österreichische Bundesgesetz eine Kompromisslösung zwischen konservativ föderalistischen und sozialdemokratisch zentralistischen Kräften und somit einem möglichen Einheitsstaat gegenüber einem Bundestaat („*in weiten Teilen ein widersprüchlicher Kompromiss*"[793]). Eine wichtige Rolle im verfassungsgebenden Prozess spielten die subnationalen Gebietskörperschaften, die in den ersten Monaten der Verhandlungen zwar noch kaum Thema waren, schließlich aber zu einem wichtigen Faktor für die Festlegung zum Bundestaat wurden.[794] Trotzdem ist für Österreich weder die Bezeichnung einer „*coming together federation*" noch jene einer „*putting together federation*"[795] angebracht, da die bundesstaatliche Ordnung eher aus einem Prozess heraus entstanden ist für den verschiedene Gründe ausschlaggebend waren.[796]

Nach dem Zweiten Weltkrieg folgte 1945 eine erneute Staatsgründung mit derselben Verfassung von 1920, wobei die wiedergegründete Republik daraufhin für zehn Jahre unter Besatzung der alliierten Siegermächte stand. Nach der Gründung der zweiten Republik ging die Entwicklung des Bundesstaates in eine zentralistische Richtung, die erst in den 1970er Jahren von einem verstärkten Selbstbewusstsein der Länder abgeschwächt wurde.[797] Das Jahr 1955 und der dann verabschiedete Staatsvertrag markieren für Österreich eine Zäsur, da das Land nach dem faschistischen Regime und der darauffolgenden Kontrolle durch die Alliierten völkerrechtlich unabhängig wurde und seine Neutralität erklärte.

---

792 Die Länder Wien, Burgenland und Vorarlberg traten dem Bund erst etwas später bei. Vgl. Gamper 2006b, S. 74.

793 Karlhofer 2016b, S. 611.

794 Vgl. Karlhofer 2016b, S. 610 ff.

795 Die Entstehung von föderalen Systemen ist ein wichtiger Aspekt der Föderalismusforschung. Die beiden Begriffe gehen auf Alfred Stepan zurück: Die *coming together federation* charakterisiert die freiwillige Bildung eines gemeinsamen Bundesstaates, der auf den Zusammenschluss von einzelnen souveränen Staaten bzw. territorialen Einheiten zurückgeht. Demgegenüber handelt es sich bei der *putting together federation* um den forcierten Zusammenschluss von einzelnen souveränen Gebilden zu einem Staat. Vgl. Palermo und Kössler 2017, S. 40.

796 Vgl. Karlhofer 2016b, S. 613.

797 Vgl. Schennach 2016, S. 520.

Bis heute sind die Verfassung von 1920 und ihre Novelle von 1929 Kern der österreichischen Bundesverfassung, wobei diese in den vergangenen acht Jahrzehnten über hundert Male abgeändert wurde und somit als sehr flexible Rechtsgrundlage bezeichnet werden kann.[798]

Die neun Bundesländer dürfen sich selbst eine Verfassung geben, die ebenso zum österreichischen Verfassungsrecht zählt, doch dürfen diese dem B-VG nicht widersprechen.[799] Artikel 10 bis 15 des B-VG klären den Großteil der Kompetenzverteilung zwischen der zentralstaatlichen Regierungsebene und den Ländern, die allerdings weniger als systematisch, sondern vielmehr als *„unübersichtlich"* und *„zersplittert"* gilt.[800] Zusammengefasst sind die Länder vor allem für die Vollziehung der Gesetze zuständig, denn *„in der Gesetzgebung [liegt] das Schwergewicht ganz eindeutig beim Bund"*.[801] Somit verfügt der Zentralstaat über eine Reihe von legislativen Zuständigkeiten[802] und obwohl die Länder zwar ebenso Gesetzgebungsbefugnisse haben, die über eine Generalklausel in der Verfassung definiert sind (Art. 15.1, B-VG), haben diverse Verfassungsänderungen in den vergangenen Jahren zur Stärkung der zentralen Ebene geführt.[803]

Das B-VG unterscheidet vier Typen von Zuständigkeiten, wobei auch jeweils zwischen Gesetzgebung und Vollziehung zu differenzieren ist: a) Es gibt Kompetenzen, bei dem die Gesetzgebung und die Ausführung beim Bund liegt (Art. 10), b) Kompetenzen, bei denen die Gesetzgebung beim Bund und die Ausführung bei den Ländern liegt (Art. 11); c) Kompetenzen, wo die Grundsatzgesetzgebung Bundessache ist, die Ausführungsgesetzgebung und Vollziehung Landessache (Art. 12) und letztens d) Kompetenzen, bei denen sowohl die Gesetzgebung wie auch die Vollziehung Zuständigkeit der Länder ist (Art. 12). Die meisten Zuständigkeiten fallen in die erste Kategorie. Dazu gehörten u.a. die Wahlen zum Nationalrat und zum EU-Parlament, Volksbegehren und Volksabstimmungen, Verfassungs- und Verwaltungsgerichtsbarkeit, äußere Angelegenheiten, Zollwesen, Geld-, Kredit-, Börse- und Bankwesen, Zivilrechtswesen, Ordnung und Sicherheit, aber auch

---

798 Diese Flexibilität liegt auch am einfachen Abänderungsprozess der Verfassung, wofür es eine Zweidrittel-Mehrheit im Nationalrat bei mindestens der Hälfte anwesenden Abgeordneten benötigt. Zudem muss das Gesetz die ausdrückliche Bezeichnung „Verfassungsgesetz" innehaben (Art. 44, B-VG). Vgl. Gamper 2008a; Öhlinger 1997, S. 23.

799 Vgl. Öhlinger 1997, S. 107.

800 Vgl. Bußjäger 2016a.

801 Öhlinger 1997, S. 110.

802 Eine aktuelle systematische Auflistung, siehe: Bußjäger 2016a.

803 Vgl. Sturm 2005, S. 47 ff.

das Verkehrswesen, Arbeitsrecht, Gesundheitswesen oder Hochschulwesen. Zu den Politikbereichen, in denen hingegen der Bund die Gesetze verabschiedet und die Länder für die Vollziehung zuständig sind, zählen beispielswiese die Staatsbürgerschaft, die Straßenpolizei, die Umweltverträglichkeitsprüfung oder der Tierschutz. In der dritten Kategorie, also jene Zuständigkeiten, wo der Bund die Grundsätze vorgibt und den Ländern die Ausführungsgesetzgebung und die Vollziehung zufällt, finden sich das Armenwesen, die Jugendfürsorge, die Heil- und Pflegeanstalten, das Elektrizitätswesen, aber auch bestimmte Aspekte des Schulwesens. Schließlich sind die gesetzgeberischen Zuständigkeiten der Länder, wie es in vielen föderalen Systemen üblich ist, nicht eigens im Verfassungsrecht aufgezählt, sondern werden durch eine Generalklausel zuerkannt: *„Soweit eine Angelegenheit nicht ausdrücklich durch die Bundesverfassung der Gesetzgebung oder auch der Vollziehung des Bundes übertragen ist, verbleibt sie im selbstständigen Wirkungsbereich der Länder“* (Art. 15.1). Da die Kompetenzen der Bundesebene aber so zahlreich sind, bleiben für die Länder eigentlich nicht viele Bereiche übrig, stellt der Verfassungsrechtler Theo Öhlinger fest.[804] Zu diesen gehören etwa Raumplanung, Jagd und Fischerei, Sport, Gemeinderecht,[805] Natur- und Landschaftsschutz oder andere Aspekte des Schulwesens. Die Gesetzgebung im Bereich Finanzen und Schulwesen ist im B-VG gesondert geregelt.

Die Länder sind auch befugt, Staatsverträge abzuschließen, allerdings nur in ihrem selbstständigen Wirkungsbereich (Art. 16, B-VG). Die meisten Zuständigkeiten sind klar zwischen den Regierungsebenen aufgeteilt (*„Exklusivität der Kompetenzbereiche“*[806]) sodass eigentlich kaum Verschränkungen in Form von konkurrierenden Kompetenzen vorhanden sind, wie es in Italien vielfach der Fall ist. Dennoch gibt es zwei Typen solcher konkurrierenden Zuständigkeiten, die sich in Form einer so genannten Bedarfsgesetzgebung manifestieren.[807]

Ein anderes Merkmal eines Bundestaates, die Mitwirkung der subnationalen Regierungsebene am nationalen Gesetzgebungsprozess, wird in Österreich über die Parlamentskammer des Bundesrats wahrgenommen. Dieser übt gemeinsam mit dem direkt gewählten Nationalrat die Gesetzgebung aus (Art. 24, B-VG), ist in verfassungsrechtlich und in der politischen Praxis aber eine zweitrangige Kammer.[808] Der Bundesrat besteht aus Repräsentant*innen der Länder und

804 Vgl. Gamper 2008a, S. 104.

805 Zu den verfassungsrechtlichen Grenzen der Gemeindeorganisation durch die Länder siehe Palermo und Kössler 2017, S. 287 f.

806 Vgl. Öhlinger 1997, S. 121 ff.

807 Vgl. Bußjäger 2016a; Bußjäger 2016b, S. 557 ff.

808 Vgl. Gamper 2006c.

hat derzeit 62 Mitglieder. Die Länder sind im Bundesrat im Verhältnis zu ihrer Einwohner*innenzahl vertreten und müssen mindestens drei sowie höchstens 12 Mitglieder entsenden (Art. 34, B-VG). Diese werden von den jeweiligen Landtagen per Verhältniswahl nach jeder Landtagswahl gewählt, repräsentieren daher also die politischen Mehrheiten des jeweiligen Landes. Allerdings schreibt die Verfassung fest, dass wenigstens ein Mandat jener Partei zufallen muss, welche die zweithöchste Anzahl von Sitzen im Landtag innehat (Art. 35, B-VG). Die Mitglieder des Bundesrates müssen nicht zwingend dem Landtag angehören, von dem sie gewählt werden, aber zumindest für diesen wählbar sein.

Der Umstand, dass die Länder proportional nach ihrer Bevölkerungszahl repräsentiert sind, ruft auch Kritik hinsichtlich des Prinzips der föderalen Gleichheit hervor. Zudem agiert der Bundesrat in der Praxis selten als echte Interessensvertretung der Gliedstaaten, sondern funktioniert nach politischen Parteilogiken.[809] Der Bundesrat hat Gesetzesinitiative und kann gegen Beschlüsse des Nationalrats einen Einspruch einlegen. Andererseits hat er bei einer Reihe von Gesetzesbeschlüssen kein Mitspracherecht, z.B. bei der Auflösung des Nationalrats oder dem Bundesfinanzgesetz. Der Einspruch durch den Bundesrat ist meist nur aufschiebend und kann von der Mehrheit des Nationalrats (bei Anwesenheit der Hälfte seiner Mitglieder) aufgehoben werden. Nur in wenigen Ausnahmefällen braucht es unbedingt eine Zustimmung der Mehrheit des Bundesrates, in diesem Fall verfügt er über ein absolutes Veto. Dies gilt beispielsweise bei Verfassungsgesetzen oder in einfachen Gesetzen enthaltene Verfassungsbestimmungen, durch welche legislative oder exekutive Zuständigkeiten der Länder eingeschränkt werden (Art. 44, B-VG) oder falls die Zusammensetzung des Bundesrats geändert werden würde (Art. 35, B-VG).[810] Interessanterweise ist der tatsächliche Gebrauch sowohl des absoluten wie auch des suspensiven Veto des Bundesrates in den vergangenen Jahren sehr gering ausgefallen und hatte somit kaum politisches Gewicht.[811]

Jedes Land verfügt über ein Gesetzgebungsorgan, den so genannten Landtag, der direkt per Verhältniswahlrecht alle fünf oder sechs Jahre (je nach Landesgesetzgebung) gewählt wird (Art. 95, B-VG). Die Länder haben keine judikative Gewalt, obwohl eine Justizreform die Verwaltungsgerichte auf Länderebene eingerichtet hat.[812] Die Landesgesetzgebung ist durch den Bund eingeschränkt, da alle Gesetze der Landtage der Zustimmung der Bundesregierung bedürfen und diese binnen acht Wochen Einspruch einlegen kann (Art. 98). Allerdings handelt

809 Vgl. Gamper 2006b, S. 78.

810 Vgl. Öhlinger 1997, S. 128; Gamper 2006b, S. 78 f.

811 Vgl. Kössler 2016, S. 352 ff.

812 BGBl. I Nr. 33/2013.

es sich dabei nur um ein suspensives Veto, das durch einen „Beharrungsbeschluss“ des jeweiligen Landtags übergangen werden kann.

Da dem Bund innerhalb des föderalen Systems eine dominierende Stellung zukommt, wurden einige Ausgleichmechanismen geschaffen, durch welche die Länder ihre Stimme auf politischer Ebene geltend machen können.[813] So sind der Bund und die Länder durch diverse intergouvernementale Mechanismen eng miteinander verwoben, wobei diese Entwicklung hin zu einem hohen Grad an Verflechtungen zwischen den Regierungsebenen nicht immer auf reiner Freiwilligkeit beruhte, sondern häufig auch einfachen Sachzwängen geschuldet ist.[814] Diese „kooperative Föderalismus“ wird im österreichischen Bundesstaat in erster Linie durch die Abhaltung der kontinuierlichen, aber nicht verfassungsrechtlich verankerten, Landeshauptleutekonferenzen[815] sowie durch Vereinbarungen zwischen den Ländern oder zwischen den Ländern und dem Bund (Art. 15a, B-VG) umgesetzt.[816]

Für Bußjäger stellen „*Kooperation und Koordination*“ die Schlüsselbegriffe des österreichischen Föderalismus dar.[817] Ein besonderes Beispiel einer Vereinbarung zwischen Bund, Ländern und Gemeinden – vertreten durch den Österreichischen Gemeindebund und Städtebund – ist der so genannte „Konsultationsmechanismus“. Dieser betrifft den Finanzausgleich zwischen den Regierungsebenen und wurde 1999 verabschiedet. Das diesbezügliche Gesetz verpflichtet zur gegenseitigen Information sowie das Recht, innerhalb von vorgegebenen Fristen, Verhandlungen im Konsultationsgremium zu verlangen.[818] Weiters schreibt es u.a. vor, dass Gesetzesentwürfe der Bundesministerien oder Gesetzesvorschläge der Bundesregierung den Landesregierungen sowie dem Gemeindebund und dem Städtebund übermittelt werden müssen. Umgekehrt müssen auch Gesetzentwürfe der Landesregierungen dem Bund und dem Gemeindebund sowie Städtebund übermittelt

---

813 Vgl. Gamper 2006b, S. 91 f.

814 Vgl. Bußjäger 2009a.

815 Die Landeshauptleutekonferenz ist zu einer wichtigen politischen Plattform geworden und hat sich als Gegengewicht zur starken Stellung des Bundes entwickelt. Vgl. Bußjäger 2015; Karlhofer 2016b, S. 625 ff.

816 Vgl. Gamper 2008a, S. 105.

817 Vgl. Bußjäger 2009a, S. 121.

818 „Vereinbarung zwischen dem Bund, den Ländern und den Gemeinden über einen Konsultationsmechanismus und einen künftigen Stabilitätspakt der Gebietskörperschaften“, siehe: Bundesministerium Finanzen, Konsultationsmechanismus, https://www.bmf.gv.at/themen/budget/finanzbeziehungen-laender-gemeinden/konsultationsmechanismus.html, zuletzt geprüft am 06.04.2023.

werden. Die Bundesländer können auch durch die so genannte „mittelbare Bundesverwaltung" Einfluss nehmen. In diesem Falle wirken die Länder bzw. das Landesoberhaupt bei der Vollziehung von Zuständigkeiten mit, die eigentlich dem Bund vorbehalten wären und übernehmen deren Verwaltungstätigkeiten direkt (Art. 102, B-VG). Hierbei ist zu erwähnen, dass der Einfluss der Länder bei dieser Form der Mitwirkung begrenzt ist und auch zentralistisch gehandhabt wird.[819] Eine weitere Möglichkeit, über welche die Länder außerhalb ihrer legislativen Zuständigkeiten tätig werden, ist über privatrechtliches Handeln (Art. 17, B-VG). Die Privatwirtschaftsverwaltung ist laut Bußjäger *„das Instrument (...), mittels welcher die Länder eigentlich erst eine eigenständige Politik betreiben können (Fachhochschulen, Energieautonomie, soziale Landschaft, ...)."*[820]

Die dritte Regierungsebene des österreichischen Mehrebenensystems sind die Gemeinden,[821] die – wie die Bundesländer – im Bundesverfassungsgesetz detailliert geregelt sind. Innerhalb des Verfassungsgefüges genießen die Gemeinden durch ihre umfassende Regelung eine starke formale Stellung, sie sind aber nicht an der Gesetzgebung beteiligt und verfassungsrechtlich nicht mit den subnationalen Gebietskörperschaften gleichzusetzen.[822] Karl Kössler kommt in einer aktuellen Untersuchung zum Schluss, dass die Gemeinden basierend auf ihrem Status und ihrer Rolle im Mehrebenensystem als *junior player* bezeichnet werden können.[823] Den Ländern kommt im Bereich der Gemeinden zwar eine legislative Zuständigkeit zu, da Artikel 115.2 B-VG erklärt, dass *„soweit nicht ausdrücklich eine Zuständigkeit des Bundes festgesetzt ist, hat die Landesgesetzgebung das Gemeinderecht nach den Grundsätzen der folgenden Artikel dieses Abschnittes zu regeln."* Allerdings sind die Landtage dabei an die umfassenden verfassungsrechtlichen Rahmenbedingungen der Bundesebene gebunden und haben damit wenig Handlungsspielraum.[824] Aspekte, welche von den Ländern in Bezug auf die Gemeinden autonom geregelt werden und somit voneinander abweichen können sind insbesondere deren Wahlmodus (z.B. Direktwahl der Bürgermeister*innen), lokale Steuern, direkte Demokratie oder die Einbindung der lokalen Ebene in den subnationalen Gesetzgebungsprozess.

---

819 Vgl. Kössler und Palermo im Erscheinen.
820 Bußjäger et al. 2012, S. 11.
821 Vgl. Gamper und Pernthaler 2005; Öhlinger 1997, S. 220.
822 Vgl. Öhlinger 1997, S. 220.
823 Vgl. Kössler im Erscheinen.
824 Vgl. Gamper 2012, S. 27.

Insgesamt gibt es auf dem österreichischen Staatsgebiet 2.093 Gemeinden.[825] Ähnlich wie in Italien, wurden in den vergangenen Jahren in einigen Ländern Bemühungen unternommen, die Anzahl der Gemeinden durch Reformen zu reduzieren. In Niederösterreich und Kärnten kam es in den 1960er und 70er Jahren dazu, danach wurden viele Jahre lang keine Fusionen auf lokaler Ebene durchgeführt, bis es im Jahr 2013 in der Steiermark zu einer umfassenden Reform kam.[826]

Abgesehen von der Festschreibung des Rechts auf Selbstverwaltung der Gemeinden (Art. 116, B-VG) regelt die Verfassung auch deren Funktionen, Organisation und Aufsicht durch die Länder oder den Bund. Die Gemeinden haben laut Verfassung einen eigenen Wirkungsbereich, in dem sie selbstständig Verordnungen erlassen können und einen übertragenen Wirkungsbereich, der ihnen durch die höher gelegenen Regierungsebenen delegiert wird. Im Allgemeinen geht die österreichische Verfassung vom Prinzip der „Einheitsgemeinde" aus,[827] unterscheidet aber zwei Typen von Gemeinden: Ortsgemeinden und Gebietsgemeinden. Diesen kommt der gleiche rechtliche Status zu, allerdings wurden letztere bisher nicht umgesetzt.[828]

Eine Ausnahme unter den Gemeinden bildet die Hauptstadt Wien, die als eine Stadt mit eigenem Statut sowie gleichzeitig als ein Bundesland fungiert (Art. 108–112, B-VG) und auf die dementsprechend einige Regelungen nicht angewandt werden.[829] Verfügt eine Gemeinde in Österreich über mehr als 20.000 Einwohner*innen, so kann ihr auf einen Antrag hin per Landesgesetz ein eigenes Stadtrecht mit Statut verliehen werden (Art. 116.3). Es gibt noch einen zweiten Typ von Statutarstädten, die das Stadtrecht aus historischen Gründen

825 Stand: März 2023, siehe: Statistik Austria, Regionale Gliederungen, https://www.statistik.at/services/tools/services/regionales/regionale-gliederungen, zuletzt geprüft am 23.03.2023.

826 In Niederösterreich wurden die Gemeinden von 1.652 auf 573 reduziert, in Kärnten von 242 auf 132. In der Steiermark wurden beginnend mit 2010 erstmals wieder Gemeindefusionen in Österreich durchgeführt. Im Jahr 2010 hatte das Land 542 Gemeinden, seit Jänner 2015 287. Siehe: Land Steiermark, Gemeindestrukturreform, https://www.gemeindestrukturreform.steiermark.at/, zuletzt geprüft am 06.04.2023. Vgl. Schantl et al. 2021, S. 49 ff.

827 Neuhofer 1998, S. 58.

828 Im B-VG steht (Art. 120): *„Die Zusammenfassung von Ortsgemeinden zu Gebietsgemeinden, deren Einrichtung nach dem Muster der Selbstverwaltung sowie die Festsetzung weiterer Grundsätze für die Organisation der allgemeinen staatlichen Verwaltung in den Ländern ist Sache der Bundesverfassungsgesetzgebung; die Ausführung obliegt der Landesgesetzgebung. (…)"*, vgl. Gamper 2008b, S. 75.

829 Vgl. Öhlinger 1997, S. 226 f.

innehaben und teilweise auch weniger Einwohner*innen haben als 20.000 (z.B. Rust im Burgenland). Diese durften nach der Gemeindenovelle von 1962, als die Statutarstädte reformiert wurden, bestehen bleiben. Insgesamt gibt es in Österreich 15 Statutarstädte, die neben den Aufgaben der lokalen Verwaltung auch die Bezirksverwaltung übernehmen.[830] Zudem tragen ihre politischen Organe andere Bezeichnungen (z.B. Stadtsenat statt Gemeindevorstand).

Die Verwaltungsebene der politischen Bezirke liegt zwischen den Gemeinden und den Ländern und ist eine reine Verwaltungsinstitution ohne politische Organe. Die insgesamt 94 Bezirke (15 Statutarstädte, 79 Landbezirke) nehmen Aufgaben für die Gemeinden und die Länder wahr. In den Bundesländern existieren zudem verschiedene Arten von Gemeinden (z.B. Stadt- oder Marktgemeinden), allerdings gelten diese nur als symbolische Bezeichnungen, denen keine unterschiedliche Bedeutung im rechtlichen Sinne zukommt. Die letzte Reform in Bezug auf die lokale Regierungsebene fand 2011 statt, welche die Kooperationsmöglichkeiten der Gemeinden in Form von Gemeindeverbänden erhöhte.[831]

3.2. Der subnationale Kontext: Territoriale Gliederung und politisches System in Graubünden, Südtirol und Tirol

3.2.1 Kanton Graubünden

3.2.1.1 Allgemeine Daten

Der Kanton Graubünden ist mit einer Fläche von 7.105 km^2 der größte der 26 schweizerischen Kantone. Er ist nicht nur der größte Kanton, sondern angesichts der begrenzten Anzahl an Einwohner*innen auch der am dünnsten besiedelte. Insgesamt betrug die ständige Wohnbevölkerung Ende 2021 201.376 Personen, die meisten leben in den Regionen Plessur (42.233) und Prättigau/Davos (26.060), zu denen die Städte Chur und Davos gehören. Die Bevölkerung war in den letzten Jahren aufgrund der ausländischen Zuwanderung im leichten Aufwärtstrend, wobei die Entwicklung in den einzelnen Regionen unterschiedlich ist.[832]

---

830 Art. 116.3, B-VG.

831 BGBl. I Nr. 2011/60.

832 So hat die Bevölkerung in Plessur um 0,1 % zugenommen, jene in Prättigau/Davos hingegen um 0,2 % abgenommen. Siehe: Kanton Graubünden, Amt für Wirtschaft und Tourismus, Bevölkerungsbewegung, https://www.gr.ch/DE/institutionen/verwaltung/dvs/awt/statistik/Bevoelkerung/Seiten/Bevoelkerungsbewegung.aspx sowie Bevölkerungsstand und -struktur, https://www.gr.ch/DE/institutionen/verwaltung/dvs/awt/statistik/Bevoelkerung/Seiten/Bevoelkerungsstand_und_-struktur.aspx, zuletzt geprüft am 06.04.2023.

Graubünden ist der einzige offiziell dreisprachige Kanton der Schweiz und hat drei Amtssprachen (Deutsch, Rätoromanisch, Italienisch). Damit teilt Graubünden mit Südtirol die Gemeinsamkeit der sprachlichen Diversität, wobei im Kanton Graubünden die deutsche Sprache ebenso dominiert. Die Mehrsprachigkeit Graubündens geht auf die historische Entwicklung bis zum Mittelalter zurück, wobei bis vor 1800 die rätoromanische Sprache vorherrschte und das Deutsche erst später mehr Einfluss erhielt.[833] In der Bündner Verfassung ist verankert, dass die drei Sprachen Deutsch, Rätoromanisch und Italienisch gleichwertige Landes- und Amtssprachen sind (Art. 3, KV). Die Verfassung hält im selben Artikel auch fest, dass der Kanton und die Gemeinden die Erhaltung und Förderung der rätoromanischen und italienischen Sprache unterstützt. Zudem fördern sie den Austausch zwischen den Sprachgemeinschaften. Die Strukturerhebung 2020 hat ergeben, dass 74,7 Prozent der Einwohner*innen Graubündens Deutsch als ihre Hauptsprache angeben, 13,9 Prozent Rätoromanisch und 13,9 Prozent Italienisch. Diese stichprobenartige Untersuchung mit einem kleinen Teil der Bevölkerung wird jährlich mit der ständigen Wohnbevölkerung ab 15 Jahren durchgeführt, wobei die Befragten bis zu drei Hauptsprachen nennen können.[834] Die Verteilung der Sprachgruppen in Graubünden ist deutlich, aber nicht homogen: Die Italienischsprachigen leben mehrheitlich in vier Gebieten, während das Romanische fragmentierter vorhanden ist und hauptsächlich im äußersten Osten und Westen sowie in kleinen Zentren in der Mitte des Landes beheimatet ist.[835]

3.2.1.2 Historischer Überblick

Der Schweizerische Bundesstaat in heutiger Form wurde 1848 gegründet, nachdem Teile des Territoriums bereits seit dem 13. Jahrhundert als Staatenbund, d.h. als Zusammenschluss mehrerer unabhängiger Einheiten, organisiert waren. Das Gebiet des Kantons Graubünden war vor der Staatsgründung 1848 mehrere hunderte Jahre als ein autonomes Territorium mit der Bezeichnung „Freistaat Gemeiner Drei Bünde" organisiert und wurde erst um 1800 Teil eines Staatenbündnisses mit anderen schweizerischen Gebieten.[836]

833 Vgl. Hitz et al., S. 6 ff.; Deplazes und Surchat, S. 74 ff.

834 Siehe: Kanton Graubünden, Amt für Wirtschaft und Tourismus, Sprache, Religion, https://www.gr.ch/DE/institutionen/verwaltung/dvs/awt/statistik/Bevoelkerung/Seiten/Sprache,_Religion.aspx, zuletzt geprüft am 06.03.2023.

835 Für ausführliche Informationen über die Sprachgruppen in Graubünden sowie das Rechtssystem der Dreisprachigkeit: Richter 2005.

836 Vgl. Liver 2003, S. 13 ff.

Insbesondere die heutige Hauptstadt Chur blickt auf eine lange Historie zurück: Diese war im römischen Reich ein bedeutender Ort der Provinz „Raetia", zu der damals nicht nur die heutige Ostschweiz, sondern auch die Länder Vorarlberg und Tirol gehörten. Ab dem 4. Jahrhundert fungierte Chur als Bischofssitz.[837] Aus der römischen Provinz „Raetia" entstand später das Gebiet „Churrätien", das zuerst mit dem Bistum Chur identisch war, bis dann die geistliche und weltliche Gewalt voneinander getrennt wurde.[838] Im Spätmittelalter entwickelten sich aus adeligen Territorialherrschaften schließlich drei so genannte territoriale „Bünde". Diese bestanden jeweils aus mehreren Gerichtsgemeinden und wurden im Laufe des 14. oder 15. Jahrhunderts gebildet oder nach Konflikten mit der Feudalherrschaft selbst von Gemeinden gegründet. Dies waren zum einen der „Obere" bzw. „Graue Bund" (gegründet 1395), der „Gotteshausbund" (gegründet 1367) sowie der „Zehngerichtenbund" (gegründet 1436).[839]

Diese Bünde kooperierten bereits ab dem 15. Jahrhundert basierend auf Verträgen in mehreren Bereichen miteinander, etwa dem Gerichtswesen oder der Außenpolitik.[840] Schließlich schlossen sie sich 1524 zu einem gemeinsamen Bündnis zusammen – dem Freistaat Gemeiner Drei Bünde – und fungierten als Staatswesen mit eigener Verfassung und Parlament (Bundestag), welches aus Boten der Gerichtsgemeinden bestand. Träger der Souveränität waren nicht das Volk, sondern die Gesamtheit der Gemeinden.[841] Schon damals war die Verwaltung föderalistisch aufgebaut: Insgesamt gehörten dem Gebiet 52 Gerichtsgemeinden an, welche die wichtigsten Entscheidungen trafen.[842]

Ende des 18. Jahrhunderts war Graubünden Schauplatz für kriegerische Konflikte und wurde sowohl von Frankreich sowie Österreich besetzt. Historisch einschlägig war vor allem der Verlust des Gebiets „Veltlin" 1797 (so genannte *Confisca*[843]), welches heute Teil von Italien ist. Um 1800 wurde der Freistaat der Drei Bünde als Kanton „Rätien" ein Teil der von den Franzosen besetzten zentralistischen Helvetischen Republik (1798–1803), bevor das Gebiet wenige Jahre später – auf Geheiß Napoleons – als Kanton Graubünden Teil des neuen Staatenbundes der Schweizerischen Eidgenossenschaft wurde (1803). Durch diese Entwicklungen nahm der Freistaat ein Ende und Graubünden war Teil

837 Vgl. Hitz et al.; Deplazes und Surchat.
838 Vgl. Deplazes.
839 Vgl. Liver 2003, S. 13; Hitz et al., S. 19 ff.
840 Vgl. Hitz et al., S. 24 ff.
841 Vgl. Liver 2003, S. 13 ff.
842 Vgl. Pieth 2003, S. 17 ff.
843 Vgl. Margadant.

eines größeren Staatenbündnisses. Nach der Niederlage Napoleons kam es im Wiener Kongress bei der „Neuordnung Europas" 1815 zu einer Verabschiedung eines Bundesvertrags für die Schweiz, womit diese zu einem Staatenbund aus 22 Kantonen erklärt wurde. Der Gründung des heutigen Bundesstaates gingen noch kriegerische Konflikte voraus (Sonderbundskrieg 1847). Dort standen sich liberale und konservativ-katholische Kräfte bzw. Kantone gegenüber. Schließlich kam es 1848 zur Verabschiedung einer gemeinsamen Bundesverfassung und der Gründung eines Bundesstaates.[844]

3.2.1.3 Subnationaler Verfassungsrahmen

Graubünden wird gerne als Sonderfall innerhalb der Schweiz bezeichnet, was u.a. an der subnationalen Verfassungsgeschichte und des ausgeprägten Autonomiebewusstseins der lokalen Ebene unterstrichen wird.[845] Die aktuelle Kantonserfassung stammt aus dem Jahr 2003 (KV[846]), enthält 108 Artikel und wurde zuletzt 2018 abgeändert. Sie stammte von 1892 und war bis dahin nur partiellen Änderungen unterzogen worden. Dementsprechend langwierig war auch der Weg zur neuen Verfassung 2003.[847]

Der langjährigen Kantonsverfassung von 1892 waren hingegen eine Reihe von anderen subnationalen Rechtsgrundlagen vorausgegangen.[848] Am Anfang stand der „Bundesbrief" als Grundlage des Freistaates der Drei Bünde, der laut Rathgeb allerdings nicht als Vorläuferform einer modernen Verfassung bezeichnet werden kann. Demnach erhielt Graubünden eine solche Rechtsgrundlage erst mit der helvetischen Kantonsverfassung 1801, die zentralistisch und egalitär geprägt war. Eine nächste Kantonsverfassung folgte dann bereits 1803: Graubünden erhielt, wie auch die anderen schweizerischen Gebietskörperschaften, eine Mediationsverfassung, die föderalistische Elemente aufwies. Weitere Kantonsverfassungen folgten 1814 und 1853. Mit letzterer Reform wurden die Gerichtsgemeinden aufgehoben und das Territorium in 14 Bezirke, 39 Kreise und 227 Gemeinden – mit einem Recht auf Selbstverwaltung – gegliedert.[849] Dieser Reform von 1853 waren intensive verfassungsrechtliche Diskussionen, mehrere Abstimmungen und

844 Vgl. Hitz et al.
845 Vgl. Lardi 2006, S. 6.
846 Verfassung des Kantons Graubünden, 11.0.100.
847 Vgl. Schuler 2006, S. 3 ff.
848 Vgl. Rathgeb 2003, S. 103–174.
849 Vgl. Hitz et al., S. 51.

gescheiterte Reformen der Kantonsverfassung vorausgegangen.[850] Gemäß Rathgeb ist Graubünden seit damals ein *„Bundesstaat mit Gemeindestaatlichkeit"*.[851] Zu Totalrevisionen der Kantonsverfassung kam es 1880 und schließlich 1894. Zuerst wurden u.a. ein Finanzreferendum und eine Gesetzesinitiative eingeführt, später u.a. die Anzahl der Regierungsmitglieder (damals noch „Kleiner Rat") erhöht.[852]

Mit der Verfassung von 1894 schaffte Graubünden nach Alfred Kölz *„den Anschluss an das westliche, individualistisch-demokratische Staats- und Rechtsverständnis"*.[853] Diese Verfassung war laut Ratgheb ein Regelwerk, das sich auf das Grundgerüst des 19. Jahrhunderts stützte und eine Vermischung des altbündnerischen Rechts und den französischen Aufklärungsideen darstellte.[854] Es war zwar eine *„gute gesetzgeberische Arbeit"*, aber auch eine *„Zweckmässigkeitsgesetzgebung ohne mutige Verwirklichung von visionären Gedanken"*.[855] Ratgheb fasst zusammen, dass die bündnerische Demokratie *„von Kopf bis Fuss (…) auf Stabilität und Integration ausgerichtet ist"*.[856] Dies liege vor allem daran, dass die Entwicklung zu einem einheitlichen Kanton aufgrund der starken innerterritorialen Vielfalt in kultureller, sprachlicher sowie religiöser Hinsicht nicht leicht war.

Die Totalrevision 2003 zielte dann schließlich auf ein *„modernes, bürgernahes und zukunftsgerichtetes Grundgesetz"*.[857] Bereits in den 1980er Jahren wurden Vorstöße zur Prüfung einer Totalrevision der Kantonsverfassung gemacht, welche die kantonale Regierung zunächst zurückwies. Schließlich wurde 1992 ein Vernehmlassungsverfahren eingeleitet, um die Revisionsbedürftigkeit der Verfassung zu prüfen. Dieses bestätigte in mehreren Punkten einen Anpassungsbedarf.[858] Diese Auffassung wurde auch von der Regierung geteilt, die erklärte, dass die Verfassung die *„Anforderungen an ein modernes, bürgernahes und allgemein verständliches Grundgesetz in weiten Teilen"*[859] nicht mehr erfülle. Nach einer Behandlung im Grossen Rat und einer Volksabstimmung 1997 wurde die Revision durch eine

850 Vgl. Rathgeb 2003, S. 139 ff.

851 Rathgeb 2003, S. 151.

852 Vgl. Hitz et al., S. 51.

853 Alfred Kölz, zit. von Rathgeb 2003, S. 163.

854 Rathgeb und Bundi 2006, S. 26.

855 Rathgeb und Bundi 2006, S. 28.

856 Rathgeb 2003, S. 106.

857 Kanton Graubünden, Totalrevision Kantonsverfassung Graubünden, Vernehmlassung eröffnet, https://www.gr.ch/DE/Medien/Mitteilungen/MMStaka/2000/Seiten/DE_14273.aspx, zuletzt geprüft am 06.04.2023.

858 Vgl. Schuler 2006, S. 6 ff.

859 Schuler 2006, S. 9.

Verfassungskommission 1999 eingeleitet.[860] Die Vorbereitung der Reform durch eine Expertenkommission ohne Einbindung des Parlaments kann für die Schweiz als eher untypisch bezeichnet werden.[861] Zu den zentralen Neuerungen der Verfassung gehörten u.a. die Verankerung der Dreisprachigkeit, die Grundrechte, die Neuordnung der Mitbestimmungsrechte, die Stellung der Gemeinden oder die Einführung einer umfassenden kantonalen Verfassungsgerichtsbarkeit.[862]

Die Aufgaben des Kantons und der Gemeinden sind im Abschnitt 6 der Kantonsverfassung festgeschrieben (Art. 79–92). Dabei sind die Kompetenzen nicht nur gelistet, sondern die Art der einzelnen Aufgaben und Maßnahmen in der Verfassung beschrieben. Grundsäulen der Bündner Demokratie sind die Mehrsprachigkeit und die direktdemokratischen Instrumente. Graubünden bekennt sich bereits in der Präambel zu der Dreisprachigkeit und kulturellen Vielfalt. Anders als in Südtirol ist die sprachliche Diversität in der Schweiz nicht nur auf subnationaler, sondern auch auf kommunaler Ebene geregelt. Demnach dürfen die Gemeinden selbst darüber entscheiden, welche Amts- und Schulsprache sie wählen, wobei sie auf die sprachliche Zusammensetzung in ihrem Gebiet achten müssen (Art. 3, KV). Graubünden hebt sich von Südtirol und Tirol auch durch die ausgeprägte direkte Demokratie ab. So können 4.000 Stimmberechtigte oder ein Siebtel der Gemeinden eine Total- oder Teilrevision der Kantonsverfassung verlangen. Zudem können 3.000 Stimmberechtigte bzw. ein Achtel der Gemeinden mit einer Initiative den Erlass oder die Aufhebung eines Gesetzes (Art. 12, KV) fordern. Außerdem gibt es obligatorische (Art. 16, KV) und fakultative Referenden (Art. 17, KV).

3.2.1.4 Politisches System und Parteien

Wie auf bundesstaatlicher Ebene ist auch das kantonale politische System konkordanzdemokratisch aufgebaut, was in Südtirol und Tirol in diesem Maße nicht der Fall ist. Demnach ist Graubünden durch die verpflichtende Kooperation der dominierenden Parteien gekennzeichnet. Die letzte Direktwahl der politischen Organe des Kantons fand im Mai 2022 statt. Dabei wurde der Grosse Rat gewählt, der die legislative Macht innehat und aus 120 Mitgliedern besteht. Diese sind die so genannten Großräte und Großrätinnen, die in 39 Wahlkreisen gewählt werden. Sowohl die Mitglieder des Grossen Rats, die Mitglieder der Kantonsregierung und

860 Vgl. Schuler 2006, S. 9 ff.

861 Vgl. Auer 2006, S. 5.

862 Vgl. Crameri 2019, S. 106; Auer 2006, S. 1 ff.

die Mitglieder für den National- und Ständerat werden von allen Stimmberechtigten für vier Jahre gewählt (Art. 11, KV).

Die Wahl des Grossen Rats fand 2022 erstmal mit einem neuen Wahlsystem statt, dem so genannten „Doppelten Pukelsheim" – ein Verhältniswahlverfahren – während bis dahin ein Mehrheitswahlsystem galt und so auch in der Kantonsverfassung verankert war.[863] In jedem Wahlkreis sind, basierend auf der jeweiligen Wohnbevölkerung, eine bestimmte Anzahl an Sitzen zu vergeben, allerdings muss in jedem Wahlkreis mindestens ein Sitz vergeben werden. Die Sperrklausel (Quorum) für Parteien liegt bei drei Prozent auf Kantonsebene, zudem ist eine „Majorzbedingung" in Kraft. Dies bedeutet, dass die stimmenstärkste Partei eines Wahlkreises dort mindestens einen Sitz erhält, sofern sie kantonal Anspruch darauf hat. Die Wähler*innen müssen mindestens eine Vorzugsstimme abgeben und können maximal so viele Personen wählen, wie Plätze in ihrem Wahlkreis zu vergeben sind – allerdings nur für jene Personen, die einer Liste in dem besagten Wahlkreis angehören. Teil des Verfahrens ist auch das so genannte „Kumulieren", „Streichen" und „Panaschieren". Das bedeutet, es ist möglich derselben Person zwei Vorzugsstimmen zu geben, Personen von einem vorgedruckten Wahlzettel zu streichen oder Personen von verschiedenen Parteien zu wählen.

Bis auf die Gesetzgebung, ist der Grosse Rat auch die oberste Aufsichtsinstanz des Kantons (Art. 30, KV). Daneben gibt es die kantonale Regierung als Exekutivorgan und oberste leitende und vollziehende Behörde,[864] welche die Gesetze und Beschlüsse des Grossen Rates vollzieht und den Kanton nach außen und innen vertritt (Art. 42, KV). Sie besteht aus fünf Mitgliedern und fasst und vertritt alle Beschlüsse als Kollegialbehörde (Art. 38, KV). Drei von fünf Mitgliedern gehören der Partei „Die Mitte Graubünden" an und je ein Mitglied gehört zu den Parteien Freisinnig Demokratische Partei und Sozialdemokratische Partei. Die Regierung wird ebenso direkt gewählt, allerdings nach dem Mehrheitswahlverfahren, wobei der Kanton in diesem Fall nur aus einem Wahlkreis besteht. Das politische Oberhaupt Graubündens ist ein*e Präsident*in, der*die vom Grossen Rat aus der Mitte der Regierung gewählt wird und für ein Jahr im Amt bleibt.

---

863 Vgl. Kanton Graubünden, Standeskanzlei Graubünden. Die Diskussion zur Umwandlung des Wahlsystems von einem Majorz- zu einem Proporzverfahren hat in Graubünden lange Tradition und wurde bereits mehrmals an der Urne abgestimmt. Vgl. Bundi und Rathgeb 2003, S. 28 ff. Im Jahr 2021 wurde die Kantonsverfassung abgeändert und besagt nun in Art. 27, Abs. 2: „Die Wahl erfolgt nach dem Verhältniswahlverfahren. Das Gesetz kann Mindestquoren und eine Majorzbedingung vorsehen."

864 Regierungs- und Verwaltungsorganisationsgesetz (RVOG vom 15.06.2017).

Die kantonale Regierung hat keine Mitgliedschaft im Grossen Rat, kann allerdings deren Geschäfte vorbereiten, Entwürfe für Verfassungsänderungen, Gesetze und Beschlüsse vorlegen sowie an den Sitzungen in beratender Funktion teilnehmen (Art. 44, KV).

In der Legislaturperiode 2018–2022 waren im Grossen Rat sechs politische Fraktionen vertreten, seit 2022 sind es nur mehr fünf. Die meisten Mitglieder stellt die Partei „Die Mitte Graubünden" (34 Sitze), eine Gruppierung, die das politische Erbe der Bürgerlich Demokratischen Partei und der Christlichdemokratischen Volkspartei Graubünden fortsetzt, die in der vorherigen Legislaturperiode die zweit- und drittstärkste Kraft im Kanton repräsentierten.[865] Danach folgen mit jeweils 27 Sitzen die Freisinnig Demokratische Partei sowie die Listenverbindung Sozialdemokratische Partei & Grüne. Die Schweizerische Volkspartei, die auf Bundesebene die größte Fraktion stellt, ist mit 25 Mitgliedern im Grossen Rat vertreten. Sie hatte 2022 einen großen Wahlerfolg und gewann 16 Mandate hinzu. Das Schlusslicht im Grossen Rat bildet die „Grünliberale Partei" mit sieben Sitzen. Lange Zeit existierten in Graubünden nur die parteipolitischen Richtungen der Freisinnig Demokratischen Partei (FDP) sowie Christlichdemokratischen Partei und bis zum Ersten Weltkrieg dominierte die FDP die Kantonspolitik. 1903 kam es dann zur Gründung der Konservativ-demokratischen Partei als Abspaltung der Freisinnigen, wenig später folgte auch eine Sozialdemokratische Partei.[866] Erst 1919 wurde die Demokratische Partei als Abspaltung der Freisinnigen Partei gegründet, die später in die Schweizerische Volkspartei mündete.[867]

3.2.1.5 Territoriale Gliederung und historischer Abriss zur Gemeindeautonomie

Graubünden besteht aus 101 Gemeinden (Stand: 2023), die sich auf elf Verwaltungsregionen erstrecken: Albula, Bernina, Engiadina Bassa/Val Müstair, Imboden, Landquart, Maloja, Moesa, Plessur, Prättigau/Davos, Surselva und Viamala. Die Regionen existieren seit 2016, vorher bestand der Kanton aus so genannten Regionalverbänden sowie 11 Bezirken und 39 Kreisen, allesamt Körperschaften des öffentlichen Rechts. Wie in der Schweiz üblich, existieren in Graubünden nicht nur politische Gemeinden, sondern auch andere Gemeinden. Dies sind neben den politischen Gemeinden noch 67 Bürgergemeinden und acht

865 Siehe: Die Mitte Graubünden, https://gr.die-mitte.ch/die-mitte/, zuletzt geprüft am 17.05.2022.

866 Vgl. Hitz et al., S. 47 ff.

867 Vgl. Rathgeb 2003, S. 166 f.

bürgerliche Genossenschaften.[868] Die Bürgergemeinden sind in der Kantonsverfassung verankert und gemäß Gemeindegesetz eine eigene Gebietskörperschaft des öffentlichen Rechts (Art. 86, GG). Sie setzen sich gemäß Kantonsverfassung aus den Gemeindebürger*innen zusammen, die ihren Wohnsitz in der Gemeinde haben (Art. 61). Sie sind geografisch mit der politischen Gemeinde identisch und somit stark mit diesen verflechtet, obwohl sie eigene Aufgaben haben. Zu ihren Befugnissen gehören die Erteilung des Gemeindebürgerrechts, die Verwaltung ihres Vermögens, die Zustimmung zur Entnahme von Mitteln aus dem Bodenerlöskonto und der Zusammenschluss mit der politischen Gemeinde (Art. 90, GG). Besonders vom Nutzungsvermögen eines Gebiets sind die Bürgergemeinden gemeinsam mit den politischen Gemeinden betroffen, z.B. im Wald- oder Weiderecht. Zudem steht den Bürgergemeinden noch Eigentümer aus diversen Grundstücken zu (Art. 89, GG). Für die Anliegen der Bürgergemeinden setzt sich seit 1945 der Verband der Bündner Bürgergemeinden an. Wenn es keine Bürgergemeinde gibt, werden deren Aufgaben von der politischen Gemeinde wahrgenommen (Art. 86.2, GG).

Die Gemeinden in Graubünden blicken auf eine lange Historie zurück, sie sind sozusagen *„älter als der Staat"*.[869] Die politischen Gemeinden gehen auf die die genannten Gerichtsgemeinden zurück, die bereits im Freistaat der Drei Bünde Selbstverwaltungsrecht genossen und politische Entscheidungen getroffen haben.[870] Auch die darauffolgende helvetische Epoche war für die Gemeinden prägend.[871] Als 1848 der Schweizerische Bundesstaat entstand, bestand Graubünden aus 48 Gerichtsgemeinden, an deren Stelle später die politischen Gemeinden traten.[872] In den 1850er Jahren übernahmen die Gemeinden die Aufgaben der Gerichtsgemeinden und hatten Kompetenzen u.a. in den Bereichen Kirche, Schule, Wald und Straßen.[873] Die Gemeindeautonomie ist bis heute ein Grundprinzip Graubündens: *„Die mythisch anmutende Gemeindeautonomie, die schon beinahe zum unantastbaren Staatsprinzip geworden ist, prägte wie kein zweites Element die bündnerische Verfassungsentwicklung im 19. Jahrhundert."*[874]

Die Basis für die aktuelle Gemeindeautonomie legte das kantonale Gemeindegesetz von 1974 (Nr. 175.050) mit Grundsätzen zur lokalen finanziellen und

868 Vgl. Botschaft der Regierung an den Grossen Rat 2017–2018, S. 672.
869 Meyer 2011, S. 22.
870 Rathgeb 2003, S. 108 ff.
871 Rathgeb 2006, S. 15 ff.
872 Vgl. Botschaft der Regierung an den Grossen Rat 2017–2018, S. 671.
873 Vgl. Crameri 2019, S. 100 ff.
874 Rathgeb 2003, S. 162.

organisatorischen Ausstattung. Auf bundesstaatlicher Ebene wurde die Bedeutung der autonomen Gemeinden hingegen erst mit der Bundesverfassung von 1999 anerkannt.[875] Das Gemeindegesetz von 1974 betraf unter anderem die Organe der Gemeinden und deren Zuständigkeiten, die Aufsicht der Gemeinden sowie die interkommunale Kooperation.[876] Im Jahr 2018 wurde eine Totalrevision des Gemeindegesetzes verabschiedet. Von der Kantonsverfassung von 2003 war die Autonomie der Gemeinden ebenso betroffen, da damit die Gemeindeinitiative sowie das Gemeindereferendum eingeführt wurden.[877] Reto Crameri stellt auf Basis einer umfassenden Analyse der lokalen Autonomie fest, dass die Gemeindeverwaltung ein immer komplexeres Gebiet wird. Die Autonomie der Bündner Gemeinden sei zwar nach wie vor tief im Land verankert, doch sei das Regieren im Mehrebenensystem, das Zusammenspiel von lokalem Recht, Kantons- und Bundesrecht und dessen Anwendung für viele lokale Behörden eine große Herausforderung.[878]

3.2.2 Autonome Provinz Bozen/Südtirol

3.2.2.1 Allgemeine Daten

Die Autonome Provinz Bozen/Südtirol verfügt über eine Fläche von 7.400,43 km^2. Das Land ist flächenmäßig fast gleich groß wie Graubünden, zählt aber mehr als doppelt so viele Einwohner*innen. Die Bevölkerungszahl liegt seit der letzten Volkszählung (2011) bei 504.643 Personen, davon leben 102.575 Menschen in Bozen.[879] Laut Landesstatistik betrug die Wohnbevölkerung im Dezember 2021 535.774 Personen.[880] Die bevölkerungsreichten Bezirksgemeinschaften sind Bozen sowie das Burggrafenamt. Im inneritalienischen Vergleich nimmt Südtirol nicht nur verfassungsrechtlich eine besondere Stellung ein, es ist auch durch seine sprachliche Diversität charakterisiert: Im Land sind drei Sprachgruppen beheimatet, was vor allem auf die Geschichte als Teil von Österreich-Ungarn (bis 1918) zurückzuführen ist. Laut der letzten amtlichen Volkszählung definieren sich 69,6 Prozent der in Südtirol lebenden Personen als deutschsprachig, diesen stehen 25,8 Prozent italienischsprachige sowie 4,5 Prozent

875 Vgl. Meyer 2011, S. 39.

876 Vgl. Crameri 2019, S. 105.

877 Vgl. Crameri 2019, S. 106.

878 Vgl. Crameri 2019, S. 550.

879 Siehe: Landesinstitut für Statistik ASTAT, Südtirol in Zahlen, https://astat.provinz.bz.it/de/suedtirol-in-zahlen.asp, zuletzt geprüft am 06.04.2023.

880 Siehe: Landesinstitut für Statistik (ASTAT) 2022, S. 85 ff.

ladinischsprachige Bürger*innen gegenüber. Die territoriale Autonomie Südtirols basiert unter anderem auf einem ausgeprägten Minderheitenschutz für die deutsch- und ladinischsprachige Sprachgruppe. Dazu gehören mehrere Instrumente, welche das Zusammenleben der Sprachgruppen in Form einer Konkordanzdemokratie regeln.[881]

3.2.2.2 *Historischer Überblick*

Die Autonome Provinz Bozen/Südtirol ist gemeinsam mit der Autonomen Provinz Trient die einzige Provinz Italiens, die mit autonomen Gesetzgebungszuständigkeiten ausgestattet ist. Gemeinsam bilden sie die Autonome Region Trentino-Südtirol, eine von fünf autonomen Regionen Italiens, deren territoriale Selbstverwaltung durch die Verfassung geschützt ist (Art. 116, 117).

Das Südtiroler Autonomiemodell und die ausgedehnten gesetzgeberischen Zuständigkeiten sind auf eine konfliktgeladene Geschichte zurückzuführen.[882] Die heute nördlichste Provinz Italiens bildete seit dem 14. Jahrhundert bis 1919 gemeinsam mit dem österreichischen Bundesland Tirol eine territoriale Einheit. Das gesamte Gebiet gehörte zum österreichisch-ungarischen Habsburgerreich und wurde nach dem Ersten Weltkrieg dem Königreich Italien zuerkannt („*Kriegsbeute*“[883]). Als abgetrennter Teil von Tirol begann ein jahrzehntelanger – zumeist friedlicher – Kampf zuerst für die Rückkehr zu Österreich (externe Selbstbestimmung), später für eine territoriale Autonomie innerhalb Italiens (interne Selbstbestimmung). Durch eine vom faschistischen Regime durchgeführte Unterdrückungs- und Assimilierungspolitik erlebte Südtirol in den 1920er und 1930er Jahren eine dunkle Epoche seiner Geschichte.[884] Die deutsch- und ladinischsprachigen Bürger*innen wurden zu italienischem Staatsbürger*innen, ihre Sprache und Kultur verboten und unterdrückt. Durch eine geförderte Einwanderung aus dem italienischen Süden veränderte sich die sprachliche Zusammensetzung im Land.[885] Nach dem Ende des Zweiten Weltkrieges erhofften sich viele Südtiroler*innen die Rückkehr zu Österreich, doch die Staatsgrenze am Brenner wurde beibehalten. Im Vertrag von Paris vereinbarten die Siegermächte

881 Vgl. Zwilling 2007a, S. 116.

882 Zur Geschichte Südtirols siehe u.a.: Steiniger 1997, 2003; Gehler 2009. Zur Entstehung und Entwicklung der Südtiroler Autonomie u.a.: Marko et al. 2005 (alle Beiträge); Woelk et al. 2008 (alle Beiträge); Riz und Happacher 2013; Happacher und Obwexer 2013; Autonome Provinz Bozen-Südtirol 2017.

883 Steiniger 2003, S. 10.

884 Vgl. Steiniger 2003, S. 22–53.

885 Vgl. Salat et al. 2014.

und Italien allerdings, dass der deutsch- und ladinischsprachigen Minderheit Schutzmaßnahmen zukommen sollten.[886]

Bis heute ist dieser Vertrag – nach seinen Unterzeichnern auch Gruber-Degasperi Abkommen genannt – Grundstein der Autonomie und dessen internationale völkerrechtliche Absicherung. Das Abkommen legt fest, dass die deutschsprachige Bevölkerung der italienischsprachigen gleichgestellt ist und der deutschen und ladinischen Minderheit besondere Schutzmaßnahmen zuerkannt werden, u.a. der Unterricht in der Muttersprache. Gemäß Artikel 2 des Autonomiestatuts wird jeder Sprachgruppe die Gleichheit der Rechte zuerkannt und die entsprechende ethnische und kulturelle Eigenart geschützt. Die Sprachgruppen sind rechtlich gleichgestellt, d.h. die öffentliche Verwaltung funktioniert zweisprachig bzw. in den ladinischen Tälern dreisprachig. Zu den Säulen der Südtiroler Autonomie gehört außerdem die Selbstverwaltung im Bereich Schule und Kultur. Es gibt deutsch- und italienischsprachige Schulmodelle, in den ladinischen Tälern ein dreisprachiges Schulmodell. Ein weiteres Rechtsinstrument, das als Konfliktlösung zwischen den Sprachgruppen eingeführt wurde, ist das Proporzsystem. Demnach müssen alle öffentlichen Stellen auf Landes- und Gemeindeebene nach dem Verhältnis der im Land lebenden Sprachgruppen vergeben werden. Diese garantierte Beteiligung aller Sprachgruppen gilt nicht nur in der öffentlichen Verwaltung, sondern auch für die politischen Organe.[887] So schreibt das Autonomiestatut vor, dass die Landesregierung im Verhältnis zu der im Landtag vertretenen Sprachgruppen zusammengesetzt sein muss. Dies gilt auch für die kommunale Ebene (Art. 61, ASt, Art. 54, Kodex). Zur Umsetzung dieser Regelungen muss jede Person, die sich für den öffentliches Dienst oder ein politisches Amt bewirbt, eine Sprachgruppenzugehörigkeitserklärung vorweisen.[888]

Zudem besitzt Südtirol eine autonome Gesetzgebungs- und Vollzugsgewalt. Die diesbezügliche Grundlage –das erste Autonomiestatut –trat 1948 in Kraft, allerdings wurden die gesetzgeberischen Autonomiebefugnisse damals an die gesamte Region übertragen und mussten gemeinsam mit der autonomen Provinz Trient ausgeführt werden. Da sich die deutsch- und ladinischsprachige Bevölkerung in Südtirol somit erneut in einer Minderheitenposition gegenüber den Italiener*innen in der Region befand, kam es zu massiven Protesten, die auch mit einer gewalttätigen Phase in den 1960er-Jahren einherging. Nachdem Österreich, als ehemaliger Heimatstaat der Minderheit und somit politische Schutzmacht,

886 Vgl. Steiniger 1997, S. 63–75.

887 Vgl. Pallaver 2008.

888 Vgl. Lantschner und Poggeschi 2008.

dieses Problem vor die Vereinten Nationen brachte, begannen Verhandlungen zwischen Italien und Österreich, die schließlich in einer Reform der Autonomie mündeten. Das Ergebnis von langwierigen Verhandlungen war das Zweite Autonomiestatut der Autonomen Region Trentino-Südtirol von 1972, das bis heute die zentrale rechtliche Grundlage der Selbstverwaltung der beiden Provinzen bildet. Die Umsetzung der Regelungen dauerte weitere zwanzig Jahre, so dass es erst 1992 zu der offiziellen formellen Streitbeilegung zwischen Österreich und Italien vor den Vereinten Nationen kam. Heute gilt Südtirol international als Modellregion für eine territoriale Autonomie und das friedliche Zusammenleben von mehreren Sprachgruppen basierend auf einem *Power-Sharing*-System.[889]

3.2.2.3 Subnationaler Verfassungsrahmen

Die rechtlichen Grundlagen der Autonomie sind neben der italienischen Verfassung (Art. 116, 117), der völkerrechtlich verankerte Pariser Vertrag von 1946[890] und das Autonomiestatut von 1972. Seit das Zweite Autonomiestatut verabschiedet und der Großteil der legislativen Kompetenzen von der Region auf die Provinzen übertragen wurde, nehmen diese beiden Gebietskörperschaften politisch-institutionell eine zentrale Rolle ein. Dies bedeutet im Umkehrschluss, dass die Region im legislativen Entscheidungsprozess kaum mehr relevant ist. Wenn auch die beiden Provinzen rechtlich durch die Verfassung und das Autonomiestatut sowie politisch durch den Regionalrat und einige gesetzgebende Kompetenzen eine Einheit bilden, könnte man basierend auf der politischen Praxis durchaus von 21 anstatt 20 italienischen Regionen sprechen.[891] Seit 1972 ist die Mehrheit der Gesetzgebungs- und Verwaltungskompetenzen bei den autonomen Provinzen angesiedelt und sie werden vom Südtiroler bzw. Trientner Landtag autonom beschlossen. Demgegenüber verfügt die Region Trentino-Südtirol nur mehr über wenige Kompetenzen: Laut Autonomiestatut sind dies u.a. die Ordnung der Regionalämter, der halbregionalen Körperschaften und die der örtlichen Körperschaften (Gemeinden); die Anlegung und Führung der Grundbücher; die Feuerwehr; die Ordnung der sanitären Körperschaften, die Ordnung der Handelskammern oder die Entfaltung des Genossenschaftswesens (Art. 4).

Alle anderen Gesetzgebungskompetenzen, die per Verfassung nicht ausschließlich dem Staat zuerkannt sind, obliegen hingegen den autonomen Provinzen Bozen und Trient. Das Autonomiestatut unterscheidet zwischen primären,

---

889 Vgl. Alber 2020.
890 Vgl. Hilpold 2005.
891 Vgl. Bartole 2005; Klotz und Zwilling 2020.

sekundären und tertiären Zuständigkeiten (Art. 8–10). Primäre Zuständigkeiten sind solche, in denen Südtirol den weitesten gesetzgeberischen Spielraum hat: Die Gesetze müssen in Übereinstimmung mit der italienischen Verfassung, der nationalen Rechtsordnung sowie den internationalen Verpflichtungen stehen, haben ansonsten aber keine weiteren Einschränkungen. In diese Kategorie fallen die meisten Politikbereiche, etwa Kultur, Kindergärten, Soziales, Tourismus. Sekundäre Zuständigkeiten sind demgegenüber solche, bei denen der italienische Staat die Rahmengesetzgebung definiert, die Südtirol beachten muss und hier somit nur bestimmte Aspekte selbst gesetzgeberisch regeln kann. In diese Kategorie fallen etwa die Ortspolizei, Unterricht in Grund- und Sekundarschulen, Handel, Förderung der Industrie, Nutzung der öffentlichen Gewässer, Hygiene und Gesundheitswesen oder Sport.[892]

Die Präsenz der deutsch- und ladinischsprachigen Bevölkerung war Grundstein für die Zuerkennung der Autonomie Südtirols. Mittlerweile hat sich das Land von einer ethnischen zu einer territorialen Autonomie gewandelt, mit der sich alle Bevölkerungsgruppen zunehmend identifizieren.[893] Die Südtiroler Autonomie ist in diesem Sinne nicht statisch, sondern hat sich seit 1992 stetig weiterentwickelt. Durch eine Vielzahl an Durchführungsbestimmungen wurden die politischen Zuständigkeiten erweitert, so sind etwa einige Kompetenzen vom sekundären Bereich in den primären Bereich transferiert worden oder neue Kompetenzen hinzugekommen. In diesem Kontext kann von einer *„dynamischen Autonomie“* gesprochen werden, politisch wird sogar der *„Weg zur Vollautonomie“* propagiert.[894] Was bis heute ausblieb ist eine Reform des 1972 verabschiedeten Autonomiestatuts. 2017 kam es sowohl in Bozen wie auch in Trient zu einem partizipativen Prozess (Autonomiekonvent bzw. Consulta[895]), dessen Ziel der Ausbau der Autonomie durch die Anpassung des Statuts an die geänderten gesellschaftlichen, politischen und rechtlichen Rahmenbedingungen war.[896] Bis heute ist es jedoch noch nicht zur Umsetzung der Ergebnisse dieser Prozesse gekommen, auch weil jegliche Abänderung des Autonomiestatuts mit Rom im Einvernehmen geschehen müsste. Seit 2011 bewegt sich Südtirol zunehmend in einem europäischen Rahmen und ist seit 2011 mit dem Land Tirol und der Autonomen Provinz

892 Vgl. Riz und Happacher 2013, S. 330 ff.
893 Vgl. Pallaver 2010b, 2012.
894 Vgl. Woelk 2016.
895 LG Nr. 3/2015.
896 Siehe: Autonomiekonvent, www.konvent.bz.it, zuletzt geprüft am 06.04.2023.

Trient in einem Europäischen Verbund für territoriale Zusammenarbeit (EVTZ) verbunden.[897]

3.2.2.4 *Politisches System und Parteien*

Das politische Legislativorgan Südtirols ist der Landtag mit 35 Abgeordneten, in dem derzeit zehn politische Fraktionen vertreten sind. Dieses Organ wird alle fünf Jahre per Verhältniswahl mit vier möglichen Vorzugsstimmen direkt gewählt. Die Exekutive besteht aus der Landesregierung, der neben dem Landeshauptmann mindestens sieben und höchstens zehn Mitglieder angehören können. Südtirol ist das einzige Territorium innerhalb Italiens, in welchem der Landtag nach dem Verhältniswahlrecht ohne Sperrklauseln gewählt wird, was im Autonomiestatut so verankert ist (Art. 47). Gemeinsam mit dem Aostatal ist Südtirol auch der einzige italienische Landesteil, in dem das Regierungsoberhaupt nicht direkt vom Volk, sondern indirekt von den Mitgliedern des Landtages mit absoluter Mehrheit gewählt wird. Politisch betrachtet ist Südtirol besonderes, weil die Regierung durch ein *Power-Sharing*-Modell gekennzeichnet ist, das auf der politischen Zusammenarbeit der drei im Land anerkannten Sprachgruppen basiert.[898] Demnach werden Koalitionen im Landtag nicht nur nach politischer Präferenz, sondern auf Basis der Richtlinien des Autonomiestatuts (Art. 50) auch nach ethnischen (sprachlichen) Faktoren gebildet.[899]

Die relevanteste Partei im Parteiensystem ist die Südtiroler Volkspartei (SVP) mit aktuell 15 von 35 Sitzen im Landtag. Diese ethnoregionale Partei regiert Südtirol seit 1948 und stellte bisher immer den Landeshauptmann. Damit ist die SVP maßgeblich für die Umsetzung und Weiterentwicklung der Autonomie verantwortlich. Bis 2008 errang die Partei bei jeder Wahl zum Landtag die absolute Stimmenmehrheit, bis 2013 auch jene an Sitzen. Seit 2003 verzeichnet sie hingegen zunehmende Verluste bei den Landtagwahlen, u.a. aufgrund einer pluralistischeren Gesellschaft und dem Anstieg von konkurrierenden Parteien.[900] Ideologisch betrachtet definiert sich die SVP als *„Sammelpartei der deutsch- und ladinischsprachigen Südtiroler aller sozialen Schichten“*.[901] Durch ihre Stellung als Regierungspartei und einzige deutschsprachige Vertretung im römischen Parlament ist die SVP auch für die Beziehungen mit der Zentralregierung in Rom

897 Vgl. Engl und Zwilling 2013.
898 Vgl. Wolff 2008.
899 Vgl. Pallaver 2018.
900 Vgl. Pallaver 2018.
901 Statut der Südtiroler Volkspartei vom 17.05.2016.

tonangebend. Abgesehen von einer stabilen politischen Machtstruktur durch die Vormachtstellung der SVP, hebt sich Südtirol aufgrund weiterer Konfliktlinien im Parteiensystem von anderen Regionen in Italien ab: Der ethnischen Bruchlinie (deutsch-, italienisch- oder ladinischsprachige bzw. interethnische Parteien), der territorialen Konfliktlinie (Regional- vs. Nationalparteien) sowie der Konfliktlinie Autonomie, weil die Parteien auch durch ihre Distanz bzw. Nähe zur Autonomie definiert werden können.[902] In der Legislaturperiode 2013–2018 stand den autonomiebefürwortenden Parteien eine große Zahl an Semi- und Antiautonomieparteien gegenüber. Seit 2018 hat sich das Verhältnis hingegen deutlich zugunsten jener Parteien verschoben, welche als Autonomieparteien bezeichnet werden können und die gemeinsam auf 82 Prozent des Wähler*innenkonsens kommen.

3.2.2.5 Territoriale Gliederung und historischer Abriss zur Gemeindeautonomie

Südtirol ist in 116 Gemeinden gegliedert, die sieben Bezirksgemeinschaften angehören (Vinschgau, Wipptal, Pustertal, Burggrafenamt, Eisacktal, Salten-Schlern, Überetsch Unterland). Die Landeshauptstadt Bozen, die südlich des Landes liegt, bildet selbst eine Bezirksgemeinschaft.

Nur in wenigen Gemeinden Südtirols stellt die italienischsprachige Bevölkerung die Mehrheit,[903] wogegen die Gemeinden mit ladinischsprachiger Bevölkerungsmehrheit im Grödner- bzw. Gadertal angesiedelt sind.

Bevor Südtirol Teil Italiens wurde, gehörten alle Gemeinden zum Land Tirol und unterlagen damit der österreichisch-ungarischen Gesetzgebung, agierten also bereits einige Jahrzehnte lang als autonome Körperschaften. Unter dem Faschismus (1922–1943) eröffnete sich für die Gemeinden hingegen eine schwierige Phase. Bereits um 1921 kam es zur gewaltsamen Absetzung von Bürgermeistern und Gemeinderäten.[904] Ab 1926[905] führte das faschistische Regime eigene Bürgermeister ein und zentralisierte die lokale Verwaltung. Die Gemeinden wurden von so genannten *Podestá* ohne weitere politische Organe regiert. Eine so genannte *consulta* (Rat) war nur für Gemeinden mit über 20.000 Einwohner*innen verpflichtend. Im Falle Südtirols stammten die *Podestá* meist aus anderen italienischen Regionen. Angesichts der Herausforderung den Kriterien der Faschisten

902 Vgl. Pallaver 2018; Atz und Pallaver 2019.

903 Bozen, Leifers, Branzoll, Salurn und Pfatten.

904 Zur Geschichte der Gemeinden in der Zeit des Faschismus, hierfolgend zusammengefasst wiedergegeben: Kofler 2004.

905 Gesetz Nr. 237/1926; Gesetzesdekret Nr. 765/1926; Gesetz Nr. 1910/1926.

für die Amtsträger zu entsprechen, wurden die Gemeinden in Südtirol Mitte der 1930er Jahre zeitweise auf die Anzahl von 96 verringert.[906] In den zwei Jahren als Südtirol von den Nationalsozialisten besetzt war, (1943–1945) wurden die Bürgermeister ebenso autoritär bestimmt.

Erst nach dem Zweiten Weltkrieg und mit der ersten republikanischen Verfassung Italiens (1948) wurde eine lokale Autonomie als Staatsprinzip eingeführt. Allerdings hat sich die Selbstverwaltung der lokalen Regierungsebene in Italien schleppend entwickelt und die Gemeinden wurden rechtlich größtenteils zentralistisch geregelt.[907] Wichtige Schritte in Richtung einer lokalen Autonomie wurden erst durch ein Dekret des Staatspräsidenten geschaffen, mit welchem Verwaltungsaufgaben auf die lokale Ebene übertragen wurden.[908] Schließlich kam es nach der Ratifizierung der Europäischen Charta der Lokalen Selbstverwaltung zu einem umfassenden Gesetz (Nr. 142/1990) im Bereich der Gemeindeautonomie, das später durch ein weiteres (Nr. 267/2000) ersetzt wurde.[909] Wie in den folgenden Kapiteln im Detail ausgeführt, gilt diese nationale Entwicklung für die Südtiroler Gemeinden nur zum Teil, da die gesetzgebende Zuständigkeit für die örtlichen Körperschaften durch das Autonomiestatut der Autonomen Region Trentino-Südtirol zuerkannt wurde und die Gemeinden somit regional geregelt werden. Dennoch kann die Entwicklung der lokalen Regierungsebene nicht vollkommen vom Staat unabhängig betrachtet werden. Eine Stärkung der lokalen Autonomie in Italien haben insbesondere die Reform zum lokalen Wahlsystem (Einführung Direktwahl der Bürgermeister*innen),[910] die „Bassanini"-Gesetze 1997,[911] sowie die darauf basierende Verfassungsreform im Jahr 2001 (Art. 118) erwirkt.[912] Zudem wurde damals die Organisation der Gemeinden verfassungsrechtlich dezentralisiert, allerdings verzichtete der Staat auf eine vollständige Übertragung der legislativen Zuständigkeiten für die lokalen Körperschaften an die Regionen mit Normalstatut, wie es für jene mit Sonderstatut bereits gültig war.

---

906 Vgl. Kofler 2004, S. 16 f.

907 Zur Stellung und den Funktionen der Gemeinden zwischen 1948 und 2001, vgl. Rolla 2003.

908 Dekret des Präsidenten der Republik, Nr. 616/1977.

909 Für weitere Informationen zur Entwicklung der Gemeindeautonomie, vgl. Villamena 2013; zur Regelung des Subsidiaritätsprinzips, vgl. Pizzolato 2003, S. 197–206.

910 Gesetz Nr. 81/1993.

911 Insbesondere das Gesetz Nr. 59/1997, welches die Verabschiedung eines Legislativdekrets festlegte und alle Verwaltungsaufgaben vom Staat an die Regionen und Gemeinden transferieren sollte.

912 Vgl. Villamena 2013.

3.2.3 Land Tirol

3.2.3.1 Allgemeine Daten

Das Land Tirol ist flächenmäßig sowie hinsichtlich seiner Einwohner*innen das größte der drei aneinandergrenzenden Gebiete. Es umfasst eine Gesamtfläche von 12.648,39 km^2, wovon allerdings nur 12,4 Prozent dauerhaft besiedelt sind.[913] Zum 1. Januar 2021 lebten in Tirol eine Wohnbevölkerung von 760.105 Personen. Diese Daten und jene der Jahre zuvor zeigen, dass die Bevölkerungsentwicklung in Tirol, wie in Graubünden und Südtirol, im Aufwärtstrend ist.[914] Die meisten Personen leben in den Bezirken Innsbruck-Land und Innsbruck-Stadt. Die Landeshauptstadt Innsbruck zählte im Januar 2021 131.059 Einwohner*innen.[915]

Anders als im Kanton Graubünden oder dem Land Südtirol, gibt es in Tirol mit Deutsch nur eine offizielle Landessprache (Art. 4, TLO), obwohl das Gebiet im Hinblick auf die Zusammensetzung seiner Bevölkerung historisch eine heterogene Entwicklung durchgemacht hat. So waren die Einwohner*innen um 1900 zu etwa 55 Prozent deutschsprachig, zu 42 Prozent italienischsprachig und zu circa zwei Prozent ladinischsprachig.[916] Die deutsche Sprache ist auch die Staatssprache der österreichischen Republik (Art. 8, B-VG), allerdings schreibt die Verfassung fest, dass sich die Republik (Bund, Länder und Gemeinden) zu ihrer *„gewachsenen sprachlichen und kulturellen Vielfalt, die in den autochthonen Volksgruppen zum Ausdruck kommt“* bekennt (Art. 8.2, B-VG).

3.2.3.2 Historischer Überblick

Das Land Tirol blickt auf eine lange übermittelte Geschichte zurück und kann bereits ab 1335 als eigenes Reichslehn im Heiligen Römischen Reich bezeichnet werden.[917] Im 14. Jahrhundert wurde die Grafschaft Tirol an die Habsburger übergeben (1363). Ab 1804 bis 1866 war das Tirol ein Kronland des Kaisertums Österreich und wurde als „Gefürstete Grafschaft Tirol mit dem Lande Vorarlberg“ bezeichnet. Erst im Jahr 1861 wurde das Gebiet Vorarlberg zu einem eigenen Kronland. Ab 1867 war die Grafschaft Tirol Teil der Doppelmonarchie Österreich-Ungarn (bis 1918). Zu dieser Zeit umfasste Tirol auch die beiden heutigen italienischen autonomen Provinzen Bozen und Trient. Bereits in den

---

913 Siehe: Land Tirol 2022.
914 Siehe: Land Tirol 2020a.
915 Siehe: Land Tirol 2021.
916 Vgl. Pizzinini 1990, S. 15.
917 Zur Geschichte Tirols siehe u.a.: Haidacher und Mersiowsky 2015; Riedmann 2001.

späten 1880er Jahren gab es innerhalb Tirols vonseiten der italienischsprachigen Welschtiroler, die im Gebiet des heutigen Trentino lebten, Bestrebungen für mehr politische Kompetenzen. Dies führte sogar zu konkreten Vorschlägen im Tiroler Landtag und dem Ruf nach einem „Los von Wien“, der allerdings politisch mehrheitlich abgelehnt wurde.[918]

Im Ersten Weltkrieg besetzte Italien als ehemaliger Bündnispartner von Österreich-Ungarn u.a. die Territorien des heutigen Südtirol und Trentino. Nach dem Ende des Krieges ging das Habsburgerreich unter und schon am 12. November 1918 wurde die demokratische Republik Deutsch-Österreich proklamiert (1918–1920). Italien, das an der Seite der Siegermächte des Weltkrieges stand, wollte die habsburgischen Gebiete Südtirol und Trentino annektieren. Im Zuge dieser drohenden Abtrennung regten sich in Tirol souveräne Kräfte und das neu konstituierte Organ der „Provisorischen Nationalversammlung“ erklärte, das Land Tirol im Mai 1919 zu einem selbstständigen Freistaat auszurufen. Dieses Vorhaben scheiterte allerdings mit dem Staatsvertrag von Saint-Germain zwischen Österreich und den Alliierten.[919] In der Folge wurden die Grenzen Tirols neu definiert und der südliche Teil des Landes ab dem Brenner (heute die italienische Autonome Provinz Trient sowie die Autonome Provinz Bozen/Südtirol) dem Königreich Italien zuerkannt. Diese Abtrennung war für Tirol ein harter Schlag. Nach der Annexion von Südtirol durch Italien regten sich politische Kräfte, die einen Anschluss an das Deutsche Reich forderten.[920] Schließlich wurde das ehemalige Kronland Tirol in seiner neuen territorialen Beschaffenheit zuerst Teil von Deutsch-Österreich, aus dem sich dann um 1920 die Erste Republik Österreich bildete (1929 folgte eine Verfassungsnovelle).[921] 1918 trat in Tirol auch eine eigene Landesverfassung in Kraft, die auf der Landesordnung von 1861 basierte. Mit der Gründung der österreichischen Republik 1920 und dessen erster Verfassung – die Erste Österreichische Republik – wurde Tirol zu einem von neun Gliedstaaten des neu gegründeten Bundesstaates. Dieser währte allerdings nicht lange, denn schon einige Jahre später wurden in Österreich und auch in Tirol die nationalsozialistischen Kräfte stärker. In der Folge wurden die demokratischen Institutionen ausgehöhlt und autoritäre Strukturen geschaffen. Schließlich wurde Österreich 1938 im so genannten „Anschluss“ als „Ostmark“ Teil des deutschen nationalsozialistischen Reiches. In dieser Phase wurde Tirol wieder gemeinsam mit Vorarlberg

918 Vgl. Pizzinini 1990, S. 20 ff.

919 Vgl. Brauneder und Lachmayer 1992, S. 205; Gehler 1990, S. 57 ff.

920 Siehe u.a.: Steiniger 2003.

921 Zur Geschichte und politischen Entwicklung Tirols siehe u.a.: Gehler 1990; Gehler 1999.

zu einem Gebiet zusammengefasst („Reichsgaue"). Nicht angeschlossen war das territoriale Gebiet von Osttirol, welches zu Kärnten gehörte.

Nach dem Zweiten Weltkrieg wurde Tirol wieder mit Osttirol vereint, wogegen Südtirol trotz politischer Bestrebungen weiterhin bei Italien verblieb. Nach der Kapitulation im Mai 1945 wurde in Tirol eine provisorische Landesregierung eingesetzt und im November 1945 fanden in Österreich und Tirol bereits die ersten freien Wahlen statt. 1945 wurde auch die Verfassung von 1929 wieder eingesetzt, was den Beginn der Zweiten Österreichischen Republik markierte.

In Österreich sind die regionale Identitätsbildung und die Beziehungen zwischen Bund und Ländern weniger von ethnischen Faktoren geprägt, sondern insbesondere durch einen Einfluss der politischen Parteien, der Europäischen Union sowie ökomischen Ungleichgewichten bedingt.[922] Im Vergleich zu anderen Bundesländern herrscht in Tirol eine stärkere Identifikation mit dem regionalen Territorium, während das Österreichbewusstsein im Vergleich dazu geringer ausgeprägt ist.[923]

3.2.3.3 Subnationaler Verfassungsrahmen

Heute verfügt jedes österreichische Bundesland über eine Landesverfassung. Die Bundesverfassung erklärt in Artikel 99, dass die jeweilige Landesverfassung durch ein Landesverfassungsgesetz erlassen wird, welches durch die Anwesenheit der Hälfte der Mitglieder des Landtages und mit einer Mehrheit von zwei Dritteln der abgegebenen Stimmen beschlossen wird.

Die Grundlage Tirols ist die Tiroler Landesordnung, wobei die letzte Version aus dem Jahr 1989 stammt. Die Landesordnung besteht aus sieben Teilen und 80 Artikeln. Dort finden sich u.a. allgemeine Bestimmungen sowie die Vorschriften und Verfahren zur Gesetzgebung, der Landesverwaltung, der Verwaltungsgerichtsbarkeit und den Gemeinden. Die Landesordnung normiert zwar das Prozedere des Gesetzgebungsverfahrens, nicht aber die Bereiche, in denen das Land Tirol tätig werden kann bzw. die Gesetzgebungshoheit innehat. Die Kompetenzverteilung zwischen Bund und Ländern findet sich nur in der Bundesverfassung. Die Tiroler Landesordnung beinhaltet normative Grundlagen, sie repräsentiert durch ihre Präambel und die Staatszielbestimmungen allerdings auch eine gewisse „Staatlichkeit" des Landes.[924]

922 Vgl. Fallend 2010, S. 5.

923 Vgl. Plasser und Ulram 2003, S. 433 (Daten aus 2001); Pallaver 2010a, S. 16 ff.

924 Vgl. Strasak 2014, S. 199.

Die Verfassungsgeschichte Tirols ist eng mit jener des Kaisertums Österreich und der Doppelmonarchie Österreich-Ungarn verbunden, die durch verschiedene Phasen und mehrere absolutistische Verfassungen und Rechtsgrundlagen verlief. Bis 1848 wurde das Kaisertum Österreich absolutistisch regiert und verfassungsstaatliche Entwicklungen wurden auch später durch militärische Erfolge verzögert.[925] Dennoch verfügte das Land Tirol zum Teil bereits damals über subnationale Rechtsgrundlagen bzw. es gab einige Versuche, solche zu erhalten. Tirol war das erste Land der Republik Österreich, das eine formelle Verfassungsurkunde erhielt (Ständische Verfassung 1816), allerdings war das Kaiserreich durch einen starken Zentralismus geprägt und die Wirkungsmöglichkeiten des Landtages beschränkt.[926] Nach der Ständischen Verfassung folgte die Ausarbeitung von eigenen Landesverfassungen (1848/1849), die allerdings abgelehnt wurden.[927] Im Jahr 1860 erhielt Tirol schließlich im Rahmen des Oktoberdiploms ein Landesstatut mit beschränkten Befugnissen und 1861 eine Landesordnung mit einem eigenen Landtag[928] im Rahmen des Februarpatents. Letztere markierte den Beginn einer *„modernen Verfassung im parlamentarischen Sinne"*,[929] so wurde etwa das alte Ständeprinzip abgeschafft und zehn Mitglieder des Landtages in den Reichsrat zur Mitwirkung an der nationalen Gesetzgebung entsandt.[930] Trotz eines Zweikammersystems wird die Verfassung von 1867 als ein „Pseudo-Parlamentarismus" betitelt, u.a. weil die Regierung vom Kaiser ernannt wurde und dem Reichsrat nicht politisch verantwortlich war.[931]

In der Republik Deutschösterreich und danach ab 1920 im Bundestaat Österreich, galt in Tirol zuerst noch die Landesordnung von 1861, bis dann 1921 eine neue Landesverfassung verabschiedet wurde. Im neuen Bundesstaat wurden den Ländern erstmals echte Gesetzgebungskompetenzen zuerkannt. Zwar hatte man auch in der Monarchie bereits die Kompetenz für eigene Beschlüsse auf Landesebene, allerdings wurde dafür stets die Bestätigung des Kaisers benötigt.[932] Im Zuge der Erarbeitung einer neuen Verfassung nach dem Ersten Weltkrieg war

925 Vgl. Pelinka und Rosenberger 2002, S. 21 ff.
926 Vgl. Brauneder und Lachmayer 1992, S. 28; 79 ff.; 101; Strasak 2014, S. 23 ff.
927 Vgl. Riedmann 2001, S. 180 ff.
928 RGBl. 1861/2, Beilage II d.
929 Strasak 2014, S. 46.
930 Vgl. Strasak 2014, S. 40 ff.
931 Vgl. Pelinka und Rosenberger 2002, S. 23.
932 Vgl. Strasak 2014, S. 149 f.

Tirol das einzige österreichische Land, das in die Diskussionen einen eigenen Vorschlag für eine Bundesverfassung einbrachte.[933]

Die Landesordnung Tirols von 1921 galt nach dem Zweiten Weltkrieg auch als Grundlage für die neue Landesordnung 1946. Eine weitere Landesordnung folgte 1953, die aber nur in einigen Aspekten Unterschiede zu der vorhergegangen aufwies. Danach folgten Revisionen 1964 (z.B. Verlängerung der Legislaturperiode von vier auf fünf Jahre), 1980 (z.B. Einfügen einer Präambel[934]) sowie 1989.[935] Diese letzte größere Reform trägt die Bezeichnung „Demokratie-Novelle". Dabei wurden u.a. die einleitenden Bestimmungen der Landesordnung abgeändert sowie das Wahlrecht zur Wahl der Landesregierung von einem Verhältnis- zu einem Mehrheitswahlsystem modifiziert. Seit 1989 wurde die Tiroler Landesordnung nur mehr punktuell abgeändert.

3.2.3.4 Politisches System und Parteien

Das Legislativorgan Tirols ist – wie in Südtirol – der Landtag. Er ist gemessen an den Mitgliedern fast gleich groß wie jener in Südtirol und besteht aus 36 Abgeordneten. Wie in Südtirol wird auch der Tiroler Landtag per Verhältniswahl alle fünf Jahre gewählt, während das Landesoberhaupt ebenso indirekt durch den Landtag gewählt wird. Jede/r Bürger*in kann eine Partei (Wählergruppe) wählen sowie eine Vorzugsstimme vergeben. Das Landesgebiet ist für die Wahl in neun Wahlkreise eingeteilt, jeder Wahlkreis wählt eine bestimmte Anzahl an Abgeordneten, wobei sich das Verhältnis nach der Anzahl der jeweiligen Landesbürger*innen richtet.[936] Die Abgeordneten wählen per Verhältniswahl die Mitglieder und Ersatzmitglieder, die als Vertretung Tirols in die Parlamentskammer des Bundesrats entsandt werden. Dabei muss mindestens ein Mitglied der zweistärksten Partei im Landtag angehören (Art. 43, TLO). Wie bei den Wahlen zum Nationalrat bzw. dem Europäischen Parlament, können in Tirol die Bürger*innen bereits ab dem vollendeten 16. Lebensjahr wählen.

Das oberste Organ der Vollziehung ist die Landesregierung (Art. 44–55, TLO). Diese besteht aus dem Landeshauptmann, dessen beiden Stellvertreter*innen sowie mindestens zwei und höchstens fünf weiteren Mitgliedern (Landesrät*innen). Die Landesregierung muss vom Landtag in einem Wahlgang gewählt werden, wobei sie auch Mitglieder umfassen kann, die nicht in den Landtag gewählt wurden.

933 Vgl. Strasak 2014, S. 114 ff.

934 Vgl. Gamper 2020.

935 Vgl. Strasak 2014, S. 185 ff.

936 LGBl. Nr. 74/2017 (Landeswahlordnung 2017, TLWO 2017); Art. 17, B-VG.

Vor der Wahl muss die die Wählergruppe mit den meisten Stimmen die anderen Wählergruppen zu Verhandlungen über die Bildung der Regierung einladen (Art. 45, TLO). Der Landeshauptmann führt die Sitzungen der Landesregierung und vertritt das Land nach außen.

Die letzten Landtagswahlen fanden im September 2022 statt[937] und es sind darin sechs politische Fraktionen vertreten. Die Gruppe mit den meisten Mandaten (14 von 36), die auch den Landeshauptmann stellt, ist die Tiroler Volkspartei (VP Tirol), die der Österreichischen Volkspartei (ÖVP) angehört. Daneben gibt es noch Abgeordnete der Sozialdemokratischen Partei Österreichs (7), der Freiheitlichen Partei Österreichs (7), der Grünen (3), der Liste FRITZ (3) sowie der NEOS (2).

Historisch betrachtet war die ÖVP seit 1945 die stärkste politische Kraft in Tirol mit einem beachtlichen Vorsprung vor den Sozialdemokraten, die bis heute die zweistärkste Kraft bilden. Insbesondere die 1950er bis 1970er waren von einer Dominanz der Tiroler Volkspartei geprägt, die mit den Sozialdemokraten relativ konfliktfrei regierte. Erst Ende der 1980er Jahre veränderte sich das politische System, da die Volkspartei erstmals ihre Zweidrittelmehrheit verlor.[938] Die Sitzanzahl der Volkspartei rangierte von 1945 bis 1984 zwischen maximal 26 und minimal 20 von 36 Landtagssitzen. Danach erfolgte aufgrund der erstarkten Konkurrenz ein Abwärtstrend, der aber schwankend war.[939] Die Landesregierung wurde von 1945 bis 2008 fast ausschließlich aus Mitgliedern der ÖVP und SPÖ gebildet. Im Jahr 1989 kam es zu einer Koalition zwischen ÖVP, SPÖ und der FPÖ, im Jahr 1994 sogar zu einer Vierer-Koalition gemeinsam mit den Grünen. Danach folgten wieder Regierungen aus ÖVP und SPÖ. Von 2013 bis 2022 regierte in Tirol eine Koalition der ÖVP und den Grünen. Bei den Landtagswahlen 2022 musste die Volkspartei mehrere Mandate einbüßen und regiert seitdem wieder mit der sozialdemokratischen Partei.

937 Im Juni 2022 verkündete der amtierende Landeshauptmann Platter seinen Abschied von der Politik, in Zuge dessen wurden vorgezogene Wahlen für den 25. September 2022 ausgerufen.

938 Vgl. Achrainer und Hofinger 1999.

939 Siehe: Land Tirol, Landtagswahlen seit 1945, https://www.tirol.gv.at/fileadmin/landtag/downloads/2021/Landtagswahlen_seit_1945.pdf, zuletzt geprüft am 06.04.2023.

3.2.3.5 Territoriale Gliederung und historischer Abriss zur Gemeindeautonomie

Gemäß der Tiroler Landesordnung (Art. 2) besteht das Landesgebiet aus neun politischen Bezirken, die als Verwaltungseinheiten agieren: Imst, Innsbruck-Land, Innsbruck-Stadt, Kitzbühel, Kufstein, Landeck, Lienz, Reutte und Schwaz. Unter der Ebene der Bezirke ist Tirol in 279 Gemeinden gegliedert. Folgende Städte gehören zu den so genannten Stadtgemeinden, wobei dies als ein Ehrentitel und nicht als Gemeinde mit einem Stadtrecht zu verstehen ist: Hall in Tirol, Imst, Kitzbühel, Kufstein, Landeck, Lienz, Rattenberg, Schwaz, Vils und Wörgl. Als so genannte Statuarstadt ist hingegen nur die Landeshauptstadt Innsbruck zu bezeichnen.

Historisch betrachtet sind die Gemeinden in Österreich alte Verwaltungseinheiten, wobei die Grundsätze der Gemeindeselbstverwaltung gemäß Neuhofer in die Zeit das Revolutionsjahres 1848 fallen.[940] Schon 1849 kam es zu einem „provisorischen Gemeindengesetz" (RGBl. 170/1849), demzufolge die Gemeinden als lokale Körperschaften mit Selbstverwaltung und einem eigenen Wirkungsbereich innerhalb des Kaisertums eingerichtet wurden, deren Selbstverwaltung allerdings kurz darauf aufgehoben wurde. Erst 1862 folgte mit dem so genannten „Reichsgemeindegesetz" (RGBl. 18/1862) eine erneute Regelung der lokalen Gebietskörperschaften, mit welcher selbstständige und übertragene Zuständigkeiten sowie eigene gewählte Vertretungsorgane eingeführt wurden.[941] Das Gesetz schrieb vor, dass jede Liegenschaft, bis auf Besitzungen des Kaisers und des Hofes sowie die Gutsgebiete, einer so genannten Ortsgemeinde angehören müsse. Zudem wurden die selbstständigen Aufgaben der Gemeinden gelistet, u.a. die Verwaltung ihres Vermögens, die Sorge für die Erhaltung der Straßen oder die Gesundheitspolizei. Auf der Grundlage des Reichsgemeindegesetzes beschlossen die österreichischen Landtage in der Folge auch Gemeindeordnungen.[942]

Im Jahr 1868 wurden in Tirol 23 politische Bezirke eingeführt, um 1900 gab es in Tirol 897 Ortsgemeinden, die sich aus Stadt-, Markt- und Landgemeinden zusammensetzten.[943] Die rechtlichen Grundlagen der Gemeinden blieben auch in der Zeit der österreichisch-ungarischen Monarchie bestehen, in deren Phase die Stellung und Bedeutung der Gemeinden politisch sogar zunahm. Demnach

940 Vgl. Neuhofer 2013, S. 3 ff.

941 Vgl. Schachner-Blazizek und Schachner-Blazizek 1995, S. 36 ff., Brauneder, S. 130 ff., Eberhard 2013a, S. 3 f.; Kössler im Erscheinen.

942 Vgl. Neuhofer 2013, S. 7.

943 Vgl. Pizzinini 1990, S. 13.

blieb die Rechtsgrundlage der Gemeinden von 1862 sogar mehrere Jahrzehnte lang gültig und lieferte später auch die Basis für ihre Regelung in der ersten Verfassung der Republik.[944] Obwohl die Selbstverwaltung der Gemeinden in der ersten republikanischen Phase auf den Grundsätzen von 1862 basierte, hatte sie in den Jahren bis 1925 abgenommen, da den Gemeinden nach und nach Aufgaben aus ihrem eigenen Wirkungskreis entzogen wurden.[945]

Der Anschluss an das Deutsche Reich (1938–1945) hatte ebenso Auswirkungen auf die lokale Autonomie in Tirol. Das in Österreich existierende Gemeinderecht wurde durch die Deutsche Gemeindeordnung von 1935 ersetzt. So genossen die lokalen Gebietskörperschaften zwar nach wie vor eine Selbstverwaltung, unterstanden dabei aber dem nationalsozialistischen Regime. So wurden etwa - ähnlich wie es in Italien unter dem Faschismus der Fall war – die Bürgermeister von den Reichsbehörden bestellt.[946] Schließlich gab es erst ab 1948 mit der Einführung des Finanzverfassungsgesetzes neue Entwicklungen in Bezug auf die lokale Selbstverwaltung,[947] denn bis dahin wurden die Gemeinden durch diverse Übergangsregelungen auf Basis von früheren Gemeindegesetzen geregelt. Erst 100 Jahre nach dem Reichsgemeindengesetz von 1862 - im Jahr 1962 - kam es schließlich zu einer großen Verfassungsnovelle (BGBl. Nr. 205/1962), welche die lokalen Gebietskörperschaften in Österreich neu regelte.[948]

3.3. Rechtliche Rahmenbedingungen der Autonomie auf nationaler und subnationaler Ebene

Nach der Einführung in den nationalen und subnationalen Kontext der drei Fallbeispiele, zeigen die folgenden Abschnitte, wie die lokale Autonomie in Graubünden, Südtirol und Tirol ausgestaltet ist und welche tatsächliche Rolle der politischen Gemeinde zukommt. Wie in Kapitel 2 erklärt, ist die europäische rechts- und politikwissenschaftliche Forschung zu lokalen Gebietskörperschaften breit gefächert. Nicht alle Teilbereiche sind für das vorliegende Forschungsvorhaben von zentraler Bedeutung, sie machen gemeinsam aber das Grundwesen einer Gemeinde aus und definieren ihren Handlungs- und Gestaltungspielraum, womit sie auch Einfluss auf deren Kooperationsmöglichkeiten haben. Für die Untersuchung der horizontalen Kooperation stellt in erster Linie die lokale Autonomie

944 Vgl. Brauneder und Lachmayer 1992, S. 227.
945 Vgl. Neuhofer 2013, S. 9 f.
946 Vgl. Brauneder und Lachmayer 1992, S. 254, 271.
947 Vgl. Neuhofer 2013, S. 12.
948 BGBl. I Nr. 1962/205. Vgl. Kiefer und Schausberger 2009, S. 43.

als Ganzes eine zentrale Variable dar. Nicht zuletzt, weil der Grad der Autonomie auch die Kooperationsbeziehungen bzw. das -geflecht einer Gemeinde bedingen, erklären und beeinflussen kann. Um die Lokalautonomie überblicksartig zu vergleichen, werden im Folgenden sechs Unterkapitel deren Ausgestaltung beschreiben sowie abschließend die Ergebnisse zusammenfassen. Dieses Kapitel legt die Grundlage für die darauffolgende Gegenüberstellung der Kooperationsformen sowie die empirischen Analyse.

Alle drei Gebiete verfügen über zahlreiche Gesetzgebungskompetenzen, u.a. im Bereich der lokalen Gebietskörperschaften. Trotz der strukturellen Ähnlichkeiten zwischen Graubünden, Südtirol und Tirol handelt es sich um Territorien mit unterschiedlichen institutionellen Rahmenbedingungen. Die Entscheidungsprozesse zwischen den Regierungsebenen sowie der rechtliche und politische Gestaltungsraum der Gemeinden sind unterschiedlich geregelt. Nach den jeweiligen deskriptiven Ausführungen zum formellen Gestaltungsspielraum wird die Ausprägung der Lokalautonomie in Graubünden, Südtirol und Tirol zur Untermauerung zusätzlich anhand einer empirischen Messung, basierend auf den Variablen des LAI ergänzt. Die Ergebnisse dieser Messung basieren auf den Bewertungen von wissenschaftlichen Expert*innen, welche durch eine Umfrage zwischen Mai und August 2020 erhoben wurden (siehe Kapitel 1).

3.3.1 Lokale Autonomie in den verfassungsrechtlichen Grundlagen

Die erste Variable, die präsentiert wird, ist jene der rechtlichen Rahmenbedingungen der Autonomie. Das Ausmaß der Regelung der lokalen Gebietskörperschaften in den nationalen und subnationalen Rechtsquellen ist ein wichtiger Hinweis für die Ausprägung der lokalen Selbstverwaltung. Dadurch wird unter anderem definiert, wie stark die Autonomie der Gemeinden geschützt ist. In Bezug auf die Charta der kommunalen Selbstverwaltung kann in diesem Zusammenhang in erster Linie auf Artikel 2 Bezug genommen werden, der sich mit dem rechtlichen Status bzw. der verfassungsmäßigen und rechtlichen Grundlage der kommunalen Selbstverwaltung auseinandersetzt. Demgemäß muss ein solcher Grundsatz *„in den innerstaatlichen Rechtsvorschriften und nach Möglichkeit in der Verfassung“* anerkannt sein. Die Verfassungen von Italien, Österreich und der Schweiz entsprechen alle drei dieser Regelung und verankern das Prinzip der kommunalen Selbstverwaltung in ihrer jeweiligen Verfassung. In allen subnationalen Gebieten – Graubünden, Südtirol und Tirol – betreffen zudem verschiedene Rechtsquellen die Gemeindeautonomie. So sind für den Status und die Rolle der Graubündner, Südtiroler und Tiroler Gemeinden außer der jeweiligen nationalen Verfassung noch deren subnationalen Verfassungen (Kantonsverfassung,

Landesordnung, Autonomiestatut) als zentrale Rechtsquellen heranzuziehen sowie als dritte und vierte rechtliche Grundlage die jeweiligen Staats- und Landesgesetze bzw. Gemeindeordnungen.

Die Grundlage der Autonomie der italienischen lokalen Gebietskörperschaften[949] ist im Artikel 5 der Verfassung verankert, der besagt, dass die Republik die lokalen Selbstverwaltungen fördert. Trotz dieses Verweises in der wichtigsten Rechtsgrundlage des Staates, hatte Italien bis in die 1990er Jahre keine detaillierte Regelung der lokalen Gebietskörperschaften und somit kaum eine echte lokale Autonomie. Die Artikel 114 bis 133 der Verfassung beschäftigen sich mit der Stellung der Regionen, Provinzen und Gemeinden im Verfassungsgefüge. 2001 wurden die Gemeinden neben den Provinzen und dem Staat als ebenbürtige Regierungsebene aufgenommen (gemäß Art. 114 bilden *„Gemeinden, Provinzen, Metropolstädte, Regionen und Staat (…) die Republik"*). Die Gemeinden sind demnach *„autonome Gebietskörperschaften mit eigenen Statuten, Befugnissen und Aufgaben gemäß in der Verfassung verankerten Grundsätzen"* (Art. 114.2). Die italienische Verfassung legt außerdem fest, dass die Wahlgesetzgebung, Regierungsorgane und grundlegenden Aufgaben der Gemeinden, Provinzen und Großstädte der ausschließlichen Gesetzgebungsbefugnis des Staates unterliegen (Art. 117.2, Buchstabe p). Weiters definiert die Verfassung, dass die Änderung der territorialen Grenzen und die Zusammenlegung der Gemeinden den Regionen obliegt (Art. 133).[950]

Auch das österreichische Verfassungsgesetz setzt sich ausführlich mit der Selbstverwaltung der Gemeinden auseinander (Art. 115–120). Ein ganzes Hauptstück des B-VG ist der „Selbstverwaltung" der lokalen Gebietskörperschaften gewidmet. Wie in der italienischen Verfassung sind auch die österreichischen Gemeinden laut BVG (Art. 116) als Gebietskörperschaften mit dem Recht auf Selbstverwaltung und zugleich als Verwaltungssprengel anerkannt. Öhlinger stellt klar, dass die österreichischen Gemeinden zwar nicht dem Bund und den Ländern gleichgestellt sind, doch mehr als reine Verwaltungseinheiten darstellen.[951] Die Gemeinden sind

949 In Italien werden nicht nur Gemeinden unter dem Begriff „lokale Gebietskörperschaften" (*enti locali*), sondern auch Provinzen, Metropolregionen, Berggemeinden, Insel-Gemeinden und die Gemeindeverbände gefasst. Vgl. Villamena 2013.

950 Die Errichtung neuer Gemeinden in Südtirol, die Verschiebung von Gebietsgrenzen oder der Zusammenschluss von Gemeinden sind somit mit Regionalgesetz nach Befragung der betroffenen Bevölkerung zu beschließen (Art. 7, ASt; Art. 18, Kodex).

951 Vgl. Öhlinger 1997, S. 221.

„selbstständiger Wirtschaftskörper. Sie (…) [haben] das Recht, innerhalb der Schranken der allgemeinen Bundes- und Landesgesetze Vermögen aller Art zu besitzen, zu erwerben und darüber zu verfügen, wirtschaftliche Unternehmen zu betreiben sowie im Rahmen der Finanzverfassung ihren Haushalt selbstständig zu führen und Abgaben auszuschreiben.“ (Art. 116).

In Österreich sind die Gemeinden in der Verfassung in ausführlichem Maße verankert und ihre Selbstverwaltung dort explizit geschützt, dennoch sind sie nicht als gleichwertige Ebene eines dreigliedrigen Bundesstaates gekennzeichnet.[952] Sie nehmen zwar insofern eine starke Stellung ein, da sie in den Finanzausgleich involviert sind und in der verfassungsrechtlichen Praxis eine Rolle spielen, doch repräsentieren die Länder die dominanten territorialen Einheiten.[953] Die Verfassung schreibt das Recht auf Selbstverwaltung fest und definiert, dass jedes Grundstück einer Gemeinde angehören muss und sich jedes Land in Gemeinden gliedert (Art. 116, B-VG). Das B-VG regelt nicht nur die Selbstverwaltung und definiert, was eine Gemeinde ist, sondern gibt auch die rechtlichen Schranken hinsichtlich Organisation, Wahlsystem, politischer Organe und Zuständigkeiten der lokalen Gebietskörperschaften vor (siehe nachfolgende Kapitel). Die österreichischen Gemeinden haben keine legislativen Zuständigkeiten, doch können sie per Verfassung *„auf Grund der Gesetze innerhalb ihres Wirkungsbereiches Verordnungen erlassen.“* (Art. 18.1, B-VG).

Zum Unterschied zu Italien haben die österreichischen Gemeinden per Verfassung (Art. 119a.9) zudem das Recht, im Rahmen der Gemeindeaufsicht Beschwerden beim Verwaltungsgericht (Art. 130–132) oder sogar dem Verfassungsgerichtshof (Art. 144) zu erheben, wobei letzteres eingeschränkt ist.[954] In Italien sind Gemeinden bisher hingegen nicht berechtigt, sich bei einer beanstandenden Verletzung ihrer Autonomie durch ein Regional- oder Staatsgesetz

---

952 Vgl. Gamper 2006b.

953 Vgl. Gamper 2008b, S. 71 ff.

954 Art. 119.9, B-VG; zur prozessualen Durchsetzung des Selbstverwaltungsrechts in Österreich, siehe: Eller 2020, S. 102 ff.; Öhlinger 1997, S. 222.

direkt bzw. ohne Vorinstanz an das Verfassungsgericht zu wenden.[955] Die lokalen Gebietskörperschaften haben in diesem Fall nur die Möglichkeit, sich an eine*n Zivil- oder Verwaltungsrichter*in zu wenden und diese zu bitten, eine eventuelle verfassungsrechtliche Legitimität für ein bestimmtes Gesetz zu beanstanden.[956] Bei Streitigkeiten mit anderen Regierungsebenen in Verwaltungsangelegenheiten kann sich eine Gemeinde demgegenüber an das regionale Verwaltungsgericht wenden.[957]

Die lokale Autonomie in der Schweiz hängt im Unterschied zu Italien und Österreich maßgeblich von der kantonalen Gesetzgebung und den subnationalen Verfassungen ab. In der schweizerischen Bundesverfassung werden die lokalen Gebietskörperschaften daher nur marginal durch einen einzigen Artikel erwähnt,[958] daneben unterstreicht allerdings auch das verfassungsrechtlich verankerte Subsidiaritätsprinzip die Autonomie der Gemeinden.[959] Der schweizerische Bundesstaat kontrastiert damit insbesondere mit Österreich, dessen ausführliche Regelungen der Gemeinden in der Bundesverfassung für Bundesstaaten eher ungewöhnlich sind.[960] Die schweizerische BV legt fest, dass *„die Gemeindeautonomie (…) nach Massgabe des kantonalen Rechts gewährleistet"* ist (Art. 50). Dies sei laut Giovanni Biaggini keine Verpflichtung gegenüber den Kantonen, sondern eher als ein *„moralischer Apell"* zu Gunsten der Gemeinden zu verstehen.[961]

---

955 Dies obliegt allein der nationalen Regierung in Bezug auf regionale Gesetze oder den Regionen in Bezug auf staatliche Bestimmungen bzw. bei Streitigkeiten zwischen diesen beiden Regierungsebenen (Art. 127 und 134, itVerf). Zudem kann ein Regionalgesetz auch von einem der beiden Landtage von Trient und Bozen angefochten werden und umgekehrt (Art. 97, Ast). Allerdings gibt es seit 2003 die Möglichkeit, dass die verfassungsmäßige Legitimität eines Regionalgesetzes vom Ministerpräsidenten auf Vorschlag der Konferenz Staat-Städte-Lokalautonomien eingebracht werden kann. Umgekehrt kann ein Staatsgesetz vom Präsidenten der Regionalregierung auf Vorschlag des Rates der Lokalautonomien eingebracht werden. Damit kann die Region als Sprachrohr für die Gemeinden gegen ein Staatsgesetz agieren, siehe: Art. 31 und 31, L. 87/1953, vgl. Collevecchio 2019.

956 Vgl. Collevecchio 2019.

957 Das Sonderstatut für Trentino-Südtirol sieht in Art. 90 vor, dass ein regionaler Verwaltungsgerichtshof mit einer Autonomen Sektion für die Provinz Bozen eingerichtet wird. Ein solches regionales Verwaltungsgericht wurde mit Dekret des Präsidenten der Republik Nr. 426 vom 6. April 1984 eingeführt.

958 Vgl. Biaggini 2017b.

959 Kägi-Diener 2014, 1056.

960 Vgl. Eller 2020, S. 78; Steytler 2009b, S. 1 ff.

961 Biaggini 2017a.

Zudem ist in Bezug auf die Schweiz festzuhalten, dass die lokale Autonomie erst seit 1999 verfassungsrechtlich garantiert ist, seitdem aber ein *„fundamentales Verfassungsprinzip“* darstellt.[962] Ähnlich wie in Österreich sind die Gemeinden in der Schweiz nicht gleichwertige Partner im bundestaatlichen Aufbau. Eher spricht die Lehre von einer doppelten Zweigliedrigkeit: Auf der einen Seite Bund-Kantone, auf der anderen Kantone-Gemeinden.[963] Nichtsdestotrotz können sich die schweizerischen Gemeinden auf einen rechtlichen Schutz durch den Bund berufen. So hält die Bundesverfassung fest, dass das Bundesgericht auch Streitigkeiten bezüglich der Verletzung der Gemeindeautonomie beurteilt und Gemeinden dort somit Beschwerde einlegen können (Art. 189, BV). Da sich die Gemeindeautonomie durch das Bundesrecht kaum spezifizieren lässt,[964] ist für die Bündner Gemeinden im Unterschied zu den beiden Nachbargebieten fast ausschließlich das kantonale Recht relevant. In diesem Zusammenhang ist auf den Umstand hinzuweisen, dass eine verfassungsrechtliche Regelung der lokalen Regierungsebene nicht zwingend mit dem tatsächlichem politischen Gewicht der Gemeinden einhergehen muss, wie aus den folgenden Kapiteln in Bezug auf Graubünden ersichtlich ist.[965]

3.3.2 Lokale Autonomie in den subnationalen Verfassungen und Statuten

Für die Südtiroler Gemeinden ist hauptsächlich die autonome Region für die Gemeinden zuständig. Durch ein Verfassungsgesetz[966] von 1993 wurde eingeführt, dass die Statute der Regionen mit Sonderstatut die Organisation der lokalen Regierungsebenen regeln. So ist auch im Sonderstatut der Autonomen Region Trentino-Südtirol festgeschrieben (Art. 4), dass die „Ordnung der örtlichen Körperschaften und der entsprechenden Gebietsabgrenzung“ zu denjenigen Sachgebieten gehört, in welchen die autonome Region Gesetzgebungskompetenz innehat. Anders als die meisten sonstigen Politikbereiche in Trentino-Südtirol, liegt die legislative Zuständigkeit damit nicht getrennt bei den beiden Autonomen Provinzen, sondern muss in Kooperation durch den Regionalrat für beide Gebiete beschlossen werden. Abgesehen von der italienischen Verfassung und der regionalen Gesetzgebung, werden die Südtiroler Gemeinden allerdings auch im Autonomiestatut der Region Trentino-Südtirol erwähnt, wenn auch nur in

962 Vgl. Meyer 2011, S. 413 f.
963 Kägi-Diener 2014, 1056.
964 Vgl. Kägi-Diener 2014, 1058; Seiler 2001.
965 Vgl. Palermo und Kössler 2017, S. 286.
966 Verfassungsgesetz Nr. 2/1993.

geringem Ausmaß (Art. 18, Art. 80–81, Art. 61–65). Hier geht es um die Übertragung von Verwaltungsbefugnissen, die finanzielle Ausstattung der Gemeinden, die Bestimmungen zur Wahl der politischen Organe sowie die Gewährleistung der verhältnismäßigen Vertretung der Sprachgruppen. In Bezug auf den Rechtsschutz der lokalen Gebietskörperschaften bzw. deren Status innerhalb des politischen Systems gibt es keine eigenen Erwähnungen oder Verweise im Statut. Dies kann auch im Kontext des Entstehungsjahres des Autonomiestatuts gesehen werden (1972), das lange Zeit vor der Verfassungsreform 2001 verabschiedet wurde, welche die italienischen Gemeinden aufgewertet hat.[967]

Die Tiroler Gemeinden werden neben der österreichischen Verfassung auch durch den VI. Teil der Landesordnung geregelt (Art. 72–78, TLO). Da der Rechtsschutz und die Stellung der Gemeinden innerhalb des Mehrebenensystems schon ausführlich in der Bundesverfassung Eingang findet, beschränkt sich die Landesordnung mehrheitlich auf eine Wiederholung der verfassungsrechtlichen Grundlagen.[968] So wird festgelegt, dass sich das Land in Gemeinden gliedert und die Abänderung von deren Grenzen (Vereinigung oder Teilung) per Landesgesetz zu regeln ist. Auch das Recht für Selbstverwaltung wird, anlehnend an den Text der Verfassung, nochmals erwähnt und festgelegt, dass die Gemeinde einerseits eine Gebietskörperschaft mit Recht auf Selbstverwaltung ist, sowie ein Verwaltungssprengel und selbstständiger Wirtschaftskörper (Art. 73, TLO). Außerdem wird auch der Wirkungsbereich der Gemeinden festgeschrieben, der aus einem eigenen und einem vom Bund und Land Tirol übertragenen Bereich gegliedert ist (Art. 74, TLO).

Anders als in Südtirol, aber ähnlich wie in Tirol, wird die Autonomie der Gemeinden des Kantons Graubünden in der Bündner Kantonsverfassung (KV) explizit garantiert, auch vor dem Hintergrund, dass bundesstaatlich keine detaillierten Regelungen zu den lokalen Gebietskörperschaften existieren. „*Die Gemeindeautonomie ist eine Verfassungsgarantie, deren Inhalt und Mass entsprechend der föderalistischen Vielfalt des Landes variiert*", hält Meyer fest.[969] Allerdings ist auch die Kantonsverfassung von Graubünden nicht überaus detailreich im Hinblick auf den Status der Gemeinden und verweist in diesem Sinne wiederum auf die kantonale Gesetzgebung. Zumindest definiert sie aber die Selbstverwaltung ihrer

---

967 Vgl. Denicoló et al. 2016. Allerdings betraf dies die Südtiroler Gemeinden nicht, wie der Verfassungsgerichtshof später feststellte: Eine Anpassung an das Verfassungsgesetz hätte nämlich einen Verlust der Autonomie bedeutet, vgl. Happacher und Terzer 2018, S. 210 f.

968 Vgl. Bertel 2018; Weber 2020.

969 Vgl. Meyer 2011, S. 284.

Gemeinden: Die KV legt fest, dass der Kanton in politische Gemeinden (Art. 60) und Bürgergemeinden (Art. 61) gegliedert ist und dass erstere Körperschaften des kantonalen öffentlichen Rechts mit eigener Rechtspersönlichkeit sind. Zudem hält Artikel 65 fest, dass *„die Autonomie der Gemeinden (…) gewährleistet [ist]. Ihr Umfang wird durch das kantonale Recht bestimmt"*. Zudem sind *„die Gemeinden (…) insbesondere befugt, ihre Organisation zu bestimmen, ihre Behörden und Verwaltung einzusetzen sowie ihre finanziellen Angelegenheiten selbstständig zu ordnen"* (Art. 65, KV). Die Kantonsverfassung zählt die Gemeinden nicht namentlich auf. Dies tun auch nicht die Tiroler Landesordnung oder das Südtiroler Autonomiestatut.

3.3.3 Lokale Autonomie in der nationalen und subnationalen Gesetzgebung

Substaatlich betrachtet haben alle drei Territorien eigene Gesetzesgrundlagen für die Regelung ihrer Gemeinden. Die zentrale rechtliche Grundlage für die 116 Gemeinden in Südtirol und die 166[970] des Trentino ist der „Kodex der örtlichen Körperschaften der Autonomen Region Trentino Südtirol"[971] von 2018 (folgend: Kodex), der alle regionalen Bestimmungen zu den lokalen Körperschaften zwischen 1950 und 2017 zusammenfasst. Die Gemeinden aus Trentino-Südtirol unterliegen, wie erwähnt, der regionalen und nicht der nationalen Gesetzgebung.[972] Nur dann, wenn die regionale Gesetzgebung keine Bestimmungen vorweist, kommt der Einheitstext zur Anwendung, welcher die italienischen Gemeinden in den Regionen mit Normalstatut bestimmt (Gesetz Nr. 267/2000).[973] Innerhalb des Kodex haben die Autonomen Provinzen zum Teil unterschiedliche rechtliche Rahmenbedingungen (z.B. bei der Wahl der Gemeinderäte), auch wenn diese in derselben Rechtsnorm Niederschlag finden. Der Kodex beginnt mit Grundlagen zur Autonomie der örtlichen Gemeinschaften und legt – ähnlich wie der Einheitstext der Regionen mit Normalstatut – fest, dass die Gemeinde als *„autonome Körperschaft die örtliche Gemeinschaft [vertritt], (…) deren Interessen wahr[nimmt] und (…) ihre Entwicklung [fördert]."*[974]

970 Stand: März 2023.

971 Regionalgesetz Nr. 2/2018.

972 Die bis heute wichtigste legislative Grundlage der Gemeinden in den Regionen mit Normalstatut ist der Einheitstext aus dem Jahr 2000 (*Testo Unico delle leggi sull´ordinamento degli enti locali*).

973 Vgl. Bernhart und Promberger 2006, S. 89.

974 Art. 1, Kodex.

Das Regionalgesetz besteht aus 339 Artikeln und regelt eine Vielzahl von Bestimmungen: Von der Autonomie über die Formen der Bürger*innenbeteiligung, die Gemeindegrenzen, die Möglichkeiten der interkommunalen Zusammenarbeit, die politischen Organe, das Wahlrecht bis hin zur administrativen Organisation. Wie alle italienischen Gemeinden haben auch die Südtiroler Satzungs-, Ordnungs-, Organisations- und Verwaltungsbefugnis (Art. 1.6; Kodex). Die jeweilige Gemeindesatzung, die jede Südtiroler Gemeinde verabschieden muss, regelt die Tätigkeiten und den Aufbau der lokalen Körperschaft im Detail. Die Satzungen werden vom jeweiligen Gemeinderat mit einer Zwei-Drittel-Mehrheit beschlossen und beschreiben u.a. die Zuständigkeit der Organe, die Ordnung der Ämter und öffentlichen Dienste, die Initiativ- und Kontrollrechte der Gemeinderäte, die Bestimmungen zum Schutz der Sprachgruppen, die Bürger*innenbeteiligung oder die Einrichtung des Volksanwalts. Zusätzlich zum Kodex wurde im November 2017 ein Landesgesetz zur Neuordnung der örtlichen Körperschaften verabschiedet, dessen Ziel es war, einheitliche Mindeststandards an öffentlichen Leistungen in allen Gemeinden zu garantieren sowie die lokale Autonomie zu stärken.[975]

In Österreich unterliegen die Gemeinden abgesehen von der Bundesverfassung und der Bundesgesetzgebung auch der jeweiligen Landesgesetzgebung und werden diesbezüglich insbesondere durch die Gemeindeordnungen geregelt. Wie erwähnt, schreibt die B-VG vor, dass *„soweit nicht ausdrücklich eine Zuständigkeit des Bundes festgesetzt ist, hat die Landesgesetzgebung das Gemeinderecht nach den Grundsätzen der folgenden Artikel dieses Abschnittes zu regeln.“* (Art. 115.2). Für die Tiroler Gemeinden gilt das Gesetz über die Regelung des Gemeindewesens, kurz die Tiroler Gemeindeordnung (TGO).[976] Diese gilt für 278 der Gemeinden, nicht aber für die Landeshauptstadt Innsbruck, die mit dem Innsbrucker Stadtrecht von 1975 über eine eigene Rechtsgrundlage verfügt.[977] Die TGO ist weniger umfassend als der Kodex der Südtiroler Gemeinden (die TGO besteht aus 147 Paragraphen), umfasst aber ähnliche Bereiche, wenn auch weniger ausführlich. So schreibt sie die rechtliche Stellung der Gemeinden fest, ihre Aufgaben, Organe und setzt auch den Handlungsspielraum für die Beteiligung der Bevölkerung in Form der direkten Demokratie fest, die Gemeindewirtschaft, den Gemeindehaushalt, die Gemeindeaufsicht sowie die Gemeindeverbände. Wie bereits Bundesverfassung und Tiroler Landesordnung, verankert auch die

975 Vgl. Klotz 2019.
976 LGB1. Nr. 26/2001.
977 LGBl. Nr. 53/1975, LGBl. Nr. 53/1975.

TGO das Recht auf lokale Selbstverwaltung und die Stellung der Gemeinden als Verwaltungssprengel und selbstständige Wirtschaftskörper (§ 2). Im Unterschied zu Südtirol verfügt nicht jede Gemeinde Tirols über eine eigene Gemeindesatzung oder eine Verordnung für ihre internen Abläufe. Tatsächlich ist es so, dass sich Gemeinden normalerweise selbst keine Satzung mehr geben, weil die TGO die Rahmenbedingungen der lokalen Verwaltung bzw. andere Rechtsquellen die Spielräume der Gemeinden bereits detailliert definieren.

Für die Gemeinden in Graubünden ist abgesehen von der Kantonsverfassung, das Gemeindegesetz (GG)[978] von 2018 die zentrale rechtliche Grundlage ihrer Selbstverwaltung.[979] Dies wird allerdings wiederum von Meyer revidiert, der feststellt, dass sich die Bundesgesetzgebung sehr wohl auch an die Gemeinden wendet, ihnen Vollzugsaufgaben überträgt oder Mitwirkungsrechte definiert.[980] Das Bündner GG ist im Vergleich zum Kodex der Südtiroler Gemeinden und dafür ähnlich der TGO relativ schlank gehalten und enthält 113 Artikel. Auch hier wird, der Kantonsverfassung folgend, bereits zu Beginn die Rechtsstellung der Gemeinden definiert. Diese sind öffentlich-rechtliche Gebietskörperschaften mit eigener Rechtspersönlichkeit (Art. 2) und genießen Autonomie (Art. 3). Sie regeln die Angelegenheiten im Rahmen des übergeordneten Rechts laut Artikel 3 selbstständig, weiters wird ihnen durch das kantonale Recht ein möglichst weiter Handlungsspielraum gewährt. Demzufolge, und dies ist ein Unterschied zu den Tiroler und Südtiroler Gemeinden, *„steht der Gemeinde das Recht zur Gesetzgebung und Verwaltung zu“*. Diese explizite Erwähnung des Terminus Gesetzgebung ist in Bezug auf die Lokalautonomie von Tirol und Südtirol nicht vorhanden, die zwar eigenen Handlungsspielraum besitzen, aber keine gesetzgebende Kraft ausüben. Das Bündner Gemeindegesetz legt ebenso fest, dass eine Vielzahl von Aspekten der lokalen Autonomie in den eigenen Gemeindeverfassungen selbst entschieden werden können. Hierzu gehörten die Grundzüge ihrer Organisation und die Zuständigkeit ihrer Organe sowie auch die Finanzkompetenzen (Art. 5, GG).

Außer dem Rechtsschutz der Gemeinden regelt das GG weitere grundlegende Aspekte der Gemeinden, wie die politische Organisation, das Gemeindevermögen, die interkommunale Zusammenarbeit oder die Aufsicht der Gemeinden. Auch die Gemeindegrenzen bzw. die Regelung zu Zusammenschlüssen von Gemeinden sind in ausführlicher Form festgehalten. Neben den Gemeindeverfassungen können die schweizerischen Gemeinden auch Gesetze und Verordnungen

---

978 Gemeindegesetz des Kantons Graubünden vom 17. Oktober 2017 (Stand: 1. Juli 2018).

979 Für vertiefende Informationen zum Gemeinderecht, vgl. Fetz 2020.

980 Vgl. Meyer 2011, S. 209.

erlassen.[981] Auch schreibt das GG vor, dass *„wichtige Bestimmungen"* durch ein Gesetz erlassen werden, *„weniger wichtige Bestimmungen"* hingegen in Form einer lokalen Verordnung. Zum Vergleich: Die Südtiroler und Tiroler Gemeinden kennen nur Beschlüsse in Form einer lokalen Verordnung.

3.3.4 Messung der Variable „Rechtsschutz"

Unter die rechtlichen Rahmenbedingungen von lokaler Autonomie fassen Ladner et al. folgende vier Aspekte: Die institutionelle Verankerung (*institutional depth*), das effektive politische Ermessen (*political discretion*), die administrative Überwachung (*administrative supervision*) und den rechtlichen Schutz (*legal protection*). Zur Definierung des Ausmaßes der rechtlich geschützten Autonomie wird hingegen nur eine einzige Variable, jene des rechtlichen Schutzes, herangezogen. Es geht bei dieser Dimension darum, inwiefern die Existenz von rechtlichen Grundsatzregelungen die lokale Autonomie in der Verfassung oder sonstigen Rechtsquellen auf nationaler oder subnationaler Ebene garantieren und diese damit schützen. Die Antwortmöglichkeiten reichen vom Wert 0 (keine Rechtsmittel zum Schutz der Lokalautonomie) bis zu 3 (Rechtsmittel von 1 und 2, plus andere Mittel, um die lokale Autonomie zu schützen, z.B. namentliche Aufzählung der Gemeinden in der Verfassung oder die Unmöglichkeit diese zu einer Zusammenlegung zu zwingen. Der Wert 1 entspricht dem Umstand, dass verfassungsrechtliche Klauseln oder andere statuarische Regelungen vorhanden sind, um die lokale Selbstverwaltung zu schützen; Wert 2 beinhaltet, dass für Gemeinden die Möglichkeit besteht, im Justizsystem Rekurs bezüglich Konflikte mit der höheren Regierungsebene einzureichen (z.B. durch den Verfassungsgerichtshof, Verwaltungsgerichtshof oder andere Gerichte).

Der *Local Autonomy Index* 2014 beträgt für Graubünden und Tirol sowie auch für Südtirol (bzw. alle italienischen Regionen, da sie nicht separat bewertet wurden) 2 Punkte und liegt damit im Mittelfeld. In der Expertenumfrage von 2020 erhielten die drei subnationalen Gebiete einen ähnlichen Wert. Graubünden erreichte mit 2,67 von möglichen 3 Punkten fast die Maximalzahl, bekam von den Experten also einen höheren Wert als noch 2014. Tirol liegt mit 2 Punkten gleich auf wie vor sechs Jahren, Südtirol bildet mit einem Wert von 1,8 das Schlusslicht der Territorien. Damit bestätigt die Messung den formal hohen Rechtsschutz in allen drei Gebieten, liegt aber noch unter dem möglichen Maximalwert. Interessanterweise waren sich die Expert*innen in Südtirol und Graubünden über die Bewertung nicht vollkommen einig. Auch ein schweizerischer Experte gab an,

981 Vgl. Auer 2016.

dass der Maximalwert für Graubünden keine Anwendung finden könne, da die Gemeinden im Extremfall auch gegen ihren Willen fusioniert werden könnten. Auch bei der Bewertung der Gemeinden in Südtirol fällt die divergierende Meinung der Expert*innen auf, die sogar zwischen 1 und 3 Punkten liegt. Hierbei könnte vor allem der Umstand eine Rolle spielen, dass die Gemeinden zwar durch rechtliche Grundlagen ausreichend geschützt sind, selbst aber keinen Zugang zum Verfassungsgerichtshof haben. Für das Land Tirol ist der Wert von 2 vermutlich zum einen so zu erklären, dass die Gemeinden die Möglichkeit haben, sich an das föderale Verfassungs- oder Verwaltungsgerichtshof zu wenden, wenn sie ihre Selbstverwaltung durch die Bundes- oder Landesgesetzgebung verletzt sehen. Für den Maximalwert fehlt in allen drei Gebieten hingegen die Aufzählung in der jeweiligen Landesverfassung in Bezug auf die Existenz der einzelnen Gemeinden oder die Unmöglichkeit diese zu fusionieren.

3.3.5 Zusammenfassung: Ausreichend verankerte Autonomie

Zusammenfassend kann der Schutz der rechtlichen Autonomie und die Garantie der lokalen Selbstverwaltung für alle drei Gebiete als hoch eingestuft werden. Alle Gemeinden in Graubünden, Tirol und Südtirol sind durch mehrere Rechtsquellen geschützt, die ihre Autonomie sowie das Recht auf Selbstverwaltung bzw. ihre Befugnisse als autonome Körperschaft anerkennen. In allen Gebieten kann die lokale Regierungsebene auf eine verfassungsmäßige Verankerung der Autonomie auf nationaler Ebene zurückgreifen und gilt als Körperschaft des öffentlichen Rechts mit eigenen Finanzmitteln. Dazu kommt die Festschreibung der lokalen Selbstverwaltung in den subnationalen Verfassungen (Tirol, Graubünden) bzw. in der jeweiligen subnationalen Gesetzgebung (Tirol, Graubünden, Südtirol).

In Graubünden und Südtirol fußt die Gemeindeautonomie hauptsächlich auf subnationalem Recht. Somit sind auch die Beziehungen zu der subnationalen Regierungsebene *„prägendes Element“*[982] der Autonomie dieser beiden Territorien. Dies stellt einen wichtigen Unterschied zu den Gemeinden in Tirol dar, deren Autonomie sich in erster Linie aus der Bundesverfassung ergibt, wobei die Landesverfassung deren Grundprinzipien wiederholt. In Bezug auf die Schweiz hat Fiechter festgestellt, dass die Gemeinden trotz ihrer ausgeprägten Autonomie nicht souveräne Gebilde bilden, sondern sich ihre Autonomie vom kantonalen Recht ableitet.[983] Diese Feststellung ist auch auf die Gemeinden in Südtirol und Tirol anwendbar, die keine souveränen Gebietskörperschaften darstellen, sondern

982 Fiechter 2010, S. 101.
983 Vgl. Fiechter 2010, S. 101.

den höher gelegenen Regierungsebenen klar untergegliedert sind. Im Unterschied zu den Gemeinden in Graubünden und Südtirol hängen die österreichischen Gemeinden in ihrem Status und ihrer Funktion allerdings in größerem Ausmaß von der nationalen Regierungsebene ab. Sie unterliegen hauptsächlich den verfassungsrechtlichen Prinzipien der kommunalen Selbstverwaltung, wobei die Bundesländer ein gewisses Mitspracherecht bei der Regelung der lokalen Gebietskörperschaften haben und die Tiroler Landesregierung die Grundlagen der lokalen Selbstverwaltung auch explizit wiederholt.

Ein weiterer erwähnenswerter Punkt ist, dass es in allen drei Gebieten nur eine einzige territoriale Ebene der Gemeinden gibt. In Graubünden existieren zwar noch andere Arten, doch die politischen Gemeinden können mit den Gemeinden in Tirol und Südtirol gleichgesetzt werden. Die politische Macht auf lokaler Ebene ist somit in allen drei Territorien bei den Gemeinden konzentriert, auch wenn es noch andere lokale Gebietskörperschaften bzw. Verwaltungseinheiten gibt, wie Regionen (Graubünden), Bezirke (Tirol) und Bezirksgemeinschaften (Südtirol).

3.4. Politischer Gestaltungsspielraum der Gemeinden

Die Gemeinden in Graubünden, Südtirol und Tirol verfügen über eine rechtlich geschützte Autonomie gemäß den jeweiligen nationalen Verfassungen und weiteren subnationalen Rechtsquellen. Bei der Untersuchung der lokalen Autonomie stellt sich die Frage, welches Ausmaß die Autonomie in der praktischen Umsetzung einnimmt. Dieses Kapitel zeigt auf, welche Art von Aufgaben die Gemeinden ausführen und für welche Politikbereiche sie zuständig sind.[984] Es ist eine verbreitete These und politische Wahrnehmung, dass der lokalen Regierungsebene immer häufiger Aufgaben übertragen werden, für die sie nicht ausreichend finanziell ausgestattet ist. Artikel 3, Absatz 1 der Europäischen Charta der kommunalen Selbstverwaltung erklärt, dass

> *„Kommunale Selbstverwaltung (…) das Recht [bedeutet] und die tatsächliche Fähigkeit der kommunalen Gebietskörperschaften, im Rahmen der Gesetze einen wesentlichen Teil der öffentlichen Angelegenheiten in eigener Verantwortung zum Wohl ihrer Einwohner zu regeln und zu gestalten.“*

Artikel 4 beschäftigt sich mit dem Umfang der Selbstverwaltung und erklärt, dass die grundlegenden Zuständigkeiten der kommunalen Gebietskörperschaften durch die Verfassung oder Gesetze festgelegt sein sollen. Diese Bestimmung schließe jedoch nicht aus, dass den Gebietskörperschaften Zuständigkeiten zu

---

984 Vgl. Ladner et al. 2019, S. 104 ff.

bestimmten Zwecken übertragen werden können (Art. 4.1, Charta). Außerdem sollen die Zuständigkeiten der Gemeinden *„in der Regel umfassend und ausschließlich [sein]. Sie sollen von einer anderen zentralen oder regionalen Stelle nicht ausgehöhlt oder eingeschränkt werden, es sei denn, daß dies gesetzlich vorgesehen ist.“* (Art. 4, Abs. 4, Charta). Zur Umsetzung des Artikels 3, Absatz 1 stellt der Europarat fest, dass lokale Gebietskörperschaften mit rechtlichen und operationalen Instrumenten ausgestattet sein müssen, um selbst Prioritäten und normative Entscheidungen treffen zu können.[985] Des Weiteren erklärt der Kongress der Gemeinden und Regionen, dass die Gemeinden gemäß Charta vollständiges Ermessen haben sollten, um ihre Kompetenzen auszufüllen.[986]

3.4.1 Definition und Art der lokalen Aufgaben

In allen drei Gebieten des Alpenraums haben die Gemeinden eigene Aufgaben und solche, die ihnen vom Land/Kanton oder dem (Bundes)Staat übertragen werden. Die Gemeinden in Tirol und Südtirol verfügen über keine Gesetzgebungskompetenz,[987] sondern beschließen für die Regelung ihrer Zuständigkeiten Verordnungen.[988] Die Aufgaben der Gemeinden von Graubünden sind in der Kantonsverfassung und dem Bündner Gemeindegesetz dargelegt, wobei die Verfassung großen Definitionsspielraum in Bezug auf die spezifischen Tätigkeitsbereiche lässt. Im Allgemeinen verfügen die schweizerischen Gemeinden über einen eigenen und einen übertragenen Wirkungskreis. Der eigene Wirkungskreis umfasst Aufgaben, in denen weder der Bund noch der Kanton Kompetenzen innehaben und welche die Gemeinden aufgrund der Lokalbezogenheit selbst wählen können. Der übertragene Wirkungskreis entspricht hingegen Aufgaben, welche den Gemeinden von den anderen Regierungsebenen übertragen wurden und im kantonalen bzw. Bundesrecht spezifiziert sind. Nach Fiechter findet das Modell der Wirkungskreise kaum mehr Anwendung, weil es zu viele Überschneidungen gäbe. Nach wie vor gibt es aber die Unterscheidung zwischen

985 Vgl. Congress of Local and Regional Authorities 2017a, S. 6.

986 Vgl. Congress of Local and Regional Authorities 2017a, S. 9.

987 Eller geht davon aus, dass es sich auch bei den Gesetzen der schweizerischen Gemeinden um keine formellen im verfassungsrechtlich vorgegebenen Gesetzgebungsverfahren zu Stande gekommene Gesetze handelt, sondern trotz der Begrifflichkeit um Verordnungsrecht. Vgl. Eller 2020, S. 123.

988 Siehe auch für Italien: Urteil Verfassungsgerichtshof 274/2003; Ambrosi 2004, S. 39 ff.; für Österreich: Sammlung der Erkenntnisse und wichtigsten Beschlüsse des Verfassungsgerichtshofes“ (VfSlg) 7903/1976; Öhlinger und Eberhard 2019, S. 239 f.

eigenen und übertragenen Aufgaben der schweizerischen Gemeinden.[989] Aufgrund einer fehlenden abschließenden Aufzählung der Gemeindeaufgaben sind die Aufgaben zwischen den schweizerischen Kantonen und Gemeinden teils sehr unterschiedlich.[990]

Der Grundsatz des Gestaltungsspielraums der Bündner Gemeinden kommt einer umfassenden Generalklausel gleich[991] und lautet, dass die Gemeinden „*die ihnen übertragenen Aufgaben sowie alle örtlichen Angelegenheiten [erfüllen], die das kantonale Recht nicht oder nicht abschließend regelt und die nicht in den Kompetenzbereich der Bürgergemeinde fallen*" (Art. 48, KV). Im Allgemeinen sind die Gemeinden, wie der Kanton, für die Förderung des Wohlergehens und die soziale Sicherheit der Bevölkerung, der Familie und der einzelnen Person zuständig (Art. 75, KV). Zudem erfüllen sie laut Kantonsverfassung Aufgaben, die im öffentlichen Interesse liegen, soweit das private Angebot nicht ausreicht (Art. 76, KV). Weiters sind die politischen Gemeinden für alle örtlichen Angelegenheiten verantwortlich, die nicht in den Kompetenzbereich der Bürgergemeinden fallen (Art. 60, KV). Die Gemeinden können auch privatrechtlich tätig werden und ihre Aufgaben Dritten übertragen oder aber Organisationen des öffentlichen und privaten Rechts gründen (Art. 50, KV). Im Unterschied zum Südtiroler Autonomiestatut sowie der Tiroler Landesverfassung, definiert die Verfassung von Graubünden einige Politikbereiche, für welche die Gemeinden gemeinsam mit dem Kanton verantwortlich sind (Art. 79–91, KV). Dabei ist Aufzählung zum Teil allgemein formuliert, ähnlich wie es in der schweizerischen BV in Bezug auf den Bund und die Kantone der Fall ist.

Das Südtiroler Autonomiestatut hält demgegenüber fest (Art. 16), dass der Staat befugt ist, der Region, der Provinz oder anderen örtlichen Körperschaften eigene Befugnisse mit einem Gesetz zu übertragen. Auf der anderen Seite können auch die Regionen und Provinzen (Art. 18.2) den Gemeinden Verwaltungsbefugnisse übertragen oder sich deren Ämtern bedienen. Somit können die Aufgaben der Südtiroler Gemeinden ebenso in eigene und delegierte Aufgaben eingeteilt werden. Wie bereits aufgezeigt, verfügen die italienischen Gemeinden laut Verfassung über eine statutarische Autonomie und müssen eine Satzung verabschieden.[992] Zudem haben sie die Verordnungsgewalt für die Regelung ihrer Organisation und der Wahrnehmung der ihnen zuerkannten Aufgaben (Art. 117.6, itVerf). Überdies setzt die Verfassung fest, dass die Verwaltungsbefugnisse bei den Gemeinden

989 Vgl. Fiechter 2010, S. 16 ff.
990 Vgl. Ladner und Haus 2021.
991 Crameri 2019, S. 521.
992 Vgl. Bin und Falcon 2012, S. 93.

liegen (Art. 118.1).[993] So liegt die Verwaltung verfassungsgemäß vollständig bei den Gemeinden, ist aber eingeschränkt, da sie auch von Provinz, Metropolstädten, Regionen oder Staat ausgeübt werden kann.[994]

Inzwischen hat das Land Südtirol die Aufgaben zwischen Land und Gemeinden mit dem Gesetz nur Neuordnung der örtlichen Körperschaften (2017) reformiert und einige Verwaltungsbefugnisse an die Gemeinden delegiert. Auch der Kodex verankert (Art. 2.2), dass die Autonome Region und die beiden Autonomen Provinzen jene Funktionen bestimmen können, die an die Gemeinden übertragen, delegiert oder subdelegiert werden. Der Verfassung folgend, hält der Kodex außerdem fest, dass die Gemeinden über Satzungs-, Ordnungs-, Organisations- und Verwaltungsbefugnis verfügen (Art. 1.6).

Die einzelnen Funktionen der Gemeinden sind hingegen weder in der Verfassung noch im Kodex vollständig aufgezählt, umfassen aber nach der Definition des Kodex (Art. 2) alle Verwaltungsaufgaben, „*im Einklang mit dem verfassungsrechtlichen Grundsatz der Förderung der örtlichen Autonomien (...) örtlichen Belangs in Bezug auf die kulturelle, soziale und wirtschaftliche Entwicklung*".[995] Diese breite Formulierung erlaubt den Gemeinden in der Praxis einen weiten Handlungsspielraum. Nach Giuseppe Negri ist es eben diese „*Allgemeinheit der Dienste für den Bürger*",[996] welche die zentrale Tätigkeit der italienischen Gemeinden ausmache.

Wie die Gemeinden in Südtirol und Graubünden verfügen auch die Tiroler Gemeinden über verschiedene Arten von Zuständigkeiten. So halten die Landesordnung wie auch das Verfassungsgesetz fest, dass die Gemeinden einen eigenen Wirkungsbereich sowie einen vom Bund oder vom Land übertragenen innehaben (Art. 118, B-VG; Art. 74, TLO). Der eigene Wirkungsbereich umfasst alle Angelegenheiten „*die im ausschließlichen oder überwiegenden Interesse der in*

---

993 Gemäß dem Gesetz Nr. 142/1990 waren es die Regionen, welche die administrativen Funktionen der Gemeinden regeln, dies wurde mit der Verfassungsreform von 2001 allerdings wieder zu einer staatlichen Kompetenz. Vgl. Bin und Falcon 2012, S. 87.

994 „Die Verwaltungsbefugnisse sind den Gemeinden zuerkannt, unbeschadet der Fälle, in denen sie den Provinzen, Großstädten mit besonderem Status, Regionen und dem Staat zugewiesen werden, um deren einheitliche Ausübung auf der Grundlage der Prinzipien der Subsidiarität, der Differenzierung und der Angemessenheit zu gewährleisten." (Art. 118.1, itVerf). Hierzu stellen Riz/Happacher fest, dass diese Aussage zu einer ungewissen Rechtslage führe, die in Südtirol noch nicht umgesetzt wurde. Vgl. Riz und Happacher 2013, S. 267 ff.; 296 f.

995 Art. 2, Kodex.

996 Negri 2006, S. 43.

der (...) örtlichen Gemeinschaft gelegen und geeignet sind, durch die Gemeinschaft innerhalb ihrer örtlichen Grenzen besorgt zu werden" (Art. 118.2, B-VG; § 16, TGO). Durch diese breite Definition ist es nicht unproblematisch, den eigenen Wirkungsbereich vom übertragenen Wirkungsbereich abzugrenzen, die Generalität der Klausel impliziert aber eine dynamische Anpassung an die tatsächlichen Lebensrealitäten.[997] Die jeweilige Landesgesetzgebung hat die Angelegenheiten des eigenen Wirkungsbereiches der Gemeinden allerdings ausdrücklich als solche zu bezeichnen. Zudem sind einige Aufgaben, die auf alle Fälle im eigenen Wirkungsbereich liegen, bereits durch die B-VG und die TLO explizit angeführt (siehe weiter unten).

In ihrem eigenen Wirkungsbereich sind die Tiroler Gemeinden von den anderen Regierungsebenen weisungsfrei und haben somit eine hohe Autonomie inne, müssen aber im Rahmen der Gesetze und Verordnungen des Bundes und Landes handeln (Art. 118.4, B-VG; Art. 74, TLO), zudem unterliegen sie deren Aufsicht. Während die Gemeinden in ihrem eigenen Wirkungsbereich Selbstverwaltung ausüben, fungieren sie im übertragenen Wirkungsbereich als Verwaltungssprengel und können nur in jenen Angelegenheiten handeln, die ihnen von der nationalen oder subnationalen Gesetzgebung übertragen wurden. Die Vollziehung dieses Wirkungsbereichs liegt hierbei bei den Bürgermeister*innen, die entweder dem Land oder dem Bund weisungspflichtig sind (Art. 119.2, B-VG), wobei das politische Oberhaupt Aufgaben zur Unterstützung auch an andere Organe übertragen kann. Zu den Aufgaben des übertragenen Wirkungsbereichs gehören etwa statistische Erhebungen, Meldewesen, Geburtenbuch, Eheschließungen, Aufgaben der sozialen Betreuung, Mitwirkung in Angelegenheiten der Gewässeraufsicht, der Land- und Forstwirtschaft oder die Erhaltung der Schulen.[998] Trotz der Unterscheidung zwischen dem eigenen und übertragenen Wirkungsbereich stellt Öhlinger fest, dass die österreichischen Gemeinden nur über abgeleitete Aufgaben verfügen. Dies rührt daher, da eigentlich auch die in den eigenen Wirkungsbereich fallenden Aufgaben dem Vollzugsbereich der Länder oder des Bundes zuzuordnen sind und gemäß B-VG von der Landesgesetzgebung explizit festgehalten werden müssen.[999] Das österreichische Bundesverfassungsgesetz macht deutlich, dass alle lokalen Gebietskörperschaften dieselben Aufgaben zu erfüllen haben. Eine einzige Ausnahme bilden die Städte, die über ein eigenes Statut verfügen (Art. 116 B-VG).

997 Vgl. Eller 2020, S. 93.
998 Vgl. Promberger et al. 2005, S. 21.
999 Vgl. Öhlinger 1997, S. 221.

3.4.2 Lokale Verantwortlichkeitsbereiche und Gestaltungsspielraum

Die Gemeinden in Graubünden, Südtirol und Tirol haben eine Vielzahl von Aufgaben zu erfüllen, eben weil in ihren Tätigkeitsbereich bzw. eigenen Wirkungsbereich all jene Aufgaben fallen, die von örtlichem Interesse sind. Dieser Umstand wurde auch durch die empirische Untersuchung bestätigt. Eine konkrete Gegenüberstellung der tatsächlichen Aufgaben der Gemeinden gestaltet sich als komplex, da nicht alle spezifischen Dienstleistungen in den rechtlichen Grundlagen zur Gänze aufgelistet, sondern zum Teil nur von der subnationalen Gesetzgebung ableitbar sind.[1000] Aufgrund des Umfangreichtums wird hier auf die Aufzählung aller einzelnen Tätigkeitsfelder und den damit verbundenen Entscheidungsspielraum verzichtet und die Arbeit beschränkt sich auf eine grobe Übersicht der wesentlichen Aufgaben sowie aussagekräftige Beispiele. Es ist vorauszuschicken, dass die Gemeinden in Graubünden, Tirol und Südtirol zum Großteil dieselben Dienstleistungen erfüllen. Nur bei einigen Politikfeldern gibt es Unterschiede, zumal die Bündner Gemeinden für einige Bereiche verantwortlich sind, die in Tirol und Südtirol vom jeweiligen Land beschlossen und verwaltet werden.

Die Gemeinden des Kantons Graubünden haben einen ausgeprägten Wirkungsbereich. Üblicherweise sind die schweizerischen Gemeinden für Aufgaben im Bereich des Bau- und Planungsrechts, der Infrastruktur und Versorgung, der Schule, dem Sozialwesen, der Ortspolizei, dem Zivilschutz sowie dem Umweltschutz verantwortlich.[1001] Die Aufgabenbereiche der Bündner Gemeinden waren im alten Gemeindegesetz explizit angeführt, wurden im Rahmen der Teilrevision des GG aber gestrichen.[1002] Zu den Politikbereichen, welche die KV als gemeinsame Aufgaben der Gemeinden und des Kantons definiert, gehören zum ersten die Gewährleistung der öffentlichen Ordnung und Sicherheit, wie der Katastrophenschutz der Bevölkerung. Dann sind auch die Raumplanung, der Umweltschutz, die Infrastrukturen und Gewässer genannt, wobei genau spezifiziert wird, für welchen Aspekt die Gemeinden verantwortlich sind. Zu den Kernaufgaben der Gemeinden gehören dementsprechend die Bereiche Ortsplanung und öffentliches Baurecht, Volksschule, Abwasser und Abfall, Wasserversorgung, Altershilfe, Gesundheit, Polizei, Sozialhilfe und Kultur, wobei die Gemeinden teilweise auch an die übergeordnete Gesetzgebung von Kanton und Bund gebunden sind.[1003]

1000 Vgl. Eberhard 2012c, S. 622.

1001 Vgl. Seiler 2001, S. 499 ff.

1002 Vgl. Crameri 2019, S. 150.

1003 Für eine ausführliche Darstellung der Kernaufgaben der Bündner Gemeinden und deren Ermessensspielraum, vgl. Crameri 2019, S. 221 ff., 535 ff.

Zudem sind auch die Regelung ihrer eigenen politischen Organisation sowie die Steuerhoheit als autonome Verantwortungsbereiche zu nennen.[1004]

Im Bereich Umwelt sind die Gemeinden etwa für die Erhaltung und den Schutz der Tier- und Pflanzenwelt sowie von deren Lebensräumen bzw. die Erhaltung von wertvollen Landschaften und Ortsbildern zuständig (Art. 81, KV). Im Bereich der Infrastrukturen hingegen für die angemessene Versorgung des Kantonsgebiets bezüglich Wasser und Energie, Verkehrsverbindungen sowie Telekommunikation (Art. 82, KV). Weitere Politikbereiche, welche die KV explizit nennt, sind die Wirtschafspolitik (u.a. müssen Gemeinden günstige Rahmenbedingungen für eine leistungsfähige und nachhaltige Wirtschaft schaffen, Art. 84), Sozial und Gesundheitspolitik (u.a. sorgen Gemeinden für Betreuung, Unterstützung und Eingliederung von hilfsbedürftigen Menschen, Art. 86), Bildungs- und Kulturpolitik (u.a. sorgen Gemeinden dafür, dass Kinder und Jugendliche Grundschulunterricht erhalten, Art. 89). Crameri hält fest, dass für die tatsächliche Abgrenzung der Tätigkeiten zwischen Kanton und Gemeinden stets auch die Spezialgesetzgebung zu konsultieren ist, welche den Ermessenspielraum der Gemeinden genau definiert.[1005]

Zu einer wichtigen Aufgabe der Bündner Gemeinden gehört außerdem die Führung der öffentlichen Volksschulen, wie es im kantonalen Schulgesetz[1006] definiert ist. In diesem Zusammenhang müssen die Gemeinden verpflichtend ein eigenes Schulgesetz erlassen, das wiederum durch die Kantonsverwaltung zu genehmigen ist.[1007] Aufgaben, für welche die Gemeinden bei der Schule autonom zuständig sind u.a. die Organisation, die Festlegung der Ferien, das Personalwesen oder die Wahl des Schularztes.[1008] Ein weiterer Politikbereich, in denen die Gemeinden weitgehende autonome Zuständigkeiten besitzen, ist die Infrastruktur, z.B. die Planung und Errichtung von Gemeindestraßen oder die Trinkwasserversorgung.[1009] Letztens ist noch die Gesundheit zu nennen, bei welchem die Gemeinden in Tirol und Südtirol kaum Mitspracherecht haben, der aber in der Schweiz zum Teil zu den kommunalen Aufgaben zählt. So sind die Gemeinden

1004 Vgl. Crameri 2019, S. 63 ff.
1005 Vgl. Crameri 2019, S. 151.
1006 Gesetz für die Volksschulen des Kantons Graubünden (Schulgesetz), 421.000.
1007 Für eine ausführliche Darstellung bezüglich der Schulführung, vgl. Crameri 2019, S. 319 ff.
1008 Vgl. Crameri 2019, S. 337.
1009 Vgl. Crameri 2019, S. 373 f.

laut Gesundheitsgesetz[1010] für den Schutz der Gesundheit zuständig, u.a. insbesondere für die Gesundheitsförderung, die örtliche Gesundheitspolizei, die Durchführung von Strafverfahren, die Überwachung der Umwelt- und Wohnhygiene oder das Bestattungswesen (Art. 6). Demgegenüber sind der Bau und Betrieb von Spitälern oder Alters- und Pflegheime vom kantonalen Recht überlagert.[1011]

Die italienische Verfassung zählt die spezifischen Aufgaben der Gemeinden im Unterschied dazu nicht auf. Dafür wurden die grundlegenden Aufgaben der Gemeinden durch das Gesetz zur *Spending Review* 2012 definiert. Demnach zählen dazu u.a. die Organisation der Verwaltung und Finanzverwaltung; die Organisation der öffentlichen Dienste, die im allgemeinen Interesse der Gemeinde stehen; Kataster, Stadt- und Gebäudeplanung auf kommunaler Ebene; Planung des Katastrophenschutzes; Planung und Verwaltung des örtlichen Systems der sozialen Dienste; Schulgebäude; Gemeindepolizei sowie Führung von Personenstands- und Bevölkerungsregistern (Art. 19, Gesetz Nr. 135/2012). Ähnlich wie die Aufgaben der Bündner Gemeinden sind die Tätigkeitsbereiche der Südtiroler Gemeinden rechtlich nirgends erschöpfend und explizit festgeschrieben. Vieles ist somit nur aus der staatlichen oder der Landesgesetzgebung ableitbar. Im Allgemeinen können die Dienste der Südtiroler Gemeinden mit Hilfe ihrer Haushaltspläne erklärt werden, die den nationalen Vorgaben der Buchhaltungssysteme entsprechen (Legislativdekret Nr. 118/2011). Dort ist eine Vielzahl von Aufgaben gelistet, wobei die Gemeinden nicht in jedem über gleich viel Ermessensspielraum verfügen.[1012] Nicht alle Tätigkeiten werden vollständig von den Gemeinden verwaltet, denn die lokalen Körperschaften sind, wie auch in Graubünden und Tirol, teilweise auf Landesbestimmungen angewiesen. So zählt das Unterrichtswesen beispielsweise zwar zu einer lokalen Aufgabe, dies betrifft aber nur den Bau der Infrastruktur, die Instandhaltung und die Führung der Schulen und Kindergärten, während die pädagogischen Mitarbeitenden und das Schulpersonal vom Land finanziert und verwaltet werden. Zu den zentralen Dienstleistungen der Südtiroler Gemeinden gehören das Melde- oder Standesamt, die lokale Polizei, die Führung von Kindertagesstätten, Kindergarten, Schulen; im Bereich Kultur die Führung von Bibliotheken sowie die Instandhaltung von Kulturhäusern, der Bau und die Instandhaltung von Sportstätten, im Tourismus die finanzielle Unterstützung der Tourismusvereine; im Transportwesen der Bau und die Instandhaltung

1010 Gesetz zum Schutz der Gesundheit im Kanton Graubünden (Gesundheitsgesetz), 500.000.

1011 Vgl. Crameri 2019, S. 541.

1012 Für einen umfassenden Überblick über welche spezifischen Aspekte Gemeinden genau entscheiden, vgl. Just 2012, S. 77 ff.

der Verkehrsflächen, die Beschilderung oder die öffentliche Beleuchtung; im Bereich Raumordnung die Bauleitpläne und der geförderte Wohnbau; Müll- und Abwasser; im Bereich Jugend die Jugendförderung und Jugendbetreuung, im Bereich Senioren die Betreuung der Alten und die Führung der Altenheime.[1013] Mit Ausnahme der Bestimmungen zu ihrer Regierungsform, den Wahlorganen, dem Haushaltsrecht oder der Bürger*innenbeteiligung, sind die Gemeinden in Südtirol in den meisten Politikbereichen von der Gesetzgebung des Landes abhängig, da dort die meisten legislativen Zuständigkeiten liegen, die Einfluss auf die Gemeindeverwaltung haben (z.B. Landschaftsschutz, Tourismus, Handwerk).[1014]

Zu den vom Land Südtirol delegierten Verwaltungsfunktionen an die Gemeinden gehören Zuständigkeiten bei der Koordinierung von Wasser- und Abwasserinfrastrukturen oder auch die Planung und Konstruktion von Schulgebäuden.[1015] Aufgaben, welche der italienische Staat den Bürgermeister*innen delegierte sind hingegen die Führung des Melde- und Standesamts. Mit der Neuordnung der öffentlichen Körperschaften 2017 wurde in Südtirol die rechtliche Grundlage geschaffen, um künftig weitere Aufgaben an die Gemeinden zu übertragen, die

> *„lokal zuordenbar sind und vom Bürger vor Ort nachgefragt werden sowie jene, welche auf Ebene der Gemeinde am effizientesten organisiert werden können“.*[1016] Gemäß dieses Gesetzes, *„überträgt das Land den Gemeinden die Verwaltungsbefugnisse und die damit eventuell verbundenen öffentlichen Dienste, die keiner einheitlichen Ausübung auf Landesebene bedürfen und vereinbar mit der Größe der Gemeindegebiete sind.“*

Allerdings behält sich das Land bei allen übertragenen Aufgaben die Planungs-, Koordinierungs- und Aufsichtsbefugnisse vor.[1017] Mit der Verabschiedung des Gesetzes wurden den Gemeinden bereits erste Tätigkeiten übertragen, etwa jene

1013 Vgl. Just 2012, S. 77 ff.

1014 Art. 8, ASt.

1015 Vgl. Happacher und Terzer 2018, S. 211.

1016 Südtiroler Landtag, Sitzungs- und Wortprotokolle, Wortprotokoll der Landtagssitzung Nr. 123 vom 09.11.2017, Rede von Landesrat Arnold Schuler am 09.11.2017, https://www.landtag-bz.org/de/sitzungs-und-wortprotokolle, zuletzt geprüft am 06.04.2023.

1017 Art. 1 und Art. 8, Gesetz Nr. 181/2017. Zusätzlich hält das Gesetz fest, dass die Übertragung im Einvernehmen mit dem Rat der Gemeinden mit eigenem Landesgesetz erfolgt (Art. 4) und die Zuweisung von notwendigen finanziellen Ressourcen garantiert wird (Art. 5). Außerdem wird festgehalten (Art. 4.5), dass die Landesregierung im Hinblick auf die bereits übertragenen Befugnisse zusätzliche Befugnisse per Verordnung übertragen oder entscheiden kann, diese einheitlich auf der Ebene des Landes auszuüben.

der Finanzierung von Kindergärten oder die Schulausspeisung. Zudem wurden verwaltungspolizeiliche Aufgaben an die Bürgermeister*innen übertragen, u.a. die Bewilligungen für den Betrieb von Spielhallen sowie jene für die Abhaltung von öffentlichen Veranstaltungen.

Auch die österreichischen Gemeinden haben eine Vielzahl an Aufgaben zu leisten, wobei die Tätigkeitsbereiche von der allgemeinen Verwaltung zur öffentlichen Sicherheit und dem Unterrichtwesen bis hin zur Kultur, dem Straßenbau sowie der Wirtschaftsförderung reichen. Wie erwähnt, definieren die Bundesverfassung und die Tiroler Landesordnung einige Aufgaben des eigenen Wirkungsbereichs der Gemeinden explizit. Dazu gehören u.a. die Bestellung der Gemeindeorgane und die Beschäftigung der Gemeindebediensteten; die örtliche Sicherheits- und Straßenpolizei; die örtliche Gesundheitspolizei, insbesondere auf dem Gebiet des Hilfs- und Rettungswesens oder die örtliche Raumplanung. Zudem sind die Gemeinden im Bereich des Unterrichtswesens und Sport etwa für die Verwaltung der Schulen und die Kinderbetreuung zuständig, aber auch für die Verwaltung der Sportplätze und Turnhallen. Im Bereich Soziales geht es beispielsweise um die öffentliche Wohlfahrt, Maßnahmen der allgemeinen Sozialhilfe, die Führung von Altenheimen oder die Wohnbauförderung; im Bereich der Infrastrukturen sind die Gemeinden für die Straßen, die Förderung der Wasserversorgung und die Abwasserbeseitigung verantwortlich; im Bereich der Wirtschaftsförderung für die Förderung der Land- und Forstwirtschaft oder auch die Förderung von Handel, Gewerbe und Industrie durch Bildung, Beratung oder Notstandsmaßnahmen.[1018] Während alle Tätigkeiten im autonomen Wirkungsbereich von der Landes- oder Bundesgesetzgebung verschriftlicht werden müssen, gilt für die Ortspolizei eine Ausnahme (Art. 118.6, B-VG). So kann die Gemeinde ortspolizeiliche Verordnungen nach freier Selbstbestimmung erlassen, wobei sie nicht gegeben bestehende Gesetze verstoßen dürfen.[1019] Durch diese Besonderheit gilt die Zuständigkeit der ortspolizeilichen Verordnungen als eine Ausprägung eines „*quasi-gesetzgeberischen Akts*“, wenn sie auch durch das Verbot gegen existierende Gesetze zu handeln stark eingeschränkt ist.[1020]

Obwohl alle österreichischen Gemeinden dieselben Aufgaben zu erfüllen haben, weist eine Studie[1021] darauf hin, dass diese sich auch unterscheiden können. Demnach hängen die Aufgaben auch mit der Größe und regionsspezifischen Lage einer lokalen Gebietskörperschaft zusammen. Somit können lokale

---

1018 Vgl. Promberger et al. 2005, S. 61 ff.

1019 Vgl. Gamper 2008b, S. 78 f.

1020 Vgl. Eller 2020, S. 108.

1021 Vgl. Bröthaler et al. 2002, zit. von Prorok et al. 2013, S. 20 ff.

Aufgaben nach Basisaufgaben (Kernaufgaben aller Gemeinden), naturraumbezogene Aufgaben (etwa Natur- und Landschaftsschutz, Wildbachverbauung), ballungsraumspezifische Aufgaben (kommen auch den Bewohner*innen des Umlands zu Gute, etwa Einrichtungen der öffentlichen Ordnung, sozialen Wohlfahrt oder Gesundheit) sowie zentralörtliche Aufgaben (darunter fallen Aufgaben, die für das weitere Umland zur Verfügung stehen wie höhere Schulbildungseinrichtungen, Forschungs- oder Kultureinrichtungen) unterteilt werden. Die Tiroler Gemeinden erledigen viele Aufgaben auch in Zusammenarbeit mit dem Bund und dem Land. Als Beispiele können die Kindergärten, die Pflichtschule oder der Umweltschutz angeführt werden. Ähnlich wie in Südtirol sind die Gemeinden im Pflichtschulbereich beispielsweise für die Schulerhaltung, die Schulwarte oder den Schülertransport zuständig, während das Lehrpersonal vom Land und Bund gestellt und finanziert wird.[1022]

3.4.3 Messung der Variable „politischer Handlungsspielraum"

Unter den politischen Handlungsspielraum fallen drei Variablen: Der Umfang der politischen Aufgaben (*policy scope*) sowie der effektive politische Handlungsspielraum (*effective political discretion*), den eine Gemeind innehat. Letztere Variable setzt sich wiederum aus den Variablen *effective political discretion* sowie *institutional depth* zusammen. Unter den effektiven politischen Handlungsspielraum wird der tatsächliche Entscheidungseinfluss verstanden, den die lokale Politik auf ihre (eigenen oder übertragenen) Zuständigkeiten hat und ob die tatsächlichen Parameter gewisser Aspekte der Zuständigkeiten von der höher gelegenen Regierungsebene festgelegt werden. Beim Beispiel Bildung wäre das etwa, ob eine Gemeinde nur über die Schulgebäude oder auch über das Schulpersonal entscheiden darf.[1023] Bei der *institutionellen Verankerung* (*institutional depth*) geht es hingegen darum, in welchem Ausmaß lokale Körperschaften formal autonom sind bzw. inwiefern sie Aufgaben, die sie ausführen, selbst erwählen können oder diese festgesetzt werden. Sind die Gemeinden etwa dazu befugt, aus diversen Tätigkeiten (wenigen oder vielen) auszuwählen und dürfen sie etwaige neue Aufgaben selbst übernehmen, für welche keine andere Regierungsebene verantwortlich ist?[1024]

Um den tatsächlichen Umfang der politischen Aufgaben (*policy scope*) zu messen, untersuchen Ladner et al. acht relevante lokale Politikfelder. Auf dessen Basis wird bewertet, ob die Gemeinden an den rechtlichen/politischen Bestimmungen

1022 Vgl. Mitterer und Prorok 2020, S. 47 f.
1023 Vgl. Ladner et al. 2019, S. 90 ff.
1024 Vgl. Ladner et al. 2019, S. 86 ff.

zu diesen Dienstleistungen beteiligt sind oder nicht. Zur Auswahl stehen dabei die drei Kategorien a) gar nicht verantwortlich, b) teilweise verantwortlich oder c) vollkommen verantwortlich. Die von den Autoren untersuchten Bereiche sind Bildung (Primarschule), Sozialhilfe, Gesundheit (erste Hilfe), Raumordnung (Baubewilligungen, Raumplanung), Öffentlicher Transport (Dienstleistungen, nicht Straßenerhaltung), Wohnungswesen, Lokale Polizei sowie Pflege (z.B. Kindergarten, für Senioren oder für Menschen mit Beeinträchtigung).

Zusammengefasst kann festgestellt werden, dass bei der Variable ***policy scope*** alle drei Nationalstaaten im Mittelfeld liegen, wobei die Schweiz im Vergleich den höchsten Wert aufweist. In der Expertenumfrage 2020 erhielten Graubünden 2,67, Südtirol 1,87 und Tirol 1,77 von vier möglichen Punkten. Bezogen auf die acht Politikbereiche kann festgestellt werden, dass Graubünden im Vergleich zu den Nachbarländern über die höchste Autonomie verfügt, weil hier die Gemeinden für die meisten Politikbereiche selbstständig zuständig sind. In einigen der obgenannten Bereiche haben die Südtiroler Gemeinden hingegen keine Zuständigkeit und dementsprechend eine geringe bzw. eine Null-Bewertung durch die Experten erhalten: So sind sie zum Beispiel sind zwar für den Schulbau und die Erhaltung der Schulgebäude zuständig, nicht aber für die Bezahlung und Anstellung der Lehrpersonen. Dasselbe gilt für den Bereich Gesundheit, wo man für den Bau/die Erhaltung von Sanitätssprengeln verantwortlich ist, nicht aber für die Anstellung oder die Bezahlung von Hausärzten. Dasselbe gilt für das Land Tirol, dessen Expert*innen bei manchen Variablen, wie etwa der Anstellung der Lehrpersonen der sozialen Sicherheit, dem Bau von Krankenhäusern oder der Anstellung/Bezahlung der Ärzte ebenso keine bzw. eine geringe Bewertung der politischen Verantwortlichkeit ausgesprochen haben.

Dieselben acht Politikbereiche für den Umfang der lokalen Aufgaben wurden auch für die Untersuchung des politischen Handlungsspielraums hergenommen, also dafür, ob die lokalen Gebietskörperschaften einen bestimmten Aspekt eines Politikbereichs selbst ausführen oder von anderen Regierungsebenen abhängig sind (***effective policy discretion***). Als Kategorien standen bei dieser Bewertung die Möglichkeiten a) „keine verbindliche Entscheidungskraft", b) „ein wenig verbindliche Entscheidungskraft" sowie c) „echte verbindliche Entscheidungskraft" zur Auswahl.

Die Zuständigkeiten, die in den einzelnen Politikfeldern als Bewertungsvariablen zur Verfügung stehen, sind bei dieser Dimension andere als beim Umfang der Aufgaben. So geht es im Bereich der Primarschule etwa um die Bestimmung der Anzahl und Lage der Schulen auf einem Gemeindegebiet oder die Anstellung und Bezahlung von Lehrpersonen. Bei der Gesundheit betrifft die Bewertung hingegen den Bau oder die Instandhaltung von Gesundheitszentren oder die

Organisation von spezialisierten Kliniken. Bei dem Politikfeld der Raumordnung sind es die Ausstellung von Baugenehmigungen oder die Raumplanung. Die Analyse im europäischen Vergleich hat ergeben, dass die Autonomie der Gemeinden im Bereich der Raumplanung, bei der Verantwortung für Schulgebäude, beim Wohnungswesen, im öffentlichen lokalen Transport und auch im Fürsorgedienst am höchsten ist.[1025] Die Ergebnisse der drei Länder sind auch in diesem Bereich unterschiedlich. Beim LAI 2014 lagen die italienischen Regionen mit dem Wert 2 von 4 vor Tirol (1.67), Graubünden erhielt hingegen einen Wert von 3 von 4.[1026] Die Expertenumfrage 2020 bestätigte, dass die Gemeinden in Graubünden eine größere politische Autonomie als jene in Südtirol und Tirol genießen. Die Bündner Gemeinden erhielten beim effektiven politischen Anwendungsbereich einen Wert von 2,78, Südtirol hingegen 1,87 und Tirol 1,4. Für die österreichischen Länder wurde bereits 2014 festgestellt, dass die Gemeinden zwar effektiv in die politische Gestaltung von vielen Tätigkeiten involviert sind, deren tatsächlicher Einfluss durch die weitreichenden Vorgaben der Landes- und Bundesgesetzgebung aber limitiert ist.[1027]

Drittens ist noch auf die Variable der ***institutionellen Verankerung*** hinzuweisen, also dem Ausmaß inwieweit lokale Gebietskörperschaften von ihren eigenen Tätigkeiten etwas auswählen können. Hinsichtlich dieser Dimension stehen folgende Bewertungen zur Auswahl: Ob eine Gemeinde nur delegierte Tätigkeiten erfüllen kann (1); ob sie aus einer begrenzten Liste von vorgegebenen Tätigkeiten wählen kann (2); ob sie autonom ist und aus einer großen Anzahl von vorgegebenen Tätigkeiten wählen kann (3) oder aber ob die Gemeinden frei sind, jegliche neue Tätigkeit (residuale Kompetenz), die nicht auf andere Regierungsebenen entfällt, zu betätigen (4). Bei dieser Variable wurden die Länder Österreich (3) und die Schweiz (2.98) 2014 als europäische Spitzenreiter festgestellt, während Italien im Vergleich dazu nur Platz 17 erreichte (2 Punkte).[1028] Die Ergebnisse der subnationalen Ebene von 2014 offenbarten für alle drei Gebiete einen Wert von 3 von 4 Punkten. Auch in der Expertenumfrage 2020 erhielten alle drei Territorien einen Wert von über 2 und markieren somit eine hohe Autonomie, wobei die Experten zwischen 2 und 3 schwankten. Interessanterweise erhielt Tirol mit 2,8 den höchsten Wert, dicht gefolgt von Graubünden mit 2,67 und Südtirol mit 2,2. Die Experten weisen darauf hin, dass es bei der Bewertung auch darauf ankäme, was man unter einer „begrenzen Liste" an Tätigkeiten verstehe. Insbesondere die

---

1025 Vgl. Ladner et al. 2019, S. 108 ff., Dataset 2015a.

1026 Vgl. Ladner et al. 2019, S. 99.

1027 Vgl. Ladner et al. 2015b.

1028 Vgl. Ladner et al. 2019, S. 98.

österreichischen Expert*innen erklärten, dass die Bewertung nicht einfach wäre. Sie bestätigten, dass die formale Autonomie der Gemeinden sehr hoch sei, die faktische, aber mehr als bescheiden und im Zusammenhang mit der jeweiligen Finanzierung stehe. Ein Experte unterstreicht, dass die österreichische Bundesverfassung den Gemeinden einen autonomen Handlungsspielraum im Zusammenhang mit dem Subsidiaritätsprinzip garantiert und diverse Tätigkeiten aufzählt, wenn auch nicht erschöpfend. Nichtsdestotrotz können die Gemeinden nur autonom handeln, wenn ein Bundes- oder Landesgesetz deren Autonomie bestätigt. Auch die schweizerischen Kantone weisen eine hohe institutionelle Verankerung der Autonomie auf, vor allem vor dem Hintergrund, dass sie eine residuale Klausel in Bezug auf die Kompetenzverteilung genießen. Zentral ist in diesem Zusammenhang der Umstand, dass Gemeinden berechtigt sind neue Tätigkeiten, die ihnen nicht explizit zuerkannt wurden, zu übernehmen.[1029]

3.4.4 Zusammenfassung: Umfassender und breiter Gestaltungsraum

Den Gemeinden in Graubünden, Tirol und Südtirol ist gemeinsam, dass sie alle sowohl über eigene wie über übertragene Aufgaben und Befugnisse durch höher gelegene Regierungsebenen verfügen. Festgehalten sind ihre Aufgaben zum Teil in den nationalen Verfassungen (Italien, Österreich), im Spezifischen aber in anderen Rechtsquellen, wie der subnationalen Verfassung (Graubünden, Tirol) oder der subnationalen Gesetzgebung (Graubünden, Tirol, Südtirol). In keinem der drei Territorien ist vollständig aufgelistet, um welche Aufgaben sich die Gemeinden im Spezifischen zu kümmern haben. Dies geschieht nur zum Teil, was den Gemeinden theoretisch einen großen Handlungsspielraum ermöglicht.

Hervorzuheben ist, dass die Bündner Gemeinden über eine Art Generalklausel verfügen, so dass ihr spezifischer Aufgabenbereich durch die Kantonsverfassung kaum definiert ist, allerdings werden dort die gemeinsamen Aufgaben mit dem Kanton festgehalten. Hinzu kommt, dass sich die Gemeinden per kommunalem Beschluss Aufgaben selbst geben können.[1030] In Südtirol steht im Autonomiestatut kaum etwas zu den Aufgaben der Gemeinden, dies wird aber zum Teil im Kodex nachgeholt. Die italienische Verfassung legt eigentlich nur die allgemeinen Aufgaben der Gemeinden fest (etwa Verwaltungskompetenz und Satzungsgebung), nicht aber deren spezifischen Handlungsbereiche. Dies wird nur im Kodex und der Gesetzgebung erklärt, allerdings gibt es nicht eine einzige detaillierte Auflistung in einem Gesetz. Die Aufgaben der Gemeinden ergeben sich somit aus der

---

1029 Vgl. Ladner et al. 2015b.

1030 Botschaft der Regierung an den Grossen Rat 2017–2018, S. 217.

Gesamtheit der subnationalen sektoral bezogenen Gesetzgebung. In Tirol listet zwar bereits die österreichische Bundesverfassung die grundlegenden Aufgaben im eigenen Wirkungsbereich der Gemeinden (Art. 1187, B-VG) auf, nennt allerdings ebenso nicht alle lokalen Dienste im Detail.

Was den Umfang der Aufgaben betrifft, haben die Gemeinden in allen drei Territorien eine Vielzahl an Tätigkeiten zu leisten. Hinzu kommen Aufgabenbereiche, die ihnen explizit von höheren Regierungsebenen verpflichtend delegiert werden. Festzustellen ist, dass die Gemeinden auf eine Zusammenarbeit mit ihren jeweiligen Ländern angewiesen sind. Häufig ist es der Fall, dass sie Tätigkeiten gemeinsam mit dem Kanton, dem Land bzw. der Autonomen Provinz ausführen müssen bzw. innerhalb eines Bereichs nur für bestimmte Aspekte zuständig sind, so dass es zu Überlappungen kommt. Die lokalen Aufgabenbereiche zwischen den Territorien sind zum Großteil ähnlicher Natur, wobei die Gemeinden im Kanton Graubünden einige Zuständigkeiten haben, um die sich die Gemeinden in Tirol und Südtirol nicht kümmern müssen (z.B. Führung der Schule oder Gesundheit). Es kann festgestellt werden, dass die Gemeinden in allen drei Gebieten prinzipiell dieselben Aufgaben innehaben und es in der Aufgabenlast keine Unterschiede im Hinblick auf deren Größe oder Finanzkraft gibt (Ausnahmen betreffen nur Innsbruck und Bozen, die gleichzeitig auch Bezirkshauptstädte sind und zusätzliche Aufgaben übernehmen müssen).

Sowohl die Tiroler wie auch die Südtiroler und Bündner Gemeinden müssen sich um alle Bereiche kümmern, die von örtlichem Interesse sind (Tirol, Südtirol) und nicht von anderen Regierungsebenen geregelt werden (Graubünden). In der Praxis bedeutet dies die Verwaltung und Gestaltung von einer Vielzahl von Politikbereichen, von der Bildung und Kultur über den Sport bis hin zur Wirtschaft und der lokalen Polizei. Ein wichtiger Politikbereich, den alle Gemeinden in den drei Gebieten innehaben, ist die örtliche Raum- und Zonenplanung. Was den konkreten Handlungs- und Entscheidungsspielraum innerhalb ihrer Aufgaben betrifft, sind die Gemeinden ebenso relativ frei bzw. hängt es davon ab, ob es sich um eigene oder übertragene Aufgaben handelt. In Tirol kommt erschwerend hinzu, dass die Aufgaben des eigenen Wirkungsbereichs erst durch den Bundesstaat oder das Land als solche definiert werden müssen.[1031]

1031 Vgl. Eller 2020, S. 104 f.

3.5. Politische Organisation der Gemeinden

Ein weiteres Merkmal der Lokalautonomie ist, inwiefern Gemeinden darüber entscheiden dürfen, wie ihr politisches und administratives System ausgestaltet ist. So sind Ladner et al. der Meinung, dass eine bestimmte Freiheit im Bereich der politischen Organisation zu einer höheren Legitimität von politischen Entscheidungen auf lokaler Ebene beitrage.[1032] Bei der organisatorischen Autonomie beziehen sich die Autoren auf Artikel 3, 6 und 7 der Charta für lokale Selbstverwaltung. Italien hat alle drei dieser Artikel ratifiziert, während die Schweiz weder Artikel 6 noch 7 ratifiziert hat, Österreich bis auf Artikel 6.2 alle anderen. Artikel 3.2 der Charta – den alle drei Länder ratifiziert haben – besagt, dass die Regelung und Gestaltung von lokalen Angelegenheiten von gewählten Organen ausgeübt werden sollte:

> *„Dieses Recht wird von Räten oder Versammlungen ausgeübt, deren Mitglieder aus freien, geheimen, gleichen, unmittelbaren und allgemeinen Wahlen hervorgegangen sind und die über Exekutivorgane verfügen können, die ihnen gegenüber verantwortlich sind. Der Rückgriff auf Bürgerversammlungen, Volksabstimmungen oder jede sonstige Form unmittelbarer Beteiligung der Bürger, sofern dies gesetzlich zulässig ist, wird dadurch nicht berührt."*[1033]

Artikel 6 nimmt Bezug auf angemessene Verwaltungsstruktur und die innergemeindliche Ausstattung der Gebietskörperschaften: *„Unbeschadet allgemeinerer gesetzlicher Bestimmungen müssen die kommunalen Gebietskörperschaften in der Lage sein, ihre internen Verwaltungsstrukturen selbst zu bestimmen (...)."* Sowie: *„Die Beschäftigungsbedingungen für die Bediensteten der kommunalen Gebietskörperschaften müssen die Gewinnung von qualifiziertem Personal auf der Grundlage von Leistung und Befähigung ermöglichen; zu diesem Zweck sind angemessene Ausbildungsmöglichkeiten Bezahlungs- und Laufbahnbedingungen vorzusehen."*[1034]

Zuletzt nimmt Artikel 7 auf die notwendige Entschädigung der lokalen politischen Vertreter*innen Bezug: *„Die Rechtstellung der gewählten Kommunalvertreter muss die freie Ausübung ihres Amtes gewährleisten. Sie muss eine angemessene Entschädigung für Kosten, die durch die Amtsausübung entstehen, und gegebenenfalls eine Entschädigung für Verdienstausfälle oder ein Entgelt für geleistete Arbeit mit entsprechender sozialer Sicherung ermöglichen."*[1035] Bei der politisch-administrativen Organisation einer Gemeinde unterscheiden Ladner et al. das politische

1032 Vgl. Ladner et al. 2016b, S. 151–173.

1033 Art. 3(2), Charta.

1034 Art. 6(1) und (2), Charta.

1035 Art. 7(1) und (2), Charta.

System sowie die Verwaltung einer Gemeinde. Die Autoren definieren beide Aspekte als wichtige Wegweiser für die lokale organisatorische Autonomie, wobei es in erster Linie nicht darum geht, wie ein lokales Regierungssystem ausgestaltet ist, sondern welche Aspekte davon eine Gemeinde selbst definieren darf bzw. ihre Bürger*innen selbst wählen können.[1036] Unter das politische System werden folgende Elemente gefasst: Die Struktur der lokalen Gebietskörperschaft, das lokale Wahlsystem sowie die Kompetenzen der politischen Organe.

3.5.1 Politische Organe

Die Grundlagen, Wahl und Zuständigkeiten der politischen Organe sind für Südtirol nur im Kodex festgelegt, für Tirol hingegen in mehreren Rechtsquellen: In der Bundesverfassung (Art. 116, 118), der Tiroler Gemeindeordnung sowie der Gemeindewahlordnung (TGWO),[1037] die bereits 17-mal abgeändert wurde.[1038] Für Graubünden kann hingegen zum einen das kantonale Gemeindegesetz herangezogen werden, vor allem aber sind die einzelnen Verfassungen der Gemeinden relevant.

Schon bei der Begrifflichkeit der politischen Organe gibt es zwischen den drei Territorien Unterschiede, wobei alle über ein versammelndes Entscheidungsorgan, ein Exekutivorgan sowie ein politisches Oberhaupt verfügen – wenn auch mit unterschiedlichen Zuständigkeiten. Eine klare Unterscheidung zwischen den Organen ist für die Vergleichbarkeit notwendig, insbesondere weil die jeweiligen Begrifflichkeiten in den Gebieten zum Teil ähnlich sind, aber für unterschiedliche Organe verwendet werden. Wie der Europarat definiert, sollte es sich beim versammelnden politischen Organ um das primäre Entscheidungsorgan einer Gemeinde handeln, welches die Bürger*innen repräsentiert und für die wichtigsten Entscheidungen verantwortlich ist, wie die strategischen Ziele, die Verabschiedung des Haushalts oder die Raumplanung. Demgegenüber führt das Exekutivorgan die täglichen „Regierungsgeschäfte“ sowie die Entscheidungen der Versammlung aus und sollte dem Versammlungsorgan Rechenschaft schuldig sein, wie es auch Artikel 3.2 der Charta definiert.[1039]

Während sich die politischen Organe in Tirol und Südtirol stark ähneln, unterscheidet sich Graubünden aufgrund des in der Schweiz verbreitenden Milizsystems bzw. seiner ausgeprägten direkten Demokratie beträchtlich. Ein weiterer

1036 Vgl. Ladner et al. 2019, S. 155 ff.
1037 Tiroler Gemeindewahlordnung, TGWO 1994 vom 07.07.1994.
1038 Stand: Januar 2020.
1039 Vgl. Council of Europe 2002.

Unterschied sind die umfangreichen autonomen Befugnisse, welche die Bündner Gemeinden im Bereich der politischen Organisation innehaben. So hat der Kanton die Entscheidungen über einen Großteil der Organisationsstruktur direkt an seine Gemeinden abgeben: Das kantonale Gemeindegesetz legt fest (Art. 9), dass den Gemeinden *„im Rahmen des übergeordneten Rechts"* die Organisationsfreiheit zusteht. Hingegen sind die Kernelemente der politischen Organe in Südtirol, wie die Anzahl der Mitglieder, deren Wahlmodus oder Kompetenzen, von den regional festgesetzten Richtlinien abhängig (die meist den nationalen Bestimmungen ähneln). Demgegenüber sind die Gemeinden des Landes Tirol zum Großteil sogar von den Regelungen des B-VG definiert (z.B. Organe der Gemeinde, deren Wahlsystem und Kompetenzen).[1040]

Im Zentrum der Lokalpolitik steht in allen drei Gebieten eine politische Versammlung als primäres Entscheidungsorgan. Die politischen Organe, über welche alle italienischen Gemeinde verfügen, sind:[1041] Der Gemeinderat (politisch-administratives Leitungs- und Kontrollorgan), der Gemeindeausschuss (ausführendes exekutives Organ mit Referent*innen von Sachbereichen) sowie der*die Bürgermeister*in (direkt gewählte oberste politische Verantwortlichkeit). Einen ähnlichen Aufbau haben die Tiroler Gemeinden. Die österreichische Bundesverfassung (Art. 117) und die Tiroler Gemeindeordnung (§ 21) definieren, dass jede Gemeinde über die Organe eines von den Wahlberechtigten gewählten Gemeinderats, Gemeindevorstand bzw. Stadtrats und eine*n Bürgermeister*in verfügen muss. Wie in Südtirol, wird für die Stadtgemeinden das Exekutivorgan „Stadtrat" anstatt Gemeindevorstand bzw. Gemeindeausschuss genutzt. Zudem ist laut TGO noch ein Ausschuss für wirtschaftliche Unternehmen und Betriebe mit marktbestimmter Tätigkeit notwendig (§ 21, TGO), was es in Südtirol hingegen nicht gibt.

Im Gegensatz zu Tirol und Südtirol, haben die Gemeinden in Graubünden einen beträchtlichen Spielraum, welche politischen Organe sie einsetzen. Die kantonale Verfassung legt die obligatorischen Organe der Gemeinden allerdings ebenso fest (Art. 66, KV). Diese sind: a) die Gesamtheit der Stimmberechtigten, welche ihre politischen Rechte in der Gemeindeversammlung oder an der Urne ausüben; b) der Gemeindevorstand, der als Exekutive fungiert sowie c) weitere Behörden nach Massgabe der Gesetzgebung. Seit 2017 bestehen die obligatorischen Gemeindeorgane aus der Gesamtheit der Stimmberechtigten, dem Gemeindevorstand und der Geschäftsprüfungskommission (Art. 10, GG). Das GG hält

---

1040 Vgl. Kodex, II. Titel: Politische Organe der Gemeinde.
1041 Kodex.

allerdings auch fest, dass die kantonale Spezialgesetzgebung und die Gemeinden zusätzliche Gemeindeorgane vorsehen können.

Während die politische Versammlung in Südtirol und in Tirol also aus dem von allen Wahlberechtigten direkt gewähltem „Gemeinderat" besteht, wird das oberste politische Organ der Bündner Gemeinden aus allen Stimmberechtigten gebildet (Art. 66, KV; Art. 13, GG). Einige Gemeinden in Graubünden verfügen über eine eigene Gemeindeversammlung, andere kennen hingegen nur die Urnenabstimmung. Jede Bündner Gemeinde hat zudem das Recht die Gemeindeversammlung durch ein zusätzliches Organ – das Gemeindeparlament – zu ersetzen oder zu ergänzen (Art. 66, KV).[1042] Ein solches Gemeindeparlament agiert dann ähnlich den Tiroler und Südtiroler Gemeinderäten. Dieses Parlament existiert nur in einer Minderheit der Bündner Gemeinden, denn mehr als die Hälfte (57 von 105, entspricht fast 60 %) regieren nur über eine Gemeindeversammlung und verfügen somit über keine weiteren (professionellen) Versammlungsorgane. In 31 Gemeinden obliegen sogar einige Aufgaben allein der Urnenabstimmung durch die Einwohner*innen, in sechs Gemeinden gibt es hingegen eine Gemeindeversammlung, ein Parlament und die Urnenabstimmung. Demgegenüber gibt es in elf Gemeinden keine Gemeindeversammlung, sondern nur ein Gemeindeparlament, welches von der Urnenabstimmung flankiert wird.[1043] Zusätzlich zu diesen im Gemeindegesetz festgehaltenen Organen gibt es laut Crameri noch ein weiteres Organ, welches als obligatorisch für Graubünden zu nennen ist, auch wenn es im Gemeindegesetz nicht explizit erwähnt ist. Dies ist der Schulrat, den – laut Schulgesetz – jede Gemeinde, die Träger einer Volksschule ist, verpflichtend wählen muss.[1044]

Das Exekutivorgan in den Tiroler und Südtiroler Gemeinden besteht aus den Bürgermeister*innen, deren Stellvertretung sowie einer bestimmten Anzahl von weiteren Mitgliedern. Für die Zusammensetzung der politischen Organe des Gemeinderats und Gemeindeausschuss/Gemeindevorstand sind sowohl in Tirol wie auch in Südtirol die Einwohner*innenzahl einer Gemeinde entscheidend, wofür das Ergebnis der jeweils letzten amtlichen Volkszählung herangezogen wird. In Südtirol setzt sich der Gemeinderat, inklusive Bürgermeister*innen, aus

---

1042 Gemeinden mit einer Gemeindeversammlung werden Gemeinden mit ordentlicher Behördenorganisation genannt, Gemeinden mit einem kommunalen Parlament werden hingegen als Gemeinden mit ausserordentlicher Behördenorganisation bezeichnet. Vgl. Crameri 2019, S. 225.

1043 Stand: Januar 2020, Kanton Graubünden, Amt für Gemeinden 2020, S. 11.

1044 Vgl. Crameri 2019, S. 226; Schulgesetz BR 421.000, Art. 92.

mindestens 12 bis maximal 45 Personen zusammen.[1045] In Tirol ist die Anzahl der Räte deutlich kleiner und beträgt zwischen neun und 21.[1046] Der Südtiroler Gemeindeausschuss hat – neben den Bürgermeister*innen – eine Anzahl von drei bis sieben Mitglieder,[1047] kann nach Bedarf allerdings um eine Person aufgestockt werden. Anders als in Südtirol, wo jede Gemeinde über eine*n Vize-Bürgermeister*in verfügen muss, darf in Tirol jede Gemeinde selbst festlegen, wie viele Mitglieder das Exekutivorgan haben soll, wobei die Anzahl aber nicht mehr als ein Viertel der Anzahl der Gemeinderatsmitglieder betragen darf (§ 21.4). Die Anzahl ist somit wiederum kleiner als in Südtirol: In Gemeinden mit bis zu 200 Einwohner*innen dürfen höchstens zwei und in Gemeinden mit mehr als 10.000 Einwohner*innen maximal fünf Mitglieder in den Vorstand gewählt werden. Die Hauptstadt Innsbruck unterscheidet sich in Bezug auf seine Gemeindeorgane von den übrigen Gemeinden: Die Organe der Stadt sind laut dem Stadtrecht nämlich ein Gemeinderat, ein Stadtsenat, ein*e Bürgermeister*in sowie ein Stadtmagistrat.[1048]

In Tirol gibt es in den Gemeinden mit bis zu 1.000 Einwohner*innen auch eine Stellvertretung für die Bürgermeister*innen, in Gemeinden zwischen 1.000 und 5.000 Einwohner*innen können vom Gemeinderat auch zwei Stellvertretungen gewählt werden, in Gemeinden mit über 5.000 Einwohner*innen müssen sogar zwei Stellvertretungen gewählt werden.[1049] In Graubünden unterliegen die Gemeinden bei der Zusammensetzung ihrer politischen Organe keinen Einschränkungen hinsichtlich ihrer Einwohner*innenanzahl, doch die politische

---

1045 Art. 44, Abs. 2, Kodex. 45 Mitglieder in den Gemeinden mit mehr als 100.000 Einwohner*innen oder in der Landeshauptstadt; b) 36 Mitglieder in den Gemeinden mit mehr als 30.000 Einwohner*innen; 27 Mitglieder in den Gemeinden mit mehr als 10.000 Einwohner*innen d) 18 Mitgliedern in den Gemeinden mit mehr als 3.000 Einwohner*innen; e) 15 Mitglieder in den Gemeinden mit mehr als 1.000 Einwohner*innen; f) 12 Mitglieder in den Gemeinden bis zu 1.000 Einwohner*innen und aus allen wählbaren Bürger*innen, wenn ihre Anzahl unter der oben festgesetzten liegt.

1046 § 22, TGO: „Der Gemeinderat besteht in den Gemeinden mit a) höchstens 200 Einwohnern aus 9, b) 201 bis 1.000 Einwohnern aus 11, c) 1.001 bis 2.000 Einwohnern aus 13, d) 2.001 bis 4.000 Einwohnern aus 15, e) 4.001 bis 6.000 Einwohnern aus 17, f) 6.001 bis 10.000 Einwohnern aus 19 und g) mehr als 10.000 Einwohnern aus 21 Mitgliedern.“

1047 Art. 54, Kodex.

1048 Die Wahlen finden auch zu unterschiedlichen Zeitpunkten statt, so war die letzte Gemeinderatswahl in Innsbruck im April 2018, die nächste wird 2024 sein.

1049 § 23, Abs. 3, TGO.

Organisationsstruktur in der gesamten Schweiz hängt meist von dieser ab.[1050] Dennoch kann jede Gemeinde in ihrer Verfassung selbst definieren, wie viele Mitglieder ein Gemeindeparlament hat und für welche Zuständigkeiten dieses verantwortlich ist (Art. 23, GG). Dasselbe gilt für die Zusammensetzung des jeweiligen Gemeindevorstandes, allerdings gibt es hier auf kantonaler Ebene Minimalangaben. Demnach muss der Vorstand aus mindestens drei Mitgliedern bestehen (Art. 36.1, GG). Die meisten Gemeindevorstände bestehen aus fünf Mitgliedern (85 von 105 Gemeinden), einige Gemeinden haben einen Vorstand aus sieben, nur zwei Gemeinden einen aus neun Mitgliedern (Brusio und Lumnezia).[1051]

3.5.2 Lokales Wahlsystem

Das Wahlsystem ist für jedes politische System zentral, weil es die abgegebenen Stimmen in politische Mandate umwandelt und somit bestimmte Aspekte, etwa kleine Gruppierungen, bevorzugen kann oder nicht.[1052] Vom jeweiligen Wahlsystem ist auch die Position der Bürgermeister*innen innerhalb des politischen Systems und deren Macht- und Entscheidungsstrukturen ableitbar. In Bezug auf ihr Wahlsystem sind für die Gemeinden von Tirol und Südtirol wiederum mehrere Ähnlichkeiten feststellbar, während sich der Kanton Graubünden differenziert. Dies liegt vor allem daran, dass die Gemeinden in Tirol und Südtirol alle demselben Wahlsystem unterliegen, während es in Graubünden aufgrund der Autonomie zu beträchtlichen Unterschieden zwischen den Gemeinden kommt.

Die letzten Kommunalwahlen fanden in Südtirol 2020 statt, in Tirol in den meisten Gemeinden 2022. Für Graubünden gibt es keinen einheitlichen Wahltermin, da die kommunalen Wahlen von den jeweiligen Gemeindeverfassungen definiert werden.[1053] Die Amtsperiode in Südtirol liegt bei fünf, in Tirol bei sechs und in Graubünden in der Regel zwischen zwei und vier Jahren, doch auch hier kennt Graubünden keine einheitliche Amtsperiode, da diese von jeder Gemeinde selbst statuiert wird. Ein Unterschied zwischen den drei Wahlsystemen ist außerdem das aktive Wahlrecht. Während in Südtirol und Graubünden die Gemeindeorgane von Bürger*innen ab dem 18. Lebensjahr gewählt werden, wurde das

1050 So stellen Linder und Müller fest, dass große Gemeinden meist eine „halbdirekte" Demokratie praktizieren und die Legislative von einem Gemeindeparlament und der Volkswahl ausgeführt wird, während kleine Gemeinden nur über die Versammlungsdemokratie verfügen. Vgl. Linder und Mueller 2017, S. 197.

1051 Vgl. Botschaft der Regierung an den Grossen Rat 2018–2019, S. 207.

1052 Vgl. Nohlen 2009.

1053 Vgl. Ladner 2011, S. 6.

Wahlalter in Österreich für alle Regierungsebenen auf 16 herabgesetzt. Zudem ist in Tirol bei den Gemeinderatswahlen die Briefwahl[1054] möglich, in Südtirol wurde dies hingegen noch nicht eingeführt, in Graubünden wird es lokal geregelt. Dafür gilt in Südtirol per Autonomiestatut eine Ansässigkeitsklausel von vier Jahren.[1055] Die Bündner Gemeinden dürfen selbst darüber bestimmen, ob und unter welchen Bedingungen das Stimm- und Wahlrecht an Ausländer*innen vergeben wird (Art. 13, GG).

Die Bürgermeister*innen sind Dreh- und Angelpunkt der politischen Gemeinden in allen Territorien. Ausdruck dieser starken Position und Legitimation ist, dass das politische Oberhaupt direkt gewählt wird.[1056] Die Bürgermeister*innen bleiben, angelehnt an den Gemeinderat, in Südtirol fünf und in Tirol sechs Jahre im Amt. In Graubünden trägt das politische Oberhaupt üblicherweise den Titel des Gemeindepräsidenten.[1057] Auch hier ist die Amtsperiode unterschiedlich, weil die Organe in der jeweiligen Gemeindeverfassung festgelegt werden. So bestimmt eine Gemeinde nicht nur die Dauer der Amtsperiode und das Wahlsystem der Organe selbst, sondern auch die Mitgliederzahl und die Befugnisse des Gemeindeparlaments (Art. 23, GG). Der Gemeindevorstand wird in Graubünden von allen Stimmberechtigten gewählt, unabhängig davon, ob die Gemeinde über ein Parlament verfügt oder nicht. Meistens werden die Gemeindevorstände nach dem Mehrheitswahlsystem gewählt.[1058] In jedem Fall legt das Kantonsgesetz fest, dass jede*r Stimmberechtigte in eine Gemeindebehörde gewählt werden kann. In den Vorstand können allerdings nur jene gewählt werden, die zum Zeitpunkt der Wahlen ihren Wohnsitz in der entsprechenden Gemeinde haben (Art. 25, GG).

In Südtirol werden die Gemeinderäte nach dem Verhältniswahlsystem gewählt, wobei sich das Wahlsystem zwischen Gemeinden mit mehr oder weniger als 15.000 Einwohner*innen unterscheidet, sodass für die fünf Gemeinden mit

---

1054 § 54a TGWO.

1055 Dies bedeutet, dass nur Bürger*innen, die seit vier Jahren ununterbrochen in der Region Trentino-Südtirol leben, dazu berechtigt sind, an der Wahl teilzunehmen (Art. 25, ASt.).

1056 Vgl. Ladner 2011, S. 10.

1057 Es gibt in den italienischen Gemeinden auch noch die Bezeichnungen des *Sindaco* oder *Podestá*.

1058 Vgl. Crameri 2019, S. 248.

mehr als 15.000 Einwohner*innen andere Regeln gelten.[1059] Seit 1993, damals eine große Innovation,[1060] werden die Bürgermeister*innen in allen italienischen Gemeinden direkt nach dem Mehrheitswahlrecht gewählt – so auch in beiden autonomen Provinzen. In allen Gemeinden besteht die Möglichkeit, bis zu vier Vorzugsstimmen für den Gemeinderat abzugeben, in Tirol sind es hingegen ein bis zwei Vorzugsstimmen (§ 49, TGWO).

In den Südtiroler Gemeinden mit über 15.000 Einwohner*innen kann es zu einem zweiten Wahlgang kommen (Stichwahl), sollte kein*e Bürgermeisterkandidat*in im ersten Wahlgang die absolute Mehrheit der Stimmen erreichen. Für die Hauptstadt Bozen gibt es seit 2016 eine besondere Regelung: Da nach einer Regierungskrise die Schuld hauptsächlich der Unregierbarkeit aufgrund der hohen Parteienzersplitterung gegeben wurde, führte der Regionalrat 2016 ein Wahlgesetz mit Sperrklauseln von drei Prozent für Parteien und sieben Prozent für Koalitionen ein.[1061] In Bezug auf das Wahlrecht der Gemeinderäte und der Bürgermeister*innen ähnelt Tirol dem Südtiroler Wahlsystem: Auch hier werden Gemeinderat und Bürgermeister*innen gleichzeitig gewählt,[1062] die Wähler*innen erhalten – wie in den Südtiroler Gemeinden mit weniger als 15.000 Einwohner*innen – zwei Stimmzettel und können auch verschiedene Parteien wählen. Ähnlich wie in Südtirol kann es somit zu der Situation kommen, dass die Liste der gewählten Bürgermeister*innen nicht über die Mehrheit im Gemeinderat verfügt.[1063] Das österreichische B-VG sieht vor, dass die Bürgermeister*innen von den Gemeinderäten gewählt werden, allerdings kann ein Land auch eine Direktwahl beschließen (Art. 117, Abs. 6). Diese Regelung praktiziert das Land Tirol seit 1991 (in Innsbruck erst seit 2012). Während für den Gemeinderat das Verhältniswahlrecht zur Anwendung kommt, werden die

---

1059 Bozen, Brixen, Bruneck, Leifers, Meran, siehe: Art. 267–273, Kodex. In Gemeinden bis zu 15.000 Einwohner*innen wird mit zwei Stimmzetteln abgestimmt, einer für die Kandidatur der Bürgermeister*innen, der andere für die Liste des Gemeinderats. Da es in Südtirol keine Mehrheitsprämie gibt, kommt es mancherorts zur Situation, dass die stärkste Partei im Gemeinderat nicht der politischen Gruppierung des*der gewählten Bürgermeister*in entspricht. In Gemeinden mit über 15.000 Einwohner*innen wird stattdessen nur mit einem einzigen Stimmzettel abgestimmt sowohl für die Bürgermeister*innen und die Liste des Gemeinderats, die miteinander in einer Koalition verbunden sein müssen.

1060 Gesetz Nr. 81/1993; vgl. Magnier und Navarro-Yanez 2010.

1061 Vgl. Klotz und Liberto 2016, RG Nr. 1/2016.

1062 § 1, TGWO: „Die Wahl des Gemeinderates und die Wahl des Bürgermeisters sind gleichzeitig durchzuführen, soweit sich aus den §§ 45 Abs. 8, 70 Abs. 4, 71 Abs. 5 und 73 Abs. 4 nichts anderes ergibt."

1063 Vgl. Karlhofer 2016a, S. 139 f.

Bürgermeister*innen per Mehrheitswahlrecht gewählt – eine weitere Parallele zu Südtirol.[1064]

Als Bürgermeister*innen in Tirol ist nur jene Person gewählt, auf deren Liste mindestsens ein Mandat zum Gemeinderat entfällt und der*die mehr als die Hälfte der abgegebenen gültigen Stimmen erreicht (§ 70, TGWO). Sollte ein*e Kandidat*in mehr Stimmen erhalten, doch es fällt kein Mandat im Gemeinderat auf ihn*sie, so wird die andere Kandidat*in mit weniger Stimmen gewählt (§ 70.3, TGWO). Sollte kein*e Kandidat*in mindestens 50 Prozent erhalten, findet eine Stichwahl („engere Wahl") statt. Erhält keine Wählergruppe der Bürgermeister*innen ein Mandat, so wird diese*r aus der Mitte des neugewählten Gemeinderats gewählt (§ 70, Abs. 4, TGWO). Dieses Wahlrecht gilt für alle 279 Gemeinden außer der Hauptstadt Innsbruck, für die auch beim Wahlsystem eigenen Regelungen gelten (Innsbrucker Wahlordnung 2011, IWO). Demnach wird der Gemeinderat von Innsbruck per Verhältniswahl, die Bürgermeister*innen hingegen per Mehrheitswahl gewählt. Zusätzlich zu mehr als die Hälfte der abgegebenen gültigen Stimmen, muss die Wählergruppe des*der Bürgermeister*in auch Anspruch auf mindestens eine Stelle im Stadtsenat haben (§ 77.1, IWO).

Der Südtiroler Gemeindeausschuss wird nicht direkt von den Bürger*innen gewählt, sondern von den Bürgermeister*innen vorgeschlagen und muss im Anschluss vom Gemeinderat, gemäß dem in der jeweiligen Satzung festgelegtem Wahlmodus, gewählt werden. Dem Gemeindeausschuss gehören meistens Mitglieder des Gemeinderats an, diesem können aber auch externe Personen angehören, wobei auch diese sich der Wahl durch den Gemeinderat stellen müssen. Zudem verfügen die externen Personen bei Sitzungen des Gemeinderates über kein Stimmrecht (Art. 54.3, Kodex). Die Vize-Bürgermeister*innen werden von den Bürgermeister*innen unter den Mitgliedern des Ausschusses ausgewählt. Wie die Landesregierung im Landtag müssen auch die Organe der Südtiroler Gemeinden auf den ethnischen Proporz Rücksicht nehmen. So gibt es in Bezug auf die Bildung der Gemeindeausschüsse und die Wahl der Vize-Bürgermeister*innen besondere Regelungen, weil diese die Vertretung der

1064 TGWO, „Der Bürgermeister wird außer in den Fällen der §§ 45 Abs. 8, 70 Abs. 4, 71 Abs. 5 und 73 Abs. 4 von der Gesamtheit der Wahlberechtigten der Gemeinde aufgrund des gleichen, unmittelbaren, freien, geheimen und persönlichen Mehrheitswahlrechtes gewählt."

Sprachgruppen im Gemeinderat respektieren müssen.[1065] Während der Gemeindeausschuss in Südtirol also je nach politischen Mehrheitsverhältnissen, ideologischer Ausrichtung sowie Sprachgruppenzugehörigkeit vorgeschlagen wird, sieht die Tiroler Wahlordnung vor, dass alle Gemeinderatsparteien nach Maßgabe ihrer Stärke Anspruch auf die Vertretung im Gemeindevorstand haben. Somit hat der Tiroler Gemeindevorstand eher die Funktion eines „Kollegialorgans", wie es auch im Kanton Graubünden praktiziert wird.[1066]

Die jeweiligen Vorstandsmitglieder in Tirol werden von den Gemeinderatsparteien namhaft gemacht, die im Verhältnis zu ihrer Stimmenstärke Anspruch auf ein Mitglied haben. Findet keine Namhaftmachung statt, werden die Mitglieder des Vorstandes vom Gemeinderat aus den Reihen der anspruchsberechtigten Parteien mit einfacher Mehrheit gewählt (§ 74, § 79, TGWO). Eine weitere Besonderheit der Tiroler Wahlordnung ist das so genannte Listenkoppeln. Gemäß § 37 der TWGO können Wählergruppen ihre Wahlvorschläge koppeln, es handelt sich hierbei um eine Art Vorab-Koalition, die auch in Südtirol in den Gemeinden mit über 15.000 Einwohner*innen praktiziert wird. In der Praxis bedeutet dies, dass sich die Listen vorab zusammentun, wobei es sich trotzdem um unterschiedliche Parteien handelt.

1065 Wie auch in Art. 61, Abs. 2 des Autonomiestatuts sowie in Art. 54, Abs. 7 und 8, des Kodex festgehalten sind in den Gemeinden der Provinz Bozen bei der Besetzung des Gemeindeausschusses sowie der Vizebürgermeister*innen die Regelungen bezüglich der Stärke Sprachgruppen zu beachten. Jede Sprachgruppe hat das Recht im Ausschuss vertreten zu sein, sofern mindestens zwei Mitglieder dieser Sprachgruppe im Gemeinderat vertreten sind. Zudem muss der*die Vizebürgermeister*in in den Gemeinden mit über 13.000 Einwohner*innen, sofern im Gemeinderat mehrere Sprachgruppen vertreten sind, einer anderen Sprachgruppe angehören als die Bürgermeister*innen. Siehe: Art. 54, Abs. 7 und 8, Kodex.

1066 § 74, TGWO.

Tabelle 28: Lokale Wahlsysteme

	Kanton Graubünden	Land Südtirol	Land Tirol
Letzte Gemeinderats- und Bürgermeisterwahl	Kein einheitlicher Wahltermin	September 2020	Februar 2022 (Innsbruck: 2018)
Anzahl Sitze im Gemeinderat/ Gemeindeparlament	Nicht festgelegt, Legislative besteht aus der Gesamtheit der Stimmberechtigten, es kann auch ein Gemeindeparlament eingerichtet werden	Von 12 bis 45 (Bozen: 45)	Von 9 bis 21 (Innsbruck: 40)
Wahl des Gemeinderates/ Gemeindeparlaments	Direktwahl, falls Gemeindeparlament vorhanden	Direktwahl in allen 116 Gemeinden (in jenen über 15.000 Einwohner*innen mit einer Koalition, in jenen darunter ohne Koalition)	Direktwahl in allen 279 Gemeinden
Wahlsystem Bürgermeister*innen/ Gemeindepräsidenten	Nicht festgelegt, meist Direktwahl durch Stimmvolk	Mehrheitswahl durch Bürger*innen (Stichwahl in Gemeinden über 15.000 Einwohner*innen sollte niemand über 50 Prozent der Stimmen erhalten)	Mehrheitswahl durch Bürger*innen (Stichwahl sollte niemand über 50 Prozent der Stimmen erhalten)
Wahlsystem Gemeinderat/ Gemeindeparlament	Legislative besteht aus der Gesamtheit der Stimmberechtigten, Wahlsystem des Gemeindeparlaments wird in Gemeindeverfassungen festgelegt	Verhältniswahl	Verhältniswahl
Amtsperiode	Nicht festgelegt, wird von der Gemeinde festgesetzt	Fünf Jahre	Sechs Jahre

Quelle: Eigene Erstellung

3.5.3 Aufgaben der politischen Organe

Die Gemeinderäte in Tirol haben diverse Aufgaben. Sie entscheiden über alle Angelegenheiten von grundsätzlicher Bedeutung und überwachen die Geschäftsführung der anderen Gemeindeorgane. Sie erlassen Verordnungen, entscheiden über den Abschluss über die Vereinigung zu einer neuen Gemeinde und über die Gemeindegrenzen, die nachträgliche Genehmigung von dringenden Verfügungen der Bürgermeister*innen, den Dienstpostenplan und den Stellenplan der Gemeindebediensteten, die Begründung oder Beendigung von Dienstverhältnissen über sechs Monate, die Einleitung einer Volksbefragung, den Erwerb, die Veräußerung und die Belastung von Liegenschaften, die Errichtung von wirtschaftlichen Unternehmen, die Festsetzung des Voranschlages und die Genehmigung des Rechnungsabschlusses oder die Bildung eines Gemeindeverbandes.[1067] Demgegenüber hat der Gemeindevorstand die Kompetenz, alle der Beschlussfassung durch den Gemeinderat unterliegenden Angelegenheiten, zu beraten und Anträge zu stellen.[1068]

Die Bürgermeister*innen führen hingegen die Amtsgeschäfte, vollziehen die Beschlüsse des Vorstandes und des Rates, repräsentieren die Gemeinden nach außen und können Bescheide im eigenen oder übertragenen Wirkungsbereich der Gemeinde erlassen. Sie führen auch die Sitzungen des Gemeinderats und des Gemeindevorstands. Zudem obliegen ihnen die Entscheidungen in allen Angelegenheiten, die nicht anderen Gemeindeorganen übertragen wurden. Die Bürgermeister*innen können Aufgaben auch an Mitglieder des Gemeinderates zur Vorbereitung übertragen und diese sind ihnen dann weisungsgebunden. Zudem dürfen sie gemäß TGO in dringenden Fällen Angelegenheiten allein entscheiden und den zuständigen Organen nachträglich vorlegen und haben Befugnisse in Notstandsfällen.[1069] Die Bürgermeister*innen sind gemäß TGO (§ 56) für die Angelegenheiten des eigenen Wirkungsbereichs dem Gemeinderat, für die Angelegenheiten des übertragen Wirkungsbereich hingegen der Tiroler Landesregierung verantwortlich. Diese kann den Bürgermeister*innen bei fahrlässiger Handlung oder Verletzung einer Verordnung das Amt entziehen. Die Bürgermeister*innen stehen auch dem obersten Amt einer jeden Tiroler Gemeinde vor (Gemeindeamt). Hierbei obliegen ihnen die personelle

---

1067 § 30, TGO.
1068 § 31, TGO.
1069 § 50–56, TGO.

und sachliche Ausstattung des Amts, die Verfügung über die Verwendung der Gemeindebediensteten und das Weisungsrecht gegenüber diesen.[1070]

Wie in Tirol haben auch die Gemeinderäte in Südtirol eine Vielzahl von Aufgaben. Unter anderem sind sie zuständig für Beschlüsse über die Satzung, Sonderbetriebe und Gesellschaften mit Mehrheitsbeteiligung der Gemeinde, die Verordnungen, die Ordnung der Ämter und Dienste, die Jahres- und Mehrjahreshaushaltsplanung, die Programme für öffentliche Arbeiten, die Raumordnungs- und Bauleitpläne, die Vorprojekte, die Personalordnung, die Einrichtung der Formen der zwischengemeindlichen Zusammenarbeit, die Einführung und Regelung der Abgaben, der Erwerb und die Veräußerung von Liegenschaften.[1071] Demgegenüber haben die Gemeindeausschüsse die Aufgabe, mit dem*der Bürgermeister*in die Verwaltung der Gemeinde und Verwaltungsakte auszuführen, für welche nicht der Rat oder der*die Bürgermeister*in verantwortlich sind. Zudem führt der Ausschuss die Anweisungen des Gemeinderates aus, legt diesem aber auch Vorschläge vor und erstellt den Haushaltsvoranschlag.[1072] In den Gemeinden mit über 15.000 Einwohner*innen ist ein so genannter Präsident des Gemeinderats zu bestimmen, der vom Gemeinderat aus seinen Mitgliedern gewählt wird. In Gemeinden mit weniger als 15.000 Einwohner*innen leitet hingegen, wie in Tirol, der*die Bürgermeister*in die Sitzungen des Gemeinderats.

Die Aufgaben der Südtirol Bürgermeister*innen sind durch den Kodex definiert (Art. 60–62): Wie in Tirol vertreten sie ihre Gemeinde nach außen, führen den Vorsitz des Gemeindeausschuss und eventuell des Gemeinderates, überwachen die Tätigkeiten der Dienste und Ämter und verfügen über Weisungs- und Kontrollbefugnis. Sie üben jene Funktionen aus, die ihnen gemäß den Gesetzen, der Gemeindesatzung und den Verordnungen zugewiesen werden und überwachen die Ausübung der vom Staat, von der Region sowie von der Provinz an die Gemeinde delegierten Funktionen. Sie sind außerdem für die Koordinierung der Öffnungszeiten der Geschäfte, Gastbetriebe und öffentliche Dienste zuständig und sind Amtswalter der Regierung, womit ihm bestimmte Dienste des Staates auferlegt wurden, etwa die öffentliche Sicherheit. Die Bürgermeister*innen erstellen das politische Arbeitsprogramm, das vom Gemeinderat bewilligt werden muss. Zudem können sie in begründeten Fällen über dringende Maßnahmen in bestimmten Gebieten, zum Beispiel der öffentlichen Gesundheit, verfügen. Die Exekutive in Südtirol (Gemeindeausschuss und Bürgermeister*in) sind – anders

1070 § 58, TGO.
1071 Art. 49, Kodex.
1072 Art. 53, Kodex.

als in den Nachbarregionen – dem Gemeinderat politisch verantwortlich und können einem Misstrauensantrag unterzogen werden.[1073]

Ein solches Misstrauensvotum gibt es in Tirol nicht, allerdings kann der Gemeinderat von der Landesregierung aufgelöst werden (§ 126, TLO), wenn er beschlussunfähig ist oder eine geordnete Führung der Geschäfte nicht mehr gewährleistet ist. Zudem können sich die Gemeinderäte in Tirol vor der festgelegten sechsjährigen Amtszeit vorzeitig auflösen (Selbstauflösung).[1074] In Südtirol ist neben dem Misstrauensantrag auch die Auflösung per Dekret durch den Landeshauptmann möglich, etwa wenn der Gemeinderat verfassungswidrige Handlungen begeht (Art. 193, Kodex) oder der*die Bürgermeister*in zurücktritt.

Im Unterschied zu Südtirol und Tirol hängen die Zuständigkeiten der politischen Organe in Graubünden primär davon ab, ob es sich um eine Gemeinde mit oder ohne Gemeindeparlament handelt. So unterscheidet das Kantonsgesetz bei den Befugnissen der Gemeindeversammlung nämlich klar zwischen Gemeinden ohne und mit Gemeindeparlament (Art. 14, GG). Artikel 10 des GG legt fest, dass der Gemeindevorstand in Gemeinden ohne Parlament den Stimmberechtigten Beschlüsse vorlegt, in Gemeinden mit Parlament wird dies hingegen vom Gemeindeparlament gemacht. Gemäß Kantonsgesetz gibt es in den Gemeinden ohne Parlament einige Befugnisse, die der Gemeindeversammlung oder Urnenabstimmung nicht entzogen werden dürfen. Es handelt sich demnach um „unübertragbare Befugnisse" (Art. 14). Dazu gehören u.a. die Wahl des Gemeindevorstandes und der Geschäftsprüfungskommission; der Erlass und Änderung der Gemeindeverfassung und Gemeindegesetze, die Genehmigung des Budgets sowie die Festsetzung des Steuerfußes, die Beschlussfassung über die Bildung eines Gemeindeverbandes. Auch in Gemeinden mit einem Gemeindeparlament gibt es Befugnisse, die den Stimmberechtigten nicht entzogen werden dürfen: Diese sind die Wahl des Gemeindeparlamentes und des Vorstandes; Erlass und Änderung der Gemeindeverfassung; die Beschlussfassung über die Bildung eines Gemeindeverbandes oder den Zusammenschluss mit anderen Gemeinden, weitere Befugnisse gemäß kantonaler Spezialgesetzgebung (Art. 15, GG). Die Gemeinden können in ihren Verfassungen weitere Zuständigkeiten für die Stimmberechtigten definieren und somit deren Handlungsspielraum erweitern.

1073 Der begründete Misstrauensantrag muss von mindestens einem Viertel der Ratsmitglieder unterzeichnet werden und dann von der absoluten Mehrheit der Ratsmitglieder durch Namensaufruf genehmigt werden. Siehe: Art. 63, Abs. 2, Kodex.

1074 In diesem Fall ist die Anwesenheit von mehr als der Hälfte der Mitglieder des Gemeinderats und die Mehrheit von mindestens zwei Dritteln der abgegebenen Stimmen erforderlich (§ 27.2, TGO).

Jede Bündner Gemeinde kann in ihrer Verfassung außerdem festlegen was der Urnenabstimmung unterliegt (Art. 20, GG). Die Urnenabstimmung kann separat oder gleichzeitig zu einer Gemeindeversammlung bestehen. In den Gemeinden, die sowohl eine Gemeindeversammlung wie auch die Urnenabstimmung haben, unterliegen letzterer meist u.a. die Wahlbefugnisse, die Total- und Teilrevision der Gemeindeverfassung oder der Zusammenschluss mit anderen Gemeinden.[1075]

Der Gemeindevorstand, ähnlich dem Gemeindeausschuss in Südtirol und dem Gemeindevorstand in Tirol, ist laut Gemeindegesetz „die leitende Behörde", welche die Tätigkeiten einer Gemeinde plant und koordiniert (Art. 35, GG). Laut Gesetz konstituiert sich der Vorstand selbst (Art. 36, GG). Er verfügt über alle Befugnisse, die nicht per Bundes-, Kantons- oder Gemeindegesetz oder durch die Gemeindeverfassung nicht einem anderen Organ übertragen wurden (Art. 37, GG). Der Vorstand führt und beaufsichtigt die Gemeindeverwaltung (Art. 35, GG) und hat die Zuständigkeit alle Geschäfte, die der Gemeindeversammlung oder dem Gemeindeparlament vorgelegt werden zu beraten (Art. 38, GG). Der Vorstand – und nicht der Gemeindepräsident wie in den anderen beiden Territorien – ist es auch, welche die Gemeinde nach außen vertreten (Art. 39, GG), wobei der Gemeindepräsident gemeinsam mit einem weiteren Vorstandsmitglied oder dem*der Gemeindeschreiber*in die rechtsverbindliche Unterschrift ausführt. Das dritte Organ der politischen Gemeinden ist die Geschäftsprüfungskommission, die aus mindestens drei Mitgliedern besteht (Art. 41, GG). Diese können auch aus Mitgliedern des Gemeindeparlaments bestehen, falls ein Parlament vorhanden ist. Die Prüfungskommission ist für die Prüfung der Rechnungs- und Geschäftsführung verantwortlich (Art. 42, GG) und gilt als *„Hilfsorgan der Stimmberechtigten"*.[1076] Demzufolge ist sie auch nur diesen verantwortlich und übernimmt einige von deren Aufsichtsbefugnissen.

Zum Gemeindepräsidenten sind im kantonalen Gemeindegesetz im Gegensatz zu den Bürgermeister*innen in Südtirol und Tirol kaum Richtlinien definiert. Das Amt entspricht auch keinem verpflichtenden Organ, womit der Wahlmodus des Präsidenten, aber auch dessen Zuständigkeiten in der Organisationsfreiheit einer jeden Gemeinde liegen. Er wird in der Praxis meist, wie auch die übrigen Mitglieder des Gemeindevorstandes, von den Stimmberechtigten bzw. der Gemeindeversammlung direkt gewählt und ist gleichzeitig Mitglied des Gemeindevorstandes.

1075 Vgl. Crameri 2019, S. 245.

1076 Vgl. Crameri 2019, S. 253.

3.5.4 Lokale Verwaltung

Sowohl in Südtirol wie auch in Tirol, sind die Bürgermeister*innen nicht nur zentrales politisches Organ, sondern gleichzeitig auch Chef der Verwaltung. Dies ist ein wichtiger Parameter für deren Einfluss und die Verzahnung von Politik und Verwaltung. Die Tiroler und Südtiroler Gemeinden können ihre innere Organisation und den Ablauf der Sitzungen in einer Geschäftsordnung regeln. In Graubünden finden sich Details zur inneren Verwaltung oder dem Ämteraufbau in den einzelnen Gemeindeverfassungen, Geschäftsordnungen oder dergleichen. Die Kantonsverfassung schreibt vor (Art. 65), dass die Gemeinden befugt sind, ihre Organisation zu bestimmen sowie ihre Behörden und Verwaltung einzusetzen. Im Falle von so genannten Geschäftsleitungsmodellen sind diese in separaten Rechtsgrundlagen definiert.

Bereits das Autonomiestatut legt für Südtirol fest (Art. 65), dass das Dienstrecht des Personals von den Gemeinden geregelt wird, wobei die Grundsätze der regionalen Gesetzgebung zu beachten sind. Der Kodex vermerkt wiederum, dass die Gemeinden aufgrund der staatlichen Bestimmungen die Ordnung des Personals, einschließlich der Modalitäten zur Erteilung der Leitungsaufträge erfolgreichen Bildungsabschlusse und beruflichen Voraussetzungen selbst regeln dürfen (Art. 1.6). Die Beamt*innen der Südtiroler Gemeinden stehen in einem öffentlichen Anstellungsverhältnis zu dieser. Jede Gemeinde verfügt über eine eigene Personalordnung inklusive Anzahl der Verwaltungsstellen und dem Aufbau der Ämter, über welchen wiederum der Gemeinderat abstimmen muss (Art. 125, Kodex). Bestimmte Regelungen bezüglich des Verwaltungspersonals sind auch direkt im Kodex festgelegt (Art. 87–179). Dort finden sich allgemeine Regeln, etwa zum unbefristeten/befristeten Arbeitsverhältnis, Wettbewerbsausschreibungen, Disziplinarverfahren oder der Arbeitszeit, aber auch der Chancengleichheit, Vereinbarkeit von Familie und Beruf und Rentenversicherung. Die Führungskräfte der Verwaltung (Art. 125–136) und Gemeindesekretär*innen (Art. 137–170) sind im Kodex eigens geregelt, wobei nur Gemeinden mit mehr als 10.000 Einwohner*innen über Führungskräfte verfügen. Jeder Gemeindeausschuss entscheidet darüber, ob und viele leitende Beamt*innen eine Gemeinde einsetzt (Art. 126, Kodex). Damit wird der Politik bestimmter Ermessensspielraum gegeben, weil sie Leitungsfunktionen selbst einbehalten kann.[1077] Gemeinden dürfen außerdem nur in Ausnahmefällen über eine festgelegte Anzahl von

1077 Vgl. Just 2012, S. 53.

Bediensteten pro Einwohner*in (gerechnet auf die Gesamtanzahl) hinausgehen.[1078] In Trentino-Südtirol ist der*die oberste Beamt*in der*die Gemeindesekretär*in. Dieser ist der ranghöchste Bedienstete einer Gemeindeverwaltung, der direkt den Bürgermeister*innen weisungsgebunden ist. Die Gemeindesekretär*innen nehmen an den Sitzungen des Gemeinderates und des Gemeindeausschusses teil, verfassen deren Protokolle, leiten das Personal, koordinieren die Tätigkeiten der Gemeinde und sind für die Bearbeitung der Beschlüsse durch Rat und Ausschuss verantwortlich. Die Gemeindesekretär*innen nehmen eine wichtige Rolle in der politischen Beratung bzw. innerhalb der lokalen Verwaltung ein, obwohl die Figur in der Praxis – vor allem in kleinen Gemeinden – von der Person der Bürgermeister*innen auch zurückdrängt werden kann und das politische Oberhaupt selbst viele Aufgaben wahrnimmt.[1079] Auch die restlichen lokalen Beamte*innen werden von der Gemeinde über öffentliche Wettbewerbe und die jeweiligen festgelegten Prüfungskommissionen bestellt.

In Tirol gehören die Bestellung der Gemeindebediensteten und die Ausübung der Diensthoheit zu dem eigenen Wirkungsbereich der Gemeinden (§ 16.2, TGO). Wie in Südtirol ist es ebenso Aufgabe des Gemeinderats über den Dienstposten- und den Stellenplan zu entscheiden. Das zentrale Amt der Gemeinde ist das „Gemeindeamt" bzw. „Stadtamt" in Stadtgemeinden, dessen Vorstand der*die Bürgermeister*in innehat (§ 58, TGO). Bereits die österreichische Verfassung legt im Artikel 117.7 fest, dass die Geschäfte der Gemeinde vom Gemeindeamt geleitet werden. Hierbei kommt den Bürgermeister*innen eine wichtige Rolle zu, denn diesem obliegen die Obsorge für die erforderliche personelle und sachliche Ausstattung des Gemeindeamts im Rahmen des Dienstposten- und Stellenplans, die Verfügung über die Verwendung der Gemeindebediensteten sowie das Weisungsrecht gegenüber diesen. Obwohl des beträchtlichen Handlungsspielraums der Bürgermeister*innen, hält die TGO fest, dass der Gemeinderat berechtigt ist, *„in den Angelegenheiten des eigenen Wirkungsbereiches der Gemeinde seinen Wünsche über die Führung der Gemeindeverwaltung allgemein oder im Einzelfall in Entschließungen zu äußern"* (§ 30.4). Es ist allerdings Aufgabe der Bürgermeister*innen, die Leitung des Gemeindeamts zu ernennen, die in Gemeinden mit über 1.500 Einwohner*innen ein hauptberuflicher Bediensteter und in Gemeinden mit mehr als 5.000 Einwohner*innen ein rechtskundiger Bediensteter sein muss.[1080] So wird, anders als in Südtirol, der*die oberste

1078 Eurac Research, Institut für Public Management und Südtiroler Gemeindenverband 2015, S. 14.

1079 Vgl. Just 2012, S. 208.

1080 Art. 117.7, B-VG; § 58, TGO.

Beamt*in von den Bürgermeister*innen nach einer öffentlichen Ausschreibung ernannt, die diese*n auch wieder abberufen können. Die Abberufung sowie die Bestellung der Amtsleitung bedarf allerdings die Zustimmung des Gemeinderats (§ 58). Die Gemeindeamtsleitung nimmt an den Sitzungen des Rates und des Vorstandes teil und protokolliert diese. Chef der Gemeindebediensteten, die in einem öffentlichen oder privatrechtlichen Verhältnis zur Gemeinde stehen, sind die Bürgermeister*innen. Was die Aufnahme des Personals betrifft, kann zwar der Gemeinderat entscheiden, muss aber den Dienstpostenplan (für öffentliche Mitarbeitende) bzw. Stellenplan (für privatrechtliche Mitarbeitende) berücksichtigen, die wiederum Teil des jährlichen Haushaltsvoranschlages sind. Der Dienstpostenplan und auch deren Erweiterungen werden von der Landesregierung genehmigt, das Dienstverhältnis der lokalen Beamt*innen unterliegt aber der nationalen Gesetzgebung.[1081] Es gibt keine Einschränkungen hinsichtlich der maximalen Anzahl von Bediensteten einer Gemeinde (wie in Südtirol), doch muss der Plan die Grundsätze der *„Sparsamkeit, Wirtschaftlichkeit und Zweckmäßigkeit"* berücksichtigen.[1082] In Innsbruck fungiert der*die Bürgermeister*in gleichzeitig als Bezirkshauptmann. Weitere Details in Bezug auf die Stellung, der öffentlichen Bediensteten der Tiroler Gemeinden mit Ausnahme der Stadt Innsbruck sind im Gemeindebeamtengesetz von 1970 geregelt.

Die Gemeinden in Graubünden haben im Bereich der lokalen Verwaltung einen großen Spielraum, so dass allgemeine Aussagen nicht leicht zu treffen sind. So finden sich in Bezug auf die Verwaltung im Gemeindegesetz oder der Kantonsverfassung kaum verbindliche Richtlinien. Dort steht, dass die Verwaltung vom Gemeindevorstand geführt und beaufsichtigt wird (Art. 35). Zudem habe die Verwaltungstätigkeit *„nach zweckmässigen Organisationsgrundsätzen"* ausgerichtet zu sein (Art. 35). Die Kantonsverfassung schreibt fest (Art. 31.2), dass die Grundsätze von Organisation und die Aufgaben der Behörden durch den Grossen Rat in Gesetzesform zu erlassen sind. Der*die oberste Beamt*in in den Bündner Gemeinden sind die Gemeindeschreiber*innen, die ähnliche Funktionen einnehmen wie die Gemeindesekretär*innen bzw. Gemeindeamtsleiter*innen in Südtirol und Tirol. Auch hierzu gibt es kaum einheitliche Regelungen, da deren genauen Aufgaben in der Autonomie der Gemeinden liegen. Nur in wenigen Gemeinden nehmen die Gemeindeschreiber*innen die Führungsfunktion der gesamten Verwaltung ein.[1083] Weitere Details zur Gemeindeverwaltung können

---

1081 Siehe etwa: Gemeindebeamtengesetz 1970, Gemeindebeamten-, Kranken- und Unfallfürsorgegesetz 1998, Gemeinde-Vertragsbedienstetengesetz 2012.

1082 Vgl. Tiroler Gemeindeverband, S. 88.

1083 Vgl. Just 2012, S. 61.

in den jeweiligen Gemeindeverfassungen enthalten sein. Die Musterverfassung[1084] des Amts für Gemeinden des Kantons schlägt eine Formulierung vor, wonach die Gemeindeverwaltung den Gemeindepräsidenten unterstellt ist. Ein weiterer Vorschlag der Musterverfassung lautet, die Geschäfte der Gemeindeversammlung nach Sachgebieten in einzelne Departemente einzuteilen, wobei jedes Mitglied des Gemeindevorstandes die Führung eines Departements innehat. Es existieren in Graubünden auch einige Gemeinden, die eine so genannte Geschäftsleitung als Unterstützung für den Gemeindevorstand eingerichtet haben. Diese besteht meist aus einer politischen Vertretung, den Gemeindeschreiber*innen sowie leitenden Angestellten.[1085] Personalrechtlich unterliegen die Angestellten der Gemeinden einem öffentlich-rechtlichen Dienstverhältnis, wobei den Gemeinden wiederum ein gewisser Freiraum zugestanden wird. Viele Gemeinden haben kein eigenes Personalrecht, sondern beziehen sich auf das kantonale Personalrecht.[1086]

3.5.5 Messung der Variable „politische Organisation"

Das Ergebnis der Studie von Ladner et al. bestätigt, dass Italien, Österreich und die Schweiz einige Unterschiede zueinander aufweisen, wenn es um das Ausmaß der Entscheidungsfreiheit bezüglich der politischen Organisation, des Wahlsystems und der Gemeindeverwaltung geht. So erhielt die Schweiz im Untersuchungsjahr 2014 den höchsten Wert der Lokalautonomie (4 von 4), Italien 3 von 4 Punkte, Österreich nur 2 von 4. Die Antwortmöglichkeiten, die bei der Messung in Betracht gezogen werden, reichen vom Wert 0 (lokale Exekutive ist von den höheren Institutionen benannt und lokale Institutionen können die Kernelemente ihres politisches Systems, wie Wahlbezirke, Anzahl der Sitze oder Wahlsystem nicht bestimmen), über 1 (lokale Exekutive wird vonseiten des Gemeinderats oder direkt durch die Bürger*innen gewählt) bis zu 2 (lokale Exekutive wird

---

1084 Siehe: Kanton Graubünden, Mustergemeindeverfassung für Gemeinden ohne Gemeindeparlament (Stand: Juni 2018), https://www.gr.ch/DE/institutionen/verwaltung/dfg/afg/Dokumentenliste/Mustergemeindeverfassung_dt%20mit%20Hinweisen.pdf, zuletzt geprüft am 06.04.2023.

1085 Siehe: Kanton Graubünden, Mustergemeindeverfassung für Gemeinden ohne Gemeindeparlament (Stand: Juni 2018), https://www.gr.ch/DE/institutionen/verwaltung/dfg/afg/Dokumentenliste/Mustergemeindeverfassung_dt%20mit%20Hinweisen.pdf, zuletzt geprüft am 06.04.2023, Art. 48.

1086 Siehe: Kanton Graubünden, Mustergemeindeverfassung für Gemeinden ohne Gemeindeparlament (Stand: Juni 2018), https://www.gr.ch/DE/institutionen/verwaltung/dfg/afg/Dokumentenliste/Mustergemeindeverfassung_dt%20mit%20Hinweisen.pdf, zuletzt geprüft am 06.04.2023, Art. 57.

vonseiten der Bürger*innen oder dem Gemeinderat gewählt und die Gemeinde kann einige Elemente ihres Wahlsystems bestimmen). Zusätzliche Punkte – maximal 2 – werden schließlich in folgenden Fällen dazu gerechnet: Sollte die lokale Gebietskörperschaft darüber entscheiden dürfen, ob sie eigenes Personal anstellt (0–0,5 Punkte); das Gehalt der Angestellten definieren (0–0,5); ihre Organisationsstruktur auswählen (0–0,5) sowie Rechtssubjekte bzw. lokale Unternehmen gründen kann (0–0,5).

In Bezug auf diese Vorgaben, ergab die Expertenumfrage 2020 für die drei Fälle unterschiedliche Ergebnisse. Während der Kanton Graubünden von den Experten den höchsten Wert (4 von 4) zugesprochen bekam, kam das Land Südtirol auf 2,8 von insgesamt 4 Punkten, das Land Tirol hingegen nur auf 1,8 von 4. Diese Ergebnisse decken sich mit den oben ausgeführten Grundlagen, wobei die Expert*innen bezüglich des Landes Südtirol wieder sehr unterschiedlich bewertet haben. Besonders der hohe Wert in Bezug auf Graubünden ist keine Überraschung, weil die dortigen Gemeinden zum Unterschied der Nachbarländer viele Bereiche der politischen Organisation frei entscheiden können.

3.5.6 Zusammenfassung: Verpflichtende Vorgaben mit Bündner Sonderstellung

Die politischen Organe der Gemeinden basieren in den Territorien auf verschiedene Rechtsquellen: In Südtirol sind die Grundlagen in der subnationalen Gesetzgebung des Landes festgelegt, in Tirol in der nationalen Bundesverfassung, in Graubünden in der Kantonsverfassung. Alle Gemeinden unterliegen gewissen Einschränkungen und müssen bestimmte politische Organe verpflichtend innehaben, wobei die Bündner Gemeinden den größten Spielraum für zusätzliche oder diverse Organe haben. Die Tiroler und Südtiroler Gemeinden haben in Bezug auf die Organisation genaue Vorgaben, die von den lokalen Gebietskörperschaften nicht abgeändert werden können. In beiden Gebieten haben die Gemeinden kaum Einfluss auf die Ausgestaltung ihrer politischen Organe, deren Amtsperiode oder die politischen Zuständigkeiten. Sie sind an die subnationalen Regelungen der Autonomen Region Trentino Südtirol bzw. des Landes Tirols gebunden, wobei die Autonome Region Trentino-Südtirol durch seine Autonomie eigentlich von den nationalen Bestimmungen abweichen könnte.

Wie in der italienischen Gesetzesverordnung Nr. 267/2000 vorgesehen, gelten die Bestimmungen über die Grundsätze für die Organisation der lokalen Behörden für Regionen mit Sonderstatut nicht, wenn sie mit den in deren Autonomiestatuten und den Durchführungsbestimmungen vorgesehenen Befugnissen unvereinbar sind. Die autonomen Regionen dürfen diese Angelegenheit nach eigenem Recht regeln, wie es in den Staatsgesetzen[1087] festgelegt ist, wobei diese die in den staatlichen Gesetzen vorgegebenen Grundsätze respektieren müssen. Für die Tiroler Gemeinden sind die meisten Regelungen demgegenüber bereits in der Bundesverfassung verankert. Die Bündner Gemeinden haben im Vergleich dazu große Selbstverwaltungskompetenzen, weil sie nicht nur ihr jeweiliges Wahlsystem, sondern auch die Befugnisse der politischen Organe selbst bestimmen können. Sie sind zudem auch in der Zusammensetzung der Organe weisungsfrei.

Zusammengefasst wurde festgestellt, dass alle Gemeinden über direkt gewählte Entscheidungsorgane verfügen. In Südtirol und Tirol sind dies der Gemeinderat und die Bürgermeister*innen, in Graubünden der Gemeindevorstand, aus welchem dann der Gemeindepräsident gewählt wird. Graubünden und Tirol haben mit der Geschäftsprüfungskommission bzw. dem Ausschuss für wirtschaftliche Unternehmen noch zusätzliche Pflichtorgane, die es in Südtirol nicht gibt.

Ein weiterer Unterschied zwischen den Territorien ist, dass die Wahl der Exekutive in Südtirol durch den Gemeinderat auf Vorschlag der Bürgermeister*innen erfolgt und der Gemeindevorstand in Graubünden direkt von den Stimmbürger*innen an der Urne gewählt wird.[1088] In Tirol wird der Vorstand, wie in Südtirol, ebenfalls durch den Gemeinderat gewählt, doch er muss als Kollegialorgan zusammengesetzt sein, womit die Bürgermeister*innen nur bedingten Einfluss auf die Zusammensetzung haben.[1089]

Die Zuständigkeiten der einzelnen Organe sind in den drei Territorien ähnlich, auch in Graubünden gibt es einige Aufgabenbereiche, welche verpflichtend der Urnenabstimmung unterliegen müssen und nicht andere Organen übertragen werden können, etwa die Wahl des Gemeindevorstandes. In Graubünden nehmen die Gemeindepräsidenten in Bezug auf die Kompetenzen keine so zentrale Rolle ein wie in den beiden anderen Regionen, so werden die Bündner Gemeinden nach außen vom Gemeindevorstand vertreten. Im Gegensatz dazu sind Tirol und Südtirol eher an ein „präsidentielles" System angelehnt, weil das politische Oberhaupt direkt gewählt wird und die Gemeinde nach außen repräsentiert. Andererseits kann der Exekutive in Südtirol vom Versammlungsorgan das Misstrauen ausgesprochen werden, was ein typisches Merkmal eines parlamentarischen Systems ist.

Was die Verwaltung betrifft, so haben die Bündner Gemeinden wiederum den meisten Gestaltungsspielraum. In Tirol ist eine Besonderheit, dass

1087 Vgl. Dl. Nr. 267/2000; Art. 4 des Autonomiestatuts der Autonomen Region Trentino Südtirol definiert, dass die „Ordnung der örtlichen Gebietskörperschaften" eine Zuständigkeit der Autonomen Region ist.

1088 Vgl. Just 2012, S. 51.

1089 Vgl. Promberger et al. 2005, S. 27.

die Bürgermeister*innen einen beträchtlichen Einfluss auf die Bestellung der Gemeindeamtsleiter*innen sowie der Gemeinderat auf die Bestellung der Bediensteten haben, was in Südtirol wiederum durch eine Kommission geschieht und somit politisch unabhängiger vonstattengeht.

3.6. Finanzielle Autonomie

Die Regelung der Finanzausstattung von und zwischen Regierungsebenen gehört zu den Grundpfeilern eines föderalen Systems und dessen Funktionieren.[1090] Hiervon sind diverse Aspekte betroffen, etwa die Ausgabenregelung und Steuererhebung, vor allem aber die Ausgleichsmechanismen zwischen Regierungsebenen. Eine Grundthese des Finanzföderalismus ist, dass Finanzen der Logik der Dienstleistung folgen sollten und die Ausgabenautonomie daher mit der Steuererhebung einhergehen sollte („*finance should follow function*").[1091] Die Ausgestaltung der Finanzbeziehungen betrifft in erster Linie die Beziehungen zwischen den subnationalen Einheiten und dem Staat. Nichtsdestotrotz ist die Regelung der Finanzen auch für die lokale Regierungsebene, die in vielen Politikbereichen für die Ausführung von Dienstleistungen zuständig ist, von zentraler Bedeutung – insbesondere, weil die Gemeinden finanziell üblicherweise von den höheren Regierungsebenen abhängig sind.

Die Frage, wer für die Steuererhebung verantwortlich ist, ist im Finanzföderalismus ein zentrales Thema. Hierzu gibt es verschiedene wissenschaftliche Ansätze, denn einige Expert*innen bevorzugen eine dezentrale Steuererhebung, welche gleichzeitig auch den Wettbewerb zwischen Gemeinden oder Regionen fördern kann, während andere eine zentralisierte Steuerhebung als geeigneter betrachten.[1092] Zu den zentralen Indikatoren für die Definition lokaler Autonomie in diesem Bereich gehören nach Kuhlmann: Der Umfang der eigenen Steuerquellen, der Umfang, inwiefern die Gemeinden auf allgemeine und zweckgebundene Zuweisungen angewiesen sind sowie der Anteil der kommunalen Ausgaben am Bruttoinlandsprodukt. Demnach entspricht eine hohe Gestaltungsfähigkeit, wenn eine Gemeinde einen hohen Anteil an eigenen Steuern besitzt, einen hohen Anteil von allgemeinen Zuweisungen sowie über hohe Ausgabenanteile am BIP verfügt.[1093]

1090 Vgl. Anderson 2008, S. 30 ff.

1091 Vgl. Shah 2007.

1092 Vgl. Anderson 2008, S. 31 f.

1093 Vgl. Kuhlmann et al. 2021a, S. 55.

Für den finanziellen Spielraum der lokalen Gebietskörperschaften legt die Charta der kommunalen Selbstverwaltung in Artikel 9 einige Grundsätze fest:

1. *„Die kommunalen Gebietskörperschaften haben (...) Anspruch auf angemessene Eigenmittel, über die sie in Ausübung ihrer Zuständigkeiten frei verfügen können.*
2. *Die Finanzmittel der kommunalen Gebietskörperschaften müssen in angemessenem Verhältnis zu den durch die Verfassung oder das Gesetz vorgesehenen Zuständigkeiten stehen.*
3. *Die Finanzmittel der kommunalen Gebietskörperschaften müssen zumindest teilweise aus kommunalen Steuern und Gebühren stammen, bei denen sie das Recht haben, den Hebesatz im gesetzlichen Rahmen festzusetzen.*
4. *Die Finanzierungssysteme, auf denen die Mittel beruhen, die den kommunalen Gebietskörperschaften zur Verfügung stehen, müssen ausreichend vielfältig und dynamisch gestaltet sein, damit diese soweit wie praktisch möglich in die Lage versetzt werden, mit der tatsächlichen Entwicklung der Kosten für die Ausübung ihrer Zuständigkeiten Schritt zu halten.*
5. *Der Schutz der finanziell schwächeren kommunalen Gebietskörperschaften erfordert die Einführung von Finanzausgleichsverfahren oder gleichwertigen Maßnahmen, die zum Ausgleich der Auswirkungen ungleicher Verteilung der möglichen Finanzierungsquellen und der Kostenlasten bestimmt sind. Derartige Verfahren oder Maßnahmen dürfen die Entscheidungsfreiheit der kommunalen Gebietskörperschaften in ihrem eigenen Verantwortungsbereich nicht schmälern.*
6. *Die kommunalen Gebietskörperschaften werden auf geeignetem Weg zu der Frage angehört, in welcher Weise ihnen umverteilte Mittel zugeteilt werden sollen.*
7. *Soweit möglich werden Zuweisungen an die kommunalen Gebietskörperschaften nicht zur Finanzierung bestimmter Vorhaben vorgesehen. Die Gewährung von Zuweisungen darf die grundsätzliche Freiheit der kommunalen Gebietskörperschaften, die Politik in ihrem eigenen Zuständigkeitsbereich zu bestimmen, nicht beeinträchtigen.*
8. *Zur Finanzierung ihrer Investitionsausgaben haben die kommunalen Gebietskörperschaften im Rahmen der Gesetze Zugang zum nationalen Kapitalmarkt.*“[1094]

Zusammenfassend unterstreicht der Europarat, dass die Gemeinden über eigenen Einnahmen verfügen sollten; dass sie selbst Einnahmen erheben und über einen Teil ihrer Finanzen verfügen können, um dieses für das auszugeben, welches sie für notwendig halten; ebenso sollen die ihnen zur Verfügung stehenden Finanzmittel im adäquaten Verhältnis zu ihrer Aufgabenlast stehen. Außerdem sollte

1094 Art. 8, Charta.

ein Staat darauf achten, dass ein ausgewogenes Verhältnis zwischen den Gemeinden vorhanden ist und schwächere Gebietskörperschaften mehr Unterstützung erhalten; Gemeinden sollten zudem ein Mitspracherecht haben, wenn es um die lokalen Finanzen geht.

3.6.1 Finanzielle Ausstattung und Einnahmequellen

Für die finanzielle Ausstattung der Südtiroler Gemeinden ist in erster Linie die italienische Verfassung heranzuziehen, durch welche die Finanzautonomie garantiert ist: „*Gemeinden, Provinzen, Großstädte mit besonderem Status und Regionen haben Finanzautonomie für Einnahmen und Ausgaben unter Beachtung der Ausgeglichenheit ihrer Haushalte und tragen zur Einhaltung der aus der Ordnung der Europäischen Union herrührenden wirtschaftlichen und finanziellen Verpflichtungen bei.*“ (Art. 119). Außerdem ist in der Verfassung festgelegt, dass Gemeinden eigene Einnahmequellen besitzen, eigene Steuern erheben, an den Einnahmen aus den Staatssteuern beteiligt sind, sowie dass die genannten Einnahmequellen den Gemeinden die Möglichkeit geben, die ihnen zugewiesenen Befugnisse zu finanzieren (Art. 19). Was die Verschuldung betrifft, erklärt die Verfassung, dass sich Gemeinden nur zur Finanzierung von Investitionsausgaben verschulden dürfen, wobei sie die Bedingung beachten müssen, dass für die Gesamtheit der Körperschaften jeder Region die Haushaltsausgeglichenheit gewährleistet wird (Art. 19.6). Abgesehen von der Verfassung, betrifft die nationale Gesetzgebung, wie etwa das Gesetz Nr. 42/2009, durch welches der Finanzföderalismus eingeführt wurde, die lokalen Gebietskörperschaften in Südtirol nur bedingt. Seit Anfang der 1990er Jahre verfügt die Autonome Region Trentino Südtirol nicht nur über die legislative Zuständigkeit zu Funktionen, politischen Organen, Wahlsystem und Personal der lokalen Regierungsebene – auch die lokale Finanzausstattung ist autonom geregelt. In diesem Zusammenhang sind vor allem das Autonomiestatut sowie die Regional- bzw. Landesgesetzgebung wesentlich. Gemäß Autonomiestatut sind die beiden Autonomen Provinzen für die Regelung der Lokalfinanzen zuständig (Art. 80), eine Ausnahme bilden nur die staatlichen Abgaben. Zudem erklärt das Autonomiestatut (Art. 81), dass die Provinzen den Gemeinden geeignete finanzielle Mittel garantieren müssen, die zwischen dem Landeshauptmann und einer einheitlichen Vertretung der Gemeinden zu vereinbaren sind.[1095] Das Legislativdekret über das Finanzwesen auf regionaler und

1095 Die Art. 69–86, in welchen es um den Sachbereich Finanzen geht, besitzen als einzige Artikel im Autonomiestatut keinen Verfassungsrang und können somit mit einem einfachem Staatsgesetz abgeändert werden, vgl. Riz und Happacher 2013, S. 347.

provinzialer Ebene (Nr. 268/1992) regelt die finanzielle Autonomie Südtirols und nimmt Bezug auf die Lokalfinanzen. Damit wurde die diesbezügliche Zuständigkeit den Provinzen Trient und Bozen übertragen, darunter auch die Einzelheiten für die Aufnahme von Schulden.

Die Grundlagen der Südtiroler Gemeindefinanzierung sind in zwei Landesgesetzen vermerkt (LG Nr. 6/1992, LG Nr. 27/1975). Demnach setzen sich die Einnahmen aus eigenen Einnahmen (Steuern, Abgaben und Gebühren) sowie Landesbeiträgen zusammen. Das Land verteilt die Finanzmittel an die Gemeinden hauptsächlich durch spezifische Fonds,[1096] deren genaue Ausstattung und Aufteilung jährlich zwischen dem Landeshauptmann und Vertretungen der Gemeinden festgelegt werden, so wie es das Autonomiestatut und die Landesgesetzgebung vorsehen.[1097] Somit werden die Finanzen nicht *top-down* angeordnet, sondern entsprechen einem „*Prinzip des Einvernehmens*".[1098] Mit neuen Verhandlungen im Zuge der Finanz- und Wirtschafskrise und als Beitrag zur Sanierung der öffentlichen Finanzen haben die italienischen Regionen mit Sonderstatut zusätzliche Kompetenzen im Bereich der Lokalfinanzen übernommen. In Südtirol mündete dies in der Übernahme der primären Kompetenz bei den lokalen Finanzen sowie lokalen Steuern.[1099] Die Höhe der Geldmittel an die einzelnen Gemeinden, die durch die Fonds ausgeschöpft werden, basiert auf bestimmten Parametern, wie dem Finanzbedarf,[1100] der Finanzkraft oder der Effizienz der

1096 Die Finanzierung der Gemeinden erfolgt über folgende vier Fonds: Ordentliche Fonds (Deckung der laufenden Kosten), Investitionsfonds (Deckung der Investitionsausgaben für öffentliche Bauten oder Dienste auf Grundlage von Bedarfskriterien), Fonds zur Amortisierung der Darlehen, Ausgleichfonds (Unterstützung zur Wahrung des Haushaltsgleichgewichts) und schließlich noch Rotationsfonds für Investitionen.

1097 Das so genannte „Koordinierungskommittee für Gemeindenfinanzierung" besteht aus dem Landeshauptmann, dem zuständigen Landesrat sowie der Vertretung der Gemeinden bestehend aus einem Koordinator (Präsident des Rates der Gemeinden) und sechs weiteren Mitgliedern, die von den Bürgermeister*innen ausgewählt wurden. Vgl. Autonome Provinz Bozen, Laufende Finanzierungen, http://www.provincia.bz.it/verwaltung/oertliche-koerperschaften/gemeinden/laufende-finanzierungen.asp, zuletzt geprüft am 06.04.2023. Seit der Einrichtung des Rates der Gemeinden übernimmt dieses Organ die Vertretung der Gemeinden in den Verhandlungen der lokalen Beiträge.

1098 Ambrosi 2004, S. 46.

1099 Vgl. D'Orlando und Grisostolo 2018, S. 142 ff.

1100 Beispielsweise der Anzahl der Einwohner*innen, Anzahl der Pflichtschüler*innen oder der Einpendler*innen einer Gemeinde. Vgl. Just 2012, S. 63 ff.

Gemeinden. Im Jahr 2012 wurde die Gemeindefinanzierung umgestaltet mit dem Ziel die Gemeindeautonomie zu stärken und langfristige Planungssicherheit im Bereich der Investitionen zu garantieren.[1101] Seitdem erhält jede Gemeinde für den Zeitraum von zehn Jahren (2016–2025) jährlich einen festgelegten Kapitalbeitrag, der für die Ausführung und zur Instandhaltung von Bauvorhaben benutzt werden kann (z.B. Straßen, Schulen, Sportanlagen).[1102] In diesem Sinne kann eine Gemeinde konkret für einen längeren Zeitraum im Voraus planen sowie die Gelder ohne Zweckbindung für bestimmte Projekte verwenden und nicht mehr für einzelne Bauvorhaben einen Antrag stellen. Für dringende Bauvorhaben besteht weiterhin die Möglichkeit, um einen Beitrag beim Land anzusuchen, wobei Gemeinden mit bis zu 3.000 Einwohner*innen sowie übergemeindliche Vorhaben besonders berücksichtigt werden.[1103]

Die Südtiroler Gemeindefinanzierung für das Jahr 2022 umfasste 346 Millionen Euro.[1104] Die Finanzregelung wurde durch die bereits genannte Neuordnung der örtlichen Körperschaften ebenso betroffen. So bestätigt die Landesgesetzgebung, dass das Land die Angemessenheit der Ressourcen der Gemeinde garantiert, um eine optimale Ausübung der ihnen übertragenen Befugnisse und Dienste zu ermöglichen (Art. 1). Weiters sichert das Gesetz den Gemeinden *„finanzielle und nicht finanzielle Ressourcen zu, die notwendig sind, um die erhaltenen Befugnisse und Dienste vollständig und in angemessener Weise auszuüben“* (Art. 5). Als Grundsätze gelten dabei der effektive Bedarf, die Eigenressourcen und Selbstfinanzierungsmöglichkeiten, die zwischengemeindliche Unterstützung, die Verbesserung der Effizienz und Effektivität der Verwaltung. Interessant ist auch der Passus, dass die Vereinbarung über die Lokalfinanzen Prämien für jene Gemeinden vorsehen können, *„um eine bessere Ausübung der Befugnisse zu fördern und das Erreichen der Ziele der öffentlichen Finanzen zu sichern“* (Art. 5.5). Eine weitere

---

1101 Vgl. Autonome Provinz Bozen, Gemeindefinanzierung und Haushaltsausgleich, http://www.provinz.bz.it/verwaltung/oertliche-koerperschaften/gemeinden/gemeindenfinanzierung-haushaltsausgleich.asp, zuletzt geprüft am 19.05.2023.

1102 Art. 2, LG Nr. 27/1975.

1103 Vgl. Autonome Provinz Bozen, Investitionsfonds, http://www.provinz.bz.it/de/dienstleistungen-a-z.asp?bnsv_svid=1002000, zuletzt geprüft am 19.05.2023.

1104 Davon wurden 157 Millionen Euro dem ordentlichen Fond zugewiesen und 159,8 Millionen Euro für Investitionen bereitgestellt. Vgl. Autonome Provinz Bozen, Vereinbarungen über die Gemeindenfinanzierung, https://www.provinz.bz.it/verwaltung/oertliche-koerperschaften/gemeinden/vereinbarungen-gemeindenfinanzierung.asp, zuletzt geprüft am 06.04.2023.

Neuerung des Gesetzes ist die Einführung von Sanktionen gegenüber Gemeinden, wenn sie ihren Pflichten nicht nur Gänze nachkommen (Art. 11).

In Österreich ist die finanzielle Autonomie der Gemeinden nicht direkt im B-VG festgeschrieben, die lokale Finanzausstattung hat aber durch das Finanzverfassungsgesetz (F-VG) ebenso Verfassungsrang. Dieses F-VG gilt gemeinsam mit dem jeweiligen Finanzausgleichgesetz (FAG) als zentrale Grundlage für die Finanzausstattung der lokalen Regierungsebene in Österreich. Das Verfassungsgesetz legt fest, dass die Bundesgesetzgebung die Steuern und Abgaben regelt und finanzielle Zuweisungen gewähren kann. Ein zentraler Grundsatz des F-VG ist Paragraf 2, wonach die Länder und Gemeinden *„den Aufwand, der sich aus der Besorgung ihrer Aufgaben ergibt"* und somit diese Kosten selbst tragen müssen. Wie die Südtiroler Gemeinden verfügen die Tiroler Gemeinden über eigene Einnahmen (Steuern und Gebühren) und zugewiesene Einnahmen. Letztere setzten sich aus so genannten Ertragsanteilen an Bundessteuern, wie etwa der Einkommens- oder der Lohnsteuer sowie Bedarfszuweisungen und Zuschüssen vonseiten der Länder zusammen.[1105]

Von zentraler Bedeutung für die Finanzausstattung der österreichischen Gemeinden ist die Beteiligung des Österreichischen Städtebunds und des Österreichischen Gemeindebunds im Rahmen des alle vier Jahre stattfindenden Finanzausgleichs – eine österreichische Besonderheit.[1106] Obwohl an diesen Verhandlungen alle drei Regierungsebenen beteiligt sind und es sich um einen wichtigen Mechanismus des kooperativen Föderalismus handelt, stellt Gamper fest, dass der Finanzausgleich mehrheitlich vom Bund dominiert wird und der tatsächliche Gestaltungsspielraum der Länder und Gemeinden beschränkt ist.[1107] Das letzte Finanzausgleichgesetz zwischen Bund, Ländern und Gemeinden stammt aus dem Jahr 2017. Der österreichische Finanzausgleich funktioniert über ein komplexes System aus Zuweisungen vonseiten der nationalen und subnationalen Ebene an die Gemeinden.[1108] Da einige Aufgaben von allen drei Regierungsebenen

1105 Vgl. Promberger et al. 2005, S. 40–53; Österreichischer Städtebund 2020.

1106 Vgl. Bußjäger 2009a, S. 125 ff.

1107 Vgl. Gamper 2008b, S. 86.

1108 Kern des Finanzausgleichs bildet die Verteilung der Anteile an den gemeinschaftlichen Bundesabgaben. Diese werden in mehreren Stufen verteilt: Zuerst eine Oberverteilung an die drei Gebietskörperschaftsebenen, dann eine vertikale Unterverteilung an die Länder, danach eine horizontale länderweise Verteilung der Gemeindeertragsanteile (Bildung von Ländertöpfen) und schließlich eine horizontale Verteilung der Anteile an die Gemeinen innerhalb der Länder. Vgl. Pitlik et al. 2010, S. 11.

gemeinsam ausgeführt werden (z.B. Bildung, Pflege oder Gesundheit) gibt es mitunter große Verflechtungen zwischen den Akteuren.[1109] Das FAG legt genauestens fest, welche Regierungsebene welche Abgaben erhebt, wie die Bundesabgaben zwischen Bund, Ländern und Gemeinden verteilt werden und welche prozentuelle Anteile der jeweiligen Abgaben an welche Regierungsebene fließen, wobei in Bezug auf die Gemeinden die Anzahl der Einwohner*innen das wichtigste Kriterium darstellt. Zudem regelt das FAG auch die wichtigen Transferleistungen der Länder an ihre Gemeinden, wobei es große Unterschiede zwischen den Ländern gibt, da die einzelnen Ländertöpfe unterschiedlich groß sind.[1110]

Der Großteil der Finanzausstattung der Tiroler Gemeinden stammt aus den Finanzausgleichsmechanismen.[1111] Ein Teil fließt vom Bund direkt an die Gemeinden, ein Teil zuerst an das Land Tirol und von diesen zu den Gemeinden. Gemäß F-VG können finanzielle Zuweisungen der Länder an die Gemeinden entweder als Schlüsselzuweisungen oder als Bedarfszuweisungen vergeben werden (§ 12, F-VG), deren Details wiederum im Finanzausgleichsgesetz festgelegt sind. Bei ersteren müssen die Belastung der Gemeinden durch ihre Aufgaben sowie ihre eigene Steuerkraft berücksichtigt werden, bei Bedarfszuweisungen können Gelder hingegen zum Beispiel aufgrund von Aufrechterhaltung oder Wiederherstellung des Haushaltsgleichgewichts oder wegen außergewöhnlichen Erfordernissen vergeben werden. Im FAG finden sich detaillierte Regelungen zur Berechnung der Verteilung der Gemeindemittel durch die Länder und wie die Schlüsselzuweisungen funktionieren (§ 12, FAG). Die Gemeinde-Bedarfszuweisungsmittel können für Zwecke, wie etwa die Förderung der interkommunalen Zusammenarbeit, Investitionsförderungen oder die Unterstützung von strukturschwachen Gemeinden verwendet werden. Im Jahr 2018 wurden vom Land Tirol 137 Millionen Euro für die Gemeinden zur Verfügung gestellt. Diese Bedarfsmittel können auch durch Landesmittel aufgestockt werden, sie können laufend sein oder nur einmalige Zahlungen beinhalten.

Die Gemeinden in Graubünden verfügen gemäß Kantonsverfassung über finanzielle Autonomie: „*Die Gemeinden sind insbesondere befugt, (...) ihre finanziellen Angelegenheiten selbstständig zu ordnen.*“ (Art. 65.2, KV). Die Details zur Haushaltsführung und Finanzausstattung sind im Finanzhaushaltsgesetz,[1112] der

1109 Vgl. Pitlik et al. 2010, S. 7.

1110 Vgl. Österreichischer Städtebund 2020, S. 40.

1111 Circa zwei Drittel der lokalen Einnahmen stammen aus gemeinsamen Steuern und Zuschüssen. Vgl. Geissler und Ebinger, S. 9.

1112 Gesetz über den Finanzhaushalt des Kantons Graubünden (Finanzhaushaltsgesetz; FHG), 710.100.

Finanzhaushaltsverordnung für die Gemeinden[1113] sowie im Finanzausgleichsgesetz[1114] festgehalten. Die Bündner Gemeinden finanzieren sich insbesondere über ihre eigenen Steuern und Gebühren, aber sie erhalten zur Ausübung ihrer Tätigkeiten auch Ressourcen vonseiten des Kantons. Laut Finanzordnung in der Kantonsverfassung, welche sowohl für die Finanzen des Kantons und die Gemeinden gilt, sind öffentliche Mittel sparsam, wirtschaftlich und wirksam einzusetzen. Zudem soll der Finanzhaushalt unter Berücksichtigung der Wirtschaftsentwicklung mittelfristig ausgeglichen sein (Art. 93, KV). Die Gemeinden von Graubünden sind nicht nur in ihrer Steuererhebung weitgehend frei, sie haben auch im Bereich der Mittelverwendung große Autonomie.[1115]

Verfassungsrechtlich (Art. 96, KV) ist der Kanton für den Finanzausgleich verantwortlich und soll ausgewogene Verhältnisse in der Steuerbelastung und den Leistungen der Gemeinden anstreben. Der Finanzausgleich hat das Ziel, die finanzielle Eigenständigkeit der Gemeinden zu stärken, die Unterschiede der Leistungsfähigkeit und Steuerbelastung zwischen den Gemeinden zu vermindern, sowie die Grundausstattung ihrer Ressourcen zu gewährleisten. Weiters sollen dadurch auf eventuelle finanzielle Lasten von Gemeinden aufgrund ihrer Besiedlungsstruktur, Topografie oder Schülerquote gemildert werden (Art. 2, FAG). Der Finanzausgleich funktioniert über diverse Mechanismen,[1116] der Kern ist der so genannte Ressourcenausgleich. Dieser sichert allen Gemeinden einen Grundbetrag an Ressourcen zu, wobei in diesem Zusammenhang jährlich ein so genanntes Ressourcenpotential pro Gemeinde in Form eines Ressourcenindex berechnet wird. Dieses entspricht deren fiskalisch ausschöpfbaren Ressourcen und Wasserzinserträgen und wird basierend auf diversen Daten berechnet (u.a. der Einkommens- und Vermögenssteuer der natürlichen Personen der Gemeinde sowie der Gewinn- und Kapitelsteuer von juristischen Personen). Mithilfe dieser Berechnung werden die Bündner Gemeinden daraufhin in ressourcenstarke und ressourcenschwache Gemeinden eingeteilt, wobei Gemeinden mit einem Index über 100 als ressourcenstark gelten.[1117]

An die ressourcenschwachen Gemeinden werden Ausgleichsbeiträge vergeben, wobei diese vom Kanton sowie den ressourcenstarken Gemeinden finanziert werden. Zudem existiert noch ein so genannter Lastenausgleich, durch welchen der

---

1113 Finanzhaushaltsverordnung für die Gemeinden, 710.200.

1114 Gesetz über den Finanzausgleich im Kanton Graubünden (Finanzausgleichsgesetz, FAG), 730.200.

1115 Vgl. Crameri 2019, 531.

1116 Für nähere Informationen und Details zur Berechnung, vgl. Crameri 2019, S. 164 ff.

1117 Zu den detaillierten Berechnungen siehe: Kanton Graubünden, Amt für Gemeinden.

Kanton den übermäßig belasteten Gemeinden einen Ausgleich zuerkennt. Dies wären zum einen der Gebirgs- und Schullastenausgleich, wovon Gemeinden mit einer schwierigen geografischen Situation oder solche mit vielen Schüler*innen profitieren können. Ein weiteres Ausgleichsinstrument ist der Lastenausgleich Soziales, den Gemeinden erhalten, die im Bereich der materiellen Sozialhilfe sehr belastet sind und z.B. viele Bedürftige haben (Art. 7–9, FAG).

3.6.2 Lokale Steuern und Fremdkapital

Neben den Finanzbeiträgen durch höhere Regierungsebenen haben die Gemeinden wie erwähnt eigene Einnahmen. In Südtirol gehört die Gemeindeimmobiliensteuer (GIS) zu den wichtigsten Steuereinnahmen. Hierbei können die Gemeinden selbst Herabsetzungen und Erhöhungen des vom Land festgelegten Steuersatzes regeln (Art. 2, Art. 9, LG Nr. 3/2014). Weitere Steuereinnahmen der Südtiroler Gemeinden sind Anteile an der Wertschöpfungssteuer IRAP und der Einkommenssteuer IRPEF sowie Steuern auf Werbung, Besetzung des öffentlichen Grunds oder Abfallgebühren. Weitere Einnahmen sind Gebühren für Parkplätze, Vermietungen, den Kindergarten und die Baukostenabgabe.[1118] Ein wichtiges Finanzinstrument der Südtiroler Gemeinden sind außerdem Bankdarlehen. Dafür gibt es konkrete Bestimmungen im Landesgesetz: Gemeinden sind befugt Kredite aufzunehmen, sie unterliegen aber Kriterien (Art. 9, LG Nr. 6/1992). So muss das Darlehen im Haushaltsplan vorgesehen sein und es muss der Nachweis über verfügbare Finanzmittel für die Amortisierung des Kapitels und die Zahlung der Zinsraten erbracht werden.

Die Tiroler Gemeinden erhalten neben den Zuweisungen vonseiten des Bundes ebenso Einnahmen über eigene Steuerabgaben. Das F-VG legt diverse Arten von Abgaben fest, so gibt es gemeinsame Abgaben, aber auch solche, deren Ertrag ausschließlich den Gemeinden zufließt. Gemäß F-VG (§ 6) haben Gemeinden das Recht, selbst Steuern zu erheben oder Steuereinnahmen mit dem Bund oder dem Land zu teilen. Die gemeinsamen Steuereinnahmen können entweder vom Land erhoben werden und ein Teil der Erträge fließt dann den Gemeinden zu oder aber die Steuer wird von beiden Gebietskörperschaften erhoben. Die diesbezügliche Gesetzgebung ist zwischen Bund und Land angesiedelt, wobei vor allem das Land für die gemeinsamen Steuerabgaben und die lokalen Steuern zuständig ist. Dennoch kann auch der Bund bestimmte lokale Steuern explizit festlegen.[1119]

1118 Vgl. Just 2012, S. 66 ff.
1119 Vgl. Gamper 2008b, S. 85 ff.

Bei den lokalen Steuern haben die Gemeinden in Österreich gemäß dem Kongress des Europarats einen sehr beschränkten Spielraum, da sie sie nicht berechtigt sind deren Höhe zu bestimmen bzw. neue Steuern einzuführen, sondern hier vollkommen von der Landes- und Bundesgesetzgebung abhängig sind.[1120] Steuereinahmen, welche ausschließlich den Gemeinden zustehen sind beispielsweise die Grundsteuer, Kommunalsteuer, Zweitwohnsitzabgabe, Vergnügungssteuer, Verwaltungsabgaben (§ 16, FAG). Zu den eigenen Einnahmen gehören auch Müll- und Abwassergebühren. Das Finanzausgleichgesetz legt auch fest, bei welchen Steuerarten die Gemeinden Ermessungsspielraum in Bezug auf die Hebesätze haben, etwa bei der Grundsteuer, der Vergnügungssteuer oder der Haltung von Tieren. Was in Südtirol die Gemeindeimmobiliensteuer als wichtige Einnahme darstellt, ist für Tirol die Kommunalsteuer.[1121] Diese ist eine Wirtschaftssteuer, die auf die Einnahmen von Unternehmen mit Sitz in den jeweiligen Gemeinden berechnet wird, der Steuersatz wird allerdings auf föderaler Ebene festgelegt.[1122] Was die Schuldenaufnahme betrifft, so müssen die Tiroler Gemeinden – wie Südtirol – das Land um Erlaubnis fragen. So legt das F-VG (§ 14) bezüglich des Kreditwesens fest, dass die Landesgesetzgebung die Aufnahme von Darlehen durch die Gemeinden regeln soll. Die Aufnahme und Gewährung von Darlehen unterliegen auch den Bestimmungen der Tiroler Gemeindeordnung (§ 84, 85).

Die Bündner Gemeinden haben keine explizite, sondern nur eine delegierte Steuerhoheit. Das bedeutet, sie können zwar selbst Steuern festsetzen, doch nicht aufgrund ihrer autonomen Befugnisse, sondern durch kantonales Recht.[1123] So steht in der Kantonsverfassung, dass die Steuerkompetenzen der Gemeinden durch das Gesetz festgelegt werden (Art. 94). Das kantonale Gesetz[1124] definiert demzufolge die lokale Besteuerung. Demnach müssen die Gemeinden verpflichtend eine Reihe von verschiedene Steuern erheben: Eine Steuer für Einkommen und Vermögen, eine Grundstückgewinnsteuer, eine Nach- und Strafsteuer sowie Ordnungsbusen. Zudem können die Gemeinden noch auf freiwilliger Basis eine Handänderungssteuer, Liegenschaftssteuer, Erbanfall- und Schenkungssteuer,

1120 Vgl. The Congress of Local and Regional Authorities 2011, S. 19.

1121 Im Durchschnitt nimmt diese Einnahme bei den österreichischen Gemeinden ca. 11,3 Prozent ein. 42,7 Prozent der Einnahmen stammen vom Bund (allgemeine Steuern) und den Ländern. Die Daten berufen sich auf 2018. Vgl. Österreichischer Städtebund 2020, S. 12.

1122 Vgl. Geissler und Ebinger, S. 10.

1123 Vgl. Crameri 2019, S. 66.

1124 Gesetz über die Gemeinde- und Kirchensteuern (GKStG), 7250.200.

eine Gästetaxe oder eine Tourismusförderungsabgabe festlegen.[1125] Die Liste ist nicht abschließend, so dass den Gemeinden auch freisteht, noch weitere Steuern einzuführen, sowie sogenannte Lenkungs- oder Kausalabgaben zu erheben.[1126]

Im Vergleich zu Tirol und Südtirol ist die Entscheidungsfreiheit in Graubünden größer, aber nicht maßlos, denn die Bündner Gemeinden müssen bei der Einführung von einigen dieser Steuern auch die Kantonsgesetzgebung bzw. die kantonalen Steuersätze berücksichtigen. Andererseits steht es ihnen frei neue Steuern festzulegen sowie wie sie die Erbanfall- und Schenkungssteuer, Gästetaxen oder Tourismusförderungsabgaben festsetzen.[1127] Das Kreditrecht wird ebenso durch kantonales Recht geregelt. Demnach haben die Gemeinden mehrere Möglichkeiten von Krediten.

3.6.3 Messung der Variable „finanzielle Autonomie"

Für die Untersuchung der finanziellen Autonomie beziehen sich Ladner et al. auf vier Variablen:[1128] a) die Steuer- bzw. Abgabenautonomie mit einem Wert von 0–4 (*fiscal autonomy*); b) das Finanztransfersystem mit einem Wert von 0–3 (*financial transfer system*), c) die finanzielle Eigenständigkeit mit einem Wert von 0–3 (*financial self-reliance*) sowie d) die Autonomie bei der Aufnahme von Krediten mit einem Wert von 0–3 (*borrowing autonomy*). Insgesamt ergibt sich aus der Summe dieser Variablen ein möglicher Maximalwert von 13 Punkten, was einer sehr ausgeprägten finanziellen Autonomie entspricht. Die Autoren weisen darauf hin, dass diese Bewertung die komplexe Materie in simplifizierter Form misst.[1129]

Italien lag bei der nationalen Expertenumfrage im Jahr 2014 bei 8 Punkten, Österreich hat nur einen knapp höheren Wert mit 8,7, während die Schweiz mit insgesamt 10,4 Punkten klar überlegen ist und auch im europaweiten Trend gemeinsam mit Finnland, Schweden und Liechtenstein den höchsten Punktestand und somit die höchste Autonomie aufweist.[1130] Ähnlich waren die Ergebnisse der Expertenumfrage von 2020 für Graubünden, Südtirol und Tirol. Basierend auf der hohen finanziellen Autonomie, welche die Schweizer Gemeinden insgesamt genießen, erhielt auch der Kanton Graubünden einen Wert von insgesamt 11. Tirol befindet sich hingegen auf einem Wert von 8,2, Südtirol weit hinter den

1125 Art. 2, Gesetz über die Gemeinde- und Kirchensteuern.
1126 Vgl. Crameri 2019, S. 270.
1127 Vgl. Crameri 2019, S. 275.
1128 Vgl. Ladner et al. 2016b, S. 129 ff.
1129 Vgl. Ladner et al. 2016b, S. 133.
1130 Vgl. Ladner et al. 2016b, S. 138.

beiden anderen mit einem Wert von nur 5,8 von möglichen 13 Punkten. Vergleicht man diese Ergebnisse nach Variablen, sind einige Unterschiede auffallend.

Bei der **Variable (a)** geht es darum, inwiefern eine Gemeinde selbst Steuern und wenn ja, welche Arten erheben kann. Hier schneidet Graubünden im Gegensatz zu Tirol und Südtirol sehr viel besser ab, weil die Schweizer Gemeinden im Vergleich viele Steuersätze selbst bestimmen. Demzufolge erreichte Graubünden im Durchschnitt der Expert*innenbewertung einen Wert von 3,33, Tirol 2,4 und Südtirol 1,6. Ein Wert von Null steht dafür, wenn Gemeinden keinerlei Steuergrundlagen oder Steuersätze definieren können. Eins, wenn Gemeinden zumindest Grundlagen und Sätze von kleineren Steuern definieren können. Zwei steht dafür, wenn Gemeinden die Höhe einer großen Steuer (Einkommens-, Unternehmens-, Eigentums-, Umsatz-, oder MwSt.-Steuer) ohne bzw. mit Beschränkungen von höheren Regierungsebenen definieren können. Der Wert 3 steht dafür, wenn Gemeinden eine der wesentlichen Steuern mit nur wenigen oder gar keinen Beschränkungen definieren können und der Wert 4 dafür, wenn sie mehr als eine der wesentlichen Steuern selbst definieren können. Für Südtirol werden die meisten Steuern von der Autonomen Provinz oder dem Staat festgelegt, die Gemeinden können nur einzelne wenige Steuersätze und deren Grundlagen verändern. Auch in Tirol sind die Gemeinden diesbezüglich eingeschränkt und die Expert*innenmeinungen dementsprechend divergierend. *„Das Kommunalabgabensystem [in Österreich] widerspricht fast allen ökonomischen Anforderungen an [ein] gutes System!“*, hält eine Studie 2012 fest.[1131] In Graubünden rührt der hohe Wert daher, dass die Gemeinden selbst bestimmte Steuern, wie etwa die Kommunalsteuer festlegen können. Darüber hinaus gibt es allerdings auch Steuern auf Kantons- und Bundesebene, so dass laut einem der schweizerischen Experten nicht der Maximalwert von 4 Punkten zugesprochen werden kann. So haben die Bündner Gemeinden mit Sicherheit eine große Finanzautonomie, dürfen Steuern aber nicht vollkommen beliebig festlegen und unterliegen mitunter staatlichen Minimal- oder Maximalwerten.

Die **Variable (b)** gibt Auskunft über den Anteil an uneingeschränkten finanziellen Transfers am gesamten Finanztransfersystem. Es geht darum, ob die finanziellen Leistungen an die Gemeinden an bestimmte Auflagen geknüpft sind. Die Werteskala in dieser Dimension reicht von 0 bis 3. Der Wert 0 soll für Gemeinden vergeben werden, in denen eingeschränkte Transfers dominieren (das bedeutet, dass zumindest 0–40 Prozent von den gesamten Transfers uneingeschränkt verwendet werden dürfen). Wert 1 soll dann zugesprochen werden, wenn es zum

1131 Pitlik et al. 2012.

großen Teil ein Gleichgewicht zwischen eingeschränkten und uneingeschränkten finanziellen Zuschüssen gibt (uneingeschränkt: 40–60 Prozent). Wert 2 steht für Gemeinden, in denen die finanziellen Transfers überwiegen, die keine Einschränkung aufweisen (60–80 Prozent) und Wert 3 trifft auf Gemeinden zu, wo alle Transfers (80–100 Prozent) ohne Auflage an die Gemeinden überwiesen werden. Bei der Variable des Finanztransfersystems handelt es sich um eine komplexe Variable, die laut Eigenangaben nicht alle Expert*inne mit Sicherheit beantworten konnten und für die nicht in jedem Land aussagekräftige Statistiken existieren. Graubünden wurde der Wert von 1,67 zugewiesen, auch Südtirol erhält mit 1,2 einen ähnlich niederen Wert. Damit ist die Aussage verbunden, dass die Transfers mehr oder weniger in einem Gleichgewicht stehen. Laut einem der Schweizer Experten ist die Frage in Bezug auf die Schweiz nicht vollkommen klar, da dort prinzipiell kein Geld zuerst nach oben und dann unten fließe, sondern direkt zu den Gemeinden. Nichtsdestotrotz gebe es aber einen Finanzausgleich, über welchen Steuergelder verteilt werden bzw. ein Ausgleich zwischen ärmeren und reicheren Gemeinden geschehe. Nur Tirol erhielt mit 2,4 einen deutlich höheren Wert als die anderen Regionen. Bei Tirol waren sich die befragten Expert*innen einig, dass der Wert zwischen 2 und 3 liegen muss, d.h. dass ein großer Teil der Transfers ohne Bedingungen an die Gemeinden zugewiesen wird. Demnach erhalten die Gemeinden neben Ertragsanteilen (z.B. den Anteilen an der Einkommenssteuer) aus dem Bundesbudget auch so genannte Zweckzuschüsse oder Finanzzuweisungen, wobei nur erstere an Bedingungen geknüpft sind.

Ein weiterer Experte erklärt, dass das österreichische System des Finanzausgleichs eine Medaille mit zwei Seiten sei. Demnach decken die Transfers des Bundes an die Länder und von diesen an die Gemeinden bei den Gemeinden den Löwenanteil ihres Finanzbedarfs ab. Andererseits, so der Experte, könne etwa bei Kleingemeinden mit den Transferzahlungen kaum mehr als die laufenden Ausgaben abgedeckt werden, während größere Projekte ohne Förderung durch Land und Bund nicht zu realisieren sind. Es käme demnach darauf an, welcher Seite der Medaille man mehr Wichtigkeit zumisst. Im Hinblick auf die Frage, ob die Transfers mehrheitlich an Bedingungen geknüpft seien, kommentiert der Experte, dass ein Politologe hier anders bewerte als ein Ökonom oder Jurist. Laut Bundesverfassung ist der Finanzausgleich klar geregelt, der Finanzausgleichsfonds (von Ländern zu Gemeinden) lasse in der Praxis allerdings viel Spielraum. Betrachte man nur die formale Dimension müsse man der Dimension einen hohen Wert der Autonomie zusprechen, die Praxis ist aber komplexer.

Die **Variable (c)** misst wie hoch der Prozentanteil von eigenen Einnahmen einer Gemeinde an ihren Gesamteinnahmen ist. Die Tiroler Bewertung belief sich im Jahr 2014 auf dem Wert 2 von 3, da 25–50 Prozent der Einnahmen der

Gemeinden aus eigenen Quellen stammen (Steuern, Gebühren, Abgaben). Graubünden hatte hingegen den vollen Wert von 3, weil die Bündner Gemeinden über 50 Prozent ihrer Einnahmen aus eigenen Einnahmen beziehen. Die Expertenumfrage 2020 interpretierte die formalen Gegebenheiten ähnlich. Demnach wurde dem Kanton Graubünden erneut der Wert 3 zugeschrieben, während sich der Tiroler Wert gering reduzierte (1,67) und sich somit auf einem ähnlichen Niveau wie Südtirol mit 1,4 befindet. In beiden Ländern nehmen die eigenen Einnahmen somit klar einen geringen Teil der Gesamteinnahmen ein.

Abschließend wird durch die **Variable (d)** gemessen, ob eine Gemeinde sich Geld leihen kann bzw. welchen Schranken sie bei einer Kreditaufnahme unterliegt. Der Wert 0 soll zugesprochen werden, wenn sich eine lokale Gebietskörperschaft gar kein Geld leihen kann, was bei den hier behandelten drei Territorien nicht der Fall ist. Wert 1 entspricht lokalen Gebietskörperschaften die Geld leihen können, wenn dies vorher von höher gelegenen Regierungsebenen genehmigt wurde und eine oder mehrere der folgenden Bedingungen erfüllt werden: Keine Kreditaufnahme, um Haushaltsdefizite zu finanzieren; keine ausländischen Kredite oder allein von der regionalen oder nationalen Bank; keine Kreditaufnahme über einem bestimmten Level der subnationalen Verschuldung; die Geldanleihe ist auf spezifische Zwecke beschränkt. Wert 2 entspricht hingegen Gemeinden, die ohne vorhergegangene Zustimmung Geld leihen können und auf die eine oder mehr der obgenannten Bedingungen zutreffen. Schließlich entspricht Wert 3 dem höchsten Wert und bedeutet, dass lokale Gebietskörperschaften Geld ohne eine etwaige Restriktion leihen können. Auch hier sind die Unterschiede zwischen den drei Gebieten groß, denn Südtirol erhielt beim LAI 2014 den Wert 1 von 3, Tirol 2 von 3 und Graubünden stand mit 3 von 3 wieder an der Spitze der drei Regionen. Zu ähnlichen Ergebnissen kam die Umfrage 2020. Graubünden behielt seine Bewertung von 3, Tirol liegt bei 1,8 und Südtirol bei 1,6, womit sich also nur geringe Veränderungen ergaben.

3.6.4 Zusammenfassung: Solide finanzielle Autonomie mit Differenzen

Es kann festgehalten werden, dass die Gemeinden in allen drei Gebieten über eine solide finanzielle Autonomie verfügen, wobei es auch Unterschiede gibt. Die Gemeinden im Kanton Graubünden haben mit Sicherheit die größte finanzielle Lokalautonomie, weil die lokale Regierungsebene einerseits bei der Steuerregelung sehr frei ist und andererseits viel weniger von finanziellen Beiträgen der nationalen (Tirol) bzw. subnationalen Regierungsebene (Südtirol) abhängig, als die Gemeinden in den Nachbarterritorien. Die Tiroler Gemeinden haben, wie alle österreichischen Gemeinden, bei der Finanzausstattung zwar ein Mitspracherecht, stehen aber nicht auf einer gleichwertigen Ebene wie die Länder, weshalb ihre Finanzautonomie als eher beschränkt eingestuft werden muss.[1132] Dies wird durch die Einschätzung der Expert*innen, aber auch den Vergleich mit Südtirol und Graubünden ebenso bestätigt. Ein Teil der Finanzausstattung der Tiroler Gemeinden unterliegt nationalen Regelungen (Verteilung der Ertragsanteile und Bemessung der Kommunalsteuer) und insgesamt können nur vierzig Prozent der Einnahmen der Gemeinden selbst beeinflusst werden.[1133]

Nichtsdestotrotz ist die Finanzautonomie der Gemeinden von allen drei Gebieten rechtlich geschützt, was einen wichtiger Parameter für die Autonomie darstellt. In Südtirol legt bereits die italienische Verfassung die Finanzautonomie fest, wobei das Land Südtirol seit einigen Jahren die alleinige legislative Zuständigkeit im Bereich der Lokalfinanzen innehat. Auch die Finanzausstattung der österreichischen Gemeinden hat durch das F-VG Verfassungsrang. In Graubünden ist die Finanzautonomie hingegen durch die Kantonsverfassung garantiert. Alle drei Gebiete entsprechen fast zur Gänze den Prinzipien des Artikel 9 der Charta der lokalen Selbstverwaltung, womit die Finanzautonomie als hoch eingestuft werden kann.

Alle drei Gebiete ermöglichen ihren Gemeinden eigene Einnahmen durch Steuern und Gebühren. Auf der anderen Seite erhalten alle Gemeinden zusätzliche Zuweisungen von der subnationalen Regierungsebene (in Tirol zusätzlich auch von der Bundebene). Was die Steuererhebung betrifft, so ist vor allem Graubünden herausstechend, weil die Gemeinden auch gänzlich neue eigene Steuern festlegen können. Die Tiroler und Südtiroler Gemeinden erheben zwar ebenso einige Steuereinnahmen direkt, können die Steuersätze aber nur in beschränktem Ausmaß selbst bestimmen bzw. anpassen. Zudem wird ihnen die Art der Steuern von oben festgelegt. So beträgt der Anteil der eigenen Steuern der Tiroler Gemeinden insgesamt nur 21 Prozent.[1134]

Was die Ausgleichmechanismen betrifft, so sind diese in allen drei Territorien vorhanden. In Südtirol hängen die Mittel vonseiten des Landes Südtirol vom Finanzbedarf und der Finanzkraft einer Gemeinde ab. Auch in Österreich legt das Finanzausgleichsgesetz fest, dass die Länder verschiedene Arten von Zuweisungen an die Gemeinden geben können. Die so genannten Bedarfszuweisungen berücksichtigen hierbei auch die strukturschwachen Gemeinden. Ähnlich ist es

1132 Vgl. Kössler im Erscheinen.
1133 Vgl. Mitterer und Prorok 2020, S. 51 f.
1134 Vgl. The Congress of Local and Regional Authorities 2011.

in Graubünden, wo die Gemeinden in ressourcenstarke und ressourcenschwache Gemeinden eingeteilt werden. Letztere kriegen zusätzliche Finanzmittel vom Kanton bzw. den reicheren Gemeinden.

In Bezug auf die Miteinbeziehung der lokalen Gebietskörperschaften in Finanzangelegenheiten, stehen vor allem die Südtiroler Gemeinden sehr gut dar. Sie müssen per Landesgesetz verpflichtend in die Diskussionen zu finanziellen Angelegenheiten durch einen Vertretung des Rates der Gemeinden einbezogen werden. Doch auch die österreichischen Gemeinden sind durch den Österreichischen Städtebund und Gemeindebund am österreichweiten Finanzausgleich beteiligt.

3.7. Intergouvernementale Beziehungen mit der nationalen und subnationalen Regierungsebene

Der folgende Abschnitt soll Aufschluss darüber geben, inwiefern die Graubündner, Südtiroler und Tiroler Gemeinden in den subnationalen und nationalen Entscheidungsprozess ihrer jeweiligen politischen Systeme eingebunden sind. Hierbei sollen ihre politischen oder rechtlichen Möglichkeiten erörtert werden, wie sie den Gesetzgebungsprozess beeinflussen können. Ziel von intergouvernementalen Beziehungen ist zum einen die Konfliktvermeidung zwischen Regierungsebenen, zum anderen dienen sie als Instrument zur Anpassung an sich wechselnde Umstände.[1135] Da sie Teil des Grundgerüsts eines Mehrebenensystems sind, erklärt Agranoff:

> *„self-rule can be formally introduced to a polity's governing arrangements but cannot be maintained without the working connections that tie central governments to those constituent units that enjoy measures of independent and interdependent political power, governmental control, and decision-making.“*[1136]

Über die institutionalisierten Mechanismen zwischen Regierungsebenen kann auch abgeleitet werden, welche politische Bedeutung den Gemeinden zukommt. Darüber hinaus ist dadurch und in Verbindung mit anderen Aspekten der lokalen Autonomie erkennbar, ob es sich um eine Kompensierung von geringen Funktionen der lokalen Regierungsebene handelt oder um eine Bestätigung derselben.[1137]

1135 Vgl. Watts 2008, S. 117.

1136 Agranoff 2004a, S. 26.

1137 Vgl. Ladner et al. 2016b, S. 194.

Der Kongress der Gemeinden und Regionen definierte in einem Bericht[1138] und einer Empfehlung[1139] das Recht der lokalen Gebietskörperschaften auf Konsultation zu einem Grundprinzip der rechtlichen und demokratischen Praxis in Europa. Auch die Charta der kommunalen Selbstverwaltung weist auf die Wichtigkeit der Kooperationsmechanismen hin (siehe Kapitel 2). Artikel 4 legt fest, dass die lokalen Gebietskörperschaften in Entscheidungsprozesse, die sie unmittelbar betreffen, eingebunden und Artikel 5, dass Entscheidungen zu Grenzveränderungen nicht ohne Konsultation der lokalen Regierungsebene getroffen werden sollen. Artikel 9 verweist zudem auf eine Notwendigkeit von Konsultation im Bereich der lokalen Finanzausstattung. Zusätzlich zu diesen Verweisen zur vertikalen Zusammenarbeit erklärt Artikel 10, dass lokale Körperschaften zur Zusammenarbeit berechtigt sind, um gemeinsame Interessen zu vertreten oder Aufgaben durchzuführen und nimmt somit Bezug auf die horizontale Kooperation.[1140]

Im Folgenden werden zuerst die Kooperations- und Konsultationsmechanismen auf nationaler Ebene aufgezeigt und dann jene, mit denen die Gemeinden in den Gesetzgebungsprozess der subnationalen politischen Systeme eingebunden werden. Eine kontinuierliche Beziehung zwischen Regierungsebenen ist vor allem dort notwendig, wo keine zweiten Kammern als Repräsentation der subnationalen oder lokalen Ebene existieren (wie in Italien) oder aber wo die Regierungsebenen sehr viele Politikbereiche gemeinsam handhaben (wie in Österreich).

Neben den zweiten Parlamentskammern gibt es weitere Formen der Kooperation, wie parlamentarische Komitees, die Koordination im Rahmen der Gesetzgebung, die legislative Absegnung von Vereinbarungen. Außerdem gibt es Kooperationsmechanismen auf exekutiver Ebene, wie etwa Vereinbarungen oder Verträge.[1141] Wie in Kapitel 2 angemerkt, werden auch die Gemeinden zunehmend zu wichtigen Kooperations- und Konsultationspartnern innerhalb von Mehrebenensystemen.[1142] Poirier unterstreicht, dass die Beziehungen zwischen Regierungsebenen allgegenwärtig seien, weil es nahezu keinen Bereich gebe, der nicht von mehreren Regierungsebenen betroffen ist. Zudem seien intergouvernementale Beziehungen auch eigentümlich, da die Mechanismen je nach System, dessen Geschichte, Zeitplanung, soziodemografischen Merkmalen, rechtlicher Kultur, dem Regierungssystem und dem föderalen System kontextabhängig sind.

1138 Congress of Local and Regional Authorities 2017a.

1139 Empfehlung 171 (2005), angenommen von der *Chamber of Local Authorities*.

1140 Vgl. Europarat 1988.

1141 Vgl. Poirier und Saunders 2015b, S. 452 ff.; Poirier et al. 2015; Behnke und Mueller 2017.

1142 Vgl. Steytler und Kincaid 2009.

Weiters seien sie undurchlässig, weil sie häufig kaum formell strukturiert sind und vielfach auf informeller Ebene stattfinden.[1143]

3.7.1 Kooperations- und Konsultationsmechanismen auf nationaler Ebene

In allen drei Alpenländern sind auf nationaler Ebene Verbände der lokalen Gebietskörperschaften tätig, die mitunter einen beträchtlichen Einfluss haben bzw. in den formellen Gesetzgebungsprozess eingebunden sind. In Österreich manifestiert sich die zentrale Stellung dieser Interessensverbände bereits durch deren Erwähnung in der Verfassung, dementsprechend der Österreichische Gemeindebund und der Österreichische Städtebund dazu berufen sind, die Interessen der Gemeinden zu vertreten (Art. 115, B-VG). Diese beiden privatrechtlich organisierten Institutionen dienen als Dachverbände für einzelne auf Landesebene organisierte Interessensvertretungen.

Der Österreichische Städtebund wurde bereits 1915 gegründet und fungiert als Interessensvertretung von fast allen österreichischen Gemeinden mit über 10.000 Einwohner*innen. Er repräsentiert insgesamt 258 Städte und größere Gemeinden.[1144] Die Leitung des Städtebunds obliegt einem 20-köpfigen Gremium (Geschäftsleitung), das alle zwei Jahre von den Mitgliedern beim Städtetag gewählt wird. Als Präsident und Oberhaupt der Geschäftsleitung fungiert der*die Bürgermeister*in von Wien. Organisatorisch besteht der Städtebund zudem aus einem Hauptausschuss mit 60 Vertreter*innen aus 39 Städten sowie themenspezifischen Ausschüssen, organisiert Fachtagungen und jährlich auch den österreichischen Städtetag, außerdem informiert er seine Mitglieder periodisch über die Österreichische Gemeinde-Zeitung. Seine Hauptaufgabe sind die Vertretung der kommunalen Interessen und das Angebot von Serviceleistungen für die Mitglieder.

Demgegenüber wurde der österreichische Gemeindebund 1947 als Landgemeindebund gegründet und ist heute ebenso als Dachorganisation für die lokalen Gebietskörperschaften tätig.[1145] Der Gemeindebund hat 2.082

1143 Vgl. Poirier 2019.

1144 Siehe: Österreichischer Städtebund, https://www.staedtebund.gv.at/organisation/oesterr-staedtebund/, zuletzt geprüft am 06.04.2023.

1145 Zu einem historischen Überblick der Entwicklung des Gemeindeverbandes, siehe: Österreichischer Gemeindebund 2017.

Mitgliedsgemeinden.[1146] Das höchste Gremium ist der Bundesvorstand, der sich aus 65 Vertreter*innen der einzelnen Landesverbände zusammensetzt. Dieser Vorstand wählt auch den Vorsitzenden (Präsidenten), der*die den Verein gemeinsam mit zwei Stellvertretungen und weiteren Obleuten der Landesverbände führt. Der auf fünf Jahre gewählte Präsident muss bei seiner erstmaligen Wahl das Amt eines*einer Bürgermeisters*in innehaben oder Obmann*Obfrau eines Landesverbandes sein. Wie der Städtebund, verfügt auch der Gemeindebund über Fachausschüsse und gibt eine eigene Zeitschrift heraus. Ihr politisches Gewicht machen die beiden Verbände vor allem durch die Beteiligung in diversen Gremien geltend. Zum wichtigsten gehört das Komitee für den österreichischen Finanzausgleich. Vertreter*innen des Gemeinde- und des Städtebunds sie bei diesen Verhandlungen und damit auch an den Entscheidungen zur finanziellen Ausstattung der Gemeinden gemeinsam mit Ländern und Bund direkt beteiligt, wobei die diesbezügliche Gesetzgebung dem Bund obliegt. Abgesehen von diesem wichtigen Gremium existieren zwei Vereinbarungen zwischen Bund, Ländern und Gemeinden, welche weitere intergouvernementalen Beziehungen zwischen den drei Regierungsebenen regeln: Den so sogenannten Konsultationsmechanismus und den Stabilitätspakt.[1147]

Der Abschluss dieser Vereinbarungen und die explizite Teilnahme der Gemeinden wurden vorab durch ein Bundesverfassungsgesetz ermöglicht.[1148] Die Vereinbarung zum Konsultationsmechanismus verpflichtet Bund und Länder alle Gesetzesentwürfe und Verordnungen der jeweils anderen Regierungsebene sowie dem Österreichischen Gemeindebund und Städtebund zu übermitteln. Hierbei geht es vor allem um die finanziellen Auswirkungen, die etwaige Beschlüsse auf die Vertragspartner haben könnten. Der Konsultationsmechanismus legt fest, dass neben dem Bund und dem Land auch der Gemeinde- oder Städtebund Verhandlungen in einem festgelegten Konsultationsgremium verlangen kann. Dieses setzt sich dann, je nachdem welche Regierungsebene von einem Einwand betroffen ist, dementsprechend zusammen. Wird in diesem Gremium kein Einvernehmen über die Kostentragung durch die Gebietskörperschaften erreicht, so müssen die finanziellen Ausgaben von jener Gebietskörperschaft getragen werden, welche das Gesetz erlassen hat.

Die zweite Vereinbarung betrifft den Stabilitätspakt und die Haushaltsführung der Regierungsebenen. Diese vereinbaren die Haushaltsführung zu koordinieren

1146 Siehe: Österreichischer Gemeindebund, https://gemeindebund.at/ueber-den-gemeindebund/, zuletzt geprüft am 06.04.2023.

1147 BGB1. Nr. 35/1999; Vgl. Gamper 2008b, S. 87 ff.

1148 BGBl. I Nr. 61/1998.

und die Einhaltung der Kriterien der EU sicherzustellen. Zur Umsetzung dieser Verpflichtungen wurden politische Koordinationskomitees eingerichtet, bei dem die Gemeinden wiederum durch den Gemeinde- und Städtebund vertreten sind. Die zwei Verbände sind außerdem in den Auswahlprozess der österreichischen Mitglieder im Ausschuss der Regionen der EU eingebunden.

Eine weitere Kooperationsplattform an denen die beiden Dachorganisationen als Vertreter der lokalen Regierungsebene mit Ländern und Bund zusammenarbeiten, ist die Österreichische Raumordnungskonferenz (ÖROK). Diese wurde 1971 gegründet und repräsentiert eine von allen drei Regierungsebenen getragene Einrichtung, um die österreichische Raumordnung zu koordinieren, u.a. durch die Veröffentlichung von Raumentwicklungskonzepten.[1149]

Anders als die Gemeinden in Österreich gibt es für die italienischen Gemeinden einen einzigen Verband über den sie in nationalen Gesetzgebungsprozess eingebunden sind. Dies ist die nationale Vereinigung Anci (*Associazione Nazionale Comuni Italiani*) wobei dieser Verband nicht direkt selbst an der Gesetzgebung teilnimmt, aber über das multilaterale Kooperationssystem der so genannten Konferenzen institutionell im Entscheidungsprozess verankert ist.[1150] Ein weiterer Verband, der landesweit aktiv ist, ist die Union der italienischen Provinzen (Upi, *Unione delle Province d'Italia*), die alle italienischen Provinzen mit Ausnahme der beiden autonomen Provinzen vertritt. Darüber hinaus gibt es mehrere weitere national tätige Verbände, welche die Interessen der lokalen Behörden vertreten. Da ist zum einen der Nationale Verband der Bergstädte und -gemeinden (UNCEM, *Unione Nazionale Comuni Comunità Enti Montani*), der 1952 gegründet wurde. Dann existiert der Nationale Verband der kleinen Gemeinden (ANPCI, *Associazione nazionale piccoli Comuni di Italia*), der lokale Einheiten mit bis zu 5.000 Einwohner*innen vertritt, oder drittens die ALI-*Autonomie Locali Italiani*, ein Verband, der 2.500 Gemeinden, Provinzen, Regionen und Berggemeinden vertritt und sich für eine Föderalisierung des Staates einsetzt.[1151]

1149 Siehe: Österreichische Raumordnungskonferenz, https://www.oerok.gv.at/, zuletzt geprüft am 06.04.2023.

1150 Siehe: *Conferenza Stato-cittá ed autonomie locali*, http://www.conferenzastatocitta.it/it/, zuletzt geprüft am 06.04.2023; vgl. Bifulco 2006; Gaspari 1998; Palermo und Wilson 2014; Servizio studi del Senato 2016; Ruggiu 2011.

1151 Siehe: Unione Nazionale Comuni Comunità Enti Montani UNCEM, https://uncem.it/uncem/; Autonomie locali italiane ALI, https://aliautonomie.it/chi-siamo, zuletzt geprüft am 06.04.2023.

In der italienischen Verfassung sind keine formalen Kooperationsmechanismen zwischen Staat und anderen Regierungsebenen erwähnt, wohl aber die Pflicht für Regionen, ein Beratungsorgan zwischen Region und ihren jeweiligen Gemeinden einzurichten (Art. 123, itVerf). Durch ein nationales Gesetz wurden allerdings die intergouvernementalen Mechanismen der sogenannten Konferenzen festgelegt. So existieren zwei formelle Gremien zur Einbindung der lokalen Regierungsebene in den nationalen Entscheidungsprozess: Die *conferenza Stato-cittá ed autonomie locali*, ein Gremium bestehend aus Vertreter*innen der nationalen Regierung und der lokalen Gebietskörperschaften sowie die *conferenza unificata*, welche diese Konferenz zwischen Staat und lokalen Gebietskörperschaften mit der Staat-Regionen-Konferenz (*conferenza stato-regioni-province autonome*) vereint, die wiederum ein Organ für die Beziehungen zwischen Staat und Regionen darstellt.[1152] Da die Konferenzen die einzigen formellen Institutionen sind, in denen sich politischen Vertreter*innen der lokalen Gebietskörperschaften regelmäßig mit Mitgliedern der nationalen und subnationalen Regierungen austauschen, sind sie für den politischen Prozess von höchster Bedeutung und nehmen dementsprechend eine wichtige *„Verbindungs- und Beraterrolle"*[1153] ein.

Zu unterstreichen ist, dass es sich bei der Kooperationsform um eine auf rein exekutiver Ebene handelt. Die Konferenzen wurden 1997 eingerichtet und haben die Stellung der Gemeinden innerhalb des Mehrebenensystems zumindest in formaler Hinsicht gestärkt. Die Konferenz Staat-Städte-Lokalautonomien hat vor allem die Koordinierung der Beziehungen zwischen dem Staat und den Gebietskörperschaften zum Ziel. Dazu gehören Beratungs- und Informationstätigkeiten, Diskussionen zu Themen, die sich auf die Aufgaben der Provinzen, Gemeinden und Großstädte auswirken können, die Erörterung der Organisation der Lokalautonomien sowie die Finanz- und Haushaltspolitik oder nationale Gesetzesinitiativen. Mitglieder sind Vertreter*innen der nationalen Regierung und der lokalen Regierungsebene. Den Vorsitz führt der*die italienische Premierminister*in oder – per Delegation – die Innenminister*innen bzw. Minister*innen für regionale Angelegenheiten. Darüber hinaus nehmen noch die nationalen Minister*innen für Finanzen, Wirtschaft, Infrastruktur und Gesundheit an der Konferenz teil. Die lokalen Gebietskörperschaften sind durch die Präsident*innen des Anci und des Verbandes der italienischen Provinzen (Upi) repräsentiert, sowie 14 von der Anci ernannte Bürgermeister*innen und

1152 Beide Konferenzen wurden mit Dekret des Ministerpräsidenten vom 2. Juli 1996 eingeführt und durch Gesetzesdekret Nr. 281/1997 abgeändert.

1153 Woelk 2005, S. 247.

sechs von der Upi ernannte Präsidenten der Provinzen. Durch die Bestimmung, dass fünf der 14 ernannten Bürgermeister*innen die italienischen Großstädte vertreten müssen, wird versucht, ein Gleichgewicht zwischen städtischen und ländlichen Gebieten zu garantieren.

Die Konferenz tritt mindestens einmal im Monat zusammen, wobei der*die Ministerpräsident*in sowie die Präsidenten des Anci und Upi das Recht besitzen, um eine Sitzung zu bitten, wann immer sie es für notwendig erachten. Die 26 Mitglieder der Konferenz gehören gleichzeitig auch der „gemeinsamen Konferenz“ an, die alle Regierungsebenen (Staat, subnationale Gebietskörperschaften und Gemeinden) miteinander verbindet.[1154] Gemäß Gesetzesdekret Nr. 281/1997 besteht die Verpflichtung, diese gemeinsame Konferenz zu Gesetzesentwürfen bzw. Gesetzesdekreten zu konsultieren, die für die Regionen und die lokalen Gebietskörperschaften von gemeinsamem Interesse sind. Konkret äußert sich die gemeinsame Konferenz mit Stellungnahmen (*pareri*) unter anderem zu dem Entwurf eines Stabilitätspakts, der auf die Gewährleistung gesunder öffentlicher Finanzen abzielt, dem Finanzgesetzentwurf sowie dem Wirtschafts- und Finanzplanungsdokument.

Festzuhalten ist, dass die Konferenz eine rein beratende Funktion innehat und ihre Vereinbarungen und Stellungnahmen für die nationale Regierung nicht bindend sind. Das politische Gewicht der Konferenzen ist konsolidiert, doch trotzdem schaffen sie es selten, politische Abläufe zu blockieren.[1155] In der Tat ist insbesondere die Rolle der lokalen Gebietskörperschaften im Vergleich zur nationalen Regierung begrenzt. Dies wird dadurch unterstrichen, dass der*die Ministerpräsident*in bei beiden Konferenzen den Vorsitz führt und die Tagesordnung festlegt. Nichtsdestotrotz haben die Konferenzen ermöglicht, die Stimme der lokalen Gebietskörperschaften zu stärken sowie das Regionen, autonome Provinzen und Lokalautonomien sich seitdem an der Willensbildung zum Gesetzgebungsprozess der Europäischen Union beteiligen.[1156] In der Praxis stehen die Konferenzen auch in Kritik, dass sie sich insbesondere auf technische Fragen beschränken oder als Ort der Formalisierung von Entscheidungen dienen, die bereits im Vorfeld, z.B. in den Gemeindeverbänden oder der Konferenz der

1154 An dieser „gemeinsamen Konferenz“ nehmen auch die Mitglieder der Staat-Regionen Konferenz teil, die wiederum aus dem*der Ministerpräsidenten*in, den Minister*innen für regionale Angelegenheiten sowie allen Präsidenten der italienischen Regionen und den beiden Landeshauptleuten der Autonomen Provinzen Trient und Bozen gebildet wird.

1155 Vgl. Ruggiu 2011.

1156 Vgl. Woelk 2005, S. 246 f.

Präsidenten der Regionen, beschlossen wurden.[1157] Das Land Südtirol ist in den Leitungsgremien des Anci mit einem Sitz vertreten und somit ebenso in das System der Konferenzen eingebunden. Politisch betrachtet geht Südtirol allerdings meist direkte Wege der Kommunikation mit der Nationalregierung, insbesondere über die eigenen nationalen Abgeordneten bzw. die Sechserkommission.

In der Schweiz verpflichtet Artikel 50 der Bundesverfassung den Bund dazu, bei der Gesetzgebung die Auswirkungen seines Handels auf die Gemeinden zu berücksichtigen. Die intergouvernementalen Beziehungen zwischen Gemeinden und dem Bundesstaat sind allerdings selten und geschehen meist über die Kantone.[1158] Allerdings sind die Gemeinden bzw. ihre Interessenvertretungen durch das so genannte Vernehmlassungsverfahren[1159] in den nationalen Gesetzgebungsprozess eingebunden: *„Das Vernehmlassungsverfahren bezweckt die Beteiligung der Kantone, der politischen Parteien und der interessierten Kreise an der Meinungsbildung und Entscheidfindung des Bundes."* (Art. 2, VlG).

Das Gesetz legt explizit fest, dass zur Stellungnahme im Vernehmlassungsverfahren neben den Kantonsregierungen und den Parteien in der Bundesversammlung auch die gesamtschweizerischen Dachverbände der Gemeinden, Städte und Berggebiete eingeladen werden (Art. 4, VlG). Diese Stellungnahmen werden zur Kenntnis genommen, gewichtet, ausgewertet und in einem Bericht zusammengefasst (Art. 8, VlG). Zudem haben die schweizerischen Gemeinden noch andere Möglichkeiten, sich an der Bundesgesetzgebung zu beteiligen oder ihre Interessen durch Beschwerden oder Einsprache geltend zu machen, wobei dies nur in den einzelnen Bundesgesetzen spezifiziert ist. Dies geschieht z.B. bei der Errichtung von Baulinien der Eisenbahn, im Rahmen der Kernenergie oder dem Naturschutz.[1160] Zu nennen sind in diesem Zusammenhang auch die „Richtlinien zuhanden der Bundesverwaltung betreffend die Zusammenarbeit zwischen dem Bund, den Kantonen und den Gemeinden" aus dem Jahr 2002. Dort ist spezifiziert, dass der Bund bei der Ausübung seiner Tätigkeit die möglichen Auswirkungen auf die Städte und Gemeinde systematisch zu berücksichtigen hat (Art. 2). So sollen sich Gemeinden etwa *„in angemessener Form"* an der Arbeit von Expertenkommissionen oder Arbeitsgruppen des Bundes beteiligen oder sich eben im Vernehmlassungsverfahren einbringen können. Innerhalb letzterem sollen die

---

1157 Vgl. Carpani 2009.

1158 Ladner und Keuffer 2018; Ladner et al. 2019, S. 202.

1159 Bundesgesetz über das Vernehmlassungsverfahren (Vernehmlassungsgesetz), 172.061.

1160 Art. 18f und 18q, Eisenbahngesetz 742.101; Art. 46 und 55 Kernenergiegesetz 732.1; Art. 12, Bundesgesetz über den Natur- und Heimatschutz, 451.

Stellungnahmen der nationalen Verbände sogar „*besonders gewichtet*" werden (Art. 7). Interessanterweise legen die Richtlinien auch fest, dass Direktkontakte zwischen Bund und Gemeinden Ausnahmecharakter haben und grundsätzlich in einem dreigliedrigen Rahmen (Bund, Kantone, Gemeinden) stattfinden (Art. 8).

Wie in Italien und Österreich gibt es auch in Schweiz nationale Repräsentationsverbände der Gemeinden und Städte, die deren Interessen gegenüber dem Bund vertreten. Hinzu kommt noch ein eigener Dachverband für die Berggebiete. Diese Verbände sind, wie angesprochen, in Arbeitsgruppen des Bundes involviert und vertreten die Gemeinden bei Vernehmlassungen und Anhörungen im Vorfeld der nationalen Gesetzgebung.[1161] Der Schweizerische Gemeindeverband[1162] ist ein 1953 gegründeter Verein und vertritt nach Eigenangaben 71 Prozent[1163] der schweizerischen Gemeinden gegenüber den Bundesbehörden. Leitungsgremium ist ein 15-köpfiger Vorstand, der von der Generalversammlung gewählt wird und aus kommunalen Exekutivrepräsentanten besteht.

Demgegenüber existiert der Schweizerische Städteverband, welcher bereits seit 1897 die schweizerischen Gemeinden mit städtischem Charakter repräsentiert. Dieser Städteverband hat 132 Mitglieder und wird von einem Vorstand mit Präsident*in und 15 Mitgliedern geführt, die Exekutivmitglieder einer Stadt oder Gemeinde sind. Zu den Aufgaben gehörten die sachbezogene politische Vertretung der Mitglieder gegenüber den Behörden, die Interessensvertretung der Mitglieder gegenüber der Öffentlichkeit, nationalen und internationalen Organisationen sowie weitere Dienstleistungen.[1164] Als Gemeinden mit städtischem Charakter definiert das Statut des Verbandes die Kantonshauptorte und Gemeinden mit mehr als 5.000 Einwohner*innen. Neben der Teilnahme im Vernehmlassungsverfahren oder in den Kommissionen des Bundes ist der Städteverband durch die Person des*der Präsident*in – wie auch der*die Präsident*in des

---

1161 Siehe: Schweizerische Eidgenossenschaft, Vernehmlassungen, https://www.admin.ch/gov/de/start/bundesrecht/vernehmlassungen.html, zuletzt geprüft am 05.04.2023.

1162 Siehe Schweizerischer Gemeindeverband, https://www.chgemeinden.ch, zuletzt geprüft am 05.04.2023.

1163 Von den 105 Gemeinden aus Graubünden sind zum 01.01.2023 77 Gemeinden (76 %) Mitglieder im Gemeindeverband. Siehe: Schweizerischer Gemeindeverband, Mitglieder, https://www.chgemeinden.ch/de/verband/mitglieder/index.php, zuletzt geprüft am 05.04.2023.

1164 Siehe: Schweizerischer Städteverband, Statuten, https://staedteverband.ch/cmsfiles/statuten_ssv_deutsch_ab_2017.pdf?v=20200702170124, zuletzt geprüft am 05.04.2023.

Schweizerischen Gemeindeverbandes – in der Tripartiten Konferenz vertreten. Dies ist eine politische Plattform, an der Vertretungen aller Regierungsebenen teilnehmen, um gemeinsam politische Positionen zu erarbeiten und die Zusammenarbeit zwischen der nationalen Regierungsebene und den ländlichen wie urbanen Gebietskörperschaften zu fördern. Besondere Themen, mit welchen sich die Konferenz beschäftigt, sind die Agglomerationen – eine Form der ländlichen Zusammenarbeit –, eine kohärente Raumentwicklung und der Finanzausgleich.[1165] Die Konferenz basiert auf einer Vereinbarung von 2016, die von Interessensvertretungen der Gemeinden und Städte gemeinsam mit dem Bund sowie den Kantonen beschlossen wurde. Ihre Vorläuferform – die Tripartite Agglomerationskonferenz – war bereits seit 2001 aktiv.[1166] Es handelt sich hierbei um ein Forum, in welchem die Gemeinden nicht nur mit dem Kanton, sondern auch der Bundesebene in Kontakt kommen und austauschen können.

Ein weiteres Forum, bei welchem der Kanton Graubünden beteiligt ist, ist die „Metropolitankonferenz Zürich". Seit 2009 ist der Kanton ein assoziiertes und beratendes Mitglied dieses Vereins. Auch hierbei handelt es sich um eine Plattform zum Informationsaustausch zwischen Kantonen und Gemeinden. Der Verein setzt selbst Projekte um und setzt sich auf Bundesebene für den Großstadtraums ein. Der Kanton Graubünden wurde durch eine Reihe von funktionalen Beziehungen mit Kantonen, Städten und Gemeinden des Metropolitanraums zum Mitglied und wollte diese weiter verstärken.[1167]

Neben dem Gemeinde- sowie Städteverband existiert drittens die Schweizerische Arbeitsgemeinschaft für die Berggebiete (SAB), welche die Interessen der Berggebiete vor dem Bund vertritt und ebenso am Vernehmlassungsverfahren teilnimmt. Die SAB setzt sich *„für die politischen, wirtschaftlichen und kulturellen Interessen der Bergbevölkerung gegenüber Bund und Kantonen sowie gegenüber den Trägern der Raumordnung, der Wirtschafts-, Kultur- und Sozialpolitik"*[1168] ein. Der Verein existiert seit 1943, die Mitglieder sind nicht nur Berggemeinden,

---

1165 Für ausführliche Informationen über Ziele, Aufgaben und das Arbeitsprogramm der Tripartiten Konferenz siehe: Tripartite Konferenz, https://www.tripartitekonferenz.ch, zuletzt geprüft am 05.04.2023.

1166 Vgl. Hänni und Meier 2014, S. 74 ff.

1167 Siehe: Kanton Graubünden, Standeskanzlei, Metropolitankonferenz Zürich, https://www.gr.ch/IT/istituzioni/amministrazione/staka/aussenbeziehungen/interkantonales/Seiten/Metropolitankonferenz-Z%C3%BCrich.aspx, zuletzt geprüft am 19.05.2023.

1168 Siehe: Schweizerische Arbeitsgemeinschaft für die Berggebiete, https://www.sab.ch/politik/, zuletzt geprüft am: 16.05.2023.

sondern auch Bergkantone, Berggebietsregionen und anderen Körperschaften bzw. Einzelpersonen.

3.7.2 Kooperations- und Konsultationsmechanismen auf subnationaler Ebene

Außer den Institutionen und Organisationen auf nationaler Ebene, existieren in allen drei Territorien auch Repräsentationsorgane und für Gemeinden zuständige Landesämter auf subnationaler Ebene. Zudem ist jeweils ein Mitglied der subnationalen Regierung für die Gemeinden verantwortlich.[1169]

In Italien liegt die Zuständigkeit, inwieweit Gemeinden in den regionalen Entscheidungsprozess eingebunden werden, seit 2001 bei den Regionen. So ist jede Region durch die Verfassung verpflichtet, einen so genannten Rat der örtlichen Autonomien als beratendes Organ zwischen Region und Gemeinden einzurichten.[1170] Auf dieser Grundlage wurde auch der „Rat der Gemeinden" in Südtirol eingeführt,[1171] wobei Südtirol als autonomes Gebiet nicht dazu verpflichtet gewesen wäre.[1172] Die Einrichtung dieses Organs hat allerdings zu einer stärkeren Rolle der Gemeinden im politischen System beigetragen, da der Rat über wichtige Kooperationsfunktionen sowohl mit der subnationalen Legislative als auch der Landesregierung verfügt.[1173] Der Rat hat 17 Mitglieder, die dem Verwaltungsrat des Südtiroler Gemeindenverbandes entsprechen.[1174] Er muss die Vertretung der kleinen Gemeinden, der Bezirksgemeinschaften sowie den Anteil der weiblichen Bürgermeisterinnen und Gemeindereferentinnen berücksichtigen. Zudem müssen die Mitglieder der Sprachgruppenverteilung im Land Rechnung tragen. Der Rat der Gemeinden ist beim Südtiroler Landtag angesiedelt und nimmt zu allen Gesetzesentwürfen und Beschlussvorlagen des Landtages und der Landesregierung, welche die lokale Ebene betreffen, Stellung. Er äußert sich

---

1169 Graubünden: Departement für Finanzen und Gemeinden (Verwaltung), Regierungsrat Christian Rathgeb (Politik); Südtirol: Abteilung Örtliche Körperschaften und Sport (Verwaltung), Landeshauptmann Arno Kompatscher (Politik); Tirol: Abteilung Gemeinden (Verwaltung); Landeshauptmann Anton Mattle (Politik); Stand: Dezember 2022.

1170 Art. 123, itVerf. Vgl. Peterlini 2016.

1171 LG Nr. 4/2010.

1172 Verfassungsgerichtsurteil Nr. 370/2006. Vgl. Peterlini 2016, S. 75 f.

1173 Vgl. Klotz 2019.

1174 Der Südtiroler Gemeindenverband wurde 1954 als Genossenschaft gegründet und fungiert als Interessensverband zur Vertretung, die Beratung und Betreuung seiner Mitglieder.

> *„zwingend zu Begehrensgesetzentwürfen und Gesetzentwürfen, zu Landesverordnungen und allgemeinen Verwaltungsakten, falls diese Themenbereiche berühren, in denen die entsprechenden Funktionen zur Gänze oder teilweise den Gemeinden zugewiesen oder zuzuweisen sind bzw. lokale Steuern oder die Lokalfinanzen betreffen."*[1175]

Nach Aufforderung muss der Rat innerhalb von 30 Tagen ein Gutachten abgeben, das positiv, negativ oder bedingt positiv sein kann.[1176] Die Gutachten sind nicht bindend, sollten sich die Adressaten aber nicht daran halten, müssen sie dies begründen.[1177] Weitere Kompetenzen des Rates der Gemeinden sind: Er verfügt im Zusammenhang mit lokalen Zuständigkeiten betreffende Landesgesetze über eine Gesetzesinitiative; der Präsident des Rates kann Anhörungen durch die Gesetzgebungskommissionen des Landtags verlangen; er kann, mit Zustimmung von zwei Dritteln seiner Mitglieder, eine Volksabstimmung zur Abschaffung eines Gesetzes einleiten (mit Ausnahme von lokalen Steuern, Finanzen oder dem Landeshaushalt). Sonstige Zuständigkeiten sind die Einreichung von Vorschlägen an die Landesregierung oder den Landtag zu Themen, die im Interesse der Gemeinden liegen. Außerdem darf der Rat, wenn von den Landesgremien gefordert, ein fakultatives Gutachten abgeben.

Es existiert außerdem eine „Konferenz für die Beziehungen zwischen Land und Gemeinden" für den Abschluss von Vereinbarungen, die auf Antrag der Landesregierung oder dem Rat der Gemeinden zusammentrifft. Das Landesgesetz nur Neuordnung der örtlichen Körperschaften legte fest, dass neue Aufgaben der Gemeinden nur in Übereinstimmung mit dem Rat der Gemeinden übertragen werden. Damit kommt dem Rat auch eine zentrale Rolle bei der Umsetzung von Landesgesetzen zu. Somit legte das besagte Landesgesetz einen Grundstein für eine neue Phase der Zusammenarbeit, um die Gemeinden aufzuwerten.[1178]

In Tirol gibt es kein wirkliches Pendant zum Südtiroler Rat der Gemeinden, allerdings existiert in Form des Tiroler Gemeindeverbandes eine Landessektion des Österreichischen Gemeindebunds, der für die Kooperation mit der Landesebene wichtige Funktionen einnimmt. Mitglieder des Gemeindeverbandes können alle Tiroler Gemeinden sein, sofern ihnen nicht ein eigenes Statut verliehen wurde (§ 4 Satzung), womit die Stadt Innsbruck von der Mitgliedschaft ausgeschlossen ist. Die Landeshauptstadt ist hingegen in der Tiroler Landessektion

---

1175 Art. 6, LG Nr. 4/2010.

1176 Vgl. Peterlini 2016, S. 80.

1177 Der Rat der Gemeinden ist aktiv, im Jahr 2022 wurden insgesamt 111 Gutachten und drei Stellungnahmen verfasst. Vgl. Südtiroler Gemeindenverband Genossenschaft 2022, S. 30.

1178 Vgl. Happacher und Terzer 2018, S. 219.

des österreichischen Städtebundes vertreten, deren Vorsitzender der Innsbrucker Bürgermeister ist. Neben Innsbruck sind in diesem Gremium noch 13 weitere Tiroler Gemeinden Mitglied, u.a. die größeren Gemeinden Lienz, Kufstein und Telfs. Der Tiroler Gemeindeverband ist nicht nur als Beratungsstelle für die Tiroler Gemeinden tätig – wie es auch der Südtiroler Gemeindenverband macht – sondern fungiert auch als Interessensvertretung gegenüber dem Land. Diesbezüglich nimmt er auch Einfluss auf die subnationale Politikgestaltung: So sind die Tiroler Gemeinden durch den Gemeindeverband sowie die genannte Landessektion des Städtebunds im bereits genannten verfassungsrechtlich verankerten österreichischen Konsultationsmechanismus eingebunden. Sollten nämlich Vertreter*innen des nationalen Gemeindebundes oder des Städtebundes ein Gesetz oder eine Verordnung des Landes Tirol beanstanden, gehören dem diesbezüglichen Konsultationsgremium auch Vertreter*innen des Landes Tirol an. Neben Vertreter*innen der Bundesregierung sind drei Mitglieder der Tiroler Landesregierung sowie je ein von den Landesverbänden des Gemeindebundes und Städtebund namhaft gemachtes Mitglied an diesem Gremium beteiligt.[1179] Ebenso existiert für die genannte Verpflichtung einer koordinierten Haushaltsführung im Rahmen des Stabilitätspakts ein Länder-Koordinationskomitee zwischen dem Land Tirol und seinen Gemeinden, in denen ebenso Vertreter*innen der jeweiligen Landesverbände des Österreichischen Gemeinde- und Städtebundes vertreten sein müssen.[1180]

Zusätzlich zu diesen beiden Gremien ist in der Tiroler Landesordnung festgeschrieben,[1181] dass über Gesetzesentwürfe vonseiten der Landesregierung ein Begutachtungsverfahren durchzuführen ist. In diesem Verfahren müssen die Interessensvertretungen der Gemeinden und der Stadt Innsbruck angehört werden, sofern die Gesetzesvorlage Interessen der lokalen Gebietskörperschaften betrifft. Dies ermöglicht den Tiroler Gemeinden Stellungnahmen zu Gesetzesanträgen, wobei es sich hier mit Ausnahme der Stadt Innsbruck nicht um eine Möglichkeit für einzelne Gemeinden handelt, sondern um einen Prozess, der nur über die Interessenvertretungen abgewickelt wird.[1182] Eine weitere Einschränkung dieser Mitbestimmung ist, dass diese Begutachtung nur bei Gesetzentwürfen vonseiten der Landesregierung durchzuführen ist und nur dann, wenn das Gesetz nicht mit einer besonderen Dringlichkeit einhergeht.[1183] Als weiteres

1179 Art. 3, BGBl. I Nr. 35/1999.
1180 Siehe: ÖStP 2012.
1181 Art. 36, Abs. 2, TLO.
1182 Vgl. Eller 2020, S. 125 f.
1183 Art. 36, Abs. 1, TLO.

Mitwirkungsrecht im Tiroler Gesetzgebungsprozess gibt es allerdings die Möglichkeit für 40 Gemeinden gemeinsam oder die Stadt Innsbruck allein, einen Antrag auf Erlassung, Änderung oder Aufhebung von Landesgesetzen (Volksbegehren) zu stellen, worüber dann der Landtag entscheidet.[1184] Da die österreichischen Gemeinden ansonsten gleichwertig geregelt sind, ist im Bereich der lokalen Mitwirkungsrechte gegenüber dem Land eine Privilegierung der Landeshauptstadt erkennbar.[1185] Diese kann über ihren Gemeinderat überdies auch einen Antrag auf Änderung ihres Stadtrechts bei der Landesregierung stellen, was als weitere Möglichkeit für eine Gesetzesinitiative gilt.[1186]

Auch die Bündner Gemeinden haben unter bestimmten Voraussetzungen die Möglichkeit Kantonsgesetze zu erlassen, zu ändern oder aufzuheben. So kann ein Zehntel der Gemeinden ein fakultatives Referendum über den Erlass, die Änderung oder die Aufhebung von Gesetzen verlangen (Art. 17, KV). Zudem haben ein Siebtel der Bündner Gemeinden die Möglichkeit eine Volksinitiative zur Total- oder Teilrevision der Kantonsverfassung zu verlangen oder ein Achtel der Gemeinden den Erlass, die Änderung oder Aufhebung eines Gesetzes (Art. 12, KV[1187]). Diese Volksinitiativen müssen innerhalb von zwei Jahren dem Volk zu Abstimmung vorgelegt oder einem fakultativen Referendum unterzogen werden, wobei der Große Rat auch einen Gegenvorschlag erstellen kann (Art. 15, KV).

Eine weitere Möglichkeit der Bündner Gemeinden den Gesetzgebungsprozess auf kantonaler Ebene zu beeinflussen, ist das Vernehmlassungsverfahren, das vor der jeweiligen parlamentarischen Debatte stattfindet. Die Vernehmlassungsverfahren auf Kantonsebene sind in der Schweiz unterschiedlich gestaltet und nehmen im Vergleich zur direkten Demokratie oder der parlamentarischen Debatte eine geringere Rolle ein.[1188] In einigen Kantonen findet das Verfahren in der jeweiligen kantonalen Verfassung Niederschlag, während andere Kantone es nur per Gesetz, Verordnung oder Reglement regeln. Im Kanton Graubünden existiert keine kantonale Verfassungs- oder Gesetzesgrundlage, sondern das Vernehmlassungsverfahren wird nur verwaltungsintern geregelt. So steht in den Richtlinien für die Rechtsetzung von 2010:

1184 Art. 37, Abs. 1, TLO.

1185 Vgl. Eller 2020, S. 146.

1186 § 89, Innsbrucker Stadtrecht, vgl. Eller 2020, S. 147.

1187 Siehe auch: Gesetz über die politischen Rechte im Kanton Graubünden (GPR), 150.100.

1188 Vgl. Neubert 2008; Belser 2021a.

„Fälle besonderer Dringlichkeit vorbehalten, ist ein Vernehmlassungsverfahren immer dann durchzuführen, wenn der vorgesehene Erlass die Aufgabenteilung zwischen Kanton und Gemeinden berührt oder anderweitig erhebliche politische, wirtschaftliche, finanzielle oder kulturelle Tragweite aufweist oder in erheblichem Mass ausserhalb der kantonalen Verwaltung vollzogen wird.“[1189]

Die Durchführung des Verfahrens liegt in den Händen des zuständigen Departements, die auch die tatsächlichen Adressaten auswählen, oder der Standeskanzlei.[1190]

Letzens kann das kantonale Parlament als Forum der Mitwirkung für die Bündner Gemeinden genannt werden. Anders als in Südtirol und Tirol, können in Graubünden die lokalen Gemeindepräsidenten nämlich auch gleichzeitig Mitglieder des kantonalen Parlaments sein (*„cumul de mandats*“). Sie nehmen somit direkt am kantonalen Gesetzgebungsprozess teil, sind aber gleichzeitig Amtsträger*innen auf lokaler Ebene. Diese Verschränkung der politischen Ämter kann der Zusammenarbeit zwischen lokaler und kantonaler Ebene zuträglich sein und erleichtert die politische Einflussnahme vonseiten der lokalen Regierungsebene.[1191]

Was es in Graubünden nicht gibt, ist hingegen ein Repräsentationsorgan, wie der Südtiroler oder Tiroler Gemeindeverband, das als direkter Ansprechpartner zwischen allen Gemeinden und dem Kanton fungiert und alle Bündner Gemeinden in den höheren Regierungsebenen vertritt. Mit der „Interessengemeinschaft der Kleingemeinden Graubündens“ (IGK) existiert zwar eine ähnliche Institution, die als privatrechtlich und politisch neutrale Organisation die Interessen der Kleingemeinden gegenüber Bund, Kanton und anderen Organisationen bzw. der Öffentlichkeit vertritt. Sie dient allerdings hauptsächlich als Informationsplattform für die Gemeinden. Zu ihren Aufgaben gehören der Erfahrungs- und Informationsaustausch sowie die Unterstützung von Gemeinden, z.B. durch Kurse, Veranstaltungen oder die Vermittlung von Arbeitsunterlagen.[1192] Die Mitgliedschaft steht allen Gemeinden offen, derzeit hat die Verbindung 80 Mitglieder (Stand: Dezember 2022).

1189 Siehe: Richtlinien für die Rechtsetzung, von der Regierung genehmigt am 16. November 2010 (Prot. Nr. 1070), Stand: 01.10.2016. Für mehr Informationen zum Vernehmlassungsverfahren, vgl. Neubert 2008.

1190 Vgl. Frizzoni 2004, S. 61.

1191 Vgl. Arnold 2017.

1192 Siehe: Interessensgemeinschaft der Kleingemeinden Graubündens, Unsere Aufgaben, https://www.ig-kleingemeinden.ch/unsere-aufgaben.shtml, zuletzt geprüft am 05.04.2023.

Eigentlich wäre die IGK als Vertretung einer Vielzahl an Gemeinden in Graubünden der natürliche Repräsentant im Bündner Vernehmlassungsverfahren. Unter den potenziellen Adressaten (u.a. politische Parteien, Regionen, Gemeindeverbände und Gemeinden) scheint die IGK aber nicht auf. Laut Eigenauskunft verhält sich die Organisation bei Vernehmlassungen sehr zurückhaltend und meldet sich nur in Einzelfällen, wie z.B. bei der Vernehmlassung zum neuen Gemeindegesetz, zu Wort. Dies wird dahingehend begründet, dass die Gemeinden des Kantons sehr divergierende Interessen hätten.[1193]

3.7.3 Der Südtiroler Gemeindeverband

Der „Südtiroler Gemeindenverband Genossenschaft" ist die politische Interessensvertretung der Südtiroler Gemeinden. Er ist gleichzeitig auch das älteste Forum der horizontalen und vertikalen Zusammenarbeit der lokalen Regierungsebene und unterstützt die Gemeinden in ihrer täglichen Verwaltungstätigkeit. Der Verband ist als Genossenschaft organisiert und arbeitet nach dem Prinzip der Gemeinnützigkeit. Er kann nicht direkt als zwischengemeindliche Kooperationsform definiert werden, weil er keine lokalen Grunddienste ausführt. Dennoch stellt er eine besondere Art der Kooperation zwischen Gemeinden dar: Zum einen, weil die politischen Entscheidungsorgane des Verbandes von den Gemeinden entsandt werden. Zum zweiten, weil der Verband die Gemeinden nicht nur bei Aufgaben beratend unterstützt, sondern einige Tätigkeiten auch für diese ausführt. Zum dritten ermöglicht die Vollversammlung kontinuierliche Treffpunktplattformen für die Bürgermeister*innen.

Der Gemeindeverband wurde 1954 von 47 Südtiroler Bürgermeistern gegründet. Heute gehören alle 116 Südtiroler Gemeinden, die sieben Bezirksgemeinschaften und der Sozialbetrieb Bozen zu den Mitgliedern. Zuvor waren die Südtiroler Gemeinden in einem gemeinsamen Konsortium mit den Autonomen Provinzen Bozen und Trient und den dortigen Gemeinden organisiert.[1194] Seit Beginn lagen die primären Anliegen des Gemeindeverbandes nicht nur in der Interessensbündelung gegenüber der Region, dem Land und ggf. auch dem Staat, sondern auch in der Dienstleistung für die Gemeinden. Gemäß der Satzung lautet der Zweck des Gemeindenverbandes *„die Vertretung, den Schutz, die Hilfeleistung und den*

1193 Freundliche Auskunft per E-Mail an die Autorin am 03.07.2020.

1194 Befürworter eines eigenen Konsortiums der Südtiroler Gemeinden stellten die Idee 1954 interessierten Gemeinden vor. Vgl. Gemeindenverband 2004, S. 48 f.

Beistand, die Beratung, die Betrauung und die Förderung“ seiner Mitglieder.[1195] Heute bietet er den Gemeinden eine Reihe von Dienstleistungen, insbesondere im Bereich Informatik (Programme für statistische Daten, Buchhaltung oder Steuerwesen[1196]). Dies führt zu einer großen Erleichterung des Arbeitsaufwandes und gleichzeitig zu einer Homogenität gewisser Dienstleistungen im ganzen Land. Eine zentrale Dienstleistung, welche der Gemeindenverband für die Gemeinden heute erfüllt, sind die EDV-Dienste sowie die Personalverwaltung. Zudem ist der Verband in der Aus- und Weiterbildung der lokalen administrativen und politischen Vertreter*innen aktiv.

In den vergangenen Jahren war der Gemeindenverband auch in dem neuen Gesetz zur interkommunalen Zusammenarbeit involviert. So war der Präsident in einer diesbezüglichen Arbeitsgruppe vertreten und damit direkt an relevanten Fragestellungen, wie der Festlegung der Einzugsgebiete und Anspruchskriterien, beteiligt. Der Gemeindeverband ist auch Mitglied im Verband der italienischen Gemeinden Anci und mit zwei Mitgliedern in dessen Nationalrat sowie in der Person des Präsidenten im Leitungssauschuss vertreten.

Die Organe des Gemeindenverbandes sind eine Vollversammlung, der alle 116 Bürgermeister*innen und die Präsidenten der Bezirksgemeinschaften angehören, ein Verwaltungsrat, ein Arbeitsausschuss, ein Präsident und ein Aufsichtsrat. Leitungsorgan ist der von der Vollversammlung auf drei Jahre gewählte Verwaltungsrat. Nach der Gründung des Rates der Gemeinden als Vertretungsinstitution im subnationalen Entscheidungsprozess (siehe oben), wurde die Satzung des Gemeindeverbandes dahingehend geändert, dass der Verwaltungsrat aus 16 Mitgliedern und einem Präsidenten besteht, der ebenso ein*e Bürgermeister*in ist. Der Verwaltungsrat des Gemeindenverbandes entspricht somit gleichzeitig dem Rat der Gemeinden.[1197]

Die Mitglieder des Rats dürfen nur aktuelle oder ehemalige Bürgermeister*innen sowie Exekutivmitglieder der Gemeinden sein. Für eine territoriale Ausgeglichenheit steht jeder Bezirksgemeinschaft ein Mitglied zu. Die Hauptstadt Bozen stellt drei Mitglieder. Weiteres steht den Gemeinden mit mehr als 20.000 und der Gruppe der Gemeinden bis 1.200 Einwohner*innen jeweils ein Mitglied zu. Durch die Begrenzung der Verwaltungsratsmitglieder auf die lokale Exekutive sind die Führungsfunktionen auf die politischen Mehrheitsverhältnisse in den Südtiroler Gemeinden beschränkt. Es kann zwar zu unterschiedlichen parteipolitischen

---

1195 Art. 2, Südtiroler Gemeindeverband Genossenschaft, Satzung, https://www.gvcc.net/de/Organisation/Organe/Satzung, zuletzt geprüft am 06.04.2023.

1196 Vgl. Gemeindenverband 2004, S. 68 f.

1197 Vgl. Peterlini 2016; Gemeindenverband 2004, S. 53 ff.

Zusammensetzungen kommen, doch ist keine offizielle Vertretung der politischen Minderheiten vorgesehen. Finanziert wird der Gemeindeverband durch Mitgliedsbeiträge sowie Beiträge von Seiten der Provinz und der Region.[1198]

3.7.4 Der Tiroler Gemeindeverband

Der Tiroler Gemeindeverband hat eine ähnliche Funktion wie der Südtiroler Gemeindenverband und kann sowohl als politische Interessensvertretung wie auch als Dienstleistungsstelle der Gemeinden bezeichnet werden. Nicht zu verwechseln ist der Tiroler Gemeindeverband mit der verfassungsrechtlich verankerten Kooperationsform zwischen Gemeinden in Form eines Gemeindeverbandes, von denen es eine Vielzahl gibt. Ähnlich wie in Südtirol, kann der Tiroler Gemeindeverband durch seine Funktion als Interessensgemeinschaft nicht als traditionelle Form der zwischengemeindlichen Kooperation definiert werden: Er kann aufgrund der Dienstleistungen, welche er für die Tiroler Gemeinden ausführt, dennoch als Kooperationsinstitution bezeichnet werden. Zum Unterschied zum Südtiroler Gemeindenverband hat der Tiroler Gemeindeverband eine bescheidene operative Struktur mit nur wenigen Mitarbeitenden und erfüllt somit auch deutlich weniger Aufgaben.

Der Gemeindeverband wurde 1947 als gemeinnütziger Verein auf freiwilliger Grundlage gegründet und es gehören ihm alle Gemeinden des Landes außer der Landeshauptstadt Innsbruck an. Laut Satzung (§ 4) können alle Tiroler Gemeinden Mitglieder sein, sofern ihnen nicht ein eignes Statut verliehen wurde. Die Ziele des Gemeindeverbandes sind laut Satzung (§ 2) die Vertretung der Interessen und die Beratung seiner Mitglieder in kommunalen Fragen sowie die Beziehungen zu ähnlichen Vereinigungen im In- und Ausland. Der Verband vertritt die Interessen der Tiroler Gemeinden bei den Dienststellen des Landes und Bundes, wahrt die kommunalen Interessen bei Erlassung von Gesetzen und Verordnungen oder berät seine Mitglieder in Rechts-, Steuer-, Wirtschafts- und Verwaltungsangelegenheiten. Zudem organisiert er Schulungen, Tagungen und Seminare. Der Verband ist auch Mitglied des österreichischen Gemeindebunds.

Wie der Südtiroler Gemeindenverband hat auch der Tiroler Gemeindeverband mehrere Organe. Dies sind der Tiroler Gemeindetag, der Verbandsvorstand, das Präsidium, der*die Präsident*in, die Geschäftsführung, die Rechnungsprüfer*innen sowie das Schiedsgericht. Das oberste Organ ist der Gemeindetag, der sich aus allen Bürgermeister*innen der Mitgliedsgemeinden zusammensetzt. Dieser wählt das Präsidium (Präsident*in und Stellvertretung),

---

1198 Art. 7, LG Nr. 11/1983; Art. 4, Abs. 2, RG Nr. 8/2012 (Finanzgesetz 2013).

den Verbandsvorstand und die Rechnungsprüfer*innen. Der Verbandsvorstand besteht aus 30 Mitgliedern und dem Präsidium. Jedem Bezirk steht nach dem Verhältnis der jeweiligen Einwohner*innen eine bestimmte Anzahl an Vorstandsmitgliedern zu, die in Bezirksbürgermeisterversammlungen gewählt werden. Dabei erfolgt die bezirksweise Aufteilung der Vorstandssitze auf der Basis der bei der Gemeinderatswahl erreichten Mandate der politischen Parteien (§ 9, Satzung). Neben dem*der Präsident*in, welche*r den Verband nach außen vertritt und die laufenden Angelegenheiten besorgt, gibt es auch eine Landesgeschäftsführung. Finanziert wird der Gemeindeverband durch Mitgliedsbeiträge.

Im Zusammenhang mit den Tätigkeitsfeldern des Gemeindeverbandes ist das 2010 gegründete Unternehmen „GemNova Dienstleistungs GmbH“ zu nennen. Dieses wuchs zu einer relevanten Dienstleistungsinstitution für die Tiroler Gemeinden heran. Es handelt sich um ein hundertprozentiges Unternehmen des Tiroler Gemeindeverbandes, das in fünf Sub-Unternehmen gegliedert ist. Ursprünglich wurde die GemNova als reine Einkaufsbeschaffung errichtet, um Produkte für Gemeinden in Menge und somit kostengünstiger zu erwerben (etwa Streusalz für die Wintermonate, Papier, Fuhrpark).[1199] Die Gründungsmotivation waren die überwiegend kleinstrukturieren Einheiten in Tirol, deren begrenzte Ressourcen und die zunehmende Komplexität der lokalen Aufgaben.[1200] Heute fungiert die GemNova zum einen als Kooperationsplattform für Gemeinden, hauptsächlich aber als deren Servicestelle. Die Tätigkeiten sind breit gefächert, wobei die Gemeinden das Unternehmen mit Dienstleistungen beauftragen. Teile des Unternehmens sind etwa die GemNova Bildungspool gem. GmbH, die Tätigkeiten im Bereich Schule und Kindergarten durchführt oder die GemNova Aus- und Weiterbildungs GmbH (GemNova-Akademie), die Kurse organisiert. Weiters gibt es eine Personalmanagement GmbH, welche Stellenausschreibungen für die Gemeinden und andere öffentliche Einrichtungen verwaltet und diese bei der Personalsuche und Personalauswahl entlastet. Die Diversität der Dienstleistungen offenbart den hohen Bedarf der Gemeinden an Hilfestellungen in verschiedensten Bereichen. Dies zeigt auch der Ausbau des Unternehmens in den vergangenen Jahren. Laut Eigenangaben sparen die Gemeinden durch die Auslagerung von Diensten jährlich ca. 18 Millionen Euro ein. Zudem führt GemNova jährlich

---

1199 Vgl. Bußjäger et al. 2016a, S. 26.

1200 Vgl. Freundliche Auskunft von Georg Keuschnigg, Projektverantwortlicher für den Strategieprozess „ZUKUNFT GEMEINDE – Agenda 2030“, GemNova Dienstleistungs GmbH, März 2021.

Projekte von rund 400 Millionen Euro durch.[1201] Finanziert wird die GemNova durch Beauftragung vonseiten der Gemeinden oder des Landes, keine finanziellen Ressourcen kommen hingegen vom Gemeindeverband. Auch wenn diese Art der Auslagerung von Dienstleistungen viele Vorteile mit sich brachte – zeitliche und finanzielle Einsparungen sowie ein breites Fachwissen – scheint das Projekt „GemNova" mittlerweile gescheitert zu sein.[1202]

3.7.5 Messung der Variable „vertikaler Zugang"

Hinsichtlich des nationalen und regionalen Zugangs von Gemeinden, gehen Ladner et al. ausschließlich auf die institutionalisierten Möglichkeiten der Zusammenarbeit ein. Dies wären Formen, durch welche die lokalen Gebietskörperschaften konsultiert werden, um den Gesetzgebungsprozess auf höheren Regierungsebenen mitzugestalten. Zudem fallen darunter auch interkommunale Vertretungsorgane und Mechanismen, in denen Gemeinden zusammengeschlossen sind, um den Entscheidungsprozess zu beeinflussen bzw. ihre Interessen zu vertreten. Die Skala der Messung dieser Variable reicht von 0 (lokale Gebietskörperschaften werden nie von den höheren Regierungsebenen konsultiert, es gibt keine formalen Repräsentationsmechanismen) bis 3 (lokale Gebietskörperschaften werden entweder konsultiert oder haben durch formale Repräsentation Zugang zu Entscheidungen sowie substantiellen Einfluss). Die Mittelwerte 1 und 2 entsprechen zum einen Gemeinden, die konsultiert werden und/oder Zugang zu formalen Repräsentationen höherer Regierungsebenen haben, aber deren Einfluss beschränkt ist. Zum anderen sind es Gemeinden, die kontinuierlich durch permanente Konsultationskanäle eingebunden werden und substanziellen Einfluss haben.

In der Übersicht der europäischen Länder befinden sich Österreich (3) und die Schweiz (2,9) in der höchsten Kategorie. Italien erhielt hingegen einen geringeren Wert von 2. Die Schweiz und Österreich gehören im europaweiten Vergleich sogar zu den beiden Staaten mit dem höchsten Wert und verfügen somit über eine sehr ausgeprägte Konsultationsmöglichkeit für die lokale Regierungsebene. In Österreich ist dieser hohe Wert auf die verfassungsrechtliche Verankerung der Vereinigung von Gemeinden zurückzuführen.[1203] In der Schweiz verfügen die Gemeinden

---

1201 Gemnova, https://www.gemnova.at/unternehmen.html, zuletzt geprüft am 06.04.2023.

1202 Das Dienstleistungsunternehmen des Tiroler Gemeindeverbandes ist verschuldet und soll nicht weitergeführt werden, siehe: Tirol.orf.at 2023a, Tirol.orf.at 2023b.

1203 Vgl. Ladner et al. 2015b.

auf nationaler Ebene über keine solchen formellen Repräsentationsmechanismen, aber die nationalen Vereinigungen der Städte und Gemeinden sind in die vorparlamentarischen Konsultationsmechanismen eingebunden.[1204] Zudem sind die Gemeinden politisch eng mit den Kantonen vernetzt, häufig sind lokale Politiker*innen in der Gesetzgebung auf Kantonsebene vertreten, die wiederum für die Beziehungen mit dem Bundesstaat verantwortlich ist.[1205]

In Bezug auf die subnationalen Werte, fielen Graubünden ebenso wie Tirol 2014 in die Kategorie 3, wogegen die italienischen Regionen den Wert 2 zuerkannt bekamen. Die Expert*innenumfrage 2020 offenbarte hingegen unerwartete Ergebnisse: Das Land Südtirol bekam nur einen Wert von 1,4, obwohl es mit dem Rat der Gemeinden ein permanentes Konsultationsorgan gebe, deren Einfluss dem zugestandenen Wert zufolge als beschränkt eingestuft wird. Graubünden erhielt demgegenüber den Wert 2, Tirol einen Wert von 1,8.

Aus diesen Bewertungen und den Kommentaren der Expert*innen wird ersichtlich, dass die formale Dimension der Lokalautonomie nicht immer deckungsgleich mit der tatsächlichen Praxis ist. So gibt es in Graubünden keine formalen Gremien zur Einbindung der Gemeinden, womit eigentlich ein geringerer Wert einhergehen müsste. Allerdings können die Gemeinden (sowie auch die Bürger*innen) mithilfe von direktdemokratischen Instrumenten bestimmte Initiativen durchführen und die kantonale Gesetzgebung beeinflussen. Ebenso gilt für Graubünden, wie für die Gesamtschweiz, der Umstand, dass die lokalen Politiker*innen auf Kantonsebene im Parlament vertreten sind und somit direkten Einfluss haben. Im Unterschied zu Graubünden und somit ähnlich wie in Südtirol, existiert in Tirol ein formales Repräsentationsorgan der Gemeinden, doch wird dieser in der Praxis anscheinend nur ein beschränkter Einfluss auf die Landesgesetzgebung zuerkannt.

3.7.6 Zusammenfassung: Bedingte Mitsprache durch Verbände

In Italien, Österreich und der Schweiz gibt es verschiedene formelle Möglichkeiten, welche es den Gemeinden erlauben, sich in den nationalen Entscheidungs- bzw. Gesetzgebungsprozess einzubringen. In allen drei Staaten geschieht dies zum Großteil über nationale Verbände, die eine wichtige Stellung im politischen System einnehmen. Die Einführung von intergouvernementalen Organen bzw. Instrumenten für lokale Gebietskörperschaften zeigt, dass die Stärkung dieser

1204 Vgl. Ladner et al. 2015b.
1205 Vgl. Ladner et al. 2016b, S. 202.

Regierungsebene in den letzten Jahrzehnten auch in den drei Alpenstaaten wichtiger wurde.

Die österreichischen Gemeinden sind in der nationalen Gesetzgebung kaum eingebunden, dürfen bei Gesetzen der Regierung aber zumindest eine Stellungnahme abgeben. Dennoch sind die Gemeinden über die nationalen Verbände im Finanzausgleich und am Konsultationsmechanismus beteiligt. Die Vertretung der österreichischen Gemeinden wird damit vor allem zu Finanzfragen und dem Finanzausgleich eingebunden, was für die Gemeinden ein bedeutendes Thema darstellt. Am österreichischen Konsultationsmechanismus nehmen die Gemeinden ebenso teil, allerdings können sie diesen nicht einzeln nutzen, sondern sind in diesem Fall von der Vertretung durch den Gemeinde- und Städtebund abhängig.[1206] In Italien sind die Gemeinden durch das System der ständigen Konferenzen ebenso in finanzielle Fragen, aber auch in weitere relevante Bereiche eingebunden. Teilweise müssen sie sogar verpflichtend angehört werden, wobei ihre Stellungnahmen stets nur beratende Funktion haben. Auf nationaler Ebene ist Südtirol im Anci mit fünf Mitgliedern vertreten,[1207] doch da die Gemeinden hauptsächlich vom Land Südtirol als Gesetzgeber abhängig sind, spielt dieses Gremium eine untergeordnete Rolle. Auch in der Schweiz gibt es mit dem gesetzlich festgeschriebenen Vernehmlassungsverfahren einen verpflichtenden Prozess, durch welchen die Gemeinden ihre Ansichten zu Entscheidungen des Bundes anbringen können. Auch wenn all diese Prozesse in der Praxis beschränkte Möglichkeiten der Beeinflussung haben, hat deren Existenz dennoch wichtigen Charakter: Es zeigt, dass die Gemeinden als wichtiger, wenn auch nicht gleichwertiger Partner im Mehrebenensystem wahrgenommen werden.

Was die subnationale Regierungsebene betrifft, so gibt es in Tirol und Südtirol aktive und im politischen System fest verankerte Interessensverbände, die sich für die Belange der Gemeinden beim Land (und Staat/Bund) einsetzen. Die Bündner Gemeinden sind formell nicht so stark organisiert, da es weder ein wirkliches Konsultationsorgan der Gemeinden vonseiten des Kantons gibt noch eine institutionalisierte Form der Zusammenarbeit zwischen allen Gemeinden und der subnationalen Eben. In Graubünden werden viele Gemeinden von der Interessensgemeinschaft der Kleingemeinden vertreten, wobei dies nur einen Teil der Gemeinden betrifft und sie sich selbst als Informationsorganisation bezeichnet.

1206 Vgl. Eller 2020, S. 144.

1207 Zum Zeitpunkt März 2023 sind im nationalen Beirat (*consiglio nazionale*) folgende Personen vertreten: Der Präsident des Südtiroler Gemeindenverbandes, der Bürgermeister von Bozen, die Bürgermeisterin der Gemeinde Branzoll sowie zwei Gemeinderäte der Stadt Bozen.

Damit ist das politische Gewicht im Vergleich zu den Verbänden in Tirol und Südtirol schwächer ausgeprägt. Allerdings kann angemerkt werden, dass eine solche Einrichtung für die Bündner Gemeinden womöglich weniger von Bedeutung ist als für Tirol und Südtirol, da die lokalen Gebietskörperschaften in Graubünden an sich bereits über eine umfassendere Lokalautonomie verfügen und demgemäß Gesetze und Verordnungen in vielen Bereichen selbst erlassen können.

Die Gutachten und Stellungnahmen, welche die Gemeinden in verschiedenen Verfahren in Graubünden, Südtirol und Tirol einbringen können, sind nicht bindend. In Südtirol und Tirol verhindert eine Nicht-Einbindung der lokalen Gebietskörperschaften auch nicht das Zustandekommen eines Gesetzes bzw. es ist im betroffenen Gesetz keine Sanktion für das Land festgeschrieben.[1208] In Tirol ist eine Einbeziehung der Gemeinden nur beim Konsultationsmechanismus und dem Stabilitätspakt zwingend, in Südtirol hingegen nur bei der Finanzvereinbarung. Auch innerhalb des Tiroler Volksbegehrens (Antrag auf Änderung eines Gesetzes) ist der Landtag nicht zur Annahme des Antrages verpflichtet. In Südtirol wurde mit dem Rat der Gemeinden ein innovatives Gremium eingesetzt, mit welchem die Gemeinden zu allen sie betreffenden Gesetzesvorlagen konsultiert werden und formell durch eine eigene Institution in den Gesetzgebungsprozess eingebunden sind. Die Gründung dieses Rates ist mit Sicherheit als Aufwertung der lokalen Regierungsebene zu deuten, seine tatsächliche politische Beeinflussung – ähnlich wie auf nationaler Ebene im System der Konferenzen – durch die beratende Funktion allerdings eingeschränkt.[1209] Nichtsdestotrotz gibt es ein solches Konsultationsorgan in den anderen beiden Territorien nicht. Der Kanton Graubünden beteiligt die Gemeinden über das Vernehmlassungsverfahren an der Gesetzgebung, während die Tiroler Gemeinden die Möglichkeit haben sich am Konsultationsmechanismus und dem Begutachtungsverfahren zu beteiligen. Doch auch hier haben die Tiroler Gemeinden nur beschränkten Einfluss, weil sie nur dazu berechtigt sind Stellung bei Angelegenheiten abzugeben, die ihre Gebietskörperschaften betreffen.[1210]

Was den Einfluss der Gemeinden in den Gesetzgebungsprozess der Länder betrifft, ist dieser faktisch beschränkt, was aber nicht bedeuten soll, dass die genannten Instrumente keinen Einfluss auf die Stärkung der Gemeinden haben. So sind D'Orlando und Grisostolo der Auffassung, dass bereits die offizielle

---

1208 Tirol: Art. 36, Abs. 3, TLO; Südtirol: Art. 6, LG Nr. 4/2010.

1209 Vgl. Klotz 2019.

1210 Vgl. Eller 2020, S. 127.

Einbindung der lokalen Ebene in den Gesetzgebungsprozess zur Aufwertung der lokalen Autonomie beitrage.[1211]

3.8. Kontrolle und Aufsicht durch höhere Regierungsebenen

Die Verwaltungsaufsicht der lokalen Gebietskörperschaften vonseiten der höheren Regierungsebenen ist ein weiteres Thema, welches Ladner et al. als eine Variable der Lokalautonomie definieren. Auch die Charta der kommunalen Selbstverwaltung äußert sich zu diesem Punkt klar. Gemäß Artikel 8 soll die Verwaltungsaufsicht nur ausgeübt werden, wenn sie durch die Verfassung oder die Gesetzgebung vorgesehen ist (Art. 8.1). Weiters soll sie nur darauf abzielen, Gesetze und Verfassungsgrundsätze zu garantieren oder die Zweckmäßigkeit von übertragenen Aufgaben sicherzustellen (Art. 8.2). Letztens sollte eine Aufsicht im Verhältnis zum Gewicht der Aufsichtsmaßnahme und der Bedeutung der von ihr zu schützenden Interessen stehen (Art. 8.3). Wie Artikel 9 zu den Finanzen haben nicht alle drei Länder den gesamten Artikel 8 der Charta ratifiziert. So haben sowohl Österreich wie auch die Schweiz sich zu Artikel 8.2 (Beschränkung der Aufsicht auf Verfassungs- und Gesetzmäßigkeit) nicht gebunden ausgesprochen. Die Gemeinden in Graubünden, Tirol und Südtirol unterliegen sowohl subnationalen wie auch nationalen Kontrollen, wobei diese relativ gering ausfallen und somit ihre ausgeprägte lokale Autonomie bestätigen.

3.8.1 Kontrolle der Rechtmäßigkeit der Beschlüsse

In Südtirol unterliegen die Gemeinden keiner rechtlichen Kontrolle durch den nationalen oder den subnationalen Gesetzgeber. Eine zentrale Neuerung der italienischen Verfassungsreform von 2001 war nicht nur die formale Aufwertung der lokalen Autonomie, sondern auch das Wegfallen der Aufsichtskontrolle durch die Regionen über die Gemeinden,[1212] welche bis dahin alle lokalen Beschlüsse auf ihre Gesetzesmäßigkeit überprüft hatten. Dieser Entscheidung leistete die Region Trentino-Südtirol durch ein eigenes Regionalgesetz Folge (Nr. 7/2004) und so ist es auch im Kodex verankert (Art. 182). Demgemäß unterliegen die Akten der Gemeinden keiner Kontrolle durch die Autonome Provinz Bozen und sie sind in der Gesetzmäßigkeit ihrer Handlungen autonom. Allerdings sind die politischen Organe der Gemeinde in ihrem Handeln dahingehend überwacht, da Artikel 54, Ziffer 5 des Autonomiestatuts nach wie vor festlegt, dass die Landesregierung

1211 Vgl. D'Orlando und Grisostolo 2018, S. 152.
1212 Vgl. Woelk 2014, S. 111 ff.

die Aufsicht und Kontrolle über die Gemeindeverwaltungen hat, einschließlich der Befugnis zur begründeten Suspendierung und Auflösung der Gemeinderäte.

Die Gründe für eine Auflösung der Gemeindeorgane und die darauffolgende Einsetzung einer kommissarischen Verwaltung betreffen etwa verfassungswidrige Handlungen, schwere Gesetzesverletzungen oder wenn der Haushaltsvoranschlag nicht fristgerecht verabschiedet wurde (Art. 193, Kodex). Im Rahmen ihrer Tätigkeit als Aufsichtsbehörde kann die Landesregierung im Bereich ihrer Befugnisse auch Untersuchungen der Gemeinden anordnen (Art. 195, Kodex), prüft aber nicht die Beschlüsse der Gemeinde. Das Gesetz zur Neuordnung der örtlichen Körperschaften legte 2017 einige Grundsätze zum Kooperationsverhältnis der Autonomen Provinz mit den Gemeinden fest. Dort heißt es, dass dem Land „*die Planung, Ausrichtung und Koordinierung, Überwachung und Aufsicht [obliegt], auch um ein Mindestmaß an Homogenität und Integration der Inhalte bei der Ausübung der Verwaltungsbefugnisse und öffentlichen Dienste auf dem gesamten Landesgebiet zu garantieren.*“

Und weiter (Abs. 6), dass die Landesregierung zur Überprüfung der ordnungsgemäßen Ausübung der Dienste der Gemeinden stichprobenartige Kontrollen verfügen kann. Allerdings legt das Landesgesetz fest, dass Aufsicht und Kontrollen nach dem Grundsatz der „loyalen Zusammenarbeit“ durchgeführt werden (Art. 8.7).

In der Schweiz ist allein der Kanton für die Kontrolle seiner jeweiligen Gemeinden zuständig, da es in der Bundesverfassung keine Vorgaben gibt. Die Kantonsverfassung erklärt, dass die Regierung für die Aufsicht der Gemeinden und die Träger der interkommunalen Zusammenarbeit verantwortlich ist (Art. 67). Die aufsichtsrechtlichen Maßnahmen beschränken sich zwar nur auf die Rechtskontrolle, dies kann aber auch anders bestimmt werden. Das Gemeindegesetz wiederholt, was schon von der Kantonsverfassung vorgegeben ist, spezifiziert es allerdings: Die Gemeinden unterstehen der kantonalen Aufsicht und sind zur Mitwirkung bei der Aufsicht verpflichtet (Art. 75, GG), außerdem wird die Aufsicht von der Regierung und den jeweiligen Departementen ausgeführt (Art. 77, GG). Nähere Abklärungen durch die Aufsichtsbehörde werden durchgeführt, wenn der begründete Verdacht besteht, dass die ordnungsgemäße Verwaltung durch rechtswidriges Handeln der Gemeindeorgane oder auf andere Weise ernsthaft gestört oder gefährdet wird (Art. 78, GG). Der Kanton hat dann die Möglichkeit der Weisungserteilung an die Gemeinde, der Aufhebung von widerrechtlichen Gemeindebeschlüssen sowie dem Treffen von Ersatzvornahmen.

Zudem kann der Kanton bei einer schweren Amtspflichtverletzung Mitglieder der Gemeindebehörden ihres Amtes entheben (Art. 79, GG). Daneben gibt es noch einige besondere Aufsichtsbefugnisse des Kantons (Art. 80, GG): So müssen, im Unterschied zu Südtirol, der Erlass und die Änderung der Gemeindeverfassung durch die Regierung deklaratorisch genehmigt werden (Art. 80, GG), auch hier beschränkt sich die Regierung allerdings auf eine Rechtsmäßigkeitskontrolle.[1213] Außerdem gibt es durch die kantonale Spezialgesetzgebung weitere Erlasse, die einer Genehmigung des Kantons bedürfen, etwa die kommunalen Baugesetze, die Waldordnungen oder die Steuergesetze der Gemeinde.[1214] Zu den besonderen Aufsichtsbefugnissen gehören außerdem die Finanzaufsicht (siehe weiter unten), die Einsetzung eines Regierungskommissärs und die so genannte Kuratel. Der Regierungskommissär (Art. 84, GG) kann von der Regierung oder auf Gesuch der Gemeinde eingesetzt werden, um Kontrollen auszuüben, Streitigkeiten beizulegen, eine gestörte Ordnung wiederherzustellen, einen umstrittenen Sachverhalt zu klären sowie die Gemeinde bei schwierigen Angelegenheiten zu unterstützen. Letztens können die Bündner Gemeinden bei „schwerwiegenden Missständen" auch unter eine Kuratel gestellt werden (Art. 67, KV; Art. 85, GG) – ähnlich der kommissarischen Verwaltung in Südtirol.

Die Situation der Tiroler Gemeinden unterscheidet sich von jener der Südtiroler und Graubündner, denn die Gemeinden stehen unter der Aufsicht von zwei Regierungsebenen. Je nachdem auf welche Regierungsebene sich die ihnen übertragenen Tätigkeitsbereiche beziehen, übernehmen entweder das Land oder der Bund die Aufsicht über die Gemeinden.[1215] Die Bundesverfassung hat hierzu genaue Richtlinien festgelegt, die auch in die Tiroler Gemeindeordnung aufgenommen wurden (§ 114–128). Zudem schreibt das Bundesverfassungsgesetz vor, dass die Gemeinden auch in ihrem eigenen Wirkungsbereich von Bund und Land beaufsichtigt werden (Art. 119a), ob die Rechtsmäßigkeit ihrer Handlungen gegeben ist oder sie ihren Wirkungsbereich überschreiten. Die TLO legt fest, dass das Land das Aufsichtsrecht durch die Bezirkshauptmannschaften ausübt, wenn es sich um Angelegenheiten des eigenen Wirkungsbereichs der Gemeinden aus dem Bereich der Landesvollziehung handelt (§ 114; TLO). Auf der anderen Seite sind die Gemeinden ebenso dazu verpflichtet, all ihre Verordnungen, die im Rahmen des eigenen Wirkungsbereichs angenommen werden, der Aufsichtsbehörde mitzuteilen (Art. 119a.6, B-VG). Gesetzeswidrige Verordnungen können von diesen dann aufgehoben werden, wobei die jeweiligen Gründe mitgeteilt werden müssen. Diese Kontrolle der Rechtmäßigkeit der lokalen Beschlüsse ist nicht das einzige Recht, welches die Länder in Bezug auf die Aufsicht der Gemeinden innehaben.

1213 Vgl. Crameri 2019, S. 502.
1214 Vgl. Crameri 2019, S. 502.
1215 Vgl. Öhlinger 1997, S. 221 f.

Sie verfügen außerdem über die Möglichkeit, sich über *„jedwede Angelegenheit der Gemeinde zu unterrichten"* (Art. 119a.4, B-VG). Weitere Einschränkungen gibt es laut nationaler Verfassung, wenn Maßnahmen der Gemeinden überörtliche Interessen betreffen, insbesondere solche von finanzieller Bedeutung. In diesem Fall können die getroffenen Maßnahmen der Gemeinden durch die Bundes- oder Landesgesetzgebung an eine Genehmigung der Aufsichtsbehörde gebunden werden (Art. 119a.8).

3.8.2 Finanzielle Kontrolle

In der vergleichenden Analyse stellen Ladner et al. fest, dass die Kontrolle des finanziellen Management von lokalen Gebietskörperschaften bzw. die Prüfung der Ausgeglichenheit der lokalen Bilanzen in Europa an Bedeutung gewonnen hat.[1216] Was die finanziellen Ausgaben betrifft, sind auch die Gemeinden in Tirol, Südtirol und Graubünden gewissen Kontrollen ausgesetzt.

In Österreich ist die Finanzüberwachung Zuständigkeit der einzelnen Länder.[1217] Die Tiroler Gemeinden unterliegen somit nicht nur in Bezug auf ihre Rechtmäßigkeit der Aufsicht durch Bund und Land, sondern werden in finanzieller Hinsicht zudem vom Land und dem Rechnungshof überwacht. Die Länder haben das Recht, die Gemeinde auf ihre *„Sparsamkeit, Wirtschaftlichkeit und Zweckmäßigkeit"* zu überprüfen (Art. 119a.2, B-VG; § 119, TLO). Die Tiroler Gemeindeordnung erklärt, dass das Ergebnis dieser Gebarungsprüfung den Bürgermeister*innen zur Vorlage an den Gemeinderat zu übermitteln ist (§ 119, TLO). Die Gebarungsprüfung von Gemeinden mit über 5.000 Einwohner*innen obliegt sogar der Landesregierung. Zudem müssen bestimmte Beschlüsse der Gemeinde erst durch die Aufsichtsbehörde genehmigt werden, u.a. die Aufnahme von Darlehen, die Errichtung von wirtschaftlichen Unternehmen oder der Erwerb von Gesellschaftsanteilen (§ 123, TLO).

Sollte ein bestimmter Beschluss ein Gesetz verletzen oder eine *„unverhältnismäßige hohe Belastung der Gemeinde"* mit sich bringen, so kann die Genehmigung verweigert werden. Die Tiroler Gemeinden sind in Bezug auf ihre Finanzausstattung auch dem Rechnungshof Rechenschaft schuldig (Art. 121, Art. 127a, B-VG), dieser prüft allerdings nur die Gebarung der Gemeinden mit mindestens 10.000 Einwohner*innen (vor 2011 waren es noch Gemeinden mit mehr als 20.000). Die Tiroler Bürgermeister*innen müssen die Voranschläge und Rechnungsabschlüsse dem Rechnungshof und der Landesregierung

---

1216 Vgl. Ladner et al. 2016b, S. 180 f.

1217 Vgl. Eberhard 2013a, S. 17.

übermitteln. Auf begründetem Ersuchen der Landesregierung kann der Rechnungshof im Übrigen auch die Tätigkeiten von kleineren Gemeinden überprüfen (Art. 127a, B-VG).

Ähnlich wie die österreichische Bundesverfassung, definiert die Graubündner Kantonsverfassung eine sogenannte „Aufgabenprüfung". Demnach sind *„öffentliche Aufgaben (...) periodisch auf ihre Notwendigkeit, Wirksamkeit und Finanzierbarkeit zu prüfen."* Allerdings definiert die Verfassung nicht von wem und auf welche Art und Weise diese Prüfung von statten gehen soll. Solche Richtlinien werden vom kantonalen Gemeindegesetz spezifiziert. In finanziellen Angelegenheiten unterliegen die Gemeinden der Prüfung durch das Departement Finanzen und Gemeinden und nicht der kantonalen Regierung, wie es bei der Rechtmäßigkeit ihrer Handlungen der Fall ist. Laut Kantonsgesetz wird im Rahmen der Finanzaufsicht geprüft, ob die Grundsätze über die Steuerung des Haushalts und der Rechnungslegung gemäß dem Gesetz über den Finanzhaushalt des Kantons sowie der Finanzhaushaltsverordnung für die Gemeinden eingehalten werden (Art. 81, GG). Das Ergebnis dieser Prüfung wird dann in einem Finanzaufsichtsbericht festgehalten, der allerdings nicht öffentlich ist – er kann aber dem Vorstand und der Geschäftsprüfungskommission auf Verlangen zugestellt werden (Art. 8, FiAV[1218]). Das Amt berät die Gemeinden in Fragen der Haushaltsführung und kann sie jederzeit zu Kontrollzwecken besuchen (Art. 3, FiAV). Intern prüft bereits die Geschäftsprüfungskommission oder externe Revisoren die Einhaltung der Grundsätze des Finanzhaushalts (Art. 2, FiAV). Die Aufsichtsbehörde, also das Amt für Finanzen und Gemeinden, wird zudem in Form einer Finanzlageabklärung aus bestimmten Gründen tätig: Wenn die Verschuldung einer Gemeinde einen kritischen Wert erreicht, wenn ein Bilanzfehlbetrag ausgewiesen wird, oder wenn die Grundsätze der Haushaltsführung und der Rechnungslegung im erheblichen Maße missachtet werden (Art. 82, GG; Art. 10–12, FiAV).

Die Südtiroler Gemeinden unterliegen zwar keiner rechtlichen Kontrolle, stehen aber im Hinblick auf ihre Finanzgebarung als öffentliche Verwaltungen unter der Aufsicht des Rechnungshofs, der eine Rechtsprechungssektion in Bozen hat.[1219] Dieser kann die lokalen Einnahmen und Ausgaben kontrollieren. Gemeinden mit mehr als 8.000 Einwohner*innen und Gemeinden, deren Rechnungslegung einen Fehlbetrag oder außertatmäßige Verbindlichkeiten aufweist, müssen ihre Rechnungslegung dem Rechnungshof zukommen lassen (Art. 205, Kodex). Die Kontrolle des finanziellen Gleichgewichts ist ebenso eigens geregelt (Art. 190,

1218 Verordnung zur Finanzaufsicht über die Gemeinden (FiAV), 175.100.
1219 Vgl. Woelk 2005, S. 254 ff.

Kodex). Sie erfolgt durch die Aufsicht eines Rechnungsprüfungsorgans und ist in der Buchhaltungsverordnung jeder Gemeinde geregelt, muss aber die Bestimmungen der Buchhaltungs- und Finanzordnung der örtlichen Körperschaften beachten.

Gemäß der Landesgesetzgebung (Nr. 25/2016), müssen die Gemeinderäte zur wirtschaftlichen und finanziellen Überprüfung ein dreiköpfiges Kollegium der Rechnungsprüfer*innen wählen, deren Qualifikation amtlich geprüft ist. In den Gemeinden mit weniger als 15.000 Einwohner*innen wird diese Prüfung von einer Person durchgeführt (LG Nr. 25/2016; Art. 206, Kodex). Die wichtigste Aufgabe der Rechnungsprüfung ist die Kontrolle des Haushaltsvoranschlags und die Überprüfung des Jahresabschlusses.[1220] Außerdem haben die Gemeinden noch weitere Möglichkeiten der internen Kontrolle (Art. 186, Kodex). Sie können selbst Mittel und Methoden festlegen, um die Rechtmäßigkeit und Ordnungsmäßigkeit ihrer Verwaltung zu garantieren: „*Neben der Kontrolle der administrativen und buchhalterischen Ordnungsmäßigkeit richten die örtlichen Körperschaften ein internes Kontrollsystem ein*" (Art. 186.2). Dieses sind die interne Gebarungskontrolle zur Überprüfung der Wirksamkeit, Effizienz und Wirtschaftlichkeit; die Gewährleistung der Kontrolle des Finanzgleichgewichts durch die Aufsicht des für den Finanzdienst Verantwortlichen und die Kontrolle durch eine*n Rechnungsprüfer*in. Außerdem sollen Gemeinden mit mehr als 15.000 Einwohner*innen Qualitätskontrollen der Dienstleistungen mittels Anwendung von Methoden zur Messung der internen und externen Zufriedenheit der Nutznießer*innen gewährleisten sowie die Wirksamkeit, Effizienz und Wirtschaftlichkeit der externen Betriebsorganisationen prüfen.

3.8.3 Messung der Variable „Verwaltungsaufsicht"

Die Messung dieser Variable wird anhand von 0 bis 3 Punkten durchgeführt und gibt Auskunft darüber, inwiefern die Verwaltungsaufsicht eine Rolle spielt. Der niedrigste Wert (0) klassifiziert jene Gebiete, in denen die Verwaltungsaufsicht nicht nur die Gesetzesrechtmäßigkeit von lokalen Entscheidungen untersucht, sondern auch die Leistungen und Zweckdienlichkeit dieser. Wert 1 steht für eine Aufsicht der Finanzlage und Ausgabenprioritäten, Wert 2 für eine Verwaltungsaufsicht, die nur auf die Rechtsmäßigkeit von Beschlüssen zielt. Demgegenüber soll der höchste Wert zuerkannt werden (3), wenn auf die Gemeinden

1220 Siehe: Autonome Provinz Bozen, Rechnungsrevisoren der Gemeinden, http://www.provincia.bz.it/verwaltung/oertliche-koerperschaften/gemeinden/rechnungsrevisoren-gemeinden.asp, zuletzt geprüft am 05.04.2023.

nur eine sehr beschränkte Verwaltungsaufsicht angewandt wird. Im nationalen Vergleich innerhalb Europas (2014) liegen die drei Staaten Italien, Österreich und die Schweiz fast gleich auf, wobei Italien den höchsten Wert einnimmt (3), die Schweiz und Österreich mit 2,1 bzw. 2 etwas darunter liegen. Italien und die Schweiz fallen mit einem Wert von mehr als 2 in die höchste Kategorie der „beschränkten Kontrolle", während Österreich knapp in die „moderate Kontrolle" fällt.[1221]

Ähnliches ergab die Messung der lokalen Autonomie der subnationalen Gebietskörperschaften 2014: Den höchsten Wert erhielten die italienischen Regionen mit 3, Graubünden und Tirol erhielten dagegen einen niedrigeren Wert von 2. Interessanterweise waren insbesondere die schweizerischen Kantone in dieser Dimension sehr unterschiedlich und ihr Wert reicht von 0 bis 3. Als zusätzliche Quelle wurde 2014 auch eine kantonale Befragung der Gemeindebediensteten zu Rate gezogen.[1222] Bei der Expert*innenumfrage 2020 blieb Tirol unverändert auf Wert 2, demgegenüber erhöhte Graubünden seinen Wert auf 2,67. Südtirol erhielt hingegen nur mehr einen Wert von 1,8. Die Einschätzung der Expert*innen ist überaus interessant, da für Südtirol ein höherer Wert zu erwarten gewesen wäre. Bis auf die finanzielle Kontrolle existiert nämlich keine Verwaltungskontrolle, da diese 2001 abgeschafft wurde. Auch in Bezug auf dieses Bewertung waren sich die Expert*innen allerdings nicht einig, so dass manche eine Bewertung von 1 gaben, die anderen die Variable allerdings höher einstuften.

3.8.4 Zusammenfassung: Bedingte Aufsicht auf Rechtmäßigkeit

Die Europäische Charta der lokalen Selbstverwaltung gibt vor, dass sich die Aufsicht der lokalen Regierungsebene allein auf die Rechtmäßigkeit der Beschlüsse beziehen sollte. Dies wird in Südtirol, Tirol und Graubünden zum Großteil so gehandhabt. Vor allem die Südtiroler Gemeinden genießen in Bezug auf die Aufsicht ihrer Handlungen eine hohe Autonomie. Es gibt weder vonseiten des Staates noch vom Land eine Rechtskontrolle der Beschlüsse. Nur die politischen Organe sind der Aufsicht der Landesregierung unterworfen. Damit nimmt die Aufsicht der Südtiroler Gemeinden rechtlich gesehen ein geringeres Ausmaß ein als in Tirol oder Graubünden. Auch die Bündner Gemeinden werden nicht vom Staat beaufsichtigt, weil die diesbezügliche Kompetenz der Kanton innehat und hierfür – wie in Südtirol – die Kantonsregierung verantwortlich ist. Die Regelung der Aufsicht der Bündner Gemeinden ist umfassend geregelt, berührt

1221 Vgl. Ladner et al. 2016b, S. 185 ff.

1222 Vgl. Ladner et al. 2015b.

allerdings nur die Rechtskontrolle;[1223] wobei die Gemeindeverfassungen sowie spezifische Gesetze der Gemeinden davon betroffen sind. Tirol unterscheidet sich von Südtirol und Graubünden dahingehend, dass die Tiroler Gemeinden unter der Aufsicht von zwei Regierungsebenen stehen, je nachdem um welchen lokalen Tätigkeitsbereich es sich handelt. Neben der Tiroler Landesordnung enthält auch das B-VG spezifische Richtlinien zur Aufsicht der Gemeinden.

Dass die Aufsicht der Gemeinden in Graubünden ausgeprägter ist als in Südtirol, ist insofern interessant, weil die Bündner Gemeinden in anderen Bereichen eine weitreichendere Autonomie haben.

Außerdem wurde festgestellt, dass einige Maßnahmen zur Verwaltungs- und finanziellen Aufsicht in allen drei Gebieten ähnlich sind. So haben alle Länder eigene Aufsichtsorgane (Geschäftsprüfungskommission, Rechnungsprüfung) bzw. zumindest klare Richtlinien, die darauf abzielen, dass die Gemeinden ein finanzielles Gleichgewicht erreichen. In allen drei Territorien gibt es klare Aufsichtsregelungen zu den Finanzen, denen die lokalen Verwaltungen unterworfen sind. Daraus ableitend sind die Gemeinden in ihren Handlungen nicht vollkommen autonom und verfügen in keinem der drei Territorien über einem uneingeschränkten Gestaltungs- und Ermessenspielraum. Obwohl sie jeweils eigene Aufgaben und autonome Befugnisse innehaben, sind sie verwaltungsrechtlich beaufsichtigt und einer höheren Instanz Rechenschaft schuldig – insbesondere in Bezug auf einen ausgeglichenen Haushalt und die Wirtschaftlichkeit ihrer Handlungen.

3.9. Zwischenfazit: Lokale Autonomie in Graubünden, Südtirol und Tirol im Vergleich

3.9.1 Keine Rand- sondern Hauptakteure der Governance

In diesem Kapitel wurde dargestellt, wie die **lokale Autonomie** in Graubünden, Südtirol und Tirol ausgestaltet ist und welchen Rahmenbedingungen diese unterliegt. Es wurde davon abgesehen, die Gemeindeautonomie im Detail zu bewerten. Nichtsdestotrotz sollte auf die vielfältige Rolle und die zahlreichen Funktionen der lokalen Gebietskörperschaften hingewiesen werden, welche in allen drei alpinen Territorien klar zum Vorschein kommt. Als Definitionsmerkmale der lokalen Autonomie wurde zum Großteil auf die Dimensionen von Ladner et al. zurückgegriffen und die lokale Autonomie demnach als multidimensionales Konzept dargestellt. Als Untermauerung der beschreibenden Gegenüberstellung

1223 Vgl. Crameri 2019, S. 491–511.

der Gemeindeautonomie, welche auf den nationalen und subnationalen Rechtsgrundlagen und dem formalen Kontext der Gemeindestruktur basiert, wurden auch die Ergebnisse des LAI 2014 und der Expert*innenbewertung von 2020 angeführt, welche eine empirische Messung der Lokalautonomie offenbart. Diese zusätzliche Untersuchung erlaubt es das Ausmaß der lokalen Autonomie auch in numerischen Werten vergleichend darzustellen.

Durch die Darstellung der einzelnen Elemente der lokalen Autonomie wurde das facettenreiche Phänomen der Lokalautonomie betätigt und deutlich, wie schwer sich dieses wissenschaftlich eingrenzen lässt. So können Gemeinden in einem Bereich einen sehr hohen Grad an Selbstverwaltung haben, in einem anderen aber wiederum von der subnationalen Ebene dominiert werden und selbst nur geringen Handlungs- und Gestaltungsspielraum innehaben. Wenn man sich die Definition der lokalen Selbstverwaltung der Europäischen Charta der lokalen Selbstverwaltung in Erinnerung ruft, ist die lokale Autonomie in Graubünden, Südtirol und Tirol im Vergleich zu anderen Ländern hoch angesiedelt. Die Gemeinden erledigen eine Vielzahl von öffentlichen Aufgaben autonom und haben somit Einfluss auf die Gestaltung eines Großteils des lokalen Lebensraums. Weiters verfügen sie über direkt gewählte politische Exekutiv- und versammelnde Organe und einen bestimmten finanziellen Spielraum sowie eigene Einnahmen durch Steuern und Gebühren. Zusammenfassend kann bestätigt werden, dass es sich bei den Bünder, Südtiroler und Tiroler Gemeinden um zentrale Akteure bei der Ausführung von Dienstleistungen handelt.

Im **territorialen Vergleich** kann der Kanton Graubünden als Spitzenreiter der lokalen Autonomie unter den drei Gebieten definiert werden – die einzige Ausnahme sind hierbei die intergouvernementalen Beziehungen. Es ist deutlich erkennbar, dass die Gemeindeautonomie im Kanton Graubünden in den meisten Bereichen ausgeprägter ist als jene in Südtirol und Tirol, während diese beiden Territorien in vielen Dimensionen wiederum Ähnlichkeiten aufweisen. Die Lokalautonomie in Graubünden stellt demgegenüber einen herausragenden Typus dar: Die Bündner Gemeinden sind in vielen Bereichen kaum vonseiten des Kantons eingeschränkt, was ihren tatsächlichen Handlungsspielraum stark erhöht und zudem in einer hohen Asymmetrie der Gemeinden innerhalb des Kantons mündet. Die Tiroler Gemeinden verfügen im Vergleich zu Graubünden und Südtirol hingegen bei einigen Aspekten der Regierungsführung und Verwaltung über die beschränkteste Form der Lokalautonomie. Dies liegt vor allem daran, dass sie in vielen Bereichen von der nationalen Regierungsebene geregelt werden und somit rechtlich gesehen von dieser abhängen und zentralistisch geprägt sind. Im Gegensatz dazu ist für die Südtiroler Gemeinden, wie auch für Graubünden, fast ausschließlich die subnationale Regierungsebene als Referenzpunkt relevant.

Dies kommt in der Schweiz in allen Kantonen zu Tage, in Italien hingegen nur in den Regionen mit Sonderstatut, womit Südtirol eine Sonderrolle innerhalb des italienischen Systems einnimmt. Interessanterweise wird diesem Umstand in der Expert*innenumfrage nicht bzw. kaum Rechnung getragen, in welcher Südtirol im Vergleich zu den anderen beiden Ländern der geringste Wert der Lokalautonomie zugesprochen wurde.

In allen drei Gebieten ist die Lokalautonomie **rechtlich gut geschützt**, die Autonomie der Gemeinden ist sowohl in den jeweiligen nationalen wie auch den subnationalen. Verfassungen verankert. Die Schweiz und Österreich stellen hierbei zwei kontrastierende Fälle von Bundesstaaten dar, weil die österreichische Verfassung die Gemeinden sehr ausführlich regelt, während sie in der Schweiz nur rudimentär genannt werden. In Österreich nehmen die Gemeinden durch den verfassungsrechtlichen Schutz aus juridischer Sicht eine zentrale Rolle im föderalen System ein, auch wenn sie gegenüber den Ländern keine gleichwertige Regierungsebene darstellen. So wird ihre Stellung relativiert, etwa durch die Weisungsabhängigkeit von den höheren Regierungsebenen im übertragenen Wirkungsbereich oder dadurch, dass die eigenen Zuständigkeiten nicht alle in der B-VG genannt sind.[1224] In Graubünden kommt die in der Schweiz historisch entwickelte hohe Gemeindeautonomie klar zum Vorschein und diese wird bis auf wenige Ausnahmen ausschließlich kantonal geregelt. Die Bündner Gemeinden können selbst Gemeindeverfassungen und Gesetze erlassen und haben aus rechtlicher Perspektive eine viele stärkere Position im Mehrebenensystem inne als die Gemeinden in Südtirol und Tirol. Nichtsdestotrotz kann aufgrund der Verankerung der lokalen Autonomie in den nationalen und subnationalen Verfassungen festgestellt werden, dass die Gemeinden in Graubünden, Südtirol und Tirol auf keinen Fall nur als Randakteure innerhalb ihrer jeweiligen *Governance*-Struktur zu verstehen sind, sondern im politischen System eine starke Rolle einnehmen und dies auch durch die Gesetzgebung festgelegt ist.

Was den spezifischen **politischen Ermessensspielraum** und die lokalen **Aufgabenbereiche** betrifft, verfügen die Gemeinden allesamt über eigene und übertragene Aufgaben und sind für viele politische Bereiche, welche die Bürger*innen täglich beschäftigen, zuständig. Auch hier wiederum scheint Graubünden einen Vorsprung zu haben, weil die dortigen Gemeinden ihre Zuständigkeitsbereiche zusätzlich selbst erwählen können und eine gesetzliche Residualklausel in Bezug auf ihre Tätigkeitsbereiche existiert. Die Autonomie der österreichischen Gemeinden ist im Vergleich dazu deutlich eingeschränkter. Trotz eines autonomen

1224 Vgl. Mitterer und Prorok 2020, S. 45 ff.

Zuständigkeitsbereichs können diese nämlich nur dann handeln, wenn dies explizit in der nationalen oder subnationalen Gesetzgebung so festgelegt ist.

Auch in der **politischen Organisation** genießen die Bündner Gemeinden die größte Autonomie, weil sie diesbezüglich kaum Vorgaben vonseiten des Kantons befolgen müssen. Sie dürfen nicht nur selbst ihre Amtsperiode festlegen und über ihr Wahlsystem entscheiden, sondern auch die spezifischen Tätigkeiten der politischen Organe definieren. Hierbei handelt es sich um Kompetenzen, die in Südtirol von der Autonomen Region entschieden werden, in Tirol sogar teilweise in der österreichischen Bundesverfassung für alle Gemeinden festgeschrieben sind.

Was die **Finanzausstattung** betrifft, sind die Gemeinden in Tirol und Südtirol stark von den höher gelegenen Regierungsebenen abhängig, während die Bündner Gemeinden im Vergleich dazu eine ausgeprägtere Autonomie genießen, vor allem hinsichtlich der Steuererhebung. Insbesondere in Österreich ist die Finanzautonomie der Gemeinden gering ausgestattet.[1225] Die Gemeinden verfügen zwar über einen eigenen Wirkungsbereich, hängen finanziell aber von den anderen Regierungsebenen ab.[1226] Dieser Umstand zeigt, dass die rechtlich im B-VG stark verankerte Autonomie in der Praxis durch eine schwache Finanzautonomie und damit verbundenen begrenzenden Handlungsspielraum unterminiert wird.[1227] Nichtsdestotrotz haben die Gemeinden in allen drei Gebieten eigene Einnahmen, können Gebühren erheben und ihre Mittel direkt verwenden.

In Bezug auf die **intergouvernementalen Beziehungen** zur subnationalen Regierungsebene und die Einbindung in den Gesetzgebungsprozess sticht zwischen den drei Territorien interessanterweise Südtirol hervor. Dort agiert nicht nur der Gemeindeverband als aktives Repräsentationsorgan, sondern auch ein Rat der Gemeinden, der formell in den subnationalen Gesetzgebungsprozess eingebunden ist. Durch diesen vor einigen Jahren eingeführten Rat verfügen die Gemeinden über ein Organ, das institutionell verankert ist und politisch einen hohen Stellenwert besitzt, wenn dessen Stellungnahmen auch für die Landesregierung nicht bindend sind. Auch die Tiroler Gemeinden haben mit dem Tiroler Gemeindeverband einen wichtigen Repräsentationsverband, der operativ aber nicht in demselben Ausmaß ausgestattet ist wie jener in Südtirol. Zudem sind die Beziehungen zwischen dem Land Tirol und seinen Gemeinden formal weniger ausgeprägt als in Südtirol, weil durch die gesetzgeberische Zuständigkeit im Hinblick auf die Gemeinden der Bund diese Beziehungen dominiert. Auf der anderen

---

1225 Vgl. Eberhard 2013a, S. 17 ff.; The Congress of Local and Regional Authorities 2011.
1226 Vgl. Eberhard 2013a, S. 22 f.; The Congress of Local and Regional Authorities 2011.
1227 Vgl. Mitterer und Prorok 2020, S. 51.

Seite haben die Tiroler Gemeinden durch die starke Stellung des Österreichischen Gemeindebunds und Österreichischen Städtebunds mächtige Fürsprecher für lokale Angelegenheiten innerhalb des föderalen Systems. Trotz fehlender formeller intergouvernementaler Organe mit dem Land sind die Tiroler Gemeinden keine passiven Verwaltungseinheiten: Eller stellte fest, dass es mehrere Anknüpfungspunkte für die Gemeinden an der Gesetzgebung oder sogar Gerichtsbarkeit der höheren Regierungsebenen gibt und nennt hierbei insbesondere das Begutachtungs- und Stellungnahmeverfahren.[1228] In Südtirol ist die Situation außerdem anders, da der Staat aufgrund der autonomen Zuständigkeiten in der Beziehung zu den Gemeinden eine geringe Rolle einnimmt, wobei Südtirol auch im nationalen Repräsentationsverband der Gemeinden eingebunden ist. Graubünden verfügt – trotz oder gerade wegen – seiner starken lokalen Autonomie hinsichtlich Aufgaben, Finanzen und Organisation über keine institutionalisierten Organe, in welchen alle Gemeinden miteinander oder mit dem Kanton interagieren. Allerdings können die Gemeinden sich über das Vernehmlassungsverfahren in den kantonalen Entscheidungsprozess einbringen.

Die letzte Dimension der Lokalautonomie betrifft die **Aufsicht** der Gemeinden durch höhere Regierungsebenen. Auch hier verfügen die Südtiroler Gemeinden über eine starke Autonomie, weil sie nur im Bereich der Finanzen, nicht aber in Bezug auf ihre Beschlüsse überwacht werden (und nur ihre politischen Organe). Die Tiroler Bürgermeister*innen sind der Aufsicht durch das Land oder den Bund ausgesetzt, wenn es um sich um Tätigkeiten handelt, die ihnen delegiert wurden.[1229] Die Gemeinden in allen drei Gebieten stehen insbesondere in Bezug auf ihr finanzielles Gleichgewicht unter Kontrolle und sind der subnationalen Ebene bei Bedarf Rechenschaft schuldig. Zudem können die Gemeinden bei rechtswidrigen Verhalten oder schwerwiegenden Versäumnissen kommissarisch verwaltet werden. Ihre Autonomie ist damit zwar ausgeprägt, dennoch agiert sie klar innerhalb eines hierarchischen Mehrebenensystems.

3.9.2 Lokalautonomie in numerischen Werten

Die Gesamtmessung der Lokalautonomie von 2020 hat ergeben, dass Graubünden von den drei Gebieten den höchsten Wert der Lokalautonomie innehat (30,44), während Tirol (21,77) und Südtirol (19,7) auf einem ähnlichen niedrigeren, jedoch immer noch hohem, Niveau liegen. Diese numerische Bewertung deckt sich mit der qualitativen Gegenüberstellung der Territorien auf Basis der nationalen und

1228 Vgl. Eller 2020, S. 203.

1229 Vgl. The Congress of Local and Regional Authorities 2011.

subnationalen Rechtsquellen. Die einzelnen Elemente der Lokalautonomie zeigen in der Summe eine beträchtlich ausgeprägte Autonomie der Gemeinden in allen drei Gebieten, wobei die Bündner Gemeinden in den meisten Dimensionen unabhängiger und somit durch eine höhere Autonomie gekennzeichnet sind. Die folgende Tabelle zeigt eine Übersicht der einzelnen Dimensionen sowie die Ergebnisse im Vergleich zu den Werten von 2014.[1230]

Tabelle 29: Local Autonomy Index 2014 und 2020

	Kanton Graubünden			**Land Südtirol**			**Land Tirol**		
	2014	+/-	***2020***	***2014****	+/-	***2020***	***2014***	+/-	***2020***
Institutional depth	3.00	-	2.67	3.00	-	2.20	3.00	-	2.80
Policy scope	2.83	-	2.67	2.50	-	1.87	2.50	-	1.77
Effective political discretion	3.00	-	2.78	2.00	+	2.03	1.67	-	1.40
Fiscal autonomy	4.00	-	3.33	2.00	-	1.60	3.00	-	2.40
Financial transfer system	0.00	+	1.67	2.00	-	1.20	2.00	+	2.40
Financial self-reliance	3.00	=	3.00	3.00	-	1.40	2.00	-	1.60
Borrowing autonomy	3.00	=	3.00	1.00	+	1.60	2.00	-	1.80
Organizational autonomy	4.00	=	4.00	3.00	-	2.80	2.00	-	1.80
Self-rule	22.83	+	23.11	18.50	-	14.70	18.17	-	15.97
Legal protection	2.00	+	2.67	2.00	-	1.80	2.00	=	2.00
Administrative supervision	2.00	+	2.67	3.00	-	1.80	2.00	=	2.00
Central/regional access	3.00	-	2.00	2.00	-	1.40	3.00	-	1.80
Interactive-rule	7.00	+	7.33	7.00	-	5.00	7.00	-	5.80
LAI 2014 und 2020	**29.83**	+	**30.44**	**25.50**	-	**19.70**	**25.17**	-	**21.77**

*Alle italienischen Regionen (keine Differenzierung zwischen Regionen mit Normal- bzw. Sonderstatut); Quelle: Bolgherini et al. 2020 basierend auf Ladner et al. 2015b.

1230 Vgl. Ladner et al. 2019.

Die Ergebnisse bestätigen zum Großteil die Erwartungen. So wurde eingangs davon ausgegangen, dass der Kanton Graubünden in den meisten Dimensionen eine höhere Bewertung erhält als Südtirol und Tirol. Was demgegenüber nicht in diesem Ausmaß erwartet wurde, sind die gesunkenen Werte der Lokalautonomie in Südtirol und Tirol im Vergleich zu 2014. Zudem wurde für Südtirol für einige Bereiche ein höherer Wert angenommen, vor allem im Vergleich zu 2014, da sich diese Daten auf alle italienischen Regionen ohne Berücksichtigung der asymmetrischen Regionalautonomie bezogen. Im Grunde widerspiegeln die Daten von 2020 kaum den Fakt, dass die Autonome Provinz Bozen die primäre Gesetzgebungskompetenz der lokalen Gebietskörperschaften innehat.

In vergleichender Hinsicht weisen Tirol und Südtirol in vielen Variablen eine ähnliche Bewertung auf, während sich Graubünden davon meist differenziert. Die größten Unterschiede zwischen Tirol und Südtirol weisen eigentlich nur die vier Dimensionen *institutional depth, fiscal autonomy und fiscal transfer system* sowie *politisch Organisation* auf. Insgesamt erhielt Tirol in sieben von elf Dimensionen eine höhere Messung als Südtirol, nur im Bereich des *policy scope*, der *policy discretion* sowie der politischen Organisation bildet Tirol das Schlusslicht von allen drei Gebieten. Während bei den beiden Attributen der politischen Autonomie der Unterschied zwischen Südtirol und Tirol gering ist, beträgt er bei der Organisation einen ganzen Punkt.

Für die unterschiedlichen Bewertungen zwischen 2014 und 2020 von Graubünden, Südtirol und Tirol können mehrere Erklärungsansätze herangezogen werden.[1231] Zum einen ist die eingesetzte Methode der Expert*innenbefragung nicht frei von Fehlern, worauf im Kapitel 1 hingewiesen wurde: Es handelt sich um subjektive Einschätzungen und der fachliche Hintergrund der Expert*innen umfasst diverse Kompetenzen (Rechts-, Politik- und Kommunalwissenschaft), die womöglich zu unterschiedlichen Auffassungen führten. Zum zweiten wurde aus den numerischen Werten jeweils der Durchschnitt berechnet, was ebenso zu kleinen Abweichungen bei den Daten führen kann. Zum dritten scheint die Berufung auf den rein formalen Aspekt der Autonomie für die Erklärung der individuellen Bewertung nicht auszureichen. Die Bewertungskriterien basieren eigentlich auf den formalen Aspekten der Lokalautonomie, d.h. den rechtlichen Grundlagen, die eine bestimmte Dimension ausgestalten. Aufgrund der erhobenen Daten kann allerdings davon ausgegangen werden, dass bei der jeweiligen Bewertung der Expert*innen auch der institutionelle und politische Kontext, in dem sich die Gemeinden bewegen, eine Rolle gespielt hat. Diese Annahme

---

1231 Vgl. Bolgherini et al. 2021b.

beruht darauf, dass die Bewertungen der Expert*innen von 2020 für Südtirol und Tirol eine niedere Lokalautonomie und in Graubünden im Vergleich zu 2014 eine höhere Lokalautonomie offenbaren, obwohl in den vergangenen Jahren in diesen Ländern keine maßgeblichen strukturellen Reformen zur Gemeindeautonomie stattgefunden haben.

Einen weiteren möglichen Erklärungsansatz für die abweichenden Werte zwischen 2014 und 2020 bieten Bolgherini und Lippi: Sie gehen davon aus, dass die Entwicklung der Gemeindeautonomie auch von Bestimmungen, welche die Kompetenzen der lokalen Ebene nicht direkt betreffen, beeinflusst werden. So fanden in den vergangenen Jahren sowohl in Graubünden, wie auch in Südtirol und Tirol diverse Reformen statt, die zwar die Aufgaben oder die Stellung der Gemeinden nicht im engeren Sinne betrafen, aber ihren Handlungsspielraum und ihre Funktionsweise im weiteren Sinne beeinflussen und damit eine abgewandelte Bewertung erklären könnten.[1232] Diesem Ansatz folgend, signalisieren die unterschiedlichen Ergebnisse zwischen 2014 und 2020, aber auch die Abweichungen zwischen den Territorien, dass die rechtlichen Rahmenbedingungen der Lokalautonomie faktisch eine weniger ausgeprägte Rolle einnehmen als angenommen.[1233] So untermauern die unterschiedlichen Bewertungen vonseiten der Expert*innen die Annahme, dass diese in der Befragung zwar die formale Autonomie bewertet haben, deren Einschätzungen aber nicht strikt von der tatsächlichen Praxis der Autonomie zu trennen sind. So ist teilweise nämlich eine klare Dyskrasie zwischen formaler Basis und der Wahrnehmung der lokalen Autonomie feststellbar.[1234]

Als Beispiel kann die Dimension „vertikaler Einfluss" (*central or regional access*) in Graubünden, Südtirol und Tirol angeführt werden. So haben einige Tiroler Expert*innen dieser Dimension für die Tiroler Gemeinden den Wert 1 und einige den Wert 3 zugeschrieben. Auch in der Bewertung von 2014 erhielt Tirol den höchstmöglichen Wert von 3, der darauf hinweist, dass Gemeinden entweder konsultiert werden oder durch formale Gremien Zugang zu höher gelegenen Entscheidungsprozessen haben. Wie erwähnt, sind der der österreichische Gemeinde- und Städteverband in der Bundesverfassung erwähnt (Art. 115) und sie spielen auch informell eine wichtige Rolle, um die nationale Politikgestaltung zu beeinflussen. Diese Fakten würden den hohen Wert von 3 von 3 erklären. Dennoch gaben andere Expert*innen eine niedrigere Bewertung und offenbaren somit eine unterschiedliche Wahrnehmung zwischen der formellen und

1232 Vgl. Bolgherini und Lippi 2021; Bolgherini und Klotz 2022.
1233 Vgl. Bolgherini et al. 2021b.
1234 Vgl. Bolgherini et al. 2021b.

informellen Autonomie. In ihren Kommentaren erkennen die Expert*innen den informellen Einfluss der Verbände an, weisen gleichzeitig allerdings auf deren geringen formalen Einfluss hin. Auch die Tatsache, dass die Gemeinden im Vergleich zu den Ländern und dem Bund im Rahmen der Finanzkonsultationen nur eine untergeordnete Rolle spielen, könnte die niederere Bewertung erklären.

Als weiteres Beispiel kann der Einfluss der Bündner Gemeinden auf die subnationale Politikgestaltung angeführt werden, denn auch dort sind Bewertungsunterschiede feststellbar: Ein Experte bewertete den Einfluss der Bündner Gemeinden mit einem Wert von 1, einer mit 2, ein weiterer mit 3. Wie erwähnt, gibt es keine Institution aller Bündner Gemeinden, um diese an der kantonalen Politikgestaltung teilhaben zu lassen. Somit wäre aus formaler Betrachtung eigentlich ein niederer Wert nachvollziehbar. Andererseits können die Bündner Gemeinden über das so genannte Vernehmlassungsverfahren vom Kanton konsultiert werden, was wiederum eine Erklärung für eine höhere Bewertung sein könnte. In jedem Fall zeigt sich, dass die lokale Autonomie der Bündner Gemeinden im Bereich des „vertikalen Einflusses“ unterschiedlich interpretiert wird. Bereits eine Studie von Fiechter[1235] wies darauf hin, dass lokale Autonomie in der Schweiz nicht nur durch die Beziehung mit dem Kanton bedingt ist, sondern auch durch lokalspezifische Faktoren. Letzens stimmen auch in Südtirol, wo aufgrund des autonomen Gesetzesspielraums etwa bei den finanziellen Dimensionen oder dem Zugang zur subnationalen Ebene höhere Werte aufscheinen sollten, die Bewertungen nicht unbedingt mit den formalen Gegebenheiten überein. Eine Erklärung für die niederen zugesprochenen Werte könnte sein, dass mit einer hohen formellen Autonomie auch bestimmte Erwartungen vonseiten der Expert*innen einhergehen, was Autonomie ermöglichen sollte. Vor diesem Hintergrund könnten die Bewertungen paradoxerweise geringer ausfallen, weil die effektive Autonomie die jeweiligen Erwartungen nicht widerspiegelt.[1236]

Basierend auf diesen Beispielen stellt sich die Frage, ob eine rein formale Betrachtung der lokalen Autonomie die Realität der Autonomie in ihrer täglichen Funktionsweise überhaupt wiedergeben kann. Diese Ausführungen wurden bereits von mehreren Autor*innen vorgebracht und in Kapitel 2 ausgeführt. So sind Franzke und Schaap der Meinung, dass die *de-facto* Lokalautonomie nicht immer Hand in Hand mit der formalen (*de-jure*) Lokalautonomie gehe.[1237] Auch Fleurke und Willemse stellten fest, dass die Fokussierung auf einen formalen

1235 Vgl. Fiechter 2010.

1236 Vgl. Bolgherini und Klotz 2022.

1237 Vgl. Franzke und Schaap 2021, S. 34.

Ansatz der Dezentralisierung und der Autonomie nicht die tatsächliche Praxis wiedergebe.[1238] Zusätzlich fassen Keuffer und Horber Papazian nach einer Untersuchung der Gemeindeautonomie in zwei schweizerischen Kantonen zusammen, dass die lokale Autonomie, wenn auch formal gleich, aufgrund von diversem Handeln vonseiten der Akteure unterschiedlich ausgestaltet sein kann. Somit bedinge nicht nur der formale Aspekt der Autonomie die Praxis, sondern auch eine effektive Dimension (Kapazität der Dienstleistungserbringung) sowie eine wahrgenommene Dimension (Autonomie als Instrument des proaktiven politischen Handelns).[1239] Die hier angeführten Ergebnisse aus drei alpinen Regionen offenbaren auf ähnliche Weise, dass lokale Autonomie von unterschiedlichen Blickwinkeln aus bewertet werden kann. Die numerischen Werte sind für den Vergleich und die historische Entwicklung nützlich, können aber aus unterschiedlichen Sichtweisen betrachtet werden. Dies führt mich zur Schlussfolgerung, dass das Konzept der lokalen Autonomie nicht nur formal bedingt und multidimensional ist, sondern zu einem hohem Maße auch kontextabhängig ist – unabhängig davon, ob es sich um einen zentralistischen föderalen Staat wie Österreich, ein Land mit einer hohen kantonalen Autonomie wie der Schweiz oder eine autonome Provinz innerhalb eines Regionalstaats wie Italien handelt.

1238 Vgl. Fleurke und Willemse 2004, S. 524 ff.
1239 Vgl. Keuffer und Horber-Papazian 2020, S. 319 ff.

Kapitel 4: Rechtliche Rahmenbedingungen der interkommunalen Kooperation

4.1. Kooperation und Fusion in den nationalen und subnationalen Verfassungen oder Statuten

In diesem Kapitel werden die rechtlich verankerten Kooperationsinstrumente und -formen vorgestellt, die den Gemeinden in Graubünden, Südtirol und Tirol zur Verfügung stehen, um miteinander lokale Dienste auszuführen. Es werden die Grundlagen der lokalen Kooperation im nationalen Recht sowie die Rahmenbedingungen der subnationalen Gesetzgebung der drei Gebiete zusammengefasst. Zudem werden die politischen Strategien angesprochen, mit denen die Nationalstaaten und subnationalen Gebietskörperschaften im Hinblick auf die Effizienzsteigerung von lokaler Dienstleistungserbringung vorgehen. In diesem Rahmen wird auch die jeweilige politische Haltung zum Thema der Gemeindezusammenlegungen umrissen, die mit der Dienstleistungsausführung in Form der Kooperation eng verknüpft ist. In einem abschließenden Abschnitt werden vergleichende Beobachtungen aufgestellt.

Wie bereits in den vorhergegangenen Kapiteln unterstrichen, fallen unter den Begriff der formellen Kooperation sowohl Kooperationsformen des Privatrechts wie auch des öffentlichen Rechts, wobei der Schwerpunkt dieser Arbeit auf letzteren liegt. Zur Einschränkung werden nur jene Kooperationsformen behandelt, die auf die gemeinsame Ausführung von lokalen Dienstleistungen bzw. deren Planung und Verwaltung abzielen. In diesem Sinne versteht die Forschungsarbeit unter Kooperation a) die gemeinsame Erfüllung bzw. Ausführung von lokalen Dienstleistungen über verbindliche Rechtsinstrumente sowie b), die gemeinsame Planung und Umsetzung von Projekten oder die gemeinsame Tätigkeit in institutionellen Gremien zur Organisation und Verwaltung von lokalen Aufgabenbereichen. Es wurde bereits angeführt (Kapitel 2), dass die Notwendigkeit für lokale Kooperation in einem engen Verhältnis mit der jeweiligen Aufgabenerfüllung steht und somit mit dem Ausmaß der lokalen Autonomie verbunden ist. Hierbei ist darauf hinzuweisen, dass die Gemeinden in Südtirol und Tirol alle dieselben Aufgaben zu erledigen haben, während sich die Bündner Gemeinden untereinander unterscheiden können, da sie auch selbst Aufgaben dazu nehmen können. Nichtsdestotrotz kann auch die formelle Gleichheit zwischen Gemeinden in der Theorie – wie es in Südtirol und Tirol der Fall ist – in der praktischen Ausführung einer lokalen Aufgabe zu Unterschieden führen. So ist jede Gemeinde aufgrund von unterschiedlichen örtlichen oder politischen Interessen sowie vorhandenen Ressourcen anderen Notwendigkeiten ausgesetzt. Dies kann dazu führen, dass sie unterschiedlichen Aufgaben Prioritäten einräumen oder bestimmte Aufgaben vernachlässigen.[1240]

4.1.1 Nationale Verfassungen

In den nationalen Verfassungen der drei Fälle spielt das Thema der Kooperation kaum eine Rolle. Im Vergleich der nationalen Verfassungstexte der Schweiz, Italien und Österreich geht nur das österreichische Verfassungsrecht explizit auf das Thema ein, während die schweizerische und italienische Verfassung sich nicht oder kaum zum Thema äußern. In der italienischen Verfassung kommt der Begriff „Kooperation" oder „Zusammenarbeit" gar nicht vor. Die schweizerische Bundesverfassung erwähnt zwar den Begriff Zusammenarbeit, doch nur in Bezug zwischen Bund und Kantonen oder jener von Kantonen untereinander, nicht aber im Hinblick auf die lokale Regierungsebene. Was die schweizerische Bundesverfassung außerdem normiert, ist, dass Kantone Aufgaben von regionalem Interesse gemeinsam wahrnehmen können sowie miteinander Verträge, Organisationen oder Einrichtungen schaffen können (Art. 48.1).

Auch die italienische Verfassung äußert sich nicht zur Zusammenarbeit zwischen Staat und lokalen Gebietskörperschaften. Allerdings reglementiert sie, ähnlich der Schweiz, die Kooperation zwischen den italienischen Regionen und deren Gemeinden. So ist seit der Verfassungsreform von 2001 festgeschrieben (Art. 123), dass jede Region dazu verpflichtet ist, einen „Rat der Autonomien" (*Consiglio delle Autonomie Locali – CAL*) als Beratungsorgan zwischen Regionen und Gemeinden einzuführen.[1241]

Hinsichtlich der lokalen Kooperation ist die Regelung im österreichischen B-VG zum Vergleich zu Italien und der Schweiz ausführlich. Wie bereits Kapitel 3 aufzeigt, regelt das österreichische Verfassungsrecht die lokale Regierungsebene im Detail. So sind im Hauptstück „Gemeinden" der Verfassung auch mehrere Artikel der Zusammenarbeit zwischen Gemeinden gewidmet. Durch eine

---

1240 Vgl. Thöni 2013, S. 181.

1241 Fast alle italienischen Regionen (auch die fünf Regionen mit Sonderstatut) sind dieser Bestimmung durch Regionalgesetze bzw. Landesgesetze für die autonomen Provinzen Trient und Bozen gefolgt, wobei die Umsetzung in manchen Fällen einige Jahre auf sich warten ließ. Außerdem sind die Bestimmungen in Bezug auf Zusammensetzung und Aufgaben dieser intergouvernementalen Strukturen zwischen den Regionen heterogen. Vgl. Di Brivio Carpegna 2018.

Verfassungsnovelle im Jahr 2011 (BGBl. I Nr. 60/2011) wurde dies sogar noch erweitert[1242] und eine *„ausdrückliche bundesverfassungsrechtliche Grundlage“*[1243] für die interkommunale Zusammenarbeit geschaffen. Die Abänderung der diesbezüglichen Artikel in der Bundesverfassung hatte zum Ziel, die Möglichkeiten der Kooperation zwischen Gemeinden zu erleichtern.[1244] So war eine Kritik hinsichtlich der Kooperation in Form von Zweckverbänden (Gemeindeverbände), die auch im Rahmen des Österreich-Konvent geäußert wurde, deren Beschränkung auf einen einzigen bestimmten Zweck.[1245] Dem wurde durch die Reform des B-VG entgegengewirkt und Gemeindeverbände – die zentrale lokale Kooperationsform im österreichischen Recht – können nun zur *„Besorgung von Angelegenheiten der Gemeinden“* und nicht mehr nur für *„einzelne Aufgaben“* (Art. 116a, alte Fassung B-VG) gegründet werden. Zudem konnten Gemeindeverbände von nun auch über die Grenzen von Bundesländern hinweg geschlossen werden. Die Gemeindeverbände waren von der Bundesverfassung bereits seit 1962 vorgesehen und können entweder von den Gemeinden selbst auf freiwilliger Basis initiiert oder aber vom Bundes- oder Landesgesetzgeber bzw. über die Bundes- oder Landesvollziehung vorgeschrieben werden.

Artikel 116a des B-VG erklärt, dass sich die österreichischen Gemeinden zur Besorgung ihrer Angelegenheiten durch Vereinbarungen zu Gemeindeverbänden zusammenließen und somit freiwillig einen solchen Gemeindeverband gründen können. Diesen Gemeindeverbänden werden Aufgaben der Gemeinden übertragen, die diese dann durch eigene Organe anstelle der Mitgliedsgemeinden durchführen.[1246] Eine solche Vereinbarung benötigt die Genehmigung der Aufsichtsbehörde – in den meisten Fällen entspricht dies der Landesregierung – und ist zu erteilen, wenn die Bildung des Gemeindeverbandes im Falle der Besorgung von Angelegenheiten die Funktion der Gemeinden als Selbstverwaltungskörper nicht gefährdet bzw. aus Gründen der Zweckmäßigkeit, Wirtschaftlichkeit und

---

1242 60. B-VG: Änderung des Bundesverfassungsgesetzes zur Stärkung der Rechte der Gemeinden.

1243 Vgl. Gamper 2013, S. 166.

1244 Vgl. Bußjäger 2012b; Bußjäger 2012a; Kemptner und Sturm 2021, S. 9, RZ 8.

1245 Biwald/Wirth erklären in diesem Zusammenhang, dass die Zweckgebundenheit für viele Gemeinden zur Mitgliedschaft in mehreren Verbänden führte (etwa einen Abwasser-, Schul- und Sozialhilfeverband). Dieses Nebeneinander sei nicht nur zu einem hohen Zeitaufwand bei der Vertretung in den jeweiligen Gremien verbunden, sondern repräsentiere auch kostenintensive parallele Führungs- und Verwaltungsstrukturen. Vgl. Wirth und Biwald 2006, S. 31.

1246 Vgl. Kemptner und Sturm 2021, S. 7, RZ 2.

Sparsamkeit im Interesse der beteiligten Gemeinden liegt (Art. 116a.1). Neben der freiwilligen Kooperation in Form eines Gemeindeverbandes, hält die österreichische Verfassung fest, dass die zuständige Gesetzgebung *„im Interesse der Zweckmäßigkeit“* die Bildung von Gemeindeverbänden verpflichtend vorsehen kann (Art. 116a.2). Dadurch dürfe die Funktion der Gemeinden als Selbstverwaltungskörper und Verwaltungssprengel allerdings nicht gefährdet werden. Aus dieser Rechtsgrundlage ist abzuleiten, dass Gemeindeverbände entweder durch Bundes- oder Landesgesetze initiiert werden können, je nachdem wer in bestimmten Politikbereichen die gesetzgeberische Zuständigkeit innehat. So sind etwa für Angelegenheiten des Art. 10 der B-VG der Bund berechtigt Gemeindeverbände zu bilden, bei Angelegenheiten des Art. 15 B-VG sind es hingegen die einzelnen Bundesländer. Dabei obliegt es dem jeweiligen Gesetzgeber den Gründungsakt des künftigen Gemeindeverbandes zu erlassen oder dessen Vollziehung zu ermächtigen, die Verbände aufzulösen oder umzubilden, die Angelegenheiten zu definieren, für welche dieser zuständig sein soll sowie dessen Organen Aufgaben zu übertragen.[1247]

Seit der Verfassungsnovelle 2011 können Gemeindeverbände, wie erwähnt, nicht nur innerhalb eines einzelnen österreichischen Bundeslands gegründet werden, sondern auch zwischen Gemeinden von verschiedenen Bundesländern (Art. 116a.6, B-VG). Zum Unterschied zu den Gemeindeverbänden innerhalb desselben Bundeslandes, können länderüberschreitende Verbände nur durch eine Vereinbarung zwischen Gemeinden abgeschlossen, nicht aber durch die Gesetzgeber von oben verpflichtend vorgeschrieben werden. Auch müssen die jeweiligen Länder ihrerseits vorab eine Vereinbarung unterschrieben haben.[1248] Die Organe der Gemeindeverbände, die Angelegenheiten des eigenen Wirkungsbereichs – also nicht jene des übertragenen Wirkungsbereichs – besorgen, müssen laut Verfassungsgesetz nach demokratischen Grundsätzen gebildet werden (Art. 116a.3). Die konkrete Organisation der Gemeindeverbände sind laut B-VG per Landesgesetzgebung in deren Organisationsrecht zu regeln (Art. 116.4), wobei das B-VG bereits bestimmte Grundprinzipien definiert. So müssen die österreichischen Gemeindeverbände eine Verbandsversammlung aus gewählten Vertreter*innen aller angehörigen Gemeinden sowie auch einen Verbandsobmann haben. Artikel 116b legt zusätzlich fest, dass Gemeinden untereinander auch Vereinbarungen über ihren jeweiligen Wirkungsbereich abschließen können, wenn die subnationale Gesetzgebung dies vorsieht. In Bezug auf die Aufsicht der Gemeindeverbände

1247 Vgl. Kemptner und Sturm 2021, S. 12, RZ 18 ff.

1248 Vgl. Kemptner und Sturm 2021, S. 28, RZ 49.

bestimmt das B-VG (Art. 119a.10), dass das Aufsichtsrecht über die Gemeinden auch auf die Gemeindeverbände anzuwenden ist, soweit diese Angelegenheiten des eigenen Wirkungsbereiches der Gemeinde besorgen.

Außer der Kooperationsform des Gemeindeverbandes ist in der österreichischen Bundesverfassung seit 2011 auch die Möglichkeit des Abschlusses von öffentlich-rechtlichen Vereinbarungen zwischen Gemeinden (unabhängig von einem Gemeindeverband) verankert, wenn die Landesgesetzgebung dies vorsieht (Art. 116b).[1249] Diese Möglichkeit der Zusammenarbeit durch einen Vertrag ist klar von der Vereinbarung zu einem Gemeindeverband zu unterscheiden und kann somit als Alternativinstrument der Kooperation betrachtet werden.[1250] Neben diesen zwei öffentlich-rechtlichen Formen der Zusammenarbeit erwähnt das B-VG auch die Möglichkeit der Kooperation auf privatrechtlicher Ebene. So steht in Bezug auf die Aufgaben der Gemeinden, dass Gemeinden das Recht haben – innerhalb der Schranken der allgemeinen Bundes- und Landesgesetze – wirtschaftliche Unternehmungen zu betreiben (Art. 116.2).

Was die italienische Verfassung im Unterschied zu der Bundesverfassung von Österreich und der Schweiz explizit erwähnt, sind die mögliche Zusammenlegung und Neugründung von Gemeinden (Art. 133). Demnach können die italienischen Regionen nach Anhören der betroffenen Bevölkerung mit eigenen Gesetzen neue Gemeinden errichten sowie deren Gebietsabgrenzungen und Benennungen ändern. Die schweizerische Bundesverfassung äußert sich zu Gebietsveränderungen hingegen nur dahingehend, dass der Bund den Bestand und das Gebiet der Kantone schützt (Art. 53). Demnach bedürfen territoriale Verschiebungen der Zustimmung der betroffenen Bevölkerung, der betroffenen Kantone sowie von Volk und Ständen. Gebietsveränderungen zwischen Kantonen bedürfen ebenso der Zustimmung der betroffenen Bevölkerung und der betroffenen Kantone und müssen zudem durch die Bundesversammlung per Beschluss genehmigt werden. Die österreichische B-VG definiert es ähnlich (Art. 2, Abs. 3): „*Grenzänderungen, innerhalb des Bundesgebiets bedürfen übereinstimmender Gesetze des Bundes und der betroffenen Länder (…)*“. In der österreichischen Bundesverfassung finden sich hingegen keine Bestimmungen zu Zusammenlegungen von Gemeinden, so dass dies in der Autonomie den Bundesländern obliegt.[1251]

1249 Vgl. Bußjäger 2014, S. 54 ff.
1250 Vgl. Eberhard 2013b, S. 30.
1251 Vgl. Wieser 2021, S. 13.

4.1.2 Subnationale Verfassungen

Was die Normierung der lokalen Kooperation in den subnationalen Rechtsgrundlagen betrifft, bildet die autonome Region Trentino-Südtirol im Vergleich zu den anderen beiden Gebieten eine Ausnahme. Im Autonomiestatut der autonomen Region Trentino-Südtirol und somit ähnlich der italienischen Verfassung, findet sich kein Artikel zur lokalen Zusammenarbeit in horizontaler oder vertikaler Form. Demnach wird weder das Thema einer verpflichtenden oder freiwilligen interkommunalen Kooperation behandelt.

Demgegenüber äußert sich die Tiroler Landesordnung den Ausführungen der österreichischen Verfassung folgend, sehr wohl zur lokalen Kooperation und widmet den von der Bundesverfassung eingerichteten Gemeindeverbänden und den Vereinbarungen zwischen Gemeinden zwei Artikel (Art. 77–78). Die Ausführungen vonseiten des Landes Tirol orientieren sich fast vollkommen am eben genannten Bundesverfassungsgesetz. Demnach dürfen die Tiroler Gemeinden zur Besorgung ihrer Angelegenheiten auf der Grundlage einer Vereinbarung mit anderen Gemeinden einen Gemeindeverband bilden, wenn es ihre Funktion als Selbstverwaltungskörper nicht gefährde sowie dies – sollte dieser Verband als Träger von Privatrechten handeln – aus Gründen der Sparsamkeit, Wirtschaftlichkeit oder Zweckmäßigkeit im Interesse der beteiligten Gemeinden liegt. Weiters legt die Tiroler Landesordnung fest, dass auch das Land Tirol die Bildung von Gemeindeverbänden vorschreiben darf, wenn dies im Interesse der Sparsamkeit, Wirtschaftlichkeit und Zweckmäßigkeit steht und die verfassungsrechtlich garantierten Funktionen der Gemeinden nicht gefährdet werden. Letzens schreibt die Landesordnung – dem B-VG folgend – noch fest (Art. 77a), dass Gemeinden untereinander Vereinbarungen über ihren jeweiligen Wirkungsbereich abschließen können, wenn es durch ein Landesgesetz vorgesehen ist.

Die Kantonsverfassung von Graubünden hebt sich von der schweizerischen Bundesverfassung ab und widmet der interkommunalen Zusammenarbeit sowie dem Zusammenschluss von Gemeinden ein gesamtes Kapitel. So ist es den Bündner Gemeinden laut Kantonsverfassung erlaubt (Art. 62), zur Erfüllung ihrer Aufgaben mit anderen Gemeinden oder Organisationen zusammenarbeiten, wobei nicht spezifiziert wird durch welche Mechanismen oder Formen dies umgesetzt werden soll. Demnach wird die spezifische Regelung der Gesetzgebung überlassen. Zudem schreibt die kantonale Verfassung vor (ähnlich wie es die Landesordnung Tirols macht), dass Gemeinden auch zur Zusammenarbeit verpflichtet werden können. Weitere Details werden gemäß der Kantonsverfassung per kantonalem Gesetz geregelt: *„Das Gesetz regelt die interkommunale Zusammenarbeit sowie die Auslagerung von Aufgaben und gewährleistet die politischen Mitwirkungsrechte“*

(Art. 62.2). So regelt das Gesetz nicht nur die interkommunale Zusammenarbeit, sondern auch die Auslagerung von kommunalen Aufgaben an andere Akteure. Der Begriff „Auslagerung“ ist laut Fetz nicht klar definiert, denn man könnte in einer weiteren Interpretation darunter auch gewisse Formen der IKZ fassen.[1252] Letztlich schreibt die KV fest, dass der Kanton die interkommunale Zusammenarbeit sowie den Zusammenschluss von Gemeinden fördert, um die zweckmäßige und wirtschaftliche Erfüllung von deren Aufgaben sicherzustellen (Art. 64). Zudem normiert die Kantonsverfassung die intermediäre Regierungsebene der Regionen (Art. 68 ff., KV), denen Aufgaben des Kantons oder der Gemeinden übertragen werden können (Art. 71).

Graubünden ist die einzige der drei Alpenregionen, welche die Zusammenarbeit zwischen Kanton und Gemeinden explizit in seiner subnationalen Verfassung anspricht und dementsprechend verankert. Weder in der Tiroler Landesordnung noch im Autonomiestatut Trentino-Südtirols finden sich diesbezüglich ähnliche Bestimmungen zur Kooperation in vertikaler Form zwischen Gemeinden und subnationalen Gebieten. Davon abweichend schreibt die Kantonsverfassung von Graubünden einen klaren Auftrag an die Regierungsebenen und deren Akteure fest, nämlich dass Kanton, Regionen und Gemeinden bei der Erfüllung öffentlicher Aufgaben zusammenwirken. Ebenso sei die Zusammenarbeit mit Privaten so weit als möglich anzustreben (Art. 76, KV). Die Kantonsverfassung Graubündens nimmt also auch Bezug auf die Zusammenlegung von Gemeinden: Die möglichen Zusammenschlüsse werden gefördert und es wird darauf hingewiesen, dass diese durch ein kantonales Gesetz geregelt werden (Art. 63, KV). Die mögliche Zusammenlegung von Gemeinden ist auch in der Tiroler Landesverfassung erwähnt und sogar explizit geregelt.[1253] So bedarf es dafür eines Landesgesetzes oder aber die Gemeinden regeln es durch eine Vereinbarung selbst (Art. 72). Zudem legt die Tiroler Landesordnung fest, dass bei einer Änderung der Gemeindegrenzen auf die Sicherung der Leistungsfähigkeit der Gemeinden geachtet wird. Im Unterschied zu Graubünden und Tirol wird die Zusammenlegung von Gemeinden im Südtiroler Autonomiestatut hingegen nicht erwähnt. Wie die lokale Kooperation, ist das Thema der Fusionen im Autonomiestatut kein Thema.

1252 Vgl. Fetz, S. 152.
1253 Hierzu ausführlich: Gamper 2013.

4.2. Kooperation in der nationalen Gesetzgebung

4.2.1 Schweiz: Kantonale Autonomie zu Kooperation und Fusion

In der Schweiz ist die juridische Situation für Gemeindekooperation eine andere als in Italien und Österreich, weil das Thema in der nationalen Gesetzgebung nur im geringen Maße normiert wird. Im Unterschied zu den beiden Nachbarländern, gab es in den vergangenen Jahren auch keine national initiierte Reform hinsichtlich einer Gebietsreform, insbesondere deshalb, weil die Gemeinden Gegenstand des kantonalen Rechts sind. Dieser Umstand bedeutet nicht, dass das Thema der lokalen Kooperation im gesamtschweizerischen Kontext nicht wichtig wäre. Im Gegenteil: Zum Thema der Kooperation und den territorialen Reformen wurde in den letzten Jahren viel geforscht und die Praxis weist auf eine hohe Relevanz von Kooperation für die Gemeinden in allen Kantonen hin. Auch fanden in den vergangenen Jahren in den einzelnen Kantonen eine Reihe von Gebietsreformen statt. Die schweizerischen Gemeinden weisen nicht nur eine lange Tradition der interkommunalen Kooperation auf, deren Basis sogar bis in das 19. Jahrhundert zurück reicht,[1254] sie ist für diese bis heute von großer Bedeutung.[1255] Die Lehre geht sogar so weit festzuhalten, dass die Kooperation zwischen Gemeinden eine Erklärung für die Effizienz der lokalen Verwaltung in der Schweiz herangezogen werden kann.[1256] Allerdings hat sich die lokale Kooperation in den Kantonen unterschiedlich stark entwickelt, was wiederum auf die hohe Ausprägung der subnationalen und lokalen Autonomie zurückzuführen ist. So steht es den schweizerischen Gemeinden weitgehend frei, wann oder in welcher Form sie kooperieren, wobei einige Kantone Hilfestellungen und Beratungen in Form von Leitfäden oder Musterverträgen erstellt haben und ihren Gemeinden damit unterstützend zur Seite stehen.[1257]

Abgesehen von der interkommunalen Kooperation wird die Schweiz häufig als relevantes Fallbeispiel für Gemeindezusammenschlüsse herangezogen, auch wenn die diesbezügliche Entwicklung seit der Staatsgründung 1850 nicht rasant voranging, sondern eher langsam.[1258] Insgesamt hat sich die Anzahl der schweizerischen Gemeinden zwischen 1990 (3.021 Gemeinden) und 2022 (2.148 Gemeinden) um

---

1254 Vgl. Thom und Steiner 2003.

1255 Vgl. Steiner und Kaiser 2018b, S. 174; Steiner und Kaiser 2018a; Steiner 2003.

1256 Vgl. Kübler und Ladner 2003, S. 145.

1257 Vgl. Rühli 2012, S. 113.

1258 Zu einer Übersicht über die Entwicklung zwischen 1960 und 2012, siehe: Rühli 2012. Zum Thema der Gemeindezusammenschlüsse in der Schweiz im internationalen Vergleich, siehe: Steiner 2002, S. 127 ff.

873 Gemeinden verringert.[1259] Die Gründe für diese hohe Intensität an Zusammenschlüssen sind situations- und kantonsspezifisch, wobei einige Fusionen auf die steigenden finanziellen Herausforderungen von kleinen Gemeinden zurückzuführen sind.[1260] Obwohl die zunehmende Komplexität der lokalen Aufgaben für viele Gemeinden ein Grund für einen Zusammenschluss ist, leisteten auch spezifische Anreize durch die einzelnen Kantone einen Motivationsschub.[1261] So wurden in mehreren Kantonen monetäre Anreize für territoriale Reformen, wie es sie auch in Italien und Österreich gibt, eingerichtet und hatten einen beträchtlichen Einfluss auf die Umsetzung von Fusionen.[1262] Steiner weist darauf hin, dass die kantonalen Strategien einen großen Einfluss auf Gemeindezusammenschlüsse hatten und diese somit ein „kantonspezifisches Phänomen" seien.[1263] Der Autor stellt außerdem fest, dass die IKZ und die Fusionen in der Schweiz als wichtiges Instrument für eine erhöhte Performanz der lokalen Gebietskörperschaften wahrgenommen und auch implementiert werden.[1264] Nichtsdestotrotz stellen Calciolari et al. am Beispiel des Kantons Tessin fest, dass der finanzielle und institutionelle Druck allein nicht ausreiche, um Gemeindezusammenlegungen zu erklären, sondern dass die Politik sowie die Unterstützung durch die Bürger*innen ebenfalls eine Rolle spielen.[1265] In einigen Kantonen existiert neben der freiwilligen Fusion und diesbezüglichen Förderungen im Übrigen auch die Möglichkeit, die Gemeinden zu einer Fusion zu zwingen (auch der Kanton Graubünden sieht dies in seinem Gemeindegesetz vor).[1266]

Viele Jahre waren Gemeindezusammenschlüsse in der Schweiz kein Thema und es kam erst ab den 1970er Jahren vermehrt zu Fusionen, entweder in ländlichen Gebieten oder als Eingemeindung[1267] einer kleinen Gemeinde in eine größere Stadt. Zwischen 1970 und 1980 fand ein begrenzter Rückgang von 43 Gemeinden statt, während es dann ab 1990 zu einer intensiven Phase von Fusionen kam.

1259 Siehe: Schweizerische Eidgenossenschaft, Bundesamt für Statistik, Amtliches Gemeindeverzeichnis der Schweiz, https://www.bfs.admin.ch/bfs/de/home/grundlagen/agvch.assetdetail.20604220.html, zuletzt geprüft am 06.04.2023.

1260 Vgl. Soguel 2006, S. 180.

1261 Vgl. Ladner et al. 2013, S. 57 ff.

1262 Vgl. Soguel 2006, S. 180; Rühli 2012, S. 137 ff.; Rühli 2016.

1263 Vgl. Steiner 2003, S. 560; Ladner et al. 2013, S. 53.

1264 Vgl. Steiner 2003.

1265 Vgl. Calciolari et al. 2013.

1266 Vgl. Hänni und Meier 2014, S. 62 f.

1267 Im Falle der Gemeindefusion im engeren Sinne vereinigen sich zwei Gemeinden zu einem einzigen Rechtssubjekt. Im Falle einer „Eingemeindung" bleibt ein Rechtssubjekt bestehen. Vgl. Fetz 2009; Rühli 2012, S. 51.

Als Ausgangspunkt dienten spezielle Förderungen der Kantone, die mit weiteren Reformvorhaben zusammentrafen.[1268] Herausstechende Beispiele sind hierbei etwa die Kantone Thurgau, Tessin und Freiburg – drei Territorien, die geografisch in diversen Teilen des Landes lokalisiert sind. Ein besonderes Beispiel für eine Gebietsreform ist auch der Kanton Glarus, der seine Gemeinden im Jahr 2011 zu drei großen Einheitsgemeinden zusammengefasst hat.[1269] Im Kanton Thurgau wurde hingegen bereits 1987 eine Reorganisation beschlossen, in dessen Folge ehemalige Munizipal- und Einheitsgemeinden sowie Ortsgemeinden zu 80 politischen Gemeinden verschmolzen wurden.[1270] Im Kanton Freiburg wurde die Anzahl der Gemeinden in den vergangenen 50 Jahren sogar von 283 (1968) auf 126 (Januar 2022) reduziert.[1271] Eine erhebliche Reduzierung der Anzahl der Gemeinden um mehr als die Hälfte ist auch im italienischsprachigen Kanton Tessin festzustellen (245 Gemeinden im Januar 1995, 111 Gemeinden im Oktober 2020).[1272] Allerdings war die Entwicklung der Gemeinden innerhalb des Kantons nicht homogen, so weigerten sich einige Gemeinden zu fusionieren oder zeigten kein Interesse.[1273]

Zum aktuellen Status der Gemeindekooperationen, aber auch der Tendenz zu Fusionen in den einzelnen Kantonen ist insbesondere die Gemeindeschreiberbefragung von Ladner/Steiner aufschlussreich. Es handelt sich hierbei um eine Langzeitstudie, in deren Rahmen die Gemeindeschreiber*innen aller Gemeinden zur Ausprägung der Gemeindeautonomie und weiteren Aspekten der lokalen *Governance* befragt werden. Die letzte Befragung fand 2017 statt und

1268 Vgl. Thom und Steiner 2003, S. 13; Steiner und Kaiser 2018a; Ladner et al. 2013, S. 22 ff.

1269 Siehe: Kanton Glarus, GL 2011: Drei starke Gemeinden – ein wettbewerbsfähiger Kanton, https://www.gl.ch/gl2011/gl-2011-3-starke-gemeinden-ein-wettbewerbsfaehiger-kanton.html/365, zuletzt geprüft am 06.04.2023.

1270 Siehe: Kanton Thurgau, Dienststelle für Statistik, Bezirke und Gemeinden, https://statistik.tg.ch/verzeichnisse/bezirke-und-gemeinden.html/6777#js-accordion_control-01, zuletzt geprüft am 06.04.2023.

1271 Siehe: Kanton Freiburg, Amt für Gemeinden, Übersicht der Gemeindezusammenschlüsse, https://www.fr.ch/de/ilfd/gema/datei/gemeindezusammenschluesse?page=4#detail, zuletzt geprüft am 06.04.2023. Im Jahr 2010 wurde in diesem Zusammenhang ein eigenes Gesetz über die Förderung der Gemeindezusammenschlüsse beschlossen (SGF 141.1.1, Gesetz über die Förderung der Gemeindezusammenschlüsse).

1272 Siehe: Cantone Ticino, Ufficio di statistica, Definizioni, https://www3.ti.ch/DFE/DR/USTAT/index.php?fuseaction=definizioni.comuni, zuletzt geprüft am 06.04.2023.

1273 Vgl. Calciolari et al. 2013, S. 564.

behandelt die praktische Umsetzung von Fusionen und interkommunalen Kooperationen.[1274] Demnach haben im Jahr 2017 fast die Hälfte der schweizerischen Gemeinden (48,8 %) Diskussionen über Zusammenschlüsse stattgefunden, wobei es auch kantonale Unterschiede gibt.[1275] Die Befragung zeigt außerdem, dass die interkommunale Kooperation bei vielen Gemeinden nach wie vor ein wichtiges Thema ist. So wurde in den Jahren zwischens 2012 und 2017 in über der Hälfte der Gemeinden (55,9 %) die interkommunale Kooperation intensiviert und ist in 42,8 Prozent immerhin gleichgeblieben.[1276] Dabei arbeiten ein großer Teil der schweizerischen Gemeinden (43,3 %) in 5–9 politischen Bereichen interkommunal zusammen und 29,6 Prozent sogar in 10–14 Bereichen.[1277] Ladner et al. stellten bei der Auswertung fest, dass eine Gemeinde, die nicht kooperiert, eine absolute Ausnahme darstelle.[1278] Interessant ist in diesem Zusammenhang, dass es in einigen Kantonen – darunter auch Graubünden – politische Willensbekundungen gab, die zwischengemeindliche Kooperation zu reduzieren.[1279] Zur häufigen Argumentation, dass Kooperation eine Vorstufe zu einer Fusion darstelle, haben Steiner/Kaiser allerdings empirisch festgestellt,[1280] dass es sich um zwei alternative Strategien handelt und diese nicht in einem kausalen Zusammenhang stehen müssen (siehe Kapitel 2).

Was die Begründung der horizontalen Kooperation im schweizerischen Recht betrifft, kann auf diverse Formen verwiesen werden. Wie in den beiden Nachbarländern existieren Kooperationsformen im öffentlich-rechtlichen Bereich sowie privatrechtliche Kooperationen. Zu letzteren zählen die privatrechtlichen Verträge zwischen Gemeinden sowie die Bildung von juristischen Personen oder Körperschaften, wie Vereine, Genossenschaften, Stiftungen oder Aktiengesellschaften.[1281] Damit ist die Art der privatrechtlichen Formen sehr ähnlich wie jene in Italien und Österreich. Diese Formen der Kooperation sind in der Schweiz auf Bundesebene geregelt und im Schweizerischen Zivilgesetzbuch normiert. So etwa die Vereine (Art. 60–79, ZGB), die ein Statut in schriftlicher Form über den Zweck des Vereins, seine Mittel und seine Organisation beinhalten müssen. Weiters auch die Stiftungen (Art. 80–88, ZGB), für welche es die Widmung eines Vermögens

1274 Ähnliche Befragungen fanden bereits 1988, 1994, 1998, 2005 und 2009/2010 statt.
1275 Vgl. Steiner et al. 2017, S. 83.
1276 Vgl. Steiner und Kaiser 2018a.
1277 Vgl. Steiner et al. 2017, S. 74.
1278 Vgl. Ladner et al. 2013, S. 35.
1279 Vgl. Rühli 2012, S. 112.
1280 Vgl. Steiner und Kaiser 2018a.
1281 Vgl. Steiner und Kaiser 2018b, S. 179; Seiler 2001, S. 503 f.

für einen besonderen Zweck benötigt oder die Aktiengesellschaften, an denen öffentlich-rechtliche Körperschaften – wie Gemeinden – beteiligt sind (Art. 726, Obligationenrecht). Weitere privatrechtliche Formen, an denen sich Gemeinden beteiligen können, sind die Gesellschaften mit beschränkter Haftung (Art. 772 ff., Obligationenrecht) oder die Genossenschaften (Art. 828 ff., Obligationenrecht).

Die „Hauptstadtregion Schweiz" ist ein Beispiel für eine Kooperationsform von lokalen Gebietskörperschaften, die privatrechtlich nach dem Zivilgesetzbuch organisiert ist. Hierbei handelt es sich um einen 2010 gegründeten Verein, an welchem mehrere Kantone, Regionalorganisationen und Gemeinden des Berner Umlands beteiligt sind. Da die Mitglieder sowohl aus Kantonen wie auch aus individuellen Gemeinden bestehen, kann der Verein als Kooperation in vertikaler und horizontaler Hinsicht bezeichnet werden. Ziel des Vereins ist es, die Hauptstadtregion als *„innovativen Lebens- und Wirtschaftsraum von nationaler und internationaler Bedeutung zu stärken"*.[1282] In diesem Zusammenhang koordiniert der Verein gemeinsame Interessen und Aktivitäten und fördert bestimmte Projekte. Mitglieder mit Stimmrecht können nur öffentlich-rechtliche Gebietskörperschaften sein sowie Regionalorganisationen, die solche vertreten (Statuten, Hauptstadtregion Schweiz). Konkret arbeitet der Verein an diversen regionalspezifischen Themen, die auch lokale Aufgaben betreffen. So etwa im Politikfeld Verkehr, Gesundheit oder Wirtschafts- und Raumentwicklung. Ein ähnliches Beispiel für eine vertikale und gleichzeitig horizontale Kooperationsform ist der Verein „Metropolitankonferenz Zürich", der 19 Städte und 90 Gemeinden aus diversen Kantonen miteinander vernetzt. Die Organisationsstruktur setzt sich aus einer Kantons- und Städte/Gemeindekammer sowie einem Metropolitanrat zusammen, in der die Repräsentanten der Mitgliedergemeinden sitzen. Themenbereiche, in welchen die Konferenz Projekte umsetzt, sind etwa Lebensraum, Verkehr und Wirtschaft. Allerdings, so Steiner/Kaiser, handelt es sich bei diesen Kooperationen eher um *„Vehikel für gebündelte Interessen"* als um eine Institution, der lokale Autonomie zur Ausführung von Dienstleistungen abgegeben wird.[1283]

In die Kategorie der öffentlich-rechtlichen juristischen Personen fallen hingegen die Kooperationsformen der Gemeindeverbände, öffentlich-rechtliche Stiftungen, selbstständige öffentlich-rechtliche Anstalten sowie Regionalkonferenzen. Diese werden im Gegensatz zu den privatrechtlichen Kooperationsformen im kantonalen Recht in den jeweiligen Gemeindegesetzen oder sogar auf Ebene der

---

1282 Vgl. Steiner und Kaiser 2018b, S. 181 f.

1283 Vgl. Steiner und Kaiser 2018b, S. 181.

Gemeinden geregelt.[1284] Die Kooperation zwischen Gemeinden ist somit in erster Linie eine Aufgabe des kantonale Rechts, nur im Bereich Zivilschutz hat der Bund die Gemeinden vor einigen Jahren zu einer Regionalisierung verpflichtet (Reform Bevölkerungsschutz XXI), was zu einer erhöhten Kooperation bei den Feuerwehren führte.[1285]

Die häufigste Rechtsform für die interkommunale Aufgabenerfüllung für verschiedenste Angelegenheiten in der Schweiz ist der Gemeindeverband, der in manchen Kantonen auch Zweckverband genannt wird.[1286] Als öffentlich-rechtliche Kooperationsformen sind schließlich die interkommunalen Verträge zu nennen. Solche Kooperationen in Vertragsform werden in der schweizerischen Literatur als „Sitzgemeindemodell" bezeichnet. Diese Kooperation findet dann statt, wenn eine Gemeinde – die so genannte Sitzgemeinde – einen bestimmten Dienst nicht nur für sich selbst, sondern auch für eine andere Gemeinde ausführt, die zweite Gemeinde hingegen beschränkte Mitwirkung im betroffenen Dienst hat. Steiner/Kaiser definieren diese Kooperation unter eine *„schwach formalisierte interkommunale Kooperation"*,[1287] wobei sie immerhin auf einer Vereinbarung oder einem Vertrag basiert und meiner Meinung daher als vertragliche Kooperation gelten sollte. Vorteile dieser vertraglichen Zusammenarbeit sind die geringen administrativen Hürden und die Flexibilität.[1288]

Als eine weitere Form der interkommunalen Kooperation können die so genannten Agglomerationen genannt werden, die auch als *„integrierte territoriale Kooperation"* klassifiziert werden können.[1289] Hierbei handelt es sich um eine Stadt-Umland Kooperation, in der ein urbanes Zentrum mit den umliegenden Gemeinden aufgrund von diversen Verflechtungen bei der Dienstleistungserbringung und -nutzung zusammenarbeitet: *„Agglomerationen sind ein raumanalytisches Konstrukt zur Bezeichnung von städtischen Ballungszentren, die über Pendlerbeziehungen funktional integriert sind."*[1290]

Seit 2001 gibt es in der Schweiz eine eigene Agglomerationspolitik. Sie ist Teil der schweizerischen Raumentwicklung und soll u.a. zur Kooperation und dem Zusammenhalt zwischen Städten und ländlichen Räumen beitragen. Für die Umsetzung der bundesweiten Agglomerationspolitik haben sich verschiedene

---

1284 Vgl. Steiner und Kaiser 2018b, S. 179.
1285 Vgl. Steiner et al. 2014, S. 94.
1286 Vgl. Thom und Steiner 2003, S. 10.
1287 Steiner und Kaiser 2018b, S. 178 f.
1288 Vgl. Steiner 2006, S. 39.
1289 Vgl. Steiner und Kaiser 2018b, S. 180; Hänni und Meier 2014.
1290 Kübler und Bijl-Schwab 2014, S. 111 f.

Trägerinstitutionen in funktionalen Räumen oder Kantonen herausgebildet.[1291] So sind die Agglomerationen in einigen Kantonen, etwa Bern und Freiburg, als eine öffentlich-rechtliche Körperschaft nach kantonalen Gesetzen organisiert.[1292] Die Agglomeration Freiburg umfasst beispielsweise zehn Mitgliedergemeinden und hat eigene Organe. Die Agglomeration Freiburg setzt u.a. Maßnahmen in den Bereichen Mobilität, Raumplanung, Umweltschutz und Kultur um.[1293] Eine Form der Kooperation innerhalb solcher Agglomerationen sind die so genannten „Regionalkonferenzen" als übergemeindliche Institutionen, für die Bearbeitung von gemeinsamen Herausforderungen. Solche Regionalkonferenzen gibt es etwa im Kanton Bern und sind im Gemeindegesetz des Kantons geregelt. Die Regionalkonferenzen sind öffentlich-rechtliche Körperschaften mit eigener Rechtspersönlichkeit und werden als *„verbindliche regionale Zusammenarbeit der Gemeinden"* bezeichnet.[1294] Sie sind u.a. für die Gesamtverkehrs- und Siedlungsplanung, die regionale Kulturförderung oder die Entwicklung der Regionalpolitik verantwortlich. Die Organe der Konferenzen bestehen aus den politischen Vertreter*innen der Mitgliedergemeinden.[1295]

4.2.2 Italien: Normativer Dschungel zur Förderung von Kooperation und Fusion

In Italien ist die lokale Kooperation zwischen Gemeinden, wie in der Schweiz, schon seit Jahrzehnten ein politisches Thema, das sogar bis vor die Gründung der Italienischen Republik zurückreicht. Grund dafür ist die bereits damals existierende hohe Anzahl an Gemeinden mit kleinen Bevölkerungszahlen.[1296] Da es auf dem Staatsgebiet bis heute eine hohe Anzahl an Gemeinden mit weniger als 1.000 Einwohner*innen gibt, haben Fragestellungen bezüglich der tatsächlichen Effizienz und der optimalen Verwaltungskapazität nach wie vor eine hohe

---

1291 Vgl. Schweizerischer Bundesrat 2015.

1292 Vgl. Hänni und Meier 2014. Siehe auch: Gesetz über die Agglomerationen des Kantons Freiburg; Gemeindegesetz des Kantons Bern.

1293 Siehe: Agglomeration Freiburg, https://www.agglo-fr.ch/de, zuletzt geprüft am: 06.04.2023.

1294 Siehe: Kanton Bern, Regionalkonferenzen, https://www.gemeinden.dij.be.ch/de/start/gemeindereformen/organisation-und-zusammenarbeit/regionalkonferenzen.html, zuletzt geprüft am 19.05.2023.

1295 Siehe: Hauptstadtregion Schweiz, Organisation, https://hauptstadtregion.ch/organisation/, zuletzt geprüft am: 06.04.2023.

1296 Vgl. Onorati et al., S. 53 ff.

Berechtigung und sind immer wieder Ansporn für nationale Reformversuche von lokalen Gebietskörperschaften.[1297]

Im folgenden Abschnitt werden die wichtigsten gesetzlichen Grundlagen in Bezug auf die lokale Kooperation umrissen. Hierbei ist erneut darauf hinzuweisen, dass diese nationale Gesetzgebung meist nicht für die Gemeinden in Südtirol gilt, weil die autonome Region Trentino-Südtirol eigene Zuständigkeiten bei der Regelung der lokalen Gebietskörperschaften genießt.

Auf staatlicher Ebene wurden bereits ab den 1970er Jahren formelle Kooperationsformen für Gemeinden eingeführt, die mit den Verwaltungsgemeinschaften bzw. Gemeindeverbünden (*unioni di comuni*) und weiteren Rechtsformen ab den 1990er Jahren[1298] ihren Höhepunkt erreichten. Mittlerweile existieren nicht mehr nur lokale Kooperationsformen auf freiwilliger Basis, sondern der Staat hat diverse Verpflichtungen für Gemeinden umgesetzt, Dienstleistungen gemeinsam auszuführen. Ein weiterer Aspekt, auf den die italienische Gesetzgebung in den vergangenen Jahren abzielte, war die Förderung von Fusionen von Kleingemeinden. Dieses Thema, das im Gegensatz zu den nationalen Diskursen in Südtirol politisch bisher gar keine Rolle spielte. Weitere Erwähnung sollte die funktionale Kooperation zur Ausführung von bestimmten Diensten oder Projekten zwischen den Regierungsebenen finden, die ebenso in den 1990er Jahren eingeführt wurden.[1299] Dazu gehören so genannte Programm-Vereinbarungen (*intese di progamma*),[1300] aber auch Kooperationsformen, durch welche öffentliche Institutionen mit privaten Akteuren zusammenarbeiten können: Etwa durch Programmverträge (*contratti di programma*)[1301] zur Finanzierung von großen Investitionsprojekten oder territoriale Vereinbarungen zur lokalen Entwicklung eines bestimmten Gebiets (*patti territoriali*).[1302]

Die bis heute geltende zentrale Grundlage für die Kooperation der Gemeinden in den Regionen mit Normalstatut wurde mit dem Einheitstext der lokalen Gebietskörperschaften geschaffen (Gesetz Nr. 267/2000). Auch wenn das Gesetz

1297 Vgl. Bolgherini 2015, S. 69.

1298 Gesetz Nr. 142/1990, Gesetz Nr. 265/1999, Gesetz Nr. 267/2000. Die *Unioni di Comuni* waren ursprünglich als eine Vor-Form für eine spätere verpflichtende Fusion nach zehn Jahren eingerichtet worden, wurden 1999 dann allerdings zu einer Kooperationsform abgeändert und die Fusionen eigens geregelt. Vgl. Baldi und Xilo 2012.

1299 Vgl. Ceccherini 2021, S. 73 ff.

1300 Gesetzesdekret Nr. 32/1995, umgewandelt in Gesetz Nr. 104/1995.

1301 Art. 11, Gesetz Nr. 241/1990.

1302 Gesetz Nr. 244/1995, Gesetz Nr. 662/1996.

auf die Sonderstatutsregionen nicht angewandt wird, wurden die dort eingeführten Kooperationsformen zum Großteil von der autonomen Region Trentino-Südtirol übernommen. wobei es durch die autonomen Kompetenzen eigentlich Spielraum zur rechtlichen Differenzierung gäbe.[1303] Bereits Artikel 13 des Einheitstexts legt fest, dass die Gemeinden ihre Funktionen auch durch Kooperation mit anderen Gemeinden und der jeweiligen Provinz durchführen sollen.[1304] Des Weiteren ist festgeschrieben, dass die Regionen nach Vereinbarung mit den betroffenen Gemeinden bestimmte Kooperationsformen in einer Reihe von Bereichen festlegen können, etwa der Planung des Territoriums, Infrastrukturnetzen, übergemeindliche Verkehrspläne, Umweltschutz, Müllentsorgung oder kulturellen Tätigkeiten.[1305] Das Gesetz sieht zum einen bestimmte „Gemeinschaften" (*comunità*) sowie „Vereinigungen" (*forme associative*) vor. Zu ersteren gehören die so genannten *comunità montane*, die übersetzt als Berggemeinschaften bezeichnet werden können (Art. 27). Dabei handelt es sich um einen Gemeindeverbund (*unione di comuni*), der zwischen einzelnen Berggemeinden gegründet werden kann, u.a. um diese Gebiete aufzuwerten und lokale Funktionen gemeinsam auszuführen. Es handelt sich somit zum Teil um eine Form der lokalen Kooperation, aber vor allem auch um eine intermediäre Institution zwischen den Regierungsebenen Provinz und Gemeinde.[1306] Neben diesen Berggemeinschaften gibt es auch die Inselgemeinschaften (*comunità isolane o di arcipelago*, Art. 29), die mit Ausnahme von Sizilien und Sardinien von Gemeinden auf den italienischen Inseln gegründet werden können und für welche dieselben Normen wie für die Berggemeinschaften gelten.

Abgesehen von dieser Form des Zusammenschlusses, schreibt das Gesetz aus dem Jahr 2000 noch vier weitere Möglichkeiten für die horizontale Zusammenarbeit zwischen lokalen Gebietskörperschaften vor:

- Vereinbarungen (*convenzioni*) zur koordinierten Ausführung bestimmter Funktionen oder Dienste, die auch die Einrichtung von gemeinsamen Büros vorsehen können (Art. 30);
- Konsortien (*consorzi*) zur gemeinsamen Verwaltung von einem oder mehreren Diensten, die ähnlich den Sonderunternehmen (*aziende speciali*) geregelt sind und eine bestimmte Struktur voraussetzen. In dieser Form kann der Staat auch verpflichtende Konsortien vorsehen (Art. 31);

1303 Vgl. D'Orlando und Grisostolo 2018.

1304 Gesetz Nr. 267/2000.

1305 Art. 24, Gesetz Nr. 267/2000.

1306 Vgl. Bolgherini 2015, S. 60 ff., 86.

- Gemeindeverbund (*unione di comuni*): Dies ist die wichtigste Form der institutionalisierten Zusammenarbeit, die von zwei oder mehreren Gemeinden zur gemeinsamen Ausführung von Funktionen und Diensten gegründet werden kann. Hierein fallen auch die oben erwähnten Berggemeinschaften, die allerdings eigens geregelt sind. Die Gemeindeverbünde haben vom Gesetz festgelegte Organe (Art. 32).
- Schließlich ist die letzte Kooperationsform, die national geregelt ist, die so genannte Programmvereinbarung (*accordi di programma*, Art. 34): Dabei handelt es sich um eine Vereinbarung für die Ausführung von größeren Vorhaben, die für ihre vollständige Verwirklichung eines koordinierten Vorgehens zwischen Gemeinden, Provinzen oder Regionen bedürfen.

Luciano Vandelli gruppiert die italienischen Kooperationsformen in zwei Kategorien:[1307] Die funktionalen Kooperationen (ohne Rechtspersönlichkeit) und die Kooperationsformen, welche die Gründung von neuen öffentlich-rechtlichen Institutionen nach sich ziehen. Zu ersteren zählt er die Vereinbarungen und Programmvereinbarungen, zu letzteren die Konsortien, Berggemeinschaften und Gemeindeverbünde. Einen weiteren Aspekt, welches das Gesetz Nr. 267/2000 regelt, ist die gesetzgeberische Rolle der Regionen im Hinblick auf die gemeinsame Ausführung von lokalen Diensten und Funktionen zwischen Gemeinden. Hier sieht der Gesetzgeber vor, dass die Regionen die Übertragung von Funktionen an die Gemeinden regeln (Art. 33). In diesem Sinne sind die Regionen angehalten, zur Förderung der gemeinsamen Ausführung von Funktionen von kleinen Gemeinden, auch optimale Größenklassen für die Ausführung dieser festzulegen. Zudem sollen die Regionen fördernde Maßnahmen definieren, etwa in Form eines finanziellen Fonds, um die übergemeindliche Reorganisation von Diensten und Funktionen voranzutreiben (Art. 33, Abs. 4).

Mit dieser Regelung spricht sich der Staat explizit für die die gemeinsame Ausführung von Diensten zwischen Gemeinden aus, gleichzeitig aber auch für die Zusammenlegung von Gemeinden. Weiteres fordert er die Regionen auf, tätig zu werden. So sollen die Regionen im Falle eines Gemeindezusammenschlusses sowie bei der Gründung von Gemeindeverbünden eine höhere finanzielle Förderung vorsehen (Art. 33.4). Das nationale Gesetz widmet auch der territorialen Reorganisation durch Fusionen einen Artikel (Art. 15). Dort wird die italienische Verfassung zitiert (Art. 117, 133), nach der vor einer territorialen Änderung der Gemeinden die betroffene Bevölkerung anzuhören sei. Zudem dürfen, abgesehen von einer Fusion, keine neuen Gemeinden unter 10.000 Einwohner*innen

1307 Vgl. Vandelli 2013.

gegründet werden. Für neue Gemeinden, welche durch Zusammenschlüsse entstehen, die wiederum per Regionalgesetz geregelt werden, sind neben regionalen Beiträgen für die darauffolgenden zehn Jahre auch Finanzmittel von staatlicher Seite vorgesehen.

Der staatlichen Gesetzgebung und Folgegesetzen folgend, waren viele der italienischen Regionen in den darauffolgenden Jahren im Bereich der Kooperation und Fusionen aktiv. Es wurden von diversen Regionen eine Reihe von Maßnahmen verabschiedet, um sowohl die interkommunale Zusammenarbeit wie auch die Fusionen voranzutreiben, z.B. durch administrative Vereinfachungen oder gezielte finanzielle Förderungen.[1308] Hierbei agierten die italienischen Regionen auf unterschiedliche Art und Weise – ähnlich der Schweiz – aber als zentrale Akteure. So gingen die Fusionen erst nur schleppend voran, ab 2013 nahm die Zahl allerdings stetig zu.[1309] Beispiele für Regionen, die solche Strategien umgesetzt haben, sind die Emilia-Romagna mit einem Programm im Jahr 2012, um Fusionen zu unterstützen.[1310] Die Region wurde auch im Bereich der Förderung der interkommunalen Kooperation nicht nur vor anderen Regionen, sondern sogar der nationalen Gesetzgebung tätig.[1311]

Auch in den Folgejahren stand die staatliche Gesetzgebung nicht still und hatte weiterhin zum Ziel die Anzahl der Gemeinden zu rationalisieren. Insbesondere im Zuge der Wirtschafts- und Finanzkrise seit 2007/2008 wurden weitreichende Reformen eingeleitet.[1312] So wurden unter dem Druck von dringenden notwendigen Einsparungen der öffentlichen Ausgaben maßgebliche Schritte zur Förderung der lokalen Kooperation und Fusionen gesetzt, die vor allem auf die bevölkerungsschwachen Gemeinden abzielten. Es kam es zur Verabschiedung von mehreren Rechtsgrundlagen, die teilweise aufeinander aufbauten bzw. abgeändert wurden. Die Vielzahl an Reformen führte laut Expert*innen zu einem normativen Dschungel und einer gewissen Desorientierung zum Thema.[1313]

Kerninhalt der Reformen war und ist, dass die interkommunale Kooperation für einen Teil der italienischen Gemeinden in Form eines Gemeindeverbunds (*unione di comuni*) bzw. einer Vereinbarung (*convenzione*) zur Pflicht erhoben

---

1308 Vgl. Donno 2016, 2016, S. 117 ff.

1309 Zwischen 1995 und 2011 kam es nur zu neun Fusionen zwischen 24 Gemeinden. Vgl. Colapinto 2015, S. 144 f.

1310 Vgl. Baldi und Xilo 2012, S. 155.

1311 Vgl. Bolgherini 2011, S. 21 ff.

1312 Vgl. Manestra et al. 2018; Vandelli 2012a; Congress of Local and Regional Authorities 2017b, S. 36.

1313 Vgl. Donno 2016.

wurde.[1314] Diese verpflichtende gemeinsame Ausführung von Diensten betraf Gemeinden mit einer Einwohner*innenzahl von bis zu 5.000, welche künftig neun von 11 per Gesetz vorgegebenen Grunddiensten[1315] in Zusammenarbeit ausüben mussten. Kleinstgemeinden mit einer Bevölkerung bis zu 1.000 mussten sogar alle grundlegenden Dienste gemeinsam durchführen. Die detaillierten Regelungen wurden mehrmals abgeändert, so legte etwa ein Folgegesetz fest (Nr. 148/2011), dass Kleinstgemeinden mit bis zu 1.000 Einwohner*innen nicht zusammenarbeiten müssen, sondern nur können. Ein weiteres Gesetz (Nr. 135/2012) definierte, dass in Berggebieten die Schwelle zur obligatorischen Zusammenarbeit nicht bei Gemeinden bis zu 5.000, sondern von bis zu 3.000 angewandt wird. Die ersten Dienste hätten bereits innerhalb 1. Januar 2013, die restlichen bis zum 1. Januar 2014 gemeinsam verwaltet werden sollen, in der Folge gab es mehrere Verlängerungen der Fristen bis Ende 2018. Letztens hat der Verfassungsgerichtshof die Frist auf Dezember 2020 festgelegt (Gesetzesdekret Nr. 162/2019).[1316] In der Entwicklung der interkommunalen Kooperation war schließlich eine steigende Tendenz der *unioni di comuni* feststellbar, was insbesondere auf die regen Förderungen vonseiten der einzelnen Regionen zurückzuführen war.[1317]

Eine große Reform zur territorialen Reorganisation im Staatsgebiet wurde schließlich mit dem Delrio-Gesetz veranlasst (Gesetz Nr. 56/2014). Dieses weckte aufgrund der bis dahin praktizierten Diskontinuität große Erwartungen, da die Gemeinden im Hinblick auf ihre Verwaltungseffizienz sowie der fehlenden klaren Aufgabenverteilung zwischen Regionen und dem Nationalstaat großen Reformbedarf hatten.[1318] Schon lange mangelte es an einer großen Reform – was auch der politischen Fragilität sowie den schnell wechselnden nationalen Regierungen in Italien geschuldet war – welche die Vielzahl der Bestimmungen zu den lokalen Gebietskörperschaften systematisch zusammenfassen würde.[1319] Auch der Kongress der Gemeinden und Regionen des Europarats wies in seinem letzten Report (2017) auf den unbeständigen politischen Kontext und die daraus resultierenden

---

1314 Gesetz Nr. 122/2010, Gesetz Nr. 148/2011, Gesetz Nr. 135/2012.

1315 Es handelt sich hierbei um die „fundamentalen" Dienste einer Gemeinde, wie es nach Gesetz Nr. 42/2009 zum Fiskalföderalismus definiert ist. Darunter fielen z.B. die allgemeine Organisation der Verwaltung, die urbanistische Planung, der Mülldienst oder die lokale Polizei. Vgl. Luca 2015.

1316 Vgl. Bolgherini et al. 2018b, S. 452; Camera dei deputati 2021.

1317 So gab es seit 2000 einen großen Zuwachs an Gemeindeverbünden (2019 lag die Zahl bei 537). Vgl. Donno 2016; Donno 2019, S. 13.

1318 Vgl. Donno 2019.

1319 Vgl. Bernabei 2018; Donati 2018; Grasse et al. 2018.

ständigen Veränderungen hin, in dem sich die lokalen Gebietskörperschaften in Italien bewegen. In diesem Zusammenhang kritisierte der Europarat die fehlenden finanziellen Ressourcen für Gemeinden und Provinzen, um ihrer Rolle gerecht werden zu können.[1320]

Das Delrio-Gesetz war inhaltlich eng mit der Verfassungsreform der Regierung Renzi (2016) verknüpft, die aufgrund der Ablehnung durch ein Volksreferendum allerdings nie in Kraft trat. So stand das transitorisch gemeinte Gesetz, welches Ansätze zur Stärkung der lokalen Regierungsebenen beinhaltete, plötzlich isoliert da und ist bis heute nicht vollständig umgesetzt.[1321] Nichtsdestotrotz sprach es der übergemeindlichen Zusammenarbeit eine *„strategische Rolle“*[1322] zu und hatte das Ziel die Kooperation durch Gemeindeverbünde zu stärken sowie – erneut – Fusionen voranzutreiben.[1323] In diesem Sinne bekräftigte das Gesetz die verpflichtende Zusammenarbeit der Grunddienste zwischen kleinen Gemeinden mit bis zu 5.000 Einwohner*innen in Form von Gemeindeverbünden oder Vereinbarungen.[1324] Aufbauend auf der Delrio Reform wurden wiederum diverse finanzielle Förderungen beschlossen, um die Zusammenlegung von Gemeinden zu unterstützen.[1325]

Die Reformierung der lokalen Kooperation in Italien befindet sich weiterhin in Bewegung und kennzeichnet sich nach wie vor durch einen Ansatz, der sich auf die Größe fokussiert.[1326] Im Jahr 2019 hat sich der italienische Verfassungsgerichtshof zu der verpflichtenden Kooperation zwischen Gemeinden mit weniger als 5.000 Einwohner*innen geäußert und diese zum Teil für verfassungswidrig erklärt, da die Größe allein kein Kriterium zur Kooperation sein sollte.[1327] Ein politischer Schritt wurde mit der Einrichtung einer Arbeitsgruppe

---

1320 Vgl. Congress of Local and Regional Authorities 2017b. Die unzureichende Finanzmittelausstattung der lokalen Gebietskörperschaften ist im Übrigen ein Problem auch in vielen anderen europäischen Staaten, vgl. Kiefer 2018, S. 391.

1321 Vgl. Donno 2019.

1322 Donno 2019, S. 11.

1323 Dies ist auch gelungen, da zwischen 2014 und 2018 93 neue Gemeinden gegründet und gleichzeitig 222 abgeschafft wurden, vgl. Donno 2019, S. 8 ff. Im Januar 2023 lag die Anzahl der Gemeinden in Italien bei 7.902, siehe: Istituto Nazionale di Statistica (ISTAT), *Principali statistiche geografiche sui comuni*, https://www.istat.it/it/archivio/156224, zuletzt geprüft am 06.04.2023.

1324 Für eine Zusammenfassung der spezifischen Neuerungen des Delrio Gesetzes bezüglich Fusionen und Gemeindeverbünden, siehe: Camera dei deputati 2021.

1325 Siehe: Camera dei deputati 2018.

1326 Vgl. Bolgherini et al. 2019, S. 51.

1327 Urteil Verfassungsgerichtshof Nr. 33/2019. Vgl. Bolgherini et al. 2019, S. 51.

(*tavolo tecnico-politico*) im Rahmen der Konferenz Staat-Städte-Lokalautonomien 2018[1328] auf Drängen der Vertreter*innen der Lokalautonomien gesetzt. Das Ziel war die Erarbeitung von Leitlinien, um die verpflichtende Kooperation von kleinen Gemeinden aufzuheben, die für viele eine Bürde darstellte.[1329] Die ausgearbeiteten Vorschläge beinhalten mehrere Aspekte, u.a. die Abschaffung der allgemein geltenden obligatorischen Kooperation von kleinen Gemeinden ohne Differenzierung. Vielmehr solle die lokale Autonomie dahingehend aufgewertet werden, dass Vereinigungen nicht von oben aufgezwungen werden, sondern im Einklang mit den Notwendigkeiten einer Gemeinde stehen, wirtschaftlich zweckdienlich sind und zu effizienteren Dienstleistungen beitragen. Ein weiteres Anliegen der Arbeitsgruppe ist die Aufhebung der Mindestschwelle von einer gewissen Bevölkerungszahl als Voraussetzung für die lokale Kooperation, um künftig auch Synergien zwischen kleinen und großen Gemeinden zu ermöglichen.[1330]

Zwischen 2020 und 2022 war die Entwicklung der lokalen Selbstverwaltung von nationaler Seite angesichts der Corona-Pandemie, mehreren Regierungswechseln und -krisen beschränkt. Gültig bleibt, was Vandelli bereits 2012 festgehalten hat: Die Reformen der lokalen Gebietskörperschaften in Italien sollten nicht weiterhin die Folge von Einsparungen der Ausgaben sein, sondern die Reduzierung der Ausgaben sollte wenn schon als Teil einer organischen, kohärenten und realistischen Reform betrachtet werden.[1331]

4.2.3 Österreich: Vorgaben aus dem übergeordneten Recht

In Österreich, wo die Kooperation zwischen Gemeinden bereits ausführlich in der Bundesverfassung normiert ist, gibt es in der nationalen Gesetzgebung wenige relevante Vorschriften. Die zwischengemeindliche Kooperation gilt in Österreich schon lange als nützliches Organisationsmodell für die zunehmenden lokalen Herausforderungen, ähnlich wie es die Diskurse in der Schweiz und Italien schon vorgezeichnet haben. So bezeichnete etwa der Kommunalwissenschaftler Markus Matschek die interkommunale Kooperation in seiner umfassenden Studie als „*eine der wichtigsten Handlungsansätze für Reformen auf Gemeindeebene*".[1332] In den meisten Bundesländern existieren schon seit Jahren finanzielle Förderungen zur intensiveren Zusammenarbeit zwischen Gemeinden, wobei sich die rechtlichen

1328 Gesetz Nr. 108/2018.
1329 Zum Vorgang und den genauen Ergebnissen siehe: Onorati et al., S. 51 ff.
1330 Vgl. Onorati et al., S. 64 ff.
1331 Vgl. Vandelli 2012a.
1332 Vgl. Matschek 2011, S. 13.

und politischen Rahmenbedingungen differenzieren.[1333] Die Voraussetzungen sind aufgrund der Normierung in der Bundesverfassung zwar für alle Länder dieselben, dennoch haben sich die subnationalen institutionellen Rahmenbedingungen und auch die politischen Strategien für Kooperation nicht einheitlich entwickelt. Hinzu kommt, dass die Bundesländer mitunter mit unterschiedlichen Herausforderungen in der Gemeindestruktur, der geografischen Gegebenheiten oder der wirtschaftlichen Stärke konfrontiert sind, wie es im Grunde in den meisten Staaten der Fall ist.

Einen großen Stellenwert für die finanzielle Förderung der interkommunalen Kooperation sowie der Gemeindezusammenlegungen hat in Österreich das Finanzausgleichgesetz (§ 12). Dieses schreibt vor, für welche Zwecke die Gemeinde-Bedarfszuweisungsmittel zu verwenden sind. So normiert der Bund, dass die Bedarfszuweisungsmitteln von den österreichischen Ländern auf Basis ihrer landesrechtlichen Bestimmungen u.a. für die Förderung bestehender und zusätzlicher interkommunaler Zusammenarbeit einschließlich solcher in Form von Gemeindeverbänden sowie die Förderung von Gemeindezusammenlegungen zu verwenden sind. Der Bund hält sogar fest, wie hoch der Anteil der Förderungen der interkommunalen Zusammenarbeit am Gesamtbetrag der Förderungen betragen soll: In den Jahren 2019 sind mindestens 15 Prozent und ab dem Jahr 2020 sind mindestens 20 Prozent der Gemeinde-Bedarfszuweisungen für die interkommunale Zusammenarbeit, die Unterstützung von strukturschwachen Gemeinden sowie die Förderung von Gemeindezusammenlegungen zu verwenden (§ 12, FAG 2017).

Das österreichische Recht definiert verschiedene Kooperationsformen für Gemeinden, die allerdings überschaubar sind. Es sind zum einen die bereits genannten Gemeindeverbände und zum anderen die Vereinbarungen auf Grundlage von Verträgen. Neben den öffentlich-rechtlichen Kooperationsformen können die österreichischen Gemeinden auch privatrechtlich kooperieren (da sie laut B-VG, Art. 116.2 dazu berechtigt sind wirtschaftliche Unternehmungen zu betreiben). Hierbei gibt es zum einen Formen, die eine Rechtspersönlichkeit (etwa Unternehmen und Gesellschaften) und zum anderen solche, die keine Rechtspersönlichkeit besitzen (etwa Verträge). Gemeinden dürfen demnach sowohl a) privatrechtliche Verträge abschließen, b) Personen- und Kapitalgesellschaften (etwa Gesellschaft mit beschränkter Haftung) sowie c) Vereine nach dem Vereinsgesetz (Vereinsgesetz 2002, Nr. 66/2002) gründen.[1334] Vor allem diese privatrechtlichen

---

1333 Siehe: einzelne Beiträge in Biwald et al. 2006.
1334 Vgl. Wirth und Biwald 2006, S. 27.

Formen eröffnen den lokalen Gebietskörperschaften viele Möglichkeiten, wobei nicht alle gleich gut für die Ausführung von lokalen Dienstleistungen geeignet sind.[1335] Wichtig ist zu erwähnen, dass mit diesen privatrechtlichen Kooperationsformen nur bestimmte Aufgaben durchgeführt werden können und zwar jene Angelegenheiten, die nicht der hoheitlichen Verwaltung angehören.[1336] Laut Matschek sind die öffentlich-rechtlichen Organisationsformen inflexibler und komplexer als die Alternative der privatrechtlichen Mechanismen. Allerdings erklärt er auch, dass allgemeine Aussagen zur geeignetsten Form für lokale Kooperation kaum möglich sind, da es insbesondere von deren Zweck abhängt.[1337]

Im Bereich der Gemeindeverbände gibt es einzelne nationale Gesetze, die auf die Einrichtung solcher hinweisen bzw. diese vorschreiben. Wie erwähnt, können laut B-VG (Art. 116a), Gemeindeverbände auch verpflichtend durch bundesgesetzliche Vorgaben eingeführt werden. Als solche Zwangsverbände des österreichischen Staates gelten zum Beispiel die Staatsbürgerschafts- und Standesamtsverbände, die nach dem Staatsbürgerschaftsgesetz Nr. 311/1985 sowie dem Personenstandsgesetz eingeführt wurden.[1338] Gemäß dem Personenstandsgesetz BGBl. Nr. 16/2013 können Gemeinden durch die Verordnung des Landeshauptmanns zu einem Standesamtsverband vereinigt werden, wenn dadurch eine bessere Führung der Verwaltungsgeschäfte gewährleistet ist (§ 5, Personenstandsgesetz). In diesem Falle hat die Verordnung die verbandsangehörigen Gemeinden, die Bezeichnung des Verbandes sowie dessen Sitz zu nennen. Ein Standesamtsverband kann auch gemeinsam mit einem Staatsbürgerschaftsverband geführt werden und heißt in diesem Fall Standesamts- und Staatsbürgerschaftsverband. In Tirol (siehe unten) wurden die Standesamts- und Staatsbürgerschaftsverbände per Verordnung eingeführt.

Ein weiteres Bundesgesetz, welches die Bildung von Gemeindeverbänden ermöglicht, ist das Wasserrechtsgesetz (BGBl. Nr. 215/1959). Dieses nennt explizit die Möglichkeit Wasserverbände als Körperschaften öffentlichen Rechts zu bilden (§ 87, 88), wobei dies durch eine freiwillige Vereinbarung der Beteiligen (freiwilliger Verband), durch Beitrittszwang vonseiten der Wasserrechtsbehörde (Verband mit Beitrittszwang) oder durch Bescheid des jeweiligen Landeshauptmanns aufgrund des öffentlichen Interesses (Zwangsverband) geschehen kann.[1339] Solche Verbände können aus verschiedenen Gründen gebildet werden, etwa zum

1335 Vgl. Matschek 2011, S. 40 ff.

1336 Vgl. Kemptner und Sturm 2021, S. 8, RZ 3.

1337 Vgl. Matschek 2011, S. 32, 56 ff.

1338 Vgl. Bußjäger et al. 2016b, S. 3.

1339 Vgl. Kahl und Schlatter 2017, S. 156.

Schutz von Wasserschäden, zur Trink-, Nutz- und Löschwasserversorgung oder der Ent- und Bewässerung (§ 73, Wasserrechtsgesetz). Das Gesetz regelt u.a. die Kosten der Verbände, die Wahl der Verbandsorgane oder das Ausscheiden aus dem Verband. Die Mitglieder eines Wasserverbandes können Gebietskörperschaften, Wassergenossenschaften oder zur Erhaltung öffentlicher Verkehrswege Verpflichtete (Eisenbahn, Straße, Wasserwege) sein. Somit unterscheiden sich die Wasserverbände von den anderen Gemeindeverbänden, die auf Grundlage der B-VG oder der Tiroler Landesordnung gegründet werden, da deren Mitglieder wiederum nur Gemeinden sein können.

Die Diskussion zur Effizienz der österreichischen Gemeinden, deren Kleinstrukturierung sowie damit zusammenhängenden notwendigen Zusammenlegungen sind ein Thema, welches in der österreichischen Politik und Wissenschaft kontinuierlich diskutiert wird. In diesem Zusammenhang stellte Neuhofer fest, dass im Gegensatz zu den europaweiten Bestrebungen zur Schaffung von Großgemeinden in den 1960er und 70er Jahren die Tendenz in Österreich eher dahingehend lag, eine geringe Bevölkerungsanzahl als optimale Größe für eine Gemeinde anzusehen.[1340] Die Struktur der Gemeinden in Österreich hat sich seit den 1960er Jahren dennoch stark verändert, was hauptsächlich auf die Fusionsprozesse in einigen Bundesländern zurückzuführen ist. So haben bereits fast alle Länder Erfahrung mit Gemeindezusammenlegungen gemacht, wobei einige später auch wieder den gegensätzlichen Weg eingeschlagen haben. Im Jahre 1960 gab es in Österreich 3.988 Gemeinden, 1970 2.655 und 2020 waren es 2.095. Eine große Welle von Zusammenlegungen erfolgte zwischen 1960 und 1970 (Burgenland, Kärnten, Niederösterreich, Steiermark[1341]), der dann eine weitere Anfang der 1970er folgte, dieses Mal allerdings nur mehr in Kärnten und Niederösterreich.[1342]

Auch das Land Tirol hat bereits Gebietsänderungen hinter sich, die auch bis vor den Zweiten Weltkrieg zurückreichen. Zudem wurden bei der Fusionswelle Mitte der 1970er Jahre 17 Gemeinden zu acht zusammengelegt, dann folgte bis ins Jahr 2022 allerdings keine Zusammenlegung mehr. Die damaligen Gründe lagen vor allem in der Erhaltung von Strukturen, wie etwa Bildungseinrichtungen oder Bestattungsmöglichkeiten.[1343] Mittlerweile haben die österreichischen Länder bis auf die Steiermark Abstand von verpflichtenden Gemeindezusammenlegungen

1340 Vgl. Neuhofer 2013, S. 21.

1341 Siehe etwa: Neuhofer 2013, S. 22 ff.

1342 Vgl. Neuhofer 2013, S. 13; Statistik Austria, Gemeindeverzeichnis Stand: 01.01.2020, in: https://www.statistik.at/, zuletzt geprüft am 17.03.2021.

1343 Vgl. Wieser 2021, S. 11 ff., 45.

genommen und legen das Augenmerk auf die Förderung der gemeinsamen Aufgabenerfüllung von Gemeinden.[1344]

4.3. Kooperation und Fusion in der subnationalen Gesetzgebung

4.3.1 Graubünden: Fusionieren vor kooperieren

4.3.1.1 Kooperation und Fusion in der Kantonsgesetzgebung

Der Kanton Graubünden regelt die Kooperationsmöglichkeiten von Gemeinden, wie erwähnt, prominent in seiner kantonalen Verfassung und nachfolgend im kantonalen Gemeindegesetz (Nr. 175.050).

Zum einen führt die Kantonsverfassung an (Art. 62), dass die Gemeinden zur Erfüllung ihrer Aufgaben mit anderen Gemeinden oder Organisationen zusammenarbeiten können. Im Artikel 50 des Bündner Gemeindegesetzes werden die Gemeinden als Träger der Aufgaben definiert. Es ist dort allerdings explizit festgehalten, dass Gemeinden *„ihre Aufgabenerfüllung in der Regel durch Erlass oder Vertrag auch Dritten übertragen und Organisationen des öffentlichen und des privaten Rechts schaffen oder sich an diesen beteiligen"* können. Davon betroffen sind ihre selbsterwählten, aber auch die ihnen übertragenen Aufgaben – demnach gibt es laut Gesetz keine Einschränkungen bezüglich der Aufgaben, die in Kooperation ausgeführt werden können. Allerdings wird von der kantonalen Regierung darauf hingewiesen, dass institutionelle Aufgaben, wie nach Art. 14 und 15 des Gemeindegesetz (*„unübertragbare Befugnisse der Stimmberechtigten"*) nicht einer interkommunalen Institution übertragen werden können.[1345] Dazu zählen etwa die Wahl des Gemeindevorstandes oder die Änderung der Gemeindeverfassung. Für die Aufgabenwahrung durch eine öffentlich-rechtliche Trägerschaft ist eine eigene gesetzliche Grundlage notwendig, während sich die Bestimmungen für die privatrechtlichen Formen aus dem Privatrecht ergeben.[1346] Die Grundlage für die Übertragung von lokalen Aufgaben muss laut Gesetz folgende Aspekte regeln: die Art und den Umfang der Aufgabe, die Rechtsform des Aufgabenträgers, die Finanzierung, die Aufsicht sowie – im Falle einer Gemeinsamen Anstalt – auch deren Organisation. In Bezug auf die Aufsicht stellt das Gemeindegesetz fest (Art. 51), dass die ausgelagerten Trägerschaften bzw. deren Aufgabenerfüllung

1344 Für einen Überblick zu den subnationalen Rechtsgrundlagen, siehe: Thöni 2013, S. 194 ff.

1345 Vgl. Botschaft der Regierung an den Grossen Rat 2017–2018, S. 251.

1346 Vgl. Crameri 2019, S. 445.

unter der Aufsicht der Gemeinde stehen. Damit wird den Bündner Gemeinde im Bereich der Übertragung von Diensten bzw. der Kooperation eine große Autonomie zuerkannt.

Nach diesem allgemeinen Artikel zur Erfüllung von Dienstleistungen, die sowohl eine Kooperation mit anderen Gemeinden, mit Privatsubjekten oder auch dem Kanton betreffen können, ist ein ganzes Kapitel des Bündner Gemeindegesetzes der interkommunalen Zusammenarbeit gewidmet.

Der kantonalen Verfassung folgend, regelt das Gemeindegesetz als konkrete Formen der Zusammenarbeit zwischen Gemeinden den Vertrag (Art. 52), den Gemeindeverband (Art. 55–58) und die Gemeinsame Anstalt (Art. 59). Eigens geregelt wird im Kapitel der interkommunalen Zusammenarbeit zudem die grenzüberschreitende Zusammenarbeit (Art. 60). Demnach sind die Gemeinden befugt, in lokalen Angelegenheiten mit außerkantonalen und ausländischen Nachbargemeinden Verträge abzuschließen. In einem solchem Fall müssen sie der Regierung allerdings zur Kenntnis gebracht werden.

Neben den vier Formen der freiwilligen horizontalen Kooperation, hält das Gemeindegesetz in Artikel 54 – ebenso der Kantonsverfassung folgend – auch die *„Pflicht zur Zusammenarbeit"* für Gemeinden fest. Demnach kann die kantonale Regierung, sofern es wichtige öffentliche Interessen erfordern, Gemeinden zu einer Zusammenarbeit zur Erfüllung bestimmter Aufgaben verpflichten. Sofern es die Zusammenarbeit erfordert, legen die Gemeinden einen Zusammenarbeitsvertrag vor. Können sie sich nicht einigen, wird dieser von der Regierung ausgearbeitet und beschlossen. In diesem Fall ist das Anhörungsrecht der Gemeinden gewährleistet, der Entscheid der Regierung aber endgültig. Eine solche verpflichtende Kooperation ergibt sich zum Beispiel aus dem Einführungsgesetz zum Schweizerischen Zivilgesetzbuch (Nr. 210.100). Demnach ist die kantonale Regierung dazu befugt, mehrere Gemeinden zu einem Grundbuchkreis zu vereinigen (Art. 137). Allerdings hat die Regierung in einem Verfahren festgestellt, dass diese verpflichtende Vereinigung einen Eingriff in die Gemeindeautonomie darstelle und sich nur rechtfertige, wenn die Gefahr bestehe, dass eine Gemeinde ihren Aufgaben nicht oder nur ungenügend nachkomme. Gleichzeitig wurde festgestellt, dass ein erhebliches öffentliches Interesse für die funktionsfähige Dienstleistung bestehe. Da außerdem mehrere Gemeinden die Vereinigung zum Grundbuchkreis befürworteten, wurde die verpflichtende Vereinigung verfügt.[1347]

Als konkrete freiwillige Kooperationsformen zwischen Gemeinden hält das Gesetz neben den öffentlich-rechtlichen bzw. privatrechtlichen Verträgen, wie

---

1347 Vgl. Crameri 2019, S. 455 f.

genannt, den Gemeindeverband und die Gemeinsame Anstalt fest. Die Träger der interkommunalen Zusammenarbeit unterstehen laut Gemeindegesetz der kantonalen Aufsicht (Art. 75). Die genannten Zusammenarbeitsformen sind laut Crameri nicht abschließend, d.h. die kantonalen Bestimmungen lassen Spielraum für weitere Formen.[1348]

a) Gemeindeverbindung ohne Rechtspersönlichkeit

Artikel 52 der kantonales Gesetzes schreibt die Rechtsformen fest, welchen sich die Gemeinden für die Zusammenarbeit mit anderen Gemeinden bedienen können: Zum einen sind dies öffentlich-rechtliche Verträge mit oder ohne Rechtspersönlichkeit, zum anderen privatrechtliche Gemeindeverbindungen. Diese Form der Kooperation wird durch das Gemeindegesetz nicht weiter spezifisch geregelt, sondern nur in einem Artikel erwähnt. Beide Formen der Zusammenarbeit bedürfen einer Rechtsgrundlage zwischen den betroffenen Gemeinden, ähnlich wie es bereits Artikel 51 für die Übertragung von Diensten oder die Gründung von Organisationen normiert. Festgeschrieben ist auch, was eine solche Rechtsgrundlage eines Vertrages im Spezifischen enthalten muss (Art. 53). So müssen nicht nur die beteiligten Gemeinden genannt werden, sondern auch die Rechtsform der Zusammenarbeit, die Art und den Umfang der gemeinsamen Aufgabe, die Finanzierung und die Kostenverteilung sowie die Auflösung bzw. Beendigung der Zusammenarbeit. Außerdem müssen die politischen Mitwirkungsrechte der beteiligten Gemeinden bzw. der Stimmberechtigten *„auf angemessene Weise"* festgehalten werden. Dies ist eine Verpflichtung, die nicht in allen Kantonen festgehalten wird und die Bedeutung von direktdemokratischen Instrumenten auch für die lokalen Kooperationsformen in Graubünden unterstreicht.[1349]

Die vertragliche Kooperation ist in Graubünden außerdem nicht genehmigungspflichtig, so wie es in einigen anderen Kantonen der Fall ist.[1350] Weiters dürfen dieser Kooperationsform nur Gemeinden angehören und sie verfügt über keine eigene Organisation oder Organe.[1351] Im Allgemeinen bleiben die Gemeinden selbst die Träger der Aufgaben, weil mit einem Vertrag keine neuen Institutionen geschaffen werden. Beispiel für die Umsetzung von solchen Verträgen sind Zusammenarbeiten bei der Führung des Grundbuchamts.[1352]

1348 Vgl. Crameri 2019, S. 444.
1349 Vgl. Rühli 2012.
1350 Vgl. Rühli 2012, S. 110.
1351 Vgl. Crameri 2019, S. 449.
1352 Vgl. Crameri 2019, S. 450.

b) Gemeindeverband

Während die Kooperationsform der Verträge und der Gemeinsamen Anstalt nur in einem einzigen Artikel im GG erwähnt wird, ist die öffentlich-rechtliche Körperschaft des Gemeindeverbandes als einzige Kooperationsform ausführlich geregelt. Demnach dient der Gemeindeverband der Erfüllung einer spezifischen Gemeindeaufgabe und hat eine eigene Rechtspersönlichkeit, die er nach Annahme der Statuten durch die Stimmberechtigten der Mitgliedergemeinden erhält (Art. 55). Ob ein Gemeindeverband gebildet wird oder nicht (Bildung, Beitritt oder Austritt), gehört laut dem übergeordneten Recht des Kantons zu den unentziehbaren Befugnissen der Stimmberechtigten sowohl in den Gemeinden mit sowie jenen ohne ein Gemeindeparlament (Art. 14, 15). Somit ist es die stimmberechtigte Gemeindebevölkerung, die darüber befinden muss, ob ein Gemeindeverband gebildet wird. Artikel 58, Absatz 3 des GG legt dann fest, dass das Verfahren wie die Statuten in den einzelnen Mitgliedergemeinden beschlossen werden, von dem jeweiligen Verfahren der Gemeindeverfassung abhängen (z.B. Fristen).

Der Zweck- bzw. Gemeindeverband ist die in der Schweiz am häufigsten verbreitetste Form der IKZ.[1353] Der Mehrwert des Instruments ist, dass es zur Ausführung von verschiedensten Politikbereichen genutzt werden kann: Soziale Angelegenheiten über Schule bis hin zur Abwasserversorgung oder Feuerwehr. Im Prinzip unterscheidet man innerhalb der Schweiz Gemeindeverbände nach Umfang ihrer Aufgaben in einem Einzweckverband oder Mehrzweckverband.[1354] In Graubünden wird dieser Aspekt eingegrenzt, da es in Artikel 55 heißt, dass der Gemeindeverband „der Erfüllung *einer* Gemeindeaufgabe" dient.

Das Statut eines Gemeindeverbandes muss die Grundzüge der Zusammenarbeit regeln (Art. 58). Zusätzlich zu den bereits erwähnten Inhalten (Art. 53), die ein Statut verpflichtend einhalten muss, muss dort folgendes festgeschrieben sein: Name, Sitz und Zweck des Verbandes, die Verbandsorgane und deren Zuständigkeiten, die Mitwirkungsrechte der Mitgliedergemeinden und der Stimmberechtigten, insbesondere auch über deren Ausgabenbefugnisse. Weiters müssen Regeln zum Beitritt und Austritt von Gemeinden in oder aus dem Verband sowie der Haftung der Gemeinde nach dem Austritt festgehalten werden. Letztlich müssen auch die Auflösung des Verbandes, die Verwendung des Vermögens und die Tilgung von Schulden geregelt sein.

1353 Vgl. Steiner 2002, S. 96 ff.

1354 Vgl. Steiner 2002, S. 98 f.

Sollte ein Statut in Bezug auf den Verbandszweck oder dessen Aufgaben geändert werden müssen, so bedarf dies der Zustimmung aller Mitgliedergemeinden, was einer Einstimmigkeit gleichkommt und alle Gemeinden auf eine Ebene stellt. Während die Statuten von Gemeindeverbänden vor der Revision des Gemeindegesetzes noch von der kantonalen Regierung genehmigt werden mussten, ist dies seit 2017 nicht mehr der Fall. Mit der abgeschafften Genehmigungspflicht setzte der Kanton eine weitere Stärkung der Gemeindeautonomie um. Einfluss auf diese Entscheidung hatte nach Eigenangaben des Kantons die allgemeine Verringerung von Gemeindeverbänden in Folge von Fusionen bzw. der Zunahme von privatrechtlichen und vertraglichen Kooperationsformen.[1355] Rechtlich betrachtet tritt der Gemeindeverband im Umfang seiner Aufgabe an die Stelle der ihm angeschlossenen Gemeinden und hat in diesem Bereich deren Rechte und Pflichten inne (Art. 56), er kann somit als eine Spezialgemeinde bezeichnet werden.[1356] Die neu gegründete Institution des Gemeindeverbandes kann für die übernommene Aufgabe sogar Gebühren und Beiträge erheben und Subventionen beanspruchen. Zum Unterschied von privatrechtlichen Kooperationen können Gemeindeverbände nur von Gemeinden gegründet werden.

Das kantonale Gemeindegesetz hält auch die verpflichtenden Organe eines Gemeindeverbandes fest (Art. 57). Dazu gehören mindestens: die Stimmberechtigten der Mitgliedsgemeinden, ein Verbandsvorstand und eine Geschäftsprüfungskommission. Somit muss jeder Gemeindeverband aus einem versammelnden Organ (die Stimmberechtigten), einem Exekutiv- und einem Kontrollorgan bestehen – ähnlich den politischen Organen einer Gemeinde. Die Rolle und Zuständigkeiten der Stimmberechtigten der Mitgliedergemeinden innerhalb der Verbandsstrukturen werden nicht eigens im Gemeindegesetz erwähnt, sondern müssen im jeweiligen Statut des Gemeindeverbandes geregelt werden. Der Umstand die Stimmberechtigten als obligatorisches Organ innerhalb des Verbandes vorzusehen, offenbart eine größtmögliche direktdemokratische Mitbestimmungsmöglichkeit, die in dieser Weise nicht alle Kantone den Gemeindeverbänden zuerkennen.[1357] Was das Gemeindegesetz zudem vorsieht, ist, dass die Mitwirkungsrechte sowohl der Mitgliedergemeinden wie auch der Stimmberechtigten im Statut eines Gemeindeverbandes festgeschrieben sein müssen (Art. 58, Abs. 2, lit. c). Auch dadurch wird die direktdemokratische Kontrolle der

1355 Vgl. Botschaft der Regierung an den Grossen Rat 2017–2018, S. 207.
1356 Vgl. Crameri 2019, S. 446.
1357 Vgl. Rühli 2012, S. 115 f.

Gemeindeverbände garantiert.[1358] Das Gemeindegesetz regelt hingegen nicht wie der Verbandsvorstand gewählt werden soll.[1359]

c) Gemeinsame Anstalt

Die Anstalt ist neben den Verträgen und Gemeindeverbänden eine weitere Kooperationsform, welche das Bündner Gemeindegesetz normiert. Der einzige diesbezügliche Artikel schreibt vor, dass *„Erfüllen die Gemeinden eine Aufgabe in der Form der gemeinsamen Anstalt, richten sich die Anforderungen an die Übertragungsgrundlage nach Artikel 50.“* Das bedeutet, dass eine solche Übertragungsgrundlage verschiedene verpflichtende Aspekte regeln muss. Dies wären deren Rechtsform, die Art und den Umfang der Aufgabe sowie die Finanzierung, Organisation und Aufsicht. Alle weiteren Details werden nur im jeweiligen kommunalen Recht durch Gesetze oder Vereinbarungen normiert. Die gemeinsamen Anstalten unterliegen, wie auch der Gemeindeverband und die Verträge, keiner Genehmigungspflicht des Kantons.

Gemäß schweizerischem Verwaltungsrechts ist eine öffentlich-rechtliche Anstalt eine von einem oder mehreren Gemeinwesen getragene Körperschaft, die organisatorisch von der zentralen Gemeindeverwaltung ausgegliedert und rechtsfähig ist. Im Unterschied zum Gemeindeverband hat eine öffentlich-rechtliche Anstalt keine Mitglieder und keine verbandsmäßige Struktur, kann aber dennoch körperschaftliche Elemente aufweisen.[1360] Laut Kantonsregierung erfolgt die Gründung einer Anstalt in einem zweistufigen Verfahren: Zuerst müssen die Gemeinden, die an der Anstalt beteiligt sein wollen, eine Übertragungsgrundlage statuieren (wie auch im Falle der Gründung einer Anstalt vonseiten einer einzigen Gemeinde). Danach muss ein interkommunaler Vertrag die Ausgestaltung der Anstalt festlegen.[1361]

Es gibt Beispiele für öffentlich-rechtlichen Anstalten, die von einer einzigen Gemeinde getragen werden – etwa das Energieunternehmen *„energia alpina“*[1362] –, aber auch solche, die interkommunal geführt werden. Allerdings beschränken sich diese laut Crameri auf wenige.[1363] Als ein Beispiel kann das Unternehmen GEVAG angeführt werden, das zuvor als Gemeindeverband organisiert war. Diese öffentlich-rechtliche Anstalt wurde von 23 Trägergemeinden errichtet,

1358 Vgl. Rühli 2012, S. 115 ff.
1359 Vgl. Steiner 2002, S. 100 f.
1360 Vgl. Steiner 2002, S. 102 f.
1361 Vgl., Botschaft der Regierung an den Grossen Rat 2017–2018, S. 255.
1362 Siehe: Energia Alpina, https://www.energia-alpina.ch/, zuletzt geprüft am 06.04.2023.
1363 Vgl. Crameri 2019, S. 451.

welche die Institution mit dem Bau und dem Betrieb von Abfallanlagen betraut haben.[1364] In der Botschaft der ehemaligen Verbandsgemeinden wird darauf eingegangen, weshalb die Umwandlung von einem Gemeindeverband zu einer öffentlich-rechtlichen Anstalt laut den Mitgliedsgemeinden notwendig war. Demnach erwies sich die mitgliedschaftliche Struktur des Gemeindeverbandes mit direktdemokratischen Mitwirkungsrechten für ein wachsendes Unternehmen als aufwendig und schwerfällig. Die Neuorganisation als Anstalt zielte somit auf den Beibehalt der politischen Einflussnahme in Kombination mit einem modernen Unternehmen.[1365]

Öffentlich-rechtliche Stiftungen, wie es sie in anderen schweizerischen Kantonen gibt, sind in Graubünden nicht vorgesehen. Die Kooperationsform der Regional- und Interkommunalkonferenzen,[1366] die ebenso in einigen Kantonen umgesetzt wurden, wurde in Graubünden durch die intermediäre Verwaltungsebene der Regionen eingeführt (siehe weiter unten). Auch diese sind Körperschaften des öffentlichen Rechts und treten im Umfang der ihnen übertragenen Aufgaben an die Stelle der Gemeinden (Art. 92, GG).

Auf die privatrechtlichen Kooperationsformen wurde schon im Kapitel zur Schweiz hingewiesen: Auch die Bündner Gemeinden haben die Möglichkeit, Genossenschaften, Aktiengesellschaften oder Vereine zu gründen. Diese werden etwa in den Bereichen Sport, Freizeit oder Kultur umgesetzt.[1367] Beispiele wären etwa die regionalen Tourismusorganisationen, wie die Prättigau Tourismus GmbH, deren Gesellschafter mehrere Gemeinden sind oder die *„Tourismus Engadin Scuol Samnaun Val Müstair AG“*, an der Gemeinden als Aktionäre beteiligt sind.[1368]

4.3.1.2 Gebiets- und Gemeindereform 2011

In Graubünden ist die lokale Kooperation eng mit politischen Bestrebungen zur Reduzierung der Anzahl der Gemeinden verwoben. So führte die rege Kooperationstätigkeit der Bündner Gemeinden in Teilen der Politik zunehmend zu

---

1364 Siehe: GEVAG, https://gevag.ch/, zuletzt geprüft am 06.04.2023.

1365 Siehe: Botschaft zur Neuorganisation des Gemeindeverbandes für Abfallentsorgung in Graubünden (GEVAG) als öffentlich-rechtliche Anstalt (Auflösung des Gemeindeverbandes GEVAG und Neugründung einer öffentlich-rechtlichen Anstalt GEVA), https://www.chur.ch/_docn/2085641/Abstimmung19.05.2019GEVAG.pdf, zuletzt geprüft am: 28.04.2021.

1366 Vgl. Iff et al. 2009, S. 129 ff.

1367 Vgl. Crameri 2019, S. 452.

1368 Siehe: htr.ch 2018.

einer gewissen Skepsis, insbesondere in Bezug auf die lokale Autonomie und Demokratie.[1369] So sei die interkommunalen Kooperation laut Kantonsregierung mit einigen Nachteilen und Risiken verbunden. Diese seien u.a. unübersichtliche Strukturen, unklare Aufträge und Zuständigkeiten; mangelnde Kostentransparenz; Problemverständnis der Verantwortlichen und unerwünschte Eigendynamik; Beschränkungen der direkten Mitwirkungsmöglichkeiten der Gemeinden und ihrer Stimmberechtigten sowie etwaige Kostenfolgen für Gemeinden.[1370] Weiters hält die Regierung fest, dass der Grosse Rat im Jahr 2014 eine Gesetzesgrundlage schuf,

> *„wonach Gemeinden im Rahmen von Gemeindezusammenschlüssen sich aus den Fesseln der interkommunalen Zusammenarbeit lösen können (Art. 70 Abs. 3, GG). Das Instrument der Fusion stelle sich als sinnvoll und tauglich heraus, konnten doch dadurch in verschiedenen Fällen die vorhandenen komplizierten Strukturen aufgebrochen und vereinfacht werden.“*[1371]

Gemeint ist hiermit ein Artikel des Gemeindegesetzes, der besagt, dass eine Gemeinde im Falle eines Gemeindezusammenschlusses auch ohne ausdrückliche Bestimmung in den Rechtsgrundlagen mit einer Kündigungsfrist von mindestens drei Monaten aus der interkommunalen Zusammenarbeit austreten könne. Diese Aussage symbolisiert die kritische Haltung gegenüber der interkommunalen Kooperation und offenbart, dass diese vom Kanton sogar als beschränkend für die Gemeinden empfunden wird.

Demnach hat der Kanton Graubünden – im Gegensatz zu Südtirol und Tirol – im Hinblick auf die Fusionen nicht nur eine klare politische Zielvorgabe, sondern bereits umfassende Erfahrungen. Schon im früheren Gemeindegesetz (1974) war die finanzielle Förderung für „*Eingemeindungen*“ festgehalten und in der Folge wurden mehrere Zusammenschlüsse mit kantonalen Beiträgen mit-finanziert.[1372] Seit fast zwanzig Jahren bemühte sich der Kanton um die Umsetzung einer großen Gebietsreform.[1373] So wurden Ende der 1990er Jahre Unterlagen erstellt, in welcher Form Fusionen und Kooperationen zwischen Gemeinden vorangetrieben werden könnten.[1374] Schließlich wurde vor zehn Jahren eine umfassende Gemeinde- und Gebietsreform beschlossen, die im Januar 2016 in Kraft trat.

1369 Vgl. Fetz 2020, S. 142 f.

1370 Vgl. Botschaft der Regierung an den Grossen Rat 2018–2019, S. 695.

1371 Botschaft der Regierung an den Grossen Rat 2018–2019, S. 696.

1372 Vgl. Steiner 2002, S. 320.

1373 Zur Entwicklung der Reformen der Gemeinden in Graubünden und Gemeindefusionsprozessen in der Schweiz im Allgemeinen, siehe: Fetz 2009.

1374 Vgl. Rühli 2012, S. 132; Betschart 1992, S. 53 ff.

Diese ersetzte die bisherigen Verwaltungseinheiten der Kreise, Bezirke und Regionalverbände durch Regionen.[1375] Gleichzeitig wurde intensiv über die künftige Entwicklung der Gemeinden, ihre Anzahl und Aufgaben debattiert. In Zuge dessen wurde den Fusionen ein wichtiger Stellenwert zuerkannt, wogegen die interkommunale Kooperation als weniger zielführend und zunehmend problematisch angesehen wurde.

Die Motivation hinter dieser historischen Gemeinde- und Gebietsreform war in erster Linie die Präsenz der vielen Kleinstgemeinden und die Sorge um deren künftige Entwicklung. Die kantonale Regierung vertrat die Meinung, dass die Auslagerung von Gemeindeaufgaben und die Kooperation zwischen Gemeinden mit einem Demokratiedefizit und einer verringerten Autonomie einhergehen würden. So sei die interkommunale Kooperation zwar lange Zeit eine *„ideale Lösung für die Probleme der Kleinst- und Kleingemeinden“* gewesen, doch die hohe Anzahl der Gemeindeverbindungen wurde schließlich kritisch betrachtet.[1376]

Ziele der Reform von 2016 waren deshalb die Stärkung der Gemeinden, eine effiziente Aufgabenerfüllung durch eine Reorganisation derselben sowie ein wirksamer Ausgleich von Gefällen zwischen Gemeinden.[1377] Zu den strategischen Zielen der Bündner Regierung gehörten im Spezifischen die Ausrichtung der staatlichen Strukturen auf die künftigen Anforderungen bei der Ausgabenerfüllung, die Leistungsfähigkeit, die Eigenfinanzierungskraft der Gemeinden sowie dass diese ihre Aufgaben möglichst selbstständig, bürgernah, wirksam und kostengünstig erfüllen können.[1378] Die Regierung sprach sich für starke Gemeinden aus, die sich ihrer Meinung nach vor allem durch eine hohe Selbstständigkeit und Selbstverantwortlichkeit auszeichnen. In diesem Sinne erklärte ein Politiker in der Diskussion zur neuen Gemeinde- und Gebietsreform, der Kanton habe rund 131 Gemeinden mit einer Einwohner*innenzahl von unter 1000, die nicht mehr alle Dienste selbst erfüllen können: *„Wir müssen aber ein Interesse daran haben, starke Gemeinden [zu] haben, welche ihre Aufgaben autonom zu erfüllen vermögen.“*[1379] In diesem Zusammenhang wurde auch erwähnt, dass *„eine autonome Gemeinde (…) elementare Aufgaben wie die Schule, die Feuerwehr oder das Forstwesen selbstständig und ohne interkommunale Zusammenarbeit*

1375 Für eine detaillierte Ausführung der früheren Kooperationsformen, siehe u.a.: Brüesch 2006.

1376 Vgl. Botschaft der Regierung an den Grossen Rat 2010–2011, S. 662.

1377 Vgl. Botschaft der Regierung an den Grossen Rat 2010–2011, S. 625.

1378 Vgl. Botschaft der Regierung an den Grossen Rat 2018–2019, S. 681.

1379 Siehe: Grosser Rat 2011b, S. 520.

erfüllen könne."[1380] So ergibt sich, aus Sicht der kantonalen Regierung, für die Gemeinden etwa eine stärkere Demokratie, da mittels Gemeindefusionen die Aufgaben künftig selbstständig und effizient erfüllt werden können. Weiters könnten durch größere Einheiten die Stimmberechtigten wieder direkt Einfluss nehmen oder die Entwicklungsperspektiven durch eine erhöhte Wettbewerbsposition verbessert werden.[1381] Die Gemeinde- und Gebietsreform sah aus diesem Grund die stärkere Förderung von Fusionen vor, was sich in der Schaffung von Rahmenbedingungen und finanziellen Förderungen niederschlug. Dabei sollten allerdings nur Anreize geschaffen werden, während die Entscheide von den Gemeinden ausgehen sollten.

Die Botschaft der kantonalen Regierung enthält verschiede Maßnahmen zur Umsetzung der Gemeinde- und Gebietsreform. So sollen die Gemeindezusammenschlüsse weiterhin vor Ort eingeleitet und entschieden werden und Fusionshemmnisse im Finanzausgleich und in sektoralpolitischen Bereichen abgebaut sowie Förderungsanreize verstärkt werden. Zudem sollen die Fusionen nur innerhalb von durch die Regierung festgelegten Förderräumen finanziell gefördert werden.[1382] Die dem Grossen Rat vorgebrachten Maßnahmen enthielten neben der Fusionsförderung auch den konkreten Vorschlag eines künftigen Verzichts auf die Förderung der interkommunalen Zusammenarbeit.[1383] Obwohl dies eigentlich im Widerspruch zur Kantonsverfassung steht, wonach die interkommunale Kooperation – sowie auch der Zusammenschluss von Gemeinden – gefördert werden soll, *„um die zweckmässige und wirtschaftliche Erfüllung ihrer Aufgaben sicherzustellen"* (Art. 64, KV), setzte die Kantonsregierung damit eine klare Priorität für Fusionen zum Nachteil von Kooperationen, wenn auch mehrmals ein Freiwilligkeitsprinzip unterstrichen wurde. In der Debatte im Großen Rat wurde den Zielen mehrheitlich zugestimmt, wenn auch einige Redner*innen vermerkten, dass das angestrebte *bottom-up*-Prinzip im Hinblick auf die starke finanzielle Steuerung, die Definition von Förderräumen und sogar die Festlegung von einer künftigen Ziel-Anzahl von Gemeinden (50) kaum sichtbar sei. Außerdem wurden während der Diskussion mehrmals die Vorteile von kleinen Gemeinden angesprochen, etwa durch ihre Bürger*innennähe oder die unbürokratische Verwaltung.[1384] Der Vorschlag der Regierung wurde mit 91 zu vier Stimmen vom Großen Rat schließlich mehrheitlich angenommen. Weiters wurde in derselben

---

1380 Botschaft der Regierung an den Grossen Rat 2010–2011, S. 594.

1381 Vgl. Botschaft der Regierung an den Grossen Rat 2010–2011, S. 595; 626.

1382 Vgl. Botschaft der Regierung an den Grossen Rat 2010–2011, S. 591.

1383 Vgl. Botschaft der Regierung an den Grossen Rat 2010–2011, S. 592 f.

1384 Siehe: Grosser Rat 2011b.

Sitzung beschlossen, dass finanzausgleichsbedingte sowie sektoralpolitische Fusionshemmnisse abgebaut werden sowie bestehenden Gemeindeverbindungen die Auflösung erleichtert werden soll.[1385]

Die politische Willensbekundung im Hinblick auf die Zusammenlegung von Gemeinden findet sowohl in der Kantonsverfassung wie auch im Bündner Gemeindegesetz Niederschlag (Art. 64, KV, Art. 61, GG). Dieser Regelung wurde der Vorzug zu einem eigenen Gemeindefusionsgesetz gegeben.[1386] In beiden Rechtstexten heißt es, dass der Kanton den Zusammenschluss von Gemeinden fördert. Der Begriff Fusion kommt dabei allerdings weder in der Verfassung noch im Gemeindegesetz vor.

Das Gemeindegesetz erklärt in Artikel 61, dass sich Gemeinden zusammenschließen können und solche Zusammenschlüsse materiell und immateriell vonseiten des Kantons gefördert werden. Zudem definiert die Regierung nach Anhörung der Gemeinden so genannte Förderräume. Diese Förderräume wurden von der Bündner Regierung in ihrer Botschaft an den Grossen Rat definiert.[1387] Mittlerweile wurden aus einigen dieser Förderräume eigene verbundene Gemeinden.

Im Gemeindegesetz ist geregelt wie Zusammenschlüsse zwischen Gemeinden vonstattengehen sollen. So existieren Regelungen zum Verfahren, den Übergangsorganen oder den Rechtswirkungen (Art. 63–74). Die Aufnahme von Verhandlungen für eine mögliche Zusammenlegung kann von der Gemeindeversammlung oder dem Gemeindeparlament ausgehen, die diesen Auftrag dem Gemeindevorstand erteilen können (Art. 62). Ansonsten kann auch der Gemeindevorstand solche Verhandlungen von sich aus einleiten.

Die verpflichtende Zusammenlegung von Gemeinden ist insofern reglementiert, dass das Gesetz festschreibt, dass wenn *„sich eine Gemeinde dauerhaft in finanziellen, personellen oder organisatorischen Schwierigkeiten“* befindet, sie von der Regierung zur Aufnahme solcher Verhandlungen mit Gemeinden im Förderraum verpflichtet werden kann. Es ist per Gesetz außerdem festgeschrieben, dass der Grosse Rat einen Zusammenschluss von Gemeinden unter folgenden Gründen verfügen kann: Zum einen, wenn eine Gemeinde *„infolge ihrer geringen Anzahl an Einwohnerinnen und Einwohner oder unzureichender personeller oder eigener finanzieller Kräfte (Ressourcen) dauernd außerstande ist, den gesetzlichen Anforderungen zu genügen und ihre Aufgaben zu erfüllen“*. Zum anderen, wenn

1385 Vgl. Crameri 2019, S. 440; Grosser Rat 2011a.

1386 Vgl. Botschaft der Regierung an den Grossen Rat 2017–2018.

1387 Vgl. Botschaft der Regierung an den Grossen Rat 2010–2011, S. 644 f.

„das Mitwirken ablehnender Gemeinden für die Abgrenzung oder Aufgabenerfüllung einer neuen Gemeinde unentbehrlich ist, sofern eine Mehrheit der anderen betroffenen Gemeinden dem Zusammenschluss zugestimmt hat“ (Art. 72, GG). Ein jeglicher Zusammenschluss basiert auf einem schriftlichem Zusammenschlussvertrag (Art. 63, GG), der spezifische Inhalte umfassen muss (Art. 64, GG). Dazu gehören u.a. der Namen der künftigen Gemeinde, die Grundzüge von deren Organisation oder die Zusammensetzung eines Übergangsvorstandes. Das Verfahren und der Inhalt einer jeden Fusion muss der Stimmbevölkerung in einer schriftlichen Botschaft erläutert werden, abgestimmt wird dann auf der Basis des jeweiligen kommunalen Rechts (Art. 65, GG).[1388] Im Falle eines Zusammenschluss von Gemeinden werden die bestehenden interkommunalen Zusammenarbeitsformen bei dessen Inkrafttreten aufgelöst (Art. 70, GG). Rechtserlasse der interkommunalen Zusammenarbeit der bisherigen Gemeinden gehen ins kommunale Recht über.[1389]

Zwischen 2002 und 2021 wurden in Graubünden 42 Gemeindefusionen durchgeführt, was die Anzahl der Bündner Gemeinden von vormals 209 (2002) mittlerweile auf 101 Gemeinden reduziert hat (März 2023). Hierbei handelt es sich nicht nur um kleine Fusionsprojekte zwischen zwei Gemeinden, einige Zusammenschlüsse involvierten sogar bis zu acht oder neun Gemeinden.[1390] All diese Zusammenschlüsse wurden auf freiwilliger Basis durchgeführt, vom Kanton allerdings finanziell gefördert. Dabei besteht die Förderung aus einer Förderpauschale, einem Ausgleichsbeitrag sowie Sonderleistungen.[1391] Das kantonale Finanzausgleichgesetz legt fest, dass Gemeinden, die sich zusammenschließen, Förderbeiträge erhalten. Die Kriterien und die Höhe für die Zuweisung dieser Mittel werden von der Regierung festgelegt. Die Beiträge können auch an Projekte und Studien ausgerichtet sein (Art. 14, FAG). Die Auflagen der Regierung für die finanzielle Förderung von Zusammenschluss sind folgende: Zum einen müssen sich die Gemeinden in einem Förderraum befinden. Sollte dies nicht möglich sein wird von der Regierung geprüft, ob dieser angepasst werden kann. Weiters müssen die Gemeinden realistische und fundierte Finanzpläne einreichen und das Fusionsprojekt muss bereits ausgearbeitet sein. Letztens ist die Unterstützung von Infrastrukturprojekten nur dann möglich, wenn ein solches einem regionalen Gedanken dient. Zwischen 2000 und 2018 wurden vom Kanton insgesamt

---

1388 Vgl. Fetz 2020, S. 158 ff.
1389 Vgl. Fetz 2020, S. 163 f.
1390 Siehe: Kanton Graubünden, Amt für Gemeinden 2023.
1391 Vgl. Botschaft der Regierung an den Grossen Rat 2018–2019, S. 687 ff.

190 Millionen Franken an 39 Gemeindezusammenschlüsse ausbezahlt, wobei die Förderungen für die einzelnen Fusionsprojekte variieren.[1392]

Für die aktive Unterstützung von Fusionen existiert in Graubünden neben den finanziellen Förderungen auch ein ausführlicher Leitfaden mit Vorschlägen für den Ablauf und Prozess sowie konkreten Beispielen.[1393] Außerdem wurde die Hochschule für Technik und Wirtschaft Chur damit beauftragt, die Zusammenschlüsse der vergangenen zehn Jahre zu evaluieren.[1394]

Festzuhalten ist, dass die Gemeinde- und Gebietsreform, die in Graubünden 2011 begonnen hat, noch nicht abgeschlossen ist. So hat der Kanton klare Zielvorstellungen und möchte seine Gemeinden auf die Anzahl von 50 bis 100 reduzieren, langfristig wird sogar von einer Anzahl zwischen 30 und 50 gesprochen.[1395] Fusionsprozesse haben sich nicht nur in homogenen Talschaften ergeben, etwa Val Müstair, sondern auch in heterogenen und größeren Gebietskörperschaften: *„Die Freiwilligkeit von Gemeindefusionen verknüpft mit den kantonalen Anreizen ist als Erfolgsgeschichte zu bezeichnen.“*[1396] Im Rahmen einer vergleichenden Studie zu Fusionsprozessen in der Schweiz stellte Rühli fest, dass im Gegensatz zu anderen Kantonen Graubünden in seinem Prozess stets einen *Bottom-Up-* und keinen *Top-Down-*Ansatz verfolgte.[1397] Diese Aussage findet sich auch in der Botschaft der Regierung an den Grossen Rat aus dem Jahr 2018, welcher die politische Meinung der Regierung begründet. Demnach habe sich die *bottom-up-*Strategie des Kantons bewährt und die politischen Gemeinden konnten in den vergangenen zwanzig Jahren fast halbiert werden. Gleichzeitig gingen auch die interkommunalen Verbindungen um rund die Hälfte zurück.[1398] Die Regierung ist überzeugt, eine zielführende Strategie eingeleitet zu haben. Neben der Gebietsreform von 2011 ist der Kanton Graubünden seit 2022 zusätzlich bemüht, den Föderalismus und die Institution Gemeinde zu stärken. Im Mai 2022 wurde von der kantonalen Regierung ein Grundsatzbeschluss gefasst,[1399] durch welchen das Amt für Gemeinden der Auftrag erteilt wurde, verschiedene Maßnahmen zur Förderung der kommunalen Politik auszuarbeiten. Hintergrund ist zum einen die Komplexität der lokalen Aufgabenverwaltung verbunden mit der großen Schwierigkeit

1392 Vgl. Botschaft der Regierung an den Grossen Rat 2018–2019, S. 687; 705 f.
1393 Siehe: Fetz und Bühler 2005.
1394 Vgl. Botschaft der Regierung an den Grossen Rat 2018–2019, S. 681.
1395 Vgl. Botschaft der Regierung an den Grossen Rat 2018–2019, S. 681.
1396 Botschaft der Regierung an den Grossen Rat 2018–2019, S. 682.
1397 Vgl. Rühli 2012, S. 132; Betschart 1992, S. 133.
1398 Vgl. Botschaft der Regierung an den Grossen Rat 2018–2019, S. 668.
1399 Regierung des Kantons Graubünden 2022.

politisches Personal sowie Fachkräfte für die Verwaltung zu finden. Ziele dieser Maßnahmen sind u.a. die Erhörung des Wissens um die Gemeinde; die Verankerung des Bewusstseins über die Bedeutung der Gemeinde als unterste Staatsebene; sowie die Förderung des Interesses an der kommunalen Politik. Erste Ideen für die Umsetzung sind verschiedene Broschüren, Erklärvideos, eine vernetzende digitale Plattform für die Verwaltungsmitarbeitenden oder Lehrmittel zum Thema Gemeinde für die Schulen.[1400]

4.3.2 Südtirol: Kooperation zur Effizienz- und Qualitätssteigerung

4.3.2.1 Kooperation in der Regionalgesetzgebung

Südtirol hat – wie auch andere autonome Regionen in Italien – seinen möglichen Gesetzgebungsspielraum zum Thema der lokalen Kooperation in den vergangenen Jahren kaum genutzt. So ähneln die im Regionalgesetz verankerten Kooperationsformen jenen Mechanismen, die für die Gemeinden in den italienischen Regionen mit Normalstatut gelten. Für die Zusammenarbeit zwischen Gemeinden sind der italienischen Gesetzgebung folgend vor allem die bereits erwähnten Kooperationsformen der Vereinbarung (*convenzione*) und des Gemeindeverbandes (*unione di comuni*) von Bedeutung, wobei erstere eine vertragliche Zusammenarbeit darstellt und zweitere einer institutionalisierten Form der Kooperation mit einem eigenen Statut und politischen Organen entspricht.

Die Gesetzgebung der autonomen Region Trentino Südtirol führt mehrere Kooperationsformen an, von denen einige freiwillig, andere verpflichtend sind. Nicht alle spielen in der politischen Praxis in Südtirol eine Rolle, sondern nur in der Nachbarprovinz Trient. Anders als die Trientner Gemeinden, wo in den vergangenen Jahren viele Fusionen stattgefunden haben,[1401] hat Südtirol den Weg der Fusion seit der Nachkriegszeit nicht mehr beschritten. Diese Entwicklung kann zum einen auf die Erfahrungen im Faschismus zurückgeführt werden, als einige Südtiroler Gemeinden per Zwang zusammengelegt wurden.[1402] Zum anderen ist es von politischer Seite (noch) keine Priorität, vor allem nicht bei der Mehrheitspartei der SVP. Eine diesbezügliche Diskussion fand im Jahr 2014 im Südtiroler Landtag statt, als die Oppositionspartei „*BürgerUnion*“ einen Beschlussantrag zu künftigen Fusionen einreichte. Der Antrag sah Anreize für die Zusammenlegung

1400 Siehe: Kanton Graubünden 03.11.2022.

1401 Die Gemeinden der Autonomen Provinz Trient wurden in zehn Jahren von 223 (2008) auf 166 verringert (2023).

1402 Vgl. Pallaver 2016, S. 302 f.

von Klein- und Kleinstgemeinden in Form von höheren Gemeindefinanzierungen sowie befristeten Steuerentlastungen vor. Der Vorschlag wurde von der Mehrheit der Abgeordneten abgelehnt, wobei sich zehn Abgeordnete der Stimme enthielten.[1403]

Die Grundlage der Kooperationsmöglichkeiten der Südtiroler Gemeinden ist der Kodex der örtlichen Körperschaften der Autonomen Region. Dieser hält bereits in Artikel 2, Absatz 3 fest, dass die Gemeinden bzw. die vereinigten Gemeinden bei der Ausübung ihrer jeweiligen Funktionen Kooperations- und Subsidiaritätsformen – auch mit Privatsubjekten – verwirklichen können, um die Wirtschaftlichkeit der Verwaltung der Tätigkeiten und der Dienstleistungen zu gewährleisten oder falls das Interesse ausgedehnte übergemeindliche Gebiete betrifft. Von Bedeutung ist auch Absatz 4, der erklärt, dass den Gemeinden, sofern im Landesgesetz vorgesehen, die Funktionen obliegen, die per Staatsgesetz den Berggemeinschaften zugewiesen werden.

Den konkreten Formen der horizontalen Zusammenarbeit ist schließlich das Kapitel VI. des Regionalgesetzes gewidmet (Art. 33–40). Demzufolge können Gemeinden zum einen die in den jeweiligen Landesgesetzen vorgesehenen Formen nutzen (Art. 33, Abs. 1), zum anderen normiert das Regionalgesetz selbst bereits eine Reihe von Möglichkeiten für die Zusammenarbeit. Obwohl das Regionalgesetz die Materie regelt, verweist es zu Beginn klar auf die Zuständigkeit der Autonomen Provinzen in diesem Bereich und delegiert die Kompetenz dadurch an diese.[1404] Das Regionalgesetz legt fest (Art. 33, Abs. 3), dass die Provinzen per Landesgesetz die Funktionen bestimmen sollen, welche von den Gemeinden gemeinsam ausgeübt werden sowie welche Form dafür umgesetzt werden soll. Zudem soll ein Landesgesetz festlegen, welche Funktionen von den Gemeinden durch andere Gemeinden bzw. für gemeinsame Dienste eigens eingerichtete Strukturen ausgeübt werden. Weiteres sollen die spezifischen Modalitäten und Fristen für die Festlegung der Gebietsbereiche beschlossen werden, innerhalb der die Formen der Zusammenarbeit anzuwenden sind. Diese Definition der Gebietsbereiche muss gemäß Artikel 33, Absatz 5 bestimmte Kriterien berücksichtigen. Demzufolge müssen Gemeinden, die von der Festlegung der Gebietsbereiche betroffen sind, in deren Definition miteinbezogen werden. Außerdem dürfen die Gebietsbereiche nicht willkürlich und geografisch weit auseinandergezogen werden. So muss eine Homogenität oder positive Integration der geographischen

1403 Siehe: Autonome Provinz Bozen-Südtirol 2014b.

1404 Vgl. Negri 2006, S. 348 ff.

und sozial-wirtschaftlichen Merkmale sowie Voraussetzungen vorhanden sein, welche die Identifizierung und die Gemeinsamkeit in Bezug auf die ethnisch-sprachlichen Eigenschaften und auf die historisch-kulturellen Traditionen der jeweiligen Bevölkerung ermöglichen.

Weiteres Kriterium, welchem die Festlegung der Gebietsbereiche unterliegt, ist eine geeignete Größe, um die wirtschaftliche und wirksame Ausübung von Funktionen und deren Organisation zu gewährleisten. Letztens legt das Regionalgesetz als Kriterium für Gebietsbereiche fest, dass für die obligatorische gemeinsame Führung von Funktionen und Diensten nur ein einziger Gebietsbereich festgelegt wird. Allerdings kann das Landesgesetz vorsehen, dass spezifische Dienste aus Gründen der Wirtschaftlichkeit und Effizienz auch für andere und größere Gebietsbereiche durch eine weitere Form gemeinsam organisiert werden. Abgesehen von der Festlegung der möglichen Gebietsbereiche für Kooperation, liegt auch die Definierung der Modalitäten für die Formen der zwischengemeindlichen Zusammenarbeit sowie jene für den Übergang des Personals oder weiteren Rechtsverhältnissen in der Zuständigkeit der Provinzen.

Artikel 34 des Regionalgesetzes betrifft schließlich die Maßnahmen zu den Formen der zwischengemeindlichen Zusammenarbeit in den beiden Autonomen Provinzen. So ist festgelegt, dass das Landesgesetz auch die Direktwahl des Vorsitzenden und der Versammlung von Kooperationsformen vorsehen kann, die üblicherweise nur durch Repräsentant*innen von den jeweiligen Mitgliedergemeinden besetzt werden. Weitere Maßnahmen, die das Landesgesetz regeln kann, sind die Übertragung von Gemeindefunktionen vonseiten der Gemeinden an die Konsortien (siehe unten, Art. 34, Abs. 6). Von Interesse ist auch die Regelung wonach ein regionaler Fond eingerichtet wird, um die zwischengemeindliche Zusammenarbeit zu unterstützen (Art. 34, Abs. 6). Dieser Fond wird jährlich zwischen den beiden Autonomen Provinzen vereinbart und daraus speisen sich auch die aktuellen Fördergelder für die interkommunale Zusammenarbeit in Südtirol.

Der Kodex nimmt schließlich auch Bezug auf öffentliche Körperschaften, die auf der Basis des Artikels 7 des DPR Nr. 279/1974 errichtet wurden (diesem entsprechen etwa die Bezirksgemeinschaften). Solche Körperschaften führen gemäß Artikel 40 des Kodex ihre Tätigkeiten fort, sofern es das Landesgesetz nicht anders bestimmt. Demnach kann ein Landesgesetz diese Körperschaften auch auflösen und deren Liquidierung und Übertragung der Funktionen, des Personals, der Güter und der bestehenden Rechtsverhältnisse an die einzelnen oder vereinigten Gemeinden oder an Gemeindeverbünde regeln (Art. 40, Abs. 2). Im Folgenden werden jene vier Kooperationsformen vorgestellt, welche das Regionalgesetz konkret definiert:

a) Vereinbarungen (convenzioni)

Artikel 35 des Kodex widmet sich den so genannten Vereinbarungen, die der italienische Staat für die Gemeinden für die Regionen mit Normalstatut vorsieht. Es handelt sich dabei um eine Vertragsform, die verpflichtend oder freiwillig sein kann, je nachdem wie es das jeweilige Landesgesetz innerhalb der von ihr geregelten Politikbereiche definiert.[1405] Die Vereinbarungen können zu den einfachsten Formen der Kooperation gezählt werden und werden daher rege genutzt: Sie schaffen keine neuen Organe und Institutionen. Das Gesetz legt fest (Art. 35, Abs. 5), dass es sich bei den Vereinbarungen um Verwaltungsabkommen im Sinne des Artikels 15 des Staatsgesetzes Nr. 241/1990 handelt. Demnach können öffentliche Verwaltungen miteinander Vereinbarungen abschließen, um Aktivitäten vom selben Interesse in Zusammenarbeit durchzuführen. Für diese Vereinbarungen gelten auch, falls anwendbar, die Vorgaben laut Artikel 11 derselben Gesetzes: Sie müssen u.a. schriftlich abgeschlossen werden und sie unterliegen, wenn nicht anders vorgesehen, den Grundsätzen des italienischen Zivilrechts über Verpflichtungen und Verträge. Vereinbarungen können zum Zweck der Koordinierung bestimmter Funktionen oder Dienste zwischen den Gemeinden, Gemeindeverbunden oder Gemeindevereinigungen geschlossen werden. Gleichzeitig können solche Vereinbarungen auch mit der Autonomen Provinz oder anderen örtlichen Körperschaften eingegangen werden. Es handelt sich hierbei also um ein Instrument der vertikalen und horizontalen Kooperation.

Die Vereinbarungen sind auch zu einer gewissen inhaltlichen Homogenität verpflichtet. So muss jede Vereinbarung ihren Zweck, die Dauer, die Möglichkeiten der Absprache zwischen den örtlichen Körperschaften sowie deren finanzielle Beziehungen, Pflichten und Garantien beinhalten (Art. 35, Abs. 2). Vereinbarungen können nicht nur zur Koordinierung von Diensten abgeschlossen werden. Sie können aber auch von einer Gemeinde zur Inanspruchnahme der Ämter einer anderen Gemeinde abgeschlossen werden. In einem solchen Fall wird die Verantwortung für die Akte von der jeweiligen Gemeinde getragen. Solche Vereinbarungen können auch die Abstellung von Personal von einer Gemeinde zu jener vorsehen, deren Ämter in Anspruch genommen werden (Art. 35, Abs. 3). Die Kooperationsform der Vereinbarung ist freiwillig, allerdings legt das Regionalgesetz (Art. 35, Abs. 4) fest, dass das Land Südtirol (sowie auch die Autonome Provinz Trient) für die befristete Verwaltung eines Dienstes bzw. für die Ausführung eines öffentlichen Bauvorhabens auf einem Sachgebiet seiner Zuständigkeit auch verpflichtende Vereinbarungen zwischen Gemeinden oder zwischen dem

1405 Vgl. Negri 2006, S. 348.

Land und Gemeinden vorsehen kann. Bei verpflichtenden Vereinbarungen muss die Wirkungskraft allerdings zeitlich klar definiert und beschränkt sein.[1406] Zudem muss in diesem Fall eine Musterregelung verabschiedet werden.

Solche Pflichtvereinbarungen wurden in Südtirol mit der 4. Zusatzvereinbarung der Finanzen zwischen dem Land Südtirol und dem Rat der Gemeinden 2012 eingeführt, haben aber aktuell keine Wirkung mehr. Damals kam es im Rahmen der Gemeindefinanzierung zu einer Zusatzvereinbarung, durch welchen die Gemeinden mit dem Ziel der Einsparung im Personalbereich verpflichtet wurden, einige Dienste zusammenzulegen. Gemeinden mit bis zu 5.000 Einwohner*innen mussten innerhalb 31. Dezember 2014 den Abschluss von Vereinbarungen zur gemeinsamen Führung von Diensten in mindestens zwei Bereichen nachweisen können (es wurden auch bestehende Vereinbarungen berücksichtigt). Die größeren Gemeinden mit über 5.000 Einwohner*innen mussten hingegen einen Dienst zusammenlegen. In der Vereinbarung war auch festgeschrieben, dass die gemeinsame Führung von Diensten die Beanspruchung von Personal betreffen musste. Bei Nicht-Beachtung der Regelung und Frist waren Sanktionen in Form der Kürzung von Finanzzuweisungen vorgesehen. Zusätzliche Sonderregelungen wurden für die Bereiche Gemeindesekretariat, Gemeindepolizei, Techniker*innen für öffentliche Arbeiten, Recycling- und Bauhöfe sowie Altersheime gemacht. So mussten Gemeinden mit bis zu 1.200 Einwohner*innen bei Freiwerden der Stelle der Gemeindesekretär*innen diese künftig mittels Vereinbarung mit einer anderen Gemeinde durchführen. Auch die Polizeidienste sollte vermehrt übergemeindlich ausgeführt werden: Sollte eine Gemeinde entscheiden eine Polizei einzuführen, musste sie dafür eine Vereinbarung mit einer andere Gemeinde abschließen. Bei den Techniker*innen für öffentliche Arbeiten galt, dass diese über Vereinbarungen mit den Bezirksgemeinschaften eingestellt werden sollten. Gemeinden, die über keine eigene Techniker*innen verfügten, mussten jene der Bezirksgemeinschaft beanspruchen. Auch empfahl das Land die Recycling- und Bauhöfe mittels Vereinbarung gemeinsam mit anderen Gemeinden oder sogar mit dem Land zu führen. Weiters wurde beschlossen, dass die von den Gemeinden geführten Altersheime innerhalb Dezember 2014 eine verpflichtende Zusammenarbeit nachweisen mussten. Entweder als Zusammenschluss mit anderen Gemeinden zu einem Konsortium oder den Abschluss einer Vereinbarung mit einer anderen Trägerkörperschaft zur gemeinsamen Führung des Altersheims.[1407] Den Auflagen kamen fast alle Gemeinden nach, wobei Vereinbarungen zur gemeinsamen

1406 Vgl. Negri 2006, S. 349.

1407 Vgl. Südtiroler Landesverwaltung 2012; Pallaver 2016, S. 303 f.

Nutzung der Ortspolizei, Techniker*innen und Gemeindesekretär*innen getroffen wurden.[1408] Ob diese Vorgaben des Landes Südtirol einer tatsächlichen Verpflichtung entsprachen, kann nicht behauptet werden. So waren die Gemeinden im Grunde nicht gezwungen, solche Vereinbarungen abzuschließen, mussten im Falle der Unterlassung allerdings Finanzkürzungen hinnehmen, wodurch sie *de facto* sanktioniert wurden.[1409]

b) Gemeindevereinigung (associazione di comuni)

Im Gegensatz zur vertraglichen Zusammenarbeit in Form einer Vereinbarung wird durch die Kooperationsform der Gemeindevereinigung eine öffentlich-rechtliche Körperschaft gegründet und kann mit den österreichischen und schweizerischen Gemeindeverbänden verglichen werden. Gemeindevereinigungen können gemäß Artikel 36 des Kodex zur gemeinsamen Verwaltung von Funktionen und Diensten zwischen einzelnen Gemeinden gegründet werden. Vorab müssen die betroffenen Gemeinderäte, das heißt die politischen Versammlungsorgane, eine Vereinbarung als Grundlage der neuen Vereinigung mit absoluter Mehrheit genehmigen (Art. 36, Abs. 2).

Auch im Falle dieser Kooperationsform kann das Landesgesetz von Südtirol oder Trient weitere Details regeln (Art. 36, Abs. 3). So obliegt es der Autonomen Provinz die Inhalte und Verfahren zu definieren (Art. 36, Abs. 4), wie die Vereinbarung einer Gemeindevereinigung aussehen soll. Dabei darf die neu entstandene öffentliche Körperschaft auch eigene Ämter- und Personalordnungen erlassen. Weiters kann die jeweilige Provinz festlegen, wie genau sich Gemeindevereinigungen zusammensetzen und welche Zuständigkeiten die jeweiligen Organe innehaben sollen. Auch die grundlegenden Bestimmungen für die Organisation und Tätigkeit des Gemeindeverbandes werden vom Land festgelegt. Hierbei muss das Landesgesetz Artikel 2 und Artikel 1, Absatz 4 eines Staatsgesetzes zu Vorschriften der öffentlichen Beschäftigung berücksichtigen.[1410]

Das Regionalgesetz schränkt die Gemeinden dahingehend ein, dass dieselben Gemeinden nur eine einzige Gemeindevereinigung zur gemeinsamen Verwaltung von Funktionen und Diensten gründen können (Art. 36, Abs. 7). Wenn nicht anders festgelegt, dann gelten für die Vereinigungen die Bestimmungen der Gemeinden im Bereich Haushalt, Rechnungswesen, Personal und Kontrollen (Art. 36, Abs. 36). In der Autonomen Provinz Bozen wurde diese Art der

1408 Vgl. Pallaver 2016, S. 303 f.
1409 Freundliche Auskunft, Amt für Gemeinden, Land Südtirol, 18.03.2021.
1410 Gesetz Nr. 421/1992.

Kooperationsform bisher noch nie in Anspruch genommen, auch ist sie durch kein Landesgesetz geregelt.

c) *Gemeindeverbünde* (unione di comuni)

Bei den Gemeindeverbünden (Art. 37, Kodex) handelt es sich um das regionale Pendant zu den „*unioni di comuni*", die vom italienischen Staat für die Gemeinden in den Regionen mit Normalstatut errichtet wurden und ursprünglich eigentlich als Vorstufe für eine spätere Zusammenlegung von Gemeinden gedacht waren. Während diese Kooperationsform in anderen Regionen mittlerweile häufig genutzt wird, fand sie in Südtirol bisher – wie die obgenannten Vereinigungen – noch nie Niederschlag. Die Gemeindeverbünde sind, ähnliche wie die Gemeindevereinigungen, Körperschaften des öffentlichen Rechts, die von zwei oder mehreren Gemeinden derselben Provinz mit dem Ziel der gemeinsamen Ausführung von Funktionen gegründet werden können (Art. 37, Abs. 1). Ein Gemeindeverbund kann auch errichtet werden, um zugewiesene bzw. delegierte Dienste zu erbringen. Zum Unterschied zu den Gemeindevereinigungen dürfen die Gemeindeverbünde in der Provinz Bozen nur von Gemeinden mit weniger als 15.000 Einwohner*innen gegründet werden. Zudem verfügen sie über eine Satzung und einen Gründungsakt, was bei den Vereinigungen nicht der Fall ist. Beide Dokumente müssen von den Gemeinderäten der jeweiligen betroffenen Gemeinden mit absoluter Mehrheit beschlossen werden. Ein Gemeindeverbund kann auch aus einer vorhergegangenen Gemeindevereinigung entstehen (Art. 36, Abs. 6).

Anders als bei der Gemeindevereinigung, wo dieser Aspekt per Landesgesetz geregelt wird, legt das Regionalgesetz bereits fest, welche Organe ein Gemeindeverbund einrichten muss (Art. 37, Abs. 3). Dies sind ein Rat (mit politischer Vertretung der beteiligten Gemeinden), ein Vorsitz und ein Kollegium der Rechnungsprüfer*innen. Die Satzung des Verbunds kann auch ein ausführendes Kollegialorgan vorsehen, wobei ein solches nicht die Höchstanzahl an Mitgliedern überschreiten darf, die für eine Gemeinde mit gleicher Einwohnerzahl gelten (siehe Art. 54, Kodex). Jeder Gemeindeverbund kann laut Kodex in seiner Satzung bestimmen, ob der Rat direkt gewählt wird oder als Alternative eine indirekte Wahl durch die Versammlungsorgane der beteiligten Gemeinden vorzieht. Wie die politischen Organe der Südtiroler Gemeinden, müssen in letzterem Fall die Bestimmungen über die Vertretung der Sprachgruppen beachtet werden sowie auch die angemessene Vertretung der politischen Minderheit gewährleistet sein.

Die Satzung legt nicht nur die Organe des Verbunds fest, sondern auch die gemeinsam zu verwaltenden Funktionen und Dienste sowie Regelungen des Finanzwesens, u.a. die Finanzbeziehungen zu den Mitgliedergemeinden

(Art. 37, Abs. 4). Sollte der Verbund bestimmte gebührenpflichtige Dienste ausüben, so stehen diesem die tariflichen Entgelte und Beiträge für solche zu (Art. 37, Abs. 5). Ähnlich wie es der Kodex bereits allgemein zur Zusammenarbeit von Gemeinden definiert, legt er auch fest, dass das Landesgesetz optimale Gebietsbereiche für die Errichtung von Gemeindeverbünden festlegen kann. Auch für die Gemeindeverbünde gelten, wie schon für die Gemeindevereinigungen, die Bestimmungen der Gemeinden im Bereich Haushalt, Rechnungswesen, Personal und Kontrollen (Art. 37, Abs. 8).

d) *Pflichtkonsortien zur gemeinsamen Ausübung von Funktionen* (consorzi obbligatori di funzioni)

Die Pflichtkonsortien sind eine weitere Form zur gemeinsamen Ausübung von Funktionen der Gemeinden, welche das Regionalgesetz normiert (Art. 38). Diese werden aufgrund spezifischer Staats- oder Landesgesetze errichtet und in der jeweiligen Gemeindesatzung geregelt. Das Instrument der Konsortien existiert bereits seit vielen Jahren und wurde mit Regionalgesetz Nr. 1/1993 zu einer Form der interkommunalen Zusammenarbeit umgewandelt. Das Regionalgesetz definiert auch, dass auf die Gemeindeverbunde sowie auf die Pflichtkonsortien zur gemeinsamen Ausübung von Funktionen die für Gemeinden geltenden Kontrollbestimmungen angewandt werden (Art. 196).

In Südtirol existiert, basierend auf der durchgeführten Recherche, bisher nur ein Pflichtkonsortium. In diesem sind 113 der 116 Gemeinden versammelt sind. Es ist das Konsortium der Gemeinden der Provinz Bozen für das Wassereinzugsgebiet des Flusses Etsch („*Konsortium WEG Etsch*"). Laut Satzung ist dessen Zweck *„den wirtschaftlichen und sozialen Fortschritt der Bevölkerung mittels Durchführung oder Finanzierung von Arbeiten zu fördern, wobei die Wasserzinsgelder, die aufgrund des Gesetzes Nr. 959/1953 anfallen, verwendet werden (...).*"[1411] Es handelt sich hier weniger um eine Form der zwischengemeindlichen Zusammenarbeit, sondern eher um eine zweckdienliche Spezialform eines Konsortiums, das gegründet wurde, um die Zusatzzinsen vonseiten der Konzessionäre von Wasserableitungen zur Erzeugung elektrischer Energie zu verwalten und dann an die Gemeinden weiterzuleiten. Die Gründung des Konsortiums basiert auf dem staatlichen Gesetz Nr. 959/1953, daraufhin folgte ein eigenes Regionaldekret (Dekret des Präsidenten der Regionalregierung Nr. 126/1955). Auch in den Nachbarprovinzen Südtirols – Verona, Vicenza, Trient und Belluno – wurden

---

1411 Konsortiums der Gemeinden der Provinz Bozen für das Wassereinzugsgebiet der Etsch 1955.

Konsortien zum selben Zweck der Verwaltung der Wasserzinsgelder gegründet. Die eingehobenen Geldmittel werden auf alle fünf Konsortien aufgeteilt, wobei die Provinz Bozen 66 Prozent der Einnahmen aus dem gemeinsamen Fond erhält.[1412] Diese Geldmittel müssen für den wirtschaftlichen und sozialen Fortschritt des Territoriums ausgegeben werden, wobei jedes Konsortium andere Regelungen der Verteilung verfolgt. Im Falle des Konsortiums WEG wurde bewusst nur eine minimale Verwaltungsstruktur geschaffen, die beim Südtiroler Gemeindenverband angesiedelt ist. Diese verwaltet die Gelder und verteilt sie über einen spezifischen Aufteilungsschlüssel und Kriterien an die Mitgliedergemeinden, welche dann ihrerseits eigene Investitionen tätigen. Diese Investitionen werden alle zwei Jahre in einem Arbeitsplan festgehalten, bei der Verwendung sind die Gemeinden allerdings zum großen Teil freigestellt. Die Satzung hält nur fest (Art. 15), dass die Verwendung der Wasserzinsgelder zugunsten der Bergwirtschaft für den wirtschaftlichen und sozialen Fortschritt sowie für Systemisierungsarbeiten im Gebirge zu erfolgen hat. Zudem sollen besonders folgende Arbeiten unterstützt werden: In Orten und Gemeinden, die durch Wasserableitungen Schäden und Beschwernisse erleiden; aus deren Bereich, das für die einzelnen Ableitungen verwendete Wasser herstammt; wo soziale und wirtschaftliche Bedürfnisse es besonders erfordern. Nichtsdestotrotz werden die Investitionsvorhaben von den Gemeinden individuell durchgeführt und verfolgen keine direkten gemeindegreifenden Vorhaben. Als öffentliche Einrichtung hat das Konsortium auch politische Organe (Vollversammlung, Konsortialrat, Ausschuss, Präsident). In der Vollversammlung sind alle Gemeinden mit einer Vertretung repräsentiert, meist handelt es sich dabei um die Bürgermeister*innen. Die Aufgaben sind u.a. die Genehmigung der Investitionsprogramme, des Haushaltsvoranschlages und der Vorschläge zur Errichtung und Abänderung des Konsortialvermögens (Art. 6, Satzung).

Neben den Pflichtkonsortien existieren auch freiwillig gegründete Gemeindekonsortien (*consorzio-azienda*), auch wenn diese im Kodex nicht mehr genannt sind. Diese wurden mit dem alten Regionalgesetz der Gemeinden geregelt (Art. 41-bis, RG Nr. 1/1993, Art. 61, D.P.Reg. Nr. 3L/2005) und wurden in der Folge nicht vollinhaltlich in den Kodex übernommen, aber auch nicht explizit aufgehoben. Demnach scheinen sie bis heute als geltende Rechtsnorm auf. Beispiele für solche freiwilligen Gemeindekonsortien sind das Abwasserkonsortium Pustertal[1413] für die Führung des einheitlichen Abwasserdiensts des gesamten Bezirks

1412 Vgl. Südtiroler Gemeindenverband Genossenschaft o.J.

1413 Siehe: Abwasserkonsortium Pustertal, https://www.abwasserkonsortium-pustertal.bz.it/, zuletzt geprüft am: 06.04.2023.

oder ein Konsortium aus mehreren Gemeinden zur Führung eines gemeinsamen Seniorenheims.[1414] Beide Konsortien enthalten in der jeweiligen Satzung einen Verweis auf die genannten Artikel in den alten Regionalgesetzen.

e) Programmvereinbarungen (accordi di programma)

Die letzte Kooperationsform, die explizit im Kodex der Autonomen Region Trentino-Südtirol erwähnt wird, sind die so genannten Programmvereinbarungen. Laut Regionalgesetz können Gemeinden eine solche abschließen für die Ausarbeitung und Ausführung von Vorhaben oder Maßnahmen, die für ihre vollständige Verwirklichung eines gemeinsamen, koordinierten Vorgehens von Gemeinden, staatlichen Verwaltungen und sonstigen öffentlichen Rechtsträgern oder jedenfalls von zwei oder mehreren der genannten Rechtsträgern bedürfen (Art. 39, Abs. 1).

Es handelt sich somit – ähnlich der Kooperationsform der Vereinbarungen – um eine Kooperationsform, die aus Sicht der Gemeinden auf vertikaler oder horizontaler Ebene eingegangen werden kann. Dabei können Programmvereinbarungen allerdings nur vom Landeshauptmann oder einem*einer Bürgermeister*in sowie der gesetzlichen Vertretung der Gemeindevereinigung oder eines Gemeindeverbundes initiiert und genehmigt werden. Es sind auch diese Akteure, welche die Zeitabläufe, Modalitäten und Finanzierung einer Programmvereinbarung bestimmten. Zur Feststellung eines möglichen Einvernehmens zur Programmvereinbarung berufen die oben genannten Akteure eine Konferenz der Vertretungen aller betroffenen Verwaltungen ein. Wenn sie die Änderung der Raumplanungsdokumente betreffen, müssen sie binnen 30 Tagen vom Gemeinderat bestätigt werden. Die Vereinbarung, die durch einhellige Zustimmung der betroffenen Verwaltungen zu Stande kommt, wird dann durch einen formalen Akt des Landeshauptmanns, Bürgermeister*in oder gesetzliche Vertretung der Gemeindevereinigung oder -verbund genehmigt. Sollte eine solche Vereinbarung raumplanungsordnungsmäßige Änderungen mit sich bringen, so muss die Zustimmung der betroffenen Bürgermeister*innen innerhalb von 30 Tagen vom Gemeinderat bestätigt werden (Art. 39, Abs. 5). Zur Aufsicht der Durchführung der Vereinbarung wird ein Gremium unter dem Vorsitz des verantwortlichen Initiators der Vereinbarung (Landeshauptmann, Bürgermeister*in usw.) einberufen. Dieses Gremium muss aus Vertretungen der örtlichen Körperschaften bestehen,

1414 Siehe: Seniorenheim Sternguet, https://www.vds-suedtirol.it/de/swh/497/document/home, zuletzt geprüft am: 06.04.2023.

welche die Vereinbarung betrifft. Sollte auch der Staat betroffen sein, muss der Regierungskommissär der betroffenen Provinz beteiligt werden.

Konkrete Beispiele für Programmvereinbarungen zwischen Gemeinden mit der Autonomen Provinz Bozen wurden im Rahmen der Recherche nicht gefunden, allerdings existieren Programmvereinbarungen zwischen Gemeinden und öffentlichen Betrieben[1415] oder zwischen der Autonomen Provinz mit anderen Akteuren.[1416] Für Gemeinden kann die Rechtsform der Programmvereinbarung vorteilhaft sein, wenn sie selbst nicht genügend Kompetenzen aufweist. So heißt es in der Programmvereinbarung zwischen der Gemeinde Kaltern und der Altenheimstiftung, dass die Gemeinde im spezifischen Bereich der Bereitstellung von betreuten Wohnungen für Senior*innen nicht über ausreichendes Knowhow verfügt und in der Altenheimstiftung einen qualifizierten Partner erkannt hat, um das Projekt unter allen Aspekten gut umsetzen zu können.[1417]

4.3.2.2 Kooperation in der Landesgesetzgebung

Ein Südtiroler Landesgesetz, welches explizit auf Zusammenarbeit zwischen Gemeinden hinweist, ist jenes mit Bestimmungen über die Gewässer.[1418] Dort legt Artikel 5 fest, dass die Abwasserdienste in Form einer Zusammenarbeit zwischen den Gebietskörperschaften abzuwickeln sind und dafür optimale Einzugsgebiete von der Landesregierung nach Absprache mit den Gemeinden, dem Südtiroler Gemeindeverband und den Bezirksgemeinschaften organisiert werden. Dies betrifft die Errichtung und Führung der Kanalisation und der Kläranlagen, die Koordinierung zwischen den Betreibern der Dienste auf Gemeindeebene

1415 Beispiele: Die Gemeinde Kaltern unterhält eine Programmvereinbarung mit dem öffentlichen Betrieb für Pflege- und Betreuungsdienste Kaltern (Altenheimstiftung) betreffend die Umsetzung des Projekts „Begleitetes u/o betreutes Wohnen“ (abgeschlossen am 12.04.2019, vom Gemeinderat genehmigt mit Beschluss Nr. 13/2019); Die Gemeinde Neumarkt hat eine Programmvereinbarung mit verschiedenen Gemeinden des Überetsch und Unterland zur Errichtung eines Bezirkshallenbades in die Wege geleitet (Stand: März 2022).

1416 Beispiel: Beschluss der Landesregierung Nr. 700/2005, „Programmvereinbarung zwischen der Autonomen Provinz Bozen, dem Landesverband der Handwerker (LVH) und der Südtiroler Handwerkervereinigung (SHV) zur Bewirtschaftung von gefährlichen Abfällen mit Infektionsrisiko, die außerhalb der Gesundheitsdienste anfallen“.

1417 Siehe: Programmvereinbarung der Gemeinde Kaltern mit dem öffentlichen Betrieb für Pflege- und Betreuungsdienste Kaltern vom 12.04.2019.

1418 LG Nr. 8/2002.

sowie andere Aufgaben im Zusammenhang mit der Kanalisation, der Abwasserbehandlung und der Trinkwasserversorgung, die von den zusammengeschlossenen Gebietskörperschaften oder vom Land übertragen werden. Die Form der Zusammenarbeit wird dabei von der Landesregierung bestimmt, wobei die lokalen Körperschaften die Anlagen für die Führung der Trinkwasser-, Abwasser- und Kanaldienste an Konsortien, Gesellschaften mit öffentlicher Beteiligung, die Bezirksgemeinschaften oder die Standortgemeinde abtreten (Art. 5, Abs. 4).

Außer den bereits genannten Formen der Zusammenarbeit, die im Kodex geregelt sind, sind die Südtiroler Gemeinden berechtigt, Gesellschaften zu gründen oder sich an solchen zu beteiligen, um öffentliche Dienstleistungen zu erbringen. Ähnlich wie die Tiroler und Bündner Gemeinden können sie Kapitalgesellschaften in Form einer Aktiengesellschaft bzw. Gesellschaften mit beschränkter Haftung eingehen oder Dienstleistungen an private Unternehmen vergeben. Die Vergabe der lokalen öffentlichen Dienstleistungen und Beteiligungen sind durch das Landesgesetz Nr. 12/2007 geregelt. So können Gemeinden, aber auch Bezirksgemeinschaften, die wirtschaftlich relevanten öffentlichen Dienstleistungen entweder direkt oder durch Gesellschaften mit öffentlichem Kapitel, privaten Rechtsträgern oder Gesellschaften mit öffentlicher Beteiligung erbringen (Art. 2). Gesellschaften zur Leistung von Diensten dürfen nur dann gebildet werden oder man darf sich nur daran beteiligen, wenn deren Tätigkeiten für die institutionellen Zwecke unerlässlich und sie von öffentlichem Interesse sind. Beispiele für die Gründung sind etwa die Herstellung von Gütern und Erbringung von Dienstleistungen von allgemeinem Interesse, die Führung von öffentlichen Bauwerken, die Führung von Seilbahnanlagen in alpinem Gelände oder die Energieerzeugung (Art. 1, Abs. 4/bis, LG 12/2007). Wirtschaftlich relevante öffentliche Dienstleistungen können unter Berücksichtigung gewisser Regelungen, welche im Gesetz festgeschrieben sind, auch an Kapitalgesellschaften oder private Rechtsträger vergeben werden (Art. 3 und 4, LG 12/2007).

Bis zur Verabschiedung des Kodex regelte die vorhergegangene Regionalgesetzgebung der Gemeinden von Trentino-Südtirol weiters noch Kapitalgesellschaften, Sonderbetriebe, Konzessionen sowie das Konsortium (ohne Pflicht) als Kooperationsformen. Dieser Bereich ist heute in einem Legislativdekret geregelt (Nr. 175/2016), in dessen Sinne auch das bereits genannte Landesgesetz Nr. 12/2007 zu den lokalen öffentlichen Dienstleistungen und öffentliche Beteiligungen angepasst wurde, dass wie beschrieben u.a. die Vergabe von lokalen öffentlichen Dienstleistungen regelt.

Die Sonderbetriebe und die freiwilligen Konsortien wurden hingegen nicht mehr als eigene Rechtsinstrumente in den Kodex übernommen, doch werden die ersteren im Kodex erwähnt und die zweiteren wurden nicht explizit aufgehoben, womit es sich um eine komplexe Rechtsmaterie handelt. Für die Regelung der Gemeindekonsortien ist demnach eigentlich noch der Art. 41-bis des alten Regionalgesetzes zu berücksichtigen, während die Rechtslage der Sonderbetriebe (*aziende speciali*, Art. 45, RG Nr. 1/1993) etwas schwieriger ist. Diese sind Unternehmen mit Rechtspersönlichkeit, die als Rechtsinstrument nicht in den Kodex übernommen wurden, dort aber in mehreren Artikeln erwähnt werden. Demnach muss deren Satzung ebenso vom jeweiligen Gemeinderat genehmigt werden (Art. 49, Abs. 3, Buchst. a, Kodex). Sonderbetriebe waren bis vor einigen Jahren vor allem in den Bereichen Energie, Müll und Transport tätig, wurden aber mittlerweile vielfach in andere Gesellschaftsformen, z.B. Kapitalgesellschaften, umgewandelt. Damit diese Kapitalgesellschaften tätig werden, übertragen ihnen die Gemeinden ihre örtlichen öffentlichen Dienste (LG Nr. 12/2007).

Ein Beispiel für eine Übertragung von öffentlichen Diensten ist etwa das Unternehmen „*SEAB*“, dessen Geschichte bis in das Jahr 1976 zurückreicht, um Dienste der Landeshauptstadt Bozen zu organisieren, mittlerweile auch von andere Gemeinden.[1419] Zuerst als Sonderbetrieb, dann als Kapitalgesellschaft und Inhouse-Gesellschaft mit Gemeindebeteiligung (SEAB AG). Die Tätigkeiten des Unternehmens basieren auf Dienstverträgen zwischen den jeweiligen Gemeinden und der Gesellschaft u.a. im Bereich der Müllentsorgung und Trinkwasserversorgung. Dabei hat der Gemeinderat von Bozen im Zuge der Übertragung von Diensten auch mehrere Richtlinien festgelegt, etwa dass die Gemeinde die Richtlinien für die Ausführung der Dienste in Bezug auf Qualität vorgibt, die Kontrolle über das Erreichen der Ziele ausübt oder über Tarife entscheidet.[1420] Ein weiteres Beispiel eines übergemeindlichen Sonderbetriebes (mittlerweile eine Aktiengesellschaft) sind die Stadtwerke Brixen AG, die zu über 99 Prozent der Gemeinde Brixen gehören und zu 0,01 Prozent den Gemeinden Vahrn, Klausen, Natz-Schabs, Franzensfeste, Mühlbach, Rodeneck und Lüsen. Auch dieses Unternehmen ist mit Diensten im Bereich Energie, Abfallentsorgung und

1419 Die SEAB-Energie-Umweltbetriebe Bozen AG wurde im Jahr 2000 gegründet. Zuerst war die Stadt Bozen alleinige Gesellschafterin, seit 2007 ist auch die Stadt Leifers Teilhaberin. Die beiden Stadtgemeinden kontrollieren die Gesellschaft und legen die Kriterien für die Erbringung der Dienste sowie die Gebühren fest. Mittlerweile ist die SEAB AG nicht mehr nur für die Versorgungsdienste Wasser, Gas, Abwasser und Abfall in Bozen betraut, sondern verwaltet auch öffentliche Parkplätze und Parkeinrichtungen in Bozen, die Abfall- und Wertstoffsammlung sowie die Straßenreinigung in der Gemeinde Leifers sowie die Trinkwasserversorgung der Gemeinde Karneid. Siehe: Seab AG 2023.

1420 Siehe: Gemeinde Bozen, Beschluss Nr. 16/2015.

-bewirtschaftung sowie dem Freizeit- und Kulturbereich betraut.[1421] Auch andere, vor allem einwohnerstarke Gemeinden, besaßen Sonderbetriebe, die mittlerweile in Aktiengesellschaften bzw. Inhouse-Gesellschaften umgewandelt wurden. An einigen ist auch die Autonome Provinz beteiligt, womit es sich um horizontale und gleichzeitig vertikale Form der Zusammenarbeit bzw. im Grunde um eine Auslagerung von Diensten handelt.[1422] Ein Beispiel für eine Dienstleistungskonzession ist hingegen die Auslagerung der Führung einer Sportanlage.[1423]

Laut Regionalgesetz liegt die Zuständigkeit für die Einrichtung bzw. Beteiligung von Aktiengesellschaften bzw. Gesellschaften beschränkter Haftung beim Gemeinderat (Art. 49, Abs. 3, lit. h, Kodex), der auch die Satzungen der Gesellschaften mit Mehrheitsbeteiligung genehmigen muss (Art. 49, Abs. 3, lit. a).

Ein Bereich, in welchem die Südtiroler Gemeinen künftig verstärkt zusammenarbeiten werden, ist die Raumordnung bzw. die künftige Entwicklung der Gebiete. Das Landesgesetz für Raum und Landschaft (Nr. 9/2018), welches insbesondere auf die Eindämmung des Flächenverbrauchs zielt, hat den Gemeinden eine größere Rolle bei der Siedlungsentwicklung eingeräumt. In diesem Zusammenhang muss für die Prüfung von landschaftlichen Eingriffen jede Gemeinde über eine Gemeindekommission für Raum und Landschaft verfügen. Mit Beschluss Nr. 303/2020 wurden von der Landesregierung so genannte *„funktionale Gebiete“* eingerichtet, da einige Kommissionen künftig von mehreren Gemeinden miteinander bestellt

---

1421 Siehe: Stadtwerke Brixen.

1422 Weitere Beispiele: Das Unternehmen „Stadtwerke Meran AG“ ist als Sonderbetrieb gestartet, wurde dann zu einer Aktiengesellschaft umgewandelt und ist 2008 ein „In House-Betrieb“ der Gemeinde Meran. Die Gesellschaft führt Dienste im Bereich Trinkwasserversorgung, Wiederverwertung oder Straßenbeleuchtung durch. Die „SASA AG“ gibt es sogar bereits seit 1948 und ist mittlerweile eine Inhouse-Gesellschaft der Autonomen Provinz Bozen sowie der Gemeinden Bozen, Meran und Leifers. Sie führt die Buslinien in diesen drei Städten. Ein anderes Beispiel ist die „eco center AG“, die zu 44 Prozent der Stadt Bozen gehört, zu 46 Prozent 96 Gemeinden und Bezirksgemeinschaften Südtirols sowie 10 Prozent der Autonomen Provinz Bozen. Sie betreibt Müllentsorgungsanlagen und verrichtet Abwasserdienste.

1423 So hat etwa die Stadtgemeinde Leifers die Führung des Gemeindeschwimmbades mittels einer Dienstleistungskonzession an eine Firma übergeben, siehe: Stadtgemeinde Leifers, Schwimmbad Leifers, https://www.gemeinde.leifers.bz.it/de/Schwimmbadm, zuletzt geprüft am 06.04.2023.

werden sollen.[1424] Außerdem sind die Gemeinden im Zuge des Landesgesetzes für Raum und Landschaft angehalten zusammen zu arbeiten. Um in den Genuss eines Förderbeitrages für ein das Gemeindeentwicklungsprogramm zu kommen, müssen sie eine übergemeindliche Zusammenarbeit in mindestens drei Sachbereichen eingehen. Dabei bedeutet eine Zusammenarbeit für das Land, wenn die gewählten Sachbereiche übergemeindlich und gemeinsam betrachtet, analysiert und bewertet werden.[1425] Das Ausmaß der Finanzierung unterscheidet dabei verschiedene Stufen, je nachdem wie viele Gemeinden bzw. Sachbereiche betroffen sind. Den Beschluss zur übergemeindlichen Zusammenarbeit fällt der Gemeinderat bzw. in Gemeinden mit über 10.000 Einwohner*innen der Gemeindeausschuss. Dem Beschluss vorausgeht das Einvernehmen laut Beschluss Nr. 741/2021 der Landesregierung sowie eine Bestätigung beim zuständigen Landesamt über das Ausmaß der vorgesehen Finanzierung. Dem politischen Beschluss folgt dann eine separate Vereinbarung zwischen den zusammenarbeitenden Gemeinden mit der Regelung der Vorgangsweise, Form und Modalitäten der Zusammenarbeit.

Für bestimmte übergemeindliche Projekte sieht das Land überdies ebenso Förderungen vor. So können bei übergemeindlichen Bauvorhaben, die von mehreren Gemeinden finanziert werden, die betroffenen Gemeinden einen Antrag um einen Kapitalbeitrag vonseiten des Landes stellen.[1426]

4.3.2.3 Neuordnung der örtlichen Körperschaften 2018

Wie erwähnt, verweist der Kodex der örtlichen Körperschaften im Kapitel der interkommunalen Zusammenarbeit mehrmals auf die Landesgesetzgebung von Südtirol und dem Trentino. In Südtirol wurde mit dem Landesgesetz Nr. 18/2017 (siehe Kapitel 3) ein Grundstein für die interkommunale Zusammenarbeit und eine aktive finanzielle Förderung derselben gesetzt.

Das genannte Gesetz schaffte die Rahmenbedingungen für gemeinsame Ausführung von Befugnissen und Diensten zwischen Gemeinden, wobei die diesbezügliche legislative Zuständigkeit nach wie vor bei der Autonomen Region liegt. Vor der Verabschiedung des Landesgesetzes existierte kein vergleichbares Gesetz, welches die Zusammenarbeit zwischen Gemeinden oder zwischen Gemeinden

---

1424 Siehe: Beschluss der Landesregierung Nr. 303/2020. Demnach wurde die Festlegung von insgesamt 34 funktionalen Gebieten beschlossen. Bozen und Meran bilden aufgrund ihrer Größe ein eigenes funktionales Gebiet. Die anderen 32 funktionalen Gebiete werden aus mindestens zwei bis maximal fünf Gemeinden gebildet.

1425 Siehe: Südtiroler Landesverwaltung 2022a.

1426 Siehe: LG Nr. 27/1975; Südtiroler Landesverwaltung 2021c.

und dem Land Südtirol regelte, womit sich die Gemeinden nur auf das Regionalgesetz beriefen. In der Diskussion zum Landesgesetz im Südtiroler Landtag betonte der damalige verantwortliche Landesrat für Gemeinden, dass es bei der Gesetzesvorlage nicht vorranging um Einsparungen ging, sondern um die Frage, ob auch kleine Gemeinden in Zukunft lebensfähig bleiben könnten.[1427] Ziel der Reform war demnach die Gewährleistung der Qualität und der Effizienz vonseiten der lokalen Verwaltung, was insbesondere über den Abschluss von Vereinbarungen zur gemeinsamen Führung von lokalen Diensten erreicht werden soll. Neben der Aufwertung der Formen der zwischengemeindlichen Zusammenarbeit, zielte das Gesetz auf die Förderung der *„Zusammenarbeit zwischen Land und Gemeinden bei der Ausübung der Befugnisse und Dienste von gemeinsamem Interesse (...) und die Beteiligung der Gemeinden an der Durchführung von Landesbefugnissen“* (Art. 1, Abs. 5).

Das Gesetz legt fest, in welcher Form zwischengemeindliche Kooperation umgesetzt werden soll. So können sich die Gemeinden

> *„für die Ausübung der mit Landesgesetz übertragenen Befugnisse und Dienste (...) der Formen zwischengemeindlicher Zusammenarbeit bedienen, die von den Gesetzen über die Ordnung der Gemeinden der Autonomen Region Trentino-Südtirol vorgesehen sind einschließlich der Nutzung von Organisationseinheiten einer anderen Gemeinde oder einer anderen Art der Zusammenarbeit.“* (Art. 7, Abs. 2).

Die Nutzung der Formen ist, wie genannt, vornehmlich auf die Gewährleistung der Qualität und Effizienz (Art. 7, Abs. 2) ausgerichtet. Weiters wird festgehalten, dass die Landesregierung im Einvernehmen mit dem Rat der Gemeinden optimale Einzugsgebiete festlegen kann, wobei die Gemeinden möglichst homogenen sozioökonomischen und geografischen Gebieten angehören sollen (Art. 7, Abs. 4).

Diese Einzugsgebiete wurden mittlerweile eingerichtet, was laut politischen Aussagen keine einfache Aufgabe war.[1428] Die 116 Gemeinden wurden in 25 optimale Einzugsgebiete aufgeteilt, die als Basis für künftige Kooperationen dienen sollen (11 Einzugsgebiete bestehen aus fünf Gemeinden, 2 aus sechs Gemeinden, 1 Einzugsgebiet aus zwei Gemeinden). Nicht betroffen sind elf bevölkerungsreiche bzw. zentral gelegene Gemeinden. Diese befinden sich somit außerhalb der

---

1427 Vgl. Südtiroler Landtag 2017.

1428 Beschluss der Landesregierung Nr. 960/2019. Auf der Pressekonferenz zur Vorstellung der neuen Gebiete wiesen der Landeshauptmann sowie der Präsident des Gemeindeverbandes darauf hin, dass die neue Regelung kein leichtes Unterfangen war.

Einzugsgebiete, können aber dennoch mit anderen Gemeinden zusammenarbeiten und für die genannten Fördermittel ansuchen.

Für den Zweck der Finanzierung müssen diese größeren Gemeinden allerdings einige Regeln beachten, etwa dass sie im Falle der Kooperation eine *„federführende Rolle"* einnehmen und der angebotene Dienst nicht bereits auch von einer anderen Gemeinde des betroffenen Einzugsgebiets für andere Gemeinden erbracht wird. Zudem muss die federführende Gemeinde in diesem Fall den angebotenen Dienst bei Bedarf allen Gemeinden des Einzugsgebiets zur Verfügung stellen.[1429] Die Kriterien für den Ausschluss aus den Einzugsgebieten sind nicht vollständig nachvollziehbar, so ist etwa die Stadt Brixen als große Gemeinde eingeschlossen, während andere Städte mit mehreren umliegenden Gemeinden davon ausgeschlossen sind.[1430]

Die Einzugsgebiete sind insbesondere für die finanziellen Unterstützungen ausschlaggebend, denn Zusammenarbeiten müssen zwingend innerhalb der Einzugsgebiete abgeschlossen werden (ausgenommen sind jene Gemeinden, die keinem Einzugsgebiet angehören). Auch die Bezirksgemeinschaften (siehe weiter unten) sind befugt sich an Kooperation mit Gemeinden zu beteiligen, allerdings nur für Dienste, die sie bereits aktuell ausüben, zudem unterliegen sie eigenen Richtlinien.[1431]

Eine Neuheit des Gesetzes von 2017 – im Vergleich zu der verpflichtenden Kooperation im Jahr 2012 – ist, dass künftig vom Land festgelegt wird,

> *„welche Befugnisse und Dienste von den Gemeinden in Form zwischengemeindlicher Zusammenarbeit ausgeübt werden, und zwar zur Umsetzung der Grundsätze der Subsidiarität, Angemessenheit, Differenzierung, Effizienz, Qualität, Wirtschaftlichkeit und Vereinfachung […]."*[1432]

Zudem legt das Landesgesetz auf Grundlage des Artikels 35 des Kodex, welcher die Vereinbarungen regelt, weitere Vorgaben für die interkommunalen Vereinbarungen fest (Art. 7, Abs. 6). Ein Jahr nach Verabschiedung des Gesetzes Nr. 18/2017 wurde in Zusammenarbeit mit dem Rat der Gemeinden eine detaillierte Mustervereinbarung genehmigt, der sich die Gemeinden bedienen müssen.[1433] Hintergrund war das Interesse die Gemeinden bei der Organisation

---

1429 Vgl. Südtiroler Landesverwaltung 2019, S. 6 f.

1430 Vgl. Morandell und Kössler 2021.

1431 Siehe: Südtiroler Landesverwaltung 2022b, S. 7 f.

1432 Art. 7, Abs. 3, Gesetz Nr. 18/2017.

1433 Siehe: Südtiroler Landesverwaltung 2019; Beschluss der Landesregierung Nr. 1161/2018, abgeändert mit Beschluss Nr. 1349/2018 und Nr. 861/2019.

der interkommunalen Zusammenarbeit zu unterstützen. Die Mustervereinbarung beinhaltet drei konkrete Möglichkeiten, wie Verwaltungsdienste künftig in Südtirol gemeinsam koordiniert und ausgeführt werden können:

- Schaffung einer übergemeindlichen Führungskraft: Die Führung und Koordinierung einzelner übergemeindlicher Dienste wird an ein eigens dafür beauftragtes Personal der beteiligten Gemeinden übertragen. Dabei bleibt das Arbeitsverhältnis mit der ursprünglichen Dienstgemeinde unverändert aufrecht.
- Übertragung von Diensten an die dienstverantwortliche Gemeinde: Beauftragung einer federführenden Gemeinde für einzelne Dienste (Kompetenzzentrum), das heißt eine Gemeinde übernimmt Dienste auch für eine andere Gemeinde. Sie setzt dafür das eigene Personal ein oder jenes, welches ihr von den beteiligten Gemeinden zur Verfügung gestellt wird. In diesem Fall kann sich auch eine örtliche Verlagerung des eigenen Arbeitsplatzes ergeben.
- Integrierte Nutzung von gemeindeeigenen Infrastrukturen und Immobilien (zum Beispiel gemeinsamer Wertstoffhof). Dabei bleiben die Güter im Eigentum der jeweiligen Gemeinden und für Neuanschaffungen sind klare Eigentumsverhältnisse zu regeln.

Als Beispiele für die Kooperationsformen werden in der Mustervereinbarung eine Reihe von Verwaltungsaufgaben aufgezählt: Sekretariat, Steuerwesen, Buchhaltung, Servicestelle für Bau- und Landschaftsangelegenheiten, öffentliche Arbeiten, Ortspolizei, Trinkwasser- und Mülldienst oder die Führung von Kindertagesstätten. Die jeweilige Vereinbarung soll eine Laufzeit von zehn Jahren haben, wobei gleichzeitig auch Regelungen zum vorzeitigen Austritt und der Auflösung enthalten sein sollen.

Die Mustervereinbarung umfasst weiters auch die Gründung einer so genannten „Kommission" bestehend aus Bürgermeister*innen und Gemeindesekretär*innen, welche die Weiterentwicklung, Optimierung und Verbesserung der übertragenen Befugnisse und die Dienste in übergemeindlicher Form unterstützen soll (Art. 15). Auch die finanziellen Aspekte und die Aufteilung der Ausgaben muss in einer Vereinbarung genau geregelt werden. Dies umfasst zum Beispiel die Personalausgaben, die direkte Ausgaben für Dienstleistungen, aber auch die Einnahmen.

Für die Förderung der interkommunalen Zusammenarbeit hat das Land Südtirol für drei Jahre (2019–2021) sieben Millionen Euro pro Jahr eingeplant,[1434] die mit Beschluss der Regionalregierung für den Dreijahreszeitraum 2022–2024

1434 Beschluss der Landesregierung Nr. 961/2019; RG Nr. 3/2019.

verlängert wurden.[1435] Gelder, die aus den Finanzmitteln der Autonomen Region fließen und eventuell neu festlegt werden können, sollte es eine steigende Anzahl an Zusammenarbeiten geben. Die Förderung an die Gemeinden für eine bestimmte Kooperation wird jährlich vergeben, wobei jedes Jahr ein neuer Antrag (eventuell auch für denselben Dienst) gestellt werden muss – pro Jahr gibt es mehrere Zeitfenster für die Ansuchen. Zu den finanzierbaren Diensten gehört der Dienst des*der Gemeindesekretärs*in und weitere Dienste der engen Verwaltung: Sekretariat, Steuern und Gebühren, Rechnungswesen, Servicestelle für Bau- und Landschaftsangelegenheiten, öffentliche Arbeiten, Lizenzen und Handel, demographische Dienste und Personalverwaltung. Im Beschluss ist auch die Berechnung und Vergabe der Landesbeiträge festgelegt. So wird für die gemeinsame Ausübung des Gemeindesekretariatsdiensts jährlich ein Fixbetrag von 25.000 Euro pro zusammenarbeitender Gemeinde gewährt, für die Finanzierung von anderen Diensten (z.B. Sekretariat, Öffentliche Arbeiten) müssen hingegen mindestens zwei Gemeinden zwei Dienste oder drei Gemeinden einen Dienst gemeinsam erbringen. In diesem Fall werden pro 2.000 Einwohner*innen und pro Dienst 25.000 Euro pro Jahr vergeben. Für die Dienste Lizenzen und Handel sowie Personalverwaltung wird hingegen pro 4.000 Einwohner*innen 25.000 Euro gewährt. In den Jahren 2019 und 2020 haben bereits eine Reihe von Südtiroler Gemeinden für die Förderung angesucht. Für das Jahr 2019 wurden mehrere Beschlüsse zu 3,6 Millionen Euro genehmigt,[1436] für das Jahr 2020 wurden 3,08 Millionen Euro für insgesamt 20 Gemeinden zur Verfügung gestellt.[1437] Die einzelnen Förderungen an die jeweiligen Gemeinden reichen von 28.000 bis hin zu 472.000 Euro. Die zahlreichen Ansuchen beweisen, dass die Förderung der horizontalen Kooperation rege in Anspruch genommen wird und die politische Strategie der Förderung Früchte trägt.

Außer dieser allgemeinen Förderung haben die Gemeinden die Möglichkeit zur Umsetzung, Entwicklung und Förderung der Zusammenarbeit, um Finanzierung für eine externe Beratung beim Land anzusuchen.[1438] Diese Beratung kann entweder vor dem Beginn einer zwischengemeindlichen Zusammenarbeit, während des Prozesses oder danach in Anspruch genommen werden.

1435 Beschluss der Regionalregierung Nr. 12/2022, siehe auch: Südtiroler Landesverwaltung 2022b.

1436 Siehe: Autonome Provinz Bozen-Südtirol 2019; Autonome Provinz Bozen-Südtirol 2020; Stol.it 2021.

1437 Siehe: Autonome Provinz Bozen-Südtirol 2021.

1438 Siehe: Autonome Provinz Bozen-Südtirol, Amt für Gemeindefinanzierung o.J.; Südtiroler Landesverwaltung 2019; Südtiroler Landesverwaltung 2021a, 2021b.

Die Finanzierung kann für diverse Leistungen gemäß eines Leistungskataloges angesucht werde. Diese umfassen u.a. die Potentialanalyse, in welcher etwa die Ist-Situation der Gemeinden analysiert wird, um Schwachstellen und Dienste zu identifizieren, wo eine Kooperation sinnvoll wäre. Weitere mögliche Leistungen durch Berater*innen sind die Moderation von Sondierungsgesprächen, die Projektumsetzung, die Prozessoptimierung oder die Evaluierung. Die Höhe der möglichen Landesfinanzierung für die externe Beratung hängt von der jeweiligen Leistung ab und beträgt die Übernahme von 80 Prozent der jeweiligen Kosten der spezifischen Leistung.

Zum Zweck der laufenden Optimierung des Gesetzes wurde vom Land mit dem Rat der Gemeinden außerdem eine Arbeitsgruppe eingerichtet. Diese hat 2021 einen detailreichen Leitfaden mit Anlagen publiziert, der die Gemeinden bei der operativen Umsetzung der zwischengemeindlichen Kooperation unterstützen kann und ihnen eine Vielzahl von Hinweisen unter anderem zum Beginn, der Optimierung oder der Evaluierung der Kooperation erteilt – auch anhand von „*Best Practice*"-Beispielen, die von erfahrenen Gemeinden stammen. Ziel des Leitfadens ist die Unterstützung der Gemeinden durch einheitliche Standards, sodass diese die interkommunale Kooperation „*optimal planen, organisieren und umsetzen*".[1439] Das Dokument soll „*helfen, dass die Gemeinden gute Entscheidungen treffen können und die vollen Potentiale und Synergien einer Zusammenarbeit gut realisieren können.*"[1440] Der Leitfaden enthält nicht nur die Ziele der zwischengemeindlichen Kooperation, sondern hält auch Prinzipien fest, welche von den Gemeinden vor und während der Umsetzung berücksichtigt werden sollten. Diese können als Erfolgsfaktoren verstanden werden und sind kurz zusammengefasst:[1441]

- Klarheit, welche Gemeinde bei welchem Dienst die Federführung übernimmt und somit die Verantwortung innehat.
- Die federführende Gemeinde erbringt den Dienst als Service für die anderen Gemeinden und ist die zuständige Stelle, welche den gemeinsam definierten Qualitäts- und Servicestufen die Leistungen für alle anderen Gemeinden erbringt.
- Klarheit, welche Person federführend die Mitarbeiter*innen in den betroffenen Diensten führt und mit entsprechender Weisungsbefugnis koordiniert.

1439 Siehe: Südtiroler Landesverwaltung 2021a.
1440 Siehe: Troi und Fischer 2021.
1441 Siehe: Troi und Fischer 2021.

- Aufgabenverteilung und Reorganisation der Abläufe und Verfahren unter den bestehenden Ressourcen für den gemeinsamen Dienst in allen involvierten Gemeinden.
- Mitarbeiter*innen der involvierten Gemeinden müssen die vom Gemeindenverband zur Verfügung gestellten Softwareapplikationen verwenden.
- Kompetenzen im EDV-technischen Bereich müssen vorhanden sein und alle Mitarbeiter*innen in den zusammenarbeitenden Gemeinden gezielt geschult werden.

Insgesamt sind laut Leitfaden sieben Phasen notwendig, die den Weg der Kooperation beschreiben. Begonnen wird dabei mit einer Schulung zum Thema Veränderungsmanagement durch den Gemeindeverband für Bürgermeister*innen und Gemeindesekretär*innen, während die letzte Stufe in der kontinuierlichen Verbesserung der Zusammenarbeit besteht. Der Leitfaden enthält auch eine Checkliste zur Schwachstellen- und Potentialanalyse[1442] sowie einen detaillierten Leistungskatalog mit Dienstleistungen, welche von der externen beauftragten Firma erbracht werden können (siehe oben).

Der Leitfaden enthält nicht nur Hinweise auf Aspekte, die zu einer funktionierenden Kooperation führen, sondern nennt auch Umstände unter welchen eine zwischengemeindliche Kooperation als von der Landesverwaltung nicht geeignet angesehen wird. Dies sind etwa, wenn die zwischengemeindliche Zusammenarbeit Personal einsparen soll oder wenn die einzelne Gemeinde schon vorher personelle und organisatorische Schwachstellen aufweist.

4.3.3 Tirol: Zahlreiche Formen und hohe Nutzung der Kooperation

4.3.3.1 Kooperation in der Landesgesetzgebung

Im Bundesland Tirol hat die zwischengemeindliche Kooperation im Vergleich zum Land Südtirol eine längere Tradition und ist in vielen Bezirken fest verankert. Die Kooperation zwischen den Gemeinden wurde früher ausschließlich auf informellem Wege praktiziert, da erst 1962 durch die Bundesverfassung die rechtlichen Möglichkeiten dafür geschaffen wurden, denen dann die Tiroler Landesvorschriften folgten. Die Landespolitik förderte die Zusammenarbeit zwischen Gemeinden bei der Dienstleistungserbringung, wie erwähnt, schon in den 1970er Jahren.

In Bezug auf die konkreten Kooperationsmöglichkeiten für die Tiroler Gemeinden können öffentlich-rechtliche Formen (öffentlich-rechtlicher Vertrag als Verwaltungsgemeinschaft, Gemeindeverbände) und privatrechtliche Formen

1442 Siehe: Troi und Fischer 2021.

unterschieden werden.[1443] Diese basieren zum Großteil auf den Bestimmungen der Bundesverfassung. Neben dem B-VG und der Tiroler Landesordnung ist auch die Tiroler Gemeindeordnung eine zentrale Rechtsgrundlage für die Gemeinden. Ähnlich dem Kodex für die Südtiroler Gemeinden enthält die Tiroler Gemeindeordnung Regelungen zur lokalen Kooperation in Form von Gemeindeverbänden, die bereits durch die Bundesverfassung und die Landesordnung geregelt sind. Demnach können Gemeindeverbände freiwillig zwischen einzelnen Gemeinden gegründet (durch eine Vereinbarung) oder aber durch andere Regierungsebenen vorgeschrieben werden (durch eine Verordnung der Landesregierung oder durch ein Landes- oder Bundesgesetz).[1444] Die Tiroler Gemeindeordnung bestätigt deren Anwendung und regelt auch deren Organisation und Umsetzung, wie die Gründung, Inhalt der Satzung sowie die politischen Organe.

a) Gemeindeverbände

Bei den Gemeindeverbänden handelt es sich um die wichtigste Form der übergemeindlichen Zusammenarbeit in Österreich.[1445] Gemeindeverbände sind in Tirol fast flächendeckend vorhanden. Während es im Jahr 2011 österreichweit ca. 2.500 waren, waren es in Tirol im Jahr 2016 knapp 300.[1446] Anders als einige andere österreichischen Bundesländer (etwa Niederösterreich, Oberösterreich oder Burgenland), verfügt das Land Tirol über kein eigenes spezifisches Gemeindeverbandsgesetz. Die Gemeindeverbände sind laut der TGO Körperschaften des öffentlichen Rechts (§ 141) und unterliegen der Aufsicht des Landes. Wie die Gemeinden sind die Gemeindeverbände Selbstverwaltungskörper, die Angelegenheiten des eigenen Wirkungsbereichs verrichten oder – wenn sie Angelegenheiten des übertragenen Wirkungsbereichs ausführen – staatliche Verwaltungssprengel. Ob sie damit auch als eigene Gebietskörperschaften bezeichnet werden können, ist in der Lehre umstritten.[1447]

Die Tiroler Gemeindeordnung unterschiedet Gemeindeverbände aufgrund von Vereinbarungen, Gemeindeverbände aufgrund von Verordnungen der Landesregierung, Gemeindeverbände aufgrund bundesgesetzlicher Vorschriften oder aufgrund von Landesgesetzen (§ 129–132). Es wird in der Landesordnung wiederholt (§ 129), dass Gemeinden zur Besorgung ihrer Angelegenheiten durch

---

1443 Vgl. Bußjäger et al. 2016a, S. 5.

1444 Siehe: § 129–132, TGO, vgl. Bußjäger et al. 2016a, S. 5.

1445 Vgl. Bußjäger 2009b.

1446 Vgl. Bußjäger et al. 2016a.

1447 Vgl. Kemptner und Sturm 2021, S. 55, RZ 106 ff.

Vereinbarungen mit anderen Gemeinden einen Gemeindeverband bilden können, sowohl für die Besorgung von Angelegenheiten der Hoheitsverwaltung sowie auch als Träger von Privatrechten.

Ein solcher Tiroler Gemeindeverband darf a) die Funktion der beteiligten Gemeinden als Selbstverwaltungskörper nicht gefährden, wenn der Angelegenheiten der Hoheitsverwaltung ausübt und b) muss er aus Gründen der Sparsamkeit, Wirtschaftlichkeit und Zweckmäßigkeit im Interesse der Gemeinden liegen, wenn er Träger von Privatrechten ist. Weiters sind in der TGO noch inhaltliche Kriterien angeführt, welche eine Vereinbarung zum Zweck eines Gemeindeverbandes enthalten muss. Dies wären die Namen der angehörenden Gemeinden, den Namen und Sitz des künftigen Gemeindeverbandes sowie dessen Aufgaben. Auch braucht jeder Gemeindeverband eine eigene Satzung. Eine Vereinbarung zu einem Gemeindeverband kann aufgelöst oder abgeändert werden, dies muss aber jeweils von den Beschlüssen der Gemeinderäte aller beteiligten Gemeinden erfolgen.

Zum Unterschied zu den Kooperationsformen des Kantons Graubünden und des Landes Südtirol, benötigt eine Vereinbarung zur Bildung eines Gemeindeverbandes in Tirol auch die Genehmigung der Landesregierung ist somit von oben überwacht. Außerdem ist somit eine mehrfache politische Legitimation notwendig: Von den politischen Versammlungsorganen der jeweiligen Gemeinden sowie der Landesregierung. Letztere erteilt die Genehmigung mittels einer Verordnung. Wie auch schon das B-VG festlegt, erklärt auch die TGO, dass ein Gemeindeverband nicht nur auf Bestreben von Gemeinden gegründet werden kann, sondern auch auf Initiative der Landesregierung durch Verordnung eingeführt werden kann (§ 130). Die Landesregierung kann einen Gemeindeverband zur Besorgung von Angelegenheiten der Wirkungsbereiche der Gemeinde aus dem Bereich der Gesetzgebung des Landes bilden, wenn

- dies im Interesse der Sparsamkeit, Wirtschaftlichkeit oder Zweckmäßigkeit liegt;
- wiederum die Funktion der beteiligten Gemeinden als Selbstverwaltungskörper oder als Verwaltungssprengel nicht gefährdet wird;
- die beteiligten Gemeinden nicht durch Vereinbarung einen Gemeindeverband zur Besorgung der betreffenden Angelegenheiten bilden.

Im Falle, dass die Tiroler Landesregierung einen Gemeindeverband initiiert, muss diese durch Verordnung auch eine diesbezügliche Satzung erlassen. Allerdings sind vor der Erlassung einer Verordnung die betroffenen Gemeinden zu hören (§ 130, Abs. 6). Sollten die Gemeindeverbände vonseiten des Bundes durch Bundesgesetze oder Verordnungen gebildet werden (§ 131) muss die jeweilige

Landesregierung ebenso eine Satzung durch Verordnung erlassen. Die Satzung eines Gemeindeverbandes (unabhängig davon von welcher Regierungsebene dieser initiiert wurde) muss die Organe, deren Wahl und Aufgaben klar regeln. Auch die Anzahl der Mitglieder des Überprüfungssauschuss muss dort genannt sein, sollte dieser mehr als drei Mitglieder umfassen. Darüber hinaus muss in der Satzung die finanzielle Beteiligung der Gemeinden enthalten sowie Bestimmungen über die Haftung und nachträgliche Beitritte oder Ausscheiden von Gemeinden bzw. die etwaige Auflösung des Gemeindeverbandes.

Ein Austritt aus einem Gemeindeverband gilt im Übrigen nur für jene Gemeindeverbände, die über Vereinbarungen und auf freiwilliger Basis entstanden sind – und nicht für jene, die nach Art. 116a, Abs. 2 B-VG, also verpflichtend, eingerichtet wurden. Interessanterweise, muss, ähnlich dem Beitritt zu einem Verband, auch der Austritt vorab von der Aufsichtsbehörde (Tiroler Landesregierung) genehmigt werden, da dies eine Änderung der jeweiligen Satzung mit sich zieht (§ 129, Abs. 3, TGO).[1448] Eine solche Genehmigung wird mit Bescheid erteilt, zudem braucht es auch übereinstimmende Beschlüsse der Gemeinderäte. Kommt keine einvernehmliche Änderung der Vereinbarung bezüglich des Austritts einer Gemeinde durch die Gemeinden zustande, kann die Landesregierung auf Antrag der betreffenden Gemeinde die Vereinbarung unter Berücksichtigung von einigen Kriterien auch durch Verordnung ändern (§ 129.5, TGO).

Die Finanzierung von Gemeindeverbänden erfolgt meist über einen Aufteilungsschlüssel zwischen den Mitgliedergemeinden. Rechtlich gesehen nehmen Gemeindeverbände in Bezug auf ihre Aufgaben dieselbe Stellung wie die Gemeinden ein, wobei keine verfassungsrechtliche Gleichstellung im B-VG erkennbar ist.[1449] Zum Verhältnis zwischen einem Gemeindeverband und dessen angehörigen Gemeinden ist festzuhalten, dass beides selbstständige juristische Personen sind. Wenn der Gemeindeverband eine Aufgabe für die Gemeinden erledigt, so tritt er an deren Stelle und die Zuständigkeit der individuellen Gemeinden ist in diesem Fall zurückgedrängt. Das bedeutet gleichzeitig, dass kein Weisungszusammenhang zwischen Gemeinde und Gemeindeverband besteht.[1450]

Die Organe eines Verbandes sind laut § 134 der TGO die Verbandsversammlung, der Verbandsobmann, in bestimmten Fällen auch ein Verbandsausschuss. Die ersten beiden Verbandsorgane sind bereits durch Art. 116, Abs. 4, B-VG vorgesehen und der Landesgesetzgeber ist befugt weitere Organe hinzufügen.

1448 Vgl. Kemptner und Sturm 2021, S. 31, RZ 56, 58.

1449 Vgl. Kemptner und Sturm 2021, S. 57, RZ 108.

1450 Vgl. Kemptner und Sturm 2021, S. 57, RZ 108; Bußjäger et al. 2016a, S. 2.

So muss bei einem Gemeindeverband mit mehr als 12 Mitgliedergemeinden zusätzlich auch ein Verbandsausschuss gebildet werden. Sollte es sich bei einem Gemeindeverband um einem mit mehr als sieben Gemeinden handeln, *kann* ein solcher Verbandsausschuss gebildet werden. Der Obmann und sein*e Stellvertreter*in müssen nicht Vertreter einer Gemeinde sein, aber die Wahlvoraussetzungen für den Landtag besitzen. Die Verbandsversammlung besteht aus den Bürgermeister*innen der Mitgliedergemeinden, aus dem Verbandsobmann und dessen Stellvertretung, die Amtsdauer beträgt sechs Jahre. Sollte eine Gemeinde einen höheren Anteil am Aufwand des Gemeindeverbandes haben, so muss sie noch weiter Mitglieder aus ihrem jeweiligen Gemeinderats entsenden. Die TGO regelt des Weiteren auch den Verbandsausschuss, der wiederum aus einem Obmann, dessen Stellvertretung und so vielen weiteren Mitgliedern besteht, dass die Anzahl der stimmberechtigen Mitglieder mindestens drei beträgt. Der Versammlung und dem etwaigen Ausschuss muss auch ein Vertreter der Bediensteten des Gemeindeverbandes angehören (§ 136a). Jede Verbandsversammlung hat auch einen Überprüfungsausschuss zu wählen, der aus mindestens drei Mitgliedern bestehen muss. Diese müssen Mitglieder des Gemeinderats einer Mitgliedergemeinde sein. Letztens muss jeder Gemeindeverband auch eine Geschäftsstelle haben.

Sollte es aus der Zugehörigkeit zu einem Gemeindeverband zu Streitigkeiten zwischen Gemeinden kommen, so entscheidet die Landesregierung (§ 141, Abs. 5). So hat diese auf Antrag eines Gemeindeverbandes oder einer ausgeschiedenen Gemeinde über finanzielle Ansprüche zu entscheiden, falls es zu keinem Einvernehmen kommt. Gemeindeverbände können als juristische Personen auch eigene Bedienstete anstellen.

In der Praxis existieren in Tirol Gemeindeverbände für verschiedenste Dienstleistungen, z.B. Sozialhilfe, Abfallbeseitigung oder Krankenhausanstalten (siehe Kapitel 5).[1451] Zudem gibt es in Tirol auch diverse verpflichtende Gemeindeverbände, die entweder vom Land über Landesverordnungen bzw. Landesgesetze oder vonseiten des Bundes eingerichtet wurden und in der jeweiligen Materiengesetzgebung geregelt sind. Die ältesten Gemeindeverbände in Tirol sind jene zur Führung von Krankenhäusern.

Bereits in der Vorkriegszeit hatten die Tiroler Bezirke Bezirkskrankenhäuser, die dann durch die Regelungen in der Bundesverfassung und der Landesgesetzgebung auf eine rechtliche Basis gehoben wurden. Damit wurde die Führung der Bezirkskrankenhäuser als Gemeindeverbände beschlossen (LGBl. Nr. 32/1984).

1451 Vgl. Eberhard 2012b, S. 643.

Dieses Landesgesetz bestimmt, dass die Erhaltung, die allfällige Erweiterung und der Betreib der angeführten allgemeinen öffentlichen Krankenanstalten den genannten Gemeindeverbänden als Anstaltsträger obliegen. In Absatz 1 werden dann sechs Gemeindeverbände, die dazugehörigen Gemeinden des jeweiligen Bezirks sowie der Sitz des Verbandes aufgezählt. Zum Beispiel für das Bezirkskrankenhaus Hall in Tirol der „Gemeindeverband Bezirkskrankenhaus Hall i.T.", bestehend aus den Gemeinden des politischen Bezirkes Innsbruck, mit dem Sitz in Hall i.T. Nur die Gemeinden der Bezirke Landeck und Imst haben keinen Bezirkskrankenhaus-Gemeindeverband.

Des Weiteren existieren im Bereich der Gesundheit sog. Gemeindesanitätsverbände.[1452] Demnach hat die Landesregierung, soweit es zur Sicherstellung der Erfüllung der Aufgaben nach § 2 Abs. 1 des Landesgesetzes notwendig und zu einer möglichst weitgehenden Minderung der Gemeinden aus der Erfüllung dieser Aufgaben erwachsenden Belastung zweckmäßig ist, aus den Gebieten mehrerer Gemeinden oder aus Teilen Sanitätssprengel zu bilden. Sind Gebiete mehrerer Gemeinden oder Teile zu einem Sanitätssprengel zusammengefasst, bilden diese Gemeinden einen Gemeindeverband.

Ein weiteres Beispiel für Verbände, die durch Bundesgesetze eingeführt wurde, sind die bereits erwähnten Staatsbürgerschafts- und Standesamtsverbände. Sie gelten als verpflichtende Verbände und wurden im Tirol per Verordnungen umgesetzt.[1453] So wurde verordnet, dass die Tiroler Gemeinden *„zur besseren Führung der Verwaltungsgeschäfte bei der Besorgung der den Standesämtern obliegenden Aufgaben zu Gemeindeverbänden vereinigt"* werden (§ 1, LGBl. Nr. 136/2013).

Bei den Krankenhausverbänden wie auch den Standesamts- und Staatsbürgerschaftsverbänden handelt es sich um Kooperationen, die von der höheren Regierungseben eingeführt wurden. Allerdings bestanden lokale Kooperationen in diesen Bereichen bereits vor deren rechtlichen Regelungen auf informeller Basis, so dass deren Einführung kaum als echte „Zwangsverbände" einzustufen ist, sondern das Recht eher der existierenden Praxis folgte.[1454] Zudem besteht zum Unterschied von den Wasserverbänden, wo ein Beitrittszwang der Gemeinden eigens geregelt ist, bei den Standesamts- und Staatsbürgerschaftsverbänden keine Teilnahmeverpflichtung. Nach § 5 Abs. 1 des Personenstandsgesetzes BGBl. I Nr. 16/2013 können Gemeinden zur Besorgung der ihnen nach übertragenen Aufgaben durch Verordnung des Landeshauptmannes zu einem Standesamtsverband

1452 § 2, Abs. 2, Gemeindesanitätsdienstgesetzes LGBl. Nr. 33/1952, zuletzt geändert durch LGBl. Nr. 167/2021.

1453 Verordnungen Nr. 135 und 136 von 2013.

1454 Freundliche Auskunft von Hofrat Dr. Hans Wiedemair, 13.04.2021.

vereinigt werden, wenn dadurch eine bessere Führung der Verwaltungsgeschäfte gewährleistet ist. Demgegenüber ist auch bei den Bezirkskrankenhäusern-Verbänden ein Austritt der Gemeinden aus dem Gemeindeverband gesetzlich nicht vorgesehen.

Andere verpflichtende Verbände, welche das Land Tirol regelt, sind: Der Gemeindeverband für die Kranken- und Unfallfürsorge der Tiroler Gemeindebeamten, der alle Tiroler Gemeinden bis auf die Landeshauptstadt angehören;[1455] Gemeindeverbände zur Aufgabenerfüllung der Sanitätssprengel;[1456] Gemeindeverband für das Pensionsrecht der Tiroler Gemeindebeamten;[1457] Gemeindeverband für Zuwendungen an ausgeschiedene Bürgermeister*innen.[1458]

Dann gibt es noch die Möglichkeit von freiwilligen Verbänden, die ebenso in der Landesgesetzgebung erwähnt werden. Zu solchen gehören die Gemeindeverbände im Bereich der Müllabfuhr: Gemäß Tiroler Abfallwirtschaftsgesetz[1459] können Gemeinden zur Besorgung ihrer Aufgaben der Müllentsorgung sich einem privaten Unternehmen sowie der Müllabfuhr einer anderen Gemeinde bedienen oder zu diesem Zweck einen Gemeindeverband bilden (§ 14). Ein weiteres Landesgesetz, in welchem Gemeindeverbände erwähnt werden, ist das Tiroler Schulorganisationsgesetz. Gemäß § 3 ist es Aufgabe des gesetzlichen Schulerhalters, Schulen zu errichten, erhalten, stillzulegen oder aufzulassen. Dies ist, soweit ist anders bestimmt, die Gemeinde für die von ihr auf ihrem Gebiet zu errichtenden Schulen. Gesetzlicher Schulerhalter kann aber auch ein Gemeindeverband sein, wenn sich Gemeinden zur Besorgung dieser Aufgaben zusammenschließen. In Bezug auf die Errichtung einer Schule, aber auch für den Bau eines Alten- und Pflegeheims kann auf einen indirekten Zwang zur übergemeindlichen Kooperation hingewiesen werden, sollten die Gemeinden auf Förderungen angewiesen sind. So gibt es nämlich sowohl für neue Standorte für Schulen, aber auch Pflegeheime bestimmte Mindestzahlen an Kindern bzw. Plätzen, unter welcher Anzahl keine neuen Institutionen errichtet werden dürfen.[1460]

1455 Siehe: Gemeindebeamten-, Kranken- und Unfallfürsorgegesetz, Nr. 98/1998.

1456 Siehe: Gemeindesanitätsdienstgesetz, LGBl. Nr. 33/1952; Verordnung der Landesregierung LGBl. Nr. 49/1991.

1457 Siehe: Gemeindebeamtengesetz, LGBl. Nr. 9/1970.

1458 Siehe: Gemeinde-Bezügegesetz, LGBl. Nr. 5/1972.

1459 LGBl. Nr. 3/2008.

1460 Freundliche Auskunft von Dr. Hofrat Hans Wiedemair, 13.04.2021.

b) *Ein besonderer Gemeindeverband: Der Planungsverband*

Ein weiterer verpflichtender Verband der Tiroler Landesregierung existiert im Bereich der Raumordnung. Gemäß zwei Verordnungen der Landesregierung[1461] und der späteren Verankerung im Tiroler Raumordnungsgesetz von 2011[1462] hat Tirol so genannte Planungsverbände eingeführt.

Ziel dieser Verbände war es, den Bedarf nach einer übergemeindlichen Kooperation in den Bereichen Raumordnung und Infrastrukturen zu schaffen, etwa für die Ausweisung von Gewerbegebieten oder dem Aufbau von Alten- und Pflegeheimen.[1463] Bereits seit den 1970er Jahren wurde eine übergemeindliche und regionale Zusammenarbeit in diesem Politikfeld vom Landesgesetzgeber vorangetrieben, damals noch innerhalb der Bezirke und so genannten Kleinregionen.[1464] Allerdings blieben diese Institutionen aufgrund einer fehlenden Rechtspersönlichkeit weitgehend ohne größere Bedeutung.[1465] Der Hintergrund war die Förderung einer regional angelegten Kooperation, da bereits eine Vielzahl an Gemeindeverbänden existierte. So war der politische Gedanke mithilfe der Planungsverbände die Basis für künftige Kooperationen zu legen, die bisher in einzelnen Verbänden durchgeführt wurden.[1466]

Nun schreibt § 23 des Raumordnungsgesetzes vor, dass die Landesregierung Gemeindeverbände in Form von Planungsverbänden zur Mitwirkung der Gemeinden an der Erfüllung der Aufgaben der überörtlichen Raumordnung und zur Unterstützung der örtlichen Raumordnung zu bilden hat. Die Planungsverbände haben die Aufgabe an Raumordnungsprogrammen mitzuwirken, örtliche Raumordnungspläne auszuarbeiten sowie die Gemeinden bei der Raumplanung zu unterstützen (§ 24, TROG 2016). Es handelt sich hierbei um eine spezifische Form der Zusammenarbeit, die allerdings als Gemeindeverband und somit als öffentlich-rechtliche Körperschaft organisiert ist.

Mit der Verordnung der Landesregierung Nr. 87/2005 wurden 36 Planungsverbände eingerichtet, die nicht in allen Fällen den Bezirken entsprechen. Die Zuteilung der jeweiligen Gemeinden und Abgrenzung der Territorien ging von

1461 LGBl. Nr. 87/2005 und LGBl. Nr. 29/2007.

1462 LGBl. Nr. 56/2011, mittlerweile abgelöst durch das Raumordnungsgesetz 2016 LGBl. Nr. 101/2016.

1463 Vgl. Amt der Tiroler Landesregierung, Abt. Bau- und Raumordnungsrecht 2020, S. 18. Vgl. Astner 2016, S. 81 ff.

1464 Vgl. Hollmann 2007, S. 23.

1465 Vgl. Astner 2016, S. 82.

1466 Freundliche Auskunft von Dr. Hofrat Hans Wiedemair, 13.04.2021.

natürlichen, wirtschaftlichen, sozialen und kulturellen Kriterien aus.[1467] Für die Landeshauptstadt Innsbruck wurde ein eigener Stadtregion-Planungsverband eingerichtet (LGBl. Nr. 29/2007, Änderung mit Nr. 101/2015). Die Planungsverbände haben eigene Organe, wobei in der Verbandversammlung u.a. die Bürgermeister*innen der angehörenden Gemeinden vertreten sind. In der Praxis agieren die Planungsverbände sehr verschiedenartig und unterscheiden sich auch in Bezug auf die Anzahl ihrer Mitgliedergemeinden. So gibt es einige mit nur drei bis vier Mitgliedergemeinden, andere mit über 10 oder sogar bis zu 25 Mitglieder.[1468] Die Planungsverbände wurden nach dem Vorbild des deutschen Bundesland Bayern und des Landes Salzburg gegründet und sollten neben regionalen Planungen auch als Struktur für künftige übergemeindliche Kooperation dienen.[1469]

Im Jahr 2010 ergab eine Untersuchung auf Basis von Interviews mit Verbandsverantwortlichen, dass nur ein Teil der Tiroler Planungsverbände tatsächlich „*funktioniere*“ und mit Leben gefüllt sei.[1470] Eine weitere Befragung 2015[1471] stellte fest, dass 10 von 12 Befragten die Kooperationsform dennoch als geeignet ansehen (allerdings antwortete die Mehrheit der Planungsverbände überhaupt nicht). Die Studie offenbarte, dass sich einige Planungsverbände nicht nur mit dem Thema Raumordnung beschäftigen, sondern auch in Bereichen wie Alten- oder Kinderbetreuung oder Rettungswesen tätig sind. Zu einer solchen Ausweitung der Planungsverbände äußerte sich die Abteilung Gemeinden des Landes allerdings kritisch: Die Übertragung von weiteren Aufgaben auf die Planungsverbände sei mit einigen Hürden verbunden.[1472] Im Strategieprozess „Zukunft Gemeinde – Agenda 2030“ von 2021/2022 wurde das Potential der Planungsverbände mit lokalen und regionalen Stakeholdern besprochen. Der zuständige Arbeitskreis war der Meinung, dass die Planungsverbände „*den geeigneten Rahmen für strategische, regionale Überlegungen und Planungen, für die Koordination von Projekten, Gemeinde-Kooperationen und abgestimmte, regionale Projekte*“ darstellen. Neben dem Umstand, dass die Planungsverbände aktuell sehr verschieden bzw. manche gar nicht agieren, ist eine weitere Herausforderung die knappen personellen, zeitlichen und finanziellen Ressourcen. Der Arbeitskreis hat einige Lösungsvorschläge zur Stärkung und Weiterentwicklung der Strukturen definiert. Dazu

1467 Vgl. Hollmann 2007, S. 30.
1468 Vgl. Astner 2016, S. 84.
1469 Vgl. Hollmann 2007, S. 29.
1470 Vgl. Gösweiner 2010, zit. durch: Astner 2016.
1471 Vgl. Astner 2016, S. 87 ff.
1472 Vgl. Amt der Tiroler Landesregierung, Abteilung Gemeinden 2015, S. 3.

gehören auch Strategiepläne mit künftigen Zielen und Maßnahmen, wozu auch interkommunale Projekte und Kooperationen gezählt werden.[1473]

c) *Verwaltungsgemeinschaft*

Außer den Gemeindeverbänden wird in der Tiroler Gemeindeordnung die Verwaltungsgemeinschaft als Form der Kooperation geregelt. Diese findet weder im B-VG noch der Landesordnung explizit Niederschlag und ist somit nur in der Tiroler Landesgesetzgebung zu finden. Laut Gemeindeordnung können die Tiroler Gemeinden zur Zweck der sparsamen und zweckmäßigerem Besorgung ihrer Angelegenheit seit 2015 auch eine Verwaltungsgemeinschaft auf der Basis einer Vereinbarung gründen (§ 142a, TGO). Verwaltungsgemeinschaften sind eine Kooperationsform zur *„gemeinschaftlichen Geschäftsführung"*,[1474] die in den meisten anderen österreichischen Bundesländern bereits seit mehreren Jahren existierte. Rechtlich können die Verwaltungsgemeinschaften auf Art. 116b B-VG basieren, müssen dies aber nicht zwangsläufig (es hat sie schon vor Einführung des genannten Artikels gegeben). Eine Verwaltungsgemeinschaft bedeutet, dass sich zwei oder mehrere Gemeinden dazu entscheiden, einen bestimmten Dienst gemeinsam durchzuführen ohne neue Organe zu schaffen. So bleibt die Aufgaben- und Entscheidungskompetenz bei der Gemeinde selbst bestehen. Dies kann in der Praxis ein gemeinsames Bauamt sein, aber auch die Führung einer bestimmten Struktur (z.B. Wertstoffhof). Weitere Politikbereiche in denen Verwaltungsgemeinschaften bisher umgesetzt wurden sind: Buchhaltung, Bauangelegenheiten oder Gemeinschaften zur Führung von Wasserversorgungsanlagen.[1475] Damit ist die Verwaltungsgemeinschaft – ähnlich wie der Gemeindeverband – inhaltlich überaus flexibel und kann zur Besorgung aller lokalen Aufgaben genutzt werden.

Zum Unterschied zu den Gemeindeverbänden sind die Verwaltungsgemeinschaften aber nicht durch das Bundesverfassungsgesetz, sondern nur durch die jeweilige Landesgesetzgebung geregelt. Anders als ein Gemeindeverband regelt eine Verwaltungsgemeinschaft auch eine bestimmte Tätigkeit nicht *an Stelle* von mehreren Gemeinden durch eigene Organe, sondern *für* die beteiligten

---

1473 Vgl. Freundliche Auskunft von Georg Keuschnigg, Projektverantwortlicher für den Strategieprozess „ZUKUNFT GEMEINDE – Agenda 2030", GemNova Dienstleistungs GmbH, März 2021.

1474 Kemptner und Sturm 2021, S. 66, RZ 115.

1475 Vgl. Eberhard 2012b, S. 644.

Gemeinden. Es besteht zwischen der Gemeinde und der Verwaltungsgemeinschaft demnach ein klarer Weisungszusammenhang.[1476]

Ein weiterer Unterschied zu dem Gemeindeverband ist, dass Verwaltungsgemeinschaften keine Rechtspersönlichkeit innehaben (§ 142a, Abs. 2, TGO). Das bringt mit sich, dass sie über keine eigenen (politischen) Organe sowie kein eigenes Vermögen verfügen.[1477] Sie stellen somit ein Hilfsorgan für die Gemeinden dar und besorgen deren Geschäfte für diese.[1478] Wenn man so will, ist die Verwaltungsgemeinschaft gegenüber den Gemeindeverbänden ein weicheres Kooperationsinstrument.[1479]

Die Verwaltungsgemeinschaften müssen auch nicht, wie der Gemeindeverband, im Vorfeld von der Landesregierung genehmigt werden. Ihre Gründung ist der Landesregierung nur *„anzuzeigen"* und an der jeweiligen Amtstafel kundzutun. Allerdings werden für die Gründung einer Verwaltungsgemeinschaft übereinstimmende Beschlüsse von den jeweiligen Gemeinderäten aller beteiligten Gemeinden benötigt (§ 142a, TGO). Ähnlich wie ein Gemeindeverband, kann auch eine Verwaltungsgemeinschaft sowohl den eigenen Wirkungsbereich einer Gemeinde wie auch den übertragenen Wirkungsbereich der Bundes- und Landesvollziehung betreffen.[1480] Die TGO schreibt vor, dass die Beschlüsse der jeweiligen Gemeinderäte auch Bestimmungen über den Sitz, die Bezeichnung, die Geschäftsführung, die Mittelaufbringung sowie die Auflösung der Verwaltungsgemeinschaft beinhalten müssen (§ 142a, Abs. 1, TGO).

In Tirol legte bereits das Landes-Feuerwehrgesetz (§ 27, LGBl. Nr. 92/2001) vor Einführung der Verwaltungsgemeinschaften von 2015 fest, dass Gemeinden aus Gründen der Zweckmäßigkeit und Sparsamkeit die gemeinsame Anschaffung von Ausrüstungen für die Freiwilligen Feuerwehren und die Pflichtfeuerwehren in Form einer Verwaltungsgemeinschaft vereinbaren können.[1481]

d) Öffentlich-rechtliche Vereinbarungen

Österreichische Gemeinden sind schließlich nach Artikel 116b B-VG berechtigt, öffentlich-rechtliche interkommunale Vereinbarungen über ihren jeweiligen Wirkungsbereich miteinander abzuschließen, wenn die Landesgesetzgebung dies

1476 Vgl. Kemptner und Sturm 2021, S. 67, RZ 116; Tiroler Gemeindeverband 2022, S. 190.

1477 Vgl. Kemptner und Sturm 2021, S. 61, RZ 136.

1478 Vgl. Eberhard 2012b, S. 643.

1479 Vgl. Grießer 2019.

1480 Vgl. Eberhard 2012b, S. 643.

1481 Tiroler Gemeindeverband 2022, S. 190.

vorsieht. Bei diesen Vereinbarungen handelt es sich um öffentlich-rechtliche Verträge, die nur zwischen Gemeinden und nicht mit anderen Gebietskörperschaften abgeschlossen werden dürfen.[1482] Zum Unterschied zu den Vereinbarungen nach Privatrecht dürften diese Vereinbarungen auch Aufgaben der Hoheitsverwaltung, also die nicht-privatrechtlichen Aufgaben, betreffen.

Die öffentlichen Vereinbarungen unterscheiden sich von den Verträgen auf denen Gemeindeverbände basieren. Denn für die Bildung des Gemeindeverbandes ist die Vereinbarung die Notwendigkeit und Basis, bei der öffentlich-rechtlichen Vereinbarung ist diese Mittel und Zweck zugleich.[1483] Eberhard erklärt den Unterschied wie folgt: „*Sie sind mehr und anders als privatrechtliche Verträge. Sie sind institutionell jedenfalls weniger als Gemeindeverbände, weil hinter ihnen kein organisatorisches Substrat steht (...).*“[1484]

Die Möglichkeit der Verabschiedung eines eigenen Landesgesetzes zur Regelung der öffentlich-rechtlichen Vereinbarungen normiert die Tiroler Landesordnung in Artikel 77a („Vereinbarungen zwischen Gemeinden“).[1485] Nach den Ausführungen von Wimmer dienen dieser Artikel 77a der Landesordnung sowie § 142a der Gemeindeordnung („Verwaltungsgemeinschaften“) der Umsetzung der zuvor genannten Bundesvorgaben betreffend den Abschluss öffentlich-rechtlicher Vereinbarungen der Gemeinden über ihren jeweiligen Wirkungsbereich.[1486] Demnach hat der Landesgesetzgeber mit dem Gesetz Nr. 81/2015 zu den Verwaltungsgemeinschaften die diesbezügliche Regelung in der Gemeindeordnung (§ 142a) zu den öffentlich-rechtlichen Vereinbarungen nach B-VG umgesetzt. Wimmer führt aus, dass in Tirol neben den Verwaltungsgemeinschaften keine anderen Formen interkommunaler Vereinbarungen im Sinne des Artikel 116b B-VG vorgesehen sind. Während die obgenannte Kooperationsform der Verwaltungsgemeinschaften (c) nicht in der Bundesverfassung, sondern nur in der Landesgesetzgebung erwähnt sind, werden diese von Wimmer als Umsetzung des Artikels 116b B-VG

1482 Vgl. Kemptner und Sturm 2021, S. 84 ff., RZ 146 ff.

1483 Vgl. Eberhard 2012a, S. 36.

1484 Eberhard 2012a, S. 38.

1485 „Durch Landesgesetz kann vorgesehen werden, dass Gemeinden untereinander Vereinbarungen über ihren jeweiligen Wirkungsbereich abschließen können. Dabei sind jedenfalls die Kundmachung derartiger Vereinbarungen und die Entscheidung über Meinungsverschiedenheiten aus solchen Vereinbarungen näher zu regeln.“ (Art. 77a, TLO).

1486 Vgl. Wimmer 2020, S. 1096.

und somit als öffentlich-rechtlichen Vereinbarungen definiert,[1487] von anderen Wissenschaftlern hingegen[1488] als eine zusätzliche Kooperationsform.

Art. 116b B-VG erlaubt den Ländern somit einen gewissen Gestaltungsspielraum, welche die Kooperationsformen der Gemeinden somit auch unterschiedlich regeln können: So regelt der Tiroler Landesgesetzgeber die „Verwaltungsgemeinschaften" in der TGO auf Basis des Art. 116b, B-VG (§ 142a, TGO), in Oberösterreich hat man neben der Form der „Verwaltungsgemeinschaft" (§ 13, Oberösterreichische Gemeindeordnung) auch noch eine andere Form, nämlich jene der „öffentlich-rechtlichen Vereinbarungen zwischen Gemeinden" (§ 13a Oberösterreichische Gemeindeordnung) vorgesehen.

Der Argumentation folgend, dass die Verwaltungsgemeinschaften der Umsetzung der öffentlich-rechtlichen Vereinbarungen entsprechen, habe der Bundesverfassungsgeber die existierende Verwaltungsgemeinschaft gemeint, als er die Möglichkeit der öffentlich-rechtlichen Vereinbarungen regelte.[1489] Auf der Ebene der einfachen Gesetzgebung hat sich der Begriff „Verwaltungsgemeinschaften" nach Wimmer als Bezeichnung für Vereinbarungen im Sinne des Artikel 77a etabliert, wobei des dem Gesetzgeber überlassen ist die Vereinbarungen als „Verwaltungsgemeinschaften" zu definieren.[1490] Eberhard ist dennoch der Meinung, dass die öffentlich-rechtlichen Verträge nach Art. 116b B-VG zwar *„eine gewisse funktionale Kongruenz"* mit den Verwaltungsgemeinschaften hätten, aber nicht eine *„vollständige"*.[1491] Ihm folgend handelt es sich um zwei verschiedene Arten der Kooperation.

e) Privatrechtliche Kooperationen

Zu den privatrechtlichen Kooperationsformen, welche die Tiroler Gemeinden in Form eines Vertrages oder einer Gesellschaft eingehen können, wird hier nicht eigens Stellung genommen, da diese bereits im Kapitel zu Österreich kurz angeführt wurden und auch für die Tiroler Gemeinden gelten. Erwähnt werden kann allerdings, dass viele der zwischengemeindlichen Kooperationen in Tirol außerhalb der öffentlich-rechtlichen Strukturen stattfinden, da in der Praxis eine große Anzahl an privatrechtlichen, aber auch informellen Kooperationen besteht.[1492] Zur

1487 Siehe u.a.: Salcher et al. 2020, S. 3.
1488 Vgl. Eberhard 2012a, S. 38.
1489 Vgl. Kemptner und Sturm 2021, S. 68, RZ 118; Bußjäger 2014, S. 57.
1490 Vgl. Wimmer 2020, S. 1097, RZ 3.
1491 Vgl. Eberhard 2012a, S. 38.
1492 Vgl. Bußjäger et al. 2016a, S. 15.

Nutzung der privatrechtlichen Formen gibt es keine strukturierte Erhebung oder Sammlung,[1493] aber sie sind in der Studie von Bußjäger et al. erwähnt.

Die Tiroler Gemeindeordnung legt zusätzlich fest, dass Gemeinden das Recht haben, wirtschaftliche Unternehmen zu gründen, zu betreiben und sich an solchen zu beteiligen (§ 2, § 75, TGO). Dabei gehört es zu den Aufgaben des Gemeinderats über die Errichtung und Änderungen an wirtschaftlichen Unternehmen bzw. die Beteiligung an wirtschaftlichen Unternehmen oder die Einrichtung von Betrieben mit marktbestimmter Tätigkeit zu entscheiden (§ 30, Abs. 1, Buchst. l, TGO). Betriebe mit marktbestimmter Tätigkeit können laut TGO insbesondere für Zwecke der Wasser- und Abwasserentsorgung, Abfallwirtschaft und der Errichtung bzw. Verwaltung von Wohn- und Geschäftsgebäuden errichtet werden. Solche wirtschaftlichen Unternehmen seitens der Tiroler Gemeinden bedürfen einer Satzung, in welcher unter Berücksichtigung der Grundsätze der Sparsamkeit, Wirtschaftlichkeit und Zweckmäßigkeit u.a. deren Zweck, die Zuständigkeiten des Gemeinderats, des Gemeindevorstands und des Bürgermeisters sowie die Zusammensetzung des zur Führung eingerichteten Ausschuss zu regeln sind (§ 75, Abs. 3).

Ein besonderes Beispiel von privatrechtlichen Kooperationsformen, welche die Gemeinden mit anderen Akteuren und Regierungsebenen zusammenbringt, sind die so genannten Regionalmanagementvereine. Das Land Tirol gliedert sich insgesamt in neun solche Regionalmanagementvereine, wobei jeder andere thematische Schwerpunkte verfolgt. Im Allgemeinen handelt es sich um Einrichtungen, die sich mit der Regionalentwicklung eines bestimmten Gebiets beschäftigen, lokale und regionale Entwicklungsstrategien erarbeiten sowie Projekte und Dienstleistungen ausführen.[1494] Es handelt sich somit v.a. um eine Netzwerkplattform für politische, wirtschaftliche und zivilgesellschaftliche Akteure einer Region, die zum Teil auch sehr aktiv grenzüberschreitend tätig sind und europäische Förderprogramme umsetzen. Die Vereine sind organisatorisch unterschiedlich aufgestellt, einige agieren in Zusammenhang mit den Planungsverbänden eines Bezirks, andere wiederum direkt mit den jeweiligen Gemeinden und zusätzlich werden private und zivilgesellschaftliche Akteure eingebunden (Tourismusvereine, Fachhochschulen, Wirtschaftskammern). In den jeweiligen Vorständen der Vereine sind in allen Fällen auch politische Repräsentanten der Gemeinden, meist Bürgermeister*innen, vertreten. Obwohl es sich hier um eine

---

1493 Freundliche Auskunft von Dr. Martin Wieser, Abteilung Gemeinden, Land Tirol, 31.03.2021.

1494 Siehe: Regionalmanagement Tirol, https://www.rm-tirol.at/en/, zuletzt geprüft am 06.04.2023.

Kooperation auf regionaler Ebene mit diversen Akteuren handelt, betrifft es auch die zwischengemeindliche Zusammenarbeit und in manchen Fällen direkt auch lokale Dienste. Zudem können die Regionalmanagementverbände auch als Impulsgeber für die übergemeindliche Kooperation angesehen werden. So erklärt ein Tiroler Bürgermeister: „*Die Abwicklung des Regionalmanagements durch die Abfallwirtschaft Tirol Mitte GmbH hilft uns, den Verwaltungsaufwand zu minimieren und Synergien zu nutzen*".[1495]

4.3.3.2 Projekte zur Förderung der Zukunftsgestaltung der Gemeinden

Es wurde eingangs erwähnt, dass die Tiroler Gemeinden schon seit mehreren Jahrzehnten Erfahrung mit interkommunaler Kooperation haben und jede Tiroler Gemeinde im Durchschnitt über 27 Kooperationsschnittstellen verfügt. Abgesehen von dieser regen Kooperationstätigkeit wurde vonseiten des Landes in den 1970ern außerdem der Versuch unternommen, die Fusionen zwischen kleinstrukturierten Gemeinden durch finanzielle Anreize voranzutreiben.[1496] Diese Strategie wurde vor einigen Jahren wieder aufgenommen und die Tiroler Landesregierung beschloss, neu entstandene Gemeinden finanziell zu fördern – allerdings nur auf freiwilliger Basis.[1497] Die erste Zusammenlegung von Tiroler Gemeinden nach fast fünf Jahrzehnten wurde 2020 beschlossen: Die drei Gemeinden Matrei, Mühlbachl und Pfons des Wipptals hatten vorab schon in mehreren Gemeindeverbänden zusammengearbeitet und dann beschlossen, den Weg einer Fusion zu beschreiten.[1498] Diese wurde in Volksbefragungen mehrheitlich befürwortet, daraufhin folgten Beschlüsse in allen drei Gemeinderäten. Die Zusammenlegung der Gemeinden trat im Januar 2022 in Kraft. Das Land Tirol förderte diese Zusammenlegung mit einem Beitrag von 1,2 Millionen Euro.[1499]

Anlässlich dieses aktuellen Falles hat das Land Tirol eine Reformierung der Gemeindeordnung von 2001 eingeleitet, um solchen Vorhaben Rechnung zu tragen. Hierbei geht es vor allem um die Rechtsüberleitung von Gemeindeverordnungen sowie den Haushaltsvoranschlag der Gemeinden, die fusioniert werden.[1500] Weitere Zusammenlegungen von Gemeinden sind aktuell zwar nicht

---

1495 Regionalmanagement für den Bezirk Schwaz 2018.

1496 Vgl. Thöni 2013, S. 195.

1497 Siehe: Tirol will Fusionen von Gemeinden fördern 2017.

1498 Vgl. Wieser 2021, S. 26 ff.

1499 In der Gemeinde Matrei stimmten 95 Prozent dafür, in Pfons 61 Prozent und in Mühlbachl 77 Prozent, siehe: Tirol.orf.at 2020.

1500 Freundliche Auskunft von Dr. Martin Wieser, Abteilung Gemeinden, Land Tirol, 31.03.2021; vgl. Wieser 2021, S. 38 ff.

geplant, wohl aber im politischen Diskurs immer wieder präsent.[1501] Trotz oder aufgrund solcher Entwicklungen von unten, sprachen sich die Vertretungen der Tiroler Landesregierung bisher gegen verpflichtende Gemeindezusammenlegungen aus und setzen lieber auf das Prinzip der Freiwilligkeit.[1502] Nicht nur auf Landesebene steht man Fusionen kritisch gegenüber, auch aktuelle Untersuchungen mit lokalen Akteuren haben ergeben, dass Fusionen in Tirol politisch nicht gewünscht sind. Obwohl die Kleingemeinden in Tirol aufgrund ihrer Größe bestimmten Herausforderungen unterliegen, ist ihnen der Erhalt ihrer Selbstständigkeit sehr wichtig.[1503]

Zu bedenken ist bei solchen Reformen auch, dass die geografischen Voraussetzungen in Tirol anders sind als in anderen Bundesländern. Viele Gemeinden liegen in Berggebieten und sind oft mehrere Kilometer voneinander entfernt, so dass manche einen geringen Bezug zu den Nachbargemeinden aufweisen und eine Zusammenlegung daher praktisch und politisch mit Schwierigkeiten verbunden wäre.

Das Regierungsprogramm der ÖVP und Grünen bekräftigte den politischen Willen, dass in der Legislaturperiode 2018–2023 verstärkt auf Kooperation zwischen Gemeinden gesetzt werden soll. So sollten „*regionale Partnerschaften zwischen Gemeinden und Planungsverbänden bei Förderungen besondere Berücksichtigung finden*".[1504] Gleichzeitig schrieb das Regierungsprogramm fest, dass sich Land und Gemeinden als Partner begegnen und Herausforderungen, etwa bei der Infrastruktur, gemeinsam bewältigen werden. Zwei konkrete Punkte der Vereinbarung zwischen den Koalitionspartnern war außerdem „*einen besonderen Fokus auf und finanzielle Förderung von gemeindeübergreifenden Projekten als Zukunftsmodell*" sowie „*die bestehenden Initiativen zur Intensivierung der Gemeindekooperationen sowie der freiwilligen Gemeindezusammenlegung weiterzuführen und, soweit verfassungsrechtlich möglich, zu ergänzen. Soweit Gemeindekooperationen durch steuerrechtliche Regelungen behindert werden, auf den Bund einzuwirken, um diese zu beseitigen.*" Wie erwähnt wurde die Regierung ÖVP/Grüne durch vorgezogene Neuwahlen abgewählt. Im Regierungsprogramm der ÖVP/SPÖ für die Legislaturperiode 2022–2027[1505] wird die interkommunale Kooperation

1501 Siehe etwa: Fankhauser 2020; o.A. 2016.
1502 Vgl. Land Tirol 2020b.
1503 Freundliche Auskunft von Georg Keuschnigg, Projektverantwortlicher für den Strategieprozess „ZUKUNFT GEMEINDE – Agenda 2030", GemNova Dienstleistungs GmbH, März 2021.
1504 Siehe: ÖVP und Grüne 2018, S. 47.
1505 Siehe: ÖVP und SPÖ 2022, S. 26, 31.

weiterhin erwähnt und konkrete Vereinbarungen festgehalten. So sollen die Kompetenzen der Planungsverbände zur Planung von regionalen Strategien erweitert und die interkommunale Zusammenarbeit gestärkt werden. Außerdem sollen die Gemeinden bei der Zusammenführung von Bauämtern, der Finanzverwaltung oder der Kinderbetreuung und sonstigen Gemeindekooperationen unterstützt werden.

Mit dem Gemeindekooperationspreis „GEKO" wurde bereits vor ein paar Jahren ein Projekt ins Leben gerufen, um der lokalen Kooperation mehr Sichtbarkeit zu verleihen. Seit 2017 vergibt das Land Tirol jährlich einen Kooperationspreis mit einer einmaligen Geldsumme. Die Einreichkriterien sind die Zusammenarbeit von mindestens zwei Gemeinden, der Mehrwert für die Bevölkerung, Ressourcenschonung und -bündelung, Kostenreduktion/Effizienzsteigerung, Gemeinschaftsförderung (Vereine und Institutionen), Innovationspotenzial, Impulse für Integration, Zivilcourage und Ehrenamt (freiwillige Tätigkeiten) sowie der Vorbildcharakter für andere Gemeinden.[1506]

Im Jahr 2020 hat Tirol, ähnlich wie Südtirol (Neuordnung der lokalen Gebietskörperschaften) und Graubünden (Gebietsreform), außerdem eine politische Strategie zur Stärkung der interkommunalen Kooperation initiiert. Unter dem Titel „ZUKUNFT GEMEINDE – Agenda 2030" wurde ein Strategieprozess eingeleitet, dessen Träger das Land (Gemeindereferat), der Tiroler Gemeindeverband, das Unternehmen „GemNova", die Standortagentur Tirol und die Hochschule Management Center Innsbruck (MCI) sind.[1507] Hintergrund war die Ausgangslage, dass viele der Tiroler Klein- und Kleinstgemeinden für ihre hohe Aufgabenkomplexität, etwa im Bereich der Rechtsfragen, nicht mehr ausreichend ausgerüstet sind und somit keine professionellen Standards garantiert werden können.[1508] Ziel der Strategie war daher eine umfassende Analyse und ein

---

1506 Siehe: Online-Voting für Tiroler Gemeindekooperationspreis 2020. Zur Siegerin gekürt wurde ein Projekt der Tiroler Gemeinden Kartitsch, Obertilliach und Untertilliach mit einer Kärtner Gemeinde. Gemeinsam hat man ein umfangreichen Maßnahmenplan mit über 50 Projekten ausgearbeitet, siehe: Tiroler Gemeindekooperationspreis – GEKO 2020.

1507 Die Steuerung des Prozesses hatten je zwei Vertreter*innen des Landes, des Gemeindeverbandes und der GemNova sowie der Geschäftsführer der Standortagentur Tirol und der Leiter des Departments Nonprofit-, Sozial- und Gesundheitsmanagement des MCI inne.

1508 Freundliche Auskunft von Georg Keuschnigg, Projektverantwortlicher für den Strategieprozess „ZUKUNFT GEMEINDE – Agenda 2030", GemNova Dienstleistungs GmbH, März 2021.

gemeinsamer Austausch der genannten *Stakeholder* mit allen Gemeinden: Zur Verbesserung der zwischengemeindlichen Zusammenarbeit, aber auch zur Erarbeitung der künftigen Entwicklung der lokalen Strukturen. Dies insbesondere, um eine qualitätsvolle Verwaltung auch in kleinen Gemeinden zu ermöglichen, ohne dass Fusionen notwendig sind (*„Freiwilligkeit ja, Zwang nein!"*[1509]).[1510]

Im Rahmen dieses Prozesses wurden Workshops in sechs Arbeitskreisen durchgeführt sowie ein Expert*innenbeirat eingesetzt.[1511] Zudem wurde eine landesweite Umfrage durchgeführt, bei welcher die Zufriedenheit der Bevölkerung mit den lokalen Dienstleistungen erhoben wurde. Teil des Projekts war zudem eine Befragung der Tiroler Bürgermeister*innen zu ihren aktuellen und künftigen Herausforderungen – auch im Zeichen der Covid-Krise. Das Ergebnis bestätigte, dass viele Gemeinden ähnliche Herausforderungen verspüren. So wurden die finanzielle Lage definiert, sowie die komplexen Aufgabenbereiche, etwa bei der Kinderbetreuung oder im Pflegebereich.[1512] Aufgrund der Covid-19 Pandemie konnten nicht alle geplanten Projektveranstaltungen der Zukunft Gemeinde – Agenda 2030 durchgeführt werden. Stattgefunden haben Workshops zu den diversen Themenbereichen und eine Reihe von Hintergrundgesprächen mit Bürgermeister*innen, der Landesverwaltung und Wissenschaftler*innen.

Das Ergebnis des Prozesses ist ein Strategiepapier mit 37 Thesen und Schlussempfehlungen an die lokalen, subnationalen und nationalen Verwaltungen und Gesetzgeber. Ein Kernergebnis des Prozesses war, dass vor allem Kleinstgemeinden besonderen Ausgangssituationen unterliegen und hier der größte Handlungsbedarf besteht. Insbesondere die einwohner*innenschwachen Gemeinden mit wenigen Mitarbeitenden tun sich schwer, alle Aufgaben qualitätsvoll zu stemmen, da sie ja dieselben Verwaltungsleistungen erbringen müssen wie größere Gemeinden, die sich demgegenüber mit einer Qualitätsentwicklung auseinandersetzen

---

1509 Freundliche Auskunft von Georg Keuschnigg, Projektverantwortlicher für den Strategieprozess „ZUKUNFT GEMEINDE – Agenda 2030", GemNova Dienstleistungs GmbH, März 2021.

1510 GemNova 2020; Freundliche Auskunft von Georg Keuschnigg, Projektverantwortlicher für den Strategieprozess „ZUKUNFT GEMEINDE – Agenda 2030", GemNova Dienstleistungs GmbH, März 2021.

1511 Freundliche Auskunft von Georg Keuschnigg, Projektverantwortlicher für den Strategieprozess „ZUKUNFT GEMEINDE – Agenda 2030", GemNova Dienstleistungs GmbH, März 2021. Die sechs Arbeitsbereiche waren: Moderne Bürger*innengemeinde: Die Gemeinde als politische Organisation; Gemeindeverwaltung; Gesundheit und Pflege; Kinderbildung und -betreuung; Regionale Mobilität; Raumordnung und Wirtschaftsstandort.

1512 Vgl. Rathgeb und Maurer 2020.

können. Verbesserungspotentiale sind laut Strategieprozess die Auslagerung an externe Dienstleistungen oder interkommunale Strukturen. In diesem Kontext kristallisierte sich der Bedarf an neue Verwaltungsmodelle und insbesondere eine weitere Verwaltungsebene für spezialisierte Aufgaben heraus, um die Gemeinden personell zu entlasten.[1513]

Das Strategiepapier „Zukunft Gemeinde – Agenda 2030" sollte idealerweise in konkrete politische Handlungen münden. Zum einen wird eine strukturierte Zusammenarbeit zwischen den Kleingemeinden angestrebt, um deren spezifischen Bedarf entgegenzukommen. Weiters ist ein Pilotprojekt zur Bildung von regionalen Servicezentren geplant, um eine zusätzliche Verwaltungsebene zu testen. Diese Zentren sollen anders als die Südtiroler Bezirksgemeinschaften keine politisch besetzten Gremien besitzen, sondern den Gemeinden die Möglichkeit bieten, nicht gewollte Aufgaben auszulagern. Zu jetzigem Zeitpunkt sind diese Pläne noch in keine formalen Beschlüsse gemündet, stehen aber auf der politischen Agenda des Landes.

Was die finanzielle Förderung der Kooperation zwischen Gemeinden betrifft, sind es vor allem Landesgelder, die ausgeschöpft werden. Der Grundstein für die Förderung der zwischengemeindlichen Zusammenarbeit sowie der Fusionen wurde durch das erwähnte österreichische Finanzausgleichgesetz gelegt. Was es in Tirol im Unterschied zu anderen Bundesländern nicht gibt, sind spezifische zusätzliche Fördertöpfe für die lokale Kooperation unabhängig von den Bedarfszuweisungen, aber es gibt projektabhängige Möglichkeiten (siehe weiter unten). Ein Grund dafür könnte sein, dass Tirol schon seit vielen Jahrzehnten eine gut funktionierende Kooperationsstruktur aufweist und daher keine Notwendigkeit für zusätzliche Fördertöpfe gesehen wird. Dieser unterschiedliche Zugang zu Südtirol oder anderen österreichischen Ländern zeigt, wie sehr die lokale Kooperation von den jeweiligen politischen Entscheidungen auf subnationaler Ebene abhängt. Die Finanzbeträge, für welche die Tiroler Gemeinden für interkommunale Kooperation ansuchen können, basieren auf dem österreichischen Finanzausgleichgesetz und sind somit als Bundesgelder zu sehen. Wie im Kapitel 3 angeführt, macht der größte Anteil der Gemeindefinanzen die Ertragsanteile vonseiten des Bundes bzw. des Landes aus. Hierzu legt das FAG fest, dass 12,8 Prozent der Ertragsanteile für die Gewährung von Bedarfszuweisungen an die Gemeinden und Gemeindeverbände bestimmt sind (Gemeinde-Ausgleichfonds). Über die diesbezüglichen

1513 Freundliche Auskunft von Georg Keuschnigg, Projektverantwortlicher für den Strategieprozess „ZUKUNFT GEMEINDE – Agenda 2030", GemNova Dienstleistungs GmbH, März 2021.

eingerichteten Fond werden den Gemeinden Beiträge für Investitionen gewährt, sie müssen aber zur Förderung bestehender und zusätzlicher interkommunaler Zusammenarbeit, der Unterstützung von strukturschwachen Gemeinden, der Förderung von Gemeindezusammenlegungen, landesinterne Finanzkraftausgleiche sowie Bedarfszuweisungen verwendet werden. Wie erwähnt, sind auch die prozentualen Anteile für die ersten drei Zwecke festgelegt. Der genannte Fond wird in Tirol vierteljährlich beschlossen und ausbezahlt.

Zur exakten Regelung der Finanzzuweisungen vom Land an die Gemeinden existiert eine eigene Richtlinie des Landes. Dort wird ausgeführt, dass die aktuelle Finanzsituation die öffentlichen Haushalte vor allem die kleinen und peripher gelegenen Gemeinden vor neue Herausforderungen stelle. Gleichzeitig steige die Erwartungshaltung der Bürger an eine hohe Qualität der Dienstleistungen und Gemeinden seien einer Komplexität der Rechtsmaterien ausgesetzt. All dies *„erfordert die Nutzung von Synergiepotentialen und die Optimierung des Infrastrukturangebotes, ebenso wie die verstärkte Zusammenarbeit bei der Abwicklung der Verwaltungstätigkeit.“*[1514] Weiters hält die Richtlinie fest, dass somit den *„Gemeindekooperationen – in welcher Rechtsform auch immer – unter dem Aspekt einer kostensparenden, effizienten und professionellen Aufgabenerfüllung und Verwaltung (…) eine zentrale Bedeutung“* zukommt.[1515] Dabei kann die Zusammenarbeit in Form einer privatrechtlichen oder öffentlich-rechtlichen Rechtsform erfolgen. Für die Förderungen der interkommunalen Zusammenarbeit sind die Regelungen für die allgemeinen Bedarfszuweisungen zu beachten (Punkt V ff., Richtlinie Bedarfszuweisungen). Die Liste der Vorhaben, die durch die Zuweisungen gefördert wird, betrifft eine Vielzahl an möglichen Projekten. So werden insbesondere folgende Vorhaben gefördert: Neubau, Erweiterung und Sanierung von bestimmten Investitionsvorhaben (z.B. Gemeindeämter, Bau- und Recyclinghöfe, Abfallentsorgungseinrichtungen, Krankenhäuser) oder die Neuerrichtung bzw. Sanierung von Gemeindestraßen.

Zur Gewährung eines Beitrages müssen die Gemeinden einen Antrag stellen, der dann von der Landesregierung unter Einbindung der jeweiligen Bezirkshauptmannschaft und der Abteilung Gemeinden geprüft wird. Zu den Kriterien gehören etwa die Notwendigkeit und Dringlichkeit des Vorhabens, die Ausführung im Sinne der Sparsamkeit, Wirtschaftlichkeit und Zweckmäßigkeit sowie die Finanzkraft einer Gemeinde. Eigens geregelt ist in der Richtlinie des Landes Tirol

1514 Siehe: Richtlinie der Landesregierung für die Gewährung von Bedarfszuweisungen an Gemeinden & Gemeindeverbände vom 26.11.2019 (§ 12 Abs. 5, FAG 2017), S. 3.

1515 Siehe: Richtlinie der Landesregierung für die Gewährung von Bedarfszuweisungen an Gemeinden & Gemeindeverbände vom 26.11.2019 (§ 12 Abs. 5, FAG 2017), S. 3.

auch die Vorgangsweise bei der Vergabe von Gemeindeausgleichfonds-Mittel für die Entwicklung von gemeindeübergreifenden Gewerbegebieten (Anlage 2). Die Voraussetzung ist, dass sich mindestens zwei Gemeinden an der Zusammenarbeit beteiligen und dass eine rechtsverbindliche Vereinbarung entweder in Form eines Gemeindeverbandes, einer privatrechtlichen Vereinbarung oder einer gemeinsamen Gesellschaft vorliegt. Zudem gibt das Land vor, welche wesentlichen Inhalte eine solche Zusammenarbeitsvereinbarung enthalten soll, z.B. die Aufteilung der Kosten zwischen den Gemeinden zum Erwerb der Flächen, die Aufteilung der Kommunalsteuer auf die Gemeinden oder die Verpflichtung für einen Zeitraum von fünf Jahren keine weiteren eigenen Betriebsstandorte zu widmen.

Abgesehen von dieser spezifischen Regelung für interkommunale Projekte hat das Land Tirol auch Fördertöpfe für die Teilfinanzierung von bestimmten Projekten, für welche neben den Gemeinden auch Gemeindeverbände oder Gemeindekooperationen ansuchen können. So etwa die Förderrichtlinie Radwege, die den Bau von überregionalen Radwegen von Gemeinden, Gemeindeverbänden oder Gemeindekooperationen fördert,[1516] die Förderrichtlinie Natur- und Klimaschutz oder die Förderrichtlinie für die bedarfsorientierte Ferienbetreuung von Kindern. Eine weitere Förderrichtlinie, bei der nicht nur Gemeinden, sondern auch Gemeindeverbände und Gemeindekooperationen ansuchen können, ist jene der Dorferneuerung.[1517] Ziel der Förderung ist u.a. die Stärkung der ländlichen Entwicklung und einer funktionsfähigen Wohn-, Wirtschafts- und Sozialstruktur im ländlichen Raum sowie die Schaffung von entsprechenden Infrastrukturen.

4.4. Intermediäre Strukturen der interkommunalen Kooperation

4.4.1 Allgemein

In den vorhergegangenen Abschnitten wurden die Rahmenbedingungen zusammengefasst, in welchen sich die Gemeinden in Graubünden, Südtirol und Tirol zur freiwilligen Ausführung von Dienstleistungen mit anderen Gemeinden oder der subnationalen Gebietskörperschaft bewegen. Abgesehen von diesen Kooperationsformen existieren in den Territorien weitere Institutionen für die interkommunale Kooperation, die dauernden und verpflichtenden Charakter haben

1516 Siehe: Land Tirol 2015.

1517 Siehe: Amt der Tiroler Landesregierung, Geschäftsstelle für Dorferneuerung und Lokale Agenda 21 2015.

und sich somit von der punktuellen sowie bi- oder multilateralen Kooperation zwischen einzelnen Gemeinden unterscheiden.

Diese öffentlich-rechtlichen Körperschaften fungieren als intermediäre Verwaltungseinheiten mit Koordinations-, Repräsentations-, und Versammlungsfunktionen und werden hier eigens erwähnt, da sie innerhalb der Mehrebenen-*Governance* und der täglichen lokalen Verwaltung eine bedeutende Rolle einnehmen. Sie agieren in territorialen Einheiten, die größer als einzelne Gemeinden sind, aber kleiner als die jeweilige subnationale Gebietskörperschaft.[1518]

Diese Institutionen sind die elf Regionen in Graubünden, die sieben Bezirksgemeinschaften in Südtirol sowie die neun Bezirke in Tirol. Die politischen Organe der Institutionen aus Graubünden und Südtirol formen sich – ähnlich wie bei einigen interkommunalen Kooperationsformen – aus den politischen Vertreter*innen der jeweiligen Mitgliedsgemeinden. Zum Unterschied zu interkommunalen Institutionen, die freiwillig eingegangen werden, wurden diese Institutionen per Gesetz eingerichtet und die Teilnahme für die Gemeinden ist verpflichtend. Auch sind die Kompetenzen dieser Institutionen per Gesetz festgelegt, allerdings nicht abschließend, da die Gemeinden den Institutionen auch selbst weitere Aufgaben übertragen können und sie sich demnach auch voneinander diversifizieren. Da diese den Gemeinden übergeordneten Institutionen auch Dienstleistungen für die jeweiligen Mitgliedsgemeinden ausführen, weisen sie eine starke kooperative Dimension auf und sind nicht nur als reine Repräsentationsinstitutionen zu definieren. Durch diese Ausgestaltung können sie meiner Meinung nach als eine spezielle Form der interkommunalen Kooperation bezeichnet werden, wobei es sich für die Gemeinden eher um eine Auslagerung von Diensten als um eine direkte Kooperation handelt. Diese Institutionen verfügen über eigenes Personal und finanzielle Mittel, allerdings formen sich die politischen Entscheidungsträger*innen aus den politischen Vertreter*innen der Mitgliedergemeinden.

Die Tiroler Bezirke heben sich von den Bündner Regionen und Südtiroler Bezirksgemeinschaften in ihrem Wesen und den Aufgabenbereichen ab. Demgegenüber weist die Kooperationsform des österreichischen Gemeindeverbandes als Mehrzweckverband und mit seiner vorhin beschriebenen hohen Anzahl an Mitgliedergemeinden hinsichtlich der Struktur, Ähnlichkeiten mit den Bezirksgemeinschaften und Regionen in Südtirol und Graubünden auf. Allerdings gehört der österreichische Gemeindeverband zu den primären und damit häufigsten Kooperationsformen im Land Tirol, wogegen die intermediären

1518 Vgl. Bolgherini 2015, S. 53 ff.

Gebietskörperschaften in Graubünden und Südtirol eine festgelegte Anzahl an Mitgliedergemeinden haben und auf vordefinierte Gebiete einen beschränkten Tätigkeitsbereich aufweisen.

4.4.2 Bünder Regionen

Graubünden ist seit 2016 in 11 Regionen unterteilt, die als Verwaltungseinheiten zwischen dem Kanton und den Gemeinden fungieren und Körperschaften des kantonalen öffentlichen Rechts darstellen. Im Zuge der genannten Gebietsreform wurden die Kreise und Regionalverbände abgeschafft und der Kanton Graubünden in Regionen eingeteilt. Ziel der Regierung war es, *„entscheidungs- und handlungsfähige Regionen zu schaffen, welche ihre Aufgaben effizient, rasch sowie bürgernah erfüllen können."*[1519] Die Regionen sind in der Kantonsverfassung sowie im Gemeindegesetz geregelt. Weiters fußen sie auf dem Kantonsgesetz Nr. 110.200/2014, welches die einzelnen Gemeinden den Regionen namentlich zuteilt und den Übergang von den ehemals existierenden Kreisen und Bezirken normiert.

Die Kantonsverfassung legt dar, dass diese ausschließlich Aufgaben erfüllen, die entweder vonseiten des Kantons oder den Gemeinden übertragen wurden (Art. 71). Gleichzeitig bilden die Regionen die Gerichtssprengel für die Regionalgerichte. Aufsichtsbehörde der Regionen ist die Kantonalregierung (Art. 74, KV; Art. 95, GG), wobei sich deren Aufsicht bei den Aufgaben, die den Regionen von den Gemeinden übertragen werden, auf die Rechtskontrolle beschränkt. Die Regionen sind zudem durch das Gemeindegesetz dahingehend geregelt, dass dort deren rechtliche Stellung, Aufgabenübertragung, Organisation und Finanzierung ausführlich normiert ist. Zum Status der Regionen legt das Gemeindegesetz fest, dass diese *„im Umfang der ihnen übertragenen Aufgaben an die Stelle der betreffenden Gemeinden beziehungsweise des Kantons mit Einschluss des Rechtes, Gebühren und Beiträge zu erheben und allfällige Subventionen zu beanspruchen"* treten (Art. 62a, GG).

Jede Bündner Region verfügt über ein eigenes Statut, das von der Regierung des Kantons genehmigt wurde und welches dessen Organe, Aufgaben und Finanzierung auf Basis der Grundlagen des Gemeindegesetzes festhält. Zu den Aufgaben, welche alle Regionen ausüben, gehören: Raumentwicklung (Regionale Richtplanung), Kindes- und Erwachsenenschutzrecht (Berufsbeistandschaft), Schuldbetreibungs- und Konkurswesen (Betreibungs- und Konkursamt), Zivilstandswesen sowie Verwaltung des Archivwesens (alte Kreisarchive) gemäß

1519 Botschaft der Regierung an den Grossen Rat 2018–2019, S. 703.

Art. 3 des kantonalen Einteilungsgesetzes. In den meisten Statuten steht als weitere Aufgabe auch „*weitere nach Massgabe der entsprechenden kantonalen Spezialgesetzgebung*“.

Diese Voraussetzung hat dazu geführt, dass alle Regionen dieselben grundlegenden Aufgaben erfüllen, ihnen aber von den zugehörigen Gemeinden noch weitere übertragen werden können. In den einzelnen Statuten sind die jeweiligen Aufgaben definiert, welche potenziell an die Region delegiert werden können. Diese sind sehr breit gefächert und in den meisten Fällen ähnlich. Dazu gehören etwa Regional- oder Wirtschaftsentwicklung bzw. Wirtschaftsförderung (alle), Tourismus (z.B. Viamala, Moesa, Bernina), Bildung (z.B. Landquart, Engiadina), Feuerwehren (z.B. Moesa), Grundbuchamt (z.B. Maloja, Imboden, Bernina), Wohnen im Alter (z.B. Imboden), Verkehr (z.B. Prättigau, Surselva), Kultur (z.B. Surselva, Plessur, Abula), Integration (z.B. Engiadina), Forstwirtschaft (z.B. Moesa, Engiadina), Jugendarbeit (z.B. Landquart, Surselva), Abfallbeseitigung (z.B. Prättigau, Maloja), Sozialwesen (z.B. Prättigau, Abula), Sing- und Musikschule (z.B. Viamala), Spitalexterne Krankenpflege (z.B. Plessur) oder Sicherheit (z.B. Landquart, Plessur). In den Statuten ist auch definiert, dass die Gemeinden solche lokalen Aufgaben mittels Leistungsvereinbarungen auf die Region übertragen (siehe auch Art. 62b, GG). Weiters schreiben die Statuten fest, dass die einzelnen Regionsgemeinden nicht dazu verpflichtet sind eine Aufgabe der Region zur Erfüllung zu übertragen – außer es wird durch übergeordnetes Recht definiert.

Tabelle 30: Die elf Regionen Graubündens

Region	Sitz (Gemeinde)	Anzahl Gemeinden	Einwohner*innen (2019)	Amtssprache/n
Albula	Tiefencastel	6	8.102	Deutsch, Romanisch
Bernina	Brusio	2	4.651	Italienisch
Engiadina Bassa/Val Müstair	Scuol	5	9.262	Deutsch, Romanisch
Imboden	Domat/Ems	7	20.873	Deutsch
Landquart	Landquart	8	24.958	Deutsch
Maloja	Samedan	12	18.401	Deutsch, Italienisch, Romanisch

(Forts.)

Tabelle 30: (Forts.)

Region	Sitz (Gemeinde)	Anzahl Gemeinden	Einwohner*innen (2019)	Amtssprache/n
Moesa	Roveredo	12	8.535	Italienisch
Plessur	Chur	4*	42.083	Deutsch
Prättigau/ Davos	Klosters-Serneus	11	26.065	Deutsch
Surselva	Ilanz	15	21.420	Romanisch, Deutsch
Viamala	Thusis	19**	13.538	Deutsch, Romanisch

Quelle: Eigene Erstellung auf Grundlage der Webauftritte der Regionen
* zum Zeitpunkt Erhebung waren es noch fünf Gemeinden, mittlerweile sind es nur mehr vier; **zum Zeitpunkt Erhebung waren es noch 22 Gemeinden, mittlerweile sind es nur mehr 19.

Die politischen Organe aller Regionen sind die jeweilige Gesamtheit der Regionseinwohner*innen, die Präsidentinnen- oder Präsidentenkonferenz (*conferenza dei sindaci*), der Regionalausschuss sowie eine Geschäftsprüfungskommission (Art. 62d, GG). Die Präsidentenkonferenz besteht aus den jeweiligen politischen Oberhäuptern der Mitgliedergemeinden (in Bernina, welche nur zwei Mitgliedergemeinden hat, kommen noch zwei Vertreter*innen der Gemeinderäte dazu). Außer in den vier Regionen Moesa, Prättigau, Surselva und Viamala haben alle übrigen Gemeinden auf das Organ des Regionalausschusses verzichtet (*comitato regionale*), welcher u.a. die Leitung der Geschäftsstelle wählt sowie die Region nach außen repräsentiert.

Die Statute der Regionen spezifizieren auch deren Finanzierung. Demnach finanzieren sich die Regionen durch Gemeinde-, Kantons- und Bundesbeiträge, Gebühren und andere Erträge, Defizitbeiträge der Regionsgemeinden und Honorare aus Auftragstätigkeiten. Die Finanzierungsgrundlage vonseiten der Mitgliedergemeinden hängt von der jeweiligen Region ab. In einigen Fällen handelt es sich um eine Grundgebühr pro Gemeinde, die auf der Einwohner*innenzahl derselben aufgrund der letzten Volkszählung basiert (z.B. Plessur, Prättigau). Andere Regelungen sind komplexer und berücksichtigen zusätzlich die Steuereinnahmen von natürlichen Personen oder den angesiedelten Unternehmen in den Mitgliedsgemeinden (z.B. Surselva). Das Statut der Region Endagina/Val Müstair hält beispielsweise fest, dass die Gemeindebeiträge und deren Fälligkeit durch die Präsidentenkonferenz festgelegt werden.

Dabei werden für die Berechnung des Verteilschlüssels die Finanzkraft (direkte Steuern, Wasserzinsen, Zollfreistatus, Nettozinsen, Amortisationen des Fremdkapitals, Auswirkungen des neuen Finanzausgleichs) zu einem Drittel, und die Einwohner*innenzahl der Gemeinden zu zwei Dritteln gewichtet (Art. 33, Statut Engiadina/Val Müstair). In der Region Maloja leisten die Regionsgemeinden hingegen eine Grundgebühr, die allerdings *„hälftig nach Massgabe des Ertrages der Einkommens- und Vermögenssteuern natürlicher Personen und der Gewinn- und Kapitalsteuern juristischer Personen gemäss Kantonssteuerveranlagung für die dem Geschäftsjahr vorangehende Steuerperiode und hälftig im Verhältnis der Einwohnerzahl (ständige Wohnbevölkerung)"* berechnet wird (Art. 33, Statut Maloja). Wieder anders lauten die Vorgaben in der Region Landquart: Dort leisten die Gemeinden in gleichen Teilen einen Sockelbeitrag an die direkten Aufwendungen der Region, während die restlichen direkten Aufwendungen gemäß Einwohner*innenzahl gedeckt werden (Art. 32, Statut Landquart). Die Region Moesa definiert wiederum (Art. 37, Statut), dass die Mitgliedergemeinden eine Quote überweisen, die sich aus mehreren Kriterien zusammensetzt (Einwohner*innenzahl, Steuereinnahmen).

4.4.3 Südtiroler Bezirksgemeinschaften

Ähnlich wie der Kanton Graubünden aus Regionen besteht, ist das Land Südtirol in sieben Bezirksgemeinschaften (Bzgm.) eingeteilt. Bis auf die Landeshauptstadt Bozen gehören alle 116 Gemeinden (demnach 115) einer Bezirksgemeinschaft an. Die Stadt Bozen übt die den Bezirksgemeinschaften übertragenen Verwaltungsbefugnisse selbst aus.

Die Bezirksgemeinschaften sind Körperschaften des öffentlichen Rechts, wobei sie auch als intermediäre Verwaltungsebene zwischen Autonomer Provinz Südtirol und den Gemeinden fungieren. Sie können ebenso als institutionalisierte Kooperationsform zwischen den Gemeinden bezeichnet werden, denn die Bezirksgemeinschaften erhalten Aufgaben entweder durch delegierte Dienste übergemeindlichen Charakters vonseiten des Landes oder aber vonseiten der eigenen Mitgliedergemeinden – womit eine deutliche Parallele zu den Bünder Regionen feststellbar ist. Die meisten Aufgaben der Bezirksgemeinschaften sind ähnlich, aufgrund von unterschiedlichen Entwicklungen in den vergangen Jahre gibt es mittlerweile allerdings bestimmte Unterschiede zwischen den Institutionen. So haben einige bezirksspezifische Projekte initiiert, auch grenzüberschreitender Art oder sind in europäische Projekte mit anderen Akteuren involviert.

Tabelle 31: Die sieben Südtiroler Bezirksgemeinschaften

Bezirksgemeinschaft	Sitz (Gemeinde)	Anzahl Gemeinden	Einwohner*innen (2018)
Burggrafenamt	Meran	26	104.216
Pustertal	Bruneck	26	83.114
Überetsch-Unterland	Neumarkt	18	75.919
Eisacktal	Brixen	13	53.648
Salten-Schlern	Bozen	13	50.111
Vinschgau	Schlanders	13	35.974
Wipptal	Bruneck	6	20.457

Quelle: Eigene Erstellung auf Grundlage der Webauftritte der Bezirksgemeinschaften

Die Bezirksgemeinschaften gehören seit den 1990er Jahren zu zentralen Verwaltungseinheiten des Landes und sind selbstständige Institutionen. Ihre Gründung basiert auf einem staatlichen Dekret des Präsidenten aus den 1970er Jahren, welches es den Gemeinden in Berggebieten erlaubte Institutionen zu gründen, um Flächen aufzuwerten (Art. 7, DPR Nr. 279/1974). In Südtirol wurden sie zuerst durch ein Dekret des Landeshauptmanns geregelt (Nr. 8/1978), bis dann ein eigenes Landesgesetz folgte (Nr. 7/1991). Demnach wurden die Bezirksgemeinschaften eingerichtet, um *„ganz oder teilweise in Berggebieten liegende Flächen aufzuwerten und dort den Umweltschutz voranzutreiben, indem die Beteiligung der Bevölkerung an der wirtschaftlichen, sozialen, kulturellen und ökologischen Entwicklung gefordert wird.“*[1520]

Zu ihren Aufgaben gehört die Verfolgung der gemeinsamen Belange des jeweiligen Bezirks sowie die Förderung und Koordinierung von Maßnahmen für die kulturelle, soziale, wirtschaftliche und ökologische Entwicklung.[1521] Jede Bezirksgemeinschaft muss laut Landesgesetz (Art. 3) über eine Satzung verfügen, welche u.a. ihre Zielsetzung, die Zusammensetzung der Organe auf Grundlage von Landesgesetz Nr. 5/2010, deren Aufgaben und Befugnisse, die Ordnung der Ämter sowie die finanzielle Beteiligung der Gemeinden enthält. Historisch gesehen gehören Aufgaben im Umweltbereich zu den zentralen Aufgaben der Bezirksgemeinschaften. Sie sind aber auch insbesondere im sozialen Bereich tätig,

1520 Art. 1, LG Nr. 7/1991.
1521 Art. 2, LG Nr. 7/1991.

so etwa der Sozialhilfe, dem Hauspflegedienst, den Einrichtungen für Menschen mit Behinderung, psychischer Erkrankung oder der Pflege von Senior*innen. Zu zentralen Tätigkeiten im Bereich Umwelt gehören die Übernahme der Mülldienste der Gemeinden oder die Führung von deren Trinkwasser- oder Abfallanlagen. Manche Bezirksgemeinschaften führen übergemeindliche Altenheime (z.B. Burgrafenamt, Salten-Schlern), geschützte Wohnungen für Frauen (z.B. Pustertal, Eisacktal), Rehabilitationseinrichtungen (z.B. Eisacktal, Vinschgau, Salten-Schlern), Werkstätten als Arbeitsstätte für Menschen mit Beeinträchtigung (z.B. Pustertal, Eisacktal, Vinschgau). Weiters sind fast alle für den Ausbau und die Sanierung von übergemeindlichen Radwegen verantwortlich. Auch wurden die Bzgm. mit der Integration von Flüchtlingen und der Flüchtlingsarbeit betraut. Einige sind auch in der Implementierung von europäischen Projekten aktiv (z.B. Eisacktal, Vinschgau oder Pustertal).

Jede Bzgm. verfügt über politische Organe, die nicht direkt gewählt sind, sondern von den Mitgliedergemeinden vor allem aus deren Gemeinderäten entsandt werden. Die Organe sind der Bezirksrat, der Bezirksausschuss, der Bezirkspräsident sowie der Rechnungsprüfer (Art. 4). Der Bezirksrat wird alle fünf Jahre gewählt und besteht aus allen Bürgermeister*innen der Mitgliedergemeinden oder von diesen delegierten Personen sowie drei zusätzlichen Vertretern für einwohnerstärkere Gemeinden (je einer für die Gemeinden zwischen 5.001 und 10.000, je zwei für jene mit über 10.000 Einwohner*innen). Die zusätzlichen Mitglieder werden durch den jeweiligen Gemeinderat oder den Gemeindeausschuss zu Beginn einer Amtsperiode gewählt bzw. nominiert, wobei es sich nicht zwingend um einen gewählten Amtsträger*innen handeln muss. Innerhalb eines jeden Bezirksrats muss das Verhältnis der Sprachgruppen des Bezirks berücksichtigt werden und es müssen beide Geschlechter vertreten sein. Anders als im Gemeindenverband bzw. dem Rat der Gemeinden ist im Bezirksrat die Beteiligung der politischen Minderheit zu gewährleisten, wobei es allerdings keine konkreten Regelungen gibt, wie stark diese Vertretung vertreten sein muss bzw. wie deren Wahl konkret funktioniert. Der Bezirksausschuss ist das Exekutivgremium jeder Bezirksgemeinschaft und setzt sich aus dem Bezirkspräsidenten und verschiedenen Bezirksreferent*innen zusammen. Die Person des Bezirkspräsidenten wird vom Bezirksrat gewählt und ist die gesetzliche Vertretung der Bezirksgemeinschaft.

Auch die Finanzierung der Bezirksgemeinschaften ist zum Teil über das Landesgesetz geregelt (Art. 9). Demnach stehen diesen *„die von den einschlägigen Rechtsvorschriften vorgesehen Mittel zugunsten der Berggemeinschaften und der Verbände zwischen Gebietskörperschaften für die Wahrnehmung der Aufgaben und Befugnisse für die Verwirklichung von öffentlichen Bauten (…)“* (Art. 9, Abs. 1) zu, weiters erhalten sie Finanzierung von jener öffentlichen Körperschaft, welche ihnen Aufgaben delegiert.[1522]

4.4.4 Tiroler Bezirke

Übergemeindliche und intermediäre politische Institutionen, wie die Bezirksgemeinschaften in Südtirol oder die Regionen in Graubünden, gibt es in Tirol nicht. Allerdings gibt es mit den Bezirksbehörden sehr wohl eine Verwaltungsebene zwischen Gemeinden und Land, die auch verfassungsrechtlich normiert ist (Art. 15, Abs. 10, B-VG). Die Bezirksbehörden sind *„Behörden der allgemeinen staatlichen Verwaltung"* in den jeweiligen Ländern. Sie haben historisch betrachtet eine bedeutende Rolle inne, so gehen sie auf Verwaltungseinheiten zurück, die im Habsburgerreich im Jahr 1868 entstanden sind.[1523] Die Bezirke sind Landesbehörden, werden aber durch die mittelbare Bundesverwaltung auch für den Bund tätig. Was die österreichischen Bezirke im Unterschied zu den Bezirksgemeinschaften in Südtirol und den Regionen in Graubünden aber nicht sind, sind politisch geprägte Institutionen. Sie verfügen sie über keine gewählten politischen Leitungsorgane, da die Bezirkshauptleute von der jeweiligen Landesregierung ernannt werden und Landesbeamt*innen sind.[1524] Aus dieser fehlenden direkten demokratischen Legitimation ergibt sich ein fundamentaler Unterschied zu den übergemeindlichen Bezirksgemeinschaften und Regionen, wo die Führungsorgane aus den politischen Vertreter*innen der Mitgliedergemeinden beschickt werden.

In Tirol werden die Bezirkshauptmannschaften über ein eigenes Gesetz geregelt, das 2019 reformiert wurde (BGBl. I Nr. 14/2019). Sie werden auch in der Tiroler Landesordnung erwähnt. So heißt es dort, dass *„in den Angelegenheiten, die in Gesetzgebung und Vollziehung Landessache sind, sind, sofern gesetzlich nichts anderes bestimmt ist, die Bezirksverwaltungsbehörden zuständig."* (Art. 57, TLO). Die Aufgaben der Bezirkshauptmannschaften sind laut Landesgesetz (§ 2) übertragene behördliche Aufgaben und übertragene Aufgaben in den Angelegenheiten, in denen das Land oder der Bund als Träger von Privatrechten auftritt.

Bei der Ausübung von lokalen Diensten haben die Tiroler Bezirke keine so große Rolle wie die ähnlich aufgebauten Bezirksgemeinschaften in Südtirol, führen

---

1522 „Delegiert eine öffentliche Körperschaft einer Bezirksgemeinschaft Aufgaben und Befugnisse, so stellt sie auch die nötigen finanziellen Mittel zur Verfügung.", Art. 9, LG Nr. 7/1991.

1523 Vgl. Pürgy 2012, S. 446.

1524 Vgl. Pelinka und Rosenberger 2002, S. 244.

aber einige Aufgaben im Hoheitsbereich durch. Sie erledigen Aufgaben, die ihnen vom Land Tirol oder von der Bundesverwaltung übertragen werden, etwa in den Bereichen Gewerbewesen, Jugendwohlfahrt sowie Umweltangelegenheiten.[1525]

Die Beziehung zwischen Gemeinden und Bezirksbehörden im Bereich der Ausübung lokaler Dienstleistungen ist weniger relevant. Für die Gemeinden mit bis zu 5.000 Einwohner*innen stellen sie hauptsächlich eine Aufsichtsbehörde dar (§ 115, TGO). Allerdings kann unter spezifischen Auflagen die Gemeinde auch Aufgaben an die Bezirksbehörden abgeben, wie etwa das Baurecht. So wurden durch eine Verordnung der Landesregierung die Angelegenheiten der örtlichen Baupolizei von bestimmten Gemeinden auf die Bezirkshauptmannschaften übertragen (LGBl. Nr. 124/2018). Weiters gibt es in der Praxis eine Reihe von Schnittstellen zwischen Gemeinden und Bezirken. So kümmern sich manche Bezirke um Themen, welche für die Gemeinden von Interesse sind, und agieren in diesem Sinne als Service-Leister für diese.[1526] Laut Prorok haben die österreichischen Bezirke einen nicht zu unterschätzenden Einfluss auf die wirtschaftliche und soziale Entwicklung von bestimmten Territorien. Demnach appelliert er daran, sie als partnerschaftliche Akteure der Mehrebenen-*Governance* sowie Promotoren der regionalen Entwicklung zunehmend mitzudenken.[1527]

Tirol besteht aus neun Bezirken (Art. 2, TLO), deren Organisation auf das Tiroler Gesetz über die Organisation der Bezirkshauptmannschaften zurückgeht (LGBl. Nr. 11/1977, abgeändert durch LGBl. Nr. 77/2019). Gemäß der Landesordnung besteht das Land aus den politische Bezirken Imst, Innsbruck-Land, Innsbruck-Stadt, Kitzbühel, Kufstein, Landeck, Lienz, Reutte und Schwaz. Auch die österreichischen Statutarstädte (in Tirol: Innsbruck) führen neben ihren Gemeindeangelegenheiten die Rolle einer Bezirksverwaltung aus.

1525 Vgl. Prorok 2020, S. 58.

1526 Siehe etwa die Reaktion einiger Gemeinden in Oberösterreich, als die Bezirkshauptmannschaften in Diskussion waren: MeinBezirk.at 2013.

1527 Vgl. Prorok 2020, S. 63.

Tabelle 32: Die neun Tiroler Bezirke

Bezirksgemeinschaft	Sitz (Gemeinde)	Anzahl Gemeinden	Einwohner*innen (2020)
Imst	Imst	24	60.474
Innsbruck Land	Innsbruck	63	180.453
Innsbruck Stadt	Innsbruck	1	131.961
Kitzbühel	Kitzbühel	20	64.168
Kufstein	Kufstein	30	110.287
Landeck	Landeck	30	44.386
Lienz (Osttirol)	Lienz	33	48.738
Reutte	Reutte	37	32.838
Schwaz	Schwaz	39	84.329

Quelle: Eigene Erstellung auf Grundlage der Informationen: Land Tirol, Abteilung Raumordung und Statistik

Der Verfassungsreform zur Ausweitung der Kooperation zwischen Bezirksverwaltungen folgend, hält auch die Tiroler Landesgesetzgebung fest, dass Bezirksverwaltungsbehörden Angelegenheiten von anderen Bezirksbehörden übertragen bekommen oder für diese entscheiden können (LGBl. Nr. 77/2019). Dies geht von der Landesregierung aus und muss im Interesse der Sparsamkeit, Wirtschaftlichkeit und Zweckmäßigkeit liegen. Jede Bezirkshauptmannschaft muss einen Bezirksobmann bzw. -obfrau bestellen (§ 5), der*die kein Politiker*in sein darf, sondern nur ein Landesbedienstete*r des rechtskundigen Verwaltungsdienstes.

4.5. Zwischenfazit: Die interkommunale Kooperation in Graubünden, Südtirol und Tirol im Vergleich

Dieses Kapitel bietet einen vergleichenden Überblick, welche rechtlichen Möglichkeiten Gemeinden in Graubünden, Südtirol und Tirol haben, um miteinander auf horizontaler Ebene zu kooperieren mit dem Ziel lokale Dienstleistungen zu erbringen. In allen drei Gebieten sind mehrere Rechtsforen und -instrumente vorhanden, um in Kooperation zu treten. Diese erlauben es den Gemeinden, einerseits ihre lokale Autonomie zu wahren und gleichzeitig ihren Herausforderungen mithilfe von kooperativen Instrumenten entgegenzuwirken.

Wie im Kapitel 2 aufgezeigt, wird lokale Kooperation in ihrer horizontalen Ausprägung entweder als *bottom-up*-Prozess durch die Gemeinden selbst initiiert oder von der nationalen bzw. subnationalen Ebene *top-down* gefördert und somit gesteuert. In Graubünden, Südtirol und Tirol wurden beide Tendenzen festgestellt: Kooperationsprozesse starten zwar zum Großteil von unten und gehen von den Gemeinden selbst aus, die damit Herausforderungen unterschiedlicher Art begegnen. Implementiert werden dabei die in der Gesetzgebung verankerten Kooperationsinstrumente, die durch den jeweiligen Staat oder die Region vorgesehen sind. Somit haben alle drei subnationalen Gebietskörperschaften bzw. Nationalstaaten auf die Notwendigkeiten der Gemeinden für Effizienzsteigerung reagiert und stellen diverse Handlungsinstrumente für diese Zwecke zur Verfügung. Daneben wird die lokale Kooperation, zumindest in Südtirol und Tirol, finanziell gefördert, um die lokale Daseinsvorsorge durch Steuerung von oben effizienter zu gestalten. Es wird in Kapitel 2 außerdem darauf hingewiesen, dass interkommunale Kooperation in der Praxis in verschiedensten Formen und durch diverse Prozesse durchgeführt wird. Somit existieren multiple Formen der Kooperation, die aus unterschiedlichen Verwaltungssystemen resultieren. Diese unterschiedlichen rechtlichen Rahmenbedingungen widerspiegeln nicht nur die Diversität der Reglementierung von lokalen Gebietskörperschaften im Allgemeinen, sondern weisen auch auf verschiedene Ausprägungen von politischem Interesse für die lokale Kooperation hin.[1528] Diese Variabilität von Kooperation bringt die große Herausforderung mit sich, existierende Instrumente der Kooperation voneinander abzugrenzen, aber auch verständlich und vergleichbar zu klassifizieren.[1529]

Die These, dass Kooperation in verschieden Formen auftreten kann, kann für Graubünden, Südtirol und Tirol nur zum Teil verifiziert werden. Es stimmt zwar, dass die rechtlichen Rahmenbedingungen für lokale Kooperation in den einzelnen Territorien unterschiedlich sind, doch weisen die existierenden und in der Praxis angewandten Formen zahlreiche Ähnlichkeiten auf. Nichtsdestotrotz kann behauptet werden, dass die Rahmenbedingungen des übergeordneten Rechts und die politischen Strategien zur Steuerung von Kooperation einer bestimmten subnationalen Ebene Einfluss auf die Umsetzung von lokaler Kooperation haben.[1530] Dies ist am Beispiel des Kantons Graubünden klar erkennbar, wo die interkommunale Kooperation in Folge der starken Förderung der Zusammenlegungen seitens des Kantons abgenommen hat und nicht mehr so ausgeprägt ist wie noch vor einigen Jahren.

1528 Vgl. CoE, UNDP, & LGI 2010, S. 56.
1529 Vgl. Hertzog 2010, S. 295–297.
1530 Vgl. Steiner 2002, S. 475.

Die vergleichende Untersuchung hat **vier zentrale Dimensionen** akzentuiert, welche die rechtliche Einbettung der horizontalen Kooperation in den drei untersuchten Regionen ausmachen und anhand dieser gegenübergestellt werden können. Drei der Dimensionen sind funktionaler Natur, eine betrifft die politische Dimension. Die drei funktionalen Dimensionen umfassen die *Rechtsquellen der Kooperation*, die *Aufsicht der Kooperation* sowie die spezifischen angewandten *Formen*. Die politische Dimension betrifft hingegen den *politisch-institutionellen Kontext*, in welchem sich die Gemeinden einer subnationalen Gebietskörperschaft bewegen und der mitzuberücksichtigen ist.

4.5.1 Die funktionalen Dimensionen der Kooperation

Ein deutlicher Unterschied der Rahmenbedingungen von lokaler Kooperation in den Territorien ist, dass – wie es bereits in Bezug auf die lokale Autonomie festgestellt wurde – die damit zusammenhängenden **Rechtsquellen** verschiedener Natur sind. Die Grundlagen für die Kooperation der österreichischen Gemeinden sind hauptsächlich in der Bundesverfassung geregelt und werden in der Tiroler Landesordnung und Gemeindeordnung nur aufgegriffen und wiederholt. Mit den Gemeindeverbänden und den öffentlich-rechtlichen Vereinbarungen hat Österreich sogar zwei Kooperationsinstrumente, die verfassungsrechtlich vorgesehen und damit geschützt sind.[1531] In der Schweiz und Italien ist die lokale Kooperation hingegen nicht bzw. kaum auf nationalstaatlicher Ebene verfassungsrechtlich geregelt und nur die privatrechtlichen Kooperationsformen sind durch die jeweilige nationale Gesetzgebung definiert.

Der Kanton Graubünden – wie ebenso bereits im Hinblick auf die lokale Autonomie festgestellt wurde – normiert die lokale Kooperation ausführlich nur in der kantonalen Gesetzgebung (Gemeindegesetz), erwähnt deren Möglichkeit und Förderung allerdings auch in der kantonalen Verfassung. Eine solche explizite Bekundung zur interkommunalen Kooperation bei der Ausführung von lokalen Aufgaben findet sich in den Südtiroler und Tiroler subnationalen Rechtsgrundlagen hingegen nicht. Die Autonome Region Trentino-Südtirol hat weder spezifische Regelungen auf Verfassungsebene von Italien zu befolgen, noch ist die lokale Kooperation im regionalen Autonomiestatut reglementiert (das allerdings seit 1972 nicht abgeändert wurde). Die lokale Kooperation wird für die Südtiroler Gemeinden somit nur durch die einfache Gesetzgebung der Autonomen Region und der Autonomen Provinz normiert. Zusätzlich ist festzuhalten, dass die Gesetzgebung zu lokaler Kooperation in allen drei Ländern sehr überschaubar

---

1531 Vgl. Sonntag 2016, S. 324.

und zum Teil fragmentiert ist. Explizit beschäftigen sich nur einzelne Gesetze damit, einiges ist in der jeweiligen Materiengesetzgebung zu finden.

Die Ausführungen haben auch gezeigt, dass die Gemeinden bei der Ausführung von interkommunaler Kooperation kaum einer **Aufsicht** von oben ausgesetzt sind und somit eine hohe Handlungsautonomie im Bereich der lokalen Kooperation genießen. Demnach steht es den Gemeinden frei, alle möglichen Aufgaben gemeinsam mit anderen Gemeinden (oder wenn gewünscht bzw. möglich auch mit der subnationalen Ebene) auszuführen. In vergleichender Hinsicht sticht dabei besonders Graubünden ins Auge, dessen Kooperationsinstrumente im kantonalen Gemeindegesetz nicht abschließend sind und somit sogar Raum für weitere Instrumente gewähren. Sehr hoch ist in Graubünden und Südtirol außerdem die Autonomie in Bezug auf die Bildung von vorgesehenen Kooperationsinstrumenten, da eine Aufsicht durch die höheren Regierungsebenen in diesen Fällen faktisch nicht existiert. In Graubünden ist weder die vertragliche Kooperation noch die Gründung eines Gemeindeverbandes oder einer gemeinsamen Anstalt bei der kantonalen Regierung genehmigungspflichtig, auch in Südtirol können interkommunale Vereinbarungen ohne vorhergegangene Prüfung durch die Landesorgane verabschiedet werden. Die Tiroler Gemeinden müssen zwar zur Gründung einer Verwaltungsgemeinschaft ebenso keine Genehmigung vom Land einholen, wohl aber braucht es zur Bildung eines Gemeindeverbandes die vorherige Genehmigung der Landesregierung.

Diese Unterschiede in Bezug auf die Aufsicht offenbaren die andersgeartete Rolle, welche die drei subnationalen Gebietskörperschaften beim Thema Kooperation jeweils einnehmen. So genießen die Bündner und Südtiroler Gemeinden einen größeren Handlungsspielraum, weil für die Bestätigung der Kooperationsformen hauptsächlich die jeweiligen politischen Versammlungsorgane bzw. die Stimmberechtigten zuständig sind. Demgegenüber ist die Autonomie der Tiroler Gemeinden im Vergleich dazu deutlich beschränkter. Was hingegen in allen drei Gebieten vorhanden ist, ist eine detaillierte Normierung der Organisation und Struktur der jeweiligen Kooperationsinstrumente in der Gesetzgebung.

Was die spezifischen **Formen** der Anwendung von Kooperation betrifft, so stehen in allen drei Ländern mehrere Rechtsinstrumente zur Verfügung. In allen drei Territorien sind konkrete Rahmenbedingungen vorhanden, die es Gemeinden ermöglichen eine Dienstleistung miteinander auszuführen, von einer anderen Gemeinde ausführen zu lassen oder eine Institution in Form eines neuen Rechtssubjekts damit zu beauftragen bzw. für diesen Zweck zu gründen. Es gibt außer den öffentlich-rechtlichen Instrumenten auch Formen, die privatrechtlich geregelt sind und an denen sich somit auch andere Akteure beteiligen können.

Gemeinden in allen drei Territorien haben zum einen die Möglichkeit, Kooperationen auf der Basis eines *öffentlich-rechtlichen Vertrages* einzugehen, ohne damit neue öffentliche Körperschaften zu instituieren. In Südtirol fällt darunter die sog. Vereinbarung, in Tirol die Verwaltungsgemeinschaft, in Graubünden die Gemeindeverbindung auf Basis eines Vertrags. Die gewählte Rechtsform für eine Kooperation hängt üblicherweise von dem Ziel der zu bewältigenden Aufgaben ab. Allerdings geht die Lehre davon aus, dass je höher der finanzielle Aufwand für eine lokale Dienstleistung ist, desto eher wird aufgrund deren Verbindlichkeit tendenziell lieber eine institutionalisierte Form gewählt.[1532]

In allen drei Gebieten existiert nicht nur die einfache Kooperationsvariante des Vertrages, sondern auch eine *institutionalisierte Form* der Kooperation. Hierbei mündet die Zusammenarbeit zwischen Gemeinden in der Gründung einer öffentlich-rechtlichen Körperschaft, welche die Aufgaben an der Stelle der Gemeinden erfüllt und die Gemeinden somit entlastet. In allen Territorien haben die Gemeinden die Möglichkeit, eine Institution mit eigener Rechtspersönlichkeit zu gründen, der bestimmte lokale Aufgaben übertragen werden und die mit eigenen Entscheidungsorganen tätig ist. In Graubünden und Tirol heißen diese Körperschaften Gemeindeverbände, in Südtirol sind es die Gemeindeverbunde, die allerdings bisher keine Umsetzung fanden. Zum Unterschied von Tirol, wo der Gemeindeverband durch eine Verfassungsreform von einem Einzweck- zu einem Mehrzweckverband umgestaltet wurde, ist der Gemeindeverband in Graubünden explizit nur für eine einzige Aufgabe nutzbar.

Eine dritte Kategorie von Kooperationsformen ist schließlich die *intermediäre Verwaltungseinheit*, die ebenso eine öffentlich-rechtliche Institution darstellt, aber durch ein eigenes Gesetz eingeführt wurde, oftmals lange historische Tradition hat und eine Verwaltungsebene zwischen Kanton/Land und den betroffenen Gemeinden darstellt. Diese Verwaltungseinheiten sind in Graubünden die elf Regionen und in Südtirol die sieben Bezirksgemeinschaften. Es sind Strukturen mit Rechtspersönlichkeit, eigenem Personal und eigenen Organen, welche zahlreiche Aufgaben für die Gemeinden in einem bestimmten territorialen Gebiet übernommen haben. In Südtirol sind die Bezirksgemeinschaften in der Verwaltungsstruktur seit den 1970er Jahren fest verankert und mittlerweile wichtige öffentliche Arbeitgeber. In Graubünden gibt es die Regionen erst seit 2016, sie haben aber Vorgänger in den Strukturen der Kreise, Bezirke und Regionalverbände. In Tirol existiert mit den Bezirken ebenso eine intermediäre Verwaltungseinheit, diese führen aber keine Aufgaben der Gemeinden aus und haben keine politische Verzahnung

1532 Vgl. Wirth und Biwald 2006, S. 30.

der Leitungsorgane mit den lokalen Gebietskörperschaften, wie es in Graubünden und Südtirol der Fall ist. Interessanterweise spielen in Tirol einige große Gemeindeverbände für ein bestimmtes Bezirksterritorium eine ähnlich wichtige Rolle, wie die intermediären Verwaltungseinheiten in Graubünden und Südtirol. Beispiel hierfür sind etwa die Krankenhausverbände, die eine hohe Anzahl an Gemeinden miteinander vernetzen.

In allen drei Territorien gibt es außerdem die Möglichkeit der *privatrechtlichen Kooperation*, etwa durch Verträge oder die Gründung von Vereinen und Gesellschaften mit externen Akteuren. In Graubünden existieren zudem noch die Stiftungen, durch welche Gemeinden kooperativ tätig werden können. Zu nennen sind überdies die Form der übergemeindlichen *Programme und Netzwerke* als Sonderform der interkommunalen Kooperation, in denen viele Gemeinden gemeinsam aktiv sind. Dies geschieht oft auch gemeinsam mit der subnationalen Regierungsebene oder privaten Akteuren. Solche Netzwerke werden weniger dazu benutzt, um grundlegende Dienstleistungen von Gemeinden zu erbringen, sondern eher, um gemeinsame mittel- bis langfristige Strategien im Bereich der Regionalentwicklung oder spezifische Projekte umzusetzen. Nichtsdestotrotz betreffen auch diese Kooperationsformen häufig relevante lokale Aufgaben, etwa zur Förderung und Entwicklung des lokalen Tourismus oder der Wirtschaft sowie zur Abstimmung im Bereich der Raumordnung. Damit sind ebenso Aufgaben betroffen, die eine Gemeinde ohne eine solche Vernetzung oder Kooperation allein umsetzen und voranbringen müsste. In Tirol können zu solchen Netzwerken zum Beispiel die Regionalmanagementverbände genannt werden, welche für regionale Entwicklungsstrategien verantwortlich sind. In Südtirol gibt es ähnliche Netzwerke mit der Beteiligung von Gemeinden.[1533]

Aus vergleichender Hinsicht ist auffallend, dass es in Tirol mit den Gemeindeverbänden und Verwaltungsgemeinschaften zwar nur zwei *öffentlich-rechtliche Formen* der Kooperation gibt, beide aber in der Praxis häufig genutzt werden (siehe Kapitel 5). Auch in Graubünden nennt das Gemeindegesetz drei kooperative öffentlich-rechtliche Formen, die alle in der Praxis ausgeführt werden (Gemeindeverbände, Verträge, Anstalten). Die letzteren beiden sind zudem kaum kantonal reglementiert und die Gemeinden in deren Ausgestaltung weitgehend autonom. Im Gegenzug dazu schreibt das Regionalgesetz von Trentino-Südtirol eine Reihe von potenziellen Formen der Kooperation vor und hat im Vergleich

1533 Zu nennen ist das Netzwerk „Alpine Pearls“ mit der Mitwirkung von vier Südtiroler Gemeinden, das mittlerweile zu einem EVTZ umgewandelt wurde, oder das „Städtenetzwerk Südtirol“, bei welchem die sieben Südtiroler Städte zusammenarbeiten. Siehe: Alpine Pearls, https://www.alpine-pearls.com/, zuletzt geprüft am: 06.04.2023.

zwischen den Territorien die größte Anzahl an formellen Kooperationsinstrumenten vorzuweisen. Obschon die Regionalgesetzgebung diese vorgibt, spielt in der Südtiroler Praxis nur eine einzige Kooperationsform tatsächlich eine Rolle: Die Vereinbarung. Im Unterschied zu anderen italienischen Regionen, existieren in Südtirol nämlich keine Gemeindeverbünde (*unioni di comuni*).[1534] Die Gesetzesgrundlage gilt natürlich auch für die Autonome Provinz Trient, wo einige der genannten Formen sehr wohl umgesetzt werden. Dennoch stellt sich die Frage, warum bisher keine Südtiroler Gemeinde diese Möglichkeiten ergriffen hat.

Ein weiteres zentrales Ergebnis der vergleichenden Untersuchung der interkommunalen Kooperation ist, dass die horizontale Kooperation in Graubünden, Südtirol und Tirol in großem Maße auf *freiwilliger Basis* geschieht, während die verpflichtende Kooperation eine unterschiedliche Rolle spielt. In Tirol können Gemeindeverbände auch verpflichtend vonseiten des Landes oder des Bundes eingerichtet werden, je nachdem wer für eine Angelegenheit zuständig ist, die dem Verband übertragen wird. Für bestimmte lokale Dienste gibt es auch eine verpflichtende Zusammenarbeit für Gemeinden, etwa bei den Krankenhäusern oder den Planungsverbänden. Solche spezifischen Vorschriften gibt es in dieser Form in Südtirol und Graubünden nicht, wobei verpflichtende Vereinbarungen in Südtirol theoretisch möglich wären und auch in Graubünden die Gemeinden unter gewissen Umständen zur Kooperation verpflichtet werden können (siehe das Beispiel zum Grundbuchkreis). Dennoch spielt die verpflichtende Kooperation im Vergleich eine geringere Rolle.

4.5.2 Die politische Dimension der Kooperation

Bereits in Kapitel 3 wurde ersichtlich, dass die formalen Rahmenbedingungen der Lokalautonomie nicht immer mit der tatsächlichen Praxis der Autonomie einhergehen und daher gemeinsam zu berücksichtigen sind. Ähnlich dazu ergibt die Untersuchung der interkommunalen Kooperation, dass der politische Kontext nicht von den rechtlichen Rahmenbedingungen getrennt betrachtet werden sollte.

In allen drei Territorien wurden bzw. werden politische Strategien umgesetzt, welche die Dienstleistungserbringung der lokalen Gebietskörperschaften zum Gegenstand haben und die lokale *Governance* dadurch mit-steuern möchten. Diese Unterstützungs- und Steuerungsinitiativen sind nicht außergewöhnlich und werden in vielen europäischen Staaten und Regionen in ähnlichem Maße angewandt. Die Gründe, weshalb nationale und subnationale Regierungen interkommunale Kooperation aktiv unterstützen, fassen Hulst und van Montfort wie

1534 Vgl. Donno 2019, S. 14.

folgt zusammen: Es ist zum einen das Bedürfnis Mindeststandards in der lokalen Dienstleistungserbringung zu garantieren, zum zweiten die Notwendigkeit für eine *Governance* der Metropolen und dessen Umlands sowie zum dritten der Bedarf für eine allgemeine bestimmte Performanz der Gemeindeverwaltungen. Die Arten die Gemeinden zu mehr Kooperation zu bewegen können direkter oder indirekter Natur sein und einerseits aus der Verpflichtung zur Kooperation oder finanziellen Anreizen bestehen.[1535]

Die untersuchten alpinen Regionen gehen in der politischen Steuerung einen sehr unterschiedlichen Weg. Während in Graubünden die politische Auffassung überwiegt, dass die interkommunale Kooperation die Autonomie der Gemeinden einschränke, sind Südtirol und Tirol der gegensätzlichen Meinung: Die Kooperation der Gemeinden soll gefördert werden, um die lokale Autonomie zu stärken und Fusionen zu vermeiden. Dies muss nicht unbedingt auf ein unterschiedliches Verständnis von lokaler Autonomie hinweisen, da das langfristige Ziel dasselbe ist, nämlich die Gemeinden als politische Akteure und Daseinserbringerinnen zu stärken. Dennoch ist der jeweilige Zugang zur Stärkung und Aufwertung der lokalen Autonomie ein anderer. In Graubünden stellt die Gebiets- und Gemeindereform zu Gunsten von Gemeindefusionen mit Sicherheit den stärksten Eingriff in die Autonomie der lokalen Gebietskörperschaften dar, da von einer Umstrukturierung der Gebietsgrenzen auch die jeweilige lokale Autonomie betroffen ist. In Tirol wurde zwischen 2019–2021 hingegen ein gemeinsamer Strategieprozess für eine eventuelle darauffolgende Reform durchgeführt, in Südtirol wurde bereits 2017 eine Neuordnung der örtlichen Körperschaften verabschiedet. Beide Strategien sind im Vergleich zu der in Graubünden zwar ebenso von oben gesteuerte Prozesse, verfolgen aber das Ziel die interkommunale bzw. regionale Zusammenarbeit innerhalb des Territoriums zu stärken und nicht zu vermindern oder gar aufzulösen.

Das Land Südtirol hat zu diesem Zweck sogar ein eigenes Landesgesetz verabschiedet, was somit einen langfristigeren und institutionellen Einfluss mit sich bringt als der bisher nur strategische Austausch zwischen dem Land Tirol und seinen lokalen Akteuren. Mit dem Gesetz Nr. 18/2017 hat sich Südtirol für einen *top-down* Ansatz entschieden, wie in auch der Kanton Graubünden vollzieht. In Südtirol werden den Gemeinden nicht nur jene Dienste nahegelegt, in welchen sie kooperieren sollen, es gibt auch klare Spielregeln und einen Leitfaden sollten sie in den Genuss von Förderungen kommen mögen. Zudem sind elf größere bzw. zentral gelegene Gemeinden von den optimalen Einzugsgebieten ausgeschlossen.

1535 Vgl. Hulst und van Montfort 2007b, S. 233.

Sie haben zwar die Möglichkeit zu kooperieren, müssen dabei aber federführend agieren und den jeweiligen gewählten Dienst für alle Gemeinden im betroffenen Gebiet ausüben.[1536] Mit der Regelung der optimalen Einzugsgebiete hat Südtirol einen Weg eingeschlagen, der vom italienischen Staat für die Regionen mit Normalstatut bereits vorgezeichnet war. Dort wurde verankert, dass die Regionen optimale Einzugsgebiete für die gemeinsame Ausführung von Diensten festlegen sollen.[1537] Die politische Führung Südtirols ist überzeugt, dass das Gesetz bzw. die monetären Anreize zur Kooperation einen Beitrag zur Lösung der steigenden komplexen Aufgaben der Gemeinden leisten können. Besonders die gemeinsame Nutzung von Fachpersonal in der engeren Verwaltung wird als zukunftsweisend angesehen, da kleine und mittlere Gemeinden es schwer hätten, Fachpersonal für jedwede technische Angelegenheit zu beschäftigen. In Südtirol wurde zusätzlich zur Definition von optimalen Einzugsgebieten eine Mustervereinbarung zur Kooperation von Gemeinden verabschiedet sowie Zusatzvereinbarungen zwischen Gemeindeverband und Land für die finanzielle Förderung abgeschlossen.

In Österreich gingen einige Bundesländer ebenso den Weg der finanziellen Förderung durch Anschubfinanzierungen von Beratungen, Entwicklungskonzepten oder Pilotprojekten zur Förderung der interkommunalen Zusammenarbeit (Kärnten, Oberösterreich, Vorarlberg, Niederösterreich).[1538] Das Land Tirol hat diesbezüglich bisher noch nicht nachgezogen. Es gibt Studien aus anderen Ländern, die bestätigen, dass die finanziellen Zuweisungen zu einer erhörten Umsetzung von Kooperation beitragen können.[1539]

Die Tiroler Gemeinden sind in der Kooperation allerdings von sich aus bereits sehr aktiv und kooperieren seit vielen Jahren in Form von (obligatorischen) Gemeindeverbänden, seit einigen Jahren gibt es zudem die Form der Verwaltungsgemeinschaften. Momentan werden Gemeindekooperationen auch projektbezogen gefördert. Die Weiterentwicklung der künftigen lokalen Aufgabenerfüllung wird aber intensiv diskutiert. Im Strategieprozess „Zukunft Gemeinde – Agenda 2030“ wurde neben der direkten Zusammenarbeit von Gemeinden die Bildung einer zweiten Ebene, beispielsweise in Form von regionalen Servicecentern, vorgeschlagen. Damit soll die Möglichkeit eröffnet werden komplexere Aufgaben der Gemeinden auszulagern, um die Effizienz, Rechtssicherheit und die Entlastung der Mitarbeiter*innen zu verbessern. Dieser Ansatz wird zurzeit im Rahmen eines Pilotprojektes einer gründlichen Analyse unterzogen.

1536 Vgl. Morandell und Kössler 2021.

1537 Vgl. Camera dei deputati 2021, S. 1.

1538 Vgl. Wirth 2006.

1539 Vgl. Seuberlich 2012, S. 112 ff.

Für eine andere Vorgehensweise hat sich der Kanton Graubünden bereits 2011 entschieden, wo die interkommunale Kooperation ebenso intensiv praktiziert wurde und viele Gemeinden in mehreren Verbänden gleichzeitig tätig waren bis die Vielzahl an Zweckverbänden von vielen vermehrt als ineffizient betrachtet wurde.[1540] Mit diesem Hintergrund hat Graubünden im Vergleich zu Südtirol und Tirol eine vollkommen andere Entwicklung hinter sich: Hier führte eine flächendeckende Kooperation zu einer so hohen Kooperationsdichte, die schließlich nicht mehr von allen Akteuren positiv wahrgenommen wurde. Im Gegenteil: Sie führte so weit, dass sie zum Teil als Schwächung der lokalen Autonomie und Demokratie bewertet wurde. In der Folge lautete und lautet ein politischer Standpunkt, dass die Kooperation der Lokalautonomie nicht zuträglich wäre und die Fusionen zu größeren Einheiten gewinnbringender wären. Aus diesem Grund zielte man von da an auf die Verringerung der Anzahl der Gemeinden, die dann aufgrund neuer Größenordnungen nicht bzw. kaum mehr miteinander kooperieren sollten. Lokale Kooperationen sind weiterhin vorhanden, werden aber nicht mehr explizit von der Kantonsebene gefördert.

Die zahlreichen Fusionen der letzten Jahre in Graubünden lassen darauf schließen, dass diese von der Lokalpolitik gut angenommen werden. Damit befinden sich viele der Bündner Gemeinden in einem anderen politischen Kontext als die Südtiroler und Tiroler Nachbarn, wo es bis auf ein Beispiel in Tirol bisher keine Zusammenschlüsse gegeben hat. Gewisse Bündner Gemeinden haben womöglich früher viel kooperiert, mittlerweile aber den Weg der Zusammenlegung beschritten, womit die Kooperation notwendigerweise oder bewusst weniger wurde. Obwohl die Fusionen in Graubünden bisher alle freiwillig eingegangen wurden, ist durch die starke Willensbekundung vonseiten der kantonalen Regierung und des Grossen Rates eine klare politische Stoßrichtung und Erwartungshaltung vorhanden. Zudem hat sich der Grosse Rat explizit gegen die künftige Förderung von interkommunaler Kooperation ausgesprochen und will diese zu Gunsten der Fusionen vermehrt abbauen. In den Regierungen von Tirol und Südtirol ist die Zusammenlegung von Gemeinden hingegen (bisher) keine erstrebenswerte Strategie und steht nicht auf der politischen Agenda.[1541]

1540 Vgl. Grosser Rat 2011b.

1541 Der damalige Landesrat der SVP für örtliche Körperschaften, Arnold Schuler, hat dies auch in seiner Rede zur Neuordnung der örtlichen Körperschaften 2017 erwähnt und sich als „Gegner von Fusionen" bezeichnet. Vgl. Südtiroler Landtag 2017. In Tirol wurde die Fusion von drei Gemeinden zwar gerne unterstützt, aber man sieht weiterhin von Zwangsfusionen ab, vgl. Land Tirol 2020b.

Es kann einerseits positiv bewertet werden, dass die horizontale Kooperation in Südtirol oder die Fusion in Graubünden aktiv – auch finanziell – gefördert wird. Damit untermauern die Regionen ihr Interesse an einer effizienten lokalen *Governance* und versuchen die Gemeinden in ihren Herausforderungen und Notwendigkeiten zu unterstützen und ihnen somit Lösungswege aufzuzeigen. Dennoch kann kritisch angemerkt werden, dass in beiden Fällen *„von oben"* vorgegeben wird, in welche Richtung sich die Gemeinden bewegen sollen. Dieses Vorgehen weist demnach auf eine zentralistische Steuerung vonseiten der subnationalen Ebene hin, auch wenn diese Strategien in allen drei Fällen auf dem Prinzip der Freiwilligkeit basieren und die Gemeinden selbst über ihre Strategien entscheiden können. Trotz der (noch) freiwilligen Verankerung der Kooperationen und Fusion kann den Ländern eine gewisse Erwartungshaltung gegenüber der lokalen Daseinsvorsorge nicht abgesprochen werden.

Die Ausführungen zeigen, dass die rechtlichen Möglichkeiten der lokalen Kooperation in allen drei Gebieten zahlreich und mitunter ähnlich sind. Es gibt traditionelle Formen der Kooperation, wie die Bezirksgemeinschaften in Südtirol oder Gemeindeverbände in Tirol, die bis in die 1970er Jahre zurück reichen. Es gibt aber auch, basierend auf subnationalen Reformen, aktuelle Entwicklungen in diverse Richtungen der künftigen Dienstleistungserbringung. Durch die zur Verfügung stehenden formellen Kooperationsmöglichkeiten und die vorhandenen Strategien, wurde der politische Wille zum Mehrwert der interkommunalen Kooperation bzw. der Fusion auf subnationaler Ebene ersichtlich und bestätigt. Zum anderen kommt damit auch ein gewisser Bedarf vonseiten der Gemeinden zu Tage, dass lokale Dienstleistungen nicht ausschließlich allein, sondern auch in Zusammenarbeit durchgeführt werden möchten.

4.5.3 Die alten und neuen Dimensionen der Kooperation

Wie in Kapitel 2 bereits angemerkt, gibt es eine Vielzahl von Vorschlägen die Formen der interkommunalen Kooperation kategorisch darzustellen. So bezieht sich Teles auf die **Beschaffenheit der beteiligten Akteure** bzw. den **Grad der Institutionalisierung** (siehe Kapitel 2).[1542] Die folgende Tabelle fasst die relevanten Formen der Kooperation in Graubünden, Südtirol und Tirol in diese Kategorisierung zusammen, um den Leser*innen zum Abschluss einen schnellen Überblick über die existierenden Formen zu bieten.

1542 Vgl. Teles 2016.

Tabelle 33: Kooperationsformen der Gemeinden

	***Institutionalisation* (Institutionalisierung)**	
***Nature of Cooperation* (Beschaffenheit der Kooperation)**	*High (hoch)*	*Low (niedrig)*
Hard (verbindlich)	Bezirksgemeinschaft (ST) Region (GB) Gemeindevereinigung (ST) Gemeindeverbünde (ST) Gemeindeverband (T) Gemeindeverband (GB) Anstalt (GB)	Vereinbarung (ST) Programmvereinbarung (ST) Gemeinsame Ausübung von Verwaltungsdiensten (ST) Verwaltungsgemeinschaften (T) Gemeindeverbindung auf Vertragsbasis (GB) Privatrechtliche Verträge (T, GB, ST) Privatrechtliche Gesellschaften (T, GB)
Soft (unverbindlich)	Regionale Netzwerke	Informelle Kooperation

Quelle: Eigene Erstellung nach Kriterien von Teles 2016, S. 19 f. Abkürzungen: GB = Graubünden, ST = Südtirol, T = Tirol

Mit dieser Kategorisierung sind die verschiedenen Rechtsformen der Kooperation abgedeckt, da sowohl der Grad ihrer institutionellen Verankerung wie auch die Verbindlichkeit der Kooperation dargestellt und miteinander verbunden werden kann. Was die beiden Dimensionen und die Kategorisierung allerdings nicht abdecken, sind die funktionalen Dimensionen der **Rechtsquellen** und der **Aufsicht** sowie die **politische Dimension** bezüglich einer Verpflichtung oder Freiwilligkeit von Kooperation, wie sie in dieser Arbeit zusammengefasst wurden. Die Tabelle 34 erweitert die zwei Dimensionen von Teles daher um die drei zusätzlichen Dimensionen.

Tabelle 34: Fünf Dimensionen der lokalen Kooperation

Institutionalisierung	Hoch	Niedrig	
Beschaffenheit der Kooperation	Verbindlich	Unverbindlich	
Art der Rechtsquelle	Verfassungsrechtlich	Kodifiziert	Fragmentiert
Aufsicht	Genehmigungs-pflichtig	Nicht genehmi-gungspflichtig	
Politische Strategie	Verpflichtend	Freiwillig	Steuerung durch finanzielle Anreize

Wie erklärt, kann die **Institutionalisierung** einer Kooperation hoch sein – etwa, wenn diese die Gründung von neuen öffentlich-rechtlichen Körperschaften mit sich bringt – oder niedrig sein, wenn eine Kooperation vertragsbasiert und somit einfacher auflösbar ist. Zum zweiten kann die **Beschaffenheit der Kooperation** verbindlich oder eher unverbindlich sein. In Bezug auf die Art der **Rechtsquellen**, kann eine Kooperation in der Verfassung festgeschrieben sein oder aber nur durch die einfache Gesetzgebung geregelt sein. Die verfassungsrechtliche Rechtsquelle kommt mit einem besonderen Stellenwert gleich und ist schwierig abzuändern. Die kodifizierte Rechtsquelle ist ebenso stark verankert, aber kann im legislativen Prozess einfacher abgeändert werden. Eine dritte Kategorie wäre die fragmentierte Rechtsquelle, d.h. eine bestimmte Kooperation hängt von mehreren Rechtsquellen bzw. dem jeweiligen Kooperationsbereich ab.

Die **Aufsicht** der Kooperation kann eine hohe Autonomie oder eine niedere Autonomie für die Gemeinde bedeuten. Ersteres ist der Fall, wenn Kooperationen nicht genehmigungspflichtig sind, andererseits gibt es jene Kooperationen, die eine Genehmigung der höheren Regierungsebene bedürfen. Letztens kann auch die **politische Strategie** unterschiedlich ausgestaltet sein und die Anwendung von lokaler Kooperation beeinflussen: So kann Kooperation verpflichtend vorgesehen werden, vollkommen freiwillig sein oder aber eine ambivalente Strategie umfassen, d.h. die Kooperation an sich ist freiwillig, wird aber durch finanzielle Anreize gefördert und somit indirekt gesteuert.

Basierend auf den bisherigen Ausführungen und der Feststellung, dass Kooperation rechtlich ausreichend geregelt ist, stellt sich nun die Frage, ob die lokale Kooperation von der lokalen politischen Elite in Graubünden, Südtirol und Tirol als prioritäres Ziel angesehen wird oder nicht. Diesem Aspekt widmen sich die folgenden Kapitel 5 und 6. Sie geben einen vertiefenden und detailreichen Einblick, inwiefern die Bürgermeister*innen in der lokalen Kooperation eine Notwendigkeit sehen, inwieweit Kooperation in den einzelnen Gemeinden in der Praxis verankert ist, welche Instrumente zur Kooperation genutzt werden und in welchen Politikbereichen die Gemeinden hauptsächlich kollaborativ tätig werden.

Teil 3: Empirie

Kapitel 5: Nutzung der interkommunalen Kooperation

5.1. Datensatz der empirischen Untersuchung

5.1.1 Variablen der Nutzung und Bewertung der Kooperation

Die empirische Untersuchung, die in den Kapiteln 5 und 6 präsentiert wird, ist ein zentraler Teil dieser Forschungsarbeit. In den folgenden Kapiteln werden die Ergebnisse des standardisierten Fragebogens sowie jene der semistrukturierten Interviews mit Bürgermeister*innen aus 12 Beispielgemeinden präsentiert und im Hinblick auf die Variablen Territorium, Größe und geografische Lage der Gemeinde und mittels einer qualitativen Analyse dargestellt (siehe Kapitel 1). Wie im Kapitel 1 beschrieben, konzentriert sich die Untersuchung auf die Erhebung und den Vergleich der Nutzung sowie der Bewertung von Kooperation in Graubünden, Südtirol und Tirol. Mit der Nutzung sind die praktische Erfahrung und die Ausgestaltung der interkommunalen Kooperation in ihrer täglichen Praxis gemeint. Die Bewertung fokussiert sich hingegen auf die politische Meinung zu lokaler Kooperation im Allgemeinen sowie zu deren Durchführung und Entwicklung im Spezifischen. Damit untersucht die Forschungsarbeit, wie die Bürgermeister*innen als politische Führungspersönlichkeiten die interkommunale Kooperation wahrnehmen und perzipieren. Darauf basierend werden Vergleiche gezogen, die Ähnlichkeiten bzw. Unterschiede im Hinblick auf die Herkunft einer Gemeinde (Land), deren Größe oder Lage aufzeigen.

Die Daten werden anhand von elf Dimensionen untersucht und dargestellt. Die Variable der „Nutzung" (Kapitel 5) wird anhand von fünf Dimensionen definiert: **Erfahrung, Politikfeld, Formen, Akteure, Intensität.** Demgegenüber wird die Variable „Bewertung" über sechs Dimensionen definiert (Kapitel 6): Diese sind die **Gründe, Wichtigkeit, Zufriedenheit, Lösung, Hindernisse** und **Unterstützung**. Die folgende Tabelle zeigt die einzelnen Dimensionen erneut auf und fasst die jeweiligen Forschungsziele, die mit den gesammelten Informationen verfolgt werden, kurz zusammen.

Tabelle 35: Variablen und Dimensionen

Variable	Dimension	Frage im Fragebogen	Frage im Interview	Ziele
Nutzung	Erfahrung	6–11	Ja	In dieser Dimension wird erhoben, ob die Gemeinden bereits Erfahrung mit Kooperation haben und falls ja, wie lange diese bereits besteht. Zudem wird gefragt, mit wie vielen Gemeinden die Gemeinden in Kooperation stehen. Diese Ergebnisse sind die Basis der Untersuchung und darauf bauen die weiteren Fragen auf.
	Politikfeld	12–14	Ja	In dieser Dimension wird erhoben, in welchen Politikbereichen die Gemeinden kooperieren und falls sie dies tun, ob die Kooperation mit anderen Gemeinden stattfindet, mit privaten Akteuren oder mit dem Land. Dadurch kann erhoben werden, welche Rolle der Kooperation innerhalb einer Gemeindeverwaltung zukommt und ob es sich nur um punktuelle oder breit angelegte Erfahrungen handelt.
	Formen	15–16	Ja	In dieser Dimension wird erhoben, welche rechtlichen Formen die Gemeinden nutzen, um Kooperation auszuführen. Diese Information gibt Aufschluss, ob die Rechtsinstrumente in der Praxis bekannt sind und genutzt werden.
	Akteure	17–20	Ja	In dieser Dimension wird erhoben, wer die primären Akteure sind, die sich mit dem Thema Kooperation beschäftigen. Damit soll untersucht werden, ob die Bürgermeister*innen – wie erwartet – tatsächlich eine zentrale Entscheidungskompetenz in der lokalen Kooperation innehaben.

Variable	Dimension	Frage im Fragebogen	Frage im Interview	Ziele
	Intensität	21–26	Nein	In dieser Dimension wird erhoben, wie häufig die Bürgermeister*innen in ihrer Arbeit mit Kooperation zu tun haben bzw. wie intensiv die Gemeinde mit anderen Gemeinden kooperiert. Damit wird verständlicher, ob Kooperation ein Thema ist, mit welchem sich die Gemeinden häufig auseinandersetzen oder nicht.
Bewertung	Gründe	27–30	Ja	In dieser Dimension wird erhoben, aus welchen Hauptgründen die Bürgermeister*innen mit anderen Gemeinden kooperieren. Dies ist eine zentrale Information, um zu eruieren, weshalb die Gemeinden in Kooperation treten.
	Wichtigkeit	31–38	Ja	In dieser Dimension wird erhoben, wie wichtig den Bürgermeister*innen persönlich die Kooperation mit anderen Gemeinden ist und wie wichtig ihnen diverse Formen der Kooperation sind. Zudem wird erhoben, ob die Bürgermeister*innen Kooperation als zielführend betrachten. Diese Ergebnisse sollen Aufschluss geben, ob Kooperation von den politischen Führungspersönlichkeiten als wichtig oder unwichtig wahrgenommen wird.
	Zufriedenheit	39–42	Ja	In dieser Dimension wird erhoben, wie zufrieden die Bürgermeister*innen mit der bisherigen Kooperation mit anderen Gemeinden sind. Zudem werden Beispiele von erfolgreicher Kooperation erhoben, um deren Formen und Politikfelder zu erheben. Mit dieser Information soll klar werden, ob die bisherigen Erfahrungen mit Kooperation positiv oder negativ sind.

(Forts.)

Tabelle 35: (Forts.)

Variable	Dimension	Frage im Fragebogen	Frage im Interview	Ziele
	Hindernisse	51–54	Ja	In dieser Dimension wird erhoben, ob die Bürgermeister*innen bei der Kooperation Schwierigkeiten hatten bzw. sie bestimmte Faktoren bisher an einer Zusammenarbeit hindern. Diese Dimension soll eruieren, ob es Faktoren gibt, welche die Kooperation negativ beeinflussen und aus denen somit Empfehlungen abgeleitet werden können.
	Unterstützung	56–57	Ja	In dieser Dimension wird erhoben, ob es Faktoren gibt, welche die Kooperation zwischen Gemeinden gemäß der Bürgermeister*innen fördern kann. Diese Dimension soll eruieren, ob es Faktoren gibt, welche die Kooperation positiv beeinflussen und aus denen somit Empfehlungen abgeleitet werden können.
	Lösung	43–50	Ja	In dieser Dimension wird erhoben, ob die Bürgermeister*innen Kooperation als einen Lösungsansatz für Herausforderungen von Gemeinden betrachten. Hierbei werden zuerst die Herausforderungen der eigenen Gemeinde sowie etwaige Leistungsgrenzen in der Verwaltung erfragt, aber auch wie die finanzielle Ausstattung der Gemeinde sowie die Erwartungen der Bürger*innen und des Landes eingeschätzt werden. Zudem wird danach gefragt, wie die Bürgermeister*innen ihre Aufgabe bewerten und wie sie zu Kooperation und Fusion als Lösungsansätze stehen. Dies ist eine komplexe Dimension, die beantworten soll, ob Bürgermeister*innen denken, dass Kooperation bei der Bewältigung der lokalen Herausforderungen tatsächlich weiterhelfen kann.

Eine Herausforderung der Untersuchung war der Umstand, dass der Umfang der Ergebnisse der drei Territorien nicht gleich hoch ist. Wie erwähnt, haben an der Befragung mittels Fragebogen nur 15 % der Tiroler Bürgermeister*innen teilgenommen, während es in den anderen beiden Gebieten über 40 Prozent der Zielgruppe waren. Dieser Umstand kann teilweise dadurch kompensiert werden, dass für die Tiroler Gemeinden – anders als für Graubünden und Südtirol – bereits eine ausführliche Studie zur Nutzung von interkommunaler Kooperation existiert.[1543] Diese Daten stammen von 2016 und wurden ebenso mittels einer schriftlichen Befragung erhoben. Zum Unterschied zu Tirol ist die lokale Kooperation in Südtirol und Graubünden bisher hingegen nicht systematisch empirisch erfasst und es existieren keine detaillierten Sammlungen über die lokalen Erfahrungen mit Kooperation.[1544] Nichtsdestotrotz können wir uns für Graubünden zum Teil auf die Erhebungen der Gemeindeschreiber*innen für alle schweizerischen Kantone berufen. Für Südtirol gibt es hingegen keine ausführliche Erhebung, allerdings existiert eine Aufstellung der interkommunalen Vereinbarungen vonseiten des Landes. Einen tatsächlichen aktuellen Stand der lokalen Kooperationstätigkeit im Jahr 2023 gibt es für keines der drei betroffenen Länder.

5.1.2 Fragebogen

Wie im Kapitel 1 ausführlich beschrieben, wurden die 500 Gemeinden aller drei Territorien, an welche der online-Fragebogen geschickt wurde, vorab in Bezug auf die Anzahl ihrer Einwohner*innen in mehrere **Größenklassen** zusammengefasst. Die nachfolgende Tabelle zeigt auf, wie viele der 500 Gemeinden in diese einzelnen Größenklassen fallen und wie viele davon an der Befragung von 2020 teilgenommen haben.

1543 Siehe: Bußjäger und Sonntag 2012.

1544 In der Schweiz gilt dies im Übrigen für die meisten Kantone, vgl. Rühli 2012, S. 110.

Tabelle 36: Rücklauf der Fragebogen nach Größe der Gemeinde

Einwohner*innen	**Gesamtanzahl**	**Anteil**	**Rücklauf Fragebogen (Anzahl)**	**Rücklauf**
Unter 500 (Kleinstgemeinden)	67	13,4 %	19	28,4 %
501–2.000 (Kleine Gemeinden)	236	47,2 %	63	26,7 %
2.001–5.000 (Mittlere Gemeinden)	148	29,6 %	43	29,1 %
Über 5.000 (Große Gemeinden)	49	9,8 %	17	34,7 %
Summe	**500**	**100,0 %**	**142**	**28,4 %**

Außerdem wurden die 500 Gemeinden auch im Hinblick auf ihre **geografische Lage** zugeordnet. Wenn wir diese Variable betrachten, so spiegelt sich die Rücklaufquote des Fragebogens wie folgt wider:

Tabelle 37: Rücklauf der Fragebogen nach geografischer Lage der Gemeinde

Geografische Lage	**Gesamtanzahl**	**Anteil**	**Rücklauf Fragebogen (Anzahl)**	**Rücklauf**
Städte (DEGURBA 1 Kategorie)	2	0,4 %	0	0,0 %
Kleinere Städte und Vororte (DEGURBA 2 Kategorie)	95	19,0 %	30	31,5 %
Ländliche Vororte (DEGURBA 3 Kategorie), davon:	403	80,6 %	112	27,7 %
a) Ländliche Zentren	61	*12,2 %*	*10*	*16,3 %*
b) Ländliche Vororte	273	*54,6 %*	*79*	*28,9 %*
c) Ländlich periphere Gebiete	69	*13,8 %*	*23*	*33,3 %*
Summe	**500**	**100,0 %**	**142**	**28,4 %**

Da keine der zwei Gemeinden, die in die Kategorie der Städte fällt (Innsbruck und Bozen), den Fragebogen ausgefüllt hat, bleiben für die Analyse in geografischer Hinsicht nur zwei Gruppierungen übrig: Die kleineren Städte und Vororte sowie die ländlichen Vororte, die wiederum in ländliche Zentren, ländliche Vororte und ländlich periphere Gebiete unterteilt werden.

5.1.3 Fallstudien in Beispielgemeinden

Neben den Daten mittels Fragebogens wurden die Meinungen und Erfahrungen zu lokaler Kooperation auch mittels 12 semi-strukturierten Interviews in Beispielgemeinden erhoben. Für die Auswahl der Interviewpartner*innen wurden, wiederum basierend auf der Größe sowie der geografischen Lage der Gemeinden, vorab vier Kategorien gebildet. Für jede dieser Kategorien wurden insgesamt drei Gemeinden befragt (je eine aus Graubünden, Südtirol und Tirol).

Tabelle 38: Kategorisierung der 12 Beispielgemeinden

Kategorie	Gesamtanzahl Interviews	Kanton Graubünden	Land Südtirol	Land Tirol
Gruppe A: Kleine Gemeinden (Einwohner*innen zwischen 0 und 2.000) und ländliche Vororte (Entfernung zwischen 10,1 und 50 km vom nächsten größeren Ort)	3	Zernez	Martell	Kaunertal
Gruppe B: Mittlere Gemeinden (Einwohner*innen zwischen 2.001 und 5.000) und ländliche Vororte (Entfernung zwischen 10,1 und 50 km vom nächsten größeren Ort)	3	Surses	Villnöss	Westendorf
Gruppe C: Kleine Gemeinden (Einwohner*innen zwischen 0 und 2.000) und ländliche Zentren (Entfernung weniger als 10 km vom nächsten größeren Ort)	3	Tschiertschen-Praden	Pfatten	Polling in Tirol

(Forts.)

Tabelle 38: (Forts.)

Kategorie	**Gesamtanzahl Interviews**	**Kanton Graubünden**	**Land Südtirol**	**Land Tirol**
Gruppe D: Mittlere Gemeinden (Einwohner*innen zwischen 2.001 und 5.000) und ländliche Zentren (Entfernung weniger als 10 km vom nächsten größeren Ort)	3	Trimmis	St. Lorenzen	Schwoich
Summe	**12**	**4**	**4**	**4**

Die **Gruppe A** umfasst die drei ländlichen Gemeinden Kaunertal in Tirol, Martell in Südtirol und Zernez in der Schweiz. Alle drei Gemeinden fallen in die Gruppierung der kleinen Gemeinden, die zudem ländliche Vororte darstellen. Die Einwohner*innenzahl liegt zwischen 602 und 1.536. Die Flächengröße ist unterschiedlich, in allen drei Fällen handelt es ich aber um flächenmäßig sehr große Gemeinden: Martell und Kaunertal haben eine ähnliche hohe Ausdehnung (143,8 bzw. 193,5 km^2), während Zernez eine Fläche von 322 km^2 aufweist. Alle Bürgermeister haben im Interview bestätigt, Erfahrung mit horizontaler Kooperation zu haben und verwiesen dabei auch auf ihre besondere Lage mit spezifischen Notwendigkeiten. In Zernez und Kaunertal ist die Kooperation intensiv und umfasst mehrere Gemeindeverbände. Insbesondere die Gemeinde Kaunertal kooperiert bereits seit Jahrzehnten und ist in diversen Gemeindeverbänden jeweils mit mindestens sieben Gemeinden vernetzt. Auch Zernez weist, trotz einer Fusion im Jahr 2015, immer noch eine rege Kooperationstätigkeit aus. Die Gemeinde Martell sticht in dieser Gruppe insofern hervor, weil sie zwar Kooperation durchführt, aber nicht in dem Ausmaß wie die anderen beiden Gemeinden derselben Kategorie.

Zur **Gruppe B** der Beispielgemeinden gehören drei Gemeinden, deren Einwohner*innen mehr als 2.000 sind, die aber – wie die Gruppe A – als ländliche Vororte gelten. Es sind die Gemeinden Surses in Graubünden, Villnöss in Südtirol und Westendorf in Tirol. Deren Bevölkerungszahl liegt zwischen 2.343 und 3.679. Flächenmäßig sind die Gemeinden Westendorf und Villnöss ähnlich, während die Bündner Gemeinde Surses mit einer Fläche von 325 km^2 sogar zu den größten Gemeinden der Schweiz gehört. Die drei Gemeinden scheinen bedeutend weniger Erfahrung mit Kooperation im Vergleich zur Gruppe A aufzuweisen, wobei alle drei Bürgermeister*innen bestätigten, in bestimmten Politikfeldern zusammenzuarbeiten. Die Gemeinde Surses hat, ähnlich wie Zernez in Gruppe A, eine differenzierte Erfahrung, weil sie aus einer Fusion entstanden ist und sich in Zuge dessen die Kooperationstätigkeit stark reduziert hat.

Abgesehen von diesen ländlichen Vororten wurden noch sechs Bürgermeister*innen aus ländlichen Zentren interviewt: Die **Gruppe C** umfasst die drei kleinen, aber zentral gelegene Gemeinden Tschiertschen-Praden in Graubünden, Pfatten in Südtirol und Polling in Tirol. Die Gemeinde Tschiertschen-Praden ist trotz einer Fusion mit knapp über 300 Einwohner*innen im Vergleich immer noch eine kleine Gemeinde, während in Polling und in Pfatten mit 1.221 bzw. 1.057 deutlich mehr Personen leben. Die Gemeinde Pfatten hat eine kleine Fläche, aber eine räumlich lange geografische Ausdehnung (13,5 km^2). Sie grenzt an mehrere Südtiroler Gemeinden, womit ihre rege Kooperationstätigkeit zu begründen ist. Auch Tschiertschen-Praden und Polling weisen Erfahrungen mit Kooperationen auf.

Schließlich umfasst die **Gruppe D** die drei urbansten Gebiete der Untersuchung: Es sind Gemeinden mit einer Einwohner*innenzahl über 2.000, die gleichzeitig zentral gelegen sind. Die Gemeinde Trimmis in Graubünden ist mit etwas über sechs Kilometer am weitesten von einem größeren Ort entfernt, während sich die St. Lorenzen (Südtirol) und Schwoich (Tirol) räumlich sehr nahe an einer Gemeinde mit über 10.000 Einwohner*innen befinden. Die Gemeinde Schwoich hat eine Bevölkerungszahl von etwas mehr als 2.500, die anderen beiden über 3.000 Einwohner*innen. In allen drei Gemeinden ist eine Erfahrung mit Kooperation vorhanden und umfasst jeweils mehrere Politikbereiche.

Diese vier Gruppen von Gemeinden wurden im Vorfeld gebildet, weil sie beispielhaft für die Kombination der Variablen Größe und geografische Lage stehen. Die damit verbundene Erwartung war, dass mithilfe dieser Gruppen spezifische Ergebnisse herausgearbeitet werden könnten, so dass etwa bestimmte Erfahrungen oder Bewertungen nur bei kleinen peripheren Gemeinden oder nur bei zentral gelegenen kleinen Gemeinden auftauchen. Oder es hingegen Ähnlichkeiten in den Gruppen der kleinen bzw. großen Gemeinden gibt, so dass der Einfluss der Lage oder Größe festgestellt werden kann. Da die Untersuchung schlussendlich nur einen beschränkten Einfluss der Größe und Lage zu Tage gebracht hat (siehe folgende Ausführungen), wurde nach Abschluss der Recherche davon abgesehen, die vier Kategorien im Spezifischen zu bewerten. Nichtsdestotrotz war die Kategorienbildung zu Beginn der Forschungsarbeit notwendig und sinnvoll, da sie die methodisch begründbare Auswahl der

Beispielgemeinden ermöglichte und die Auswahl von verschiedenen Typen von Beispielgemeinden garantierte.

5.1.4 Die befragten Bürgermeister*innen und Gemeindepräsident*innen

Von 500 potenziellen Gemeinden haben 142 Bürgermeister*innen und Gemeindepräsident*innen an der Befragung mittels Fragebogen teilgenommen. Demgegenüber wurden 12 Bürgermeister*innen per Video-Telefon interviewt. Von den 142 Personen, welchen den Fragebogen ausgefüllt haben, sind 122 (85,9 %) selbst als Bürgermeister*innen tätig, demgegenüber hatten 20 Personen (14,1 %) eine andere politische oder administrative Funktion inne: zehn von 20 waren die verwaltungsrechtlichen Führungspersonen der jeweiligen Gemeinde (Gemeindesekretär*innen, Kanzlist*innen, Amtsleiter*innen), vier gaben keine genaue Angabe zu ihrer Funktion an, bei zwei handelte es sich um Verwaltungsmitarbeiter*innen, bei weiteren zwei um Mitglieder der Gemeindeexekutive und bei einem um eine Führungsperson der Verwaltung.

Die Abbildung 2 zeigt, wie lange die jeweiligen Bürgermeister*innen bereits im Amt tätig sind. Diese Information ist insofern relevant, da sie auch darauf hinweisen kann, über wie viel Erfahrung die Bürgermeister*innen mit Kooperation verfügen bzw. wie lange sie schon mit diesem Aspekt der *Governance* zu tun haben. Insgesamt haben 140 Personen diese Frage beantwortet, was bedeutet, dass auch einige der 20 Vertretungspersonen die Frage für ihre*n Bürgermeister*in beantwortet haben. Zusammenfassend ist der größte Anteil (35,9 %, 51 Personen) seit fünf bis zehn Jahren im Amt. Fast gleich viele Befragten (27,5 %, 39 Personen) sind weniger als fünf Jahre Bürgermeister*in ihrer Gemeinde. Ein kleinerer Teil (16,9 %, 24 Personen) ist hingegen bereits seit über 15 Jahren in der Gemeinde als Bürgermeister*in tätig.

Von den 12 Bürgermeister*innen, die interviewt wurden, haben einige bereits reichlich politische Erfahrung – entweder als Bürgermeister*in seit mehr als fünf Jahren oder vorher als Mitglied der Gemeindeexekutive. Zwei von 12 Befragten sind bereits seit über 15 Jahren im Amt als Bürgermeister*in tätig, vier hingegen sind seit fünf bis zehn Jahren Bürgermeister*in. Einige haben hingegen deutlich weniger Erfahrung als politische Führungspersönlichkeit. So sind sechs von 12 ziemlich neu im Amt und stehen seit weniger als fünf Jahren an der Spitze ihrer Gemeinde.

*Abbildung 2: Amtszeit der Bürgermeister*innen (Fragebogen und Interviews).*

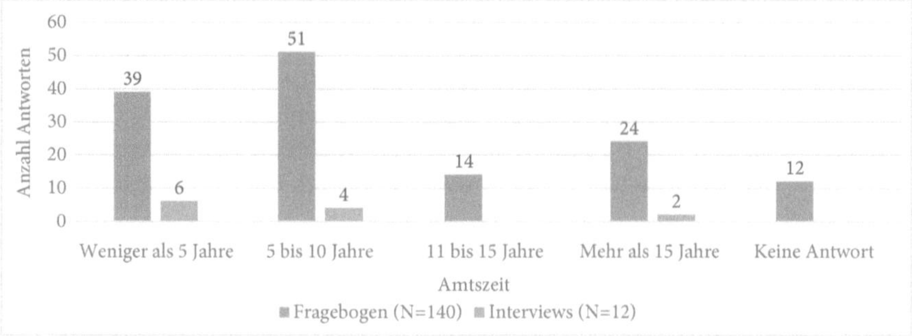

Eine weitere persönliche Information, die erhoben wurde, ist die politische Zugehörigkeit der Befragten. Diese hat für die hier durchgeführte Untersuchung keine Relevanz und dient nur als Zusatzinformation. Von den 140 Bürgermeister*innen aus dem Fragebogen, gehörten 95 einer politischen Partei an (67,9 %), die auch auf Landes- bzw. Kantonsebene im Parlament vertreten ist. 18 Personen geben hingegen an, parteiunabhängig zu sein und 14 Personen erklärten ein Mitglied einer Bürgerliste bzw. einer unabhängigen Liste zu sein. Eine Person gab an, zwar zu einer politischen Partei zu gehören, die allerdings nicht auf subnationaler Ebene im Parlament vertreten ist. Schließlich gaben 12 Personen bei dieser Frage gar keine Auskunft.

*Abbildung 3: Politische Zuordnung der Bürgermeister*innen (Fragebogen und Interviews).*

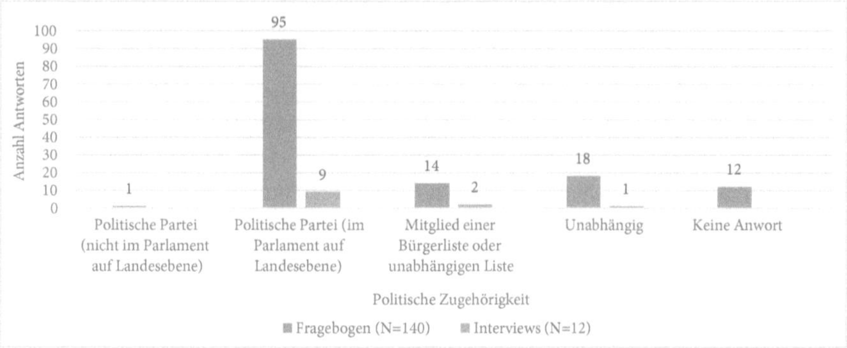

Demgegenüber sind von den 12 Interviewpartner*innen fast alle Mitglied einer Partei, welche im subnationalen Parlament vertreten ist. Von den vier Südtiroler Bürgermeistern sind alle vier Mitglied einer Partei, die auch auf Landesebene aktiv ist. Von den vier Tiroler Bürgermeister*innen sind hingegen zwei einer Landtags- bzw. Nationalratspartei zuordenbar, während zwei andere von einer Bürgerliste stammen. Von den vier Bündner Gemeindepräsidenten gehören hingegen drei einer Partei an, welche auch auf Kantonsebene vertreten ist. Einer gehört keiner Partei an.

5.2. Erfahrung

Die Dimension der Erfahrung soll Informationen liefern, ob und falls ja, welche, Gemeinden bisher bereits mit anderen Gemeinden kooperiert haben, um lokale Dienstleistungen auszuführen. Dadurch soll die tatsächliche Relevanz der horizontalen Kooperation der lokalen Regierungsebene abgeleitet werden. Die Dimension wurde im Fragebogen anhand von vier Fragen erhoben. Neben einer allgemeinen Frage, ob die Gemeinden überhaupt Erfahrung mit Kooperation aufweisen, wird erhoben, wie lange erfahrene Gemeinden bereits zusammenarbeiten und ob sie mit wenigen oder vielen Gemeinden in Kooperation stehen. Sollten die Gemeinden Erfahrung aufweisen, wird auch danach gefragt, ob dies nur mit unmittelbar angrenzenden Nachbargemeinden geschieht oder auch mit anderen Gemeinden. In den Interviews wurde hingegen auf allgemeiner Ebene gefragt, ob die Gemeinden Erfahrungen mit Kooperation haben und falls ja, wie lange und mit wie vielen Gemeinden.

Die Erwartungen zu dieser Dimension waren, dass die meisten Gemeinden in Graubünden, Südtirol und Tirol bereits über konkrete Erfahrungen verfügen. Zum einen wird dies durch die vorhanden Rechtsinstrumente (Gemeindeverbände, Vereinbarungen) angenommen, im Falle von Südtirol und Graubünden aber auch durch die intermediären Verwaltungseinheiten der Bezirksgemeinschaften und Regionen, an denen alle Gemeinden beteiligt sind. In Bezug auf die Anzahl der Partnergemeinden wird angenommen, dass die meisten Gemeinden Erfahrungen mit unterschiedlichen Gemeinden aufweisen und dies nicht in jedem Fall Nachbargemeinden betrifft. Es wird erwartet, dass die Erfahrung der Kooperation in allen drei Ländern ziemlich ähnlich ausfällt, wobei die Gemeinden aus Graubünden vermutlich etwas mehr Erfahrung aufweisen, weil die Schweiz eine verankerte Tradition aufweist. Bezüglich der Größe und Lage der Gemeinde wird angenommen, dass die kleineren und peripehereren Gemeinden mehr Erfahrung aufweisen, da sie unter größeren Herausforderungen stehen als größere und zentral gelegenere Gemeinden.

5.2.1 Erfahrung mit Kooperation

Die Ergebnisse aus dem Fragebogen zeigen, dass die Mehrheit der befragten Bürgermeister*innen bereits langjährige Erfahrungen mit interkommunaler Zusammenarbeit aufweist. Auf die erste inhaltliche Frage „*Arbeitet Ihre Gemeinde aktuell mit anderen Gemeinden zusammen, um Dienstleistungen gemeinsam auszuführen?*" antworteten 128 von 142 Befragten mit Ja und nur 13 mit Nein (90,1 % vs. 9,2 %). Eine einzige Person machte zu dieser Frage keine Angabe.

Von jenen Bürgermeister*innen, die keine Erfahrung mit Kooperation mit anderen Gemeinden zu haben scheinen bzw. keine Angabe machten, stammen zwei aus Graubünden, drei aus Südtirol und acht aus Tirol. In Bezug auf das Territorium der Bürgermeister*innen ist somit festzustellen, dass in Tirol 82,2 Prozent der befragten Bürgermeister*innen angeben, Erfahrung mit horizontaler Kooperation zu haben, in Graubünden 93,6 Prozent und in Südtirol 94 Prozent.

Abbildung 4: Gesamtergebnisse zur Erfahrung der Gemeinden (N = 141).

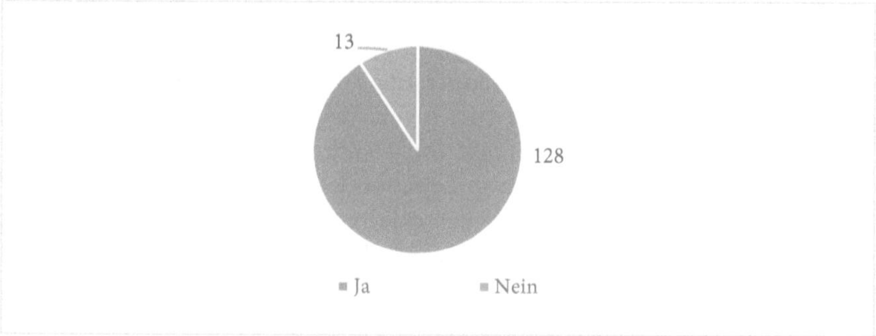

Die Gemeinden, die keine Erfahrung mit Kooperation haben, befinden sich in verschiedenen Territorien, aber auch Größenklassen: Die Mehrzahl jener, die nicht kooperiert, sind kleine Gemeinden (5) zwischen 1.001 und 2.000 Einwohner*innen. Vier sind aus Tirol und eine aus Südtirol. Hinzu kommen drei Kleinstgemeinden unter 500 Einwohner*innen (2 Graubünden, 1 Tirol) und jeweils zwei mittlere Gemeinden, die zur Hälfte aus Tirol und zur anderen Hälfte aus Südtirol stammen. In Bezug auf die geografische Lage sind jene Gemeinden, die nicht interkommunal kooperieren ebenso in vier Kategorien vorhanden: Es gibt kleinere Städte und Vororte, die nicht kooperieren sowie ländliche Zentren, ländliche Vororte und ländlich periphere Gebiete. Auch die Verteilung in den drei

Ländern ist ausgeglichen: Von den vier Städten stammen zwei aus Tirol und zwei aus Südtirol; die zwei ländlichen Zentren befinden sich in Tirol; die ländlichen Vororte einer in Tirol und einer in Südtirol und von den fünf peripheren Gebieten stammen drei aus Tirol und zwei aus Graubünden.

In Bezug auf die zeitliche Dimension scheint der horizontalen Kooperation eine ausgeprägte historische Tradition zu Grunde zu liegen. Zumindest gibt die große Mehrheit der Befragten an bereits seit vielen Jahren eine Zusammenarbeit aufzuweisen. Die genaue Frage lautete: *Seit wie vielen Jahren hat Ihre Gemeinde Erfahrung damit, Dienstleistungen gemeinsam mit anderen Gemeinden auszuführen? Bitte berücksichtigen Sie sowohl aktuelle Kooperationen als auch jene, die bereits abgeschlossen sind.* Die Mehrheit der erfahrenen Bürgermeister*innen gab an, bereits mehr als zehn Jahre mit anderen Gemeinden zu kooperieren (64,8 %). Immerhin 26 Gemeinden haben zwischen fünf bis zehn Jahren Erfahrung und nur eine Minderheit von Gemeinden (8) gab an, weniger als fünf Jahre zu kooperieren bzw. es nicht zu wissen (2). Die fast 65 Prozent der Bürgermeister*innen, welche bereits über zehn Jahre Erfahrung haben, sind territorial ziemlich gleichmäßig verteilt. Getrennt voneinander betrachtet, machen die Gemeinden mit einer so langjährigen interkommunalen Kooperation in Südtirol 52 Prozent aus, in Tirol 66,7 Prozent und in Graubünden 76,6 Prozent. Demnach kann man daraus schließen, dass die Kooperation in Südtirol ein jüngeres Phänomen ist und in Graubünden und Tirol bereits deutlich länger praktiziert wird. Interessanterweise wurde diese Frage von 12 Bürgermeister*innen sowie zwei Vertretungspersonen verweigert: In Graubünden und Südtirol waren dies je drei Personen, in Tirol acht. Im Unterschied zu Graubünden und Tirol, gibt es in Südtirol einen großen Teil an Gemeinden, die seit fünf bis zehn Jahren Erfahrung mit Kooperation haben (30 %). In Tirol macht diese Kategorie nur 11,1 Prozent aus, in Graubünden 12,8 Prozent. Insgesamt gaben nur acht von 142 Befragte im Fragebogen an, weniger als fünf Jahre Erfahrung mit Kooperation zu haben. Davon stammen fünf aus Südtirol, zwei aus Tirol und eine aus Graubünden.

Hinsichtlich der Erfahrung mit Kooperation sind in Bezug auf die Größe der Gemeinde keine spezifischen Auffälligkeiten feststellbar. In allen Größenklassen hat die große Mehrheit der Gemeinden die Frage mit Ja beantwortet. In drei Kategorien, jener der Gemeinden zwischen 501–1.000 sowie jener zwischen 5.000–10.000 Einwohner*innen und den noch größeren Gemeinden mit über 15.000 Einwohner*innen wurde diese Frage sogar von allen Befragten bejaht. In den übrigen Größenklassen liegt die Erfahrung mit Kooperation immerhin zwischen 75 und 92,6 Prozent. Zusammengefasst gaben bei den kleinen, mittleren und großen Gemeinden jeweils über 90 Prozent der Befragten an, Erfahrung mit Kooperation zu haben. Nur bei den Kleinstgemeinden ist es mit 83,3 Prozent (15 von 18 Gemeinden) ein kleinerer Teil.

Abbildung 5: Erfahrung nach Größe der Gemeinde (N = 141).

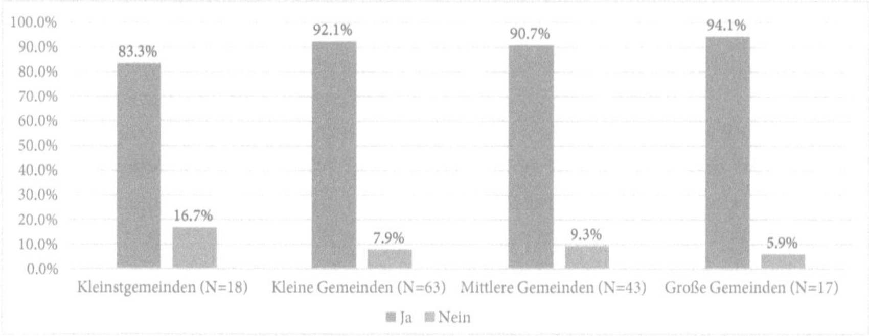

In Bezug auf die **geografische Lage** ist ebenso klar erkennbar, dass unabhängig von der Lage der Gemeinde alle vier Gruppen reichlich Erfahrung mit Kooperation aufweisen, da diese in allen Fällen mindestens 78 Prozent ausmacht. Bei den ländlichen Vororten sind es sogar 96,2 Prozent der Gemeinden. Den geringsten Wert mit 78,3 Prozent weisen interessanterweise die peripheren Gemeinden auf.

Abbildung 6: Erfahrung nach Lage der Gemeinde (N = 141).

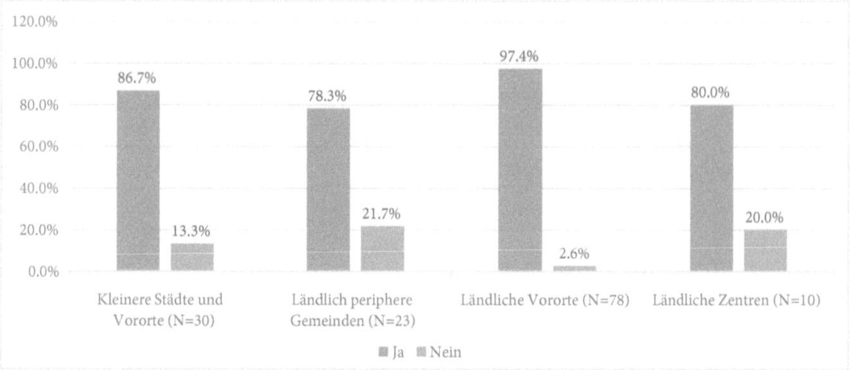

Wenn wir die Ergebnisse in Kombination der Variablen **Territorium und Größe** sowie **Territorium und geografische Lage** anschauen, sind diese ähnlich wie die allgemeinen Resultate. Der Kanton Graubünden fällt im Vergleich zu den anderen beiden Territorien aus dem Rahmen: Hier geben alle Gemeinden unabhängig von ihrer Größe an, Erfahrung mit Kooperation zu haben (in drei von vier Kategorien antworteten je 100 % die Frage mit Ja). Nur in der Kategorie der Kleinstgemeinden antworteten „nur" 78,6 Prozent der Befragten mit Ja, während zwei von 13 angeben, gar nicht zu kooperieren. Die Ergebnisse der Länder Südtirol und Tirol sind im Vergleich dazu differenzierter. Hier geben bei den Kleinstgemeinden ebenso alle eine Kooperationstätigkeit an (je 100 %). Nicht kooperieren tun in Tirol nur einige kleine und mittlere Gemeinden zwischen 1.001 und 5.000 Einwohner*innen (insgesamt 7). In Südtirol hingegen kooperieren ebenso fast alle Gemeinden unabhängig ihrer Größe und nur drei Gemeinden scheine keine Kooperation aufzuweisen: Je eine kleine, eine mittlere sowie eine große Gemeinde mit über 10.000 Einwohner*innen.

Tabelle 39: Erfahrung nach Territorium und Größe der Gemeinde

Größe der Gemeinde (N = 142)	**Land**	**Ja**	**Nein**	***Antwort verweigert***	**Insgesamt**
Kleinstgemeinden (N = 19)	Kanton Graubünden	78,6 %	14,3 %	7,1 %	100,0 %
	Land Südtirol	100,0 %	0,0 %	0,0 %	100,0 %
	Land Tirol	100,0 %	0,0 %	0,0 %	100,0 %
Kleine Gemeinden (N = 63)	Kanton Graubünden	100,0 %	0,0 %	0,0 %	100,0 %
	Land Südtirol	94,1 %	5,9 %	0,0 %	100,0 %
	Land Tirol	84,6 %	15,4 %	0,0 %	100,0 %
Mittlere Gemeinden (N = 43)	Kanton Graubünden	100,0 %	0,0 %	0,0 %	100,0 %
	Land Südtirol	94,1 %	5,9 %	0,0 %	100,0 %
	Land Tirol	80,0 %	20,0 %	0,0 %	100,0 %
Große Gemeinden (N = 17)	Kanton Graubünden	100,0 %	0,0 %	0,0 %	100,0 %
	Land Südtirol	91,7 %	8,3 %	0,0 %	100,0 %
	Land Tirol	100,0 %	0,0 %	0,0 %	100,0 %

Was die Erfahrung in Zusammenhang mit der **Lage** betrifft, so sind einige Unterschiede zwischen den Territorien erkennbar. Die größten Ähnlichkeiten weist die Gruppe der ländlichen Vororte auf. Hier kooperieren die meisten Gemeinden interkommunal, egal ob sie aus Graubünden, Südtirol oder Tirol stammen. Auch bei den kleineren Städten ist der Prozentsatz der kooperationserfahrenen Gemeinden in allen drei Ländern hoch (in Graubünden liegt er sogar bei 100 %, in Südtirol bei 71,4 % in Tirol bei 87,5 %). Größere Unterschiede sind bei den ländlichen Zentren sowie den peripheren Gebieten feststellbar. Während in Südtirol und Graubünden alle ländlichen Zentren (6) mit anderen Gemeinden kooperieren, sind es in Tirol nur die Hälfte (2 von 4). Noch größer sind die Differenzen zwischen Tirol und den anderen beiden Gebieten bei den peripheren Gemeinden. Während alle peripheren Gemeinden von Südtirol (4) kooperieren und 87,5 Prozent jener aus Graubünden (14), sagen in Tirol alle drei peripheren Gemeinden, sie kooperieren gar nicht mit anderen Gemeinden.

Tabelle 40: Erfahrung nach Territorium und Lage der Gemeinde

Größe der Gemeinde (N = 142)	**Land**	**Ja**	**Nein**	***Antwort verweigert***	**Insgesamt**
Ländlich periphere Gemeinden (N = 23)	Kanton Graubünden	87,5 %	12,5 %	0,0 %	100,0 %
	Land Südtirol	100,0 %	0,0 %	0,0 %	100,0 %
	Land Tirol	100,0 %	0,0 %	0,0 %	100,0 %
Ländliche Vororte (N = 79)	Kanton Graubünden	95,7 %	0,0 %	4,3 %	100,0 %
	Land Südtirol	97,1 %	2,9 %	0,0 %	100,0 %
	Land Tirol	95,5 %	4,5 %	0,0 %	100,0 %
Ländliche Zentren (N = 10)	Kanton Graubünden	100,0 %	0,0 %	0,0 %	100,0 %
	Land Südtirol	100,0 %	0,0 %	0,0 %	100,0 %
	Land Tirol	50,0 %	50,0 %	0,0 %	100,0 %
Kleinere Städte und Vororte (N = 30)	Kanton Graubünden	100,0 %	0,0 %	0,0 %	100,0 %
	Land Südtirol	71,4 %	28,6 %	0,0 %	100,0 %
	Land Tirol	84,5 %	12,5 %	0,0 %	100,0 %

Was die Erfahrung in zeitlicher Dimension in Verbindung mit der **Größe** betrifft, so sind ebenso kaum Unterschiede erkennbar. Wie bereits angeführt, haben die meisten Gemeinden Erfahrung mit horizontaler Kooperation vorzuweisen, die mindestens fünf, manchmal sogar über zehn Jahre besteht. Sowohl bei den Kleinstgemeinden wie auch den kleinen Gemeinden, aber auch den mittleren sowie den großen Gemeinden haben mindestens die Hälfte der befragten Gemeinden seit mehr als zehn Jahren Erfahrung. Bei einem Teil der mittleren

Gemeinden, jenen zwischen 2.001–3.000 Einwohner*innen, sind es sogar 75 Prozent der Befragten. Bei den kleinen Gemeinden zwischen 501–1.000 sowie den sehr großen Gemeinden mit über 15.000 Einwohner*innen wurde mit 80 Prozent ein ähnlich hoher Wert angegeben. Hierbei ist nochmals auf den Umstand hinzuweisen, dass wir bei einigen Größenklassen – wie etwa den Gemeinden mit über 15.000 Einwohner*innen – nur auf eine geringe Fallzahl von fünf zurückgreifen können. Die Ergebnisse im Zusammenspiel mit der Größe zeigen nichtsdestotrotz, dass die Erfahrung der Kooperation relativ ausgeglichen ist und alle Größenklassen betrifft. Der niedrigste Wert mit über zehn Jahren Erfahrung ist mit 50 Prozent des Anteils der befragten Gemeinden immer noch beträchtlich hoch. Dieser betrifft die großen Gemeinden: Zwei von vier der großen Gemeinden zwischen 10.001 und 15.000 sowie vier von acht Gemeinden zwischen 5.001–10.000 Einwohner*innen.

In Bezug auf die Dauer der Erfahrung stechen hinsichtlich der **geografischen Lage** die ländlich peripheren Gebiete hervor. Während bei den kleineren Städten, den ländlichen Vororten und ländlichen Zentren über 60 Prozent der Gemeinden bereits mehr als zehn Jahre Erfahrung mit Kooperation haben, sind es bei den ländlich peripheren mit knapp unter 50 Prozent (47,8 %) bedeutend weniger. Von den 18 peripheren Gemeinden geben sechs an zwischen fünf und zehn Jahren Erfahrung zu haben. Von diesen stammen vier aus Graubünden und zwei aus Südtirol. Eine periphere Gemeinde aus Südtirol gibt an, weniger als fünf Jahre Erfahrung zu haben. Bei den kleineren Städten haben hingegen nur zwei Gemeinden weniger als fünf Jahre Erfahrung (1 Graubünden, 1 Tirol) und nur vier zwischen fünf bis zehn Jahren (3 Tirol, 1 Südtirol). Bei den 20 Gemeinden, die bereits über eine mehr als 10-jährige Erfahrung verfügen, sind Gemeinden aus allen drei Territorien vertreten. Von den acht ländlichen Zentren haben sechs seit über zehn Jahren Erfahrung (1 Graubünden, 3 Südtirol, 2 Tirol), während eine angibt zwischen 5–10 Jahren Erfahrung zu haben und eine weitere erst seit weniger als fünf Jahre kooperiert. Beide diese Gemeinden stammen aus Südtirol. Die ländlichen Vororte sind schließlich numerisch die größte Gruppe der Gemeinden. Auch von diesen gaben 69 Prozent der Befragten an seit über zehn Jahren zu kooperieren. 19 Prozent der Befragten (15) geben hingegen an fünf bis zehn Jahre Erfahrung mit interkommunaler Kooperation aufzuweisen. Jene ländlichen Vororte, die mehr als zehn Jahre Erfahrung haben, gehören zum Kanton Graubünden wie auch zum Land Südtirol und Tirol. Im Vergleich zwischen den Territorien fällt allerdings auf, dass die ländlichen Vororte aus Graubünden sowie jene aus Tirol verhältnismäßig mehr Erfahrung haben als jene aus Südtirol. Von den 33 ländlichen Vororten aus Südtirol erklären 32,4 % nur 5–10 Jahre Erfahrung zu haben, während in Graubünden und Tirol deutlich mehr ländliche Vororte (jeweils 80 %) über zehn Jahre Erfahrung aufweisen. Hinsichtlich der Dauer der Erfahrung in Zusammenhang mit dem Faktor **Größe und Territorium**, ist festzustellen, dass die Bündner Gemeinden, die meiste Erfahrung aufweisen. In drei von vier Größenklassen gibt die große Mehrheit der Bündner Gemeinden an, über zehn Jahre Erfahrung mit interkommunaler Kooperation zu haben. Nur bei den großen Gemeinden ist es von zwei Befragten nur eine Gemeinde (50 %). Im Vergleich dazu, gibt in Südtirol nur in zwei von vier Größenklassen die Mehrheit an mehr als zehn Jahre zu kooperieren. Dies sind die Kleinstgemeinden (4 von 4) und die großen Gemeinden (7 von 11). Bei den kleinen und mittleren Gemeinden erhielt die Antwort „mehr als zehn Jahre" zwar den höchsten Zustimmungswert, aber liegt unter der Hälfte der Befragten. Das Land Tirol ähnelt Graubünden: Auch die Mehrheit der Tiroler Bürgermeister*innen erklärt in drei von vier Größenklassen, dass sie mehr als zehn Jahre Erfahrung mit Kooperation haben. Nur bei den Kleinstgemeinden aus Tirol fehlen die Daten, da in diese Kategorie nur eine einzige Gemeinde fällt, dessen Bürgermeister die Frage nicht beantwortete.

Auch in den **Interviews** wurde die hohe Kooperationserfahrung der Gemeinden in allen Territorien bestätigt. Alle 12 Bürgermeister*innen erklärten, dass ihre Gemeinde Erfahrung mit interkommunaler Kooperation aufweist – unabhängig ihres Territoriums, Größe oder Lage. Allerdings sind die historische Dimension der Erfahrung und die damit verbundene Kooperationsintensität zwischen den subnationalen Gebieten, aber auch den dortigen Gemeinden, unterschiedlich. So gibt es Gemeinden aus Graubünden und Tirol, die bereits seit vielen Jahren oder sogar Jahrzehnten zusammenarbeiten, während in Südtirol bis auf die Rechtsform der Bezirksgemeinschaften keine so langjährigen Kooperationen erwähnt wird. Demgegenüber gibt es Gemeinden, sowohl in Südtirol wie auch in Tirol, die in Sachen Kooperation Neulinge sind oder im Vergleich zu anderen eine beschränkte Erfahrung aufweisen.

Vor allem in Graubünden ist die Entwicklung der interkommunalen Kooperation interessant: Jene Gemeinden, die eine Gemeindezusammenlegung hinter sich haben, weisen außerhalb der intermediären Verwaltungsebene der Region nur mehr wenige oder keine formellen Kooperationen mehr auf, hatten aber in Vergangenheit langjährige und intensive Erfahrungen. Von den vier Bündner Gemeinden erklären alle, interkommunal zu kooperieren. Zwei von vier geben allerdings an, seit der Fusion deutlich weniger zu kooperieren. Die Kooperationstätigkeit hat sich im Zuge der Gemeindezusammenlegung somit drastisch verändert. Kooperierte man früher in vielen Verbänden, etwa im Bereich Feuerwehr, Abwasser, Schule oder Forst, wurden diese mittlerweile aufgelöst und die früheren interkommunalen Dienste werden nun von der neuen größeren Gemeinde autonom durchgeführt. Oder aber die Kooperationen wurden aufgelöst, weil noch weitere Gemeinden, die nicht der neuen Gemeinde angehören, beteiligt waren: *„Man hat dann auch mit der Fusion eine Größe erreicht, wo das nicht mehr notwendig war (…).“* Ein Gemeindepräsident erklärt, dass früher mehr Kooperationen bestanden: *„Es gab Kooperationen unter einzelnen Gemeinden, aber es gab auch Kooperationen über das ganze Tal. (…) Das war sehr unterschiedlich.“* Heute kooperiere die Gemeinde nicht mehr in diesem Ausmaß: *„Außerhalb der Region eigentlich nicht. Das ist jetzt alles allein.“* Dennoch geht es aber nicht vollkommen ohne Kooperation: *„Es gibt immer noch sehr wichtige Kooperationen in Feldern, wo wir einfach zu klein sind… Flächenmäßig sind wir sehr groß, aber bevölkerungstechnisch immer noch klein. Dann fragt [man] sich, was will man wirklich alles selbst tun, wo sind Kooperationen immer noch besser?“*

Was die Bündner und Südtiroler Gemeinden außerdem bestätigten, ist die rege Kooperationstätigkeit im Rahmen der Region bzw. Bezirksgemeinschaft. So erklärt etwa ein Bündner Gemeindepräsident sich alle 3–4 Wochen zu einer Sitzung zu treffen. Die Südtiroler Gemeinden haben außerhalb der Bezirksgemeinschaften auch jeweils mehrere Kooperationen in bilateraler Form mit einzelnen Nachbargemeinden in verschiedenen Politikbereichen: *„Ohne Kooperation ist es heute glaub ich nicht mehr möglich, up to date zu sein.“*. Unterschiede weisen die Gemeinden vor allem in Bezug auf die zeitliche Erfahrung mit Kooperation auf. Eine Gemeinde kooperiert in der Bezirksgemeinschaft zwar seit einigen Jahrzehnten, aber in bilateraler Form erst seit kurzem. Eine weitere Südtiroler Gemeinde hatte bereits früher Kooperationen, z.B. im Bereich der Ortspolizei, die allerdings *„aus Kostengründen auf Eis gelegt“* und erst mit einem neuen Bürgermeister wieder aufgenommen wurde.

Wie die Bündner und Südtiroler Gemeinden, erklären auch die vier Bürgermeister*innen aus Tirol Erfahrung mit Kooperation aufzuweisen, wobei diese ebenso unterschiedlich ausgestaltet ist – nicht nur im Hinblick auf die Dauer, sondern auch die Anzahl der Partnergemeinden. Zwei von vier Tiroler Gemeinden erklärten bereits seit vielen Jahrzehnten Kooperationen zu unterhalten: *„Es wurde in den 50er und Anfang der 60er Jahre das (…) Kraftwerk gebaut und durch diese Entschädigungszahlungen war es möglich den Grund von den Bundesforsten zu kaufen und seitdem sind die acht Gemeinden Grundbesitzer. Daraus haben sich viele Kooperation ergeben.“* Auch eine andere Gemeinde gab an, schon seit Jahrzehnten eine Kooperation im Bereich des Gesundheits- und Sozialsprengel, jeweils mit mehreren Gemeinden, durchzuführen. Eine weitere Gemeinde erklärt in diversen Verbänden mit anderen Gemeinden vernetzt zu sein und offenbart somit eine überaus intensive und breit gefächerte Kooperationstätigkeit: *„Wir haben z.B. den Krankenhausverband, wo 30 Gemeinden des Bezirks das Bezirkskrankenhaus betreiben oder den Abfallentsorgungsverband, wo wir die Müllentsorgung für den* *ganzen Bezirk gemeinsam organisieren. (…) Wir haben den P27 [Planungsverband] (…), da geht es hauptsächlich um Flächenwidmungen und so Dinge (…). Wir haben gemeinsam den Abwasserverband, wo sieben Gemeinden das Klärwerk betreiben (…). Wir haben einen gemeinsamen Standesamtsverband (…) Wir haben einen gemeinsamen Sozialsprengel (…), wo wir die Heimbetreuung für Pflegebedürftige (…).*" Nur einer der vier Tiroler Bürgermeister*innen gab an außer dem Planungsverband keine weitere horizontale Kooperationstätigkeit aufzuweisen.

Was die Größe und geografische Lage der Gemeinden betrifft, waren bei den Interviews hinsichtlich dieser Dimension keine auffallenden Unterschiede erkennbar. Ein zentraler Aspekt, der im Rahmen der Interviews hingegen auftauchte, war eine grundlegende Frage zur Begrifflichkeit von lokaler Kooperation.

Ein schweizerischer Gemeindepräsident wies darauf hin, dass eine Zusammenarbeit mit anderen Gemeinden seiner Meinung nach nicht in jedem Fall als Kooperation bezeichnet werden könne: „*Also für mich ist eine Kooperation, wenn man als gleichwertiger Partner einen Dienst organisiert. (…) Das macht sicher Sinn, keine Frage. Wenn aber ungleiche Partner am Tisch sitzen und die einen 10-Mal stärker sind bezüglich der Einwohnerschaft, dann ist das für mich eher ein Auslagern. Ich würde das nicht mehr als Kooperation bezeichnen.*" Dieser Aussage folgend ist es von größter Bedeutung auch im wissenschaftlichen Zugang zu unterscheiden, was eine echte Kooperation ausmacht und wo hingegen Gemeinden ihre Dienste selbst gar nicht mehr ausführen, sondern andere Gemeinden damit nur beauftragen und keinen Einfluss auf etwaige Entscheidungen haben. In der Praxis ist dieser Unterschied nicht ohne Herausforderungen zu erheben, soll aber für die Schlussfolgerungen dieser Arbeit berücksichtigt werden.

5.2.2 Entwicklung der Kooperation

Die Frage nach der Entwicklung der Kooperation befand sich im Fragebogen in der Dimension „Formen". Im Zuge der Analyse wurde beschlossen, die dort erhobenen Ergebnisse bereits hier zu präsentieren, da es mit den vorher genannten Ergebnissen einen inhaltlichen Zusammenhang gibt. So hat die Frage Nr. 16 erhoben, ob und inwiefern sich die Kooperationsaktivität der jeweiligen Gemeinden in den vergangenen fünf Jahren verändert hat. Die Bürgermeister*innen wurden gefragt, ob die Zusammenarbeit mit den Gemeinden sowie jene mit dem Land abgenommen oder zugenommen habe oder gleichgeblieben sei. Die Beantwortung konnte auch verweigert werden. Insgesamt haben 141 von 142 Personen die Frage beantwortet, nur eine Person aus Graubünden hat nicht geantwortet. Beim Großteil der Gemeinden hat die Zusammenarbeit mit anderen Gemeinden nach Eigenangaben in den vergangenen Jahren zugenommen. Dies erklärten 87 von 141 Gemeinden (61,3 %). Ein beträchtlicher Teil (32,4 %) erklärte hingegen, dass die Kooperation gleichgeblieben sei. Demgegenüber sagten nur sieben der 141 Befragten die interkommunale Kooperation in ihrer Gemeinde habe abgenommen.

Abbildung 7: Entwicklung der horizontalen Kooperation (N = 141).

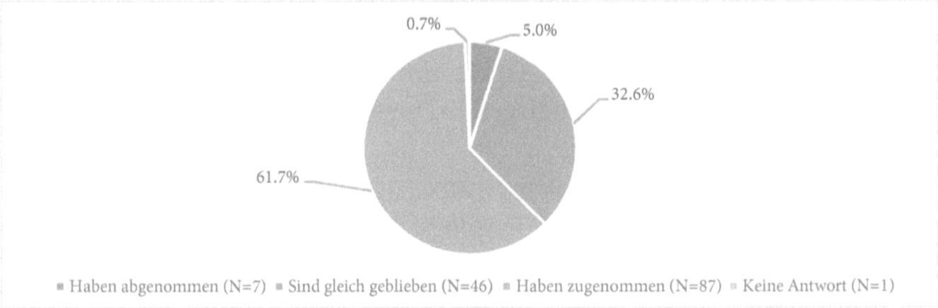

Nach **Herkunftsländern** betrachtet, erklärt der Großteil der Gemeinden aus Südtirol und Tirol, dass die interkommunale Zusammenarbeit zugenommen habe. Nur zwei Südtiroler und eine Tiroler Gemeinde erklären, dass diese in den vergangenen fünf Jahren abgenommen habe. Von diesen Ergebnissen differenzieren sich die Bündner Gemeinden. Dort ist es weniger als die Hälfte der befragten Gemeinden, bei denen die interkommunale Zusammenarbeit zugekommen hat. 22 von 46 Bündner Gemeinden (47,8 %) erklären zwar die Kooperation habe zugenommen, während fast gleich viele Befragten (20 von 46, 43,5 %) angeben, sie sei gleichgeblieben. Schließlich erklären vier von 46 die Kooperation habe abgenommen.

In Bezug auf die **Größe** ist ein klarer Zusammenhang zur Entwicklung der Kooperation feststellbar. Es ist auffallend, dass die Mehrheit der kleinen Gemeinden (63,5 %) sowie der mittleren Gemeinden (72,1 %) angibt, die interkommunale Kooperation habe zugenommen. Demgegenüber ist diese Antwortmöglichkeit bei den großen Gemeinden von weniger als die Hälfte der Betroffenen gewählt worden, macht aber dennoch den höchsten Wert von allen möglichen Antworten aus (41,2 %).

In allen vier Größenkategorien haben im Verhältnis viele Gemeinden angegeben, die Kooperation sei gleichgeblieben. Den höchsten Wert verzeichnen hierbei die Kleinstgemeinden (44,4 %), während diese Antwort in den anderen Kategorien zwischen 25,6 und 35,3 Prozent der betroffenen Gemeinden

Abbildung 8: Entwicklung der Kooperation nach Territorium (N = 141).

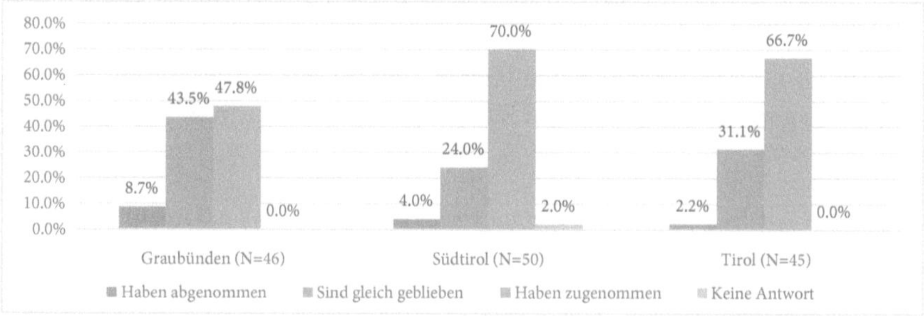

ausmacht. In allen vier Kategorien haben nur sehr wenige Bürgermeister*innen angegeben die interkommunale Kooperation habe in den vergangenen Jahren abgenommen.

Abbildung 9: Entwicklung der Kooperation nach Größe (Antworten in Prozent, N = 141).

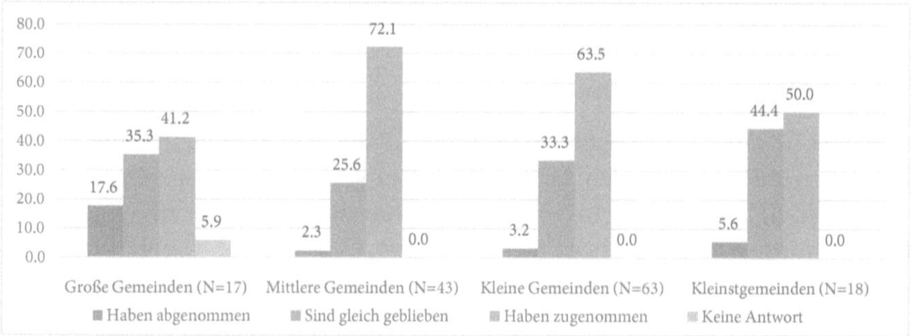

Von der detaillierten Betrachtung der Ergebnisse der Variable Territorium in Verbindung mit der Größe und der Lage wird hier abgesehen, da die Anzahl der Antworten in den meisten Kategorien gering ausfällt und somit kein klarer Trend ablesbar ist. Die höchste Anzahl an Antworten gab es bei den kleinen und mittleren Gemeinden sowie den kleineren Städten und Vororte und den ländlichen Vororten.

Bei den kleinen Gemeinden sind die Ergebnisse aus allen drei Territorien ähnlich: Jeweils die Mehrheit der kleinen Gemeinden – wobei es in Graubünden genau 50 Prozent sind – erklärt, die Kooperation habe zugenommen. Auch bei den mittleren Gemeinden sind keine Unterschiede zwischen der Größe und dem Territorium erkennbar. In allen drei Territorien erklärt die Mehrheit der mittleren Gemeinden die interkommunale Zusammenarbeit habe zugenommen (in Südtirol und Tirol sogar über 70 Prozent).

Bei den Ergebnissen nach **geografischer Lage** ist das Ergebnis ähnlich, wobei die Gemeinsamkeiten zwischen den einzelnen Kategorien noch größer sind. In allen vier Kategorien der Lage gibt der Großteil der Befragten an, die horizontale Kooperation habe in den letzten fünf Jahren zugenommen und nur jeweils ein geringer Anteil in allen Kategorien erklärt (maximal 10 %), sie habe abgenommen.

Abbildung 10: Entwicklung der Kooperation nach Lage (Antworten in Prozent, N = 141).

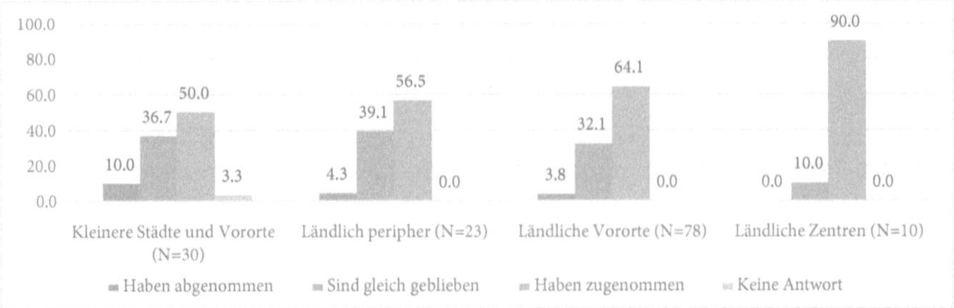

5.2.3 Partner der Kooperation

Eine weitere Frage im Fragebogen in Bezug auf die Erfahrung betrug die Anzahl der Gemeinden, mit denen Dienstleistungen gemeinsam ausgeführt werden (Frage Nr. 8). 14 von den 142 Befragten haben diese Antwort verweigert bzw. sie wurde ihnen im Fragebogen nicht angezeigt, weil sie vorab angegeben haben, dass sie keine Erfahrung mit Kooperation hätte. Somit werden im Datensatz nur 128 Antworten verwertet.

Wie hinsichtlich der zeitlichen Dimension, wird auch bei der Anzahl der Partnergemeinden eine intensive Vernetzung in allen drei Territorien sichtbar. Insgesamt gaben 54,7 Prozent der Befragten (70 von 128) an mit zwei bis fünf Gemeinden zusammenzuarbeiten. Diese Partneranzahl ist auch bei der einzelnen Betrachtung in allen drei Ländern die meistgewählte Antwort (Graubünden: 40,9 %, Tirol: 45,9 %, Südtirol: 74,5 %). Insgesamt gibt es 25 Gemeinden (19,5 %), die ihre Dienstleistungen sogar mit über zehn Gemeinden ausführen. Ähnlich viele Gemeinden kooperieren mit sechs bis zehn Gemeinden. Zehn Bürgermeister*innen gaben hingegen an, nur mit einer Gemeinde zusammenzuarbeiten, während vier es nicht genau wissen. In Südtirol arbeiten sechs Gemeinden (12,8 %) mit nur einer anderen Gemeinde zusammen, in Graubünden geben das drei Gemeinden an, in Tirol nur eine einzige Gemeinde.

Abbildung 11: Anzahl der Partner der horizontalen Kooperation (Antworten in Prozent, N = 128).

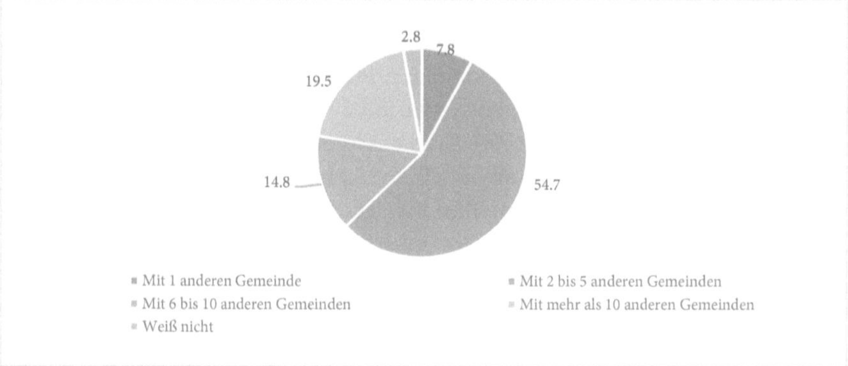

Was die territoriale Verteilung in Bezug auf die Vernetzung betrifft, ist es interessant, dass die meisten Gemeinden, die mit über zehn Gemeinden zusammenarbeiten aus Graubünden stammen (15 von 25). Allerdings gibt es auch Tiroler und Südtiroler Gemeinden, die laut Eigenangaben Dienstleistungen mit über zehn Gemeinden ausführen (2 Südtirol, 8 Tirol). Es kann angenommen werden, dass in Bezug auf diese Antwort in Tirol die Gemeindeverbände, an denen meist mehrere Gemeinden beteiligt sind, gemeint sind, während in Südtirol und Graubünden auch die Bezirksgemeinschaften sowie Regionen als Ausführungsinstitutionen von Diensten für mehrere Gemeinden betroffen sein könnten.

Wenn wir die Anzahl der Kooperationspartner hinsichtlich der **Größe** vergleichen, sind nur kleine Unterschiede feststellbar. Von den Kleinstgemeinden kooperieren 80 Prozent (12) mit zwei bis fünf anderen Gemeinden und 13,3 Prozent (2) sogar mit über zehn Gemeinden. Ähnlich viele Partner haben die kleinen Gemeinden: Knapp über 48 Prozent der kleinen Gemeinden haben zwei bis fünf Kooperationspartner, der zweihöchste Anteil ist jener der Gemeinden mit mehr als zehn Kooperationspartnern (29,7 %). Weitere 15,5 Prozent kooperieren mit sechs bis zehn anderen Gemeinden und 12 Prozent mit nur einer anderen Gemeinde. Bei den mittleren Gemeinden ist das Ergebnis ein anderes, denn dort kooperiert die Mehrheit der befragten Gemeinden mit zwei bis fünf anderen Gemeinden (56,4 %). Am zweitmeisten Gemeinden kooperieren wiederum mit über zehn Gemeinden (25,6 %). Die 17 großen Gemeinden mit über 5.000 Einwohner*innen haben ähnliche Ergebnisse, sind aber untereinander differenziert: Fast die Hälfte kooperiert mit zwei bis fünf Gemeinden. Ein Teil (31,3 %) mit sechs bis zehn anderen Gemeinden. Je ein*e Bürgermeister*in gab „ich weiß nicht" an bzw. kooperiert mit einer oder mit zehn Gemeinden.

Was die Anzahl der Partnergemeinden in Bezug auf die **geografische Lage** betrifft, sind die Ergebnisse ebenso sehr ausgeglichen, womit kein großer Einfluss der Lage erkennbar ist. Von den kleineren Städten und Vororten kooperieren in etwa gleich viele Gemeinden entweder mit 2–5 (26,9 %), 6–10 (38,5 %) oder mehr als zehn Gemeinden (26,9 %). Damit agieren diese Gemeinden also unterschiedlich und sind ziemlich individuell. Betrachtet man diese Ergebnisse nach Territorium, fällt auf, dass mehr Bündner Städte und Vororte mit über zehn Gemeinden kooperieren, denn in Tirol und Südtirol kooperiert der Großteil der Städte und Vororte mit weniger Gemeinden. Bei den ländlichen Gebieten gibt es demgegenüber einige Unterschiede: Die ländlichen Zentren (10 Gemeinden) kooperieren fast ausschließlich (80 %) mit zwei bis fünf Gemeinden. Von den 76 ländlichen Vororten kooperiert ebenso ein großer Teil (64,5 %) mit zwei bis fünf Gemeinden, 12 Gemeinden sogar mit über zehn Gemeinden (15,8 %). Betrachtet man die Ergebnisse der ländlichen Vororte nach Territorium, kooperieren in allen drei Gebieten die höchste Anzahl an ländlichen Vororten mit zwei bis fünf Gemeinden, wogegen nur wenige Gemeinden mit nur einer Gemeinde zusammenarbeiten. Schließlich sind die ländlich peripheren Gebiete am ehesten mit den kleineren Städten vergleichbar, weil auch diese eine sehr unterschiedliche Anzahl an Partnergemeinden aufweisen. Von den 23 peripheren Gebieten, die an der Befragung teilgenommen haben, haben 18 die Frage beantwortet. Von diesen geben je 33,3 Prozent an mit 2–5 oder mit über zehn Gemeinden zu kooperieren.

Die **Interviewpartner*innen** wurden nicht spezifisch nach der Anzahl ihrer Kooperationspartner befragt. Dennoch wurde ersichtlich, dass die meisten Gemeinden mehrere Partner haben. Die Gemeinden aus Graubünden und Südtirol sind über die Region sowie die Bezirksgemeinschaften kontinuierlich mit mehreren Gemeinden vernetzt, für einige Tiroler Gemeinden trifft das ebenso zu, etwa in Bezug auf die Planungsverbände. Was einzelne Kooperationen in Form eines Verbandes oder mittels einer Vereinbarung betrifft, reichen die Partnerschaften dabei von nur einer Partnergemeinde bei einer Verwaltungskooperation bis sogar zu 30 Gemeinen für die Führung eines Bezirkskrankenhauses. Es gibt auch Gemeinden, die sehr aktiv sind und je nach Kooperation unterschiedlich viele Partnergemeinden haben (z.B. Krankenhausverband mit 30 Gemeinden, Abwasserverband mit 7 Gemeinden, Standesamt mit 2 Gemeinden, Landesmusikschule mit 4 Gemeinden). Bei den meisten interviewten Gemeinden betrafen die einzelnen Beispiele weniger als zehn Partnergemeinden.

Ein weiterer Punkt in Bezug auf die Erfahrung mit Kooperation war die Frage, ob es sich bei den Partnergemeinden ausschließlich um unmittelbar angrenzende Nachbargemeinden handelt. Auch hier beziehen sich die prozentuellen Anteile auf die 128 Personen, welche diese Frage beantwortet haben. Die diesbezüglichen Ergebnisse offenbaren, dass Kooperation nicht ausschließlich gleich Nachbarschaftskooperation bedeuten muss. Knapp über die Hälfte der Bürgermeister*innen (50,8 %) beantwortete die Frage nach den angrenzenden Kooperationspartnern mit Ja. Somit befinden sich die meisten Kooperationspartner in unmittelbarer geografischer Nähe der eigenen Gemeinde. Ein klarer Trend ist allerdings nicht feststellbar, weil fast gleich viele Personen (47,4 %) die Frage mit Nein beantworteten. Zudem wählten zwei Personen die Option „keine Antwort" und waren sich demnach vermutlich nicht sicher wie der Begriff „angrenzend" zu definieren ist oder sie kennen die Kooperationspartner der eigenen Gemeinde nicht. Die Ergebnisse aufgeschlüsselt nach Territorium zeigen, dass die Mehrheit der Bündner Gemeinden (61,4 %) nicht mit angrenzenden Gemeinden zusammenarbeitet. Auch in Tirol kooperieren die meisten befragten Gemeinden nicht ausschließlich mit angrenzenden Gemeinden (59,5 %), während 40,5 Prozent der Befragten nur mit angrenzenden Gemeinden kooperieren. Hingegen wird die interkommunale Kooperation in Südtirol hauptsächlich gemeinsam mit angrenzenden Gemeinden (72,3 %) durchgeführt. In Tirol ist der Anteil der fehlenden Antworten bei dieser Frage hoch, da acht Gemeinden die Frage nicht beantwortet haben.

In Bezug auf die **Größe** und die angrenzenden Kooperationspartner sind einige Unterschiede feststellbar. So scheint es, dass vor allem kleinere Gemeinden mehrere Kooperationspartner außerhalb ihrer geografischen Nähe haben. Bei den Kleinstgemeinden überwiegt das Nein knapp (53,3 vs. 46,7 %). Bei den kleinen Gemeinden ist das Ergebnis hingegen nicht eindeutig: 50 Prozent der kleinen Gemeinden gaben ähnlich den Kleinstgemeinden an nicht nur mit angrenzenden Gemeinden zusammenzuarbeiten, während fast gleich viele (48,3 %) erklären dies schon zu tun. Bei den mittleren Gemeinden überwiegt mit über 50 Prozent (56,4 %) die Antwort, dass nur mit angrenzenden Gemeinden zusammenarbeitet wird. Bei den großen Gemeinden ist das Ergebnis hingegen sehr ausgeglichen: Genau 50 Prozent der Befragten aus großen Gemeinden erklären ausschließlich mit angrenzenden Gemeinden zu kooperieren, während genau gleich viele sagen, dass dies nicht der Fall sei.

Hinsichtlich der Frage nach den angrenzenden Gemeinden in Verbindung mit der **geografischen Lage** ist festzustellen, dass die ländlichen Zentren fast ausschließlich (87,5 %) mit Gemeinden in ihrer angrenzenden Nachbarschaft kooperieren, während dieser Anteil bei den anderen Kategorien der ländlichen Gebiete, aber auch den kleineren Städten auffallend geringer ist. So geben fast 70 Prozent der 26 kleineren Städte an, auch mit nicht-angrenzenden Gebieten zu kooperieren. Dieser Trend bestätigt sich auch, wenn man die Ergebnisse der geografischen Lage nach Territorien begutachtet. In Tirol und Graubünden geben jeweils über 70 Prozent der kleineren Städte an auch mit nicht-angrenzenden Gemeinden zu kooperieren, in Südtirol sind es ebenso über 60 Prozent. Bei den ländlich peripheren Gebieten sind es über die Hälfte der Gemeinden (61,1 %), die auch mit anderen Gemeinden unabhängig ihrer geografischen Position zusammenarbeiten. In Südtirol haben dies zwei von vier peripheren Gemeinden angegeben, in Graubünden neun von 14. In Tirol haben alle drei peripheren Gemeinden die Frage nicht beantwortet. Schließlich sind es bei den ländlichen Vororten insgesamt 40 Prozent der Gemeinden, die nicht nur mit angrenzenden Gemeinden kooperieren, während 56,6 Prozent dies schon tun. Nach Ländern betrachtet gibt in Tirol und Graubünden die Mehrheit der ländlichen Vororte an nicht nur mit angrenzenden Gemeinden zu kooperieren, während es in Südtirol umgekehrt ist: Hier erklärt die große Mehrheit (26 von 33) nur mit angrenzenden Gemeinden zusammenzuarbeiten.

5.2.4 Zusammenfassung: Erfahrung mit Kooperation

Die Dimension Erfahrung sollte erheben, ob die Gemeinden aus Graubünden, Südtirol und Tirol interkommunale Kooperation durchführen. Basierend auf den Daten kann diese Frage eindeutig mit Ja beantwortet werden. Sowohl die Ergebnisse des Fragebogens vonseiten aller drei Territorien wie auch die Antworten der befragten Bürgermeister*innen offenbaren, dass reichlich Erfahrung mit interkommunaler Kooperation vorhanden ist. Die Annahme der Forschungsarbeit – dass eine Vielzahl von Gemeinden bereits Erfahrung mit horizontaler Kooperation hat – konnte somit verifiziert werden.

Gleichzeitig wurde die Vermutung, dass es trotz zahlreicher Erfahrungen keine flächendeckende Nutzung von interkommunaler Kooperation gibt, für Tirol und Südtirol bestätigt. Zwar verneinten insgesamt nur einzelne Gemeinden die Frage, dennoch bestätigt dieser kleine Anteil, dass (noch) nicht alle Gemeinden mit anderen Gemeinden zusammenarbeiten. Auch ein*e von 12 interviewten Bürgermeister*innen gab an nur beschränkte Erfahrung mit Kooperation zu haben. Was die Territorien im Spezifischen betrifft, wurde angenommen, dass in Graubünden und Tirol mehr Erfahrung mit Kooperation vorhanden sei als in Südtirol. Diese These konnte nicht zweifelsfrei bestätigt werden. Zum einen, weil auch in Graubünden einzelne Bürgermeister*innen angaben, keine Erfahrung mit Kooperation zu haben. Zum zweiten, weil aus den Antworten aus Südtirol keine deutlich geringere Kooperation abgeleitet werden kann. Ein Ergebnis, das allerdings hervortrat, ist eine unterschiedliche Erfahrung in zeitlicher Betrachtung. So weisen im Verhältnis mehr Gemeinden aus Graubünden und Tirol eine mehrjährige Erfahrung mit Kooperation auf als jene in Südtirol.

Was die Entwicklung der Kooperation in den letzten fünf Jahren betrifft, hat diese in der Gesamtbetrachtung der Gemeinden insgesamt zugenommen. Davon kann abgeleitet werden, dass die interkommunale Kooperation in der lokalen *Governance* heute einen höheren Stellenwert einnimmt als noch vor wenigen Jahren. Allerdings haben die Bürgermeister*innen aus den einzelnen Territorien eine differenzierte Betrachtungsweise. Ein Blick auf die Herkunft der Gemeinden verrät, dass diese Zunahme der Kooperation zwar in Südtirol und Tirol der Fall ist, in Graubünden aber weniger – dort erklärten dies weniger als die Hälfte der Befragten. Somit ist ein deutlicher Unterschied in der Entwicklung der Kooperation erkennbar, was sich mit den Ausführungen in Kapitel 4 deckt und mit der Zunahme an Fusionen zu erklären ist. Allerdings gaben die Bündner Gemeinden nicht an, dass ihre Kooperation abgenommen habe, sondern für viele einfach gleichgeblieben ist. Interessanterweise zeigt sich der Einfluss des Territoriums nicht nur in Bezug auf die allgemeine Erfahrung mit interkommunaler Kooperation (Graubünden und Tirol mehr als Südtirol), sondern auch bei der zeitlichen Erfahrung mit Kooperation sowie auch einer differenzierten Anzahl von Partnern.

Die Ergebnisse der Forschung decken sich mit bereits bestehenden Studien, die in Kapitel 1 erwähnt wurden. So verfügt gemäß einer Studie von 2016 jede Tiroler Gemeinde im Durchschnitt über 27 Kooperationsschnittstellen.[1545] Diese Ausführungen weisen ein großes Netzwerk an Kooperationen hin, die auch hier bestätigt werden: Von den 45 Tiroler Bürgermeister*innen, die sich an der Erhebung beteiligt haben, verfügen 37 über konkrete Erfahrung mit interkommunaler Kooperation.

Auch bei den 50 Südtiroler Gemeinden, die den Fragebogen ausgefüllt haben, ist eine hohe Kooperationsbereitschaft feststellbar. 47 der 50 Gemeinden gaben an, konkrete Erfahrung mit Kooperation zu haben, 41 von diesen sogar bereits mehr als fünf Jahre. Somit wurde die lokale Kooperation schon rege praktiziert, bevor es zur Einführung der finanziellen Förderung zwischen Gemeinden im Jahr 2019 kam. Ausgehend von der Anzahl an Vereinbarungen (siehe Kapitel 1), kann man von einer ausgeprägten zwischengemeindlichen Kooperationslandschaft

1545 Vgl. Bußjäger et al. 2016a, S. 10; Sonntag 2016.

in Südtirol sprechen, die sich durch das gesamte Land zieht. Die Ergebnisse bestätigen, dass auch Gemeinden, die in der Auflistung des Landes Südtirol zur interkommunalen Kooperation nicht aufscheinen, Erfahrung mit Kooperation aufweisen. Dadurch kann davon ausgegangen werden, dass die Kooperationstätigkeit zwischen den Gemeinden in Südtirol in der Praxis noch höher ausfällt als durch die dortigen Daten vermutet.

In Bezug auf die Gemeinden in Graubünden bestätigen die Daten ebenso die existierenden Studien zur Schweiz.[1546] Wie genannt, ergab eine Langzeitstudie mit den schweizerischen Gemeindeschreiber*innen ein sehr hohes Niveau an Kooperation in allen Kantonen. Diese hohe Kooperationserfahrung kann auch für Graubünden bestätigt werden. Von den 47 Gemeindepräsidenten, die sich an der Erhebung beteiligt haben, haben 44 Erfahrungen mit interkommunaler Kooperation und nur zwei gaben keine Erfahrung an. Auch alle vier interviewten Gemeindepräsidenten bestätigten horizontal zu kooperieren, wobei dies in einem Fall nur über die intermediäre Verwaltungseinheit der Region geschieht.

In Bezug auf die Faktoren **Größe** und **Lage** und deren Zusammenhang mit der Erfahrung können durch die vorliegende Datenlage keine eindeutigen Schlüsse gezogen werden bzw. scheinen die Gemeinden ziemlich ähnlich zu handeln – unabhängig davon wie groß sie oder wo sie verortet sind. Zur Größe wurde erwartet, dass Kleinstgemeinden und kleine Gemeinden mehr Erfahrung mit Kooperation aufweisen als mittlere und größere Gemeinde. Dies kann nicht bestätigt werden, da die meisten Gemeinden in allen vier Größenkategorien Erfahrung mit Kooperation aufweisen. Dies bestätigten die große Mehrheit der Bürgermeister*innen aus allen vier Größenklassen. Auch im Rahmen der Interviews ist kein klarer Unterschied zwischen kleinen und mittleren Gemeinden erkennbar geworden, weil alle Befragten die Kooperation in mehreren Politikfeldern bestätigten. Da man davon ausgehen muss, dass die Aussagen der Bürgermeister*innen im Interview Lücken aufweisen, kann aus den Aussagen nicht eindeutig abgeleitet werden, ob es sich um „wenig“ oder „viel“ Kooperation handelt. Klar ist allerdings, dass einige Gemeinden mehrere Kooperationen unterhalten und einige nur einzelne wenige Kooperationen durchführen.

1546 Siehe: ZHAW Zürcher Hochschule für Angewandte Wissenschaften, Schweizer Gemeindemonitoring, https://www.zhaw.ch/de/sml/institute-zentren/ivm/forschung-und-beratung/schweizer-gemeindemonitoring/, zuletzt geprüft am: 06.04.2023).

In Bezug auf die wenigen Gemeinden, die im Fragebogen erklärten, nicht zu kooperieren, ist ebenso kein klarer Trend hinsichtlich deren Größe erkennbar. Was die Dauer der Erfahrung betrifft, hat in allen vier Größenklassen die Mehrheit der Gemeinden mehr als zehn Jahre Erfahrung mit Kooperation, womit auch in dieser Hinsicht eine langjährige Erfahrung vorhanden ist. Was die Anzahl der Partnergemeinden betrifft, erhielt die Anzahl zwei bis fünf Partnern insgesamt die höchste Zustimmung. Dies widerspiegelt sich auch in den Ergebnissen nach der Größe, denn in allen Größenklassen war diese Antwort die meistgewählte.

Wo hingegen ein Zusammenhang zwischen der Größe und der Erfahrung feststellbar ist, ist die Entwicklung der Kooperation in den letzten fünf Jahren und ebenso, ob es sich bei den Kooperationspartnern um angrenzende Gemeinden handelt. Der Anteil jener Gemeinden, in denen die Kooperationstätigkeit in den letzten Jahren gleichgeblieben ist, ist in allen vier Größenklassen ähnlich hoch. Allerdings erklärten im Vergleich zu den großen Gemeinden deutlich mehr Kleinstgemeinden, kleine und mittlere Gemeinden, dass die interkommunale Kooperation zugenommen habe. In Bezug auf die angrenzenden Gemeinden ist das Ergebnis in allen Größenklassen zwischen den Antwortmöglichkeiten „Ja" und „Nein" sehr ausgeglichen und kein klarer Trend feststellbar. Allerdings überwiegen bei den Kleinstgemeinden und den kleinen Gemeinden jeweils knapp die Antwort „Nein", während es bei den mittleren Gemeinden die Antwort „Ja" ist. Das Ergebnis der großen Gemeinden ist in beiden Kategorien hingegen identisch hoch. Daraus kann geschlossen werden, dass einige Kleinstgemeinden und kleine Gemeinden auch mit Gemeinden kooperieren, die geografisch weiter entfernt liegen, was bei den größeren Gemeinden weniger der Fall ist.

In Bezug auf die Lage wurde erwartet, dass periphere Gemeinden und ländliche Vororte ähnliche Muster aufweisen wie kleine Gemeinden und Kleinstgemeinden. Diesbezüglich wurde angenommen, dass diese Gemeinden häufiger auf Kooperation angewiesen sind und somit mehr Erfahrung aufweisen. Andererseits hätte auch der Fall eintreten können, dass sie weniger Erfahrung haben als andere Typen von Gemeinden, weil sie geografisch isoliert sind und ihnen wenige Kooperationspartner zur Verfügung stehen.

Die Ergebnisse aus dem Fragebogen bestätigen diese These zum Teil. Insgesamt ist aus den Daten ablesbar, dass die große Mehrheit der Gemeinden aus allen geografischen Lagen Erfahrung mit Kooperation hat. Der geringste Zustimmungswert – der allerdings immer noch bei fast 80 Prozent lag – stammt von den peripheren Gemeinden, während die Zustimmung in den drei anderen

Kategorien noch höher ausfiel. Verbindet man diese Daten mit der Herkunft der Gemeinde, wird klar, dass von den peripheren Gebieten aus Südtirol und Tirol alle Gemeinden Erfahrung mit Kooperation aufweisen, nur in Graubünden haben zwei periphere Gemeinden keine Erfahrung. Hier scheint somit eher die Variable der Herkunft den ausschlaggebenden Einfluss zu geben und weniger die geografische Lage, denn ähnliche Hinweise sind auch bei den anderen drei Kategorien der geografischen Lage feststellbar.

Was die Dauer der Erfahrung betrifft, stechen die peripheren Gebiete hervor, da diese die einzige geografische Kategorie darstellen, wo weniger als die Hälfte der Befragten bereits über zehn Jahre Erfahrung mit Kooperation zu haben scheint. Da jedoch auch hier die peripheren Gebiete aus Graubünden über dem Durchschnitt und jene aus Südtirol darunter liegen, kann der Einfluss eher mit dem Faktor Territorium erklärt werden als mit der geografischen Lage der Gemeinden. Schließlich sind auch bei der Anzahl der Partner einige Unterschiede innerhalb der geografischen Lage erkennbar. Dabei sind die Ergebnisse der kleineren Städte und der peripheren Gebiete innerhalb ihrer Kategorie aber unterschiedlich, so dass auch hier eher auf den Einfluss der Herkunft der Gemeinde zu schließen ist. So haben bei den peripheren Gemeinden einige zwischen zwei und fünf Partnern, wiederum andere sogar mehr als zehn. Bei den ländlichen Zentren und ländlichen Vororten herrscht hingegen mehr Homogenität, da fast alle angeben zwischen zwei bis fünf Partnern zu haben. Zu erwähnen ist, dass insgesamt nur zehn der befragten Gemeinden Partnerschaften mit nur einer einzigen Gemeinde unterhalten. Aufgrund dessen wird davon ausgegangen, dass die Erfahrung der Kooperation, deren Dauer sowie die Anzahl der Partner zum großen Teil kontextspezifisch ist und weniger von der Lage einer Gemeinde abhängig ist.

5.3. Politikfelder

Nach dem Ergebnis, dass die meisten der hier behandelten alpinen Gemeinden – unabhängig ihrer Größe oder geografischen Lage – mit anderen Gemeinden kooperieren, widmet sich die Untersuchung einem weiteren zentralen Bereich der lokalen Kooperation: In welchen Politikfeldern findet diese statt? Diese Dimension soll Informationen darüber liefern, welche lokalen Dienstleistungen von Kooperation betroffen sind und welche nicht. Ziel der Untersuchung ist zum einen das Ausmaß von lokaler horizontaler Kooperation zu erfassen sowie festzustellen, ob verschiedene Gemeindetypen in ähnlichen Bereichen kooperieren oder es Unterschiede gibt. Es wird erwartet, dass hauptsächlich klassische Politikfelder von Kooperation betroffen sind, etwa die Bereiche Abwasser, Abfall, Soziales oder große Infrastrukturprojekte. Hierbei werden keine großen Unterschiede zwischen den Territorien vermutet und auch keine Unterschiede in Bezug auf die Größe einer Gemeinde. Demgegenüber wird angenommen, dass die geografische Lage einer Gemeinde sehr wohl einen Unterschied bei den Kooperationsbereichen ausmachen könnte.

Hinsichtlich der Frage nach den Politikfeldern war der Fragebogen komplex aufgebaut. Es stand eine Auswahl von 35 lokalen Diensten zur Verfügung und dafür jeweils sechs diverse Antwortkategorien: Die Bürgermeister*innen waren aufgefordert anzugeben, ob die jeweilige Dienstleistung a) allein, b) zusammen mit anderen Gemeinden, c) in Zusammenarbeit mit privaten Anbietern oder d) in Zusammenarbeit mit dem Land/Kanton ausgeführt wird. Falls zutreffend, konnten sie auch die Option „keine Aufgabe der Gemeinde" sowie „keine Antwort" angeben. Bei dieser Fragestellung waren auch Mehrfachantworten möglich, was die Komplexität der Auswertung erhöhte. Um die Übersichtlichkeit zu gewährleisten, wurden die 35 Dienste tabellarisch in vier Teile zusammengefasst: Teil 1 war den Institutionellen Diensten und der öffentlichen Ordnung gewidmet (8 Dienste), Teil 2 dem Unterricht Unterrichtswesen, Soziales, Gesundheit, Jugend und Sport (14 Dienste), Teil der Wirtschaft, Raumordnung und Transport (7 Dienste) und Teil 4 der Nachhaltigen Entwicklung, Schutz der Umwelt, Land- und Forstwirtschaft, Energie (6 Dienste).

5.3.1 Dienste, die autonom durchgeführt werden

Betrachtet man die Ergebnisse ohne jegliche Unterscheidung in Bezug auf das Territorium, die Größe der Gemeinde oder deren geografische Lage, ergibt sich ein klares Bild. Von den 35 lokalen Dienstleistungen werden viele von den Gemeinden selbstständig ausgeführt, viele aber auch in interkommunaler Zusammenarbeit. Überraschenderweise spielt die Ausführung von Diensten gemeinsam mit privaten Anbietern im Vergleich dazu nur eine untergeordnete Rolle. Was ebenso hervorsticht sind die vielen Dienste, die laut Eigenangaben gemeinsam mit dem Land oder dem Kanton ausgeführt werden.

Allerdings ist darauf hinzuweisen, dass es nicht klar ist, wie genau die Bürgermeister*innen die Antwortmöglichkeit „in Zusammenarbeit mit dem Land" interpretiert haben. Es könnte sich in diesem Fall weniger um eine gleichwertige Kooperation handeln, sondern viel mehr die politische Koordination und womöglich eine gemeinsame teilweise Umsetzung mit der subnationalen

Regierungsebene gemeint sein. Diese Annahme bestätigen die Interviews mit den 12 Beispielgemeinden.[1547]

Von 35 lokalen Diensten, die im Fragebogen zur Auswahl standen, werden 30 Dienstleistungen nach Angaben der befragten Bürgermeister*innen von über 25 Prozent der Gemeinden allein ausgeführt. Der Spitzenreiter der lokalen Dienste, die allein ausgeführt werden, ist der Friedhofsdienst. Hierzu geben 93,7 Prozent der Befragten an, diesen Dienst allein zu verwalten. Weitere Dienste, die über 70 Prozent der befragten Gemeinden allein ausführen sind: Einwohner*innendienste (83,1 %), Sekretariat (78,9 %), Finanzen (70,4 %), Kultur (74,6 %), Trinkwasserversorgung (83,1 %) sowie mehrere Dienste der Politikfeldgruppe „Wirtschaft und Raumordnung“ (Raumordnung (77,5 %), Landschaft (74,6 %), öffentliche Bauten (78,9 %) sowie Straßen und Infrastrukturen (81,7 %)).

Jene Dienste, die unter 25 Prozent an Zustimmung erhielten und demnach von weniger als einem Viertel der befragten Gemeinden allein ausgeführt werden sind hingegen folgende: Mittelschule/Oberstufenschule[1548] (21 %), Asylwesen (20,4 %), Sozialdienste (19 %), Altenheime (12,7 %) sowie Gesundheit (5,6 %). Im Umkehrschluss ist damit anzunehmen, dass in diesen fünf Politikfeldern eine rege Kooperationstätigkeit vonseiten der lokalen Regierungsebene herrscht. Alle fünf Dienste fallen in die Gruppe der Politikfelder „Unterrichtswesen und Soziales“.

1547 Von diesen erklärten alle 12 keine konkreten Dienstleistungen gemeinsam mit dem Land oder Kanton durchzuführen bzw. keine solche, die als echte Kooperation verstanden werden könnte: *„Jetzt direkt würde ich das nicht als Kooperation bezeichnen, sondern das Land ist einfach die übergeordnete Behörde und man muss als Gemeinde immer mit dem Land kooperieren sag ich jetzt mal (…) Ja, das sind einzelne Verwaltungsbereiche oder Behördenbereiche, wo man automatisch mit dem Land verbunden ist (…).“*

1548 Die Bildungseinrichtung der „Mittelschule“ in Südtirol und Tirol entspricht in Graubünden einer „Oberstufenschule“. Im Folgenden wird aus Platzgründen manchmal nur der Begriff „Mittelschule“ für beide Institutionen verwendet.

Tabelle 41: Fünf Dienstleistungen, die am häufigsten und am seltensten allein ausgeführt werden

	Alle Gemeinden Angaben in Prozent, N = 142
Fünf Dienste mit der höchsten Häufigkeit	Friedhof 93,7 Einwohner*innendienst 83,1 Trinkwasserversorgung 83,1 Straßen und Infrastrukturen 81,7
Fünf Dienste mit der niedersten Häufigkeit	Gesundheit/Krankenhaus 5,6 Alten- und Pflegeheime 12,7 Sozialdienst 19,0 Betreuung Asylsuchende 20,4 Mittelschule/Oberstufenschule 21,0

Betrachten wir diese Ergebnisse getrennt nach den **Territorien**, sind einige relevante Unterschiede erkennbar. So gibt es in einigen Dienstleistungen Übereinstimmungen zwischen den Territorien, in einer Vielzahl ähneln sich zumindest zwei der Gebiete und in einigen wenigen sind sie alle drei komplett verschieden. Ähnlich sind sich die Gemeinden aus unterschiedlichen Territorien bei den Dienstleistungen, welche die niederste und die höchste Häufigkeit erhalten haben und stehen somit im Einklang mit den obgenannten Ergebnissen. Die Dienstleistungen, die insgesamt den höchsten sowie niedersten Wert aufweisen, waren einerseits der Friedhofsdienst als kaum relevanter Politikbereich und andererseits der Gesundheitsdienst als sehr relevanter Politikbereich. Dieselben Dienste haben auch in allen drei Gebieten jeweils den höchsten sowie den niedersten Zustimmungswert erhalten.

Tabelle 42: Selbstständige Dienstleistungen mit höchster und niederster Häufigkeit

Territorium	**Höchster Wert: Friedhof**	**Niederster Wert: Gesundheit**
Kanton Graubünden (N = 47)	91,5 %	6,4 %
Land Südtirol (N = 50)	96,0 %	8,0 %
Land Tirol (N = 45)	93,3 %	2,2 %

In Graubünden erhielten neun Dienstleistungen eine Zustimmungsrate von über 70 Prozent, in Tirol trifft dies auf zehn Dienstleistungen zu. Demgegenüber sind es in Südtirol mit 14 Dienstleistungen auffallend mehr. Daraus kann geschlossen werden, dass in Südtirol deutlich mehr Dienste von vielen Gemeinden allein ausgeführt werden als in den beiden anderen Territorien.

Was die einzelnen Politikfelder betrifft sind einige Unterschiede zwischen den Territorien erkennbar, die im Folgenden beispielhaft wiedergegeben werden. Die auffallendsten Unterschiede zwischen den Territorien sind in folgenden Politikfeldern erkennbar: Kindergarten, Zivilschutz, Landschaftsschutz sowie Wirtschaftsförderung. Bei der Dienstleistung Kindergarten sind es nur knapp 30 Prozent der Tiroler Gemeinden, die diesen Dienst allein durchführen, während es in Graubünden fast 60 Prozent sind und in Südtirol sogar 78 Prozent. Auch im Bereich des Zivilschutzes, deren Dienst in Graubünden kaum allein ausgeführt wird, unterscheiden sich die Territorien. Hier haben die Südtiroler und Tiroler Gemeinden starke Parallelen: In beiden Territorien arbeitet ein beträchtlicher Teil der Gemeinden (72 bzw. 51,1 %) im Bereich Zivilschutz allein. Im Bereich des Landschaftsschutzes führen hingegen fast 75 Prozent der Südtiroler Gemeinden den Dienst allein durch, in Graubünden sind es mit 68,1 Prozent etwas weniger, in Tirol hingegen unter zwanzig Prozent der befragten Gemeinden deutlich weniger als in den Nachbargebieten (17,8 %). Letztlich unterscheiden sich die Gemeinden auch im Hinblick der Tätigkeit der Wirtschafsförderung. Diesen Dienst führen in Tirol die meisten Gemeinden (71,1 %) allein aus, während es in Südtirol nur knapp über die Hälfte der Gemeinden ist (54 %) und in Graubünden sogar nur 42,6 Prozent.

Zusätzlich zu diesen größeren Unterschieden bei Politikfeldern, die allein ausgeführt werden, gibt es zwischen den Gemeinden auch mehrere Parallelen. So sind Gemeinsamkeiten im Hinblick auf folgende Dienstleistungen feststellbar: Einwohner*innendienste, Kinderbetreuung, Integration, Polizei, Öffentliche Bauten, Verkehr, Straßen, Landwirtschaft, Abfall, Trinkwasser und Energie. In all diesen Politikbereichen geben über 25 Prozent der Gemeinden in allen drei Territorien an, den Dienst allein durchzuführen. Besonders hoch sind die Zustimmungsraten (75–89 %) in allen drei Gebieten bei den Einwohner*innendiensten, öffentlichen Bauten, Straßen sowie der Trinkwasserversorgung. Dies sind somit Dienste, die vom Großteil der Gemeinden selbstständig ausgeführt werden.

Bei den folgenden Diensten geben hingegen ähnlich wenige Gemeinden in allen drei Territorien, und zwar je unter 25 Prozent, an, diese allein auszuführen: Altenheime und Asylwesen. Die Dienstleistungen, die in Graubünden die geringsten Zustimmungsraten für eine alleinige Ausführung erhalten haben (jeweils unter 25 % der Gemeinden) und bei denen demnach eine rege Kooperationstätigkeit zu erwarten ist, sind außer dem genannten Bereich der Gesundheit: Mittelschule (23,4 %), Asylwesen (17 %), Standesamt (14,9 %), Altenheim (14,9 %), Zivilschutz (8,5 %).

Tabelle 43: Selbstständige Dienstleistungen: Höchste und niedrigste Häufigkeiten nach Territorium

	Kanton Graubünden (N = 47)	**Land Südtirol (N = 50)**	**Land Tirol (N = 45)**
Dienste mit der höchsten Häufigkeit (Antworten in Prozent)	Friedhof 91,5 Einwohner 89,4 Straßen 89,4 Sekretariat 89,4 Trinkwasser 87,2	Friedhof 96,0 Kultur 88,0 Standesamt 86,0 Feuerwehr 86,0 Trinkwasser 84,0	Friedhof 93,3 Sekretariat 91,1 Feuerwehr 88,9 Einwohner 80,0 Straßen 80,0
Dienste mit der niedersten Häufigkeit (Antworten in Prozent)	Gesundheit 6,4 Zivilschutz 8,5 Standesamt 14,9 Asylwesen 17,0 Mittelschule 23,4	Gesundheit 8,0 Sozialdienst 14,0 Altenheim 18,0 Asylwesen 18,0 Polizei 24,0	Gesundheit 2,2 Altenheim 4,4 Mittelschule 13,3 Sozialdienst 13,3 Standesamt/Landschafsschutz/ Tourismus 17,8

In Südtirol wird in einigen dieser Politikfelder kaum kooperiert bzw. zumindest gibt der Großteil der befragten Gemeinden an, diese Dienste selbstständig durchzuführen. So sagen 86 Prozent der Südtiroler Gemeinden, dass das Standesamt allein verwaltet wird, wogegen dies in Graubünden nur wenige Gemeinden erklärten. Das Land Tirol ähnelt hierbei eher Graubünden, denn auch hier wird der Dienst des Standesamts nur von 17,8 Prozent der Gemeinden allein verwaltet. Tirol und Südtirol haben demgegenüber große Parallelen bei der Dienstleistung der Feuerwehr. In beiden Territorien geben die meisten Gemeinden an (88,9 vs. 86 %) an, diese allein zu betreiben. Demgegenüber sind es in Graubünden nur 34 Prozent der Gemeinden, womit die Feuerwehren ein beliebter Bereich für Kooperation zu sein scheinen.

Mehr Übereinstimmung gibt es demgegenüber im Bereich Schule. So ist insbesondere die Mittelschule bzw. Oberstufenschule ein Fachgebiet, bei welchem sehr viele Gemeinden in allen drei Territorien zusammenarbeiten. In Südtirol verwalten nur 26 % der Gemeinden im Bereich der Sekundarstufe allein, in Tirol sind es sogar nur 13,3 Prozent. Eine weitere Ähnlichkeit ist, wie bereits genannt, in den Bereichen Altenheim sowie Asylwesen feststellbar. In Südtirol führen diese beiden Dienste ähnlich wenige Gemeinde wie in Graubünden allein aus (in beiden Fällen: 18 %). In Tirol sind es sogar noch weniger. Nur 4,4 Prozent der Tiroler Gemeinden geben an, ein Altenheim selbstständig zu betreiben bzw. dafür verantwortlich zu sein. Im Asylwesen arbeiten hingegen mehr Tiroler Gemeinden allein (26,7 %).

Für Tirol sind noch die Dienste Tourismus und Landschaftsschutz nennenswert. In beiden Politikbereichen arbeiten je nur 17,8 Prozent der Gemeinden allein, so dass der Großteil hier vermutlich in Kooperation mit anderen Gemeinden steht. Zum Unterschied zu Tirol sind es in Graubünden und Südtirol fast die Hälfte der Gemeinden (44,7 bzw. 48 %), die im Tourismus hingegen ohne andere Gemeinden tätig sind.

Auch im Bereich der Landschaft ähneln sich eher Südtirol und Graubünden, da 74 bzw. 68,1 Prozent der Befragten angeben, diesbezügliche Dienstleistungen allein auszuführen – anders als die Tiroler Gemeinden. Für Südtirol und Tirol sind außerdem die Sozialdienste ein relevanter Bereich, wo eine rege Kooperationstätigkeit zu erwarten ist. Dort geben nämlich in Südtirol nur 14 Prozent und in Tirol 13,3 Prozent der befragten Bürgermeister*innen an, diesen Dienst allein auszuführen. In Graubünden sind es mit 29,8 Prozent hingegen auffallend mehr. Es gibt schließlich noch einige Bereiche, wo sich die Südtiroler Gemeinden von den anderen beiden Territorien abheben. So ähneln sich im Bereich Finanzwesen vor allem die Territorien Graubünden und Tirol: 83 bzw. 73,3 Prozent der Gemeinden führen diesbezügliche Dienstleistungen ohne Kooperation aus, während es in Südtirol nur 56 Prozent der Gemeinden sind. Ähnlich ist es im Bereich Informatik: Während dort nur knapp 30 Prozent der Südtiroler diesen Dienst allein ausführen, sind es in Graubünden und Tirol mit 55,3 bzw. 44,4 Prozent deutlich mehr Gemeinden. Auffällig ist dieser Umstand auch bei der Dienstleistung des Sekretariates. Diese führen in Tirol 91,1 Prozent und in Graubünden 89,4 Prozent der Gemeinden allein aus, während es in Südtirol nur 58 Prozent sind, so dass dies ein Verwaltungsbereich darstellt, in dem scheinbar viel kooperiert wird.

Die Tabellen 44 und 45 zeigen nun die Ausführung der selbstständigen Dienstleistungen in Bezug auf die Größe und geografische Lage der Gemeinden. Aufgelistet sind jeweils die zehn Dienstleistungen, bei denen über 70 Prozent der Gemeinden angegeben haben, diese allein auszuführen.

In Bezug auf die **Größe** der Gemeinde offenbaren die Ergebnisse, dass vor allem die großen Gemeinden die Dienstleistungen zu einem hohen Anteil selbstständig ausführen. Von den zehn am häufigsten genannten Dienstleistungen haben in fünf Fällen die Gemeinden mit über 5.000 Einwohner*innen den höchsten Wert der Zustimmung. Auch wenn alle 35 Dienstleistungen im Durchschnitt betrachtet werden, ist der durchschnittliche Prozentwert bei den größten Gemeinden am höchsten (63,8 %). Zum Vergleich: Dieser Durchschnittswert der Zustimmung beträgt bei den Kleinstgemeinden 37,6 Prozent, bei den kleinen Gemeinden 47,7 und bei den mittleren Gemeinden 51,6 Prozent.

Tabelle 44: Am häufigsten genannte selbstständige Dienstleistungen nach Größe[1549]

	Kleinstgemeinden (N = 19)	Kleine Gemeinden (N = 63)	Mittlere Gemeinden (N = 43)	Große Gemeinden (N = 17)	Insgesamt (N = 142)
Friedhof	89,5	93,7	95,3	94,1	93,7
Einwohner*innen	63,2	79,4	79,1	82,4	83,1
Trinkwasser	73,7	88,9	83,7	70,6	83,1
Straßen	78,9	77,8	83,7	94,1	81,7
Sekretariat	57,9	84,1	79,1	82,4	78,9
Öffentliche Bauten	78,9	81,0	69,8	94,1	78,9
Raumordnung	73,7	76,2	74,4	94,1	77,5
Landschaft	63,2	74,6	74,4	88,2	74,6
Kultur	52,6	71,4	81,4	94,1	74,6
Finanzen	57,9	73,0	76,7	58,8	70,4

Die Kleinstgemeinden unterschieden sich ebenso teilweise – allerdings nicht bei allen relevanten Politikfeldern – von den anderen Größenklassen. Herausstechen tun insbesondere die Politikfelder Kultur und Sekretariat, die im Gegensatz zu den anderen Größenklassen von den Kleinstgemeinden weniger allein ausgeführt werden. Was die Maximal- und Minimalwerte betrifft, so ist es interessant, dass diese Dienste ebenso unterschiedliche Ergebnisse offenbaren. Der Friedhofsdienst, der von allen Befragten insgesamt am häufigsten Zustimmung beim Thema selbstständige Ausführung erhalten hat, ist auch der Dienst, der in allen Größenklassen den höchsten Wert erhalten hat. Beim Minimalwert und demnach demjenigen Politikfeld, wo am wenigsten Gemeinden angaben, diese Dienstleistung allein auszuführen, sieht die Gesamtbetrachtung unterschiedlich aus. So sind es bei den Kleinstgemeinden die Alten- und Pflegheime sowie der Kindergarten, die von keiner der 19 Gemeinden als selbstständiger Dienst angegeben wurden. Bei den kleinen und mittleren Gemeinden ist es ebenso jeweils der Kindergartendienst, der nur von sehr wenigen Gemeinden angegeben wurde. Und bei den 17 großen Gemeinden mit mehr als 5.000 Einwohner*innen sind es die Sportanlagen, die scheinbar von keiner Gemeinde allein verwaltet werden.

1549 Antworten in Prozent, N = 142.

Tabelle 45: Am häufigsten genannte selbstständige Dienstleistungen nach Lage[1550]

	Ländlich periphere Gemeinden (N = 23)	Ländliche Vororte (N = 79)	Ländliche Zentren (N = 10)	Kleinere Städte und Vororte (N = 30)	Insgesamt (N = 142)
Friedhof	91,3	94,9	0,0	90,0	93,7
Einwohner*innen	82,6	81,0	80,0	90,0	83,1
Trinkwasser	91,3	84,8	70,0	76,7	83,1
Einwohne	82,6	81,0	80,0	90,0	83,1
Straßen	87,0	75,9	70,0	96,7	81,7
Öffentliche Bauten	73,9	78,5	80,0	83,3	78,9
Raumordnung	69,6	81,0	70,0	76,7	77,5
Landschaft	65,2	73,4	80,0	83,3	74,6
Kultur	65,2	73,4	0,0	76,7	74,6
Finanzen	69,6	68,4	50,0	83,3	70,4

Bei der **geografischen Lage** sind die Ergebnisse nicht eklatant unterschiedlich, allerdings fällt die Dienstleistungsausführung der kleineren Städte und Vororte auf. In sieben von zehn Dienstleistungen haben diese 30 Gemeinden den höchsten Wert von allen vier Gruppen. Auch der insgesamt Durchschnittswert der Zustimmung bei allen 35 Dienstleistungen ist bei den kleineren Städten und Vororten der höchste und beträgt insgesamt 61,3 Prozent. Besonders auffallend sind die Unterschiede im Bereich des Gemeindesekretariats sowie den Straßen, bei welchen fast alle 30 betroffenen Gemeinden angeben, diese Tätigkeiten allein durchzuführen. Überhaupt liegt der Zustimmungswert bei den zehn genannten Politikbereichen bei den kleineren Städten und Vororten immer über 76 Prozent, während er bei den anderen Gruppen zum Teil viel geringer ausfällt. Dies fällt insbesondere im Gegensatz zu den peripheren Gebieten auf, wo bei einigen Dienstleistungen weniger Gemeinden allein arbeiten und demzufolge in Kooperation stehen. Auch die Maximal- und Minimalwerte unterscheiden sich in einem größeren Ausmaß als bei den Größenklassen. So hat jede Gruppe der geografischen Lage einen anderen lokalen Dienst, in dem die meisten Gemeinden angeben diesen allein durchzuführen. Bei den Städten und Vororten ist es das Sekretariat (29 von

1550 Antworten in Prozent, N = 142.

30 Gemeinden), bei den ländlichen Zentren die Feuerwehr und die Sportanlagen (je 9 von 10). Demgegenüber führen bei den ländlichen Vororten 75 von 79 den Friedhofsdienst allein aus, während die Dienstleistung mit der meisten Zustimmung bei den ländlich peripheren Gebieten ebenso der Friedhof, aber auch die Trinkwasserversorgung sind (je 21 von 23). Der Politikbereich, der am wenigsten Zustimmung erhalten hat und in dem demnach kooperiert wird, ist hingegen bei allen vier Gruppierungen der Gesundheitsdienst. Dieser wird in allen Kategorien am wenigsten häufig als „selbstständige Dienstleistung" genannt (Städte: 2 von 30 Gemeinden, ländliche Zentren: null, ländliche Vororte: 4 von 79, periphere Gebiete: 2 von 23). Bei den ländlichen Zentren gibt es noch weitere drei Dienstleistungen, bei denen keine der zehn Gemeinden angab, diese allein durchzuführen. Diese sind der Sozialdienst und Friedhofsdienst sowie die Kulturarbeit.

In den **Interviews** wurde von Einigen der Umstand angesprochen, dass es bestimmte Dienste gibt, die man besser vor Ort und somit allein durchführen sollte. Demnach kann es auch für eine kleine Gemeinde auch trotz einer möglichen Notwendigkeit ein Risiko sein überall und unbedingt Kooperation durchzuführen: „*Also die Kinderbetreuung vor Ort musst [du] selber machen. Wenn ich sagen will, ich will eine gewisse Altenbetreuung bis zu einem gewissen Grad vor Ort, muss man [das] fast selber machen (...). Aber ich mein jetzt vom räumlichen her. Jugendbetreuung insofern (...) da ist eine Kooperation, würd ich sagen, auf der einen Seite nach der Schule recht gut, aber den Rest muss die Gemeinde selber machen und da Angebote stellen.*" Auch die Nachfrage, ob dies der Fall sein muss, damit die Jugend im Dorf bleibe, war die Antwort: „*Genau. (...) Auch, dass sie dann später bleiben. Das war ja die Initiative, wo wir gesagt haben, Baugrund für Jugendliche und für Anrainer, damit sie bleiben können (...).*"

Es ist somit politisch abzuwägen, ob eine Kooperation in einem bestimmten Bereich, der für die Dorfentwicklung und das Angebot für Bürger*innen womöglich zentral ist, in einer anderen Gemeinde durchgeführt werden sollte.

5.3.2 Dienste in Zusammenarbeit mit anderen Gemeinden

Die allgemeinen Ergebnisse in Bezug auf die interkommunale Zusammenarbeit sind aufschlussreich. So kooperieren die meisten der befragten Gemeinden in den Bereichen Alten- und Pflegeheime (79,6 %), Abfall (70,4 %) sowie Mittelschule/Oberstufenschule (64,8 %). Die geringste Zustimmungsrate erhielt – und demnach wird dort am wenigsten horizontal kooperiert – die Dienstleistungen Friedhof (4,2 %), Landschafts- und Ortsbildschutz (6,3 %) sowie Straßen bzw. Infrastrukturerhaltung (7,7 %). Interessanterweise erhielten insgesamt nur acht von 35 Dienstleistungen eine Zustimmungsrate von über 50 Prozent und zehn von 35 Dienstleistungen eine Zustimmungsarte von 25 bis 49,9 Prozent. Demnach ist Kooperation in den drei alpinen Gebieten sehr vielschichtig und betrifft unterschiedlichste Politikfelder.

Ebenso wurde festgestellt, dass in allen 35 gewählten Dienstleistungen zumindest ein kleiner Teil der Gemeinden kooperiert und demnach alle aufgelisteten Dienstleistungen von Kooperation betroffen sind. Nach Gruppen von Politikfeldern sind jene Gruppe, wo im Durchschnitt insgesamt am häufigsten kooperiert wird (39,2 %) die Politikfelder „Unterrichtswesen, Soziales, Gesundheit, Jugend und Sport", dicht gefolgt von der Gruppe „Nachhaltige Entwicklung, Schutz der Umwelt, Land- und Forstwirtschaft, Energie" mit einem Durchschnitts-Kooperationswert von 37,3 Prozent.

Schlüsseln wir diese Ergebnisse nach **Territorium** auf, ergeben sich nur zum Teil Ähnlichkeiten. Während in Südtirol und Tirol der Dienst mit der häufigsten interkommunalen Kooperation die Alten- und Pflegeheime sind, ist es in Graubünden das Standesamt. Allerdings arbeiten 72,3 Prozent der Bündner Gemeinden auch im Bereich Alten- und Pflegeheimen zusammen, so dass dieses Politikfeld im Vergleich insgesamt zu den relevantesten gehört. In Südtirol fällt auf, dass im Gegensatz zu Tirol und Graubünden nur ein einziger Dienst von mehr als 70 Prozent der Gemeinden in Kooperation ausgeführt wird, während es in Tirol und Graubünden mehr sind Demnach arbeiten die Gemeinden in Südtirol in sehr unterschiedlichen Aufgabenbereichen zusammen, während die Kooperationstätigkeit in Tirol und Graubünden thematisch homogener zu sein scheint.

In Tirol und Graubünden sind zudem alle 35 Dienstleistungen von Kooperation betroffen, während es in Südtirol einen Bereich gibt, in welchem von den befragten Gemeinden gar niemand kooperiert: Im Bereich der Wirtschaftsförderung gaben alle 50 Gemeinden an nicht interkommunal tätig zu sein. In Tirol ist die Kooperationstätigkeit diesbezüglich auch sehr gering (6,7 %), in Graubünden hingegen auffallend höher und betrifft sogar über die Hälfte der Gemeinden (53,2 %). Einen großen Unterschied zu Tirol und Graubünden nimmt Südtirol auch im Bereich des Standesamtsdienstes ein. Dort wird nur von vier von 50 Gemeinden (8 %) kooperiert, während dieser Dienst in Tirol und Graubünden von sehr vielen Gemeinden in Kooperation ausgeführt wird.

Der Abfallentsorgungsdienst scheint hingegen bei allen drei Territorien unter den Top-5 Kooperationsbereichen auf, genauso wie die Alten- und Pflegeheime. Ansonsten sind folgende Unterschiede erkennbar: Während Graubündens und Tirols Gemeinden im Bereich Tourismus stark zu kooperieren scheinen, machen dies in Südtirol mit 40 Prozent der Gemeinden weniger aus. Interessanterweise widerspricht das Ergebnis zu den regen Tourismuskooperationen in Graubünden dem Ergebnis der vorgegangen Frage, wo fast die Hälfte der Gemeinden (44 %) angab diesen Dienst allein zu verwalten.

Vier Politikbereiche scheinen zudem jeweils nur in einem Territorium unter den Top-5 Politikfeldern für lokale Kooperation auf. Das sind der Polizeidienst, der Sozialdienst und die Jugendarbeit, wo viele Südtiroler Gemeinden (je über 60 %) kooperieren, aber weniger lokale Gebietskörperschaften in den anderen beiden Ländern. Auch in Tirol kooperieren fast ähnlich viele Gemeinden (68,9 %) im Bereich Soziales, während es in Graubünden nur 42,6 Prozent sind. Eklatanter sind die Unterschiede hingegen bei der örtlichen Polizei. Hier arbeiten in Graubünden mit 8,5 Prozent deutlich weniger Gemeinden miteinander als in Südtirol und in Tirol. In Graubünden scheint dieser Bereich kaum in Kooperation durchgeführt zu werden, da nur vier von 47 Gemeinden angeben beim Polizeidienst mit anderen Gemeinden zusammenzuarbeiten (in Tirol sind es 33,3 % und in Südtirol sogar 68 % der befragten Gemeinden). Bei der Jugendarbeit sind die Ergebnisse wiederum zwischen Graubünden und Südtirol ähnlich, während sich Tirol unterscheidet: So arbeiten in Graubünden immerhin fast 60 Prozent der Gemeinden bei der Jugendarbeit zusammen und somit ähnlich viele wie in Südtirol, während dies in Tirol mit 20 Prozent deutlich weniger Gemeinden tun.

Tabelle 46: Interkommunale Dienstleistungen: Höchste und niedrigste Häufigkeit nach Territorium

	Kanton Graubünden (N = 47)	**Land Südtirol (N = 50)**	**Land Tirol (N = 45)**
Dienste mit der höchsten Häufigkeit (Antworten in Prozent)	Standesamt 80,9 Tourismus 76,6 Mittelschule 74,5 Abfall 74,5 Altenheim 72,3	Altenheim 78,0 Polizei 68,0 Sozialdienst 66,0 Abfall 66,0 Jugend/Mittelschule 60,0	Altenheim 88,9 Gesundheit 80,0 Abwasser 77,8 Standesamt 77,8 Abfall/Tourismus 71,1
Dienste mit der niedersten Häufigkeit (Antworten in Prozent)	Friedhof 4,3 Landschaftsschutz 4,3 Informatik/ Sekretariat/ Straßendienst 6,4	Wirtschaftsförderung 0,0 Friedhof 2,0 Landschaftsschutz 6,0 Straßendienst 8,0 Standesamt 8,0	Finanzen/ Sekretariat/Friedhof/ Wirtschaftsförderung 6,7 Landschaftsschutz/ Straßendienst 8,0

Ein letzter Bereich, welcher nur bei einem Territorium unter den Top-5 aufscheint, sind die gesundheitlichen Leistungen bzw. Krankenhäuser. In Tirol ist dieser Bereich für die interkommunale Kooperation überaus relevant und teilweise verpflichtend (siehe Kapitel 3), auch in Graubünden kooperieren über 70 Prozent der befragten Gemeinden beim Thema Gesundheit, in Südtirol sind es hingegen kaum Gemeinden (12 %). Der Grund liegt vermutlich darin, dass sich hierbei um eine subnationale Zuständigkeit handelt, allerdings bieten auch die Bezirksgemeinschaften einige gesundheitliche Dienste an.

Gegenüber den Politikbereichen, in denen sehr viel kooperiert wird, gibt es bei jenen, wo wenig kooperiert wird, mehr Gemeinsamkeiten zwischen den drei Ländern. In den Top-5 jener Bereiche, in welchen die Gemeinden kaum kooperieren, scheinen in allen drei Gebieten sowohl der Friedhofsdienst auf sowie der Landschaftsschutz und die Straßen bzw. Infrastrukturerhaltung. Wie bereits bei den Ergebnissen der selbstständig ausgeführten Dienstleistungen ersichtlich, ist das Standesamt ein Bereich, der in Südtirol für die Kooperation kaum relevant ist. Nur vier von 50 Gemeinden kooperieren bei diesem Dienst, während es in Graubünden über 80 Prozent und in Tirol knapp 80 Prozent der befragten Gemeinden sind. Eine weitere Ähnlichkeit weisen Tirol und Graubünden beim Sekretariatsdienst auf. Hier kooperieren auffallend wenige Gemeinden in beiden Territorien (Tirol: 3 von 45, Graubünden: 3 von 47). Demgegenüber sind es in Südtirol 38 Prozent der Gemeinden, die einen gemeinsamen Sekretariatsdienst haben (19 von 50).

Tabelle 47: Interkommunale Dienstleistungen nach Territorium (Antworten in Prozent, N = 142)

	Kanton Graubünden (N = 47)	**Land Südtirol (N = 50)**	**Land Tirol (N = 45)**
Dienste mit Häufigkeit über 70 Prozent	Standesamt 80,9 Tourismus 76,6 Mittelschule 74,5 Abfall 74,5 Altenheim 72,3 Gesundheit 70,2	Altenheim 78,0	Altenheim 88,9 Gesundheit 80,0 Abwasser 77,8 Standesamt 77,8 Abfall 71,1 Tourismus 71,1
Dienste mit Häufigkeit zwischen 50 und 69,9 Prozent	Feuerwehr 57,4 Jugend 57,4 Kultur 53,2 Wirtschaftsförderung 53,2	Polizei 68,0 Sozialdienst 66,0 Abfall 66,0 Jugend 60,0 Mittelschule 60,0 Integration 50,0 Abwasser 50,0	Sozialdienst 68,9 Mittelschule 60,0 Verkehr 51,1

	Kanton Graubünden (N = 47)	Land Südtirol (N = 50)	Land Tirol (N = 45)
Dienste mit Häufigkeit zwischen 25 und 49,9 Prozent	Sport 48,9 Verkehr 44,7 Landwirtschaft 44,7 Abwasser 44,7 Sozialdienst 42,6 Grundschule 40,4 Senioren 36,2 Energie 36,2 Zivilschutz 27,7	Kinderbetreuung 48,0 Asylwesen 42,0 Tourismus 40,0 Sekretariat 38,0 Sport 36,0 Finanzen 30,0 Senioren 30,0 Informatik 28,0	Senioren 42,2 Sport 42,2 Polizei 33,3 Umwelt 33,3 Kinderbetreuung 31,1 Kultur 31,1 Trinkwasser 31,1 Kindergarten 26,7
Dienste mit Häufigkeit zwischen 10 und 24,9 Prozent	Kinderbetreuung 29,8 Umwelt 23,4 Raumordnung 17,0 Trinkwasser 12,8 Öffentliche Bauten 10,6	Trinkwasser 22,0 Energie 20,0 Kultur 18,0 Öffentliche Bauten 18,0 Verkehr 18,0 Umwelt 18,0 Raumordnung 16,0 Landwirtschaft 14,0 Einwohnerdienst 14,0 Feuerwehr 14,0 Zivilschutz 14,0 Kindergarten 12,0 Gesundheit 12,0 Grundschule 10,0	Zivilschutz 22,2 Landwirtschaft 22,2 Jugend 20,0 Einwohnerdienst 15,6 Informatik 13,3 Energie 13,3 Feuerwehr 11,1 Asylwesen 11,1 Integration 11,1
Dienste mit Häufigkeit unter 10 Prozent	Finanzen 8,5 Einwohnerdienst 8,5 Polizei 8,5 Asyl 8,5 Integration 8,5 Informatik 6,4 Sekretariat 6,4 Straßendienst 6,4 Friedhof 4,3 Landschaftsschutz 4,3	Straßendienst 8,0 Standesamt 8,0 Landschaftsschutz 6,0 Friedhof 2,0 Wirtschaftsförderung 0,0	Landschaftsschutz 8,0 Straßendienst 8,0 Finanzen 6,7 Sekretariat 6,7 Friedhof 6,7 Wirtschaftsförderung 6,7

Die Tabelle 47 zeigt, dass die Politikfelder in denen die Bünder, Tiroler und Südtiroler Gemeinden kooperieren mitunter unterschiedlich sind. Außer den bereits genannten Beispielen wie Sekretariatsdienst oder Standesamt, können hierfür noch die Politikfelder Finanzwesen sowie Informatik genannt werden. Dies sind zwei Verwaltungsbereiche in denen in Südtirol rege kooperiert wird (30 bzw. 28 % der befragten Gemeinden bestätigten dies), während es sowohl in Graubünden wie auch in Tirol keine große Rolle bei der interkommunalen Zusammenarbeit einnimmt. Dasselbe gilt für die Politikbereiche Betreuung von Asylsuchenden sowie Integration von Migrant*innen. In beiden Bereichen kooperieren ein großer Teil von Südtiroler Gemeinden, in Graubünden und Tirol hingegen weniger. Im Bereich Kultur und Verkehr unterschiedet sich Südtirol ebenso von den anderen beiden Territorien. Hier wird umgekehrt in Südtirol nur von einem kleineren Teil der befragten Gemeinden kooperiert (jeweils 18 %), während beide Politikbereichen in Graubünden und Tirol von vielen Gemeinden gemeinsam bearbeitet werden.

Ein weiteres interessantes Politikfeld sind die Feuerwehren: Hier scheinen die Südtiroler und Tiroler Gemeinden nur beschränkt zu kooperieren, während es in Graubünden knapp 60 Prozent sind. Ähnlich ist es im Zivilschutz: Hier weisen die Bünder Gemeinden mit 27,7 Prozent die höchste Kooperationstätigkeit auf. Letztens sollte noch das Politikfeld des Unterrichtswesens genannt werden. Auch im Bereich der Schule zeigen die Daten insbesondere für die Bündner Gemeinden eine hohe Kooperationsaktivität. Im Bereich der Volks-, Grund- bzw. Primarschule arbeiten 40,4 Prozent der Bündner Gebietskörperschaften zusammen, in der Mittelschule bzw. Oberstufenschule sogar fast 75 Prozent der befragten Gemeinden. Diese Werte sind sowohl in Südtirol wie auch in Tirol deutlich niedriger, wobei auch hier die Zusammenarbeit bei der Mittelschule viel höher ausfällt, vermutlich weil eine Grundschule wohl doch in fast allen Gemeinden zu finden ist.

Wenn wir die Ergebnisse nach ihren Durchschnittswerten in Bezug auf die Gruppen der Politikfelder betrachten, so herrscht die höchste Kooperationstätigkeit in Graubünden und Südtirol in der Gruppe „Unterrichtswesen et al." (41,79 vs. 37,43 %). In Tirol hingegen wird in der Gruppe der Politikfelder „Nachhaltige Entwicklung et al." im Durchschnitt intensiver kooperiert (41,47 %).

Auch im Rahmen der **Interviews** wurden die Politikbereiche erhoben, in denen die Gemeinden aktuell miteinander kooperieren. Dabei wurden die Bürgermeister*innen allgemein gefragt, in welchen Bereichen sie Erfahrung mit interkommunaler Kooperation haben. Alle Bürgermeister*innen nannten jeweils mehrere Beispiele, wobei nicht davon ausgegangen werden kann, dass diese Aufzählung vollständig ist. Viel mehr könnte es sein, dass den Interviewpartner*innen zum Zeitpunkt der Befragung nicht alle aktuellen Kooperationen präsent waren und die Beschreibungen somit womöglich lückenhaft sind. Tabelle 48 gibt dennoch einen Überblick über die genannten Kooperationsbereiche.

Tabelle 48: Politikfelder, die von den 12 Beispielgemeinden genannt wurden

Politikfeld bzw. – falls genannt: Konkretes Beispiel	**Territorium**	**Größe der Gemeinde**	**Lage der Gemeinde**
Schule (Mittelschule), Abwasser, Gesundheit (Sanitätssprengel und Krankenhaus), Standesamt, Abfallentsorgung, Landwirtschaft (Schlachthof, Almbewirtschaftung), Umwelt (Naturpark, Umweltwerkstatt), Breitband	Tirol	Klein	Vorort
Polizei, Lizenzen, Finanzen (Buchhaltung), Abfall, Abwasser	Südtirol	Klein	Vorort
Gesundheitswesen (Gesundheitszentrum), Tourismus, Abfall Raumordnung (Zonenplanung), Mobilität, Energie (Strom, Glasfaser)	Graubünden	Klein	Vorort
Soziales (*Case and Care Manager*), Breitband, Schule (Mittelschule), Abwasser (Klärwerk)	Tirol	Mittel	Vorort
Meldeamt, Finanzen (Buchhaltung), Mobilität (*E-Bike* Ladestationen), Soziales, Umwelt, Trinkwasser	Südtirol	Mittel	Vorort
Gesundheitswesen, Umwelt (Naturpark), Kultur (Musikschule), Konkursamt, Raumplanung	Graubünden	Mittel	Vorort
Bauhof, Kinderbetreuung, Bauamt, Gesundheit (Sprengelarzt), Soziales (Sozialsprengel für Altenbetreuung), Jugend	Tirol	Klein	Zentrum
Polizei, Meldeamt, Raumordnung, Abwasser/Trinkwasser, Straßen, Abfall, Sport (Schwimmbad)	Südtirol	Klein	Zentrum
Straßen (Straßenbau, Winterwanderweg), Altersheim, Infrastrukturen, Raumplanung, Energie (Strom), Landwirtschaft (Jagdhochsitze), Schule, Kindergarten	Graubünden	Klein	Zentrum
Umwelt, Energie (Leader Region), Gesundheit (Krankenhausverband), Abfall, Raumordnung (Planungsverband, Flächenwidmungen), Abwasser, Standesamt, Tourismus, Soziales (Sozialsprengel – Heimbetreuung für Pflegebedürftige), Kultur (Landesmusikschule)	Tirol	Mittel	Zentrum

(Forts.)

Tabelle 48: (Forts.)

Politikfeld bzw. – falls genannt: Konkretes Beispiel	Territorium	Größe der Gemeinde	Lage der Gemeinde
Abwasser (GmbH), Abfall (gemeinsamer Recycling), Stadtpolizei, Soziales (Hauspflege)	Südtirol	Mittel	Zentrum
Kultur (Musikschule), Zivilstand, Betreibungs- und Konkurssamt, Grundbuchamt, Feuerwehr, Trinkwasser; Abfall (Kehrricht-Verbrennung), Gesundheit (Spital), Abwasser.	Graubünden	Mittel	Zentrum

Die Bündner Gemeinden nannten insgesamt 16 lokale Dienstleistungen, in denen sie in Kooperationen tätig sind. Dabei wurde kein Dienst von allen vier Gemeinden genannt. Allerdings wurden die Bereiche Raumordnung bzw. Zonenplanung sowie das Gesundheitswesen von je drei Gemeinden genannt. Je zwei Nennungen erhielten die Abfallentsorgung, die Straßen/Infrastrukturen sowie die gemeinsame Führung einer Musikschule. Wie im Kapitel 2 angeführt, sind die intermediären Verwaltungseinheiten der Regionen für eine Reihe von weiteren Diensten zuständig, von denen alle vier Bündner Gemeinden betroffen sind. So sind diese per Gesetz u.a. für die Berufsbeistandschaft, das Betreibungs- und Konkursamt, die Raumplanung und das Zivilstandsamt zuständig, die somit in allen Gemeinden in Kooperation ausgeführt werden. Zudem können den Regionen noch weitere Dienstleistungen von den Gemeinden übertragen werden. Im Falle von zwei Regionen sind das die Abfallentsorgung und eine gemeinsame Musikschule. In einer Region wird auch ein gemeinsames Langzeitheim geführt sowie im Bereich Tourismus kooperiert. Ein Bürgermeister erklärt die Kooperation innerhalb der Region als sehr zweckdienlich und notwendigkeitsorientiert: *„In der Region sind die Gemeinden vertreten und die Gemeindepräsidenten und die entscheiden dann, wie welche Aufgabe am besten gemeinsam gelöst wird (…) Typisches Beispiel: Kehricht. Und eben auch regionale Zonenplanung, (…). Was hatten wir: Fahrplan, zum Teil Verkehrsverbindungen und so Sachen… (…) Die ganzen Verträge mit den Entsorgern, das macht die Region für die Gemeinden. (…).“* Wenn es um den Gesundheitsbereich geht, sind dort meist viele diverse Dienstleistungen zusammengefasst. *„Mit allen Gemeinden, die jetzt eine Gemeinde bilden, wurde dazumal eine AG gegründet für das Gesundheitswesen. Also das ist Spital, Alters- und Pflegeheim und auch Wohnen für Senioren.“*.

Die Südtiroler Gemeinden arbeiten ähnlich wie die Bündner zum einen alle im Rahmen der jeweiligen Bezirksgemeinschaft zusammen. Explizit genannt wurden dabei als Beispiele die Abfall- und Abwasserentsorgung oder die Hauspflege für bedürftige Personen. Wie im Falle der Bündner Regionen, sind auch die Südtiroler Bezirksgemeinschaften für einige lokale Dienste zuständig, die von den interviewten Gemeinden nicht alle aufgezählt wurden. Die Sozialdienste, die bei den Bezirksgemeinschaften angesiedelt sind, übernehmen u.a. die finanzielle Sozialhilfe, sozialpädagogische Grundbetreuung, Hauspflege, Einrichtung für Menschen mit Behinderung, Familienberatung oder Heime für Senior*innen. Die Bezirksgemeinschaften Vinschgau und Eisacktal führen auch die Abfallentsorgung und Abwasserentsorgung für die Gemeinden durch. Die Bezirksgemeinschaft Pustertal sowie Überetsch-Unterland ist ebenso in der Abfallentsorgung tätig. Der Politikbereich, der von allen vier Südtiroler Gemeinden explizit als Kooperationsfeld genannt wurde, ist die Abwasserversorgung. Drei nannten auch Soziales, obwohl in diesem Bereich über die Bezirksgemeinschaft eigentlich alle vier mit anderen Gemeinden kooperieren. Drei der interviewten Südtiroler Gemeinden arbeiten auch im Bereich der Abfallentsorgung sowie beim Polizeidienst zusammen. Je zwei Nennungen erhielten das Meldeamt, die Finanzen sowie die Trinkwasserversorgung. Kooperationen im Trinkwasser sind allerdings eher selten: *„Eine Zusammenarbeit (…) wäre auch das übergemeindliche Trinkwasser, was wir als Gemeinde (…) zur Verfügung stellen für die Gemeinden (…). Und das ist auch nicht so selbstverständlich, weil südtirolweit haben wir nur vier übergemeindliche Trinkwasserleitungen. Das ist vielleiht auch gut zu wissen. Hier wehrt sich natürlich jede Gemeinde das Wasser zu behalten.“* Nur je eine Nennung erhielten die folgenden Dienste: Lizenzen, Mobilität, Raumordnung, Straßen, Sportanlagen. Bei den Südtiroler Gemeinden wurden insgesamt 12 lokale Dienste als Beispiele aufgezählt, in Tirol waren es mit 16 mehr. Dienstleistungen, die von den Südtiroler Gemeinden gar nicht genannt wurden, von den Tiroler allerdings schon, waren: Gesundheit (3 Nennungen), Schule (2Nennungen), Landwirtschaft (2 Nennungen), Umwelt/Natur (2 Nennungen), sowie folgende Dienste mit je einer Nennung: Bauhof, Kinderbetreuung, Jugend, Energie (Strom), Tourismus sowie Kultur (Musikschule). Die am häufigsten genannten Politikbereiche waren mit je drei Nennungen die Abwasserentsorgung, die Sozialdienste sowie die Gesundheit. Letzterer Kooperationsbereich kann ein gemeinsames Krankenhaus betreffen, aber auch eine kleinere Kooperation: *„Wir haben z.B. eine Kooperation mit dem Sprengelarzt. (…). Das ist schon seit Jahrzehnten. Also das heißt (…) einmal die Woche kommt der Arzt her für die Bevölkerung (…) Sozialsprengel gibt es auch (…). Sozialsprengel haben wir 3 Gemeinden, wo sozusagen Altenbetreuung ist. Das sind Sachen, die glaub ich in den 70er Jahren eingeführt worden ist und da haben sich halt die verschiedenen Gemeinden zusammengetan.“*

Jene Politikbereiche, die in den 12 Interviews am häufigsten und zudem von Bürgermeister*innen aus allen drei Territorien genannt wurden, waren die Sozialdienste, die Abwasser- und Abfallentsorgung und die Raumordnung. Auch die Dienstleistungen im Gesundheitsbereich wurden mehrmals genannt, allerdings nur von Gemeinden aus Graubünden und Tirol. Alle anderen genannten Dienstleistungen wurden nur je ein- bis viermal genannt. Es gibt auch Bereiche, die nur von einem*einer Befragten als Kooperationsgebiet genannt wurden und sich somit als sehr kontextspezifisch erweisen. So unterhält eine Gemeinde zwei spezifische Kooperationen in der Landwirtschaft: *„Wir haben gemeinsam mit einer Gemeinde einen (...) Melk-Almbetrieb, also da sind im Sommer um die 100 Stück Vieh – Melkkühe. Wir betreiben gemeinsam die Alm und da haben wir auch eine gemeinsame Verwaltung. Aber wir wechseln uns ab. So ungefähr alle 10 Jahre übernimmt die andere Gemeinde die Verwaltung direkt von diesem Almbetrieb.“* Ein weiterer interessantes und seltenes Kooperationsfeld in derselben Gemeinde ist ein gemeinsamer Schlachthofverband: *„Wir haben jetzt gerade vor kurzem einen Verband gegründet (...). Einen Schlachthofverband mit 16 Gemeinden (...).“* Durch diese spezifischen Kooperationen wird untermauert, dass auch die Politikfelder der lokalen Kooperation sehr kontextabhängig sein können und an individuelle Bedürfnisse von Gemeinden und Gebieten angepasst werden.

Wenn wir die Ergebnisse der interkommunal durchgeführten Dienste in Bezug auf die **geografische Lage** der Gemeinden begutachten, ergeben sich einige Unterschiede. Hierbei ist allerdings auf die unterschiedliche Anzahl der Antworten hinzuweisen, da manche Kategorien mehrere Gemeinden umfassen und manche wenige. So besteht die Kategorie der ländlichen Zentren insgesamt nur aus zehn Gemeinden, während den ländlichen Vororten 79 Gemeinden angehören. Tabelle 49 zeigt die Verteilung der Ergebnisse in Bezug auf die geografische Lage in jenen acht Politikbereichen, die sich für die interkommunale Kooperation in den drei Territorien insgesamt als am relevantesten erwiesen haben.[1551]

1551 Dies entspricht jenen Politikfeldern, in denen über der Hälfte der 142 befragten Gemeinden eine Kooperationstätigkeit angegeben hat.

Tabelle 49: Häufigste interkommunale Dienstleistungen nach Lage (N = 142)

	Kleinere Städte und Vororte (N = 30)	**Ländlich periphere Gemein-den (N = 23)**	**Länd-liche Vororte (N = 79)**	**Länd-liche Zentren (N = 10)**	**Insge-samt (N = 142)**
Alten- und Pflegeheim	80,0 %	82,6 %	77,2 %	90,0 %	79,6 %
Abfall	66,7 %	65,2 %	74,7 %	60,0 %	70,4 %
Mittelschule	53,3 %	73,9 %	69,6 %	40,0 %	64,8 %
Tourismus	60,0 %	78,3 %	62,0 %	30,0 %	62,0 %
Sozialdienst	60,0 %	69,6 %	50,6 %	40,0 %	59,2 %
Abwasser	60,0 %	39,1 %	59,5 %	70,0 %	57,0 %
Standesamt	70,0 %	47,8 %	49,4 %	60,0 %	54,2 %
Gesundheit	50,0 %	69,6 %	30,4 %	10,0 %	52,8 %

Bei allen acht Dienstleistungen sind die Unterschiede zwischen den geografischen Lagen der Gemeinden nicht eklatant und sie liegen auf einem ähnlich hohen Niveau. Zu nennen ist allerdings der Bereich der Sekundarschule, wo – erwartungsgemäß – eher die ländlich peripheren Gebiete und die ländlichen Vororte kooperieren als die Zentren und kleineren Städte, da diese über eigene Schulinfrastrukturen verfügen. Auch der Politikbereich Tourismus scheint als Kooperationsgebiet eher für ländlich periphere Gebiete interessant zu sein, insbesondere die ländlichen Zentren arbeiten hier nicht so stark zusammen. Interessant ist, dass der Abwasserdienst im Vergleich von weniger ländlich peripheren Gebieten gemeinsam ausgeführt wird, sondern eher von den Gebieten, die zentraler gelegen sind. Hierfür kann die periphere Lage als Erklärung angeführt werden, die eine gemeinsame Ausführung dieser Dienstleistung vermutlich erschwert.

Ebenso ist das Standesamt eine Dienstleistung, die eher von ländlichen Zentren und kleineren Städten gemeinsam ausgeführt wird als von peripheren Gebieten oder ländlichen Vororten. Demgegenüber ist der Bereich Gesundheit, also unter anderem die Krankenhäuser, eher eine Dienstleitung, bei der die peripheren Gebiete kooperieren als die zentral gelegeneren Gemeinden.

Diese Ergebnisse deuten darauf hin, dass die geografische Lage einer Gemeinde und die Distanz zu den Nachbargemeinden bzw. eventuellen Kooperationspartnern bei der Durchführung von gemeinsamen Dienstleistungen in bestimmten Politikfeldern sehr wohl eine starke Rolle spielen können. Nimmt man den Durchschnitt von den Zustimmungsraten aller 35 Dienstleistungen her, so sind die

Ergebnisse zwischen den Gemeinde-Gruppen sehr ähnlich, wobei die ländlich peripheren Gebiete mit einer durchschnittlichen Kooperation von 38,1 Prozent der befragten Gemeinden den höchsten Wert aufweisen und somit die meisten Dienste in Kooperation durchführen. Es sind einige Politikfelder, wo über die Hälfte der befragten peripher liegenden Gemeinden interkommunal zusammenzuarbeiten, während der Wert bei den zentraleren Gemeinden unter 50 Prozent liegt. Beispiele sind die Senioren- und Kulturarbeit, die Sportanlagen sowie der öffentliche Verkehr.

Betrachten wir dieselben Politikfelder – also jene acht, bei denen über 50 Prozent der befragten 142 Gemeinden bestätigten mit anderen Gemeinden zu kooperieren – im Hinblick auf die **Größe** fallen sogar etwas mehr Unterschiede zwischen den Kategorien auf, als zwischen der Lage.

Tabelle 50: Häufigste interkommunale Dienstleistungen nach Größe (N = 142)

	Kleinstgemeinden (N = 19)	**Kleine Gemeinden (N = 63)**	**Mittlere Gemeinden (N = 43)**	**Große Gemeinden (N = 17)**	**Insgesamt (N = 142)**
Alten- und Pflegeheim	63,2 %	93,7 %	72,1 %	64,7 %	79,6 %
Abfall	73,7 %	71,4 %	69,8 %	64,7 %	70,4 %
Mittelschule	84,2 %	76,2 %	46,5 %	47,1 %	64,8 %
Tourismus	52,6 %	69,8 %	62,8 %	41,2 %	62,0 %
Sozialdienst	47,4 %	68,3 %	55,8 %	47,1 %	59,2 %
Abwasser	26,3 %	65,1 %	67,4 %	35,3 %	57,0 %
Standesamt	63,2 %	60,3 %	53,5 %	23,5 %	54,2 %
Gesundheit	47,4 %	65,1 %	55,8 %	11,8 %	52,8 %

Betrachtet man die Tabelle 50, so ist bei dem Politikbereich der Alten- und Pflegeheime, in welchem insgesamt knapp 80 Prozent der befragten Gemeinden interkommunal kooperieren, ein relevanter Unterschied in Bezug auf die Größe feststellbar. So arbeiten in diesem Bereichen fast alle kleinen Gemeinden (93,7 %) interkommunal zusammen, während es bei den größeren Gemeinden, aber auch den Kleinstgemeinden, deutlich weniger sind. Auch bei der Abfallentsorgung kooperieren die Kleinstgemeinden und die kleinen Gemeinden mit bis zu 2.000 Einwohner*innen häufiger als die größeren Gemeinden. Überhaupt stechen die kleinen Gemeinden mehrmals hervor: In vier von acht Dienstleistungen weisen sie den höchsten Wert der interkommunalen Kooperationstätigkeit auf (Altenheime, Sozialdienst, Gesundheit, Tourismus). Auch bei der Dienstleistung der Mittelschule/Oberstufenschule tun sich die Kleinstgemeinden und die kleinen Gemeinden besonders hervor, während von den mittleren und großen Gemeinden hier unter der Hälfte der befragten Gemeinden kooperiert. Interessanterweise sind die Abwasserdienste ein Bereich, in dem die Kleinstgemeinden nur zu einem geringen Teil kooperieren, während es bei den anderen Größenklassen deutlich mehr sind. Bei den großen Gemeinden mit über 5.000 Einwohner*innen fällt auf, dass sie in fünf von acht lokalen Dienstleistungen den geringsten Wert an interkommunaler Kooperation aufweisen und somit wohl insgesamt weniger aktiv kooperieren. Dies fällt besonders im Bereich des Standesamts, aber auch der Gesundheit (Krankenhaus) auf.

Außer den acht Dienstleistungen, die insgesamt am relevantesten sind, erhielten bei den Kleinstgemeinden noch einige weitere Politikbereiche über 50 Prozent der Zustimmung, die in den anderen Größenklassen weniger Zustimmung ausmachen. Hierbei handelt es sich um den Feuerwehrdienst, den Kindergarten sowie die Kinderbetreuung (je 63,2 % der Kleinstgemeinden kooperieren hier), aber auch die Jugendarbeit (57,9 %), die Grundschulen (52,2 %), Sportanlagen, Landwirtschaft sowie Kulturarbeit (je 47,4 %). In den Bereichen Senioren- und Jugendarbeit sowie bei den Sportanlagen erklären – ähnlich den Kleinstgemeinden – auch 49,2 Prozent der kleinen Gemeinden zu kooperieren. Bei den mittleren Gemeinden sticht hingegen das Politikfeld öffentlicher Verkehr hervor, bei welchem 48,8 Prozent kooperieren, während es bei den anderen Größenklassen weniger ist. Bei den großen Gemeinden ist schließlich die lokale Polizei zu nennen, bei welcher über die Hälfte der 17 Gemeinden kooperiert, hingegen sind es bei den andern Größenklassen nicht so viele. Bei den Durchschnittswerten von allen 35 lokalen Diensten zusammen, offenbaren sich die Kleinstgemeinden und die kleinen Gemeinden als relevanteste Größenklassen für die interkommunale Kooperation: Die Kleinstgemeinden haben einen durchschnittlichen Zustimmungswert von 37,3 Prozent bei allen 35 Dienstleistungen, die kleinen Gemeinden 36,41 Prozent. Die mittleren Gemeinden liegen mit 33,1 Prozent nur gering dahinter, während die großen mit einem durchschnittlichen Zustimmungswert von 21,5 Prozent deutlich unter diesem Wert liegen.

Die Tabelle 51 zeigt zusammengefasst jene fünf Dienste, die in den einzelnen Größenklassen Zustimmungswerte von über 50 Prozent der betroffenen Gemeinden erhielten. Es wird klar ersichtlich, dass sich mit der jeweiligen Größe der Gemeinde auch das Politikfeld ändert, in dem mehr als die Hälfte der Gemeinden kooperieren.

Tabelle 51: Häufigste interkommunale Dienstleistungen in Bezug zur spezifischen Größenklasse

	Kleinstgemeinden (N = 19)	**Kleine Gemeinden (N = 63)**	**Mittlere Gemeinden (N = 43)**	**Große Gemeinden (N = 17)**
Dienste mit Häufigkeit über 50 Prozent (Antworten in Prozent)	Mittelschule 84,2 Abfall 73,7 Standesamt 63,2 Feuerwehr 63,2 Kindergarten 63,2 Kinderbetreuung 63,2 Altenheim 63,2 Jugend 57,9 Grundschule 52,6 Tourismus 52,6	Altenheim 93,7 Mittelschule 76,2 Abfall 71,4 Tourismus 69,8 Sozialdienst 68,3 Gesundheit 65,1 Abwasser 65,1 Standesamt 60,3	Altenheim 72,1 Abfall 69,8 Abwasser 67,4 Wirtschaftsförderung 62,8 Tourismus 62,8 Sozialdienst 55,8 Gesundheit 53,5 Standesamt 53,5	Altenheim 64,7 Abfall 64,7 Polizei 52,9

Was den Einfluss der **Größe und Lage** betrifft, waren in den **Interviews** mit den Bürgemeister*innen keine deutlichen Unterschiede erkennbar. Die interkommunalen Institutionen der Regionen in Graubünden und den Bezirksgemeinschaften in Südtiroler Bezirk haben keinen Bezug zu Größe oder Lage der Gemeinden, da die von diesen verwalteten Dienste alle Bündner bzw. Südtiroler Gemeinden gleich betreffen. In Bezug auf Graubünden konnte festgestellt werden, dass es eine gemeinsame Musikschule nur in den mittleren Gemeinden gibt, während dies in den kleinen Gemeinden ein weniger relevanter Bereich zu sein scheint. Allerdings nennt eine der zwei kleinen Gemeinden eine Kooperation im Bereich der Pflichtschule sowie beim Kindergarten: *„Unsere Kinder gehen nach (…) in die Schule und sie bringen einen Teil ihrer Kindergartenkinder zu uns. (…) Das ist eine sehr enge Kooperation. Wir erledigen den Transport von unseren Kindern, dann sind gewisse Detailfragen zu klären: Wo essen sie Mittag, wie viel müssen wir bezahlen etc. (…). Das funktioniert sehr gut zum Beispiel.“* Die kleinen Gemeinden nannten außerdem Kooperationen im Bereich von Infrastrukturen, einmal für den gemeinsamen Straßenbau und die Instandhaltung von Winterwanderwegen, zum zweiten im Bereich des Breitbandnetzes.

Was die bi- und multilateralen Kooperationen der Gemeinden in Südtirol betrifft, sticht erneut der Polizeidienst hervor. Dieser wird von beiden kleinen Südtiroler Gemeinden – einmal ein Vorort, einmal ein Zentrum –, aber auch einer mittelgroßen Zentrums-Gemeinde in Kooperation durchgeführt.

Interessanterweise ist auch bei der engeren Verwaltungszusammenarbeit, wie im Bereich eines Meldeamts oder den Finanzen, kein klarer Unterschied zwischen den diversen Größenklassen oder geografischen Typen erkennbar. So verfügt eine kleine Vorortsgemeinde über ein gemeinsames Lizenzamt und eine gemeinsame Buchhaltung, aber auch eine kleine Zentrumsgemeinde sowie die mittelgroße Vorortsgemeinde teilen sich mit anderen Gemeinden ein Meldeamt. Die größte der vier Südtiroler Gemeinden hat außer im Rahmen der Bezirksgemeinschaft noch Kooperationen bei der Abwasserversorgung und beim Polizeidienst, nicht aber in Diensten der engeren Verwaltung. Die Vernetzung in mehrere Kooperationen sei eine historische Entwicklung mit dem Ziel der Professionalisierung erklärt der betroffene Bürgermeister: *„Irgendwo hat man versucht, auf den Ebenen zu schauen, wer kann welchen Dienst am besten abwickeln. Das ist historisch so gewachsen und jetzt ist es nochmal forciert worden in den letzten Jahren (…). Es ist immer der Triebmotor der Professionalisierung, Nutzung von Synergien und die Bündelung von Kräften.“*

Auch bei den Interviews mit den Tiroler Gemeinden kann in Bezug auf die Politikbereiche kein Unterschied zwischen den Typologien der Gemeinden festgestellt werden. Eine gemeinsame Mittelschule unterhalten sowohl eine kleine Gemeinde wie auch eine mittlere Gemeinde. Im Bereich Gesundheit kooperieren ebenso die zwei kleinen Gemeinden sowie eine mittlere Gemeinde. Auch in der gemeinsamen Abfall- und Abwasserentsorgung betrifft es Gemeinden mit weniger und mehr Einwohner*innen. Auch für die Variable der geografischen Lage ist kein eindeutiger Zusammenhang festzustellen, da die beiden Vorortsgemeinden zwar eine gemeinsame Schule mit anderen Gemeinden unterhalten und die Abwasserversorgung kollaborativ organisieren, doch die Abwasserversorgung wird auch von der zentral gelegenen Gemeinde in Kooperation ausgeführt. Nur eine gemeinsame Schule wird von den beiden Zentrumsgemeinden nicht als Kooperationsbereich aufgezählt.

5.3.3 Dienste in Zusammenarbeit mit privaten Anbietern

Die Erhebung mittels Fragebogen hat ergeben, dass die Kooperation mit privaten Anbietern in den drei alpinen Gebieten einen geringen Stellenwert im Vergleich zu der interkommunalen Ausführung von Dienstleistungen einnimmt. Wenn man jene Dienstleistungen als relevant einstuft, bei denen über zehn Prozent der Gemeinden in Graubünden, Tirol und Südtirol mit privaten Anbietern zusammenarbeiten, so sind dies insgesamt 33 von 35 Dienstleistungen. Verteilt auf die einzelnen Territorien offenbaren sich einige Unterschiede: In Tirol sind 31 von 35 lokalen Diensten von der öffentlich-privaten Kooperation betroffen, in

Graubünden 27 und in Südtirol nur 22. So scheinen die Südtiroler Gemeinden im Vergleich gegenüber Graubünden und Tirol am wenigsten mit privaten Institutionen zusammenzuarbeiten.

Tabelle 52: Kooperation mit Privaten: Höchste Häufigkeiten nach Territorium

	Kanton Graubünden (N = 47)	**Land Südtirol (N = 50)**	**Land Tirol (N = 45)**
Dienste mit der höchsten Häufigkeit in Prozent	Energie 42,0 Informatik 32,0 Kinderbetreuung 27,7 Abfall 23,4 Altenheim/ Seniorenarbeit 19,1	Energie 38,0 Tourismus 30,0 Informatik 26,0 Kinderbetreuung 22,0 Jugendarbeit 18,0	Energie 51,1 Informatik 44,4 Verkehr 20,0 Tourismus 20,0 Abfall 17,8

Insgesamt sind es nur 11 Dienstleistungen bei denen mehr als zehn Prozent der befragten Südtiroler Gemeinden angeben mit privaten Körperschaften zusammenzuarbeiten. Am höchsten sind die Werte im Bereich der Energieversorgung (38 %), Tourismus (30 %), Informatik (26 %), Kinderbetreuung (22 %) sowie Jugendarbeit (18 %). Demgegenüber sind es in Tirol zwar ebenso nur zehn von 35 Dienstleistungen, bei denen mehr als zehn Prozent der Gemeinden mit Privaten kooperieren, allerdings sind dort insgesamt mehrere Dienstleistungen von einer öffentlich-privaten Kooperation betroffen – wenn auch manchmal nur vonseiten einer einzigen Gemeinde. Die Daten zeigen, dass in Tirol vor allem die Politikfelder Energieversorgung, Informatik, der öffentliche Verkehr und der Tourismus von öffentlich-privater Kooperation betroffen sind und somit große Parallelen zum Land Südtirol bestehen.

Die Energieversorgung ist jene Dienstleistung, die in der Gesamtbetrachtung insgesamt den höchsten Zustimmungswert hinsichtlich privatrechtlicher Kooperation erhalten hat und auch innerhalb aller drei Territorien an der Spitze der Politikfelder liegt. Insgesamt haben 43,7 Prozent der Befragten angegeben in diesem Bereich mit privaten Anbietern zu kooperieren, das entspricht 62 von 142 Gemeinden. In Tirol betrifft diese Kooperation über die Hälfte der Befragten, in Graubünden und Südtirol etwas weniger.

Weitere relevante Dienstleistungen in der Gesamtbetrachtung sind das Informatikwesen (es kooperieren 49 von 142 Gemeinden), der Tourismus (32 von 142) sowie die Kinderbetreuung (31 von 142). Der Tourismus scheint bei der Analyse nach Territorien vor allem in Südtirol für die öffentlich-private Zusammenarbeit relevant zu sein, in Tirol und Graubünden kooperieren hier mit 20 bzw. 17 Prozent der Gemeinden weniger, aber immerhin ein beträchtlicher Teil.

Die Kinderbetreuung wurde in allen drei Territorien ebenso als häufiges Feld für öffentlich-private Kollaborationen genannt, wobei die dortige Zusammenarbeit mit Privaten in Graubünden und Südtirol höher ist als in Tirol. Ein weiterer Bereich, der insbesondere in Graubünden sehr relevant für öffentlich-private Kooperation zu sein scheint, ist die Abfallentsorgung und Abfallwiederverwertung. Hier kooperieren über 23 Prozent der Bündner Gemeinden mit privaten Anbietern, in Tirol sind es mit 17,8 Prozent und in Südtirol mit 14 Prozent weniger. Hingegen ist in Südtirol und Tirol die Abwasserversorgung mit Privaten intensiver als in Graubünden, wo keine einzige Gemeinde in diesem Bereich mit Privaten zusammenarbeitet. Ein Politikfeld, wo hingegen die Tiroler Gemeinden rege mit Privaten kooperieren, die Gemeinden der anderen Territorien allerdings weniger, ist der öffentliche Verkehr. Hier kooperieren 20 Prozent der befragten Tiroler Gemeinden, in Graubünden sind es 10,6 Prozent und in Südtirol nur zwei Prozent. Graubünden hat auch eine rege Kooperationstätigkeit mit Privaten bei den Alten- und Pflegheimen, der Seniorenarbeit und der Raumordnung bzw. den Baugenehmigungen. Im Bereich Bauwesen arbeiten auch einige Tiroler Gemeinden (13,3 %) mit Privaten zusammen, in Südtirol ist es hingegen keine einzige Gemeinde. Demgegenüber kooperieren in Südtirol einige Gemeinden (12 %) bei den Alten- und Pflegeheimen mit privaten Körperschaften, während das in Tirol nur zwei Gemeinden sind.

Die am wenigsten relevanten Bereiche für die Kooperation zwischen öffentlicher Hand und Privaten sind laut der vorliegenden Erhebung die Dienstleistungen der engeren Verwaltung, wie das Standesamt und das Sekretariat, aber auch die Grundschule, die Feuerwehr und der Zivilschutz. Es gibt zudem zwei Dienstleistungen, wo keine einzige der 142 befragten Gemeinden, unabhängig von ihrem Territorium, angab mit privaten Anbietern zu kooperieren. Das sind zum einen der Standesamtsdienst und zum anderen die Grundschule. In allen anderen Politikbereichen kooperieren zumindest einige einzelne Gemeinden (auch) mit Privaten. So gibt sogar eine Tiroler Gemeinde, die angibt das Gemeindesekretariat in Kooperation mit privaten Anbietern durchzuführen, während dieser Wert sowohl in Graubünden wie auch in Südtirol bei null liegt. Auch in den Bereichen Feuerwehr und Zivilschutz hat jeweils nur eine einzige Gemeinde (Graubünden und Tirol) angegeben mit Privaten in Kooperation zu stehen.

Betrachtet man die relevanten Politikfelder der öffentlich-privatrechtlichen Kooperation im Hinblick auf die **geografische Lage** und der **Größe** der Gemeinde, also jene bei denen mehr als zehn Prozent aller Gemeinden erklärten mit Privaten zu kooperieren, ergibt sich Folgendes: Die großen Gemeinden und die kleineren Städte und Vororte sind jene Gemeinden, die in den zehn Politikfeldern durchschnittlich am häufigsten mit privaten Akteuren kooperieren (Tab. 53–54). Den geringsten Durchschnittswert weisen hingegen die mittleren Gemeinden sowie die ländlich peripheren Gebiete auf, die folglich weniger mit Privaten kooperieren als die größeren bzw. zentralen Gemeinden.

Tabelle 53: Häufigste Dienstleistungen mit Privaten in Bezug zur Lage (Antworten in Prozent)

	Ländlich periphere Gemeinden (N = 23)	**Ländliche Vororte (N = 79)**	**Ländliche Zentren (N = 10)**	**Kleinere Städte und Vororte (N = 30)**	**Insgesamt (N = 142)**
Energie	34,8	44,3	40,0	50,0	43,7
Informatik	26,1	35,4	60,0	30,0	34,5
Tourismus	8,7	24,1	20,0	30,0	22,5
Kinderbetreuung	21,7	19,0	10,0	33,3	21,8
Abfall	43,5	27,8	30,0	50,0	18,3
Altenheim	8,7	13,9	0,0	13,3	12,0
Senioren	8,7	8,9	10,0	20,0	11,3
Verkehr	39,1	35,4	50,0	46,7	10,6
Finanzen	0,0	13,9	0,0	13,3	10,6
Sport	17,4	10,10	10,0	6,7	10,6
Durchschnitt	20,8	23,2	23,0	29,3	

Tabelle 54: Häufigste Dienstleistungen mit Privaten in Bezug zur Größe (Antworten in Prozent)

	Kleinstgemeinden (N = 19)	**Kleine Gemeinden (N = 63)**	**Mittlere Gemeinden (N = 43)**	**Große Gemeinden (N = 17)**	**Insgesamt (N = 142)**
Energie	42,1	42,9	46,5	41,2	43,7
Informatik	52,6	34,9	34,9	11,8	34,5
Tourismus	10,5	20,6	23,3	41,2	22,5
Kinderbetreuung	5,3	23,8	23,3	29,4	21,8
Abfall	21,1	23,8	11,6	11,8	18,3

	Kleinstgemeinden (N = 19)	Kleine Gemeinden (N = 63)	Mittlere Gemeinden (N = 43)	Große Gemeinden (N = 17)	Insgesamt (N = 142)
Altenheim	15,8	6,3	9,3	35,3	12,0
Senioren	15,8	6,3	16,3	11,8	11,3
Verkehr	10,5	14,3	4,7	11,8	10,6
Finanzen	10,5	12,7	4,7	17,6	10,6
Sport	10,5	14,3	4,7	11,8	10,6
Durchschnitt	19,4	19,9	17,9	22,3	

In Bezug auf die Größe stechen die großen Gemeinden besonders bei den beiden Politikbereichen Alten- und Pflegheime sowie dem Tourismus hervor, wo ein großer Teil der Befragten angibt mit privaten Akteuren zusammenzuarbeiten. Im Bereich Informatik sind es hingegen die Kleinstgemeinden, die vielfach mit Privaten kooperieren, während es bei den großen Gemeinden dies nur eine geringe Anzahl betrifft.

5.3.4 Keine Aufgaben der Gemeinde und weitere Bereiche der Zusammenarbeit

In der Dimension Politikfelder hatten die Bürgermeister*innen auch die Möglichkeit anzugeben, dass es sich beim genannten Politikfeld um „keine Aufgabe der Gemeinde" handelt. Diese Option wurde insgesamt nur wenige Male gewählt, allerdings ergab die Befragung einige Ähnlichkeiten zwischen den Gebietskörperschaften. So wurde festgestellt, dass neun von 35 Dienstleistungen in allen Fällen als lokale Dienstleistungen der Gemeinden gelten und demnach bei keiner einzigen Gemeinde als „keine Aufgabe der Gemeinde" angekreuzt wurde. Diese können demnach als zentrale Aufgaben der Gemeinden interpretiert werden und betreffen folgenden lokalen Dienste: Friedhof, Sportanlagen, Kultur, Raumordnung/Baugenehmigungen, Landschafts- und Ortsbildschutz, Öffentliche Bauten, Straßen/Infrastruktur, Abfall sowie Abwasserversorgung. Demgegenüber gibt es fünf Dienstleistungen, bei denen über zehn Prozent der befragten Gemeinden angaben, es sei keine Aufgabe der Gemeinde, somit trifft dies auf mehrere Gemeinden zu. Diese sind: Gesundheitliche Leistungen/Krankenhaus (18,3 %), Betreuung von Asylsuchenden (15,5 %), Lokale Polizei (14,8 %), Energieversorgung (13,4 %) sowie Mittelschule bzw. Oberstufenschule (10,6 %).

Tabelle 55: Keine Aufgabe der Gemeinde nach Territorium (Antworten in Prozent)

	Kanton Graubünden (N = 47)	**Land Südtirol (N = 50)**	**Land Tirol (N = 45)**
Dienste mit der höchsten Häufigkeit in Prozent	Asylwesen 29,8 Polizei 19,1 Seniorenarbeit 17 Integration 14,9 Gesundheit 8,5	Energie 27 Gesundheit 38 Wirtschaftsförderung 12 Landwirtschaft 12 Mittelschule 10	Polizei 26,7 Mittelschule 17,8 Asylwesen 8,9 Integration 8,9 Energie 8,9

Im Bereich Gesundheit sind es vor allem die Südtiroler Gemeinden (38 %), die für diesen Politikbereich keine Zuständigkeit haben. Demgegenüber sind es bei der lokalen Polizei sowohl Tiroler wie auch Bündner Gemeinden. 26,7 bzw. 19,1 Prozent der Gemeinden haben angegeben, dass dies keine ihrer Dienstleistungen sei, in Südtirol war es in diesem Bereich hingegen keine einzige Gemeinde.

Zu der Dienstleistungsausführung der Mittelschulen/Oberstufenschule meinten einige Tiroler und Südtiroler Gemeinden es sei keine Aufgabe der Gemeinde, vermutlich verfügen sie über keine eigene Sekundarstufenschule und kooperieren hierfür mit Nachbargemeinden. In Graubünden sind es nur zwei von 47 Bündner Gemeinden, die hierzu angaben, dies sei nicht ihre Aufgabe. Allerdings sind es im Verhältnis relativ viele Bündner Gemeinden, die erklärten, dass die Betreuung von Asylsuchenden sowie die Integration von Migrant*innen nicht ihre Aufgabe wäre. Dieser Wert ist in Südtirol und Tirol bedeutend geringer, so dass sich die dortigen Gemeinden auch darum kümmern. Für Südtirol fällt noch eine hohe Zustimmungsrate bei den Dienstleistungen Energieversorgung, Wirtschaftsförderung und Landwirtschaft auf. In den beiden letzteren Bereichen gaben über zehn Prozent und bei der Energieversorgung sogar 27 Prozent der Südtiroler Gemeinden an, dass dies keine Aufgabe der Gemeinde sei. Hier unterscheidet sich Südtirol von den beiden Nachbargebieten, wo im Verhältnis weniger Gemeinden angaben, dass dies keine ihrer lokalen Dienstleistungen sei.

Die Befragung mittels Fragebogen hat noch eine offene Frage eingeschlossen, bei der nach weiteren Dienstleistungen gefragt wurde, welche in der Liste nicht enthalten ist und in welchen die Gemeinde womöglich noch Kooperationen durchführt. Neun von 142 Gemeinden haben diese offene Frage beantwortet, wobei zwei von diesen nur das Wort „nein" in das offene Textfeld geschrieben haben. Sieben der 142 befragten Bürgermeister*innen haben hingegen ein konkretes zusätzliches Politikfeld angegeben (vier Tiroler und drei Bündner Gemeinden). Die Tiroler Gemeinden, allesamt ländliche Vororte, gaben folgende zusätzliche Dienste an: Kompostierung/Biomüll, Abfallentsorgung, Krankenhaus, Planungsverband, Breitbandversorgung, Tierkörperverwertung und

Betreuung der Radwege. Eine kleinere Stadt in Tirol gab hingegen eine ausführlichere Antwort und führte gleich mehrere zusätzliche Dienste an, bei welchen sie interkommunal tätig ist: So unterhält diese Gemeinde einen Staatsbürgerschaftsverband in Zusammenarbeit mit anderen Gemeinden, eine Bundesbeschaffung GmbH („BBG"), das eine Vereinbarung über eine Zusammenarbeit im Bereich der Beschaffung von Gütern und Dienstleistungen nach dem Bundesvergabegesetz 2006 darstellt (BVergG 2006, BGBl. I Nr. 17/2006). Weiters einen ÖBB-Infrastruktur Betrieb AG sowie eine Vereinbarung über eine Zusammenarbeit mit Feuerwehren von vier Gemeinden und dem Landesfeuerwehrverband. Von all diesen genannten Bereichen sind einige bereits in der Auflistung des Fragebogens genannt gewesen und wurden demzufolge von den Bürgermeister*innen übersehen. So war die Feuerwehr in der Liste bereits enthalten, ebenso wie die Dienste der Kompostierung und Abfallentsorgung, Krankenhaus, Raumordnung für die Kooperationsform der Planungsverbände und die Radwege, die in den Politikbereich der Straßen/Infrastrukturerhaltung fallen.

Zusätzliche Politikbereiche, die in der Liste sehr wohl fehlten, sind demnach nur die Breitbandversorgung sowie die Tierkörperverwertung. Die Kooperation im Bereich des Breitbandnetzes nannten auch zwei der vier Tiroler Bürgermeister*innen, die interviewt wurden. Bei den drei Bündner Befragten, die eine zusätzliche Antwort im Fragebogen angegeben haben, handelt es sich einmal um eine kleinere Stadt, einen ländlichen Vorort sowie eine ländlich periphere Gemeinde. Diese Gemeinden haben die Dienste Betreibungs- und Konkursamt, Schiessanlage, Grundbuchamt, Musikschule, Pilzkontrolle, Steuerallianz (ländlicher Vorort), ein Museum, einen Regionalflughafen (kleinere Stadt) und Forst (periphere Gemeinde) angegeben. Einige dieser Dienste waren ebenso bereits in der vorgegebenen Liste enthalten, einige können allerdings als zusätzliche Dienste aufgenommen werden bzw. sind als Spezifizierung in bestehenden Kategorien zu sehen: das Betreibungs- und Konkursamt, die Schiessanlage (Sport), die Pilzkontrolle sowie das Museum (Kultur) und der Regionalflughafen (Mobilität).

In Bezug auf die Variablen **Größe** und **geografische Lage** lohnt sich in Bezug auf diesen Abschnitt nur ein Blick auf jene Politikfelder, die von mehr als zehn Prozent der Gemeinden als keine Aufgabe der Gemeinde genannt wurden. Die betroffenen Gemeinden in den Politikbereichen Polizei, Gesundheit, Asylwesen verteilen sich auf fast alle Größenklassen, so dass kein klarer Trend bezüglich der Größe erkennbar ist, wobei die Zustimmungsraten auch hier wiederum divergieren. Im Bereich Mittelschule verteilen sich, erwartungsgemäß, die betroffenen Gemeinden hauptsächlich auf die Gemeinden mit weniger Einwohner*innen, so sind die Gemeinden mit bis zu 5.000 Einwohner*innen betroffen, während in den Gemeinden mit mehr als 5.000 Einwohner*innen die Mittelschule sehr wohl eine lokale Aufgabe ist. Bei der Dienstleistung Energieversorgung ist ähnliches zu beobachten: Die Gemeinden mit mehr als 10.000 Einwohner*innen haben alle angegeben, dass dies Aufgabe der Gemeinde sei, während es bei den kleineren Gemeinden nicht überall der Fall zu sein scheint. Allerdings betrifft es jedes Mal nur wenige Gemeinden (1 bis 7). Auch in Bezug auf die **geografische Lage** sind wenige Eigenheiten erkennbar, wenn es darum geht, welche Dienstleistung nicht Aufgabe der Gemeinde ist. Größere Unterschiede sind etwa im Bereich der lokalen Polizei und der Betreuung von Asylsuchenden erkennbar. In diesen beiden Politikbereichen gab von den zehn ländlichen Zentren keine einzige Gemeinde an, dass dies keine Aufgabe der Gemeinde sei, während dies bei den anderen Gemeinden sehr wohl bei einigen Gemeinden der Fall zu sein scheint.

5.3.5 Zusammenfassung: Politikfelder der Kooperation

Diese Dimension untersuchte die Kooperationsbereiche der Gemeinden in Graubünden, Südtirol und Tirol. In Einklang mit vorhergegangenen Studien wurde erwartet (siehe Kapitel 1 und 2), dass die Kooperation vielfältig ausgeprägt ist und in vielen unterschiedlichen Politikbereichen durchgeführt wird. Diese Erwartung konnte in Bezug auf alle drei Territorien bestätigt werden. Fast alle der 35 gelisteten lokalen Dienstleistungen sind von Kooperation betroffen, womit die lokale Kooperation in den drei Territorien sehr viele Bereiche charakterisiert. Allerdings wurde deutlich, dass einige Politikfelder eine deutlich wichtigere Rolle spielen, während andere nur für spezifische Kontexte interessant zu sein scheinen.

Insgesamt erhielten die Politikbereiche der Alten- und Pflegeheime und die Abfalldienste die höchste Zustimmung für eine interkommunale Kooperationstätigkeit. Auch die Ergebnisse nach Herkunftsland zeigen, dass diese Dienstleistungen in allen drei alpinen Territorien eine prominente Rolle bei der interkommunalen Kooperation einnehmen. In Südtirol und Tirol sind gemeinsame Alten- und Pflegeheime sogar jener Politikbereich, in welchem die befragten Gemeinden am häufigsten kooperieren. In den Bündner Gemeinden liegen vor den Alten- und Pflegheimen hingegen noch die Standesamtsdienste, der Tourismus, die Mittelschule/Oberstufenschule und der Abfalldienst.

Die häufigen Kooperationen im Bereich Alten- und Pflegeheime, aber auch die Standesamtsdienste und die Schulen in Graubünden lassen vermuten, dass viele Gemeinden nicht (mehr) im Stande sind, diese Aufgaben selbstständig auszuführen. Demgegenüber deuten die Unterschiede in den Kooperationsfeldern zwischen den Territorien darauf hin, dass die Themenbereiche der Kooperation nicht nur von den Notwendigkeiten einer Gemeinde abhängen, sondern auch von der dortigen politischen Kultur und Tradition geprägt sind. Diese These bestätigt auch der Umstand, dass in Südtirol viel häufiger in Bereichen der engeren Verwaltung zusammengearbeitet wird als in Graubünden und Tirol.

Wie in Kapitel 1 angeführt, wurden die Kooperationsbereiche der Gemeinden in Graubünden, Südtirol und Tirol mittels empirischer Erhebungen in vorhergegangenen Datensammlungen bereits teilweise oder gesamtheitlich erhoben. Aus den hier erhobenen Ergebnissen ergeben sich mehrere Parallelen zu diesen existierenden Studien und Datensets. Wie erwähnt, ist die interkommunale Kooperation in der Schweiz ausgeprägt und davon sind eine Vielzahl von Aufgabenfeldern betroffen. So sind dort Kooperationen in den Bereichen Schule, medizinische Versorgung, Abwasser, Abfall und Zivilschutz am weitesten verbreitet.[1552] Demgegenüber spielen Kooperationen in den Gemeindebehörden, wie etwa dem Sekretariat, eine geringere Rolle.[1553] Dieser Umstand trifft auch auf den Kanton Graubünden zu: Gemäß den vorliegenden Daten arbeiten nur einzelne Gemeinden in den verwaltungsintensiven Diensten Finanzen, Informatik, Sekretariat oder Einwohner*innen zusammen. Deutlich mehr Zustimmung erhielten die Bereiche Feuerwehr, Schule, Abfall, Altenheime oder Gesundheit. Diese Ergebnisse wurden auch von den Interviewpartnern bestätigt. Nur zwei von vier Gemeindepräsidenten nannten eine Kooperation im Bereich der engeren Verwaltung, wobei die betroffenen Dienste von der Region und nicht nur in bi- oder trilateraler Form ausgeführt werden. Alle anderen genannten Politikbereiche betrafen nicht die engere Verwaltung, sondern die Führung von gemeinsamen Infrastrukturen oder bestimmten Institutionen oder Anlagen (Abfall, Abwasser, Soziales, Gesundheit, Musikschule).

In Südtirol offenbart sich hingegen ein vollkommen anderer Trend: Dort sind ein beträchtlicher Teil der befragten Gemeinden in den Verwaltungsdiensten Finanzen, Informatik und Sekretariat interkommunal tätig, gleichzeitig wird auch in den Bereichen Schule, Altenheime, Sozialdienste und Abfallentsorgung kooperiert. In Tirol ist der Unterschied zwischen den Bereichen der engeren Verwaltung und sonstigen Dienstleistungen nicht so stark erkennbar wie in Südtirol, wobei in den Diensten Finanzen und Sekretariat im Verhältnis ebenso nur einzelne Gemeinden zusammenarbeiten, während es bei den Einwohner*innen- sowie Informatikdiensten etwas mehr sind. In Südtirol wurden im Vergleich zu den beiden Nachbarländern bei den Interviews deutlich weniger Politikbereiche für Kooperation genannt. Besonders relevant scheinen für die Südtiroler Gemeinden die Dienste im Sozial- und Umweltbereich zu sein, die mittels der

1552 Vgl. Thom und Steiner 2003; Steiner 2003, S. 558 ff.
1553 Vgl. Steiner und Kaiser 2018b, S. 175.

Bezirksgemeinschaft verwaltet werden. Öfters genannt wurden darüber hinaus eine gemeinsame Polizei, ein gemeinsames Meldeamt sowie die gemeinsame Trinkwasserversorgung. Wenn die Ergebnisse der Befragung im Vergleich mit der Auflistung vonseiten des Landes Südtirol betrachtet werden, wird die beschränkte Betroffenheit von Politikfeldern dort ebenso bestätigt. Die über hundert Vereinbarungen, für welche im Jahr 2020 eine Förderung angesucht wurde, betreffen insgesamt nur zehn Dienstleistungen.

Auch die erhobenen Daten für Tirol decken sich mit den Erhebungen von 2016 und 2021. In Tirol wird ein großer Teil der interkommunalen Kooperationen im Sozial- und Gesundheitsbereich durchgeführt, viele Kooperationen sind auch in den Bereichen Schulsprengel, Kinderbetreuung sowie den Standesamts- und Staatsbürgerschaftsverbänden zu verorten. Insbesondere sind die Politikbereiche Altenheime, Abwasser- sowie Abfallentsorgung relevant – wie es auch die hier erhobenen Daten zeigen. Fast alle befragten Tiroler Bürgermeister*innen gaben an, bei den Alten- und Pflegeheimen zu kooperieren, dicht gefolgt von gemeinsamen Diensten in den Bereichen Gesundheit, Soziales oder beim Standesamt. Auch von den vier interviewten Gemeinden gab ein Teil der Befragten an, eine gemeinsame Abwasser- oder Abfallentsorgung zu unterhalten. Je drei von vier Bürgermeister*innen berichteten außerdem von Kooperationen im Sozialbereich sowie den Gesundheitsdiensten, so dass auch diese Ergebnisse mit jenen des Fragebogens übereinstimmen. Im Bereich der Schule kooperieren nur zwei der vier befragten Gemeinden mit anderen, im Bereich der Kinderbetreuung nur eine von vier.

Was die Variablen **Größe** und **Lage** betrifft, wurde davon ausgegangen, dass die Lage einer Gemeinde eine gewisse Rolle spielt, nicht hingegen deren Größe. Es wurde angenommen, dass periphere Gemeinden oder ländliche Vororte in einigen Bereichen weniger kooperieren, weil bestimmte Dienste notwendigerweise vor Ort angeboten werden müssen. Insbesondere um den Bürger*innen ein breites Angebot zu bieten und dies politisch gewollt ist. Die Ergebnisse deuten tatsächlich darauf hin, dass die Lage einer Gemeinde einen bestimmten Einfluss auf die Kooperationsfelder haben kann. Dies offenbaren zum einen die Daten aus dem Fragebogen, es wurde aber auch von einer Bürgermeisterin im Rahmen der Interviews am Beispiel der Jugendarbeit bestätigt. Wenn die Ergebnisse der kleineren Städte jenen der peripheren Gemeinden gegenüberstellt werden, weisen letztere bei den Gesamtdurchschnittswerten allerdings den höchsten Wert der Kooperation von allen vier Typen auf. Dies deutet – anders als erwartet – darauf hin, dass die peripher liegenden Gemeinden in mehreren Bereichen kooperieren als Gemeinden mit einer zentraleren Lage. Auch die Ergebnisse in Bezug auf die von Kooperation betroffenen Politikbereiche sind unterschiedlich. In Bezug auf die selbstständige Ausführung von Dienstleistung waren die Ergebnisse zwar nicht eklatant unterschiedlich, doch gaben die kleineren Städte im Verhältnis bei mehr Diensten an allein zu arbeiten als die peripheren Gemeinden. Es scheint demnach so, als würden peripher liegende Gemeinden sehr wohl intensiv kooperieren, auch wenn sich die betroffenen Politikfelder zwischen zentralen und peripheren Gemeinden unterscheiden.

Anders als die geografische Lage einer Gemeinde, wurde der Faktor der **Größe** im Vorfeld nicht als besonderer Einflussfaktor für die Dimension der Politikbereiche ins Auge gefasst. Die Annahme, dass Größe kaum eine Rolle bei der Wahl der Politikfelder für Kooperation spielt, muss durch die Ergebnisse allerdings widerlegt werden. Die Daten offenbaren, dass die Größe sehr wohl einen Einfluss darauf hat, in welchen Politikbereichen kooperiert wird. Zum einen zeigen die Ergebnisse, dass große Gemeinden einige Dienste eher selbstständig durchführen als Kleinstgemeinden. Zudem zeigt sich im Vergleich zwischen den Kleinstgemeinden und den großen Gemeinden bei vier von den acht relevantesten Politikfeldern ein Unterschied. In drei der acht relevanten Politikbereiche erhielten die Kleinstgemeinden sogar den höchsten Zustimmungswert von allen vier Größenkategorien. In anderen vier Politikbereichen erhielten hingegen die kleinen Gemeinden den höchsten Zustimmungswert. Im Gegensatz dazu gaben die großen Gemeinden in fünf von acht der relevanten Politikfeldern die niedrigste Zustimmung an, womit sie in diesen Bereichen in deutlich geringerem Ausmaße Kooperationen durchführen.

Diese Ergebnisse werden auch durch den gesamten durchschnittlichen Zustimmungswert von allen 35 Dienstleistungen bestätigt. Hier weisen die Kleinstgemeinden und kleinen Gemeinden im Vergleich höhere Zustimmungswerte auf als die mittleren und großen Gemeinden, was auf eine regere Kooperationstätigkeit schließen lässt. Insbesondere kann am Beispiel des Politikfelds Schule eine klare Verbindung mit der Größe hergestellt werden, die vor Beginn der Untersuchung nicht bedacht wurde. Die Basis für eine eigene Schule ist erster Linie nicht (nur) die Lage einer Gemeinde, sondern insbesondere deren Einwohner*innenzahl. So verfügen kleine und mittlere Gemeinden meist über keine eigenen Sekundarschulen. Der Faktor Größe bzw. die Einwohner*innenzahl hat aber auch Einfluss auf andere Bereiche, wie Soziales, Gesundheit und Kinderbetreuung, wie die Aussagen der Bürgermeister*innen in den Interviews erkennen ließen. Wenn es für eine bestimmte Dienstleistung oder Infrastruktur zu wenig betroffene Personen in einer Gemeinde gibt, man aber nicht auf diese Dienstleistung verzichten möchte, sind die Gemeinden praktisch zur Kooperation gezwungen. Dieser Umstand betrifft vor allem die einwohnerschwächeren Gemeinden im Alpenraum. Bei den persönlichen Interviews konnten in Bezug auf die Größe demgegenüber nur hinsichtlich weniger Kooperationsbereiche Unterschiede festgestellt werden. So gab es einige Politikfelder, die nur von einem*einer Interviewpartner*in genannt wurden und somit als kontextspezifisch bezeichnet werden können (z.B. Jugendarbeit, Bauhof, Sportanlagen). Demgegenüber gibt es einige Bereiche, die von den Gemeinden aus denselben Größenklassen als Beispiele angeführt wurden, womit ein gewisser Zusammenhang hergestellt werden könnte, es könnte sich aber auch nur um Zufall handeln.

5.4. Formen

Die Dimension zu den Formen soll Aufschluss geben, welche rechtlich verankerten Formen und Instrumente der Kooperation von den Gemeinden tatsächlich angewandt werden. Dabei soll auch untersucht werden, ob die zur Anwendung kommenden Formen innerhalb und außerhalb der Territorien gleich sind oder diese von verschiedenen Gemeindetypen abhängen.

Es wird erwartet, dass die meisten rechtlich verankerten Formen (Kapitel 3) in der Praxis zur Anwendung kommen. Da sich die zur Verfügung stehenden Formen zwischen den einzelnen Ländern unterscheiden, ist auch die Nutzung durch die Gemeinden in den einzelnen Territorien eine andere – es können nur jene Formen genutzt werden, die in der jeweiligen Gesetzgebung vorgesehen sind. Hinsichtlich der Größe und Lage der Gemeinden wird angenommen, dass ebenso ein Zusammenhang besteht. So wird erwartet, dass große Gemeinden Erfahrung mit diversen Formen haben, während kleine Gemeinden aufgrund der Komplexität, wenn dann nur wenige Formen durchführen. Weiters wird angenommen, dass peripher liegende Gemeinden eher privatrechtlich kooperieren, als mittels öffentlich-rechtlicher Formen, weil sie nicht über so viele potenzielle Kooperationspartner verfügen. Zentral gelegenere Gemeinden könnten hingegen Erfahrung mit diversen Rechtsformen haben, weil sie in der Regel über diverse Nachbargemeinden verfügen, die für eine Kooperation in Frage kommen.

Die Datenerhebung bezüglich der Formen umfasste im Fragebogen zwei Fragen (Nr. 15 und 16). Nachfolgend werden nur die Ergebnisse der Frage 15 präsentiert, während jene der Frage 16 aus Gründen der besseren Nachvollziehbarkeit bereits im Kapitel „Erfahrung" präsentiert wurden. Die Frage 15 zielte auf die Erhebung, welche aufgelisteten Formen der Kooperation die eigene Gemeinde aktuell nutzt. Zur Auswahl standen: a) Vertragliche Zusammenarbeit mit anderen Gemeinden (Verträge, Vereinbarungen), b) Vertragliche Zusammenarbeit mit dem Land (Verträge, Vereinbarungen), c) Öffentlich-rechtliche Formen der Zusammenarbeit mit anderen Gemeinden (z.B. Gemeindeverband, Bezirksgemeinschaft, Region, Verwaltungsgemeinschaft, Bezirksverband), d) Öffentlich-rechtliche Formen der Zusammenarbeit mit dem Land, e) Privatrechtliche Formen der Zusammenarbeit mit anderen Gemeinden (Verein, Kapitalgesellschaft, Personengesellschaft,

Genossenschaft), f) Privatrechtliche Formen der Zusammenarbeit mit dem Land (Verein, Kapitalgesellschaft, Personengesellschaft, Genossenschaft). Die Bürgermeister*innen konnten auch Mehrfachangaben angeben. Zudem war es noch möglich „keine Antwort" anzukreuzen, d.h. die Antwort zu verweigern oder aber selbst eine Form der Kooperation in einem freien Textfeld einzufügen.

5.4.1 Spezifische Formen der Kooperation

Die Gesamtergebnisse sind in Abbildung 12 dargestellt. Für die Auswertung wurden 134 von 142 Fragebögen herangezogen. Acht Personen fehlen, da diese Frage im Fragebogen nur jenen Personen angezeigt wurde, die auch Erfahrung mit Kooperation haben bzw. die Frage von den Befragten übersprungen werden konnte. Insgesamt wurde die Kooperationsform der öffentlich-rechtlichen Formen gemeinsam mit anderen Gemeinden von den 134 Befragten am häufigsten angekreuzt, was in prozentuellen Anteilen 92,5 Prozent der Fälle betrifft. Dicht gefolgt wird diese meistgenutzte Form der Kooperation von der vertraglichen Zusammenarbeit mit anderen Gemeinden, welche laut der Erhebung 85,1 Prozent ankreuzt, haben und demnach ausüben. Immerhin 40,3 Prozent der Fälle gaben an privatrechtlichen Kooperationsformen, an der auch andere Gemeinden beteiligt sind, zu nutzen. In Bezug auf die vertikale Kooperation, erklärten immerhin 49,3 Prozent der Befragten die vertragliche Zusammenarbeit mit der subnationalen Regierungsebene zu nutzen und 33,6 Prozent der Gemeinden führen eine öffentlich-rechtliche Kooperation mit der subnationalen Regierungsebene durch.

Nur 16 von insgesamt 422 Antworten (11,9 % der Befragten) betrafen die Form der privatrechtlichen Kooperation, an der auch das Land oder der Kanton beteiligt ist. Diese Form spielt demnach nur eine sehr geringe Rolle. Insgesamt offenbaren die Ergebnisse, dass die interkommunale Kooperation einen höheren Stellenwert aufweist als die vertikale Kooperation mit dem Land oder dem Kanton. In Bezug auf die interkommunale Kooperation liegen die öffentlich-rechtlichen Kooperationsformen zwischen Gemeinden auf demselben Niveau wie die vertragliche Zusammenarbeit mit anderen Gemeinden.

Betrachtet man die Ergebnisse nach dem jeweiligen Territorium, so sind die Unterschiede klein und stimmen zum Großteil mit den Gesamtergebnissen – welche die Daten unabhängig der Herkunft der Gemeinde präsentieren – überein (siehe Abbildung 13). Trotz nur weniger Unterschiede ist feststellbar, dass der größte Teil der Gemeinen in Graubünden und Tirol öffentlich-rechtliche Formen der Kooperation mit anderen Gemeinden nutzt, während der größte Teil der Südtiroler Gemeinden eine vertragliche Zusammenarbeit mit anderen Gemeinden durchführt. Der Unterschied zwischen der Zustimmungsrate der Südtiroler Gemeinden und den Tiroler und Bündner bei der Antwortmöglichkeit

Abbildung 12: Formen der Kooperation (N = 134).

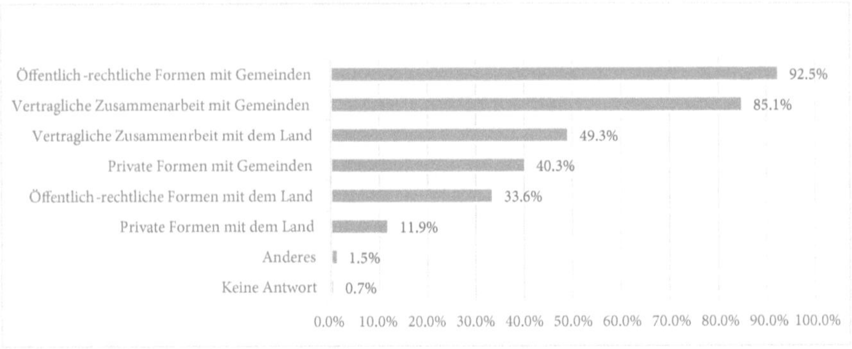

der öffentlich-rechtlichen Kooperationsformen beträgt fast zehn Prozent. Daraus lässt sich ableiten, dass die Südtiroler Gemeinden eher weniger in öffentlich-rechtlichen Kooperationsformen kooperieren, sondern eher Vereinbarungen mit anderen Gemeinden eingehen. Herausstechen tut zudem, dass von den Bündner Gemeinden kein*e einzige*r Gemeindepräsident*in angab privatrechtlich mit dem Kanton zusammenzuarbeiten, während diese Form in Südtirol und Tirol einzelne Gemeinden schon tun.

Abbildung 13: Formen der Zusammenarbeit nach Territorium (Antworten der Fälle).

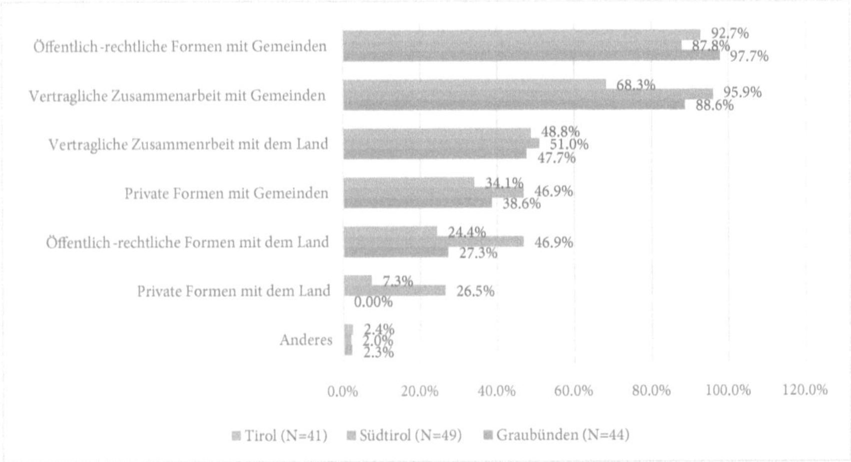

Die Ergebnisse wurden auch auf die beiden Variablen **Größe** und **geografische Lage** aufgeschlüsselt. Wie in Bezug auf das Territorium, sind auch hinsichtlich der

Größe der Gemeinde kaum Unterschiede zwischen den genutzten Formen feststellbar (Tab. 56). Die Zustimmungswerte gesplittert nach Größe der Gemeinde unterschieden sich kaum von den allgemeinen Antworten, die unabhängig von der Größe erhoben wurden. In allen vier Kategorien erhielten die Formen der vertraglichen Kooperation sowie die öffentlich-rechtlichen Formen mit anderen Gemeinden die meiste Zustimmung. Nur bei den kleinen Gemeinden ist der Wert zwischen diesen beiden Formen der Zusammenarbeit nicht gleich hoch. Hinzuweisen ist zudem auf die private Kooperation mit dem Land/Kanton, welche bei den großen Gemeinden den höchsten Zustimmungswert erhielt. Weiters sind die Kleinstgemeinden zu nennen, da der Zustimmungswert mit 33,3 Prozent bei dieser Gemeindegruppe bei zwei Formen der höchste ist.

Tabelle 56: Formen der Zusammenarbeit nach Größe (Antworten der Fälle)

	Kleinstgemeinden (N = 16)	**Kleine Gemeinden (N = 61)**	**Mittlere Gemeinden (N = 40)**	**Große Gemeinden (N = 17)**	**Insgesamt (N = 134)**
Vertragliche Zusammenarbeit mit anderen Gemeinden	0,0 %	78,7 %	87,5 %	94,1 %	85,1 %
Vertragliche Zusammenarbeit mit dem Land/Kanton	37,5 %	44,3 %	60,0 %	52,9 %	49,3 %
Öffentlich-rechtliche Formen mit anderen Gemeinden	93,8 %	95,1 %	87,5 %	94,1 %	92,5 %
Öffentlich-rechtliche Formen mit dem Land/Kanton	25,0 %	32,8 %	35,0 %	41,2 %	33,6 %
Privatrechtliche Formen mit anderen Gemeinden (Verein, KG, Personengesellschaft, Genossenschaft)	31,3 %	36,1 %	40,0 %	64,7 %	40,3 %
Privatrechtliche Formen mit dem Land/Kanton (Verein, KG, Personengesellschaft, Genossenschaft)	0,0 %	6,6 %	15,0 %	35,3 %	11,9 %
Keine Antwort	0,0 %	1,6 %	0,0 %	0,0 %	0,7 %
Anderes	0,0 %	3,3 %	0,0 %	0,0 %	1,5 %

Die Ergebnisse nach der Größe wurden auch in Verbindung mit dem Territorium betrachtet. Bei den großen Gemeinden unterschieden sich die Südtiroler Gemeinden am meisten von den anderen beiden Territorien. So liegen die Zustimmungswerte bei den Formen der interkommunalen Zusammenarbeit (Vertrag bzw. öffentlich-rechtliche Formen) unter den Werten der großen Gemeinden aus Graubünden und Tirol. Hingegen gab es bei den öffentlich-rechtlichen Formen der Kooperation mit dem Land/Kanton sowie den privaten Kooperationsformen aus den anderen beiden Ländern gar keine Zustimmung (null), bei den Südtiroler großen Gemeinden hingegen schon. Auch bei den mittleren Gemeinden geben die Südtiroler Gemeinden weniger Zustimmung in Bezug auf die öffentlich-rechtlichen Formen der interkommunalen Zusammenarbeit, wie auch schon allgemein festgestellt werden konnte. Bei den kleinen Gemeinden hebt sich hingegen eher das Land Tirol von den anderen beiden Ländern ab. Im Verhältnis haben weniger kleine Gemeinden angegeben, dass sie vertragliche Kooperation mit anderen Gemeinden unterhalten bzw. auch bei den privaten Kooperationsformen haben weniger Tiroler kleine Gemeinden diese Antwortmöglichkeit gewählt, als in den anderen beiden Gebieten. Bei den Kleinstgemeinden ist Tirol ebenso auffallend, weil nur eine einzige Gemeinde in dieses Raster fällt.

Die Ergebnisse aufgeschlüsselt nach **geografischer Lage** sind aus Tabelle 57 ersichtlich. In allen vier Kategorien erhielten die öffentlich-rechtlichen Kooperationsformen den höchsten Zustimmungswert und liegt jeweils auf einem ähnlich hohen Niveau. Somit ähneln die Ergebnisse stark jenen nach der Größe der Gemeinde, womit kaum ein Einfluss der Variable der geografischen Lage festzustellen ist. Die zweitmeiste Zustimmung erhielten, wie auch in den Gesamtergebnissen unabhängig der Lage und in den meisten Größenklassen, die vertraglichen Formen mit anderen Gemeinden.

Ein Ergebnis, welches auch im Zusammenhang mit der Lage im Spezifischen zu nennen ist, ist die private Kooperation. Obwohl der Zustimmungswert zwischen den vier Kategorien ziemlich homogen ist, ist der höchste bei den ländlich peripheren Gebieten zu verzeichnen. Demgegenüber ist der Wert bei den privaten Kooperationsformen mit dem Land bei den ländlichen Zentren um einiges höher (9,4 %) als bei den anderen drei Gruppen.

Auch die Ergebnisse der geografischen Lage wurden in Bezug auf das **Territorium** der Gemeinden betrachtet. Auch hier fiel auf, dass die Zustimmungsraten zwischen den geografischen Kategorien eher die vorhergegangenen Ergebnisse bestätigen und keine großen Unterschiede auszumachen sind, auch weil einige Gruppierungen nur wenige Gemeinden aus einem Land umfassen. Bei den kleineren Städten und Vororten erhielt bei allen Gemeinden, unabhängig von ihrem Herkunftsgebiet, die öffentlich-rechtlichen Formen mit anderen Gemeinden

Tabelle 57: Formen der Zusammenarbeit nach Lage (Antworten der Fälle)

	Ländlich periphere Gemeinden (N = 19)	Ländliche Vororte (N = 78)	Ländliche Zentren (N = 10)	Kleinere Städte und Vororte (N = 27)	Insgesamt (N = 134)
Vertragliche Zusammenarbeit mit anderen Gemeinden	84,2 %	88,5 %	70,0 %	81,5 %	85,1 %
Vertragliche Zusammenarbeit mit dem Land/Kanton	47,4 %	46,2 %	40,0 %	63,0 %	49,3 %
Öffentlich-rechtliche Formen mit anderen Gemeinden	100,0 %	88,5 %	100,0 %	96,3 %	92,5 %
Öffentlich-rechtliche Formen mit dem Land/Kanton	31,6 %	34,6 %	30,0 %	33,3 %	33,6 %
Privatrechtliche Formen mit anderen Gemeinden (Verein, KG, Personengesellschaft, Genossenschaft)	57,9 %	33,3 %	50,0 %	44,4 %	40,3 %
Privatrechtliche Formen mit dem Land/ Kanton (Verein, KG, Personengesellschaft, Genossenschaft)	5,3 %	11,0 %	30,0 %	11,1 %	11,9 %
Keine Antwort	0,0 %	1,3 %	0,0 %	0,0 %	0,7 %
Anderes	0,0 %	1,3 %	0,0 %	0,0 %	1,5 %

den höchsten Wert (29,2 %). Auch bei den kleineren Städten aus Südtirol und Tirol erhielt diese Kooperationsform die meiste Zustimmung, während es bei den Bündner kleineren Städten und Vororten knapp die vertragliche Kooperation mit anderen Gemeinden ist. Die vertragliche Kooperation mit der subnationalen Regierungsebene ist bei den Bündner und Tiroler Städten hingegen eher der Fall als in Südtirol. Bei den ländlich peripheren Gebieten antwortete von den Tiroler Gemeinden nur eine Gemeinde und nur bei einer Kategorie (öffentlich-rechtliche interkommunale Kooperation), so dass die Unterschiede zu den anderen Territorien mehr gegeben sind als in anderen Kategorien der geografischen Lage. Zwischen den Bündner und Südtiroler peripheren Gebieten ist insofern ein Unterschied, dass im Verhältnis mehr Südtiroler Gemeinden öffentlich-rechtliche Kooperation mit dem Land durchführen (17,6 vs. 6,7 %). Die ländlichen Zentren sind in den drei Territorien ebenso etwas unterschiedlich, so dass der Einfluss der Herkunft auch hier augenscheinlich ist: In Graubünden erhielten die Kooperationsformen der interkommunalen Kooperation und mit dem Land fast gleich viel Zustimmung, während es in Südtirol und Tirol Unterschiede zwischen den Formen bei den ländlichen Zentren gibt. In Tirol tendierten die meisten ländlichen Zentren (44,4 %) zu der öffentlich-rechtlichen Kooperationsform, in Südtirol waren die Zustimmungswerte ausgeglichener. Wie bei den Gesamtergebnissen, erhielten die öffentlich-rechtlichen Formen sowie die vertraglichen Formen die höchsten Werte.

Die Frage nach einer zusätzlichen Form von Kooperation haben nur zwei der 142 Befragten beantwortet. Eine davon ist eine kleine sowie ländlich periphere Gemeinde aus Graubünden, die *„fondazioni"* (Stiftungen) angegeben hat. Eine weitere Gemeinde, die aus Südtirol stammt und ebenso in die Kategorie der kleinen Gemeinden gehört, nannte zusätzlich noch gemeinsame Beteiligungen an Gesellschaften öffentlichen und privaten Rechts zu unterhalten.

Gleichzeitig mit der Frage nach einer Erfahrung mit Kooperation sowie den betroffenen Politikfeldern, wurden die Bürgermeister*innen im Rahmen der **Interviews** auch danach gefragt, welche Formen sie bei der Ausübung der Kooperation nutzen. Die Antworten waren deutlich: Wie bereits genannt, kooperieren alle vier Bündner Gemeinden innerhalb der Region und alle vier Südtiroler Gemeinden mittels der Bezirksgemeinschaft mit anderen Gemeinden: *„Dort [in der Region] wird viel regional organisiert. Ich kann Ihnen Beispiele geben, das beginnt bei der Musikschule und geht über Zivilstandsämter. Dann aber auch Betreibungs- und Konkursämter oder Grundbuchämter."* Kooperationen haben historische oder pragmatische Gründe: *(…) den Müllentsorgungsdienst, den haben wir vor 20–25 Jahren noch selbst gemacht. (…). Und auch das Personal: Ich habe die Ressourcen die ich habe, die versuche ich gezielter einzusetzen und da haben wir da bei einer Ausschreibung mit der Bezirksgemeinschaft mitgemacht und jetzt verrichtet eine private Firma den Mülldienst. Und das klappt mehr oder weniger ganz gut und auch der Kostenpunkt ist sicher geringer."*

Die Kooperationsform der Region wird nicht von allen als eine interkommunalen Kooperation, sondern eher als eine weitere Verwaltungsebene bezeichnet: *„Kreis und Bezirk hat man aufgelöst und heute bestehen nur mehr Kanton, Region und Gemeinden. Das sind die drei Verwaltungsebenen. Aber die Region wird eigentlich nicht mit eigenen Kompetenzen ausgestattet, sondern sie hat vom Kanton und* *den Gemeinden delegierte Aufgaben. (…) In der Region sind die Gemeinden vertreten und die Gemeindepräsidenten und die entscheiden, wie welche Aufgabe am besten gemeinsam gelöst wird. (…) Typisches Beispiel: Kehricht. (…) Wir stellen nur noch die Lokalität, Infrastrukturen zur Verfügung. Die ganzen Verträge mit den Entsorgern, das macht die Region für die Gemeinden (…)*"

Wenn es um die bi- oder multilaterale Kooperation mit einzelnen Gemeinden geht, nutzen die Bündner Gemeinden diverse Formen. Die Nennungen umfassten die Stiftung, die öffentliche rechtliche Anstalt, privatrechtliche Formen (AG), die Region, den Verein, die öffentlich-rechtliche Vereinbarung, aber auch die Gemeindeverbände sowie überregionale Kooperationen außerhalb der eigenen Region. Zudem erklärte ein Gemeindepräsident, dass es oftmals keine spezifische Form für eine Kooperation gebe. Zum Teil gehen Kooperationen informell über die Bühne, zum anderen beruhen sie auf übereinstimmenden Beschlüssen der Gemeindeversammlungen. Außerdem betreffen Kooperationen mit anderen Gemeinden auch Bereiche, die nur auf kantonalem und kommunalem Gesetzen basieren: *„Es gibt auch spezifisch kleine Sachen, sei es z.B. ein Winterwanderweg, welchen zwei Gemeinden unterhalten. (…) Solche Abstimmungen gibt es immer wieder (…) Grundsätzlich hat jede Gemeinde ihre eigenen Gemeindegesetze in den Belangen: Straßenbau, Jagd oder Forst (…) Hier gibt es natürlich immer wieder Vereinbarungen (…) Grundsätzlich spricht man sich ab und dann wartet man bis es von der Gemeindeversammlung ratifiziert ist.*" In einem solchen Fall beruhen Kooperationen also nicht auf bestimmten Instrumenten, sondern werden per Beschluss gefasst: *„Bis zu gewissen Beträgen (…) braucht es keine weitere gesetzliche Grundlage, das ist dann ein Gemeinderatsbeschluss (…) Ein Beispiel ist die Sanierung einer kleinen Forststraße (…). Diese wird zum Teil vom Kanton finanziert (…) Man sitzt zusammen, hat die Offerten von den Ingenieuren, der Kanton übernimmt die Hälfte der Kosten, der Rest wird verteilt auf die Gemeinden je nach Strecke. Dann geht es darum, dass jede Gemeinde das in der Gemeindeversammlung oder im Parlament (…) bewilligt bekommt. Dann ist die rechtliche Form da und der Auftrag kann vergeben werden.*"

Eine vollkommen andere Form der Kooperation wird von einer anderen kleinen Gemeinden beschrieben. In diesem Fall gibt es eine gemeinsame Stiftung mit drei weiteren Gemeinden, in welcher mehrere gesundheitliche Dienste zusammengefügt wurden:[1554] *„[Im] Gesundheitswesen ist Kooperation jetzt mit einer Holding (…) – wird nicht nur kantonal, sondern schweizweit als Musterobjekt angeschaut. Da hat man die ganze Alterspflege integriert, die ganze Spitalwesen*

1554 Vgl. Koppenberg et al. 2017.

integriert, die Spitex, die Betreuung zu Hause, wird über diese Kooperation gemacht. (...) Also man hat sogar verschiedene juristische Formen in eine Holding eingebunden, damit man personelle Ressourcen besser nützen kann, vor allem in den Bereichen IT, wo wir heute immer mehr Leute brauchen und ja... Es macht keinen Sinn, dass wir für jede Institution ein paar Prozente IT haben und doch keine Spezialisten im Bereich Personalaustausch wird man flexibler".

In diesem Zusammenhang soll an die Aussage von einem Gemeindepräsidenten bezüglich des Unterschieds zwischen Kooperation und Auslagerung erinnert werden, d.h. ob man die Beauftragung eines Dienstes an eine andere Gemeinde noch als Kooperation bezeichnen könne. In so einem Fall zahlt die andere Gemeinde einen Beitrag an die Ausführungsgemeinde, ist aber nicht an Entscheidungen beteiligt. *„(...) das ist eine klassische Auslagerung, die man eben entweder in der anderen Gemeinde zuteilt oder einem privaten Unternehmen."* Der Unterschied zu anderen Kooperationsformen, wie etwa der Region, liegt in der Entscheidungskompetenz: *„(...) wenn wir das regional organisiert hätten, dann erachte ich das als Kooperation, dann habe ich ein gutes Mitspracherecht. Wenn ich das aber irgendwo auslagere, dann bin ich einfach Kunde und bezahle (...)"* Im Gegensatz zu Südtirol wurden von den Bündner Interviewpartnern keine Kooperationen der gemeinsamen Personalnutzung in der engen Verwaltung als Beispiel genannt. Ein Gemeindepräsident führt dies auf die mittlerweile fusionierte Gemeinde zurück: *„Also wir sind eine frisch fusionierte Gemeinde. (...) Seit diese Fusion zustande gekommen ist, in dieser relativ kleinen Ursprungsgemeinde (...), versuchen wir alle Aufgabenfelder selber zu lösen und übernehmen eigentlich keine großen Dienstleistungen anderer Gemeinden."*

Bei den Gesprächen mit den Südtiroler Gemeinden wurden die Ergebnisse der rechtlichen Analyse sowie der Fragebogenerhebung bestätigt: Für die Kooperation wird außer der Bezirksgemeinschaft in erster Linie die Vereinbarung verwendet. Bis auf privatrechtliche Formen bzw. europäische grenzüberschreitende Programme wurde darüber hinaus keine andere Form genannt. Alle Befragten unterhalten jeweils mindestens eine Vereinbarung mit einer anderen Gemeinde. Zwei Gemeinden – eine kleine und eine mittlere Gemeinde (ländliche Zentren) nannten eine privatrechtliche Form (AG und GmbH), wobei es sich in diesem Fall ebenso eher um eine Übertragung der Dienstleistung und weniger um eine Kooperation auf Augenhöhe handelt: *„(...) habe ich diesen Dienst der Eco-Center, das ist ja auch ein Betrieb, der den Gemeinden gehört, übergeben. Und die warten mir jetzt die ganze Abwasserleitung. (...) Sie sind eine Gesellschaft ohne Gewinnzweckbestimmung. Da sie ja den Gemeinden gehören."*.

Obwohl für die meisten interkommunalen Kooperationen eine Vereinbarung genutzt wird, kann deren praktische Nutzung unterschiedlich vonstattengehen.

So gibt es jene Kooperationen, bei denen ein oder mehrere Mitarbeitende von verschiedenen Gemeinden einen Dienst erledigen. Daneben gibt es Kooperationen, wo die Mitarbeitenden einer Gemeinde denselben Dienst auch für eine weitere Gemeinde erledigen. Dies hängt auch von den jeweiligen Politikbereichen ab und ob es sich um einen reine Verwaltungstätigkeit am Schreibtisch – etwa in den Bereichen Steuern und demographische Dienste – oder um eine andere Art der Dienstleistung handelt, z.B. Polizei oder Abwasserentsorgung. So unterhält eine kleine Gemeinde verschiedene Kooperationsformen mit diversen Gemeinden, die stets auf einer Vereinbarung basieren. Zum einen ein gemeinsames Meldeamt: *„Jeder [Mitarbeiter] ist in seiner Gemeinde angestellt, aber wir tauschen uns gegenseitig [aus] und verrechnen dann irgendwie die Stunden. (…) Sollte ich jetzt es nötig haben, kommt der eine Beamte zu uns oder umgekehrt. Das ist so festgelegt in der Konvention [Vereinbarung].“* Zudem kooperiert diese Gemeinde auch beim Polizeidienst. In diesem Fall sind die Polizeibeamt*innen Angestellte der Gemeinde A, die ihren Dienst auch in der Gemeinde B verrichten: *„Und die [Polizeibeamten] kommen dann nach (…) und verleisten nur ihren Dienst. Beim Meldeamt hingegen, da tauschen sich die beiden Beamten untereinander aus. Sie hören sich auch sehr viel telefonisch und es funktioniert gut.“* Dieselbe Gemeinde hat zudem eine Kooperation mit einer angrenzenden Gemeinde bei der Abwasserentsorgung und Straßenerhaltung: *„Zum Beispiel die Abwasserleitung wurde von der Gemeinde (…) errichtet und wir haben mit denen eine Vereinbarung getroffen, damit wir uns dort anschließen konnten und nutzen den Dienst gemeinsam. Und auch noch in einer anderen Zone in (…), da haben wir die Abwasserleitung gebaut und die (…) Häuser, die sich dort befinden (…) konnten sich an unsere Abwasserleitung anschließen und auch an unserer Trinkwasserleitung. Und weiters haben wir zum Beispiel da am See eine Gemeindestraße und da ist der Seerundweg, der ja für touristische Zwecke viel benutzt ist. Und da macht uns auch die Gemeinde (…) die Wartung. Da sie auch ein Teilstück ist auf ihrem Gemeindegebiet, ein Teilstück ist auf unserem und da haben wir eine Zusammenarbeit gefunden (…) Und das beginnt von Instandhaltung der Straße, Schneeräumungsdienst, vom Grünschnitt… Alles was dazu gehört für eine Straße.“*

Zwei von vier Südtiroler Gemeinden erklärten im Laufe der Gespräche, dass sie bei der interkommunalen Kooperation mittels Vereinbarungen von der Landesförderung profitieren. Dabei weist ein Bürgermeister darauf hin, dass die vom Land definierten Einzugsgebiete auch Herausforderungen mit sich bringen: *„Die haben sich zusammengeschlossen, und da ist die Mitarbeit, halt die Zusammenarbeit schon recht schwieriger. Denn da sind wieder vier Gemeinden, die verschiedene Anschauungen haben und da kommt man nicht auf einen Nenner. Ich sage jetzt nur unser Beispiel funktioniert sehr gut, dadurch das Gemeindesekretär natürlich* *auch in (…) die Gemeinde führt. Und deswegen ist es übersichtlicher, aber das ist meine persönliche Meinung dazu.*" Auch die zweite kleine Gemeinde profitiert bei der interkommunalen Kooperation von der Landesförderung und spricht die neuen Einzugsgebiete an: „*(…) Das Land fördert das und hat per Gesetz (…) drei Gemeinden z.B. bei uns zusammengewürfelt. (…) Und natürlich kriegen wir auch, wenn wir solche Vereinbarungen machen, erhalten wir auch Förderungen vonseiten des Landes. (…) Es wird auch unter den Gemeinden mit einem Schlüssel aufgeteilt und das ermöglicht uns neue Personalressourcen, wenn wir vielleicht die finanziellen Mittel nicht hätten einen neuen Mitarbeiter anzustellen, weil wir in irgendeinen Bereich einen brauchen, können wir durch diese Zusammenarbeit mit den beiden Gemeinden das machen. Dann übernehmen beide Gemeinden die Kosten und das wird sicherlich in den nächsten Jahren wieder vertieft werden.*"

Eine der beiden kleinen Südtiroler Gemeinden erklärte durch das europäische Förderprogramm LEADER[1555] mehrere Kooperationsprojekte mit fünf anderen Gemeinden durchzuführen. Die zweite kleine Gemeinde, die eine Vielzahl von Kooperationen unterhält, spricht schließlich noch positiv zur Verwirklichung eines gemeinsamen Schwimmbades aus. Dabei handelt es sich um eine bezirksübergreifende Kooperation, bei welcher mehrere Gemeinden bei der Realisierung mitzahlen, während die Folgekosten der Instandhaltung nur von der Standortgemeinde übernommen werden: „*(…) es haben alle Gemeinden zugesagt, dass sie sich an den Kosten der Realisierung des Schwimmbades beteiligen. (…) Es wurde ein Schlüssel pro Gemeinde gefunden. Jede Gemeinde hat sich dann verpflichtet mit dem Gemeinderat das Geld bereitzustellen und so kann dieses Hallenbad realisiert werden. Natürlich hat man da auch mehr Druck beim Land, damit man mehr Finanzierung auch von diesen erhält. (…) Ich glaube wir sind mit circa etwas 300.000 Euro an dem Projekt mitbeteiligt, aber dafür haben unsere Bürger auch Vorteile.*"

1555 Das LEADER-Programm 2014–2020 ist Teil des Entwicklungsprogramms für den ländlichen Raum der Autonomen Provinz Bozen. Es handelt sich um ein Förderprogramm für ländliche Gebiete mit besonderem Entwicklungsbedarf und ermöglicht die Unterstützung innovativer Projekte zur Entwicklung unterschiedlicher Lebens- und Wirtschaftsbereiche unter direkter Einbeziehung der lokalen Bevölkerung. Zum LEADER-Gebiet „Eisacktaler Dolomiten" gehören die Gemeinden Brixen, Klausen, Lajen, Lüsen, Rodeneck und Villnöss. Siehe: LEADER-Gebiet „Eisacktaler Dolomiten", https://www.eisacktalerdolomiten.eu/, zuletzt geprüft am 06.04.2023.

Tabelle 58: Politikfelder und Formen der 12 Beispielgemeinden

Politikfelder	Formen	Territorium	Größe der Gemeinde	Lage der Gemeinde
Mittelschule (GV), Abwasser (GV), Gesundheit (GV), Standesamt (GV), Abfallentsorgung (GV), Landwirtschaft (VG, Agrargemeinschaft), Umwelt (Verein), Schlachthof (GV), Breitband (GV)	GV, VG, Verein, Agrargemeinschaft	Tirol	Klein	Vorort
Polizei (Vereinbarung), Amt für Lizenzen (Vereinbarung), Finanzen (Vereinbarung), Abfall (Bezirk), Abwasser (Bezirk)	Vereinbarung, Bezirksgemeinschaft	Südtirol	Klein	Vorort
Gesundheitswesen (Stiftung), Tourismus, Kehricht, Zonenplanung, Verkehr (alles Region), Energie (öffentlich-rechtliche Anstalten), Glasfaser (AG)	Stiftung, Region, AG, öffentlich-rechtliche Anstalten	Graubünden	Klein	Vorort
Soziales (PV), Breitband (PV), Schule (GV), Abwasser (GV)	PV, GV	Tirol	Mittel	Vorort
Meldeamt (Vereinbarung), Buchhaltung (Vereinbarung), Mobilität (EU-Programm), Soziales (Bezirk), Umwelt (Bezirk), Trinkwasser (Vereinbarung)	Vereinbarung, Bezirksgemeinschaft, EU-Programm	Südtirol	Mittel	Vorort
Umwelt (Verein), Gesundheit (AG), Kultur, Konkursamt, Raumplanung (alles Region)	Verein, Region, AG	Graubünden	Mittel	Vorort
Bauhof/Recyclinghof (Vertrag), Kinderbetreuung (Vereinbarung), Bauamt (Vertrag), Gesundheit (Sprengelarzt, GV), Soziales (Sozialsprengel für Altenbetreuung, GV)	GV, Vertrag, Vereinbarung	Tirol	Klein	Zentrum

(Forts.)

Tabelle 48: (Forts.)

Politikfelder	Formen	Territorium	Größe der Gemeinde	Lage der Gemeinde
Polizei (Vereinbarung), Meldeamt (Vereinbarung), Raumordnung (Vereinbarung), Abwasser/ Trinkwasser (Vereinbarung, AG), Straßen (Vereinbarung), Abfall (Bezirk), Sport (Bezirk)	Vereinbarung, Bezirksgemeinschaft	Südtirol	Klein	Zentrum
Straßen/Infrastrukturen (Beschlüsse), Altersheim (privatrechtlich), Raumplanung (Region), Energie (privatrechtlich), Landwirtschaft (Vereinbarung), Schule und Kindergarten (Vereinbarung)	Region, Vereinbarung, Beschlüsse, privatrechtliche Formen	Graubünden	Klein	Zentrum
Umwelt, Energie (EU-Programm), Gesundheit (GV), Abfall (GV), Raumordnung (PV), Abwasser (GV), Standesamt (GV), Tourismus (GV), Soziales (GV), Kultur (GV)	GV, PV, EU-Programm	Tirol	Mittel	Zentrum
Abwasser (GmbH), Abfall (Vereinbarung, Bezirk), Stadtpolizei (Vereinbarung), Soziales (Bezirk)	GmbH, Vereinbarung, Bezirksgemeinschaft	Südtirol	Mittel	Zentrum
Kultur (Region), Zivilstand (Region), Betreibungs- und Konkursamt (Region) Grundbuchamt (Region), Feuerwehr, Trinkwasser (GV), Abfall (überregional), Gesundheit (überregional)	GV, überregionale Kooperationen, Vereinbarung	Graubünden	Mittel	Zentrum

Auch bei den Tiroler Gemeinden bestätigen die Interviewpartner*innen die Erhebung mittels Fragebogen. Die meistgenutzte Form der Kooperation ist der Gemeindeverband, den alle vier Gemeinden unterhalten. Zwei Gemeinden sind zudem in einem Planungsverband tätig, je einmal wurde zusätzlich über die Form eines Vereins, eine Verwaltungsgemeinschaft, eine Agrargemeinschaft, einen Vertrag mit dem Land sowie die Kooperation im Rahmen eines europäischen Förderprogramms berichtet.

Auch in Tirol profitieren die Gemeinden von der finanziellen Unterstützung vonseiten der Landesämter: „*Wo wir ein Altersheim angemietet haben, das war eine Vereinsgeschichte von drei Gemeinden (…). Ist jetzt aber mehr oder weniger vom Amt übernommen worden – vom Land. Wegen der Personalkosten usw. (…) Werden aber jetzt, auch mit Zuschüssen usw. vom Land finanziert. Kooperationen von Gemeinden haben die Ideen und dann, wenn du Glück hast, wird es gefördert.*“

Es gibt Tiroler Gemeinden, die in vielen Gemeindeverbänden gleichzeitig aktiv sind und wo die Anzahl der Partnergemeinden zwischen zwei (Wertstoffhof) bis zu 56 (Krankenhausverband) variiert. Dabei ist die betroffene Gemeinde, ähnlich wie bei den Vereinbarungen zwischen Südtiroler Gemeinden, nicht immer personell in diese Dienste involviert: „*Das macht eine einzelne Gemeinde. Und alle anderen Gemeinden zahlen halt in die Verwaltung mit.*“ Ähnlich erklärt es auch eine weitere kleine Gemeinde, die durch eine Kooperation selbst keine Mitarbeitenden mehr für die Bauangelegenheiten beschäftigt. In diesem Fall wurde die Kooperation vom Bezirk initiiert und vom Land gefördert: „*Das sind glaub ich 10 Gemeinden zusammengegangen, zuerst waren mehrere, dann sind ein paar abgesprungen. (…) Also das ist das komplette Bauamt mit Bautechniker etc., die Kosten werden aber aufgeteilt auf die Gemeinden. (…) (…) Aber wir haben die fertigen Sachen vom Bauamt (…) direkt gekriegt.*“

Wie bereits festgestellt, sind die Zwecke der Tiroler Gemeindeverbände vielfältig. Nicht immer geht es um die Verwaltung einer täglichen Dienstleistung für die Bürger*innen. Ähnlich wie in Südtirol bei den Vereinbarungen ist auch praktische Umsetzung des Tiroler Gemeindeverbandes unterschiedlich: „*Einen Verband haben wir erst vor kurzem, vorletztes Jahr [gegründet]. Und zwar den Breitbandverband. (…) Wir haben eigentlich alle bebauten Grundstücke mit Glasfaser erschlossen. (…) Und wir haben uns alle zusammengeschlossen im Verband, weil ja mehrere Betreiber auch in unsere Leitungen hineinwollen. Deswegen hat man den Verband gemacht. Und wir müssen ja auch letztendlich die Sicherheit gewähren, dass das immer funktioniert.*“ Neben solchen Verbänden in den Bereichen Gesundheit, Soziales oder dem erwähnten Glasfaser, gibt es auch vertragsbasiere Kooperationen, die vom Land gefördert werden: „*Wir haben vor Jahren einmal [einen] Bauhof gebaut. (…) Also wir haben ihn gebaut und die [Nachbargemeinde] sind dann zu uns herangetreten, ob sie sich einmieten können. Das war dann vom Land gefördert, das war eine einmalige Abschlagszahlung (…) und läuft dann nach 30 Jahren aus. Und dann müssen wir überlegen, ob wir es verlängern oder nicht.*“

Schließlich nannten die zwei mittelgroßen Tiroler Gemeinden noch Kooperationen in einem Planungsverband, die sich mit unterschiedlichen Themen auseinandersetzen (Flächenwidmungen bzw. grenzüberschreitende Bauprojekte). Demgegenüber wickelt die zweite Gemeinde über den Planungsverband auch soziale Projekte ab, etwa einen gemeinsamen „*Case and Care Manager*" als Ansprechperson für ältere Menschen. Der Planungsverband kann auch als gemeinsame Plattform für informelle Kooperationen dienen – hier scheint er eine ähnliche Funktion wie die Bezirksgemeinschaften für die Südtiroler sowie die Regionen für die Bündner Gemeinden einzunehmen: „*Laufende kleinere Dinge besprechen wir auch. Also manchmal geht es auch darum, wie sieht jede Gemeinde das, wie machen bestimmte Dinge die anderen Bürgermeister (…) Und manchmal geht es nur um Kleinigkeiten, um was weiss ich, um eine Spende für die Renovierung einer Kirche oder Kapelle, wo also mehrere Gemeinden betroffen sind (…)*".

5.4.2 Zusammenfassung: Formen der Kooperation

Die Untersuchung zeigt, dass die öffentlich-rechtlichen Formen sowie die vertragliche Zusammenarbeit zwischen Gemeinden im Vergleich zu anderen Kategorien die höchste Relevanz aufweisen. Privatrechtliche Formen gemeinsam mit anderen Gemeinden oder vertikale Kooperationen haben im Gegensatz dazu einen geringeren Stellenwert. Diese Ergebnisse treffen nicht nur auf die Gesamtbetrachtung der befragten Gemeinden zu, sondern auch in den einzelnen drei Ländern. Ebenso bestätigten die Interviews diesen Trend. In den Gesprächen wurden hauptsächlich öffentlich-rechtliche sowie vertragliche Kooperationen erwähnt und beschrieben. Somit bestätigt die empirische Recherche zwar die Anwendung von diversen Formen der Kooperation, allerdings beschränken sich diese auf wenige Formen.

Für die Bestätigung der Annahme, dass die Wahl der Rechtsform eine strategische Entscheidung der Gemeinden sei, sagen die Daten hingegen zu wenig aus. Nach Matschek spielen für die Wahl einer Kooperationsform die jeweiligen lokalen rechtlichen und wirtschaftlichen Rahmenbedingungen sowie Ziele eine große Rolle, nicht zuletzt, weil die jeweiligen Formen bestimmte Zwecke erfüllen.[1556] Dieses Argument mag für die Wahl zwischen formeller/weniger formeller Kooperation stimmen, dennoch scheint es bei der hier untersuchten Fällen eher so zu sein, dass die Art der Form dem Zweck dienlich sein muss und weniger eine strategische Entscheidung ist. Es scheint basierend auf den Daten nicht der Fall, dass sich die Bürgermeister*innen ausgiebig mit einem jeweiligen

1556 Vgl. Matschek 2011, S. 57 f.

Kooperationsinstrument beschäftigen oder dieses aufgrund eines bestimmten Vor- oder Nachteils erwählen.

Wie angenommen, stellt das Territorium einen entscheidenden Einflussfaktor für die Formen der Kooperation dar. Insbesondere im Rahmen der Interviews zeigen sich länderspezifischen Unterschiede bei der Nutzung von Kooperationsformen und bestätigten somit die Ergebnisse aus der vergleichenden Untersuchung in Kapitel 4. Die angewandten Formen sind jene, die den Gemeinden durch nationale und subnationale Rechtsgrundlagen zur Verfügung stehen bzw. für welche bereits eine politische Tradition und Praxis im jeweiligen Land besteht. Es zeigt sich außerdem, dass in Graubünden viele Dienste über die Region abgewickelt werden, daneben aber eine Reihe von weiteren Formen umgesetzt werden: Privatrechtliche Kooperationen gleichwohl wie öffentlich-rechtliche Anstalten oder Stiftungen. Im Vergleich zu den Gemeinden in Südtirol und Tirol sind die Bündner Gemeinden jene, bei denen die Formen der Kooperation am vielfältigsten sind. In Südtirol zeigten die Ergebnisse augenscheinlich, dass fast alle Kooperationen durch die Bezirksgemeinschaften oder Vereinbarungen vonstattengehen. In Tirol passiert die meiste Kooperation hingegen mittels Gemeindeverbänden, wobei in den Interviews auch der Planungsverband und die Verwaltungsgemeinschaft genannt wurden. Bereits Bußjäger et al. stellten 2016 fest, dass ein großer Teil der Tiroler Kooperationen durch Gemeindeverbände umgesetzt wird.[1557] Die Ergebnisse zeigen zudem, dass die privatrechtliche Kooperation mit anderen Gemeinden in allen Territorien eine geringe Rolle spielt.

Die Datenerhebung bezog sich auf allgemeine Kategorien von Formen. Dennoch konnten die vier Grundtypen der interkommunalen Formen von Hulst/van Montfort in Graubünden, Südtirol und Tirol festgestellt werden: quasi-regionale Regierungen, Organisation zur Durchführung von Dienstleistungen, Vereinbarungen, Planungsforen.[1558] Wirth und Biwald unterschieden breitere Arten[1559] und sprechen von raumbezogenen Kooperationen (mit Nachbargemeinden), regionalbezogenen Kooperationen (innerhalb einer Region), themenbezogenen Kooperationen (raumunabhängig in Bezug auf konkrete Fragen) sowie kulturhistorisch oder politisch begründeten Kooperationen (etwa Städtepartnerschaften). Auch diese finden sich in den untersuchten Regionen wieder: Zu den raumbezogenen Kooperationen können die Gemeindeverbände und Verwaltungsgemeinschaften in Tirol gezählt werden, die Gemeindeverbände in Graubünden und die

1557 Vgl. Bußjäger und Sonntag 2012, S. 44.
1558 Vgl. Hulst und van Montfort 2007a.
1559 Vgl. Wirth und Biwald 2006, S. 23.

Vereinbarungen in Südtirol und Tirol. Zu den regionalbezogenen Kooperationen zählen hingegen die Regionen in Graubünden und die Bezirksgemeinschaften in Südtirol, aber auch die Planungsverbände und die großen Mehrzweck-Gemeindeverbände in Tirol. Die themenbezogenen und kulturhistorisch begründeten Kooperationen wurden in den Interviews nicht eigens erhoben, doch einige Gemeinden haben solche nichtsdestotrotz angesprochen. So werden diese etwa im Rahmen der Planungsverbände in Tirol oder den Regionen in Graubünden diskutiert oder gehen informell vonstatten. Als weiteres Beispiel für eine themenbezogene, aber auch politisch begründete Kooperation, können die europäischen Förderprogramme genannt werden, die zwei der 12 befragten Gemeinden erwähnten.

Die Untersuchung hat sich weder auf die Erhebung der informellen Kooperation noch auf die Mischformen fokussiert, die eher einer Auslagerung oder Beauftragung ähneln. Solche Mischformen finden in vielen Gemeinden allerdings vielfach zwischen öffentlichen Institutionen und privaten Organisationen statt (z.B. für die wirtschaftliche Entwicklung). Dabei geht es weniger um die Erfüllung von Dienstleistungen im engeren Sinne, sondern die wirtschaftliche, meist touristische Vermarktung eines Gebiets. So sind etwa die Südtiroler Gemeinden touristisch miteinander vernetzt, wobei meist die Gemeinden als Träger solcher Kooperationen fungieren. In Tirol gibt es ebenso Beispiele für solche Formen, die privatrechtlicher Natur sind, aber bei denen die Gemeinden eine zentrale Rolle einnehmen.[1560]

Die Arbeit ging auch davon aus, dass die **Größe** und die **geografische Lage** bei den angewandten Formen einen Einfluss haben. So wurde angenommen, dass kleinere Gemeinden andere Formen der Kooperationen nutzen als große Gemeinden. Etwa, dass die privatrechtlichen Formen eher von größeren Gemeinden genutzt werden, weil diese mehr finanzielle und personelle Ressourcen zur Verfügung haben. Gleichzeitig wurde angenommen, dass auch ländlich gelegenere Gemeinden Dienste eher privatisieren, anstatt mit anderen Gemeinden zu kooperieren, weil sie aufgrund ihrer Lage womöglich wenige Partnergemeinden

---

1560 Als Beispiel kann die Kufgem GmbH, eine Tochterfirma der Stadtwerke Kufstein GmbH, genannt werden, welche 100 Prozent im Besitz der Stadt Kufstein ist. Das Unternehmen bieten EDV-Dienstleistungen für Gemeinden und Unternehmen an. Auch hier handelt es sich um keine Kooperation im engeren Sinne, sondern eher um eine Auslagerung an Dritte. Eine Form, die in Österreich ebenso nennenswert ist, sind die Stadtregionen, welche durch die Raumordnungskonferenz ÖROK definiert wurden. Siehe: Geschäftsstelle der Österreichischen Raumordnungskonferenz (ÖROK) 2013, S. 49.

zur Auswahl haben. Diese Erwartungen wurden durch die Ergebnisse nicht eindeutig verifiziert. Es stellte sich eher heraus, dass die Größe und Lage bei der Nutzung der Formen keine große Relevanz zukommt wie angenommen – zumindest wird es durch die Antworten der Bürgermeister*innen im Fragebogen und den Interviews nicht augenscheinlich.

Die Zustimmungswerte im Fragebogen sind, sowohl in Bezug auf die Größe wie auch die Lage ziemlich ähnlich und ausgeglichen. Tatsächlich weisen die großen Gemeinden von allen Größenklassen den höchsten Prozentsatz bei den privatrechtlichen Kooperationen aufweisen, wobei die Unterschiede maximal fünf Prozentpunkte betragen. Umgekehrt ist dieser kleine Unterschied in Bezug auf die geografische Lage nicht erkennbar, weil die kleineren Städte und Vororte bei der privatrechtlichen Kooperation nicht die höchsten Zustimmungswerte aufweisen. Dieser offenbarte sich interessanterweise bei den peripheren Gebieten. Dies würde somit darauf hinweisen, dass dieser Gemeindetypus eher privatrechtlich kooperiert, als Gemeinden aus anderen geografischen Lagen. Allerdings betrifft der Unterschied auch hier nur maximal sieben Prozentpunkte.

Zusammenfassend kann festgehalten werden, dass die lokale Kooperation in Graubünden, Südtirol und Tirol zwar mittels verschiedener Formen umgesetzt wird, in Bezug auf die angewandten Formen aber überschaubar ist. Von einem „*cooperation jungle*"[1561] kann nur gesprochen werden, wenn man alle zur Verfügung stehenden privatrechtlichen Formen und etwaige Misch- und Sonderformen von Kooperation, an denen die Gemeinden beteiligt sind, dazuzählt. Ansonsten werden in der Praxis hauptsächlich jene Formen für die interkommunale Kooperation angewandt, für die im jeweiligen Gebiet eine lange Tradition und Erfahrung besteht. Wo hingegen eine dschungelartige Komplexität festzustellen ist, ist die praktische Anwendung – also die Art und Weise wie Kooperation von den Gemeinden gehandhabt wird. Hierzu offenbarten die Gespräche, dass die Durchführung von Kooperation durchaus vielschichtig sein kann und ist. Auch dann, wenn es sich um dasselbe rechtliche Instrument handelt. Die Beschreibungen der Bürgermeister*innen weisen zwar immer wieder Ähnlichkeiten auf, im Großen und Ganzen schienen die Aussagen aber sehr kontextspezifisch zu sein. So entspricht die lokale Kooperation in einigen Fällen der Durchführung einer bestimmten Dienstleistung, die von Mitarbeitenden aus der eigenen Gemeinde und der Nachbargemeinde gemeinsam ausgeführt wird. In anderen Fällen absolvieren die Mitarbeitenden der Gemeinde A einen Dienst auch für die Gemeinde B. Wieder in anderen Fällen führen die Mitarbeitenden der Gemeinde A den Dienst

---

1561 Wanner 2006, zitiert von Steiner und Kaiser 2018b, S. 177.

für die Gemeinde B in deren Gemeindegebiet aus. Zusätzlich gibt es noch jene Kooperationen, bei denen eine dritte Institution mit eigens angestellten Personen eine bestimmte Dienstleistung für mehrere Gemeinden durchführt.

Die konkrete Involvierung in die Ausführung eines interkommunalen Dienstes und die damit verbundene Entscheidungskompetenz der jeweiligen Gemeinden scheinen hierbei stark zu variieren. Damit zeigt sich, dass die Grenze zwischen echter Kooperation auf Augenhöhe und der reinen Auslagerung von Diensten fließend sein kann. Nach der in dieser Forschungsarbeit verwendeten Definition der Mit-Entscheidung und nicht nur Mit-Finanzierung, würden viele der Kooperationen, die mit der vorliegenden Methodik erhoben wurden, wohl nicht eindeutig als solche bezeichnet werden können. Demnach sind die Erfassung und demzufolge auch die Analyse von lokaler Kooperation sehr viel vielschichtiger als angenommen.

5.5. Akteure

Die Dimension Akteure soll einen vertiefenden Blick auf jene Personen werfen, die für die Initiierung, Planung und Durchführung von Kooperation in den Gemeinden verantwortlich sind. Zudem soll untersucht werden wer die zentralen Ansprechpersonen für Kooperation in den Gemeinden sind und ob es hierzu Unterschiede zwischen Ländern und Gemeindetypen gibt. Dies ist ein zentraler Aspekt, weil dadurch verifiziert werden kann, inwiefern die Nutzung der lokalen Kooperation eine politische bzw. personelle Dimension aufweist. Wie in Kapitel 1 und 2 erwähnt, kommt den Bürgermeister*innen in vielen Ländern eine zentrale Rolle bei der lokalen Kooperation zu. Die folgende Untersuchung soll feststellen, ob dies auch in Graubünden, Südtirol und Tirol der Fall ist.

Es wird erwartet, dass sowohl die Planung wie auch die Durchführung der lokalen Kooperation in Graubünden, Südtirol und Tirol primär von den Bürgermeister*innen abhängt und beeinflusst wird. Allerdings wird auch angenommen, dass es zu Unterschieden in Bezug auf die Größe einer Gemeinde kommen kann, hingegen nicht durch die geografische Lage. In Bezug auf die Größe wird angenommen, dass die Bürgermeister*innen in kleinen Gemeinden der Dreh- und Angelpunkt der Kooperation sind. Hingegen werden in größeren Gemeinden auch andere Akteure, vor allem die administrativen Führungskräfte, eine wichtigere Rolle einnehmen.

Der Dimension waren sechs Fragen im Fragebogen gewidmet (Nr. 21–26). Dabei ging es vor allem um die Eruierung, wen die Bürgermeister*innen selbst als zentrale Akteure bei der Planung und Umsetzung der horizontalen und vertikalen Kooperation benennen. Die Fragen waren getrennt, so dass drei Fragen die interkommunale Kooperation betrafen und drei die vertikale Kooperation mit der subnationalen Regierungsebene. Die Fragen waren identisch formuliert und auch die zur Verfügung stehenden Antwortmöglichkeiten waren dieselben. In den persönlichen Interviews wurden die Bürgermeister*innen ebenso danach gefragt, wer ihrer Meinung nach die zentralen Persönlichkeiten bei der Planung und Umsetzung von interkommunaler Kooperation sind.

5.5.1 Planung und Umsetzung

Die erste Frage im Fragebogen zu den Akteuren der interkommunalen Kooperation betraf die primäre Verantwortlichkeit in Bezug auf deren Planung und Umsetzung (Nr. 21): *Wer ist in Ihrer Gemeinde in dieser Amtsperiode für die Planung und Umsetzung von Kooperationsformen mit anderen Gemeinden verantwortlich?* Zur Auswahl standen folgende Personen bzw. Institutionen: Bürgermeister*in; Andere Mitglieder der politischen Exekutive; Andere Mitglieder des Gemeinderats/Gemeindeversammlung/Gemeindeparlaments; Gemeindesekretär*in/Gemeindeschreiber*in/City Manager*in.[1562] Es waren auch Mehrfachangaben möglich, zudem konnten die Befragten in einem freien Textfeld „andere Institutionen oder Personen“ angeben. Insgesamt haben diese Frage 128 von 142 Personen ausgefüllt. Die Frage wurde nur jenen angezeigt, die auch Erfahrung mit Kooperation haben und konnte verweigert werden.

Betrachtet man die Ergebnisse insgesamt, also unabhängig von Territorium, Größe oder geografischer Lage, erhielt der*die Bürgermeister*in die häufigste Zustimmung. Über 90 Prozent der Befragten haben diese Person als verantwortlichen Akteur angegeben und fast die Hälfte der Befragten (47,7 %) den*die Gemeindesekretär*in. Die Mitglieder der politischen Exekutive und Legislative erhielten weniger, aber ähnlich viel Zustimmung.

Die Möglichkeit einer zusätzlichen Antwort haben nur acht Personen genutzt (6 aus Graubünden, 2 aus Südtirol). Die Antwort einer Südtiroler Gemeinden mit über 15.000 Einwohner*innen war, dass als zusätzliche Akteure der Planung und Umsetzung auch die „Führungskräfte der einzelnen Organisationseinheiten“ zu berücksichtigen seien. Ein Südtiroler Bürgermeister einer mittleren Gemeinde gab hingegen folgende Antwort: *„Erstens, Konsortialbetrieb und dessen Präsident*

1562 Aus Gründen der Lesbarkeit wird im Folgenden nur der Begriff „Gemeindesekretär*in“ verwendet, gemeint sind damit allerding die höchsten Führungskräfte in den jeweiligen Gemeinden: Die Gemeindesekräter*innen oder City Manager in Südtirol, die Gemeindeschreiber*innen in Graubünden sowie die Gemeindeamtsleiter*innen in Tirol.

sowie, zweitens, Bezirksgemeinschaft und dessen Präsident." Die sechs Bündner Befragten gaben folgende Antworten: *Gemeindeexekutive gemeinsam, Gemeindevorstand, Mitglieder Geschäftsleitung, membri del'amministratzione comunale* (übersetzt: Mitglieder der kommunalen Verwaltung), *Schulrat, Gemeindepräsident.* Letztere Antwort war eigentlich in der Auflistung gegeben, so dass sie nicht zusätzlich gezählt wird. Interessanter sind daher jene Antworten, die nicht als Auswahlmöglichkeit im Fragebogen aufschienen: Zwei Bündner Gemeinden geben an, dass die Gemeindeexekutive auch als Kollegialorgan bzw. miteinander bei der Planung und Umsetzung von Kooperation agiert. Zwei weitere Bündner Gemeinden nennen die Gemeindeverwaltung, die bei dieser Frage nicht eigens als Antwortmöglichkeit angeführt war. Zudem sind auch die Nennungen des Konsortialbetriebs/der Bezirksgemeinschaft aus Südtirol sowie der Schulrat und die Geschäftsleitung der Bündner Gemeindepräsidenten interessant, weil somit auch diese beiden Institutionen als relevante Akteure in Betracht gezogen werden können.

Abbildung 14: Akteure der Planung und Umsetzung von interkommunaler Kooperation (N = 128).

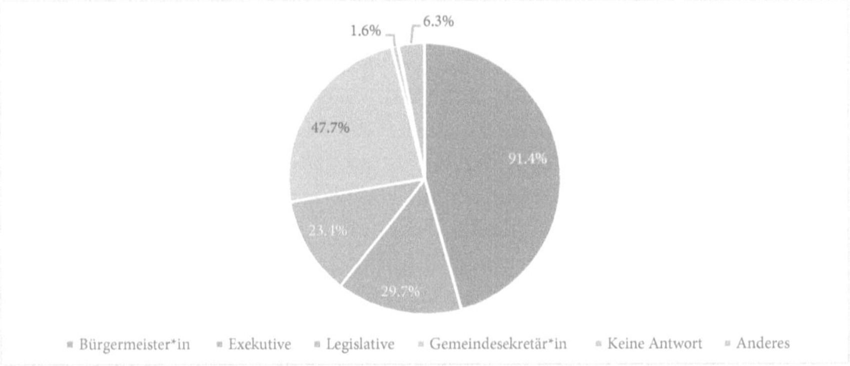

Betrachtet man die Ergebnisse nach **Territorium** werden einige Unterschiede sichtbar (Abb. 15). In allen Territorien erhielten die Bürgermeister*innen die meiste Häufigkeit und können somit als relevanteste Akteure bezeichnet werden. Die Daten offenbaren, dass 97,9 Prozent der befragten Südtiroler Bürgermeister*innen sich selbst als einen der verantwortlichen Akteure für die Planung und Umsetzung der Kooperation gewählt haben und 72,3 Prozent den*die Gemeindesekretär*in. In Tirol sind die Werte in Bezug auf die Bürgermeister*innen ähnlich hoch: 89,2 Prozent der Befragten wählten sich selbst als verantwortlichen Akteur, immerhin 35,1 Prozent die Gemeindeamtsleitung. In Graubünden sind die Werte im Gegensatz dazu deutlich ausgeglichener: Auch hier wählten zwar fast alle Befragten die Gemeindepräsidenten als wichtige Akteure (86,4 %), 45,5 Prozent aber auch die Mitglieder der Exekutive und je 31,8 Prozent die Legislative sowie den*die Gemeindeschreiber*in.

Demgegenüber ist in Südtirol der Gemeinderat als oberstes politisches Organ kaum für die Planung und Umsetzung der interkommunalen Kooperation verantwortlich, während dieses Organ in Graubünden und Tirol eine deutlich wichtigere Rolle einnimmt. Interessant ist außerdem, dass in Tirol die übrigen Mitglieder der Exekutive kaum in die Planung und Umsetzung der Kooperation eingebunden zu sein scheinen (nur 5,4 % der Befragten wählten diese Option), während dieser Akteur vor allem in Graubünden, aber auch Südtirol deutlich mehr Zustimmung erhielt. Die Gemeindesekretär*innen sind hingegen in Südtirol und Tirol die zweitrelevantesten Akteure, in Graubünden kam diese Persönlichkeit nur auf den dritten Platz. In Graubünden ist der für die Planung und Umsetzung zweithäufigste gewählte Akteur von Kooperation hingegen nicht des*der Gemeindeschreiber*in, sondern die Mitglieder der politischen Exekutive.

Abbildung 15: Akteure der interkommunalen Zusammenarbeit nach Territorium (N = 128).

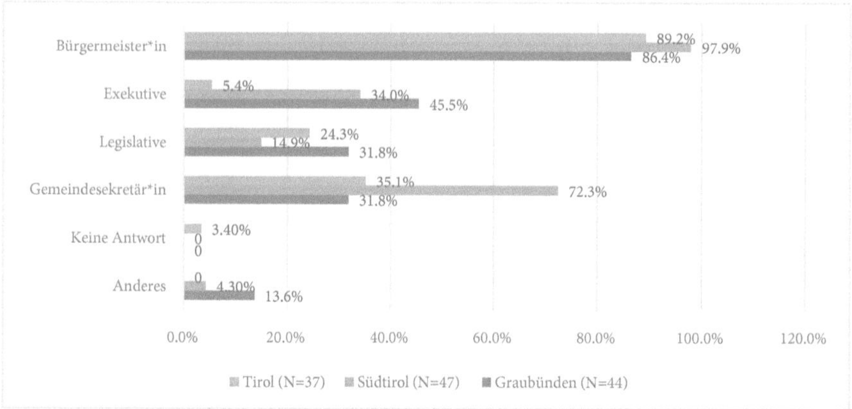

In Gegensatz zum Territorium scheint die **Größe** wenig Einfluss auf die Akteure der Kooperation zu haben. So betreffen die höchsten Werte in allen vier Größenklassen die Bürgermeister*innen, wobei zwischen 87,5 und 97,4 Prozent der Befragten diese Person gewählt haben. Die am zweithäufigsten gewählte Antwort ist auch in

Bezug auf die Größe in allen vier Kategorien die Gemeindesekretär*innen, wobei dieser bei den großen Gemeinden mit 62,5 Prozent etwas höher liegt als bei den kleineren Gemeinden (zwischen 39,7 und 53,8 %). Ein auffälliger Unterschied findet sich zwischen den Kleinstgemeinden und den größeren Gemeinden in Bezug auf die Mitglieder der Legislative: Diese scheinen für die Kleinstgemeinden sehr viel relevanter zu sein als für die größeren Gemeinden. Insbesondere zu den großen Gemeinen beträgt der Unterschied der Zustimmung mehr als 20 Prozent.

Tabelle 59: Akteure der interkommunalen Zusammenarbeit nach Größe[1563]

Verantwortlicher Akteur für die Planung und Umsetzung von Kooperation mit anderen Gemeinden	Kleinst-gemein-den (N = 15)	Kleine Gemein-den (N = 58)	Mittlere Gemein-den (N = 39)	Große Gemein-den (N = 16)	Insge-samt (N = 128)
Bürgermeister*in	93,3	87,9	97,4	87,5	91,4
Andere Mitglieder der politischen Exekutive	33,3	24,1	35,9	31,3	29,7
Andere Mitglieder der politischen Legislative	40,0	20,7	23,1	18,8	23,4
Gemeindesekretär*in, Gemeindeschreiber*in, City Manager*in	46,7	39,7	53,8	62,5	47,7
Keine Antwort	0,0	1,7	0,0	6,3	1,6
Anderes	0,0	5,2	7,7	12,5	6,3

Die Ergebnisse der **Größe** der Gemeinde in Kombination mit der Herkunft zeigen ein homogenes Bild, wobei – wie schon bei den Dimensionen zuvor – die Anzahl des Datensatzes mitunter zu gering ist, um klare Trends wiederzugeben. So gibt es beispielsweise von den Bündner großen Gemeinden insgesamt nur zwei Antworten. Davon fiel eine auf den Akteur Bürgermeister*in und die zweite auf die Kategorie „Anderes". Auch bei den Kleinstgemeinden sind aussagekräftige Unterschiede nicht feststellbar, da es aus Tirol keine Antworten gibt und somit nur Graubünden und Südtirol miteinander vergleichbar sind. Hier fällt auf, dass sich die Werte insbesondere beim Akteur Gemeindesekretär*in unterscheiden, welcher von 40 Prozent der Südtiroler Bürgermeister*innen der Kleinstgemeinden als verantwortliche Person genannt wurde und nur von 13,6 Prozent aus

1563 Antworten der Fälle in Prozent.

Graubünden. Hingegen erhielten die „Mitglieder der politischen Legislative" bei den Kleinstgemeinden aus Graubünden nach den Gemeindepräsidenten die zweithäufigste Zustimmung.

Dieses Ergebnis deckt sich mit den Ergebnissen nach Territorium. In den Südtiroler Gemeinden, unabhängig ihrer Größe, wird überall der*die Gemeindesekretär*in als zweitwichtigster Akteur genannt, während es bei den Bündner Gemeinden stets die politische Exekutive ist. Somit kann davon ausgegangen werden, dass das Territorium einen größeren Einfluss auf die Akteure der Kooperation hat als deren Größe. Dies wird außerdem durch auch durch folgendes Beispiel aus Graubünden untermauert: Dort erhielten die Gemeindepräsidenten bei den mittleren und kleinen Gemeinden sowie den Kleinstgemeinden die höchste Zustimmung vor der politischen Exekutive. Nur bei den großen Gemeinden, wo es allerdings nur zwei Rückmeldungen gab, verteilen sich die beiden Antworten zu 50:50 auf diese beiden Akteure. Auch bei den Ergebnissen aus Südtirol sind die Werte der vier Größen einheitlich. In allen Größenklassen erhielten die Bürgermeister*innen die höchste und die Gemeindesekretär*innen die zweitmeiste Zustimmung. Dieselbe Beobachtung ist bei den Tiroler Gemeinden festzustellen: Sowohl bei den großen, mittleren und auch kleinen Gemeinden wurde der Akteur Bürgermeister*in von mindestens 66 Prozent der Befragten gewählt und der/die Gemeindeamtsleiter*in lag auf Platz zwei (bei den mittleren Gemeinden erhielt hingegen die Legislative gleich viel Zustimmung wie die Amtsleitung). Bei den mittleren Gemeinden fällt zudem auf, dass die Mitglieder der Legislative in Südtirol eine geringere Rolle spielen als in den anderen mittleren Gemeinden, dafür liegt der Wert des/der Gemeindesekretär*in höher.

In Bezug auf die **geografische Lage** ergeben sich ebenso nur wenige Unterschiede, wonach auch diese Variable keinen großen Einfluss auf die Planung und Umsetzung der Kooperation zu haben scheint. In allen vier Kategorien sind die Bürgermeister*innen die relevantesten Personen der Planung und Umsetzung. Die diesbezüglichen Zustimmungswerte der Anzahl der Befragten sind ähnlich (siehe Tab. 60) – nur wenn man den Anteil an den einzelnen Antworten betrachtet, ergeben sich größere Unterschiede.

Wie bei den Gesamtergebnissen und jenen der Größe, ist in allen vier Kategorien der geografischen Lage der*die Gemeindesekretär*in die am zweithäufigsten genannte Antwort. In den ländlichen Zentren sowie auch bei den kleineren Städten und Vororten, sind die Mitglieder der Exekutive sowie der Legislative kaum relevante Akteure, bei den ländlichen Vororten und den peripheren Gemeinden hingegen sehr wohl. Insbesondere in den peripheren Gebieten (Ergebnisse nur für Graubünden und Südtirol) scheinen die Mitglieder der politischen Exekutive eine deutlich wichtigere Rolle zu spielen als in Gemeinden aus anderen geografischen Lagen.

Tabelle 60: Akteure der interkommunalen Zusammenarbeit nach Lage[1564]

Verantwortlicher Akteur für die Planung und Umsetzung von Kooperation mit anderen Gemeinden	Ländlich periphere Gemeinden (N = 18)	Ländliche Vororte (N = 76)	Ländliche Zentren (N = 8)	Kleinere Städte und Vororte (N = 26)	Insgesamt (N = 128)
Bürgermeister/in	94,4	89,5	100,0	92,3	91,4
Andere Mitglieder der politischen Exekutive	55,6	28,9	12,5	19,2	29,7
Andere Mitglieder der politischen Legislative	27,8	26,3	0,0	19,2	23,4
Gemeindesekretär/in, Gemeindeschreiber/in, City Manager/in	61,1	48,7	50,0	34,6	47,7
Keine Antwort	0,0	1,3	0,0	3,8	1,6
Anderes	5,6	3,9	0,0	15,4	6,3

Auch bezüglich der **geografischen Lage** wurden die Ergebnisse in Verbindung mit dem Land begutachtet. Hier können zu den ländlichen Zentren kaum Aussagen getroffen werden, weil auf diese Kategorie insgesamt nur wenige Antworten fielen. Die größte Kategorie machen die ländlichen Vororte aus. Hier liegen die Tiroler Gemeinden beim Akteur des*der Bürgermeister*in deutlich über den Durchschnitt, weil über die Hälfte der Antworten diesen als verantwortlich erwählte. In Südtirol und Graubünden waren es weniger als die Hälfte der Antworten, aber auch in diesen beiden Territorien sind die Bürgermeister*innen die meistgewählten Akteure. Zum Teil zeigen die Ergebnisse einen hohen Zusammenhang mit dem Territorium der Gemeinde an, was wir schon bei der Größe beobachten konnten. In zwei von vier Kategorien aus Graubünden ist die politische Exekutive der am zweithäufigsten genannte Akteur, bei den Südtiroler Gemeinden in drei von vier Kategorien hingegen die Gemeindesekretäre*innen und bei den Tiroler

1564 Antworten der Fälle in Prozent.

Gemeinden in zwei von vier Kategorien ebenso. Dieser Umstand untermauert, dass die verantwortlichen Akteure der Kooperation eher vom Territorium beeinflusst werden als von ihrer geografischen Lage.

Einen Sonderfall stellen hingegen die peripheren Gemeinden dar, bei denen es nur Antworten von Bürgermeister*innen aus Graubünden und Südtirol gibt. In beiden Territorien decken sich die Antworten aus den peripheren Gemeinden nicht mit jenen der anderen Gemeinden desselben Territoriums. Dies deutet wiederum darauf hin, dass die peripheren Gemeinden die Kooperation vielleicht doch anders umsetzen als größere Gemeinden. In Südtirol ist der*die Bürgermeister*in der wichtigste Akteur in allen vier Kategorien der Lage, gefolgt von dem*der Gemeindesekretär*in, während die übrigen Akteure deutlich weniger Zustimmung erhielten. Nur in den peripheren Südtiroler Gebieten erhielten die Mitglieder der politischen Exekutive gleich viele Nennungen wie die Gemeindesekretär*innen, was auf eine höhere Relevanz der politischen Exekutive in diesen Gemeindetypen hinweist. Gleichzeitig erhielt der Akteur Gemeindeschreiber*in bei den Bündner Gemeinden eine Nennung mehr als die politische Exekutive, die hingegen in allen anderen Kategorien den zweiten Platz einnahm und weit vor der höchsten Führungskraft lag. Somit scheinen zumindest in den peripheren Gemeinden aus Graubünden und Südtirol hinter dem jeweiligen Bürgermeister*innen die Mitglieder der Exekutive sowie die Gemeindesekretäre*innen ähnlich relevant für die Planung und Umsetzung von Kooperation zu sein.

5.5.2 Verantwortliche für das gute Gelingen der Kooperation

Die zweite Frage des Fragebogens (Nr. 23) bezüglich der Akteure war spezifischer als die erste. Die Bürgermeister*innen wurden gebeten aus einer Liste maximal drei Akteure auszuwählen, die auf Basis ihrer Erfahrung für das gute Gelingen von Zusammenarbeit zwischen der eigenen und anderen Gemeinden am wichtigsten wären. Zur Auswahl standen dieselben Akteure wie vorher: Bürgermeister*innen; Mitglieder der Exekutive, Mitglieder der Legislative oder Gemeindesekretär*innen. Hinzu kamen noch folgende drei Akteure: Das Gemeindepersonal, übergemeindliche Institutionen (z.B. Interessensvertretungen der Gemeinden, Gemeindeverband, Bezirksgemeinschaften, Talgemeinschaften) oder die Landes- bzw. Kantonsverwaltung. Auch hier war es möglich in einem freien Textfeld weitere Institutionen oder Personen zu nennen. Diese Frage wurde ebenso nicht von allen 142 Befragten ausgefüllt, weil sie nicht allen angezeigt wurde bzw. verweigert werden konnte. Die auswertbaren Daten betrug 127 Antworten.

Abbildung 16: Wichtigste Akteure für das gute Gelingen der interkommunalen Zusammenarbeit.[1565]

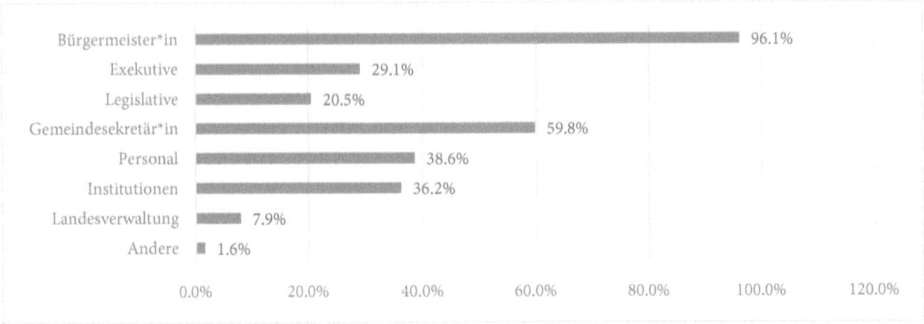

Bei der Frage nach dem guten Gelingen erlangte insgesamt – ähnlich wie bei der Frage nach der verantwortlichen Person für die Planung und Umsetzung – der Akteur Bürgermeister*in den meisten prozentuellen Anteil aller Antworten (33,2 %) und wurde von fast allen Befragten gewählt (96,1 %). Auf die Person der Gemeindesekretär/innen fallen demgegenüber 20,7 Prozent der Antworten und dieser Akteur erhielt die Zustimmung von 59,8 Prozent der Befragten. Dies sind deutlich über der Hälfte der Befragten, aber auch deutlich weniger Personen als jene, welche die Bürgermeister*innen gewählt haben. Die Akteure „Verwaltungspersonal" sowie „übergemeindliche Institutionen" erhielten einen fast gleich hohen Anteil aller Antworten (13,3 bzw. 12,5 %) und Fälle (38,6 bzw. 36,2 %).

Die Ergebnisse aufgeschlüsselt nach **Territorium** sind den Gesamtergebnissen ähnlich: Je über 95 Prozent der Befragten aus allen Ländern wählten die Bürgermeister*innen als Verantwortlichen für das gute Gelingen. Allerdings unterscheiden sich danach die am zweit- und dritthäufigsten gewählten Akteure, womit wiederum ein Unterschied zwischen Graubünden, Südtirol und Tirol feststellbar ist. In Graubünden erhielten die Mitglieder der politische Exekutive und die Gemeindesamtsleitung gleich viele Antworten, in Südtirol wurden hingegen die Gemeindesekretär*innen am zweihäufigsten genannt, während die anderen Akteure geringere Zustimmung erhielten. Die Tiroler Gemeinden differenzieren sich ebenso. Von den dortigen Befragten wurde nämlich das Gemeindepersonal noch vor der Gemeindeamtsleitung genannt. Das Gemeindepersonal wurde auch im Vergleich zwischen den Territorien von den Tiroler Gemeinden am häufigsten genannt. Laut 56,8 Prozent der befragten Tiroler Bürgermeister*innen ist dieses für das Gelingen von Kooperation nach den Bürgermeister*innen wichtig, während dies in Südtirol 37 Prozent der Befragten sagen und in Graubünden sogar nur 25 Prozent.

1565 Antworten der Fälle, N = 127.

Insgesamt wählten nur zwei der befragten Bürgermeister*innen im Fragebogen die Option eines zusätzlichen Akteurs: Ein Bürgermeister aus Tirol nannte „private Vereine", der zweite aus Graubünden den Akteur „Gemeindepräsident". Letzterer war bereits in der Liste enthalten, so dass nur der private Verein als ein weiterer Akteur für die Umsetzung gezählt werden kann.

Abbildung 17: Akteure für das gute Gelingen nach Territorium.[1566]

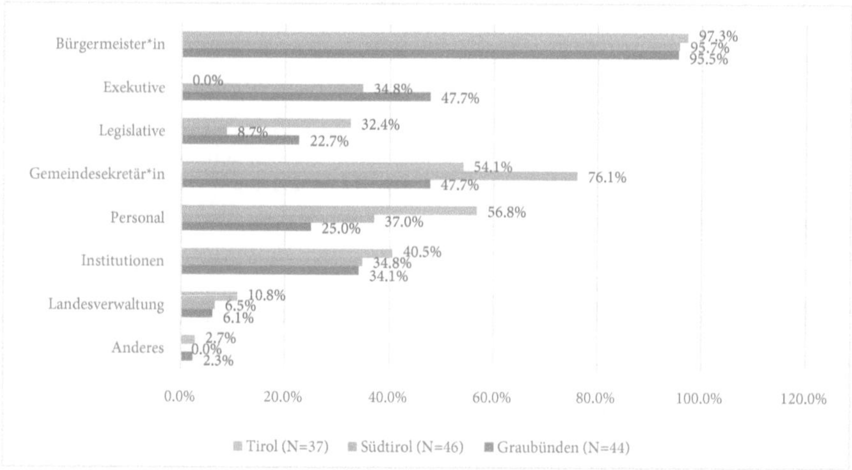

Auch die **Interviewpartner*innen** wurden nach den relevanten Akteuren für die interkommunale Kooperation befragt. Die Frage war, ob sie glauben, dass der*die Bürgermeister*in (also sie selbst) der*die zentrale Akteur*in bei der lokalen Kooperation sei. Die Rückmeldung war eindeutig, denn zehn von 12 beantworteten die Frage mit Ja: *„Ja, das ist er ganz automatisch durch seine Funktion. Er vertritt ja die Gemeinde nach außen und vertritt sie in allen behördlichen Belangen."* – erklärt ein Tiroler Bürgermeister aus einer kleinen Gemeinde. Auch ein Bürgermeister aus Südtirol erklärt: *„Absolut, weil natürlich keine Kooperation ohne den Bürgermeister entsteht"*. Der ähnlichen Meinung ist man in Graubünden, wobei man hier auch die politische Exekutive ins Spiel bringt: *„Ich meine für Kooperationen, aber auch Fusionen, ist sicher erstens sehr wichtig, dass der Gemeindepräsident dazu steht und sagt ich möchte das. Und natürlich auch die Mitglieder im Vorstand. Denn wenn bei einer Gemeinde einer dagegen ist, dann wird es nicht funktionieren. Das ist auch bei der Fusion. Ich denke, die Gremien müssen dafür einstehen, sonst wird es nicht funktionieren."* Durch diese hohe

1566 Antworten der Fälle, N = 127.

Übereinstimmung ist auch kein relevanter Einfluss der Variablen Territorium, Größe oder Lage feststellbar.

Einem Bürgermeister wurde die Frage im Interview nicht explizit gestellt und nur ein Bürgermeister aus einer mittleren Südtiroler Gemeinde bejahte die Frage nach dem zentralen Akteur nur teilweise. Dieser weist hingegen auf die Wichtigkeit des Generalsekretärs hin: „*Nein, muss ich sagen, ist fast der Sekretär mehr involviert als der Bürgermeister. Der Bürgermeister ist vielleicht im politischen Sinne schon, aber in verwaltungstechnischer Hinsicht ist einfach der Sekretär, der in diesen Bereichen die Gesetzeslage genau kennt und von dem her… Ja natürlich, die Entscheidung trifft der Bürgermeister, ich muss sagen die Vorbereitungen ist der Sekretär mit mehr Erfahrung bestückt (…).*“ Demgegenüber ist ein Bündner Gemeindepräsident ebenso der Meinung, dass die Gemeindepräsidenten die wichtigsten Akteure sind, allerdings müssen sie nicht zwangsläufig die Initiatoren der Kooperation sein: „*Nein, vermutlich hat [er] dann diese Kraft heute nicht mehr. Das sind meistens bestehende Strukturen, die dann übernommen werden und es gibt eigentlich fast keine Politikfelder mehr, die neu entstehen. Sondern es ist eigentlich eine Weiterführung des bisherigen.*“ Für die Mehrheit der interviewten Personen sind die Bürgermeister*innen demnach eine zentrale Figur. Das bedeutet im Umkehrschluss, dass er oder sie Kooperation theoretisch auch einbremsen kann. Dies bestätigen ebenso zwei Gesprächspartner*innen einer Tiroler kleinen Gemeinde, wie auch einer Bündner mittleren Gemeinde: „*Er [der Bürgermeister] kann es natürlich hinauszögern und sagen ‚das tue ich jetzt nicht weiter, das ist nicht wichtig‘. Dann verschiebt er es und verschiebt es. Aber normalerweise ist, wenn der Bürgermeister das nicht will, dann tut man sich schwer. Außer man hat die Mehrheit/Opposition, die dann sagt ‚nein, wir wollen das‘ und das dann beantragt.*“ oder „*Das ist ganz klar so. Aber man kann relativ viel verhindern, wenn man das jetzt ganz bewusst möchte.*“.

Wie die Ergebnisse des Fragebogens zeigen, sind auch die Bürgermeister*innen in den Gesprächen der Meinung, dass ein*e Bürgermeister*in nicht isoliert handeln kann. Zum einen wird auf die Wichtigkeit oder zumindest die notwendige Zusammenarbeit mit der Gemeindeverwaltung hingewiesen – insbesondere mit den Führungskräften. Dieses Zusammenspiel zwischen Politik und Verwaltung beschränkt sich nicht nur auf die Meinung von Bürgermeister*innen aus mittleren Gemeinden, sondern ist auch in den kleinen Gemeinden ein Faktor: „*Der Bürgermeister ist zentrale Figur und dann muss man natürlich Mitarbeiter in alles einbringen. Also die Gemeindesekretäre.*“ oder „*Man muss mit denen schon davor reden (…) Also die Kooperation ist schon wichtig. Und auch immer auf Augenhöhe mit den Leuten reden, dass die miteinbezogen sind. Nicht doktriniert ‚wir machen das jetzt‘, sondern ‚das planen wir, das wird gemacht.‘*“ Aus den mittleren

Gemeinden heißt es etwa: *„(…) eigentlich die zentrale Figur ist zwangsläufig der Bürgermeister. Natürlich unterstützt von der Verwaltung, weil er (…) das nicht alleine erledigen kann. Aber zu den Versammlungen und zu den Entscheidungen ist eigentlich großteils der Bürgermeister der Vertreter der Gemeinde.“* oder *„Ich glaube es geht einher, dass man die Verwaltung der Gemeinde immer miteinbindet und ein Miteinander hat. Weil die Politik entscheidet nicht über die Verwaltung und die Verwaltung nicht umgekehrt. Sonst kommt man nicht weiter. Das ist der erste Punkt. Das zweite Thema natürlich, es gilt auch die Interessen der Verwaltung zu berücksichtigen. Und dementsprechend diese in den Entscheidungsfindungsprozess mit einzubinden und nicht über die Verwaltung hinweg zu entscheiden.“*

Die Einbindung der Verwaltung wird aber nicht von allen als wichtig für die Kooperation bewertet. Es gibt auch Fälle wo diese als Hindernis wahrgenommen wird: *„Die Verwaltung ist wichtig und in gewissen Gemeinden sind sie auch ziemlich mächtig. Das muss man schon so sagen. (…) Und es ist schwierig bestehende Kooperationen zu erneuen oder vielleicht auch zu verbessern oder anders zu organisieren, wenn die Verwaltung sich dagegen sträubt. Das ist für einen Politiker schwierig, aber das muss er aushalten, sonst ist er am falschen Ort.“*

Ein weiterer nicht zu unterschätzender Akteur bei der praktischen Durchführung von Kooperation ist das Zusammenspiel zwischen den Bürgermeister*innen und den anderen politischen Entscheidungsorganen. Es sind diese, die in den meisten Fällen die Entscheidung für oder gegen eine Kooperation treffen, ihre relevante Rolle kam in den Ergebnissen des Fragebogens allerdings verhältnismäßig wenig heraus. Eine Erklärung dafür könnte sein, dass es im Fragebogen um Planung und Umsetzung sowie der Repräsentation ging und hierfür primär andere Akteure als relevant eingestuft werden. Demgegenüber wurde die Rolle des Versammlungsorgans bei den Interviews von mehreren Bürgermeistern*innen aus verschiedenen Territorien und Größenklassen erwähnt. Die Mitglieder des Versammlungsorgans sind laut den Ergebnissen des Fragebogens zwar weder für die Planung und Umsetzung noch für die Repräsentation der Gemeinde in interkommunalen Dingen besonders wichtig, sehr wohl allerdings beim Beginn oder der Entscheidung für oder gegen eine bestimmte Kooperation: *„Es ist ein großer Faktor (…) Im Prinzip ist immer der Gemeinderat eigentlich derjenige, der da ja sagt. Wenn man einen modernen Gemeinderat hat, dann ist es leichter.“* oder *„Ich persönlich mache es so: Ich ziehe immer Experten hinzu, die dem Gemeinderat auch anders erklären können, warum man das machen muss oder sollte. Und wenn es von der oberen Behörde verlangt wird, dann muss man sowieso fast zustimmen.“*

Der Gemeindepräsident einer kleinen schweizerischen Gemeinde weist auf die Verantwortung der Mitglieder der Exekutive hin: *„Themenbezogen geht es meistens zuerst an mich (…) und wenn ich es nicht selbst in die Hand nehme, dann übergebe* *ich es dem Ressortleiter von diesem Bereich. Vielfach bin im Prinzip schon ich die Aushängefigur.“* Auch Bürgermeister*innen aus mittleren Tiroler und Südtiroler Gemeinden nennen die Exekutive als zusätzlich wichtige Akteure, womit die Antworten aus den drei Territorien ziemlich ähnlich ausfallen: *„Es wird natürlich auch alles im Gemeindevorstand, im Gemeinderat genauestens beraten und die Vorgangsweise, die Willensbildung der Gemeinde sag ich mal, wird da natürlich schon im Gemeinderat abgeführt, aber natürlich die Vertretung nach außen und die Vertretung in den Verbänden und Mitarbeit bleibt bei den Bürgermeistern zwangsläufig dann auch (…)“* oder *„90 Prozent in der Gemeinde, in der Größenordnung wie wir sie haben, die operativ tätigen Gemeindereferenten und der Bürgermeister. Das ist unsere Aufgabe.“*

In Bezug auf die politischen Akteure ist davon auszugehen, dass diese die Kooperation nicht nur für die Entwicklung ihrer Gemeinde ausüben, sondern sie diesbezüglich auch von einer eigenen persönlichen Agenda beeinflusst werden. Hierauf weist zumindest eine Tiroler Bürgermeisterin im Rahmen der Erfolgsfaktoren hin: *„Also bei der Kinderbetreuung auf alle Fälle ist es, dass es die Frauen in die Hand genommen haben. Die Planung von vorneherein und sich darüber hinweg gesetzt haben und gesagt haben, das brauchen wir.“*

Wenn wir die Ergebnisse des Fragebogens nach der **Größe** der Gemeinden sowie deren **geografischer Lage** aufschlüsseln, sind diese sehr ähnlich den Gesamtergebnissen. In allen vier Kategorien der Größe sind die Bürgermeister*innen die am häufigsten genannten Akteure. Es haben je über 90 Prozent der Befragten diese als einen von drei relevanten Akteuren für das gute Gelingen der Kooperation genannt. Wie auch bereits in den Gesamtergebnissen, fallen die am zweithäufigsten Antworten überall auf den Akteur „Gemeindesekretär*in“. Nur die großen Gemeinden heben sich etwas von den anderen Kategorien ab: Hier erreichte das Verwaltungspersonal gleich viel Zustimmung wie die Gemeindesekretär*innen und wurden von je 60 Prozent der Befragten gewählt. Da dieser Akteur bei den anderen Kategorien weniger Zustimmung erhielt, kann die These bestätigt werden, dass in großen Gemeinden außer den Bürgermeister*innen noch andere weitere Akteure für die Kooperation relevant sind. Ein weiterer Unterschied ist in Bezug auf die übergemeindlichen Institutionen feststellbar: Hier ist der Wert bei den großen Gemeinden und den Kleinstgemeinden niedriger als in den anderen beiden Größenklassen. Nur 26,7 Prozent bzw. 20 Prozent der Befragten nannten diesen Akteur, während er bei den kleinen und mittleren Gemeinden 32,8 Prozent sowie sogar 51,3 Prozent der Zustimmung erhielt. Insgesamt haben 60 Prozent oder mehr der großen und kleinen Gemeinden sowie der Kleinstgemeinden die Gemeindesekretär*innen als relevant genannt, bei den mittleren Gemeinden waren es immerhin über die Hälfte (53,8 %).

In den Interviews war hingegen kein bedeutender Zusammenhang zwischen der jeweiligen Größe der Gemeinde feststellbar, da bis auf zwei Personen alle die hohe Relevanz der eigenen Persönlichkeit bei der Durchführung von Kooperation bestätigten. Ein Bürgermeister, der die Führungsperson der Verwaltung ins Spiel brachte, war aus einer mittleren Gemeinde, was ebenso auf die Bestätigung der Anfangsthese, und zwar die Relevanz von weiteren Akteuren in größeren Gemeinden hinweist. Allerdings erklärte ein Bürgermeister aus einer kleinen Gemeinde, dass die Größe seiner Gemeinde für seine eigene zentrale Rolle ein Faktor sei: *„Ich denke schon, weil der Bürgermeister der kann dann weiterhin auf seine Mitarbeiter und auf seinen Generalsekretär seinen Willen schon kundtun. (…) Bei größeren Gemeinden ist es vielleicht ein bisschen anders, weil da ist die Struktur anders. Da gibt es Funktionäre oder höhere Beamte. In Kleingemeinden ist es sicher der Bürgermeister die treibende Kraft, die das vorantreiben kann.“*

Abbildung 18: Akteure für das gute Gelingen nach Größe (N = 127).

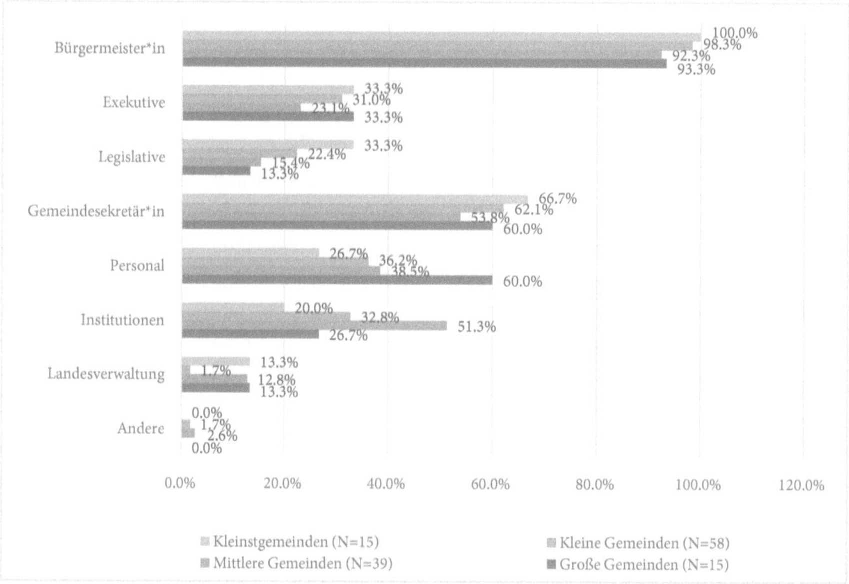

Bei den Daten aufgeschlüsselt nach **Größe** in Verbindung mit dem Land sind in Bezug auf die Relevanz der Bürgermeister*innen nur geringe Unterschiede feststellbar. Größere Differenzen sind hingegen in Bezug auf die anderen relevanten Akteure festzustellen. So unterscheiden sich bei den großen Gemeinden vor allem jene aus Graubünden von Südtirol und Tirol. Keine der großen Bündner

Gemeinden und aus Tirol fallen auf die politischen Legislative. Demgegenüber erhielt „Generalsekretär*in" bei den großen Bündner Gemeinden eine höhere Zustimmung als von den Südtiroler und Tiroler Gemeinden.

Einige Unterschiede sind auch bei den mittleren und kleinen Gemeinden feststellbar. So ist etwa bei den mittleren Tiroler Gemeinden die politische Legislative häufiger genannt als in den anderen beiden Territorien und die übergemeindlichen Institutionen hingegen kaum. Auch bei den kleinen Gemeinden unterscheidet sich Tirol von den anderen zwei Territorien. So antwortete keine kleine Tiroler Gemeinde, dass die Mitglieder der Exekutive relevant für das gute Gelingen von Kooperation wären, während diese in den anderen beiden Gebieten schon einigen Zuspruch erhielten. Demgegenüber ist die politische Legislative sowie das Gemeindepersonal in den kleinen Tiroler Gemeinden relevanter als in den kleinen Gemeinden aus Graubünden und Südtirol.

Betrachtet man die Ergebnisse nur aus der Sicht des Territoriums liegt der*die Bürgermeister*in bei allen Größenklassen in allen Territorien stets an der Spitze. Der am zweithäufigsten genannte Akteur variiert wiederum je nach Territorium sowie in Bezug auf die Größe: Die Bündner Gemeinden verhalten sich ziemlich unterschiedlich, so dass davon ausgegangen werden kann, dass die Variable der Größe dort schon eine bestimmte Rolle spielt. Von den wenigen großen Gemeinden erhielt das Gemeindepersonal gleich viele Nennungen wie die Gemeindepräsidenten. Bei den mittleren Gemeinden sind die zweithäufigsten genannten Akteure ebenso das Personal und andere Institutionen. Bei den kleinen Gemeinden erhielten hingegen die politische Exekutive und die Gemeindeschreiber*innen gleich viele Nennungen und deutlich mehr als das Personal oder die Institutionen. Auch bei den Kleinstgemeinden erhielten die Gemeindeschreiber*innen die zweithäufigsten Antworten.

Bei den Südtiroler Gemeinden scheint hingegen die Größe weniger Einfluss zu haben, weil sowohl bei den großen, den mittleren und auch den kleinen Gemeinden die Person „Gemeindesekretär*in" nach den Bürgermeister*innen stets am zweitmeisten Antworten erhielt. Auch bei den Kleinstgemeinden ist der*die Gemeindesekretär*in eine relevante Persönlichkeit. Zum Unterschied zu den anderen Größenklassen erhielt diese Führungskraft aber hier gleich viele Nennungen wie die Person „Bürgermeister*in" (4). Schließlich antworteten auch die Tiroler Bürgermeister*innen unterschiedlich und weisen somit eine geringere Homogenität auf als die Gemeinden aus Südtirol. In Tirol ist der zweithäufigste Akteur bei den großen Gemeinden der*die Gemeindeamtsleiter*in sowie das Personal. Bei den mittleren Gemeinden sind es hingegen die „anderen Institutionen", während die Akteure „Gemeindeamtsleiter*in" und „Personal" knapp dahinter an dritter Stelle liegen. Die Antworten der kleinen Gemeinden ähneln jenen der großen Gemeinden, denn auch hier ist der am zweithäufigsten genannte Akteur das Gemeindepersonal.

Abbildung 19: Akteure für das gute Gelingen nach Lage (N = 127).

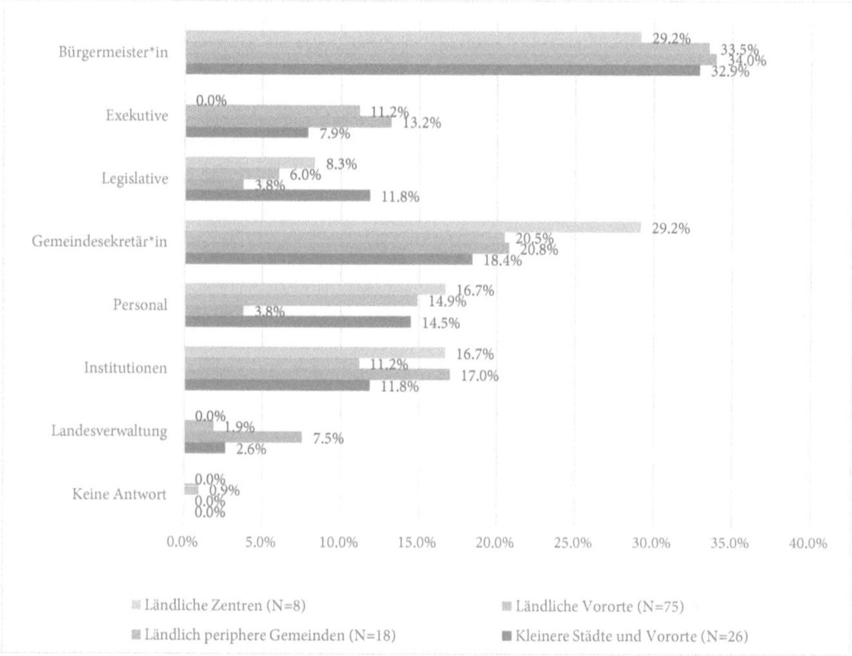

In Bezug auf die **geografische Lage** sind ebenso kaum Unterschiede innerhalb des Datensatzes erkennbar. In allen vier Kategorien wurde wiederum der*die Bürgermeister*in am häufigsten genannt, allerdings erhielt der Akteur „Gemeindesekretär*in" bei den ländlichen Zentren den exakt gleich hohen Zustimmungswert. Ähnlich wie bei den Größenklassen, wurden die Bürgermeister*innen in drei von vier Kategorien von über 90 Prozent der Befragten gewählt, nur in den ländlichen Zentren waren es knapp weniger (87,5 %). Die Führungskraft „Gemeindesekretär*in" erhielt bei den kleineren Städten und Vororten, den ländlichen Vororten sowie den peripheren Gebieten den zweithöchsten Zustimmungswert (zwischen 18,4 und 20,8 %), während dieser bei den ländlichen Zentren höher ausfällt. Immerhin wählten in allen drei Kategorien die Hälfte bzw. mehr als die Hälfte der Befragten u.a. den*die Gemeindesekretär*in als einen von drei relevanten Akteuren (bei den ländlichen Zentren wurde dieser sogar von 87,5 % der Befragten angekreuzt). Zudem haben die ländlichen Zentren auch beim „Personal" den höchsten Zustimmungswert, während keine einzige Antwort auf die Exekutive fiel. Die ländlich peripheren Gebiete haben demgegenüber öfters (13,2 %) die politische Exekutive als relevant gewählt und interessanterweise unterdurchschnittlich das Verwaltungspersonal (3,8 %).

Die Variable Lage in Verbindung mit dem Land ergibt einige Unterschiede, auch wenn der Datensatz insbesondere in zwei Kategorien für konkrete Aussagen zu klein ist. Hinsichtlich der kleineren Städte und Vororte sind u.a. folgende Unterschiede beobachtbar: Die Mitglieder der Exekutive scheinen nur in den Bündner und Südtiroler Gemeinden eine Rolle zu spielen, die Legislative hingegen in Graubünden und Tirol. Das Verwaltungspersonal erhielt wiederum in Südtirol den höchsten Wert. Diese Ergebnisse zeigen, dass die unterschiedlichen Antworten eher am Territorium liegen als an der Lage der Gemeinde. Bei den ländlichen Vororten verhält es sich ähnlich: In Bezug auf die politische Exekutive vergaben die Südtiroler und Bündner Gemeinden mehr Zustimmung als die Tiroler Gemeinden, während die Legislative in den Bündner und Tiroler Gemeinden öfters gewählt wurde. Die Bürgermeister*innen aus den Bündner und Tiroler ländlichen Vororten gaben auch dem*der Gemeindesekretär*in deutlich weniger Zustimmung (40,9 bzw. 47,6 %) als die ländlichen Vororte in Südtirol (78,1 %).

Betrachtet man die Ergebnisse der Lage aus dem Blick der einzelnen Territorien ist wiederum feststellbar, dass die Bürgermeister*innen in fast allen Kategorien der Lage in allen drei Territorien immer am häufigsten gewählt wurden. Nur bei den ländlichen Zentren ist diese Aussage nicht wahr, denn dort erhielten in Graubünden die Akteure Bürgermeister*in, Legislative und Gemeindeschreiber*in je eine Nennung, so dass keine Mehrheit zu Stande kam. Ebenso war es bei den ländlichen Zentren in Südtirol, wo die Gemeindesekretär*innen gleich viele Nennungen (je 5) wie die Bürgermeister*innen erhielten. Bei den ländlichen Zentren aus Tirol hingegen erhielten nicht die Bürgermeister*innen die meisten Nennungen, sondern die interkommunalen Institutionen.

Abgesehen von den ländlichen Zentren, ist in den anderen Kategorien ein Blick auf den zweithäufigsten genannten Akteur aufschlussreich: In Graubünden ist dieser bei den kleineren Städten sowie den ländlichen Vororten jeweils die Exekutive. Nur bei den peripheren Gebieten ist es interessanterweise der*die Gemeindeschreiber*in, so dass innerhalb des Territoriums damit sehr wohl ein bestimmter Einfluss der Lage sichtbar wird. Ähnlich verhalten sich die Antworten aus Südtirol, denn auch hier ist – im Unterschied zu den Ergebnissen nach der Größe – ein gewisser Unterschied erkennbar. So ist gemäß den befragten Südtiroler Bürgermeister*innen der*die Gemeindesekretär*in nur bei den ländlichen Vororten sowie den peripheren Gemeinden der am zweithäufigsten genannte wichtige Akteur für das gute Gelingen von Kooperation. Bei den kleineren Städten erhielt hingegen das Gemeindepersonal mit insgesamt drei Nennungen mehr Zustimmung als der Gemeindesekretär oder die Exekutive (je zwei Nennungen). Ein Unterschied ist auch bei den Tiroler Gemeinden feststellbar. Die ländlichen Zentren wurden bereits als Sonderfall erwähnt und periphere

Gemeinden gibt es keine im Datensatz, so dass nur die kleineren Städte sowie die ländlichen Vororte verglichen werden können. In den kleineren Städten erhielten die Gemeindeschreiber*innen die zweithäufigsten Nennungen vor anderen Akteuren. In den ländlichen Vororten ist ein wichtiger Akteur nach den Bürgermeister*innen hingegen das Gemeindepersonal.

5.5.3 Lokale Repräsentationsfiguren

Die letzte Frage, welche die Akteure im Fragebogen betraf, fokussierte sich auf die Repräsentation der Gemeinde (Nr. 25): *„Wer repräsentiert Ihre Gemeinde in der aktuellen Amtsperiode üblicherweise in Sitzungen von interkommunalen Gremien, Institutionen oder in Treffen mit anderen Gemeinden?“* Auch hier waren auch hier Mehrfachangaben und eine zusätzliche freie Antwort möglich. Die Akteure, die zur Auswahl standen, waren: Bürgermeister*innen; Mitglieder der politischen Exekutive, Mitglieder der politischen Legislative oder Gemeindesekretär*innen/ Gemeindeschreiber*innen. Wiederum wurde diese Frage nicht von allen Personen beantwortet, weil sie nicht allen angezeigt wurde sowie verweigert werden konnte. Insgesamt wurde die Frage von 127 Personen beantwortet, so dass sich die Auswertung des Datensatzes bei diesem Abschnitt auf diese Anzahl basiert.

Insgesamt erhielt wiederum der/die Bürgermeister*in die meiste Zustimmung der 127 Befragten. So fielen 62,8 Prozent der Antworten auf diesen Akteur, zudem wurde er/sie von nahezu allen Befragten (98,4 %) als eine von mehreren möglichen Angaben genannt. Am zweithäufigsten wurden im Gegensatz zu der Frage nach der Planung und Umsetzung sowie dem guten Gelingen von interkommunaler Kooperation die Mitglieder der politischen Exekutive genannt. Auf diese Akteure fielen 19,6 Prozent der Antworten und sie wurden von 30,7 Prozent der Befragten angekreuzt. Dies ist das zweithäufigste Ergebnis, liegt aber weit hinter dem Ergebnis für die Bürgermeister*innen, die somit klar die primären Repräsentanten der Gemeinden sind. Nur eine einzige Person gab bei dieser Frage eine zusätzliche Antwort, die allerdings bereits in der Auflistung möglich gewesen wäre: Der Gemeindepräsident.

Die Ergebnisse nach **Territorium** sind ähnlich den Gesamtergebnissen, so erhielt der/die Bürgermeister*in in allen Territorien die höchste Zustimmung und kann somit als primäre Repräsentationsfigur in Graubünden, Südtirol und Tirol bezeichnet werden. In Südtirol und Tirol wurde dieser Akteur von allen Befragten gewählt, in Graubünden wählten ihn mit 95,5 Prozent knapp weniger. Am zweithäufigsten wurden in Graubünden und Südtirol die Mitglieder der politischen Exekutive gewählt, während die Tiroler Befragten die zweithöchste Zustimmung den Mitgliedern der politischen Legislative gaben.

Abbildung 20: Repräsentation der interkommunalen Zusammenarbeit.[1567]

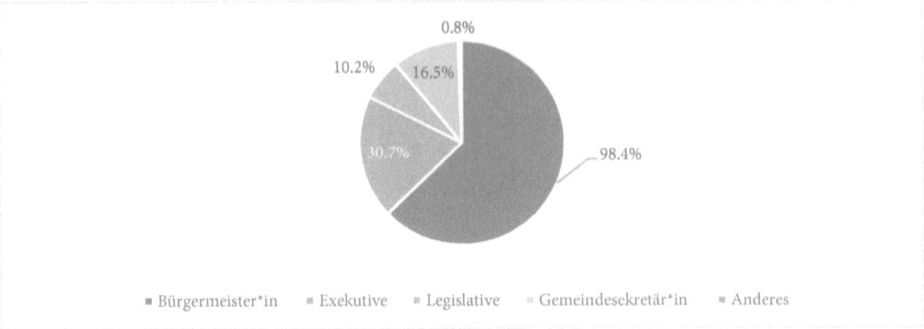

Abbildung 21: Repräsentation der interkommunalen Zusammenarbeit nach Territorium.[1568]

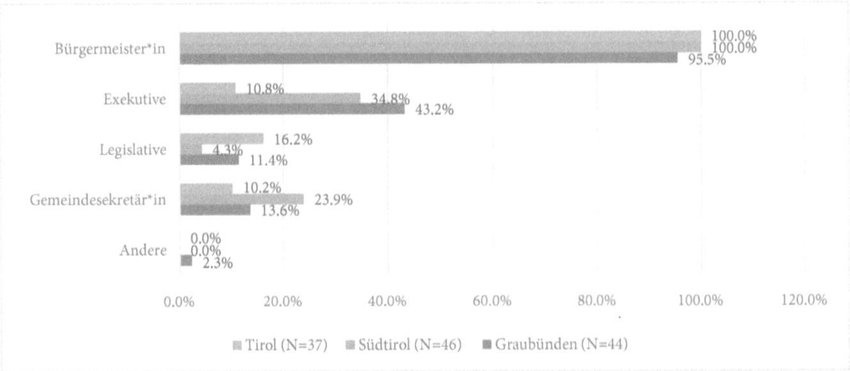

Bereits aus Kapitel 3 wissen wir, dass die Bürgermeister*innen die Repräsentation in den meisten interkommunalen Institutionen einnehmen: In den Regionen in Graubünden, den Bezirksgemeinschaften in Südtirol wie auch meist in den meisten Gemeindeverbänden in Tirol. Dies bestätigt auch ein Tiroler Bürgermeister, der an sehr vielen Gemeindeverbänden beteiligt ist: *„Überall vertritt der Bürgermeister die Gemeinde."* Er gibt auch zu, dass es mitunter eine hohe Arbeitslast darstellt: *„Es bedeutet halt schon ja… viel Präsenz. (…) Viele Sitzungen. Aber für das ist man ja da und gewählt. (…) Es kann natürlich vom Gemeinderat ein anderes Mitglied aus dem Gemeinderat entsandt werden, wenn der Bürgermeister sagt, ich tu das nicht. Aber das wäre wahrscheinlich nicht richtig, wenn es der Bürgermeister*

1567 Antworten der Fälle, N = 127.
1568 Antworten der Fälle, N = 127.

nicht selber macht, weil letztendlich muss ja er auch den Kopf herhalten und hat die letzte Verantwortung.“

Die Ergebnisse nach **Größe** zeigt die Abbildung 22: In allen vier Kategorien haben fast alle Befragten den Akteur des/der Bürgermeister*in gewählt und am zweithäufigsten die politische Exekutive, wobei der Zustimmungswert bei den großen Gemeinden am höchsten ist. Weitere relevante Unterschiede sind nicht feststellbar, womit die Größe der Gemeinde auf die Repräsentation wenig Einfluss hat.

Abbildung 22: Repräsentation der interkommunalen Zusammenarbeit nach Größe.[1569]

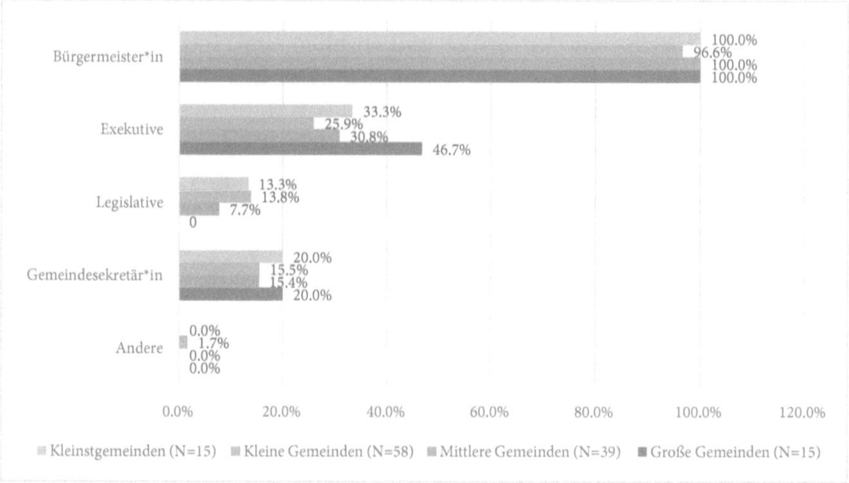

Wenn wir die **Größe** der Gemeinde mit dem Territorium kombinieren, sind allerdings einige kleine Unterschiede erkennbar. Dies ist vor allem deshalb der Fall, weil die Anzahl der jeweiligen Gemeinden im Datensatz niedrig ist – insbesondere bei den Kleinstgemeinden sowie der großen Gemeinden – und die Antworten damit auch individuell auffallen. Bei den mittleren Gemeinden fällt die hohe Zustimmungsrate der Tiroler Gemeinden für die Bürgermeister*in auf (100 %), während die Exekutive nur zwei Mal und der/die Gemeindeschreiber*in kein einziges Mal gewählt wurden. Demgegenüber sind die Ergebnisse der mittleren Bündner und Südtiroler Gemeinden ähnlich: Die Bürgermeister*innen wurden von allen Befragten gewählt, gefolgt von der Exekutive. Demgegenüber

1569 Antworten der Fälle, N = 127.

gibt es bei den kleinen Gemeinden wieder Unterschiede: Hier wählten die Repräsentanten aus allen drei Ländern die Bürgermeister*innen am häufigsten, am zweithäufigsten wurde von den kleinen Gemeinden aus Tirol die politische Legislative genannt, während bei den Südtiroler Gemeinden der/die Gemeindesekretär*in die zweitmeiste Zustimmung erhielt und bei den Bündner Gemeinden die Exekutive. Die kleinen Gemeinden der drei Territorien ähneln sich in diesem Zusammenhang also kaum, womit wiederum bestätigt wird, dass es eher die Herkunft einer Gemeinde ist, welche eine relevante Rolle bei der Dimension Akteure einnimmt.

Wenn man als weitere Spezifizierung die Ergebnisse nur nach je einem Territorium in Zusammenhang mit der Größe der Gemeinde betrachtet, erhielt in allen vier Kategorien der Größe und in allen drei Territorien stets die Bürgermeister*innen die meisten Nennungen. Der zweithäufigste genannte Akteur variiert: In Graubünden ist dies in drei von vier Größenkategorien die politische Exekutive. Nur bei den großen Gemeinden gibt es keinen zweitgenannten Akteur, weil es insgesamt nur zwei Nennungen gab, die auf den Gemeindepräsidenten fielen. In Graubünden scheint der Faktor Größe damit keinen Einfluss auf die Repräsentation der Gemeinde in etwaigen Gremien zu haben. Anders ist es allerdings in Südtirol. Der am zweithäufigsten genannte Akteur bei den großen und mittleren Südtiroler Gemeinden ist die politische Exekutive, bei den kleinen Gemeinden und Kleinstgemeinden hingegen der/die Gemeindesekretär*in. Auch die Tiroler Bürgermeister*innen antworteten nicht einheitlich: Bei den großen Tiroler Gemeinden ist der zweithäufigste genannte Akteur mit zwei Nennungen der/die Gemeindeschreiber*in, bei den mittleren Gemeinden mit ebenso zwei Nennungen die politische Exekutive. Bei den kleinen Gemeinden ist es hingegen keiner dieser beiden Akteure, sondern die politische Legislative.

Die Abbildung 23 zeigt, ob und wie viele Unterscheide zum Thema der Repräsentation in Sitzungen mit anderen Gemeinden es in Bezug auf die **geografische Lage** gibt. Die Ergebnisse sind ausgeglichen: Wieder sind es die Bürgermeister*innen, die in allen vier Kategorien bei weitem am häufigsten und fast von allen Befragten unabhängig der geografischen Position der eigenen Gemeinde gewählt wurden. Und wiederum sind es die ländlichen Zentren, die bei dem zweithäufigsten genannten Akteur herausstechen: Dort wurde der/die Gemeindesekretär*in als relevante Person genannt, während bei den anderen drei Kategorien die politische Exekutive wichtiger zu sein scheint. Die anderen Mitglieder der politischen Legislative scheinen hingegen bei der Repräsentation der Gemeinde, wie auch bereits aus den Gesamtergebnissen ablesbar, in der Gesamtbetrachtung kaum eine Rolle zu spielen.

Abbildung 23: Repräsentation der interkommunalen Zusammenarbeit nach Lage.[1570]

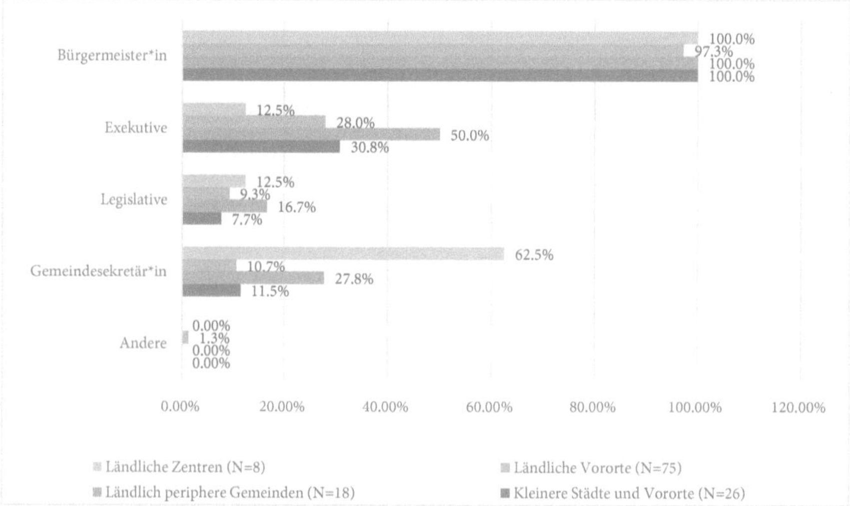

Betrachtet man die Ergebnisse der **Lage** auch im Zusammenhang mit dem Territorium, sind die ländlichen Zentren und die peripheren Gebiete die kleinsten Gruppen. Die einzige Antwort aus dem ländlichen Zentrum von Tirol fiel auf die Bürgermeister*innen, auch in Südtirol erhielt dieser Akteur bei den ländlichen Zentren die höchste Zustimmung. Die ländlichen Zentren in Graubünden gaben hingegen die gleich hohe Zustimmung für die drei Akteure Bürgermeister*in, Legislative und Gemeindeschreiber*in, so dass keine großen Unterschiede feststellbar sind.

Bei den ländlich peripheren Gebieten gibt es demgegenüber nur Antworten aus Graubünden und Südtirol. Alle Befragten haben auch hier die Bürgermeister*innen gewählt. In Südtirol folgen nach dieser Person, wie auch in den Gesamtergebnissen, die Gemeindesekretär*innen als zweitwichtigste Repräsentationsfigur, während in Graubünden die Mitglieder der Exekutive nach den Gemeindepräsidenten die wichtigsten Vertretungspersonen sind. Auch bei den kleineren Städten und Vororte ging die höchste Zustimmungsrate in allen drei Territorien an die Bürgermeister*innen. Ein Unterschied ist in Bezug auf die politische Exekutive beobachtbar, welcher von den Südtiroler kleineren Städten viel häufiger genannt wurde als von den Bündner und Tiroler kleineren Städten. Demgegenüber fiel keine Antwort der Südtiroler Städte auf die Gemeindesekretär*innen, der diese Gemeinden demnach nicht bzw. kaum in Sitzungen repräsentiert, während dies in einzelnen Fällen in Graubünden

1570 Antworten der Fälle, N = 127.

und Tirol sehr wohl der Fall ist. Bei den ländlichen Vororten sticht Tirol hervor, weil die politische Legislative dort viel häufiger genannt wurde als in den anderen Gebieten. Demgegenüber spielen die Mitglieder der Exekutive bei den ländlichen Vororten in Tirol kaum eine Rolle. Betrachtet man dieselben Ergebnisse nur nach einem Territorium in Zusammenhang mit der Lage ergibt sich folgendes Bild: In allen vier Kategorien der Lage und in allen drei Territorien erhielten die Bürgermeister*innen die häufigste Zustimmung. Einzige Ausnahme hiervon sind die ländlichen Zentren in Graubünden, da sie – wie erwähnt – je eine Nennung an die drei Akteure Bürgermeister*in, Legislative und Gemeindeschreiber*in gaben.

Um die Relevanz der geografischen Lage vertiefend zu erörtern, wird abschließend noch ein Blick auf die zweithäufigsten genannten Akteure geworfen: Bei den Bündner Gemeinden sind dies mit Ausnahme der ländlichen Zentren immer die Mitglieder der Exekutive, so dass diese nach den Gemeindepräsidenten sowohl in zentral gelegenen Gemeinden wie auch in peripheren Gebieten eine wichtige Repräsentationsrolle einnehmen. In Südtirol ist das Ergebnis heterogener, allerdings steht es nicht unbedingt in einem logischen Zusammenhang in Bezug auf die geografische Position. So erhielt die politische Exekutive sowohl bei den kleineren Städten wie auch den ländlichen Vororten die am zweithäufigsten Nennungen, während es bei den ländlichen Zentren und den peripheren Gebieten der*die Gemeindesekretär*in ist. Demnach kann die These, dass die Exekutive eher in Gemeinden mit einer zentralen Lage eine Rolle spielt bzw. umgekehrt, dass die Gemeindesekretär*innen eher in Gemeinden in peripherer Lage relevant ist, für Südtirol nicht bestätigt werden.

In Tirol sind für die geografische Lage hingegen ähnliche Ergebnisse wie für die Größe feststellbar: Bei den kleineren Städten und Vororten erhielten die Akteure nach den Bürgermeister*innen nur je zwei Nennungen (Exekutive, Legislative, Gemeindesekretär*in), so dass kein Trend ablesbar ist. Periphere Gemeinden aus Tirol gibt es im Datensatz nicht, so dass nur die ländlichen Vororte und Zentren miteinander verglichen werden können. Bei den ländlichen Zentren fallen die einzigen Nennungen auf die Bürgermeister*innen und es gibt keinen zweitgewählten Akteur. Bei den ländlichen Vororten sind die am zweithäufigsten genannten Akteure der Repräsentation hingegen die Mitglieder der politischen Legislative.

5.5.4 Zusammenfassung: Akteure der Kooperation

Mit dieser Dimension verfolgte die Forschungsarbeit das Ziel, die Verantwortlichen der lokalen Kooperation zu eruieren und zu vergleichen. Dabei ging die Analyse von der Erwartung aus, dass die zentralen Akteure der lokalen Kooperation, unabhängig des Territoriums einer Gemeinde, die Bürgermeister*innen sind. Diese These kann durch die Analyse deutlich bestätigt werden.

Deren zentrale und somit wichtige Rolle bei der Planung und der Durchführung von interkommunaler Kooperation wurde von der Mehrheit der befragten Bürgermeister*innen bzw. deren Vertretungspersonen wie auch den 12 Interviewpartner*innen bestätigt. Zudem zeigen die Ergebnisse offensichtlich, dass die Bürgermeister*innen für die meisten Befragten auch die relevantesten Akteure für das gute Gelingen von lokaler Kooperation sind sowie für die Repräsentation der Gemeinde in diversen interkommunalen Gremien verantwortlich sind. Für alle drei Gebiete wurde verifiziert, dass die Bürgermeister*innen jene Akteure sind, um die sich die Nutzung von Kooperation hauptsächlich dreht, die primär mit dem Thema Kooperation in Verbindung stehen und somit auch dafür verantwortlich sind. Dieses Ergebnis zeigt sich nicht nur unabhängig des Territoriums, sondern auch unabhängig der Größe und der geografischen Lage.

Im Vorfeld wurde erwartet, dass es hinsichtlich der relevanten Akteure Unterschiede in Bezug auf die Größe gebe. So ging die Arbeit davon aus, dass zwischen kleinen und großen Gemeinden dahingehend ein Unterschied besteht, wer die verantwortlichen Akteure der Kooperation sind. Es wurde zwar erwartet, dass vor allem die Bürgermeister*innen als zentrale Akteure agieren. Doch wurde gleichzeitig angenommen, dass bei den großen Gemeinen noch weitere wesentliche Akteure, etwa die obersten Führungskräfte oder Regierungsmitglieder als relevante Akteure hinzukommen. Die Daten bestätigen die Relevanz von weiteren Akteuren, allerdings nicht unbedingt in Zusammenhang mit der Größe einer Gemeinde. So zeigen die Ergebnisse, dass die Bürgermeister*innen bei weitem nicht die einzigen wichtigen Akteure der lokalen Kooperation sind. Es wird bestätigt – mittels Fragebogen und Interviews – dass die Bürgermeister*innen nicht isoliert agieren, sondern bei der Kooperation in Zusammenarbeit mit anderen Personen stehen bzw. diesen auch eine gewisse Wichtigkeit bei der Nutzung zugesprochen wird. Diese Personen sind gemäß den Ergebnissen in erster Linie die Gemeindesekretär*innen, die Mitglieder der politischen Exekutive sowie weitere administrative Mitarbeitende. Die gewichtige Rolle der Gemeindesekretär*innen als oberste Führungskräfte wurde auch in den Interviews mehrmals explizit erwähnt. Hinzu kommen Aussagen wonach das Zusammenspiel mit den Mitgliedern des Gemeinderats – dem politischen Versammlungsorgan – zentral für die Nutzung von Kooperation sei, weil dieses Organ in den meisten Fällen über die Aufnahme und Durchführung einer interkommunalen Kooperation bestimmt.

Zu Anfang der Recherche wurden die relevanten Akteure der **Planung und Umsetzung** der Kooperation erhoben. Hierbei erhielt der Akteur Bürgermeister*in nicht nur insgesamt weitaus die höchste Zustimmung, sondern auch in allen drei Territorien – in Tirol war das Ergebnis sogar überdurchschnittlich hoch. Was den zweitrelevantesten Akteur betrifft, waren dies in den

Gesamtergebnissen die Gemeindesekretär*innen, während die Meinungen in den einzelnen Regionen divergieren: Nur in Südtirol und Tirol wurde die Figur der Gemeindesekretär*innen nach den Bürgermeister*innen am häufigsten genannt, bei den Bündner Gemeinden sind die Mitglieder der politischen Exekutive hingegen wichtiger. Dem Faktor **Größe** scheint bei der Planung und Umsetzung von Kooperation wenig Gewicht zuzukommen. In allen vier Größenklassen sind die Bürgermeister*innen erneut die relevantesten Personen, die danach folgenden Akteure sind in allen vier Größenklassen hingegen die Gemeindesekretär*innen. Die Ergebnisse nach Größe und Territorium zeigen, dass es weniger der Faktor Größe, sondern vor allem das Territorium ist, das Einfluss auf die Antworten hatte. Auch bei der **geografischen Lage** zeigt sich eine gewisse Homogenität. Insgesamt sind ebenso die Bürgermeister*innen die am meisten genannten Akteure für die Planung und Umsetzung in allen vier Kategorien und die Gemeindesekretär*innen die nachfolgenden. Zudem ist bei den Resultaten ähnliches wie bei den Größenklassen feststellbar: Einige Ergebnis deuten auf eine hohe Relevanz der Herkunft der Gemeinde hin und weniger auf deren Lage. Einen Sonderfall stellen nur die peripheren Gemeinden aus Graubünden und Südtirol dar, bei denen die Mitglieder der Exekutive ähnlich relevant für die Planung und Umsetzung von Kooperation sind wie die Gemeindesekretäre*innen.

Der zweite Aspekt der Dimension betrifft die verantwortlichen Akteure für das **gute Gelingen** von Kooperation. Hier erlangte die Person der Bürgermeister*innen ebenso insgesamt die höchste Zustimmung, wobei das Ausmaß der Zustimmung unter dem Wert für die Planung und Umsetzung liegt. Der Akteur, der nach den Bürgermeister*innen als am wichtigsten für das gute Gelingen bewertet wurde, ist wiederum der*die Gemeindesekretär*in. Dahinter liegen dann das Gemeindepersonal sowie die übergemeindlichen Institutionen. Diese Ergebnisse decken sich zum Teil mit den Ergebnissen in den einzelnen Territorien: Die Bürgermeister*innen werden von den Befragten, unabhängig des Territoriums als wichtigste Akteure eingestuft. Zu Unterschieden kommt es erst in Bezug auf die zweithäufigsten genannten Akteure. Für die Bündner Befragten sind dies die Mitglieder der Exekutive sowie die Gemeindeschreiber*innen. Bei den Südtiroler Befragten sind es wiederum eindeutig die Gemeindesekretär*innen. Die Tiroler Befragten heben sich von beiden Gebieten ab, denn dort ist der zweithäufigste genannte Akteur das Gemeindepersonal.

Die Ergebnisse nach der **Größe** zeigen ebenso einen geringen Einfluss, zumindest wenn die Ergebnisse zwischen den Territorien verglichen werden. In allen Größenklassen wurden die Bürgermeister*innen als wichtigste Akteure für das gute Gelingen bewertet, gefolgt von den Gemeindesekretären*innen. Nur bei den großen Gemeinden kommt auch dem Gemeindepersonal eine gleich relevante

Rolle zu. Da der Zustimmungswert für das Gemeindepersonal bei den großen Gemeinden um einige Prozente über dem der anderen Kategorien liegt, kann davon ausgegangen werden, dass das Personal in diesen Gemeinden mehr in die Umsetzung der Kooperation involviert ist als in kleineren Gemeinden. Abgesehen von diesem Ergebnis scheint die Größe in Bezug auf das gute Gelingen keinen großen Einfluss zu haben. Auch in den Ergebnissen nach **Territorium** liegen die Bürgermeister*innen als wichtigste Akteure ungeschlagen an der Spitze. Unterschiede gibt es zwischen den Gemeinden der einzelnen Territorien allein in Bezug auf die weiteren Akteure, wobei die Ergebnisse wiederum darauf hinweisen, dass hierbei vor allem das Territorium eine Rolle spielt. Interessanterweise fällt auf, dass die Ergebnisse auch innerhalb desselben Territoriums nicht immer homogen sind. Dieser Fakt würde darauf hinweisen, dass die Größe einer Gemeinde sehr wohl eine Rolle spielt, aber eben nur innerhalb des eigenen Territoriums – nicht unabhängig davon und grenzüberschreitend. Dies trifft zum Beispiel auf die Gemeinden in Graubünden und Tirol zu. Bei den großen Gemeinden aus Graubünden liegt etwa das Gemeindepersonal bei der Zustimmung an gleicher Stelle wie die Gemeindepräsidenten, was in den anderen Größenklassen aus Graubünden nicht zutrifft. Ebenso tauchen solche Unterschiede innerhalb von Tirol auf: Dort sind etwa die Gemeindeamtsleiter*innen sowie das Personal die zweithäufigsten Akteure in den großen Gemeinden, was auf kleinere Gemeinden nicht zutrifft. Bei den mittleren Gemeinden sind es andere Institutionen, bei den kleineren Gemeinden das Gemeindepersonal. Unterscheiden tut sich von dieser heterogenen Tendenz innerhalb der Territorien nur Südtirol, wo die Größe einer Gemeinde deutlich weniger Einfluss zu haben scheint.

Was die **geografische Lage** und das gute Gelingen der Kooperation betrifft, scheint dies teilweise sehr wohl einen Einfluss zu haben. Nicht auf den wichtigsten Akteur Bürgermeister*in, der in drei von vier Kategorien weitaus die höchste Zustimmung erhielt. Hiervon unterscheiden sich nur die ländlichen Zentren, bei denen die Gemeindesekretär*innen die gleich hohe Zustimmung erhielten.

Bei den ländlichen Vororten und den peripheren Gebieten ist festzustellen, dass der Zustimmungswert zur politischen Exekutive höher ausfällt als bei den kleineren Städten und den ländlichen Zentren, so dass in den periphereren Gemeinden die Exekutive eine wichtigere Rolle einzunehmen scheint. Die peripheren Gemeinden stechen zudem beim Gemeindepersonal hervor: Dieses erhielt hier überraschenderweise kaum Zustimmung, während es in den anderen drei Kategorien von fast der Hälfte der Befragten genannt wurde.

Dieses Ergebnis würde eigentlich auf eine Besonderheit der peripheren Gemeinden innerhalb der geografischen Lagen hinweisen. Allerdings wird die Annahme durch eine vertiefende Betrachtung relativiert: Die Ergebnisse der geografischen Lage in Zusammenhang mit dem Territorium zeigen – wie bereits festgestellt –, dass die Lage einen geringeren Einfluss auf die Akteure hat als die Variable des Territoriums. So sind die Ergebnisse in Bezug auf den wichtigsten Akteur (Bürgermeister*innen) insgesamt in fast allen Kategorien der Lage und allen Territorien homogen, was wiederum auf einen geringen Einfluss der Variable hinweist. Erst bei der Betrachtung der Gemeinden derselben geografischen Lage, aber unterschiedlichen Territorien kommen einige Unterschiede zum Vorschein. Dies weist wiederum darauf hin, dass der Einfluss des Territoriums höher ist als die spezifische Lage einer Gemeinde. Gleichzeitig ist, wie bereits bei der Größe, zusätzlich noch eine Heterogenität zwischen den Gemeinden aus demselben Territorium feststellbar. Dies würde wiederum bedeuten, dass die Lage sehr wohl einen Einfluss auf die relevanten Akteure haben kann, aber diese Differenzierungen nicht bei der geografischen Lage unabhängig vom Territorium und somit grenzüberschreitend feststellbar sind, sondern nur bei der Lage innerhalb eines Territoriums. Für diese These gibt es Beispiele aus allen drei Ländern. So ist in Graubünden der zweithäufigste Akteur in den einzelnen geografischen Lagen nicht derselbe. Auch bei den Südtiroler und Tiroler Gemeinden sind Unterschiede vorhanden.

Schließlich ist ein weiterer Aspekt die **Repräsentation** einer Gemeinde bei Sitzungen von übergemeindlichen Institutionen oder mit anderen Gemeinden. Wenig überraschend erhielt auch hier der Akteur Bürgermeister*in die höchste Zustimmung. Interessanterweise beträgt die Differenz zum zweithäufigsten genannten Akteur – die Mitglieder der politischen Exekutive – mit über 40 Prozentpunkten noch mehr als bei der Planung und Umsetzung der Kooperation. Nicht nur insgesamt, auch von der großen Mehrheit aus allen Territorien wurden die Bürgermeister*innen zu den wichtigsten Repräsentationsfiguren gewählt. Die zweithäufigsten genannten Akteure sind in Graubünden und Südtirol die politische Exekutive, bei den Tiroler Bürgermeister*innen hingegen die Mitglieder der Legislative. Dabei ist die Differenz zum erstgewählten Akteur in allen drei Fällen sehr ausgeprägt, womit dessen Relevanz und Führungsanspruch noch zusätzlich unterstrichen wird. Hinsichtlich der **Größe** und **Lage** scheint sich die Repräsentationsfigur im Allgemeinen kaum zu verändern. In allen Kategorien der Größe und geografischen Lage lagen stets die Bürgermeister*innen mit großem Vorsprung an erster Stelle.

Dennoch gibt es bei der Variable der geografischen Lage eine Differenz. Während die Mitglieder der Exekutive in allen vier Größenklassen die zweithäufigsten genannten Akteure sind, trifft dieser Umstand bei der geografischen Lage nur bei drei Kategorien zu. Die ländlichen Zentren differenzieren sich, weil hier die Gemeindesekretäre*innen zum zweithäufigsten Akteur gewählt wurden. Weiters zeigt sich bei den zweitgenannten Akteuren der „Größe“ wiederum, dass das Territorium und die damit verbundene politische Tradition und Kultur einen bestimmten Einfluss haben. So sind die Antworten der kleinen Gemeinden nicht homogen: Obwohl es sich um dieselbe Gemeindegröße handelt, sind nach den Bürgermeister*innen in Tirol die politische Legislative am relevantesten, in Südtirol die Gemeindesekretäre*innen und in Graubünden die Exekutive. Ähnliches kann auch bei den Ergebnissen der Lage beobachtet werden, da die Antworten der peripheren Gemeinden aus Graubünden und Südtirol unterschiedlich sind. Erneut zeigt sich somit ein bestimmter Einfluss des Territoriums. Dieser wird dann wiederum durch andere Ergebnisse relativiert, denn auch bei der Repräsentation finden sich in Bezug auf die geografische Lage Beispiele, wo sich Gemeinden ausdemselben Territorium unterschiedlich verhalten. Ob dies an der geografischen Lage der Gemeinde liegt, oder nur darauf hinweist, dass die Gemeinden individuell handeln, kann durch die Daten nicht verifiziert werden.

5.6. Intensität

Mittels der Dimension Intensität soll erhoben werden, wie häufig die Bürgermeister*innen in ihrer täglichen Arbeit mit Kooperation zu tun haben bzw. wie intensiv ihre Gemeinde mit anderen Gemeinden kooperiert. Dabei waren die drei diesbezüglichen Fragen im Fragebogen als einziges Mal so gestellt, dass auch explizit die informelle Kooperation in die Erhebung miteinfließen sollte. Dies aus dem Grund, weil es vorab zu schwierig erschien, die Häufigkeit der politischen bzw. administrativen Zusammenarbeit mit anderen Akteuren allein auf eine formelle Komponente zu beschränken. Demgegenüber wurde im Laufe der 12 Interviews die Dimension der Intensität nicht erhoben, da sich die Antworten dabei noch mehr auf rein subjektive Gefühle gestützt hätten und dies vermieden werden sollte. Durch die Informationen zur Intensität soll spezifiziert werden, welchen Stellenwert die lokale Kooperation in der täglichen Verwaltung einnimmt. Ist insgesamt eine hohe Intensität der Kooperation feststellbar, so kommt dies einem hohen Stellenwert der Kooperation gleich. Wird hingegen eine geringe Intensität festgestellt, steht diese eher mit einem niederen Stellenwert in Zusammenhang.

Die häufige Intensität wird mit zwei Aspekten definiert: Zum einen (Aspekt a) mit der Häufigkeit, wie oft man sich mit Themen beschäftigt, für welche eine Kooperation notwendig ist. Zum anderen (Aspekt b) mit der Häufigkeit, wie oft man mit externen Personen oder Institutionen in Kontakt steht, welche für die horizontale Kooperation relevant sind. Dabei kann eine „hohe“ Intensität mit einer täglichen und wöchentlichen Häufigkeit definiert werden. Eine Häufigkeit von einigen Malen pro Monat oder pro Jahr kann hingegen als eine „niedrige“ Intensität erklärt werden.

Es wird erwartet, dass die allgemeine Intensität in der täglichen Praxis der Gemeinden sehr unterschiedlich und individuell ist. Nicht alle Gemeinden werden sich täglich oder wöchentlich mit Kooperation auseinandersetzen. Es wird allerdings erwartet, dass die Intensität der Kooperation auch von der Größe und Lage einer Gemeinde abhängt. So wird davon ausgegangen, dass kleinere Gemeinden sich häufiger mit Themen der interkommunalen Kooperation beschäftigen (Aspekt a), als größere Gemeinden. Dies aus dem Grund, weil sie aufgrund von beschränkten finanziellen oder personellen Ressourcen mehr Notwendigkeit für Kooperation haben. Ähnliches wird für die peripheren Gemeinden erwartet: Vermutlich haben auch diese öfters mit Themen zu tun, für welche eine interkommunale Kooperation notwendig wäre – unabhängig davon, ob sie es dann machen, weil ihnen vielleicht die potenziellen Partnergemeinden fehlen. Umgekehrt wird vermutet, dass größere und zentral gelegenere Gemeinden aufgrund ihres größeren Einzugsgebiets häufiger mit externen Personen oder Institutionen zu tun haben als kleinere und peripher liegende Gemeinden (Aspekt b).

5.6.1 Beschäftigung mit Kooperation

Die erste Frage der Dimension im Fragebogen war der tatsächlichen Beschäftigung mit interkommunaler Kooperation gewidmet (Nr. 12): *„Wie oft beschäftigt sich Ihre Gemeindeverwaltung in der aktuellen Amtsperiode mit Themen, für welche eine Zusammenarbeit mit anderen Gemeinden notwendig ist (unabhängig davon, ob Sie eine formelle Kooperation haben)? Gemeint sind Diskussionen, Entscheidungen und laufende Aufgaben.“* Für die Beantwortung standen folgende fünf Frequenzen zur Auswahl: Täglich; Einige Male pro Woche; Einige Male pro Monat; Einige Male pro Jahr; Nie. Zudem hatten die Befragen die Möglichkeit auch „keine Antwort“ anzukreuzen. Diese Fragen haben 142 Personen beantwortet, eine Person hat die Frage verweigert.

Die Gesamtergebnisse (Abb. 24) zeigen, dass ein beträchtlicher Teil der Befragten sich entweder „einige Male im Jahr“ oder „einige Male pro Monat“ mit Themen beschäftigt, für welche eine Kooperation mit anderen Gemeinden notwendig ist. Demgegenüber erklären 15,5 Prozent der Befragten, dass dies einige Male pro Woche der Fall ist. Diese Ergebnisse können insgesamt als niedrige Intensität eingeordnet werden.

Abbildung 24: Intensität der interkommunalen Kooperation (N = 141).

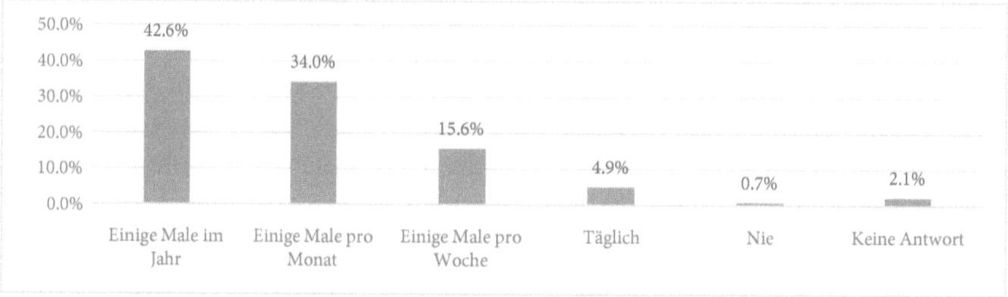

Die Ergebnisse nach **Territorium** offenbaren bei der Gegenüberstellung ähnliche Ergebnisse. Von den Südtiroler und Tiroler Gemeinden geben 52 bzw. 40 Prozent an „einige Male im Jahr" zu kooperieren. In Südtirol sind es damit sogar über die Hälfte der Befragten, während immerhin 36 Prozent erklären, öfter, und zwar sich einige Male pro Monat mit Themen zu beschäftigen, die eine interkommunale Dimension aufweisen. Bei den Tiroler Gemeinden ist es ähnlich. Demgegenüber sind die Zustimmungswerte in Graubünden deutlich geringer und heterogener. Gleich viele Befragte wählten „einige Male pro Jahr" sowie „einige Male pro Woche", womit ein großer Unterschied zwischen den einzelnen Bündner Gemeinden besteht. Einige haben demnach eine hohe Intensität, andere nicht. Deutlich mehr Gemeinden als in Südtirol und Tirol kooperieren in Graubünden sogar mehrmals pro Woche, wobei keine Bündner Gemeinde sich „täglich" mit Themen beschäftigt, die eine interkommunale Kooperation betreffen. In Südtirol und Tirol sind dies ebenso nur sehr wenige (Südtirol: 2 von 50, Tirol: 5 von 45).

Abbildung 25: Intensität der interkommunalen Kooperation nach Territorium.[1571]

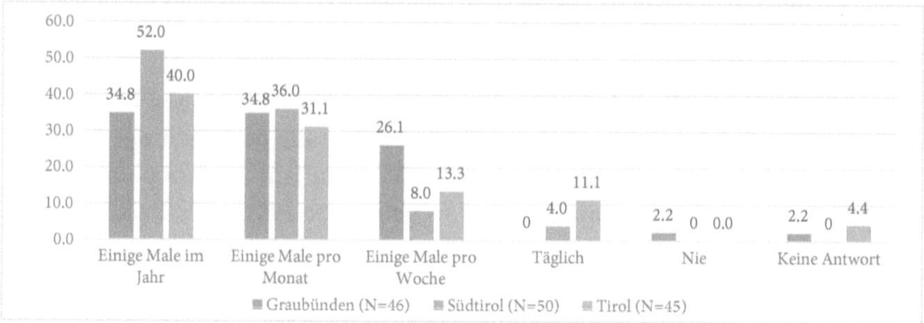

1571 Angaben in Prozent, N = 141.

Wenn man die Ergebnisse nach der **Größe** der Gemeinde betrachtet, spielt die Variable sehr wohl eine Rolle: In drei von vier Größenklassen erhielt die Angabe „einige Male im Jahr" die meiste Zustimmung. Bei den mittleren und großen Gemeinden gab dies sogar über die Hälfte der Gemeinden an. Die kleinen Gemeinden verhalten sich demgegenüber anders, da deutlich weniger Gemeinden (33,3 %) angibt, sich einige Male im Jahr mit Themen der interkommunalen Kooperation zu beschäftigen und deutlich mehr Befragte (42,9 %) erklären, sich einige Male im Monat damit zu beschäftigen. Es sind bei den kleinen und mittleren Gemeinden auch einige dabei, die sogar die Frequenz von „einige Male pro Woche" angaben. In allen Kategorien existieren auch je 1–3 Gemeinden, die täglich kooperieren, wobei es bei den mittleren Gemeinden die höchste Anzahl ist.

Tabelle 61: Intensität der interkommunalen Kooperation nach Größe

	Kleinstgemeinden (N = 18)	**Kleine Gemeinden (N = 63)**	**Mittlere Gemeinden (N = 43)**	**Große Gemeinden (N = 17)**	**Insgesamt (N = 141)**
Einige Male im Jahr	44,4 %	33,3 %	51,2 %	52,9 %	42,3 %
Einige Male pro Monat	38,9 %	42,9 %	20,9 %	29,4 %	33,8 %
Einige Male pro Woche	5,6 %	17,5 %	18,6 %	11,8 %	15,5 %
Täglich	11,2 %	1,6 %	7,0 %	5,9 %	4,9 %
Nie	0,0 %	1,6 %	0,0 %	0,0 %	0,7 %
Keine Antwort	0,0 %	3,2 %	2,3 %	0,0 %	2,1 %

Die Ergebnisse der **Größe** in Verbindung mit dem Land offenbaren innerhalb der verschiedenen Größen kaum Parallelen. Dies deutet wiederum darauf hin, dass es die Variable Territorium ist, welche eher einen Einfluss auf die Gemeinden hat als deren Größe. So scheint das Herkunftsland bei den großen Gemeinden insofern eine Rolle zu spielen, dass nur in Südtirol die Mehrheit der betroffenen Gemeinden erklärt (58,3 %), sich einige Male im Jahr mit Kooperation auseinanderzusetzen. In Graubünden sind es genau die Hälfte der Befragten, die andere Hälfte macht dies sogar häufiger. Bei den Tiroler Gemeinden ist es überaus unterschiedlich: Von den drei großen Gemeinden gab jede eine andere Antwort (täglich, einige Male pro Woche, einige Male pro Monat).

Bei den mittleren Gemeinden gaben die meisten Südtiroler (58,8 %) sowie Tiroler (53,3 %) Befragten an, sich einige Male im Jahr mit Themen auseinanderzusetzen, für die sie mit anderen Gemeinden kooperieren. In Graubünden waren dies nur 36,4 Prozent und mehr (45,5 %) gaben als Antwort „einige Male pro Woche“ an. Dies wiederum erklärten deutlich weniger mittlere Gemeinden aus Tirol und Südtirol. Auch bei den kleinen Gemeinden sind die Ergebnisse nach dem Territorium unterschiedlich. In Südtirol und Tirol wählten die meisten Gemeinden (58,8 bzw. 42,3 %) „einige Male pro Monat“. Die kleinen Gemeinden in Graubünden unterschieden sich davon. Auch hier erklären 25 Prozent sich „einige Male im Jahr“ mit interkommunalen Themen zu beschäftigen, aber 30 Prozent sagen „einmal im Monat“ und 35 Prozent sogar „einige Male pro Woche“. Damit ist das Ergebnis innerhalb des Landes sehr differenziert. Die Kleinstgemeinden aus Südtirol und Graubünden ähneln sich ebenso nicht sonderlich. In Graubünden erklären die meisten sich einige Male pro Monat mit Kooperation auseinanderzusetzen. In Südtirol sagen hingegen zwei von vier „einige Male im Jahr“ sowie jeweils eine „einige Male pro Woche bzw. „täglich“.

Dieselben Ergebnisse aufgesplittert nach der **Lage** offenbaren, dass in drei von vier Kategorien die Frequenz „einige Male im Jahr“ am häufigsten gewählt wurde und offenbaren somit ebenso eine niedere Intensität. Den höchsten Wert weisen hierbei die kleineren Städte und Vororte auf, bei denen über die Hälfte der Befragten diese Frequenz angibt. Nur bei den peripheren Gebieten erhalten die Antwortkategorien „einige Male im Jahr“ und „einige Male pro Monat“ gleich viel Zustimmung. Bis auf die Städte, wo sich die Mehrheit der Befragten nur einige Male im Jahr sich mit interkommunalen Themen auseinandersetzt, sind die Ergebnisse in den anderen drei Kategorien ausgeglichener und verteilen sich über drei Häufigkeiten.

Insgesamt spielt die Häufigkeit „nie“ sowie „täglich“ kaum eine Rolle in den Gemeinden. Dies bestätigt, dass in den Gemeinden kooperiert wird, aber eben nicht auf einer täglichen Basis. Interessanterweise ist in der Kategorie „täglich“ der Wert bei den kleineren Städten und Vororten am höchsten, wobei er nur von drei von insgesamt 30 Bürgermeister*innen gewählt wurde (alle stammen aus Tirol).

Genau die Hälfte der Tiroler kleineren Städte gibt hingegen die Häufigkeit „einige Male im Jahr“ an und 31,3 Prozent „einige Male pro Monat“. Bei den Südtiroler Städten sind es fast alle, welche die Häufigkeit „einmal im Jahr“ wählten (6 von 7). Die Ergebnisse der Bündner kleineren Städte und Vororte sind sehr unterschiedlich und unterscheiden sich auch von den Tiroler und Südtiroler Nachbarn. Somit ist erneut eine Divergenz auch innerhalb der Gemeinden derselben geografischen Lage erkennbar, was wiederum auf eine hohe kontextspezifische Kooperation hinweist. Bei den zehn ländlichen Zentren sind die Ergebnisse ebenso nicht linear. Die einzige Bündner Gemeinde erklärt sich „einige Male im Jahr“ interkommunal zu beschäftigen, von den Tiroler erklärten zwei von vier. Die andere Hälfte kooperiert „einige Male pro Woche“. Die fünf Südtiroler ländlichen Zentren sind ebenso unterschiedlich: Je zwei Befragte nannten „täglich“ bzw. „einige Male pro Monat“ und eine „einige Male im Jahr“.

Tabelle 62: Intensität der interkommunalen Kooperation nach Lage

	Ländlich periphere Gemeinden (N = 23)	**Ländliche Vororte (N = 78)**	**Ländliche Zentren (N = 10)**	**Kleinere Städte und Vororte (N = 30)**	**Insgesamt (N = 141)**
Einige Male im Jahr	39,1 %	39,7 %	30,0 %	56,7 %	42,3 %
Einige Male pro Monat	39,1 %	37,2 %	30,0 %	23,3 %	33,8 %
Einige Male pro Woche	21,7 %	15,4 %	20,0 %	10,0 %	15,5 %
Täglich	0,0 %	2,6 %	20,0 %	10,0 %	4,9 %
Nie	0,0 %	1,3 %	0,0 %	0,0 %	0,7 %
Keine Antwort	0,0 %	3,8 %	0,0 %	0,0 %	2,1 %

Zu den ländlichen Vororten gehören insgesamt 78 der 141 Befragten. Auch hier sind die Antworten gemäß der Herkunft unterschiedlich, so dass die Variable Lage wenig Einfluss auf die Beantwortung der Frage zu haben scheint. Die höchste Zustimmungsrate erhielt bei den ländlichen Vororten aus Graubünden und – wie auch bei den Gesamtergebnissen der ländlichen Vororte – die Häufigkeit „einige Male im Jahr" (Graubünden 40,9 %; Südtirol: 50 %), gefolgt von „einige Male pro Monat" (Graubünden 27,3 %; Südtirol: 41,2 %). Demgegenüber scheinen die ländlichen Vororte aus Tirol öfters zu kooperieren, weil dort überwiegt die Häufigkeit „einige Male pro Monat" (40,9 %), gefolgt von „einige Male im Jahr" (22,7 %).

Bei den ländlich peripheren Gebieten spielten die Häufigkeiten „nie" und „täglich" ebenso keine Rolle. Die meisten Häufigkeiten „einige Male im Jahr" und „einige Male im Monat" erhielten hingegen exakt dieselbe Zustimmung. Aufgesplittert nach Territorien erklärten alle peripheren Gemeinden aus Tirol sich „einige Male im Jahr" mit interkommunaler Kooperation auseinanderzusetzen, während es in Graubünden und Südtirol keine klare Tendenz gibt. Zwei von vier peripheren Südtiroler Gemeinden wählten die Häufigkeit „einige Male pro Jahr", eine gab hingegen „einmal pro Monat" an und eine andere „einige Male pro Woche". Ähnlich dazu verhielten sich die peripheren Gemeinden aus Graubünden. Je 25 Prozent (4 von 16) wählten „einige Male im Jahr" bzw. „einige Male pro Woche", während die Hälfte der Befragten (8 von 16) sich einige Male pro Monat mit Themen der interkommunalen Kooperation beschäftigt.

5.6.2 Kontakt mit anderen Personen und Institutionen

Nach der Frage der Intensität der vertikalen Kooperation, welche in dieser Forschungsarbeit ausgeklammert wird, eruierte die dritte Frage zum Thema Intensität (Nr. 14), wie häufig die Bürgermeister*innen mit bestimmten Personen oder Institutionen in Kontakt stehen. Die genaue Frage war: *Wie oft haben/hatten Sie persönlich in der aktuellen Amtsperiode Kontakt mit folgenden Personen bzw. Institutionen (z.B. Gespräche, Sitzungen, Telefonate) unabhängig davon, ob Sie eine formelle Kooperation haben?* Die Akteure bzw. Institutionen, die zur Auswahl standen, waren:

- Verwaltungspersonal des Staates/des Bundes
- Verwaltungspersonal des Landes/des Kantons
- Politische Oberhäupter bzw. politische Vertreter*innen von anderen Gemeinden
- Politische Vertreter*innen des Landes/des Kantons
- Interkommunale Institutionen bzw. Zusammenschlüsse, z.B. Gemeindeverband, Bezirksgemeinschaft/Region, Bezirksverband

Zudem bestand die Möglichkeit, dass die Befragten einen zusätzliche relevanten Akteur oder eine Institution anzugeben. Diese Möglichkeit wählte niemand der Befragten. Die Häufigkeiten, die als Antwortmöglichkeiten zur Verfügung standen waren dieselben, wie bereits in Bezug auf die vorherige Frage: Täglich; Einige Male pro Woche; Einige Male pro Monat; Einige Male pro Jahr; Nie. Dabei hatten die Befragten die Möglichkeit für jeden Akteur bzw. Institution die Häufigkeit zu wählen, das heißt, jeder Akteur/Institution musste einzeln betrachtet werden. Die Anzahl der Befragten beträgt wiederum 141, weil eine Person die Fragen nicht beantwortet hat.

Der erste gelistete Akteur im Fragebogen ist das Verwaltungspersonal des Staates. Dieser hat als einziger der gesamten Auflistung eine hohe Zustimmungsrate bei der Antwortmöglichkeit „nie“. Somit gibt es eine hohe Anzahl der Befragten, die mit der jeweiligen Staatsverwaltung nicht oder kaum in Kontakt stehen. Demgegenüber gaben immerhin fast die Hälfte der Bürgermeister*innen an, mit dem staatlichen Personal einige Male im Jahr Kontakt zu haben. Die Ergebnisse in Bezug auf die weiteren Akteure und andere Institutionen sind ausgeglichener. Die Mehrheit der Befragten erklärt sowohl mit dem Verwaltungspersonal des Landes/Kantons wie auch den Politiker*innen von anderen Gemeinden einige Male pro Monat in Kontakt zu stehen. Mit den Politiker*innen aus anderen Gemeinden sind knapp 30 Prozent sogar im wöchentlichen Kontakt. Weit weniger haben die Befragten Kontakt mit den Politiker*innen der subnationalen Regierungsebene.

Nur zehn Prozent der Befragten stehen in einem wöchentlichen Kontakt, immerhin 35,9 Prozent mehrere Male pro Monat und die Hälfte zumindest einige Male im Jahr. Auch bei den übergemeindlichen Institutionen beschränken sich die Antworten hauptsächlich auf die Häufigkeiten „einige Male pro Monat“ sowie „einige Male im Jahr“.

Abbildung 26: Kontakt mit Personen und Institutionen.[1572]

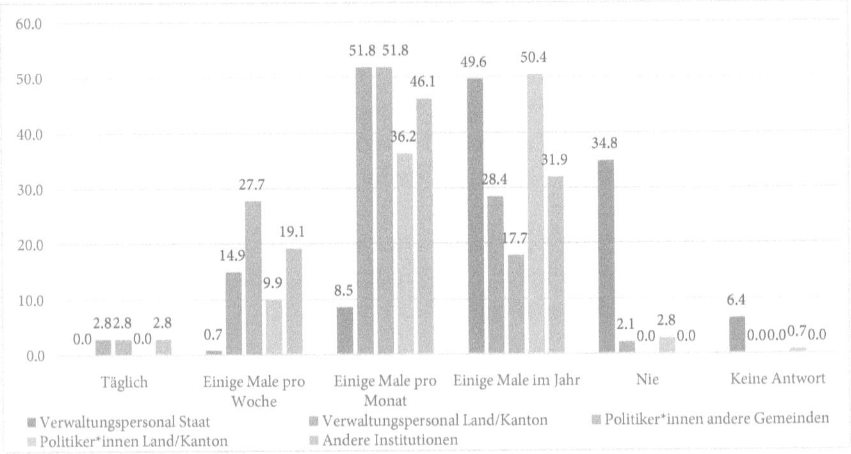

Wenn wir die Ergebnisse auf das **Territorium** beziehen, fallen einige Unterschiede auf (siehe Tab. 63 bis 65). Die Südtiroler und Tiroler Gemeinden scheinen noch seltener mit dem staatlichen Verwaltungspersonal zu tun haben als die Bündner Gemeinden. Zwar ist in den Gemeinden aus allen drei Ländern die Zustimmungsarte bei „einige Male im Jahr“ die höchste, aber in Graubünden ist diese deutlich höher. Zudem erklärten dort im Verhältnis weniger Gemeinden sie seien „nie“ in Kontakt mit dem staatlichen Personal. Was hingegen den Kontakt mit dem *Verwaltungspersonal auf subnationaler Ebene* betrifft, ist das Verhalten der Bürgermeister*innen aus Graubünden, Südtirol und Tirol sehr ähnlich. In allen drei Gebieten liegt die höchste Zustimmungsrate bei „einige Male pro Monat“ (in Tirol fast die Hälfte, in Südtirol genau die Hälfte und in Graubünden über die Hälfte der Befragten). Hier scheinen die Bündner Gemeinden weniger aktiv zu sein als die Gemeinden in den Nachbargebieten. So erklären nur zehn Prozent

1572 Antworten in Prozent, N = 141.

der Befragten sie hätten „einige Male pro Woche" Kontakt zu den Landesämtern, während es in Südtirol und Tirol mehr sind.

Tabelle 63: Kontakt mit Personen und Institutionen der Bündner Gemeinden (N = 46)

	Täglich	Einige Male pro Woche	Einige Male pro Monat	Einige Male im Jahr	Nie	Keine Antwort
Verwaltungspersonal Staat	0,0 %	0,0 %	4,3 %	67,4 %	26,1 %	2,2 %
Verwaltungspersonal Land/Kanton	0,0 %	10,9 %	56,5 %	32,6 %	0,0 %	0,0 %
Politiker*innen andere Gemeinden	0,0 %	23,9 %	63,0 %	13,0 %	0,0 %	0,0 %
Politiker Land/Kanton	0,0 %	0,0 %	39,1 %	56,5 %	4,3 %	0,0 %
Interkommunale Institutionen	2,2 %	17,4 %	47,8 %	32,6 %	0,0 %	0,0 %

Wenn es um den Kontakt mit *lokalen Politiker*innen* geht, sind ebenso Unterschiede zwischen den Ländern erkennbar. Die Mehrheit der Bürgermeister*innen aus Graubünden und Südtirol gibt an mit diesen einige Male pro Monat in Kontakt zu stehen und jeweils fast ein Viertel sogar einige Male pro Woche. Die Tiroler Gemeinden unterscheiden sich: Dort ist ein größerer Teil der Gemeinden aktiver als in Graubünden und in Südtirol und kooperiert mehrmals pro Woche mit Politiker*innen aus anderen Gemeinden. Andererseits geben im Verhältnis auch mehr an, nur einige Male im Jahr in Kontakt zu stehen.

Deutlich weniger in Kontakt stehen die Gemeinden aus allen drei Ländern mit den *Politiker*innen auf Landes- und Kantonsebene*. Über die Hälfte der Bündner Gemeinden gibt an, mit diesen nur einige Male im Jahr im Kontakt zu stehen, auch fast die Hälfte der Tiroler Gemeinden sowie über 40 Prozent der Südtiroler Gemeinden erklärte dies. Ein ähnlich hoher Teil der Gemeinden aus allen drei Gebieten erklärt aber auch mit diesen einige Male pro Monat in Kontakt zu sein.

Der letzte Akteur waren die *interkommunalen Institutionen*. Hier ähneln sich die Gemeinden aus allen drei Gebieten wiederum stark: Fast die Hälfte der Gemeinden in allen Territorien erklärte, dass sie einige Male pro Monat in Kontakt mit den interkommunalen Institutionen steht. Und um die 30 Prozent der Gemeinden in allen drei Gebieten erklären hingegen, dass dies seltener, und zwar „einige Male im Jahr" der Fall ist.

Tabelle 64: Kontakt mit Personen und Institutionen der Südtiroler Gemeinden (N = 50)

	Täglich	Einige Male pro Woche	Einige Male pro Monat	Einige Male im Jahr	Nie	Keine Antwort
Verwaltungspersonal Staat	0,0 %	0,0 %	10,0 %	42,0 %	42,0 %	0,0 %
Verwaltungspersonal Land/Kanton	6,0 %	18,0 %	50,0 %	24,0 %	2,0 %	0,0 %
Politiker*innen andere Gemeinden	8,0 %	26,0 %	52,0 %	14,0 %	0,0 %	0,0 %
Politiker*innen Land/Kanton	0,0 %	20,0 %	32,0 %	46,0 %	2,0 %	0,0 %
Interkommunale Institutionen	4,0 %	20,0 %	46,0 %	30,0 %	0,0 %	0,0 %

Tabelle 65: Kontakt mit Personen und Institutionen der Tiroler Gemeinden (N = 45)

	Täglich	Einige Male pro Woche	Einige Male pro Monat	Einige Male im Jahr	Nie	Keine Antwort
Verwaltungspersonal Staat	0,0 %	2,2 %	11,1 %	40,0 %	35,6 %	11,1 %
Verwaltungspersonal Land/Kanton	2,2 %	15,6 %	48,9 %	28,9 %	4,4 %	0,0 %
Politiker*innen andere Gemeinden	0,0 %	33,3 %	40,0 %	26,7 %	0,0 %	0,0 %
Politiker*innen Land/Kanton	0,0 %	8,9 %	37,8 %	48,9 %	2,2 %	2,2 %
Interkommunale Institutionen	2,2 %	20,0 %	44,4 %	33,3 %	0,0 %	0,0 %

Die Ergebnisse im Hinblick auf den persönlichen Kontakt der Bürgermeister*innen mit anderen politischen Persönlichkeiten oder Institutionen wird auch in Bezug auf die **Größe** begutachtet. Die Tabellen 66 bis 70 zeigen die Ergebnisse der vier Größenklassen und wie häufig die Bürgermeister*innen in Kontakt mit den genannten Akteuren stehen.

In Bezug auf das *Verwaltungspersonal des Staates* gibt es kaum Unterschiede zwischen den Größenklassen. Fast in allen kooperieren annähernd bzw. über die

Hälfte der Gemeinden einige Male pro Jahr mit diesen, womit der Wert ähnlich niedrig liegt wie beim Gesamtdurchschnitt. Ein beträchtlicher Teil der Gemeinden in allen Größenklassen gibt auch an, nie mit dem staatlichen Verwaltungspersonal in Kontakt zu stehen. Auffallend sind hierbei nur die mittleren Gemeinden, von welchen ein Viertel angibt, häufiger, einige Male pro Monat, mit dem staatlichen Verwaltungspersonal in Kontakt zu stehen. Wenn wir die Ergebnisse nach Land anschauen, fällt auf, dass insbesondere ein beträchtlicher Teil der großen Gemeinden aus Südtirol (41,7 %) sowie der kleinen Gemeinden aus Südtirol und Tirol (52,9 % bzw. 38,5 %) angibt, nie mit dem staatlichen Personal in Kontakt zu stehen.

Tabelle 66: Kontakt mit Verwaltungspersonal des Staates nach Größe

	Täglich	**Einige Male pro Woche**	**Einige Male pro Monat**	**Einige Male im Jahr**	**Nie**	**Keine Antwort**
Große Gemeinden (N = 17)	0,0 %	0,0 %	23,5 %	47,1 %	29,4 %	0,0 %
Mittlere Gemeinden (N = 43)	0,0 %	2,3 %	7,0 %	53,5 %	30,2 %	7,0 %
Kleine Gemeinden (N = 63)	0,0 %	0,3 %	6,3 %	47,6 %	38,1 %	7,9 %
Kleinstgemeinden (N = 18)	0,0 %	0,0 %	5,6 %	50,0 %	38,9 %	5,6 %
Insgesamt (unabhängig von der Größe, N = 141)	**0,0 %**	**0,7 %**	**8,5 %**	**49,6 %**	**34,8 %**	**6,4 %**

In Bezug auf das *Verwaltungspersonal des Landes* (Tab. 67), erkennt man bei den Ergebnissen, dass der Großteil der Bürgermeister*innen – unabhängig der Größe – mehr mit den Beamt*innen auf subnationaler Ebene kooperiert als mit dem staatlichen Verwaltungspersonal (Tab. 66). So kooperieren über die Hälfte der Bürgermeister*innen der kleinen Gemeinden und Kleinstgemeinden einige Male pro Monat und in den mittleren und großen Gemeinden zumindest über 40 Prozent mit diesem Akteur. Diese Zustimmungswerte sind auch ähnlich, wenn man die Ergebnisse nach der Herkunft betrachtet. Ein Unterschied fällt nur bei den Kleinstgemeinden auf, wo von den Südtirolern 2 von 4 angeben, nur „einige Male im Jahr" mit dem Landespersonal in Kontakt zu stehen, während es bei den Bündner Kleinstgemeinden häufiger ist. Fast insgesamt je ein Viertel der Bürgermeister*innen aus großen und mittleren Gemeinden steht sogar einige Male pro Woche in Kontakt mit dem subnationalem Verwaltungspersonal.

Tabelle 67: Kontakt mit Verwaltungspersonal des Landes nach Größe

	Täglich	Einige Male pro Woche	Einige Male pro Monat	Einige Male im Jahr	Nie	Keine Antwort
Große Gemeinden (N = 17)	5,9 %	23,5 %	41,2 %	29,4 %	0,0 %	0,0 %
Mittlere Gemeinden (N = 43)	4,7 %	23,3 %	44,2 %	27,9 %	0,0 %	0,0 %
Kleine Gemeinden (N = 63)	1,6 %	11,1 %	58,7 %	25,4 %	3,2 %	0,0 %
Kleinstgemeinden (N = 18)	0,0 %	0,0 %	55,5 %	38,9 %	5,6 %	0,0 %
Insgesamt (unabhängig von der Größe, N = 141)	**2,8 %**	**14,9 %**	**51,8 %**	**28,4 %**	**2,1 %**	**0,0 %**

In Bezug auf den Kontakt mit *lokalen Politiker*innen* ähneln sich die Größenklassen ebenso. In drei von vier Kategorien erklären fast die Hälfte der Befragten einige Male pro Monat Kontakt mit Politiker*innen aus anderen Gemeinden zu haben. Bei den kleinen Gemeinden sind es sogar fast 60 Prozent (Graubünden: 65 %, Südtirol: 58,8 %, Tirol: 53,8 %). Diese Durchschnittswerte wurden nur in drei Fällen unterschritten: Von den großen Gemeinden aus Südtirol und Tirol (41,7 % bzw. 33,3 % kooperieren einige Male pro Monat) sowie den Kleinstgemeinden aus Südtirol (1 von 4) und den mittleren von Tirol (3 von 15). Zudem haben von den Befragten aus kleinen, mittleren und großen Gemeinden auch knapp bzw. über ein Viertel der sogar einige Male pro Woche Kontakt. Bei den großen Gemeinden sind es wiederum nur jene aus Südtirol und Tirol. Nur die Kleinstgemeinden differenzieren sich von dieser Tendenz und scheinen seltener Kontakt mit anderen Gemeinden zu haben als größere Gemeinden.

*Tabelle 68: Kontakt mit Politiker*innen aus anderen Gemeinden nach Größe*

	Täglich	Einige Male pro Woche	Einige Male pro Monat	Einige Male im Jahr	Nie	Keine Antwort
Große Gemeinden (N = 17)	0,0 %	23,5 %	47,1 %	29,4 %	0,0 %	0,0 %
Mittlere Gemeinden (N = 43)	4,7 %	32,6 %	44,2 %	18,6 %	0,0 %	0,0 %
Kleine Gemeinden (N = 63)	1,6 %	30,2 %	58,7 %	9,5 %	0,0 %	0,0 %
Kleinstgemeinden (N = 18)	5,6 %	11,1 %	50,0 %	33,3 %	0,0 %	0,0 %
Insgesamt (unabhängig von der Größe, N = 141)	**2,8 %**	**27,7 %**	**51,8 %**	**17,7 %**	**0,0 %**	**0,0 %**

Die Differenzierung der Kleinstgemeinden von den übrigen Größenklassen ist auch im Hinblick auf die Kontakte mit *Politiker*innen der Landesebene* zu beobachten. So erklären über 70 Prozent der Kleinstgemeinden, dass sie nur einige Male im Jahr Kontakt zu Landespolitiker*innen hätten. Dieser Wert ist bei den anderen Größenklassen geringer, wobei er auch bei den mittleren Gemeinden über die Hälfte beträgt. Betrachtet man diese Ergebnisse der Kleinstgemeinden nach dem Territorium erklären auch hier über 70 Prozent, dass sie nur einige Male im Jahr in Kontakt mit Politiker*innen auf subnationaler Ebene stehen. Die großen Gemeinden scheinen in dieser Hinsicht hingegen aktiver zu sein als die Kleinstgemeinden. Hier erklären 23 Prozent entweder einige Male pro Woche oder pro Monat Kontakt mit diesen Politiker*innen zu haben. Bei den mittleren Gemeinden geben insgesamt die Mehrheit der Befragten an (51,2 %), nur einige Male pro Monat im Kontakt mit Landespolitiker*innen zu stehen. Dieser Wert ist in Südtirol und Graubünden ähnlich hoch. In Tirol erklären hingegen sogar neun von 15 Bürgermeister*innen aus mittleren Gemeinden einige Male im Jahr in Kontakt mit Landespolitiker*innen zu stehen.

*Tabelle 69: Kontakt mit Politiker*innen von Land/Kanton nach Größe*

	Täglich	Einige Male pro Woche	Einige Male pro Monat	Einige Male im Jahr	Nie	Keine Antwort
Große Gemeinden (N = 17)	0,0 %	23,5 %	23,5 %	41,2 %	5,9 %	5,9 %
Mittlere Gemeinden (N = 43)	0,0 %	16,3 %	30,2 %	51,2 %	2,3 %	0,0 %
Kleine Gemeinden (N = 63)	0,0 %	3,2 %	49,2 %	44,4 %	3,2 %	0,0 %
Kleinstgemeinden (N = 18)	0,0 %	5,6 %	16,7 %	77,8 %	0,0 %	0,0 %
Insgesamt (unabhängig von der Größe, N = 141)	**0,0 %**	**9,9 %**	**36,2 %**	**50,4 %**	**2,8 %**	**0,7 %**

Beim Kontakt mit *anderen Institutionen* gaben die Bürgermeister*innen wiederum sehr ähnliche Häufigkeiten an. Fast die Hälfte in allen Größenklassen erklärt, einige Male pro Monat in Kontakt mit interkommunalen Institutionen zu stehen. Nur bei den Kleinstgemeinden hat insgesamt ein größerer Teil der Bürgermeister*innen seltener – nur einige Male im Jahr – Kontakt zu interkommunalen Institutionen (Graubünden: 5 von 13; Südtirol: 3 von 4; Tirol: 1 von 1).

Tabelle 70: Kontakt mit anderen Institutionen nach Größe

	Täglich	**Einige Male pro Woche**	**Einige Male pro Monat**	**Einige Male im Jahr**	**Nie**	**Keine Antwort**
Große Gemeinden (N = 17)	5,9 %	11,8 %	47,1 %	35,3 %	0,0 %	0,0 %
Mittlere Gemeinden (N = 43)	2,3 %	25,6 %	44,2 %	27,9 %	0,0 %	0,0 %
Kleine Gemeinden (N = 63)	3,2 %	19,0 %	49,2 %	28,6 %	0,0 %	0,0 %
Kleinstgemeinden (N = 18)	0,0 %	11,1 %	38,9 %	50,0 %	0,0 %	0,0 %
Insgesamt (unabhängig von der Größe, N = 141)	**2,8 %**	**19,1 %**	**46,1 %**	**31,9 %**	**0,0 %**	**0,0 %**

Letztens sollen die Ergebnisse noch in Bezug auf die **Lage der Gemeinde** begutachtet werden (Tab. 71–75). Beim ersten Akteur, der für Kooperation in Frage kommt – dem *staatlichen Verwaltungspersonal* – sind die Ergebnisse zwischen den Lagen sehr ähnlich. In allen vier Kategorien wurde die Häufigkeit „einige Male im Jahr" am öftesten gewählt, gefolgt von der Häufigkeit „nie". Wenn wir diese Ergebnisse nach der Herkunft der Gemeinden begutachten, stimmt diese Aussage für fast alle Größenklassen in allen drei Ländern überein. Nur die Südtiroler Gemeinden heben sich zweimal und die Tiroler Gemeinden einmal davon ab. So entspricht bei den Südtiroler kleineren Städten sowie ländlichen Zentren der höchste Zustimmungswert nicht der Kategorie „einige Male im Jahr", sondern der Kategorie „nie" (3 von 7 kleineren Städten; 3 von 5 ländlichen Zentren). Ebenso erhielt die Antwort „nie" bei den peripheren Gebieten des Landes Tirol mehr Zustimmung (66,7 %) als die anderen Häufigkeiten. Bei den ländlichen Zentren sind die Ergebnisse insgesamt sogar gleich hoch: Je 40 Prozent der Befragten erklärte, entweder einige Male im Jahr oder nie mit dem staatlichen Personal in Kontakt zu stehen. Am häufigsten scheinen die peripheren Gebiete mit dem staatlichen Verwaltungspersonal zu kooperieren, da ihr Zustimmungswert bei über 55 Prozent liegt.

Auch in Bezug auf den Kontakt mit dem *Verwaltungspersonal des Landes bzw. Kantons* sind die Werte zwischen den Gruppen ähnlich. In den meisten Fällen liegen sie gleich auf mit den Gesamtwerten, welche den allgemeinen Durchschnitt wiedergeben. Wie bei diesen Ergebnissen ist der Kontakt der Bürgermeister*innen mit den Landesämtern häufiger als jener mit den staatlichen Stellen. So erhielt in allen Kategorien die Häufigkeit „einige Male pro Monat" die höchste Zustimmung. Bei den ländlichen Zentren erklären dies sogar sieben von zehn Gemeinden. Nur in vier Fällen – betrachtet man die Ergebnisse nach Herkunft der

Tabelle 71: Kontakt mit Verwaltungspersonal des Staates nach Lage

	Täglich	Einige Male pro Woche	Einige Male pro Monat	Einige Male im Jahr	Nie	Keine Antwort
Kleinere Städte und Vororte (N = 30)	3,3 %	0,0 %	13,3 %	46,7 %	30,0 %	6,7 %
Ländliche Zentren (N = 10)	0,0 %	0,0 %	10,0 %	40,0 %	40,0 %	10 %
Ländliche Vororte (N = 78)	0,0 %	0,0 %	5,1 %	50,0 %	37,2 %	0,0 %
Ländlich periphere Gemeinden (N = 23)	0,0 %	0,0 %	13,3 %	56,5 %	30,4 %	0,0 %
Insgesamt (unabhängig von der Lage, N = 141)	**0,0 %**	**0,7 %**	**8,5 %**	**49,6 %**	**34,8 %**	**6,4 %**

Gemeinde – unterscheidet sich die höchste Zustimmungsrate von den Gesamtergebnissen. Bei den Südtiroler Städten sowie den ländlichen Tiroler Vororten erhielt die Antwort „einige Male im Jahr“ den höheren Zustimmungswert als die monatliche Kontakthäufigkeit. Zudem sind die Zustimmungswerte bei den Bündner Städten sowie den Tiroler peripheren Gebieten in den beiden Kategorien „einige Male pro Jahr“ bzw. „pro Monat“ genau gleich hoch.

Tabelle 72: Kontakt mit Verwaltungspersonal des Landes/Kantons nach Lage

	Täglich	Einige Male pro Woche	Einige Male pro Monat	Einige Male im Jahr	Nie	Keine Antwort
Kleinere Städte und Vororte (N = 30)	0,0 %	13,3 %	53,3 %	33,3 %	0,0 %	0,0 %
Ländliche Zentren (N = 10)	10,0 %	10,0 %	70,0 %	10,0 %	0,0 %	0,0 %
Ländliche Vororte (N = 78)	2,6 %	17,9 %	47,4 %	29,5 %	2,6 %	0,0 %
Ländlich periphere Gemeinden (N = 23)	4,3 %	8,7 %	56,5 %	26,1 %	4,3 %	0,0 %
Insgesamt (unabhängig von der Lage, N = 141)	**2,8 %**	**14,9 %**	**51,8 %**	**28,4 %**	**2,1 %**	**0,0 %**

Anders als bei den Ergebnissen des nationalen bzw. subnationalen Verwaltungspersonals verhält es sich mit dem Kontakt zu *Politiker*innen von anderen*

Gemeinden. Auch hier sind die Ergebnisse zwar auf einem ähnlichen Niveau mit den Gesamtergebnissen und die Häufigkeit „einige Male pro Monat" erhielt insgesamt die größte Zustimmung in allen Kategorien. Dennoch offenbaren sich einige Unterschiede: So erklären überdurchschnittlich viele periphere Gemeinden (69,6 %), dass sie einige Male pro Monat mit Politiker*innen von anderen Gemeinden in Kontakt stehen, während es bei den anderen Kategorien deutlich weniger sind. Die Gemeinden aus anderen Kategorien scheinen demzufolge noch aktiver zu sein und ein größerer Anteil aus allen drei Kategorien kooperiert sogar einige Male pro Woche mit Politiker*innen von anderen Gemeinden.

Schaut man sich die Ergebnisse nach dem Territorium an, ergibt sich folgendes: Bei den peripheren Gemeinden erhielt die Häufigkeit „einige Male pro Monat" in allen drei Territorien die höchste Zustimmung (Tirol: 66,7 %, Graubünden: 68,8 %, Südtirol: 75 %). Bei den kleineren Städten gibt es interessanterweise keine klare Tendenz. 57 Prozent der Südtiroler Bürgermeister*innen aus kleineren Städten erklärt, sie seien nur einige Male im Jahr in Kontakt, wogegen fast 60 Prozent der Bündner Städte häufiger im Kontakt steht (einige Male pro Monat). Bei den 16 Tiroler Städten erklären je 37,5 Prozent „einige Male pro Woche" bzw. „einige Male pro Monat". Bei den ländlichen Vororten ähneln sich die Gebiete wiederum und über die Hälfte der Südtiroler und Bündner Vororte geben an, einige Male pro Monat mit Politiker*innen von anderen Gemeinden in Kontakt zu stehen. In Tirol sind es zwar deutlich weniger (36,4 %).

*Tabelle 73: Kontakt mit Politiker*innen von anderen Gemeinden nach Lage*

	Täglich	Einige Male pro Woche	Einige Male pro Monat	Einige Male im Jahr	Nie	Keine Antwort
Kleinere Städte und Vororte (N = 30)	0,0 %	33,3 %	36,7 %	30,0 %	0,0 %	0,0 %
Ländliche Zentren (N = 10)	20,0 %	20,0 %	60,0 %	0,0 %	0,0 %	0,0 %
Ländliche Vororte (N = 78)	2,6 %	29,5 %	51,3 %	16,7 %	0,0 %	0,0 %
Ländlich periphere Gemeinden (N = 23)	0,0 %	17,4 %	69,6 %	13,0 %	0,0 %	0,0 %
Insgesamt (unabhängig von der Lage, N = 141)	**2,8 %**	**27,7 %**	**51,8 %**	**17,7 %**	**0,0 %**	**0,0 %**

Wie angemerkt haben die Bürgermeister*innen deutlich weniger Kontakt mit den Politiker*innen von anderen Gemeinden als mit denen auf *Landes- und*

Kantonsebene. Insgesamt haben interessanterweise die Hälfte aller Befragten angegeben nur einige Male im Jahr mit den subnationalen Politiker*innen in Kontakt zu stehen. Sehr ähnlich verhält es sich, wenn man diese Ergebnisse nach Lage aufsplittert, womit der geografische Unterschied hier kaum Relevanz zukommt. In allen vier Kategorien erhielt die Häufigkeit „einige Male im Jahr" die höchste Zustimmung der Bürgermeister*innen. Bei den kleineren Städten, den ländlichen Vororten und den peripheren Gebieten liegt sie sogar über der Hälfte der Befragten, bei den ländlichen Zentren bei 50 Prozent. Wenn man die Ergebnisse nach dem Territorium analysiert, liegen nur zwei Fälle vonseiten der Tiroler Gemeinden nicht innerhalb dieses Trends. Bei den ländlichen Vororten aus Tirol erklären genau 50 Prozent der befragten Bürgermeister*innen einige Male pro Monat in Kontakt mit Landespolitiker*innen zu stehen. Ähnlich auch bei den Tiroler ländlichen Zentren, wo drei von vier ebenso diese höhere Häufigkeit angeben. Bei all den anderen vier Kategorien und im Hinblick auf das Herkunftsland erhielt hingegen die Häufigkeit „einige Male im Jahr" stets die höchste Zustimmungsrate in allen zur Verfügung stehenden Antwortkategorien. Interessanterweise sind insgesamt die kleineren Städte deutlich weniger „einige Male pro Monat" in Kontakt als die Gemeinden aus anderen Kategorien. Immerhin zehn Prozent der kleineren Städte, ländlichen Vororte und ländlichen Zentren stehen allerdings sogar einige Male pro Woche in Kontakt mit Landespolitiker*innen.

*Tabelle 74: Kontakt mit Politiker*innen des Landes/Kantons nach Lage*

	Täglich	Einige Male pro Woche	Einige Male pro Monat	Einige Male im Jahr	Nie	Keine Antwort
Kleinere Städte und Vororte (N = 30)	0,0 %	10,0 %	20,0 %	60,0 %	6,7 %	3,3 %
Ländliche Zentren (N = 10)	0,0 %	10,0 %	40,0	50,0	0,0 %	0,0 %
Ländliche Vororte (N = 78)	0,0 %	11,5 %	41,0 %	44,9 %	2,6 %	0,0 %
Ländlich periphere Gemeinden (N = 23)	0,0 %	4,3 %	39,1 %	56,5 %	0,0 %	0,0 %
Insgesamt (unabhängig von der Lage, N = 141)	**0,0 %**	**9,9 %**	**36,2 %**	**50,4 %**	**2,8 %**	**0,7 %**

Was nun den letzten Akteur der *interkommunalen Institutionen* betrifft, liegen die Werte nach den geografischen Kategorien ebenso im Einklang mit den gesamten

Durchschnittswerten. Die häufigste Zustimmung für den Kontakt mit interkommunalen Institutionen fiel in allen Kategorien der geografischen Lage auf die Antwort „einige Male pro Monat", wobei den höchsten Wert die ländlich peripheren Gebiete aufweisen. Von diesen stehen die Bürgermeister*innen auch am häufigsten „einige Male pro Woche" in Kontakt. Am seltensten scheinen sich demgegenüber die Bürgermeister*innen von kleineren Städten und Vororten mit den interkommunalen Institutionen auseinanderzusetzen.

Betrachtet man diese Ergebnisse durch das Territorium, ist in den meisten Fällen die Antwort „einige Male pro Monat" ebenso die am häufigsten gewählte. Nur in sechs von 24 Fällen ist dies nicht der Fall. Zum einen bei den kleineren Städten: Hier erklären je drei von sieben Südtiroler und Bündner kleineren Städten, dass sie nur „einige Male im Monat" oder sogar seltener („einige Male pro Jahr") in Kontakt mit interkommunalen Institutionen stehen, weshalb auch der Gesamtwert in dieser Kategorie ziemlich hoch ist. Anders ist es hingegen bei den anderen vier Fällen: Bei den ländlich peripheren Gebieten erklären zwei von vier Südtiroler Bürgermeister*innen sie stehen sogar im wöchentlichen Kontakt, während bei den Tirolern zwei von drei erklären, dies sei nur einige Male im Jahr der Fall. Bei den ländlichen Vororten sind es hingegen fast die Hälfte der Bünder Bürgermeister*innen (45,5 %), die nur einige Male im Jahr in Kontakt mit den interkommunalen Institutionen stehen. Auch bei den ländlichen Zentren gibt es so ein Beispiel: Zwei von fünf Südtiroler ländlichen Zentren (40 %) geben ebenso diese seltene Häufigkeit an.

Tabelle 75: Kontakt mit anderen Institutionen nach Lage

	Täglich	**Einige Male pro Woche**	**Einige Male pro Monat**	**Einige Male im Jahr**	**Nie**	**Keine Antwort**
Kleinere Städte und Vororte (N = 30)	3,3 %	20,0 %	40,0 %	36,7 %	0,0 %	0,0 %
Ländliche Zentren (N = 10)	10,0 %	20,0 %	50,0 %	20,0 %	0,0 %	0,0 %
Ländliche Vororte (N = 78)	2,6 %	17,9 %	44,9 %	34,6 %	0,0 %	0,0 %
Ländlich periphere Gemeinden (N = 23)	0,0 %	21,7 %	56,5 %	21,7 %	0,0 %	0,0 %
Insgesamt (unabhängig von der Lage, N = 141)	**2,8 %**	**19,1 %**	**46,1 %**	**31,9 %**	**0,0 %**	**0,0 %**

5.6.3 Zusammenfassung: Intensität der Kooperation

Diese Dimension sollte Aufschluss geben, inwiefern die lokale Kooperation in der täglichen Arbeit der Bürgermeister*innen vorhanden ist. Dafür wurde zum einen erhoben, wie oft die Bürgermeister*innen auf Basis einer Selbsteinschätzung mit Themen der interkommunalen Kooperation zu tun haben (a) und zum zweiten, wie oft sie mitbestimmten – für die Kooperation relevanten Akteuren – in Kontakt stehen (b). Dabei wurde erwartet, dass die Antworten ziemlich individuell ausfallen, und es wurden keine spezifischen Trends hinsichtlich der Intensität im Allgemeinen oder dem Territorium erwartet.

Die Annahme hinsichtlich der Größe und Lage auf die Intensität war hingegen, dass diese beiden Variablen für die Häufigkeit der Beschäftigung (a) sowie die Häufigkeit des Kontakts mit relevanten Akteuren (b) sehr wohl eine Rolle spielen. So wurde erwartet, dass sich kleinere Gemeinden häufiger mit Themen auseinandersetzen, die eine interkommunale Komponente aufweisen als größere Gemeinden. Umgekehrt wurde angenommen, dass größere Gemeinden häufiger mit Personen der Landesverwaltung bzw. Landespolitik oder mit Personen aus anderen Gemeinden zu tun haben. Ähnliches wurde für die geografische Lage erwartet. Es wurde angenommen, dass je peripherer eine Gemeinde liegt, desto eher wird sie sich mit Themen der interkommunalen Kooperation auseinandersetzen, weil sie aufgrund der beschränkten Ressourcen womöglich häufiger auf Kooperation angewiesen ist als Gemeinden, die geografisch zentraler liegen. Hingegen wurde angenommen, dass zentrale Gemeinden aufgrund ihrer geografischen Nähe zu anderen Gemeinden häufiger mit externen Personen und Institutionen in Kontakt stehen als periphere Gemeinden. Umgekehrt wurde eingangs ebenso bedacht, dass periphere Gemeinden aufgrund ihrer isolierten Lage womöglich nicht die Möglichkeit haben mit anderen Akteuren intensiv zu kooperieren, so dass die These in Bezug auf Aspekt (a) auch falsifiziert werden könnte.

Zu Punkt (a) – der **Häufigkeit der Beschäftigung** mit Themen, für welche eine interkommunale Kooperation notwendig ist – zeigen die Ergebnisse eine klare Tendenz, allerdings wurden die Erwartungen nur teilweise erfüllt. Im Allgemeinen charakterisieren sich die Ergebnisse – anders als angenommen – durch keine hohe Individualität, sondern sind ähnlich. Die Daten deuten sehr wohl darauf hin, dass sich die Gemeindeverwaltungen mit Kooperation auseinandersetzen, allerdings sich nicht überaus intensiv damit beschäftigen. Es wird offenbart, dass sich die Mehrheit der betroffenen Bürgermeister*innen geringfügig mit Themen auseinandersetzt, für welche eine Kooperation mit anderen Gemeinden notwendig ist. Die höchste Zustimmung vonseiten der Mehrheit erhielten die Häufigkeiten „einige Male pro Jahr“, gefolgt von „einige Male pro Monat“ was einer niederen

Intensität gleichkommt. Nur einzelne Gemeinden beschäftigen sich öfter (täglich oder wöchentlich) mit Themen, für welche eine Kooperation notwendig wäre. Hierzu unterscheiden sie sich auch die Ergebnisse der drei Länder nur geringfügig. Diese bestätigen nämlich den allgemeinen Trend, wenn auch es bei der Höhe der jeweiligen Zustimmung Unterschiede gibt. Am wenigsten scheinen sich die Südtiroler Gemeinden mit interkommunaler Kooperation auseinanderzusetzen. Dort erklärt die klare Mehrheit sich nur „einige Male im Jahr" mit interkommunalen Themen zu beschäftigen. Im Gegensatz dazu sind die Ergebnisse in Graubünden und Tirol in Bezug auf die seltenen Häufigkeiten niedriger und die Zustimmung für die wöchentliche Beschäftigung höher. Dennoch beschäftigen sich die Mehrheit der Befragten in allen Gebieten entweder nur „einige Male im Jahr" oder „einige Male im Monat" mit interkommunalen Thematiken, was insgesamt auf eine geringe Intensität schließen lässt. In Südtirol und Tirol sind es nur einzelne Gemeinden, die sich wöchentlich oder täglich mit Kooperationsthemen auseinandersetzen. In Graubünden sind es hingegen ein Viertel der Befragten, welche sich zumindest wöchentlich damit beschäftigen. Sie weisen somit insgesamt eine höhere Intensität auf.

In Bezug auf die **Größe** und **geografische Lage** sind Parallelen feststellbar, die insgesamt ebenso auf einen beschränkten Einfluss von beiden Variablen für die Beschäftigung mit Kooperation hinweisen. Damit wird die Erwartung, wonach sowohl die Größe als auch die Lage einen Einfluss auf diesen Aspekt der Intensität hätten, nicht bestätigt. Es zeigt sich, dass sich viele Gemeinden aus den diversen Kategorien eher selten mit interkommunalen Themen beschäftigen („einige Male im Jahr"). Insgesamt erreichte diese niedere Häufigkeit in sechs von insgesamt acht Gemeindetypen der Größe und der Lage stets die höchste Zustimmung, auch wenn diese Intensität nicht immer von über der Hälfte der Befragten gewählt wurde.

Nichtsdestotrotz sind bei der genauen Betrachtung der Größe gewisse Unterschiede feststellbar. So gibt in den mittleren und großen Gemeinden die Mehrheit der Befragten an sich nur „einige Male im Jahr" mit interkommunalen Themen zu beschäftigen, während dieser Zustimmungswert bei den kleinen Gemeinden und den Kleinstgemeinden jeweils geringer ausfällt und diese sich somit häufiger damit befassen. Im Vergleich zu den mittleren und großen Gemeinden ist der Zustimmungswert bei der Frequenz „einige Male im Monat" sowohl bei den Kleinst- wie auch den kleinen Gemeinden deutlich höher. Dies weist auf eine höhere Intensität der Beschäftigung bei den Kleistgemeinden und kleinen Gemeinden hin, wenn auch die Intensität insgesamt geringfügig bleibt.

Betrachtet man diese Ergebnisse in Verbindung mit dem Territorium, zeigen sich zum Teil länderspezifische Entwicklungen, da die Ergebnisse innerhalb derselben Größenklasse nicht immer übereinstimmen. Zwischen Südtirol und Tirol gibt es innerhalb der Größenklassen einige Parallelen, seltener aber im Vergleich zu Graubünden. Abgesehen von einigen Unterschieden nach Territorium und Größe, deuten die Ergebnisse der kleinen Gemeinden darauf hin, dass die Intensität der Kooperation sehr kontextspezifisch ist. So verteilen sich die Antworten der kleinen Bündner Gemeinden zum Beispiel auf drei unterschiedliche Häufigkeiten.

Auch bei den Ergebnissen der **geografischen Lage** sind trotz des Trends einer insgesamt geringen Intensität der Kooperation, Unterschiede erkennbar. So erhielt die seltene Häufigkeit „einige Male im Jahr" nur bei den kleineren Städten und Vororten die mehrheitliche Zustimmung. Damit scheint es, dass die ländlichen Gemeinden häufiger mit interkommunalen Themen zu tun haben als die zentralen Gebiete. Dies stimmt auch damit überein, dass der Zustimmungswert bei den drei ländlichen Kategorien bei der Häufigkeit „einige Male pro Woche" anteilsmäßig höher liegt als bei den kleineren Städten. Bei den peripheren Gemeinden liegt er sogar am höchsten von allen geografischen Kategorien. Beim Blick auf die geografische Lage kombiniert mit dem Territorium zeigt sich, dass nicht nur die Antworten innerhalb desselben Gemeindetyps zwischen den Territorien Unterschiede aufweisen, sondern dies auch innerhalb desselben Gemeindetyps und Landes zutrifft. Dies deutet auf eine große Heterogenität der Intensität zwischen den einzelnen Gemeinden hin, wobei die Beschäftigung insgesamt betrachtet, gering ausgeprägt bleibt.

Der zweite Aspekt der Intensität (b) betrifft die **Häufigkeit des Kontakts** der Bürgermeister*innen mit einzelnen Akteuren, die für die interkommunale Kooperation relevant sind. Hierzu zeigen die Daten, dass insgesamt nur eine Minderheit der Gemeinden „täglich" und nur ein bestimmter Teil „wöchentlich" mit bestimmten Akteuren zu tun hat. Die allgemeine Intensität der Kooperation ist somit auch für diesen Aspekt gering, wobei es in Bezug auf die einzelnen Akteure Unterschiede gibt. Die Gesamtergebnisse zeigen, dass der Kontakt mit Verwaltungsmitarbeitenden des Staates und mit Politiker*innen der subnationalen Ebene am geringsten ausgeprägt ist. Deutlich mehr Relevanz und eine höhere Intensität sind mit dem Landespersonal, den Politiker*innen von anderen Gemeinden sowie anderen Institutionen feststellbar. In vergleichender Hinsicht stehen die Bürgermeister*innen am häufigsten mit den Politiker*innen aus anderen Gemeinden in Kontakt. Dahinter kommen das Verwaltungspersonal des Landes sowie die interkommunalen Institutionen.

Betrachtet man diese Ergebnisse hinsichtlich des **Territoriums**, ähneln sich die Häufigkeiten stark: Bei allen fünf Akteuren und vonseiten aller drei Territorien erhielt jeweils dieselbe Häufigkeit den höchsten Zustimmungswert: Beim

Verwaltungspersonal des Staates sowie den Landespolitiker*innen ist es eine geringe Intensität („einige Male im Jahr“), beim Verwaltungspersonal des Landes, den Politiker*innen mit anderen Gemeinden sowie den interkommunalen Institutionen hingegen eine häufigere von „einige Male pro Monat“. In einem intensiven Kontakt stehen die Bürgermeister*innen im Grunde mit keinem Akteur, aber mit dem Verwaltungspersonal des Landes, den Politiker*innen von anderen Gemeinden und den interkommunalen Institutionen in intensiverem Kontakt als mit anderen.

Diese übereinstimmenden Ergebnisse widerspiegeln sich auch in den **Größenklassen**, so dass wiederum nur ein beschränkter Einfluss der Variable festgemacht werden kann. Mit dem Verwaltungspersonal des Staates und den Landespolitiker*innen steht die Gemeinde in seltenem Kontakt. Beim Kontakt mit den Landespolitiker*innen steht die Häufigkeit „einige Male im Jahr“ in drei von vier Größenklassen an erster Stelle, allerdings sind die Anteile zwischen den Größenklassen heterogener als beim Verwaltungspersonal des Staates – und bei den peripheren Gemeinden erhielt die seltene Kategorie mehr Zuspruch. Beim Kontakt mit dem Verwaltungspersonal des Landes gibt es ebenso kaum Unterschiede zwischen den Größen. Auch der Kontakt mit den Politiker*innen aus anderen Gemeinden widerspiegelt die Gesamtergebnisse: Die höchsten Zustimmungswerte in allen Kategorien erhielt die Häufigkeit „einige Male im Monat“. Im Verhältnis haben zwar mehr Kleinstgemeinden seltener Kontakt mit den Politiker*innen des Landes als andere Größenklassen, aber auch ein beträchtlicher Teil der Bürgermeister*innen aus großen Gemeinden erklären nur „einige Male im Jahr“ mit diesen in Kontakt zu stehen. Schließlich sind nur die Werte bei den interkommunalen Institutionen unterschiedlicher als bei den anderen Akteuren. Nur in drei von vier Größenklassen liegt der höchste Zustimmungswert bei „einige Male pro Monat“, die Kleinstgemeinden haben hingegen seltener mit diesen zu tun.

Auch die Ergebnisse nach der **geografischen Lage** zeigen, dass diese nicht immer eine einflussreiche Rolle einnimmt. So sind die Antworten der vier geografischen Lagen bezüglich des Kontakts mit dem staatlichen Verwaltungspersonal, den Politiker*innen des Landes sowie den interkommunalen Institutionen insgesamt ähnlich. Mehr Unterschiede und damit ein größerer Einfluss ist im Kontakt mit den Politiker*innen von anderen Gemeinden sowie dem Verwaltungspersonal des Landes erkennbar. So sind die ländlichen Zentren im Kontakt mit dem subnationalen Verwaltungspersonal am aktivsten. Beim Kontakt mit anderen Politiker*innen sind es hingegen die kleineren Städte, die in einem häufigeren Kontakt stehen als andere Kategorien. Betrachtet man die Kategorien „einige Male pro Woche“ und „einige Male pro Monat“ in Summe, relativieren sich die Unterschiede allerdings und ergeben ähnliche hohe Werte.

5.7. Zwischenfazit: Nutzung der Kooperation

5.7.1 Hauptergebnisse der Dimensionen

Eine der Forschungsfragen lautet, wie Kooperation in Graubünden, Südtirol und Tirol genutzt wird. Damit sollte festgestellt werden, ob und falls ja, auf welche Art und Weise, Gemeinden kooperieren und inwiefern Kooperation in die tägliche lokale Verwaltung eingebettet ist. Die Nutzung wurde mittels fünf Dimensionen untersucht: **Erfahrung, Politikfelder, Formen, Akteure und Intensität**. Hinsichtlich dieser Indikatoren wurden verschiedene Erwartungen definiert, insbesondere in Bezug auf den Einfluss der Größe und der geografischen Lage. Nicht alle Erwartungen wurden durch die erhobenen Daten bestätigt und nicht bei allen ist ein klarer Trend erkennbar. Einige Annahmen wurden hingegen verifiziert.

Es hat sich bestätigt, dass die interkommunale Kooperation in zahlreichen Gemeinden in Graubünden, Südtirol und Tirol zu einem vorhandenen Organisations- und Regierungsmodell gehört und die Gemeinden sich in verschiedensten Kontexten damit auseinandersetzen – unabhängig von ihrem Typus und ihrem Territorium. Die Intensität der **Erfahrung** weist nichtsdestotrotz Unterschiede auf. Nur eine Minderheit der untersuchten Gemeinden hat keinerlei interkommunale Kooperationserfahrung aufzuweisen, gleichzeitig gibt es einige Gemeinden mit sehr vielen Kooperationen und wiederum einige Gemeinden, die nur einzelne Kooperationsprojekte durchführen. Es zeigt sich außerdem, dass lokale Kooperation innerhalb desselben Territoriums unterschiedlich ausgeprägt ist – etwa hinsichtlich der Anzahl der Partnergemeinden, ob es sich bei den Partnergemeinden um angrenzende Gebiete handelt oder wie lange die Gemeinden bereits Erfahrung mit Kooperation haben. Zudem ist die Nutzung der Kooperation auch in ihrem konkreten Ablauf facettenreich, denn sie kann entweder direkt in den lokalen Verwaltungsablauf integriert sein (in Form von gemeinsamen Ämtern und Mitarbeitenden oder der Führung von gemeinsamen Infrastrukturen) oder gewisse Dienstleistungen wurden externen Institutionen delegiert und werden zentralisiert für mehrere Gemeinden verwaltet. Dies betrifft verschiedene Dienste, die anstatt von den Gemeinden in Eigenregie von Regionen, Bezirksgemeinschaften oder übergemeindlichen Gemeindeverbänden übernommen werden. In diesem Fall sind die Gemeinden zwar ebenso in die jeweiligen Entscheidungen involviert, die tatsächliche Nutzung der betroffenen Dienste findet aber im Vergleich zu anderen interkommunalen Kooperationen in geringerem Ausmaß innerhalb der eigenen Verwaltung statt, sondern betrifft eher die politische Ebene, die als Vertretung in den jeweiligen Entscheidungsgremien aktiv ist.

In Bezug auf die **Politikfelder** zeigen die Ergebnisse, dass sehr viele Dienste im Alpenraum von interkommunaler Kooperation betroffen sind. Insbesondere die persönlichen Interviews bestätigen die Kooperationserfahrung im Hinblick auf mehrere Politikfelder, was die Vielschichtigkeit der lokalen Kooperation untermauert. Dabei sind einige Dienstleistungen – wie etwa Altenheime oder Abfalldienste – von einer sehr hohen Kooperationstätigkeit in allen Territorien betroffen und damit besonders relevant. Andere Politikfelder sind insgesamt weniger relevant, werden aber von einer hohen Anzahl an Gemeinden in einem bestimmten Territorium häufig in Zusammenarbeit ausgeführt. Wiederum andere Politikfelder erhielten insgesamt nur wenig Zustimmung, doch wird dadurch die hohe Spezifizität des Phänomens bestätigt, da einige Bereiche nur für wenige Gemeinden interessant sind. Von insgesamt 35 Dienstleistungen und drei Territorien erhielt nur in einem einzigen Fall ein Politikfeld null Zustimmung. Angesichts der hohen Anzahl der betroffenen Politikfelder offenbaren die Ergebnisse eine hohe Relevanz der lokalen Kooperation in allen Gebieten. Sie zeigen zudem, dass es einige Politikfelder gibt, die in allen Territorien sehr häufig in Kooperation durchgeführt werden, während einige nur in einzelnen Regionen eine Rolle spielen.

Die Ergebnisse hinsichtlich der **Formen** offenbaren, dass öffentlich-rechtliche Formen der Kooperation sowie vertragliche Vereinbarungen einen höheren Stellenwert aufweisen als andere Formen, etwa die privatrechtliche Kooperation. Obwohl die angewandten Formen in allen drei Ländern überschaubar sind, verweisen insbesondere die persönlichen Gespräche auf eine hohe Heterogenität in deren tatsächlichen praktischen Nutzung – auch wenn von derselben juridischen Form die Rede ist. Dies untermauert eine hohe Komplexität und Eigentümlichkeit mit welcher Kooperation durchgeführt wird.

Hinsichtlich der **Akteure** wird bestätigt, dass die Bürgermeister*innen Dreh- und Angelpunkt der interkommunalen Kooperation sind. Sie sind nicht nur die zentralen Handlungsakteure, sondern auch die primären Verantwortlichen. Die politischen Führungspersonen werden mehrheitlich als primäre Akteure der Planung und Umsetzung von Kooperation bezeichnet, zudem sind sie vorrangig für deren Gelingen sowie für die Repräsentation der Gemeinde bei interkommunal relevanten Themen verantwortlich. Allerdings wird gleichzeitig darauf verwiesen, dass die Bürgermeister*innen bei der Umsetzung nicht völlig allein a- und regieren, sondern dies im Zusammenspiel mit anderen Akteuren geschieht. Dies sind zum einen die Gemeindesekretäre*innen, zum anderen die weiteren Mitglieder der politischen Exekutive.

Die Untersuchung der **Intensität** zeigt schließlich, wie häufig sich die Gemeindeverwaltungen und die Bürgermeister*innen mit Aspekten der interkommunalen Kooperation auseinandersetzen. Hierbei wird offensichtlich, dass diese Häufigkeit nicht überaus hoch ist. Obwohl die meisten Gemeinden mit

Kooperation Erfahrung haben und diese viele Dienstleistungen betrifft stellt sie für die Bürgermeister*innen in ihrer täglichen Arbeit kein beherrschendes Thema dar. Somit muss geschlussfolgert werden, dass der Stellenwert der Kooperation im täglichen Verwaltungsablauf beschränkt ist. Die Mehrheit der Gemeindeverwaltungen setzen sich nur einige Male pro Monat bis einige Male pro Jahr mit Themen auseinander, für welche eine interkommunale Kooperation notwendig ist. Was den Kontakt mit anderen Akteuren betrifft, steht nur eine Minderheit der Bürgermeister*innen im täglichen oder wöchentlichen Kontakt mit solchen. Am relevantesten sind der Kontakt mit Politiker*innen aus anderen Gemeinden, dem Verwaltungspersonal des Landes sowie anderen interkommunalen Institutionen. Mit diesen drei Akteuren steht ein Teil der Bürgermeister*innen im häufigsten Kontakt.

5.7.2 Einfluss der strukturellen Faktoren

Die Nutzung von Kooperation unterscheidet sich hinsichtlich dem **Territorium** der Gemeinden fast in allen Dimensionen, wobei die Divergenzen nicht immer gleich hoch sind. Insgesamt ergibt die Untersuchung, dass Gemeinden aus unterschiedlichen Territorien lokale Kooperation unterschiedlich umsetzen. Was die **Erfahrung** betrifft, so gibt es diese in allen drei Gebieten in der Mehrheit der Gemeinden, aber es gibt Differenzen in Bezug auf die Anzahl der Kooperationspartner oder ob Kooperation nur mit angrenzenden Gemeinden durchgeführt wird. Solche Unterschiede sind nicht nur hinsichtlich des Territoriums feststellbar, sondern auch innerhalb der Territorien. So sind die Daten in Bezug auf die Anzahl der Kooperationspartner oder die angrenzenden Gemeinden nicht immer eindeutig. Insgesamt führt dies zum Schluss, dass die Gemeinden des Kantons Graubünden differenziert von den Gemeinden aus Südtirol und Tirol betrachtet werden müssen, da viele Bündner Gemeinden durch Fusionen einen anderen Bezug zur interkommunalen Kooperation haben und frühere Erfahrungen aufweisen. Im Vergleich dazu gibt es in Südtirol einige Gemeinden, die erst vor kurzem mit konkreten Kooperationsprojekten begonnen haben.

Auch in Bezug auf die **Politikfelder** und **Formen** sind teilweise beträchtliche Unterschiede zwischen den Territorien feststellbar. So gibt es einige Politikfelder – wie die Altenheime oder den Abfalldienst – die in allen Territorien sehr relevant für die interkommunale Kooperation sind, in anderen Bereichen bestätigen die Daten aber eine rege Kooperationstätigkeit nur in zwei von drei Regionen oder nur in einer (etwa der Standesamts- und Gesundheitsdienst in Graubünden und Tirol, die Feuerwehren in Graubünden, die Polizei in Südtirol oder der Abwasserdienst in Tirol). Besonders auffallend ist, dass in Graubünden und Tirol die Kooperation in der engeren Verwaltung, wie etwa Finanzen, Informatik oder dem Sekretariat kaum relevant ist, während es in Südtirol genau diese Dienste sind, die in einem deutlich höheren Ausmaß in Zusammenarbeit durchgeführt werden. Einen Ausnahmefall bildet der Standesamtsdienst, das sowohl in Graubünden wie auch in Tirol häufig in Kooperation verwaltet wird, in Südtirol hingegen (noch) kaum.

Nicht nur bei den Politikfeldern, auch bei den **Formen** wird die unterschiedliche politische Tradition der Territorien deutlich. Nicht überraschend zeigt sich, dass die Gemeinden je nach Territorium mittels Formen kooperieren, die ihnen rechtlich zur Verfügung stehen und diese gleichzeitig für bestimmte Politikfelder teilweise schon jahrzehntelang genutzt werden. Dabei weisen die zur Verfügung stehenden Formen in den einzelnen Ländern hohe Ähnlichkeiten auf, sind aber in den jeweiligen subnationalen Rechtsrahmen eingebettet. Weiters stellt sich heraus, dass in den Bündner Gemeinden in der Praxis mehrere Formen eine Rolle für die Kooperation spielen, während es in Südtirol fast ausschließlich die Bezirksgemeinschaften und die Vereinbarungen umgesetzt werden und in Tirol die Gemeindeverbände.

Hinsichtlich der **Akteure** der Kooperation scheint das Territorium der Gemeinde im Unterschied zu den Politikfeldern und Formen nur zum Teil relevant zu sein, denn die zentrale Rolle der Bürgermeister*innen bestätigte sich in allen Territorien. Damit ist die politische Kultur einer hohen Exekutivlastigkeit bei der Ausführung von lokaler Kooperation trotz unterschiedlicher institutioneller Rahmenbedingungen in den drei Gebieten und drei verschiedenen Staaten vorhanden und somit sehr ähnlich. Ein Unterschied zwischen den Territorien betrifft hingegen die neben den Bürgermeister*innen weiteren wichtigen Akteure. Dies sind für die Befragten aus Graubünden eher die Mitglieder der politischen Exekutive, für jene aus Südtirol und Tirol hingegen die Person der Gemeindesekretär*innen bzw. die Gemeindeamtsleitung.

In Bezug auf die **Intensität** der Kooperation ist das Territorium der Gemeinde laut den Ergebnissen weniger relevant, wenn auch sich die Südtiroler Gemeinden insgesamt weniger mit Kooperation auseinandersetzen als die Gemeinden in Graubünden und Tirol. Hinsichtlich der Akteure mit denen die Bürgermeister*innen in Kontakt stehen, gibt es hingegen wiederum viele Parallelen und die drei relevantesten Akteure in den Territorien sind jeweils dieselben: Das Verwaltungspersonal des Landes, die Politiker*innen aus anderen Gemeinden und die interkommunalen Institutionen.

Tabelle 76: Einflussfaktoren der strukturellen Variablen auf die Nutzung

Variable	Territorium – Erwartung	Territorium – Ergebnis	Größe – Erwartung	Größe – Ergebnis	Lage – Erwartung	Lage – Ergebnis
Erfahrung	Ja	Ja	Ja	Nein	Ja	Nein
Politikfeld	Nein	Ja	Nein	Ja	Ja	Ja
Formen	Ja	Ja	Ja	Nein	Ja	Nein
Akteure	Nein	Teilweise (Planung, gutes Gelingen, Repräsentation)	Ja	Teilweise (gutes Gelingen)	Nein	Teilweise (gutes Gelingen)
Intensität	Nein	Teilweise (Häufigkeit Themen); Nein (Häufigkeit Kontakt)	Ja	Teilweise (Häufigkeit Themen, Häufigkeit Kontakt)	Ja	Teilweise (Häufigkeit Themen, Häufigkeit Kontakt)

Schließlich wurde die Nutzung noch hinsichtlich des Einflusses der **Größe** und der **geografischen Lage** einer Gemeinde untersucht. Unterschiede bei der Nutzung in Bezug auf die Größe und Lage sind – entgegen den Erwartungen – in den einzelnen Dimensionen jeweils nur teilweise und nicht in einem hohen Ausmaß feststellbar. Bei der **Erfahrung** sind es nur geringe Unterschiede zwischen den vier Größenklassen und geografischen Lagen, die damit auf keine relevanten Trends hinweisen. Allerdings erklärt die Mehrheit der Bürgermeister*innen aus kleinen und mittleren Gemeinden, dass die Kooperation in den letzten fünf Jahren zugenommen habe, was bei den großen Gemeinden hingegen nicht der Fall war.

Am höchsten fallen die Unterschiede in Bezug auf die Größe und Lage bei den **Politikfeldern** auf. Hier sind sowohl in Bezug auf die Größe wie auch deren geografische Lage Differenzen erkennbar, wenn auch nicht eklatant. So wird ersichtlich, dass die Kleinstgemeinden im Vergleich zu den großen Gemeinden sowie die peripher liegenden Gemeinden im Vergleich zu den kleineren Städten und Vororten zum Teil in unterschiedlichen Bereichen kooperieren. Demzufolge gibt es Politikfelder, die für bestimmte Typen von Gemeinden interessanter sind oder von diesen als geeigneter betrachtet werden als für andere Gemeinden.

In Bezug auf die **Formen** der Kooperation ist es vor allem das Territorium der Gemeinde, das einen Unterschied ausmacht, während die Größe und geografische Lage einer Gemeinde hierauf kaum einen Einfluss zu haben scheint.

Im Hinblick auf die **Akteure** zeigen sich ebenso kaum Unterschiede zwischen den Gemeindetypen. Weder die Größe noch die geografische Lage scheint einen bedeutenden Einfluss auf die hohe Relevanz der Bürgermeister*innen bei der Nutzung von Kooperation zu haben, eher deuten die Daten auch hier zum Einfluss des Territoriums. Dies untermauern die Ergebnisse derselben Gemeindetypen aus unterschiedlichen Ländern. Ein kleiner Unterschied ist allerdings in Bezug auf das gute Gelingen von Kooperation feststellbar. Zu dieser Frage deuten die Ergebnisse darauf hin, dass das Gemeindepersonal bei den großen Gemeinden etwa eine höhere Relevanz einnimmt als bei kleineren Gemeinden. Unterschiede in Bezug auf die Größe und Lage der Gemeinde sind zudem innerhalb der einzelnen Territorien feststellbar. Demnach setzen die unterschiedlich großen oder geografisch unterschiedlich liegenden Gemeinden innerhalb desselben Territoriums die Kooperation nicht gleich um. Es scheint somit, als habe die Variable Größe verknüpft mit dem Territorium sehr wohl einen bestimmten Einfluss auf die Akteure der Kooperation bzw. zumindest beeinflusst dies die Meinungen der jeweiligen Bürgermeister*innen. Unterschiede, die grenzüberschreitend hingegen nicht feststellbar sind.

Ein Einfluss der Größe und Lage einer Gemeinde ist schließlich bei der **Intensität** von Kooperation feststellbar. Zumindest sind die Ergebnisse zu dieser Dimension nicht eindeutig ähnlich, sondern teilweise heterogen. So setzen sich die Bürgermeister*innen aus kleinen Gemeinden häufiger mit Kooperation auseinander als jene aus anderen Gemeindetypen. Insgesamt ist auch bei den geografischen Lagen feststellbar, dass sich die ländlichen Gebiete und insbesondere die peripheren Gemeinden im Verhältnis häufiger mit Kooperation beschäftigen als die anderen Gemeindetypen. Wenn diese Gesamtergebnisse der Größe und Lage mit dem jeweiligen Territorium der Gemeinden verknüpft werden, fällt auf, dass auch in diesem Fall die Intensität der Kooperation sehr heterogen ist und nicht einmal innerhalb eines Landes stets klare Trends erkennbar sind. In Bezug auf die Häufigkeit des Kontakts mit anderen Akteuren sind die Unterschiede zwischen den Gemeindetypen hingegen beschränkter Natur und zeigen, dass diese Variablen geringen Einfluss auf die Intensität haben.

Kapitel 6: Bewertung der interkommunalen Kooperation

6.1. Gründe

Nach der Nutzung beschäftigt sich das folgende Kapitel mit der Bewertung der lokalen Kooperation durch die lokale politische Elite. Die Untersuchung zielt darauf ab, die Verfahren der interkommunalen Kooperation in den Gemeindeverwaltungen aus politischer Sicht verständlicher zu machen. Die Bewertung wird durch sechs Dimensionen definiert: **Gründe, Wichtigkeit, Zufriedenheit, Hindernisse, Unterstützung** sowie **Kooperation als Lösungsansatz**.

Die erste Dimension betrifft die Gründe für Kooperation. Ein Ziel ist es zu eruieren, weshalb und mit welchem Ziel die Gemeinden in Graubünden, Südtirol und Tirol mit anderen Gemeinden eine Kooperation beginnen bzw. diese durchführen. Der Fragebogen umfasste hierzu mehrere Fragestellungen. Basierend auf bestehenden Untersuchungen wird davon ausgegangen, dass die Gründe für die gemeinsame Aufgabenerfüllung sehr unterschiedlich sind, insbesondere aber die Wirtschaftlichkeit und die beschränkten Personal- und finanzielle Ressourcen betreffen. Es wird erwartet, dass der Großteil der lokalen Gebietskörperschaften – unabhängig davon, ob sie aus Graubünden, Südtirol und Tirol stammen – unter anderem aus diesen Gründen interkommunale Kooperation durchführt.

In Bezug auf die Größe und die geografische Lage einer Gemeinde wird erwartet, dass diese ebenso einen bestimmten Einfluss auf die Gründe für Kooperation haben. So wird angenommen, dass kleinere Gemeinden eher aus Gründen der mangelnden Finanz- und Personalressourcen kooperieren. Demgegenüber werden größere Gemeinden eher kooperieren, um zusätzliche Kompetenzen oder mehr politische Sichtbarkeit zu erlangen. Ähnliches wird für die geografische Lage erwartet: Periphere Gemeinden werden eher aus Gründen der Kosteneinsparung, des Personalmangels und der Effizienzsteigerung kooperieren, während zentral gelegenere Gemeinden eher aufgrund der finanziellen Anreize oder mehr Sichtbarkeit kooperieren.

6.1.1 Beweggründe für Kooperation

Die erste Frage bezüglich der Gründe (Nr. 27) forderte die Bürgermeister*innen auf, fünf Hauptgründe anzugeben, weshalb sie kooperieren. Die exakte Frage lautete: *Bitte wählen Sie die Hauptgründe aus, die Ihre Gemeinde dazu bewegt haben, eine Zusammenarbeit mit einer/mehreren anderen Gemeinden zu beginnen/*

beizubehalten? Bitte nennen Sie maximal 5 Gründe. Danach folge die Auflistung der folgenden zehn Antwortmöglichkeiten:

- Höhere Effizienz der Verwaltung
- Bessere Qualität der Dienstleistungen
- Höhere Professionalität der Verwaltung
- Reduzierung von Kosten
- Erhöhung der Sichtbarkeit der Gemeinde
- Erlangung von technischen Kompetenzen, die in der Gemeinde nicht vorhanden sind
- Personalmangel innerhalb der eigenen Gemeindeverwaltung
- Es handelt sich um eine obligatorische Zusammenarbeit
- Finanzielle Anreize von Seiten des Landes/des Kantons oder des (Bundes) Staates
- Um in den Genuss von finanziellen/fiskalischen Anreizen oder externen Finanzierungen zu kommen (z.B. EU-Projekte)

Die Frage Nr. 27 wurde nur von 127 Personen beantwortet, so dass diese Menge für die Analyse herangezogen wird. Zusätzlich zu den vorgegeben Antworten hatten die Befragten die Möglichkeit „keine Antwort" oder „anderes" anzugeben. Nur zwei von 127 Bürgermeister*innen – beide aus ländlichen Vororten in Graubünden – gaben zusätzliche Antwortmöglichkeiten an. So erklärte eine Bündner Bürgermeisterin aus einer kleinen Gemeinde, die Gemeinde sei *„zu klein, um Aufgaben selber zu bewältigen"* und sprach somit bereits eine spezifische Herausforderung für die eigene Gemeinde an. Die zweite Antwort stammte von einer Bürgermeisterin aus einer mittelgroßen ländlichen Gemeinde. Diese erklärte die Begründung für Kooperation ähnlich und schrieb *„zu wenig kritische Masse/zu klein"*. Der Einflussfaktor der Größe wurde somit von zwei Bürgermeisterinnen bereits zu Beginn als konkrete Motivation für lokale Kooperation angesprochen.

Wenn wir uns nun den Ergebnissen der geschlossenen Frage widmen, erhielten mehrere Antworten eine ähnlich hohe Zustimmung und die Ergebnisse sind somit ziemlich ausgeglichen. Insgesamt wurden fünf Gründe von jeweils über 40 Prozent aller Befragten gewählt. Die höchste Zustimmung erhielten die beiden Gründe „bessere Qualität der Dienstleistungen" (61,4 %), die „Reduzierung von Kosten" (57,5 %) sowie die „höhere Effizienz der Verwaltung" (55,9 %). Am vierthäufigsten wurde die Antwort der „höheren Professionalität der Verwaltung" gewählt (48,8 %). Eine weitere Antwortmöglichkeit, die hohe Zustimmungsraten erhielt (41,7 %) waren die „finanziellen Anreize". Demgegenüber gibt es andere fünf Kategorien, deren Anteil an den Antworten unter zehn Prozent beträgt und somit in der Gesamtbetrachtung unmissverständlich weniger relevant ist. Davon wurden einige nur von einzelnen Bürgermeister*innen gewählt (etwa die Sichtbarkeit sowie die europäischen Förderungen), andere hingegen immerhin von knapp 30 Prozent der Befragten bzw. mehr (obligatorische Kooperation, Personalmangel, Kompetenzerlangung).

Abbildung 27: Gründe der Kooperation (Antworten der Fälle, N = 127).

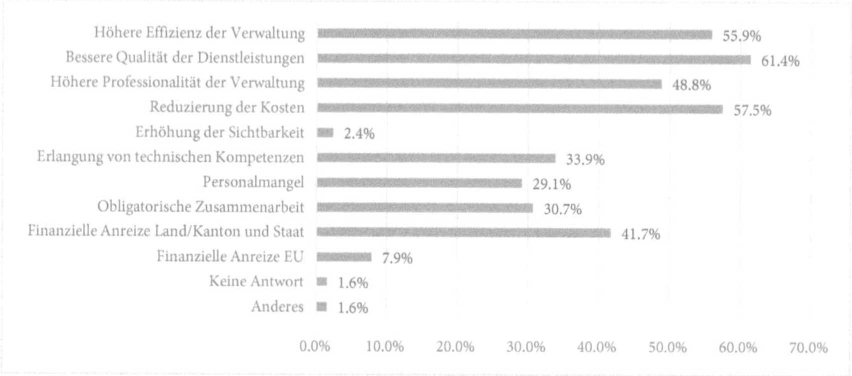

Wenn wir uns diese Resultate nach **Territorium** anschauen, zeigen die Ergebnisse eine ähnliche Tendenz. Allerdings betreffen die höchsten Zustimmungsraten in den einzelnen drei Ländern nicht durchgehend dieselben Gründe. Insgesamt erhielt der Grund der „besseren Qualität der Dienstleistungen“ den höchsten Zustimmungswert (61,4 %). Auch in den einzelnen Ergebnissen der drei Territorien ist die Zustimmung ähnlich hoch, womit die Relevanz dieser Begründung in allen Gebieten bestätigt wird (Graubünden: 52,3 %, Südtirol: 76,1 %; Tirol: 54,1 %). In Graubünden und in Tirol erhielt der Grund „Kostenreduzierung“ jeweils die höchste Zustimmung, und zwar von über 60 Prozent der Befragten. Auch von den befragten Südtiroler Bürgermeister*innen wurde dieser Grund von fast der Hälfte (47,8 %) gewählt. Der Zusammenhang zwischen der Kooperation und den finanziellen Ressourcen einer Gemeinde scheint stark gegeben zu sein, da diese Begründung bei den Gesamtergebnissen – unabhängig der Herkunft der Gemeinde – die zweithöchste Zustimmung und in Graubünden und Tirol sogar die höchste Zustimmung erhalten hat.

In Südtirol erhielten die Gründe „Höhere Effizienz der Verwaltung“ sowie „bessere Qualität der Dienstleistungen“ die höheren Werte als die Reduzierung von Kosten. Jeweils über 75 Prozent der Befragten aus Südtirol gaben diese Aspekte als einen der Gründe für interkommunale Kooperation an.

Tabelle 77: Gründe der Kooperation nach Territorium (Antworten der Fälle)

	Kanton Graubünden (N = 44)	Land Südtirol (N = 46)	Land Tirol (N = 37)	Insgesamt (N = 127)
Höhere Effizienz der Verwaltung	40,9 %	76,1 %	48,6 %	55,9 %
Bessere Qualität der Dienstleistungen	52,3 %	76,1 %	54,1 %	61,4 %
Höhere Professionalität der Verwaltung	31,8 %	65,2 %	48,6 %	48,8 %
Reduzierung von Kosten	65,9 %	47,8 %	59,5 %	57,5 %
Erhöhung der Sichtbarkeit der Gemeinde	4,5 %	0,0 %	2,7 %	2,4 %
Erlangung von technischen Kompetenzen, die in der Gemeinde nicht vorhanden sind	40,9 %	28,3 %	32,4 %	33,9 %
Personalmangel innerhalb der eigenen Gemeindeverwaltung	22,7 %	39,1 %	24,3 %	29,1 %
Es handelt sich um eine obligatorische Zusammenarbeit	56,8 %	19,6 %	13,5 %	30,7 %
Finanzielle Anreize von Seiten des Landes/des Kantons oder des (Bundes) Staates	36,4 %	47,8 %	40,5 %	41,7 %
Um in den Genuss von finanziellen/fiskalischen Anreizen oder externen Finanzierungen zu kommen (z.B. EU-Projekte)	4,5 %	6,5 %	13,5 %	7,9 %
Keine Antwort	0,0 %	0,0 %	5,4 %	1,6 %
Anderes	4,5 %	0,0 %	0,0 %	1,6 %

Die anteilsmäßig am zweithäufigsten genannten Gründe sind in allen drei Territorien ebenso jeweils unterschiedlich: In Graubünden erhielt die „obligatorische Zusammenarbeit" die zweitmeiste Zustimmung (56,8 %), in Südtirol ist es die „Steigerung der Professionalität" (65,2 %) und in Tirol die genannte „bessere

Qualität der Dienstleistungen“ (54,1 %). Die letzteren beiden Gründe können als ähnlich bezeichnet und in eine Gruppe zusammengefasst werden. Interessanterweise ist die verpflichtende Kooperation in Graubünden ein starkes Thema, allerdings nicht in Südtirol und in Tirol (in Tirol erhielt dieser Grund nur 5 Bejahungen, in Südtirol 9). Die Steigerung der Professionalität innerhalb des eigenen Personals ist hingegen in Südtirol und Tirol deutlich relevanter als in Graubünden, auch die Steigerung der Effizienz erhielt in Südtirol deutlich und Tirol ein bisschen mehr Zustimmung. Demnach leiden in Südtirol und Tirol einige Bürgermeister*innen wohl unter einer beschränkten Personaldecke im Hinblick auf Kompetenz, aber auch den Ressourcen. Die finanziellen Anreize vonseiten der Landes- und Kantonsebene spielen hingegen für fast gleich viele Gemeinden aus allen Territorien eine Rolle (zwischen 37 und 47 % der Befragten). Dagegen sind die europäischen Förderungen sowie eine erhöhte Sichtbarkeit der eigenen Gemeinde nur für einen geringen Anteil der Bürgermeister*innen relevante Gründe, um Kooperationen einzugehen oder beizubehalten. Der Personalmangel erhielt im Vergleich zu anderen Gründen ebenso nicht so viel Zustimmung, liegt aber insbesondere in Südtirol auf einem hohen Niveau: Dort wählten 39,1 Prozent der Befragten diesen Grund, in Graubünden und in Tirol immerhin fast ein Viertel (22,7 % bzw. 24,3 %).

In den persönlichen **Interviews** wurden den Interviewpartner*innen zum Unterschied des Fragebogens keine spezifischen Gründe für Kooperation vorgegeben, sondern eine offene Frage gestellt. Insgesamt hat jede*r Interviewpartner*in mindestens vier Gründe angegeben, weshalb die eigene Gemeinde in Kooperation steht. Es kamen in der Summe 20 Gründe zusammen, wobei einige zum Teil eng miteinander verknüpft sind und die Grenze zwischen mehreren Kategorien somit fließend ist.

Der in den Gesprächen am häufigsten genannte Grund (9 von 12) war die Anstellung von Fachpersonal, welchen die Bürgermeister*innen unabhängig von der Herkunft, Größe oder Lage ihrer Gemeinde ansprachen – wobei er vergleichsweise vermehrt von Bürgermeister*innen aus kleinen Gemeinden genannt wurde. Diese Herausforderung betrifft verschiedenste Fachbereiche, etwa die Anstellung von Personen als Jurist*innen oder Ingenieuren*innen sowie die Polizei. Die Bürgermeister*innen nannten mehrere Aspekte, weshalb die Anstellung von Fachpersonal ein Grund für die interkommunale Kooperation sei. Eine Gemeinde benötige für bestimmte Dienstleistungen verschiedene Fachpersonen. Als Angestellte für eine Gemeinde allein wären diese Personen aber zu wenig ausgelastet oder zu teuer, sodass es sich hierfür anbiete mit Nachbargemeinden zusammenzuarbeiten. Ein weiterer genannter Grund ist jener, innerhalb der Region qualifizierte Arbeitsplätze zu schaffen. Ein anderer allgemeinerer Aspekt ist, dass die Gemeinde durch die Anstellung von gemeinsamen Fachexperten*innen Personal nutzen kann, welches sie sonst schlicht nicht zur Verfügung hätte. Bezogen auf die Kategorien im Fragebogen steht die Notwendigkeit zur Anstellung von Fachpersonal mit mehreren Gründen in Verbindung: Zum einen betrifft es die bessere Qualität der Dienstleistungen und die höhere Professionalität der Verwaltung, aber es hat auch mit einem gewissen Personalmangel sowie der Erlangung von technischen Kompetenzen, welche in der eigenen Gemeinde nicht vorhanden sind, zu tun.

Mehrere Bürgermeister*innen aus kleinen Gemeinden erwähnten, dass die gemeinsame Nutzung von Fachpersonal für die komplexen Aufgaben ein Grund zum Kooperieren sei. Spezialisierte Mitarbeitende seinen teuer, weiters fehle den bestehenden Mitarbeitenden oft das notwendige Fachwissen. Demnach ist es für die Bürgermeister*innen nicht nachvollziehbar, dass jede Gemeinde separate Mitarbeitende für alle Aufgaben habe: *„Das kostet. Eben, liegen tut es immer an den Kosten. (…) Ich kann mir ganz andere Mitarbeiter holen, wenn es eine Kooperation ist. Jetzt müssen viele Dinge, was behördenmässig zu erledigen ist, im Prinzip Laien machen. (…) Darum muss man das auch immer wieder prüfen lassen usw., ob das rechtlich so auch passt und richtig ist, was wir machen. Und daher glaube ich wären Kooperationen wichtig, wenn ich jetzt (…) mit unseren acht Gemeinden einen Juristen anstellen könnte, der (…) das alles erledigt.“* Diese technischen Herausforderungen verspüren viele Gemeinden: *„(…) gerade beim Bauamt, es ist jetzt so schwierig geworden, dass man fast bei jedem Bau einen Juristen braucht. (…) Und die Kosten einer Fachkraft – eine gute kostet natürlich auch – das ist eh logisch. Und wenn sich das dann halt mehrere Leute aufteilen, ist es günstiger als für die Gemeinden selber.“* oder *„Wenn ich heute beim Bauhof zwei ausgebildete Mitarbeiter habe, die können nicht bei jeden Gebiet 100 % ausgebildet sein. (…) Die Buchhaltung ist ja immer intensiver. Und wenn ich da jemanden haben muss, dann macht die nur mehr Buchhaltung. Wir haben vorher Buchhaltung selbst im Haus gehabt, hat aber noch Meldeamt gemacht, Lizenzamt usw. Aber ein Mitarbeiter kann das irgendwann nicht mehr alles wissen.“*

Spezialisiertes Fachpersonal ist nicht nur notwendig, um bestimmte Dienste auszuführen, sondern auch notwendiges *Know-How* innerhalb einer Region zu garantieren. So bringt ein Bündner Gemeindepräsident aus einem ländlichen Vorort die Anstellung von Fachpersonal mit seiner Lage in Zusammenhang: *„Wenn wir diese wertvollen und anspruchsvollen Arbeitsplätze in der Region behalten können (…) Leute haben, die zu uns kommen, dann können wir eben auch hochwertige Arbeitsplätze bieten. (…) Das ist natürlich, wirkt der Entvölkerung entgegen, sagen wir so.“* Die gemeinsame Nutzung von Fachpersonal ist auch für mittlere Gemeinden ein großes Thema: „*Das ist schon ein großer Vorteil, wenn man da wirklich auf jemanden zurückgreifen kann, den man jetzt selbst in der eigenen Gemeinde natürlich nie vorhalten könnte für den Fall der Fälle! Da ist die Kooperation ungemein wichtig. Einfach: Einsparungen, Ausnützen der Fördermöglichkeiten, bessere Organisation nach außen, das ist… Ja ohne Kooperation wäre es nicht gut.*“ oder „*Danach hat man übergemeindlich das ganze Thema Stadtpolizei geregelt (…) Auch hier hat man die Bewertung gemacht, eine eigene Stadtpolizei steht in keinem Kosten-Nutzen-Verhältnis, weil natürlich ein Mitarbeiter allein nicht möglich ist (…) dann braucht es Fortbildung, die Urlaubszeit usw. Und da könnte man niemals einen flächendeckenden Dienst anbieten.*“ oder „*Wir können es uns ja nicht leisten, dass jede Gemeinde einen Spezialisten für jeden Bereich einstellt, das wird nicht funktionieren. Wenn man sich das aber teilt, dann klappt das gut.*“

Ein weiterer Grund für Kooperation, der von sechs Befragten in verschiedensten Zusammenhängen genannt wurde, ist die Bündelung von Ressourcen, etwa aufgrund von gemeinsamen Interessen, der Nutzung von Synergien oder dem Erfahrungsaustausch. Weitere Gründe, die als relevant genannt wurden: die Last und Komplexität der Aufgaben für das Personal, die finanzielle Ausstattung, die finanziellen Einsparungen sowie die Auslastung von Infrastrukturen. Ein Thema, welches mehrere Bürgermeister*innen aus kleinen Gemeinden – sowohl aus Südtirol wie auch Tirol – ansprachen war die *hohe Aufgabenlast* als Grund für Kooperation, wobei diese in einem engen Zusammenhang mit beschränkten Personal- und Finanzressourcen oder verbindlichen Personalvorgaben (z.B. Stellenplan) steht: „*Als Bürgermeister bin ich Baubehörde, Katastrophenbehörde, auf jeden Fall ich habe einen großen breiten Aufgabenbereich, den ich als Behörde bewältigen muss und das mit wenigen Mitarbeitern. Ich habe eine Amtsleiterin und die macht gleichzeitig die Finanzverwaltung. Und dann noch einen Mitarbeiter als Sekretär, der macht dann das Meldeamt, das Bauamt usw.*“ oder „*Die kleinen Gemeinden haben ja riesige Schwierigkeiten, die Bürokratie wird ja immer größer für uns kleine Gemeinden. Es wird immer schwieriger mit Ressourcen, Personal und Finanziellem die ganze Bürokratie zu bewältigen. Deshalb bin ich auch überzeugt, dass die Verwaltungszusammenarbeit zwischen Gemeinden gut ist und auch funktioniert. Wir haben zum Beispiel als Gemeinde (…) schon früher Zusammenarbeiten mit Nachbargemeinden getestet oder geprobt (…) Weil wir ja als Kleingemeinde über kein solches Personal verfügen (…).*“

Einige Bürgermeister*innen aus kleinen Gemeinden bedauern nicht nur die beschränkte Anzahl an Mitarbeitenden, sondern verspüren auch durch die *finanzielle Ausstattung* der Gemeinde eine Notwendigkeit und den Wunsch für Kooperation. Dabei ist auch von diesen Aussagen ein enger Zusammenhang mit der Größe einer Gemeinde ableitbar: „*Grad zum Beispiel der Abwasserverband,* *da hat die [unsere] Gemeinde (…) mal überlegt selbst eine Kläranlage zu bauen. Und wenn man das jetzt vergleicht: die Finanzierung für den Bau usw., das wäre immer möglich. Aber der betriebliche Abgang dann, das würde eine Gemeinde nie schaffen. Also eine Gemeinde in unserer Größenordnung. Darum ist es wichtig, dass man mehrere Gemeinden zusammenschließt. (…) Der Hauptgrund ist immer auch das finanzielle. Und dann auch eben die Größenordnung.*" Mit einer bestimmten finanziellen Ausstattung kann laut den Bürgermeister*innen auch der Mangel an personellen Ressourcen zusammenhängen, die man dann durch Kooperation kompensieren könnte: „*Mangel an Personal und Mangel an finanziellen Mitteln, weil die ganzen Dienste, die muss ich über die laufenden Ausgaben decken. Und das ist die größte Schwierigkeit der Gemeinden. (…)*"

Mehrmals wurde in den Interviews auch der Grund der Reduzierung von Kosten für die Kooperation genannt, der zwar im Zusammenhang mit der finanziellen Ausstattung steht, allerdings etwas spezifischer ist. Besonders Bürgermeister*innen aus mittleren Gemeinden sprachen den Faktor Einsparung an: „*Da sparen wir sehr viel Geld, weil wenn ich mir heute die Situation anschaue, was wir an Kosten haben für Dienste der Stadtpolizei, dann ist das ein Äquivalent circa zu einem Mitarbeiter. Wenn ich umgekehrt aber denke, was der Dienst ist: Fortbildung, Urlaube, die Pflichtabdeckdung, die ich brauche und dass ich oft 2 Leute brauche für bestimmte Dienste, wäre das nie und nimmer machbar zu denselben Kosten. Und ich hätte auch nie denselben Qualitätsdienst (…).*" Ein Anstoß für Kooperation den mehrere Bürgermeister*innen aus allen Territorien und Größenordnungen erwähnen, ist außerdem die *geringe* Auslastung von Diensten oder Infrastrukturen, falls ein Dienst allein ausgeführt wird: „*Der eine Punkt ist der finanzielle Aspekt. Es ist (…) in unserer Lage sinnvoller zu dritt eine Feuerwehr zu unterhalten als konkretes Beispiel. Man teilt sich die Gerätschaft und gewisse Infrastrukturen. (…) Das zweite ist aber: ist man wirklich in der Lage auch die ganze Mannschaft zu stellen?*" Dieses Motiv steht teilweise ebenso mit der Anzahl der Einwohner*innen im Zusammenhang, weil durch eine Kooperation eine höhere Effizienz oder Qualität erreicht werden kann: „*Die Auslastung vom Klärwerk z.B. wäre problematisch, sag ich mal. Weil man muss ja das zu klärende Wasser auch haben, damit der Betrieb läuft.*" Dieser Grund betrifft mehrere Politikfelder – so geht es um Abwasserdienste, gleich wie um die Feuerwehr, Altenpflege oder Kinderbetreuung: „*Wir haben jetzt seit drei Jahren die kleinen Ferien (…) Weil dann hast du ganz einfach die Stückzahl der Kinder, weil wir gesagt haben ab 5 Kinder rentiert es sich. (…) Bei Kinderbetreuung/Soziales ist ganz einfach, dass die Kosten so hoch sind, dass du es dir sonst als kleine Gemeinde nicht leisten könntest. Weil ich könnte mir nie leisten eine sechs Wochen Betreuung anzubieten und es geht auch um die Auslastung, die du dann nicht hast.*" oder „*Es bleibt den Kleingemeinden* *nichts anderes übrig. Sie können nicht plötzlich ein Altersheim hinstellen für fünf Bewohner. Sie können die Infrastruktur nicht unterhalten.*" Die Herausforderung der Auslastung von Infrastrukturen macht allerdings auch vor mittelgroßen Gemeinden nicht Halt, obwohl sie deutlich mehr Einwohner*innen zählen: „*Ja hauptsächlich ist es eigentlich schon, dass man Synergien nutzt (…) es ist eine kleine Gemeinde mit 2.600 Einwohner, dass man so viel Infrastruktur vorhält oder auch so viel Verwaltungspersonal, um alles selbst zu erledigen, ist natürlich schon sehr sinnvoll, wenn man da Kooperationen findet. (…) In vielen Bereichen ist es schon sehr gut, wenn man da richtige Fachleute hat, die natürlich mit einer Gemeinde nicht ausgelastet wären (…)*".

Letztens können einige Aussagen auch unter die Bündelung von Ressourcen zusammengefasst werden. Hierbei unterstrichen Bürgermeister*innen aus allen Territorien und unabhängig der Größe, dass Kooperation aufgrund gemeinsamer Interessen, der Konzentration von finanziellen Mitteln, zum Erfahrungsaustausch oder auch der gegenseitigen Hilfe eingegangen wird: „*Ja, in erster Linie eigentlich auch um die Verwaltung ein bisschen zu entlasten, weil das einfach so viel Verwaltungsaufwand wäre, wenn jeder das separat machen würde (…) Und vor allen Dingen man kann sich austauschen.*" oder „*Das ist auch nicht so selbstverständlich, weil südtirolweit haben wir nur vier übergemeindliche Trinkwasserleitungen. (…) Aber hier hatte sich die Gemeinde [unsere] (…) solidarisch gezeigt (…)*". Weitere Gründe, die in den Interviews angesprochen wurden, aber weniger als fünf Mal genannt wurden, waren: Personalmangel, finanzielle Anreize von EU oder subnationaler Ebene, breiteres Angebot von Dienstleistungen, historische Tradition, obligatorische Kooperation, politisches Gewicht, Errichtung von Infrastrukturen, Anschaffung von Maschinen. Je einmal wurden folgende Gründe explizit genannt: Personaleinsparungen, Effizienz der Dienstleistungen, Verantwortungsdiffusion.

Mehrere Bürgermeister*innen sprachen das breitere Ausmaß des Angebots von Dienstleistungen als Grund für Kooperation an. So erklären politische Akteure aus kleinen Gemeinden aller Territorien, dass manche Dienstleistungen ohne Kooperation nicht möglich wären: „*Wir können sozusagen als kleine Gemeinde Essen auf Rädern anbieten, wir haben eine Tagesbetreuung, wir haben eine mobile Hilfspflege. (…) Das ist einfach ein Bürgerservice, dass wir dadurch anbieten können (…) Und dadurch habe ich gesagt, wir müssen irgendwas machen, dass wir zumindest die Kindergarten-Zeit verlängert und Essen anbieten, damit die Frauen auch arbeiten können, zumindest vormittags. (…) Das ist einfach ein Service, wo ich sage, was lebenswerter ist.*".

Der Grund für Kooperation liegt damit nicht immer nur in der Steigerung der Qualität oder Effizienz von existierenden Dienstleistungen, sondern grundsätzlich auch darin ein breites Angebot für die Bürger*innen zu schaffen, um langfristig der Abwanderung entgegenzuwirken. Der Mehrwert von Kooperation wird in diesem Fall im Beitrag zu einer höheren Lebensqualität gesehen: „*Ich würde sagen, weil sonst das Überleben der kleinen Gemeinden irgendwo in Gefahr ist. Dass es die dann nicht mehr gibt. Weil man wird die kleinen Gemeinden wahrscheinlich überleben lassen können, wenn sie Kooperationen machen. Weil du musst als kleine Gemeinde auch im Stande sein in etwa denselben Dienst zu bieten wie eine große. Weil sonst gehen die Leute ja [trotzdem] alle weg.*" Darüber hinaus gibt es auch Gemeinden, die Kooperation betreiben, um gewissen Notwendigkeiten zu begegnen: „*Wir sind ja im ländlichen Raum. Und wollen, dass die Landwirtschaft erhalten bleibt und das heimische Vieh auch hier Verwertung findet (…) Und dann wurde die Initiative ergriffen (…) und es haben sich dann letztendlich 16 Gemeinden zusammengeschlossen. Wir bauen jetzt den Schlachthof aus und es können dann unsere Bauern von den Gemeinden das ganze Vieh dort schlachten und direkt vermarkten. Und das ist glaub ich eine tolle Sache. Das stärkt die Landwirtschaft.*"

Betrachten wir die Ergebnisse des Fragebogens anhand der Variable **Größe,** zeigt sich sehr wohl ein gewisser Einfluss. In drei von vier Größenkategorien ist die meistgewählte Antwort für die Gründe – wie bereits in den Gesamtergebnissen und somit unabhängig von der Größe – die bessere Qualität der Dienstleistungen. Nur bei den großen Gemeinden ist dies nicht der meistgewählte Grund. Hier erhielt die „höhere Effizienz der Verwaltung" einen deutlich höheren Zustimmungswert und auch deutlich mehr Zustimmung im Vergleich zu den anderen drei Kategorien. Bei den Kleinstgemeinden erhielten hingegen zwei Gründe gleich viel Zustimmung: Zum einen die bereits genannte „bessere Qualität der Dienstleistungen", zum anderen die „Reduzierung von Kosten". Der Grund der Kostenreduzierung ist allerdings in allen anderen Größenklassen ebenso relevant.

Tabelle 78: Gründe der Kooperation nach Größe (Antworten der Fälle)

	Große Gemeinden (N = 15)	**Mittlere Gemeinden (N = 39)**	**Kleine Gemeinden (N = 58)**	**Kleinstgemeinden (N = 15)**	**Insgesamt (N = 127)**
Höhere Effizienz der Verwaltung	86,7 %	59,0 %	50,0 %	40,0 %	55,9 %
Bessere Qualität der Dienstleistungen	60,0 %	71,8 %	56,9 %	53,3 %	61,4 %
Höhere Professionalität der Verwaltung	66,7 %	48,7 %	48,3 %	33,3 %	48,8 %

	Große Gemeinden (N = 15)	Mittlere Gemeinden (N = 39)	Kleine Gemeinden (N = 58)	Kleinstgemeinden (N = 15)	Insgesamt (N = 127)
Reduzierung von Kosten	60,0 %	64,1 %	53,4 %	53,3 %	57,5 %
Erhöhung der Sichtbarkeit der Gemeinde	0,0 %	0,0 %	3,4 %	6,7 %	2,4 %
Erlangung von technischen Kompetenzen, die in der Gemeinde nicht vorhanden sind	13,3 %	25,6 %	41,4 %	46,7 %	33,9 %
Personalmangel innerhalb der eigenen Gemeindeverwaltung	13,3 %	20,5 %	34,5 %	46,7 %	29,1 %
Es handelt sich um eine obligatorische Zusammenarbeit	20,0 %	30,8 %	31,0 %	40,0 %	30,7 %
Finanzielle Anreize von Seiten des Landes/ des Kantons oder des (Bundes)Staates	33,3 %	53,8 %	36,2 %	40,0 %	41,7 %
Um in den Genuss von finanziellen/ fiskalischen Anreizen oder externen Finanzierungen zu kommen (z.B. EU-Projekte)	6,7 %	15,4 %	3,4 %	6,7 %	7,9 %
Keine Antwort	0,0 %	0,0 %	3,4 %	0,0 %	1,6 %
Anderes	0,0 %	2,6 %	1,7 %	0,0 %	1,6 %

Die ersten vier Gründe der Auflistung sind in allen Größenklassen relevant. Nur bei den Kleinstgemeinden erhielt der Grund „Professionalität" weniger Zustimmung als in den anderen Kategorien. Auch unterscheiden sich die Kleinstgemeinden und die kleinen Gemeinden bei zwei weiteren Gründen von den größeren Gemeinden: In den Gemeinden mit weniger als 2.000 Einwohner*innen erhielten die Gründe „Erlangung von technischen Kompetenzen" sowie „Personalmangel" höhere Zustimmungswerte als in den größeren Gemeinden. Der Zustimmungswert für diese beiden Gründe ist jeweils bei den Kleinstgemeinden am höchsten (46,7 %).

Dieses Ergebnis deckt sich mit den Aussagen der Befragten zur Notwendigkeit von Fachpersonal, wobei diese Notwendigkeit in den Interviews von kleinen sowie auch mittleren Gemeinden genannt wurde. In den persönlichen Gesprächen wurde der Faktor Größe häufig angesprochen. Interessanterweise wurde ein Zusammenhang mit der eigenen Größenordnung von allen Bürgermeister*innen aus kleinen Gemeinden genannt und nur von einem aus einer mittleren Gemeinde. Die Größenordnung der Gemeinde wurde im Laufe der Interviews entweder als ein direkter notwendiger Grund für Kooperation genannt. Oder aber die Größe wurde mit unterschiedlichen Gründen verknüpft: Etwa dem beschränkten Angebot von Dienstleistungen in kleinen Gemeinden; der Last der Aufgaben, die für kleine Gemeinde schwieriger zu bewältigen seien; der Wichtigkeit der Bündelung von Ressourcen aufgrund der Größe; der Auslastung von bestimmten Diensten, die man aufgrund der Einwohner*innenzahl allein nicht anbieten könnte.

Ein Gemeindepräsident aus Graubünden brachte die Größe mit der obligatorischen Kooperation in Zusammenhang. Dies deckt sich mit den Ergebnissen des Fragebogens, wonach die obligatorische Zusammenarbeit insbesondere von den Gemeinden aus Graubünden als relevanter Grund angeführt wurde. Im Gespräch wurde erklärt, dass vor allem kleine Gemeinden Schwierigkeiten hätten alle gesetzlich verpflichtenden Aufgaben allein zu bewältigen. Dadurch bestehe ein indirekter Zwang für Kooperation, um Dienste funktional auszuführen: *„Eigentlich findet das meistens statt, weil wir müssen. (…) Die Kooperation ist immer kompliziert. Jetzt gerade in der Frage der Schule (…): Wir müssen schauen, wo unsere Kinder zur Schule gehen, wieviel wir zahlen müssen und dementsprechend können wir nicht einfach sagen, bei uns hört die Schule bei Primar auf (…). Dementsprechend sind wir dann gezwungen in irgendeiner Art mit anderen Gemeinden zu kooperieren. (…) Und dann geht es natürlich auch um die Finanzierung. (…) Es ist ein ganzes Set von Bestimmungen und Dienstleistungen, die die Gemeinde erbringen muss. Wenn man eine finanzstarke große Gemeinde ist, kann diese das zum Teil selbst lösen. Bei kleinen Gemeinden geht das einfach nicht.“* Von den mittleren Gemeinden war es hingegen nur eine, die einen Zusammenhang mit der Größe herstellte. Somit kann klar bestätigt werden, dass der Faktor Größe – zumindest für die kleinen Gemeinden – in engem Zusammenhang mit lokaler Kooperation steht.

Wenn wir einen Blick auf die Kombination der Variablen **Größe** und **Territorium** werfen, sind einige Unterschiede erkennbar, was wiederum darauf hinweist, dass die Herkunft einer Gemeinde einen Einfluss auch auf die Bewertung der Kooperation hat. Bei den großen Gemeinden erhält die „höhere Effizienz der Verwaltung" eine ähnlich hohe Zustimmung in allen großen Gemeinden (50 bis 100 %). Für die großen Gemeinden aus Südtirol ist das der Grund mit der insgesamt höchsten Zustimmung, bei den Bündner Gemeinden erhielten allerdings auch die Gründe „Einsparung", „technische Kompetenzen" sowie „obligatorische Zusammenarbeit" einen identischen Prozentwert. In Tirol erhielt der Grund „Professionalität" denselben Wert wie die „Effizienz". Demgegenüber hat keine der großen Gemeinden aus Graubünden „Professionalität" als einen Grund für Kooperation angegeben, während dies bei den Südtiroler 80 Prozent ankreuzten und bei den Tiroler Gemeinden 66,7 Prozent der Befragten.

Bei den mittleren Gemeinden ergaben die Gesamtergebnisse die höchsten Zustimmungswerte bei der „Qualität der Dienstleistungen" sowie der „Kosteneinsparung". Dies widerspiegelt sich zum Großteil auch bei den Ergebnissen nach Territorium. Für die mittleren Gemeinden aus Südtirol und Tirol gehört der Grund „Qualität der Dienstleistungen" zu den relevantesten (81,3 bzw. 83,3 %), bei den Bündnern erklärten dies weniger als die Hälfte aus den mittleren Gemeinden (45,5 %). Hier erhielten die „Kosteneinsparungen" die Zustimmung von allen Befragten (100 %), die in Tirol (66,7 %) und in Südtirol (37,5 %) deutlich weniger gewählt wurden. Ein weiterer auffallender Unterschied zwischen den mittleren Gemeinden ist, dass die „obligatorische Zusammenarbeit" wiederum fast nur bei den Bündner Gemeinden als wichtiger Grund angegeben wird (72,7 %) während dies bei den mittleren Gemeinden aus Tirol und Südtirol eine deutlich kleinere Rolle spielt (Südtirol: 18,8 %, Tirol: 8,3 %).

Bei den kleinen Gemeinden erhielt, wie bei den mittleren Gemeinden, die „bessere Qualität der Dienstleistungen" insgesamt die höchste Zustimmung. Dies gilt auch für die kleinen Gemeinden aus Graubünden und Südtirol, während die Zustimmung in Tirol geringer ist. Die höchste Zustimmung der kleinen Tiroler Gemeinden, der auch der einzige Grund ist, den über die Hälfte der Befragten aus kleinen Gemeinden angekreuzt haben, ist die „Kosteneinsparung". Dieser ist bei den Gesamtergebnissen der am zweithäufigsten gewählte Grund und liegt auch in Graubünden (55 %) und Südtirol (43,8 %) auf einem hohen Niveau. In Südtirol erhielt hingegen der Grund „höhere Effizienz" am zweitmeisten Zustimmung vonseiten der kleinen Gemeinden, während dieser in Tirol (40,9 %) und Graubünden (50 %) etwas niedriger ausfällt.

Überdurchschnittliche Zustimmung – im Vergleich zu den Gesamtergebnissen und zu den kleinen Gemeinden aus anderen Territorien – gaben die kleinen Bündner Gemeinden wiederum beim Grund „obligatorische Zusammenarbeit" (55 %) sowie die Tiroler bei den „finanziellen Anreizen" (45,5 %).

Wenn man sich abschließend die Kleinstgemeinden aus Südtirol und Graubünden ansieht (Kleinstgemeinden aus Tirol gibt es im Datensatz nicht), sind die Ergebnisse nur teilweise ähnlich. Bei den Gründen „Effizienz“, „Qualität der Dienstleistungen“ und „finanzielle Einsparungen“ sind die Zustimmungsraten fast gleich hoch. Größere Unterschiede gibt es hingegen hinsichtlich der „Professionalität“. Diese ist für einen großen Teil der Südtiroler Kleinstgemeinden (75 %) ein Grund, um Kooperation einzugehen, weniger aber für jene aus Graubünden (18,2 %). Demgegenüber hat ein größerer Teil der Bündner Kleinstgemeinden die Gründe der „technischen Kompetenzen“, „Personalmangel“ sowie „obligatorische Zusammenarbeit“ angegeben.

In den persönlichen Gesprächen wurde ersichtlich, dass sich größere Gemeinde gewisse Dienste, die sie in Kooperation ausführen, auch leisten könnten selbstständig durchzuführen. Damit liegen die Beweggründe für Kooperation eher in der Abwägung des gesamten Kosten-Nutzen-Verhältnisses und sind häufig pragmatischer Natur: *„Ich bin da sehr pragmatisch (…). Wenn wir einen Vorteil haben und im Kosten-Nutzen-Verhältnis den Dienst der Bürger etwas besser abwickeln gemeinsam, dann machen wir es gemeinsam und wenn man es besser alleine macht, dann macht man es allein. (…) Ich könnte mir auch eine Stadtpolizei selbst (…) richten, eine Gemeindepolizei, die Frage der Intelligenz, wenn ich mir 3 Menschen anstelle, die nachher 5 Parkplätze kontrollieren, ist eine andere.“*. Auch eine mittlere Gemeinde aus Tirol spricht diesen Umstand an: *„Ja doch, ich könnte es schon alleine machen (…) Wenn ich jemanden anstelle, dann ist es nicht so gut, wenn ich den nur 10 Stunden die Woche anstelle. Es ist besser, wenn der zu 100 % einen Job hat, wo er halt einmal in der Gemeinde ist und einmal in der Gemeinde.“* oder *„Das ist ja keine ideologische Frage macht man Kooperation oder nicht, sondern [man] muss das sachlich abwägen.“* Der Erklärungsansatz, dass lokale Kooperation nicht nur aufgrund einer bestimmten politischen Agenda eingegangen wird, sondern die Motivation ziemlich pragmatisch sein kann, gibt es auch bei Bürgermeister*innen aus kleinen Gemeinden: *„Es muss der Gemeinde, den Gemeindebürgern – der Gemeinde selber weniger – den Bürgern einen Mehrwert bringen oder weniger Kosten. Das ist klar.“*

Nach der Größe folgt die Analyse der geografischen Lage. Die folgende Tabelle zeigt, wie sich die Gründe für Kooperation bei den Ergebnissen des Fragebogens in Bezug auf die geografische Lage der Gemeinde verändern. Ähnlich wie bei den Ergebnissen der Größe sind zwischen den einzelnen Lagen einige ähnliche Resultate festzustellen und sind somit mit den Gesamtergebnissen gut vergleichbar. Insgesamt sind die ersten vier Gründe der Auflistung die relevantesten (höhere Effizienz, bessere Qualität, höhere Professionalität, Reduzierung von Kosten). Hinzu kommen noch die finanziellen Anreize, die bei den ländlichen Zentren die höchste Zustimmungsrate erhielten. Die zwei Gründe Sichtbarkeit und europäische Förderungen sind hingegen kaum relevant, da ihr Wert der Zustimmung bis auf eine Kategorie stets bei unter zehn Prozent liegt.

Tabelle 79: Gründe der Kooperation nach Lage (Antworten der Fälle)

	Ländlich periphere Gemeinden (N = 18)	**Ländliche Vororte (N = 75)**	**Ländliche Zentren (N = 8)**	**Kleinere Städte und Vororte (N = 26)**	**Insgesamt (N = 127)**
Höhere Effizienz der Verwaltung	72,2 %	49,3 %	62,5 %	61,5 %	55,9 %
Bessere Qualität der Dienstleistungen	50,0 %	64,0 %	87,5 %	53,8 %	61,4 %
Höhere Professionalität der Verwaltung	38,9 %	44,0 %	62,5 %	65,4 %	48,8 %
Reduzierung von Kosten	50,0 %	57,3 %	62,5 %	61,5 %	57,5 %
Erhöhung der Sichtbarkeit der Gemeinde	5,6 %	1,3 %	0.0 %	3,8 %	2,4 %
Erlangung von technischen Kompetenzen, die in der Gemeinde nicht vorhanden sind	33,3 %	36,0 %	50,0 %	23,1 %	33,9 %
Personalmangel innerhalb der eigenen Gemeindeverwaltung	38,9 %	29,3 %	25,0 %	23,1 %	29,1 %
Es handelt sich um eine obligatorische Zusammenarbeit	44,4 %	30,7 %	12,5 %	26,9 %	30,7 %
Finanzielle Anreize von Seiten des Landes/des Kantons oder des (Bundes) Staates	22,2 %	42,7 %	62,5 %	46,2 %	41,7 %
Um in den Genuss von finanziellen/fiskalischen Anreizen oder externen Finanzierungen zu kommen (z.B. EU-Projekte)	5,6 %	12,0 %	0,0 %	0,0 %	7,9 %
Keine Antwort	0,0 %	2,7 %	0,0 %	0,0 %	1,6 %
Anderes	0,0 %	2,7 %	0,0 %	0,0 %	1,6 %

In Bezug auf die vier wichtigsten Gründe sind die Zustimmungswerte zwischen den Kategorien der Lage überaus ähnlich, so dass die geografische Position der Gemeinde für die Gründe von Kooperation wenig bis kaum einen Einfluss zu haben scheint. In zwei von vier Kategorien – den ländlichen Vororten sowie den ländlichen Zentren – erhielt der Grund der „besseren Qualität der Dienstleistungen" den höchsten Zustimmungswert. Bei den peripheren Gebieten ist der meistgewählte Grund hingegen die Effizienz, bei den kleineren Städten die Professionalität. Der zweitmeistgewählte Grund ist bei allen vier Kategorien der Faktor „Reduzierung von Kosten". Zudem erhielt bei den kleineren Städten der Grund „Effizienz" den gleich hohen Zustimmungswert und bei den ländlichen Zentren die „Professionalität".

Weniger relevant und auf einem ziemlich ähnlich niedrig bis mittlerem Niveau sind zudem – wie bereits aus den Gesamtergebnissen ersichtlich – die Gründe der Erlangung der technischen Kompetenzen (außer bei den Vororten), der Personalmangel bzw. die obligatorische Zusammenarbeit. Bei den Gründen des Personalmangels und der obligatorischen Zusammenarbeit ist darauf hinzuweisen, dass die jeweils höchste Zustimmungsrate von den peripheren Gebieten kommt.

Der Einflussfaktor der **geografischen Lage** kam bei den persönlichen Interviews im Gegensatz zur Größe deutlich weniger zur Sprache. Immerhin vier Interviewpartner*innen brachten die Notwendigkeit der Kooperation mit ihrer geografischen Lage in Zusammenhang. Drei stammten aus kleinen Gemeinden und einer aus einer mittleren Gemeinde. Einer der vier Bürgermeister*innen aus einem ländlichen Vorort und die anderen drei aus ländlichen Zentren. Eine schweizerische Gemeinde, welche eine Fusion hinter sich hat, kooperiert bis auf die Region kaum mehr mit anderen Gemeinden. Dies auch aus dem Grund der großen Gemeindefläche: „*Also ich denke, wir haben jetzt eine Größe, wo wir relativ selbstständig agieren können und arbeiten können. Obwohl die Einwohnerzahl ja nicht sehr groß ist (…). Aber die Fläche der Gemeinde ist natürlich sehr groß. Und es ist eine abgeschlossene Talschaft. Wir haben im Moment, sag ich jetzt so, keine Bedürfnisse für weitere Zusammenarbeit. Außer sag ich jetzt im Tourismus (…) Aber sonst eigentlich bei den normalen Dienstleistungen – Feuerwehr, das ist bei uns von der Größe her und auch von der Distanz her ist das sinnvoll, dass das nicht größer wird. Macht keinen Sinn für Kooperationen.*" Dieser Bürgermeister war früher Teil einer kleinen Gemeinde und weiß, dass Kooperation auch von der Einwohner*innenzahl abhängt: „*Es gibt einige Sachen, die wir jetzt viel besser umsetzen können. Also ich denke vor allem Tourismus. War vorher ein Zweckverband mit allen Gemeinden und da war es sehr schwierig. (…) Da konnte natürlich eine kleine, wir waren die kleinste Gemeinde (…) wenn jetzt diese mit dem Kostenverteiler oder aus irgendwelchen Gründen nicht einverstanden war ein Projekt* *umzusetzen, war das Projekt eigentlich gestorben und das war das große Problem. (…) Und dann war sicher auch immer wieder die Frage von der Besetzung der Ämter. Wenn sie ebene eine Gemeinde (…) mit 26 Einwohnern, da haben sie ja keine Auswahl (…)“*

Drei Bürgermeister*innen verwiesen in Zusammenhang mit ihrer Lage auf den Mehrwert eines breiteren Angebots von Dienstleistungen durch Kooperation: *„Gewisse Dienstleistungen sind nur durch Kooperation möglich oder gewisse Arbeitsplätze [konnten] dank diesen Kooperationen (…) in der Region beibehalten werden. Eben qualifizierte Arbeitsplätze. Sei es im Gesundheitswesen oder in anderen Orten. Und wenn wir (…) jemanden animieren wollen, den Wohnsitz in unsere Gemeinde, in diese periphere Region zu gehen: Dann genügt die schöne Landschaft nicht.“* Eine Bürgermeisterin aus einer zentral gelegenen Gemeinde sieht dies in Bezug auf eine interkommunale Kinderbetreuung ähnlich: *„Das ist einfach ein Service, wo ich sage, was lebenswerter ist. Und dann kann ich mich eher entscheiden aufs Land zu ziehen, wenn ich weiß, OK, meine zwei Kinder sind gut versorgt.“*

Betrachtet man die Fragebogen-Ergebnisse der geografischen Lage in Verbindung mit dem **Territorium**, sind die Unterschiede nicht besonders hoch, aber vorhanden. Bei den kleineren Städten und Vororten sind wie in der Gesamtübersicht die ersten vier Gründe für die Kooperation jene mit der höchsten Relevanz. Bei den Südtiroler kleineren Städten erhielten die „höhere Effizienz“ und die „bessere Qualität der Dienstleistungen“ die höchste Zustimmung, in Graubünden ist es hingegen die „Reduzierung der Kosten“ und in Tirol die „Professionalität“. Hinsichtlich aller vier Gründe sind die Zustimmungswerte von Seiten der kleineren Städte aus diversen Territorien schwankend, die größten Unterschiede sind beim Grund der „Qualität der Dienstleistungen“ festzustellen. Diesen Grund wählten 100 % der Befragten aus den Südtiroler Städten, aus Tirol und Graubünden hingegen bedeutend weniger (Tirol: 50 %, Graubünden: 28,6 %). Demgegenüber wählten 42,9 % der Bürgermeister*innen aus den Bündner Städten die „Erlangung von technischen Kompetenzen“ als Grund für Kooperation, der von den Tiroler Städten hingegen von nur 21,4 % der Befragten gewählt wurde und in Südtirol von gar keiner Person aus einer kleineren Stadt. Ähnlich ist es mit der „obligatorischen Zusammenarbeit“: Diese ist für die Südtiroler Städte überhaupt nicht relevant (0 %) und für manche aus Tirol (14,3 %), in Graubünden aber eine zentrale Rolle einnimmt (71,4 %), wie es schon die Gesamtergebnisse offenbarten.

Zu den ländlichen Zentren können kaum generelle Aussagen abgeleitet werden, da es nur einen geringen Datensatz gibt. Die höchste Zustimmungsrate aus Südtirol erhielt die „bessere Qualität der Dienstleistungen“. In Tirol sind es die drei Gründe „Qualität der Dienstleistungen“ sowie „Effizienz“ und „Reduzierung der Kosten“, welche von allen Befragten gewählt wurden. Auch in Graubünden wurden folgende fünf Gründe von allen betroffenen Befragten gewählt: Reduzierung der Kosten, technische Kompetenzen, Personalmangel, obligatorische Zusammenarbeit, finanzielle Anreize.

Bei den peripheren Gemeinden gibt es nur Antworten aus Graubünden und Südtirol. In beiden Ländern ist der Grund der „höheren Effizienz der Verwaltung" – wie auch in den Gesamtergebnissen – die relevanteste Motivation für Kooperation (Südtirol: 100 %, Graubünden: 64,3 %). Auf dem zweiten Platz landeten bei den Südtiroler peripheren Gebieten die drei Gründe „bessere Qualität", „höhere Professionalität" sowie „Personalmangel", die bei den Bündner peripheren Gebieten weniger Zustimmung erhielten. Demgegenüber ist für die Bünder peripheren Gemeinden der Grund „Reduzierung der Kosten" sowie „obligatorische Zusammenarbeit" relevanter als für die Südtiroler.

Dies zeigt sich auch bei den ländlichen Vororten, sodass man erneut davon ausgehen kann, dass das Territorium auch bei den Gründen für Kooperation einen beträchtlichen Einfluss hat. Die beiden Gründe „bessere Qualität der Dienstleistungen" und „Kosteneinsparung" erhielten bei den ländlichen Vororten aus Graubünden den höchsten Zustimmungswert (jeweils 68,2 %). Die Ergebnisse aus Südtirol und Tirol sind bezüglich dieser beiden Gründe ähnlich hoch, wobei in Südtirol die „höhere Effizienz" von noch mehr Befragten gewählt wurde (71,9 %), der in Tirol (38,1 %) und Graubünden (27,3 %) eine geringere Rolle spielt. Demgegenüber ist in Tirol die „Kosteneinsparung" – wie in Graubünden – ebenso der meistgewählte Grund der ländlichen Vororte (61,9 %). In Graubünden ist auch bei den ländlichen Vororten die „obligatorische Zusammenarbeit" sehr wichtig (54,5 %), während diese Zustimmung in Südtirol (25 %) und Tirol (14,3 %) deutlich geringer ist.

6.1.2 Geeignete Politikbereiche für Kooperation

Nach der Untersuchung der allgemeinen Gründe, ging die zweite Frage zu dieser Dimension mehr ins Detail (Nr. 29). Diese sollte erheben, welches Politikfeld sich laut den befragten Bürgermeister*innen besonders gut für interkommunale Zusammenarbeit eignet, unabhängig davon, ob sie eine Kooperation in diesem Bereich haben. Diese Ergebnisse hängen eng mit dem Themenbereich der Politikfelder (siehe Kapitel 5) zusammen, wurden aber aufgrund des logischen Aufbaus des Fragebogens in die Dimension der Gründe aufgenommen. Die exakte diesbezügliche Frage lautete: *Bitte geben Sie an, welche der folgenden Politikbereiche sich Ihrer Meinung nach besonders gut für eine Zusammenarbeit zwischen Ihrer Gemeinde und anderen Gemeinden eignen oder eignen würden (unabhängig davon, ob Sie bereits Erfahrung damit haben). Bitte nennen Sie maximal 7 Bereiche.*

Zur Auswahl standen jene 35 Dienstleistungen, mit denen sich bereits der Abschnitt Politikfelder beschäftigt hat. Zusätzlich zu der Liste dieser 35 Dienstleistungen, hatten die Bürgermeister*innen auch die Möglichkeit die Antwort „anderes“ als eine von maximal sieben Antworten anzukreuzen und noch eine eigene zusätzliche Dienstleistung zu nennen. Von dieser Möglichkeit hat nur ein einziger Bürgermeister (aus einer mittelgroßen Gemeinde aus Südtirol) Gebrauch gemacht und schrieb wörtlich: *„fast alle“*. Insgesamt wurde diese Frage von 140 der 142 Personen beantwortet.

Tabelle 80: Geeignete Politikbereiche für Kooperation

Politikfeld	**Anteil an den Antworten (N = 921)**	**Anteil der Fälle (N = 140)**
Alten- und Pflegeheime	8,4 %	55,0 %
Gesundheit	7,2 %	47,1 %
Mittelschule/Oberstufenschule	7,1 %	46,4 %
Abfall	6,6 %	43,6 %
Abwasser	6,4 %	42,1 %
Polizei	5,4 %	35,7 %
Verkehr	5,3 %	35,0 %
Tourismus	4,8 %	31,4 %
Standesamt	4,5 %	29,3 %
Soziales	4,3 %	28,6 %
Feuerwehr	3,9 %	25,7 %
Zivilschutz	2,9 %	19,3 %
Finanzen	2,6 %	17,1 %
Grundschule	2,5 %	16,4 %
Informatik	2,4 %	15,7 %
Raumordnung	2,4 %	15,7 %
Integration	2,2 %	14,3 %
Jugend	2,1 %	13,6 %
Energie	2,0 %	12,9 %
Generalsekretariat	1,7 %	11,4 %
Sport	1,7 %	11,4 %
Kinderbetreuung	1,6 %	10,7 %

(Forts.)

Tabelle 80: (Forts.)

Politikfeld	Anteil an den Antworten (N = 921)	Anteil der Fälle (N = 140)
Trinkwasser	1,6 %	10,7 %
Einwohner*innen	1,5 %	10,0 %
Wirtschaft	1,5 %	10,0 %
Kindergarten	1,2 %	7,9 %
Asylsuchende	1,1 %	7,1 %
Kultur	0,9 %	5,7 %
Öffentliche Bauten	0,9 %	5,7 %
Senioren	0,8 %	5,0 %
Umwelt	0,8 %	5,0 %
Landwirtschaft	0,8 %	5,0 %
Straßen	0,5 %	3,6 %
Landschaftsschutz	0,2 %	1,4 %
Keine Antwort	0,2 %	1,4 %
Anderes	0,1 %	0,7 %

Die Tabelle 80 zeigt, dass die Dienstleistung der Alten- und Pflegheime den höchsten Zustimmungswert der geeigneten Politikbereiche erhielt. Über die Hälfte aller Befragten (55 %) gaben diese lokale Dienstleistung als einen von maximal sieben Politikbereichen an. Daneben gibt es weitere zehn Dienstleistungen, die von über 25 Prozent aller Befragten gewählt wurden und somit ebenso als sehr relevant gelten (Tab. 81). Davon erreichten der Bereich Gesundheit sowie die Mittelschulen/Oberstufenschulen ebenso die Zustimmung von fast 50 Prozent der Befragten. Auch die Abfall- und Abwasserdienste erhielten eine Zustimmung von über 40 Prozent der befragten Bürgermeister*innen.

Tabelle 81: Geeignete Politikbereiche mit über 25 Prozent der Zustimmung (Fälle)

Politikfeld	Zustimmung der Fälle (N = 140)
Alten- und Pflegeheime	55,0 %
Gesundheit	47,1 %
Mittelschule/Oberstufenschule	46,4 %
Abfall	43,6 %
Abwasser	42,1 %

Politikfeld	Zustimmung der Fälle (N = 140)
Polizei	35,7 %
Verkehr	35,0 %
Tourismus	31,4 %
Standesamt	29,3 %
Soziales	28,6 %
Feuerwehr	25,7 %

Dann gibt es neun Dienstleistungen, die einen Zustimmungswert von unter zehn Prozent erhielten und somit von der Politik als weniger geeignet für lokale Kooperation betrachtet werden (Tab. 82). Sechs von 35 Dienstleistungen liegen hingegen im Mittelfeld der Zustimmungsraten, da sie zwischen zehn und 24,9 Prozent der Zustimmung erhielten.

Tabelle 82: Geeignete Politikbereiche mit weniger als zehn Prozent der Zustimmung (Fälle)

Politikfeld	Zustimmung der Fälle (N = 140)
Kindergarten	7,9 %
Asylwesen	7,1 %
Seniorenarbeit	5,0 %
Kultur	5,7 %
Öffentliche Bauten	5,7 %
Umwelt	5,0 %
Landwirtschaft	5,0 %
Straßen	3,6 %
Landschaftsschutz	1,4 %

Wenn diese Gesamtergebnisse nach **Territorium** aufgeschlüsselt werden, ergeben sich einige Ähnlichkeiten. Beachtet werden muss, dass die Prozentanteile in den hier vorliegenden Tabellen die Zustimmungsraten der Fälle angeben, aber jede befragte Person bis zu sieben Antworten abgeben konnte. Insgesamt deuten die Ergebnisse darauf hin, dass die Eignung der Politikfelder sehr wohl auch vom Territorium der Gemeinde abhängt, da sich die Werte zwar in einigen Politikfeldern ähneln, aber auch Unterschiede aufweisen. So erhielten von den befragten Südtiroler Bürgermeister*innen insgesamt nur zwei Dienstleistungen die Zustimmung von mehr als 50 Prozent der Befragten (Ortspolizei sowie Alten- und Pflegeheime), in Graubünden sind es drei Dienstleistungen: Gesundheit, Feuerwehr und Mittelschule/Oberstufenschule. Die Tiroler Gemeinden scheinen im Gegensatz dazu in ihrer Bewertung homogener zu sein und es wurden insgesamt vier Dienstleistungen von über 50 Prozent der Befragten als geeignet bewertet: Alten- und Pflegeheime, Abwasser, Gesundheit sowie Mittelschule/Oberstufenschule.

Der Polizeidienst, der von der Mehrheit der Südtiroler Befragten als ein geeigneter Politikbereich für Kooperation angesehen wird, erhielt in den anderen beiden Territorien deutlich weniger Zustimmung. Demgegenüber ist der Dienst der Feuerwehr, den über die Hälfte der Bündner Gemeinden als geeignet betrachtet, in Tirol nur von 20 Prozent der Befragten genannt worden und in Südtirol sogar nur von mageren vier Prozent. In Tirol werden neben den Alten- und Pflegeheimen vor allem die Abwasser- sowie die Gesundheitsdienste als geeignete Kooperationsbereiche betrachtet. Das Thema Gesundheit wird auch von vielen Bündner Gemeindepräsidenten als geeignet angesehen (63 %), von den Südtiroler Bürgermeister*innen allerdings deutlich weniger (20,4 %). Demgegenüber sind auch die Ergebnisse in Bezug auf den Abwasserdienst interessant: In Südtirol geben zwar weniger Bürgermeister*innen als in Tirol diesen Dienst als geeignet an, es sind aber immerhin fast die Hälfte der Befragten (49 %). Dies ist in Graubünden wiederum ein Bereich, der für die Bürgermeister*innen kaum relevant ist (10,9 %).

Tabelle 83: Geeignete Politikbereiche für Kooperation – Höchste und niedrigste Werte nach Territorium

	Kanton Graubünden (N = 46)	**Land Südtirol (N = 49)**	**Land Tirol (N = 45)**
Dienste mit Häufigkeit über 70 Prozent	Keine	Keine	Keine
Dienste mit Häufigkeit zwischen 50 und 69,9 Prozent	Gesundheit 63,0 Feuerwehr 54,3 Mittelschule 52,2	Polizei 69,4 Altenheime 55,1	Altenheime 66,7 Abwasser 66,7 Gesundheit 60,0 Standesamt 57,8 Mittelschule 53,3
Dienste mit Häufigkeit zwischen 25 und 49,9 Prozent	Tourismus 47,8 Altenheime 43,5 Abfall 37,0 Grundschule 32,6 Zivilschutz 30,4 Standesamt 26,1 Sozialdienst 26,1 Wirtschaftsförderung 26,1	Abfall 49,0 Abfall 46,9 Mittelschule 34,7 Sozialdienst 30,6 Verkehr 32,7 Finanzen 28,6	Verkehr 48,9 Abfall 46,7 Sozialdienst 28,9

	Kanton Graubünden (N = 46)	Land Südtirol (N = 49)	Land Tirol (N = 45)
Dienste mit Häufigkeit zwischen 10 und 24,9 Prozent	Verkehr 23,9 Polizei 21,7 Informatik 19,6 Energie 17,4 Finanzen 15,2 Sekretariat 10,9 Jugend 10,9 Sport 10,9 Landwirtschaft 10,9 Abwasser 10,9	Informatik 24,5 Integration 24,5 Tourismus 24,5 Jugend 22,4 Gesundheit 20,4 Sekretariat 18,4 Raumordnung 18,4 Einwohner 16,3 Zivilschutz 16,3 Kinderbetreuung 16,3 Sport 14,3 Asylwesen 12,2 Grundschule 10,2 Umwelt 10,2 Trinkwasser 10,2 Energie 10,2	Tourismus 22,2 Feuerwehr 20,0 Raumordnung 20,0 Trinkwasser 17,8 Asylwesen 12,2 Polizei 13,3 Kinderbetreuung 13,3 Zivilschutz 11,1 Energie 11,1
Dienste mit Häufigkeit unter 10 Prozent	Kindergarten 8,7 Integration 8,7 Kultur 8,7 Landschaft 8,7 Raumordnung 6,5 Einwohner 4,3 Öffentliche Bauten 4,3 Umwelt 4,3 Trinkwasser 4,3 Kinderbetreuung 2,2 Senioren 2,2 Straßen 2,2	Standesamt 6,1 Kindergarten 6,1 Straßen 6,1 Feuerwehr 4,1 Senioren 4,1 Kultur 4,1 Öffentliche Bauten 4,1 Landwirtschaft 4,1 Landschaft 2,0 Wirtschaftsförde-rung.2,0	Sport 11,1 Kindergarten 8,9 Senioren 8,9 Öffentliche Bauten 8,9 Einwohner 8,9 Grundschule 6,7 Finanzen 6,7 Integration 6,7 Jugend 6,7 Kultur 6,7 Sekretariat 4,4 Informatik 2,2 Landschaft 2,2 Straßen 2,2 Wirtschaftsförderung 2,2
Keine Zustimmung	Friedhof 0 Asylwesen 0	Friedhof 0	Friedhof 0 Asylwesen 0 Umwelt 0 Landwirtschaft 0

Ein weiteres interessantes Beispiel sind die Standesamtsdienste. Fast 60 Prozent der Tiroler Bürgermeister*innen bewerten diesen Dienst als geeignet für Kooperation. In Graubünden sind es mit 26 Prozent deutlich weniger und in Südtirol sind es sogar nur knapp über sechs Prozent.

Politikbereiche, die in allen drei Territorien als sehr geeignet für Kooperation bewerten werden und in allen drei Ländern jeweils über 25 Prozent der Zustimmung erhielten gibt es insgesamt nur vier. Die Politikfelder, die von über 25 Prozent der Befragten aus allen Territorien als geeignet bewertet werden, sind zum einen die Sozialdienste (Graubünden: 26,1 %, Südtirol: 30,6 % Tirol: 28,9 %) sowie, mit jeweils höheren Zustimmungsraten die Abfalldienste (Graubünden: 37 %, Südtirol: 46,9 % Tirol: 46,7 %), die Mittelschule/Oberstufenschule (Graubünden: 52,2 %, Südtirol: 34,7 % Tirol: 53,3 %) und die Alten- und Pflegeheime (Graubünden: 43,5 %, Südtirol: 55,1 % Tirol: 66,7 %).

Zu nennen sind auch noch der Tourismus sowie die Mobilität, die zwar jeweils unterschiedlich hohe Zustimmungswerte haben, aber in allen drei Territorien einen beträchtlich Anteil erhielten. So scheint die Mobilität insbesondere für die Tiroler Bürgermeister*innen ein geeigneter Bereich zu sein und der Tourismus vor allem für die Bündner Gemeindepräsidenten.

Somit offenbaren die Ergebnisse nach dem Territorium eine gewisse Heterogenität, auch wenn es einige Dienste gibt, die zumindest in zwei von drei Territorien als sehr geeignet angesehen werden (etwa Verkehr oder Abwasser, die in Südtirol und Tirol beträchtlich höhere Bewertungen erhielten als in Graubünden).

Politikbereiche, die von allen Befragten in den jeweiligen Territorien wiederum sehr wenig Zustimmung (unter 10 % in allen drei Territorien) erhalten haben und demnach von den meisten Bürgermeister*innen als weniger geeignet für Kooperation eingestuft werden, sind der Kindergartendienst, die Seniorenarbeit, die Kultur, der Landschaftsschutz, die Öffentlichen Bauten sowie die Straßen und Infrastrukturen. Die wenigste Zustimmung und somit ein Bereich, der für keine Gemeinde aus keinem Land für Kooperation geeignet ist, ist wiederum der Friedhofsdienst. Auch das Asylwesen erhielt in Graubünden und Tirol keinerlei Zustimmung, in Südtirol allerdings immerhin von 12 Prozent der Befragten.

Wenn man die Ergebnisse nach der **Größe** aufsplittert, zeigt sich klar, dass die Kleinstgemeinden im Vergleich zu den anderen Größenklassen eine ähnliche Meinung haben. In fünf Politikfeldern sind mindestens die Hälfte der Befragten der Meinung, dass diese sich für die interkommunale Kooperation gut eignen würden: Feuerwehrdienst, Grund- und Mittelschule, Alten- und Pflegeheimen sowie Gesundheitsdienste. Ähnlich verhalten sich nur die kleinen Gemeinden, wo über die Hälfte der Befragten ebenso die Mittelschule/Oberstufenschule sowie die Altenheime, aber mit 49 Prozent auch die Gesundheitsdienste als geeignet ansehen. Auch über 50 Prozent der mittleren Gemeinden bewertet die Bereiche Altenheime und Gesundheit als relevante Kooperationsbereiche. Hierbei unterscheiden sich nur die großen Gemeinden, von denen nur 18,8 Prozent dies angekreuzt haben und 25 Prozent die Gesundheitsdienste. Die Grundschule erfuhr zwar von über 60 Prozent der Kleinstgemeinden eine Zustimmung, aber nur von 14 Prozent der kleinen Gemeinden und kaum von den mittleren und großen Gemeinden.

Demgegenüber scheint für die großen Gemeinden der Polizeidienst ein geeigneter Bereich zu sein, um mit anderen Gemeinden zusammenzuarbeiten. Bei den anderen Größenklassen erhielt die Polizei deutlich weniger Zustimmung. Auch die Abwasserdienste erhielten von den großen Gemeinden eine überdurchschnittliche Zustimmung (56,3 %), wie auch von den mittleren (39,5 %) und kleinen Gemeinden (47,6 %). Bei den Kleinstgemeinden liegt die Zustimmung hingegen deutlich geringer nur bei 16,7 Prozent. Ein weiterer nennenswerter Politikbereich ist der Kindergarten. 33 Prozent der Kleinstgemeinden finden diesen als geeignet, um zusammenzuarbeiten. Von den kleinen Gemeinden sind es nur 7,9 Prozent und von den mittleren und großen Gemeinden hat keine einzige Person diesen Bereich als geeignet bewertet, womit sich die Präferenzen deutlich unterscheiden (ähnlich wie auch bei der Grundschule).

Demgegenüber ist der Sport wiederum ein Bereich, der die großen Gemeinden zu interessieren scheint, für die kleineren Gemeinden aber kaum Relevanz aufweist (31,3 % im Vergleich zu unter 10 % in allen anderen Größenklassen). Ein Politikbereich, wo ebenso ein relevanter Unterschied nach der Größe festzustellen ist, ist der Verkehr: Während ein beträchtlicher Teil der großen, mittleren und kleinen Gemeinden diesen als geeignet bewerten, sind es bei den Kleinstgemeinden nur sehr wenige Bürgermeister*innen. Ein Unterschied zwischen den Kleinstgemeinden und den größeren Gemeinden ist auch hinsichtlich den Abwasserdiensten feststellbar: Diese scheinen für viele Bürgermeister*innen der kleinen bis großen Gemeinden ein interessanter Kooperationsbereich zu sein, für die Kleinstgemeinden hingegen nicht.

Die Daten nach **Größe** und **Territorium** zeigen zum Großteil Übereinstimmungen mit den allgemeinen Ergebnissen, wenn man bedenkt, dass bei den großen Gemeinden und Kleinstgemeinden nur sehr wenige Gemeinden im Datensatz vertreten sind. Die zwei großen Gemeinden aus Graubünden gaben beide einige selben Politikfelder an: Informatik, Feuerwehren, Gesundheit, demgegenüber antworteten die drei großen Gemeinden aus Tirol sehr heterogen und nur bei den Politikbereichen Trinkwasser und Abwasser wählten diese zwei von drei, ansonsten wählten sie stets ein anderes Politikfeld. Auch die elf Südtiroler großen Gemeinden wählten sehr unterschiedlich, die höchste Übereinstimmung ist bei der Polizei feststellbar (81,8 %) sowie bei den Abfall- (54,5 %) und Abwasserdiensten (63,6 %).

Tabelle 84: Geeignete Dienstleistungen in Bezug zur nach Größe (Antworten der Fälle in Prozent)

	Kleinstgemeinden (N = 18)	**Kleine Gemeinden (N = 63)**	**Mittlere Gemeinden (N = 43)**	**Große Gemeinden (N = 16)**
Dienste mit Häufigkeit über 70 Prozent	Mittelschule 77,8	Keine	Keine	Keine
Dienste mit Häufigkeit zwischen 50 und 69,9 Prozent	Altenheim 66,7 Grundschule 61,1 Feuerwehr 55,6 Gesundheit 50,0	Altenheim 60,3 Mittelschule 55,6	Altenheim 55,8 Gesundheit 51,2	Polizei 68,8 Abwasser 56,3
Dienste mit Häufigkeit zwischen 25 und 49,9 Prozent	Abfall 38,9 Sekretariat 33,3 Kindergarten 33,3	Gesundheit 49,2 Abwasser 47,6 Energie 47,6 Abfall 46,0 Standesamt 36,5 Sozialdienst 31,7 Verkehr 31,7 Feuerwehr 30,2 Tourismus 30,2 Polizei 28,6	Verkehr 48,8 Tourismus 41,9 Abfall 41,9 Polizei 39,5 Abwasser 39,5 Sozialdienst 34,9 Standesamt 27,9 Mittelschule 27,9	Abfall 43,8 Verkehr 37,5 Energie 37,5 Sport 31,3 Informatik 25,0 Zivilschutz 25,0 Mittelschule 25,0 Gesundheit 25,0 Umwelt 25,0 Trinkwasser 25,0
Dienste mit Häufigkeit zwischen 10 und 24,9 Prozent	Finanzen 22,2 Standesamt 22,6 Polizei 22,2 Jugend 22,2 Tourismus 22,2 Raumordnung 16,7 Landwirtschaft 16,7 Abwasser 16,7 Informatik 11,1 Zivilschutz 11,1 Sozialdienst 11,1 Verkehr 11,1 Straßen 11,1 Wirtschaft 11,1 Trinkwasser 11,1 Energie 11,1	Zivilschutz 17,5 Finanzen 15,9 Raumordnung 15,9 Kinderbetreuung 15,9 Informatik 14,3 Grundschule 14,3 Sekretariat 12,7 Integration 12,7	Zivilschutz 23,3 Integration 23,3 Finanzen 16,3 Informatik 16,3 Jugend 16,3 Raumordnung 16,3 Wirtschaft 16,3 Einwohner 14,0 Feuerwehr 11,6	Finanzen 18,8 Einwohner 18,8 Altenheim 18,8 Sozialdienst 18,8 Jugend 18,8 Tourismus 18,8 Standesamt 12,5 Feuerwehr 12,5 Senioren 12,5 Raumordnung 12,5 Landschaft 12,5 Landwirtschaft 12,5

	Kleinstgemeinden (N = 18)	Kleine Gemeinden (N = 63)	Mittlere Gemeinden (N = 43)	Große Gemeinden (N = 16)
Dienste mit Häufigkeit unter 10 Prozent	Einwohner 5,6 Kinderbetreuung 5,6 Integration 5,6 Sport 5,6 Kultur 5,6	Asyl 9,5 Sport 9,5 Trinkwasser 9,5 Kindergarten 7,9 Jugend 7,9 Einwohner 6,3 Kultur 6,3 Wirtschaft 6,3 Straßen 3,2 Senioren 4,8 Öffentl. Bauten 4,8 Landwirtschaft 3,2 Umwelt 1,6	Energie 11,6 Kinderbetreuung 9,3 Öffentl. Bauten 9,3 Sport 9,3 Asyl 7,0 Trinkwasser 7,0 Sekretariat 4,7 Grundschule 4,7 Senioren 4,7 Kultur 4,7 Umwelt 4,7 Straßen 2,3	Grundschule 6,3 Asyl 6,3 Integration 6,3 Kultur 6,3 Öffentl. Bauten 6,3 Wirtschaft 6,3
Keine Zustimmung		Friedhof 0,0 Landschaft 0,0	Kindergarten 0,0 Friedhof 0,0 Landschaft 0,0 Landwirtschaft 0,0	Sekretariat 0,0 Kindergarten 0,0 Kinderbetreuung 0,0 Friedhof 0,0 Straßen 0,0

Bei den Kleinstgemeinden ist aus Tirol nur eine einzige vertreten. Auch die vier Kleinstgemeinden aus Südtirol wählten verschiedene Politikbereiche als geeignet. Mehr als eine Nennung erhielten folgende Politikfelder: Sekretariat, Polizei, Kindergarten, Grund- und Mittelschule sowie Jugend und Raumordnung. Demgegenüber sind aus Graubünden 13 Kleinstgemeinden vertreten. Diese liegen in den meisten Fällen nahe am Durchschnittsbereich der Ergebnisse der Kleinstgemeinden. Die höchste Zustimmung von je über 60 Prozent der Bündner Kleinstgemeinden erhielten: Feuerwehr (69,2 %), Grundschule (69,2 %), Oberstufenschule (84,6 %) sowie Altenheim (61,5 %).

Bei den kleinen Gemeinden waren insgesamt betrachtet die Mittelschule und die Alten- und Pflegeheime als relevanteste Politikfelder feststellbar. Dies stimmt auch zum Großteil mit den Ergebnissen nach den Herkunftsländern überein: Bei den Mittelschulen wählten die Hälfte der Bündner kleinen Gemeinden diesen Dienst als geeignet und über 70 Prozent jener aus Tirol. Nur in Südtirol ist der Zustimmungswert geringer (35,3 %). Demgegenüber geben viele Südtiroler (76,5 %) und Tiroler (61,5 %) große Gemeinden an, dass die Altenheime ein geeigneter Kooperationsbereich für sie seien. In Graubünden sind es mit 45 Prozent ebenso viele kleine Gemeinden, aber unter der Hälfte der betroffenen Befragten.

Was die weiteren Ergebnisse betrifft, scheint das Territorium wieder eine Rolle zu spielen, weil in einigen Politikbereichen doch Unterschiede zwischen den kleinen Gemeinden aus den Territorien zu verzeichnen sind. Einige Beispiele: Die Finanzen und die Informatik sind für die kleinen Südtiroler Gemeinden (je über 40 %) ein geeigneter Kooperationsbereich, für die Bündner und Tiroler Gemeinden aber kaum. Ähnlich ist es bei der Polizei, die – wie bereits festgestellt – für die meisten Südtiroler Gemeinden einen geeigneter Kooperationsbereich darstellt (kleine Gemeinden: 58,8 %) – für die anderen beiden Territorien aber bedeutend weniger. Demgegenüber geben fast 70 Prozent der kleinen Tiroler Gemeinden an, dass das Standesamt ein geeigneter Politikbereich sei, in Graubünden sind es nur 20 und in Südtirol sogar nur 5,9 Prozent. Die Feuerwehren sind hingegen für über die Hälfte der Bündner kleinen Gemeinden ein geeigneter Kooperationsbereich und für 30 Prozent der Tiroler – in Südtirol hat hingegen keine einzige der 17 Gemeinden diesen Dienst als geeignet angekreuzt. Trotz dieser Unterschiede gibt es auch einige Gemeinsamkeiten zwischen den kleinen Gemeinden. So im Bereich der bereits genannten Mittelschulen und den Altenheimen, aber auch in Bezug auf den Sozialdienst, den Verkehr oder die Abfalldienste, die ähnlich viele kleine Gemeinden als geeignet bewerten.

Schließlich sind auch bei den mittleren Gemeinden eine Reihe von Unterschieden zwischen den Herkunftsländern erkennbar, auch wenn in immerhin zehn von 35 Politikfeldern ähnlich hohe Zustimmungswerte von mindestsens zwei von drei Ländern feststellbar sind. So sind sich die mittleren Gemeinden etwa in Bezug auf die Eignung für Kooperation im Tourismus, dem Verkehr oder dem Abfall unabhängig von ihrem Territorium einig. Eine weitere Ähnlichkeit zwischen den mittleren Gemeinden sind einige Bereiche, wo keine bzw. nur wenige Gemeinden eine Eignung für Kooperation feststellen. So verhält es sich mit einem gemeinsamen Sekretariatsdienst, Kindergarten, Seniorendienste, Friedhof, Kultur, Landschaftsschutz, Straßen oder Landwirtschaft.

Die Unterschiede sind hingegen ähnlich wie bei den kleinen Gemeinden, was die These untermauert, dass das Territorium eine Rolle für die Bewertung spielt. So sind die Polizeidienste für die Mehrheit (76,5 %) der Südtiroler mittleren Gemeinden ein geeigneter Politikbereich, während hierbei in Graubünden nur 27,3 Prozent zustimmen und in Tirol mit 6,7 Prozent nur sehr wenige. Auch bei den Alten- und Pflegeheimen sowie bei den Gesundheitsdiensten zeigt sich der ähnliche Trend wie bei den kleinen Gemeinden: Bei den Altenheimen sind es in Tirol und Südtirol viele mittlere Gemeinden, die dies als geeigneten Bereich einstufen (Tirol: 80 %, Südtirol: 52,9 %), während es in Graubünden deutlich weniger sind. Bei den Gesundheitsdiensten sind hingegen über 60 Prozent der Bündner und Tiroler Gemeinden der Meinung dies sei ein geeigneter Dienst für die lokale Zusammenarbeit, während es in Südtirol deutlich weniger sind.

Der Tourismus bestätig ebenso den Trend des Territoriums und ähnliche Ergebnisse wie bei den kleinen Gemeinden: Die Mehrheit der Bündner Gemeinden (kleine Gemeinden: 55 %, mittlere Gemeinden: 63,6 %) findet dieses Politikfeld geeignet, während es in Tirol und Südtirol bei den kleinen Gemeinden je unter 20 Prozent sind und bei den mittleren zumindest ein Drittel beträgt. Die Wirtschaftsförderung ist hingegen ein Beispiel, dass sich von den kleinen Gemeinden abhebt. Dieser Bereich war für Tirol und Südtirol überhaupt nicht relevant, in Graubünden für 20 Prozent. Die Werte in Tirol und Südtirol sind bei den mittleren Gemeinden ähnlich niedrig (Tirol: 6,7 %, Südtirol: 0,0 %), während es bei den Bündner mittleren Gemeinden die Mehrheit der befragten Gemeindepräsidenten ist (54,5 %), die diesen Bereich als geeignet ankreuzt.

Letztens soll noch ein Blick auf **die geografische Lage** der Gemeinde geworfen werden.

Tabelle 85: Geeignete Dienstleistungen nach Lage (Antworten der Fälle in Prozent)

	Ländlich periphere Gemeinden (N = 23)	**Ländliche Vororte (N = 77)**	**Ländliche Zentren (N = 10)**	**Kleinere Städte und Vororte (N = 30)**
Dienste mit Häufigkeit über 70 Prozent	Keine	Keine	Mittelschule 77,8	Keine
Dienste mit Häufigkeit zwischen 50 und 69,9 Prozent	Gesundheit 60,9 Feuerwehr 52,5 Altenheim 52,2	Mittelschule 57,1 Altenheim 57,1 Gesundheit 50,6 Abfall 50,6	Altenheim 70,0 Polizei 60,0 Sozialdienst 60,0	Keine
Dienste mit Häufigkeit zwischen 25 und 49,9 Prozent	Mittelschule 47,8 Abfall 47,8 Tourismus 43,5 Grundschule 34,8 Zivilschutz 30,4 Polizei 30,4 Verkehr 26,1	Abwasser 48,1 Standesamt 29,9 Polizei 35,1 Verkehr 33,8 Tourismus 28,6	Finanzen 40,0 Jugend 40,0 Informatik 30,0 Sekretariat 30,0 Verkehr 30,0 Abwasser 30,0	Altenheim 46,7 Verkehr 46,7 Abwasser 46,7 Standesamt 43,3 Gesundheit 40,0 Tourismus 36,7 Polizei 33,3 Sozialdienst 33,3 Abfall 30,0 Mittelschule 26,7 Trinkwasser 26,7

(Forts.)

Tabelle 85: (Forts.)

	Ländlich periphere Gemeinden (N = 23)	**Ländliche Vororte (N = 77)**	**Ländliche Zentren (N = 10)**	**Kleinere Städte und Vororte (N = 30)**
Dienste mit Häufigkeit zwischen 10 und 24,9 Prozent	Kinderbetreuung 21,7 Sozialdienst 21,7 Abwasser 21,7 Kindergarten 17,4 Raumordnung 17,4 Energie 17,4 Finanzen 13,0 Sekretariat 13,0 Einwohner 13,0 Standesamt 13,0 Wirtschaft 13,3 Trinkwasser 13,0	Sozialdienst 24,7 Feuerwehr 22,1 Zivilschutz 19,5 Finanzen 18,2 Integration 18,2 Informatik 16,9 Grundschule 16,9 Sekretariat 13,0 Jugend 14,3 Raumordnung 14,3 Asyl 10,4	Standesamt 20,0 Mittelschule 20,0 Integration 20,0 Raumordnung 20,0 Straßen 20,0 Wirtschaft 20,0 Abfall 20,0 Energie 20,0 Einwohner 10,0 Zivilschutz 10,0 Kinderbetreuung 10,0 Senioren 10,0 Gesundheit 10,0 Asyl 10,0 Sport 10,0 Kultur 10,0 Tourismus 10,0 Trinkwasser 10,0	Feuerwehr 23,3 Sport 20,0 Raumordnung 16,7 Energie 16,7 Informatik 13,3 Zivilschutz 13,3 Finanzen 10,0 Einwohner 10,0
Dienste mit Häufigkeit unter 10 Prozent	Informatik 8,7 Integration 8,7 Jugend 8,7 Sport 8,7 Kultur 8,7 Senioren 4,3 Asyl 4,3 Umwelt 4,3 Landwirtschaft 4,3	Sport 9,1 Einwohner 9,1 Tourismus 9,1 Energie 9,1 Kindergarten 7,8 Kinderbetreuung 7,8 Öffentl. Bauten 7,8 Umwelt 5,2 Landwirtschaft 5,2 Kultur 3,9 Trinkwasser 3,9 Straßen 3,9 Senioren 2,6	Keine	Kinderbetreuung 10,0 Senioren 10,0 Grundschule 6,7 Kultur 6,7 Integration 6,7 Jugend 6,7 Öffentl. Bauten 6,7 Landschaft 6,7 Wirtschaft 6,7 Umwelt 6,7 Landwirtschaft 6,7 Kindergarten 3,3

	Ländlich periphere Gemeinden (N = 23)	**Ländliche Vororte (N = 77)**	**Ländliche Zentren (N = 10)**	**Kleinere Städte und Vororte (N = 30)**
Keine Zustimmung	Friedhof 0,0 Landschaft 0,0 Öffentl. Bauten 0,0 Straßen 0,0	Friedhof 0,0 Landschaft 0,0	Standesamt 0,0 Kindergarten 0,0 Grundschule 0,0 Friedhof 0,0 Landschaft 0,0 Öffentl. Bauten 0,0 Umwelt 0,0 Landwirtschaft 0,0	Sekretariat 0,0 Friedhof 0,0 Asyl 0,0 Straßen 0,0

Bei den ländlichen Vororten gibt es vier Politikfelder, die besonders relevant sind: Die Mittelschulen, die Alten- und Pflegeheime, die Gesundheitsdienstes sowie die Abfalldienste. Diese vier Bereiche wurden jeweils von über der Hälfte der Befragten als geeignet eingestuft. Die Alten- und Pflegeheime sind auch bei den anderen drei Kategorien von Gemeinden sehr häufig genannt wurden, von den ländlichen Zentren sogar von sieben von zehn betroffenen Bürgermeister*innen.

Für die peripheren Gemeinden ist außer den Altenheimen und dem Gesundheitsdiensten noch die Feuerwehr ein geeigneter Bereich (52,2 %), der bei den anderen Kategorien deutlich weniger Zustimmung erhielt – von den ländlichen Zentren sogar gar keine. Außer den Altenheimen und den Gesundheitsdiensten erhielten folgende Politikbereiche noch ähnlich hohe Zustimmungswerte, unabhängig ihrer Lage: Polizei, Raumordnung sowie Verkehr. Ähnliche geringe Zustimmung erhielt hingegen die Landwirtschaft, Umwelt, öffentliche Bauten, Landschaft und Kultur. Die Abfalldienste sind ein Bereich, der vermehrt für ländliche Vororte und peripher liegende Gemeinden ein relevanter Kooperationsbereich zu sein scheint, weniger für die ländlichen Zentren und die kleineren Städte. Bei den kleineren Städten und Vororten ist auffällig, dass kein einziger Bereich von der Mehrheit der Bürgermeister*innen gewählt wurde, so dass die Antworten sehr heterogen ausfallen. Die höchste Zustimmung erhielt mit je 46,7 Prozent zum einen die Alten- und Pflegeheime sowie die Abwasserdienste und die lokale Mobilität.

Der Zusammenhang zwischen der Lage einer Gemeinde und deren Territorium ist ähnlich wie bereits bei der Variable Größe, d.h. zum Teil sind die Ergebnisse überaus heterogen. Sie bestätigen somit die These, dass es vor allem das Territorium ist, welches die Bewertung der geeigneten Politikbereiche beeinflusst.

Ähnlich wie bei den großen Gemeinden und den Kleinstgemeinden gibt es allerdings auch bei der geografischen Lage zwei Gruppen, bei denen es aufgrund der geringen Datenlage kaum möglich ist auf allgemeine Trends hinzuweisen. Dies sind zum einen die peripheren Ortschaften, von denen es insgesamt zwar 23 gibt, doch über die Hälfte davon stammt aus Graubünden, während Südtirol sowie Tirol nur mit vier bzw. drei Fällen vertreten ist. Basierend auf der geringen Anzahl aus Südtirol und Tirol wurden im Vergleich zu Graubünden nur eine geringe Anzahl von Politikfeldern als geeignet bewertet (Südtirol: 17 von 25, Tirol: 8 von 35). Das Politikfeld Gesundheit erhielt in Tirol von allen drei peripheren Gemeinden die Zustimmung, je zwei Gemeinden wählten auch die Feuerwehrdienste sowie die Raumordnung und den Trinkwasserdienst als geeignet. Den Trinkwasserdienst nannten auch zwei von vier Südtiroler Gemeinden, während dieser Dienst in Graubünden nur von 6,3 Prozent der 16 peripheren Gemeinden als geeignet gewertet wurde. Die drei Bereiche, die hingegen von den Südtiroler peripheren Gemeinden mehrheitlich gewählt wurden, waren nur die Polizei, die Kinderbetreuung sowie die Abfalldienste. Je zwei von vier wählten hingegen den Zivilschutz, die Altenheime, Trinkwasser, Abwasser- und Energiedienste. Alle anderen Bereiche wurden nur von je einer von vier Gemeinden gewählt. Bei den peripheren Gemeinden aus Graubünden erhielten demgegenüber vier Politikfelder von über der Hälfte der Befragten die Bewertung, dass sich dieser Bereich gut eignen würde: Die Feuerwehren, die Gesundheitsdienste sowie der Tourismus. Genau die Hälfte (50 %) der peripheren Bündner Gemeinden nannte noch die Mittelschulen. Alle anderen Dienstleistungen erhielten von weniger als der Hälfte der Befragten eine Zustimmung. Häufig genannt wurden noch die Grundschulen, die Altenheime und Abfalldienste (je 43,8 %) sowie die Mobilität (31,3 %).

Bei den ländlichen Zentren ist eine noch höhere Heterogenität und somit Individualität zwischen den Gemeinden, auch aus demselben Land, erkennbar. In Graubünden gibt es nur ein ländliches Zentrum. Von den vier Tiroler Gemeinden wurde kein einziger Politikbereich von allen vier oder mindestens drei gewählt. In Südtirol gibt es ebenso eine starke Heterogenität, wobei ein einziges Politikfeld von allen fünf ländlichen Zentren gewählt wurde (Polizei). Zudem wurden folgende zwei Dienste von vier von fünf Gemeinden gewählt: Die Altenheime sowie der Sozialdienst.

Eine größere Ausgeglichenheit gibt es von den ländlichen Vororten. Hier lassen sich zwischen den Ländern in einer Reihe von Politikfeldern Ähnlichkeiten beobachten, aber wiederum gibt es die spezifischen (bereits genannten) Unterschiede. So wurde in Südtirol der Polizeidienst überdurchschnittlich oft gewählt oder in Graubünden wiederum der Tourismus. Demgegenüber sind das Standesamt (59,1 %) sowie die Altenheime und die Gesundheit in Tirol sehr relevant (je über

70 %), während diese Bereiche zwar auch in Graubünden und Südtirol (bis auf das Standesamt) viel Zustimmung erfahren, aber nicht auf diesem hohen Niveau.

Dann gibt es wiederum einige Politikfelder, bei denen die Zustimmung zwischen den Territorien auf einem ähnlich hohen Niveau liegt: Mittelschulen, Altenheim, Gesundheit, Abfall) oder niedrigen (Kindergarten, Senioren, Asyl, Straßen, Trinkwasser. Andere Beispiele, wo sich die ländlichen Vororte der drei Länder wiederum unterscheiden, sind: Abwasser (in Graubünden kaum, in den anderen beiden Territorien sehr geeignet), Wirtschaft (in Graubünden 27,3 % der Zustimmung, in Südtirol nur einmal, in Tirol keinmal gewählt) oder Jugend (in Südtirol 27,3 % der Zustimmung, in Graubünden und Tirol unter zehn Prozent).

Schließlich sind noch die kleineren Städte und Vororte zu nennen. Auch hier gibt es aus Graubünden und Südtirol nur je sieben Vertreter, Tirol hat 16. Auch hier fallen die bereits genannten Unterschiede auf, die auf die Relevanz des jeweiligen Territoriums hinweisen: Polizei (Südtirol: 85,7 %, Graubünden 28,6 %, Tirol 12,5 %) sowie Altenheime (Tirol: 50 %, Südtirol: 42,9 %, Graubünden: 42,9 %) und Standesamt (Tirol: 75 %, Graubünden: 14,3 %, Südtirol: 0 %). Der Gesundheitsdienst liegt hingegen nicht im Trend zu den vorhergegangenen Ergebnissen. Zwar erklären 43,8 Prozent der Tiroler kleineren Städte diesen zu einem relevanten Bereich, noch höher ist aber die Zustimmungsrate der Bündner, von denen fünf von sieben diesen als geeigneten Bereich bezeichnen. Ein weiterer für die Bündner Gemeinden relevanter Bereich (5 von 7) ist wiederum der Feuerwehrdienst, der für die Südtiroler kleineren Städte (niemand) und Tiroler (2 von 16) hingegen kaum Relevanz hat. Demgegenüber sind die Dienstleistungen im sozialen Bereich sowie die Mobilität (Südtirol: 85,7 %, Tirol: 37,5 %, Graubünden: 28,6 %) und der Tourismus (Südtirol: 57,1 %, Graubünden: 42,9 %, Tirol: 25 %) für einen Teil der kleineren Städte in allen drei Territorien Themen, die sich gut für Kooperation eignen. Im Tourismus ist der Zustimmungswert dieses Mal interessanterweise aus Südtirol der höchste, wobei auch drei von sieben Bündner kleinere Städte und Vororten diesen als geeigneten Bereich bewerten. Der Abwasserdienst ist wiederum für die Gemeinden aus Tirol und Südtirol sehr viel geeigneter (je über 50 %) als für jene aus Graubünden (1 von 7 Gemeinden).

6.1.3 Wunsch nach verstärkter Zusammenarbeit

Schließlich lautete eine *Follow-Up*-Frage zu Frage 29 der geeigneten Politikbereiche im Fragebogen, ob sich die Bürgermeister*innen denn in einem der gelisteten 35 Dienstleistungen eine verstärkte Zusammenarbeit wünschen würden. Die genaue Fragestellung war: *In welchen der oben genannten Politikbereiche würden Sie sich eine verstärkte Zusammenarbeit zwischen Ihrer Gemeinde und* *anderen Gemeinden wünschen? Warum?* Diese offene und nicht verpflichtende Frage beantworteten nur 14 von 142 Bürgermeister*innen. Tabelle 86 fasst die Antworten im Hinblick auf die Variablen Territorium, Größe sowie Lage der Gemeinde zusammen und ordnet sie kategorisch nach Politikfeld.

Tabelle 86: Wunsch nach verstärkter Zusammenarbeit

Antwort	**Territorium**	**Größe**	**Lage**
Allgemeine Kommentare			
von oben deutlich mehr als 7	Kanton Graubünden	Kleine Gemeinden	Ländlich peripher
7 Optionen sind viel zu wenige	Land Südtirol	Kleine Gemeinden	Ländliche Vororte
Alle Verwaltungsdienste	Land Südtirol	Mittlere Gemeinden	Ländliche Zentren
wir arbeiten in 20 der dargestellten Bereiche bereits erfolgreich zusammen und dies ist weiter ausbaubar!	Land Tirol	Kleine Gemeinden	Kleinere Städte und Vororte
Institutionelle Dienste und Öffentliche Ordnung			
Ortspolizei; sichert bessere Abdeckung und unabhängige Kontrollen für alle beteiligten Gemeinden	Land Südtirol	Große Gemeinden	Kleinere Städte und Vororte
Einwohnerdienste; Standesamt	Land Südtirol	Mittlere Gemeinden	Ländliche Zentren
Wirtschaft			
Wirtschaftsförderung, Tourismus	Kanton Graubünden	Mittlere Gemeinden	Ländliche Vororte
Wirtschaftsförderung: > um der Strukturschwäche entgegen zu wirken > um den jungen Menschen möglichst vor Ort einen Arbeitsplatz zu ermöglichen	Land Südtirol	Kleinstgemeinden	Ländliche Vororte
Nachhaltige Entwicklung, Schutz der Umwelt, Land- und Forstwirtschaft, Energie			
Raumordnung, da ein neues Landesgesetz in Kraft tritt und eine Zusammenarbeit für alle von Vorteil wäre, da die Bereiche immer spezifischer und umfangreicher werden	Land Südtirol	Kleine Gemeinden	Ländliche Vororte

Antwort	Territorium	Größe	Lage
Raumordnung – rechtliche Aufwertung der Planungsverbände, höhere Objektivität bzw. Entlastung von örtlichen Interessenskonflikten in Widmungsfragen	Land Tirol	Kleine Gemeinden	Kleinere Städte und Vororte
Raumordnung	Land Tirol	Kleine Gemeinden	Ländliche Vororte
Energie	Land Tirol	Mittlere Gemeinden	Ländliche Vororte
Unterrichtswesen, Soziales, Gesundheit, Jugend und Sport			
Sportanlagen, nachhaltige Entwicklung, Kultur	Land Südtirol	Mittlere Gemeinden	Kleinere Städte und Vororte
Unterstützung älterer Personen, Koordination von Pflegeplätzen	Land Tirol	Mittlere Gemeinden	Kleinere Städte und Vororte

Vier von den 14 Bürgermeister*innen (drei aus kleinen Gemeinden, eine mittlere Gemeinde) gaben allgemeine Kommentare. Sie erklärten, dass Kooperation alle Dienstleistungen betreffe und deren Eignung somit nicht nur auf sieben beschränkt werden könnte. Zwei Bürgermeister*innen (Südtirol) gaben hingegen Dienstleistungen im Bereich der institutionellen Dienste als Wunschbereiche für Kooperation an. So möchte eine große Gemeinde vermehrt im Bereich der Ortspolizei kooperieren, während eine mittlere Gemeinde die Einwohner*innendienste bzw. das Standesamt als Wunsch angibt. Zwei andere ländliche Gemeinden – eine Kleinstgemeinde aus Südtirol und eine mittlere Gemeinde aus Graubünden – würden gerne im Bereich Wirtschaft kooperieren. Relevant scheint für einige Gemeinden auch der Bereich Raumordnung zu sein. So würden sich drei kleine Gemeinden (2 Tirol, 1 Südtirol) hier mehr Zusammenarbeit wünschen. Zwei der Kommentare zu diesem Politikfeld weisen auch auf die hohe Komplexität bzw. Arbeitsintensität in diesem Bereich hin. Letztens geben zwei Bürgermeister*innen von mittleren Gemeinden und geografisch betrachtet kleineren Städten noch soziale Belange bzw. die Sportanlagen als Wunschbereiche für mehr interkommunale Kooperation an.

Auch in den Interviews sprach ein Bürgermeister aus Südtirol über die Raumordnung als einen Politikbereich, in welchem er künftig noch gerne zusammenarbeiten möchte. Dort wird seiner Meinung nach vermehrt kooperiert werden müssen, weil es so von der subnationalen Ebene vorgesehen wird. Dabei ist er überzeugt, dass Kooperation in Zukunft in mehrfacher Hinsicht eine wichtigere Rolle spielen wird: *„Ich glaube, wir müssen von dem Denken weg, jede Gemeinde wollte einen eigenen Fussballplatz, einen eigenen Eislaufplatz, einen eigenen Vereinssaal… Da müssen wir schon irgendwie eine Zusammenarbeit finden. Ich glaube dieses Gesetz gibt uns auch den urbanistischen Rahmen dazu die Zusammenarbeit wirklich zu intensivieren und auch mit einem Weitblick (…)“.*

6.1.4 Zusammenfassung: Gründe für Kooperation

Die Untersuchung widmete sich auch der Frage, weshalb Bürgermeister*innen interkommunale Kooperation beginnen bzw. beibehalten und ob es hierzu Unterschiede zwischen Gemeindetypen gibt. Vor der Erhebung wurde angenommen, dass die genannten Gründe vielfältig seien. Allerdings wurde basierend auf existierenden Studien sowie Expertengesprächen erwartet, dass insbesondere ökonomische Gründe (mangelnde Finanzausstattung) oder personalorganisatorische Gründe (fehlende Fachkompetenz des Verwaltungspersonals) unabhängig des Territoriums der jeweiligen Gemeinden zu Kooperation führen.

Die erste These wurde teilweise, die zweite vollumfänglich bestätigt. In Bezug auf die **Größe** und die **geografische Lage** wurde ebenso ein bestimmter Einfluss erwartet. Es wurde angenommen, dass kleinere Gemeinden eher aus Gründen von mangelnden Finanz- und Personalressourcen kooperieren. Hingegen würden größere Gemeinden eher kooperieren, um zusätzliche Kompetenzen oder mehr Sichtbarkeit zu erlangen. Ähnliches wurde für die geografische Lage angenommen, und zwar, dass periphere Gemeinde eher aus Gründen der Kosteneinsparung sowie des Personalmangels kooperieren, während die kleineren Städte und ländlichen Vororte eher aufgrund von finanziellen Anreizen oder mehr Sichtbarkeit kooperieren.

Basierend auf den Daten, sind die Gründe für Kooperation nicht so vielfältig wie vorab angenommen und nicht so zahlreich, wie die Politikfelder, in denen kooperiert wird. Die Ergebnisse zeigen eine klare Tendenz für drei Gründe, die besonders relevant sind: Die „bessere Qualität der Dienstleistungen“, „Reduzierung der Kosten“ sowie „höhere Effizienz innerhalb der Verwaltung“ erreichten jeweils die Zustimmung von über der Hälfte der Befragten. Es ist darauf hinzuweisen, dass diese Gründe nicht in jeder Hinsicht deutlich voneinander zu unterscheiden sind, sondern alle drei die Verwaltungskapazität einer Gemeinde betreffen und auch eng mit den Personal- und

Finanzressourcen der Gebietskörperschaften verknüpft sind. Diese Gründe können in der Kategorisierung von Biwald et al. in ökonomische und organisatorische Gründe gefasst werden. Einen deutlich geringeren Stellenwert erhielten im Datensatz hingegen die von diesen genannten Gründe der obligatorischen Kooperation, Bürger*innenorientierung sowie Macht und Einfluss[1573] – Faktoren, die allerdings in den persönlichen Gesprächen zur Sprache kamen. So kamen solche Aspekte in den Interviews zum Vorschein, wobei sie von den befragten Bürgermeister*innen teilweise anders benannt wurden. Insgesamt wurden in den Gesprächen deutlich mehr Gründe für Kooperation genannt, als im Fragebogen zur Verfügung standen. Auch in diesem Fall sind die Faktoren, welche die Bürgermeister*innen zu Kooperation bewegen, teilweise überlappend. So nannten verschiedene Interviewpartner*innen die Anstellung von Fachpersonal, die Bündelung von Ressourcen, die Last und Komplexität der Aufgaben für die Verwaltung, die finanzielle Ausstattung sowie die Auslastung von Infrastrukturen als primäre Gründe für interkommunale Zusammenarbeit. All diese Faktoren können in einem klaren Zusammenhang mit den meistgenannten Gründen aus dem Fragebogen betrachtet werden, denn sie betreffen die Kapazität der Verwaltungen, insbesondere hinsichtlich der bestehenden Finanz- und Personalressourcen.

Hinsichtlich des **Territoriums** sind die Ergebnisse, anders als erwartet, nicht durchgehend übereinstimmend. So sind bei den Südtiroler Bürgermeister*innen insbesondere die Steigerung der Effizienz und Qualität wichtige Themen, während es in Graubünden und Tirol in erster Linie die Reduzierung der Kosten ist, die zu Kooperation führt. Außerdem wurde ersichtlich, dass für die Gemeinden aus Graubünden auch die Verpflichtung zur Kooperation relevant ist. Bei den Gesprächen zeigten sich diese Unterschiede zwischen den Territorien hingegen nicht in einem solchen Ausmaß. Interessanterweise sind es nur zwei Gründe, die für die Kooperation in allen Territorien sehr wenig Relevanz aufweisen und auch von den Interviewpartner*innen kaum genannt wurden. Es sind dies die Erhöhung der Sichtbarkeit der eigenen Gemeinde sowie die finanziellen Anreize durch die Europäische Union.

Wie erwartet, zeichnete sich in Bezug zu den Gründen auch ein Einfluss durch **die Größe** und **geografische Lage** der Gemeinden ab. Allerdings wurden diese Unterschiede nur in den Ergebnissen des Fragebogens festgestellt,

1573 Vgl. Biwald et al., Leistungsfähige Kommunen, S. 15 f.

während sie in den persönlichen Gesprächen weniger zum Vorschein kamen, allerdings diskutiert wurden. Die **Größe** der Gemeinden scheint bei der Bewertung der Gründe einen Einfluss zu haben, auch wenn einige Ergebnisse ziemlich ähnlich waren. Dennoch wird ersichtlich, dass die Gründe der Erlangung von technischen Kompetenzen und des Personalmangels für Kleinstgemeinden und kleine Gemeinden deutlich relevanter sind als für größere Gemeinden. Bei den großen Gemeinden ist es hingegen die Steigerung der Effizienz, die einen höheren Stellenwert einnimmt. Damit wurde die These der unterschiedlichen Gründe zwar bewahrheitet, nicht aber die Erwartungen, um welche spezifischen Gründe es sich handelt. Was bei den persönlichen Interviews auffiel, war, dass die Bürgermeister*innen aus kleinen Gemeinden jeweils mehr Gründe für Kooperation anführten, wovon eine höhere Relevanz der Thematik Kooperation abgeleitet werden kann. Zudem sprachen einige Bürgermeister*innen die Notwendigkeit der Kooperation aufgrund ihrer kleinen Größe konkret an. Auf einen geringen Stellenwert der Größe deutet hingegen der Umstand hin, dass die Ergebnisse in Verbindung mit der Größe und dem Territorium sehr heterogen waren. Damit scheint es insgesamt eher das Territorium der Gemeinden zu sein, das einen größeren Einfluss auf die Begründung von Kooperation hat.

In Bezug auf die **geografische Lage** sind die Gründe ähnlich, allerdings gibt es zwischen den peripheren Gemeinden und den kleineren Städten und Vororten in einigen Fällen beträchtliche Schwankungen, so dass auch hier auf einen gewissen Einfluss hinzuweisen ist. Der meistgewählte Grund im Fragebogen war in allen vier Kategorien der Lage ein anderer, was auf einen bestimmten Einfluss der Variable hindeuten würde, allerdings sind die jeweiligen Unterschiede in den Zustimmungswerten nicht ausgeprägt. Beim Grund der höheren Professionalität fällt auf, dass die Zustimmungswerte vonseiten der Bürgermeister*innen aus kleineren Städten sowie der ländlichen Zentren prozentuell deutlich höher liegen als bei den ländlichen Vororten und peripheren Gemeinden. Bei den Gründen der Effizienzsteigerung und Kostenreduzierung sind hingegen Unterschiede zwischen den peripheren Gemeinden und kleineren Städten feststellbar, da diese Gründe für letztere wichtiger sind. Hingegen erhielt der Grund der Steigerung der technischen Kompetenzen in allen ländlichen Gemeinden mehr Zustimmung als in den kleineren Städten, da diese vermutlich bereits über ausreichend Personal und somit auch viele technische Kompetenzen verfügen. Nicht überraschend ist auch, dass der Personalmangel für die peripheren Gemeinden ein wichtigerer Grund zu kooperieren ist als für die kleineren Städte.

Abgesehen von der Begründung für Kooperation wurde im Fragebogen gefragt, welche Politikfelder nach der Meinung der Bürgermeister*innen sich besonders für Kooperation eignen und wo sie sich noch vermehrte Kooperation wünschen. Hinsichtlich der geeigneten Politikfelder offenbaren die Bürgermeister*innen übereinstimmende Meinungen. So erhielt das Politikfeld der Alten- und Pflegheime die Zustimmung von den meisten Befragten als ein für Kooperation geeignetes Politikfeld. Ebenso erhielten weitere vier – Abwasser, Abfall, Mittelschule, Gesundheit – die Zustimmung von immerhin fast der Hälfte der Befragten. Der Vergleich der Territorien zeigt ebenso, dass die Bürgermeister*innen im Großen und Ganzen ähnliche Politikfelder für Kooperation befürworten, auch wenn die spezifischen Zustimmungsraten schwanken. In Tirol sind die Meinungen homogener, da insgesamt fünf Politikfelder die Zustimmung von über der Hälfte der Befragten erhielt (Altenheime, Abwasser, Gesundheit, Standesamt, Mittelschule). In Graubünden waren dies drei Politikfelder (Gesundheit, Mittelschule, Feuerwehr) und in Südtirol nur zwei (Polizei, Altenheime). Trotz einiger Übereinstimmungen zeigen diese Ergebnisse, dass auch bei der Bewertung der geeigneten Politikfelder das Territorium einen Einfluss hat. Demnach wird geschlussfolgert, dass die Wahl der geeigneten Politikfelder zu einem großen Anteil auch mit den jeweiligen Traditionen und vorhandenen politischen Erfahrungen zusammenhängt. So werden u.a. jene Politikbereiche als geeignet bewertet, in denen bereits viel Kooperationserfahrung vorhanden ist (z.B. Standesamt in Tirol und Polizeidienst in Südtirol). Jene Bereiche in denen die Gemeinden keine Erfahrungen haben werden hingegen kaum in Betracht gezogen.

Bezüglich der **Größe** und **Lage** der Gemeinde sind auch in Bezug auf die geeigneten Politikfelder einige Unterschiede feststellbar, wobei die Antworten insgesamt die Tendenz des Einflusses des Territoriums bestätigten. Bezüglich der Größe heben sich vor allem die Kleinstgemeinden ab, weil dort im Gegensatz zu den anderen Kategorien eine große Übereinstimmung herrscht. So wurde das Politikfeld Mittelschule von über 70 Prozent der Bürgermeister*innen aus Kleinstgemeinden als geeignet bewertet und weitere vier Politikfelder von über der Hälfte der Befragten (Altenheime, Grundschule, Feuerwehr, Gesundheit). Solche klaren Mehrheiten gab es in den anderen drei Kategorien nicht, denn dort erhielten jeweils nur zwei Politikfelder die Zustimmung von über der Hälfte der Befragten. Demnach sind die Meinungen zu den Politikfeldern kontextgebunden. Eine ähnliche Tendenz ist in Bezug auf die geografische Lage feststellbar. Dort gibt es zwar in keiner Kategorie so klare Tendenzen wie bei den Kleinstgemeinden, doch es fällt auf, dass es bei den kleineren Städten kein einziges Politikfeld gibt, das von einer klaren Mehrheit als geeignet eingestuft wird. Hingegen sind es bei den drei ländlichen Kategorien der Gemeinden jeweils zwei bis drei Politikfelder, die von den meisten Befragten als geeignet eingestuft werden. Somit sind die Antworten der kleineren Städte und Vororte ziemlich heterogen und individuell, während andere ähnlicher denken, was an ähnlichen Erfahrungen oder Notwendigkeiten liegen kann.

6.2. Wichtigkeit

Die zweite Dimension der Bewertung betrifft die Wichtigkeit aus politischer Sicht. Die Forschungsarbeit eruiert mit welcher Wichtigkeit die Bürgermeister*innen die interkommunale Kooperation persönlich bewerten – sowohl als ein allgemeines Instrument der Verwaltung, wie auch spezifisch in Bezug auf ihre eigene Gemeinde. Zum einen wird danach gefragt, ob sie die lokale Kooperation im Allgemeinen als ein effizientes Instrument der Verwaltung bewerten (unabhängig davon, ob sie bereits Erfahrung haben). Zum zweiten soll erhoben werden, wie wichtig ihnen die lokale Kooperation persönlich ist.

Im Allgemeinen wird erwartet, dass Kooperation insgesamt als ein zielführendes Instrument für eine effizientere Verwaltung bewertet wird und sich diese Tendenz in allen drei Territorien zeigt. Allerdings wird vermutet, dass die Antworten des Kantons Graubünden niedriger ausfallen als in Südtirol und Tirol, weil dieser eine reichliche Erfahrung mit Fusionen hat und diese vermutlich auch von den Gemeindepräsidenten befürwortet wird. Zur persönlichen Wichtigkeit wird angenommen, dass diese nicht überall stark ist, sondern es hierzu Unterschiede gibt und einige Bürgermeister*innen sehr wohl der Meinung sind, dass Kooperation unwichtig ist. Hinsichtlich der Größe und Lage einer Gemeinde wird angenommen, dass diese Faktoren einen Einfluss auf die Bewertung der Wichtigkeit haben. So wird erwartet, dass Kooperation von den Bürgermeister*innen aus Kleinstgemeinden und kleinen Gemeinden sowie peripheren Gemeinden und ländlichen Vororten als zielführender und wichtiger bewertet wird als von jenen aus größeren und zentral gelegenen Gemeinden. Diese Annahme rührt daher, da davon ausgegangen wird, dass sich kleinere und peripher liegende Gemeinden insgesamt schwieriger mit dem lokalen Regieren tun als größere und zentralere Gemeinden und ihnen somit die Kooperation insgesamt wichtiger und zielführender erscheint.

6.2.1 Kooperation als Instrument für eine effiziente Verwaltung

Die erste Frage im Fragebogen (Nr. 31) behandelte die allgemeine Wichtigkeit: *Ist die Kooperation mit anderen Gemeinden Ihrer Meinung nach als allgemeines*

Instrument zielführend, um effizienter zu verwalten? Diese Frage zielte weniger auf die persönliche Wichtigkeit, die später abgefragt wurde, sondern zum inhaltlichen Einstieg in die Dimension. Zur Auswahl standen die drei Antwortmöglichkeiten: Ja, Nein sowie Weiß nicht. Insgesamt wurde die Frage von 139 der 142 Befragten beantwortet. Die Ergebnisse zeigen, dass die lokale Kooperation von der Mehrheit der Befragten als zielführend angesehen wird.

Abbildung 28: Kooperation als zielführendes Instrument (N = 139).

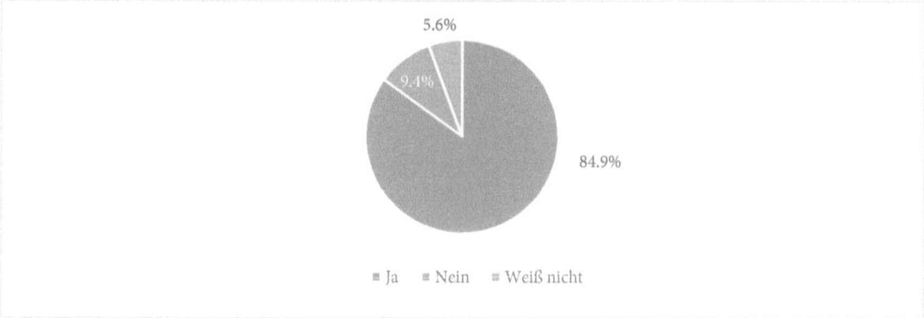

Von den Befragten erklärten 118 (84,9 %), dass sie Kooperation als zielführendes Instrument für eine effizientere Verwaltung bewerten. Nur 13 der 139 Befragten (9,4 %) vereinten die Frage und acht Personen (5,7 %) hatten keine Meinung dazu. Betrachtet man diese Ergebnisse nach dem Territorium, so liegen die Zustimmungswerte sehr nah beieinander. In allen drei Ländern liegt die Zustimmung bei über 80 Prozent. Spitzenreiter sind die Gemeinden aus Südtirol, wo 89 Prozent der befragten Bürgermeister*innen (44 von 49) angaben, dass sie Kooperation als zielführendes Instrument bewerten. Bei den Tiroler und Bündner Bürgermeister*innen sind es mit jeweils 37 von 45 etwas weniger. Die Bünder Gemeindepräsidenten sind es auch, bei denen im territorialen Vergleich der höchste Prozentsatz (15,6 %) die Frage mit „nein" beantwortete (7 von 45). In Tirol und Südtirol waren es mit fünf bzw. nur einer Person weniger. In den persönlichen Gesprächen brachte einer Bürgermeister bestimmte Voraussetzungen zur Sprache, die für eine zielführende Kooperation bestehen müssten: *„Es muss aber der politische Wille da sein und es muss auch von den Mitarbeitern mitgetragen werden. Ansonsten funktioniert es nicht. Wenn nur einseitiger Wille da ist…"*.

Die Ergebnisse nach der **Größe** der Gemeinde sind den Gesamtergebnissen sehr ähnlich. Somit scheint diese Variable keinen bzw. nur einen sehr geringen Einfluss auf die Bewertung von interkommunaler Kooperation zu haben. Von vier Kategorien, liegt die Zustimmungsrate bei dreien jeweils über 80 Prozent, bei den Kleinstgemeinden sogar bei fast 100 Prozent (17 von 18 bejahten die Frage). Im Vergleich gaben allerdings die kleinen Gemeinden den geringsten Zustimmungswert.

Abbildung 29: Kooperation als zielführendes Instrument nach Territorium.

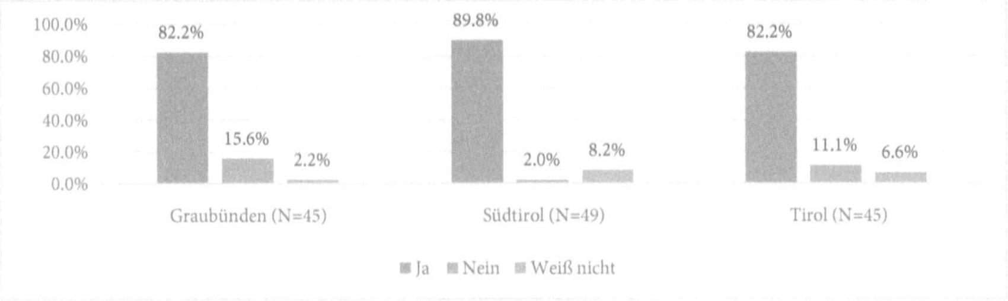

Abbildung 30: Kooperation als zielführendes Instrument nach Größe.

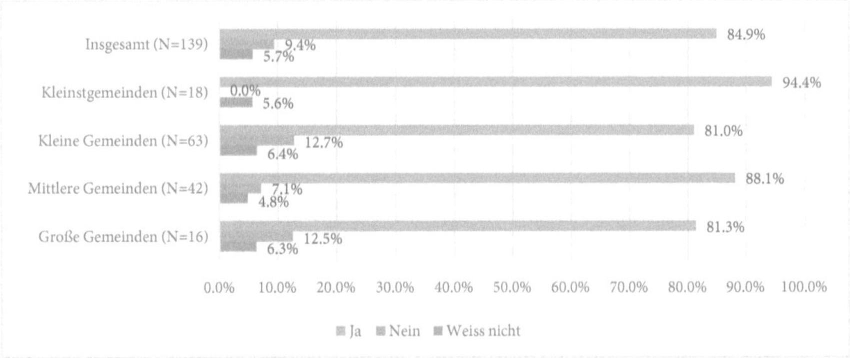

Betrachtet man diese Ergebnisse nach Größe und Territorium, so ist bei den Südtiroler großen Gemeinden ein Unterschied zu den anderen großen Gemeinden erkennbar – wobei insgesamt nur 16 Gemeinden in diese Gruppe fallen. Die höchste Zustimmung gab es vonseiten der großen Gemeinden aus Südtirol, da 90 Prozent die Frage bejahten (10 von 11). In Tirol waren es hingegen nur zwei von drei, in Graubünden nur eine von zwei. Bei den mittleren Gemeinden sind kaum Unterschiede zu beobachten. In allen drei Gebieten bejahten fast alle Bürgermeister*innen aus mittleren Gemeinden die Frage (Graubünden: 90 %, Südtirol: 88,2 %, Tirol: 86,7 %). Auch die kleinen Gemeinden sind ähnlich: Die große Mehrheit der Bürgermeister*innen der kleinen Gemeinden aus allen Territorien bewertete die Kooperation als zielführendendes Instrument, wobei der Wert bei den Südtiroler Gemeinden wiederum am höchsten liegt (Graubünden: 75 %, Südtirol: 88,2 %, Tirol: 80,8 %). Schließlich sind noch die 19 Kleinstgemeinden, von denen der Großteil (13) aus Graubünden stammt. 92,3 Prozent dieser geben an, dass die interkommunale Kooperation zielführend sei, um effizienter zu verwalten. In Tirol stimmt die einzige Kleinstgemeinde und in Südtirol alle vier dieser Frage ebenso zu.

Abbildung 31: Kooperation als zielführendes Instrument nach Lage.

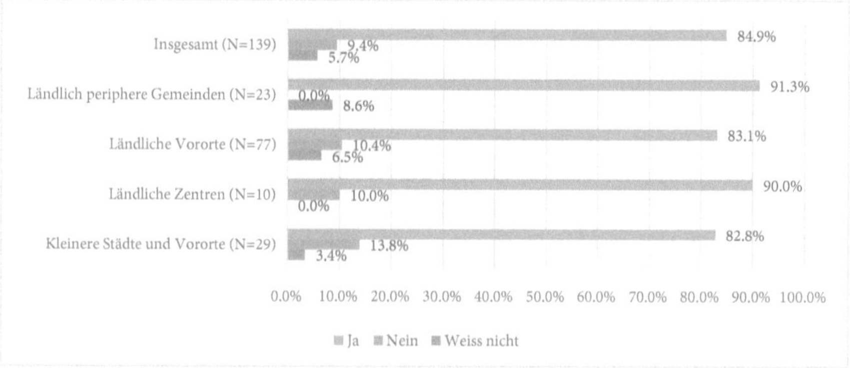

Bei der **Lage** der Gemeinde sind ebenso nur kleine Unterschiede zwischen den Kategorien erkennbar. Auch hier stimmte der Großteil der Bürgermeister*innen aus allen Kategorien der Frage zu. Bei den ländlichen Zentren beantworteten neun von zehn Bürgermeister*innen die Frage mit Ja und auch bei den ländlich peripheren Gemeinden waren es mit 21 von 23 betroffenen Bürgermeister*innen über 90 Prozent der Befragten. Bei den peripheren Gebieten und den ländlichen Vororten waren die Zustimmungswerte aus den einzelnen Territorien ziemlich hoch. Die geringste Zustimmungsrate auf die Frage macht 66,7 Prozent aus und betrifft die ländlichen peripheren Gemeinden in Tirol. In diesem Fall erklärten zwei von drei Bürgermeister*innen, dass sie die interkommunale Kooperation als zielführend bewerten. Bei den ländlichen Vororten sowie den kleineren Städten und Vororten liegt der Wert im Vergleich niedriger, aber immer noch sehr hohem Niveau. Bei den 29 kleineren Städten und Vororten, welche die Frage beantwortet haben, stammte die höchste Zustimmungsrate wiederum von den Gemeinden aus Südtirol. Es stimmten zwar auch die Bürgermeister*innen aus den kleineren

Städten von Graubünden und Tirol der Frage mehrheitlich zu (je über 75 %). Bei den 77 ländlichen Vororten sind es hingegen die Tiroler Befragten, welche der Frage mit über 90 Prozent zustimmten. In Südtirol stimmten 84,8 Prozent der Bürgermeister*innen zu und in Graubünden 72,7 Prozent.

6.2.2 Persönliche Wichtigkeit der Kooperation

Die zweite Frage im Fragebogen konzentrierte sich auf die Wichtigkeit in Bezug auf die eigene Gemeinde (Nr. 32). Diese Frage wurde deshalb gestellt, da es durchaus sein könnte, dass die Bürgermeister*innen die Kooperation im Allgemeinen zwar als zielführend betrachten, aber diese für die eigene Gemeinde dennoch nicht als geeignet einschätzen. Zu bedenken ist, dass diese Frage nur jenen Befragten angezeigt wurde, die bei der vorhergegangenen Frage 31 „Ja" oder „Weiß nicht" geantwortet hatten. Die Fragestellung war: *Wie wichtig ist Ihnen die gemeinsame Ausführung von Diensten zwischen Ihrer Gemeinde und anderen Gemeinden (unabhängig davon, ob Sie bereits Erfahrung damit haben)?* Als Antwortkategorien standen folgende Werte zur Verfügung: Nicht wichtig, weniger wichtig, ziemlich wichtig, sehr wichtig oder weiß nicht. Die Gesamtergebnisse offenbaren ein klares Ergebnis, das mit den Ergebnissen der Frage 31 in Bezug auf die allgemeine Wichtigkeit übereinstimmt. So ist für fast 50 Prozent der Befragten (63 Personen) die interkommunale Kooperation für ihre Gemeinde „ziemlich wichtig", für weitere 44 Prozent (56 Personen) sogar „sehr wichtig". In der Summe macht dies für 93,7 Prozent eine hohe Wichtigkeit der interkommunalen Kooperation aus. Nur sechs von 127 beantworteten die Frage mit „weniger wichtig" und zwei mit „weiß nicht". Die Antwort „nicht wichtig" wurde hingegen von niemandem angekreuzt.

Demnach kann behauptet werden, dass alle Befragten, die interkommunale Kooperation als zielführendes Instrument betrachten, diese für ihre Gemeinde im geringsten Fall als „weniger wichtig" einstufen.

Abbildung 32: Persönliche Wichtigkeit von Kooperation (N = 127).

Wenn wir diese eindeutige positive Bewertung nach **Ländern** aufsplitten, sind kaum Unterschiede zwischen den Territorien festzustellen. Sowohl bei den Bürgermeister*innen aus Graubünden wie auch jenen aus Südtirol ist die Kategorie „ziemlich wichtig" die meistgewählte (Graubünden: 53,8 %, Südtirol: 47,9 %). Bei den Tiroler Bürgermeister*innen erhielten die Bewertungen „sehr wichtig" und „ziemlich wichtig" die gleich hohe Zustimmung (je 19 Personen, 47,5 %). In Graubünden und Südtirol liegt die Kategorie „sehr wichtig" hingegen auf dem zweiten Platz.

Abbildung 33: Wichtigkeit von horizontaler Kooperation nach Territorium.

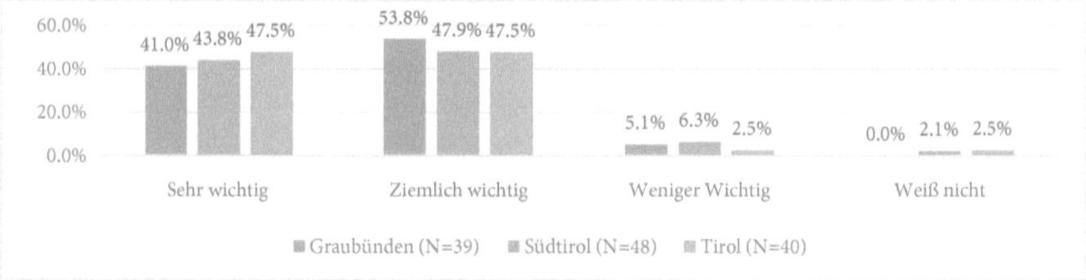

Die Wichtigkeit von interkommunaler Kooperation wurde auch in den Interviews explizit zur Sprache gebracht. Hierbei wurden die Bürgermeister*innen insbesondere zur Begründung der Wichtigkeit befragt. Im Allgemeinen decken sich diese Antworten mit den vorherigen Ergebnissen: Der Großteil der interviewten Bürgermeister*innen erklärte, dass ihnen Kooperation wichtig sei. So bewerteten alle vier Tiroler Bürgermeister*innen – unabhängig von ihrer Größe oder der geografischen Lage – Kooperation als wichtig. In Südtirol taten dies ebenso drei von vier Bürgermeister*innen, während einer aus einer mittleren und zentral gelegenen Gemeinde die Wichtigkeit nicht pauschal zuordnen wollte. Die Gemeindepräsidenten von Graubünden offenbarten hingegen ein differenzierteres Bild. Während zwei Gemeindepräsidenten die Kooperation als wichtig bezeichneten, ist dies für zwei nur unter bestimmten Voraussetzungen der Fall. Zum einen, ob Kooperationen mit anderen Gemeinden auf Augenhöhe stattfindet und die eigene Gemeinde keine Autonomie verliert. Zum anderen, wenn ein echtes Bedürfnis für die Gemeinde bestehe. In beiden Fällen handelt es sich um eine mittelgroße Gemeinde, einmal um eine Zentrumsgemeinde und einmal um einen ländlichen Vorort.

Jene Bürgermeister*innen, die in der Bewertung der Wichtigkeit vorsichtiger waren, offenbarten einen gewissen Pragmatismus hinsichtlich der Kooperation. So unterstrich ein Bürgermeister, dass Kooperation von bestimmten Aspekten, wie dem Dienst an den Bürger*innen sowie den Kosten abhängig sei: „*Kooperationen können von sehr wichtig bis …, je nach Bedarf und Interessenslage. Und da wiederum:*

Kosten-Nutzen Verhältnis. Das kann man nicht pauschal sagen. Ich bin natürlich ein offener Mensch und sage: Kooperationen sind immer wichtig, weil man Synergien nutzen kann. Aber ich kann das nicht auf einer Skala 1 oder 5 sagen (…)." Ein anderer Bürgermeister verbindet die Wichtigkeit mit der Notwendigkeit: „*Also ich denke, wenn es ein Bedürfnis gibt zu kooperieren, bin ich jederzeit bereit und finde auch sinnvoll. Also wenn ich jetzt an Tourismus denke, bin ich der Meinung wir könnten noch im Tourismus weiterkooperieren oder mehr kooperieren, was Sinn machen würde.*"

In den meisten Fällen wurde die Begründung für eine bestimmte Wichtigkeit eng mit den Aussagen verknüpft, welche die Bürgermeister*innen im Vorfeld als Motivation für eine Kooperation angaben. Fünf von 12 zählten mehrere Gründe auf, weshalb ihnen Kooperation wichtig sei. Der meistgenannte Grund war der Gemeinde ein breiteres Angebot an Dienstleistungen oder Infrastrukturen zu bieten: „*Hauptsächlich, weil man ja der eigenen Gemeinde verpflichtet ist und möglichst viel erreichen will und das möglichst effizient erreichen will. Und das einfach mit Kooperationen sehr viel einfacher möglich ist und da auch einfach Dinge nutzen kann, die man sonst so selber nicht zur Verfügung hätte.*"

Weitere mehrmals genannte Gründe waren die Reduzierung von Kosten sowie die Bündelung von Ressourcen im Hinblick auf Vernetzung und den Erfahrungsaustausch zwischen Gemeinden: „*Also für mich absolut wichtig. Also, je mehr Kooperationen das es gibt, desto besser ist es. (…) Wenn ich das Gefühl habe, dass ich mit dem Land oder mit anderen Gemeinden einen kompetenten Partner habe, dann ist das einfach ganz ganz toll und die Zukunft meiner Meinung nach.*" Einige Bürgermeister*innen aus kleinen Gemeinden und einer aus einer mittleren Gemeinde brachten die Wichtigkeit mit der Kostenreduzierung in Verbindung: „*Eben, da können wir wirklich Ressourcen sparen. Das geht von Kleinigkeiten wie Vernehmlassungen von Gesetzen oder so, die wir miteinander, in der Region vielleicht eine Stellungnahme erarbeiten, die wir nachher zugänglich ist. (…) Ganz viele verschiedene kleine Sachen, die dann sehr wichtig sind, wo man auch Ressourcen sparen kann und Ressourcen effizient einsetzen kann.*" Zwei weitere Bürgermeister*innen aus kleinen Gemeinden brachten die Wichtigkeit mit der Notwendigkeit in Verbindung. In Bezug auf deren Lage handelte es sich hierbei um einen ländlichen Vorort und ein ländliches Zentrum. Ein Bündner Gemeindepräsident erklärte die Notwendigkeit in Bezug auf den Tourismus: „*Ich sehe, dass jetzt zum Beispiel ein kleiner Tourismusort (…) in dieser verändernden Umwelt vor ganz neuen Herausforderungen steht (…) Und eine Gemeinde kann natürlich nicht alle Bedürfnisse abdecken (…) Deshalb sind in diesem Bereich Kooperationen enorm wichtig, um eine nachhaltige längerfristige touristische Entwicklung zu gewährleisten, aber auch (…) um die Lebensqualität der Einwohner hier möglichst hoch zu halten.*" Dass eine bestimmte Wichtigkeit nicht zwangsläufig bedeutet, dass man eine Kooperation gerne ausführt, offenbart die Aussage eines anderen

Bürgermeisters. Demnach ist Kooperation notwendig und infolgedessen wichtig: *„Ich glaube, wenn es nicht wichtig wäre, hätte man es nicht schon längst getan. Es ist wichtig und ich glaube, man kann nicht mehr anders."*

Dennoch ist Kooperation nicht für alle in jeder Hinsicht der geeignete Lösungsansatz, insbesondere nicht für peripher liegende Gemeinden. Diesen ist es wichtig die Dienstleistungen vor Ort zu halten: *„Kooperieren ist wichtig, aber lieber die Sachen behalten, was für Bürger vor Ort sein muss. (…) In der Verwaltung kannst du eine Kooperation machen, aber du kannst nie sagen ich tue die KiTa raus. Weil wenn ich die KiTa zu mache und morgen den Kindergarten, dann ist das Dorf gestorben."*

Wenn die Ergebnisse zu der Wichtigkeit in Bezug zur **Größe** betrachtet werden, schlagen sie in eine ähnliche Kerbe wie die Gesamtergebnisse. Die Resultate zeigen, dass bei großen und kleinen Gemeinden die Bewertung „ziemlich wichtig" die meiste Zustimmung erhielt. Den mittleren Gemeinden ist die Kooperation verhältnismäßig wichtiger, weil die Antwort „sehr wichtig" die höchste Zustimmung erhielt. Nur die Kleinstgemeinden haben einen gleich hohen Anteil bei „sehr" und „ziemlich wichtig". Den wenigen Bürgermeister*innen, denen Kooperation ihrer Gemeinde „weniger wichtig" ist, stammen hingegen aus kleinen (2) bzw. mittleren Gemeinden (4). Diese Ergebnisse deuten darauf hin, dass den großen Gemeinden die Kooperation verhältnismäßig weniger wichtig ist als mittleren, kleinen und Kleinstgemeinden.

Tabelle 87: Wichtigkeit von Kooperation nach Größe (N = 127)

Größe der Gemeinde	Weniger wichtig	Ziemlich wichtig	Sehr wichtig	Weiß nicht
Kleinstgemeinden (N = 18)	0,0 %	50,0 %	50,0 %	0,0 %
Kleine Gemeinden (N = 55)	3,6 %	50,9 %	43,6 %	1,6 %
Mittlere Gemeinden (N = 40)	10,0 %	42,5 %	47,5 %	0,0 %
Große Gemeinden (N = 14)	0,0 %	64,3 %	28,6 %	7,1 %
Insgesamt	**4,7 %**	**49,6 %**	**44,1 %**	**1,6 %**

In Bezug auf das **Territorium** und die **Größe** der Gemeinde sind kaum Unterschiede zwischen den Territorien ersichtlich, da die meisten Ergebnisse in Kohärenz mit den allgemeinen Daten nach der Größenkategorie stehen. Somit hat das Territorium in diesem Aspekt wenig Einfluss. Nur bei den mittleren Gemeinden zeigt sich, dass für einen großen Teil der Tiroler Gemeinden interkommunale Kooperation „sehr wichtig" ist (61,5 %), in Graubünden sind es mit 40 und in Südtirol mit 41,2 Prozent hingegen deutlich weniger. Die mittleren Gemeinden aus Südtirol geben mehrheitlich die Antwort „ziemlich wichtig" (52,9 %). Von den zehn mittleren Gemeinden aus Graubünden wählten gleich viele (je 40 %)

„ziemlich" bzw. „sehr wichtig". Auch bei den 18 Kleinstgemeinden sind nur geringe Unterschiede erkennbar: Die Hälfte der Bündner Kleinstgemeinden wählte „ziemlich wichtig", während die Mehrheit der Südtiroler Kleinstgemeinden (3 von 4) die Kooperation für „sehr wichtig" bewertete. In Tirol scheint nur eine Kleinstgemeinde im Datensatz auf, die ebenso „ziemlich wichtig" wählte.

Auch in den Gesprächen brachten zwei Interviewpartner*innen die Größe ihrer Gemeinde mit der persönlichen Wichtigkeit in Verbindung, wobei es sich einmal um eine kleine und einmal um eine mittlere Gemeinde handelte. Die Aussage ähnelt hierbei jenen, die bereits in Bezug auf die Gründe für Kooperation gesammelt wurden. So ist besonders für kleine Gemeinden die Aufrechterhaltung von bestimmten Diensten, etwa der Altenbetreuung, selbstständig schlicht nicht mehr möglich: *„(…) Da ist eine Kooperation sehr wichtig. (…) Ganz einfach Kosten und weil man mehr anbieten kann. Weil ich kann jetzt zum Beispiel als kleine Gemeinde kein Altersheim hinbauen. Geht nicht. Aber ich kann sehr wohl, also wie wir es jetzt machen, betreubares Wohnen hinstellen, wo ich weiß die Kooperation mit den Sozialsprengeln läuft über die 3–4 Gemeinden und die kommen her und betreuen mir die Leute. Oder der Arzt kommt von den anderen Gemeinden. Also das sind so Sachen, die wahnsinnig wichtig sind für mich persönlich."*

Die Aufsplitterung der Resultate nach **Lage** deutet – wie es die Gesamtergebnisse erwarten lassen – im Großen und Ganzen ebenso auf eine hohe Wichtigkeit der interkommunalen Kooperation unabhängig von der geografischen Lage hin. In allen vier Kategorien wählten insgesamt jeweils fast 90 Prozent der Befragten entweder die Kategorie „ziemlich" oder „sehr wichtig", was einer hohen Bedeutung gleichkommt.

Am auffallendsten sind die Ergebnisse der ländlich peripheren Gebiete sowie die ländlichen Zentren. Bei diesen zwei Kategorien gaben über die Hälfte der Befragten dieselbe Antwort: Bei den ländlich peripheren Gebieten ist es die Bewertung „ziemlich wichtig", bei den ländlichen Zentren „sehr wichtig". Die einzigen wenigen Bürgermeister*innen, welche die Kooperation als „weniger wichtig" betiteln stammen aus kleineren Städten (2) sowie ländlichen Vororten (4).

Tabelle 88: Wichtigkeit von Kooperation nach Lage (N = 127)

Lage der Gemeinde	Weniger wichtig	Ziemlich wichtig	Sehr wichtig	Weiß nicht
Ländlich periphere Gemeinden (N = 23)	0,0 %	56,5 %	43,5 %	0,0 %
Ländliche Vororte (N = 69)	5,8 %	50,7 %	42,0 %	1,4 %
Ländliche Zentren (N = 9)	0,0 %	20,2 %	77,8 %	0,0 %
Kleinere Städte und Vororte (N = 26)	7,7 %	50,0 %	38,5 %	3,8 %
Insgesamt	4,7 %	49,6 %	44,1 %	1,6 %

In Bezug auf die Variablen **Lage** und **Territorium** sind die Ergebnisse – im Vergleich zu jenen der Größe und Territorium – zwar differenzierter, doch überwiegt in allen vier Kategorien und Territorien entweder die Antwort „ziemlich wichtig“ (8 von 12 Fälle) oder „sehr wichtig“ (4 von 12 Fälle).

Bei den kleineren Städten bewertete der größte Teil der Befragten aus Graubünden (50 %) und Südtirol (85,7 %) die Kooperation als „ziemlich wichtig“. Für die Tiroler Städten scheint die Kooperation im Vergleich dazu noch wichtiger zu sein, weil sieben von 13 (53,8 %) „sehr wichtig“ antworteten. Dies lässt darauf schließen, dass das Territorium in diesem Fall zwar keinen großen, aber doch einen gewissen Einfluss auf die Wichtigkeit der Kooperation hat. Bei den ländlichen Zentren und ländlichen Vororten gibt es kaum Unterschiede zwischen den Territorien. So liegen die größten Zustimmungswerte bei den ländlichen Vororten in allen drei Territorien bei „ziemlich wichtig“.

Bei den ländlichen Zentren antworten die drei aus Tirol allesamt mit „sehr wichtig“, ebenso vier von füng aus Südtirol. Nur das einzige ländliche Zentrum aus Graubünden und zwei aus Südtirol antworteten „ziemlich wichtig“. Bei den peripheren Gebieten sind es erneut die Südtiroler Gemeinden, denen die Kooperation am wichtigsten ist. Hier antworteten drei von vier Gemeinden „sehr wichtig“, die drei Tiroler Befragten hingegen mit „ziemlich wichtig“. Bei den peripheren Gebieten aus Graubünden ist das Ergebnis ausgeglichen, da neun Bürgermeister*innen die Kooperation mit „ziemlich wichtig“ und sieben mit „sehr wichtig“ bewerteten.

Wie bereits erwähnt, kam in einem der persönlichen Interviews auch die geografische Lage der Gemeinde zur Sprache. Hierbei sieht ein Bürgermeister nicht nur die Gemeinden gefragt, sondern bringt auch die Landesgesetzgeber und Interessenvertretungen ins Spiel. Demnach sei Kooperation nicht immer nur eine Frage des Wollens: *„Die Politik sollte (…) schauen, dass die Gemeinden bleiben (…) Dass das periphere Gebiet nicht total ausgehungert wird. Aber sie müssen die Rahmenbedingungen schaffen, dass die Gemeinden und die Institutionen, die zusammenarbeiten wollen, auch können, wo es möglich ist. Um Ressourcen zu sparen und morgen auch wirklich zu verbessern. Und ich glaube das liegt einmal an uns Gemeinden, dass wir uns zusammenraufen und miteinander kommunizieren (…). Und auf der anderen Seite gibt es einen Gesetzgeber, der was – sprich Gemeindenverband und Land Südtirol – (…), die sich halt auch bemühen müssen die Rahmenbedingungen so zu machen, dass man zusammenarbeiten kann.“*

Im Zuge der Bewertung der persönlichen Wichtigkeit hatten alle Befragten im Fragebogen zusätzlich die Möglichkeit, ihre zuvor gegebene Bewertung zu begründen. Die diesbezügliche offene Frage 33 lautete: *Warum? Bitte beschreiben Sie Ihre Antwort in einigen Stichpunkten oder Sätzen.* Diese Möglichkeit haben mit 32 von 142 Befragten fast ein Viertel der Befragten wahrgenommen

(22,5 %). Aus Graubünden und Südtirol stammten je 13 und aus Tirol sechs Antworten. Von den 32 Antworten stammen die meisten von Bürgermeister*innen aus mittleren Gemeinden (13 von 32), gefolgt von den kleinen Gemeinden (12 von 32). Große Gemeinden scheinen nur drei Mal auf, Kleinstgemeinden vier Mal. Nach der Lage der Gemeinde sind die ländlichen Vororte jene, welche diese Frage am häufigsten beantwortet haben (15 von 32). Danach kommen die kleineren Städte (8 von 32) sowie die ländlich peripheren Gebiete (6 von 32). Schlusslicht bilden die ländlichen Zentren, von denen nur drei Antworten vertreten sind.

Tabelle 89: Begründung der Bewertung zur Wichtigkeit

Antwort	**Territorium**	**Größe**	**Lage**
Thema: Effizienz, Qualität, Kostenersparnis			
Einheitlichkeit, Effizienz, Rechtsgleichheit	Kanton Graubünden	Kleinstgemeinden	Ländliche Vororte
Da es den Service für die Bürger verbessern könnte (*Original: in quanto si potrebbe migliorare il servizio offerto alla cittadinanza*)	Kanton Graubünden	Kleinstgemeinden	Ländlich peripher
Effizienz, Professionalität, Ressourcen (*Original: Efficienza, professionalità, risorse)*	Kanton Graubünden	Kleine Gemeinden	Ländlich peripher
Optimierung (*Original: ottimizzazione*)	Kanton Graubünden	Kleine Gemeinden	Ländlich peripher
Um die Verwaltungstätigkeit effizienter zu gestalten	Land Südtirol	Kleine Gemeinden	Ländliche Vororte
Kapazitäten (Kleingemeinden im südöstl. Mittelgebirge), höhere Effizienz der Dienste und Qualitäten der Angebote – bei gleichzeitig hoher Autonomie der Gemeinden (z.B. Unabhängigkeit von kartellähnlichen Anbietern im Abfallbereich)	Land Tirol	Kleine Gemeinden	Kleinere Städte und Vororte
Steigerung Professionalität und Effizienz; Gleichbehandlung Bevölkerung mit Nachbargemeinden; Kosteneinsparung; Gewinnung „kritische Masse“	Land Südtirol	Mittlere Gemeinden	Ländliche Zentren
Optimale Nutzung der personellen und finanziellen Ressourcen; mehr Ideen *(Original: Utilizzare al meglio risorse umane e finanziarie Maggiori idee)*	Land Südtirol	Mittlere Gemeinden	Kleinere Städte und Vororte

Antwort	Territorium	Größe	Lage
Verbesserung der Effizienz und Qualität der angebotenen Dienste	Land Südtirol	Mittlere Gemeinden	Ländliche Vororte
Effizienz, Vereinfachung, Reduzierung der Kosten (*Original: Efficientamento, semplificazione, riduzione costi*)	Land Südtirol	Mittlere Gemeinden	Ländliche Vororte
Erhöhung der Effizienz und der Qualität und längerfristig auch Kostenersparnis	Land Südtirol	Mittlere Gemeinden	Ländliche Vororte
Bessere Nutzung der Kompetenzen des Personals; strategische Planung und Entwicklung	Land Südtirol	Mittlere Gemeinden	Kleinere Städte und Vororte
Effizienz der Dienste, Professionalität der Mitarbeiter	Land Südtirol	Mittlere Gemeinden	Ländliche Zentren
Die Anforderungen werden immer vielschichtiger, daher gemeinsam besser und effizienter zu bewältigen!	Land Tirol	Mittlere Gemeinden	Ländliche Zentren
Mehr Effizienz, Kostenersparnis	Kanton Graubünden	Große Gemeinden	Kleinere Städte und Vororte
Ressourcen nützen und effizient verwalten	Land Südtirol	Große Gemeinden	Kleinere Städte und Vororte
Thema: Vernetzung und Nutzung von Synergien			
Bessere Dienstleistung, gemeinsame Nutzung Gerätschaften.	Land Südtirol	Kleinstgemeinden	Ländliche Vororte
Wir sind in vielen Fragen viel schlagkräftiger.	Kanton Graubünden	Kleine Gemeinden	Ländlich peripher
Synergien nutzen, Spezialisierung durch Zusammenarbeit erhöhen	Kanton Graubünden	Kleine Gemeinden	Ländlich peripher
Die interkommunale Zusammenarbeit wurde in den letzten 12 Jahren ausgebaut und wir haben damit sehr gute Erfahrungen gemacht.	Kanton Graubünden	Kleine Gemeinden	Kleinere Städte und Vororte
Weil viele Aufgaben dieselben sind und dadurch auch Synergien entstehen können!	Land Tirol	Kleine Gemeinden	Ländliche Vororte
Es werden Synergien geschaffen und die Professionalität erhöht. Krankheits- und Urlaubsersatz ist leichter zu stemmen.	Land Südtirol	Kleine Gemeinden	Ländliche Vororte
Gegenseitige Unterstützung bei rechtlich schwierigen Themen.	Land Tirol	Kleine Gemeinden	Ländliche Vororte

(Forts.)

Tabelle 89: (Forts.)

Antwort	Territorium	Größe	Lage
Nutzung von Synergien	Land Tirol	Mittlere Gemeinden	Ländliche Vororte
Die Zusammenarbeit mit anderen Gemeinden in Bereichen von Verbänden ist wichtig im Hinblick auf Finanzen und Optimierung.	Land Tirol	Mittlere Gemeinden	Ländliche Vororte
Manche Probleme hören nicht an der Gemeindegrenze auf. Wenn Gemeinden vor dem gleichen Problem stehen, setzt man die Lösung oft am besten gemeinsam um.	Land Südtirol	Große Gemeinden	Kleinere Städte und Vororte
Thema: Größe			
Unsere Gemeinden sind für einige Aufgabe zu klein, um sie alleine auszuführen.	Kanton Graubünden	Kleinstgemeinden	Ländlich peripher
Probleme lösen sich so kleinräumig, wie wir aufgestellt sind, nicht (…). Sie machen nicht an Gemeindegrenzen halt.	Kanton Graubünden	Kleine Gemeinden	Ländliche Vororte
Ziel ist nicht primär die effizientere Verwaltung, sondern die Verbesserung der Dienstleistung, oder dass eine Leistung aufgrund der notwendigen kritischen Masse überhaupt geboten werden kann aufgrund der kleinstrukturierten Räume.	Kanton Graubünden	Mittlere Gemeinden	Ländliche Vororte
Thema: Kritik/Skepsis			
Die Formen der zwischengemeindlichen Zusammenarbeit sind noch nicht ausreichend ausformuliert.	Land Südtirol	Kleine Gemeinden	Ländliche Vororte
[Die Gemeinde] hat vor 8 Jahren fusioniert und ist nun gut aufgestellt. Kooperationen verkomplizieren die Prozesse.	Kanton Graubünden	Mittlere Gemeinden	Ländliche Vororte
Es ist eine Frage der Größe. Selbstbestimmung.	Kanton Graubünden	Mittlere Gemeinden	Kleinere Städte und Vororte

Die genannten Kommentare wurden in vier Kategorien eingeteilt, die in einem starken Zusammenhang mit den zuvor eruierten Gründen für Kooperation stehen. Die meisten Antworten (15 von 29) können dem Themenbereich „Effizienz, Qualität, Kostenersparnis" zugeordnet werden. Es erklären Bürgermeister*innen aus allen drei Territorien und unabhängig ihrer Größe oder geografischen

Position, dass der Grund für ihre positive Bewertung von interkommunaler Kooperation mit der damit einhergehenden Steigerung der Effizienz, der höheren Qualität der Dienste oder der Reduzierung von Kosten im Zusammenhang stehe. Die meisten der Befragten gaben dabei sogar mehr als einen spezifischen Grund in ihrem Kommentar an. Weitere zehn Bürgermeister*innen erklärten die Vernetzung bzw. die Nutzung von Synergien mit anderen Gemeinden als einen Grund, weshalb ihnen lokale Kooperation wichtig ist. Auch hier sind Gemeinden aus allen drei Territorien sowie aus allen vier Größenklassen vertreten, wobei die kleinen Gemeinden die Oberhand haben. Geografisch gesehen sind bei diesem Themenbereich Gemeinden aus peripheren Gebieten, ländlichen Vororten und sogar kleinere Städte vertreten. Fehlen tun nur die ländlichen Zentren, was aber keinen Rückschluss auf einen Einfluss der Lage zulässt. Diese Aussagen offenbaren, dass einige Bürgermeister*innen der gemeinsame Austausch und die gegenseitige Unterstützung sehr wichtig sind – auch dies ist ein Faktor, der bereits bei den persönlichen Interviews in Bezug auf die Gründe für Kooperation mehrmals zur Sprache kam.

Insgesamt zeigt die Tabelle 89, dass sich der Großteil der Bürgermeister*innen positiv zu interkommunaler Kooperation ausspricht und in diesem Zusammenhang deutlich macht, weshalb diese für die eigene Gemeinde von großer Wichtigkeit sei. Nur drei der 32 Antworten können als kritisch interpretiert werden. Diese drei Bürgermeister*innen – zwei stammen aus ländlichen Vororten, einer aus einer kleineren Stadt – erklärten in der Frage zuvor auch, dass ihnen die horizontale Kooperation ihrer Gemeinde „weniger wichtig" sei. Somit gaben sie bereits eine eher negative Bewertung zu Kooperation ab.

Einer dieser Bürgermeister (kleine Südtiroler Gemeinde) gibt an, dass die institutionellen Möglichkeiten für die formelle Kooperation seiner Meinung nicht ausreichend genug definiert seien. Demgegenüber erklärt ein Gemeindepräsident einer mittelgroßen Bündner Gemeinde, dass seine Gemeinde bereits seit einigen Jahren fusioniert hat und die Kooperation im Gegensatz dazu die Prozesse *„verkompliziere"*. Ähnlich erklärt es auch der Gemeindepräsident einer weiteren mittleren Bündner Gemeinde – allerdings zentraler gelegen: Kooperation sei eine *„Frage der Größe"*. Zudem nennt er den Begriff *„Selbstbestimmung"*. Dieser Begriff kann darauf hinweisen, dass die lokale Autonomie und der damit verbundene eigene Handlungsspielraum wichtige Faktoren sind und diese durch etwaige Kooperationen an Gestaltungskraft verlieren würden. Alle anderen Befragten (29 von 32), welche die offene Frage positiv beantworteten, bewerteten die interkommunale Kooperation in der vorherigen Frage im Übrigen als „ziemlich wichtig" oder „sehr wichtig" für ihre Gemeinde, womit ihnen eine sehr positive Haltung gegenüber Kooperation zugestanden werden kann.

Letztlich ist die **Größe** der Gemeinde ein weiterer Grund, der von drei Bürgermeister*innen aus Graubünden angesprochen wurde. Alle drei nennen die Kleinräumigkeit der lokalen Gebietskörperschaften als eine Herausforderung, welche es nicht erlaube, alle Dienste selbstständig zu bewältigen. Interessanterweise stammen diese Aussagen zwar alle aus Graubünden, aber von Akteuren aus Gemeinden von unterschiedlichen Größenklassen und geografischen Lagen (Kleinstgemeinde, kleine Gemeinde und zwei mittlere Gemeinden, von denen eine ländlich peripher liegt, zwei ländliche Vororte sind und eine als kleinere Stadt zentral gelegen ist). In Bezug auf diese Aussagen zum Einflussfaktor Größe kann wiederum ein Zusammenhang mit den Gründen für Kooperation hergestellt werden. Auch in den persönlichen Gesprächen mit den Bürgermeister*innen wurde mehrmals auf die Größe der eigenen Gemeinde als wichtiger Einflussfaktor hingewiesen.

6.2.3 Zusammenfassung: Wichtigkeit der Kooperation

Im Rahmen der Wichtigkeit sollte erhoben werden, ob die Bürgermeister*innen a) die interkommunale Kooperation als zielführendes Instrument für eine effiziente Verwaltung betrachten und b) wie wichtig ihnen die Kooperation in Bezug auf ihre eigene Gemeinde ist.

Es wurde erwartet, dass die lokale Kooperation insgesamt als ein zielführendes Instrument bewertet wird und sich diese Tendenz in allen drei Territorien zeigt – auch wenn die Zustimmung in Graubünden aufgrund der Fusionserfahrung womöglich niederer ausfällt als in Südtirol und Tirol. Außerdem wurde angenommen, dass nicht alle Bürgermeister*innen Kooperation als wichtig einstufen und hierbei vor allem ein Zusammenhang mit der Größe und Lage festzustellen ist. Es wurde erwartet, dass die lokale Kooperation für kleinere und peripher liegende Gemeinde zielführender sowie wichtiger angesehen wird, weil sie darauf vermehrt angewiesen sein könnten als größere und zentraler gelegene Gemeinden. Letztere hingegen, so die Annahme, bevorzugen mehr Selbstständigkeit, anstatt mit anderen Gemeinden zu kooperieren und somit Entscheidungen nicht alleine treffen zu können.

In Bezug darauf, inwiefern die horizontale Kooperation als *zielführendes Instrument* angesehen wird, konnten die Erwartungen nicht vollumfänglich bestätigt werden. Es zeigte sich deutlich, dass die große Mehrheit der Bürgermeister*innen die interkommunale Kooperation als zielführend bewertet und ihr somit sehr positiv gegenüberstehet. Diese positive Meinung bewahrheitet sich auch in Bezug auf alle Territorien und nicht nur in Tirol und Südtirol, denn in allen drei Ländern bewertet die große Mehrheit die interkommunale Kooperation deutlich als zielführend.

Gleichartig positiv sind die Ergebnisse hinsichtlich der *persönlichen Wichtigkeit* der Kooperation aus Sicht der eigenen Gemeinde. Insgesamt bewerteten über 80 Prozent aller Befragten sowie die große Mehrheit in allen Territorien die interkommunale Kooperation entweder als „sehr" oder „ziemlich wichtig". Die Ergebnisse zeigen somit eine hohe Wichtigkeit für fast alle Befragten, da die Kooperation nur von einer kleinen Minderheit im geringsten Fall als „weniger wichtig" oder ohne klare Meinung eingestuft wurde. Angesichts dieser hohen Zustimmung als zielführendes Instrument und der hohen persönlichen Wichtigkeit, kann die Wichtigkeit für die politischen Vertreter*innen insgesamt als hoch eingestuft werden.

Diese positive Grundhaltung zur interkommunalen Kooperation wurde auch durch die Interviews bestätigt. Die Mehrheit erklärte, dass ihnen Kooperation „wichtig" sei, wobei nicht in allen Fällen eine genaue Wertung vorgenommen wurde. Die Gespräche offenbaren allerdings mehrere Faktoren, weshalb die Bürgermeister*innen Kooperation als bedeutend und sinnvoll einstufen. Zum Großteil decken sich diese Begründungen mit den Motivationen, die überhaupt zum Beginn von Kooperation führen. Gleichzeitig offenbaren die Gespräche, dass Kooperation nicht nur der Kooperation willen als wichtig empfunden wird, sondern dass dieser Wichtigkeit konkrete Begründungen und Notwendigkeiten zu Grunde liegen. Es wird außerdem deutlich, dass die lokale Kooperation für einige Bürgermeister*innen ein Mittel zum Zweck ist und sie die Wichtigkeit von diesem Zweck ableiten. So können durch Kooperationen Kosten und Ressourcen gespart werden, fehlendes Fachpersonal eingestellt oder mehrere verbesserte Dienstleistungen als vorher angeboten werden. Für einige Bürgermeister*innen liegt der Mehrwert von Kooperation und die damit verbundene Wichtigkeit auch in der Bündelung von Ressourcen und der Schaffung von Synergien mit anderen Gemeinden. Allerdings steht auch hier meist der Nutzen für die eigene Gemeinde im Vordergrund: Durch etwaige Kooperationen kann man sich politisch vernetzen, Erfahrungen austauschen, unterschiedliche Stärken nutzen und von anderen lernen.

Ein ähnliches Ergebnis ist aus den Antworten der offenen Frage im Fragebogen ableitbar, bei welcher die Bürgermeister*innen ihre Bewertung der Wichtigkeit begründen konnten. Dort wurde ebenso klar, dass den politischen Akteuren die interkommunale Kooperation vor allem deshalb wichtig ist, weil sie diese mit einer höheren Verwaltungseffizienz oder Qualität der Dienstleistungen in Verbindung bringen oder aber sie diese als Ausschöpfung von Synergien und zur Vernetzung mit anderen Akteuren zur Bewältigung von Problemen nutzen. In jedem Fall wird Kooperation häufig mit der Erreichung von bestimmten Zielen verknüpft, womit eine bestimmte Erwartungshaltung vorhanden ist.

Was den Einfluss der **Größe** und der **Lage** auf die Wichtigkeit betrifft, zeigen die Ergebnisse nur bedingte Differenzen, womit die Ausgangsthesen für diese Einflussfaktoren nicht bestätigt werden können. Anders als angenommen, zeigen die Daten, dass die interkommunale Kooperation einem großen Teil der Bürgermeister*innen ziemlich bis sehr wichtig ist und dies unabhängig davon, ob sie aus größeren oder kleineren sowie urbaneren oder peripheren Gemeinden stammen. Zur Frage, ob die Kooperation ein *zielführendes Instrument* sei, gab es zwischen den Größenklassen und den Kategorien der Lage kaum Unterschiede. Die große Mehrheit in allen acht Kategorien bejahte die Frage und bewertet Kooperation somit als zielführend unabhängig der Größe oder geografischen Lage. Die Verbindung zwischen Größe und Territorium zeigte ebenso keinen klaren Trend der Wichtigkeit. Bei der Verknüpfung zwischen geografischer Lage und Territorium waren hingegen mehr Unterschiede erkennbar: So wird der hohe Zustimmungswert von 80 Prozent in fünf Fällen unterschritten, wobei der geringste Zustimmungswert immer noch bei 66,7 Prozent liegt. Trotz dieser schwankenden Werte kann kein klarer Trend in Bezug auf eine periphere oder zentrale Lage und der Wichtigkeit hergestellt werden. Da die Daten zudem nur Gemeinden aus Graubünden und Tirol betreffen, liegt ein Zusammenhang mit Territorium der Gemeinden eher auf der Hand als mit der bestimmten Lage.

Ebenso ist in Bezug zur *persönlichen Wichtigkeit* kaum ein Einfluss der Variablen Größe und geografische Lage erkennbar. In allen vier Größenklassen wurde die Wichtigkeit als hoch bis sehr hoch bewertet. In den Interviews war ein kleiner Bezug zur Größe der Gemeinde dahingehend feststellbar, dass alle drei Bürgermeister*innen, welche die Wichtigkeit der Kooperation nicht pauschal erklären wollten, aus mittleren Gemeinden stammten. Was die Wichtigkeit bezüglich der geografischen Lage betrifft, zeigen die Ergebnisse ebenso eine hohe Homogenität. Die große Mehrheit der Bürgermeister*innen aus allen vier Kategorien der Lage bewertete die lokale Kooperation entweder als „ziemlich" oder „sehr" wichtig.

Trotz dieser hohen Wichtigkeit in allen Kategorien der Größe und Lage sind kleine Unterschiede zwischen den jeweiligen Randkategorien feststellbar, die auf einen vorhandenen – wenn auch geringen – Einfluss der Variablen hinweisen. Wenn man die Werte der beiden höchsten Bewertungskategorien „ziemlich wichtig" und „sehr wichtig" addiert, zeigt sich, dass die Kleinstgemeinden im Vergleich zu den anderen Kategorien die Kooperation als am wichtigsten bewerteten. Sie liegen diese mit einem Wert von insgesamt 100 Prozent tatsächlich am höchsten (kleine Gemeinden: 94,5 %, mittlere Gemeinden: 90 %; große Gemeinden: 92,9 %). Ähnliches offenbart sich bei den peripheren Gebieten im Vergleich zu den Gemeinden aus anderen geografischen Lagen: Die Bürgermeister*innen aus kleineren Städten bewerteten die Wichtigkeit im Vergleich insgesamt am niedrigsten (88,5 %) und die peripheren Gebiete am höchsten (100 %). In beiden Fällen (Größe und geografische Lage) sprechen wir allerdings nach wie vor von einer insgesamt generell sehr hohen zugesprochenen Wichtigkeit von Kooperation.

6.3. Zufriedenheit

Nach den Gründen und der Wichtigkeit ist die Dimension der Zufriedenheit ein weiterer Indikator der Bewertung der Kooperation. Bei dieser Dimension ging es darum, inwiefern die Bürgermeister*innen mit ihrer bisherigen Kooperation zufrieden sind. Aus dieser Bewertung soll abgeleitet werden, ob die Bürgermeister*innen bisher eher positive oder negative Erfahrungen mit Kooperation gemacht haben. Zudem wurden im Fragebogen erfolgreiche Beispiele der Kooperation erhoben, um ein umfassendes Bild der erfolgreichen Kooperationsfelder und -formen zu erhalten. Die Frage wurde auch in den Interviews gestellt. Hinsichtlich der Zufriedenheit der Kooperation war die Erwartung, dass jene Gemeinden, die bereits Erfahrung mit Kooperation gemacht haben, auch zufrieden damit sind und dass es hierzu kaum Unterschiede zwischen den Gemeinden aus diversen Territorien gibt. In Bezug auf die Größe und Lage der Gemeinde wurde zu dieser Dimension kein bestimmender Einfluss erwartet.

6.3.1 Allgemeine Zufriedenheit mit Kooperation

Die Frage bezüglich der Zufriedenheit mit Kooperation (Nr. 39) wurde im Fragebogen nur jenen Befragten angezeigt, welche zu Beginn angegeben haben, Erfahrung mit interkommunaler Kooperation aufzuweisen. Demnach haben die Frage nur 127 Personen beantwortet (89,4 %). Die genaue Frage lautete: *Wie bewerten Sie die bisherige Zusammenarbeit Ihrer Gemeinde mit anderen Gemeinden im Allgemeinen (bei der Ausführung von Dienstleistungen)?* Als Antwortmöglichkeiten standen folgende Bewertungen zur Auswahl: sehr schlecht, mangelhaft, zufriedenstellend, gut, sehr gut. Zudem konnten die Befragten die Antwort verweigern. Die Gesamtergebnisse zeigen eine hohe Zufriedenheit mit interkommunaler Zusammenarbeit. Von 127 Personen 51,2 Prozent die Bewertung „gut" abgegeben und 20,5 Prozent sogar „sehr gut". Somit bewerten über 70 Prozent die interkommunale Zusammenarbeit mit einer hohen Zufriedenheit. Etwas über 23 Prozent antworteten mit „zufriedenstellend", wogegen nur eine geringe Anzahl eine negative Bewertung abgab. Vier Personen von 127 bewerteten ihre bisherige Erfahrung als „mangelhaft" und nur eine einzige Person aus Tirol bezeichnete die Erfahrung als „sehr schlecht".

Abbildung 34: Zufriedenheit mit Kooperation (N = 127).

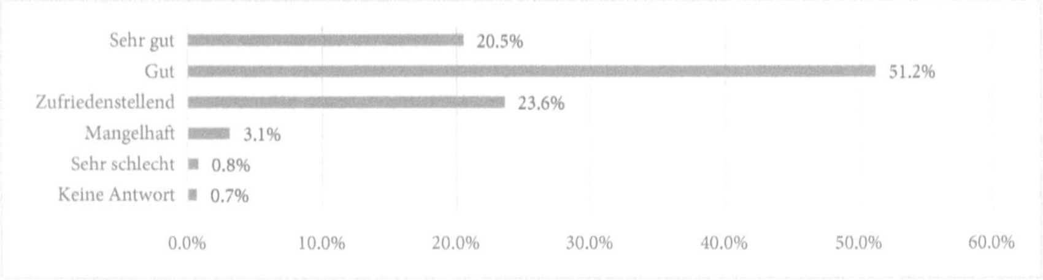

Wenn diese allgemeinen Ergebnisse auf das **Territorium** aufgeschlüsselt werden, liegt auch in allen drei Ländern die höchste Zustimmung bei der positiven Bewertungskategorie „gut". Im Kanton Graubünden bewerteten sogar über die Hälfte der Befragten die Kooperationserfahrung mit „gut", in Südtirol genau 50 Prozent und in Tirol etwas mehr als 40 Prozent. Demgegenüber bewerteten in Südtirol und Tirol mehr Personen die Kooperation sogar mit „sehr gut" (Südtirol: 21,7 %, Tirol: 32,4 %), während dies in Graubünden nur vier von 44 Personen (9,1 %) taten. Werden die Werte der zwei höchsten positiven Bewertungen „sehr gut" und „gut" addiert, bestätigt sich die allgemeine positive Haltung gegenüber der lokalen Kooperation in den drei Territorien, wobei sie in Südtirol und Tirol etwas höher als in Graubünden liegt (Graubünden: 68,2 %, Südtirol: 71,7 %, Tirol 75,6 %).

Abbildung 35: Zufriedenheit mit Kooperation nach Territorium.

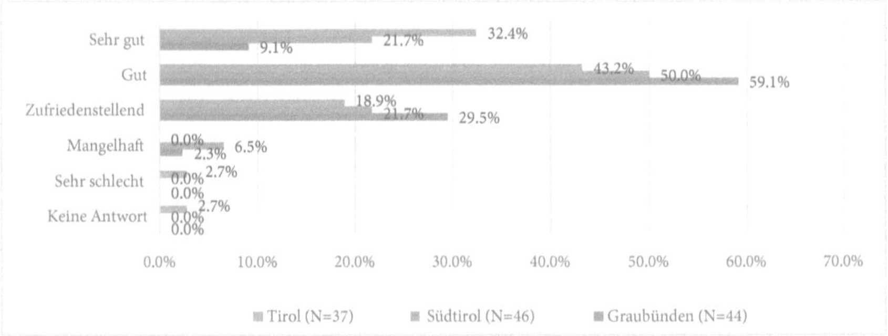

Die Zufriedenheit mit der bisherigen Kooperation wurde auch in den Interviews besprochen. Die Bürgermeister*innen wurden gefragt, ob sie mit ihrer bisherigen Erfahrungen der Kooperation zufrieden seien und ob die Ziele, welche sie sich gesteckt hatten, erreicht wurden. Zudem wurden die Bürgermeister*innen in Zuge dessen nach den Hintergründen ihrer Bewertung gefragt bzw. wo es vielleicht Verbesserungspotential gebe. Insgesamt offenbarten die Gespräche einen hohen Zufriedenheitsgrad mit Kooperation. Fast alle Bürgermeister*innen erklärten, dass sie mit den bestehenden Kooperationen zufrieden seien, z.B.: *„Ich bin eigentlich sehr zufrieden so wie es läuft. Natürlich geht es immer Verbesserungsmöglichkeiten."* oder *„Sagen wir ich kann fast nur positives berichten über die Zusammenarbeit, die wir momentan schon haben."* Nur ein einziger Politiker offenbarte in den persönlichen Gesprächen, dass er nur teilweise zufrieden war und daher einige Kooperationen aufgelöst habe bzw. neu bewerten möchte. Gründe für diese Haltung sind zum einen der hohe Kostenfaktor, aber auch das geringe Mitspracherecht der Gemeinde innerhalb einer bestimmten Kooperation.

Trotz der überwiegenden positiven Bewertung machten die Gespräche deutlich, dass Kooperation im Alpenraum sehr kontextspezifisch ist und die Zufriedenheit von diversen Faktoren abhängt. So erklärten vier von 12 Personen trotz einer allgemeinen positiven Haltung, dass sie die Zufriedenheit nicht pauschal positiv bewerten könnten oder möchten (z.B.: *„Im Großen und Ganzen läuft es gut."*). Für die Erreichung der jeweiligen Ziele, die eng mit der Zufriedenheit im Zusammenhang stehen, müssen laut den Bürgermeister*innen nämlich bestimmte Voraussetzungen gegeben sein. Genannt wurden dabei der politische Wille und die Kompromissfähigkeit der beteiligten politischen Akteure, aber auch das Interesse und die Kompetenz des beteiligten Verwaltungspersonals: *„Weniger politisch, mehr noch Mitarbeiter (…). Ob der jeweilige Partner im Stande ist, eine Kontinuität einzubringen. (…) Aber von einem Moment auf den anderen kann ich nicht die Buchhaltung von einer Gemeinde schmeißen. Auch wenn ich [eine] gute Buchhalterin bin."* oder *„Natürlich kann man nicht alles erreichen, ist ja ganz klar, weil eben die Interessen dann unterschiedlich sind und man sich auch (…) manchmal zu einem Kompromiss durchdringen muss – (…) Aber so in der engeren Organisation ist wirklich… erreicht man das meiste (…) Ist eigentlich auch nicht ganz schwierig, wenn man sich bemüht und eben den Kontakt mit den handelnden Personen sucht, kann man schon sehr vieles erreichen."* Ein Bürgermeister verwies auch auf den Zusammenhang der Zufriedenheit mit der kontinuierlichen Evaluierung der Kooperation: *„Vor allem weil wir laufend darauf achten, dass die Ziele erreicht werden. Das ist nicht ein Selbstläufer, sondern man muss dahinter sein."*

Ein weiterer Gesprächspartner machte deutlich, dass die Zufriedenheit auch an sehr praktischen Dingen, wie der Zusammenarbeit zwischen Personen, liege: *„Bin eigentlich schon zufrieden. Verbesserungspotential gibt es immer. Dann muss man schauen liegt es am Kooperationspartner oder an der Kommunikation zwischen den*

[Mitarbeitern]. Wenn ich heute Buchhaltung mache, macht sie ja nicht alles. Die Rollen Müll, Trinkwasser usw. macht ja wieder ein anderer Mitarbeiter.“

Zum konkreten Verbesserungspotential hatten die Bürgermeister*innen schließlich geteilte Meinungen. Einige sind mit den bestehenden Kooperationen durchwegs zufrieden, andere nannten konkrete Ideen, was es für eine erfolgreichere Kooperation brauchen würde bzw. wie sie diese verbessern möchten. Ein Bürgermeister kritisierte etwa die bürokratischen Abläufe von Kooperation, andere erklären, dass es immer Verbesserungspotential gebe. Zwei Tiroler Bürgermeister*innen sehen im Spezifischen das Land in der Pflicht und wünschen sich von diesem mehr Koordinierung und langfristige Finanzierungen: *„Sie müssten hergehen und sagen, ‚wir holen uns die Bürgermeister zusammen, und wo könnt ihr euch vorstellen, wir haben diese Vorschläge, wo könnten wir zusammenarbeiten, wo könnten wir euch unterstützen'. Also ich glaub das wäre wichtig. (…) eigentlich vom Land müsste mehr hergegangen werden und die Leute selber holen und fragen, was brauchen wir.“* oder „*(…) verbessern könnte man des glaub ich schon noch vonseiten des Landes, (…) weil das Land ja auch so eine Zentrale ist. Das Land weiss auch, wenn sie zehnmal die gleiche Frage gestellt bekommen, dass die Gemeinden auch ziemlich oft auch gleiche Sorgen haben – dass sie mehr Koordination vielleicht übernehmen könnten.“*

Ein weiterer Tiroler Bürgermeister denkt über eine Reform der Kooperation nach, weil diese dynamischer Natur sei: *„Es werden ja die Anforderungen auch ständig mehr und größer. Da wird man sicher in manchen Bereichen einfach reagieren und das wieder anpassen müssen und da glaub ich, dass wir das nicht zu viel einzementieren können. (…) Wie man die Kooperation verbessern kann oder vielleicht auch die eine oder andere einmal (…) Wenn es die Problemstellung nicht mehr gibt, dann muss man vielleicht die Kooperation wieder bedenken und die Kräfte auf andere Sachen bündeln.“*

Die Zufriedenheit der Kooperation in Zusammenhang mit der **Größe** zeigt ein ähnliches Ergebnis wie die Gesamtdatenlage: In allen Größenklassen bewertetet die höchste Anzahl der Befragten ihre bisherige Erfahrung mit interkommunaler Zusammenarbeit als „gut“, wobei dies nicht immer die Mehrheit ist. Nur bei den Kleinstgemeinden und den mittleren Gemeinden trifft dies zu, wobei der höchste Anteil bei den mittleren Gemeinden zu verzeichnen ist (64,1 %). Die Bewertung „sehr gut“ ist demgegenüber bei den kleinen Gemeinden am höchsten (22,4 %), diese Bewertung ist allerdings in allen vier Kategorien ähnlich hoch. Mangelhafte Bewertung gab es nur von einer großen Gemeinde von 15 (Graubünden) und drei von 58 kleinen Gemeinden (2 Südtirol, 1 Graubünden). Eine negative Bewertung von „sehr schlecht“ gab nur eine einzige von 127 Gemeinden (kleine Gemeinde), womit dies einen Einzelfall darstellt.

In der Summer erhielten die beiden höchsten positiven Bewertungen „gut“ und „sehr gut“ in allen vier Kategorien ähnlich hohe Werte, am höchsten allerdings von den mittleren Gemeinden (Kleinstgemeinden: 73,3 %, kleine Gemeinden: 67,2 %, mittlere Gemeinden: 82 %, große Gemeinden: 60 %).

Tabelle 90: Zufriedenheit mit Kooperation nach Größe

	Kleinstgemeinden (N = 15)	**Kleine Gemeinden (N = 58)**	**Mittlere Gemeinden (N = 39)**	**Große Gemeinden (N = 15)**	**Insgesamt (N = 127)**
Sehr Gut	20,0 %	22,4 %	17,9 %	20,0 %	20,5 %
Gut	53,3 %	44,8 %	64,1 %	40,0 %	51,2 %
Zufriedenstellend	26,7 %	25,9 %	17,9 %	26,7 %	23,6 %
Mangelhaft	0,0 %	5,2 %	0,0 %	6,7 %	3,1 %
Sehr schlecht	0,0 %	1,7 %	0,0 %	0,0 %	0,8 %
Keine Antwort	**0,8 %**	0,0 %	0,0 %	5,7 %	0,8 %

Wenn die Ergebnisse nach **Größe** sowie **Territorium** betrachtet werden, unterschieden sich die (wenigen) großen Gemeinden ein wenig voneinander, wobei der Trend stets eine positive Bewertung ist: In Graubünden bewerten die zwei großen Gemeinden unterschiedlich (eine gut, eine zufriedenstellend), in Südtirol ebenso. In Tirol bewerten zwei von drei großen Gemeinden die Kooperation als „zufriedenstellend“. Die mittleren Gemeinden bewerten ihre Erfahrung in allen drei Territorien zum Großteil mit gut (Graubünden: 72,7 %, Südtirol: 62,5 %, Tirol: 58,3 %). Auch bei den kleinen Gemeinden sind fast ausschließlich positive Bewertungen zu finden. Die meisten kleinen Gemeinden bewerten die Kooperation mit „gut“, wobei die Zustimmungswerte in allen drei Gebieten geringer sind als bei den mittleren Gemeinden (Graubünden: 50 %, Südtirol: 43,8 %, Tirol: 40,9 %). Dies ist deshalb der Fall, weil viele der kleinen Gemeinden auch die Antwort „sehr gut“ oder „zufriedenstellend“ gaben. Letztlich gibt es bei den Kleinstgemeinden nur Daten aus Graubünden und Südtirol, die wiederum sehr individuell ausfielen. Von den elf Bündner Gemeinden bewertet über die Hälfte mit „gut“. In Südtirol ist es noch heterogener: zwei von vier bewerten mit „sehr gut“ und je eine mit gut bzw. zufriedenstellend.

Die Ergebnisse nach der **Lage** der Gemeinde zeigen ähnliche Zustimmungswerte wie die Größenklassen. In allen Kategorien erhielt die Zufriedenheitsstufe „gut“ den höchsten Anteil. Die höchste Zustimmung ist hierbei bei den ländlich peripheren Gebieten zu verzeichnen, deren Bürgermeister*innen zu über 70 Prozent diese Antwort gaben. Wenn man die zwei höchsten positiven Bewertungskategorien „gut“ und „sehr gut“ miteinander addiert, ist die höchste Zustimmung bei den ländlichen Zentren feststellbar, bei denen 80 Prozent der Befragten gut oder sehr gut als Zufriedenheit angaben (kleinere Städte: 73,1 %, ländliche Vororte: 68 %, ländlich periphere Gemeinden: 72,2 %). Zu den peripheren Gemeinden gibt es nur Daten aus Graubünden und Südtirol. In beiden Gebieten antwortete der Großteil der Befragten mit „gut“ (Graubünden: 71,4 %, Südtirol: 75 %). Eine von vier Südtiroler peripheren Gemeinden bewertete ihre Erfahrung hingegen mit „mangelhaft“, gleich wie eine aus Graubünden. Interessant sind auch die Ergebnisse der kleineren Städte und Vororte, wo ein beträchtlicher Teil der Befragten mit der Kooperation sehr zufrieden ist (1 Gemeinde aus Graubünden, 2 aus Südtirol, 6 aus Tirol).

Tabelle 91: Zufriedenheit mit Kooperation nach Lage

	Ländlich periphere Gemeinden (N = 18)	**Ländliche Vororte (N = 75)**	**Ländliche Zentren (N = 8)**	**Kleinere Städte und Vororte (N = 26)**	**Insgesamt (N = 127)**
Sehr Gut	0,0 %	18,7 %	37,5 %	34,6 %	20,5 %
Gut	72,2 %	49,3 %	62,5 %	38,5 %	51,2 %
Zufriedenstellend	16,7 %	29,3 %	0,0 %	19,2 %	23,6 %
Mangelhaft	11,1 %	2,7 %	0,0 %	0,0 %	3,1 %
Sehr schlecht	0,0 %	0,0 %	0,0 %	3,8 %	0,8 %
Keine Antwort	0,0 %	0,0 %	0,0 %	3,8 %	0,8 %

Bei den ländlichen Vororten erhielt die Bewertung „gut“ ebenso den höchsten Anteil an Zustimmung in allen drei Ländern und auch noch einen fast exakt gleich hohen (Graubünden: 47,8 %, Südtirol: 47,1 %, Tirol: 45,5 %). Einige Gemeinden bewerteten die Kooperation mit zufriedenstellend oder sogar sehr gut (Graubünden: 3 von 11, Südtirol: 5 von 32, Tirol: 6 von 21). Letztlich gab es bei den zehn ländlichen Zentren nur die Bewertung „sehr gut“ (3 von 5 Südtiroler Gemeinden) oder „gut“ (einzige Gemeinde aus Graubünden, 2 von 5 aus Südtirol, 2 von 4 aus Tirol).

6.3.2 Erfolgreiche Beispiele der Kooperation

Im Fragebogen hatten die Befragten schließlich die Möglichkeit ein bis zwei erfolgreiche Beispiele von Kooperation zu nennen. Es haben 115 von 142 Personen diese

Gelegenheit wahrgenommen und ein konkretes Beispiel der interkommunalen Kooperation angeführt, 108 Personen haben sogar zwei Beispiele genannt. Die Tabelle 92 zeigt die 115 Beispiele, welche die Bürgermeister*innen im Fragebogen als erstes Beispiel von möglichen zwei für eine erfolgreiche Kooperation genannt wurden. Die erstgenannten Beispiele werden in einer getrennten Tabelle von den weiteren Beispielen aufgelistet – zum einen, weil es jene Kooperationen sind, die den Befragten als erstes eingefallen sind. Zum anderen, weil die 108 zweiten Beispiele von denselben Bürgermeister*innen genannt wurden, welche bereits ein erstes Beispiel angegeben hatten.

Tabelle 92: Beispiele erfolgreicher interkommunaler Kooperation[1574]

Politikfeld bzw. Beispiel	**Territorium**	**Größe**	**Lage**
Soziales/Gesundheit (18 Beispiele)			
Spital und Pflegeheim	Kanton Graubünden	Kleine Gemeinden	Kleinere Städte und Vororte
Gesundheitswesen (Sanitätszentrum im Tal), *(Original: sanitá (centro sanitario di Valle)*	Kanton Graubünden	Kleine Gemeinden	Ländlich peripher
Kitas	Land Südtirol	Kleine Gemeinden	Ländliche Vororte
Gemeindeverband Wohn- und Pflegeheim (…)	Land Tirol	Kleine Gemeinden	Kleinere Städte und Vororte
Alten- und Wohnheim	Land Tirol	Kleine Gemeinden	Ländliche Vororte
Soziales	Land Tirol	Kleine Gemeinden	Ländliche Vororte
Altersheimverband	Land Tirol	Kleine Gemeinden	Ländliche Vororte
Senioren	Land Tirol	Kleine Gemeinden	Ländliche Vororte

(Forts.)

1574 Geordnet nach Häufigkeit der Nennung des Politikfelds sowie der Größe und Lage der Gemeinde. Um die Anonymisierung der Beispiele zu wahren, wurde in den Fällen eines erwähnten Namens, Titels oder Ortschaft die Bezeichnungen entfernt und durch „(…)“ ersetzt.

Tabelle 92: (Forts.)

Politikfeld bzw. Beispiel	Territorium	Größe	Lage
Regionale Kinderbetreuung, Sommerbetreuung	Land Tirol	Kleine Gemeinden	Kleinere Städte und Vororte
Altersheim	Land Tirol	Kleine Gemeinden	Ländliche Vororte
Alten- und Pflegeheim für Senioren	Land Südtirol	Mittlere Gemeinden	Ländliche Vororte
Regionales Gesundheitswesen (5 Gemeinden)	Kanton Graubünden	Mittlere Gemeinden	Ländliche Vororte
Altersheim	Land Südtirol	Mittlere Gemeinden	Kleinere Städte und Vororte
Sozialzentrum	Land Tirol	Mittlere Gemeinden	Ländliche Zentren
Pflegeheim (Sozialzentrum (…) mit über 80 Klienten aus 4 Gemeinden)	Land Tirol	Mittlere Gemeinden	Ländliche Vororte
Altenbetreuung	Land Tirol	Mittlere Gemeinden	Ländliche Vororte
Altenheim	Land Tirol	Mittlere Gemeinden	Ländliche Vororte
Gesundheits- und Sozialsprengel	Land Tirol	Große Gemeinden	Kleinere Städte und Vororte
Abfall/Wiederverwertung (18 Beispiele)			
Genossenschaft von Gemeinden für die Abfallsammlung und -beseitigung (Original *CRER*)	Kanton Graubünden	Kleinstgemeinden	Ländliche peripher
Recycling	Land Südtirol	Kleinstgemeinden	Ländliche Vororte
Abfallentsorgung	Kanton Graubünden	Kleine Gemeinden	Ländliche Vororte
Zweckverband Abfallentsorgung	Kanton Graubünden	Kleine Gemeinden	Ländliche Vororte
(…) – Abfallverbrennung	Kanton Graubünden	Kleine Gemeinden	Ländliche Vororte
Abfallsammlung (Original: *Raccolta rifiuti*)	Kanton Graubünden	Kleine Gemeinden	Ländliche peripher

Politikfeld bzw. Beispiel	**Territorium**	**Größe**	**Lage**
Abfallentsorgung	Kanton Graubünden	Kleine Gemeinden	Ländliche Vororte
Führung des Recyclinghofes	Land Südtirol	Kleine Gemeinden	Ländliche Vororte
Recyclinghof	Land Südtirol	Kleine Gemeinden	Ländliche Zentren
Bau- und Recyclinghof	Land Tirol	Kleine Gemeinden	Ländliche Vororte
Abfall- und Wasserversorgung	Land Tirol	Kleine Gemeinden	Kleinere Städte und Vororte
Müllbeseitigung (gemeinsamer Recyclinghof)	Land Tirol	Kleine Gemeinden	Kleinere Städte und Vororte
Abfallbewirtschaftung (Region)	Kanton Graubünden	Mittlere Gemeinden	Ländliche Vororte
Abfallentsorgung	Land Südtirol	Mittlere Gemeinden	Ländliche Vororte
Recyclinghof (…)	Land Südtirol	Mittlere Gemeinden	Ländliche Vororte
Abfallbeseitigung	Land Tirol	Mittlere Gemeinden	Kleinere Städte und Vororte
Wertstoffhof	Land Südtirol	Große Gemeinden	Kleinere Städte und Vororte
Sammlung von Restmüll und Biomüll	Land Südtirol	Große Gemeinden	Ländliche Vororte
Polizei (15 Beispiele)			
Ortspolizei	Land Südtirol	Kleine Gemeinden	Ländliche Vororte
Übergemeindliche Ortspolizei	Land Südtirol	Kleine Gemeinden	Ländliche Vororte
Gemeindepolizei mit Nachbargemeinde (…)	Land Südtirol	Kleine Gemeinden	Ländliche Vororte
Lokale Polizei (Original: *Polizia locale*)	Land Südtirol	Mittlere Gemeinden	Ländliche Vororte

(Forts.)

Tabelle 92: (Forts.)

Politikfeld bzw. Beispiel	Territorium	Größe	Lage
Konvention mit der Gemeinde (...): Gemeindepolizei	Land Südtirol	Mittlere Gemeinden	Ländliche Vororte
Polizeidienst	Land Südtirol	Mittlere Gemeinden	Ländliche Vororte
Polizeidienst	Land Südtirol	Mittlere Gemeinden	Ländliche Vororte
Gemeindepolizei	Land Südtirol	Kleine Gemeinden	Ländliche Vororte
Ortspolizei	Land Südtirol	Mittlere Gemeinden	Ländliche Vororte
gemeinsamer Polizeidienst mit (...)	Land Südtirol	Mittlere Gemeinden	Ländliche Vororte
Ortspolizei	Land Südtirol	Große Gemeinden	Kleinere Städte und Vororte
Gemeindepolizei	Land Südtirol	Große Gemeinden	Ländliche Vororte
Ortspolizei	Land Südtirol	Große Gemeinden	Ländliche peripher
Ortspolizei	Land Südtirol	Große Gemeinden	Kleinere Städte und Vororte
Ortspolizeidienst	Land Südtirol	Große Gemeinden	Kleinere Städte und Vororte
Gemeindeverwaltung/Sekretariatsdienst (15 Beispiele)			
Kanzleigemeinschaft	Kanton Graubünden	Kleinstge- meinden	Ländliche Vororte
Gemeinsame Führung der Gemeindekanzlei von drei Gemeinden	Kanton Graubünden	Kleinstge- meinden	Ländliche Vororte
Sekretariatsdienst	Land Südtirol	Kleinstge- meinden	Ländliche Vororte
Sekretariatskonsortium (...)	Land Südtirol	Kleinstge- meinden	Ländliche Vororte
Gesamtes Personal, das für beide Gemeinden arbeitet	Land Südtirol	Kleinstge- meinden	Ländliche Zentren

Politikfeld bzw. Beispiel	Territorium	Größe	Lage
Betreibungsamt	Kanton Graubünden	Kleine Gemeinden	Ländlich peripher
Sekretär und Sekretariatsdienst	Land Südtirol	Kleine Gemeinden	Ländliche Vororte
Gemeindesekretär	Land Südtirol	Kleine Gemeinden	Ländliche Zentren
Gemeindesekretariatsdienst	Land Südtirol	Kleine Gemeinden	Ländliche Vororte
Gemeindesekretär	Land Südtirol	Kleine Gemeinden	Ländliche Vororte
Gemeinsame Verwaltung	Land Tirol	Kleine Gemeinden	Ländliche Vororte
Gemeindesekretär	Land Südtirol	Mittlere Gemeinden	Ländliche Vororte
Gemeindesekretär	Land Südtirol	Kleine Gemeinden	Ländliche peripher
Gemeinsamer Gemeindesekretär	Land Südtirol	Mittlere Gemeinden	Ländliche Zentren
Steueramt	Land Südtirol	Mittlere Gemeinden	Ländliche peripher
Abwasser/Trinkwasser (12 Beispiele)			
Abwasserverband	Kanton Graubünden	Kleine Gemeinden	Ländliche Vororte
Abwasser	Land Tirol	Kleine Gemeinden	Ländliche Vororte
Abwasserbeseitigung	Land Tirol	Kleine Gemeinden	Ländliche Vororte
Abwasserverband	Land Tirol	Kleine Gemeinden	Ländliche Vororte
Trinkwasserversorgung	Land Tirol	Kleine Gemeinden	Kleinere Städte und Vororte
Abwasserbeseitigung	Land Tirol	Kleine Gemeinden	Kleinere Städte und Vororte
Abwasserentsorgung	Land Tirol	Kleine Gemeinden	Ländliche Vororte

(Forts.)

Tabelle 92: (Forts.)

Politikfeld bzw. Beispiel	**Territorium**	**Größe**	**Lage**
Abwasser	Land Tirol	Kleine Gemeinden	Kleinere Städte und Vororte
Abwasserverband	Kanton Graubünden	Mittlere Gemeinden	Kleinere Städte und Vororte
Abwasserverband	Land Tirol	Mittlere Gemeinden	Ländliche Vororte
Abwasserverband	Land Tirol	Mittlere Gemeinden	Ländliche Vororte
Abwasserverband	Land Tirol	Mittlere Gemeinden	Kleinere Städte und Vororte
Schule (11 Beispiele)			
Schule	Kanton Graubünden	Kleinstgemeinden	Ländliche Vororte
Schule	Kanton Graubünden	Kleinstgemeinden	Ländliche Vororte
Schule	Kanton Graubünden	Kleine Gemeinden	Ländliche peripher
Schule, Oberstufe	Kanton Graubünden	Kleine Gemeinden	Ländliche Vororte
Schulverband (…)	Kanton Graubünden	Kleine Gemeinden	Ländliche Vororte
Oberstufenschule	Kanton Graubünden	Kleine Gemeinden	Kleinere Städte und Vororte
Bildung	Kanton Graubünden	Mittlere Gemeinden	Ländliche Vororte
Gemeinsame Sekundarschulen (Original: *scuole secondarie comuni*)	Kanton Graubünden	Mittlere Gemeinden	Ländlich peripher
Musikschule	Kanton Graubünden	Mittlere Gemeinden	Ländliche Vororte
Mittelschule – Oberschule	Land Südtirol	Mittlere Gemeinden	Ländliche Vororte
Schulverband	Land Tirol	Mittlere Gemeinden	Ländliche Vororte

Politikfeld bzw. Beispiel	**Territorium**	**Größe**	**Lage**
Forstwirtschaft (5 Beispiele)			
Beförsterung des Waldes	Kanton Graubünden	Kleinstgemeinden	Ländlich peripher
Forstwirtschaft	Kanton Graubünden	Kleinstgemeinden	Ländliche Vororte
Gemeindebetriebe und Forst zusammen mit der Nachbargemeinde	Kanton Graubünden	Kleine Gemeinden	Ländliche Vororte
Forstdienst	Kanton Graubünden	Kleine Gemeinden	Ländliche Vororte
Forst	Kanton Graubünden	Mittlere Gemeinden	Kleinere Städte und Vororte
Raumordnung/Bauangelegenheiten (5 Beispiele)			
Regionalentwicklung	Kanton Graubünden	Mittlere Gemeinden	Ländliche Vororte
Bauamt	Land Südtirol	Mittlere Gemeinden	Ländliche Zentren
Bauamt und alles was damit zusammenhängt	Land Südtirol	Mittlere Gemeinden	Ländliche Vororte
Regionales Bauamt	Land Tirol	Mittlere Gemeinden	Kleinere Städte und Vororte
Gemeinsames Bauamt mit (…)	Land Tirol	Mittlere Gemeinden	Ländliche Zentren
Tourismus/Sport (4 Beispiele)			
Tourismus	Kanton Graubünden	Kleine Gemeinden	Ländlich peripher
Tourismus Organisation	Kanton Graubünden	Kleine Gemeinden	Ländlich peripher
Skigebietsverbindung	Kanton Graubünden	Mittlere Gemeinden	Ländliche Vororte
Tourismusorganisation (…)	Kanton Graubünden	Mittlere Gemeinden	Ländliche peripher
Feuerwehr (4 Beispiele)			
Feuerwehr	Kanton Graubünden	Kleinstgemeinden	Ländlich peripher

(Forts.)

Tabelle 92: (Forts.)

Politikfeld bzw. Beispiel	**Territorium**	**Größe**	**Lage**
Feuerwehr	Kanton Graubünden	Kleinstgemeinden	Ländlich peripher
Feuerwehr	Kanton Graubünden	Kleine Gemeinden	Ländlich peripher
Feuerwehr	Kanton Graubünden	Mittlere Gemeinden	Kleinere Städte und Vororte
Sonstiges (jeweils eine Nennung)			
Werkdienst	Kanton Graubünden	Kleine Gemeinden	Ländliche Vororte
Bau von gemeinsamen Leitungen der Infrastruktur, wenn möglich (Bauhöfe)	Land Tirol	Kleine Gemeinden	Ländliche Vororte
Arbeitsgemeinschaft für Breitbandausbau	Land Tirol	Kleine Gemeinden	Ländliche Vororte
Bibliothek	Land Südtirol	Kleine Gemeinden	Ländliche Vororte
Abfuhr und Aufbereitung von Speiseresten	Land Tirol	Mittlere Gemeinden	Ländliche Vororte
(…); Vermessung	Kanton Graubünden	Große Gemeinden	Kleinere Städte und Vororte
Gemeinsames Schlachthaus	Kanton Graubünden	Große Gemeinden	Kleinere Städte und Vororte
Führung Bauhof, Seniorenheim	Land Südtirol	Große Gemeinden	Ländliche Vororte

Diese von den Bürgermeister*innen als erste angegebene Beispiele zeigen, dass die meisten erfolgreichen Kooperationen im Bereich Soziales bzw. Gesundheit sowie bei den Abfalldiensten bestehen. Insgesamt 18 Bürgermeister*innen haben ein Beispiel im Bereich der Alten- und Pflegheime genannt, dabei verteilen sich die Nennungen auf alle drei Territorien, wobei die Tiroler Gemeinden besonders hervorstechen. Gleich häufig wie Kooperationen im Gesundheitsbereich wurden jene der gemeinsamen Abfallbeseitigung genannt, womit auch diesem Politikfeld eine überaus große Relevanz in der Praxis zukommt.

Politikbereiche, die zusätzlich mehrmals genannt wurden, sind die örtliche Polizei (15) sowie die engere Gemeindeverwaltung (15), dies betrifft etwa den gemeinsamen Sekretariatsdienst. Bei den Abfalldiensten und der engeren Verwaltung kamen die Nennungen ebenso von allen drei Territorien, bei letzterem Dienst allerdings vermehrt von Südtiroler Gemeinden. Demgegenüber stammen die 15 Beispiele der lokalen Polizei ausschließlich von Südtiroler Gemeinden. Diese Ergebnisse bestätigen die bereits präsentierten Daten zur Dimension „Politikfeld". Dort wurde festgestellt, dass die Südtiroler Gemeinden im Vergleich zu den anderen Gebieten vermehrt in der engeren Verwaltung sowie beim Polizeidienst kooperieren.

Häufig genannt wurden zudem Kooperationen im Bereich Abwasser- und/oder Trinkwasser (12, fast ausschließlich aus Tirol) sowie Schule (11, alle Gebiete). Mehrmals genannt (4–5 Nennungen) wurden schließlich noch Kooperationen im Tourismus, der Forstwirtschaft sowie zwischen den Feuerwehren (alle drei Politikbereiche betrafen ausschließlich Gemeinden aus Graubünden). Einige Bürgermeister*innen nannten noch die Raumordnung/Bauangelegenheiten als erfolgreiche Kooperationen. Letzens gab es Nennungen, die individuelle bzw. spezifische Kooperationen von einzelnen Gemeinden darstellen, etwa ein gemeinsames Schlachthaus, eine Bibliothek oder ein gemeinsamer Breitbanddienst.

Wenn diese 115 Beispiele nach der **Größe** angeschaut werden, so sind die vier Größenklassen nicht in allen Politikbereichen vertreten. Die kleinen Gemeinden sind insgesamt am zahlreichsten vertreten (52 von 115 Beispielen). Am häufigsten genannt wurden dabei die Alten- und Pflegeheime sowie die Abfalldienste (von je 10 Bürgermeister*innen). Weitere acht kleine Gemeinden nannten die Abwasserdienste als erfolgreiche Kooperation und sieben die engere Gemeindeverwaltung. Die mittleren Gemeinden machen etwas weniger als die kleinen Gemeinden aus und sind 39-mal vertreten. Dabei fielen die meisten Antworten ebenso auf den Bereich der Alten- und Pflegeheime (7), sechs auf die örtliche Polizei. Je fünf mittlere Gemeinden nannten die Schule sowie Bauangelegenheiten als Beispiel für eine erfolgreiche Kooperation. Von den Kleinstgemeinden gaben nur 13 Bürgermeister*innen ein Beispiel einer erfolgreichen Kooperation an, sie stammen entweder aus Südtirol oder Graubünden. Fünf Nennungen betreffen die engere Gemeindeverwaltung. Je zwei betreffen die Abfalldienste, die Forstwirtschaft, die Feuerwehr oder die Schule. Letztlich gibt es von den großen Gemeinden nur 11 von 115 Beispielen. Davon betreffen fünf die Polizei, zwei die Abfallentsorgung, eine einen Gesundheits- und Sozialsprengel und drei sonstige Beispiele (Vermessung, Schlachthaus, Führung Bauhof, Seniorenheim).

Die insgesamt am häufigsten genannten Beispiele betreffen, wie erwähnt, den Bereich Soziales bzw. Gesundheit. Zehn von 18 Bürgermeister*innen, die ein solches Beispiel genannt haben, stammen aus kleinen Gemeinden, sieben aus mittleren Gemeinden und eine aus einer großen Gemeinde. Kleinstgemeinde gab keine diesen Bereich als erfolgreiche Kooperation an. Ebenso 18 Bürgermeister*innen nannten die Abfalldienste als erfolgreiches Beispiel, hier sind allerdings alle Größenklassen vertreten. Zehn von 18 Bürgermeister*innen stammen aus kleinen Gemeinden, womit dieses Politikfeld für diese besonders relevant zu sein scheint. Die 15 Kooperationen im Bereich Polizei aus Südtirol sind für die mittleren und großen Gemeinden eher ein Beispiel einer erfolgreichen Kooperation, denn hier sind die kleinen Gemeinden im Vergleich zu den beiden vorhergegangenen Beispielen geringer vertreten. Auch die Gemeindeverwaltung wurde von 15 Bürgermeister*innen unabhängig voneinander als ein Beispiel angeführt. Erwartungsgemäß ist dieser Bereich für große Gemeinden weniger relevant, da keine dieser Gemeinden diesen Dienst – zumindest als erstes erfolgreiches Beispiel – angab. Diese Beispiele stammen somit ausschließlich von Kleinstgemeinden (5), kleinen Gemeinden (7) sowie mittleren Gemeinden (3). Schließlich können noch die Abwasserdienste genannt werden, die von insgesamt 12 Bürgermeister*innen (10 aus Tirol und 2 aus Graubünden) angemerkt wurden. Die gemeinsamen Abwasserdienste wurden allein von kleinen (8) sowie mittleren Gemeinden (4) genannt.

Wenn die Tabelle 92 von der Perspektive der **geografischen Lage** aus betrachtet wird, sind wiederum nicht alle geografischen Kategorien in allen Politikbereichen vertreten. Die kleinste Gruppe ist jene der ländlichen Zentren, von denen nur sieben Bürgermeister*innen ein Beispiel genannt hatte (5 Südtirol, 2 Tirol). Drei von sieben nannten die gemeinsamen Sekretariatsbediensteten als Beispiel, zwei das gemeinsame Bauamt, eine den Wertstoffhof und eine ein Sozialzentrum. Insgesamt 16 Bürgermeister*innen, welche eine Kooperation genannt haben, stammen aus peripheren Gebieten (13 Graubünden, 3 Südtirol). Auch diese nannten unterschiedliche erfolgreiche Beispiele: Je drei nannten die Gemeindeverwaltung (Gemeindesekretariat, Betreibungsamt, Steueramt), die Feuerwehr sowie den Tourismus. Zwei nannten die Schule sowie die gemeinsame Abfallsammlung. Schließlich nannte je eine periphere Gemeinde die Polizei, die Beförsterung sowie ein gemeinsames Sanitätszentrum. Von den kleineren Städten und Vororten gibt es mehr Beispiele (23). Diese stammen aus allen drei Territorien und betreffen zehn Politikbereiche. Die meisten nannten die Abwasserdienste sowie das Sozialwesen als weiteres spezifisches Beispiel (je 5). Vier Bürgermeister*innen nannten die Abfallsammlung, drei die Polizei und sechs andere Beispiele. Die größte Gruppe der Gemeinden nach der Lage sind die ländlichen Vororte (69). Je 11 von diesen nannten Beispiele aus den Bereichen Soziales, Polizei sowie der Abfallentsorgung. Neun Nennungen erhielten die gemeinsamen Verwaltungsämter, acht Beispiele betrafen eine gemeinsame Schule, sieben Beispiele den Abwasserdienst.

Wie erwähnt, sind die am meist genannten erfolgreichen Politikbereiche die Alten- und Pflegeheime und die Abfalldienste. Den sozialen Bereich haben Bürgermeister*innen aus allen geografischen Kategorien angegeben, wobei die ländlichen Vororte (11 von 18) und die kleineren Städte (5 von 18) deutlich überwiegen. Auch bei den Abfalldiensten fällt auf, dass dieser vor allem für die ländlichen Vororte relevant zu sein scheint (11 von 18). Bei den Polizeidiensten, die ja nur von Südtiroler Gemeinden als Beispiele angeführt wurden, dominieren ebenso die ländlichen Vororte. Dasselbe zeigt sich bei der gemeinsamen Ämterverwaltung und den Abwasserdiensten, wo die meisten Beispiele aus den ländlichen Vororten stammen.

Die Tabelle 93 zeigt nun die weiteren 108 erfolgreichen Beispiele der Kooperation, die von den Bürgermeister*innen als zweites Beispiel genannt wurden. Von den Zweitbeispielen stammen 41 aus dem Kanton Graubünden, 35 aus Südtirol und 32 aus Tirol. Hier tauchen zum Großteil dieselben Politikbereiche auf, die von vielen bereits als erste erfolgreiche Beispiele genannt wurden. So kommen zu den obgenannten erfolgreichen Kooperationen weitere 17 Beispiele im Politikfeld Soziales und weitere 31 bei der Abwasser- und/oder der Abfallbewirtschaftung (18 Abfall, 13 Abwasser/Trinkwasser) hinzu, die oftmals gemeinsam genannt wurden. Bürgermeister*innen aus allen drei Territorien gaben Beispiele in diesen Bereichen an, wobei die Beispiele im Sozialen zum Großteil von Bürgermeister*innen aus Tirol stammten. Je 12 Beispiele wurden zudem erneut in der engeren Gemeindeverwaltung (dieses Mal insbesondere Finanzdienste) genannt sowie Kooperationen bei der Schulverwaltung. Neue Politikbereiche, welche in den ersten Beispielen nicht genannt wurden, betreffen nur die Mobilität sowie den Energiebereich (je 4 Beispiele).

Betrachtet man die Tabellen 92 und 93 zusammen, betreffen von insgesamt 223 Beispielen für eine erfolgreiche Kooperation je 35 das Politikfeld Soziales/ Gesundheit sowie die Abfallbewirtschaftung. Viele Nennungen (je 25) betreffen hingegen die Abwasserdienste sowie die gemeinsame Führung eines Amtes (meist das Sekretariat). Kooperationen im Bereich der Schule wurden insgesamt 23-mal angeführt und die interkommunale Zusammenarbeiten beim Polizeidienst 21 Mal. Die Raumordnung wurde hingegen 10-mal genannt. Alle anderen Politikbereiche wurden weniger als zehn Mal angeführt und können somit insgesamt als Einzelbeispiele aufgefasst werden.

Tabelle 93: Weitere Beispiele erfolgreicher interkommunaler Kooperation[1575]

Politikfeld bzw. Beispiel	Territorium	Größe	Lage
Abfall/Wiederverwertung (18 Beispiele)			
Abfallbewirtschaftung Region (…)	Kanton Graubünden	Kleinstgemeinden	Ländlich peripher
Kehrrichtentsorgung	Kanton Graubünden	Kleine Gemeinden	Ländlich peripher
Müllentsorgung	Land Tirol	Kleine Gemeinden	Ländliche Vororte
Abfall- und Abwasserverband	Land Tirol	Kleine Gemeinden	Ländliche Vororte
Abfallverband	Land Tirol	Kleine Gemeinden	Ländliche Vororte
Abfallbeseitigungsverband (…)	Land Tirol	Kleine Gemeinden	Kleinere Städte und Vororte
Abfallbewirtschaftung	Kanton Graubünden	Mittlere Gemeinden	Ländliche Vororte
Regionale Abfallbeseitigung (5 Gemeinden)	Kanton Graubünden	Mittlere Gemeinden	Ländliche Vororte
Abfallverband	Kanton Graubünden	Mittlere Gemeinden	Kleinere Städte und Vororte
Müllentsorgung und Abwasser	Land Südtirol	Mittlere Gemeinden	Kleinere Städte und Vororte
Verwaltung Wertstoffhof (*Original: Gestione centro riciglaggio*)	Land Südtirol	Mittlere Gemeinden	Ländliche Vororte
Müllabfuhrdienst	Land Südtirol	Mittlere Gemeinden	Ländliche Vororte
Abfall- und Abwasserbewirtschaftung	Land Südtirol	Mittlere Gemeinden	Ländliche Vororte
Recyclinghof	Land Südtirol	Mittlere Gemeinden	Ländliche Vororte

1575 Geordnet nach Häufigkeit der Nennung des Politikfelds sowie der Größe und Lage der Gemeinde. Um die Anonymisierung der Beispiele zu wahren, wurde in den Fällen eines erwähnten Namens, Titels oder Ortschaft die Bezeichnungen entfernt und durch „(…)“ ersetzt.

Politikfeld bzw. Beispiel	**Territorium**	**Größe**	**Lage**
Müll- und Abwasserentsorgung	Land Tirol	Mittlere Gemeinden	Ländliche Vororte
Gemeinsamer Recyclinghof mit (…)	Land Tirol	Mittlere Gemeinden	Ländliche Zentren
Kompostieranlage	Land Südtirol	Große Gemeinden	Kleinere Städte und Vororte
Recyclinghof	Land Südtirol	Große Gemeinden	Kleinere Städte und Vororte
Soziales/Gesundheit (17 Beispiele)			
Gesundheitswesen	Kanton Graubünden	Kleine Gemeinden	Kleinere Städte und Vororte
Pflege	Land Tirol	Kleine Gemeinden	Kleinere Städte und Vororte
Pflegeheim	Kanton Graubünden	Kleine Gemeinden	Ländlich peripher
Pflege und Betreuung älterer Menschen	Land Südtirol	Kleine Gemeinden	Ländliche Vororte
Kindergarten	Land Südtirol	Kleine Gemeinden	Ländliche Vororte
Krankenhaus	Land Tirol	Kleine Gemeinden	Ländliche Vororte
Altenpflege	Land Tirol	Kleine Gemeinden	Kleinere Städte und Vororte
Alters/Pflegeheime	Land Tirol	Kleine Gemeinden	Ländliche Vororte
Wohn und Pflegeheime	Land Tirol	Kleine Gemeinden	Ländliche Vororte
Spitex (Alterspflege)	Kanton Graubünden	Mittlere Gemeinden	Kleinere Städte und Vororte
Kleinkindbetreuung	Land Südtirol	Mittlere Gemeinden	Ländliche Vororte
Pflegebereich	Land Tirol	Mittlere Gemeinden	Kleinere Städte und Vororte
Altenheimverband	Land Tirol	Mittlere Gemeinden	Ländliche Vororte
Kleinkinderbetreuung	Land Tirol	Mittlere Gemeinden	Ländliche Zentren

(Forts.)

Tabelle 93: (Forts.)

Politikfeld bzw. Beispiel	Territorium	Größe	Lage
Gesundheits- und Sozialsprengel	Land Tirol	Mittlere Gemeinden	Kleinere Städte und Vororte
Bezirkskrankenhausverband	Land Tirol	Mittlere Gemeinden	Ländliche Vororte
Spitalverband	Kanton Graubünden	Große Gemeinden	Kleinere Städte und Vororte
Abwasser (13 Beispiele)			
Zweckverband Abwasserentsorgung (Fraktionen verschiedener Gemeinden aus geographischen Gründen angeschlossen)	Kanton Graubünden	Kleine Gemeinden	Ländliche Vororte
Abwasserentsorgung/Kläranlage gemeinsam mit mehreren Nachbargemeinden und an private Firma	Kanton Graubünden	Kleine Gemeinden	Ländliche Vororte
Abwasserverband (…)	Kanton Graubünden	Kleine Gemeinden	Ländliche Vororte
Trink- und Abwasserkonsortium	Land Südtirol	Kleine Gemeinden	Ländliche Vororte
Abwasserentsorgung	Land Tirol	Kleine Gemeinden	Kleinere Städte und Vororte
Abwasserverband	Land Tirol	Kleine Gemeinden	Ländliche Vororte
Abwasserentsorgung	Land Tirol	Kleine Gemeinden	Ländliche Vororte
Abwasser	Land Tirol	Kleine Gemeinden	Ländliche Vororte
Abwasserverband (…)	Land Tirol	Kleine Gemeinden	Kleinere Städte und Vororte
Trinkwasserversorgung (…)	Land Südtirol	Mittlere Gemeinden	Ländliche Vororte
Abwasserverband	Land Tirol	Mittlere Gemeinden	Ländliche Vororte
Abwasserverband	Land Tirol	Mittlere Gemeinden	Kleinere Städte und Vororte
Klärwerk mit 2 weiteren Gemeinden	Land Tirol	Mittlere Gemeinden	Ländliche Vororte

Politikfeld bzw. Beispiel	Territorium	Größe	Lage
Schule (12 Beispiele)			
Oberstufe in der Schule	Kanton Graubünden	Kleinstgemeinden	Ländlich peripher
Schulverband	Kanton Graubünden	Kleinstgemeinden	Ländliche Vororte
Kindergarten-Schule	Land Südtirol	Kleinstgemeinden	Ländliche Vororte
Schule (Sekundarstufe)/ Fachschule, (*Original: scuola (grado superiore)/professionale)*	Kanton Graubünden	Kleine Gemeinden	Ländliche peripher
Schule	Kanton Graubünden	Kleine Gemeinden	Ländlich peripher
Musikschule	Kanton Graubünden	Kleine Gemeinden	Ländlich peripher
Schule Oberstufe	Kanton Graubünden	Kleine Gemeinden	Ländliche Vororte
Musikschule	Kanton Graubünden	Kleine Gemeinden	Ländliche Vororte
Gemeinsame öffentliche Einrichtungen, wie z.B. Schulen, Kindergarten usw.	Land Tirol	Kleine Gemeinden	Ländliche Vororte
Musikschule (Region)	Kanton Graubünden	Mittlere Gemeinden	Ländliche Vororte
Schule Oberstufe (…)	Kanton Graubünden	Mittlere Gemeinden	Ländlich peripher
Sonderschule	Land Tirol	Mittlere Gemeinden	Ländliche Vororte
Gemeindeverwaltung/Sekretariatsdienst (10 Beispiele)			
Finanzen sowie Steuern	Land Südtirol	Kleinstgemeinden	Ländliche Vororte
Buchhaltung, Steueramt, Bauamt (in Zukunft), Gemeindearbeiter	Land Südtirol	Kleinstgemeinden	Ländliche Vororte
Finanzdienst	Land Südtirol	Kleine Gemeinden	Ländliche Zentren
Grundbuchamt *(Original: Ufficio del Registro Fondiario)*	Kanton Graubünden	Mittlere Gemeinden	Ländliche peripher

(Forts.)

Tabelle 93: (Forts.)

Politikfeld bzw. Beispiel	Territorium	Größe	Lage
Zivilstandswesen	Kanton Graubünden	Mittlere Gemeinden	Ländliche Vororte
Finanzdienst	Land Südtirol	Mittlere Gemeinden	Ländliche Zentren
Gemeinsamer Sekretariatsdienst mit (…)	Land Südtirol	Mittlere Gemeinden	Ländliche Vororte
Gemeinsamer Finanzdienst	Land Südtirol	Mittlere Gemeinden	Ländliche Zentren
Finanzen	Land Südtirol	Große Gemeinden	Ländliche peripher
Gemeinsame Nutzung von Mitarbeitern	Land Südtirol	Große Gemeinden	Kleinere Städte und Vororte
Feuerwehr (7 Beispiele)			
Feuerwehr	Kanton Graubünden	Kleinstgemeinden	Ländliche Vororte
Feuerwehr	Kanton Graubünden	Kleinstgemeinden	Ländliche Vororte
Feuerwehr	Kanton Graubünden	Kleinstgemeinden	Ländliche Vororte
Feuerwehr	Kanton Graubünden	Kleine Gemeinden	Ländlich peripher
Feuerwehr-, Schul- und Kulturwesen	Land Tirol	Kleine Gemeinden	Kleinere Städte und Vororte
Feuerwehr	Kanton Graubünden	Kleine Gemeinden	Ländliche Vororte
Feuerwehr	Kanton Graubünden	Mittlere Gemeinden	Ländliche Vororte
Polizei (6 Beispiele)			
Ortspolizei	Land Südtirol	Kleine Gemeinden	Ländliche Vororte
Gemeindepolizei	Land Südtirol	Kleine Gemeinden	Ländlich peripher
Gemeindepolizei	Land Südtirol	Kleine Gemeinden	Ländliche Zentren
Polizeidienst	Land Südtirol	Mittlere Gemeinden	Ländlich peripher

Politikfeld bzw. Beispiel	**Territorium**	**Größe**	**Lage**
Polizeidienst	Land Südtirol	Große Gemeinden	Ländliche Vororte
Gemeinsame Führung Gemeindepolizei	Land Südtirol	Große Gemeinden	Ländliche Vororte
Raumordnung/Bauangelegenheiten (5 Beispiele)			
Bauamt	Kanton Graubünden	Kleine Gemeinden	Ländliche Vororte
Bauamt	Land Südtirol	Kleine Gemeinden	Ländliche Vororte
Gemeinsames Bauamt	Land Tirol	Kleine Gemeinden	Ländliche Vororte
Bauamt (…)	Land Tirol	Kleine Gemeinden	Kleinere Städte und Vororte
Bauamt	Land Südtirol	Mittlere Gemeinden	Ländliche Vororte
Tourismus (3 Beispiele)			
Tourismus (*Original: Turismo*)	Kanton Graubünden	Kleine Gemeinden	Ländlich peripher
Tourismusorganisation	Kanton Graubünden	Kleine Gemeinden	Kleinere Städte und Vororte
Tourismusverein zusammengelegt mit (…)	Land Südtirol	Kleine Gemeinden	Ländliche Vororte
Mobilität (4 Beispiele)			
Arbeitsgemeinschaft für Errichtung von Radwanderwegen	Land Tirol	Kleine Gemeinden	Ländliche Vororte
Betreuung von Radwegen	Land Tirol	Mittlere Gemeinden	Ländliche Vororte
Übergemeindliche Radwege	Land Südtirol	Große Gemeinden	Kleinere Städte und Vororte
Regiobus	Land Tirol	Große Gemeinden	Kleinere Städte und Vororte
Energie (4 Beispiele)			
Energieversorgung	Kanton Graubünden	Kleinstgemeinden	Ländlich peripher
Energieversorgung	Kanton Graubünden	Kleine Gemeinden	Ländliche Vororte

(Forts.)

Tabelle 93: (Forts.)

Politikfeld bzw. Beispiel	Territorium	Größe	Lage
E Werk	Land Südtirol	Kleine Gemeinden	Ländliche Vororte
Stromproduktion	Land Südtirol	Mittlere Gemeinden	Ländliche Vororte
Werkdienst Leerzeichen (2 Beispiele)			
Gemeinde-Werkdienst	Kanton Graubünden	Kleinstgemeinden	Ländliche Vororte
Werk	Kanton Graubünden	Mittlere Gemeinden	Kleinere Städte und Vororte
Sonstiges (jeweils nur eine Nennung)			
Forstdienst	Kanton Graubünden	Kleine Gemeinden	Ländliche Vororte
(…) [gemeindeübergreifendes Projekt im Bereich Digitalisierung]	Kanton Graubünden	Kleinstgemeinden	Ländlich peripher
Gemeinsame Führung von Infrastrukturen die von beiden Gemeinden benutzt werden	Land Südtirol	Kleinstgemeinden	Ländliche Zentren
Berufsbeistandschaft	Kanton Graubünden	Kleine Gemeinden	Ländliche Vororte
Instandhaltung von Teilstücken von Straßen	Land Südtirol	Kleine Gemeinden	Ländliche Vororte
Kultur	Kanton Graubünden	Mittlere Gemeinden	Ländliche Vororte
Region (…); Aufgaben gemäß Gesetz	Kanton Graubünden	Große Gemeinden	Kleinere Städte und Vororte

In Bezug auf die **Größe** ist auch bei den angeführten Zweitbeispielen feststellbar, dass nicht alle Politikfelder von verschiedenen Größenklassen genannt wurden. Die am geringsten vertretenen Gruppen sind die Kleinstgemeinden (13 Bsp.) sowie die großen Gemeinden (10 Bsp.). Die Kleinstgemeinden stammen alle entweder aus Graubünden und Südtirol und haben verschiedene Beispiele angegeben. Je drei nannten die Feuerwehr oder die Schulverwaltung, zwei die Gemeindeämter, wobei hier jeweils mehrere Bereiche genannt wurden (Finanzen/Steuern sowie Buchhaltung, Steueramt, Bauamt, Gemeindesekretär).

Die erfolgreichen Beispiele der 49 kleinen Gemeinden verteilen sich hingegen sogar auf 13 verschiedene Politikfelder und bestätigen das vielfältige Bild der Kooperation. Neun von 49 Beispielen betreffen die Abwasserdienste. Bei den erstgenannten Beispielen waren es bei den kleinen Gemeinden noch vor allem die Alten- und Pflegeheime, die allerdings auch hier von neun weiteren kleinen Gemeinden genannt wurden. Sechs kleine Gemeinden nannten die Schule als erfolgreiche Kooperation, fünf Kooperationen im Abfallbereich, vier die Bauangelegenheiten, je drei die Feuerwehr, den Tourismus und die lokale Polizei.

Von den mittleren Gemeinden nannten 36 ein zweites Beispiel. Diese betreffen insgesamt zwölf Politikbereiche. Die von den mittleren Gemeinden am häufigsten genannte Kooperationsthematik ist die Müllentsorgung (10 von 36) und das Sozialwesen (7 von 36). Bei den erstgenannten Beispielen nannten die mittleren Gemeinden, ähnlich wie die kleinen Gemeinden, noch vor allem die Alten- und Pflegeheime als erfolgreiche Kooperationsprojekte. Die zehn Großgemeinden heben sich von den anderen Gemeinden dahingehend ab, weil sie zum Teil vollkommen andere Kooperationsbereiche als erfolgreich nennen: Je zwei nennen den Abfalldienst sowie die engere Gemeindeverwaltung (Finanzen und gemeinsame Nutzung von Mitarbeiter*innen), die anderen sechs Kooperationen bei der Polizei (2), Mobilität (2), Spitalverband (1) sowie die Kooperationen durch die Region, die ein multidimensionales Aufgabengebiet erfüllt.

Auch in Bezug auf die **geografische Lage** sind bei den Zweitbeispielen die ländlichen Zentren und die peripheren Gebiete am geringsten vertreten. Von den ländlichen Zentren geben drei den Finanzdienst als erfolgreiches Kooperationsbeispiel an, die anderen vier jeweils ein spezifisches Beispiel. Bei den peripheren Gebieten betrafen die Erstbeispiele je drei Mal die engere Verwaltung, die Feuerwehren und den Tourismus. Auch dieses Mal nennen zwei Gemeinden eine Ämterzusammenarbeit (Finanzen sowie Grundbuch), eine den Tourismus und eine die Feuerwehr. Fünf von 16 peripher liegenden Gemeinden geben hingegen die Schule bzw. Musikschule als Kooperationsbereich an. Zudem nennen zwei periphere Gemeinden die Abfallbewirtschaftung und zwei weitere die örtliche Polizei.

Von den 23 kleineren Städte und Vororten gaben alle ein zweites Beispiel für eine erfolgreiche Kooperation an. Je fünf nannten als erstes Beispiel die Abwasserdienste bzw. Kooperationen im sozialen Bereich. Der soziale Bereich erhielt von sieben weiteren kleineren Städten eine Nennung, auch die Abwasserdienste wurden von drei kleineren Städten genannt. Fünf von 23 nannten hingegen die Müllentsorgung als erfolgreiches Beispiel und zwei gaben Projekte im Bereich der übergemeindlichen Mobilität an. Je eine kleinere Stadt gab folgende Beispiele an: Tourismusorganisationen, Feuerwehr-, Schul- und Kulturwesen, gemeinsame Nutzung von Mitarbeiter*innen, Bauamt, Region sowie Werk.

Schließlich nehmen die ländlichen Vororte wiederum die größte Gruppe ein, die ein bzw. ein zweites Beispiel für erfolgreiche Kooperation nannte. Bei den ersten Beispielen waren es 69, bei den zweiten mit 62 nur gering weniger. Je 11 von diesen 69 hatten bei den ersten Beispielen solche aus dem Bereich Soziales, Polizei sowie Abfall genannt. Nun nennen zehn Bürgermeister*innen aus ländlichen Vororten ebenso den Abfalldienst als erfolgreiches Beispiel, weitere zehn die gemeinsamen Abwasserdienste. Acht ländliche Vororte nannten wiederum Kooperationsprojekte aus dem sozialen Bereich und sieben die Schule bzw. Musikschule. Von fünf Bürgermeister*innen aus ländlichen Vororten wurde die Feuerwehr als Kooperation angemerkt und von je vier zum einen die Dienste in der Verwaltung sowie ein gemeinsames Bauamt. Drei nannten hingegen die örtliche Polizei sowie die Energie als erfolgreiches Beispiel und zwei Gemeinden die Projekte im Bereich Mobilität. Je ein*e Bürgermeister*in aus einem ländlichen Vorort nannte Einzelbeispiele, z.B. den Forstdienst, als erfolgreiches Beispiel.

6.3.3 Zusammenfassung: Zufriedenheit mit Kooperation

Die Zufriedenheit der politischen Akteure mit der interkommunalen Kooperation nahm im Gegensatz zu anderen Dimensionen im Fragebogen einen kleinen Stellenwert ein und umfasste nur zwei Fragen. Jene hinsichtlich der allgemeinen Zufriedenheit mit der bisherigen Kooperationserfahrung sowie die Frage nach erfolgreichen Beispielen der Kooperation. Die Annahmen waren neutraler Natur und es wurde nicht erwartet, dass die einzelnen Variablen Territorium, Größe oder geografische Lage die Zufriedenheit besonders beeinflussen. Nichtsdestotrotz wurde erwartet, dass die meisten Bürgermeister*innen mit den durchgeführten Kooperationen eher zufrieden sind. Diese Annahme basierte auf der reichlichen Erfahrung, die mit Kooperation bereits besteht und von der eine positive Haltung abgeleitet wird. Basierend auf einer regen bestehenden und teilweise langjährigen Kooperationstätigkeit wurde demnach angenommen, dass die meisten Bürgermeister*innen auch damit zufrieden seien. Der Mehrwert der Erhebung besteht insbesondere in der Bereicherung des Forschungsgegenstandes, indem die Bürgermeister*innen die bisherige Kooperationserfahrung bewerten sollten.

Die Ergebnisse bestätigen die Annahme und zeigen eine deutlich positive Haltung der meisten Befragten zu ihren bisherigen Erfahrungen mit interkommunaler Kooperation. Insgesamt bewertete die Mehrheit die Zufriedenheit mit „sehr gut“ oder „gut“, ein Teil auch mit „zufriedenstellend“. Nur eine Minderheit bewertete die Erfahrung mit interkommunaler Kooperation negativ, weshalb auch kaum ein Einfluss der Variablen Territorium, Größe oder Lage der Gemeinde feststellbar ist. Somit wurde auch die Annahme bestätigt, dass diese drei Variablen kaum Einfluss auf die Zufriedenheit der Bürgermeister*innen haben.

Die Ergebnisse nach dem **Territorium** der Gemeinde offenbaren große Parallelen. Obwohl die Tiroler Bürgermeister*innen die Kooperation am häufigsten mit „sehr gut" bewerteten, ist die Summe der Zustimmungswerte der beiden positiven Kategorien „sehr gut" und „gut" in allen drei Territorien ähnlich und liegt deutlich über der Mehrheit.

Wie angenommen, steht die Bewertung der Zufriedenheit auch kaum in einem direkten Zusammenhang mit der **Größe** oder **geografischen Lage** einer Gemeinde – zumindest wird es aus den gesammelten Daten nicht ersichtlich. Bei den Ergebnissen der Größe kommen sehr ähnliche Bewertungen zwischen den vier Größenklassen hervor, wobei die Bürgermeister*innen aus mittleren Gemeinden im Vergleich am zufriedensten mit Kooperation zu sein scheinen. Bei den Ergebnissen nach der Lage zeigt sich ebenso, dass die Bewertung „gut" in allen Kategorien die höchste Zustimmung erhielt. Sowohl die Bürgermeister*innen aus den ländlichen Zentren sowie den peripheren Gemeinden bewerteten ihre Kooperationserfahrung mehrheitlich als „gut". Die Bewertung „sehr gut" ist vor allem bei den kleineren Städten und den ländlichen Zentren hoch. Daraus könnte ein Zusammenhang mit der Lage zwischen zentralen und peripheren Gebieten hergestellt werden, auch weil bei den ländlichen Vororten ein beträchtlicher Anteil die Zufriedenheit mit „zufriedenstellend" bewertet, was bei den peripheren Gemeinden allerdings nicht der Fall ist.

Die persönlichen Gespräche mit den Bürgermeister*innen bestätigen ebenso, dass die Befragten der interkommunalen Kooperation überaus positiv gegenüberstehen und mit ihren diversen Kooperationsmechanismen im Großen und Ganzen zufrieden sind. Nichtsdestotrotz haben die Gespräche erneut untermauert, dass Kooperation sehr kontextspezifisch ist und verschiedenste Aspekte, wie etwa die Kompromissfähigkeit der Politiker*innen oder die Kompetenzen des Personals, dazu beitragen, ob sie für eine*n Bürgermeister*in als positiv wahrgenommen wird. Insgesamt offenbaren die Gespräche eine große Zufriedenheit, doch müssen dafür mehrere Voraussetzungen gegeben sein. Es zeigt sich, dass die Bürgermeister*innen sehr wohl abwägen ob und unter welchen Umständen sie eine Kooperation durchführen. Außerdem haben sie meist klare Ziele im Kopf und kooperieren nicht nur um der Kooperation willen, sondern für einen spezifischen Mehrwert. Es wurde von mehreren Akteuren darauf hingewiesen, dass eine pauschale Zufriedenheit nicht gegeben werden könnte. Die zahlreichen gesammelten Beispiele, die von den Bürgermeister*innen als erfolgreiche Kooperationen angegeben wurden, deuten ebenso auf eine hohe Zufriedenheit mit Kooperation hin. Insgesamt wurden von 115 Personen 223 Beispiele für eine erfolgreiche Kooperation erhoben, von sehr vielen Personen wurden zwei Beispiele genannt. Die meisten Politiker*innen gaben die Bereiche Soziales/Gesundheit sowie die Abfallbewirtschaftung an. Dies deutet nicht nur auf eine hohe Relevanz dieser zwei Politikbereiche hin, sondern auch, dass diese Kooperationen mit einer hohen Zufriedenheit und somit erfolgreichen Kooperation einhergehen. Gleichzeitig zeigt die Vielfältigkeit der genannten erfolgreichen Politikbereiche erneut, dass Kooperation in vielen Bereichen erfolgreich sein kann und nicht nur auf wenige Dienstleistungen beschränkt sein muss.

6.4. Hindernisse

Diese Dimension setzt sich mit dem Thema der Schwierigkeiten auseinander, mit denen Gemeinden bei der Nutzung von Kooperation womöglich konfrontiert sind oder die Gemeinden daran hindern können, überhaupt eine Kooperation einzugehen. Im Fragebogen widmeten sich zwei Fragen den möglichen Hindernissen: Eine Frage (Nr. 51) ging an jene 13 Bürgermeister*innen, welche zu Beginn der Befragung angegeben hatten, derzeit nicht mit anderen Gemeinden in Kooperation zu stehen. Die zweite Frage (Nr. 52) ging an all jene Bürgermeister*innen, die bereits Erfahrung mit Kooperation haben.

Es wird erwartet, dass insbesondere jene Gemeinden, die noch keine Erfahrung mit Kooperation haben, sich sehr wohl einigen Schwierigkeiten ausgesetzt fühlen und diese in den einzelnen Gebietskörperschaften womöglich ähnlicher Natur sind. Hinsichtlich der Bürgermeister*innen, die bereits Erfahrung mit Kooperation haben, wird erwartet, dass Hindernisse vor allem die zur Verfügung stehenden Zeitressourcen, aber auch das politische Interesse betreffen. Hinsichtlich beider Fragen wird erwartet, dass auch die Größe und Lage einer Gemeinde einen Einfluss auf die Hindernisse hat. So wird davon ausgegangen, dass kleine und periphere Gemeinden anderen Hindernissen ausgesetzt sind als größere und zentral gelegenere Gemeinden. Bei den größeren Gemeinden ist es wahrscheinlich die notwendige Zeit, aber auch die Sorge um den Verlust des politischen Einflusses, der sie hemmt, eine Kooperation einzugehen oder welche diese erschweren. Hingegen sind kleine und periphere Gemeinden vermutlich eher Schwierigkeiten der mangelnden Erfahrung, der fehlenden technischen Kompetenzen innerhalb der Gemeindeverwaltung oder der Sorge um den Verlust ihrer lokalen Identität ausgesetzt, welche Kooperationen behindern. Hinsichtlich des Territoriums werden keine besonderen Unterschiede bei dieser Dimension erwartet.

6.4.1 Faktoren, welche Kooperation behindern

Die erste Frage der Hindernisse im Fragebogen wurde jenen Personen gestellt, die bisher keine Erfahrung mit Kooperation aufweisen: *Welche der folgenden Faktoren haben Einfluss darauf, dass Ihre Gemeinde bisher keine formelle Zusammenarbeit mit anderen Gemeinden eingegangen ist? Bitte nennen Sie maximal 5 Faktoren.* Zur Auswahl standen folgende 13 Faktoren:

- Mangelnde rechtliche Rahmenbedingungen
- Mangelnde Unterstützung vonseiten der Landes- bzw. Kantonspolitik
- Mangelnde Unterstützung vonseiten der Landes- bzw. Kantonsverwaltung
- Mangelnde Erfahrung bzw. technische Kompetenzen innerhalb der Gemeindeverwaltung
- Mangelnde finanzielle Ressourcen in der eigenen Gemeinde
- Mangelndes politisches Interesse (z.B.: „Kirchturmdenken")
- Mangelnde Zeitressourcen
- Mangelnde Personalressourcen
- Sorge um den Verlust der lokalen Identität
- Sorge um den Verlust von politischem Einfluss
- Mangelndes Interesse vonseiten des Gemeindepersonals
- Unterschiedliche politische Ausrichtung zwischen Ihrer Gemeinde und dem/der Bürgermeister/in der anderen Gemeinde
- Fehlendes Vertrauen zu Kooperationspartnern

Von den 13 Bürgermeister*innen, welche die Frage beantworteten, stammten zwei aus Graubünden, drei aus Südtirol und acht aus Tirol. Drei Faktoren erhielten hierbei die höchste Zustimmung, was jeweils vier Nennungen von insgesamt 33 Antworten entspricht: Zum einen ist es das mangelnde politische Interesse (*„Kirchturmdenken"*), zum anderen die mangelnden Zeitressourcen sowie die unterschiedliche politische Ausrichtung zwischen den Bürgermeister*innen, welche das Eingehen von Kooperation hindern. Zwei Hindernisse bekamen keine einzige Nennung von keinem der Bürgermeister*innen und spielen demnach keine Rolle: Die mangelnde Unterstützung vonseiten der Landes- oder Kantonspolitik sowie die finanziellen Ressourcen einer Gemeinde.

Die Ergebnisse der zwei Gemeinden aus Graubünden waren unterschiedlich, da nur das Kirchturmdenken zweimal genannt wurde, alle anderen Faktoren hingegen einmal. Von den Gemeinden aus Südtirol wählte hingegen kein einziger Befragte dasselbe Hindernis. Insgesamt erhielten nur folgende Faktoren je eine Nennung: Das mangelnde Personal, das mangelnde Interesse vonseiten des Personals sowie die diverse politische Ausrichtung der Gemeinden. Schließlich

Tabelle 94: Faktoren, die Kooperation verhindern (N = 13)

Faktor	**Anzahl der Antworten**	**Anteil der Antworten**	**Anteil der Fälle**
Mangelnde rechtliche Rahmenbedingungen	2	6,1 %	15,4 %
Mangelnde Unterstützung vonseiten der Landes- bzw. Kantonspolitik	0	0,0 %	0,0 %
Mangelnde Unterstützung vonseiten der Landes- bzw. Kantonsverwaltung	1	3,0 %	7,7 %
Mangelnde Erfahrung bzw. technische Kompetenzen innerhalb der Gemeindeverwaltung	3	9,1 %	23,1 %
Mangelnde finanzielle Ressourcen in der eigenen Gemeinde	0	0,0 %	0,0 %
Mangelndes politisches Interesse (z.B.: „Kirchturmdenken“)	4	12,1 %	30,8 %
Mangelnde Zeitressourcen	4	12,1 %	30,8 %
Mangelnde Personalressourcen	3	9,1 %	23,1 %
Sorge um den Verlust der lokalen Identität	3	9,1 %	23,1 %
Sorge um den Verlust von politischem Einfluss	3	9,1 %	23,1 %
Mangelndes Interesse vonseiten des Gemeindepersonals	2	6,1 %	15,4 %
Unterschiedliche politische Ausrichtung zwischen Ihrer Gemeinde und dem/der Bürgermeister/in der anderen Gemeinde	4	12,1 %	30,8 %
Fehlendes Vertrauen zu Kooperationspartnern	1	3,0 %	7,7 %
Keine Antwort	2	6,1 %	15,4 %
Anderes	1	3,0 %	7,7 %
Summe	**33**	**100,0 %**	**253,8 %**

sind die Hindernisse für eine lokale Kooperation auch für die acht Gemeinden aus Tirol unterschiedlich. Nur ein Faktor – die mangelnden Zeitressourcen – erhielt drei Nennungen von 20. Fünf Faktoren erhielten je zwei Nennungen von den acht Bürgermeister*innen: Mangelnde Erfahrung, Kirchturmdenken, Sorge des Verlust der Identität, Sorge des Verlusts des politischen Einflusses sowie die unterschiedliche politische Ausrichtung.

In Bezug auf die **Größe** erhielt das Kirchturmdenken je zwei Nennungen vonseiten der mittleren Gemeinden sowie der Kleinstgemeinden – alle anderen betroffenen Faktoren erhielten nur je eine Nennung, so dass kein Einfluss feststellbar ist. Bei den kleinen Gemeinden nannten zwei die mangelnden Zeitressourcen, so dass dieser Faktor nicht nur große Gemeinden betreffen kann. Die Sorge des Verlusts der lokalen Identität sowie die unterschiedliche politische Ausrichtung wurden zweimal erwähnt. Die einzige große Gemeinde, welche die Frage beantwortete, gab „keine Antwort" an. Hinsichtlich der **geografischen Lage** zeigt sich ebenso eine starke Heterogenität und Diversität, da nur wenige Faktoren mehr als eine Nennung erhielten, aber insgesamt viele Gründe angegeben werden. Auffallen tun die ländlichen peripheren Gemeinden, wo drei Nennungen auf die fehlenden Zeitressourcen fielen.

6.4.2 Faktoren, welche Kooperation negativ beeinflussen

Im Gegensatz zur Frage 51 wurde die Frage 52 jene Bürgermeister*innen gestellt, die bereits Erfahrung mit Kooperation haben: *Welche der folgenden Faktoren haben die Nutzung von Kooperation zwischen Ihrer Gemeinde und anderen Gemeinden negativ beeinflusst (falls zutreffend)? Bitte nennen Sie maximal 5 Faktoren.* Zur Auswahl standen dieselben Faktoren wie bei der Frage 51, zudem konnte die Frage verweigert oder „keine Antwort" angegeben werden. Die Frage wurde von 127 Bürgermeister*innen beantwortet.

Tabelle 95: Faktoren, die Kooperation negativ beeinflussen (N = 127)

Faktor	**Anzahl der Antworten**	**Anteil der Antworten**	**Anteil der Fälle**
Mangelnde rechtliche Rahmenbedingungen	27	6,4 %	21,3 %
Mangelnde Unterstützung vonseiten der Landes- bzw. Kantonspolitik	11	2,6 %	8,7 %
Mangelnde Unterstützung vonseiten der Landes- bzw. Kantonsverwaltung	9	2,1 %	7,1 %
Mangelnde Erfahrung bzw. technische Kompetenzen innerhalb der Gemeindeverwaltung	14	3,3 %	11,0 %
Mangelnde finanzielle Ressourcen in der eigenen Gemeinde	22	5,3 %	17,3 %
Mangelndes politisches Interesse (z.B.: „Kirchturmdenken")	68	16,2 %	53,5 %

(Forts.)

Tabelle 95: (Forts.)

Faktor	**Anzahl der Antworten**	**Anteil der Antworten**	**Anteil der Fälle**
Mangelnde Zeitressourcen	33	7,9 %	26,0 %
Mangelnde Personalressourcen	27	6,4 %	21,3 %
Sorge um den Verlust der lokalen Identität	61	14,6 %	48,0 %
Sorge um den Verlust von politischem Einfluss	52	12,4 %	40,9 %
Mangelndes Interesse vonseiten des Gemeindepersonals	22	5,3 %	17,3 %
Unterschiedliche politische Ausrichtung zwischen Ihrer Gemeinde und dem/der Bürgermeister/in der anderen Gemeinde	29	6,9 %	22,8 %
Fehlendes Vertrauen	34	8,1 %	26,8 %
Keine Antwort	7	1,7 %	5,5 %
Anderes	3	0,7	2,4
Summe	**419**	**100,0 %**	**329,9 %**

Das Gesamtergebnis zeigt, dass das Kirchturmdenken, d.h. das mangelnde politische Interesse sowie die Fokussierung auf die eigene Gemeinde, ein großer negativer Einflussfaktor für Kooperation ist oder diese zumindest negativ beeinflusst. Diese Antwort wählten insgesamt die meisten Befragten (53,5 %). Die am zweithäufigsten genannte Antwort, die ebenso fast die Hälfte der Befragten (48 %) gewählt haben ist die Sorge um den Verlust der eigenen Identität, was in einem engen Zusammenhang mit dem Hindernis des Kirchturmdenkens betrachtet werden kann. Auch die Sorge um den Verlust des politischen Einflusses erhielt viele Nennungen und wurde von 40,9 Prozent gewählt. Weitere häufig genannte Faktoren von mindestens einem Viertel der Befragten sind: Mangelnde Zeitressourcen und fehlendes Vertrauen zu den Kooperationspartnern. Am wenigsten Nennungen mit einer Zustimmung von unter zehn Prozent erhielt demgegenüber die Unterstützung vonseiten der Landespolitik sowie die Unterstützung vonseiten der Landesverwaltung, die somit kaum einen relevanten Einfluss auf die Kooperation haben.

Wenn man die Ergebnisse in Bezug auf das **Territorium** betrachtet, gibt es einige Ähnlichkeiten zwischen den Gemeinden. In allen Territorien spielt der Faktor des mangelnden politischen Interesses eine gewichtige Rolle. Sowohl in Graubünden, Südtirol und Tirol gaben über die Hälfte der befragten Bürgermeister*innen diesen als negativen Einflussfaktor an (Graubünden: 52,3 %, Südtirol: 56,5 %, Tirol: 51,4 %). Insgesamt gibt es in Graubünden vier Faktoren, welche über zehn Prozent der Antworten erhielten, während es in Tirol drei und in Südtirol nur zwei sind. Demnach scheinen für Südtirol und Tirol weniger Hindernisse ausschlaggebend zu sein, während diese in Graubünden vielfältigere Faktoren betreffen. Die höchste Zustimmung vonseiten der Bündner Bürgermeister*innen erhielt die Sorge um den Verlust der lokalen Identität (77 %). Dieser Faktor spielt auch in Südtirol eine bestimmte Rolle (37 %), in Tirol sind es weniger (27 %). Ein weiterer Faktor, den in Graubünden über 60 Prozent der Bürgermeister*innen angaben, ist die Sorge um den Verlust des politischen Einflusses. Für 40 Prozent ist zudem das fehlende Vertrauen ein Thema. Außerdem erhielten der mangelnde rechtliche Rahmen, die mangelnden Zeitressourcen, das mangelnde Personal sowie das mangelnde Interesse des Personals über 25 Prozent an Zustimmung.

In Südtirol erhielt zum Unterschied von den Gemeinden aus Graubünden allein das Thema des Kirchturmdenkens die Zustimmung von über der Hälfte der Befragten. Faktoren, die hingegen von mindestens über einem Viertel der Befragten angegeben wurden, waren: Der mangelnde rechtliche Rahmen, die mangelnden Zeitressourcen, das mangelnde Personal und die Sorge um den Verlust der Identität sowie des politischen Einflusses. Die Tiroler Bürgermeister*innen bewerteten sehr ähnlich: Hier hat nur ein Faktor die Zustimmung von über der Hälfte der Befragten (Kirchturmdenken). Faktoren, die hingegen die Zustimmung von über 25 Prozent der Befragten erhielten: Der mangelnde rechtliche Rahmen, die mangelnden finanziellen Ressourcen in der Gemeinde sowie die mangelnde Zeitressourcen.

In allen drei Ländern prägt somit der politische Faktor die negativen Einflussfaktoren für Kooperation. Zusätzlich sind es in Südtirol und Tirol noch institutionell gegebene Faktoren, während in Graubünden fast ausschließlich persönliche Komponenten sind, die ein Thema für die Gemeindepräsidenten sind.

Die persönlichen Interviews offenbarten sehr ähnliche Aspekte, wobei einiges genannt wurde, das im Fragebogen nicht als Antwortmöglichkeit angegeben war. Dies betraf etwa die unterschiedlichen politischen Interessen, verschiedene Voraussetzungen zwischen potenziellen Partnergemeinden oder der Kosten-Nutzen-Faktor einer Kooperation als mögliche Hindernisse. Zu ersterem Aspekt könnte der Faktor der „unterschiedlichen politischen Ausrichtung“ gezählt werden, den im Fragebogen 22,8 Prozent wählten. Womöglich war dieses Hindernis im Fragebogen zu wenig aussagekräftig betitelt und für die Befragten nicht klar zuordenbar. Das am häufigsten genannte Hindernis im Fragebogen war nämlich das mangelnde politische Interesse zur Kooperation, das auch als „Kirchturmdenken“ umschrieben wurde.

Tabelle 96: Faktoren, die Kooperation negativ beeinflussen nach Territorium (Antworten der Fälle)

Faktor	**Kanton Graubünden (N = 44)**	**Land Südtirol (N = 46)**	**Land Tirol (N = 37)**
Mangelnde rechtliche Rahmenbedingungen	6,8 %	26,1 %	32,4 %
Mangelnde Unterstützung vonseiten der Landes- bzw. Kantonspolitik	9,1 %	10,9 %	5,4 %
Mangelnde Unterstützung vonseiten der Landes- bzw. Kantonsverwaltung	9,1 %	4,3 %	8,1 %
Mangelnde Erfahrung bzw. technische Kompetenzen innerhalb der Gemeindeverwaltung	0,0 %	19,6 %	13,5 %
Mangelnde finanzielle Ressourcen in der eigenen Gemeinde	13,6 %	10,9 %	29,7 %
Mangelndes politisches Interesse (z.B.: „Kirchturmdenken“)	52,3 %	56,5 %	51,4 %
Mangelnde Zeitressourcen	25,0 %	26,1 %	27,0 %
Mangelnde Personalressourcen	11,4 %	30,4 %	21,6 %
Sorge um den Verlust der lokalen Identität	77,3 %	37,0 %	27,0 %
Sorge um den Verlust von politischem Einfluss	61,4 %	37,0 %	21,6 %
Mangelndes Interesse vonseiten des Gemeindepersonals	13,6 %	32,6 %	2,7 %
Unterschiedliche politische Ausrichtung zwischen Ihrer Gemeinde und dem/der Bürgermeister/in der anderen Gemeinde	34,1 %	13,0 %	21,6 %
Fehlendes Vertrauen	40,9 %	21,7 %	16,2 %
Keine Antwort	2,3 %	6,5 %	8,1 %
Anderes	2,3 %	4,3 %	0,0 %
Summe	**359,1 %**	**337,0 %**	**286,5 %**

Dies gehörte auch in den persönlichen Gesprächen zu einem der am häufigsten genannten Aspekte, der von Bürgermeister*innen aus allen drei Territorien angesprochen wurde. Dieser mangelnde politische Wille wurde in den Gesprächen zum einen mit einem fehlenden Interesse vonseiten der politischen Führungspersönlichkeiten oder aber vonseiten des politischen Versammlungsorgans in Verbindung gebracht. Weitere Aspekte, die im Zusammenhang mit dem mangelnden

Willen zur Kooperation genannt wurden, waren langjährige Rivalitäten zwischen Gemeinden oder das Weigern bestimmte Strukturen gemeinsam zu führen. Hinsichtlich zu Letzterem erwähnte ein Bürgermeister, dass es Kirchturmdenken vonseiten der Bevölkerung gebe, wenn man nicht auf eine bestimmte Infrastruktur im Dorf verzichten möchte: „*(...) wenn das schon vorhanden ist, dann ist es halt schwer den Bürgern zu sagen: ‚Aber jetzt gibt es kein Schwimmbad mehr in unserem Dorf. Jetzt müsst ihr in die Nachbarortschaft fahren.‘ (...). Komischerweise ist das so viel emotionaler wie eine Schule zum Beispiel, bei einer Schule ist es nicht so ein Problem, wenn man in eine Nachbarortschaft fährt.*“ Dass der Wille vonseiten der politischen Akteure eine Kooperation hingegen tatsächlich hemmen könnte, bestätigten die Hälfte der Befragten: „*Schwierigkeiten sind eben auch immer wieder menschlicher Natur. Wenn jetzt ein Bürgermeister sehr sehr uneinsichtig ist und das einfach gar nicht will, dann geht es eh nicht. (...) Wenn man zusammenfindet, dann geht es ganz leicht. (...) Das hängt natürlich nicht nur vom Bürgermeister, sondern auch den Gemeinderäten ab. Weil das Budget dann die Gemeinderäte wieder freigeben müssen. Deswegen: Es hängt zum Großteil von den handelnden Personen ab. (...) Und dann verliert natürlich die andere Gemeinde auch die Geduld, wenn es ewig dauert. Dann denkt man sich, ja dann ist es gescheiter, wenn man es mit einer ganz anderen Gemeinde macht, die wirklich offen ist für sowas.*“

Den Aspekt, dass der politische Wille bzw. Unwille nicht immer nur von der politischen Exekutive oder den Bürgermeister*innen ausgehen muss, sondern die Entscheidung für oder gegen eine Kooperation auch vom Gemeinderat ausgeht und dessen Interessen abhängt, erwähnen mehrere Interviewpartner*innen: „*(...) die einen haben eine starke Opposition im Gemeinderat zum Beispiel und ja dann wird alles eher hinterfragt, ob das gut ist, vernünftig ist. (...) Und ja, das ist halt so, wenn es zwar eine gute Idee ist und die Idee vom Bürgermeister kommt, aber der Gemeinderat nicht vollzählig mitzieht, dann ist es halt schwierig.*“ oder „*Es war ziemlich schwierig (...) Also wir haben im Prinzip zwei drei Anläufe gebraucht, bis wir das durchgesetzt haben (...)*“ Andererseits kann es natürlich auch an der Führungspersönlichkeit selbst liegen: „*Wenn der Bürgermeister nicht will, dann tut man sich schwer. Außer man hat die Mehrheit/Opposition, die dann sagt ‚nein wir wollen das‘ und das dann beantragt.*“ Einen Unterschied bei der Bereitschaft für Kooperation sieht ein Bündner Gemeindepräsident vor allem im betroffenen Politikfeld: Handelt es sich um eine Kooperation, welche für die Gemeinde wirklich notwendig ist oder geht es um eine Sache, die grundsätzlich allein durchführbar wäre? „*Sobald man sich in die freiwillige Kooperation begibt, bedeutet das natürlich Mehrarbeit. Da ist die eingesetzte Energie natürlich schon geringer.*“

Kirchturmdenken kann sich außerdem in einem fehlenden Vertrauen in eine Nachbargemeinde bzw. etwaigen Rivalitäten äußern, die seit Jahrzehnten bestehen. Im Fragebogen wurde das fehlende Vertrauen nur von wenigen als Hinderungsgrund angegeben, es könnte für viele aber auch in den Faktor des politischen Willens gefallen sein. In den Gesprächen erwähnten Bürgermeister*innen aus Tirol und Graubünden diese Problematik unmissverständlich: „*Also ich kann mir gewisse Kooperationen mit Nachbargemeinden in die eine Himmelsrichtung gut vorstellen und in die andere nicht. Das sind so geschichtliche historische Punkte, die einfach auch bis heute noch gelebt werden.*" oder „*Vor 100 Jahren gab es schon zwischen Gemeinden A und B gewisse Punkte, die strittig waren und das wird weitergetragen. Und das ist dann sicher ein Problem für Kooperation.*" oder „*Da gibt es oft so jahrzehntelange Konflikte von einer Gemeinde mit der anderen Gemeinde. (…) ‚Und da ist der Grenzstein und den Bürgermeister mögen wir nicht und den Gemeinderat mögen wir auch nicht.' Da sind sehr viele so…*".

Ein weiterer Aspekt, den die Hälfte der Bürgermeister*innen aus unterschiedlichen Territorien in den Interviews ansprachen, sind die unterschiedlichen Ausgangslagen und Interessen der beteiligten Partnergemeinden. Dies kann Unterschiede zwischen kleinen und großen Gemeinden betreffen, die Kostenaufteilung der Kooperation oder einfach politischer Natur sein, falls nur eine der beteiligten Gemeinde eine bestimmte inhaltliche Priorität hat. Solche unterschiedlichen Interessenslagen benennen nicht nur kleine, sondern auch mittlere Gemeinden als Hindernis: „*Und natürlich zwangsläufig, wenn da 10, 12 oder 15 Gemeinden vernetzt sind, sind natürlich die Interessen auch unterschiedlich und die Aufgabenstellungen. (…) So eine Herausforderung ist bei uns auch der Tourismusverband. (…) Und das ist auch eine Herausforderung, dass man dann mit einer Nachbargemeinde, die das 10-fache an Nächtigungen hat und die ganz andere Interessen im Wärmebereich und so, dass man das unter einen Hut bringt. Man muss das halt immer der Bevölkerung oder auch den betroffenen Personen oder wer auch immer da die Tourismusabgaben leisten muss, muss man denen eben verständlich machen warum das so ist und warum da auch die Gemeinde (…) die Vorteile daraus zieht.*"

Unterschiedliche Interessenslagen können es Gemeinden auch erschweren Partner zu finden: „*Wir hatten lange Zeit einen Gemeindesekretär gesucht und hätten gerne [eine] Kooperation gehabt, weil wir eine relativ kleine Gemeinde sind, aber es war niemand bereit mit dir zusammenzuarbeiten. Weil die anderen Gemeindesekretäre alle schon am Limit sind. Mit der ganzen Bürokratie und keiner hat dir die Arbeit übernehmen wollen. (…) Das hängt dann nicht immer nur vom Willen ab, sondern auch von 1.000 anderen Faktoren. (…) Sie sagen zwar immer es wäre vorteilhaft, wenn ihr machen würdet, aber es ist nicht immer so, dass man es praktisch anwenden kann. Weil, um Kooperation zu machen, müssen Partner sein. Und die Partner müssen ja beide davon profitieren. Oder den Mehrwert sehen.*"

In vielen Fällen kann Kooperation sogar zu einem Tauziehen zwischen politischen Interessen werden: *„(...) dann mussten wir halt eine Lösung finden und dann haben wir den gemeinsamen Nenner gefunden, indem wir uns mehr an den Kosten beteiligen, damit das dann weiter ging (...) Sagen wir, der politische Wille war da einfach das wichtigste."* Die Gespräche bestätigten, dass die Gemeinden bemüht sind, das Beste für sich herauszuschlagen: *„Da muss man schon Überzeugungsarbeit leisten, wenn man Glück hat, sehen das die anderen auch so (...) Und das sind natürlich immer die schwierigen Verhandlungen, wo eine Kooperation funktioniert oder scheitert. (...) Hier wird dann wirklich debattiert und diskutiert, wie eine Gemeinde von einer Kooperation mehr profitieren könnte als eine andere."*

Ein weiterer Aspekt, der von sechs von 12 Bürgermeister*innen als Hindernis angeführt wurde, war die Abwägung des konkreten Kosten-Nutzen-Faktors. Wie bereits beim Thema Gründe erwähnt, soll Kooperation für die Bürgermeister*innen auch in einem positiven Kosten-Nutzen-Verhältnis stehen. Dieser Aspekt schien als Hindernis im Fragebogen nicht auf, wurde aber in den Interviews von Bürgermeister*innen aus allen Territorien und unterschiedlichen Gemeinden benannt. Demzufolge kann Kooperation dadurch behindert werden, dass eine Gemeinde mehr Nachteile als Vorteile darin sieht. Dies ist insbesondere bei kleinen Gemeinden ein Thema: *„Sobald man Kooperation anstoßt ist die erste Frage: Was kostet das? Und dann: Wollen wir das? (...) Schlussendlich geht es immer ums Geld. (...) Und dann muss man sich natürlich fragen: Ist das eine riesige Chance oder nicht?"*

Kleine Gemeinden stecken bei der Entscheidung oft in einem Dilemma zwischen Angebot und Qualität, was häufig auch mit einer wahrgenommen benachteiligten Position gegenüber größeren Gemeinden im Zusammenhang steht: *„Und mit Zusammenarbeit da will der Bürger ja eigentlich etwas gespart haben oder aber die Politik und der Dienst soll nicht schlechter werden. Und das ist nicht immer 100 % so, dass der Dienst besser wird. Weil du ihn ja aus der Periphere weg tust meistens, es wird kein Dienst von einer großen in eine kleine verlegt, sondern von einer Kleinen in eine Große. Und in der Kleinen hast du dann nicht mehr den Standard."* Jede Gemeinde wägt zuerst Vor- und Nachteile ab bevor sie eine Kooperation eingeht: *„Eine Kooperation bedingt immer auch, dass man die Bereitschaft hat, gemeinsame Lösungen zu finden. Und das ist nicht immer nur zum Vorteil einer Gemeinde. Also es gibt Situationen, da gibt es halt nur einen Entscheid zwischen zwei schlechten Lösungen (...) Da muss man, also die Bereitschaft, man ist weniger eigenständig, man gibt einen Teil der Eigenständigkeit auf, wenn man Rücksicht nehmen muss auf die Partner, die man in einer Kooperation hat. Also es ist nicht nur vorteilhaft, wenn man so sagen will."* oder *„Das ist die Frage – ob es sich rentiert. Weil wir müssen das Gebäude ja mitzahlen, die Miete etc."*.

Ein weiteres mehrfach genanntes Hindernis (von Bündner und Tiroler Bürgermeister*innen aus unterschiedlichen Gemeinden) ist die Sorge um den Verlust des politischen Einflusses, die im Rahmen einer Kooperation zwangsläufig auftauchen können: „*Das Problem ist nur, dass natürlich keine Gemeinde eine Machtposition aus der Hand geben will.*“ oder „*(…) dann hat man eben einen Gemeindeverband, eine öffentlich-rechtliche Institution und dann hat man Delegierte. Und die entscheiden über Millionen, die nachher für die Gemeinde im Budget erscheinen und nicht mehr verhandelbar sind. Man hat dann wenig Spielraum, um selbst die Finanzen zu bestimmen.*“ oder „*Die weichen Faktoren – verstehe ich mich gut mit anderen Gemeindevertretern – kann sehr schnell ändern, oder? Die Leute kommen und gehen. (…) Aber der zweite Punkt ist entscheidend: Sind die Abläufe so organisiert, dass man wirklich auch ein Mitspracherecht hat?*“

Weitere Faktoren, welche Kooperation hemmen, sind gemäß den Befragten die aufwendige Bürokratie bei der Umsetzung. Mehrmals genannte Gründe sind zudem die mangelnden Zeit- und Personalressourcen, die zu hohen Kosten sowie das mangelnde Interesse vonseiten des Personals. Je einmal wurde schließlich die komplexe praktische Nutzung sowie die historische Tradition der Kooperation genannt. In Bezug dazu erklärte ein Bürgermeister, dass Kooperationen nicht statisch bestehen sollten, nur weil sie in den Verwaltungsablauf integriert wurden: „*(…) vor allem müssen sie periodisch hinterfragt werden. Das wäre meine Hauptbotschaft: Eine Kooperation, die vor 15 Jahren richtig war, muss heute nicht mehr unbedingt die allerbeste Variante sein. (…) Mir fehlt da etwas die Flexibilität in der heutigen Politik.*“.

Bei der praktischen Nutzung kann es aber auch um Herausforderungen mit dem Personal gehen. Jede Kooperation ist nämlich auch von einer menschlichen Dimension betroffen. Im Fragebogen gaben zwar nur Einzelne an, dass Kooperation durch ein mangelndes Interesse vonseiten des Personals oder fehlendes Vertrauen erschwert werden würde. Doch es scheint sehr wohl vorhanden zu sein, denn bei den Interviews erwähnten zwei Bürgermeister aus kleinen Gemeinden diese persönliche Dimension: „*Bei [der] Polizei (…) haben wir ja Kooperation mit allen Gemeinden (…). Einige Gemeinden haben Mitarbeiter und es gibt eine Kooperation, wo die anderen den anderen aushelfen und die anderen die Stunden in Rechnung stellen. (…) Das ist dann auch oft menschliche Geschichte, dass einer mit dem anderen nicht gut auskommt, dann funktioniert es halt manchmal nicht so wie es sollte.*“ oder „*Oft braucht es schon ein bisschen Überzeugungsarbeit auch bei den eigenen Mitarbeitern. Das gehört zum politischen Geschäft dazu.*“.

Wenn die Hindernisse im Hinblick auf die **Größe** betrachtet werden, sind sich die Bürgermeister*innen aus den unterschiedlichen Gemeinden ziemlich einig. Im Fragebogen erhielt der Faktor des Kirchturmdenkens als einziges Hindernis in allen Größenklassen die Zustimmung von je über der Hälfte der Befragten. Bei den großen, mittleren und kleinen Gemeinden bekam dieses Hindernis auch die insgesamt höchste Zustimmung innerhalb der eigenen Größenklasse. Nur bei den Kleinstgemeinden erhielt der Faktor „Sorge um den Verlust der lokalen Identität“ mehr Zustimmung (66,7 %). Auch in den anderen drei Größenklassen spielt die lokale Identität eine große Rolle und gehört zu den meistgewählten Hindernissen unabhängig der Größe einer Gemeinde. Allerdings fällt auf, dass er besonders bei den Kleinstgemeinden und kleinen Gemeinden häufiger gewählt wurde. Auf eine Reihe von Faktoren, wie die mangelnde Unterstützung vonseiten der Landesverwaltung und Landespolitik, die mangelnde Erfahrung innerhalb der eigenen Gemeinde, das mangelnde Interesse vonseiten des Gemeindepersonals fielen hingegen in allen vier Kategorien deutlich weniger Antworten. Damit stellen diese Faktoren jeweils nur für einzelne Gemeinden ein Hindernis dar, wie es auch die persönlichen Gespräche bestätigten. In der Mitte liegen die Faktoren der mangelnden rechtlichen Rahmenbedingungen, die mangelnden Zeitressourcen, die unterschiedliche politische Ausrichtung oder das fehlende Vertrauen, die in einigen Größenklassen wichtiger zu sein scheinen und manchmal sogar von über einem Viertel der Befragten angegeben wurden.

Tabelle 97: Faktoren, die Kooperation negativ beeinflussen nach Größe (Antworten der Fälle)

Faktor	**Kleinstgemeinden (N = 15)**	**Kleine Gemeinden (N = 58)**	**Mittlere Gemeinden (N = 39)**	**Große Gemeinden (N = 15)**
Mangelnde rechtliche Rahmenbedingungen	13,3 %	20,7 %	23,1 %	26,7 %
Mangelnde Unterstützung vonseiten der Landes- bzw. Kantonspolitik	6,7 %	6,9 %	10,3 %	13,3 %
Mangelnde Unterstützung vonseiten der Landes- bzw. Kantonsverwaltung	13,3 %	1,7 %	10,3 %	13,3 %
Mangelnde Erfahrung bzw. technische Kompetenzen innerhalb der Gemeindeverwaltung	6,7 %	12,1 %	12,8 %	6,7 %
Mangelnde finanzielle Ressourcen in der eigenen Gemeinde	0,0 %	27,6 %	12,8 %	6,7 %
Mangelndes politisches Interesse (z.B.: „Kirchturmdenken“)	53,3 %	53,4 %	53,8 %	53,3 %
Mangelnde Zeitressourcen	26,7 %	25,9 %	28,2 %	20,0 %

(Forts.)

Tabelle 97: (Forts.)

Faktor	**Kleinstgemeinden (N = 15)**	**Kleine Gemeinden (N = 58)**	**Mittlere Gemeinden (N = 39)**	**Große Gemeinden (N = 15)**
Mangelnde Personalressourcen	13,3 %	24,1 %	20,5 %	20,0 %
Sorge um den Verlust der lokalen Identität	66,7 %	51,7 %	41,0 %	33,3 %
Sorge um den Verlust von politischem Einfluss	46,7 %	43,1 %	33,3 %	46,7 %
Mangelndes Interesse vonseiten des Gemeindepersonals	0,0 %	13,8 %	33,3 %	6,7 %
Unterschiedliche politische Ausrichtung zwischen Ihrer Gemeinde und dem/der Bürgermeister/in der anderen Gemeinde	26,7 %	24,1 %	17,9 %	26,7 %
Fehlendes Vertrauen	40,0 %	29,3 %	23,1 %	13,3 %
Keine Antwort	0,0 %	1,7 %	15,4 %	13,3 %
Anderes	0,0 %	1,7 %	0,0 %	26,7 %
Summe	313,3 %	337,9 %	335,9 %	300,0 %

Hindernde Faktoren der Kooperation, welche zusätzlich zum Verlust der eigenen Identität für mehrere Kleinstgemeinden relevant sind, sind die Sorge um den Verlust ihres politischen Einflusses (46,7 %). Weiters ist es auch das fehlende Vertrauen zu den Kooperationspartnern (40 %). Bei den 11 Bündner Kleinstgemeinden sind die Sorge um den Verlust der Identität, das Kirchturmdenken, die Sorge um den Verlust des Einflusses sowie das fehlende Vertrauen die meistgenannten Faktoren. In Südtirol verteilen sich die Antworten der Kleinstgemeinden auf sieben Faktoren.

Auch bei den kleinen Gemeinden sind es außer dem Kirchturmdenken insbesondere die Sorge um den Verlust ihrer Identität (51,7 %) sowie die Sorge um den Verlust des politischen Einflusses (43,1 %) die meistgenannten Hindernisse. Das Kirchturmdenken erhielt auch in allen drei Territorien die Zustimmung von mindestens der Hälfte der kleinen Gemeinden. Auch die anderen beiden Faktoren erhielten in den jeweiligen Territorien vonseiten der kleinen Gemeinden hohe Zustimmungswerte (in Südtirol liegen diese zwischen 37 und 43 %, in Graubünden sogar zwischen 75 und 85 %). In Tirol wurden sie hingegen mit 18,2 Prozent (Sorge Einfluss) sowie 27,3 Prozent (Sorge Identität) im Verhältnis von weniger kleinen Gemeinden genannt. Dort sind die Ergebnisse auf mehrere Faktoren gleichmäßig verteilt, wobei insbesondere die mangelnden Ressourcen von 40,9 Prozent der kleinen Tiroler Gemeinden genannt wurden.

Bei den mittleren Gemeinden verteilen sich die Ergebnisse auf mehrere Hindernisse. Demnach erklärten 53,8 Prozent das Kirchturmdenken und 41 Prozent die Sorge um den Verlust der Identität zu ihren Haupthindernissen. Danach folgen mit je 33,3 Prozent der mittleren Gemeinden der mangelnde rechtliche Rahmen, die mangelnde Zeit sowie die Sorge um den Verlust der lokalen Identität. Das Kirchturmdenken erhielt in allen drei Territorien vonseiten der mittleren Gemeinden hohe Zustimmung (in Graubünden und Südtirol von über 50 % Prozent, in Tirol von 41,7 %). In Graubünden wurde außerdem wiederum die Faktoren des Verlusts der Identität und des politischen Einflusses von über der Hälfte der Bürgermeister*innen aus mittleren Gemeinden angesprochen (Sorge Verlust Identität: 72,2 %, Sorge Verlust Einfluss: 54,5 %). Außer dem Kirchturmdenken wurde in Südtirol nur noch der Faktor des mangelnden Interesses vonseiten des Personals von über der Hälfte der Befragten aus mittleren Gemeinden gewählt. Die restlichen Ergebnisse sind ziemlich gleichmäßig auf andere Faktoren verteilt (jeweils 2–5 Nennungen). In Tirol ist die Verteilung noch breiter als in den anderen Territorien, denn hier erhielt vonseiten der mittleren Gemeinden kein einziger Faktor von über der Hälfte der Fälle dieselbe Nennung.

Schließlich ist es auch bei den großen Gemeinden vor allem das Kirchturmdenken sowie die Sorge um den Verlust der eigenen Identität und des politischen Einflusses, welches Kooperation zu hemmen scheint. Demnach ist die Sorge um den Verlust der lokalen Identität nicht nur ein Hindernisgrund für kleine Gemeinden, sondern kann es auch für große Gemeinden sein. Von den zwei großen Gemeinden aus Graubünden wurde kein Hindernis mehrmals genannt. Auch bei den drei großen Gemeinden aus Tirol verteilen sich die Antworten auf vier Hindernisse. Von Seiten der zehn Südtiroler großen Gemeinden erhielt hingegen das Kirchturmdenken sechs Nennungen und die Sorge um den Einfluss fünf, alle anderen weniger.

In den **Interviews** wurde der Faktor Größe in Verbindung mit Hindernissen von drei Bürgermeister*innen direkt angesprochen. Bei allen handelte es sich um Repräsentant*innen von kleinen Gemeinden. Dabei wurde die beschränkte Einwohner*innenzahl der eigenen Gemeinde insbesondere mit dem geringen politischen Gewicht in Verbindung gebracht: *„Nehmen wir einen Abwasserverband. Und wir haben eine Gemeinde, die 1.000 Einwohner hat und daneben zwei oder drei Gemeinden, die sag ich jetzt 100 oder 150 Einwohner hat. Und dann ist die Frage: Wie verteilt man die Kompetenzen oder die Delegierten?“* Neben der jeweiligen Positionierung gegenüber größeren Gemeinden, ging es auch um die unterschiedlichen Ansichten zwischen den Partnern. So können in kleinen Gemeinden laut einem Interview weniger pluralistische Haltungen vonseiten der gewählten Vertreter*innen vorhanden sein, die der Kooperation abträglich sein können: *„(…) so in der Größe wie wir, wir müssen fast Kooperationen eingehen. Weil wir können (…) es uns einfach auch nicht leisten. Ich glaub je kleiner die Gemeinde, umso gescheiter wäre es, aber es ist auch schwieriger, weil da sehr oft so sture Gemeinderäte sind. (…) Die sagen, ‚ich brauch mein Feuerwehr-Haus' (…)"* Solche Schwierigkeiten in politischen Ansichten sind etwa dann vorhanden, wenn es um eine gemeinsame Infrastruktur geht: *„(…) die Struktur von den kleinen Gemeinden ist relativ schwierig. Das ist so: Ich habe es, meine Gemeinde macht das und quasi wir wollen nicht jemanden anderen haben."*

Bei den Ergebnissen nach der **geografischen Lage** sind die meisten Hindernisse zumindest für einzelne Gemeinden relevant, aber nicht für alle. Insgesamt am relevantesten ist auch bei der Aufschlüsselung nach der Lage wiederum der Faktor des Kirchturmdenkens, der in allen Kategorien zwischen 37,5 Prozent (ländliche Zentren) bis 88,9 Prozent (periphere Gebiete) an Zustimmung erhielt. Ein weiterer Faktor mit hohen Zustimmungsraten in zumindest drei von vier Kategorien ist die Sorge um den Verlust von politischem Einfluss. Dieser Faktor erhielt bei den ländlich peripheren Gebieten sogar die Zustimmung von 88,9 Prozent der Gemeinden, bei den ländlichen Zentren ist er mit nur einer Nennung im Vergleich hingegen weniger relevant. Die folgenden sechs Faktoren erhielten demgegenüber in jeder geografischen Kategorie weniger als zehn Prozent der Zustimmung und sind damit als weniger wichtig einzustufen: Mangelnde Unterstützung der Landesverwaltung; mangelnde Erfahrung in der Gemeindeverwaltung; mangelnde finanzielle Ressourcen; mangelndes Personal; mangelndes Interesse vonseiten des Personals sowie die unterschiedliche politische Ausrichtung. Zwei von 12 Hindernissen erhielten von den Bürgermeister*innen aus ländlich peripheren Gebieten sogar gar keine Nennung: Die mangelnde Unterstützung vonseiten der Landesverwaltung oder -politik. Die Herausforderung der mangelnden finanziellen Ressourcen erhielt hingegen vonseiten der ländlichen Zentren keine Nennung.

Insgesamt sind für die kleineren Städte und Vororte mehrere Hindernisse relevant, denn die Antworten sind sehr verteilt. Kein einziges Hindernis erhielt die Zustimmung von mehr als der Hälfte der Befragten, somit sind die Meinungen sehr heterogen und individuell. Am öftesten wurde das Kirchturmdenken gewählt (12 Nennungen), danach folgt die Sorge um den Verlust der Identität (10 Nennungen) sowie die Sorge um den Verlust des Einflusses und der mangelnde rechtliche Rahmen (je 8 Nennungen). Das Kirchturmdenken erhielt bei den 14 kleineren Städten aus Tirol die höchste Zustimmung, in Südtirol war es hingegen der mangelnde rechtliche Rahmen und in Graubünden die Sorge um den Verlust der

Tabelle 98: Faktoren, die Kooperation negativ beeinflussen nach Lage (Antworten der Fälle)

Faktor	**Ländliche periphere Gemeinden (N = 18)**	**Ländliche Vororte (N = 75)**	**Ländliche Zentren (N = 8)**	**Kleinere Städte und Vororte (N = 26)**
Mangelnde rechtliche Rahmenbedingungen	5,6 %	22,7 %	12,5 %	30,8 %
Mangelnde Unterstützung vonseiten der Landes- bzw. Kantonspolitik	5,6 %	6,7 %	37,5 %	11,5 %
Mangelnde Unterstützung vonseiten der Landes- bzw. Kantonsverwaltung	0,0 %	5,3 %	12,5 %	15,4 %
Mangelnde Erfahrung bzw. technische Kompetenzen innerhalb der Gemeindeverwaltung	0,0 %	10,7 %	25,0 %	11,5 %
Mangelnde finanzielle Ressourcen in der eigenen Gemeinde	11,1 %	24,0 %	0,0 %	7,7 %
Mangelndes politisches Interesse (z.B.: „Kirchturmdenken“)	88,9 %	49,3 %	37,5 %	46,2 %
Mangelnde Zeitressourcen	22,2 %	26,7 %	37,5 %	23,1 %
Mangelnde Personalressourcen	11,1 %	25,3 %	12,5 %	19,2 %
Sorge um den Verlust der lokalen Identität	88,9 %	44,0 %	25,0 %	38,5 %
Sorge um den Verlust von politischem Einfluss	72,2 %	40,0 %	12,5 %	30,8 %
Mangelndes Interesse vonseiten des Gemeindepersonals	16,7 %	20,0 %	12,5 %	11,5 %
Unterschiedliche politische Ausrichtung zwischen Ihrer Gemeinde und dem/der Bürgermeister/in der anderen Gemeinde	38,9 %	21,3 %	12,5 %	19,2 %
Fehlendes Vertrauen	33,3 %	24,0 %	25,0 %	30,8 %
Keine Antwort	0,0 %	6,7 %	12,5 %	3,8 %
Anderes	0,0 %	1,3 %	12,5 %	3,8 %
Summe	394,4 %	328,0 %	287,5 %	303,8 %

Identität. Bei den ländlichen Zentren gibt es aus Graubünden nur einen und aus Tirol zwei Fragebogen, die sich ebenso auf verschiedene Faktoren verteilen. Bei den fünf ländlichen Zentren aus Südtirol ist auch kein klarer Trend feststellbar, weil kein einziger Faktor mehr als zwei Mal genannt wurde.

Die ländlichen Vororte sind insgesamt am häufigsten im Datenset vertreten. Allerdings erhielt auch in dieser Kategorie keine einzige Schwierigkeit die Zustimmung von über der Hälfte der Bürgermeister*innen, was wiederum darauf hinweist, dass die Hindernisse sehr kontextspezifisch beurteilt werden. Die höchste Zustimmung erhielt mit 49,3 Prozent das Kirchturmdenken, gefolgt von der Sorge um den Verlust der Identität. Zudem gibt es insgesamt fünf von 12 Faktoren, die zumindest die Zustimmung von über 25 Prozent der jeweiligen Bürgermeister*innen erhalten haben. Das Kirchturmdenken erhielt bei den ländlichen Vororten aus Südtirol und Tirol die Zustimmung von über der Hälfte der Befragten und war für diese Territorien auch der meistgenannte Faktor. Nur in Graubünden betrug die Zustimmung mit 36,4 Prozent der 22 ländlichen Vororte weniger. Relevanter als das Kirchturmdenken ist für die ländlichen Vororte aus Graubünden die Sorge um den Verlust ihrer Identität (63,6 %). Viele ländliche Vororte aus Graubünden (59,1 %) wählten auch die Sorge um den Verlust des politischen Einflusses. In Südtirol war das zweitmeistgewählte Hindernis hingegen das mangelnde Interesse vonseiten des Personals (40,6 %), in Tirol die mangelnden finanziellen Ressourcen (57,1 %).

Schließlich gibt es bei den peripheren Gebieten nur Gemeinden aus Graubünden (14) und Südtirol (4). Die Antworten aus Südtirol verteilen sich auf neun von 12 möglichen Hindernissen. Dabei erhielt nur das Hindernis des Kirchturmdenkens die Zustimmung von allen vier Gemeinden. Die Sorge um den Verlust der Identität und des politischen Einfluss nannten hingegen drei von vier Bürgermeister*innen. Alle anderen Faktoren wurden je nur einmal gewählt. Bei den peripheren Gebieten aus Graubünden ist – wie schon bei den anderen Gemeinden aus Graubünden – die Sorge um den Verlust der eigenen Identität am präsentesten (92 %). Weitere hohe Zustimmungswerte erhielt das Kirchturmdenken (85,7 %) sowie die Sorge um den Verlust des politischen Einflusses (71,4 %).

Die persönlichen Interviews offenbarten keine besonderen Gemeinsamkeiten oder Unterschiede im Hinblick auf die geografische Lage der jeweiligen Gemeinde. Nur in einem Fall und zwar in Bezug auf das Kosten-Nutzen-Verhältnis, nannte ein Bürgermeister aus einem ländlichen Vorort ein konkretes Beispiel einer gemeinsamen Kindertagesstätte, welche mit der Distanz der eigenen Gemeinde zu potentiellen Partnern eine Herausforderung darstellt und für eine Kooperation als nicht geeignet bewertet wird: *„Wir machen eine Vereinbarung mit*

(…). Aber wenn ich heute in (…) arbeite, dann muss ich das Kind am Morgen nach (…) zur KiTa fahren und zu Mittag wieder holen. Dann mache ich 40 Kilometer, nur um mein Kind zu holen. Dann sage ich: Vergiss es. Entweder ich habe es hier oder es bringt mir nichts."

6.4.3 Zusammenfassung: Hindernisse der Kooperation

Die Dimension der Hindernisse sollte erheben, welche Faktoren die Bürgermeister*innen, die noch keine Erfahrung mit Kooperation haben, an einer Durchführung derselben hindern. Hinzukommend sollte in den kooperationserfahrenen Gemeinden erhoben werden, welche Faktoren die Kooperation negativ beeinflussen können. Es wurde zu Beginn kein besonderer Einfluss in Bezug auf das Territorium einer Gemeinde erwartet, sehr wohl aber ein Zusammenhang mit deren Größe oder Lage.

Die Daten offenbaren einige Faktoren, welche die Durchführung von lokaler Kooperation laut Bürgermeister*innen erschweren können. Obwohl insgesamt ein Trend dahingehend festzustellen ist, dass der politische Wille und das tatsächliche Interesse vonseiten der politischen Vertreter*innen der primäre Hinderungsgrund für die Durchführung von Kooperation sind, scheinen die Hindernisse zudem ein kontextspezifisches Phänomen zu sein. Insgesamt deuten die Antworten nämlich auf eine hohe Diversität der Meinungen hin, denn es wurden mehrere Hindernisse genannt, die einen bestimmten Einfluss auf die Anwendung von Kooperation hätten. Dies zeigt sich besonders bei den Antworten von jenen (wenigen) Personen, deren Gemeinden aktuell keine Kooperation durchführen. Deren Rückmeldungen waren sowohl in der Gesamtbetrachtung wie auch innerhalb der drei Territorien sehr unterschiedlich. Mehrere Nennungen erhielten vonseiten der Bürgermeister*innen dort nur die mangelnden Zeitressourcen, das Kirchturmdenken sowie die unterschiedliche politische Ausrichtung der potenziellen Partnergemeinde.

Demgegenüber überwiegt bei den kooperationserfahrenen Bürgermeister*innen die Meinung, dass vor allem der politische Wille – das so genannte „Kirchturmdenken" – interkommunale Kooperation behindern kann. Es ist der einzige Faktor, welcher von über der Hälfte der Bürgermeister*innen in allen drei Territorien als Hindernis bewertet wurde. Dieser Einflussfaktor wurde erwartet und die Bürgermeister*innen bestätigen mit ihren Aussagen ihren eigenen Einfluss bzw. jenen der politischen Versammlungsorgane auf die interkommunale Kooperation. Die hohe Zustimmung untermauert das Gewicht des politischen Willens für Kooperation und definiert eine klare Gemeinsamkeit der Gemeinden in Graubünden, Südtirol und Tirol.

Als zweiten relevanten Faktor für die Kooperation offenbart sich die Sorge um den Verlust der lokalen Identität, welcher ebenso von fast der Hälfte der Befragten als Hemmnis definiert wurde und inhaltlich eng mit dem politischen Willen verknüpft ist. Insbesondere in den Gemeinden aus dem Kanton Graubünden zeigt sich, dass die Sorge um den Verlust der lokalen Identität und um den Verlust des politischen Einflusses der eigenen Gemeinde wichtige Hindernisse darstellen, während diese in Südtirol und Tirol einen deutlich geringeren Wert einnehmen. Somit kann insgesamt die These bestätigt werden, dass die Faktoren, welche Kooperation erschweren für die Bürgermeister*innen aus unterschiedlichen Territorien zwar ziemlich ähnlich sind, es in den einzelnen Gebieten aber dennoch spezifische Tendenzen gibt. Die Ergebnisse der persönlichen Interviews mit Bürgermeister*innen aus diversen Gemeindetypen schlagen in dieselbe Kerbe: Faktoren, welche Kooperation laut mehr als einem Drittel der Befragten und Vertreter*innen aus allen drei Territorien hemmen können sind erstens die unterschiedlichen Interessen/Ausgangslagen der Gemeinden, zweitens der politische Wille sowie drittens das Kosten-Nutzen-Verhältnis für die eigene Gemeinde.

Kontrastierend zu den Ergebnissen nach dem **Territorium** und anders als angenommen, zeigen die Ergebnisse kaum Einfluss vonseiten der Faktoren **Größe** und **Lage** der Gemeinden. Eingangs wurde erwartet, dass kleinere Gemeinden womöglich andere Hindernisse verspüren als größere Gemeinden. Es wurde angenommen, dass größere Gemeinden vor allem durch geringe Zeitressourcen, fehlendes Vertrauen, ein bestimmtes Kirchturmdenken sowie die Sorge um den Verlust des politischen Einflusses an interkommunaler Kooperation gehemmt werden. Umgekehrt wurde erwartet, dass kleineren Gemeinden womöglich die Erfahrung oder das notwendige Personal für die Durchführung von interkommunaler Kooperation fehlt. Hinsichtlich der Lage einer Gemeinde wurden ähnliche Überlegungen angestellt: Es wurde erwartet, dass zentral gelegenere Gemeinden mit anderen Hindernissen konfrontiert seien (solchen ähnlich den großen Gemeinden) als periphere, die womöglich eher kleinen Gemeinden ähneln.

Überraschend offenbart der Datensatz kaum unterschiedliche Hindernisse zwischen verschieden großen Gemeinden und auch nicht zwischen diversen geografischen Lagen. Im Gegenteil: Die Ergebnisse der einzelnen **Größenklassen** sind sogar ziemlich ähnlich. Das Hindernis des Kirchturmdenkens erhielt ihn allen Kategorien die Zustimmung von über der Hälfte der Befragten und ist somit nicht nur ein Erschwernis, welches Bürgermeister*innen aus großen Gemeinden verspüren, sondern ist auch in Gemeinden mit weniger Einwohner*innen präsent. Ebenso erhielt das Hindernis der mangelnden Zeitressourcen bei allen Größenklassen eine ähnlich hohe Zustimmung. Dies offenbart, dass sowohl kleinere wie auch größere Gemeinen mit vielen Aufgaben und wenigen freien Zeitkapazitäten konfrontiert sind. Außerdem lässt es die Annahme zu, dass Kooperation in vielen Gemeinden mit einem erhöhten Zeitaufwand gleichgesetzt wird. Die Sorge um den Verlust des politischen Einflusses erhielt zwar von den großen Gemeinden im Vergleich die höchste Zustimmung, doch der Wert war ähnlich hoch wie bei den Kleinstgemeinden. Damit ist auch von diesem Ergebnis kein klarer Einfluss der Größe ableitbar. Das fehlende Vertrauen zu den Kooperationspartnern erhielt hingegen vonseiten der großen Gemeinden den geringsten Zustimmungswert, so dass dieses Hindernis für diese kaum relevant scheint. Interessanterweise erhielt dieser Faktor bei den Kleinstgemeinden die höchste Zustimmung von allen Kategorien. Es könnte sein, dass Bürgermeister*innen aus Kleinstgemeinden sich aufgrund ihrer beschränkten Größe gegenüber größeren Kooperationspartnern in einer benachteiligten Situation fühlen und deshalb ein geringes Vertrauen zu potenziellen Partnern verspüren. Diese These wurde durch diverse Anmerkungen von Bürgermeister*innen aus kleineren Gemeinden in den Interviews bestätigt. Auffallend ist außerdem, dass bei den Kleinstgemeinden und den kleinen Gemeinden im Verhältnis zu den mittleren und großen Gemeinden nicht nur das fehlende Vertrauen eine höhere Zustimmung erhielt, sondern auch die Sorge um den Verlust der lokalen Identität. Dies würde wiederum auf einen bestimmten Einfluss der Größe hinweisen – es wird allerdings dadurch relativiert, dass die drei Faktoren Kirchturmdenken, Sorge um den Verlust der Identität sowie die Sorge um den Verlust des politischen Einflusses auch bei den mittleren und großen Gemeinden zu den meistgenannten Hindernissen gehören.

In Bezug auf die **geografische Lage** offenbaren die Ergebnisse ebenso überraschende Parallelen und somit einen geringen Einfluss der Variable, wobei die peripheren Gemeinden mit einer höheren Homogenität herausstechen. Das Kirchturmdenken ist auch bei der Lage in allen vier Kategorien am relevantesten und jeweils das oder eines der meistgewählten Hindernisse. Die Zustimmung vonseiten der Bürgermeister*innen variiert allerdings zwischen 37,5 (ländliche Zentren) bis zu 88,9 Prozent (periphere Gemeinden) und ist in den peripheren Gemeinden und ländlichen Vororten im Vergleich zu den zentralen Gemeinden höher. Somit ist das Kirchturmdenken für alle Bürgermeister*innen, unabhängig wo ihre Gemeinde geografisch liegt, ein relevantes Hindernis – in hohem Maße aber für die peripheren Gemeinden. Diese heben sich durch diesen hohen prozentuellen Anteil ab und es sind jene Bürgermeister*innen, bei welchen der politische Wille die Kooperation scheinbar am stärksten hemmt. Zu erinnern ist, dass die Antworten vonseiten der peripheren Gemeinden nur aus Graubünden und Südtirol stammen. Auch die Sorge um den Verlust des politischen Einflusses sowie den Verlust der lokalen Identität erhielten von den Bürgermeister*innen aus den peripheren Gemeinden die höchste Zustimmung von allen vier Kategorien.

Während der Verlust der lokalen Identität für periphere Gemeinden nachvollziehbar ist, sind die Antworten bezüglich des Verlustes des politischen Einflusses überraschend. Dies war ein Hindernis, dass eher für die Bürgermeister*innen aus zentral liegenden Gemeinden erwartet wurde.

Obschon der höheren Zustimmungswerte vonseiten der peripheren Gemeinden bezüglich einiger negativer Einflussfaktoren, sind das Kirchturmdenken, die Sorge um den Verlust der lokalen Identität und die Sorge um den Verlust des politischen Einflusses bei allen vier Kategorien die jeweils meistgewählten Hindernisse. Nur bei den kleineren Städten und den ländlichen Zentren kommen noch weitere Hindernisse dazu, die auf demselben Zustimmungsniveau liegen. Die mangelnden Zeitressourcen scheinen hingegen, wie erwartet, eher ein Thema der kleineren Städte, Vororte und vor allem den ländlichen Zentren zu sein – weniger bei den peripheren Gemeinden. Letztens ist noch auf die hohe Individualität der Hindernisse in Bezug auf die geografische Lage hinzuweisen. Sowohl bei den kleineren Städten, den ländlichen Zentren wie auch bei den ländlichen Vororten erhielt kein Hindernis die Zustimmung von mehr als der Hälfte der Befragten. Dies untermauert wie kontextspezifisch auch die Hindernisse der Kooperation sind und offenbart heterogene Erfahrungen bei der Nutzung und Bewertung von Kooperation.

6.5. Unterstützung

Ein ähnliches Ziel wie die Hindernisse von Kooperation verfolgt die Frage nach den Unterstützungsfaktoren. Diese Dimension sollte erheben, ob Faktoren existieren, welche die Durchführung von interkommunaler Kooperation begünstigen können. Dadurch sollen Daten gesammelt werden, welche die Kooperation zwischen Gemeinden laut den Bürgermeister*innen fördern und somit auch erleichtern können. Die Erwartungen zu dieser Dimension waren ähnlich wie jene zu den Hindernissen.

Es wird angenommen, dass es sehr wohl einige Unterstützungsfaktoren gibt und dass diese zwischen den einzelnen Territorien ähnlich ausfallen, somit der Einfluss des Territoriums sich kaum in den Ergebnissen niederschlägt. Andererseits wurde sehr wohl ein Einfluss durch die Variablen Größe und geografische Lage der Gemeinde erwartet. So wird erwartet, dass es einige Faktoren gibt, die eher die kleinen und peripher liegenden Gemeinden positiv beeinflussen und andere, die eher für größere und zentral gelegenere Gemeinden relevant sind. So könnte dies bei kleineren Gemeinden eher der politische Wille sein, hingegen könnte sich bei größeren Gemeinden eher die Erfahrung innerhalb der Gemeindeverwaltung positiv auf die Durchführung von Kooperation auswirken.

Ähnliches wird für die geografische Lage erwartet: In peripher liegenden Gemeinden begünstigen der politische Wille und die ähnliche politische Ausrichtung die Kooperation, in den größeren Gemeinden spielt womöglich eher die Erfahrung in der Verwaltung eine Rolle.

6.5.1 Faktoren der Unterstützung

Die Frage nach den Unterstützungsfaktoren wurde sowohl im Fragebogen wie auch in den persönlichen Interviews gestellt. Die Frage Nr. 56 im Fragebogen lautete: *Welche der folgenden Faktoren haben die positive/erfolgreiche Umsetzung von Kooperation zwischen Ihrer Gemeinde und anderen Gemeinden beeinflusst (falls zutreffend)? Bitte nennen Sie maximal 3 Faktoren.* Zur Auswahl standen folgende sieben Faktoren, wobei die Antwort auch verweigert bzw. „keine Antwort“ angegeben werden konnte:

- Rechtliche Rahmenbedingungen
- Unterstützung vonseiten der Landes- bzw. Kantonspolitik
- Unterstützung vonseiten der Landes- bzw. Kantonsverwaltung
- Politischer Wille
- Erfahrung und technische Kompetenz innerhalb der Gemeindeverwaltung
- Finanzielle Ressourcen der Gemeinde
- Ähnliche politische Ausrichtung zwischen Ihrer Gemeinde und dem/der Bürgermeister/in der anderen Gemeinde

Insgesamt wurde diese Frage von 127 Personen beantwortet (89,4 %). Die Gesamtergebnisse zeigen, dass insbesondere ein konkreter Faktor als förderndes Element für eine erfolgreiche Kooperation vom Großteil der Bürgermeister*innen bewertet wird: Der politische Wille der beteiligten Akteure. Dieser Aspekt wurde von 74 Prozent der Befragten als einer von maximal drei Faktoren ausgewählt. Dieses Ergebnis deckt sich mit den Daten der Dimension Hindernisse, wonach der politische Wille in Form eines „Kirchturmdenkens“ von knapp über der Hälfte der Befragten (53,5 %) als primäres Hindernis für die interkommunale Kooperation gewählt wurde. Die hohe Zustimmung für den Einflussfaktor des politischen Willens, einerseits als Hemmnis und noch mehr als Unterstützung für eine erfolgreiche Kooperation, offenbart die hohe Bedeutung der politischen Akteure bei der Durchführung von Kooperation.

Am zweithäufigsten wurde außerdem ein Faktor gewählt, der eng mit dem politischen Willen zusammenhängt. Dies ist die ähnliche politische Ausrichtung der Bürgermeister*innen in den potenziellen Kooperationsgemeinden. Am dritthäufigsten wurde schließlich die Erfahrung innerhalb der Gemeindeverwaltung gewählt, diese ist aber nur mehr für rund ein Viertel der Bürgermeister*innen relevant (27,6 %). Die restlichen vier Faktoren erhielten ähnlich viele Nennungen.

Tabelle 99: Faktoren, die Kooperation begünstigen (N = 127)

Faktor	**Anzahl der Antworten**	**Anteil der Antworten**	**Anteil der Fälle**
Politischer Wille	94	30,6 %	74,0 %
Rechtliche Rahmenbedingungen	35	11,4 %	27,6 %
Ähnliche politische Ausrichtung zwischen Ihrer Gemeinde und dem/der Bürgermeister/in der anderen Gemeinde	56	18,2 %	44,1 %
Erfahrung und technische Kompetenz innerhalb der Gemeindeverwaltung	35	11,4 %	27,6 %
Unterstützung vonseiten der Landes- bzw. Kantonspolitik	34	11,1 %	26,8 %
Finanzielle Ressourcen der Gemeinde	27	8,8 %	21,3 %
Unterstützung vonseiten der Landes- bzw. Kantonsverwaltung	20	6,5 %	15,7 %
Keine Antwort	6	2,0 %	4,7 %
Anderes	0	0,0 %	0,0 %
Summe	**307**	**100,0 %**	**100,0 %**

Vergleicht man die Antworten zwischen den Gemeinden aus den **Territorien**, ist klar ersichtlich, dass sich die Meinungen der Bürgermeister*innen zu den positiven Faktoren der Kooperation stark ähneln. In allen Territorien erhielt der politische Willens insgesamt die höchste Zustimmung, und zwar von stets von über 67 Prozent der Befragten (Graubünden: 68,2 %, Südtirol: 84,8 %, Tirol: 67,6 %). In Graubünden und Südtirol ist zudem der zweithäufigste genannte Faktor derselbe, und zwar die politische Ausrichtung des*der Bürgermeisters*in der Nachbargemeinde, die in beiden Territorien von genau 50 Prozent der Befragten angegeben wurde.

In Tirol erhielt dieser Faktor die Zustimmung von knapp 30 Prozent der Befragten, liegt damit aber nur auf dem dritten Platz. Relevanter für eine erfolgreiche Kooperation als der politische Wille ist für die Tiroler Bürgermeister*innen interessanterweise die Unterstützung vonseiten der Landespolitik – einem Faktor, dem in Graubünden und Südtirol deutlich weniger Relevanz zugewiesen wird (Tirol: 43,2 %, Graubünden: 20,5 %, Südtirol: 19,6 %,). Die restlichen Ergebnisse sind in den einzelnen Territorien auf einem ähnlichen hohen/niederen Niveau, wobei in Tirol die Unterstützung der Landesverwaltung für die Bürgermeister*innen ebenso eine größere Rolle als in den anderen Territorien einnimmt (Tirol: 21,6 %, Graubünden: 15,9 %, Südtirol: 10,9 %). Demgegenüber spielt die Erfahrung innerhalb der eigenen Gemeindeverwaltung in Graubünden und Südtirol eine stärkere Rolle (Graubünden: 27,3 %, Südtirol: 34,8 %, Tirol: 18,9 %).

Tabelle 100: Faktoren, die Kooperation begünstigen nach Territorium (Antworten der Fälle)

Faktor	**Kanton Graubünden (N = 44)**	**Land Südtirol (N = 46)**	**Land Tirol (N = 37)**
Rechtliche Rahmenbedingungen	25,0 %	30,4 %	27,0 %
Unterstützung vonseiten der Landes- bzw. Kantonspolitik	20,5 %	19,6 %	43,2 %
Unterstützung vonseiten der Landes- bzw. Kantonsverwaltung	15,9 %	10,9 %	21,6 %
Politische Wille	68,2 %	84,8 %	67,7 %
Erfahrung und technische Kompetenz innerhalb der Gemeindeverwaltung	27,3 %	34,8 %	18,9 %
Finanzielle Ressourcen der Gemeinde	20,5 %	17,4 %	27,0 %
Ähnliche politische Ausrichtung zwischen Ihrer Gemeinde und dem/der Bürgermeister/in der anderen Gemeinde	50,0 %	50,0 %	29,7 %
Keine Antwort	4,5 %	4,3 %	5,4 %
Anderes	0,0 %	0,0 %	0,0 %
Summe	**100,0 %**	**100,0 %**	**100,0 %**

Die persönlichen **Gespräche** mit den Bürgermeister*innen stützen die erhobenen Daten. So erklärten einige, dass Kooperation zu einem großen Teil von dem Einsatz der beteiligten Akteure und deren Interesse abhänge: „*Und es braucht einzelne Gemeinderäte oder -rätinnen, die über den Tellerrand hinausschauen. Also das Kirchturmdenken, das muss einfach verschwinden, sag ich mal, dass Kooperation gut funktioniert.*" oder „*Das ist ein Faktum, ob man Erfolg hat oder nicht.*"

Der politische Wille in Form der Überzeugung von einem bestimmten Projekt und der Motivation etwas für die eigene Gemeinde zu erreichen ist gemäß der Befragten eine wichtige Basis für Kooperation – dies befinden Bürgermeister*innen sowohl aus kleinen und mittleren Gemeinden und unabhängig ihrer geografischen

Lage oder ihrem Territorium: *„Weil das was man tut, muss man mit sich selbst vereinbaren können und aus Überzeugung machen und nicht weil irgendjemand sagt es ist zu machen. (…) Weil sonst ist es ja zum Scheitern verurteilt.“* oder *„Es braucht einfach den Willen. Und sonst funktioniert es nicht.“* oder *„In erster Linie müssen sie wollen. Ich muss wollen, der Bürgermeister von (…) muss nach außen das mittragen. Und die Sekretäre. Weil es kann natürlich passieren, dass die Gemeinde (…) hat einen Sekretär, der macht vier Gemeinden momentan. (…) Dann kommt das vielleicht in den Gemeinderat und sagen, nein, wir wollen auf uns schauen und uns interessieren die (…) nicht. Da muss halt [der] Politiker oder Gemeinderat das eben mittragen (…)“* Dabei geht es nicht nur um den eigenen politischen Willen, sondern auch den persönlichen Einsatz, erklärt ein Bündner Gemeindepräsident: *„Sobald es um Kooperation über das gesetzliche notwendige hinaus geht, dann muss man sich schon persönlich einbringen.“*

Ein Aspekt, der mit dem politischen Willens zusammenhängt, aber in den meisten Interviews als separater Punkt zur Sprache kam, ist eben diese **persönliche Dimension**. Damit sind meist die zwischenmenschlichen Beziehungen der involvierten Persönlichkeiten gemeint, die „kooperationsfähig“ sein sollten. Die Wichtigkeit dieses Faktors erwähnten Bürgermeister*innen aus kleinen und mittleren Gemeinden, aus ländlichen Vororten und Zentren und unabhängig davon, woher sie stammen. *„Es liegt auch an Personen.“* oder *„Das möchte ich jetzt sagen, das ist sicher ein großer Teil vom Erfolgsrezept bei uns. Dass die Kooperationen gut funktionieren, weil man einander vertraut, weil man einander kennt. (…) Sobald irgendwo ein Führungswechsel stattfindet in einer Gemeinde, gibt es wieder ein Abtasten zuerst. Bis man weiss wie das Gegenüber tickt. (…) Das sind halt eben immer Menschen. (…) Und für Kooperationen braucht es einfach eben kooperationsfähige Menschen. Sonst funktioniert nichts.“*

Es kann Kooperation laut den Bürgermeister*innen sehr wohl erleichtern, wenn sich die beteiligten politischen Vertreter*innen gut verstehen: *„Ja, ich denke schon, dass einfach der persönliche Kontakt schon sehr wichtig ist und der Erfolg einfach der bessere ist, wenn man sein Gegenüber kennt und auch (…) eine gute Gesprächsbasis hat. (…) Es ist ja zwangsläufig so, dass einem nicht jeder Mensch gleich sympathisch ist (…) Und da ist es halt schon oft der Vorteil, wenn man sich irgendwo gut versteht und im persönlichen Kontakt was einfacher regeln kann.“* oder *„Natürlich, die Chemie muss passen zwischen den Bürgermeistern. Und dann bringt man die Sachen schon effizienter weiter muss man sagen. (…) Wenn die Chemie zwischen den Bürgermeistern nicht funktioniert, dann ist es schon einmal nicht eine gute Ausgangslage.“* oder *„(…) wenn man mit einem kurzen und knappen Email irgendwo um Unterstützung gebeten wird, ist das natürlich ganz was anderes als wenn jemand einlädt und sagt: Du, können wir uns da mal zusammensetzen* *und darüber reden. (...) Da ist einfach die persönliche Note in diesen Kooperationen sehr sehr wichtig, um da erfolgreich zu agieren.“* oder *„In erster Linie, wie es halt überall in allen Bereichen ist: Es menschelt überall. Wenn die Bürgermeister zusammenpassen, dann passt es, die Kooperation, auch gut. Wenn die Personen nicht zusammenpassen, wird es immer schwierig.“*

Die persönliche Komponente kann laut den Aussagen sogar durch das Geschlecht geprägt sein: *„Also bei der Kinderbetreuung auf alle Fälle ist es das, dass es die Frauen in die Hand genommen haben.“*

Nicht immer reicht die persönliche gute Zusammenarbeit allerdings aus, um eine Kooperation tatsächlich erfolgreich umzusetzen. So weist eine Bürgermeisterin darauf hin, dass auch eine ähnliche inhaltliche Ausrichtung gegeben sein muss – dieser Aspekt wurde im Fragebogen getrennt vom politischen Willen abgefragt, steht aber in einem engen Zusammenhang: *„Ich sage Voraussetzungen oder vielleicht ähnliche Einstellungen. Zum Beispiel: Wenn ich jetzt möchte, dass wir den Verkehr reduzieren usw. und ich möchte eine andere Art der Mobilität einführen und der Nachbar Bürgermeister, mit dem ich gut zusammenarbeiten könnte, den interessiert das Thema überhaupt nicht, weil er momentan wichtigere Themen hätte, dann geht es nicht. Dann suche ich mir lieber eine Gemeinde, die auf diese Themen gesetzt hat.“*

Ein Faktor, der im Fragebogen nicht als Unterstützungsfaktoren gelistet war, aber indirekt ebenso mit dem politischen Willen in Verbindung gebracht werden kann, ist die Kompromissbereitschaft im Rahmen von interkommunaler Kooperation. Diese Fähigkeit wurde von mehreren Bürgermeister*innen aus kleinen Gemeinden angesprochen: *„Wenn man nicht alleine ist, dann muss man Rücksicht nehmen. (...) Eine Kooperation bedingt immer auch, dass man die Bereitschaft hat, gemeinsame Lösungen zu finden. Und das ist nicht immer nur zum Vorteil einer Gemeinde. (...) Also es ist nicht nur vorteilhaft, wenn man so sagen will. Wenn man immer selber alles genau so will, wie man es haben möchte (...) Zu vergleichen [ist das] wirklich mit einer Ehe, mit einer Partnerschaft, wo man halt auch Rücksicht aufeinander nehmen muss, wenn man will, dass es funktioniert oder lange anhält. (...) Was dann aber auch gleichzeitig wieder auch wirklich eine Stärke eine Kooperation sein [kann], dass man nicht in jeder Gemeinde eine eigene Strategie fährt, sondern in gewissen Sachen eine gemeinsame Strategie fährt.“* Zwei andere Bürgermeister*innen sprachen die Solidarität zwischen Gemeinden ebenso an: *„Ich glaube wir haben uns immer versucht als Nachbargemeinden auch zu helfen. Das ist der wichtigste Gedanke (...) Weil heute brauche ich eine Hilfe, morgen brauchst du eine und wenn wir uns gegenseitig helfen, dann erreichen wir gemeinsam das jeweilige Ziel.“* oder *„Und das ist vielleicht auch ein guter Aspekt: Man muss gemeinsam die Sachen weiterbringen,* *sonst funktioniert es halt auch nicht. Wenn nur jeder auf seine eigene Geldtasche und auf seine eigene Situation schaut (…)"*

Weitere Faktoren, welche in den Interviews als positive Einflussfaktoren erwähnt wurden sind die persönliche Beziehungen zwischen Beamt*innen, der Wille des Gemeindepersonals, positive Erfahrungen mit bisherigen Kooperationen, finanzielle Förderungen, Kostenersparnis, Professionalität, eine überschaubare Zahl an Kooperationspartnern, gute Kooperationsbeziehungen innerhalb der Gemeindepolitik sowie die Unterstützung von der Zivilgesellschaft. Die Rolle des Verwaltungspersonals sprachen Bürgermeister*innen aus allen Territorien und unabhängig ihrer Größe an. Zum einen ging es um die persönlichen Beziehungen zwischen Beamt*innen: *„Zum Beispiel werden ja viele Fortbildungen und Schulungen auf Landesebene organisiert. (…) da trifft man natürlich aus dem ganzen Land verschiedene Leute mit den gleichen Aufgabenstellungen und da ist ganz wichtig, dass man den Kontakt auch pflegt und da immer wieder auch auf solche Kontakte zurückgreifen kann und diese Synergien nutzen kann (…) Deswegen ist auch unser Verwaltungspersonal natürlich angehalten, auch diese Kontakte zu pflegen und zu kooperieren."* Zudem spielt die Motivation der Verwaltung ebenso eine Rolle bei dieser Kooperation: *„Es muss aber der politische Wille da sein und es muss auch von den Mitarbeitern mitgetragen werden. Ansonsten funktioniert es nicht."*

Ein Faktor, der im Fragebogen nicht zur Auswahl stand, ein*e Bürgermeister*in aber als erfolgreichen Faktor verbucht, ist die Akzeptanz durch die Bevölkerung aufgrund von bisherigen positiven Erfahrungen. In diesem Sinne besteht der Erfolg darin, dass es seit einer interkommunalen Kooperation ein größeres Angebot für Bürger*innen gibt oder Dinge effizienter erledigt werden. Sozusagen gibt einem der Erfolg Recht: *„Weil man das Angebot ausweiten hat können. Also es gibt größeres Angebot und beim Bauamt selber, also jetzt bei die Baugeschichten, ist es natürlich schneller."* In diesem Zusammenhang steht auch die Einsparung: *„Und was halt wichtig ist, dass eine finanzielle Erleichterung auch da ist für (…) die einzelnen Gemeinden. Weil wenn das der Gemeinde mehr kosten würde, dann macht es ja wenig Sinn."*.

Die relevanten Unterstützungsfaktoren nach der **Größe** zeigen kaum Abweichungen und somit einen geringen Einfluss dieser Variable. In allen vier Kategorien erhielt der politische Wille weitaus die höchsten Zustimmungswerte und liegt bei einer Zustimmung von mindestsens 66 Prozent (Kleinstgemeinden) bis zu 93,3 Prozent (großen Gemeinden). Bei den großen Gemeinden haben somit fast alle befragten Bürgermeister*innen den politischen Willen als einen von mindestens drei Einflussfaktoren gewählt (93,3 %). Bei den zweitmeisten genannten Faktoren differenzieren sich die Ergebnisse nach der Größe allerdings: Bei den Kleinstgemeinden sowie den kleinen und mittleren Gemeinden ist es jeweils die politische Ausrichtung des*der Bürgermeisters*in der Nachbargemeinde (Kleinstgemeinden: 60 %, kleine Gemeinden: 41,4 %, mittlere Gemeinden: 51,3 %, große Gemeinden: 20 %). Bei den großen Gemeinden erhielt hingegen die Erfahrung innerhalb der eigenen Gemeindeverwaltung mehr Zustimmung als die politische Ausrichtung (40 %). Der Faktor der Erfahrung innerhalb der Verwaltung ist auch für einen großen Teil der kleinen und mittleren Gemeinden relevant, bei den Kleinstgemeinden hingegen kaum (1 Nennung). Außerdem ist festzustellen, dass die Unterstützung vonseiten der Landespolitik oder -verwaltung für die großen Gemeinden kaum eine Rolle spielt (jeweils nur 1 Nennung), für die kleineren Gemeinden hingegen deutlich mehr.

Tabelle 101: Faktoren, die Kooperation begünstigen nach Größe (N = 127)

Faktor	**Kleinstgemeinden (N = 15)**	**Kleine Gemeinden (N = 58)**	**Mittlere Gemeinden (N = 39)**	**Große Gemeinden (N = 15)**
Rechtliche Rahmenbedingungen	20,0 %	20,7 %	38,5 %	33,3 %
Unterstützung vonseiten der Landes- bzw. Kantonspolitik	20,0 %	27,6 %	35,9 %	6,7 %
Unterstützung vonseiten der Landes- bzw. Kantonsverwaltung	20,0 %	19,0 %	12,8 %	6,7 %
Politischer Wille	66,7 %	69,0 %	76,9 %	93,3 %
Erfahrung und technische Kompetenz innerhalb der Gemeindeverwaltung	6,7 %	27,6 %	30,8 %	40,0 %
Finanzielle Ressourcen der Gemeinde	26,7 %	25,9 %	20,5 %	0,0 %
Ähnliche politische Ausrichtung zwischen Ihrer Gemeinde und dem/der Bürgermeister/in der anderen Gemeinde	60,0 %	41,4 %	51,3 %	20,0 %
Keine Antwort	6,7 %	6,9 %	2,6 %	0,0 %
Anderes	0,0 %	0,0 %	0,0 %	0,0 %
Summe	**226,7 %**	**237,9 %**	**269,2 %**	**200,0 %**

Die Faktoren des politischen Willens und der Erfahrung innerhalb der eigenen Verwaltung wurden von den 15 großen Gemeinden am häufigsten genannt. Die zwei Bündner Gemeinden beschränkten ihre Antworten auf diese Faktoren sowie die politische Ausrichtung. Bei den drei Tiroler Gemeinden betrafen die Antworten sogar nur auf den politischen Willen (diesen nannten alle drei Bürgermeister*innen) sowie den rechtlichen Rahmen (1 Nennung). Die zehn großen Gemeinden aus Südtirol gaben hingegen heterogene Antworten: Nur der Faktor des politischen Willens erhielt neun Nennungen, alle anderen maximal fünf.

Auch bei den mittleren Gemeinden antwortete über die Hälfte der Bürgermeister*innen mit dem politischen Willen als Faktor, welcher die Kooperation positiv beeinflusse. Dieser Meinung ist die große Mehrheit der mittleren Gemeinden in allen Territorien (Graubünden: 63,6 % Südtirol: 81,3 %, Tirol: 83,3 %). In Graubünden ist zudem, wie es bereits allgemein der Fall war, die politische Ausrichtung der Nachbargemeinde ein großes Thema (72,7 %). Auch die mittleren Südtiroler Gemeinden geben diesen Faktor mehrheitlich an (56,3 %). Bei den Tiroler mittleren Gemeinden spielt – wie allgemein in Tirol –vermehrt noch der rechtliche Rahmen sowie die Unterstützung der Landespolitik eine Rolle (je 50,0 %).

Bei den kleinen Gemeinden sind insgesamt der politische Wille sowie die politische Ausrichtung der Nachbargemeinde die relevantesten Faktoren. In Südtirol sind diese beiden Faktoren die meistgewählten. In Graubünden sind es diese beiden Faktoren sowie die Erfahrung der Verwaltung. Die kleinen Gemeinden in Tirol wählten ebenso mehrheitlich (54,5 %) den politischen Willen. Vor der Wichtigkeit der politischen Ausrichtung (36,4 %) wählten mehr Bürgermeister*innen (45,5 %) allerdings noch die Unterstützung der Landespolitik. Auch bei den 15 Kleinstgemeinden (11 Graubünden, 4 Südtirol) sind die Faktoren des politischen Willens und der politischen Ausrichtung die am meisten genannten. Die vier Gemeinden aus Südtirol wählten unterschiedliche Faktoren, je drei Nennungen erhielten aber eben diese beiden Faktoren. Diese wählten auch über die Hälfte der 11 Kleinstgemeinden aus Graubünden.

Letztlich werden die Unterstützungsfaktoren noch für die Variable der **geografischen Lage** betrachtet. Hier zeigt sich ebenfalls, dass die Mehrheit der Gemeinden – unabhängig von ihrer geografischen Position – den politischen Willen für den Erfolg von Kooperation als sehr relevant einstufen. In allen vier Kategorien erhielt dieser Aspekt mindestens 66 Prozent der Zustimmung, bei den ländlichen Zentren erhielt er sogar die Zustimmung von fast allen Befragten (87,5 %). Dies ist auch der einzige Faktor, der in allen vier Kategorien über die Hälfte der Zustimmung von den jeweiligen Befragten erhielt. Basierend auf der geografischen Position einer Gemeinde unterscheiden sich die jeweils zweitwichtigsten Faktoren laut den Befragten (siehe Tab. 102). In drei Fällen (alle ländliche Gebieten) ist es unter anderem die politische Ausrichtung der Nachbargemeinden, was die starke politische Dimension von Kooperation neben der Wichtigkeit des politischen

Willens untermauert. Bei den kleineren Städten und Vororten erhielten die Faktoren der Unterstützung vonseiten der Landespolitik, die Erfahrung innerhalb der eigenen Verwaltung sowie die politische Ausrichtung der Nachbargemeinde hingegen genau gleich viele Nennungen (34,6 % der Fälle). Bei den ländlichen Zentren sind es neben der politischen Ausrichtung der Nachbargemeinden noch der rechtliche Rahmen, welcher von je der Hälfte der Befragten genannt wurden. Bei den peripheren Gemeinden kommt zur Relevanz des Faktors der politischen Ausrichtung noch die Erfahrung in der eigenen Verwaltung hinzu.

Tabelle 102: Faktoren, die Kooperation begünstigen nach Lage (N = 127)

Faktor	**Ländlich periphere Gemeinden (N = 18)**	**Ländliche Vororte (N = 75)**	**Ländliche Zentren (N = 8)**	**Kleinere Städte und Vororte (N = 26)**
Rechtliche Rahmenbedingungen	16,7 %	28,0 %	50,0 %	26,9 %
Unterstützung vonseiten der Landes- bzw. Kantonspolitik	27,8 %	22,7 %	37,5 %	34,6 %
Unterstützung vonseiten der Landes- bzw. Kantonsverwaltung	22,2 %	18,7 %	0,0 %	7,7 %
Politischer Wille	66,7 %	76,0 %	87,5 %	69,2 %
Erfahrung und technische Kompetenz innerhalb der Gemeindeverwaltung	50,0 %	18,7 %	37,5 %	34,6 %
Finanzielle Ressourcen der Gemeinde	16,7 %	22,7 %	25,0 %	19,2 %
Ähnliche politische Ausrichtung zwischen Ihrer Gemeinde und dem/der Bürgermeister/in der anderen Gemeinde	50,0 %	45,3 %	50,0 %	34,6 %
Keine Antwort	0,0 %	8,0 %	0,0 %	0,0 %
Anderes	0,0 %	28,0 %	0,0 %	0,0 %
Summe	**250,0 %**	**240,0 %**	**287,5 %**	**226,9,0 %**

Die kleineren Städte und Vororte aus Graubünden unterschieden sich von jenen aus Südtirol und Tirol. In Graubünden wählten die sieben Bürgermeister*innen mehrheitlich den Faktor der politischen Ausrichtung der Nachbargemeinde (5 Nennungen) und etwas weniger den politischen Willen (4 Nennungen).

In Südtirol wählten alle fünf kleineren Städte hingegen den politischen Willen als einen relevanten Unterstützungsfaktor, drei von fünf auch die Erfahrung der eigenen Verwaltung. Von den 14 kleineren Städten aus Tirol wählten die meisten den politischen Willen (64,3 %) sowie die Unterstützung der Landespolitik (50 %). Auch bei den acht ländlichen Zentren ist der politische Wille weitaus der meistgewählte Faktor (Graubünden: 1 von 1, Südtirol: 4 von 5, Tirol: 2 von 2). In Tirol wählten beide ländlichen Zentren zudem – wie in Tirol mehrheitlich – die Unterstützung der Landespolitik als Erfolgsfaktor. Bei den ländlichen Vororten gibt es ebenso Ähnlichkeiten zwischen den Territorien: In allen drei Ländern wählte die Mehrheit den politischen Willen als Erfolgsfaktor (Graubünden: 72,7 %; Südtirol: 84,4 %, Tirol: 66,7 %). Die anderen Faktoren erhielten deutlich weniger Nennungen und wurden somit nur von einzelnen Bürgermeister*innen gewählt. In Südtirol ist noch die politische Ausrichtung zu nennen, die von 56 Prozent der Vororte gewählt wurde. Bei den ländlich peripheren Gebieten waren sich die Bündner und Südtiroler Bürgermeister ebenso einig: In Südtirol wählten drei von vier Bürgermeister*innen den politischen Willen als Erfolgsfaktor, in Graubünden erhielt dieser Faktor ebenso die häufigsten Nennungen (64,3 %). Zudem wählten sieben von 14 peripheren Gemeinden aus Graubünden die politische Ausrichtung der Nachbargemeinde als Erfolgsfaktor, wie auch zwei von vier periphere Gemeinden aus Südtirol.

Im Rahmen der Interviews wurde die geografische Lage der Gemeinde konkret nur von einem einzigen Bürgermeister aus Tirol angesprochen. Dieser brachte die räumliche Nähe zwischen den Kooperationsgemeinden zur Sprache. Diese Nähe sei im Falle eines gemeinsamen Wertstoffhofes sehr förderlich und die Infrastruktur werde gerade deshalb viel genutzt: „*Natürlich spielt da die räumliche Nähe auch eine große Rolle, wobei das natürlich für die (...) Bevölkerung, die ja viele nach (...) auspendeln und auf dem Weg liegt, das macht natürlich schon auch einen großen Vorteil. Wenn das jetzt räumlich mehr getrennt wäre, natürlich wäre das sicher schwieriger gewesen.*“

6.5.2 Zusammenfassung: Unterstützung der Kooperation

Mit den Faktoren der Unterstützung sollte erhoben werden, was die Durchführung von interkommunaler Kooperation positiv beeinflussen und somit unterstützen kann. Die Ergebnisse sprechen eine klare Sprache: Mit großer Mehrheit wurde der Faktor des politischen Willens von den Befragten insgesamt als primärer Unterstützungsfaktor bewertet. Der politische Wille in Form des Kirchturmdenkens war in umgekehrter Form bereits bei der Dimension der Hindernisse als relevantester Einflussfaktor dominierend. Im Hinblick auf dessen Funktion als unterstützender Faktor für lokale Kooperation erhielt er noch mehr prozentuelle Zustimmung. Erst weit dahinter liegt mit einer Zustimmung von weniger als der Hälfte der Befragten die ähnliche politische Ausrichtung zwischen den Kooperationspartner*innen als zweitwichtigster Faktor. Diese beiden Faktoren weisen inhaltlich Parallelen auf und können somit in Verknüpfung betrachtet werden. Es ist zum einen der politische Wille, der die interkommunale Kooperation fördert. Zum anderen ist es die ähnliche politische Ideologie der Bürgermeister*innen. Diese Ergebnisse akzentuieren die politische sowie persönliche Dimension von Kooperation. Sie untermauern, dass die Motivation und somit die jeweiligen politischen Prioritäten zentrale Faktoren für die erfolgreiche Nutzung von Kooperation darstellen.

Die Daten im Vergleich der **Territorien** zeigen hinsichtlich der Unterstützungsfaktoren ebenso große Parallelen: Sowohl in Graubünden als auch in Südtirol und Tirol bewerteten die Bürgermeister*innen den politischen Willen mit je über 65 Prozent als einen von maximal drei wichtigsten Unterstützungsfaktoren für eine erfolgreiche Kooperation. In Südtirol erhielt der politische Wille als Unterstützungsfaktor sogar die Zustimmung von über 80 Prozent der Personen. Der zweithäufigste genannte Faktor in Graubünden und Südtirol war die ähnliche politische Ausrichtung, während es in Tirol die Unterstützung vonseiten der Landespolitik ist. Es wird angenommen, dass damit u.a. finanzielle Förderungen der subnationalen Ebene gemeint sind. Diese Ergebnisse bestätigen die These, dass das jeweilige Territorium der Gemeinde auf die Bewertung der Unterstützung einen geringen Einfluss hat und sich die Bürgermeister*innen in dieser Hinsicht ziemlich einig sind. Dass vielen Tiroler Bürgermeister*innen die Unterstützung vonseiten des Landes Tirol wichtig ist, zeigt sich auch durch die Tiroler Ergebnisse im Hinblick auf die Größe und Lage der Gemeinden und untermauert die länderspezifische Bewertung vonseiten der Tiroler Gemeinden unabhängig von anderen Variablen.

In Bezug auf die **Größe** und **Lage** einer Gemeinde, wurde – ähnlich wie in der Dimension der Hindernisse – ein gewisser Einfluss auf die Unterstützung erwartet. So wurde angenommen, dass der politische Wille bei kleineren Gemeinden eine größere Rolle spielt als bei großen Gemeinden, wogegen es bei größeren Gemeinden eher die Erfahrung innerhalb der Gemeinde hätte sein können, welche Kooperation fördert. Diese Erwartungen werden durch die vorliegenden Ergebnisse nur zum Teil verifiziert. Es sind zwar einige Unterschiede zwischen den diversen Gemeindegrößen und Lagen vorhanden, diese sind aber nur gering ausgeprägt. Im Großen und Ganzen überwiegt in allen Kategorien und den dazugehörigen Territorien die Zustimmung, dass der politische Wille ein wesentlicher Unterstützungsfaktor ist.

In den einzelnen **Größenkategorien** erhielt der politische Wille stets die meiste Zustimmung und jeweils von über der Hälfte der befragten Bürgermeister*innen. Unterschiede gibt es hingegen bei den zweithäufigsten Antworten. Bei den Kleinstgemeinden, den kleinen und mittleren Gemeinden ist dies die politische Ausrichtung der Kooperationsgemeinde, bei den großen Gemeinden hingegen – und dies liegt ebenso im Einklang mit den Erwartungen – die Erfahrung innerhalb der eigenen Gemeindeverwaltung. Eine solche Erfahrung in der Verwaltung erleichtert somit die Ausführung von interkommunaler Kooperation. Im Zusammenhang zwischen Größe und Territorium fällt auf, dass insbesondere die großen Gemeinden aus Südtirol sehr heterogene Antworten gaben. Dies weist darauf hin – wie bereits bei der Dimension Hindernisse – das bestimmte Faktoren sehr kontextspezifisch und persönlich bewertet werden, obwohl die Gemeinden dieselbe Größe haben und demselben Land zugehörig sind. Wie erwähnt, fällt auch bei den kleinen und mittleren Gemeinden aus Tirol auf, dass die Landespolitik als spezifischer Unterstützungsfaktor angeben wird. Dies trifft in einem größeren Ausmaß zu als bei den gleich großen Gemeinden aus anderen Territorien, womit erneut ein klarer Zusammenhang mit dem Territorium zu erkennen ist.

Bei den diversen Kategorien der **geografischen Lage** erhielt der politische Wille ebenso überall die höchste Zustimmung – bei den Bürgermeister*innen aus ländlichen Zentren gaben dies sogar fast alle Befragten an. Zu den zweithäufigsten genannten Faktoren nach dem politischen Willen zählt in allen vier Kategorien hingegen die politische Ausrichtung der Bürgermeister*innen der Kooperationsgemeinden. Nur bei den kleineren Städten kommt die Unterstützung der Landespolitik sowie die Erfahrung innerhalb der Gemeindeverwaltung als weitere Faktoren der Unterstützung dazu. Die Erfahrung innerhalb der eigenen Verwaltung wurde auch vonseiten der peripheren Gebiete als häufiger Faktor genannt, so dass der Zusammenhang in Bezug auf die geografische Lage hier nicht eindeutig erkennbar ist. Die Analyse der geografischen Lage gemeinsam mit dem Territorium zeigt, dass die ländlichen Gebiete (Zentren, Vororte und Peripherie) zwischen den Territorien sehr ähnlich antworteten, hingegen sind die Antworten der kleineren Städte der subnationalen Gebiete heterogen. Bei allen den Gemeindetypen spielt zwar der politische Wille eine wesentliche Rolle, in Graubünden ist die meistgewählte Antwort hingegen die politische Ausrichtung der Nachbargemeinde. Und bei den Tiroler Bürgermeister*innen wird nach dem politischen Willen wiederum die Landespolitik als relevanter Unterstützungsfaktor genannt.

Die Interviews untermauern die genannten Ergebnisse und rücken insbesondere die persönliche Komponente der Kooperation in den Vordergrund, welche teilweise in Zusammenhang mit dem politischen Willen steht. Mehrere Bürgermeister*innen, unabhängig des Territoriums sowie der Größe oder Lage ihrer Gemeinde, unterstrichen die Wichtigkeit der guten Beziehungen zwischen den Kooperationspartnern sowie die politische Tradition oder die politische Kontinuität als einen Erfolgsfaktor für Kooperation. Diese Faktoren können, abgesehen vom politischen Willen, zum Teil auch in Zusammenhang mit dem Faktor der ähnlichen politischen Ausrichtung der Bürgermeister*innen aus Nachbargemeinden gesehen werden. Die Faktoren, welche außer den zwischenmenschlichen Beziehungen am häufigsten in den Interviews angesprochen wurden, waren a) der Wille und die Motivation zur Kooperation sowie b) die Bereitschaft zur Solidarität und einer gewissen Kompromissfähigkeit.

Letztere Thematik wurde im Fragebogen nicht behandelt, so dass die diesbezüglichen Aussagen für die Erhebung sehr wertvoll sind. Demnach sind einige Bürgermeister*innen der Meinung, dass Kooperation nicht immer nur bedeuten soll, den Vorteil für seine eigene Gemeinde zu definieren, sondern dass das gemeinsame Handeln im Vordergrund stehen sollte. Interessanterweise stammten diese Aussagen zur notwendigen Kompromissbereitschaft in den meisten Fällen von Bürgermeister*innen aus kleinen Gemeinden. Wiederum kann auch die Kompromissbereitschaft im Zusammenhang mit dem politischen Willen der lokalen Akteure gesehen werden. Möchte jemand unbedingt eine bestimmte Kooperation durchführen, so ist er/sie vermutlich auch eher dazu bereit diverse Kompromisse einzugehen.

6.6. Kooperation als Lösungsansatz

Der letzte Indikator für die Bewertung der Kooperation ist jener des Lösungsansatzes. Durch diese Dimension soll eine Antwort gefunden werden, ob die Bürgermeister*innen Kooperation im Allgemeinen als Lösungsansatz bewerten oder ihr skeptisch gegenüberstehen. Darüber hinaus soll eruiert werden, unter welchen Voraussetzungen die Gemeinden in den alpinen Regionen regieren und inwiefern sie darauf basierend Kooperation als notwendig betrachten.

Wie in Kapitel 3 beschrieben, gibt es eine Vielzahl von Untersuchungen, welche auf die Notwendigkeit von lokaler Kooperation, insbesondere für einwohner*innenschwache Gemeinden, eingehen. In dieser Untersuchung beschäftigt sich ein Teil der Befragung aufgrund der wissenschaftlichen Relevanz mit den Herausforderungen und Leistungsgrenzen der Gemeindeverwaltungen. Basierend auf dem bestehenden Wissen, soll der Frage nachgegangen werden, welchen Herausforderungen die alpinen Gemeinden wirklich ausgesetzt sind und ob sie die Schwierigkeiten bei der Verwaltung, die von der Wissenschaft und Politik häufig genannt werden, selbst genauso verspüren. Erst danach lautete die Frage, ob die Bürgermeister*innen horizontale Kooperation als einen

Lösungsansatz verstehen. Diese Dimension ist umfassend und beinhaltet vier Aspekte:

a) Die lokalen Herausforderungen der Gemeinden
b) Die Leistungsgrenzen der Verwaltung
c) Die Schwierigkeit des Regierens
d) Die Lösungsansätze für Herausforderungen

Insgesamt geht die Forschungsarbeit davon aus, dass die Bürgermeister*innen bestimmten Herausforderungen (Aspekt a und b) ausgesetzt sind, unabhängig von ihrem Gemeindetyp und unabhängig von ihrer subnationalen Gebietskörperschaft. Weiters wird erwartet, dass die Mehrheit der Gemeinden – ebenso unabhängig von ihrem Gemeindetyp – auch das Regieren als schwierig bewerten (Aspekt c). Hierzu wird allerdings erwartet, dass die kleineren und peripher liegenden Gemeinden mehr Schwierigkeiten haben als größere und zentral gelegenere Gemeinden und somit ein bestimmter Einfluss der Größe und geografischen Lage feststellbar ist. Letztens geht es beim Aspekt (d) um die verschiedenen Lösungsansätze. Hier wird erwartet, dass die meisten Gemeinden die interkommunale Kooperation einer Fusion vorziehen und die Kooperation von Gemeinen aus allen Größenklassen und geografischen Lagen im Allgemeinen als Lösungsansatz bewertet wird. Allerdings könnte es auch hier der Fall sein, dass die Daten von kleineren und peripher liegenden Gemeinden eine höhere Zustimmung aufweisen als größere und zentral gelegenere Gemeinden. Anders als im Fragebogen, wurde bei der persönlichen Befragung nicht konkret nach den Herausforderungen und den Leistungsgrenzen innerhalb der Gemeindeverwaltung gefragt, sondern das Interview hat sich nur auf den Aspekt der Schwierigkeiten des Regierens und der Kooperation als möglichen Lösungsansatz fokussiert (Aspekt c und d).

6.6.1 Lokale Herausforderungen

Zu Beginn wurde im Fragebogen gefragt, welchen Herausforderungen die Gemeinden ausgesetzt sind. Die diesbezügliche Aussage und Frage lauteten (Nr. 43): *„Gemeinden können in unterschiedlichem Maße von bestimmten gesellschaftlichen Entwicklungen bzw. Herausforderungen betroffen sein. Von welchen der hier genannten Herausforderungen ist Ihre Gemeinde Ihrer Meinung nach besonders betroffen? Bitte kreuzen Sie jene 3 Themenbereiche an, die für Sie am wichtigsten sind.“*

Die Frage wurde von 140 Personen beantwortet. Das Ergebnis zeigt, dass die Herausforderungen der Gemeinden sehr verschiedenartig sind. Insgesamt war die von den 140 befragten Bürgermeister*innen meistgewählte lokale Herausforderung die Verkehrsbelastung. 54 von 142 Bürgermeister*innen (38,6 %) erklärten von dieser Herausforderung betroffen zu sein, gefolgt vom leistbaren Wohnraum

(37,1 %) sowie fehlenden Arbeitsplätzen in der Gemeinde (30 %). Am seltensten wurde die Herausforderung der Kriminalität genannt (1 von 142). Weitere Entwicklungen, die anscheinend nur für wenige Gemeinden ein Thema sind, sind die Unterbringung von Asylsuchenden, der Zugang zu grundlegenden Dienstleistungen sowie die Zuwanderung. Herausforderungen, von denen vorab und basierend auf den Vorgesprächen mehr Relevanz angenommen wurde, war jene der Personalknappheit bzw. der Mangel an qualifiziertem Personal innerhalb der Gemeindeverwaltung. Diese beiden Herausforderungen wurden ebenso nur von 14 bzw. 11 der 142 Bürgermeister*innen als eine der fünf wichtigsten Themen gewählt und spielen somit im Vergleich eine beschränkte Rolle.

Tabelle 103: Lokale Herausforderungen (N = 140)

Herausforderung	**Anzahl der Antworten**	**Anteil der Antworten**	**Anteil der Fälle**
Arbeitslosigkeit	3	0,8 %	2,1 %
Fehlende Arbeitsplätze in der Gemeinde	42	11,2 %	30,0 %
Kriminalität	1	0,3 %	0,7 %
Überalterung	24	6,4 %	17,1 %
Mangel an Steuereinnahmen	41	10,9 %	29,3 %
Knapper Wohnraum	25	6,6 %	17,9 %
Leistbarer Wohnraum	52	13,8 %	37,1 %
Verkehrsbelastung	54	14,4 %	38,6 %
Umweltbelastung/Klimawandel	18	4,8 %	12,9 %
Unterbringung von Asylsuchenden	3	0,8 %	2,1 %
Integration von MigrantInnen	11	2,9 %	7,9 %
Abwanderung	29	7,7 %	20,7 %
Zuwanderung	7	1,9 %	5,0 %
Schlechter Zugang zu grundlegenden Dienstleistungen	5	1,3 %	3,6 %
Gemeindeverwaltung: Geringe finanzielle Ausstattung	30	8,0 %	21,4 %
Gemeindeverwaltung: Mangel an qualifiziertem Personal	11	2,9 %	7,9 %
Gemeindeverwaltung: Personalknappheit	14	3,7 %	10,0 %
Keine Antwort	6	1,6 %	4,3 %
Insgesamt	**376**	**100,0 %**	**268,6 %**

Die lokalen Herausforderungen der einzelnen **Territorien** stimmen nicht in allen Fällen überein (Tab. 104). Dies weist darauf hin, dass Herausforderungen auch einen Zusammenhang mit dem Territorium aufweisen. So erhielt die Herausforderung der „fehlenden Arbeitsplätze" von den Bündner Gemeindepräsidenten insgesamt die höchste Zustimmung (47,8 %). Dieses Thema wird in Südtirol und Tirol hingegen nicht als primär angesehen (Südtirol: 18,4 %, Tirol: 24,4 %). In den beiden Territorien nördlich und südlich des Brenners erhielten hingegen exakt dieselben Herausforderungen ähnlich hohe Zustimmungswerte. Dies sind zum ersten die Verkehrsbelastung und zum zweiten der leistbare Wohnraum. Beide Herausforderungen wurden von jeweils fast der Hälfte der Befragten des jeweiligen Territoriums angegeben. Während die Verkehrsbelastung und der leistbare Wohnraum in Südtirol und Tirol wichtige Themen sind, sind sie in Graubünden deutlich weniger relevant. Eine hohe Zustimmungsrate (46,7 %) erhielt in Tirol zudem die mangelnden Steuereinnahmen. Diese Herausforderung erhielt auch in Graubünden mehrere Nennungen, in Südtirol allerdings nur fünf von 129. In Graubünden erhielten die Herausforderungen „Überalterung" und „Abwanderung", die in einem Zusammenhang stehen können, von jeweils knapp 40 Prozent der Befragten eine Zustimmung als eine von mehreren wichtigen Herausforderungen. Beide Herausforderungen scheinen in Südtirol und Tirol hingegen nicht dringend zu sein. Jene Herausforderung, die in Südtirol allerdings einige Gemeinden beschäftigt (32 %), ist die geringe finanzielle Ausstattung der eigenen Gemeinde.

Die Herausforderung, die von allen Befragten insgesamt am geringsten angekreuzt wurde, ist die bereits genannte Kriminalität. Auch die Arbeitslosigkeit erhielt allein drei Nennungen aus Graubünden. Nur eine einzige Nennung erhielt in Graubünden zudem die Zuwanderung, auf die auch in Südtirol und Tirol ebenso nur jeweils drei Nennungen fielen. In Südtirol wird außer der Arbeitslosigkeit, der Kriminalität und dem schlechten Zugang zu Dienstleistungen – die gar keine Zustimmung erhielten – zudem die Unterbringung von Asylsuchenden als geringe Herausforderung wahrgenommen. Dieses Thema erhielt auch in Tirol keinerlei Zustimmung, ebenso die Arbeitslosigkeit und die Kriminalität. Nur eine einzige Nennung erhielt das Thema Integration vonseiten der Tiroler Gemeinden und jeweils nur zwei Nennungen die Überalterung (die in Graubünden hingegen ein gefühltes Thema ist) sowie die Personalknappheit.

Im Rahmen der Interviews haben einige Bürgermeister*innen im Kontext von anderen Aspekten ebenso über spezifische Herausforderungen gesprochen. Ein Thema, dass dabei von einer mittleren Gemeinde in Zentrumslage erwähnt wurde, ist die Herausforderung des qualifizierten Fachpersonals. Allerdings wurde nicht der technische Bereich erwähnt, sondern es ging dabei um Mitarbeiter*innen in Handwerksberufen, wie etwa ein Forstwart.

Tabelle 104: Lokale Herausforderungen nach Territorium (Antworten der Fälle, N = 140)

Herausforderung	**Kanton Graubünden (N = 46)**	**Land Südtirol (N = 49)**	**Land Tirol (N = 45)**
Arbeitslosigkeit	6,5 %	18,4 %	24,4 %
Fehlende Arbeitsplätze in der Gemeinde	47,8 %	0,0 %	0,0 %
Kriminalität	2,2 %	0,0 %	0,0 %
Überalterung	39,1 %	8,2 %	4,4 %
Mangel an Steuereinnahmen	32,6 %	10,2 %	46,7 %
Knapper Wohnraum	19,6 %	10,2 %	24,4 %
Leistbarer Wohnraum	15,2 %	46,9 %	48,9 %
Verkehrsbelastung	17,4 %	49,0 %	48,9 %
Umweltbelastung/Klimawandel	13,0 %	14,3 %	11,1 %
Unterbringung von Asylsuchenden	2,2 %	4,1 %	0,0 %
Integration von MigrantInnen	6,5 %	14,3 %	2,2 %
Abwanderung	39,1 %	10,2 %	13,3 %
Zuwanderung	2,2 %	6,1 %	6,7 %
Schlechter Zugang zu grundlegenden Dienstleistungen	4,3 %	0,0 %	6,7 %
Gemeindeverwaltung: Geringe finanzielle Ausstattung	6,5 %	18,4 %	24,4 %
Gemeindeverwaltung: Mangel an qualifiziertem Personal	6,5 %	10,2 %	6,7 %
Gemeindeverwaltung: Personalknappheit	4,3 %	20,4 %	4,4 %
Keine Antwort	0,0 %	8,2 %	4,4 %
Insgesamt	**265,2 %**	**263,3 %**	**277,8 %**

Betrachtet man nun die Herausforderungen in Bezug auf die **Größe** der Gemeinden, sind ebenso Unterschiede erkennbar. Allerdings ist auch hier festzustellen, dass die Herausforderungen sehr heterogen sind. Nur die Kriminalität, die bereits in Bezug auf die Gesamtergebnisse genannt wurde, spielt insgesamt fast keine Rolle. Auch die Arbeitslosigkeit, der knappe Wohnraum, die Aufnahme von Asylbewerber*innen, die Integration, die Zuwanderung, der Zugang zu

Dienstleistungen, das qualifizierte Personal sowie die Personalknappheit ist nur bei wenigen Gemeinden in allen Größenklassen eine wahrgenommene Herausforderung (stets unter 10 % der Häufigkeit in jeder Größenklasse).

Demgegenüber ist bei den großen und mittleren Gemeinden vor allem die Verkehrsbelastung ein gefühltes Thema. Bei den großen Gemeinden wählten 75 % der Bürgermeister*innen u.a. diese Herausforderung, bei den mittleren Gemeinden waren es fast die Hälfte (46,5 %). Mehr Zustimmung erfuhr bei den mittleren Gemeinden nur die Herausforderung des leistbaren Wohnraums (60 %), wie auch bei 28,6 Prozent der Bürgermeister*innen aus großen Gemeinden. Beide diese Herausforderungen erhielten bei den kleinen Gemeinden und vor allem den Kleinstgemeinden im Vergleich weniger Zustimmung.

Bei den Kleinstgemeinden sowie den kleinen Gemeinden ist hingegen die Herausforderung der fehlenden Arbeitsplätze wichtig. Dieses wurde von über 66 Prozent der Bürgermeister*innen aus Kleinstgemeinden gewählt. Bei den kleinen Gemeinden war die Zustimmung geringer (34,9 %), aber es handelt sich auch hier um die insgesamt am häufigsten gewählte Herausforderung. Zum Vergleich: Bei den mittleren Gemeinden wählten nur 16,3 Prozent der Bürgermeister*innen die fehlenden Arbeitsplätze als Herausforderung, bei den großen Gemeinden nur eine Person. Auffallend ist, dass bei den kleinen Gemeinden – im Gegensatz zu den anderen Größenklassen – keine Herausforderung dabei ist, die von mehr als der Hälfte der betroffenen Bürgermeister*innen gewählt wurde, was auf eine große Individualität der Herausforderungen hinweist.

Über 30 Prozent der Bürgermeister*innen aus kleinen Gemeinden wählten außer den mangelnden Arbeitsplätzen, noch den Mangel an Steuereinnahmen, die Verkehrsbelastung sowie die finanzielle Ausstattung als primäre Herausforderungen. Hingegen wählten über 40 Prozent der Bürgermeister*innen der Kleinstgemeinden die Überalterung als Herausforderung – diese erhielt in den anderen Größenklassen deutlich weniger Zustimmung. Auch die Abwanderung ist ein Gegenstand, das hauptsächlich in den Kleinstgemeinden relevant ist (38,9 %). Nur ein Viertel der kleinen Gemeinden empfindet dies ebenso als eine wichtige Herausforderung (27 %), bei den mittleren und großen Gemeinden ist die Abwanderung erwartungsgemäß hingegen kaum Thema.

Die **Größe** in Verbindung mit dem **Territorium** lässt, wiederum aufgrund der geringen Datenlage in zwei von vier Kategorien, nicht überall allgemeine Rückschlüsse zu. Bei den großen Gemeinden sind besonders die Herausforderungen der Verkehrsbelastung sowie des leistbaren Wohnraums ein Thema, ansonsten verteilten sich die Antworten unterschiedlich. Während die zwei großen Gemeinden aus Graubünden unterschiedlich antworteten, ist für die Mehrheit der großen Gemeinden aus Südtirol und Tirol die Verkehrsbelastung ein Thema (Südtirol: 8

Tabelle 105: Lokale Herausforderungen nach Größe (Antworten der Fälle, N = 140)

Herausforderung	**Kleinstgemeinden (N = 18)**	**Kleine Gemeinden (N = 63)**	**Mittlere Gemeinden (N = 43)**	**Große Gemeinden (N = 16)**
Arbeitslosigkeit	5,6 %	1,6 %	0,0 %	6,3 %
Fehlende Arbeitsplätze in der Gemeinde	66,7 %	34,9 %	16,3 %	6,3 %
Kriminalität	0,0 %	0,0 %	0,0 %	6,3 %
Überalterung	44,4 %	14,3 %	14,0 %	6,3 %
Mangel an Steuereinnahmen	33,3 %	31,7 %	30,2 %	12,5 %
Knapper Wohnraum	16,7 %	22,2 %	14,0 %	12,5 %
Leistbarer Wohnraum	5,6 %	28,6 %	60,5 %	43,8 %
Verkehrsbelastung	11,1 %	31,7 %	46,5 %	75,0 %
Umweltbelastung/Klimawandel	11,1 %	7,9 %	14,0 %	31,3 %
Unterbringung von Asylsuchenden	5,6 %	1,6 %	0,0 %	6,3 %
Integration von Migrant*innen	5,6 %	6,3 %	9,3 %	12,5 %
Abwanderung	38,9 %	27,0 %	11,6 %	0,0 %
Zuwanderung	0,0 %	1,6 %	7,0 %	18,8 %
Schlechter Zugang zu grundlegenden Dienstleistungen	5,6	4,8 %	2,3 %	0,0 %
Gemeindeverwaltung: Geringe finanzielle Ausstattung	11,1	30,2 %	14,0 %	18,8 %
Gemeindeverwaltung: Mangel an qualifiziertem Personal	11,1	7,9 %	4,7 %	12,5 %
Gemeindeverwaltung: Personalknappheit	11,1	9,5 %	9,3 %	12,5 %
Keine Antwort	0,0 %	4,8 %	7,0 %	0,0 %
Insgesamt	**283,3 %**	**266,7 %**	**260,5 %**	**281,3 %**

von 11, Tirol: 3 von 3). Somit stimmen die Ergebnisse überein und können der Variable der Größe zugeordnet werden. Die Umweltbelastung erhielt in allen drei Territorien von den großen Gemeinden ebenso Zustimmung, während die Zuwanderung nur für einzelne Gemeinden in Graubünden und Tirol eine präsente Herausforderung zu sein scheint.

Die mittleren Gemeinden der drei Territorien sind ebenso von ähnlichen Herausforderungen betroffen. Insgesamt erhielt der leistbare Wohnraum am meisten Zustimmung. Dies gilt für Tirol und Südtirol, (73,3 bzw. 64,7 %), in Graubünden sind es etwas weniger (35 %). Diese Herausforderung ist in den Südtiroler und Tiroler mittleren Gemeinden die meist gefühlteste, in Graubünden erhielt allerdings die Herausforderung der Abwanderung die höhere Zustimmung (45,5 %), die wiederum in den anderen beiden Territorien nicht relevant zu sein scheint. Die Herausforderung, die insgesamt am zweithäufigsten von den Bürgermeister*innen aus mittleren Gemeinden genannt wurde, ist die Belastung durch den Verkehr. Auch in Südtirol und Tirol erhielt diese die zweithäufigsten Nennungen (von jeweils über die Hälfte der betroffenen Bürgermeister*innen). In Graubünden waren es mit 18,2 Prozent weniger. Andere Themen, welche einige mittlere Gemeinden in Graubünden belasten (jeweils 4 von 11), in den anderen beiden Territorien aber kaum verspürt werden, sind die fehlenden Arbeitsplätze sowie die Überalterung. Schließlich ist noch der Mangel an Steuereinnahmen zu nennen, denn die Tiroler mittleren Gemeinden mehrheitlich angeben (53,3 %), von den anderen beiden Territorien allerdings nur einzelne Gemeinden.

Die kleinen Gemeinden unterscheiden sich von den mittleren und großen Gemeinden etwas mehr, weil die Antworten heterogener ausfallen, allerdings auch innerhalb der einzelnen Länder. Hier erhielt nur in Südtirol eine einzige Herausforderung die Mehrheit der Zustimmung (finanzielle Ausstattung). In Tirol (30,8 %) und insbesondere in Graubünden (10 %) wird diese hingegen weniger verspürt. Insgesamt erhielten die fehlenden Arbeitsplätze die meiste Zustimmung bei den kleinen Gemeinden. Auch in allen drei Territorien ist diese ein gefühltes Thema, aber in keinem Fall von mehr als der Mehrheit (Graubünden: 40 %, Südtirol: 29,4 %, Tirol: 34,6 %). Ein Thema, das wiederum nur in den Bündner Gemeinden relevant zu sein scheint, ist die Überalterung. 40 Prozent der kleinen Gemeinden aus Graubünden nannten diese Herausforderung, in Südtirol niemand, in Tirol nur eine Person. Demgegenüber sind die mangelnden Steuereinnahmen sowohl für die Bündner wie auch die Tiroler Bürgermeister*innen aus kleinen Gemeinden eine Herausforderung (Graubünden: 35 %, Südtirol: 11,8 %, Tirol: 42,3 %). Letztlich sind noch die Verkehrsbelastung und der leistbare Wohnraum für die kleinen Gemeinden – vor allem aus Tirol und Südtirol – relevante Herausforderungen mit jeweils knapp 30 bis 40 Prozent der Zustimmung. Beide Herausforderungen wurden auch von kleinen Gemeinden aus Graubünden genannt, aber im geringerem Ausmaß (leistbarer Wohnraum: 10 %, Verkehrsbelastung: 25 %).

Letztlich sind die Kleinstgemeinden aus Südtirol und Graubünden zu nennen (in Tirol ist nur eine im Datensatz). In beiden Territorien erhielten die mangelnden Arbeitsplätze die meisten Nennungen (Graubünden: 69,2 %, Südtirol: 50 %). Für die Kleinstgemeinden aus Südtirol ist die Verkehrsbelastung gleich relevant (50 %), für die 13 Kleinstgemeinden aus Graubünden hingegen nicht. Dort gaben je 46 Prozent der Kleinstgemeinden die Überalterung sowie die Abwanderung als Herausforderungen an, die von den vier Kleinstgemeinden aus Südtirol nur je einmal genannt wurden.

Eine Herausforderung, die ebenso in Verbindung mit der Größe gesehen werden kann, ist die Fülle an Aufgaben, welche Gemeinden zu leisten haben. Diese Herausforderungen im Fragebogen nicht eigens angeführt und könnte mit einer geringen finanziellen Ausstattung bzw. mangelndem Personal in Verbindung gebracht werden. Allerdings wurde dieser Faktor in den Interviews explizit angesprochen. Grundsätzlich geht es um den Umstand, dass kleine Gemeinden gleich viele Aufgaben zu leisten haben, wie große Gemeinden: *„Der Aufwand ist – ob ich es für 5.000 Bürger mache oder für 800 – bei bestimmten Sachen genau der gleiche."* Auch ein anderer Bürgermeister aus einer kleinen Gemeinde sieht sich in einer unprivilegierten Situation: *„Große Gemeinden haben mehr Personal, haben da weniger Probleme. Aber z.B. auch das neue Urbanistikgesetz, das ist für die Kleinstgemeinden schon ein riesiger personeller Aufwand an Technikern. Weil wir haben (…) ja nur einen Techniker (…), der 50 % bei uns im Bauamt arbeitet. Und (…) wenn ich jetzt (…) vergleiche, die haben im technischen Büro 6–7 Angestellte. Ich habe einen Techniker Part-Time und ich muss dann die ganzen Pläne und alles an auswertige Techniker geben und das ist mit einem riesigen Kostenpunkt verbunden."* Einfach haben es auch die mittleren Gemeinden nicht, wenn es um das Personal in arbeitsintensiven Ämtern, wie dem Bauamt, geht: *„Da ist es oft so, da gibt es wieder manchmal Zeiten, wo man einfach schwimmt (…) Wo wir noch zusätzlich jemanden brauchen würden, aber eigentlich aufgrund der Budgetsituationen und manchmal ist dann doch wieder nicht…"*

Nach der Variable Größe, wird auf die **geografische Lage** geblickt. Die Verkehrsbelastung und der leistbare Wohnraum sind jene beiden Herausforderungen, die prozentuell von den 140 Gemeinden am häufigsten genannt wurden. Diese beiden Herausforderungen haben auch in allen Kategorien der geografischen Lage eine hohe Zustimmung erhalten und gelten somit unabhängig der Lage.

Bei den kleineren Städten und Vororten sowie den ländlichen Zentren ist die Verkehrsbelastung die häufigste Herausforderung (kleinere Städte: 66,7 %, Zentren: 60 %). Allerdings wählten auch über 34 Prozent der peripheren Gebiete dieses Thema als relevant. Jene Herausforderung, die bei den peripheren Gebieten von über der Hälfte der betroffenen Bürgermeister*innen gewählt wurde, sind die fehlenden Arbeitsplätze. Diese Herausforderung wurde auch von fast 30 Prozent der ländlichen Vororte gewählt, erfuhr hingegen von den kleineren Städten und

Tabelle 106: Lokale Herausforderungen nach Lage (Antworten der Fälle, N = 140)

Herausforderung	**Ländlich periphere Gemeinden (N = 23)**	**Ländliche Vororte (N = 77)**	**Ländliche Zentren (N = 10)**	**Kleinere Städte und Vororte (N = 30)**
Arbeitslosigkeit	4,3 %	0,0 %	10,0 %	3,3 %
Fehlende Arbeitsplätze in der Gemeinde	52,2 %	29,9 %	10,0 %	20,0 %
Kriminalität	0,0 %	0,0 %	0,0 %	3,3 %
Überalterung	43,5 %	11,7 %	10,0 %	13,3 %
Mangel an Steuereinnahmen	17,4 %	32,5 %	30,0 %	30,0 %
Knapper Wohnraum	8,7 %	24,7 %	0,0 %	13,3 %
Leistbarer Wohnraum	26,1 %	37,7 %	40,0 %	43,3 %
Verkehrsbelastung	34,8 %	26,0 %	60,0 %	66,7 %
Umweltbelastung/Klimawandel	13,0 %	7,8 %	10,0 %	26,7 %
Unterbringung von Asylsuchenden	0,0 %	3,9 %	0,0 %	0,0 %
Integration von MigrantInnen	8,7 %	9,1 %	10,0 %	3,3 %
Abwanderung	21,7 %	28,6 %	0,0 %	6,7 %
Zuwanderung	4,3 %	1,3 %	20,0 %	10,0 %
Schlechter Zugang zu grundlegenden Dienstleistungen	0,0 %	5,2 %	10,0 %	0,0 %
Gemeindeverwaltung: Geringe finanzielle Ausstattung	8,7 %	27,3 %	10,0 %	20,0 %
Gemeindeverwaltung: Mangel an qualifiziertem Personal	8,7 %	10,4 %	0,0 %	3,3 %
Gemeindeverwaltung: Personalknappheit	8,7 %	13,0 %	10,0 %	3,3 %
Keine Antwort	4,3 %	5,2 %	0,0 %	3,3 %
Insgesamt	**265,2 %**	**274,0 %**	**230,0 %**	**270,0 %**

den ländlichen Zentren kaum Zustimmung, womit sich ein klarer Unterschied zwischen Peripherie und Zentrum zeigt. Ein weiteres gefühltes Thema in der Periphere ist die Überalterung (43,5 %), nicht aber in den anderen Kategorien. Schließlich ist noch die Herausforderung des Mangels an Steuereinnahmen zu nennen, welche in drei von vier Kategorien von mindestens 30 Prozent der Bürgermeister*innen gewählt wurde. Dies ist somit mit Ausnahme der peripheren Gemeinden ein gefühltes Thema unabhängig der Lage.

Zwei Themen, die von einem beträchtlichen Teil der ländlichen Vororte und weniger von anderen Kategorien genannt wurden, sind die Abwanderung und die finanzielle Ausstattung. Bei den kleineren Städten und Vororten, also denn beiden zentral gelegeneren Gebieten, sind insgesamt die Verkehrsbelastung, der leistbare Wohnraum sowie der Mangel an Steuernahmen die am häufigsten genannten Herausforderungen. Der Verkehr ist in der Tat in allen drei Territorien ein Thema: In Südtirol und Tirol wählten diese Herausforderung fast alle kleineren Städte (85 % bzw. 75 %), in Graubünden 28,6 Prozent. Auch der leistbare Wohnraum ist in Südtirol und Tirol für über die Hälfte der Befragten aus kleineren Städten und Vororten ein Thema, in Graubünden sind es mit nur einer Nennung deutlich weniger. Themen, welche hingegen die kleineren Städte in Graubünden am meisten beschäftigen, sind der Mangel an Steuereinnahmen (42,9 %). Die wenigen ländlichen Zentren sind auch in Bezug auf die Herausforderungen heterogen: In Südtirol und Tirol erhielten nur zwei Herausforderungen mehr als eine Nennung (Südtirol: leistbarer Wohnraum, Verkehrsbelastung; Tirol: ebenso Verkehrsbelastung, Mangel an Steuereinnahmen). Bei den ländlichen Vororten gibt es wiederum mehr Übereinstimmungen zwischen den Südtiroler und Tiroler Gemeinden als zwischen allen drei Territorien. So sind die finanzielle Ausstattung sowie der leistbare Wohnraum vor allem für die ländlichen Vororte aus Südtirol und Tirol ein wichtiges Thema. In Südtirol gibt es allerdings, zum Unterschied von Tirol und Graubünden, keine einzige Herausforderung, die über die Hälfte der Bürgermeister*innen aus ländlichen Vororten anmerkt. Die meiste Zustimmung erhielt wiederum der leistbare Wohnraum (45,5 %). Demgegenüber erklären fast 60 Prozent der Tiroler ländlichen Vororte, dass der Mangel an Steuereinnahmen eine Herausforderung sei, die auch 36,4 Prozent der Bündner Vororte wählten. Noch mehr Zustimmung erhielt in Graubünden allerdings die fehlenden Arbeitsplätze (40,9 %) sowie die Abwanderung (59,1 %). Beide Herausforderungen wurden hingegen in Südtirol und Tirol von deutlich weniger Bürgermeister*innen gewählt.

Auch die peripheren Gemeinden aus den einzelnen Territorien unterscheiden sich voneinander und wiederum innerhalb des eigenen Landes: Für die vier Südtiroler Gebiete ist die Verkehrsbelastung eine gemeinsame Herausforderung, ansonsten gibt es nur einzelne Herausforderungen. Die drei Tiroler peripheren Gemeinden haben hingegen keine einzige gemeinsame Herausforderung. Demgegenüber bewerten die 16 peripheren Gemeinden aus Graubünden mehrheitlich nicht den Verkehr oder den leistbaren Wohnraum, sondern wählen jeweils die fehlenden Arbeitsplätze sowie die Überalterung als zentrale Herausforderungen.

6.6.2 Leistungsgrenzen der lokalen Verwaltung

Im Zusammenhang mit den Herausforderungen können auch die Leistungsgrenzen der Verwaltung stehen. Basierend auf der gesamtschweizerischen Gemeindebefragung von Ladner et al[1576] wurde im Fragebogen eine spezifische Frage zu der lokalen Aufgabenerfüllung aufgenommen, um etwaige Leistungsgrenzen innerhalb der Verwaltungen zu erheben. Dieser Aspekt wurde nur im Rahmen der Fragebogen abgefragt, in den persönlichen Gesprächen hingegen nicht vertieft. Die diesbezügliche Frage Nr. 44 lautete: *„Bei der lokalen Aufgabenerfüllung kann es zu Schwierigkeiten kommen, welche eine Gemeinde aus diversen Gründen kaum in angemessener Weise alleine bewältigen kann. Sind in Ihrer Gemeinde solche Leistungsgrenzen (LG) innerhalb der Verwaltung sichtbar? Bitte beantworten Sie die Frage für alle genannten Aufgaben."*

Daraufhin folgte die Auflistung von 32 lokalen Aufgaben, die bereits bei der Frage der Politikfelder (siehe Kapitel 5) untersucht wurden. Die Befragten hatten die Möglichkeit folgende Antworten zu geben: Keine Leistungsgrenze sichtbar, Leistungsgrenze in Sicht, Leistungsgrenze erreicht oder „betrifft Gemeinde nicht". Die Tabelle 107 zeigt die Gesamtergebnisse unabhängig des Territoriums, der Größe oder der geografischen Lage. Die Daten offenbaren, anders als angenommen, dass die befragten Bürgermeister*innen nur in wenigen Aufgabenfeldern eine Leistungsgrenze verspüren.

Tabelle 107: Leistungsgrenzen der lokalen Verwaltung (Angaben der Fälle in Prozent)

	Keine LeG sichtbar	**LeG in Sicht**	**LeG erreicht**	**Betrifft Gemeinde nicht**	**Summe**
Finanzen	38,0	35,2	23,9	1,4	100,0
Informatik	41,5	38,7	14,8	3,5	100,0
Gemeindesekretariat/ Gemeindekanzlei	52,8	31,0	12,7	2,1	100,0
Einwohnerdienste	72,5	16,9	6,3	2,8	100,0
Standesamt	59,2	12,0	7,0	20,4	100,0
Feuerwehr	67,6	13,4	9,2	8,5	100,0

1576 Vgl. Steiner et al. 2019. Die Frage 2 der Nationalen Gemeindeschreiberbefragung 2017 lautete: „Es kann Probleme geben, welche die Gemeinden aufgrund Arbeitsbelastung oder mangelnder Fachkompetenz kaum in angemessener Weise bewältigen können. Sind in Ihrer Gemeinde solche Leistungsgrenzen (LG) sichtbar?"

	Keine LeG sichtbar	**LeG in Sicht**	**LeG erreicht**	**Betrifft Gemeinde nicht**	**Summe**
Zivilschutz	57,7	14,8	5,6	20,4	100,0
Lokale Polizei, Ortspolizei	40,8	23,9	8,5	25,4	100,0
Kindergarten und Schule	54,2	30,3	9,9	4,2	100,0
Kleinkinderbetreuung	40,1	40,8	9,2	8,5	100,0
Unterstützung und Betreuung älterer Personen (Alten- und Pflegeheime)	30,3	38,7	14,1	15,5	100,0
Seniorenarbeit	52,1	26,1	7,7	12,7	100,0
Sozialdienst/Sozialhilfe	31,0	35,2	15,5	16,9	100,0
Gesundheitliche Leistungen/ Krankenhaus	26,1	28,9	14,1	29,6	100,0
Betreuung von Asylsuchenden	20,4	24,6	8,5	45,1	100,0
Integration von Migranten/innen	26,1	29,6	9,2	33,8	100,0
Jugendarbeit	66,2	22,5	4,9	4,9	100,0
Sport/Sportanlagen/Freizeit	62,0	22,5	9,2	4,9	100,0
Kultur	70,4	18,3	4,2	5,6	100,0
Raumordnung, Baugenehmigungen/ Baubewilligungen	39,4	41,5	17,6	0,0	100,0
Landschafts- und Ortsbildschutz	53,5	36,6	6,3	2,1	100,0
Öffentliche Bauten	46,5	40,1	10,6	1,4	100,0
Öffentlicher Verkehr	26,8	40,1	21,1	10,6	100,0
Straßen/Infrastrukturerhaltung	32,4	42,3	23,2	0,7	100,0
Wirtschaftsförderung	38,7	32,4	9,2	18,3	100,0
Tourismus	39,4	39,4	11,3	8,5	100,0
Umweltschutz und nachhaltige Entwicklung	50,0	36,6	7,0	4,9	100,0
Landwirtschaft/Forstwirtschaft	66,2	21,8	5,6	4,9	100,0
Abfall/Entsorgung/ Wiederverwertung	52,8	33,8	5,6	6,3	100,0
Trinkwasserversorgung	62,7	26,1	8,5	1,4	100,0
Abwasser/Kanalisation	62,7	22,5	12,0	1,4	100,0
Energieversorgung	52,8	15,5	4,2	26,1	100,0

In 17 von insgesamt 32 Politikfeldern geben über 50 Prozent der Befragten an, dass in diesem Bereich keine Leistungsgrenze innerhalb ihrer Gemeindeverwaltung sichtbar sei. Demnach sind über die Hälfte der Politikfelder kaum von Leistungsgrenzen betroffen. Die höchsten Werte entfallen hierbei auf die Einwohnerdienste (72,5 %) sowie die Kultur (70,4 %). Weitere 14 von 32 Aufgabenfeldern erhielten über 25 Prozent der Zustimmung, auch hier ist somit vielfach keine Leistungsgrenze präsent. Der geringste Wert entfiel mit 20,4 Prozent auf die Betreuung von Asylsuchenden, bei der allerdings fast die Hälfte der Befragten (45,1 %) erklärte, dass diese Aufgabe die Gemeinde nicht betreffe. Obwohl die Mehrheit der befragten Bürgermeister*innen bei vielen Politikfeldern erklärt, dass ihre Gemeinde nicht von einer Leistungsgrenze betroffen sei, gibt gleichzeitig ein beträchtlicher Teil der Bürgermeister*innen in manchen Politikfeldern eine „Leistungsgrenze in Sicht" an. So geben über 25 Prozent der Befragten in 20 von 32 Politikfeldern an, dass dies der Fall sei. In fünf Aufgabenfeldern erklärten sogar über 40 Prozent der Befragten eine sichtbare Leistungsgrenze. Die betroffenen Politikfelder sind die Kleinkinderbetreuung, die Raumordnung, die öffentlichen Bauten, der Verkehr sowie die Straßen- und Infrastrukturerhaltung.

Eine bereits erreichte Leistungsgrenze betrifft hingegen insgesamt nur wenige Politikfelder und dies nur für eine Minderheit der Befragten. In keinem einzigen Politikfeld gaben dies mehr als 25 Prozent der Befragten an. Den höchsten Wert bezüglich einer bereits erreichten Leistungsgrenze erhielten das Politikfeld Finanzen (23,9 %) sowie das Politikfeld Straßen und Infrastrukturen (23,2 %). Andere Aufgabenfelder, die prozentuelle Zustimmungswerte von über zehn Prozent verzeichnen und somit zumindest für manche Gemeinden verwaltungstechnisch eine Herausforderung darstellen, sind: Informatik (14,8 %), Gemeindesekretariat (12,7 %), Alten- und Pflegheime (14,1 %), Sozialdienst (15,5 %), Gesundheit (14,1 %), Raumordnung (17,6 %), Öffentliche Bauten (10,6 %), Öffentlicher Verkehr (21,1 %), Tourismus (11,3 %), Abwasser (12 %).

Wenn man die Leistungsgrenzen im Vergleich der **Territorien** untersucht, sind unterschiedliche Tendenzen erkennbar. Mindestens die Hälfte der Befragten aus Graubünden gibt, ähnlich wie es in den Gesamtergebnissen aufscheint, bei 22 von 32 Aufgabenfeldern keine Leistungsgrenze an. Den höchsten Zustimmungswert erhielt hierbei ebenso der Einwohner*innendienst. Demgegenüber, auch dies ist ähnlich zu den Gesamtergebnissen, offenbaren über 25 Prozent der Bündner Gemeindepräsidenten bei 17 von 32 Politikfeldern, dass eine Leistungsgrenze in Sicht sei. Den höchsten Zustimmungswert erhielt hierbei die Aufgabe des Tourismus (41,3 %). Schließlich gibt es in Graubünden auch einige Aufgabenfelder, die für mindestens zehn Prozent der Befragten eine Thematik darstellen, für welche die eigene Leistungsgrenze bereits erreicht ist. Den höchsten Zustimmungswert erhielten die Sozialdienste und die Infrastrukturen. Weitere Politikfelder, auf die über zehn Prozent der Antworten hinsichtlich der erreichten Leistungsgrenze fielen, sind: Finanzen, Gesundheit, Raumordnung, öffentlicher Verkehr, Wirtschaftsförderung, Tourismus.

Tabelle 108: Leistungsgrenzen in Graubünden (N = 46, Antworten der Fälle in Prozent)

	Keine LeG sichtbar	**LeG in Sicht**	**LeG erreicht**	**Betrifft Gemeinde nicht**	**Summe**
Finanzen	52,2	34,8	10,9	2,2	100,0
Informatik	56,5	37,0	6,5	0,0	100,0
Gemeindesekretariat/ Gemeindekanzlei	76,1	17,4	6,5	0,0	100,0
Einwohnerdienste	87,0	6,5	6,5	0,0	100,0
Standesamt	56,5	2,2	4,3	37,0	100,0
Feuerwehr	65,2	17,4	4,3	13,0	100,0
Zivilschutz	41,3	4,3	6,5	47,8	100,0
Lokale Polizei, Ortspolizei	50,0	19,6	8,7	21,7	100,0
Kindergarten und Schule	63,0	21,7	6,5	8,7	100,0
Kleinkinderbetreuung	52,2	26,1	4,3	17,4	100,0
Unterstützung und Betreuung älterer Personen (Alten- und Pflegeheime)	39,1	32,6	8,7	19,6	100,0
Seniorenarbeit	67,4	13,0	4,3	15,2	100,0
Sozialdienst/Sozialhilfe	34,8	34,8	19,6	10,9	100,0
Gesundheitliche Leistungen/ Krankenhaus	30,4	34,8	13,0	21,7	100,0
Betreuung von Asylsuchenden	19,6	15,2	4,3	60,9	100,0
Integration von Migranten/ innen	26,1	17,4	4,3	52,2	100,0
Jugendarbeit	67,4	23,9	2,2	6,5	100,0
Sport/Sportanlagen/Freizeit	56,5	28,3	6,5	8,7	100,0
Kultur	65,2	28,3	0,0	6,5	100,0
Raumordnung, Baugenehmigungen/ Baubewilligungen	50,0	34,8	15,2	0,0	100,0

(Forts.)

Tabelle 108: (Forts.)

	Keine LeG sichtbar	LeG in Sicht	LeG erreicht	Betrifft Gemeinde nicht	Summe
Landschafts- und Ortsbildschutz	50,0	39,1	8,7	2,2	100,0
Öffentliche Bauten	54,3	37,0	8,7	0,0	100,0
Öffentlicher Verkehr	32,6	37,0	15,2	15,2	100,0
Straßen/Infrastrukturerhaltung	43,5	37,0	19,6	0,0	100,0
Wirtschaftsförderung	37,0	34,8	13,0	15,2	100,0
Tourismus	39,1	41,3	13,0	6,5	100,0
Umweltschutz und nachhaltige Entwicklung	54,3	34,8	8,7	2,2	100,0
Landwirtschaft/Forstwirtschaft	69,6	26,1	4,3	0,0	100,0
Abfall/Entsorgung/ Wiederverwertung	67,4	23,9	2,2	6,5	100,0
Trinkwasserversorgung	73,9	21,7	4,3	0,0	100,0
Abwasser/Kanalisation	73,9	19,6	6,5	0,0	100,0
Energieversorgung	65,2	17,4	2,2	15,2	100,0

Die Antworten aus Südtirol zeigen einige Unterschiede im Vergleich zu Graubünden. Anders als die dortigen Gemeindepräsidenten, gaben über die Hälfte der Südtiroler Befragten nur in 11 von 32 (nicht in 22 von 32) Bereichen an, dass keine Leistungsgrenze sichtbar sei. Die höchste Zustimmungsrate erhielt die Aufgabe der Feuerwehr (73,5 %) sowie der Zivilschutz und die Kultur (je 71,4 %). Dies sind somit Bereiche, die kaum Schwierigkeiten aufweisen. Zudem gaben über 25 Prozent der Befragten in 22 von 32 Politikfeldern an, dass eine Leistungsgrenze bereits in Sicht sei. Auch dieser Wert übersteigt die Zustimmungsraten aus Graubünden sowie die Gesamtergebnisse. Zudem geben in den Aufgabenfeldern der öffentlichen Bauten sowie der Kleinkindbetreuung sogar über die Hälfte der Südtiroler Bürgermeister*innen an, dass eine Leistungsgrenze in Sicht sei. Weder in Graubünden noch in den Gesamtergebnissen war eine solche hohe Zustimmung verzeichnet worden.

Schließlich scheinen einige Südtiroler Gemeinden im Vergleich zu Graubünden tatsächlich in mehr Verwaltungsbereichen bereits unter Druck zu stehen. In Graubünden gaben über zehn Prozent der Gemeindepräsidenten in acht Bereichen eine erreichte Leistungsgrenze an. In Südtirol sind es demgegenüber in 18 Bereichen mindestens zehn Prozent der Befragten, die einer solchen Problematik gegenüberstehen. In fünf Aufgabenfeldern sind es sogar über 20 Prozent der Befragten: Finanzen, Informatik, Raumordnung, öffentlicher Verkehr sowie Straßen/Infrastrukturen. Die Finanzdienste wurde von 30 Prozent der befragten Südtiroler Bürgermeister*innen als Aufgabe angegeben, wo eine Leistungsgrenze bereits erreicht sei. Auch in Tirol gehört dieses Politikfeld zu den meist genannten, wenn es um das Erreichen der Leistungsgrenze geht (31,1 %). Zum Vergleich: In Graubünden erhielt diese Dienstleistung in Bezug auf die „erreichte Leistungsgrenze" nur 10,6 Prozent der Zustimmung.

Tabelle 109: Leistungsgrenzen in Südtirol (N = 49, Antworten der Fälle in Prozent)

	Keine LeG sichtbar	**LeG in Sicht**	**LeG erreicht**	**Betrifft Gemeinde nicht**	**Summe**
Finanzen	28,6	38,8	30,6	2,0	100,0
Informatik	22,4	49	22,4	6,1	100,0
Gemeindesekretariat/ Gemeindekanzlei	42,9	34,7	16,3	6,1	100,0
Einwohnerdienste	67,3	20,4	8,2	4,1	100,0
Standesamt	67,3	22,4	6,1	4,1	100,0
Feuerwehr	73,5	4,1	10,2	12,2	100,0
Zivilschutz	71,4	16,3	6,1	6,1	100,0
Lokale Polizei, Ortspolizei	32,7	42,9	14,3	10,2	100,0
Kindergarten und Schule	57,1	30,6	10,2	2	100,0
Kleinkinderbetreuung	34,7	53,1	6,1	6,1	100,0
Unterstützung und Betreuung älterer Personen (Alten- und Pflegeheime)	28,6	42,9	16,3	12,2	100,0
Seniorenarbeit	44,9	38,8	8,2	8,2	100,0
Sozialdienst/Sozialhilfe	28,6	38,8	10,2	22,4	100,0
Gesundheitliche Leistungen/ Krankenhaus	18,4	28,6	12,2	40,8	100,0
Betreuung von Asylsuchenden	20,4	28,6	16,3	34,7	100,0
Integration von Migranten/innen	28,6	44,9	14,3	12,2	100,0
Jugendarbeit	61,2	24,5	10,2	4,1	100,0

(Forts.)

Tabelle 109: (Forts.)

	Keine LeG sichtbar	**LeG in Sicht**	**LeG erreicht**	**Betrifft Gemeinde nicht**	**Summe**
Sport/Sportanlagen/Freizeit	63,3	20,4	12,2	4,1	100,0
Kultur	71,4	14,3	8,2	6,1	100,0
Raumordnung, Baugenehmigungen/ Baubewilligungen	26,5	49,0	24,5	0,0	100,0
Landschafts- und Ortsbildschutz	46,9	44,9	6,1	2,0	100,0
Öffentliche Bauten	36,7	55,1	8,2	0,0	100,0
Öffentlicher Verkehr	18,4	42,9	22,4	16,3	100,0
Straßen/Infrastrukturerhaltung	26,5	49,0	22,4	2,0	100,0
Wirtschaftsförderung	32,7	32,7	8,2	26,5	100,0
Tourismus	38,8	40,8	10,2	10,2	100,0
Umweltschutz und nachhaltige Entwicklung	49,0	36,7	6,1	8,2	100,0
Landwirtschaft/Forstwirtschaft	61,2	20,4	4,1	14,3	100,0
Abfall/Entsorgung/ Wiederverwertung	42,9	42,9	6,1	8,2	100,0
Trinkwasserversorgung	59,2	28,6	8,2	4,1	100,0
Abwasser/Kanalisation	57,1	24,5	14,3	4,1	100,0
Energieversorgung	49,0	18,4	4,1	28,6	100,0

Ähnlich wie in den Gemeinden aus Südtirol, gibt die Mehrheit der befragten Bürgermeister*innen aus Tirol in 13 von 32 Politikbereichen an, keiner Leistungsgrenze zu unterliegen. Die betroffenen Dienstleistungen sind dabei ähnlich wie in den Nachbarländern und betrifft u.a. die Einwohner*innendienste, das Standesamt, die Feuerwehr, den Zivilschutz, die Jugendarbeit, Sport und Kultur sowie die Trink- und Abwasserdienste. Die höchste Zustimmungsrate, also jener politischer Bereich, der am wenigsten einer Leistungsgrenze ausgesetzt ist, betrifft die Kultur (77,8 %). Ähnlich wie in Südtirol gibt es zudem mehrere Politikfelder, die von über 25 Prozent der Befragten mit einer „Leistungsgrenze in Sicht" in Verbindung gebracht wurden (20 von 32). Damit verspüren sowohl die befragten Südtiroler wie auch die Tiroler Bürgermeister*innen im Allgemeinen mehr Druck innerhalb ihrer Verwaltungen als in Graubünden.

Trotz einigen Ähnlichkeiten zu Südtirol, erhielt in Tirol ein anderer Politikbereich als in Graubünden und Südtirol insgesamt die höchste Zustimmungsrate, und zwar die Kleinkindbetreuung (44,4 %). Anders als in Südtirol gibt es auch keinen Politikbereich, der die Zustimmung von mehr als der Hälfte der Befragten erhielt, allerdings gibt es einige Themenfelder mit mindestens 40 Prozent der Zustimmung (8 von 32, Südtirol: 12 von 32). Eine weitere Ähnlichkeit zu Südtirol ist bei den Themen feststellbar, bei denen nach Angabe eines Teils der Befragten eine Leistungsgrenze bereits erreicht wurde. Dies betrifft auch bei den Tiroler Gemeinden 18 von 32 Aufgabenfeldern, die von über zehn Prozent der Befragten die Zustimmung erhielten. Die am häufigste genannte Dienstleistung sind, wie erwähnt, die Finanzdienste (31,1 %).

Tabelle 110: Leistungsgrenzen in Tirol (N = 45, Antworten der Fälle in Prozent)

	Keine LeG sichtbar	**LeG in Sicht**	**LeG erreicht**	**Betrifft Gemeinde nicht**	**Summe**
Finanzen	35,6	33,3	31,1	0,0	100,0
Informatik	48,9	31,1	15,6	4,4	100,0
Gemeindesekretariat/ Gemeindekanzlei	42,2	42,2	15,6	0,0	100,0
Einwohnerdienste	66,7	24,4	4,4	4,4	100,0
Standesamt	55,6	11,1	11,1	22,2	100,0
Feuerwehr	66,7	20,0	13,3	0,0	100,0
Zivilschutz	62,2	24,4	4,4	8,9	100,0
Lokale Polizei, Ortspolizei	42,2	8,9	2,2	46,7	100,0
Kindergarten und Schule	44,4	40,0	13,3	2,2	100,0
Kleinkinderbetreuung	35,6	44,4	17,8	2,2	100,0
Unterstützung und Betreuung älterer Personen (Alten- und Pflegeheime)	24,4	42,2	17,8	15,6	100,0
Seniorenarbeit	46,7	26,7	11,1	15,6	100,0
Sozialdienst/Sozialhilfe	31,1	33,3	17,8	17,8	100,0
Gesundheitliche Leistungen/ Krankenhaus	31,1	24,4	17,8	26,7	100,0
Betreuung von Asylsuchenden	22,2	31,1	4,4	42,2	100,0

(Forts.)

Tabelle 110: (Forts.)

	Keine LeG sichtbar	LeG in Sicht	LeG erreicht	Betrifft Gemeinde nicht	Summe
Integration von Migranten/innen	24,4	26,7	8,9	40,0	100,0
Jugendarbeit	73,3	20,0	2,2	4,4	100,0
Sport/Sportanlagen/Freizeit	68,9	20,0	8,9	2,2	100,0
Kultur	77,8	13,3	4,4	4,4	100,0
Raumordnung, Baugenehmigungen/ Baubewilligungen	44,4	42,2	13,3	0,0	100,0
Landschafts- und Ortsbildschutz	66,7	26,7	4,4	2,2	100,0
Öffentliche Bauten	51,1	28,9	15,6	4,4	100,0
Öffentlicher Verkehr	31,1	42,2	26,7	0,0	100,0
Straßen/Infrastrukturerhaltung	28,9	42,2	28,9	0,0	100,0
Wirtschaftsförderung	48,9	31,1	6,7	13,3	100,0
Tourismus	42,2	37,8	11,1	8,9	100,0
Umweltschutz und nachhaltige Entwicklung	48,9	40,0	6,7	4,4	100,0
Landwirtschaft/Forstwirtschaft	71,1	20,0	8,9	0,0	100,0
Abfall/Entsorgung/ Wiederverwertung	51,1	35,6	8,9	4,4	100,0
Trinkwasserversorgung	57,8	28,9	13,3	0,0	100,0
Abwasser/Kanalisation	60,0	24,4	15,6	0,0	100,0
Energieversorgung	46,7	11,1	6,7	35,6	100,0

Die Leistungsgrenzen wurden auch nach der **Größe** und **Lage** der Gemeinden untersucht. Damit soll festgestellt werden, ob die Performanz der lokalen Verwaltung nur in Bezug auf das Territorium unterschiedlich ist oder ob sie verschieden große Gemeinden bzw. geografisch unterschiedliche Gebiete ähnliche Problematiken verspüren.

Zuallererst wird der Blick auf die großen Gemeinden geworfen. Bei diesen sind 50 Prozent oder mehr der Befragten in 23 von 32 Politikfeldern der Meinung, dass keine Leistungsgrenze spürbar ist. Gar einige Themenbereiche erhielten sogar die Zustimmung von über 80 Prozent, so dass insgesamt von einem geringen Leistungsdruck bei den größeren Gemeinden ausgegangen werden kann. Den höchsten Zustimmungswert erreichten die Einwohner*innendienste, das Standesamt und die Feuerwehr mit jeweils fast 90 Prozent. Trotz dieser hohen Zustimmungsraten, die auf einen geringen Druck in der Verwaltung hinweisen, gibt es auch einige lokale Dienstleistungen, bei denen über 25 Prozent der Befragten aus großen Gemeinden zumindest eine Leistungsgrenze in Sicht zu geben Über die Hälfte der Befragten geben eine solche Leistungsgrenze in Sicht bei der Kleinkindbetreuung und im öffentlichen Verkehr an. In beiden Politikfeldern stammen die Gemeinden, die dies angaben, hauptsächlich aus Südtirol. Demgegenüber gaben je zwei von drei der großen Gemeinden aus Tirol an, weder bei der Kinderbetreuung noch dem Verkehr eine Leistungsgrenze zu verspüren. Auffallend bei den großen Gemeinden ist, dass nur wenige Bürgermeister*innen angeben eine Leistungsgrenze bereits erreicht zu haben. In 11 von 32 Politikfeldern gibt dies gar keine der 16 großen Gemeinden an. Demgegenüber erklärten in 11 Politikfeldern mehr als zehn Prozent der Bürgermeister*innen eine erreichte Leistungsgrenze zu haben. Den höchsten Wert in Bezug auf eine erreichte Leistungsgrenze fiel auf Raumordnung sowie Straßen/Infrastrukturerhaltung (je 25 %). Auch hier sind es je drei von 11 Südtiroler Gemeinden und nur eine von drei aus Tirol.

Tabelle 111: Leistungsgrenzen der großen Gemeinden[1577]

	Keine LeG sichtbar	**LeG in Sicht**	**LeG erreicht**	**Betrifft Gemeinde nicht**	**Summe**
Finanzen	50,0	31,1	18,8	0,0	100,0
Informatik	50,0	43,8	6,3	0,0	100,0
Gemeindesekretariat/ Gemeindekanzlei	75,0	18,8	6,3	0,0	100,0
Einwohner*innendienste	87,5	6,3	6,3	0,0	100,0
Standesamt	87,5	0,0	6,3	6,3	100,0
Feuerwehr	87,5	6,3	0,0	6,3	100,0
Zivilschutz	62,5	18,8	12,5	6,3	100,0
Lokale Polizei, Ortspolizei	50,0	31,3	12,5	6,3	100,0
Kindergarten und Schule	50,0	50,0	0,0	0,0	100,0
Kleinkinderbetreuung	37,5	56,3	0,0	6,3	100,0

(Forts.)

1577 Antworten der Fälle in Prozent, N = 16.

Tabelle 111: (Forts.)

	Keine LeG sichtbar	LeG in Sicht	LeG erreicht	Betrifft Gemeinde nicht	Summe
Unterstützung und Betreuung älterer Personen (Alten- und Pflegeheime)	43,8	43,8	12,5	0,0	100,0
Seniorenarbeit	62,5	37,5	0,0	0,0	100,0
Sozialdienst/Sozialhilfe	25,0	50,0	12,5	12,5	100,0
Gesundheitliche Leistungen/ Krankenhaus	18,8	31,3	12,5	37,5	100,0
Betreuung von Asylsuchenden	12,5	50,0	0,0	37,5	100,0
Integration von Migranten/innen	50,0	43,8	6,3	0,0	100,0
Jugendarbeit	68,8	25,0	6,3	0,0	100,0
Sport/Sportanlagen/Freizeit	62,5	37,5	0,0	0,0	100,0
Kultur	75,0	25,0	0,0	0,0	100,0
Raumordnung, Baugenehmigungen/ Baubewilligungen	37,5	37,5	25,0	0,0	100,0
Landschafts- und Ortsbildschutz	56,3	37,5	0,0	6,3	100,0
Öffentliche Bauten	62,5	31,3	6,3	0,0	100,0
Öffentlicher Verkehr	25,0	56,3	12,5	6,3	100,0
Straßen/Infrastrukturerhaltung	25,0	50,0	25,0	0,0	100,0
Wirtschaftsförderung	31,3	50,0	6,3	12,5	100,0
Tourismus	62,5	31,3	0,0	6,3	100,0
Umweltschutz und nachhaltige Entwicklung	81,3	18,8	0,0	0,0	100,0
Landwirtschaft/Forstwirtschaft	81,3	6,3	6,3	6,3	100,0
Abfall/Entsorgung/ Wiederverwertung	68,8	31,3	0,0	0,0	100,0
Trinkwasserversorgung	81,3	6,3	12,5	0,0	100,0
Abwasser/Kanalisation	75,0	12,5	12,5	0,0	100,0
Energieversorgung	75,0	12,5	0,0	12,5	100,0

Bei den mittleren Gemeinden fällt im Vergleich zu den anderen Größenklassen auf, dass über die Hälfte der befragten Bürgermeister*innen in 30 von 32 Politikbereichen angeben, keine Leistungsgrenze zu spüren. Dies macht also noch mehr aus, als in den großen Gemeinden. Die höchste Zustimmung erhielten mit 81,4 Prozent die Einwohner*innendienste, wie es auch bei den kleinen und großen Gemeinden der Fall ist. Andere Politikbereiche mit einer hohen Zustimmung in Bezug auf eine fehlende Leistungsgrenze sind die Feuerwehr (76,7 %) sowie die Jugendarbeit (47,4 %). Den geringsten Zustimmungswert erhielten die Betreuung von Asylsuchenden sowie der öffentliche Verkehr (23,3 %). Die Betreuung von Asylsuchenden betrifft viele mittlere Gemeinen nicht (41,9 %), weitere 25 Prozent geben allerdings an, dies sei ein Bereich mit einer spürbaren Leistungsgrenze. Der Verkehr ist hingegen mit einer Zustimmungsrate von über 45 Prozent ein Politikfeld, welches für einen Teil der mittleren Gemeinden sehr wohl mit einer Leistungsgrenze in Sicht verbunden ist. Insgesamt geben über 25 Prozent der befragten Bürgermeister*innen bei 21 von 32 lokalen Aufgabenfeldern an eine Leistungsgrenze in Sicht zu haben. Mit dieser Anzahl an betroffenen Politikfeldern liegen sie in etwa auf demselben Niveau wie die großen und kleinen Gemeinden, nur die Kleinstgemeinden unterschieden sich davon. Den höchsten Zustimmungswert bei den mittleren Gemeinden erlangte mit 48,8 Prozent der Antworten der Sozialdienst.

Mit 12 von 32 Politikbereichen, die über zehn Prozent der Zustimmung bei der „erreichen Leistungsgrenze“ erhielten sind es ähnlich wenige wie bei den großen Gemeinden und somit Einzelfälle. Die kleinen Gemeinden und Kleinstgemeinden heben sich im Vergleich hierzu deutlich ab und scheinen demnach mehr Druck in ihren Verwaltungen zu verspüren. Bereiche, die für mehrere mittlere Gemeinden mit einer Leistungsgrenze in Verbindung stehen, sind die Informatikdienste, der öffentliche Verkehr und die Straßen- und Infrastrukturerhaltung (je 20,9 %). Beim Verkehr sowie der Straßenerhaltung sind es Gemeinden aus allen drei Territorien, die eine erreichte Leistungsgrenze erklären, wobei die Südtiroler Gemeinden vermehrt vertreten sind (Verkehr: Südtirol: 5 von 17 Gemeinden; Graubünden: 2 von 11; Tirol: 2 von 15). Auch bei der Straßenerhaltung sind es in Südtirol vier von 11 Gemeinden (23,5 %), in Tirol drei von 15 und in Graubünden zwei von 11. Beim Informatikdienst gibt hingegen gar keine mittleren Gemeinde aus Graubünden dort eine Leistungsgrenze an, während es aus Südtirol und Tirol einige sind (Südtirol: 6 von 17; Tirol: 3 von 15). Der öffentliche Verkehrt erhielt eine erreichte Leistungsgrenze mehrheitlich aus Südtirol, doch in allen drei Territorien geben fast die Hälfte der Befragten (je über 45 %) an, dass die Leistungsgrenze in Sicht sei.

Tabelle 112: Leistungsgrenzen der mittleren Gemeinden[1578]

	Keine LeG sichtbar	**LeG in Sicht**	**LeG erreicht**	**Betrifft Gemeinde nicht**	**Summe**
Finanzen	44,2	37,2	16,3	2,3	100,0
Informatik	39,5	37,2	20,9	2,3	100,0
Gemeindesekretariat/ Gemeindekanzlei	58,1	32,6	7,0	2,3	100,0
Einwohnerdienste	81,4	14,0	2,3	2,3	100,0
Standesamt	58,1	14,0	2,3	25,6	100,0
Feuerwehr	76,7	7,0	9,3	7,0	100,0
Zivilschutz	62,8	9,3	4,7	23,3	100,0
Lokale Polizei, Ortspolizei	41,9	30,2	7,0	20,9	100,0
Kindergarten und Schule	62,8	25,6	11,6	0,0	100,0
Kleinkinderbetreuung	53,5	34,9	11,6	0,0	100,0
Unterstützung und Betreuung älterer Personen (Alten- und Pflegeheime)	27,9	44,2	16,3	11,6	100,0
Seniorenarbeit	51,2	32,6	4,7	11,6	100,0
Sozialdienst/Sozialhilfe	27,9	48,8	11,6	11,6	100,0
Gesundheitliche Leistungen/ Krankenhaus	27,9	25,6	14,0	32,6	100,0
Betreuung von Asylsuchenden	23,3	25,6	9,3	41,9	100,0
Integration von Migranten/innen	27,9	32,6	7,0	32,6	100,0
Jugendarbeit	74,4	20,9	4,7	0,0	100,0
Sport/Sportanlagen/Freizeit	65,1	18,6	14,0	2,3	100,0
Kultur	76,7	16,3	4,7	2,3	100,0
Raumordnung, Baugenehmigungen/ Baubewilligungen	51,2	34,9	14,0	0,0	100,0
Landschafts- und Ortsbildschutz	60,5	34,9	4,7	0,0	100,0
Öffentliche Bauten	53,5	34,9	11,6	0,0	100,0
Öffentlicher Verkehr	23,3	46,5	20,9	9,3	100,0

1578 Antworten der Fälle in Prozent, N = 43.

	Keine LeG sichtbar	LeG in Sicht	LeG erreicht	Betrifft Gemeinde nicht	Summe
Straßen/Infrastrukturerhaltung	34,9	41,9	20,9	2,3	100,0
Wirtschaftsförderung	44,2	39,5	2,3	14,0	100,0
Tourismus	39,5	44,2	9,3	7,0	100,0
Umweltschutz und nachhaltige Entwicklung	44,2	44,2	9,3	2,3	100,0
Landwirtschaft/Forstwirtschaft	69,8	16,3	9,3	4,7	100,0
Abfall/Entsorgung/ Wiederverwertung	51,2	34,9	7,0	7,0	100,0
Trinkwasserversorgung	69,8	23,3	4,7	2,3	100,0
Abwasser/Kanalisation	69,8	16,3	11,6	2,3	100,0
Energieversorgung	58,1	11,6	2,3	27,9	100,0

Im Vergleich zu den großen und mittleren Gemeinden, sind es bei den 63 kleinen Gemeinden weniger Politikfelder, bei denen von über der Hälfte der Befragten angibt, es sei keine Leistungsgrenze erkennbar (14 von 32). Die höchste Zustimmung erhielt mit fast 70 Prozent wiederum der Einwohner*innendienst, die geringste Zustimmung mit 19 Prozent die Integration von Migrant*innen. Diese Dienstleistung betrifft laut 34,9 Prozent der Bürgermeister*innen aus kleinen Gemeinden die eigene Gemeinde gar nicht bzw. gehört für fast gleich viele (33,3 %) zu einem Bereich, bei welchem eine Leistungsgrenze sehr wohl in Sicht sei. Dies gaben interessanterweise Gemeinden aus allen drei Territorien an (Graubünden: 30 %, Südtirol: 47,1 %, Tirol: 26,9 %). Insgesamt erklären über 25 Prozent der betroffenen Bürgermeister*innen immerhin in 20 von 32 Dienstleistungen eine sichtbare Leistungsgrenze. Zwei Politikfelder erhalten sogar die Zustimmung von über der Hälfte der Befragten aus kleinen Gemeinden: Die Kleinkinderbetreuung – die schon bei über der Hälfte der großen sowie einem Teil der mittleren Gemeinden eine Herausforderung darstellt – sowie der komplexe Bereich der Raumordnung. Die Kleinkindbetreuung ist bei den kleinen Gemeinden aus allen drei Territorien ein Thema. So ist hier für 40 Prozent der Bürgermeister*innen aus Graubünden die Leistungsgrenze in Sicht, in Tirol für 46,2 Prozent und in Südtirol sogar für 70 Prozent.

Was erreichte Leistungsgrenzen betrifft fällt auf, dass im Gegensatz zu den großen Gemeinden, wo einige Dienstleistungen von keiner Gemeinde genannt wurden, bei den kleinen Gemeinden jede Aufgaben von mindestens drei Personen als eine mit Leistungsgrenze definiert wurde. Insgesamt erhielten 16 von 32

Aufgabenfeldern die Zustimmung von mehr als zehn Prozent der Führungspersönlichkeiten aus kleinen Gemeinden. Den höchsten Zustimmungswert erhielt das Politikfeld Finanzen, bei welchem immerhin 28,6 Prozent der Befragten aus kleinen Gemeinden angab, von einer Leistungsgrenze betroffen zu sein (Graubünden: 10 %, Südtirol: 41,2 %, Tirol: 34,6 %). Weitere häufiger genannte Bereiche vonseiten der kleinen Gemeinden sind der öffentliche Verkehr sowie die Straßen- und Infrastrukturerhaltung. Bei öffentlichen Verkehr geben je fast ein Drittel an, dass die Leistungsgrenze in Sicht sei (Graubünden: 35 %, Südtirol: 29,4 %, Tirol: 46,2 %). In Tirol erklären neun von 26 Bürgermeister*innen aus kleinen Gemeinden (34,9 %) zudem, dass die Leistungsgrenze im Bereich Verkehr bereits erreicht sei.

Tabelle 113: Leistungsgrenzen der kleinen Gemeinden[1579]

	Keine LeG sichtbar	**LeG in Sicht**	**LeG erreicht**	**Betrifft Gemeinde nicht**	**Summe**
Finanzen	34,9	36,5	28,6	5,6	100,0
Informatik	41,3	38,1	15,9	4,8	100,0
Gemeindesekretariat/ Gemeindekanzlei	47,6	36,5	14,3	1,6	100,0
Einwohnerdienste	69,8	20,6	6,3	3,2	100,0
Standesamt	58,7	15,9	11,1	14,3	100,0
Feuerwehr	60,3	20,6	11,1	7,9	100,0
Zivilschutz	57,1	20,6	4,8	17,5	100,0
Lokale Polizei, Ortspolizei	47,6	22,2	6,3	23,8	100,0
Kindergarten und Schule	52,4	31,7	11,1	4,8	100,0
Kleinkinderbetreuung	31,7	50,8	9,5	7,9	100,0
Unterstützung und Betreuung älterer Personen (Alten- und Pflegeheime)	30,2	41,3	14,3	14,3	100,0
Seniorenarbeit	49,2	25,4	12,7	12,7	100,0
Sozialdienst/Sozialhilfe	39,7	23,8	17,5	19,0	100,0
Gesundheitliche Leistungen/ Krankenhaus	27,0	31,7	14,3	27,0	100,0

1579 Antworten der Fälle in Prozent, N = 63.

	Keine LeG sichtbar	LeG in Sicht	LeG erreicht	Betrifft Gemeinde nicht	Summe
Betreuung von Asylsuchenden	20,6	25,4	11,1	42,9	100,0
Integration von Migranten/innen	19,0	33,3	12,7	34,9	100,0
Jugendarbeit	65,1	27,0	4,8	3,2	100,0
Sport/Sportanlagen/Freizeit	65,1	25,4	9,5	0,0	100,0
Kultur	68,3	20,6	6,3	4,8	100,0
Raumordnung, Baugenehmigungen/ Baubewilligungen	31,7	50,8	17,5	0,0	100,0
Landschafts- und Ortsbildschutz	54,0	36,5	6,3	3,2	100,0
Öffentliche Bauten	38,1	49,2	9,5	3,2	100,0
Öffentlicher Verkehr	30,2	38,1	20,6	11,1	100,0
Straßen/Infrastrukturerhaltung	31,7	44,4	23,8	0,0	100,0
Wirtschaftsförderung	44,4	23,8	7,9	23,8	100,0
Tourismus	38,1	41,3	12,7	7,9	100,0
Umweltschutz und nachhaltige Entwicklung	52,4	36,5	6,3	4,8	100,0
Landwirtschaft/Forstwirtschaft	66,7	23,8	4,8	4,8	100,0
Abfall/Entsorgung/ Wiederverwertung	52,4	36,5	6,3	4,8	100,0
Trinkwasserversorgung	55,6	34,9	7,9	1,6	100,0
Abwasser/Kanalisation	55,6	31,7	11,1	1,6	100,0
Energieversorgung	49,2	17,5	6,3	27,0	100,0

Im Vergleich zu den kleinen Gemeinden sind die Kleinstgemeinden mit einer deutlich kleineren Anzahl im Datensatz vertreten. Dennoch lassen sich einige Parallelen zu den kleinen Gemeinden feststellen. Eine Parallele ist die Anzahl der Politikfelder, bei denen laut mindestens der Hälfte der Bürgermeister*innen keine Leistungsgrenzen spürbar sind. Dies betrifft auch bei den Kleinstgemeinden 13 von 32 Bereiche. Es gibt gleichzeitig immerhin 15 Politikfelder, bei denen 25 bis 49 Prozent der Bürgermeister*innen aus Kleinstgemeinden erklären, dass es keine Leistungsgrenze gebe. Somit scheint ein Leistungsdruck der Verwaltung bei den Kleinstgemeinden nur in wenigen Politikfeldern vorhanden zu sein. Zu den Politikfeldern, in den die meisten Bürgermeister*innen aus Kleinstgemeinden – wie auch bei den großen und kleinen Gemeinden – keine Leistungsgrenze verspüren sind u.a. die Einwohner*innendienste, die Feuerwehr und die Seniorenarbeit, aber auch die Jugend- und Kulturarbeit sowie die Dienstleistungen im Bereich Umwelt. Die Anzahl der Politikfelder, bei denen über 25 Prozent der Kleinstgemeinden angegeben, es sei eine Leistungsgrenze in Sicht ist außerdem geringer als bei den großen und kleinen Gemeinden und betrifft 13 von 32 Dienstleistungen. Allerdings sind es ähnliche Politikfelder, wie bei den kleinen Gemeinden: Finanzen (33,3 %), Informatik (44,4 %), Soziales (33,3 %) sowie die gesundheitlichen Leistungen (27,8 %), aber auch der Landschafts- und Ortsbildschutz (44,4 %) und die Landwirtschaft (44,4 %). Letztere beide Aufgaben erhielten bei den großen und kleinen Gemeinden deutlich weniger Zustimmung als Themenbereiche mit einer Leistungsgrenze in Sicht.

Auch wenn im Vergleich zu den größeren Gemeinden bei den Kleinstgemeinden weniger Politikfelder von einer Leistungsgrenze in Sicht betroffen sind, ändert sich dieser Trend bei den erreichten Leistungsgrenzen. Hier verzeichnen die Kleinstgemeinden von allen Größenklassen die meisten Politikfelder, bei denen über zehn Prozent der betroffenen Bürgermeister*innen eine erreichte Leistungsgrenze in der eigenen Verwaltung angeben. Dies betrifft 20 von 32 Politikfelder (kleine Gemeinden: 16 von 32; mittlere Gemeinden: 12 von 31; große Gemeinden: 11 von 32). Den höchsten Wert erhielt, wie auch bei den kleinen Gemeinden, der Finanzdienst mit insgesamt 33,3 Prozent der Nennungen vonseiten der betroffenen Bürgermeister*innen. Dies erklären Bürgermeister*innen von allen drei Territorien. Über 25 Prozent der Bürgermeister*innen verspüren auch einen Leistungsdruck in den Politikfeldern Gemeindesekretariat, öffentlicher Verkehr, Straßen/Infrastrukturerhaltung, sowie Wirtschaftsförderung.

Tabelle 114: Leistungsgrenzen der Kleinstgemeinden[1580]

	Keine LeG sichtbar	**LeG in Sicht**	**LeG erreicht**	**Betrifft Gemeinde nicht**	**Summe**
Finanzen	27,8	33,3	33,3	5,6	100,0
Informatik	44,4	44,4	5,6	5,6	100,0
Gemeindesekretariat/ Gemeindekanzlei	44,4	22,2	27,8	5,6	100,0
Einwohner*innendienste	55,6	22,2	16,7	5,6	100,0
Standesamt	44,4	5,6	5,6	44,4	100,0
Feuerwehr	61,1	11,1	11,1	16,7	100,0

1580 Antworten der Fälle in Prozent, N = 18.

	Keine LeG sichtbar	**LeG in Sicht**	**LeG erreicht**	**Betrifft Gemeinde nicht**	**Summe**
Zivilschutz	50,0	5,6	5,6	38,9	100,0
Lokale Polizei, Ortspolizei	11,1	11,1	16,7	61,1	100,0
Kindergarten und Schule	50,0	22,2	11,1	16,7	100,0
Kleinkinderbetreuung	44,4	11,1	11,1	33,3	100,0
Unterstützung und Betreuung älterer Personen (Alten- und Pflegeheime)	27,8	16,7	11,1	44,4	100,0
Seniorenarbeit	61,1	5,6	5,6	27,8	100,0
Sozialdienst/Sozialhilfe	16,7	33,3	22,2	27,8	100,0
Gesundheitliche Leistungen/ Krankenhaus	27,8	27,8	16,7	27,8	100,0
Betreuung von Asylsuchenden	22,2	0,0	5,6	72,2	100,0
Integration von Migranten/innen	27,8	0,0	5,6	66,7	100,0
Jugendarbeit	55,6	11,1	5,6	27,8	100,0
Sport/Sportanlagen/Freizeit	50,0	11,1	5,6	33,3	100,0
Kultur	66,7	11,1	0,0	22,2	100,0
Raumordnung, Baugenehmigungen/ Baubewilligungen	44,4	33,3	22,2	0,0	100,0
Landschafts- und Ortsbildschutz	38,9	44,4	16,7	0,0	100,0
Öffentliche Bauten	50,0	33,3	16,7	0,0	100,0
Öffentlicher Verkehr	27,8	22,2	33,3	16,7	100,0
Straßen/Infrastrukturerhaltung	38,9	33,3	27,8	0,0	100,0
Wirtschaftsförderung	16,7	33,3	33,3	16,7	100,0
Tourismus	27,8	33,3	22,2	16,7	100,0
Umweltschutz und nachhaltige Entwicklung	33,3	38,9	11,1	16,7	100,0
Landwirtschaft/Forstwirtschaft	50,0	44,4	0,0	5,6	100,0
Abfall/Entsorgung/ Wiederverwertung	50,0	27,8	5,6	16,7	100,0
Trinkwasserversorgung	61,1	22,2	16,7	0,0	100,0
Abwasser/Kanalisation	66,7	16,7	16,7	0,0	100,0
Energieversorgung	38,9	22,2	5,6	33,3	100,0

Nun werden die Ergebnisse noch im Hinblick auf die **geografische Lage** der Gemeinden begutachtet. Bei den kleineren Städten und Vororten scheint es, als sei die Mehrheit kaum Leistungsgrenzen ausgesetzt. So gaben in 22 von 32 Politikfeldern über die Hälfte der befragten Bürgermeister*innen und in weiteren neun Politikfeldern mehr als 25 Prozent der Personen an, überhaupt keine Leistungsgrenzen zu verspüren. In acht Politikfeldern (z.B. Einwohner*innendienste, Jugend- und Kulturarbeit, Landwirtschaft) erklärten sogar mindestens 70 Prozent der Bürgermeister*innen aus kleineren Städten und Vororten keine Leistungsgrenze zu verspüren. Nur ein einziges Politikfeld – die Betreuung von Asylsuchenden – ist für eine Minderheit, und zwar sechs der 30 kleineren Städte mit keiner Leistungsgrenze verbunden. 11 von 30 Gemeinden sehen hier hingegen eine Leistungsgrenze in Sicht (Graubünden: 3 von 7, Südtirol: 2 von 7; Tirol 6 von 16).

Insgesamt verspüren immerhin über 25 Prozent der kleineren Städte in 21 von 32 Politikfeldern eine Leistungsgrenze in Sicht. Die höchste Zustimmung erhielt die Straßen- und Infrastrukturerhaltung (46,7 %). Dies gaben kleinere Städte aus allen drei Territorien an (Graubünden: 42,9 %, Südtirol: 71,4 %, Tirol: 37,5 %). Schließlich sind es wenige Politikfelder (12), in denen mehr als zehn Prozent der kleineren Städte (3 von 30) eine Leistungsgrenze bereits erreicht haben. Am öftesten genannt wurde der Verkehr (fünf aus Tirol, zwei aus Südtirol). Eine bereits erreiche Leitungsgrenze betrifft zudem einige Gemeinden bei den Alten- und Pflegeheimen (6 von 30); Raumordnung, Straßen/Infrastrukturen und Abwasser (je 5 von 30); Finanzen, Informatik, Sozialdienst und öffentliche Bauten (je 4 von 30) sowie Gesundheit, Landwirtschaft/Forstwirtschaft und Abfall (je 3 von 30). Ansonsten sind die bestehenden Leistungsgrenzen sehr individuell, da in den genannten Politikfeldern nicht immer kleinere Städte aus allen Territorien vertreten sind. Gar einige Politikfelder werden zudem von keinem*keiner der 30 Bürgermeister*in aus einer kleineren Stadt/Vorort mit einer Leistungsgrenze in Verbindung gebracht: Feuerwehr, Jugendarbeit, Sport, Kultur sowie Trinkwasser.

Bei den ländlichen Zentren sind im Datensatz zehn Gemeinden vertreten, womit die Datenlage kaum allgemeine Schlüsse dieser geografischen Position erlaubt. In vielen Politikfeldern antworteten die zehn Gemeinden sehr unterschiedlich, so dass ebenso kein Trend erkennbar ist. In insgesamt 17 von 32 lokalen Aufgabenfeldern geben mindestens fünf von zehn Zentren an keine Leistungsgrenzen zu verspüren. Besonders hohe Zustimmung erfuhren hierbei die Dienstleistungen im Bereich Kultur sowie Sport und Landwirtschaft, aber auch die Jugendarbeit, die Einwohner*innendienste, die Feuerwehr und der Zivilschutz. Allerdings scheinen auch die ländlichen Zentren in einigen Bereichen eine Leistungsgrenze in Sicht zu haben. Jeweils sechs von zehn betroffenen Bürgermeister*innen gaben hierzu folgende Politikbereiche an: Kleinkinderbetreuung, Integration von Migrant*innen,

Tabelle 115: Leistungsgrenzen der kleineren Städte und Vororte[1581]

	Keine LeG sichtbar	**LeG in Sicht**	**LeG erreicht**	**Betrifft Gemeinde nicht**	**Summe**
Finanzen	56,7	30,0	13,3	0,0	100,0
Informatik	60,0	26,7	13,3	0,0	100,0
Gemeindesekretariat/ Gemeindekanzlei	66,7	26,7	6,7	0,0	100,0
Einwohner*innendienste	80,0	16,7	3,3	0,0	100,0
Standesamt	53,3	10,0	6,7	30,0	100,0
Feuerwehr	76,7	16,7	0,0	6,7	100,0
Zivilschutz	56,7	20,0	6,7	0,0	100,0
Lokale Polizei, Ortspolizei	46,7	20,0	6,7	26,7	100,0
Kindergarten und Schule	53,3	36,7	10,0	0,0	100,0
Kleinkinderbetreuung	50,0	43,3	6,7	0,0	100,0
Unterstützung und Betreuung älterer Personen (Alten- und Pflegeheime)	40,0	33,3	20,0	6,7	100,0
Seniorenarbeit	60,0	33,3	3,3	3,3	100,0
Sozialdienst/Sozialhilfe	40,0	36,7	13,3	10,0	100,0
Gesundheitliche Leistungen/ Krankenhaus	30,0	26,7	10,0	33,3	100,0
Betreuung von Asylsuchenden	20,0	36,7	3,3	40,0	100,0
Integration von Migranten/innen	40,0	30,0	6,7	23,3	100,0
Jugendarbeit	86,7	13,3	0,0	0,0	100,0
Sport/Sportanlagen/Freizeit	70,0	30,0	0,0	0,0	100,0
Kultur	80,0	20,0	0,0	0,0	100,0
Raumordnung, Baugenehmigungen/ Baubewilligungen	40,0	43,3	16,7	0,0	100,0
Landschafts- und Ortsbildschutz	63,3	33,3	3,3	0,0	100,0
Öffentliche Bauten	60,0	26,7	13,3	0,0	100,0
Öffentlicher Verkehr	30,0	43,3	23,3	3,3	100,0
Straßen/Infrastrukturerhaltung	36,7	46,7	16,7	0,0	100,0

(Forts.)

1581 Antworten der Fälle in Prozent, N = 30.

Tabelle 115: (Forts.)

	Keine LeG sichtbar	LeG in Sicht	LeG erreicht	Betrifft Gemeinde nicht	Summe
Wirtschaftsförderung	46,7	33,3	3,3	16,7	100,0
Tourismus	60,0	30,0	3,3	6,7	100,0
Umweltschutz und nachhaltige Entwicklung	63,3	30,0	6,7	0,0	100,0
Landwirtschaft/Forstwirtschaft	80,0	10,0	10,0	0,0	100,0
Abfall/Entsorgung/ Wiederverwertung	63,3	23,3	10,0	3,3	100,0
Trinkwasserversorgung	73,3	26,7	0,0	0,0	100,0
Abwasser/Kanalisation	73,3	10,0	16,7	0,0	100,0
Energieversorgung	63,3	6,7	6,7	23,3	100,0

Umweltschutz, nachhaltige Entwicklung. Nicht in allen drei Politikfeldern sind Gemeinden aus allen drei Territorien vertreten – nur im Politikfeld Umwelt ist dies der Fall. Bei den bereits erreichten Leistungsgrenzen sind die Zustimmungswerte vonseiten der ländlichen Zentren noch niedriger und wurden jeweils nur von einer bis drei Personen bestätigt. Die höchsten Zustimmungswerte in allen Kategorien erhielten der Sozialdienst sowie der Tourismus – jeweils von dem ländlichen Zentrum aus Graubünden und je zwei von fünf aus Südtirol.

Tabelle 116: Leistungsgrenzen der ländlichen Zentren[1582]

	Keine LeG sichtbar	LeG in Sicht	LeG erreicht	Betrifft Gemeinde nicht	Summe
Finanzen	30,0	50,0	10,0	10,0	100,0
Informatik	60,0	20,0	10,0	10,0	100,0
Gemeindesekretariat/ Gemeindekanzlei	50,0	40,0	0,0	10,0	100,0
Einwohner*innendienste	70,0	10,0	0,0	20,0	100,0
Standesamt	60,0	20,0	0,0	20,0	100,0
Feuerwehr	70,0	10,0	10,0	10,0	100,0

1582 Antworten der Fälle in Prozent, N = 10.

	Keine LeG sichtbar	LeG in Sicht	LeG erreicht	Betrifft Gemeinde nicht	Summe
Zivilschutz	70,0	0,0	0,0	30,0	100,0
Lokale Polizei, Ortspolizei	30,0	20,0	20,0	30,0	100,0
Kindergarten und Schule	50,0	40,0	0,0	10,0	100,0
Kleinkinderbetreuung	30,0	60,0	10,0	0,0	100,0
Unterstützung und Betreuung älterer Personen (Alten- und Pflegeheime)	30,0	50,0	10,0	10,0	100,0
Seniorenarbeit	30,0	30,0	10,0	30,0	100,0
Sozialdienst/Sozialhilfe	10,0	30,0	30,0	30,0	100,0
Gesundheitliche Leistungen/ Krankenhaus	10,0	40,0	20,0	30,0	100,0
Betreuung von Asylsuchenden	20,0	40,0	20,0	20,0	100,0
Integration von Migranten/innen	20,0	60,0	10,0	10,0	100,0
Jugendarbeit	70,0	20,0	10,0	0,0	100,0
Sport/Sportanlagen/Freizeit	80,0	0,0	10,0	10,0	100,0
Kultur	90,0	0,0	0,0	10,0	100,0
Raumordnung, Baugenehmigungen/ Baubewilligungen	40,0	40,0	20,0	0,0	100,0
Landschafts- und Ortsbildschutz	60,0	30,0	10,0	0,0	100,0
Öffentliche Bauten	60,0	30,0	10,0	0,0	100,0
Öffentlicher Verkehr	30,0	30,0	20,0	20,0	100,0
Straßen/Infrastrukturerhaltung	30,0	50,0	10,0	10,0	100,0
Wirtschaftsförderung	30,0	30,0	20,0	20,0	100,0
Tourismus	40,0	30,0	30,0	0,0	100,0
Umweltschutz und nachhaltige Entwicklung	30,0	60,0	0,0	10,0	100,0
Landwirtschaft/Forstwirtschaft	80,0	10,0	0,0	10,0	100,0
Abfall/Entsorgung/ Wiederverwertung	60,0	30,0	0,0	10,0	100,0
Trinkwasserversorgung	60,0	10,0	20,0	10,0	100,0
Abwasser/Kanalisation	60,0	30,0	0,0	10,0	100,0
Energieversorgung	50,0	10,0	10,0	30,0	100,0

Wenn wir die Ergebnisse der ländlichen Vororte begutachten, fällt auf, dass von diesen prozentuell mehr Bürgermeister*innen von Leistungsgrenzen betroffen sind. In 22 von 32 Dienstleistungen erklären über zehn Prozent der betroffenen Bürgermeister*innen, dass die Leistungsgrenze in der Verwaltung bereits erreicht sei. Die höchsten Werte sind bei der Straßen- und Infrastrukturerhaltung (32,5 %) sowie den Finanzen (29,9 %) feststellbar. Bei der Straßenerhaltung stimmen die Ergebnisse nach Territorium fast identisch überein (Graubünden: 31,8 % der ländlichen Vororte haben eine erreichte Leistungsgrenze; Südtirol: 30,3 %; Tirol: 36,4 %). Weniger Übereinstimmung gibt es bei den Finanzdiensten, die vor allem für die Südtiroler und Tiroler Bürgermeister*innen ein Bereich ist, in dem sie unter Druck stehen (Graubünden: 13,6 %, Südtirol: 36,4 %, Tirol: 36,4 %).

Es gibt dann auch 23 von 32 Dienstleistungen, bei welchen über ein Viertel der 77 Bürgermeister*innen angibt eine „Leistungsgrenze in Sicht" zu haben. Hier erhielt das Politikfeld der öffentlichen Bauten mit fast der Hälfte der Antworten (49,4 %) die meisten Nennungen. Dies ist wiederum ein Bereich, der in allen drei Territorien ein kritisches Thema für die Verwaltung ist (Graubünden: 45,5 %, Südtirol: 63,6 %, Tirol: 31,8 %). Der Zustimmungswert vonseiten der ländlichen Vororte aus Tirol ist zwar geringer als in Südtirol und Graubünden, gleichzeitig erklären aber 18 % der Tiroler, dass die Leistungsgrenze in diesem Politikfeld bereits erreicht sei. In zehn Politikfeldern sind es sogar über 40 Prozent der befragten Bürgermeister*innen die eine Leistungsgrenze in Sicht angeben. Dies betrifft verschiedenste thematische Bereiche, etwa die Informatikdienste, die Alten- und Pflegeheime oder die Raumordnung. In vielen Politikbereichen ähneln sich die Ergebnisse der drei Territorien stark.

Schließlich gibt es, wie auch bei den anderen Kategorien, einige Politikfelder (11 von 32), in denen über die Hälfte der ländlichen Vororte angibt keine Leistungsgrenze zu verspüren. Die höchsten Zustimmungswerte erhielt hierbei wiederum die Einwohner*innendienste, die Feuerwehr, die Jugend, der Sport und die Kultur sowie die Landwirtschaft (je über 60 %).

Überraschenderweise zeigen auch die Ergebnisse der 26 peripheren Gebiete, dass es nicht viele Bereiche gibt, in denen die Gemeinden von einer Leistungsgrenze betroffen sind. Der höchsten Zustimmungswert fällt auf die Finanzdienste, die von 26,1 Prozent der betroffenen Bürgermeister*innen als Politikfeld mit einer erreichten Leistungsgrenze definiert werden (2 von 16 aus Graubünden, 3 von 4 aus Südtirol, 1 von 3 aus Tirol). In den restlichen 31 Politikbereichen geben hingegen nur ein bis drei von insgesamt 26 Bürgermeister*innen an eine Leistungsgrenze erreicht zu haben, womit die Daten erneut sehr individuell ausfallen. Demgegenüber sind es 17 von 32 Politikfelder, bei denen über ein Viertel der peripheren Gebiete angibt, eine Leistungsgrenze in Sicht zu haben. Über die

Tabelle 117: Leistungsgrenzen der ländlichen Vororte[1583]

	Keine LeG sichtbar	LeG in Sicht	LeG erreicht	Betrifft Gemeinde nicht	Summe
Finanzen	29,9	40,3	29,9	0,0	100,0
Informatik	28,6	45,5	20,8	5,2	100,0
Gemeindesekretariat/ Gemeindekanzlei	44,2	37,7	16,9	1,3	100,0
Einwohner*innendienste	67,5	22,1	7,8	2,6	100,0
Standesamt	58,4	13,0	10,4	18,2	100,0
Feuerwehr	68,8	10,4	13,0	7,8	100,0
Zivilschutz	58,4	16,9	6,5	18,2	100,0
Lokale Polizei, Ortspolizei	41,6	26,0	7,8	24,7	100,0
Kindergarten und Schule	57,1	28,6	11,7	2,6	100,0
Kleinkinderbetreuung	37,7	39,0	13,0	10,4	100,0
Unterstützung und Betreuung älterer Personen (Alten- und Pflegeheime)	24,7	40,3	15,6	19,5	100,0
Seniorenarbeit	46,8	28,6	10,4	14,3	100,0
Sozialdienst/Sozialhilfe	27,3	37,7	16,9	18,2	100,0
Gesundheitliche Leistungen/ Krankenhaus	28,6	24,7	16,9	29,9	100,0
Betreuung von Asylsuchenden	18,2	22,1	11,7	48,1	100,0
Integration von Migranten/innen	23,4	28,6	13,0	35,1	100,0
Jugendarbeit	61,0	27,3	6,5	5,2	100,0
Sport/Sportanlagen/Freizeit	61,0	22,1	13,0	3,9	100,0
Kultur	64,9	20,8	7,8	6,5	100,0
Raumordnung, Baugenehmigungen/ Baubewilligungen	36,4	44,2	19,5	0,0	100,0
Landschafts- und Ortsbildschutz	48,1	41,6	6,5	3,9	100,0
Öffentliche Bauten	36,4	49,4	11,7	2,6	100,0

(Forts.)

1583 Antworten der Fälle in Prozent, N = 77.

Tabelle 117: (Forts.)

	Keine LeG sichtbar	LeG in Sicht	LeG erreicht	Betrifft Gemeinde nicht	Summe
Öffentlicher Verkehr	24,7	42,9	23,4	9,1	100,0
Straßen/Infrastrukturerhaltung	27,3	40,3	32,5	0,0	100,0
Wirtschaftsförderung	36,4	32,5	11,7	19,5	100,0
Tourismus	37,7	40,3	11,7	10,4	100,0
Umweltschutz und nachhaltige Entwicklung	48,1	39,0	7,8	5,2	100,0
Landwirtschaft/Forstwirtschaft	62,3	24,7	6,5	6,5	100,0
Abfall/Entsorgung/ Wiederverwertung	45,5	41,6	6,5	6,5	100,0
Trinkwasserversorgung	58,4	29,9	10,4	1,3	100,0
Abwasser/Kanalisation	59,7	27,3	11,7	1,3	100,0
Energieversorgung	48,1	20,8	1,3	29,9	100,0

Hälfte der peripheren Gebiete verspürt eine solche im Bereich Tourismus (Graubünden: 8 von 16, Südtirol: alle 4, Tirol: 1 von 3). Weitere Politikfelder mit einer Leistungsgrenze in Sicht sind die Straßen und Infrastrukturen (46,7 %) sowie die Informatik und Gesundheit (je 43,5 %). Im Bereich Gesundheit, Informatik sowie Straßenbau haben periphere Gemeinden aus allen drei Territorien angegeben, dass sie eine Leistungsgrenze verspüren, wobei es in Südtirol und Tirol im Verhältnis mehr sind.

Auch im Bereich des Straßenbaus haben in Graubünden im Vergleich nur fünf von 16 Gemeinden eine Leistungsgrenze in Sicht, während es in Südtirol drei von vier und in Tirol wiederum zwei von drei sind. Nur im Bereich Informatik sind es in Graubünden fünf von 16 und auch in Tirol nur eine von drei, während es in Südtirol alle vier peripheren Gebiete sind. Auch bei den peripheren Gemeinden finden sich einige Bereiche, die von Leistungsgrenzen kaum betroffen sind. Dazu gehören die Einwohner*innendienste, das Standesamt, die Seniorenarbeit sowie die Kultur (je über 70 % der Nennungen). Zudem gibt es zwei Bereiche, bei denen über die Hälfte der Befragten angibt, dass dies die eigenen Gemeinde nicht betreffe: Die Betreuung von Asylsuchenden sowie die Integration von Migrant*innen.

Tabelle 118: Leistungsgrenzen der ländlich peripheren Gemeinden[1584]

	Keine LeG sichtbar	LeG in Sicht	LeG erreicht	Betrifft Gemeinde nicht	Summe
Finanzen	47,8	21,7	26,1	4,3	100,0
Informatik	56,5	43,5	0,0	0,0	100,0
Gemeindesekretariat/ Gemeindekanzlei	69,6	13,0	13,0	4,3	100,0
Einwohnerdienste	87,0	4,3	8,7	0,0	100,0
Standesamt	73,9	8,7	0,0	17,4	100,0
Feuerwehr	56,5	21,7	8,7	13,0	100,0
Zivilschutz	56,5	8,7	4,3	30,4	100,0
Lokale Polizei, Ortspolizei	39,1	26,1	8,7	26,1	100,0
Kindergarten und Schule	52,2	26,1	8,7	13,0	100,0
Kleinkinderbetreuung	43,5	39,1	0,0	17,4	100,0
Unterstützung und Betreuung älterer Personen (Alten- und Pflegeheime)	39,1	39,1	4,3	17,4	100,0
Seniorenarbeit	73,9	8,7	4,3	13,0	100,0
Sozialdienst/Sozialhilfe	43,5	30,4	8,7	17,4	100,0
Gesundheitliche Leistungen/ Krankenhaus	21,7	43,5	8,7	26,1	100,0
Betreuung von Asylsuchenden	30,4	13,0	0,0	56,5	100,0
Integration von Migranten/innen	21,7	21,7	0,0	56,5	100,0
Jugendarbeit	60,9	21,7	4,3	13,0	100,0
Sport/Sportanlagen/Freizeit	52,2	26,1	8,7	13,0	100,0
Kultur	73,9	17,4	0,0	8,7	100,0
Raumordnung, Baugenehmigungen/ Baubewilligungen	52,2	34,8	13,0	0,0	100,0

(Forts.)

1584 Antworten der Fälle in Prozent, N = 23.

Tabelle 118: (Forts.)

	Keine LeG sichtbar	LeG in Sicht	LeG erreicht	Betrifft Gemeinde nicht	Summe
Landschafts- und Ortsbildschutz	60,9	30,4	8,7	0,0	100,0
Öffentliche Bauten	60,9	34,8	4,3	0,0	100,0
Öffentlicher Verkehr	30,4	34,8	13,0	21,7	100,0
Straßen/Infrastrukturerhaltung	36,7	46,7	16,7	0,0	100,0
Wirtschaftsförderung	43,5	34,8	4,3	17,4	100,0
Tourismus	21,7	56,5	13,0	8,7	100,0
Umweltschutz und nachhaltige Entwicklung	52,2	30,4	8,7	8,7	100,0
Landwirtschaft/Forstwirtschaft	60,8	24,1	6,3	6,3	100,0
Abfall/Entsorgung/ Wiederverwertung	65,2	26,1	0,0	8,7	100,0
Trinkwasserversorgung	69,6	21,7	8,7	0,0	100,0
Abwasser/Kanalisation	65,2	21,7	13,0	0,0	100,0
Energieversorgung	60,9	13,0	8,7	0,0	100,0

6.6.3 Finanzielle Ausstattung

Die finanzielle Ausstattung ist ein weiterer Aspekt der Dimension Lösungsansatz. Diese ist für eine lokale Verwaltung ein zentraler Parameter. Zudem wurde bereits in Bezug auf die Leistungsgrenzen ersichtlich, dass die finanzielle Ausstattung bzw. die Verwaltung der Finanzdienste für die Bürgermeister*innen eine Herausforderung darstellen kann. Wie im Kapitel 4 angeführt, finanzieren sich die Gemeinden auf unterschiedliche Weise und hängen sowohl von eigenen Einnahmen wie auch Zuweisungen ab. Der Fragebogen enthielt eine Frage, die auf eine Selbsteinschätzung der politischen Akteure abzielte. So sollte erhoben werden, inwiefern diese mit der Finanzausstattung ihrer Gemeinde zufrieden sind, um daraus abzuleiten, wie zufrieden sie mit der Gemeindeverwaltung sind. In den Interviews wurde diese Frage hingegen nicht gestellt. Die Frage Nr. 46 lautete: *Wie bewerten Sie die zur Verfügung stehenden finanziellen Mittel Ihrer Gemeinde* *im Hinblick auf deren Bedürfnisse im Allgemeinen?* Die Frage wurde von 140 der 142 Befragten beantwortet.

Abbildung 36: Finanzielle Ausstattung der eigenen Gemeinde (N = 140).

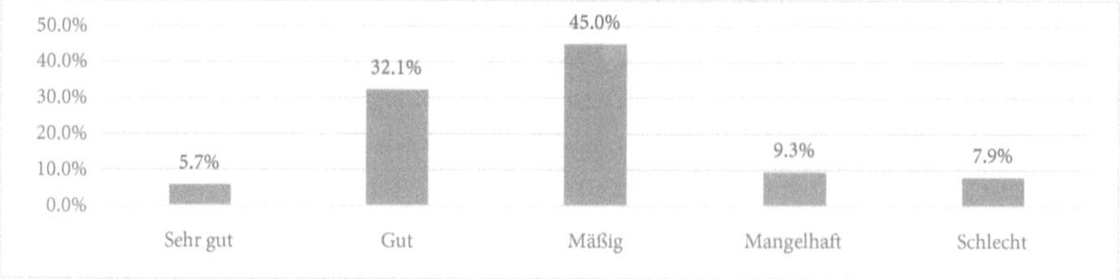

Die Abbildung 36 zeigt, dass fast die Mehrheit, und zwar 63 der 140 Befragten (45 %) die eigene finanzielle Ausstattung als mäßig empfinden. Allerdings bewerten auch über 30 Prozent (45 von 142) die Ausstattung als gut. Jeweils acht bis 13 Bürgermeister*innen bewerten die Finanzen als mangelhaft, schlecht oder sehr gut.

Abbildung 37: Finanzielle Ausstattung nach Territorium.

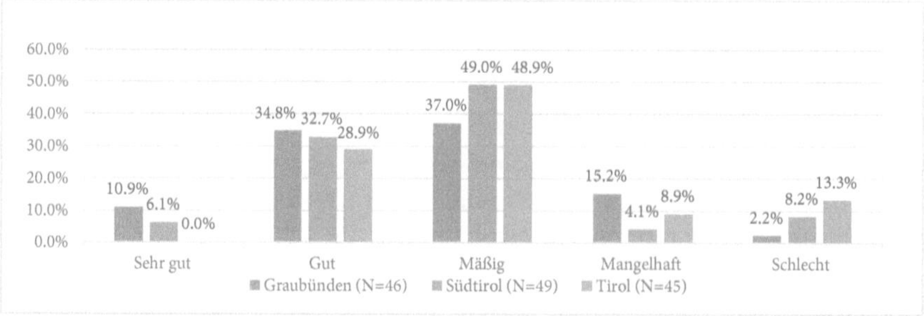

Nach dem Territorium ist festzustellen, dass sich die Meinungen zur finanziellen Ausstattung der Gemeinden nur gering unterscheiden. Besonders die Bürgermeister*innen aus Südtirol und Tirol weisen analoge Meinungen auf: Je fast die Hälfte der Befragten (49 bzw. 48,9 %) sind mit der eigenen finanziellen Ausstattung weniger zufrieden und beantworteten die Frage mit „mäßig". Auch ein beträchtlicher Teil der Bündner Gemeindepräsidenten (37 %) beantwortete die Frage mit „mäßig", fast gleich viele aber auch mit „gut" (34,8 %). Somit ist es schwierig einen klaren Trend hinsichtlich der Bewertung auszumachen. Ein Teil der Bürgermeister*innen ist mit den eigenen Finanzen zufrieden und gibt eine positive Bewertung ab, wobei der größere Teil eher eine neutrale Haltung einnimmt. Zum Unterschied zu Südtirol und Tirol, bewerteten mehr als zehn Prozent der Bündner die eigene finanzielle Ausstattung sogar mit „sehr gut". In Südtirol waren dies nur drei von 50, in Tirol niemand. Das Land Tirol weist auch die höchste Anzahl jener Bürgermeister*innen auf, die ihre finanzielle Ausstattung als schlecht und somit mit der niedrigsten Bewertung beurteilen.

Zusammenfassend kann festgehalten werden, dass die Bündner Gemeindepräsident*innen zufriedener mit der finanziellen Ausstattung sind als jene aus Südtirol und Tirol. Immerhin haben die dortigen Gemeindepräsidenten mit insgesamt 45,7 Prozent eine Bewertung zwischen „sehr gut" und „gut" abgegeben, während dieser Wert in Südtirol bei 38,8 Prozent und in Tirol nur bei 28,9 Prozent liegt. Umgekehrt ist der Anteil der Antworten bei den beiden niederen Bewertungskategorien „mangelhaft" und „schlecht" in allen drei Territorien fast gleich hoch (Graubünden: 17,4 %; Südtirol: 12,3 %; Tirol 22,2 %).

In den **Interviews** sprachen einige Bürgermeister*innen im Kontext von anderen Fragen die finanzielle Ausstattung an, etwa wenn es um die Begründung ging, weshalb sie eine Kooperation eingegangen sind. Die Aussagen bestätigen, dass es Bürgermeister*innen gibt, die mit der finanziellen Ausstattung ihrer Gemeinde zufrieden sind. So etwa ein Bündner Gemeindepräsident aus einer mitterlen zentral gelegenen Gemeinde: „Also der finanzielle Druck ist bei uns nicht sehr hoch. Das muss man fairerweise zugeben. Wir sind strategisch gut gelegen, uns geht es gut.". Auch ein Bürgermeister aus einer mittleren Gemeinde aus Tirol sieht es ähnlich: „(...) Finanziell kann man sich einigermaßen sehr gut über Wasser halten." Dennoch gibt es andere Bürgermeister*innen, etwa aus kleinen Gemeinden, die ihre Ausstattung weniger positiv sehen: „Wir haben einfach Schwierigkeiten als Kleinstgemeinde mit einer Einwohnerzahl von 1.050 Personen. Die Geldmittel sind die was sie sind und der bürokratische Aufwand ist einfach enorm gewachsen."

Die Ergebnisse nach der **Größe** der Gemeinde sind in den meisten Kategorien übereinstimmend und weisen auf einen geringen Einfluss der Variable hin. In drei von vier Kategorien fielen die meisten Antworten auf die Bewertung „mäßig", bei den mittleren Gemeinden bewerteten so sogar über die Hälfte der befragten Bürgermeister*innen. Ein beträchtlicher Teil der Befragten aus allen Kategorien ist mit der finanziellen Ausstattung zufrieden und wählte „gut". Von diesem Trend heben sich nur die Kleinstgemeinden ab, bei denen etwa gleich viele Bürgermeister*innen mit „gut" sowie „mäßig" antworteten, wobei die positivere Bewertung überwiegt.

Abbildung 38: Finanzielle Ausstattung nach Größe.

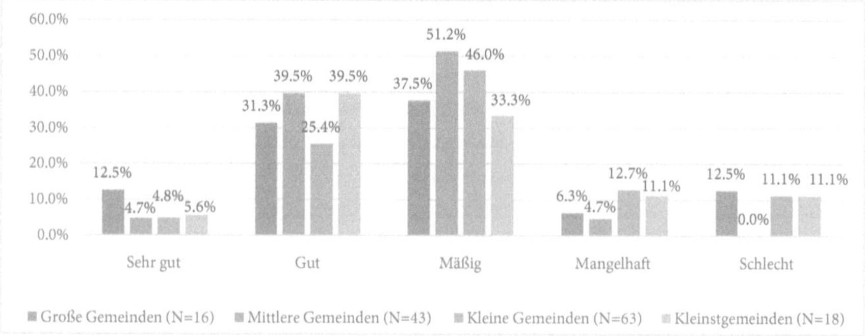

Die 18 Kleinstgemeinden, aufgeteilt nach dem jeweiligen Territorium, verhalten sich unterschiedlich: Die einzige Kleinstgemeinde aus Tirol gibt als Bewertung schlecht an, während sich die vier Südtiroler Kleinstgemeinden zwischen gut und mäßig aufteilen. Bei den Bündner Kleinstgemeinden antwortete der größte Teil der Befragten hingegen mit gut (38,5 %). Bei den kleinen Gemeinden sind mit 63 Gemeinden am meisten lokale Gebietskörperschaften vertreten. Hier zeigen die Ergebnisse nach Territorium viele Ähnlichkeiten: In Tirol und Südtirol antworteten die Hälfte der betroffenen Bürgermeister*innen bzw. knapp darüber, dass die finanzielle Ausstattung mäßig sei. Nur in Graubünden erklärten dies nur 30 Prozent der kleinen Gemeinden, gleich viele die auch mit „gut" bewerteten (zum Vergleich antworteten in Tirol 23,1 % der kleinen Gemeinden mit gut, in Südtirol 23,5 %).

Höher als bei den Kleinstgemeinden ist der Anteil der positiven Bewertung bei den mittleren Gemeinden, von denen fast 40 Prozent der Bürgermeister*innen die finanzielle Ausstattung mit „gut" bewerteten. Dazu gehören mittleren Gemeinden aus Südtirol (47,1 %) sowie Tirol (40 %), weniger aus Graubünden (27,3 %). Die meisten Antworten der mittleren Gemeinden, auch in allen drei Territorien, gingen an die Bewertung „mäßig" (nur in Südtirol erhielt gut und mäßig genau gleich viele Antworten). Bei den großen Gemeinden erklären fünf von 16 Bürgermeister*innen die finanzielle Ausstattung ihrer Gemeinde sei sogar „sehr gut", diese Bewertung gaben bei den anderen Größenklassen nur einzelne Akteure (mittlere Gemeinden: 2; kleine Gemeinden: 3; Kleinstgemeinden: 1). Allerdings stammen alle fünf Gemeinden aus Südtirol, ansonsten bewerten die großen Gemeinden sehr heterogen (von den 3 Tiroler Gemeinden gaben zum Beispiel alle eine andere Bewertung ab).

Wenn man die Anteile der positiven Bewertungen „sehr gut“ und „gut“ addiert, so liegen drei von vier Größenklassen auf einem ähnlich hohem Niveau, was auf einen geringen Einfluss der Variable Größe hindeutet: Große Gemeinden 43,8 %, Mittlere Gemeinden 44,2 %, Kleine Gemeinden 30,2 %, Kleinstgemeinen 44,5 %. Die geringste Zufriedenheit haben somit insgesamt die kleinen Gemeinden, die auch bei den beiden negativen Kategorien „mangelhaft“ und „schlecht“ den höchsten Anteil von allen Kategorien aufweisen (23,8 %). Den geringsten Anteil bei den negativen Bewertungen weisen demgegenüber die mittleren Gemeinden auf, von denen nur zwei von 43 Gemeinden die finanzielle Ausstattung mit mangelhaft bewerten – eine aus Graubünden und eine aus Tirol – und gar keine mit schlecht.

Schließlich wird die Bewertung der finanziellen Ausstattung anhand der geografischen Lage begutachtet (Abb. 39). Die Ergebnisse in den jeweiligen Kategorien sind ziemlich ähnlich, was wiederum auf einen geringen Einfluss der Lage auf die Meinung zur finanziellen Ausstattung hinweist. In allen vier Kategorien erhielt die Bewertung „mäßig“ die höchste Zustimmung. Allerdings sind die Unterschiede zwischen den Randkategorien erwähnenswert: Mit 39 Prozent ist der Zustimmungswerte bei den peripheren Gebieten am geringsten und jener der kleineren Städten und Vororte mit 46,7 Prozent am höchsten. Dies widerspiegelt unterschiedliche Ansichten, wenn auch die Unterschiede nicht allzu groß sind. Die Bewertung „gut“ geben jeweils mindestens ein Viertel der Befragten an, wobei der Wert bei den ländlichen Zentren und den kleineren Städten deutlich höher liegt (40 % bzw. 43 %). Betrachtet man diese zwei Gruppen im Zusammenhang mit dem Territorium, zeigen die wenigen ländlichen Zentren eine große Varietät. Das einzige ländliche Zentrum aus Graubünden gibt die Bewertung „mäßig“, wie auch zwei von fünf aus Südtirol sowie eins von vier ländlichen Zentren aus Tirol. Demgegenüber geben drei von vier ländlichen Zentren aus Südtirol die Bewertung „gut“, genau wie ein ländliches Zentrum aus Tirol. Zwei ländliche Zentren aus Tirol bewerten ihre finanzielle Ausstattung dagegen mit „mangelhaft“. Bei den kleineren Städten verteilen sich die Antworten fast ausschließlich auf die beiden Kategorien „gut“ und „mäßig“. Dies ist auch in Graubünden und Tirol der Fall, wogegen in Südtirol zwei von sieben kleineren Städten die Bewertung „sehr gut“ abgaben. Insgesamt erhielt die Bewertung „mäßig“ bei den kleineren Städten am meisten Zuspruch – dies ist in den einzelnen Ergebnissen nach Lage und Territorium allerdings nur in Südtirol (57,1 %) sowie Tirol (50 %) der Fall. Von den Bündner Städten antworteten nämlich fünf von sieben Gemeinden mit „gut“. Eine unzufriedene Bewertung (schlecht oder mangelhaft) gab gar kein ländliches Zentrum und nur eine kleinere Stadt ab.

Abbildung 39: Finanzielle Ausstattung nach Lage.

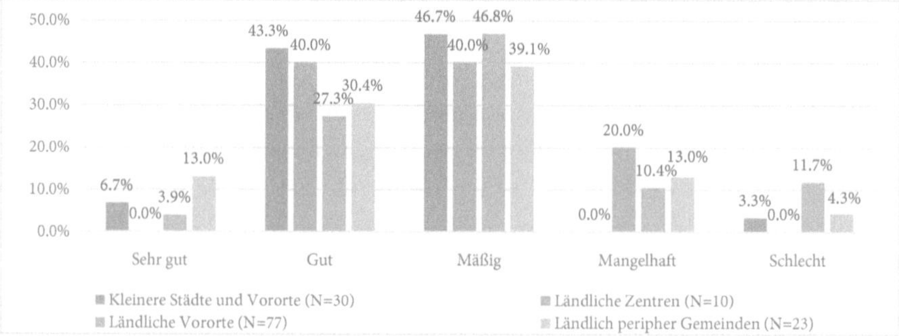

Bei den peripheren Gebieten und den ländlichen Vororten sind es mehr, die eine negative Bewertung abgeben (17 von 79 ländlichen Vororten, 4 von 23 peripheren Gebieten). Die ländlichen Vororte der drei Territorien sind ebenso ziemlich homogen: Den höchsten Anteil der Zustimmung erhielt in allen drei Gebieten die Bewertung „mäßig" (Graubünden: 50,9 %, Südtirol: 48,5 %, Tirol: 50 %). Am zweithäufigsten genannt wurde in Südtirol (33,3 %) sowie in Tirol (22,7 %), wie es auch insgesamt der Fall ist, die Bewertung „gut". Nur von den ländlichen Vororten aus Graubünden wählten je fünf von 23 Gemeinden entweder „mangelhaft" oder „gut" (22,7 %). Die Bewertung „schlecht" wählten hingegen ländliche Vororte aus Tirol und Südtirol, aber keine aus Graubünden.

Die 23 peripheren Gebiete zeigen demgegenüber eine größere Heterogenität, nicht nur zwischen den Ländern, sondern auch innerhalb eines Landes. So bewerten die Bürgermeister*innen aus Südtirol (50 %) und in Tirol (66,7 %) die finanzielle Ausstattung als mäßig, während es in Graubünden mit 31,3 Prozent deutlich weniger sind. Ein Teil der peripheren Gebiete in Graubünden (37,5 %) sieht die finanzielle Ausstattung positiver und gab die Bewertung „gut" ab. Somit liegen die peripheren Gebiete eher im Trend mit den Ergebnissen nach Territorium und weniger im Durchschnitt der Ergebnisse nach geografischer Lage. Wenn die positiven und negativen Bewertungen summiert werden, ergibt sich folgendes Bild: Die kleineren Städte und Vororte haben von allen Kategorien die positivsten Bewertungen, da die Summe der Bewertungen „gut" und „sehr gut" genau 50 Prozent ausmacht, wogegen die negativen Bewertungen nur bei geringen 3,3 Prozent liegen. Ein klarer Trend zwischen urbanen und peripherer liegenden Gemeinden ist dennoch nicht erkennbar, weil den zweithöchsten positiven Wert die peripheren Gebiete aufweisen und nicht etwa die ländlichen Zentren. In den peripheren Gemeinden bewerteten 43,4 Prozent der Befragten die finanzielle Ausstattung positiv, während die neutrale Bewertung („mäßig“) 39,1 Prozent der Zustimmung erhielt. Die negativen Bewertungen liegen zwar mit 17,3 Prozent deutlich höher als bei den kleineren Städten, aber dennoch niedriger als bei den Vororten und Zentren. Bei diesen liegen die negativen Bewertungen zwischen 20 und 22 Prozent und die positiven zwischen 30 und 40 Prozent. Bei den ländlichen Vororten überwiegt somit die neutrale Bewertung von mäßig, bei den ländlichen Zentren sind es genau gleich viele (4 von 10) die eine positive bzw. neutrale Bewertung abgeben.

6.6.4 Ansprüche und „Sandwich“-Position

Hinsichtlich der finanziellen Ausstattung wurde festgestellt, dass die Bewertung eines beträchtlichen Anteils der Bürgermeister*innen derselben, unabhängig von der Größe, Lage oder dem Territorium ihrer Gemeinde mäßig ist. Allerdings sind immerhin durchschnittlich 32 Prozent der Meinung, finanziell „gut“ ausgestattet zu sein. Nach der Frage zur finanziellen Ausstattung enthielt der Fragebogen drei Fragen, die darauf abzielten, wie die Bürgermeister*innen das lokale Regieren empfinden. Eine Frage war den Ansprüchen vonseiten der Bürger*innen gewidmet und eine den Ansprüchen vonseiten des subnationalen Gesetzgebers. Die Frage Nr. 47 lautete: *Wie schätzen Sie die Ansprüche der Bürgerinnen und Bürger gegenüber den Dienstleistungen Ihrer Gemeinde ein?* Die Frage Nr. 48 war exakt gleich formuliert: *Wie schätzen Sie die Ansprüche von Seiten des subnationalen Gesetzgebers (Kanton Graubünden, Land Südtirol, Land Tirol) an die Dienstleistungen Ihrer Gemeinde ein?* In beiden Fällen hatten die Befragten die Möglichkeit die Frage zu verweigern (keine Antwort) oder eine der folgenden Bewertungsstufen abzugeben: Sehr geringe Ansprüche; geringe Ansprüche; mäßige Ansprüche; hohe Ansprüche, sehr hohe Ansprüche.

Schließlich war die dritte Frage (Nr. 49) der Einschätzung der eigenen Aufgabe gewidmet: *Wie bewerten Sie die Aufgabe der Gemeinde, den Ansprüchen der Bürgerinnen und Bürger sowie des subnationalen Gesetzgebers (Kanton Graubünden, Land Südtirol, Land Tirol) gleichzeitig gerecht zu werden?* Hierbei waren die vorgegebenen Antwortkategorien: Sehr schwierig; schwierig, weder schwierig noch leicht, leicht; sehr leicht. Im Fragebogen wurden alle drei Fragen von 140 Personen beantwortet. Die ähnlichen Fragen wurden auch den Bürgermeister*innen in den persönlichen Interviews gestellt.

6.6.4.1 *Ansprüche vonseiten der Bürger*innen und des subnationalen Gesetzgebers*

Insgesamt offenbaren die Ergebnisse, dass die Bewertung der Ansprüche – sowohl jene vonseiten der Bürger*innen wie auch des Gesetzgebers – von der Mehrheit der Befragten als hoch bis sogar sehr hoch eingestuft werden. Es fällt auf, dass zwischen den Antworten kaum Unterschiede auszumachen sind, womit die Bürgermeister*innen sich hohen Ansprüchen von beiden Seiten ausgesetzt fühlen.

Die Tabelle 119 zeigt die Gesamtergebnisse und stellt die Ergebnisse der Frage 47 und 48 einander gegenüber. In beiden Fällen erhielt die Antwort „hohe Ansprüche“ die meiste Zustimmung und liegt jeweils über 60 Prozent. Auch die Ergebnisse der anderen drei Bewertungskategorien sind fast identisch. Den jeweils geringsten Zuspruch erhielt bei beiden Fragen die Bewertung „geringe Ansprüche“ mit nur fünf Zustimmungen. Die Mehrheit der Befragten empfindet die Ansprüche vonseiten der eigenen Bürger*innen, aber auch jene des subnationalen Gesetzgebers somit als hoch bis sehr hoch. In Bezug auf die Ansprüche der Bürger*innen macht der Anteil 78,2 Prozent aus, in Bezug auf die Ansprüche des Gesetzgebers 73,3 Prozent. Nur eine Person von 140 in Bezug auf die Bürger*innen und nur vier von 140 in Bezug auf den subnationalen Gesetzgeber sind der Meinung, dass die Ansprüche dieser beiden Akteure gering ausfallen.

*Tabelle 119: Ansprüche der Bürger*innen und des Gesetzgebers (N = 140, Antworten in Prozent)*

Bewertung	**Ansprüche vonseiten der Bürger*innen (Anzahl Antworten)**	**Prozent der Antworten**	**Ansprüche vonseiten des Gesetzgebers (Anzahl Antworten)**	**Prozent der Antworten**
Sehr hohe Ansprüche	16	11,4	14	10,0
Hohe Ansprüche	95	67,8	90	64,3
Mäßige Ansprüche	27	19,3	28	20,0
Geringe Ansprüche	1	0,7	4	2,9
Keine Antwort	1	0,7	4	2,9
Summe	**142**	**100,00**	**142**	**100,00**

Die **Interviews** untermauern diese Ergebnisse. Von 12 Bürgermeister*innen waren nur zwei der Meinung, dass die Erwartungshaltung vonseiten der Bürger*innen nicht so stark wäre bzw. dies etwas sei, das man nicht erfüllen könnte. Die meisten erkannten diese Herausforderung allerdings sehr wohl an und sprachen von einer hohen Erwartungshaltung an die Gemeinden. Dabei kamen diverse Aspekte zum Vorschein, die allesamt von mehreren Bürgermeister*innen genannt und mit konkreten Beispielen untermauert wurden. Nur der Aspekt eines erhöhten Informationsanspruchs wurde vonseiten der Bürgermeister*innen einmal genannt.

Gesichtspunkte, die von den Befragten angesprochen wurden, sind zum einen die hohe Erwartung der Bürger*innen an Effizienz und Qualität der lokalen Dienstleistungen, auch unabhängig der geografischen Lage des Wohnorts. So verlangen die Bürger*innen eine hohe Qualität in allen möglichen Bereichen: *„Der Bürger sieht meistens nicht das Gute was in der Gemeinde bewegt wird. Der Bürger sieht nur das was nicht funktioniert. (…) Ich sehe nicht, wenn ich heute einen schönen Spielplatz habe, ich sehe nur, wenn das Gras dort zu hoch ist oder die Sträucher nicht gepflegt sind.“*. Ein weiterer Punkt ist der Zeitfaktor, da alles so schnell als möglich funktionieren soll: *„Was ich am meisten spüre, ist eben die schnelle Kommunikation. Heute ist der Bürger sofort bei mir und wenn er schreibt, will er sofort Antwort. (…) Also die Erwartungshaltung ist einfach, dass immer alles schnell läuft. Wenn man Bauen will, dann kommt einem in den Sinn man will bauen und am anderen Tag will man die Bewilligung.“* oder *„Wenn ich jetzt an Schneeräumung denke oder so, dann muss die Schneeräumung um 6 Uhr in der früh in allen Dörfern bereits erledigt sein.“*

Die fordernde Erwartungshaltung kann dabei ein Ausmaß betreffen, das nicht für alle Gemeinden zu stemmen ist: *„Ich habe den Mitarbeiter zweimal die Woche, der ist part-time. Da muss der Bürger halt die Geduld haben. Und natürlich, er schafft in dieser Zeit nur die gewissen Akten zu bearbeiten. (…) Und da haben die Bürger nicht immer das Verständnis, dass sie die Unterlagen nicht auf die Sekunde bekommen. Und wir versuchen ja unser Bestes, aber dann erhalte ich schon wieder einen Anruf.“* Oder *„Ist nicht immer einfach. Aber wie man die Kinder daheim verwöhnt, verwöhnt man die Bürger auch. (…) Wenn man Schneeräumung gut macht oder verbessert, okay am Anfang kriegt man viel Lob, aber danach wird es normal. (…) Was er gewohnt ist, darf nie schlechter werden. Standards immer hoch halten ist natürlich nicht so einfach.“* Andere hingegen fühlen sich durch die Erwartungshaltung angespornt: *„(…) dementsprechend gibt es schon einen bestimmten Wettkampf zwischen den Gemeinden, wer welche Dienste anbietet und wie das funktioniert. Finde ich auch positiv, weil es ermutigt dazu tüchtig zu bleiben. Zum einen. Und zum anderen: Die Dienste, die wir als Gemeinde (…) anbieten, sind sicherlich im oberen Segment anzusiedeln, weil wir uns vor nichts verstecken müssen. Wir sind gut aufgestellt.“*.

Die Erwartungshaltung der Bürger*innen betrifft auch das Ausmaß des Dienstleistungsangebots, wobei sich der Wunsch häufig daran orientiert, welche Dienstleistung jemand zu einem bestimmten Lebenszeitpunkt notwendig hat oder was in anderen Gemeinden angeboten wird: „*(…) wenn sie herziehen und kleine Kinder haben, muss es ein Kleinkinderspielplatz sein, dann muss es ein Skaterplatz sein, dann muss es ein Fußballplatz sein, dann ab 50 am besten die Kinder weiter weg. Aber ja… Das ist eine Herausforderung, (…).*“ oder „*Wir haben zwei Arten von Bürgern hier (…). Wir haben die Zweitwohnungsbesitzer und die Erstwohnungsbesitzer (…) Wenn überhaupt Wutbürger, dann sind das meistens die Leute, die Ferienwohnungen haben (…) Die wollen immer Mami und Papi bei sich haben und müssen immer anrufen, wenn sie irgendetwas stört (…)*“.

Auf was viele Bürgermeister*innen aus unterschiedlichen Territorien und aus Gemeinden diverser Größen und geografischen Lagen außerdem hinweisen ist die historische Veränderung in dieser Hinsicht: „*Das war früher anders. Da waren die Leute vielleicht auch einfach und nicht so schnell. Früher hatte einer auch mal Geduld ein paar Tage zu warten, aber heute ist das ein bisschen auf der Strecke geblieben. Alles muss schnell gehen und wir zahlen ja Steuern und die Gemeinde hat zu funktionieren.*“ oder „*Und die Ansprüche, die Erwartungen, die sind größer geworden. Das ist sicher so.*“ Was ebenso mehrmals angesprochen wurde, ist die erhöhte Erwartung an die Dienstleistungsausführung. So werden manche Aufgaben, die früher von Bürger*innen selbst erledigt wurden, nun von der Gemeinde erwartet.

Betrachtet man die Ergebnisse zu den Ansprüchen vonseiten der Bürger*innen nach Territorium, fällt auf, dass diese ziemlich ähnlich sind. Die Mehrheit der Befragten in allen drei Territorien ist sich sicher, diese als „hoch“ einzustufen. Dabei ist der prozentuelle Anteil in Südtirol und Tirol mit über 70 Prozent besonders hoch. In Südtirol verteilen sich die 49 Antworten nur auf die Kategorien „mäßig“, „hoch“ sowie „sehr hoch“. Auch in Tirol erhielten die anderen Bewertungskategorien nur die Zustimmung von einzelnen Gemeinden. In Graubünden bewertet hingegen die Mehrheit die Ansprüche der Bürger*innen zwar als hoch, aber fast 30 Prozent der Befragten (14 von 47) bewerten diese auch nur mit „mäßig“.

*Tabelle 120: Ansprüche der Bürger*innen nach Territorium (Antworten in Prozent)*

Bewertung	**Kanton Graubünden (N = 46)**	**Land Südtirol (N = 49)**	**Land Tirol (N = 45)**	**Insgesamt (N = 140)**
Sehr hohe Ansprüche	13,0	10,2	11,1	11,4
Hohe Ansprüche	54,4	73,5	75,6	67,8
Mäßige Ansprüche	30,4	16,3	11,1	19,3
Geringe Ansprüche	0,0	0,0	2,2	0,7
Keine Antwort	2,2	0,0	0,0	0,7
Summe	**100,0**	**100,0**	**100,0**	**100,0**

In Bezug auf die **Ansprüche vonseiten des Gesetzgebers**, erklärt die Mehrheit der Befragten in allen drei Territorien ebenso, dass diese „hoch" seien. Doch die Meinungen zwischen den Territorien gehen auseinander. So liegt der Zustimmungswert in Südtirol und Tirol mit einem Minus von zehn Prozentpunkten deutlich unter jenen in Bezug auf die Ansprüche der Bürger*innen. Umgekehrt ist der Zustimmungswert in Graubünden höher: Im Vergleich zu den Ansprüchen der Bürger*innen erklären in Bezug auf den Gesetzgeber deutlich mehr Personen, dass die Ansprüche hoch seien (63 vs. 54 %). In allen drei Territorien erhielt die Bewertung „mäßig" die zweithäufigsten Antworten und liegt auf einem ähnlich hohen Niveau. Nur in Graubünden erhielt die Kategorie „sehr hohe Ansprüche" eine ähnlich hohe Zustimmung. Da diese in Südtirol und Tirol hingegen weniger ausmacht, kann davon ausgegangen werden, dass die Bündner den Vorgaben vonseiten des Kantons kritischer gegenüberstehen, als die Bürgermeister*innen in Südtirol und Tirol und sie höhere Ansprüche vom Gesetzgeber verspüren.

Tabelle 121: Ansprüche des Gesetzgebers nach Territorium (Antworten in Prozent)

Bewertung	**Kanton Graubünden (N = 46)**	**Land Südtirol (N = 49)**	**Land Tirol (N = 45)**	**Insgesamt (N = 140)**
Sehr hohe Ansprüche	15,2	8,2	6,7	11,4
Hohe Ansprüche	63,0	65,3	64,4	67,8
Mäßige Ansprüche	17,4	22,4	20,0	19,3
Geringe Ansprüche	2,2	0,0	6,7	0,7
Keine Antwort	2,2	4,1	2,2	0,7
Summe	**100,0**	**100,0**	**100,0**	**100,0**

Die Gespräche mit den Bürgermeister*innen bestätigten nur teilweise, dass die Anforderungen vonseiten des Landesgesetzgebers vorhanden sind oder eine Bürde darstellen. Die Hälfte der Befragten (mehrere aus mittleren Gemeinden) erklärte, diese Herausforderung nicht zu haben. Oder aber, dass das Land dieselbe Erwartungshaltung an die Verwaltung wie man selbst. Umgekehrt sagten gleich viele Bürgermeister*innen, dass sie Ansprüche sehr wohl auch vonseiten des Gesetzgebers verspüren. Zentrales Thema für jene, die eine Erwartungshaltung verspüren – dazu gehören Gemeinden mit diversen Einwohner*innenzahlen sowie aus geografischen Lagen – sind vor allem die Vorgaben und Auflagen vonseiten des Landes. Etwa bei der Anstellung von vorgeschriebenem Fachpersonal, bei welchem sich die Gemeinden schwertun können: „*Also die Kindergarten Geschichte ist vielleicht weniger der Druck – vielleicht die Öffnungszeiten – von den Gemeindebürgern, sondern eher vom Land die ganzen Vorschriften (…) Kinderkrippe musst ab sechs eine zweite Betreuerin dazu tun. Was auch logisch ist. Aber natürlich erhöht sich komplett der Bedarf.*“ Solche Vorschriften gibt es auch in Bezug zu den Infrastrukturen: „*Das Land schiebt wahnsinnig viel ab, das ist es. Nicht nur im finanziellen Bereich, sondern es ist einfach: ja mach, baue, tu… wie du das tust, ist dann dein Problem. Nicht? Wie gesagt, ich habe jetzt glaub ich zum 3. oder 4. Mal den Kindergarten umgebaut. Vergrößert, Vorschriften, behindertengerecht ist eh klar, dann die Sicherungen, was weiß ich alles… Also es ist schwierig.*“

Ein weiteres Beispiel für die Reglementierung von oben kann ein gewisses **Angebot** betreffen, erklärt ein Bürgermeister aus einer mittleren Zentrumsgemeinde: „*Ein Thema z.B. ist immer die Nachmittagsbetreuung, die bei uns noch nicht den ganz großen Bedarf hat. Wir machen jedes Jahr neue Bedarfserhebung und da wird vom Land natürlich schon auch Druck ausgeübt. Auch wenn nicht der Bedarf da ist, dass man das dementsprechend anbietet und ist auch unheimlich wichtig. Das ist zum Beispiel manchmal eine finanzielle Herausforderung.*“ Einige Bürgermeister*innen erkennen zwar einen gewisse Erwartungshaltung vonseiten des Landes an, stehen diesem aber nicht negativ gegenüber: „*Wie soll ich sagen, das schadet auch nicht, wenn ein gewisser Druck da ist.*“

Weitere genannte Aspekte betreffen die hohe Aufgabenlast der Gemeinden, eine steigende Zentralisierung, die Bürokratisierung und Komplexität der Vorgaben der subnationalen Regierungsebene. Zum Beispiel erklärt ein Bünder Gemeindepräsident aus einer kleinen zentralen Gemeinde: „*Die Reglementierung und die Bürokratie vonseiten des Kantons nimmt ganz klar zu. Die greift immer mehr und mehr ein.*“

Wenn man nun die Ansprüche vonseiten der Bürger*innen sowie des Gesetzgebers nach der **Größe** der Gemeinde betrachtet, sind die Bewertungen in drei von vier Größenklassen ähnlich wie die Gesamtergebnisse. Sowohl bei den großen und mittleren Gemeinden wie auch den kleinen Gemeinden, erklärt die Mehrheit, dass die Bürger*innen hohe Ansprüche zu den Dienstleistungen hätten. Nur die Kleinstgemeinden differenzieren sich von diesem Trend. Hier sind über die Hälfte der Befragten (55,6 %) der Meinung, dass die Bürger*innen nur mäßige Ansprüche hätten. Diese neutralere Bewertung erhielt in den anderen drei Größenkategorien hingegen kaum Zustimmung. Einige einzelne Gemeinden sind sogar der Meinung, dass die Bürger*innen sehr hohe Ansprüche hätten. Der größte prozentuelle Anteil bei dieser Bewertung kommt von den großen Gemeinden, wonach diese anscheinend höhere Ansprüche der Bürger*innen verspüren. Während die Mehrheit der Bürgermeister*innen aus großen Gemeinden von Südtirol der Meinung ist, dass die Bürger*innen hohe Ansprüche haben, sind die Ergebnisse der wenigen großen Gemeinden aus Graubünden und Tirol sehr heterogen.

*Tabelle 122: Ansprüche der Bürger*innen nach Größe (Antworten in Prozent)*

Bewertung	**Kleinstgemeinden (N = 18)**	**Kleine Gemeinden (N = 63)**	**Mittlere Gemeinden (N = 43)**	**Große Gemeinden (N = 16)**	**Insgesamt (N = 140)**
Sehr hohe Ansprüche	5,6	4,8	16,3	31,3	11,4
Hohe Ansprüche	38,9	76,2	69,8	62,5	67,8
Mäßige Ansprüche	55,6	15,9	14,0	6,3	19,3
Geringe Ansprüche	0,0	1,6	0,0	0,0	0,7
Keine Antwort	0,0	1,6	0,0	0,0	0,7
Summe	**100,0**	**100,0**	**100,0**	**100,0**	**100,0**

Hingegen sind die Ergebnisse der mittleren Gemeinden zwischen den Territorien homogener: In Südtirol entschieden sich 70,6 Prozent und in Tirol sogar 86,7 Prozent für die Antwort der „hohen Ansprüche". Nur die mittleren Gemeinden aus Graubünden sind gespaltener: Fünf von 11 sind ebenso wie die meisten mittleren Gemeinden aus Südtirol und Tirol der Meinung, dass die Bürger*innen hohe Ansprüche hätten, vier von 11 wählen hingegen „sehr hohe Ansprüche" und zwei weitere „mäßige Ansprüche".

Bei den kleinen Gemeinden gibt es hingegen eine größere Übereinstimmung zwischen den Territorien: Die große Mehrheit der Bürgermeister*innen aus allen Gebieten ist der Meinung, dass die Bürger*innen hohe Ansprüche hätten (Graubünden: 65 %, Südtirol: 88,2 %, Tirol: 73,1 %). Bei den Kleinstgemeinden erklären demgegenüber drei von vier Südtiroler Gemeinden, die Ansprüche der Bürger*innen seien nur mäßig, genauso wie sieben von 13 der Bündner Vertreter*innen. Somit scheinen die Bürgermeister*innen von Kleinstgemeinden den Druck nicht in dem Ausmaß zu verspüren wie Bürgermeister*innen aus größeren Gemeinden.

In den **Interviews** brachte ein Bürgermeister aus einer kleinen Gemeinde die hohen Ansprüche der Bürger*innen in Zusammenhang mit der Größe: „*(…) und es kann halt nicht jede Gemeinde alle Wünsche erfüllen.*" Doch auch in Bezug auf die Ansprüche des Landes, ist es für kleinere Gemeinden eine Herausforderung, so eine Bürgermeisterin aus einer kleinen Gemeinde: „*Aber es ist schon schwierig, weil du musst bei den Klassen zahlen, du brauchst, musst wieder dazu bauen und* *solche Sachen. Das ist schwierig auch, ja. Sie geben Vorschriften und das musst du erst als kleine Gemeinde stemmen finanziell.“*

Betrachtet man die Ergebnisse der Ansprüche hinsichtlich des Gesetzgebers, so bewerten fast gleich viele Bürgermeister*innen deren Ansprüche mit hoch – wie bereits in Bezug auf die Bürger*innen. In diesem Fall gibt dies auch die Mehrheit der Bürgermeister*innen aus Kleinstgemeinden (55,6 %) an. Weitere 16,7 Prozent der Befragten aus Kleinstgemeinden erklären sogar die Ansprüche vonseiten des Landes seien „sehr hoch“. Die Ergebnisse in Bezug auf die Ansprüche des Gesetzgebers sind ähnlich, wie jene in Bezug auf die vorhergegangene Frage. Bei den 16 großen Gemeinden ist eine ziemliche Heterogenität feststellbar, weil die zwei Bündner Gemeinden und die drei Tiroler Gemeinden nicht dieselbe Antwort gaben. Von den 12 Südtiroler Gemeinden gaben hingegen acht dieselbe Antwort. Die mittleren Gemeinden ähneln sich hingegen wieder stark: In allen drei Territorien bewertete eine klare Mehrheit die Ansprüche als hoch (Graubünden: 72,7 %, Südtirol: 58,8 %, Tirol: 66,7 %). Selbes gilt für die Mehrheit der kleinen Gemeinden in allen drei Territorien (Graubünden: 65 %, Südtirol: 70,6 %, Tirol: 65,4 %).

Tabelle 123: Ansprüche des Gesetzgebers nach Größe (Antworten in Prozent)

Bewertung	**Kleinstgemeinden (N = 18)**	**Kleine Gemeinden (N = 63)**	**Mittlere Gemeinden (N = 43)**	**Große Gemeinden (N = 16)**	**Insgesamt (N = 140)**
Sehr hohe Ansprüche	16,7	4,8	11,6	18,8	11,4
Hohe Ansprüche	55,6	66,7	65,1	62,6	67,8
Mäßige Ansprüche	22,2	22,2	18,6	12,5	19,3
Geringe Ansprüche	0,0	4,8	2,3	0,0	0,7
Keine Antwort	5,6	1,6	2,3	6,3	0,7
Summe	**100,0**	**100,0**	**100,0**	**100,0**	**100,0**

Auch die Bewertung der Ansprüche vonseiten der Bürger*innen sowie des subnationalen Gesetzgebers in Bezug auf die **Lage** der Gemeinde ist ziemlich ähnlich, was auf einen geringen Einfluss dieser Variable hinweist. Die große Mehrheit der Bürgermeister*innen in allen Kategorien ist der Meinung, dass sowohl die Ansprüche vonseiten der Bürger*innen wie auch jene des subnationalen Gesetzgebers hoch seien.

Der höchste Wert (je über 70 %) stammt allerdings von den ländlich peripheren Gebieten, was darauf hinweist, dass diese mehr Druck als zentral gelegene

Gemeinden verspüren: 17 von 23 peripheren Gemeinden sind der Meinung, dass die Ansprüche der Bürger*innen hoch seien (12 von 16 aus Graubünden, alle 4 aus Südtirol, 1 von 3 aus Tirol). Zudem empfinden vier von 23 Bürgermeister*innen aus peripheren Gemeinden die Ansprüche sogar als sehr hoch. Summiert man die beiden Bewertungen „hohe“ und „sehr hohe Ansprüche“ miteinander, offenbaren sich nur sehr geringe Unterschiede zwischen den vier Kategorien: In den kleineren Städte und peripheren Gemeinden verspüren 90 Prozent hohe bis sehr hohe Ansprüche vonseiten der Bürger*innen, in den ländlichen Zentren 80 Prozent und in den Vororten 71,4 Prozent.

*Tabelle 124: Ansprüche der Bürger*innen nach Lage (Antworten in Prozent)*

Bewertung	**Ländlich periphere Gemeinden (N = 23)**	**Ländliche Vororte (N = 77)**	**Ländliche Zentren (N = 10)**	**Kleinere Städte und Vororte (N = 30)**	**Insgesamt (N = 140)**
Sehr hohe Ansprüche	17,4	2,6	10,0	30,0	11,4
Hohe Ansprüche	73,9	68,8	70,0	60,0	67,8
Mäßige Ansprüche	8,7	26,0	20,0	10,0	19,3
Geringe Ansprüche	0,0	1,3	0,0	0,0	0,7
Keine Antwort	0,0	1,3	0,0	0,0	0,7
Summe	**100,00**	**100,00**	**100,00**	**100,00**	**100,00**

Bei den ländlichen Vororten sind es aus Südtirol und Tirol je über 70 Prozent der Bürgermeister*innen, welche die Ansprüche der Bürger*innen als hoch empfinden. Bei den Graubündner ländlichen Vororten sind es mit zehn von 22 Gemeinden (45,4 %) etwas weniger. Bei den ländlichen Zentren sind es hingegen alle vier Tiroler Vertreter*innen sowie drei von fünf Südtiroler*innen, welche die Ansprüche als hoch bewerten. Schließlich bewerteten die Bürgermeister*innen der 30 kleineren Städte und Vororte unterschiedlich. Nur in Tirol erklärt die große Mehrheit (75 %), dass die Ansprüche der Bürger*innen hoch seien. In Graubünden und Südtirol sind es mit 42,9 % nicht die Mehrheit der Gemeinden. Die Ergebnisse der kleineren Städte sind in diesen beiden Territorien heterogener, weil einige Gemeinden die Ansprüche auch mit sehr hoch bzw. nur mit mäßig bewerteten und somit eine kontextspezifische Meinung offenbaren.

Im Laufe der **Interviews** sprachen zwei Bürgermeister*innen von kleinen Gemeinden den Standort ihrer Gemeinde im Zusammenhang mit den

Ansprüchen der Bürger*innen an. So berichteten sie von hohen Erwartungen gegenüber ihrer Gemeinde, auch wenn diese nur beschränkte Mittel zur Verfügung hätte. Diese Darstellungen stammen sowohl von einer Gemeinde aus einem ländlichen Vorort wie auch aus einem ländlichen Zentrum. So kann davon ausgegangen werden, dass vor allem ländliche Gebiete davon betroffen sind, während es bei kleineren Städten womöglich weniger der Fall ist, weil dort viele Dienstleistungen zwangsläufig angeboten werden. Der Bürgermeister aus einem ländlichen Vorort ist der Meinung, dass die Herausforderungen einer qualitätsvollen Dienstleistung in seiner geografischen Lage viele seien: *„Weil ich mache ja nicht für 1.000 [Personen] eine Sache, sondern für fünf oder für zehn. Weil da oben sind halt nur fünf Häuser. Aber der will genauso seine Straße, genauso Glasfaser, Trinkwasser... Und das ist immer mit viel mehr Kosten verbunden. (...) Logisch sagt der Bürger: Hab ich nicht auch das Recht zu wohnen und Internet zu haben? (...) Der Bürger verlangt das eben. (...). Und das ist eben die Herausforderung.“* Eine Bürgermeisterin berichtet zudem, dass manche Forderungen in ihrer ländlichen Gemeinde nicht erfüllbar seien: *„(...) da sind schon oft Forderungen, wo ich dann gesagt habe: So hart es klingt, aber da müsst ihr in der Stadt bleiben. Weil da ist halt einmal ein Land.“*

Hinsichtlich der Ansprüche vonseiten des Gesetzgebers sind die kleineren Städte und Vororte mehrheitlich ebenso der Meinung, dass diese hoch seien. Deutlich weniger Gemeinden, wie in Bezug auf die Ansprüche der Bürger*innen erklären allerdings, dass die Ansprüche sehr hoch seien. Die Bündner und Tiroler kleineren Städte sind diesbezüglich ähnlicher Meinung, weil die große Mehrheit der Bürgermeister*innen die Ansprüche als hoch bewertet (Graubünden: 71,4 %, Tirol: 68,8 %). Nur in Südtirol sind nur drei von sieben kleineren Städten (42,9 %) dieser Meinung, während 2 die Ansprüche wiederum mit sehr hoch bewerten. Bei den ländlichen Zentren ist das Ergebnis eindeutiger: Sieben von zehn Bürgermeister*innen bewerten die Ansprüche des Gesetzgebers ebenso mit hoch (die einzige aus Graubünden sowie alle 3 aus Tirol). Wiederum differenziert sich hiervon Südtirol, wo nur zwei von fünf Bürgermeister*innen die Ansprüche mit hoch bewerten und drei mit mäßig. Die ländlichen Vororte haben im Vergleich den geringsten Anteil bei der Bewertung „hoch“, wobei fast 60 Prozent der betroffenen Bürgermeister*innen diese Meinung vertreten. Hierbei bewerten die Bürgermeister*innen von Vororten aus allen Territorien sehr ähnlich, denn in allen drei Fällen liegt der Zustimmungswert bei über 50 Prozent. Für einige ländliche Vororte aus allen drei Territorien sind die Ansprüche des Gesetzgebers hingegen nur mäßiger Natur (4 von 22 aus Graubünden, 7 von 33 aus Südtirol, 6 von 22 aus Tirol).

Tabelle 125: Ansprüche des Gesetzgebers nach Lage (Antworten in Prozent)

Bewertung	Kleinere Städte und Vororte (N = 30)	Ländliche Zentren (N = 10)	Ländliche Vororte (N = 77)	Ländlich periphere Gemeinden (N = 23)	Insgesamt (N = 140)
Sehr hohe Ansprüche	13,3	8,7	10,1	0,0	11,4
Hohe Ansprüche	63,3	78,3	58,2	70,0	67,8
Mäßige Ansprüche	16,7	13,0	21,5	30,0	19,3
Geringe Ansprüche	0,0	0,0	5,1	0,0	0,7
Keine Antwort	6,7	0,0	2,5	0,0	0,7
Summe	**100,0**	**100,0**	**100,0**	**100,0**	**100,0**

Schließlich weisen die ländlich peripheren Gemeinden auch in Bezug auf die Frage nach den Ansprüchen des Gesetzgebers den höchsten Zustimmungswert bei der Bewertung „hohe Ansprüche" auf. Wiederum sind große Ähnlichkeiten zwischen den Territorien feststellbar. Diese Bewertung haben alle drei Bürgermeister*innen aus peripheren Gebiete in Südtirol und aus allen vier von Tirol abgegeben sowie 11 von 16 (68,8 %) aus Graubünden. Die Anforderungen an die lokale Daseinsversorge vonseiten des Landes können insbesondere in peripheren Gemeinden schwierig sein, erklärt ein Südtiroler Bürgermeister: *„Wir sollten schauen, dass wir da überall immer nachkommen und das ist nicht immer einfach. Hauptsächlich in peripheren Gebieten den Standards nachkommen ist eine große Herausforderung."*

6.6.4.2 Schwierigkeit des Regierens

Nach der Bewertung der Ansprüche, betraf die nächste Frage an die Bürgermeister*innen im Fragebogen (Nr. 49) und den Interviews das Regieren im Allgemeinen: *„Wie bewerten Sie die Aufgabe der Gemeinde, den Ansprüchen der Bürgerinnen und Bürger sowie des subnationalen Gesetzgebers (Land/Kanton) gleichzeitig gerecht zu werden?"* In den persönlichen Interviews handelte es sich dabei um eine offene Frage, im Fragebogen standen hingegen folgende Bewertungen zur Auswahl: Sehr schwierig, schwierig, weder schwierig noch leicht, leicht oder sehr leicht. Die Antwort konnte auch verweigert werden.

Soeben wurde festgestellt, dass die Ansprüche vonseiten der Bürger*innen sowie des Gesetzgebers von der Mehrheit der Befragten in den meisten Fällen, sowohl nach Territorium der Gemeinde sowie auch in Bezug auf ihre Größe und Lage als hoch eingestuft werden. Einzig im Falle der Kleinstgemeinden in

Bezug auf die Ansprüche der Bürger*innen war dies nicht der Fall, da diese die Ansprüche als geringer einstufen.

Auch die Interviews bestätigten die hohen Anforderungen vonseiten der Bürger*innen deutlich, hingegen waren in Bezug auf die Ansprüche des Landes nicht alle Befragten derselben Meinung. Aufgrund der im Allgemeinen festgestellten hohen Ansprüche, die ein großer Teil der Bürgermeister*innen verspürt, kann davon ausgegangen werden, dass sie die Aufgabe des Regierens als schwierig oder zu mindestens als „weder schwierig noch leicht" einstufen. Die Gesamtergebnisse der Erhebung geben dieser Annahme Recht, wenn auch die Mehrheit knapp ausfällt. Insgesamt wurde die Frage von 140 Personen beantwortet. Fast die Hälfte gab an, dass sie die Aufgabe den Ansprüchen vonseiten der Bürger*innen sowie des Gesetzgebers gerecht zu werden als schwierig bewertet. Zählt man die Ergebnisse der Bewertungen „schwierig" und „sehr schwierig" zusammen, sind es insgesamt sogar 53,5 Prozent der Befragten. Kein einziger Befragter bewertete die Aufgabe des Regierens hingegen als sehr leicht und nur drei Personen als leicht (2 aus Graubünden, 1 aus Tirol).

Tabelle 126: Bewertung des Regierens (N = 140)

Bewertung	Anzahl Antworten	Antworten in Prozent
Sehr leicht	0	0,0
Leicht	3	2,1
Weder schwierig, noch leicht	58	41,4
Schwierig	68	48,6
Sehr schwierig	8	5,7
Keine Antwort	3	2,1
Summe	**140**	**100,0**

Die Ergebnisse nach dem **Territorium** der Gemeinde sind den Gesamtergebnissen ähnlich und deutlicher. In Südtirol und Tirol bewertet über die Hälfte der Befragten die Aufgabe als schwierig. In Graubünden sind dieser Meinung hingegen deutlich weniger Personen (41,3 %). Auch zusätzlich zu den 6,5 Prozent, welche die Aufgabe sogar als „sehr schwierig" bewerten, liegt die negative Bewertung immer noch unter der Mehrheit der Befragten. Der größte Teil der Bündner Befragten (45,7 %) bewertet die Aufgabe hingegen neutral als „weder schwierig noch leicht". In allen drei Gebieten liegt die Bewertungskategorie „weder schwierig noch leicht" etwa auf demselben Niveau.

Tabelle 127: Bewertung des Regierens nach Territorium (Antworten in Prozent)

Bewertung	Kanton Graubünden (N = 46)	Land Südtirol (N = 49)	Land Tirol (N = 45)
Sehr leicht	0,0	0,0	0,0
Leicht	4,3	0,0	2,2
Weder schwierig, noch leicht	45,7	40,8	37,8
Schwierig	41,3	53,1	51,1
Sehr schwierig	6,5	4,1	6,7
Keine Antwort	2,2	2,0	2,2
Summe	**100,0**	**100,0**	**100,0**

In den persönlichen **Gesprächen** gingen nicht alle Bürgermeister*innen direkt auf die Frage ein, wie schwierig sie das Regieren empfinden. Sie bewerteten bei der Beantwortung die Situation eher im Allgemeinen und erzählten von ihren persönlichen Herausforderungen. Nur zwei Befragte sagten explizit, dass sie sich keinem Druck ausgesetzt fühlen und ein dritter hatte die Frage nur auf die Fusion seiner Gemeinde bezogen. Die Antworten, wie die Bürgermeister*innen das Regieren bewerten, waren sehr individuell. Dies weist auf einen starken institutionellen, aber auch persönlichen Kontext hin, wie ein*e Bürgermeister*in regiert und mit anderen Akteuren kooperiert. Einzelne Bürgermeister gaben zu, dass das Regieren auch mit Herausforderungen verbunden sei: *„Ich denke die Anforderungen eines Gemeindeparlaments, was rechtliche Fragen gegenüber dem Kanton betrifft, aber auch gegenüber dem Bürger, werden immer höher (…) Und natürlich wird auch die Freiheit der Gemeinderats immer mehr eingeschränkt bzw. diktiert. Wir müssen uns bei jeder Entscheidung fragen auf welcher gesetzlichen Basis wir uns bewegen.“*

Zwei Interviewpartner*innen sind der Meinung, dass es nicht Aufgabe eines*einer Politiker*in sei, alle Erwartungen zu erfüllen: *„Ich denke, es ist für mich grundsätzlich eine Selbstverständlichkeit, dass man versucht den Erwartungen gerecht zu werden. Aber ich sage auch ganz klar: Es ist als Politiker, wenn man eine Linie fahren will, dann kann man nicht allen Erwartungen gerecht werden. Da muss man eine gewisse Linie so fahren und Entscheide fällen. (…) Ich denke, dass muss man immer auch in die Waagschale werfen.“* Getrieben sind die Gemeinden dabei stets von ihrer finanziellen Ausstattung. So erklärt eine Bürgermeisterin aus einer kleinen Gemeinde: *„Wichtig ist immer, dass man finanziell das schafft. Es nutzt keinem, wenn ich weiss Gott was verspreche, einen riesen Neubau hinstelle (…), was jeder gerne möchte. Wäre auch toll, aber es geht finanziell eben nicht. (…)*

Und wenn ich das komplette ausnutze vom Land, die Finanzierung, dann muss ich mit der Steuer hinauf gehen. Also auf der einen Seite sage ich, ok, ich mache jetzt vielleicht weniger, dafür sind aber die Lebenserhaltungskosten für meine Bürger relativ wenig. (...) Alles geht einfach nicht. Obwohl die Leute natürlich viel fordern. Aber das ist die Aufgabe eben vom Bürgermeister, darum ist es auch wichtig, wie der Gemeinderat zusammengesetzt ist. (...) Man muss eigentlich flexibel sein als Bürgermeister. Aber nicht auf alles sofort eingehen."

Die Ergebnisse des Fragebogens nach der **Größe** der Gemeinden unterscheiden sich etwas von den anderen Ergebnissen. So ist nur in einem Fall eine klare Mehrheit feststellbar. Von den großen Gemeinden sind fast alle der Meinung (12 von 17), dass es schwierig sei, den Ansprüchen der Bürger*innen und des Gesetzgebers gleichzeitig entgegenzukommen. Auch bei den mittleren Gemeinden bewerteten fast die Hälfte der Betroffenen diese Aufgabe als schwierig (48,8 %). Damit heben sich die Einschätzungen der Bürgermeister*innen aus mittleren und großen Gemeinden von jenen der kleinen Gemeinden und Kleinstgemeinden ab. Denn dort liegt der Zustimmungswert in der Kategorie „schwierig" darunter, womit sie im Vergleich weniger Druck zu verspüren scheinen. Allerdings bewerten einige Bürgermeister*innen von den kleinen Gemeinden (5) und Kleinstgemeinden (2) die Aufgabe auch als „sehr schwierig", was bei den mittleren Gemeinden nur eine Person bewertete und bei den großen gar keine. Bis auf die großen Gemeinden, bewerten in den anderen drei Größenklassen eine beträchtliche Anzahl an Gemeinden die Aufgabe als „weder schwierig noch leicht" (mittlere Gemeinden: 18 von 43; kleine Gemeinden: 28 von 63, Kleinstgemeinden: 8 von 18).

Tabelle 128: Bewertung des Regierens nach Größe (Antworten in Prozent)

Bewertung	Kleinstgemeinden (N = 18)	Kleine Gemeinden (N = 63)	Mittlere Gemeinden (N = 43)	Große Gemeinden (N = 16)	Insgesamt (N = 140)
Sehr leicht	0,0	0,0	0,0	0,0	0,0
Leicht	0,0	3,2	2,3	0,0	2,1
Weder schwierig, noch leicht	44,4	44,4	41,9	25,0	41,4
Schwierig	44,4	42,9	48,8	75,0	48,6
Sehr schwierig	11,1	7,9	2,3	0,0	5,7
Keine Antwort	0,0	1,6	4,7	0,0	2,1
Summe	**100,0**	**100,0**	**100,0**	**100,0**	**100,0**

Ähnlich den vorhergegangenen Antworten, ähneln sich die mittleren Gemeinden in den drei Territorien. In allen Territorien erklärt ein ähnlich hoher Prozentsatz der Bürgermeister*innen, dass die Aufgabe schwierig sei (Graubünden: 45,5 %, Südtirol: 52,9 %, Tirol: 46,7 %). Bei den kleinen Gemeinden fiel der höchste Zustimmungswert (44,4 %) auf „weder schwierig noch leicht". Dies ist auch in Graubünden und Südtirol der Fall, wo die Hälfte der kleinen Gemeinden die Frage mit diesem Schwierigkeitsgrad bewertet. Nur für die kleinen Gemeinden aus Tirol scheint die Aufgabe noch schwieriger zu sein, denn hier gaben 53,8 Prozent der Befragten an die Aufgabe sei „schwierig". Damit liegen die kleinen Tiroler Gemeinden im Trend der Ergebnisse nach dem Territorium, denn auch insgesamt beantworteten über die Hälfte der Tiroler Gemeinden diese Frage mit „schwierig". Hingegen liegen die Südtiroler kleinen Gemeinden nicht im Durchschnitt von allen Südtiroler Gemeinden, denn insgesamt erhielt dort die Antwort „schwierig" mehr Zuspruch als „weder schwierig noch leicht". Bei den 18 Kleinstgemeinden fielen gleich viele Antworten auf die Bewertung „weder schwierig noch leicht" sowie „schwierig". Auch diese Ergebnisse unterschieden sich im Hinblick auf das Territorium der Kleinstgemeinden: In Graubünden bewertete genau die Hälfte die Aufgabe als schwierig und liegt damit über dem Durchschnittswert der anderen Bündner Gemeinden. In Südtirol bewerteten hingegen zwei von vier Kleinstgemeinden die Aufgabe mit „weder schwierig noch leicht" wie auch die einzige Kleinstgemeinde aus Tirol.

In Bezug auf das Regieren im Allgemeinen berichteten einige Bürgermeister*innen aus Südtirol und Tirol – zwei aus einer mittleren und einer aus einer kleinen Gemeinde – über die Wichtigkeit der persönlichen Vernetzung zwischen Politik und Bevölkerung. Dies wird als Vorteil angesehen, kann in Extremfällen aber auch eine hohe Arbeitslast für die Führungskraft bedeuten: *„(…) Ich bin sehr verwurzelt und ich glaub es gibt nicht viele (…) [Bürger], die nicht meine Handynummer haben. Und wenn es irgendeine Problemstellung gibt, dann wird (…) man direkt damit konfrontiert. (…) Das was einem Bürgermeister in einer größeren Gemeinde sicher hat das Problem nicht, weil sich der natürlich auf die wesentlichen Dinge besser konzentrieren kann. (…) Es verlangt großen Einsatz sag ich mal."* oder *„Ja, die Aufgabe ist sehr sehr groß muss ich sagen. Also als Bürgermeister bin ich da auch gefordert. (…) Manchmal muss man sagen: Also mit diesem Problem bitte ist der Pfarrer zuständig, und mit dem anderen Problem gehst du zum Hausarzt. (…) Und der Bürgermeister ist eigentlich in diesem Sinne für alles da."* oder *„Wir versuchen unser Bestes zu machen und versuchen auch immer eine Lösung zu finden. (…) Weil die kleinen Gemeinden versuchen halt selbst auch noch die gewissen Arbeiten zu erledigen. Im November bin ich selbst mit der Schneeräumung gestartet, weil wir es nicht geschafft haben oder mit dem Salzstreuer.*

(...) Aber wenn du schnell eine Lösung willst, dann musst du teilweise oft auch selbst anpacken. (...) Und das glaube ich ist in den kleinen Gemeinden einfach familiärer. [Das] denke ich, ist in den Städten nicht so."

Ein Aspekt, der von einem Bürgermeister einer kleinen Gemeinde angesprochen wurde, der allerdings selbst keinen großen Druck verspürt, ist die politische Erfahrung. Dies wird als ein Vorteil angesehen, um das Zusammenspiel zwischen diversen Akteuren und deren Erwartungshaltung gut zu meistern. Gleichzeitig hänge dieses Empfinden aber von jeder Person selbst ab, befindet der Befragte. Für eine andere Bürgermeisterin aus Tirol ist es hingegen wichtig, alle Bürger*innen gleich zu behandeln, um auf deren Anforderungen geeignet zu reagieren. Dabei hilft die gute Zusammenarbeit im Gemeinderat: „*Wenn der es nicht kriegt, darf es der andere auch nicht kriegen. (...) Das muss man als Gemeinde absolut in den Vordergrund stellen. Auch wenn die Bürger manchmal nicht zufrieden sind. Aber wir wissen ja wie das Budget ausschaut, den Bürger interessiert das Budget sehr wenig. (...) Die Leute wollen halt ihre Wünsche erfüllt haben, aber wir sind halt zuständig, dass wir mit dem Budget was wir haben auch auskommen. Deswegen ist es umso wichtiger, dass man es im Gemeinderat ausführlich bespricht und wirklich also einfach eine Linie hat (...).*" Je ein Bürgermeister aus einer kleinen und einer mittleren Gemeinde aus diversen Territorien sprechen die Wichtigkeit des Abwägens an, wenn es um die Erfüllung gewisser Erwartungen geht – seien es nun jene der Bürger*innen oder des Gesetzgebers: „*Ein klares Mittel gibt es nicht. Oft muss man halt abwägen. Macht man zuerst Schule oder irgendwas? (...) Schule ist wichtig/Bildung oder man macht Glasfaser für Wirtschaft. Natürlich dem Lehrer oder der Mutter wäre Bildung wichtiger. Und hier ist halt die Herausforderung.*" oder „*Im Grundsatz ist das immer ein Abwägen, aber für mich ist klar, wer Vorrang hat. Also das lebe ich jeden Tag vor, dass wird zum Teil auch hart kritisiert von Seiten der Verwaltung (...) Aber wenn es sich rechtlich irgendwie begründen lässt, stehe ich immer auf der Seite unserer Einwohner, das ist klar. Die bezahlen mir den Lohn und ich fühle mich ihnen verpflichtet.*"

Bei der Aufsplitterung nach der geografischen Lage sind die Ergebnisse der Befragung homogener als nach der Variable Größe. Somit scheint der Einfluss der Lage kaum Einfluss auf die Bewertung des Regierens zu haben. In drei von vier Kategorien zeigen die Ergebnisse klare Mehrheitsverhältnisse, auch wenn die betroffenen Gemeinden sich geografisch unterscheiden. So bewertet die Mehrheit der Befragten in den beiden Randkategorien das Regieren als schwierig: Sowohl die Bürgermeister*innen aus den kleineren Städte und Vororten (53,3 %) wie auch jene der ländlich peripheren Gemeinden (52,2 %). Demgegenüber erklären sieben von zehn Bürgermeister*innen aus ländlichen Zentren (70 %), dass die Aufgabe „weder schwierig noch leicht" sei. Nur bei den ländlichen Vororten ist

Tabelle 129: Bewertung des Regierens nach Lage (Antworten in Prozent)

Bewertung	Ländlich periphere Gemeinden (N = 23)	Ländliche Vororte (N = 77)	Ländliche Zentren (N = 10)	Kleinere Städte und Vororte (N = 30)	Insgesamt (N = 140)
Sehr leicht	0,0	0,0	0,0	0,0	0,0
Leicht	0,0	0,0	0,0	10,0	2,1
Weder schwierig, noch leicht	47,8	41,6	70,0	26,7	41,4
Schwierig	52,2	48,1	30,0	53,3	48,6
Sehr schwierig	0,0	7,8	0,0	6,7	5,7
Keine Antwort	0,0	2,6	0,0	3,3	2,1
Summe	**100,0**	**100,0**	**100,0**	**100,0**	**100,0**

keine klare Mehrheit feststellbar. Die höchste Zustimmung erfuhr allerdings auch hier die Bewertung „schwierig" (46,8 %).

Wenn wir die Ergebnisse nach Territorium und Lage begutachten, so sind bei den kleineren Städten und Vororten die Südtiroler und Tiroler Repräsentanten wiederum derselben Meinung, unterscheiden sich allerdings von jenen aus Graubünden. So erklären fünf von sieben kleineren Städten aus Südtirol (71,4 %) sowie neun von 16 aus Tirol (56,3 %), dass die gefragte Aufgabe schwierig sei. In Graubünden sind hingegen nur zwei von sieben dieser Meinung, während drei von sieben die neutrale Bewertung „weder schwierig noch leicht" wählten.

Bei den ländlichen Zentren sind die Antworten zwischen den Territorien im Gegenzug zu den kleineren Städten heterogen. Die einzige Person aus Graubünden und zwei von vier Tiroler Bürgermeister*innen beantworteten die Frage mit „schwierig", während alle fünf ländlichen Zentren aus Südtirol mit „weder schwierig noch leicht" antworten. Damit liegen die ländlichen Zentren aus Südtirol nicht im Trend der Südtiroler Gesamtergebnisse, wo die Hälfte der Gemeinden (50 %) die Frage mit „schwierig" bewertete.

Auch bei den ländlichen Vororten sind die Gesamtergebnisse differenziert und die Antworten verteilen sich auf die Bewertungen „schwierig" sowie „weder schwierig noch leicht". Dasselbe ausgeglichene Bild zeigt sich in Tirol und in Graubünden: In Tirol bewerten gleich viele ländlichen Vororte (je 10 von 22) die Aufgabe mit „schwierig" bzw. mit „weder schwierig noch leicht" und auch aus Graubünden ist bei den ländlichen Vororten kein klarer Trend erkennbar. Die meisten Befragten (10 von 22) bewerteten mit „weder schwierig noch leicht", aber immerhin acht von 22 mit „schwierig“ und weitere drei mit „sehr schwierig“. Nur in Südtirol gibt es eine klare Mehrheit. So beantworteten die meisten Bürgermeister*innen aus ländlichen Vororten die Frage mit „schwierig“ (57,6 %). Schließlich bewerteten von den 23 peripheren Gemeinden knapp über die Hälfte der Bürgermeister*innen (12) die Frage ebenso mit der negativen Bewertung „schwierig“. Hier ist sich die Mehrheit der peripheren Gemeinden aus allen Territorien einig (Graubünden: 50 %, Südtirol: 50 %, Tirol: 66,7 %).

6.6.5 Lösungsansätze für lokale Herausforderungen

6.6.5.1 Aufgabenlast der Gemeinden

Nachdem die Fragen 46 bis 49 im Fragebogen darauf abzielten die Herausforderungen der Bürgermeister*innen zu erheben sowie ihre Bewertung der Ansprüche vonseiten der Bürger*innen und des Landes, wurden gefragt, inwieweit sie bestimmten Aussagen zur lokalen Autonomie und interkommunalen Kooperation sowie Fusion zustimmen. Die Befragten konnten folgende Antworten abgeben: Stimme überhaupt nicht zu, stimme eher nicht zu, stimme weder zu noch nicht zu, stimme eher zu oder stimme völlig zu. Die erste Aussage lautete *„Die Gemeinde hat zu viele Aufgaben zu leisten“*. Das Ergebnis zeigt, dass die Mehrheit der Bürgermeister*innen dieser Aussage recht gibt, dennoch handelt es sich nicht um eine riesige Zustimmung. So erklären insgesamt 42,1 Prozent der 140 Befragten, dass sie dieser Aussage eher schon zustimmen, während weitere 24,3 Prozent völlig zustimmen. Summiert machen diese beiden Antwortkategorien 66,4 Prozent der Zustimmung aus.

Tabelle 130: Bewertung der Aufgabenlast (N = 140)

Bewertung	Anzahl Antworten	Antworten in Prozent
Stimme überhaupt nicht zu	5	3,6
Stimme eher nicht zu	18	12,9
Stimme weder zu noch nicht zu	23	16,4
Stimme eher zu	59	42,1
Stimme völlig zu	34	24,3
Keine Antwort	1	0,7
Summe	**140**	**100,0**

Die Ergebnisse nach **Territorium** zeigen hierzu einige Unterschiede. So sind sich die Tiroler und Südtiroler Befragten eher einig, während sich jene aus

Graubünden differenzieren. In ersteren beiden Territorien erklärt – wie es die Gesamtergebnisse bereits deuten – die Mehrheit der Aussage eher bzw. völlig zu, dass die Gemeinden zu viele Aufgaben zu leisten hätten. Die Bürgermeister*innen aus Tirol stimmen der Aussage von allen drei Territorien am ehesten zu und die Bewertung insgesamt am höchsten. So erklären dort 42 Prozent, sie stimmen völlig zu. Addiert man diese Zustimmung zu jenen Bürgermeister*innen, die erklärten der Aussage „eher" zuzustimmen, sind es über 80 Prozent der Befragten. Im Vergleich macht der summierte Wert der beiden Zustimmungskategorien in Südtirol 69,4 Prozent und in Graubünden 45,6 Prozent aus.

In Graubünden stimmte zwar ebenso ein großer Teil von 39,1 Prozent der Aussage eher zu, aber weitere 26,1 Prozent erklären weder zu- noch nicht zuzustimmen und haben somit eine neutrale Meinung. Zudem erklären sogar 19,6 Prozent (9 von 46), dass sie der Aussage eher nicht zustimmen.

Tabelle 131: Bewertung der Aufgabenlast nach Territorium (Antworten in Prozent)

Bewertung	Kanton Graubünden (N = 46)	Land Südtirol (N = 49)	Land Tirol (N = 45)
Stimme überhaupt nicht zu	8,7	2,0	0,0
Stimme eher nicht zu	19,6	8,2	11,1
Stimme weder zu noch nicht zu	26,1	18,4	4,4
Stimme eher zu	39,1	44,9	42,2
Stimme völlig zu	6,5	24,5	42,2
Keine Antwort	0,0	2,0	0,0
Summe	**100,0**	**100,0**	**100,0**

Bei den Ergebnissen nach der **Größe** sind ebenso nicht in jeder Kategorie klare Mehrheitsverhältnisse vorhanden. Am eindeutigsten sind die Antworten der kleinen Gemeinden: Hier stimmen 52,4 Prozent der Gemeinden der Aussage eher zu und 22,2 Prozent sogar völlig zu, was in Summe über 74 Prozent ausmacht. Dieser Wert ist in allen anderen Größenklassen bedeutend geringer, am niedrigsten bei den großen Gemeinden (große Gemeinden: 50 %, mittlere Gemeinden: 62,8 %, Kleinstgemeinden: 61,1 %). Zudem erhielt bei den großen und mittleren sowie den Kleinstgemeinden keine einzige Bewertungskategorie über die Hälfte der Zustimmung, so dass die Meinungen viel heterogener ausfallen als bei den Bürgermeister*innen der kleinen Gemeinden. Den jeweils höchsten Zustimmungswert erhielt allerdings auch in allen drei anderen Größenkategorien die

Bewertung „stimme eher zu“, so dass die Meinung der Bürgermeister*innen tendenziell sehr wohl in die Richtung einer zu hohen Aufgabenlast für alle Gemeinden geht.

Tabelle 132: Bewertung der Aufgabenlast nach Größe (Antworten in Prozent)

Bewertung	Kleinstgemeinden (N = 18)	Kleine Gemeinden (N = 63)	Mittlere Gemeinden (N = 43)	Große Gemeinden (N = 16)	Insgesamt (N = 140)
Stimme überhaupt nicht zu	0,0	4,8	2,3	6,3	3,6
Stimme eher nicht zu	16,7	9,5	14,0	18,8	12,9
Stimme weder zu noch nicht zu	22,2	11,1	18,6	25,0	16,4
Stimme eher zu	33,3	52,4	32,6	37,5	42,1
Stimme völlig zu	27,8	22,2	30,2	12,5	24,3
Keine Antwort	0,0	0,0	2,3	0,0	0,7
Summe	**100,0**	**100,0**	**100,0**	**100,0**	**100,0**

Die großen Gemeinden sind es auch, die sich zwischen den Territorien und innerhalb desselben Territoriums als sehr unterschiedlich herauskristallisieren. Dies trifft auf die drei großen Gemeinden aus Tirol wie auch die beiden aus Graubünden zu. Auch die 12 großen Gemeinden aus Südtirol beantworteten die Frage unterschiedlich. Bei den mittleren Gemeinden gibt es mehr Übereinstimmung innerhalb derselben Territorien, aber ebenso nicht unbedingt zwischen den drei Ländern. Die Mehrheit der mittleren Bündner Gemeinden (6 von 11) stimmt der Aussage eher zu. Ein großer Teil der mittleren Gemeinden aus Tirol (6 von 15) stimmt sogar völlig zu. Auch in Südtirol erklärt die Mehrheit der mittleren Gemeinden (10 von 17), dass sie der Aussage eher bzw. völlig zustimmen. Bei den kleinen Gemeinden zeigen die Ergebnisse eine klare Mehrheit dahingehend, dass sie der Aussage zu den zu vielen Aufgaben eher zustimmen. Dieser Meinung sind die Mehrheit der Südtiroler (64,7 %) sowie der Tiroler (53,8 %) kleinen Gemeinden. Nur in Graubünden fiel auf diese Bewertung nur 40 Prozent der Zustimmung, während fünf Bündner Gemeindepräsident*innen der Aussage eher nicht zustimmen bzw. weder zu- noch nicht zustimmen.

Die Kleinstgemeinden sind sich bei der Beantwortung der Frage ebenso nicht einig. So stimmten die 13 Kleinstgemeinden aus Graubünden unterschiedlich: Je vier stimmten der Aussage weder zu noch nicht zu bzw. eher zu, weitere drei

Gemeinden stimmen eher nicht zu und zwei andere hingegen völlig zu. In Südtirol beschränken sich die Ergebnisse der vier Gemeinden hingegen nur auf die volle und die teilweise Zustimmung. In Tirol stimmte die einzige Kleinstgemeinde der Aussage ebenso völlig zu.

Die Ergebnisse nach der **geografischen Lage** sind ähnlich wie jene der Größe und zeigen nicht in jeder Kategorie klare Trends, so dass der Einfluss dieser Variable kaum festzustellen ist. In drei von vier Kategorien wählten die meisten Bürgermeister*innen die Antwort „stimme eher zu“, so dass auch hier eine prinzipielle Zustimmung zur hohen Aufgabenlast feststellbar ist. Nur bei den ländlich peripheren Gemeinden erhielt die Antwort „stimme weder zu noch nicht zu“ die meiste Zustimmung (34,8 %). Am eindeutigsten sind die Ergebnisse bei den ländlichen Zentren, von denen sechs von zehn eher und zwei völlig zustimmen, dass sie zu viele Aufgaben zu leisten hätten (sie stammen aus allen drei Territorien). Auch bei den kleineren Städten und Vororten sowie den ländlichen Vororten stimmt jeweils die Mehrheit der betroffenen Bürgermeister*innen der gestellten Aussage eher bzw. völlig zu (kleinere Städte: 60 %, ländliche Vororte: 72,8 %). Nur bei den peripheren Gebieten ist die Zustimmung zu den beiden zustimmenden Bewertungen geringer und beträgt insgesamt 47,8 Prozent. Ein hoher Teil der Befragten hat interessanterweise eine neutrale Meinung zur hohen Aufgabenlast von Gemeinden (34,8 %) und vier von 23 Befragten stimmen der Aussage sogar eher nicht zu.

Tabelle 133: Bewertung der Aufgabenlast nach Lage (Antworten in Prozent)

Bewertung	**Ländlich periphere Gemeinden (N = 23)**	**Ländliche Vororte (N = 77)**	**Ländliche Zentren (N = 10)**	**Kleinere Städte und Vororte (N = 30)**	**Insgesamt (N = 140)**
Stimme überhaupt nicht zu	0,0	3,9	0,0	6,7	3,6
Stimme eher nicht zu	17,4	13,0	0,0	13,3	12,9
Stimme weder zu noch nicht zu	34,8	9,1	20,0	20,0	16,4
Stimme eher zu	30,4	44,2	60,0	40,0	42,1
Stimme völlig zu	17,4	28,6	20,0	20,0	24,3
Keine Antwort	0,0	1,3	0,0	0,0	0,7
Summe	**100,0**	**100,0**	**100,0**	**100,0**	**100,0**

Die ähnlich hohen Zustimmungswerte bei den kleineren Städten und Vororten stammen wiederum von den Bürgermeister*innen aus Südtirol und Tirol, wo die Mehrheit der Aussage entweder teilweise oder völlig zustimmen (Südtirol: 57,2 %, Tirol: 75,1 %). Nur in Graubünden sind die Bürgermeister*innen der sieben kleineren Städte unterschiedlicher Meinung. Bei den ländlichen Vororten erhielt die Bewertung „stimme eher zu" insgesamt die höchste Zustimmung (44,2 %). Dies ist auch in den ländlichen Vororten von Graubünden und Südtirol der Fall (50 % bzw. 42,4 %), wogegen in Tirol die Zustimmungsrate bei „stimme völlig zu" noch höher ist. Letztlich sind die Ergebnisse bei den peripheren Gemeinden nicht eindeutig. Die meisten Befragten stimmen der Aussage nämlich weder zu noch nicht zu. Dieser Wert stammt vor allem aus Graubünden, wo sieben von 16 Befragten aus peripheren Gemeinden diese Antwort gaben (43,8 %). Demgegenüber sind die vier aus den Südtiroler Gemeinden unterschiedlicher Meinung, während die drei Tiroler alle zustimmen viele Aufgaben zu haben.

6.6.5.2 Lösung für lokale Herausforderungen: Kooperation oder Fusion?

Neben der Frage nach dem besseren Lösungsansatz betrafen die Aussagen im Fragebogen die Meinung zur lokalen Autonomie, lokalen Identität sowie der Professionalisierung der Dienste im Zusammenhang mit Kooperation und Fusion (siehe Tab. 134).[1585] Die Daten zeigen, dass über die Hälfte der Befragten in Südtirol und Tirol der Meinung sind, dass die interkommunale Kooperation weder die lokale Autonomie beschränke noch die lokale Identität schwäche. Dieses Ergebnis vergegenwärtigt, zumindest für diese Territorien, eine weitere positive Konnotation mit interkommunaler Kooperation. In Graubünden wird diese positive Meinung zur interkommunalen Kooperation nicht von der Mehrheit vertreten.

1585 Dieser Aspekt wird hier nur in Bezug auf die drei Territorien wiedergebeben, nicht für die Variablen Größe und Lage.

Tabelle 134: Interkommunale Kooperation, lokale Autonomie und lokale Identität

	Kanton Graubünden (N = 46)		**Land Südtirol (N = 49)**		**Land Tirol (N = 45)**	
	IKZ beschränkt Autonomie	**IKZ schwächt Identität**	**IKZ beschränkt Autonomie**	**IKZ schwächt Identität**	**IKZ beschränkt Autonomie**	**IKZ schwächt Identität**
Stimme überhaupt nicht zu	4,3 %	13,0 %	28,6 %	30,6 %	22,2 %	24,4 %
Stimme eher nicht zu	37,0 %	34,8 %	30,6 %	32,7 %	40,0 %	44,4 %
Stimme weder zu noch nicht zu	23,9 %	23,9 %	18,4 %	16,3 %	20,0 %	15,6 %
Stimme eher zu	23,9 %	21,7 %	18,4 %	16,3 %	13,3 %	11,1 %
Stimme völlig zu	8,7 %	6,5 %	2,0 %	2,0 %	4,3 %	4,4 %
Keine Antwort	2,2 %	0,0 %	2,0 %	2,0 %	0,0 %	0,0 %
Insgesamt	100,0 %	100,0 %	100,0 %	100,0 %	100,0 %	100,0 %

Weitere Thesen, die zur interkommunalen Kooperation abgefragt wurden, zeigt Tabelle 135. Demnach sind die meisten Bürgermeister*innen aus allen Territorien trotz unterschiedlicher Auffassungen in Bezug auf die lokale Autonomie und lokale Identität von den Vorteilen der Kooperation überzeugt: So stimmen sie zu, dass die interkommunale Zusammenarbeit einer Gemeinde erlaube, Aufgaben zu erfüllen, für die diese sonst nicht die Ressourcen hätte. Gleichzeitig ist eine große Mehrheit der Meinung, dass die Gemeinden dadurch in der Lage seien mehr professionelle Dienste zu leisten.

Zu gegenteiligem Ergebnis kam es beim Thema der Fusion: Über die Hälfte der Befragten in allen drei Territorien sind eher oder vollständig der Meinung diese beschränke die lokale Autonomie und schwäche die lokale Identität. Dennoch werden Fusionen nicht als nutzlos empfunden. So sind in Graubünden und Südtirol über die Hälfte der Befragten der Meinung, dass auch eine Fusion es den Gemeinden erlaube, Aufgaben zu erfüllen, für welche diese sonst nicht die Ressourcen hätte sowie mehr professionelle Dienste zu leisten.

Weniger Zustimmung erhielten diese Aussagen hingegen von den Tiroler Bürgermeister*innen.

Tabelle 135: Interkommunale Kooperation, lokale Aufgaben und professionelle Dienste

	Kanton Graubünde (N = 46)		**Land Südtirol (N = 49)**		**Land Tirol (N = 45)**	
	IKZ erlaubt mehr Aufgaben	**IKZ ermöglicht mehr professionelle Dienste**	**IKZ erlaubt mehr Aufgaben**	**IKZ ermöglicht mehr professionelle Dienste**	**IKZ erlaubt mehr Aufgaben**	**IKZ ermöglicht mehr professionelle Dienste**
Stimme überhaupt nicht zu	4,3 %	0,0 %	0,0 %	0,0 %	6,7 %	2,2 %
Stimme eher nicht zu	2,2 %	13,0 %	8,2 %	4,1 %	0,0 %	2,2 %
Stimme weder zu noch nicht zu	8,7 %	15,2 %	4,1 %	6,1 %	8,9 %	8,9 %
Stimme eher zu	47,8 %	45,7 %	57,1 %	46,9 %	60,0 %	489,0 %
Stimme völlig zu	37,0 %	26,1 %	28,6 %	42,9 %	22,2 %	35,6 %
Keine Antwort	0,0 %	0,0 %	2,0 %	0,0 %	2,2 %	2,2 %
Insgesamt	**100,0 %**	**100,0 %**	**100,0 %**	**100,0 %**	**100,0 %**	**100,0 %**

Weitere Aussagen, für welche die Meinung der Bürgermeister*innen erhoben wurde, betrafen schließlich konkret die Frage nach dem geeigneten Lösungsansatz für die Herausforderungen von Gemeinden. Beide Aspekte wurden auch in den persönlichen Interviews angesprochen. Im Fragebogen wurde zuerst folgende Aussage gelistet, wobei die Bürgermeister*innen diese beantworten oder verweigern konnten: „*Eine stärkere bzw. häufigere Zusammenarbeit mit anderen Gemeinden bei der Ausführung von Dienstleistungen könnte ein geeigneter Lösungsansatz sein, um den Herausforderungen der Gemeinde zu begegnen.*" Danach folgte die Aussage zum Thema Fusion: „*Eine Fusion mit anderen Gemeinden könnte* *ein geeigneter Lösungsansatz sein, um den Herausforderungen der Gemeinde zu begegnen.*" Beide Fragen zielten auf das Verständnis, inwiefern die Kooperation oder aber eine mögliche Fusion von Gemeinden von den Bürgermeister*innen als praktikable Lösung empfunden wird. Insgesamt wurden die Fragen von 140 von 142 Personen beantwortet. Die Gesamtergebnisse (Abb. 40) zeigen die Zustimmung hinsichtlich beider Aussagen und zeichnen ein deutliches Bild: Der größte Teil der Bürgermeister*innen stimmen der Aussage zur interkommunalen Kooperation als Lösungsansatz eher zu (40,7 %), wogegen die Meinung zur Fusion von gleich vielen Personen negativ ausfällt (40 %).

In Bezug auf die Lösung durch interkommunale Kooperation geben über 20 Prozent außerdem an, dieser Aussage völlig zuzustimmen. In der Summe sind es also über 60 Prozent der Befragten, die der Aussage zur interkommunalen Kooperation positiv gegenüberstehen. Es sind andererseits aber auch fast ein Viertel (23,5 %), die dieser Aussage eher nicht bzw. überhaupt nicht zustimmen. Beim Thema Fusion überwiegt im Gegensatz zur interkommunalen Kooperation hingegen deutlich eine skeptische Meinung. So antwortete die Mehrheit der Befragten (62,9 %), dass sie die Fusion eher nicht bzw. überhaupt nicht als einen Lösungsansatz für die Herausforderungen von Gemeinden hatten. Zehn Prozent der Befragten stimmten der Aussage hingegen eher zu und 12 Prozent völlig zu.

Abbildung 40: Kooperation und Fusion als Lösungsansatz (N = 140).

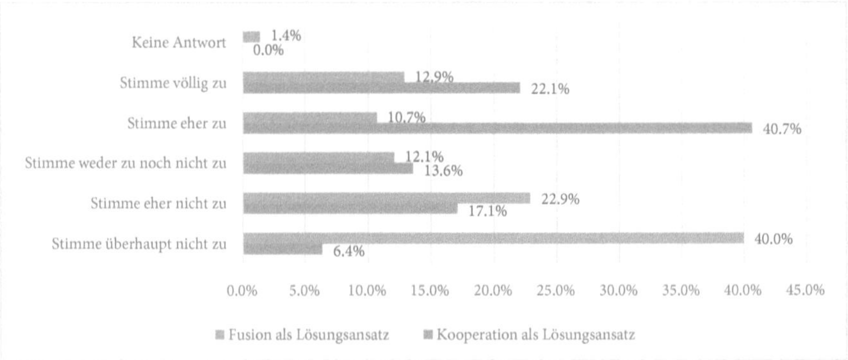

Wenn die Ergebnisse im Hinblick auf das **Territorium** begutachtet werden, fallen zum Teil Unterschiede zwischen den Meinungen (Abb. 41, 42). Die Antworten vonseiten der Südtiroler Bürgermeister*innen sind eindeutig: Die große Mehrheit (81,6 %) stimmt der Kooperation als Lösungsansatz für Herausforderungen entweder eher oder völlig zu. Auch in Tirol entschied sich die Mehrheit der Befragten für eine dieser beiden Bewertungen, wobei der Zustimmungswert mit 57,8 Prozent deutlich unter dem aus Südtirol liegt. Somit sind die Tiroler Befragten im Gegensatz zu Südtirol nicht mit überwiegender Mehrheit von der interkommunalen Kooperation überzeugt. Die Tiroler, wie auch die Bündner Bürgermeister*innen, sind in Bezug zur interkommunalen Kooperation als Lösungsansatz kritischer: In Tirol erklärten nämlich 17,8 Prozent und in Graubünden sogar 23,9 Prozent dieser Aussage eher nicht zuzustimmen. Zudem bewerten in Graubünden weitere 13 Prozent (6 von 47), dass sie der Aussage überhaupt nicht zustimmen. Ein beträchtlicher Teil der Gemeindepräsident*innen aus Graubünden ist allerdings insgesamt sehr wohl der Meinung die Kooperation stelle ein Lösungsansatz dar (47,8 %), Somit gehen die Meinungen zu diesem Thema in Graubünden ziemlich auseinander, in Tirol etwas, in Südtirol hingegen kaum. Dort zeigt sich zum Unterscheid der anderen beiden Territorien eine deutlich positivere Meinung zur Kooperation.

Abbildung 41: Kooperation als Lösungsansatz nach Territorium (Antworten in Prozent).

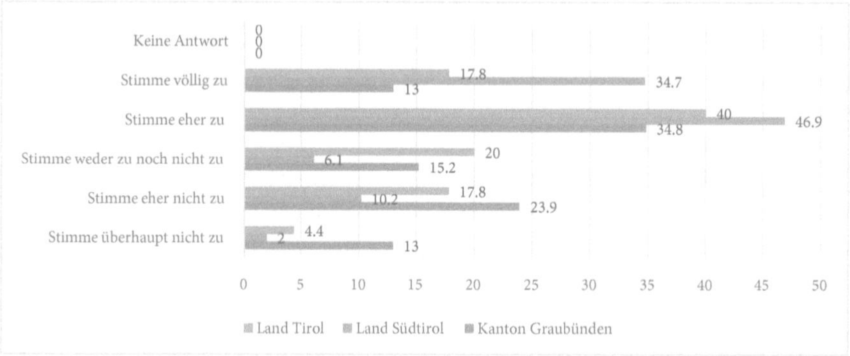

Auch die Mehrheit der Bürgermeister*innen, mit denen ein **Interview** geführt wurde, äußerte sich deutlich positiv zu Kooperation und bewertet diese als zielführend. Darauf weisen insbesondere die Gespräche mit den Bürgermeister*innen aus Südtirol und Tirol hin, unabhängig von der Größe oder Lage ihrer Gemeinde: „*In Zukunft auf alle Fälle. (…) Es wird ein Riesenthema die Altenbetreuung werden. Also da brauchen wir uns überhaupt nix vormachen, das kommt.*" oder „*Ich denke es ist die geeignete Maßnahme. Zusammenarbeit wird vielleicht in Zukunft noch mehr irgendwo nötig sein und als Einzelkämpfer hat man es schon sehr schwierig denk ich mal.*" Inwiefern die Kooperation auch tatsächlich effizienter ist, da sind sich die Bürgermeister*innen hingegen nicht einig. Es gibt einige die vom Mehrwert überzeugt sind: *„Auf alle Fälle – effizienter zu verwalten. Das Problem ist nur, dass natürlich keine Gemeinde eine Machtposition aus der Hand geben will. Das ist immer das Problem.“* oder *„Ich bin überzeugt, dass das effizienter ist. Man wird ja eine Kooperation nur dann eingehen, wenn sie auch Sinn macht. (...) Und dann ist es effizienter, dann ist die Verwaltung effizienter. Da wo es Sinn macht, ist es sehr sinnvoll und zielführend. Aber sicher nicht überall.“* Andererseits gibt es Führungspersonen, auch aus kleinen Gemeinden, die sich über die Effizienz von Kooperation nicht sicher sind: *„Wenn ich in meine eigenen Bereiche entscheiden kann, dann denke ich macht es keinen Sinn eine andere Gemeinde zu fragen, was sie davon hält (...) Es gibt schon klare Abgrenzungen, wie weit man gehen möchte, damit man nicht die Effizienz verliert.“* Mehr Effizienz hängt laut den Bürgermeister*innen auch damit zusammen, in welchen Bereichen kooperiert wird: *„Aber man muss sicher überlegen für was die Kooperationen eigentlich stehen. Ich denke eine Abwasserkooperation oder eine Wasserversorgungskooperation, das macht sicher Sinn. Schwieriger wird es, wenn es zum Beispiel um Tourismus geht.“*

Manche der Befragten beantworten die Frage nach der interkommunalen Kooperation als Lösung mit einem klaren Ja: *„Ja, weil man alleine manchmal ansteht und eine andere Gemeinde vielleicht eine wichtige Idee hereinbringt, die einem wirklich zur Lösung verhilft. Und gemeinsam geht es halt leichter.“* oder *„Meiner Meinung schon, ja. (...) Wie gesagt, man kann sich austauschen, das ist sehr sehr viel Wert. (...). Natürlich kommen jeden Tag neue Gesetze raus, die muss man sich erst aneignen. Und wenn zwei oder vier Augen drauf schauen und wenn man sich austauschen kann, dann glaub ich kommt man auch schneller weiter und versteht man gewisse Abläufe auch besser.“*

Wie bereits in den vorherigen Kapiteln festgesellt, wird die interkommunale Kooperation von den Bürgermeister*innen mehrheitlich als zielführend angesehen. Dennoch wird sie nicht als Allheilmittel bewertet und sehr kontextspezifisch betrachtet. Auf diesen Aspekt kamen Befragte aus allen drei Territorien und von Gemeinden mit unterschiedlichen Größen sowie geografischen Lagen zu sprechen. Für die Bürgermeister*innen ist es somit sehr wohl einschneidend und von Relevanz, in welchem Politikfeld oder aus welchen Gründen kooperiert wird. So ist ein zentraler Punkt etwa, dass Kooperation nicht für alle Dienstleistungen geeignet ist. *„Wie ich gesagt habe, jeder muss es abwägen. Von mir aus gesehen ist es ein Muss immer mehr zusammenzuarbeiten. Damit auch die einzelnen kleinen Gemeinden bestehen können in Zukunft, werden wir Mittel und Wege finden müssen, um zusammenzuarbeiten. Wo überall und wie muss irgendwo immer zwischen die Partner erörtert werden und man kann es nicht übers Bein* *brechen. Weil es einfach auch mit der Geografie und dem momentanen Personalstand zusammenhängt.“*

In den Gesprächen fiel auf, dass einige Gesprächspartner*innen Kooperation in der engeren Verwaltung eher als vorteilhaft empfinden. Demgegenüber wird die Kooperation bei Dienstleistungen, welche nach Ansicht der Bürgermeister*innen in der eigenen Gemeinde benötigt werden – etwa die Kinder-, Alten- oder Jugendbetreuung –, skeptischer gesehen oder sogar abgelehnt. Bürgermeister*innen aus kleinen und ländlichen Gemeinden sehen darin nämlich eine Gefahr für die Schwächung des ländlichen Raums: *„Alles was verwaltungstechnisch usw. möglich ist, Kooperationen ja. Aber was der Bevölkerung direkt vor Ort notwendig erscheint, da sollte man das dann auch da installieren. Nicht alles, aber gerade die Grundbedürfnisse, wie zum Beispiel die Kinderbetreuung. Wenn das nicht funktioniert in so einer Gemeinde, dann werden auch die Leute nicht dableiben, dann wandern sie ab.“* oder. *„Gewisse Sachen, die kann man nur allein machen, weil man das Dorf am besten kennt, weil man die Leute am besten kennt.“*

Für einen Gemeindepräsidenten ist auch die Freiwilligkeit ein wichtiger Parameter: *„Ich glaube wirklich, dass das ein Schlüssel zum Erfolg sein kann (…) – die Kooperationen. Es muss aber immer aus freien Stücken erfolgen und man darf die Gemeinde nicht dazu zwingen – in Anführungszeichen.“*

Bei anderen Diensten werden hingegen weniger Probleme gesehen: *„Hauptsächlich Kooperation dort wo es der Bürger nicht spürt. Buchhaltung spürt der Bürger nicht. Das müssen wir organisieren. (…) Was der Bürger spürt, müssen wir schauen vor Ort zu halten, sonst wird es nicht funktionieren (…)“.* Wenn sich Gemeinden einen Dienst teilen, sind auch praktische Dinge zu berücksichtigen, etwa wo genau der Dienst angesiedelt wird oder das Verwaltungspersonal abwechselnd in beiden Gemeinden arbeitet: *„Aber den Dienst, wo der Mensch wirklich mit dir zu tun hat, total weg tun, ist eher schlecht. Zum Beispiel Standesamt. Dann musst du es halt so machen, einmal die Woche ist der Beamte hier. Das wenn ich will mein Kind anmelden, dann will ich nicht nach (…) fahren. Das will ich in meiner Heimatgemeinde machen.“*

Kooperationen sind gemäß den Bürgermeister*innen auch deshalb nicht immer anzustreben und keine Lösung, weil damit Kompromisse einhergehen müssen. *„Wenn man eine Kooperation eingeht, dann muss man Kompromisse eingehen, dann muss man Bereitschaft haben miteinander zu arbeiten. Aber wen man natürlich das selbstständig führen kann, dann kann man es unabhängig bzw. unabhängiger führen.“*

Zwei der Bündner Gesprächspartner*innen – aus einer kleinen und einer mittleren Gemeinde – sehen im Vergleich zwischen Kooperation und Fusion letztere als die bessere Lösung ihrer Herausforderungen. So sieht eine Person in der Kooperation weniger Effizienz und ist überzeugt, dass bei zu vielen komplexen Aufgaben eine Fusion oder zumindest das Zusammenspiel innerhalb von größeren Institutionen die bessere Wahl sei: „*Dementsprechend ist es vom finanziellen Standpunkt her, grundsätzlich rationaler die Verwaltung zusammenzufassen und gemeinsam Arbeiten zu erledigen und einfach größer wird. Und es ist natürlich eine Frage: Findet man in kleinen Gemeinden überhaupt noch Leute, die kompetent genug sind und willens sind sich für solche Arbeiten hinzugeben?*" Bei diesen Überlegungen sind der Faktor Größe und die damit zusammenhängenden Ressourcen ausschlaggebend: „*Ich finde es sehr sinnvoll, dass gewisse Aufgaben in eine Region ausgelagert werden, wenn sie von den Gemeinden nicht separat sinnvoll geleistet werden können. (…) Dort geht es dann um Möglichkeiten zu rationalisieren, dass man auslagert und dass Aufgaben in einer Region gemeinsam von Profis geregelt werden.*" oder „*Also (…) wenn man keine Fusion umsetzen kann aus welchen Gründen auch immer, ist sicher eine Kooperation besser, als dass man überhaupt alleine etwas macht. (…) Aber ich bin nach wie vor der Meinung, dass wenn man weiterkommen will oder sich entwickeln will, ist die Fusion gegenüber der Kooperation viel mehr wert.*"

Bei der Begünstigung einer Fusion geht es vor allem um die Autonomie, Selbstbestimmung und Entscheidungsfreiheit, die ein Gemeindepräsident dort interessanterweise eher gegeben sieht als bei einer Kooperation: „*Also ich bin der Meinung (…), dass wir Gemeinden (…) so groß fusionieren sollten, dass jede Gemeinde mehr oder weniger die wichtigsten Aufgaben in der Gemeinde erledigen kann. Ob man dann noch kleinere oder Kooperationen machen soll oder muss, das sei dahingestellt. (…) Ja, ich meine es geht um eine Selbstbestimmung, um eine Autonomie. Sobald man Kooperationen eingeht, dann gibt es immer, gilt es abzuwägen oder auch Mehrheiten zu finden. (…) Wenn man Kooperationen eingeht, hat man keinen direkten Einfluss (…)*" Ein weiterer Gemeindepräsident aus einer mittleren Gemeinde in Graubünden verfügt zwar über positive Erfahrungen mit Kooperation, sieht diese allerdings ebenso nicht in jeder Hinsicht als geeignetste Lösung: „*(…) also ich sehe als Politiker – nicht nur in meiner Gemeinde – viele Kooperationen, die funktionieren auch gut. Und die Verwaltungsangestellten sind dann zufrieden usw., aber neben den gut funktionierenden, sind sie einfach viel, viel zu teuer.*"

Ein weiteres zentrales Ergebnis der persönlichen Gespräche war, dass Kooperationen selten um der Kooperation willen gemacht werden. Ein Aspekt, der bereits angesprochen wurde. Die meisten Bürgermeister*innen wollen einen konkreten Mehrwert darin erkennen und haben aus diesem Grund mitunter einen sehr pragmatische Meinung – hierzu gab es Äußerungen von Gemeinden aus diversen Territorien: „*Ich glaube, die Kooperationen müssen nach wie vor gemacht werden,* *wenn sie sinnvoll sind. Sonst brauche ich keine machen. (...) Man muss Kooperationen nicht an den Haaren herbeiziehen. Ich sehe das nochmal ganz nüchtern sachlich: Wenn es braucht, dann macht man es. Wenn nicht braucht, dann macht man es nicht.*" oder „*Es muss der Gemeinde, den Gemeindebürgern – der Gemeinde selber weniger – den Bürgern einen Mehrwert bringen oder weniger kosten. Das ist klar.*" Kooperation geschieht somit stets mit konkreten Zielen: „*Ich denke schon, dass es wirklich eine Notwendigkeit ist. Natürlich, man kann bis zuletzt versuchen alleine zu bleiben, das macht ja auch keinen Sinn. Ich denke, man muss da auch weitsichtig sein und sagen: (...) Bis in 15 Jahren könnten wir [es] alleine schaffen, aber nachher die Sintflut. Dann macht es auch Sinn, dass man vorher schon über Kooperationen nachdenkt und diese umsetzt anstatt bis zum letzten Moment zu warten. Und das gleiche gilt auch bei Fusionen.*"

Zum Thema Fusionen haben die Bürgermeister*innen aus den einzelnen Territorien im Vergleich zur interkommunalen Kooperation laut den Ergebnissen des Fragebogens eine überaus ähnliche Meinung, was nicht in diesem Ausmaß erwartet wurde. Wiederum scheinen allerdings die Südtiroler Bürgermeister*innen eine homogenere Meinung zu vertreten als die Bürgermeister*innen aus den Nachbarterritorien, bei welchen die Bewertungen stärker voneinander abweichen. Fast die Hälfte der Südtiroler Befragten (49 %) stimmen der Aussage zur Fusion als Lösungsansatz überhaupt nicht zu. In Tirol und Graubünden sind jeweils über 30 Prozent der Befragten ebenso dieser Meinung und damit skeptisch. Wenn die ablehnenden Bewertungen zur Fusion (stimme eher nicht zu, stimme überhaupt nicht zu) addieren, so macht dies in allen Territorien über die Hälfte der Befragten aus (Graubünden: 52,2 %, Südtirol: 75,5 % Tirol: 60 %). Somit fallen die mehrheitlichen Meinungen zu den Gemeindezusammenlegungen in allen drei Territorien negativ aus. Dies ist somit sogar in Graubünden der Fall, wo bereits viele Gemeinden von Fusionen betroffen waren. Ein Unterschied in den Ergebnissen ist dahingehend festzustellen, dass immerhin 28,2 Prozent der Bündner Befragten (13 von 47) der Frage zur Fusion als Lösungsansatz eher bzw. sogar völlig zustimmen. In Tirol und Südtirol sind diese positiven Einstellungen hingegen deutlich geringer (Südtirol: 16,4 %, Tirol: 26,7 %).

Die **Interviews** untermauern diese Ergebnisse. Während die Befragten aus Graubünden den Fusionen positiver gegenüberstehen als die Südtiroler und Tiroler Bürgermeister*innen, weisen letztere eine höhere Skepsis auf. Die genannten Gründe liegen zum einen in der lokalen Identität, aber auch der geografischen Lage der Gemeinde. Ein Tiroler Bürgermeister erklärt etwa, dass insbesondere die Bürger*innen noch nicht bereit für Fusionen seien und es umso wichtiger sei auf Kooperationen zu setzen: „*(...) ich möchte es nicht als Egoismus bezeichnen, aber die Leute sind nicht bereit einzusehen, dass man*

Abbildung 42: Fusion als Lösungsansatz nach Territorium (Antworten in Prozent).

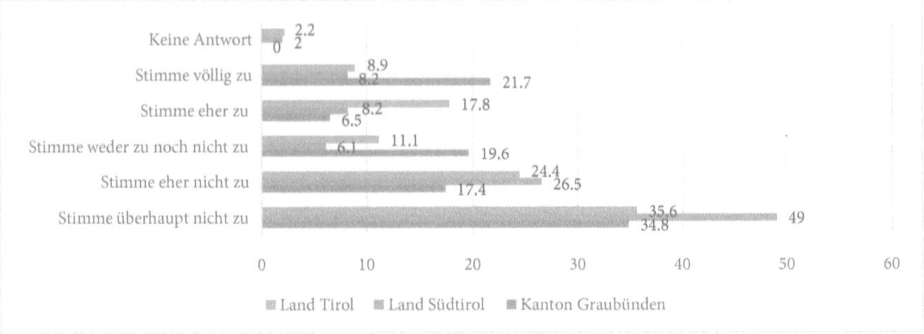

eben Fusionierungen machen sollte. Aber auf jeden Fall sollte man Kooperationen machen und das in Gemeindeverbände zusammenschließen. Vielleicht wird dann auch letztendlich, ja, es zu noch engeren Zusammenarbeiten kommen." Einige Südtiroler und Tiroler Bürgermeister*innen sehen Zusammenlegungen kritisch, weil sie den Verlust ihrer Identität befürchten. Es gibt aber auch solche, die damit rechnen, dass die Diskussion zu Fusionen künftig intensiviert werden wird. Somit existieren in beiden Territorien basierend auf unterschiedlichen Gründen auch befürwortende Stimmen zu den Gemeindezusammenlegungen (sowohl von kleinen und mittleren Gemeinden, wie auch von ländlichen Vororten und Zentren). So wurde etwa – wie vorab bereits vonseiten der Bündner Vertreter – in Tirol die Problematik des politischen Personals in kleinen Gemeinden angesprochen: „*Ja, ich glaube das wird die Lösung sein müssen wahrscheinlich sogar. (…) ja weil es schwierig ist, in so kleinen Gemeinden jemanden zu finden, der das Amt übernimmt.*" oder „*Ich glaube auch nicht, dass es in Zukunft in jeder Gemeinde einen Menschen geben wird, der sich als Bürgermeister aufstellen lässt.*"

Andere Meinungen sind demgegenüber pragmatischer Natur: „*(…) in fünf Jahren (…) … Vielleicht überlegt man sich dann wirklich die kleinen Gemeinden zusammenzulegen, vielleicht ist das dann der richtige Weg. Das kann ich ihnen noch nicht sagen. Aber momentan ist sicher die Zusammenarbeit die wichtigste Lösung.*" oder „*(…) Die geografischen Gegebenheiten sind natürlich nicht so einfach, dass man sagen kann man kann zwei Gemeinden einfach verbinden, wenn es auch auf dem Papier vielleicht Sinn macht. Aber wo es möglich ist, denke ich, wird das auch irgendwo immer mehr Thema werden.*" Ein Bürgermeister aus einer mittleren Gemeinde in Südtirol sieht in der Fusion hingegen ebenso die Lösung: „*Ich bin ein absoluter Befürworter (…) Wir haben in Südtirol gar einige Gemeinden, die sinnvollerweise (...) [eine] bestimme Größenordnung brauchen, damit man effizient und gut für die Menschen arbeiten kann.*"

Bei den Interviewpartnern aus Graubünden haben alle vier Gemeinden eine Gemeindezusammenlegung bereits hinter sich. Dementsprechend stehen sie dieser Lösung positiver gegenüber als den Beginn von zusätzlichen Kooperationen, die für sie mittlerweile kaum mehr notwendig seien. Interessanterweise verbinden diese Gemeindepräsidenten die interkommunale Kooperation, anders als Bürgermeister*innen aus anderen Gebieten, eher mit einem Verlust ihrer Autonomie durch eine damit zusammenhängende niedrigere Entscheidungskompetenz: „*Und sonst hat man mit den Fusionen, war das Ziel, das gewisse Kooperationen aufgelöst werden, damit man wieder mehr (...) finanzielle Kompetenz in die Gemeinden zurückholt. (...)*" Diese Meinung vertreten nicht nur Gemeindepräsidenten aus kleinen, sondern auch aus mittleren Gemeinden: „*Das haben wir ja jahrelang gemacht mit diesen Kooperationen. (...) Kooperationen sind aus meiner Sicht auch nicht so demokratisch, oder? (...). Also wir haben gesehen, dass die Kooperationen zwar als letzte Rettung eigentlich vom autonomen sicher sinnvoll war, aber eine Fusion bringt natürlich viel mehr in diese Richtung.*" Ein Gemeindepräsident aus einer mittleren Gemeinde glaubt auch, dass Kooperationen innerhalb der Region sinnvoller wären und die Attraktivität für Fusionen damit abnehmen würde: „*Es wird für uns viel besser sein, wenn wir regional gut zusammenarbeiten, und das machen wir (...). Wenn wir dort gewisse Dinge wirklich institutionalisieren und sich das gut einpendelt, dann wird das in Zukunft der Weg sein, dass wir nicht fusionieren müssen.*"

In Graubünden hat die intensiv praktizierte Kooperation zwischen Gemeinden in manchen Fällen selbst dazu beigetragen eine Fusion einzugehen: „*Vorher hatten wir zum Beispiel einen Verwaltungsverband zwischen den Gemeinden (...). Wir haben in einem Büro (...) drei unabhängige Verwaltungen betrieben. Und da mussten wir sagen: Das ist ja ein Nonsens, oder? Es kann ja nicht sein, dass wir für je 200 Einwohner Jahresrechnungen und alles aus dem gleichen Büro machen. (...) Und da war die Kooperation so eng, dass man dann auch den Nonsens gesehen hat, gewisse Doppelspurigkeiten zu beseitigen. Das waren die Gründe, die dazu geführt haben, dass man gesagt hat: Nein, wir fusionieren, wir machen eine Gemeinde. (...) Und dann machen wir eine Verwaltung, die aber professioneller daherkommt.*" Im Zuge der Fusion wurden fast alle bestehenden Kooperationen aufgelöst („*Man hat dann auch mit der Fusion eine Größe erreicht, wo das nicht mehr notwendig war (...)*"). Eben diese enge Zusammenarbeit, die später zu einer Fusion führen könnte, wird auch kritisch angemerkt: „*(...) wenn ich meine umliegenden Gemeinden beobachte, die fusioniert haben. Die haben im Nachgang alle immer das Gleiche erwähnt, nämlich dass sie irgendwo (...) gewisse Schlüsseldienste aus der Hand gegeben haben und irgendwann stellt sich dann die Frage, wieso soll eine Gemeinde überhaupt noch autonom funktionieren, wenn sie [vor] 15 Jahren den gesamten Werkdienst und Forstdienst ausgelagert hat?"*

Nachdem die Ergebnisse zur Fusion insbesondere in Graubünden und Tirol sehr heterogen sind, ist es interessant die Ergebnisse nach den Variablen Größe und Lage der Gemeinden aufzuschlüsseln. Im Hinblick auf die **Größe** sind nicht allzu viele Unterschiede feststellbar. Allerdings ist auffallend, dass der höchste Zustimmungswert zur Aussage über die Kooperation als Lösungsansatz von den Kleinstgemeinden stammt: Sieben von 18 Kleinstgemeinden stimmen der Aussage völlig zu (38,9 %) und vier von 18 eher zu (22,2 %). Obwohl die Bewertung „stimme völlig zu" bei den Kleinstgemeinden weitaus am höchsten ist, sind die Unterschiede zu den anderen drei Größenklassen nicht eklatant. Werden die Ergebnisse der beiden positiven Bewertungen „völlig" und „eher" addiert, ergibt sich folgende Zustimmungsrate: Große Gemeinden: 68,8 %, mittlere Gemeinden: 60,5 %, kleine Gemeinden: 63,5 %, Kleinstgemeinden: 61,1 %. Damit stimmen einzelne Gemeinden aus allen Kategorien der Aussage zur Kooperation als Lösungsansatz nicht zu, so dass allgemein eine sehr positive Grundhaltung unabhängig der Größe einer Gemeinde zu beobachten ist (überhaupt nicht zustimmen tun eine große Gemeinde, drei mittlere und fünf kleine Gemeinden).

Tabelle 136: Kooperation als Lösungsansatz nach Größe (Antworten in Prozent)

Bewertung	Kleinstgemeinden (N = 18)	Kleine Gemeinden (N = 63)	Mittlere Gemeinden (N = 43)	Große Gemeinden (N = 16)	Insgesamt (N = 140)
Stimme überhaupt nicht zu	0,0	7,9	7,0	6,3	6,4
Stimme eher nicht zu	22,2	17,5	14,0	18,8	17,1
Stimme weder zu noch nicht zu	16,7	11,1	18,6	6,3	13,6
Stimme eher zu	22,2	39,7	46,5	50,0	40,7
Stimme völlig zu	38,9	23,8	14,0	18,8	22,1
Keine Antwort	0,0	0,0	0,0	0,0	0,0
Summe	**100,0**	**100,0**	**100,0**	**100,0**	**100,0**

Die Ergebnisse im Vergleich der Gebietskörperschaften sind nur teilweise heterogen. Schauen wir etwa auf die großen Gemeinden: Die zwei Bürgermeister*innen aus Graubünden haben eine unterschiedliche Meinung (stimmen eher zu bzw. überhaupt nicht), gleich wie die drei aus Tirol (eher zu, eher nicht zu, weder noch). In Südtirol ist mehr Linearität feststellbar, weil sechs von 11 der großen Gemeinden (50 %) der Aussage eher zustimmen. Ein ähnliches Bild zeigen zum Teil die mittleren Gemeinden. Bei den 11 Bündner Gemeinden ist keine Mehrheitsmeinung feststellbar. Die höchste Zustimmungsrate erhält „weder noch" mit vier von 11 Nennungen (36,4 %). In Südtirol und Tirol sind sich die Mehrheit der Bürgermeister*innen aus der mittleren Gemeinden hingegen einig: Über 50 Prozent stimmen der Aussage zur Kooperation „eher zu".

Bei den kleinen Gemeinden sind ein großer Teil der Bündner Vertreter*innen (9 von 20) ebenso der Meinung, dass sie der Aussage eher zustimmen, fast gleich viele stimmen der Aussage aber eher nicht bzw. überhaupt nicht zu (insgesamt 8). Dieses Mal sind auch bei den Südtiroler und Tiroler Gemeinden keine eindeutigen Präferenzen feststellbar, wobei die Mehrheit der Aussage positiv gegenübersteht: So beantworten 82,4 Prozent der kleinen Südtiroler Gemeinden entweder mit „stimme eher zu" oder „völlig zu", beim Land Tirol stimmen 57,7 Prozent eher oder völlig zu. Schließlich bewerten die vier Südtiroler Kleinstgemeinden die Aussage ebenso positiv, die einzige aus Tirol hat eine neutrale Meinung. Von den 14 Bündner Kleinstgemeinden lehnen vier die Frage nach dem Lösungsansatz eher ab und gleich viele völlig ab, so dass die Ergebnisse erneut sehr heterogen sind und keine klare Aussage erlauben.

Einer der interviewten Bündner Gemeindepräsidenten bringt die Notwendigkeit für Kooperation mit der Größe einer Gemeinde in Verbindung. So steht er Kooperation trotz einer früheren Fusion sehr positiv gegenüber. Eine kleinere Gemeinde, so seine Aussage, sei vermehrt darauf angewiesen. Sobald sie aber eine gewisse Größe erreicht habe und über mehr Personal- und Finanzressourcen verfüge, verringere sich dies. Diese Meinung bestätigt erneut, dass Kooperation von politischen Führungspersönlichkeiten nur dann als zielführend angesehen wird, wenn sie einen Vorteil bringt. Ansonsten wird eine hohe Autonomie bevorzugt: *„Für all die Aufgaben, die man selber nicht die finanziellen oder personellen Ressourcen hat, ist es vermutlich der beste Lösungsansatz. (…) Ich habe eben die ganz kleine Gemeinde geführt und da gab es vermutlich nichts Wichtigeres als überhaupt diese Kooperationen, um seinen Aufgaben gerecht zu werden. (…). Aber wo man selber (…) personell und finanziell die Ressourcen hat und das möglich ist selber zu machen, dann kann man sich natürlich die Freiheiten bewahren, also die Entscheidungsfreiheiten so machen, wie man das* *selber will.*" Nichtsdestotrotz erklärt derselbe Bürgermeister, dass Kooperation in manchen Fällen auch für große Gemeinden sinnvoll sein kann, etwa wenn es um strategische Programme oder die Regionalentwicklung geht: „*Wenn es eben darum geht, um gemeinsame Strategien zu erarbeiten über eine ganze Region. (...) Aber auch Tourismus. (...). Da müssen wir irgendwo eine Größe erreichen, wo man sagt, was sucht der Gast, wenn er kommt? Sucht er St. Moritz oder was kennt er? (...).*"

Die Größe ist auch für einen anderen Bündner Befragten ausschlaggebend: „*(...) ich glaube schon, dass Kooperation für kleine Gemeinden wichtig sind und ich bin auch Anhänger von Kooperationen, wenn diese wirklich von der Basis her gewünscht sind – dann ist das ein gutes Instrument. Besser als die reine Fusion (...) Was einfach problematisch ist: Die Anforderungen an kleine Gemeinden steigen jährlich. Sie werden gleichbehandelt wie alle anderen (...)*" Es sind damit zwar die fehlenden Ressourcen, die kleine Gemeinden zur Kooperation zwingen, dennoch sei diese nicht immer die perfekte Lösung: „*Ich würde nicht sagen, die Kooperation ist immer besser. Dort, wo man eine Gemeinde nur noch mit Kooperationen erhalten kann, also wenn das ein gesundes Maß übersteigt, dann wird die Fusion dann vielleicht der einfachere Weg sein. Ich meine, es sei aber richtig, nicht per se die Gemeinden zu fusionieren und wenn sie das machen möchten, dann muss das immer von unten her wachsen. Also mit dem Bottom-Up Prinzip und nicht mit diesem Top Down Bestrebungen, die andere Kantone kennen.*"

Beim Thema Fusion als geeigneter Lösungsansatz gehen die Meinung zwischen den Größenklassen mehr auseinander als in Bezug zur Kooperation, allerdings nicht eklatant. Nur bei den mittleren Gemeinden ist eine klare Tendenz feststellbar, denn über die Hälfte der Befragten stimmen der Aussage zur Fusion überhaupt nicht zu. Auch in den anderen Größenklassen liegt der Wert der Nicht-Zustimmung bei jeweils über 30 Prozent. Wenn man die Ergebnisse der beiden negativen Bewertungen „stimme überhaupt nicht zu" und „stimme eher nicht zu" addiert, zeigt sich, dass die Mehrheit der Gemeinden aus allen Größenklassen den Gemeindezusammenlegungen ablehnend gegenübersteht: Die großen Gemeinden haben einen Gesamtwert von 62,5 %, die mittleren Gemeinden 76,8 %, die kleinen Gemeinden: 57,1 % und die Kleinstgemeinden: 50 %. Die geringste Zustimmung stammt von den Bürgermeister*innen der Kleinstgemeinden, so dass sie noch am ehesten für diese Lösung offen zu sein scheinen. Ein beträchtlicher Teil der Befragten aus Kleinstgemeinden zieht die Fusion sogar als einen geeigneten Lösungsansatz in Betracht (insgesamt 44,5 % antworteten mit „stimme weder zu noch nicht zu", „stimme eher zu" oder „stimme völlig zu").

Tabelle 137: Fusion als Lösungsansatz nach Größe (Antworten in Prozent)

Bewertung	Kleinstgemeinden (N = 18)	Kleine Gemeinden (N = 63)	Mittlere Gemeinden (N = 43)	Große Gemeinden (N = 16)	Insgesamt (N = 140)
Stimme überhaupt nicht zu	33,3	34,9	51,2	37,5	40,0
Stimme eher nicht zu	16,7	22,2	25,6	25,0	22,9
Stimme weder zu noch nicht zu	16,7	14,3	11,6	0,0	12,1
Stimme eher zu	5,6	12,7	7,0	18,8	10,7
Stimme völlig zu	22,2	14,3	4,7	18,8	12,9
Keine Antwort	5,6	1,6	0,0	0,0	1,4
Summe	**100,0**	**100,0**	**100,0**	**100,0**	**100,0**

Betrachtet man nun die Variablen Größe sowie Territorium in Kombination, zeigt sich bei den Kleinstgemeinden allerdings keine einheitliche grenzüberschreitende Meinung, womit deren teilweise Zustimmung zu Fusionen wieder relativiert wird. So stimmt die einzige Kleinstgemeinde aus Tirol dem Lösungsansatz Fusion nicht zu und die Kleinstgemeinden aus Graubünden und Südtirol sind unterschiedlicher Meinung. In Graubünden beantworteten 13 Führungskräfte aus Kleinstgemeinden die Frage: Vier von diesen stimmen überhaupt nicht zu, zwei eher nicht, drei weder noch, eine einzige eher zu und andere drei wiederum völlig zu. Eine ähnliche Heterogenität innerhalb desselben Territoriums offenbaren die großen Gemeinden. Die Antworten der 11 großen Gemeinden aus Südtirol verteilen sich auf vier Antworten, wobei die meisten (5 von 11) der Fusion als Lösung überhaupt nicht zustimmen. Die drei großen Gemeinden aus Tirol sind alle unterschiedlicher Meinung und die zwei aus Graubünden stimmen der Aussage zu.

Bei den mittleren Gemeinden gibt es im Vergleich zu den großen Gemeinden und den Kleinstgemeinden hingegen eine einhelligere Meinung in allen Territorien. In Südtirol lehnt die Mehrheit der mittleren Gemeinden (58,8 %) eine Fusion als Lösungsansatz vollkommen ab. Auch in Graubünden und Tirol sind je über 45 Prozent der Befragten dieser Meinung. Bei den kleinen Gemeinden ist das Bild hingegen wieder unterschiedlich. Die Südtiroler kleinen Gemeinden scheinen sich zum Großteil einig, weil acht von 17 (47,1 %) der Aussage überhaupt nicht zustimmen und nur einzelne der Fusion als Lösung eher zuzustimmen (1) bzw. völlig zuzustimmen (2). In Graubünden und Tirol sind die Antworten nicht homogen: In Graubünden stimmt die Hälfte der Aussage eher nicht bzw. überhaupt nicht zu (10 von 20). Andererseits gibt es zwei Gemeinden, die der Aussage eher zustimmen und vier, die ihr völlig zustimmen. Bei den kleinen Gemeinden aus Tirol verhält es sich gleich: Die meisten Gemeinden (14 von 26) sind gegen eine Fusion (stimmen der Aussage eher nicht zu bzw. überhaupt nicht zu). Allerdings gibt es demgegenüber auch einzelne Bürgermeister*innen, die der Aussage etwas abgewinnen können und ihr eher (5 von 26) sowie völlig zustimmen (3 von 26). Hinsichtlich der Größe sind demnach keine eindeutigen Trends erkennbar, wobei die Befragten insgesamt einer Fusion eher kritisch gegenüberstehen.

Was offenbaren die Ergebnisse nach der **Lage** der Gemeinde? Hier bewerteten drei von vier Kategorien ziemlich ähnlich, womit ein geringer Einfluss der Variable festgehalten werden kann. Die peripheren Gemeinden vertreten zum Teil allerdings eine andere Meinung. Während in den kleineren Städten, den ländlichen Vororten und ländlichen Zentren die jeweilige Mehrheit der Befragten der Fusion als Lösungsansatz skeptisch gegenübersteht, sind dies bei den peripheren Gemeinden nur 30,4 Prozent und somit nicht die Mehrheit. Bei den kleineren Städten und Vororten sowie den ländlichen Zentren fällt der Wert der ablehnenden Bewertungen von „stimme überhaupt nicht zu“ sowie „stimme eher nicht zu“ demgegenüber mit 70 Prozent sehr deutlich aus, bei den ländlichen Vororten sind es ebenso insgesamt 68,9 Prozent. Bei den kleineren Städten und Vororten wird die Fusion kaum als ein Lösungsansatz betrachtet. Dieser Meinung sind sowohl die kleineren Städte aus Südtirol (6 von 7) sowie jene aus Tirol (12 von 16). Nur in Graubünden antworteten die sieben Bürgermeister*innen aus den kleineren Städten unterschiedlich: Zwei stimmen der Aussage überhaupt nicht zu, ein*e eher nicht zu, ein*e weder noch sowie drei völlig zu.

Bei den zehn ländlichen Zentren ist die überwiegende Meinung in allen drei Territorien negativ (2 von 4 Zentren aus Tirol stimmen der Aussage überhaupt nicht zu, ebenso 4 von 5 der Südtiroler ländlichen Zentren). Das einzige ländliche Zentrum aus Graubünden beantwortete die Frage mit weder noch. Bei den ländlichen Vororten sind fast die Hälfte der Bürgermeister*innen derselben Meinung und betrachten eine Fusion ebenso nicht als einen geeigneten Lösungsansatz. Dies widerspiegelt sich in den drei Territorien. In Südtirol stimmen 51,5 Prozent der Befragten aus ländlichen Vororten der Aussage überhaupt nicht zu (17 von 34), in Tirol 36,4 Prozent (8 von 22) und in Graubünden 50 Prozent (11 von 22).

Die peripheren Gemeinden unterscheiden sich in ihrer Meinung von anderen Gebieten, denn dort erreichte die zustimmende Bewertung „stimme völlig zu“ die meisten Nennungen (39,1 %). Das bedeutet, dass insgesamt neun von 23 peripheren Gemeinden eine Fusion sehr wohl als einen Lösungsansatz für ihre Herausforderungen betrachten – eine Meinung, die die Bürgermeister*innen aus anderen Gemeinden nicht teilen. Dabei stammen diese Ansichten vor allem aus

Graubünden (7 von 16). Zwei von vier Gemeinden aus Südtirol sowie ein von drei aus Tirol sind derselben Meinung.

Tabelle 138: Fusion als Lösungsansatz nach Lage (Antworten in Prozent)

Bewertung	**Ländlich periphere Gemeinden (N = 23)**	**Ländliche Vororte (N = 77)**	**Ländliche Zentren (N = 10)**	**Kleinere Städte und Vororte (N = 30)**	**Insgesamt (N = 140)**
Stimme überhaupt nicht zu	13,0	46,8	60,0	36,7	40,0
Stimme eher nicht zu	17,4	22,1	10,0	33,3	22,9
Stimme weder zu noch nicht zu	26,1	10,4	20,0	3,3	12,1
Stimme eher zu	4,3	11,7	10,0	13,3	10,7
Stimme völlig zu	39,1	6,5	0,0	13,3	12,9
Keine Antwort	0,0	2,6	0,0	0,0	1,4
Summe	**100,0**	**100,0**	**100,0**	**100,0**	**100,0**

Zusammenfassend kann festgestellt werden, dass das Thema Fusionen zwar für den größten Teil der Bürgermeister*innen kein geeigneter Lösungsansatz ist, dennoch gibt es innerhalb von allen vier Gruppierungen solche, für die es sehr wohl eine darstellt. In den persönlichen Gesprächen gingen mehrere Bürgermeister*innen auf den Faktor der geografischen Lage in Zusammenhang mit einer Fusion ein. Allerdings äußerten sie sich in diesem Fall eher skeptisch. Wie bereits erwähnt, haben die interviewten Gemeindepräsidenten aus Graubünden bereits eine Fusion hinter sich. Die Lage der Gemeinde ist dabei ein Einflussfaktor, der deren Ansicht nach Beachtung geschenkt werden muss: „*Ich denke die Kooperationen, die haben eben auch zur Erkenntnis geführt, dass gewisse Kooperationen, dass man die besser auflösen tut und die Gemeinden als ganze fusioniert. Und andere Kooperationen bedingen noch größere Gefäße und die sind sinnvoll weiterzuführen. Wo wir einfach eben noch mehr Ressourcen brauchen. Wo dann eben die Distanz zum Bürger, also wenn man eine Talgemeinde gemacht hätte (…), dann haben wir eine Ausdehnung von über 50 Kilometer, dann wird dann die Distanz zum Bürger zu groß. (…) Das war dann auch die Gründe, dass man auch gesagt hat, ja: Jede Fusion macht nicht Sinn.*“

Ein Gemeindepräsident weist in Bezug auf die geografische Lage die Distanz zwischen den möglichen Fusionspartnern hin und untermauert, dass eine Fusion nicht immer reibungslos vonstattengeht und auch mit Risiken verbunden ist.

So gibt es Gemeinden, die durch eine mangelnde geografische Nähe kaum politische und kulturelle Gemeinsamkeiten haben: *„(...) wir sind ja fusioniert auf einer kleinen Ebene – ich denke das hat fast nur Vorteile gebracht. Wir sind eine sehr überschaubare kleine Gemeinde jetzt. Aber wir haben Beispiele, wo die Gemeinden sich wirklich in ganzen Talschaften sich zusammengeschlossen haben (...). Die kämpfen natürlich mit ganz anderen Problemen, weil die Distanzen sind – also die sind größer (...). Die kennen sich alle eigentlich gar nicht. Und die dezentrale Verwaltung da reinzubringen (...) das wirkt schwerfällig zum Teil, andererseits fühlen sich dann die peripheren Gemeinden benachteiligt."*

Für sehr peripher liegende Gemeinden kann eine Fusion schwierig sein oder praktisch sogar unmöglich: *„Wir haben ganz andere Probleme als [die Hauptstadt] Also ist die Frage natürlich: Wie soll das funktionieren? (...) Ich glaube es liegt an den räumlichen Bedingungen und sobald das alles auseinandergezogen wird, dann fehlt plötzlich die Bürgernähe der Gemeinde."*

Ähnliche Meinungen hatten Bürgermeister*innen aus Südtirol oder Tirol von ländlichen Vororten und Zentren, denen es insbesondere auf die Beschaffenheit der Gemeinde ankommt: *„Ich bin da sehr voreingenommen, weil wir ja weiter weg sind von den anderen. Und ich bin eher dafür, dass man einfach morgen schaut, mehr Kooperationen zu machen (...) Fusion bin ich eigentlich eher strikt dagegen. Nicht aus Grund der Kirchturmpolitik, nur wenn ich mir heute vorstelle (...), dann muss jeder Bürger wenn er irgendwas braucht nach (...) hinaus fahren."* Oder *„Ich grenze mit sieben Nachbargemeinden. Ich bin 13,2 km groß, bin in eine schmale lang-gezogene Gemeinde (...) Wo fühle ich mich dann wieder zu Hause? (...). Weil ich hab ja jetzt schon das Problem, meine Bürger die in verschiedenen Fraktionen leben (...) Das ist dann nicht so einfach. Jetzt meine Gemeinde ist da vielleicht ein bisschen schwieriger. Vielleicht eine andere Gemeinde ist leichter zusammenzulegen."* Damit wiesen einige Bürgermeister*innen im Zusammenhang mit der peripheren Lage auf den Mehrwert von interkommunaler Kooperation hin anstatt eine Fusion anzustreben. In dieselbe Kerbe schlagen die Fragebogen-Ergebnisse hinsichtlich der Kooperation als Lösungsansatz: Bei den Ergebnissen bezüglich der **geografische Lage** erhielt die Bewertung „stimme eher zu" in drei von vier Kategorien die meiste Zustimmung, womit ein großer Teil der Bürgermeister*innen der Kooperation unabhängig der geografischen Lage positiv gegenübersteht. Insgesamt stimmen in allen Kategorien mehr als 60 Prozent der Befragten der Aussage „eher" oder „völlig" zu. Bei den ländlichen Zentren stimmen sogar fünf von zehn der Aussage vollkommen zu. Aus den ländlich peripheren Gemeinden sowie den ländlichen Zentren gibt es sogar keine Bürgermeister*innen, welche der Kooperation als Lösungsansatz vollkommen widersprechen.

Tabelle 139: Kooperation als Lösungsansatz nach Lage (Antworten in Prozent)

Bewertung	**Ländlich periphere Gemeinden (N = 23)**	**Ländliche Vororte (N = 77)**	**Ländliche Zentren (N = 10)**	**Kleinere Städte und Vororte (N = 30)**	**Insgesamt (N = 140)**
Stimme überhaupt nicht zu	0,0	9,1	0,0	6,7	6,4
Stimme eher nicht zu	13,0	19,5	20,0	13,3	17,1
Stimme weder zu noch nicht zu	21,7	10,4	10,0	16,7	13,6
Stimme eher zu	34,8	41,6	20,0	50,0	40,7
Stimme völlig zu	30,4	19,5	50,0	13,3	22,1
Keine Antwort	0,0	0,0	0,0	0,0	0,0
Summe	**100,0**	**100,0**	**100,0**	**100,0**	**100,0**

Die Ergebnisse des Fragebogens zeigen, dass der Großteil der peripheren Gebiete Kooperation als Lösungsansatz positiv gegenübersteht. Dies widerspiegelt sich bei den peripheren Gebieten aus Graubünden und Südtirol, wo zehn von 16 (Graubünden) sowie vier von vier (Südtirol) der Aussage eher zu bzw. völlig zustimmen. Nur in Tirol sind zwei von drei Gemeinden nicht sicher und wählten die neutrale Antwort. Bei den ländlichen Vororten sind es insgesamt 61,1 Prozent der Gemeinden, welche der Aussage völlig oder eher zustimmen. Hier ähneln sich die Südtiroler und Tiroler Befragten, von denen 75,8 Prozent sowie 59,1 Prozent die Antwort „stimme eher“ oder „stimme völlig“ zu wählten. Nur die ländlichen Vororte in Graubünden sind etwas skeptischer: Zwar stimmen viele Gemeinden der Aussage eher zu (30,4 %) und völlig zu (8,7 %), doch es gibt weitere 12 Gemeinden, die der Aussage eher nicht bzw. überhaupt nicht zustimmen.

Dass die interkommunale Kooperation eine allgemeine geeignete Lösung ist, wird nicht von allen geteilt – darauf weisen die vertiefenden Gespräche hin: „*Im generellen würde ich das jetzt nicht so pauschalisiert verbreiten. (…) Es hängt wirklich mit der Lebensgrundlage zusammen. Wo bin ich geographisch positioniert als Gemeinde? Wie sieht die Bevölkerungsstruktur aus usw. Für gewisse kann es sehr gut sein, für andere nicht.*“ Etwaige Gemeinsamkeiten in Bezug auf die geografische Lage oder Beschaffenheit einer Gemeinde können für Kooperation allerdings ausschlaggebend sein, zum Beispiel: „*Wir befinden uns im Berggebiet (…) Und in der Hanglage zu bauen, ist ganz anders wie im Land drinnen. Wir brauchen Stützmaßnahmen, Sicherheitsmaßnahmen… und von dem her müssen sich die Bauämter schon mal untereinander austauschen und da ist eine Zusammenarbeit sehr sehr wichtig meines Erachtens.*" Dass Kooperation nicht immer die Lösung für Probleme sei, erklärt auch ein Bürgermeister aus einem ländlichen Vorort. Insbesondere dann nicht, wenn die potentiellen Partnergemeinden zu weit auseinander liegen: „*Wenn ich von (…) und (…) rede okay. (…) Meistens fährt eh jeder mal nach (…) zum Einkaufen, dann gehe ich da frisch auf die Gemeinde. In (…) ist es ein bisschen anders. (…) Die Seitentäler, die kleinen abgelegenen Gemeinden, die verlieren mit jeder Sache, die ich irgendwo ins Zentrum hintue, verlieren die Bürger Lebensqualität. (…) Deswegen hat die Peripherie heute hauptsächlich Abwanderung und die anderen haben Zuwanderung.*"

In den ländlichen Zentren haben die befragten Bürgermeister*innen eher eine positive Meinung zu Kooperation. Völlig zustimmen tun drei von fünf Gemeinen aus Südtirol. In Tirol stimmen von vier Gemeinden zwei der Aussage völlig zu, weitere zweo hingegen eher nicht. Schließlich gaben bei den kleineren Städten die Hälfte der betroffenen Bürgermeister*innen ebenso an, dass sie der Aussage eher zustimmen. Hierzu sind die Ergebnisse innerhalb der Regionen sehr ähnlich, so dass wir davon ausgehen können, dass die politische Elite aus den kleineren Städten – unabhängig der Region – Kooperation positiv gegenübersteht. So stimmen der Aussage eher bzw. völlig zu: sechs von sieben der kleineren Städte aus Südtirol (85,7 %), zehn von 16 aus Tirol (62,5 %), drei von 7 (42,9 %) aus Graubünden. In Tirol sind es demgegenüber drei von 16, die der Aussage eher nicht zustimmen, in Graubünden zwei von sieben die überhaupt nicht zustimmen.

6.6.6 Zusammenfassung: Kooperation als Lösungsansatz

Die Frage, ob Kooperation als ein Lösungsansatz wahrgenommen wird, setzte sich aus mehreren Aspekten auseinander. Zuerst wurden die **Herausforderungen** erhoben (a), welche Bürgermeister*innen in ihrer Gemeinde primär verspüren. Im Zusammenhang damit wurden die **Leistungsgrenzen** der Verwaltungen diskutiert (a). Danach folgte die Bewertung der **finanziellen Ausstattung** der Gemeinde (b) und die Meinung zu den **Ansprüchen vonseiten der Bürger*innen und des subnationalen Gesetzgebers** sowie die **Schwierigkeit des Entgegenkommens dieser Ansprüche („Sandwich-Position")** (c). Zum Schluss folgte die Untersuchung, ob die Bürgermeister*innen eine zu hohe Last an Aufgaben verspüren und ob sie die interkommunale Kooperation oder die Fusion als **Lösungsansatz** für lokale Herausforderungen bewerten (d). Im Vorfeld wurde angenommen, dass die Meinungen zu diesem breit gefächerten Thema variieren. Es wurde erwartet, dass die Herausforderungen und Leistungsgrenzen der Gemeinden unterschiedliche Politikfelder betreffen und dies auch vom Territorium, der Größe und Lage einer Gemeinde abhängig ist. In Bezug auf die Ansprüche der Bürger*innen und des Gesetzgebers sowie der „Sandwich-Position" wurde hingegen angenommen, dass diese bei allen Gemeindetypen und von Gemeinden aus verschiedenen Gebieten als hoch bzw. als schwierig bewertet wird. In Bezug auf die Last der Aufgaben wurde ebenso erwartet, dass die meisten Gemeindetypen diese als hoch einschätzen.

Hinsichtlich der Bewertung des Lösungsansatzes wurde schließlich vermutet, dass Kooperation – und weniger die Fusion – einhellig als ein Lösungsansatz verstanden wird. Es wurde allerdings erwartet, dass Bürgermeister*innen beiden Strategien eher skeptisch gegenüberstehen, weil sie die lokale Autonomie und lokale Identität als wichtiger betrachten und eine Schwächung dieser befürchten. Allerdings wurde sehr wohl angenommen, dass kleinere und peripher liegende Gemeinden in der Kooperation ein bestimmtes Potential sehen und diese somit als notwendiger erachten als größere oder zentral gelegenere Gemeinden. Umgekehrt wurde in Bezug auf Fusionen eine allgemeine Skepsis erwartet und ein Unterschied nur bezüglich dem Territorium in Betracht gezogen, d.h. dass die politischen Führungspersonen aus Graubünden der Fusion als Lösungsstrategie aufgrund ihrer zahlreichen Erfahrungen positiver gegenüberstehen als die Bürgermeister*innen aus Südtirol und Tirol, die damit noch wenige Berührungspunkte aufweisen.

Die Thesen zu den **Herausforderungen** (a) haben sich bestätigt. Es zeigt sich, dass die lokalen Herausforderungen der Gemeinden unterschiedlich und zum Teil kontextspezifisch sind. Diese Feststellung basiert darauf, dass in der Gesamtbetrachtung keine einzige der gelisteten Herausforderungen von über der Hälfte der Befragten genannt wurde. Die Bürgermeister*innen definierten nicht nur hinsichtlich der Größe und geografischen Lage ihrer Gemeinde diverse Herausforderungen, sondern auch innerhalb desselben Territoriums. Durch die Unterschiede zwischen großen/kleinen bzw. urbanen/peripheren Gemeinden zeigt sich, dass lokale Dienstleistungen auch sehr stark von den jeweiligen Rahmenbedingungen einer Gemeinde abhängen. Welche dies genau sind, wurde in der Untersuchung nicht vertieft. Im Allgemeinen stellen die Verkehrsbelastung, der leistbare Wohnraum und die fehlenden Arbeitsplätze die relevantesten Herausforderungen für die alpinen Gemeinden dar. Allerdings hat das Territorium hierauf einen beträchtlichen Einfluss. In Südtirol und Tirol sind vor allem der Wohnraum und der Verkehr ein Thema, in Graubünden sind es hingegen vor allem fehlende Arbeitsplätze, Abwanderung und Überalterung. In Tirol definierte ein beträchtlicher Teil der Befragten auch die mangelnden Steuereinnahmen und in Südtirol die lokalen Finanzen als Herausforderung. In Bezug auf den Gemeindetyp zeigen sich ebenso Unterschiede: Große und mittlere Gemeinden sind eher von der

Verkehrsbelastung betroffen als kleinere, während die kleineren Gemeinden eher die fehlenden Arbeitsplätze als Herausforderung definieren. Auch die Überalterung ist ein Thema, welches von Bürgermeister*innen aus kleinen Gemeinden und Kleinstgemeinden genannt wurde. Besonders bei kleinen Gemeinden ist eine große Heterogenität feststellbar – insgesamt und innerhalb desselben Landes. Ein Unterschied in Bezug auf die geografische Lage ist zwischen kleineren Städten und ländlichen Gemeinden vorhanden. So definieren die ländlichen Vororte und die peripheren Gemeinden eher die Herausforderung der fehlenden Arbeitsplätze, die demgegenüber bei den urbaneren Gebieten kaum Thema war.

Ein mit den Herausforderungen verbundenes Thema ist, inwiefern die Gemeindeverwaltungen bestimmten **Leistungsgrenzen** ausgesetzt sind. Die diesbezüglichen Erwartungen wurden nur zum Teil bestätigt, denn jeweils nur eine Minderheit der Bürgermeister*innen verspürt eine wirkliche Leistungsgrenze in gewissen Bereichen. Die Daten zeigen zwar in mehreren Fällen eine Zustimmung von einigen Befragten, womit – die genaue Anzahl variiert je nach Kategorie – bestimmte Bürgermeister*innen tatsächlich bestimmten Leistungsgrenzen ausgesetzt sind, allerdings hat sich dieser Umstand nicht flächendeckend bestätigt. Als ein kritischer Bereich offenbaren sich besonders die Finanzdienste. Insgesamt fühlen sich hier über 20 Prozent der Befragten einer Leistungsgrenze ausgesetzt – dies betrifft vor allem die kleinen Gemeinden und die peripheren Gebiete. Im Vergleich zwischen den Territorien sind in Südtirol und Tirol mehr Bürgermeister*innen mit Leistungsgrenzen konfrontiert als in Graubünden. Auffallend sind zudem jene Politikfelder, in denen Bürgermeister*innen zwar (noch) keiner effektiven Leistungsgrenze ausgesetzt sind, diese aber bereits vor Augen haben. Dies betrifft in allen Territorien in mehreren Politikfeldern über ein Viertel der Befragten. Summiert man diese Antworten mit den Zustimmungswerten hinsichtlich der bereits erreichten Leistungsgrenzen, sind es in der Gesamtbetrachtung zwar stets eine Minderheit, doch es ergibt sich in manchen Fällen eine relevante Anzahl an betroffenen Bürgermeister*innen und Gemeinden.

In Bezug auf die **Größe** und **Lage** sind bei den Leistungsgrenzen teilweise Unterschiede bemerkbar: So scheinen die großen und mittleren Gemeinden tatsächlich weniger unter Druck zu stehen als die kleinen Gemeinden und Kleinstgemeinden. So sind die mittleren und großen Gemeinden in weniger Politikfeldern von einer tatsächlichen Leistungsgrenze betroffen. Demgegenüber sind bei den kleinen Gemeinden und den Kleinstgemeinden deutlich weniger Politikfelder von keiner Leistungsgrenze betroffen, da deutlich mehr Politikfelder von einer Leistungsgrenze betroffen sind. In den kleinen Gemeinden sind sogar alle 32 Politikfelder von einer Leistungsgrenze betroffen – wenn dies auch nur einzelne Gemeinden betrifft. Auch die Politikfelder in welchen Leistungsgrenzen vorhanden sind, differenzieren sich zwischen den Größenkategorien. So sind es bei den kleinen und Kleinstgemeinden vor allem die Finanzdienste, bei den größeren Gemeinden hingegen andere Bereiche. Die Ergebnisse nach der Lage offenbaren ebenso Unterschiede. Hervorstechen tun insbesondere die ländlichen Vororte, die mehr Leistungsgrenzen ausgesetzt zu sein scheinen als andere. Sowohl die der Politikfelder, die von Leistungsgrenzen betroffen sind, als auch die Themenfelder sind zwischen den Kategorien unterschiedlich. Von diesen unterschiedlichen Politikfeldern kann abgeleitet werden, dass die geografische Lage sehr wohl einen gewissen Einfluss darauf hat, wo eventuelle Herausforderungen in der Gemeinde spürbar sind.

Die Bewertung der **finanziellen Ausstattung** ist nach Meinung der Bürgermeister*innen nicht dermaßen negativ wie angenommen. Insgesamt bewertet nur eine Minderheit die Finanzausstattung der eigenen Gemeinde als schlecht, fast die Mehrheit hingegen immerhin als mäßig. Dies ist zwar keine klare positive Bewertung, offenbart aber eine neutralere Ansicht als angenommen. Zudem bewertete über ein Viertel der Befragten die Finanzausstattung sogar als „gut". Diese Trends fallen in den drei Territorien ähnlich aus. Allerdings zeigt sich, dass die Meinung in Graubünden positiver ausfällt als in Südtirol und Tirol. Insbesondere die Tiroler Bürgermeister*innen sind weniger zufrieden als jene aus den Nachbarterritorien.

In Bezug auf die **Größe** ist hinsichtlich der Finanzausstattung kein klarer Trend erkennbar. In drei von vier Kategorien erhielt die neutrale Bewertung „mäßig" die höchste Zustimmung, nur bei den Kleinstgemeinden war die positive Bewertung am höchsten. Die Bürgermeister*innen aus kleinen Gemeinden haben hingegen den höchsten Anteil bei den negativen Bewertungen und scheinen somit weniger zufrieden. Da die Kleinstgemeinden auf einem ähnlichen Niveau liegen, wie die anderen Kategorien, kann dennoch kein klarer Einflussfaktor einer kleineren Größe bestätigt werden. Auch in Bezug auf die **geografische Lage** sind die Meinungen zwar ähnlich, dennoch ist ein gewisser Einfluss hier doch erkennbar. In allen Kategorien erhielt die Bewertung „mäßig" die höchsten Anteile, doch in den drei ländlichen Kategorien geben deutlich mehr Bürgermeister*innen eine negative Bewertung ab als in den kleineren Städten. Umgekehrt ist eine positive Meinung zur Finanzausstattung in den kleineren Städten höher als bei den anderen geografischen Klassen.

Zusammengefasst sind mehrere Herausforderungen in den Gemeinden vorhanden und diese ähneln sich, können und sollten aber doch spezifisch betrachtet werden. Zudem sind Leistungsgrenzen in den lokalen Verwaltungen vorhanden, aber nicht in allen Gemeinden und Gemeindetypen. Ähnlich ist es mit der Finanzausstattung: Diese wird zwar nicht mehrheitlich positiv bewertet, doch es gibt keine deutliche negative Meinung dazu. Einzelne Gemeinden scheinen zwar – basierend auf Herausforderungen, Leistungsgrenzen und Finanzausstattung – einen verwaltungstechnischen Druck zu verspüren, der sie für Kooperation empfänglich machen könnte, doch dieser ist nicht flächendeckend nachweisbar.

Nach den Herausforderungen, den Leistungsgrenzen sowie der Bewertung der finanziellen Lage, wurde eruiert, ob sich die Bürgermeister*innen bestimmten **Ansprüchen** ausgesetzt fühlen. Wie erwartet, wurde dieser Frage größtenteils zugestimmt. Die Mehrheit der Befragten sieht sowohl die Ansprüche der Bürger*innen wie auch jene des subnationalen Gesetzgebers als vorhanden und bewertete diese als hoch bis sehr hoch. Dies war in allen Territorien der Fall, womit hier eine Parallele zu finden ist. Die Ansprüche vonseiten des Gesetzgebers wurden in allen Territorien von über 60 Prozent der Befragten als hoch bewertet. Die Ansprüche vonseiten der Bürger*innen werden hingegen in Südtirol und Tirol mehr verspürt als in Graubünden, wo aber ebenso über die Hälfte diese als hoch bewerteten.

Die Interviews bestätigten die wahrgenommenen hohen Ansprüche vonseiten der Bürger*innen ebenso, während die Ansprüche des Gesetzgebers ausgeglichener bewertet wurden. Hinsichtlich der Ansprüche vonseiten der Bürger*innen kamen diverse Faktoren zur Sprache. Zum einen wurde auf die historische Veränderung von beschränkten bis hin zu hohen Ansprüchen hingewiesen. Erwartungen bestehen vor allem hinsichtlich einer hohen Qualität und Effizienz in allen Bereichen der lokalen Verwaltung, verlangt wird aber auch ein breites Angebot an Dienstleistungen. All diese Faktoren können in Zusammenhang mit einer notwendigen Kooperation betrachtet werden. In Bezug auf die Ansprüche des Gesetzgebers wurde demgegenüber vor allem die hohe Reglementierung beklagt – dies betrifft Infrastrukturen gleich wohl wie das Fachpersonal und das Dienstleistungsangebot.

Hinsichtlich der **Größe** bewerteten die Bürgermeister*innen die Ansprüche vonseiten der Bürger*innen und der Gesetzgeber ähnlich hoch, womit kein Unterschied feststellbar ist. Interessanterweise werden die Ansprüche der Bürger*innen von der Mehrheit der Befragten aus großen, mittleren und kleinen Gemeinden als hoch bezeichnet, jene aus Kleinstgemeinden verspüren hingegen weniger Druck. Demgegenüber gab es in Bezug auf die Ansprüche des Landes kaum Unterschiede zwischen den Größenklassen, sondern wurde von allen als hoch bewertet. Ähnliches zeigte sich bei der **geografischen Lage**: In allen Kategorien definierte die Mehrheit der Befragten die Ansprüche vonseiten der Bürger*innen sowie jene des Gesetzgebers als hoch. In Bezug auf die Ansprüche der Bürger*innen ist der höchste Zustimmungswert bei den peripheren Gemeinden zu verorten, so dass diese etwas mehr unter Druck zu stehen scheinen. Zwischen den geografischen

Lagen ist dahingehend ein Unterschied erkennbar, dass zwar in allen vier Kategorien die Ansprüche der Bürger*innen und des Gesetzgebers mehrheitlich als hoch bezeichnet werden, die prozentuelle Zustimmung bei den peripheren Gemeinden aber deutlich am höchsten liegt.

Nachdem festgestellt wurde, dass die Bürgermeister*innen die Ansprüche vonseiten der Bürger*innen und des Gesetzgebers mehrheitlich als hoch ansehen, wurde vermutet, dass sie die **Aufgabe diesen gerecht zu werden** als schwierig bewerten. Hierzu gehen die Meinungen hingegen auseinander. Zwar bewerteten fast die Hälfte der Befragten diese Aufgabe als schwierig, doch es ist nicht die große Mehrheit. Bürgermeister*innen aus unterschiedlichen Territorien haben hierbei differenzierte Meinungen. In Südtirol und Tirol bezeichnet über die Hälfte diese Aufgabe als schwierig bis sehr schwierig, in Graubünden hat hingegen fast die Hälfte der Befragten eine neutrale Meinung dazu. Hinsichtlich der **Größe** unterscheiden sich die Antworten nicht, so dass diese Variable hierfür keine Rolle zu spielen scheint. Die Mehrheit der unterschiedlich großen Gemeinden bewertet das Regieren als schwierig bis sehr schwierig, wobei die Befragten aus den großen Gemeinden die deutlichste Mehrheit verzeichnen. In Bezug auf die **geografische Lage** sind die Bewertungen ebenso homogen. Sogar die Ergebnisse aus den kleineren Städten sowie den peripheren Gemeinden verzeichnen Parallelen: In beiden Fällen bewertet die Mehrheit die Aufgabe als schwierig bis sehr schwierig. Was auffällt, ist hingegen eine gewisse Heterogenität innerhalb der Territorien, so dass die Meinungen auf eine hohe Individualität hinweisen. In den Interviews wurden die Bürgermeister*innen ebenso danach gefragt, wie sie die Aufgabe bewerten, den Ansprüchen der Bürger*innen und des Gesetzgebers gleichzeitig gerecht zu werden. Hieraus konnte kein klarer Trend erhoben werden, dennoch wurde klar, dass das lokale Regieren für manche Bürgermeister*innen sehr wohl eine Herausforderung darstellt. Um diese zu bewältigen wurden u.a. die Kooperation mit anderen politischen Akteuren innerhalb der eigenen Gemeinde sowie jene mit den Bürger*innen erwähnt.

Letzens wurden die Bürgermeister*innen befragt, ob die Gemeinde ihrer Meinung nach zu viele **Aufgaben** zu leisten hätte und ob sie die Kooperation oder die Fusion als **Lösungsansatz** für lokale Herausforderungen bewerten. In Bezug auf die **Last der Aufgaben** ist insgesamt eine Bestätigung festzustellen, wobei keine flächendeckende Zustimmung vorhanden ist. Insgesamt stimmten über 60 Prozent der Befragten der Aussage zu. Wiederum sind die Ergebnisse aus Südtirol und Tirol ähnlich, während es in Graubünden weniger Zustimmung gab und die Last der Aufgaben demnach geringer verspürt wird. In Bezug auf die **Größe** sind nur kleine Unterschiede erkennbar. In fast allen Kategorien und aus allen Territorien stimmt die Mehrheit dieser Aussage teilweise bzw. völlig zu. Nur die

Gemeindepräsidenten aus großen und kleinen Gemeinden sowie Kleinstgemeinden aus Graubünden heben sich hiervon ab. Die Zustimmung aus Graubünden fällt demnach geringer aus als in Südtirol und Tirol. Dies könnte daran liegen, dass die Gemeindepräsidenten viele lokale Aufgaben mit einer hohen Autonomie gleichsetzen und demnach positiv konnotieren, was in Südtirol und Tirol hingegen weniger ausgeprägt sein könnte. Auch in Bezug auf die **geografische Lage** sind nur wenige Unterschiede hinsichtlich der Bewertung der Aufgabenlast erkennbar. So erhielten die zustimmenden Antworten in drei von vier Kategorien die Mehrheit. Die einzige Ausnahme bilden die peripheren Gemeinden: Bei diesen wurde eine zustimmende Bewertung eigentlich am ehesten erwartet. Doch hier erhielt die neutrale Bewertung „stimme weder zu noch nicht zu" die meisten Antworten und die zustimmenden Bewertungen machen nicht die Mehrheit aus.

Die Last der lokalen Aufgaben wurde nicht von allen Bürgermeister*innen als gleich hoch eingeschätzt. Damit konnte angenommen werden, dass sie den **Lösungsansatz mittels Kooperation oder Fusion** ebenso unterschiedlich gegenüberstehen. Zudem lautete die eingangs formulierte These, dass die Bürgermeister*innen sowohl der Kooperation wie auch der Fusion skeptisch gegenüberstehen, wenn dann aber die Kooperation als positiv bewerten. Das Ergebnis ist deutlich: Hinsichtlich beider Strategien gibt es klare Mehrheitsverhältnisse, wenn auch kein überwältigender Konsens in allen drei Territorien. Die interkommunale Kooperation wird von der Mehrheit der Befragten als geeigneter Lösungsansatz bewertet, in Südtirol liegt die Zustimmung dafür sogar bei über 80 Prozent. In den anderen beiden Territorien ist die Zustimmung geringer und in Graubünden entspricht er nicht der Mehrheit der Befragten. Dort und in Tirol gibt es zudem einen Teil der Befragten, die Kooperation nicht als Lösungsansatz bewerten. Die Meinungen zur Fusion sind demgegenüber genau umgekehrt und die Ergebnisse eindeutiger – auch in allen Territorien. Die Mehrheit aller Befragten und in den drei Territorien sieht die Zusammenlegung von Gemeinden als keinen geeigneten Lösungsansatz für lokale Herausforderungen. Für Südtiroler war dies, nach der überwältigenden Zustimmung zur interkommunalen Kooperation, zu erwarten. Es ist überraschend, dass auch die Mehrheit der befragten Bündner und Tiroler Bürgermeister*innen den Fusionen skeptisch gegenüberstehen.

In Bezug auf die **Größe** und **Lage** wurden Unterschiede hinsichtlich beider Lösungsstrategien erwartet. Es wurde angenommen, dass kleine und periphere Gemeinden der Kooperation positiver gegenüberstehen als größere und zentral gelegenere, aber dass alle Gemeinden der Fusion eher skeptisch gegenüberstehen. Diese Thesen wurden zum Großteil falsifiziert, denn die Meinungen der Gemeindetypen sind den Gesamtergebnissen sehr ähnlich. Die positive Meinung zur interkommunalen Kooperation erhielt in allen vier Größenklassen die mehrheitliche Zustimmung. Die Bürgermeister*innen aus Kleinstgemeinden scheinen noch stärker dieser Meinung zu sein. Eine negative Bewertung hinsichtlich Kooperation als Lösungsansatz (stimme eher nicht oder überhaupt nicht zu) erhielt in allen vier Kategorien der Größe immerhin über zwanzig Prozent der Zustimmung, so dass auch Kooperation nicht einhellig positiv bewertet wird. Bei der geografischen Lage der Gemeinde ist das Ergebnis ähnlich: Die zustimmenden Bewertungen stammen in allen Kategorien von mehr als der Hälfte der Befragten und unterscheiden sich nur geringfügig. Die ablehnende Haltung ist in vergleichender Hinsicht in den ländlich peripheren Gebieten die niederste von allen vier Kategorien der geografischen Lage. Die Ergebnisse zur Fusion nach **Größe** zeigen, wie die Gesamtbetrachtung, ebenso einen deutlichen Trend hinsichtlich einer negativen Meinung dazu. In allen Größenklassen erhielt die negative Bewertung die höchste Zustimmung. Am höchsten ist dieser Wert bei den mittleren Gemeinden. Insgesamt entspricht die ablehnende Haltung in allen vier Kategorien der Größe der mehrheitlichen Meinung. Dieser Meinung sind aber nicht die Gesamtheit der Bürgermeister*innen: In den großen, kleinen und den Kleinstgemeinden gibt es auch jeweils über ein Viertel der Befragten, die Fusionen positiv gegenüberstehen. Die Antworten kategorisiert nach der **geografischen Lage** sind diesen Ergebnissen ähnlich, allerdings stechen die Antworten aus den peripheren Gemeinden hervor. Dies ist die einzige geografische Kategorie, in welcher die Mehrheit der Befragten keine klare ablehnende Meinung zu Fusion hat. In allen anderen Kategorien überwiegt hingegen mehrheitlich die negative Meinung zur Fusion als Lösungsstrategie. Nur in den peripheren Gebieten gaben mehr Personen eine positive Bewertung ab, während ein Viertel der Aussage neutral gegenübersteht.

Die persönlichen Gespräche offenbaren, dass die Bürgermeister*innen aus Südtirol und Tirol die lokale Kooperation im Allgemeinen als zielführend ansehen. Was in den Interviews zudem stark hervor kommt, ist ein pragmatischer Ansatz zur Kooperation. Diese wird zwar von den meisten insgesamt positiv betrachtet, aber dennoch nicht um jeden Preis als sinnvoll bewertet. In den Interviews kam auch die Fusion zur Sprache. Hier ist sehr wohl ein gewisser Unterschied zwischen den Meinungen aus Graubünden und jenen aus Südtirol und Tirol erkennbar, was auf die zahlreichen Erfahrungen in Graubünden zurückgeführt werden kann. Von den vier Interviewpartnern aus Graubünden sprachen sich drei positiv zu Gemeindezusammenlegungen aus und bringen diese mit einer höheren Autonomie und mehr (finanziellen) Kompetenzen im Vergleich zu einer Vielzahl von Kooperationen oder einer zu kleinen/finanzschwachen Gemeinde in Verbindung. Die Meinung zu Fusionen in Südtirol und Tirol gehen hingegen auseinander, wobei nicht alle Bürgermeister*innen künftigen Fusionen skeptisch gegenüberstehen, wie es die Ergebnisse des Fragebogens vermuten lassen würden. Manche der Befragten glauben sogar, dass dies in einigen Jahren berechtigterweise ein Thema sein wird. Es fällt auf, dass die Gesprächspartner*innen aus Tirol Fusionen im Allgemeinen weniger skeptisch gegenüberstehen als jene aus Südtirol. Die Hemmungen sehen die Skeptiker*innen, aber auch die Gegner*innen von Fusionen vor allem in Gründen der lokalen Identität sowie der geografischen Lage der Gemeinden. Diese mache die Fusionen in manchen Fällen obsolet bzw. der mögliche Mehrwert sei nicht immer gegeben. Ein zentraler Kritikpunkt in diesem Zusammenhang aus Tirol und Südtirol – und dies kommt auch aus den Gesprächen mit den Bündner Politiker*innen heraus – ist der Transfer von Dienstleistungen in Nachbarorte, womit die Bürger*innen aus kleinen oder ländlich peripher liegenden Gemeinden benachteiligt seien bzw. das Gemeindeleben praktisch ausgedörrt werden würde.

6.7. Zwischenfazit: Bewertung der Kooperation

6.7.1 Hauptergebnisse der Dimensionen

Nach den rechtlichen Rahmenbedingungen und der Nutzung der Kooperation betraf die dritte Forschungsfrage, wie Bürgermeister*innen die Kooperation bewerten. Dabei wurden folgende Dimensionen untersucht: **Gründe, Wichtigkeit, Zufriedenheit, Hindernisse, Unterstützung** und **Lösungsansatz**. Für die Dimensionen wurden verschiedene Erwartungen definiert, insbesondere in Bezug auf **Territorium, Größe** und **geografische Lage**.

Die **Gründe**, weshalb Gemeinden Kooperation durchführen, offenbaren sich als überschaubar und ähnlich. Die Bürgermeister*innen bestätigten, dass sie hauptsächlich mit dem Ziel einer besseren Qualität der Dienstleistungen, der Reduzierung von Kosten sowie einer höheren Effizienz kooperieren. Eine höhere Effizienz und Qualität sowie das Ersparnis von finanziellen Ressourcen sind drei zentrale Motivationen, die ihrerseits mit der Performanz einer lokalen Verwaltung zusammenhängen. Diese Hauptgründe wurden in den persönlichen Interviews noch detaillierter beschrieben. So geht es bei der Steigerung der Qualität und Effizienz der lokalen Verwaltung etwa um die Anstellung von spezifischem Fachpersonal, dass man sich allein nicht leisten könnte. Weiteres betrifft es die Bündelung von Ressourcen oder das Aufteilen von Lasten auf mehrere Schultern – hinsichtlich der Komplexität der Aufgaben, der Auslastung von Infrastrukturen oder eben der Finanzierung von spezifischen Diensten. Die Hauptgründe für Kooperation weisen auf den Umstand hin, dass Kooperation nur zum Teil mit einer bestimmten tatsächlichen finanziellen Notwendigkeit in Verbindung steht, sondern auch damit im Zusammenhang steht den Bürger*innen ein möglichst breites Angebot an Dienstleistungen zu bieten sowie als Gemeinde vollumfänglich zu handeln und als Wohn- und Arbeitsort attraktiv zu sein.

Die Ergebnisse zeigen eine hohe Relevanz der interkommunalen Kooperation für das lokale Regieren. Dies offenbaren nicht nur die Gründe, weshalb kooperiert wird, sondern auch die **Wichtigkeit**, die dieser entgegengebracht wird. Die lokale Kooperation wird von einem großen Teil der Bürgermeister*innen als wichtig bewertet und ist somit positiv konnotiert. Dies betrifft nicht nur die persönliche Wichtigkeit, sondern auch die Bewertung, dass interkommunale Kooperation allgemein als zielführendes Instrument empfunden wird. Interessanterweise offenbaren die persönlichen Gespräche, dass die hohe Wichtigkeit eng mit einer bestimmten Begründung verknüpft ist, die Ähnlichkeiten zu den Gründen für Kooperation aufweisen. Demnach ist interkommunale Kooperation wichtig, weil sie der Gemeinde einen bestimmten Mehrwert bringt, damit ein bestimmtes politisches Ziel verfolgt wird und somit eine Erwartung einhergeht.

Die Ergebnisse zeigen auch, dass die Bürgermeister*innen mit ihrer bisherigen Erfahrung mit Kooperation ziemlich **zufrieden** sind. Die Daten deuten auf eine mehrheitliche positive Erfahrung mit interkommunaler Kooperation hin, die mit gut oder sehr gut bewertet wird. Interessanterweise liegen die Zustimmungswerte der Zufriedenheit trotz einer mehrheitlichen positiven Evaluierung unter dem Ausmaß der Wichtigkeit. Daraus kann geschlossen werden, dass Kooperation dem Großteil der Bürgermeister*innen zwar wichtig ist, dies allerdings nicht zwangsläufig bedeuten muss, dass sie unbedingt damit zufrieden sind. Zudem ergaben die persönlichen Gespräche, dass Kooperation sehr kontextspezifisch bewertet wird und die Zufriedenheit für die Befragten von bestimmten Faktoren abhänge. Mehrere Bürgermeister*innen erklärten, dass sie keine pauschale Zufriedenheit abgeben könnten.

Wenn es um die Faktoren geht, welche Kooperation **behindern**, offenbaren die Ergebnisse eine bestimmte Heterogenität. Jene Bürgermeister*innen, die noch keine Kooperationserfahrung aufweisen, gaben dafür unterschiedliche Gründe an. Einen Einfluss haben darauf vor allem das „Kirchturmdenken", die unterschiedliche politische Ausrichtung der potenziellen Partnergemeinden sowie die mangelnden Zeitressourcen. Aus diesen Faktoren erschließt sich eine starke persönliche Komponente, die Kooperation einbremsen kann. Sowohl die Begründung des „Kirchturmdenkens" wie auch die politische Ausrichtung der beteiligten Akteure deuten auf eine befangene Haltung vonseiten einiger Bürgermeister*innen hin und eine damit verbundene Sorge durch Kooperation womöglich an politischem Einfluss oder Gewicht zu verlieren. Der Hinderungsgrund der fehlenden

Zeitressourcen zeigt außerdem, dass Kooperation mit einem höheren Arbeitsaufwand gleichgesetzt wird.

Auch bei jenen Personen, die bereits Erfahrung mit interkommunaler Kooperation haben, war das „Kirchturmdenken" der meistgewählte behindernde Faktor. Dicht gefolgt wurde dieser von der Sorge um den Verlust der lokalen Identität. Auch in allen drei Territorien war das „Kirchturmdenken" der meistgewählte Hindernisfaktor, so dass sich der politische Wille und die Personenabhängigkeit auch in grenzüberschreitender Hinsicht als zentral für die Durchführung von Kooperation herauskristallisieren. Die Gespräche untermauern die Ergebnisse: Die politischen Akteure sprachen hauptsächlich von unterschiedlichen Interessen und Ausgangslagen der Gemeinden, der politischen Motivation sowie dem Kosten-Nutzen-Verhältnis für die eigene Gemeinde, welche es für eine Kooperation abzuwägen gelte. All diese Faktoren weisen eine hohe Verzahnung auf. So drehen sich die Hindernisse zum einen um eine persönliche Haltung zu Kooperation. Dementsprechend sind es vor allem die politischen Persönlichkeiten, die über Kooperation befinden und diese gleichzeitig beschränken können. Zum zweiten geht es um das dringende Bedürfnis einer Gemeinde, die zur Entscheidung für oder gegen eine Kooperation beiträgt. Im Grunde entspricht dies in den meisten Fällen der inhaltlichen Agenda einer Regierung sowie dem eigenen Vorteil für die Gemeinde im Hinblick auf finanzielle Kosten oder das erwartete Dienstleistungsangebot für die Bürger*innen, welche für die Durchführung von Kooperation ausschlaggebend sind. Sind diese Faktoren nicht vorhanden, wird politisch auch kaum Notwendigkeit für Kooperation gesehen.

Zur vergleichenden Gegenüberstellung wurde auch untersucht, welche Faktoren **unterstützend** auf Kooperation einwirken, und diese fördern können. Hier war das Ergebnis noch deutlicher. Die große Mehrheit wählte den politischen Willen als relevantesten Unterstützungsfaktor für die erfolgreiche interkommunale Kooperation. Somit manifestieren sich zwischen der Dimension der Hindernisse und der Unterstützung große Parallelen. Die Daten bestätigen, dass der Wille der beteiligten Akteure für die Nutzung von Kooperation eine primäre Rolle spielt. Als zweiter relevanter Faktor wurde die ähnliche politische Ausrichtung der potenziellen Partnergemeinde genannt und damit ebenso ein Gesichtspunkt, der eine starke ideologische und persönliche Charakterisierung aufweist. Anders als bei den Hindernissen, wo die beiden meistgenannten Faktoren von ähnlich vielen Bürgermeister*innen genannt wurden, lag der zweitmeistgenannte Unterstützungsfaktor weit hinter dem Faktor des politischen Willens. Nichtsdestotrotz offenbaren diese Ergebnisse, dass ein beträchtlicher Teil der Bürgermeister*innen es bevorzugt, mit Politiker*innen zu kooperieren, die ähnliche politische Ziele verfolgen wie sie selbst. Die Interviews ergaben analoge

Informationen: Die Bürgermeister*innen nannten als Vorteile der Kooperation die guten Beziehungen mit der Nachbargemeinde, aber auch die jeweilige politische Tradition und Kontinuität. Dies unterstreicht abermals den menschlichen Faktor, der Kooperation auszeichnet: Kennen sich die Akteure, tun sie sich bei der Nutzung von Kooperation leichter. Weitere von den Gesprächspartner*innen erwähnte Faktoren waren erneut die politische Motivation sowie die Solidarität und Kompromissfähigkeit. Diese Aussagen waren insofern interessant, als dass die vorhergegangenen Ergebnisse suggerierten, dass Bürgermeister*innen bei einer Kooperation hauptsächlich den Mehrwert für ihre eigene Gemeinde erwarten. Die Erwähnung der notwendigen Kompromissfähigkeit offenbart hingegen, dass einigen Bürgermeister*innen sehr wohl klar ist, dass für den Erfolg von interkommunaler Kooperation auch Kompromisse zwischen den Kooperationsgemeinden notwendig sind.

Die letzte Dimension, welche die Bewertung definiert, ist die Frage, ob die interkommunale Kooperation als **Lösungsansatz** für die lokalen Herausforderungen wahrgenommen wird. Hierzu wurden eine Reihe von Aspekten befragt, welche mit der Notwendigkeit der interkommunalen Kooperation in Zusammenhang stehen und diese bedingen können. Es zeigte sich, dass die Herausforderungen der Gemeinden sehr individuell sind und sich hinsichtlich der Größe und geografischen Lage, aber sogar innerhalb des Territoriums, unterscheiden. Im Hinblick auf Schwierigkeiten in der Verwaltung wurden nur bedingte Leistungsgrenzen festgestellt, sind aber teilweise vorhanden. Die Bewertung der eigenen Finanzausstattung fällt, die bestehenden Leistungsgrenzen bedenkend, erstaunlicherweise nicht überwiegend negativ aus. Nur eine Minderheit bewertet die eigene finanzielle Lage als nicht gut, während fast die Hälfte der Befragten diese immerhin mit mäßig bewertet und mehr als ein Viertel der Befragten zufrieden ist. Trotz insgesamt nicht eklatanter Leistungsgrenzen und einer zum Großteil mäßigen bis guten Bewertung der eigenen Finanzausstattung, vertreten die meisten Bürgermeister*innen die Meinung, dass sie hohen bis sehr hohen Ansprüchen vonseiten der Bürger*innen sowie des Gesetzgebers ausgesetzt sind.

In den persönlichen Gesprächen werden vor allem die wachsenden Ansprüche vonseiten der Bürger*innen beklagt, während die Ansprüche des Landes für die Politiker*innen einen weniger hohen Stellenwert einnehmen und insbesondere die steigende Reglementierung betreffen. Fast die Hälfte der Befragten mittels Fragebogen ist außerdem der Meinung, dass es schwierig sei, den beiden genannten Ansprüchen gleichzeitig gerecht zu werden. Davon kann abgeleitet werden, dass Bürgermeister*innen das Regieren nicht ausnahmslos positiv bewerten bzw. dabei Herausforderungen auch institutioneller Art ausgesetzt sind.

Der Frage, ob Kooperation dieser Situation entgegenwirken kann und diese als ein Lösungsansatz verstanden wird, wurde mehrheitlich zugestimmt – allerdings mit Unterschieden zwischen Graubünden, Südtirol und Tirol. Die Südtiroler Bürgermeister*innen offenbaren eine deutliche positive Meinung zum Mehrwert von Kooperation, während in Graubünden die Mehrheit dieser Aussage nicht zustimmte. Während es zum Lösungsansatz der Kooperation somit keine übereinstimmende Meinung gibt, wird die Fusion in allen drei Territorien mehrheitlich als kein geeigneter Lösungsansatz bewertet. Somit sind die Meinungen hinsichtlich dem Mehrwert von Zusammenlegungen von Gemeinden in allen drei Territorien eher zweifelnd und sogar negativer Natur.

6.7.2 Einfluss der strukturellen Faktoren

Hinsichtlich der Bewertung von Kooperation wurden in den meisten Dimensionen ein Einfluss der Variablen **Territorium, Größe** und **geografische Lage** erwartet. Das Territorium weist, wie bereits bei der Nutzung der Kooperation, auch bei der Bewertung eine klare Relevanz auf. Vor allem im Hinblick auf die Frage nach dem Lösungsansatz von Kooperation ist ein starker Einfluss feststellbar. Demgegenüber sind die **Gründe**, weshalb Gemeinden interkommunale Kooperation durchführen, in den drei Territorien ähnlich, wobei es in Graubünden und Tirol eher die Reduzierung der Kosten ist und in Südtirol eine höhere Effizienz und Qualität der Dienstleistungen. Insbesondere im Zusammenhang mit der Größe zeigte sich der Einfluss des Territoriums bei den Gründen für Kooperation.

In Hinblick auf die geeigneten **Politikfelder** für Kooperation sind die Antworten der Bürgermeister*innen hingegen ziemlich ähnlich. Die Bewertung der für Kooperation geeigneten Politikfelder hat außerdem einen hohen Zusammenhang mit den Politikfeldern, in denen bereits kooperiert wird. Somit zeigt sich, dass die Bewertung für ein geeignetes Politikfeld stark vom institutionellen Kontext und der vorhandenen Erfahrung in einem jeweiligen Territorium beeinflusst wird. Demzufolge bewerten die Tiroler Vertreter*innen u.a. etwa die Altenheime und die Gesundheit als geeignet, die Bündner die Mittelschule und die Feuerwehr, die Südtiroler hingegen die lokale Polizei.

In Bezug auf die **Wichtigkeit** sind sich die Bürgermeister*innen aus den Territorien ziemlich einig und die Mehrheit aus allen Territorien der Kooperation bewertet die interkommunale Kooperation als zielführend und persönlich als wichtig. Zur Frage nach der **Zufriedenheit** wurden die Antworten demgegenüber kaum vom Territorium beeinflusst, weil die Mehrheit der Befragten in allen Territorien eine hohe Zufriedenheit mit der bisherigen Kooperation angibt.

Auch in Bezug auf die **Hindernisse** gibt es nur geringe Unterschiede zwischen den Territorien, da in den Gemeinden der politische Wille an erster Stelle liegt. Etwas differenzierter sind die Ergebnisse in Bezug auf die Faktoren, welche eine Kooperation **unterstützen**. Hier erhält der politische Wille zwar ebenso in allen drei Ländern die meiste Zustimmung, aber es variieren die zweithäufigsten genannten Faktoren. Die Bündner und Südtiroler Bürgermeister*innen antworteten ähnlich und gaben die politische Ausrichtung der potenziellen Partnergemeinde als weiteren Unterstützungsfaktor an, in Tirol ist es hingegen die Unterstützung des Landes. Es wird davon ausgegangen, dass hierunter etwa finanzielle Unterstützungen, aber auch Beratungstätigkeiten fallen. Damit unterscheiden sich die Meinungen Tirols von Graubünden und Südtirol, wo die Erwartungshaltung gegenüber dem Land geringer ausgeprägt ist.

Das Territorium einer Gemeinde spielt insbesondere in Bezug auf den **Lösungsansatz** von Kooperation eine Rolle. So sind in Bezug auf die Leistungsgrenzen, die Bewertung der Finanzausstattung, die Bewertung der Ansprüche der Bürger*innen sowie des Gesetzgebers, aber auch hinsichtlich der konkreten Frage nach dem Lösungsansatz von Kooperation und Fusion einige Unterschiede erkennbar. Die Finanzausstattung wird insgesamt eher mäßig bewertet und die Bewertungen aus Tirol sind im Vergleich zwischen den Territorien am niedrigsten. In Bezug auf die Leistungsgrenzen fällt auf, dass die Südtiroler und Tiroler mehr unter Druck stehen als die Bündner Bürgermeister*innen. Auch die Ansprüche vonseiten der Bürger*innen werden von den Bürgermeister*innen aus Südtirol und Tirol höher bewertet als in Graubünden. Letztens wird auch das Regieren von über der Hälfte der Befragten aus Südtirol und Tirol als schwieriger als in Graubünden bewertet. Zum Thema Kooperation sind sich hingegen die Vertreter*innen aus Südtirol und Tirol eher einig und betrachten diese mehrheitlich als geeigneten Lösungsansatz, während dies in Graubünden kontroverser gesehen wird.

Tabelle 140: Einflussfaktoren der strukturellen Variablen auf die Bewertung

Variable	**Territorium – Erwartung**	**Territorium – Ergebnis**	**Größe – Erwartung**	**Größe – Ergebnis**	**Lage – Erwartung**	**Lage – Ergebnis**
Gründe	Nein	Ja	Ja	Ja	Ja	Ja
Wichtigkeit	Teilweise	Nein	Ja	Teilweise	Ja	Teilweise
Zufriedenheit	Nein	Nein	Nein	Nein	Nein	Nein
Hindernisse	Nein	Teilweise	Ja	Nein	Ja	Nein
Unterstützung	Nein	Teilweise	Ja	Teilweise	Ja	Nein
Lösungsansatz	Teilweise	Teilweise	Ja	Teilweise	Teilweise	Teilweise

Die Variablen der **Größe** und der **geografischen Lage** haben auf die Dimensionen der Bewertung gegenüber des Territoriums einen unterschiedlichen Einfluss und sind geringer ausgeprägt. So waren bei den **Gründen** für Kooperation nur geringe Unterschiede feststellbar. Dies lässt vermuten, dass wenn Gemeinden miteinander kooperieren, sie es aus einer ähnlichen Motivation heraus machen und dies weniger von ihrer Größe oder geografischen Lage abhängt. Nichtsdestotrotz sind in manchen Fällen Differenzen präsent. So sind das Erlangen von technischen Kompetenzen innerhalb der Verwaltung oder der Personalmangel für kleinere Gemeinden und Kleinstgemeinden relevanter als für große Gemeinden. Für letztere ist hingegen eher das Ziel der steigenden Effizienz Grund für eine Kooperation. Auch in Bezug auf die geografische Lage sind Unterschiede zwischen den peripheren Gemeinden und der kleineren Städte erkennbar – so ist etwa bei den peripheren Gemeinden der Personalmangel und die Effizienzsteigerung ein wichtigeres Thema sowie die Kostenreduzierung bei den kleineren Städten.

Bei der **Wichtigkeit** zeigen sich ebenso wenige Unterschiede, weil die große Mehrheit der Bürgermeister*innen die Kooperation als wichtig einstufen – egal wie groß ihre Gemeinde ist oder wo sie verortet ist. Unterschiede sind allerdings in der Höhe der einzelnen Zustimmungsraten erkennbar. So liegt jene der Kleinstgemeinden mit über 90 Prozent deutlich höher als etwa jene der großen Gemeinden mit 76 Prozent, wenn auch damit in beiden Fällen eine hohe Wichtigkeit einhergeht. Ähnliches ist in Bezug auf die geografische Lage feststellbar: Die Bürgermeister*innen aus peripheren Gemeinden bewerteten die persönliche Wichtigkeit höher (100 %) als jene der kleineren Städte (76 %).

Die Variablen der Größe und Lage scheinen auch kaum Einfluss auf die **Zufriedenheit** mit der bisherigen Kooperation zu haben, da hierbei nur geringe Unterschiede festzustellen sind. Wenn es um die Faktoren geht, welche interkommunale Kooperation **behindern** oder **unterstützen**, gab es zwischen den Gemeindetypen hinsichtlich ihrer Größe und Lage ebenso kaum Unterschiede, womit deren Einfluss als gering eingestuft werden kann. Meist liegen die Differenzen in der Höhe der prozentuellen Zustimmung und der jeweiligen Bewertung (wenig bis viel), aber kaum in der allgemeinen Zustimmung für spezifische Hindernisse oder Unterstützungsfaktoren. In Bezug auf die Größe sind folgende Unterschiede bei den Hindernissen feststellbar: So ist etwa das fehlende Vertrauen in die Kooperationspartner sowie die Sorge um den Verlust der lokalen Identität bei den Kleinstgemeinden und kleinen Gemeinden stärker ausgeprägt als bei den größeren Gemeinden. Dieses Ergebnis relativiert sich allerdings dadurch, dass diese Faktoren in allen Gemeindetypen die meistgewählten Hindernisse waren. Bei der geografischen Lage ist das Kirchturmdenken ebenso in allen Kategorien der meistgewählte Faktor, erhielt aber nie die Zustimmung von über der Hälfte der Befragten. Besonders relevant scheint das Kirchturmdenken für die peripheren Gemeinden zu sein, wo der Zustimmungsfaktor deutlich höher lag als in anderen geografischen Lagen. In Bezug auf die Faktoren, welche Kooperation unterstützen, wurde der politische Wille von allen vier Typen der Größe als am wichtigsten bewertet. Unterscheiden tun sich die verschieden großen Gemeinden beim zweitgewählten Faktor. Bei den großen Gemeinden ist dies die Erfahrung innerhalb der eigenen Gemeinde, bei den Kleinstgemeinden, den kleinen und mittleren Gemeinden hingegen die politische Ausrichtung der Partnergemeinde. Ebenso ist in Bezug auf die geografische Lage kein großer Unterschied zwischen den Gemeindetypen erkennbar. Der politische Wille ist in allen vier Kategorien an erster Stelle und somit wichtigster Unterstützungsfaktor unabhängig davon aus welcher geografischen Lage ein*e Bürgermeister*in stammt. Auch der zweithäufigsten genannte Faktor ist in allen vier Kategorien stets die politische Ausrichtung.

Letztlich sind die Meinungen zu Kooperation und Fusion als **Lösungsansätze** bezüglich Größe und Lage ebenso ziemlich ähnlich. Beim Thema Kooperation sind zwar sowohl in den Kategorien der Größe und der Lage einige Schwankungen in den Werten erkennbar, doch ist die Bewertung im Allgemeinen unabhängig dieser Variablen für die interkommunale Kooperation zustimmend und somit positiv. Die Kleinstgemeinden und ländliche Zentren gaben allerdings die noch höhere Bewertung ab. Zum Thema Fusion überwiegt im Vergleich in allen Kategorien der Größe eine negative Haltung. Am deutlichsten ist dies bei den Bürgermeister*innen aus mittleren Gemeinden zu erkennen. Bei der geografischen Lage war das Ergebnis hingegen nicht übereinstimmend: In drei von vier Kategorien erhielt die negative Bewertung zur Fusion die meiste Zustimmung. Nur die Bürgermeister*innen der peripheren Gemeinden stehen Fusionen interessanterweise deutlich positiver gegenüber als jene aus anderen geografischen Lagen. Ein Grund dafür könnte sein, dass sie sich teilweise überfordert fühlen und wissen, dass sie durch die Schaffung von größeren Einheiten künftig mehr Möglichkeiten hätten.

Teil 4: Schluss

7. Gesamtfazit: Welche rechtliche und politische Rolle nimmt die interkommunale Kooperation in Graubünden, Südtirol und Tirol ein?

Diese Dissertation ist der interkommunalen Kooperation gewidmet und zeigt auf, dass Gemeinden zur Lösung ihrer Herausforderungen vermehrt auf Zusammenarbeit angewiesen sind: Nach oben mit dem subnationalem Gesetzgeber, nach außen mit privaten Akteuren, aber auch nach links und rechts mit anderen Gemeinden. Die interdisziplinäre Forschungsarbeit ist innerhalb der vergleichenden Föderalismus- und Regionalismusforschung platziert, da die politische und administrative Kooperation zwischen Regierungsebenen in vertikaler Hinsicht, aber auch zwischen Gebietskörperschaften der gleichen Ebene in horizontaler Hinsicht, in Mehrebenensystemen ein Grundprinzip darstellt. Dass diese Entwicklung auch für Gemeinden gilt – ein bisher in der Mehrebenenforschung unterrepräsentiertes Thema – bestätigt diese Forschungsarbeit. Die interkommunale Kooperation kann durch ihre Administrativ- und gleichzeitige Exekutiv-Lastigkeit als eine besondere Form der intergouvernementalen Kooperation verstanden werden. Außerdem stellt sie eine zunehmend wichtige Ausprägung der *multilevel governance* und des zunehmend vernetzten Regierens von verschiedenen Ebenen und Akteuren dar.

Ausgangspunkt dieser Arbeit war es, zuerst den rechtlichen Stellenwert der lokalen Autonomie und der interkommunalen Kooperation in drei alpinen Gebietskörperschaften einander gegenüberzustellen. Daraufhin wurde die Nutzung sowie die Bewertung der interkommunalen Kooperation vonseiten der Bürgermeister*innen als zentrale Akteure der lokalen *Governance* eruiert. Die Hauptthese der Untersuchung war, dass die interkommunale Kooperation eine wichtige Rolle in den lokalen Verwaltungen einnimmt und eine Lösung bietet, um den Herausforderungen zu begegnen, die sich Gemeinden im Alpentraum stellen.

Zudem war der mögliche Einfluss des jeweiligen subnationalen Territoriums, der Größe und der geografischen Lage einer Gemeinde auf ihre interkommunale Kooperationstätigkeit Gegenstand der Untersuchung. Die Erwartungen gingen davon aus, dass Gemeinden aus verschiedenen Regionen oder diverse Gemeindetypen Kooperation unterschiedlich nutzen und bewerten. Die ausgewählten Fälle betreffen drei Gebiete, die einerseits über ähnliche Bedingungen verfügen, u.a. eine hohe subnationale Selbstverwaltung innerhalb eines Mehrebenensystems, geografische Herausforderungen als alpendurchzogenes Gebiet sowie eine Gemeindestruktur von vielen kleinen und ländlichen Gemeinden. Andererseits verfolgen die Territorien zum Teil unterschiedliche politische Strategien, um das lokale Regieren effizienter zu gestalten. Gerade dieses Zusammenwirken von ähnlichen Bedingungen und unterschiedlichen Zielsetzungen macht den Vergleich der interkommunalen Kooperation und deren politische Evaluierung in den drei Gebieten fruchtbar. Die folgenden Ausführungen fassen die wichtigsten Fragstellungen und Ergebnisse, die im Rahmen der Forschung analysiert wurden, zusammen.

Cooperation matters

Die interkommunale Kooperation ist aufgrund der zunehmenden Komplexität des lokalen Regierens in den untersuchten alpinen Gemeinden wichtig, um gewisse Dienstleistungen effizient zu erbringen. Der strategische Mehrwert der gemeinsamen Aufgabenerfüllung wird rechtlich und politisch in allen drei untersuchten Gebieten anerkannt und es sind langjährige Erfahrungswerte in verschiedenen Politikfeldern und bei diversen Gemeindetypen in allen Regionen vorhanden. Die interkommunale Kooperation hat allerdings weder für alle Bürgermeister*innen in den untersuchten Territorien dieselbe Wichtigkeit, noch ist sie für alle Gemeinden ein tägliches Leistungserbringungs- und Verwaltungsmodell.

Die Untersuchung leistet den in der Einleitung in Aussicht gestellten Beitrag zu der „*role, capacity and significance*“[1586] der interkommunalen Kooperation in der alpinen *Governance*. Die Annahme war, dass in Graubünden, Südtirol und Tirol dasselbe gilt, wie in anderen Regionen Europas: Es herrscht eine große Diskrepanz zwischen den tatsächlichen lokalen Verwaltungskapazitäten und dem Ausmaß der Verantwortlichkeit. Die Gemeinden sind als unterste Regierungsebene wichtige Akteure im Mehrebenensystem, doch verfügen sie vielfach oder vermehrt über zu geringe finanzielle Ressourcen oder spezifisches Personal, um all ihren Aufgaben allein gerecht zu werden und die steigende Komplexität des Regierens zu bewältigen. Die lokalen Herausforderungen im 21. Jahrhundert betreffen viele Bereiche, denen auch Nationalstaaten und Regionen bei der Erfüllung von Dienstleistungen ausgesetzt sind. Daneben sind Gemeinden täglich mit spezifischen Herausforderungen konfrontiert, etwa einer starken Verkehrsbelastung, dem Fehlen von

1586 Teles 2016, S. 87.

bezahlbarem Wohnraum für die Bürger*innen, mangelnden Arbeitsplätzen oder der Abwanderung. Strategien der Zusammenarbeit und Vernetzung zwischen öffentlichen Institutionen und politischen Akteuren werden daher auch für die lokale Regierungsebene immer wichtiger. Hierbei geht es nicht nur darum, politisch mit den höheren Regierungsebenen und anderen Gemeinden kontinuierlich in Dialog zu treten, sondern konkret um die gemeinsame Erfüllung von notwendigen lokalen Dienstleistungen. Es zeigt sich, dass verwaltungsrechtliche Kooperationen in diverse Richtungen und mit diversen Akteuren für die lokale Regierungsebene oft unvermeidbar sind, weil das aktuelle Regieren nicht mehr nur auf eine Regierungsebene oder wenige Akteure beschränkt ist.

Die vorliegende Untersuchung bestätigt, dass viele Gemeinden im Alpenraum bei der Ausführung ihrer Aufgaben bereits seit Jahrzehnten in verschiedenen Formen und Politikbereichen zusammenarbeiten, während andere weniger konkrete Erfahrung aufweisen und wiederum andere mittlerweile sogar den Weg einer Gemeindezusammenlegung beschritten haben oder diesen andenken. Durch den vergleichenden Zugang wurden Gemeinsamkeiten und Unterschiede aufgezeigt, wie interkommunale Kooperation in verschiedenen Territorien rechtlich eingebettet ist und inwiefern diese die Praxis der *Governance* prägt.

Die Forschungsarbeit geht dabei über eine reine Beschreibung von interkommunalen Kooperationsformen hinaus[1587] und bietet einen vertiefenden Einblick in den Status der Kooperation von drei politischen Systemen sowie in deren Nutzung und Bewertung anhand der Einstellungen der politischen Elite. Die Untersuchung belegt, dass Kooperation in vielen Gemeindeverwaltungen eine Rolle spielt, wenn auch nicht dominierend ist. Dabei steht nicht nur die territoriale Herkunft der Gemeinden im Mittelpunkt der Untersuchung, sondern auch die Zahl deren Einwohner*innen (große, mittlere, kleine Gemeinde, Kleinstgemeinde) und ihre geografische Lage (kleinere Stadt, ländliches Zentrum, ländlicher Vorort, periphere Gemeinde).[1588] Nicht alle eingangs aufgestellten Erwartungen bewahrheiteten sich im Laufe der Recherche. So wurde klar, dass die vertikale Kooperation zwischen Gemeinden und der subnationalen Regierungsebene zwar politisch einen bedeutenden Teil der intergouvernementalen Beziehungen ausmacht, diese aber für die tägliche Daseinsvorsorge zweitrangig ist. Die vertikalen Beziehungen sind in den herkömmlichen Verwaltungsablauf eingebaut, betreffen die Bürger*innen aber nur indirekt. Der Fokus der Arbeit liegt deshalb auf der interkommunalen Kooperation, die in der Wissenschaft und Praxis als eine

1587 Vgl. Swianiewicz und Teles 2018, S. 345.

1588 Siehe Kapitel 1.

mögliche Lösung für die Herausforderungen von Gemeinden angesehen wird. Die Untersuchung weist nach, dass ein großer Teil der lokalen politischen Elite diese Einschätzung teilt und das Phänomen der interkommunalen Kooperation eine relevante Handlungsstrategie ist bzw. sein kann. Diese Ergebnisse sind für die Wissenschaft wertvoll, weil sie einerseits Thesen zur Wichtigkeit der interkommunalen Kooperation für den Alpenraum bestätigen und andererseits die Empirie mit neuen Daten bereichern. Zudem verdeutlichen die Resultate den politischen Entscheidungsträger*innen sowie Interessierten der betroffenen Regionen, Chancen und Risiken der Kooperation und sind somit praxisrelevant.

Welchen Zusammenhang haben lokale Autonomie und Kooperation?

Eine ausgeprägte lokale Autonomie ist Voraussetzung für eine aussichtsreiche interkommunale Kooperation. In allen drei Territorien ist eine ähnlich hohe Autonomie der Gemeinden festzustellen. Dabei gilt es die formale lokale Autonomie von der Praxis der Autonomie zu unterscheiden. Die *de jure* Autonomie einer Gemeinde steht nicht immer im Einklang mit der tatsächlich angewandten Autonomie vor Ort oder umgekehrt. Außerdem wurde ersichtlich, dass ähnliche institutionelle Bedingungen nicht immer mit einer ähnlichen Kooperation einhergehen.

Der Ausgangspunkt der Untersuchung war das Ausmaß der lokalen Autonomie und der Wandel der Gemeinden von Institutionen, die Dienstleistungen nur ausführen, zu solchen, die aktiv gestalten und unter anderem dadurch vermehrt auf Kooperation angewiesen sind.[1589] Die Forschung zeigt, dass die Gemeinden in der Schweiz, Italien und Österreich sowie in Graubünden, Südtirol und Tirol einen wichtigen rechtlichen und politischen Stellenwert einnehmen und damit unter ähnlichen formalen Rahmenbedingungen kooperieren können. Diese Gegenüberstellung ist wertvoll, weil eine Kooperation auf lokaler Ebene die Verantwortlichkeit und Handlungsfähigkeit für und in einem bestimmten Politikbereich voraussetzt.

Die Arbeit verdeutlicht in Bezug auf die ausgewählten Fälle, dass die lokale Autonomie die Voraussetzung dafür ist, dass Gemeinden mit anderen Gemeinden Beziehungen eingehen und diese gestalten können.[1590] Zudem sagt das Ausmaß der lokalen Autonomie viel darüber aus, wie Gemeinden Politik gestalten und wie

1589 Siehe Kapitel 2.
1590 Siehe Kapitel 2.

sie sich in einem Mehrebenensystem bewegen. Die Gemeinden in Graubünden, Südtirol und Tirol können als Hauptakteure innerhalb ihrer *Governance*-Struktur bewertet werden. Der Vergleich bestätigt deren facettenreiche Rolle in allen drei Territorien. Sie sind multifunktionale Handlungsakteure, die eine ähnlich hohe Gemeindeautonomie genießen. Nichtsdestotrotz gibt es territoriale Unterschiede: So sind die Tiroler Gemeinden vielfach durch Bundesvorgaben geprägt und somit vermehrt zentral gesteuert, während sich die Gemeinden aus Graubünden und Südtirol hauptsächlich in einem subnationalen rechtlichen Kontext bewegen. Interessanterweise scheinen diese Unterschiede nur einen geringfügigen Einfluss auf die interkommunale Kooperation zu haben, weil die Gemeinden in allen drei Gebieten Kooperationspraxis aufweisen. Allerdings unterscheiden sich die Meinungen der Bündner Gemeindepräsidenten in einigen Aspekten von denen aus Südtirol und Tirol, was wiederum an deren höheren lokalen Autonomie und weitreichenderen Entscheidungskompetenzen liegen kann.

Die quantitative Messung der Lokalautonomie[1591] in den Regionen war ebenso hilfreich. Die Bewertung durch Expert*innen belegt, dass die Bündner Gemeinden in vergleichender Hinsicht am autonomsten agieren können. Es zeigt sich ebenso, dass die lokale Selbstverwaltung in allen Gebieten unter ähnlichen Rahmenbedingungen agiert, was angesichts der später erhobenen Unterschiede bei der Nutzung und Bewertung von Kooperation eine wichtige Erkenntnis ist. So wurde klar, dass ähnliche institutionelle Bedingungen nicht in allen Aspekten auch mit einer ähnlichen Kooperation einhergehen. Dennoch ergibt die Untersuchung, dass die drei Gebiete über eine hohe und somit fortschrittliche Lokalautonomie verfügen und sie in Line mit den Prinzipien der Europäischen Charta der lokalen Selbstverwaltung stehen.

Was die quantitative Messung ebenso zeigt, ist, dass die formale Autonomie allein nicht in jeglicher Hinsicht das Gesamtbild der tatsächlichen gelebten Autonomie erklären kann und die *de jure* Autonomie nicht immer mit der praktisch angewandten Autonomie einhergeht oder umgekehrt. Es bestätigt sich anhand mehrerer Beispiele (insbesondere bezüglich der vertikalen Beziehungen zwischen Gemeinden und Regionen in Graubünden und Südtirol),[1592] dass für eine umfassende Bewertung der Gemeindeautonomie auch die jeweilige Praxis zu beachten ist. Denn zwischen der formalen Bewertung und der praktischen Nutzung der Autonomie kann es Differenzen geben. Um die lokale Kooperation korrekt einzuordnen, ist es demnach nicht nur ausschlaggebend das Ausmaß der formalen

1591 Siehe Kapitel 3.
1592 Siehe Kapitel 3.

Autonomie zu kennen, sondern auch darauf zu achten, wie diese von der Politik genutzt wird.

Letztens zeigt die Recherche, dass die lokale Autonomie und somit die Stellung der lokalen Gebietskörperschaften innerhalb eines politischen Systems nicht statisch ist, sondern sich in stetiger Bewegung befindet.[1593] Dies kann künftig mehr Möglichkeiten für die Gemeinden eröffnen oder aber das Gegenteil bewirken und sie in ihrem Handeln einschränken.

Wie ist die interkommunale Kooperation rechtlich eingebettet?

Der interkommunalen Kooperation kommt eine rechtliche Verankerung in allen drei untersuchten alpinen Gebieten zu. Dabei widerspiegelt die unterschiedliche rechtliche Einbettung das jeweilige dezentrale politische System, weist aber dennoch große Parallelen in den drei Territorien auf. Die Untersuchung der formalen Rahmenbedingungen für Kooperation zeigt, dass Recht und Politik gemeinsam betrachtet werden müssen, um den Kontext zu erfassen, in dem sich Gemeinden täglich bewegen.

Basierend auf dem durchgeführten Vergleich habe ich die Kategorisierung der interkommunalen Formen von Teles[1594] mit drei Dimensionen ergänzt.[1595] Insgesamt kann die interkommunale Kooperation somit anhand mehrerer Gesichtspunkte betrachtet werden: Dem Grad der Institutionalisierung und der Beschaffenheit der jeweiligen Kooperationsform zum einen, deren Rechtsquelle, Aufsicht sowie politischer Strategie, in welche die Kooperationen eingebettet sind, zum anderen. Es wird dargelegt, dass das Thema der interkommunalen Kooperation vonseiten der nationalen Regierungsebene nur von der österreichischen Bundesverfassung behandelt wird, womit der lokalen Kooperation in Österreich ein beachtlicher formaler Stellenwert zukommt. Demgegenüber stützen sich die Gemeinden von Graubünden und Südtirol fast ausschließlich auf die einfache Gesetzgebung, was es dem Gesetzgeber erlaubt die Rahmenbedingungen einfacher zu verändern. Abgesehen von diesem Unterschied der Rechtsquelle gibt es für die interkommunale Kooperation in allen drei Territorien ausführliche Normen (für Tirol auf nationaler und subnationaler Ebene, für Graubünden und

1593 Vgl. Ladner et al. 2016b.
1594 Vgl. Teles 2016.
1595 Siehe Kapitel 4.

Südtirol auf subnationaler Ebene), womit dieser Organisationsform von lokalen Diensten ein hoher politischer und rechtlicher Stellenwert attestiert wird.

Die rechtlichen Vorgaben der interkommunalen Kooperation sind in allen drei Fällen übersichtlich, wobei in Südtirol nicht alle vorhandenen Rechtsformen in der Praxis genutzt werden und in Graubünden neben den existierenden Rechtsformen noch weitere Kooperationsformen möglich wären. In allen Gebieten verfügen die Gemeinden über diverse bi- oder multilaterale Instrumente, die sie zur gemeinsamen Erfüllung von Dienstleistungen nutzen können. Dazu gehören jeweils öffentlich-rechtliche Institutionen sowie Vertragsformen und in zwei Fällen auch intermediäre Verwaltungseinheiten, die zwar zum Teil unterschiedlich ausgestaltet sind, aber ähnliche Zielvorgaben haben. Aus diesen formalen Faktoren ergibt sich, dass der österreichische Nationalstaat und die subnationalen Gebietskörperschaften Graubünden, Südtirol und Tirol den lokalen Notwendigkeiten für interkommunale Vernetzung schon seit vielen Jahren Rechnung tragen und mehrere Möglichkeiten zur Kooperation geschaffen haben. Außerdem verfolgen alle drei subnationalen Gebietskörperschaften politische Strategien, um die lokale Kooperation vorzuschreiben, zu erleichtern, zu fördern bzw. zu steuern. Graubünden ist das einzige Territorium, welches seit einigen Jahren zudem auf die Fusionierung von lokalen Gebietskörperschaften setzt. Das steht möglicherweise in Zusammenhang mit der Tatsache, dass sich dort die einwohnerschwächsten Gemeinden befinden.

Es wurde in der Literatur bereits darauf hingewiesen, dass die strategischen Entscheidungen für bzw. gegen Kooperation oder eine bestimmte Form auch vom institutionellen Kontext einer Gemeinde abhängen.[1596] Die Untersuchung zeigt, dass die rechtliche Einbettung von Kooperation und die politischen Strategien in den unterschiedlichen Gebieten zwar sehr wohl Differenzen aufweisen, die zur Verfügung stehenden Rechtsformen aber dennoch ziemlich einförmig sind. Im Einklang mit dem durchgeführten Vergleich der lokalen Autonomie ergab auch die Untersuchung der formalen Kooperationsbedingungen, dass Recht und Politik gemeinsam betrachtet werden müssen, um den Kontext zu erfassen, in dem sich Gemeinden täglich bewegen. Nur die alleinige Betrachtung der Rahmenbedingungen reicht nicht aus, um das komplexe Thema der interkommunalen Kooperation zu erfassen. Es wurde außerdem deutlich, dass die lokale Kooperation nicht nur rechtlich einen Stellenwert einnimmt, sondern dass in allen Gebieten Wert auf den Wissens- und Erfahrungsaustausch sowie die subnationale Initiative und Unterstützung gelegt wird. Für Tirol wird dies durch die geplante Agenda 2030

1596 Vgl. Hulst et al. 2009, S. 266 f.

unterstrichen, in Südtirol durch die Förderungen seit 2019 und den Leitfaden zur Hilfestellung für interkommunale Kooperation.

Wie wird interkommunale Kooperation politisch genutzt?

Die Kooperationstätigkeit in allen drei Territorien verweist auf eine starke praktische Relevanz der gemeinsamen Dienstleistungsausführung zwischen Gemeinden, von der eine hohe Bandbreite von Politikfeldern betroffen und die sehr politisch geprägt ist. Trotz einiger Unterschiede nutzen die Gemeinden der verschiedenen Regionen die Möglichkeiten der interkommunalen Kooperation auf ähnliche Weise. Allerdings bleibt sie in vielen Gemeinden eine „Nebenbeschäftigung" der lokalen Verwaltungen und dominiert somit nicht deren tägliche *Governance*.

Die Nutzung der interkommunalen Kooperation wurde in Bezug auf fünf Dimensionen untersucht: Erfahrung, Politikfelder, Formen, Akteure und Intensität.

Fast alle befragten Gemeinden haben bereits **Erfahrung** mit interkommunaler Kooperation, womit diese ein grundsätzliches und nicht außerordentliches Phänomen der lokalen Dienstleistungserbringung darstellt. Allerdings kann diese Erfahrung sehr wohl unterschiedlich intensiv sein und die jeweilige Vernetzung eine unterschiedliche Anzahl von Partnergemeinden betreffen. In jedem Fall kann von der Feststellung, dass die meisten Gemeinden bereits Erfahrung mit Kooperation haben, eine hohe praktische Relevanz dieses *Governance*-Modells abgeleitet werden. Für einen Großteil der Gemeinden gehört die interkommunale Kooperation zu einem bekannten Regierungs- und Organisationsmodell, unabhängig davon, in welchem Territorium sie sich befinden, wie groß sie oder wo sie geografisch angesiedelt sind. Es wurde außerdem deutlich, dass die politischen Strategien und finanzielle Unterstützungen vonseiten der subnationalen Gebietskörperschaften einen hohen Einfluss auf die Nutzung der Kooperationsmöglichkeiten haben. In Bezug auf Südtirol zeigt sich dies durch die steigende Anzahl an Vereinbarungen seit Einführung der finanziellen Förderungen, in Graubünden umgekehrt durch die verminderte Anzahl an Kooperationen durch die zahlreichen Projekte der Gemeindezusammenlegungen.

Wie internationale Studien bereits vorwegnehmen, hat sich auch in Graubünden, Südtirol und Tirol bewahrheitet, dass interkommunale Kooperation in der Praxis eine große Vielfalt aufweist und über 30 **Politikfelder** und diverse **Rechtsformen** betrifft, wobei nicht jede Gemeinde Kooperationen in jedem Tätigkeitsfeld oder jeder Form unterhält. Die Kooperation im Alpenraum entpuppt sich dennoch insgesamt als überaus vielseitig: Es wird in vielen Politikfeldern kooperiert, wobei einige Bereiche in allen drei Territorien relevant sind, andere hingegen durch eine lange Verwaltungstradition und einer damit zusammenhängenden Erfahrung vermehrt nur in bestimmten Gebieten durchgeführt werden (etwa der Standesamtsdienst in Tirol oder die Ortspolizei in Südtirol). Es gibt weiters auch Politikfelder, in denen nur wenige Gemeinden zusammenarbeiten. Dies bestätigt, dass Kooperation sich auch sehr kontextspezifisch und individuell entwickelt. Mit diesem Ergebnis erfüllt sich, was Wirth/Biwald bereits festgestellt hatten: *„So ist die Frage, für welche Aufgaben sich eine Gemeindekooperation eignet, auch nicht primär anhand rechtlicher, sondern vielmehr politisch-strategischer Überlegungen zu beantworten.“*[1597]

Was die Formen betrifft, zeigt die Untersuchung tatsächlich keine so große Vielfältigkeit wie im Bereich der Politikfelder. Die Nutzung unterscheidet sich zwar in den Territorien geringfügig, doch dies liegt am Fakt, dass nur die von der Gesetzgebung vorgesehenen Rechtsformen von den Gemeinden genutzt werden können. Die interkommunale Kooperation wird insgesamt hauptsächlich durch öffentliche Körperschaften und vertragliche Vereinbarungen ausgeführt. In allen Gebieten wurden die Grundtypen der interkommunalen Kooperation nach Hulst/van Montfort festgestellt: quasi-regionale Regierungen, Organisation zur Durchführung von Dienstleistungen, Vereinbarungen, Planungsforen. Außerdem bestätigen die Daten die Aussage derselben Autoren, wonach Kooperation nach mehreren Kriterien unterschieden werden kann: Zusammensetzung, Aufgaben, Anwendungsbereich, Grad der Institutionalisierung, Entscheidungsmacht, Legitimation.[1598] Besonders die Frage der Entscheidungsmacht und der mögliche Verlust der Kontrolle haben sich als bedeutender Faktor für die politischen Entscheidungen für oder wider eine Kooperation im Alpenraum ergeben. So offenbart die Fusionsstrategie in Graubünden, dass viele Politiker*innen in einer intensiven Kooperation ein Risiko für die Lokalautonomie sehen, obwohl die Daten zeigen, dass die interkommunale Kooperation im Vergleich zu Fusionen eher als ein Lösungsansatz bewertet wird. Auch in Tirol und Südtirol ist es ein Thema, wie lokale Entscheidungen getroffen werden. Manche kostenintensive Bereiche sind bereits seit vielen Jahren in Gemeindeverbänden bzw. Bezirksgemeinschaften organisiert und somit verwaltungstechnisch teilweise nicht mehr in direkter Hand der Gemeinden, womit viele Entscheidungen kaum mehr im direkt gewählten Gemeinderat, sondern in anderen Gremien gefällt werden. Dies

1597 Vgl. Wirth und Biwald 2006, S. 26 f.
1598 Vgl. Hulst und van Montfort 2007a.

führt zu einer noch höheren Exekutivlastigkeit der Kooperation, wie sie durch die Dominanz der Bürgermeister*innen feststellbar ist.

Zu den **Akteuren** bestätigt die Untersuchung, dass die Bürgermeister*innen als Dreh- und Angelpunkt der Kooperation agieren und sich selbst als solche einschätzen. Sie sind die bei weitem einflussreichsten Akteure bei der Initiierung, Planung und Durchführung der Kooperation in allen Gebieten. Außerdem betrachten sie sich selbst als einen von mehreren Akteuren, welche für das gute Gelingen der Kooperation verantwortlich sind. Zudem sind sie es, welche die Gemeinde in interkommunalen Strukturen vorrangig repräsentieren. Die Analyse legt dar, dass die Nutzung der Kooperation von den lokalen Politiker*innen dominiert, beeinflusst und gesteuert wird. Damit sind diese nicht nur deren Motor oder Verhinderer*innen, sie sind auch jene Personen, bei denen die Fäden zusammenlaufen. Dieser Umstand deutet auf eine hohe politische und persönliche Dimension der Durchführung der lokalen Dienstleistungen mittels Kooperation hin. Ebenso vergegenwärtigt dies eine hohe Exekutivlastigkeit der interkommunalen Kooperation, die trotz unterschiedlicher institutioneller Rahmenbedingungen in allen drei untersuchten Gebieten vorhanden ist. Demnach ist der Einfluss der politischen Elite nicht nur in jenen Gemeinden entscheidend, wo die Bürgermeister*innen im Mittelpunkt der Exekutive stehen (Südtirol, Tirol), sondern auch in Graubünden, wo eine kollegiale Exekutive regiert. Ein weiterer Aspekt, welcher die interkommunale Kooperation charakterisiert, ist die starke Vernetzung zwischen Politik und Verwaltung, denn auch die Gemeindeschreiber*innen/-sekretär*innen gehören zu einflussreichen Akteuren.

Letztens betrifft die Nutzung der interkommunalen Kooperation deren **Intensität**, die Frage inwieweit sie in den täglichen Verwaltungsablauf integriert ist. Hierzu zeigen die Ergebnisse nur eine teilweise Korrespondenz mit den hervorgegangenen Ausführungen: Der hohe rechtliche und politische Stellenwert hatte die Vermutung nahgelegt, dass die kommunale Verwaltungstätigkeit intensiv von Kooperation geprägt ist. Dies scheint jedoch nicht zutreffend, denn die Häufigkeit, mit welcher sich Bürgermeister*innen mit Themen auseinandersetzen, für welche eine Kooperation notwendig wäre, ist beschränkt. Damit nimmt die interkommunale Kooperation, gemessen an der verbreiteten Erfahrung und der betroffenen Politikfelder, zwar einen hohen Stellenwert in den lokalen Verwaltungen ein, stellt jedoch kein vorherrschendes Regierungs- oder Verwaltungsmodell dar. Daraus kann geschlussfolgert werden, dass die interkommunale Kooperation zwar bekannt und vorhanden ist, in vielen Fällen im Vergleich zur selbstständigen Ausführung von Dienstleistungen aber noch eine Nische bzw. „Nebenbeschäftigung" in den alpinen Gemeinden darstellt. Obwohl es einige Gemeinden gibt, die viele Kooperationen gleichzeitig unterhalten oder in mehreren Verbänden und

Vertragsformen involviert sind, ist diese Art der Dienstleistungserbringung nicht dominierend. Trotz der vorhandenen Möglichkeiten versuchen viele Gemeinden somit (noch) so viele Dienstleistungen wie möglich allein zu stemmen. Demzufolge ist der Druck der steigenden Komplexität noch teilweise aushaltbar bzw. die politischen Akteure bevorzugen die Bewahrung ihrer Eigenständigkeit.

Wie wird interkommunale Kooperation politisch bewertet?

Die interkommunale Kooperation wird als zielführendes Modell der Verwaltung erachtet. Die zentralen Gründe für Kooperation betreffen die Verwaltungskapazität und -qualität der Gemeinden, welche die politischen Akteure hoch halten möchten. Die positive Bewertung von Kooperation wird dadurch untermauert, dass die kommunalen Akteure zufriedenstellende Erfahrungen damit gemacht haben und machen, vor allem in verwaltungstechnischer Hinsicht. Hinzu kommt die politische Bedeutung der interkommunalen Kooperation, die in allen drei untersuchten Gebieten als wichtig angesehen wird. Allerdings bewegt sich Kooperation oft im Spannungsfeld gegenläufiger Interessen (Effizienz versus Identität).

Für die Bewertung der Kooperation wurden mehrere Facetten der Wahrnehmung vonseiten der politischen Eliten eruiert: Gründe, Wichtigkeit, Zufriedenheit, Hindernisse, Unterstützung, Lösungsansatz.

Die interkommunale Kooperation kristallisiert sich allen drei Territorien vielfach als Notwendigkeit heraus,[1599] die positiv konnotiert ist. Die **Gründe**, welche die Gemeinden zur Kooperation bewegen, sind ähnlich, wie wir sie bereits von anderen europäischen Gemeinden kennen: Es ist insbesondere der Mangel an humanen und finanziellen Ressourcen, welche die Gemeinden zur Aktivierung von Strategien zur gemeinsamen Dienstleistungserbringung bewegen, welche wiederum qualitätsvollere, effizientere und kostengünstigere Dienstleistungen zum Ziel haben.[1600] Es haben sich in der Datenerhebung die Gründe, die Bogumil und Holtkamp definiert haben,[1601] zum großen Teil bestätigt. Nämlich, dass Kooperation durch externe und interne Faktoren determiniert wird, wie etwa der

1599 Der Titel einer Veranstaltung des Instituts für Föderalismus in Bregenz am 19.12.2017 lautete: „*Gemeindekooperationen: Übel oder Notwendigkeit*?"

1600 Dieses Ergebnis deckt sich mit anderen Studien, vgl. Bel/Sabö 2023.

1601 Siehe Kapitel 4, vgl. Bogumil und Holtkamp 2006.

mangelnden Leistungsfähigkeit der Gemeinden oder einer erhöhten Erwartung der Bürger*innen an die Qualität der lokalen Dienste. Es sind dadurch hauptsächlich wirtschaftliche und politische Gründe, weshalb Gemeinden miteinander in Kooperation treten. Interessanterweise gibt es keine hohe Anzahl an verschiedenen Motivationen, sondern wenige ähnliche Gründe, die auf viele Gemeinden zutreffen. Die zentralen Gründe drehen sich um die Verwaltungskapazität und -qualität der Gemeinden, welche die politischen Akteure hoch halten möchten. Die meistgenannten übereinstimmenden Gründe offenbaren, dass die Gemeinden in ihrem Handeln vielfach denselben Problematiken ausgesetzt sind, unabhängig davon, in welchem Territorium sie angesiedelt sind.

In Bezug auf die **Wichtigkeit** hat sich die interkommunale Kooperation als für die Politik sehr relevant herausgestellt. Die Kooperation wird nicht nur von der großen Mehrheit der Befragten als zielführendes Instrument für eine effizientere Verwaltung im Allgemeinen angesehen, sondern auch für die eigene Gemeinde als wichtig eingestuft. Die Begründungen dafür sind ähnlich wie jene, weshalb kooperiert wird. Es stellt sich außerdem heraus, dass der interkommunalen Kooperation jeweils konkrete strategische Zwecke zu Grunde liegen. Dies unterstreicht deren Bedarf, denn Bürgermeister*innen gehen Kooperationen weniger darum ein, um ihr politisches Netzwerk zu erweitern, sondern mehr, um einen konkreten Nutzen für ihre Gemeinde daraus zu ziehen. Neben einer hohen Wichtigkeit wurde auch eine hohe **Zufriedenheit** mit den bisherigen Kooperationserfahrungen festgestellt.

Beide Aspekte, die hohe Wichtigkeit und die Zufriedenheit mit bisherigen Kooperationen, deuten insgesamt auf eine überaus positive Konnotation der interkommunalen Zusammenarbeit hin. Ebenso kommt zum Ausdruck, dass Kooperation in verschiedenen Politikbereichen erfolgreich sein kann und in dieser Hinsicht nicht thematisch beschränkt ist. Die vertiefenden Gespräche offenbaren dennoch, dass eine erfolgreiche Kooperation an einige Voraussetzungen geknüpft ist. Diese sind etwa der Wille und die Kompromissfähigkeit der involvierten politischen Akteure, aber auch das Interesse und die Kompetenz des beteiligten Verwaltungspersonals.

Trotz einer allgemein positiven Haltung kann interkommunale Kooperation auch mit bestimmten **Hindernissen** einhergehen bzw. es existieren Faktoren, welche deren Nutzung negativ beeinflussen können. Als wichtigster Hindernisfaktor erweist sich der politische Wille bzw. das so genannte „Kirchturmdenken", hinzu kommt noch die Sorge um den Verlust der lokalen Identität durch Kooperationen. Beide Aspekte weisen nicht nur auf eine gewisse persönliche Dimension der Kooperation vonseiten der politischen Akteure hin, sondern vor allem auf ein existierendes Spannungsfeld, in dem sich die alpinen Gemeinden befinden: Jenem zwischen der Bewahrung ihrer Eigenständigkeit und der Qualität oder Quantität der Dienstleistungen. Es gibt umgekehrt auch Faktoren, welche die interkommunale Kooperation **unterstützen** bzw. begünstigen. Hier kommt wiederum insbesondere der politische Wille der beteiligten Akteure zum Vorschein. Damit zeigen sich erneut die hohe Relevanz der lokalen Politik und das notwendige Interesse und die Motivation für Kooperation vonseiten der politischen Eliten.

Durch die Bedeutsamkeit des negativen und gleichzeitig positiven Einflusses des politischen Willens auf die Ausführung der Kooperation kann dieser Faktor als zentral charakterisiert werden. Die Untersuchung zeigt, dass insbesondere zwischenmenschliche Beziehungen Einfluss sowohl auf die Nutzung wie auch die Bewertung von lokaler Kooperation haben. Damit wird die politische, kulturelle und gleichzeitig menschliche Dimension der interkommunalen Kooperation augenscheinlich. Von vorherigen Untersuchungen wissen wir, dass eine erfolgreiche Kooperation Kompromissbereitschaft sowie ähnliche Ziele zwischen Kooperationspartner*innen voraussetzt. Interessanterweise wurde die Relevanz des politischen Willens von jenen Bürgermeister*innen, die bisher noch keine Kooperation durchgeführt haben, nicht vollumfänglich bestätigt. Für diese gibt es, im Gegensatz zu den kooperationserfahrenen Gemeinden, andere Gründe, weshalb sie bisher keine Kooperation eingegangen sind. Diese betreffen etwa die Zeitressourcen oder die politische Ideologie der potenziellen Kooperationsgemeinde – wobei letzteres ebenso zu einem Faktor des politischen Interesses gezählt werden kann. Letztlich bleibt es stets eine politische Entscheidung, ob Kooperation eingegangen wird oder nicht, wobei verschiedene, sich überlappende Faktoren auf diese Entscheidung einwirken.

Wird die interkommunale Kooperation als Lösungsansatz wahrgenommen?

Die interkommunale Kooperation wird von den lokalen politischen Eliten mehrheitlich als zukunftsweisendes und geeignetes Modell für das lokale Verwalten bewertet und ihr werden von politischer Seite Vorteile zugesprochen. Demgegenüber wird die Handlungsstrategie der Fusion von den befragten Akteuren mehrheitlich abgelehnt und deren Durchführung und etwaiger Ausbau aus identitären territorialen Gründen politisch mit Vorbehalt betrachtet.

Eine zentrale Fragestellung war, wie Bürgermeister*innen den territorialen Strategien Kooperation und Fusion gegenüberstehen und ob sie diese als **Lösung** für die lokalen Herausforderungen betrachten. Die generelle Antwort in Bezug auf die interkommunale Kooperation ist positiv, da diese mehrheitlich als Lösungsansatz angesehen wird. Im Unterschied dazu werden Fusionen politisch vielfach mit Skepsis betrachtet und eher abgelehnt. Dieses Ergebnis widerspiegelt sich in allen drei Territorien und ist angesichts der aktuellen politischen Strategie des Kantons Graubünden überaus relevant. So lässt es die Schlussfolgerung zu, dass interkommunale Kooperation in allen drei Territorien politisch gewollt ist, während Gemeindefusionen dies mehrheitlich nicht sind. Als ein Erklärungsfaktor für die positivere Evaluierung von Kooperation können politische Erwägungen angeführt werden: Mit Fusionen fürchten die Bürgermeister*innen womöglich mehr Einfluss zu verlieren als durch die interkommunale Kooperation.

Die gesammelten Daten offenbaren, dass viele Bürgermeister*innen aus Südtirol und Tirol die interkommunale Kooperation nicht als Risiko oder Gefährdung für die lokale Autonomie oder die lokale Identität betrachten. In Graubünden weichen die Meinungen davon hingegen etwas ab, womit ein kritischerer Blick auf die interkommunale Kooperation ausgemacht werden kann. Nichtsdestotrotz sind die meisten Bürgermeister*innen aus allen drei Territorien von den Vorteilen der Kooperation überzeugt und stimmen zu, dass eine Gemeinde dadurch Aufgaben erfüllen könne, für die sie sonst nicht die Ressourcen hätte. Ebenso könnten dadurch professionellere Dienste angeboten werden. In Bezug auf die Fusionen zeigen sich ebenso Unterschiede und Parallelen: Über die Hälfte der Befragten in Graubünden, Südtirol und Tirol vertreten die Meinung, diese beschränke die lokale Autonomie und schwäche die lokale Identität. Dennoch werden Fusionen auch Vorteile zuerkannt: Zumindest in Graubünden und Südtirol sind über die Hälfte der Befragten der Meinung, dass es Fusionen erlauben, lokale Aufgaben zu erfüllen, für welche die Gemeinden ansonsten nicht die Ressourcen hätten. Dies offenbart, dass die Ablehnung der Fusion vor allem an identitären Gründen liegt und nicht daran, dass man darin keinen Mehrwert erkennen würde.

Die Untersuchung präsentiert auch Faktoren, die als Bedingungen oder Schwierigkeiten mit dem lokalen Regieren einhergehen und in Zusammenhang mit der gemeinsamen Dienstleistungsausführung stehen können: Herausforderungen, Leistungsgrenzen, finanzielle Ausstattung, Ansprüche von unten und oben sowie die Last der Aufgaben für die Gemeinden. Die alpinen Gemeinden sind in ihrem Regierungsalltag mit vielen – unterschiedlichen – Herausforderungen konfrontiert. Auch haben einige Gemeinden mit verwaltungsinternen Leistungsgrenzen zu kämpfen oder haben diese zumindest in Sichtweite. Zudem deuten die Ergebnisse auf individuelle Unsicherheiten in den Gemeindeverwaltungen hin, da bei den Herausforderungen und Leistungsgrenzen klare Tendenzen hinsichtlich Territorium, Größe und Lage fehlen. Finanziell betrachtet scheinen die alpinen Gemeinden demgegenüber nicht, wie häufig angenommen, unter einem besonders hohen Druck zu stehen. So wird die eigene finanzielle Ausstattung zwar mehrheitlich als mäßig betrachtet, doch damit kann keine eindeutige negative Konnotation ausgemacht werden. Was die Last der Aufgaben betrifft, sind sich die Bürgermeister*innen hingegen ziemlich einig, dass die Gemeinden zu viele Aufgaben zu leisten hätten.

Basierend auf diesen Daten wird davon ausgegangen, dass es einige alpine Gemeinden nicht einfach haben, alle ihre Aufgaben effizient und effektiv in Selbstverwaltung auszuführen. Hinsichtlich der vorhandenen Herausforderungen, den erreichten und sichtbaren Leistungsgrenzen sowie einer als mäßig wahrgenommenen Finanzausstattung verspüren viele lokale Institutionen Schwierigkeiten in ihrem Regierungsalltag. Deutlich sticht außerdem hervor, dass sich die Mehrheit der Befragten bestimmten Erwartungshaltungen ausgesetzt fühlt: Die Bürgermeister*innen verspüren hohe Ansprüche vonseiten der Bürger*innen, aber auch durch den subnationalen Gesetzgeber. Bei der Selbsteinschätzung, wie schwierig es sei, diesen Ansprüchen gleichzeitig gerecht zu werden, kam es allerdings nicht zu einer eindeutigen negativen oder positiven Bewertung. Dies impliziert, dass das lokale Regieren an sich nicht als schwierig bewertet wird, sondern es viel mehr die jeweiligen Ausgangssituationen und die beschränkten Ressourcen sind, welche die Bürgermeister*innen vor Herausforderungen stellen.

Welchen Einfluss hat das Territorium auf die Nutzung und Bewertung der interkommunalen Kooperation?

Die jeweiligen subnationalen Gebietskörperschaften – Graubünden, Südtirol und Tirol – die dort vorhandenen politischen Traditionen und Erfahrungen haben einen beträchtlichen Einfluss auf die Nutzung und Bewertung von interkommunaler Kooperation und erweisen sich als ein dominierendes Element.

Die Forschungsarbeit untersuchte den möglichen Einfluss der subnationalen Gebietskörperschaft auf die interkommunale Kooperation. Da die jeweilige subnationale Gebietskörperschaft in manchen Aspekten eine große Rolle zu spielen scheint, kann die interkommunale Kooperation als herkunftsbedingt definiert werden. Demnach wirken die jeweiligen institutionellen Rahmenbedingungen sowie die politische Kultur auf die Nutzung und Bewertung der Kooperation ein.

Die institutionellen Rahmenbedingungen für die Gemeinden sind in den Territorien zwar teilweise unterschiedlich, weisen aber auch zahlreiche Ähnlichkeiten auf. In vielen Bereichen verfügen die Gemeinden in allen Territorien über eine hohe Autonomie und haben für die Ausführung der interkommunalen Kooperation ähnliche Instrumente zur Verfügung. Ein Zusammenhang mit dem Herkunftsterritorium einer Gemeinde wurde basierend auf vorherigen Studien für einige Dimensionen angenommen (Erfahrung, Formen), nicht aber für alle bei denen letztlich ein Unterschied feststellbar war. So zeigt die Recherche, dass die **Nutzung** der Kooperation in fast allen untersuchten Dimensionen vom Territorium beeinflusst wird, wobei die Divergenzen unterschiedlich präsent sind. Der Einfluss des Territoriums betrifft nicht nur die gemachten Erfahrungen und die angewandten Formen der Kooperation – wie angenommen –, auch bei den Politikfeldern ist die unterschiedliche politische Tradition der Regionen erkennbar. Die Differenzen bezüglich der genutzten Politikfelder zwischen den Territorien weisen darauf hin, dass die Kooperation nur zum Teil von lokalen Notwendigkeiten abhängt, sondern auch durch eine starke territoriale Dimension gekennzeichnet ist. Demnach haben die jeweilige Verwaltungstradition, die vorhandene politische Kultur sowie die damit verbundene Erfahrung in Form einer Vorbildfunktion für andere Gemeinden innerhalb eines Gebiets einen beträchtlichen Einfluss auf die Themenbereiche, in denen Gemeinden tatsächlich kooperieren. Demzufolge kann die interkommunale Zusammenarbeit als länderspezifisch bezeichnet werden, wenn auch immer wieder Parallelen in deren Nutzung zu beobachten sind. Relativiert wird dieses Ergebnis dadurch, dass die Unterschiede nicht durchgehend vorhanden sind, was wiederum auf eine allgemein ähnliche Entwicklung im Alpenraum hinweist.

Im Hinblick auf die **Bewertung** der interkommunalen Kooperation wurde der Einfluss des Territoriums ebenso nur für zwei Dimensionen angenommen (Wichtigkeit, Lösungsansatz). Indes äußerte sich die Relevanz des Territoriums auch hierbei in mehr Dimensionen, als erwartet: Die Daten veranschaulichen, dass diese Variable sogar weniger relevant bei der Wichtigkeit von Kooperation ist (Kooperation wird grundsätzlich in allen Territorien als wichtig bewertet), aber dafür bei den Gründen, den Hindernissen und der Unterstützung der interkommunalen Kooperation eine Rolle spielt.

Außerdem haben die subnationalen Gebietskörperschaften auch auf die Bewertung der Kooperation als Lösungsansatz einen bestimmten Einfluss, denn die Südtiroler Bürgermeister*innen offenbaren im Vergleich zu jenen aus Graubünden und Tirol eine deutliche positivere Haltung zur interkommunalen Zusammenarbeit und eine kritischere Haltung zur Fusion. Eine mögliche Erklärung dafür könnte die mangelnde Erfahrung mit Fusionen bei den Südtiroler Bürgermeister*innen sein, die sich in einer höheren Skepsis für diese Strategie niederschlägt. Im Fall von Graubünden ist die mögliche Erklärung hingegen umgekehrt: Gerade weil Erfahrungen mit dieser Strategie dort verbreitet sind, könnten die Bürgermeister*innen weniger skeptisch gegenüber der Fusion und deren positiven oder negativen Auswirkungen sein. Eine weitere Erklärung für die unterschiedlichen Meinungen könnte ein gewisser Pragmatismus sein: Kooperation wird als positiv bewertet, wenn der Mehrwert für die eigene Gemeinde erkennbar ist. Diese Einschätzung ist wiederum individuell geprägt. Ist der Mehrwert nicht gegeben, beruft sich ein Teil der Bürgermeister*innen – vor allem in Graubünden – augenscheinlich lieber auf die Bewahrung der lokalen Autonomie und die selbstständige Durchführung von Dienstleistungen.

Diese Unterschiede können nicht darüber hinwegtäuschen, dass eine mehrheitlich negative Haltung gegenüber Zusammenschlüssen in allen drei Regionen vorhanden ist, was einer überraschenden Parallele entspricht. Somit werden auch in diesem Fall einige Unterschiede zwischen den Territorien ersichtlich, das strategische Denken mit dem Ziel der Effizienzsteigerung der lokalen Verwaltung geht allerdings dennoch in dieselbe Richtung.

Welchen Einfluss haben die Größe und geografische Lage einer Gemeinde auf die Nutzung und Bewertung der interkommunalen Kooperation?

Die Größe und die geografische Lage einer Gemeinde resultieren nur in einigen Aspekten als relevante Einflussfaktoren für die Nutzung und Bewertung von interkommunaler Kooperation. Zwar ist der Einfluss dieser Variablen in bestimmten Dimensionen vorhanden, aber deutlich mehr bei diversen Gemeindetypen innerhalb desselben Territoriums als im Vergleich derselben Gemeindetypen zwischen den Regionen. Dies weist auf eine geringe Bedeutung der Größe und geografischen Lage einer Gemeinde gegenüber anderen territorialen Variablen hin.

Es wurde vor der Untersuchung angenommen, dass die Größe und geografische Lage einen bestimmenden Einfluss auf die Nutzung und Bewertung der interkommunalen Kooperation haben und diese somit einige grenzüberschreitende Parallelen aufweise. Die Grundannahme war, dass kleinere und peripher liegende Gemeinden Kooperation – unabhängig ihres Territoriums – unterschiedlich nutzen und bewerten als größere und zentral gelegenere Gemeinden, die mehr personelle und finanzielle Ressourcen und somit Entwicklungsmöglichkeiten haben und womöglich über weniger Interesse oder Notwendigkeit für Kooperation verfügen. Diese Erwartungen wurden nur zum Teil verifiziert. Während der Einfluss der Größe und der geografischen Lage für fast alle Dimensionen erwartet wurde (nur nicht bezüglich Zufriedenheit und Politikfelder bei der Größe sowie

Akteuren bei der Lage), zeigen die Ergebnisse diesen nur in begrenzter Hinsicht. Demnach haben die beiden Variablen nicht immer einen Einfluss auf die Kooperation und falls doch, fallen die Unterschiede zwischen den verschiedenen Gemeindetypen nur gering aus.

Bezüglich der **Größe** offenbarte sich ein bestimmter Einfluss in sieben von 11 Dimensionen. Die Gemeinden mit unterschiedlichen Einwohner*innenzahlen scheinen sich insbesondere bei den **Gründen** und **Politikfeldern** der Kooperation zu differenzieren. Beide Ergebnisse können mit der unterschiedlichen Verwaltungskapazität zwischen kleinen und großen Gemeinden in Verbindung gebracht werden. In diesem Zusammenhang wurde vermutet, dass kleine und mittlere Gemeinden vermehrt aus Gründen der Effizienz- und Qualitätssteigerung oder Personalknappheit kooperieren und sie ohne Kooperation nicht imstande wären, bestimmte Dienstleistungen auszuführen. Es hat sich tatsächlich gezeigt, dass die Erlangung von technischen Kompetenzen – und somit die Steigerung der Verwaltungsqualität – sowie der Personalmangel für kleine Gemeinden und Kleinstgemeinden wichtigere Gründe zu kooperieren sind als für große Gemeinden. Die Effizienzsteigerung ist hingegen ein Grund, welchen eher die großen Gemeinden als relevant nennen. Demgegenüber resultieren aus den Daten Unterschiedlichkeiten zwischen den Gemeindegrößen bei den Politikfeldern, die nicht erwartet wurden. Dies lässt drauf schließen, dass verschieden große Gemeinden andere thematische Notwendigkeiten haben. Vermutlich liegen diese Unterschiede in den Kooperationsbereichen auch daran, dass bei kleinen Gemeinden einige Politikbereiche vorhanden sind, die ohne Kooperation gar nicht mehr ausgeführt werden könnten.

In Abweichung zu diesen genannten Unterschieden bei der Nutzung haben kleine und große Gemeinden ähnlich hohe **Erfahrungen** mit der Kooperation, wenden dieselben **Kooperationsformen** an und bewerten auch ähnliche Faktoren als **Hindernisse**. Beide Gemeindetypen haben etwa Sorge um den Verlust ihrer lokalen Identität durch Kooperation, so dass dies nicht nur die kleinen Gemeinden betrifft, wobei sie bei diesen stärker ausgeprägt ist. Dennoch ist es hauptsächlich der politische Wille, welcher Kooperation – unabhängig der Einwohner*innenzahl der Gemeinde – bedingt und behindert.[1602] Hinsichtlich der Dimensionen **Akteure, Intensität, Wichtigkeit, Unterstützung** und **Lösungsansatz** sind ebenso nur geringe Unterschiede zwischen der jeweiligen Gemeindegröße erkennbar. Obwohl Parallelen vorhanden sind, scheinen sich kleine Gemeinden nichtsdestotrotz häufiger mit Kooperation auseinanderzusetzen

---

1602 Vgl. Steiner 2003, S. 562 ff.

und das Gemeindepersonal hat als Akteur in den größeren Gemeinden einen höheren Stellenwert als in kleinen Gemeinden. Allerdings ist die interkommunale Kooperation den kleinen Gemeinden nicht grundsätzlich wichtiger als den größeren Gemeinden, wenn auch zwischen Kleinstgemeinden und großen Gemeinden sehr wohl ein Unterschied feststellbar war. Große Gemeinden definieren außerdem nur zum Teil andere Unterstützungsfaktoren für Kooperation als kleinere Gemeinden.

Letztlich sehen die Mehrheit der Befragten aus allen Größenklassen die Kooperation als einen Lösungsansatz, wobei dieser bei den Kleinstgemeinden am ausgeprägtesten ist. Diese Resultate stimmen mit anderen Studien, die auf den besonderen Druck der Klein- und Kleinstgemeinden im Vergleich zu anderen Gemeinden hinweisen, somit nicht unbedingt überein.[1603] Die höhere Wichtigkeit und Notwendigkeit für Kooperation scheinen bei kleinen Gemeinden zwar auch anhand der vorliegenden Daten tatsächlich vorhanden, doch lässt es sich angesichts der vielen weiteren Parallelen nicht bestätigen, dass sich dies auf eine vollkommene andere Nutzung oder Bewertung horizontaler Kooperation auswirkt.

Dieser geringe Effekt des Einflussfaktors Größe zeigt sich in allen drei alpinen Ländern und lässt auf eine hohe Individualität der Gemeinden bei der Nutzung und Bewertung von Kooperation schließen. Die Heterogenität der Variable Größe als Einflussfaktor wurde bereits von anderen Autor*innen diskutiert. Es ist demnach nicht zweifelsfrei bestätigt, dass die Kooperation in Territorien mit kleinen fragmentierten Gemeinden eine größere Rolle spielt als anderswo.[1604] Ein möglicher Erklärungsansatz für die zum Teil geringen Unterschiede in manchen Dimensionen könnte auch die kleinstrukturierte Beschaffenheit der Gemeinden in Graubünden, Südtirol und Tirol sein. So ist anzunehmen, dass Großgemeinden mit über 100.000 Einwohner*innen womöglich andere Ergebnisse bringen als in Gebieten, wo die Differenz der Gemeinden zwischen wenigen hundert bis zu 40.000 Einwohner*innen beträgt.

Der beschränkte Einfluss der **geografischen Lage** zeigte sich demgegenüber in denselben Dimensionen, wie jener der Größe (6 von 11). Unterschiede zwischen den einzelnen Gemeindetypen waren bei der Dimension der **Akteure**, die für das gute Gelingen der Kooperation verantwortlich sind, zu beobachten sowie bei der **Intensität** der Beschäftigung mit Themen, für welche eine Kooperation notwendig oder erwünscht ist. Außerdem bestätigte sich ein Einfluss – wie erwartet – bezüglich der **Politikfelder** und der **Gründe**. Folglich sind der Personalmangel

1603 Vgl. Bußjäger und Sonntag 2012.

1604 Vgl. Swianiewicz und Teles 2018, S. 339 ff.

und die Effizienzsteigerung bei den peripheren Gemeinden ein wichtigeres Thema als bei den zentraleren Gemeinden und demgegenüber ist die Kostenreduzierung für die kleineren Städte ein wichtiger Aspekt als für ländliche Gemeinden. Eine Vielzahl der Gründe bleibt nichtsdestotrotz übereinstimmend, so dass diese kaum im Zusammenhang mit der Lage der jeweiligen Gemeinde steht. Es sind hingegen ähnliche Motivationen, welche die Politiker*innen zu einer Kooperation anspornen. Die geografischen Typen unterscheiden sich ebenso nicht bei den **Erfahrungswerten** mit Kooperation, den **Formen**, der **Zufriedenheit** und den **Hindernissen**. Bezüglich der Hindernisse wurde zwar vorab angenommen, dass diese nicht übereinstimmen, dies hat sich allerdings nicht bestätigt. So ist in allen Gemeinden die Sorge um die eigene Bedeutung („Kirchturmdenken") ein besonders relevantes Hindernis, unabhängig davon, ob sie ländlich oder zentral gelegen ist (dennoch erhielt der Aspekt von den peripheren Gemeinden im Vergleich die höchste Zustimmung).

Nur jeweils ein geringer Einfluss der geografischen Lage zeigte sich in Bezug auf die **Wichtigkeit**, die Bewertung von Kooperation als **Lösungsansatz** sowie die **Unterstützungsfaktoren**. Zur Wichtigkeit sind die ähnlichen positiven Trends erkennbar, wobei die Werte bei den peripheren Gemeinden deutlich über jenen der kleineren Städte liegen, wovon eine höhere/niedrigere Notwendigkeit für die interkommunale Kooperation von deren Seite abgeleitet werden kann. Ähnliches ist bei der Bewertung des Lösungsansatzes feststellbar, womit die ländlichen Gemeinden tatsächlich mehr Interesse an Kooperation zu haben scheinen als städtische Gebiete. Dies steht mit den theoretischen Abhandlungen in Einklang, wonach periphere Gebiete mit beschränkten Ressourcen zu kämpfen haben und Kooperationen eher befürworten.

Zusammenfassend sind zwar einige Unterschiede aufgrund der geografischen Lage einer Gemeinde erkennbar, aber nicht in einem hohen Ausmaß. Dies führt zur Schlussfolgerung, dass periphere Gemeinden nicht in jeder Hinsicht dermaßen spezifisch sind. Sie haben mit Sicherheit unterschiedliche Bedürfnisse für Kooperation, doch sie sind in gewissen Bereichen ähnlichen Schwierigkeiten ausgesetzt wie die urbanen Gebiete. Anders formuliert: Nur weil eine Gemeinde zentral gelegen ist, heißt es nicht, dass sie keine oder eklatant weniger Notwendigkeit für Kooperation hätte. Alle Gemeinden sind in einen eigenen politischen Kontext eingebettet und somit ist eine differenzierte Betrachtung umso wichtiger. Die Bürgermeister*innen aus den ländlichen Gemeinden offenbaren zwar teilweise andere Meinungen, meist manifestieren sich diese Unterschiede allerdings in unterschiedlich hohen Werten bei derselben Antwortkategorie und weniger durch vollkommen unterschiedliche Sichtweisen. Als Erklärungsansatz für den geringen Einfluss der Lage wird ähnliches angenommen wie hinsichtlich der

Variable Größe: Die meisten hier untersuchten Alpengemeinden sind sich insgesamt zu ähnlich, um große Unterschiede auszumachen. Nützlich wäre somit eine weitere Befragung mit sehr unterschiedlichen Orten, etwa zwischen urbanen Zentren sowie den sehr peripheren Gemeinden mit einer Entfernung von über 70 km zu einem nächsten Zentrum.

Ein weiterer erwarteter Einflussfaktor, den die Daten nicht bestätigen, ist, dass ländliche oder kleine Gemeinden andere Herausforderungen hätten als städtische oder große Gemeinden, etwa im Bereich der Infrastrukturen oder Gesundheit, und sie somit mehr auf Kooperation angewiesen wären. Tatsächlich offenbaren sich unterschiedliche Herausforderungen in manchen Bereichen, diese scheinen aber nur schwache Auswirkungen auf die jeweilige Nutzung und Bewertung der Kooperation zu haben.

Obwohl die vorliegenden Ergebnisse keinen prominenten Einfluss der Größe und der geografischen Lage auf die Kooperation zulassen, weichen die politischen Bewertungen in den persönlichen Gesprächen von dieser Erkenntnis ab. Dort werden die Größe und geografische Lage einer Gemeinde sehr wohl als relevante Einflussfaktoren für die interkommunale Kooperation bewertet. Alle befragten Bürgermeister*innen aus Graubünden und Südtirol vertreten die Meinung, dass die **Größe** einen Einfluss auf Kooperation habe, nur in Tirol waren die Meinungen divergierend. Die Erklärungen für den Einfluss der Größe waren hierbei ähnlich, wie eingangs angenommen: Demnach hätten größere Gemeinden die interkommunale Kooperation nicht in einem solchen Ausmaß notwendig wie kleine Gemeinden, weil erstere eigene Potentiale hätten oder über mehr finanzielle Mittel verfügten. Einige Bürgermeister*innen weisen darauf hin, dass Kooperation weniger an der Größe, sondern eher an der Finanzkraft oder sogar dem Flächenausmaß einer Gemeinde liege. Ein weiterer erwähnter Aspekt war, dass große Gemeinden nicht unbedingt mehr kooperieren, aber dort dennoch hohe Ansprüche an hohe Leistungsstandards existieren.

Bezüglich des Einflusses der **geografischen Lage** zeigen sich ebenso Parallelen: Mehrheitlich waren die Gesprächspartner*innen der Meinung, dass auch die Lage einer Gemeinde die Nutzung der Kooperation beeinflussen könne bzw. die Kooperation je nach Lage unterschiedlich relevant sei. Dabei ging es weniger darum, ob peripher liegende Gemeinden mehr kooperieren oder Kooperation in diesen Gemeinden schwieriger umzusetzen wäre, sondern eher darum, dass die Ausgangspositionen und damit verbundenen Notwendigkeiten zwischen den ländlichen und urbanen Gemeinden andere seien. Folglich wurde mehrmals insbesondere die Wichtigkeit der Dienstleistungen vor Ort für periphere Gemeinden angesprochen. Diese seien ausdrücklich notwendig, um die Abwanderungsgefahr zu minimieren. Dieses Risiko würde größer, wenn viele Dienste in Kooperation und somit womöglich weit entfernt der eigenen Gemeinde stattfinden (Beispiele sind der Wertstoffhof, die Kindertagesstätte oder ein gemeinsames Amt). Dies offenbart, dass effiziente Dienstleistungen nicht „um jeden Preis" angestrebt werden, weil es für die Politiker*innen mitunter ausschlaggebend ist, Dienste so nah wie möglich bei den Bürger*innen zu erbringen.

Dieses Argument führt uns zum Thema der Politikbereiche, welche sich laut den Befragten für Kooperation eignen, denn bei rein administrativen Tätigkeiten spüren die Bürger*innen die zwischengemeindliche Kooperation vermutlich weniger als bei Diensten, welche die Person und deren Tagesablauf direkt betreffen. Ein weiterer Punkt, der im Zusammenhang mit der Lage der Gemeinde als relevant zu nennen ist, ist die Schwierigkeit der Partnerwahl. Einige Dienste sind durch eine sehr periphere Position von anderen potentiellen Partnergemeinden gar nicht gemeinsam ausführbar, etwa bestimmte Infrastrukturen. Zu nennen ist ebenso die Ausdehnung gewisser Täler. Diese haben nicht nur spezifische Herausforderungen aufgrund von weiten Distanzen innerhalb der eigenen Gemeinde, sondern können in Teilen auch Berührungspunkte mit mehreren Gemeinden haben, durch welche eine Kooperation in etlichen spezifischen Bereichen notwendig ist.

Welche Lehren können wir aus den empirischen Erkenntnissen ziehen? Die Hauptergebnisse des Forschungsprojekts in Kürze.

Diese Arbeit bietet vergleichende Einblicke in Mechanismen der interkommunalen Kooperation in Gebieten, die mit einer hohen regionalen Autonomie ausgestattet sind. Die Hauptergebnisse werden hier nochmals in vier Punkte zusammengefasst.

Der **erste Punkt** betrifft die Relevanz des Forschungsgegenstands und dessen Einordnung in die intergouvernementalen Beziehungen in Mehrebenensystemen. Die Kooperation zwischen Regierungsebenen und Gebietskörperschaften ist ein wichtiges Element des Föderalismus. Es zeigt sich, dass auch die interkommunale Kooperation sowohl rechtlich wie auch politisch eine wesentliche Rolle spielt. Gemeinden, die bestimmte Dienste allein nicht stemmen können, kooperieren. In föderalen Systemen haben intergouvernementale Beziehungen diverse Funktionen, etwa die Ressourcenteilung, den Informationsaustausch oder gemeinsam getroffene Entscheidungen.[1605] Die interkommunale Kooperation differenziert sich davon nicht außerordentlich, sondern umfasst ähnliche Aspekte, wenn es auch vor allem um die administrative Erfüllung von Dienstleistungen

1605 Vgl. Poirier 2023.

geht. Dennoch betrifft auch diese nicht nur die reine Ausführung von lokalen Aufgaben, sondern steht mit weiteren Herausforderungen im Zusammenhang: Der Ausstattung der Gemeindehaushalte, strategischen Entwicklungen und dem Erfahrungsaustausch.

Für viele Gemeinden stellt die Kooperation daher ein bewährtes Verwaltungsmodell und keine Ausnahme dar. Es gibt eine Reihe von Politikbereichen, vor allem kostenintensive, die im Alpenraum schon viele Jahre lang in Gemeindeverbänden oder Bezirksgemeinschaften organisiert sind. Es handelt sich zudem um eine Art der *Governance*, die von der lokalen politischen Elite als wichtig und zukunftsweisend eingestuft wird und sie wird als Teil der intergouvernementalen Beziehungen von Gemeinden in einigen Regionen wichtiger. Dennoch bleibt die (freiwillige) Kooperation für die meisten alpinen Gemeinden eine „Nebenbeschäftigung", so dass die Ausführung der Dienstleistungen nicht von diesem Organisationsmodell dominiert wird und sie somit nicht als Allheilmittel für alle Gemeinden betrachtet werden kann.

Die unterschiedlichen politischen Strategien in Graubünden, Südtirol und Tirol zeigen, dass es diverse (subnationale) Maßnahmen gibt, um mit den Herausforderungen einer soliden Leistungsfähigkeit und der Last der Aufgaben für Gemeinden umzugehen: Die Auflösung von Kooperationen zugunsten der Schaffung von größeren Gebietskörperschaften, die gezielte finanzielle Förderung von Kooperationen oder die Gründung von übergemeindlichen Servicezentren. Gleichzeitig zeigen die Ergebnisse eine hohe Kongruenz mit bestehenden Studien aus Europa, insbesondere was die Formen, Politikfelder, Gründe und Akteure der interkommunalen Kooperation betrifft. Die allgemeine positive Bewertung der interkommunalen Kooperation als zukunftsfähige Strategie und gleichzeitige Ablehnung der Fusion von Seiten der lokalen Elite der drei Territorien ist ebenso aufschlussreich. Es kann davon ausgegangen werden, dass die Politik mit den Zusammenlegungen höhere Risiken und den Verlust von Einfluss, Kontrolle oder Finanzmöglichkeiten in Verbindung bringt.[1606]

Der **zweite Punkt** betrifft die Kongruenz der Territorien und der Umstand, dass sich die alpinen Gemeinden in ihrer Autonomie und damit zusammenhängend auch ihren interkommunalen Kooperationsmöglichkeiten ähnlich sind. Trotz institutioneller Unterschiede (lokale Autonomie) und der diversen politischen Kontexte für Kooperation (Herausforderungen) offenbaren die Daten zahlreiche Übereinstimmungen sowohl im rechtlichen Rahmen, aber auch in der praktischen Nutzung der lokalen Kooperation bzw. zumindest wie diese

1606 Vgl. Calciolari et al. 2013.

von Politiker*innen wahrgenommen wird. Die rechtlichen Zuständigkeiten der Gemeinden sind ähnlich, so auch viele ihrer Herausforderungen. Allerdings sind auch Unterschiede zwischen den Territorien vorhanden, etwa in Bezug auf das Ausmaß der obligatorischen Kooperationen oder die vorhandene Fusionsförderung in Graubünden. Zudem unterscheiden sich einzelne Gemeindetypen in mancher Hinsicht voneinander, interessanterweise nicht immer grenzüberschreitend, sondern innerhalb desselben Territoriums. Obwohl die Gemeinden Parallelen in ihren Kooperationsstrategien aufweisen, war der Einfluss des Territoriums in mehreren Dimensionen der Nutzung und Bewertung deutlich vorhanden. Dennoch kann davon ausgegangen werden, dass eine hohe subnationale und lokale Selbstverwaltung für Gemeinden bestimmte Ähnlichkeiten in der politischen Praxis – in diesem Fall der interkommunalen Kooperation – mit sich bringt.

Der **dritte Punkt** bezieht sich auf den beschränkten Einfluss der Größe und der geografischen Lage der Gemeinden auf die interkommunale Kooperation. Diese Faktoren spielen in den Daten in manchen Ergebnissen eine Rolle, aber eine deutlich geringere als die jeweilige Region: In der Nutzung und Bewertung der Kooperation sind sich die (hauptsächlich ländlich geprägten) Gemeinden im Alpenraum sehr ähnlich (laut den Wertungen der Bürgermeister*innen), auch wenn sie bezüglich der Größe und geografischen Lage verschieden klassifiziert werden können (größer vs. kleiner, zentral vs. peripher). Obwohl die Ergebnisse mittels Fragebogen in dieser Hinsicht geringe Unterschiede ergaben, werden die Größe und geografische Lage von den befragen Politiker*innen dennoch als relevante Erklärungs- und Einflussfaktoren für die Kooperation wahrgenommen. Trotz dieser subjektiven Einschätzung von einem Teil der politischen Elite, wird die Kooperation anscheinend faktisch weniger von der tatsächlichen Größe und geografischen Lage einer Gemeinde bedingt als von der Finanzkraft und den personellen Ressourcen einer Verwaltung. Die interkommunale Kooperation scheint somit eine wertvolle Strategie für viele Gemeinden, unabhängig ihrer spezifischen Größe oder Lage, zu sein und steht vor allem im Zusammenhang mit deren Leistungs- und Wettbewerbsfähigkeit sowie Entwicklung.[1607]

Vor diesem Hintergrund leitet sich der **vierte Punkt** ab, und zwar die politische Dimension der Kooperation. Es kommt deutlich zum Vorschein, dass die interkommunale Kooperation von politischen Entscheidungsträger*innen und deren Handeln abhängt. Dies betrifft die subnationalen politischen Maßnahmen, durch welche die lokale Kooperation gefördert oder gehemmt werden kann. Insbesondere ist es aber die lokale Politik und deren Akteure, die sich bewusst für oder

1607 Vgl. Biwald et al. 2004.

gegen Kooperation entscheiden und dadurch die lokale *Governance* gestalten. Die interkommunale Kooperation ist, zumindest in den ländlich geprägten und kleinstrukturierten Regionen des Alpenraums, sehr stark von zwischenmenschlichen Beziehungen geprägt[1608] und von den Bürgermeister*innen dominiert und beeinflusst. Deren politischer Wille entscheidet nicht nur über die Nutzung, sondern auch die Weiterführung oder umgekehrt die Ablehnung von Kooperation. Die politischen lokalen Eliten können somit als Beschleuniger*innen oder Verhinder*innen fungieren, ihr Einfluss kann aber auch auf ein demokratisches Defizit hinweisen. Der Einfluss dieser Akteure macht Kooperation politisch, aber vor allem auch menschlich und personenabhängig. Dennoch wäre es zu kurz gedacht, die interkommunale Kooperation nur aus politischer Sicht zu erklären. Der politische Wille kann zwar vorhanden sein, doch letztlich stehen die Politiker*innen ohne kompetente und erfahrene Verwaltungsmitarbeiter*innen bei der Ausführung von Diensten ziemlich allein da. Die Kompetenz und die Bereitschaft für Kooperation müssen demzufolge auch in der Verwaltung vorhanden sein. Weiters darf auch der Faktor der Kontinuität nicht unterschätzt werden. Der Verwaltungsapparat kann Kontinuität für administrative Prozesse garantieren, während die politischen Entscheidungsträger*innen von Wahlergebnissen abhängen.

Welche künftigen Forschungspfade eröffnen sich?

Die Forschungsarbeit liefert aufschlussreiche Ergebnisse zur rechtlichen Einbettung und praktischen Nutzung der interkommunalen Kooperation, aus denen sich weitere Fragestellungen ergeben. Es ist mehr empirische Forschung notwendig, und zwar insbesondere zu der Frage unter welchen Umständen lokale Kooperation eine Lösungsstrategie sein kann[1609] oder wie viel Kooperation eine Gemeinde verwaltungstechnisch stemmen kann. Diese Arbeit sieht davon ab, die Erfolgsfaktoren oder Fehlentwicklungen von Kooperation zu untersuchen, was allerdings ebenso weitere Forschungsmöglichkeiten eröffnen würde.[1610]

1608 Schon Poirier/Saunders stellten fest, dass persönliche Kontakte bei den intergouvernementalen Beziehungen eine große Rolle einnehmen. Vgl. Poirier und Saunders 2015b, S. 465.

1609 Bereits Swianiecwicz hat definiert: „*The better, alternative formulation would encompass when, where and under what circumstances it may be a solution*". Vgl. Swianiewicz 2016, S. 7.

1610 Dies sollte eine Priorität der Forschung sein, siehe: Hulst und van Montfort 2007a, S. 237: „*(…) research into factors for success and failure of co-operative arrangements should be at the top of a future research agenda*".

Ein zukunftsträchtiger Forschungszweig wäre ebenso die grenzüberschreitende Kooperation zwischen Gemeinden. Auch hier zeigt die Praxis, dass diese nicht nur von rechtlichen Rahmenbedingungen abhängt, sondern insbesondere vom Willen verschiedener Akteure und der Qualität der zwischenmenschlichen Beziehungen.[1611] Spezifisch für den Alpenraum, aber auch für andere europäische Staaten, wären zusätzliche Fallstudien notwendig. Es würde sich anbieten, denselben Fragebogen an Gemeinden in anderen Regionen zu senden, um festgestellte Trends zu bestätigen oder zu widerlegen. Zudem wäre eine weitere Untersuchung der Faktoren „Größe" und „geografische Lage" im Alpenraum zielführend und in diesem Falle mit Gemeindetypen, die mehr Differenzen aufweisen als die hier untersuchten (z.B. ein Vergleich zwischen alpinen Großstädten und sehr peripheren Gemeinden). Ein Vergleich mit weiteren Gebieten mit besonderen geografischen Herausforderungen[1612] könnte ebenso aufschlussreich sein, um festzustellen, ob der Alpenraum sich differenziert oder die Gemeinden in anderen Großräumen ähnlich funktionieren. Letztens wäre es interessant zu eruieren, ob die Bürgermeister*innen aus Zentralstaaten (z.B. Frankreich) oder anderen Regionen in denselben Staaten mit weniger Autonomie (z.B. Südtirol vs. Venetien in Italien) ähnlich zu Kooperation stehen oder nicht, um damit den Einfluss einer hohen subnationalen Autonomie auf die interkommunale Kooperation zu prüfen.

Auch der Fokus auf die lokalen politischen Eliten bietet viel Potential. Dieser ist zum einen notwendig, um die Relevanz von „Kooperation" in der Praxis zu prüfen. Zum anderen gibt es in den hier behandelten Gebieten bereits jetzt Gemeinden mit Schwierigkeiten, motivierte Bürger*innen für ein politisches Amt zu rekrutieren,[1613] womit manche dieser Gemeinden künftig vermutlich vor der zusätzlichen Herausforderung des mangelnden politischen Personals stehen, was wiederum Einfluss auf Kooperations- oder Fusionstendenzen erhalten könnte. Umso wichtiger erscheint es, die Einstellungen von politischen (und administrativen) Akteuren zur Entwicklung der Kooperation zu befragen. Weitere neue Ergebnisse könnten Untersuchungen zur Meinung der Bürger*innen zur Kooperation in der eigenen Gemeinde bieten. In einer Zeit, wo die Einbindung der Bürger*innen in politische Entscheidungsprozesse wichtiger und notwendiger wird, ist auch dieser Aspekt nicht zu vernachlässigen.

Aufgrund der verbreiteten Kooperationstätigkeit und deren positiven Konnotation stellt sich abschließend noch eine letzte Frage: Wie sieht die Zukunft der

---

1611 Vgl. Alber et al. 2019, S. 35.
1612 Siehe etwa: Eythórsson et al. 2015.
1613 Vgl. Bergström et al. 2021a, S. 280.

lokalen Dienstleistungen im Alpenraum aus? Österreich, Italien und mit wenigen Ausnahmen auch die Schweiz folgen dem Prinzip der Einheitsgemeinde, wo eine Gemeinde unabhängig ihrer Größe und Leistungsfähigkeit dieselben Aufgaben erfüllen muss. Vielleicht wäre es an der Zeit künftig in eine andere Richtung zu denken, und zwar, dass nicht jede Gemeinde alle Dienstleistungen zwingend erfüllen muss. Ein solcher Ruf nach asymmetrischen Lösungen für Gemeinden wird in anderen Mehrebenensystemen, etwa Kanada, Spanien oder Brasilien, bereits geführt.[1614]

Deutlich wurde, dass die meisten Bürgermeister*innen Fusionen skeptisch und der interkommunalen Kooperation positiv gegenüberstehen. Dennoch erklärten bereits Wirth und Hack, dass *„der Weg zur Kooperation die größte Hürde sei"*. Demnach seien den meisten Gemeinden die Lösungsansätze bekannt und auch die zur Verfügung stehenden Rechtsformen überschaubar. Diese Aussagen gelten auch für die hier behandelten Fälle. Es gibt bereits viele Gemeinden, die erfolgreiche Wege der Kooperation beschreiten, so dass ein Erfahrungsaustausch oder neue Strategien der Dienstleistungsausführung, sowie des Regierens über etwaige Netzwerke ohne große Umstände möglich wären. Letztlich liegt es an der politischen Bereitschaft, wie und in welchen Bereichen eine Gemeinde aktiv wird, um Ressourcen miteinander zu teilen und sich für die Zukunft aufzustellen, um leistungsfähig zu bleiben und Fusionen abzuwenden.

Politisch und administrativ gesehen geht es stets um die Beantwortung der Frage, ob eine Kooperation eine Verbesserung bringt.[1615] Dabei stehen weniger die strukturellen Faktoren Größe oder Lage im Zentrum, diese bedingen nur die jeweilige Ausgangssituation. Die interkommunale Kooperation wird bisher überaus pragmatisch gehandhabt. Sie wird politisch positiv betrachtet, aber nicht um jeden Preis als sinnvoll bewertet. Im Vordergrund stehen der Mehrwert und das Risiko für die eigene Gemeinde und nicht die Potentiale, welche Kooperation im Allgemeinen für das Regieren erbringen könnte. Natürlich bedeutet eine Entscheidung für Kooperation nicht automatisch eine fruchtvolle Zusammenarbeit, die insbesondere Leistungsbereitschaft von den involvierten Akteuren erfordert.[1616] Es zeigt sich, wie sehr die Bürgermeister*innen trotz mancher Schwierigkeiten auf ihre Autonomie und Identität bedacht sind. Letztlich scheint es sich auch in Bezug auf Graubünden, Südtirol und Tirol zu bestätigen, was Steiner/Kaiser im Hinblick auf die Schweiz bereits ausgeführt hatten: Kooperation

1614 Vgl. Steytler 2024.
1615 Zitat aus einem Gespräch mit einem Südtiroler Gemeindesekretär.
1616 Vgl. Camões et al. 2021.

geht immer auch mit politischen Kosten einher, denn sie bedeutet das Teilen von Macht und Prestige.[1617] Was es somit braucht, ist eine vermehrte politische Kultur des Vertrauens, des Kompromisses, der Kooperationsbereitschaft und womöglich auch mehr *capacity building* für die politische und administrative Führung in den Gemeinden.

7.1. Zusammenfassende Thesen der Doktorarbeit

Cooperation matters

Die interkommunale Kooperation ist aufgrund der zunehmenden Komplexität des lokalen Regierens in den untersuchten alpinen Gemeinden wichtig, um gewisse Dienstleistungen effizient zu erbringen. Der strategische Mehrwert der gemeinsamen Aufgabenerfüllung wird rechtlich und politisch in allen drei untersuchten Gebieten anerkannt und es sind langjährige Erfahrungswerte in verschiedenen Politikfeldern und bei diversen Gemeindetypen in allen Regionen vorhanden. Die interkommunale Kooperation hat allerdings weder für alle Bürgermeister*innen in den untersuchten Territorien dieselbe Wichtigkeit, noch ist sie für alle Gemeinden ein tägliches Leistungserbringungs- und Verwaltungsmodell.

Welchen Zusammenhang haben lokale Autonomie und Kooperation?

Eine ausgeprägte lokale Autonomie ist Voraussetzung für eine aussichtsreiche interkommunale Kooperation. In allen drei Territorien ist eine ähnlich hohe Autonomie der Gemeinden festzustellen. Dabei gilt es, die formale lokale Autonomie von der Praxis der Autonomie zu unterscheiden. Die *de jure* Autonomie einer Gemeinde steht nicht immer im Einklang mit der tatsächlich angewandten Autonomie vor Ort oder umgekehrt. Außerdem wurde ersichtlich, dass ähnliche institutionelle Bedingungen nicht immer mit einer ähnlichen Kooperation einhergehen.

Wie ist die interkommunale Kooperation rechtlich eingebettet?

Der interkommunalen Kooperation kommt eine rechtliche Verankerung in allen drei untersuchten alpinen Gebieten zu. Dabei widerspiegelt die unterschiedliche rechtliche Einbettung das jeweilige dezentrale politische System, weist aber dennoch große Parallelen in den drei Territorien auf. Die Untersuchung der formalen Rahmenbedingungen für Kooperation zeigt, dass Recht und Politik gemeinsam

1617 Vgl. Steiner und Kaiser 2018b, S. 184.

betrachtet werden müssen, um den Kontext zu erfassen, in dem sich Gemeinden täglich bewegen.

Wie wird interkommunale Kooperation politisch genutzt?

Die Kooperationstätigkeit in allen drei Territorien verweist auf eine starke praktische Relevanz der gemeinsamen Dienstleistungsausführung zwischen Gemeinden, von der eine hohe Bandbreite von Politikfeldern betroffen und die sehr politisch geprägt ist. Trotz einiger Unterschiede nutzen die Gemeinden der verschiedenen Regionen die Möglichkeiten der interkommunalen Kooperation auf ähnliche Weise. Allerdings bleibt sie in vielen Gemeinden eine „Nebenbeschäftigung" der lokalen Verwaltungen und dominiert somit nicht deren tägliche *Governance*.

Wie wird interkommunale Kooperation politisch bewertet?

Die interkommunale Kooperation wird als zielführendes Modell der Verwaltung erachtet. Die zentralen Gründe für Kooperation betreffen die Verwaltungskapazität und -qualität der Gemeinden, welche die politischen Akteure hoch halten möchten. Die positive Bewertung von Kooperation wird dadurch untermauert, dass die kommunalen Akteure zufriedenstellende Erfahrungen damit gemacht haben und machen, vor allem in verwaltungstechnischer Hinsicht. Hinzu kommt die politische Bedeutung der interkommunalen Kooperation, die in allen drei untersuchten Gebieten als wichtig angesehen wird. Allerdings bewegt sich Kooperation oft im Spannungsfeld gegenläufiger Interessen (Effizienz versus Identität).

Wird die interkommunale Kooperation als Lösungsansatz wahrgenommen?

Die interkommunale Kooperation wird von den lokalen politischen Eliten mehrheitlich als zukunftsweisendes und geeignetes Modell für das lokale Verwalten bewertet und sie wird als vorteilhafte *Governance*-Strategie angesehen. Demgegenüber wird die Handlungsstrategie der Fusion von den befragten Akteuren mehrheitlich abgelehnt und deren Durchführung und etwaiger Ausbau aus identitären territorialen Gründen politisch mit Vorbehalt betrachtet.

Welchen Einfluss hat das Territorium auf die Nutzung und Bewertung der interkommunalen Kooperation?

Die jeweiligen subnationalen Gebietskörperschaften – Graubünden, Südtirol und Tirol – die dort vorhandenen politischen Traditionen und Erfahrungen haben einen beträchtlichen Einfluss auf die Nutzung und Bewertung von interkommunaler Kooperation und erweisen sich als ein dominierendes Element.

Welchen Einfluss haben die Größe und geografische Lage einer Gemeinde auf die Nutzung und Bewertung der interkommunalen Kooperation?

Die Größe und die geografische Lage einer Gemeinde resultieren nur in einigen Aspekten als relevante Einflussfaktoren für die Nutzung und Bewertung von interkommunaler Kooperation. Zwar ist der Einfluss dieser Variablen in bestimmten Dimensionen vorhanden, aber deutlich mehr bei diversen Gemeindetypen innerhalb desselben Territoriums, als im Vergleich derselben Gemeindetypen zwischen den Regionen. Dies weist auf eine geringe Bedeutung der Größe und geografischen Lage einer Gemeinde gegenüber anderen territorialen Variablen hin.

8. Literaturverzeichnis

8.1. Literatur

Achrainer, Martin; Hofinger, Niko (1999): Politisches System. In: Michael Gehler (Hg.): Tirol. „Land im Gebirge“: Zwischen Tradition und Moderne. Wien: Böhlau Verlag.

Agranoff, Robert (2004a): Autonomy, Devolution and Intergovernmental Relations. In: *Regional & Federal Studies* 14 (1), S. 26–65.

Agranoff, Robert (2004b): JPART Symposium Introduction: Researching Intergovernmental Relations. In: *Journal of Public Administration Research and Theory: J-PART* 14 (4), S. 443–446.

Agranoff, Robert (2009): Toward an Emergent Theory of IGR Governance at the Dawn of the Network Era. In: Eduardo Ongaro, Andrew Massey, Marc Holzer und Ellen Wayenberg (Hg.): Governance and Intergovernmental Relations in the European Union and the United States. Cheltenham: Edward Elgar, S. 51–86.

Agranoff, Robert (2011): What Is the Role of Intergovernmental Relations in Federalism? In: *Public Administration Review* 71 (The Federalist Papers), S. 568–577.

Agranoff, Robert (2013): Local Governments in Multilevel Systems: Emergent Public Administration Challenges. In: *American Review of Public Administration* 44(45), S. 47–62.

Agranoff, Robert (2014a): Local Governments in Multilevel Systems: Emergent Public Administration Challenges. In: *American Review of Public Administration* 44 (4), S. 47–62.

Agranoff, Robert (2014b): Relations Between Local and National Governments. In: Haider-Markel und Donald P. (Hg.): The Oxford Handbook of State and Local Government. Oxford: Oxford University Press, S. 27–70.

Agranoff, Robert; McGuire, Michael (2003): Inside the Matrix: Integrating the Paradigms of Intergovernmental and Network Management. In: *International Journal of Public Administration* 26 (12), S. 1401–1422.

Alber, Elisabeth (2014): Die Gemeinde im Europäischen Mehrebenenystem: Auslaufmodell oder „Inkubator“ für Innovation? In: Elisabeth Alber und Carolin Zwilling (Hg.): Gemeinden im Europäischen Mehrebenensystem: Herausforderungen im 21. Jahrhundert. Baden-Baden: Nomos, S. 9–24.

Alber, Elisabeth (2020): South Tyrol’s Model of Conflict Resolution: Territorial Autonomy and Power-Sharing. In: Soeren Keil und Allison McCulloch (Hg.):

Power-sharing in Europe. Past Practice, Present Cases, and Future Directions. Basingstoke: Palgrave Macmillan (Federalism and Internal Conflicts), S. 171–199.

Alber, Elisabeth; Engl, Alice; Klotz, Greta; Kofler, Ingrid (2019): Grenzüberschreitende Governance und Bürgernähe: Die Rolle von „Grenz"-Gemeinden in der Europaregion Tirol-Südtirol-Trentino. Bolzano/Bozen: Eurac Research.

Alber, Elisabeth; Valdesalici, Alice; Klotz, Greta (im Erscheinen): Local Governments in Italy: Still In Search of Role Clarity. In: Nico Steytler (Hg.): The Forum of Federations' Handbook on Local Government in Federal Systems: Palgrave Macmillan.

Allers, Maarten A.; Greef, J. A. de (2018): Intermunicipal Cooperation, Public Sending and Srvice Lvels. In: *Local Government Studies* 44 (1), S. 127–150.

Ambrosi, Andrea (2004): Die Autonomie der Südtiroler Gemeinden zwischen Sonderstatut und Verfassung. In: Gemeindenverband Gen.m.b.H. (Hg.): 50 Jahre Südtiroler Gemeindenverband. 1954–2004, S. 27–47.

Amt der Tiroler Landesregierung, Abteilung Bau- und Raumordnungsrecht (2020): Raumordnungsrecht. Tiroler Raumordnungsgesetz 2016 – TROG 2016. Innsbruck.

Amt der Tiroler Landesregierung, Abteilung Gemeinden (2015): Merkblatt für die Gemeinden Tirols. 88. Jahrgang/Februar 2015. Innsbruck.

Amt der Tiroler Landesregierung, Geschäftsstelle für Dorferneuerung und Lokale Agenda 21 (2015): Generelle Richtlinien für die Durchführung und Förderung von Maßnahmen zur Dorferneuerung zur Lokalen Agenda 21 zum Stadt- und Ortsbildschutz. Innsbruck.

Anderson, George (Hg.) (2008): Federalism. An Introduction. Oxford: Oxford University Press.

Arn, Daniel; Friederich, Ueli (1994): Gemeindeverbindungen in der Agglomeration. Zürich: Nationales Forschungsprogramm Stadt und Verkehr.

Arnold, Tobias (2017): Playing the Vertical Power Game: The Impact of Local Authorities in Cantonal Parliaments on the Financing of Special Schools. In: *Swiss Political Science Review* 23 (2), S. 116–143.

Askim, Jostein; Klausen, Jan Erling; Vabo, Signy Irene; Bjurstrom, Karl (2016): What Causes Municipal Amalgamation Reform? Rational Explanations Meet Western European Experiences, 2004–2013. In: Sabine Kuhlmann und Geert Bouckaert (Hg.): Local Public Sector Reforms in Times of Crisis. London: Palgrave Macmillan UK, S. 59–79.

Astner, Walter (2016): Regionale Planungsverbände. Chancen und Risiken interkommunaler Kooperation. In: Ferdinand Karlhofer und Günther Pallaver (Hg.): Politik in Tirol. Jahrbuch 2016. Innsbruck: Studienverlag, S. 73–89.

Atz, Hermann; Pallaver, Günther (2019): Der Reiz des Neuen. Unzufriedenheit bestraft die Regierungsparteien gleich wie die etablierte Opposition. In: Alice Engl, Günther Pallaver und Elisabeth Alber (Hg.): Politika 19. Südtiroler Jahrbuch für Politik/Annuario di politica dell'Alto Adige/Anuar de politica dl Südtirol. Bozen: Edition Raetia.

Aubert, Jean-François (1995): Bundesstaatsrecht der Schweiz. Neubearbeiteter Nachtrag bis 1994. Basel: Helbing & Lichtenhahn.

Auer, Andreas (2006): Rechtsvergleichende Einordung. In: Bänziger, Mengiardi, Toller & Partner (Hg.): Kommentar zur Verfassung des Kantons Graubünden. Chur: Südostschweiz Buchverlag.

Auer, Andreas (2016): Staatsrecht der schweizerischen Kantone. Bern: Stämpfli Verlag.

Ausschuss der Regionen (2009): Weissbuch des Ausschusses der Regionen zur Multi-Level-Governance.

Autonome Provinz Bozen-Südtirol (2014a): Regionale Entwicklungsstrategien Südtirol 2014–2020. Online verfügbar unter http://www.provinz.bz.it/europa/download/Regionale_Entwicklungsstrategien_DE_1.pdf, zuletzt geprüft am 06.04.2023.

Autonome Provinz Bozen-Südtirol (2014b): Beschlussantrag Nr. 270-14-XV. Anreize für die Zusammenlegung von Klein- und Kleinstgemeinden, 18.12.2014. Online verfügbar unter http://www2.landtag-bz.org/de/datenbanken/akte/angaben_akt.asp?pagetype=fogl&app=idap&at_id=324286&blank=Y, zuletzt geprüft am 06.04.2023.

Autonome Provinz Bozen-Südtirol (2017): Das Südtirol-Handbuch. Bozen: Südtiroler Landesregierung.

Autonome Provinz Bozen-Südtirol (2019): „Eine erste Million Euro für zwischengemeindliche Zusammenarbeit.", 17.12.2019. Online verfügbar unter https://news.provinz.bz.it/de/news-archive/633682, zuletzt geprüft am 06.04.2023.

Autonome Provinz Bozen-Südtirol (2020): „Eine weitere Million Euro für die zwischengemeindliche Zusammenarbeit.", 05.05.2020. Online verfügbar unter https://news.provinz.bz.it/de/news-archive/638540, zuletzt geprüft am 06.04.2023.

Autonome Provinz Bozen-Südtirol (2021): „Über drei Millionen Euro für die zwischengemeindliche Zusammenarbeit.", 02.03.2021. Online verfügbar unter https://news.provinz.bz.it/de/news-archive/653392, zuletzt geprüft am 06.04.2023.

Autonome Provinz Bozen-Südtirol, Amt für Gemeindefinanzierung (o.J.): Externe Begleitung für Gemeinden. Online verfügbar unter https://civis.bz.it/de/dienste/dienst.html?id=1039384, zuletzt aktualisiert am 06.04.2023.

Bächtiger, André; Hitz, Anina (2007): The Matrix Extended: Federal-Municipal Relations in Switzerland. In: Harvey Lazar und Christian Leuprecht (Hg.): Spheres of Governance. Comparative Studies of Cities in Multilevel Governence Systems. Montréal: McGill-Queen's University Press, S. 71–96.

Bäck, Henry; Heinelt, Hubert; Magnier, Annick (Hg.) (2006): The European Mayor. Political Leaders in the Changing Context of Local Democracy. Wiesbaden: VS Verlag für Sozialwissenschaften.

Baldersheim, Harald (2021): Chasing the Creative Class: What Works, and What Doesn't? Recruitment Strategies in Norwegian Local Government. In: Tomas Bergström, Jochen Franzke, Sabine Kuhlmann und Ellen Wayenberg (Hg.): The Future of Local Self-Government. European Trends in Autonomy, Innovations and Central-Local Relations. Basingstoke: Palgrave Macmillan (Palgrave Studies in Sub-national Governance), S. 83–98.

Baldersheim, Harald; Rose, Lawrence E. (2010a): A Comparative Analysis of Territorial Choice in Europe – Conclusions. In: Harald Baldersheim und Lawrence E. Rose (Hg.): Territorial Choice. The Politics of Boundaries and Borders. New York: Palgrave Macmillan, S. 234–259.

Baldersheim, Harald; Rose, Lawrence E. (2010c): Territorial Choice: Rescaling Governance in European States. In: Harald Baldersheim und Lawrence E. Rose (Hg.): Territorial Choice. The Politics of Boundaries and Borders. New York: Palgrave Macmillan, S. 1–20.

Baldersheim, Harald; Rose, Lawrence E. (Hg.) (2010b): Territorial Choice. The Politics of Boundaries and Borders. New York: Palgrave Macmillan.

Baldi, Brunetta; Xilo, Giovanni (2012): Dall'Unione alla fusione dei Comuni: le ragioni, le criticità e le forme. In: *Istituzioni del Federalismo* 1, S. 141–165.

Barber, Benjamin R. (2013): If Mayors Ruled the World. Dysfunctional Nations, Rising Cities. New Haven: Yale University Press.

Barbera, Filippo; Dagnes, Joselle; Membretti, Andrea (2018): I nuovi montanari sognano anche nuove montagne? In: Antonio de Rossi (Hg.): Riabitare l'Italia. Le aree interne tra abbandoni e riconquiste. Roma: Donzelli, S. 351–363.

Bartole, Sergio (2005): Integration der Autonomie und Einheit der italienischen Rechtsordnung. In: Joseph Marko, Sergio Ortino, Francesco Palermo, Leohnhard Voltmer und Jens Woelk (Hg.): Die Verfassung der Südtiroler Autonomie. Die Sonderrechtsordnung der Autonomen Provinz Bozen/Südtirol. Baden-Baden: Nomos, S. 115–122.

Behnke, Nathalie; Mueller, Sean (2017): The Purpose of Intergovernmental Councils. A Framework for Analysis and Comparison. In: *Regional & Federal Studies* 27 (5), S. 507–527.

Behnke, Nathalie; Mueller, Sean (2021): POLICY BRIEF 1. Challenges and Opportunities of Intergovernmental Coordination. IGCOORD (Intergovernmental Coordination from Local to European Governance).

Bel, Germà; Bischoff, Ivo; Blåka, Sara; Casula, Mattia; Lysek, Jakub; Swianiewicz, Pawel et al. (2022): Styles of Inter-municipal Cooperation and the Multiple Principal Problem: A Comparative Analysis of European Economic Area Countries. In: *Local Government Studies* 92 (2), S. 1–24.

Bel, Germà; Fageda, Xavier (2006): Between Privatization and Intermunicipal Cooperation: Small Municipalities, Scale Economies and Transaction Costs Urban Public Economics Review (6), S. 13–31.

Bel, Germà; Fageda, Xavier (2017): What Have We Learned from the Last Three Decades of Empirical Studies on Factors Driving Local Privatisation? In: *Local Government Studies* 43 (4), S. 503–511.

Bel, Germà; Fageda, Xavier; Mur, Melania (2013): Why Do Municipalities Cooperate to Provide Local Public Services? An Empirical Analysis. In: *Local Government Studies* 39 (3), S. 435–454.

Bel, Germà; Sebö, Marianna (2023): Intermunicipal Cooperation: An Assesement of Drivers and Effects. In: Filipe Teles (Hg.): Handbook on Local and Regional Governance. Cheltenham: Edward Elgar Publishing Limited, S. 393–406.

Bel, Germà; Warner, Mildred E. (2016): Factors Explaining Inter-municipal Cooperation in Service Delivery: A Meta-Regression Analysis. In: *Journal of Economic Policy Reform* 19 (2), S. 91–115.

Belser, Eva Maria (2018): The Swiss Ständerat: a Model of Perfect Bicameralism. In: *Perspectives on Federalism* 10 (2).

Belser, Eva Maria (2020): Heading Together – Intergovernmental Relations and Horizontal Law-making by Swiss Cantons. In: Alain-G. Gagnon, Johanne Poirier (Hg.): Canadian Federalism and Its Future: Actors and Institutions, Montreal, Kingston, London, Chicago: McGill-Queen's University Press, S. 251–229.

Belser, Eva Maria (2021a): Direkte und deliberative Demokratien der Schweiz, Vom Volk, das nicht nur mitredet, sondern entscheidet und dennoch nicht immer das letzte Wort haben sollte. In: Elisabeth Alber Carolin Zwilling (Hg.): Von Government zu Governance, Direkte und deliberative Demokratie in europäischen Mehrebenensystemen. Baden-Baden: Nomos 2021, S. 127–164.

Belser, Eva Maria (2021b): Subnational Constitutionalism in Switzerland – A Sleeping Beauty Awaiting to be Kissed. In: Patricia Popelier, Giacomo Delledonne, Nicholas Aroney (Hg.): The Routledge Handbook of Subnational Constitutions and Constitutionalism. London: Routledge. S. 252–269.

Belser, Eva Maria; Felder, Flavien; Altermatt, Bernhard (2021a): The Structure of Local Government in Switzerland: An Introduction. In: Eva Maria Belser, Flavien Felder, Erika Schläppi, Kelly Bishop: Local Government in Switzerland. Responses to Urban-Rural Challenges. Bolzano/Bozen: Eurac Research.

Belser, Eva Maria; Felder, Flavien; Schläppi, Erika; Bishop, Kelly (2021b): Local Government in Switzerland. Responses to Urban-Rural Challenges. Bolzano/Bozen: Eurac Research, S. 39–41.

Benz, Arthur (2009): Politik in Mehrebenensystemen. 1. Aufl. Wiesbaden: VS Verlag für Sozialwissenschaften/GWV Fachverlage (Governance, Band 5).

Benz, Arthur (2010): Multilevel Governance – Governance in Mehrebenensystemen. In: Arthur Benz und Nicolai Dose (Hg.): Governance – Regieren in komplexen Regelsystemen. Eine Einführung. Wiesbaden: VS Verlag für Sozialwissenschaften, S. 111–135.

Benz, Arthur; Broschek, Jörg (Hg.) (2013): Federal Dynamics. Continuity, Change, and the Varieties of Federalism. 1. Aufl. Oxford: Oxford University Press.

Benz, Arthur; Dose, Nicolai (2010): Governance – Modebegriff oder nützliche sozialwissenschaftliches Konzept? In: Arthur Benz und Nicolai Dose (Hg.): Governance – Regieren in komplexen Regelsystemen. Eine Einführung. Wiesbaden: VS Verlag für Sozialwissenschaften, S. 13–36.

Bergholz, Christian; Bischoff, Ivo (2016): Local Council Members' View on Inter-municipal Cooperation: Does Office-Related Self Interest Matter? In: *Joint Discussion Paper Series in Economics* (47).

Bergström, Tomas; Franzke, Jochen; Kuhlmann, Sabine; Wayenberg, Ellen (2021a): Future Outlook and Scenarios. In: Tomas Bergström, Jochen Franzke, Sabine Kuhlmann und Ellen Wayenberg (Hg.): The Future of Local Self-Government. European Trends in Autonomy, Innovations and Central-Local Relations. Basingstoke: Palgrave Macmillan (Palgrave Studies in Sub-national Governance), S. 277–286.

Bergström, Tomas; Franzke, Jochen; Kuhlmann, Sabine; Wayenberg, Ellen (Hg.) (2021b): The Future of Local Self-Government. European Trends in Autonomy, Innovations and Central-Local Relations. Basingstoke: Palgrave Macmillan (Palgrave Studies in Sub-national Governance).

Bergström, Tomas; Kuhlmann, Sabine; Laffin, Martin; Wayenberg, Ellen (2022): Special Issue on Comparative Intergovernmental Relations and the Pandemic: How European Devolved Governments Responded to a Public Health Crisis. In: *Local Government Studies* 48 (2), S. 179–190.

Bernabei, Guglielmo (2018): L'Italia dei comuni. Prospettive di sviluppo per il sistema di governo locale. Milano, Padova: Wolters Kluwer; CEDAM.

Bernhart, Josef; Decarli, Peter; Heym, Alexander; Mayr, Christian; Promberger, Kurt (2015): Einfluss der Gemeindefläche auf die finanzielle Performance von Gemeinden. Bolzano/Bozen, Innsbruck: Eurac Research; Universität Innsbruck.

Bernhart, Josef; Promberger, Kurt (2006): Interkommunale Zusammenarbeit in Südtirol. In: Peter Biwald, Hans Hack und Klaus Wirth: Interkommunale Kooperation. Zwischen Tradition und Aufbruch. Wien, Graz: NWV, Neuer Wissenschaftlicher Verlag (Öffentliches Management und Finanzwirtschaft, 3), S. 85–107.

Bertel, Maria (2018): Tirolo. In: Esther Happacher und Roberto Toniatti (Hg.): Gli ordinamenti dell'Euregio. Una comparazione. Milano: F. Angeli (TSM, Trentino School of Management, 37), S. 197–207.

Betschart, Hedy (1992): Strukturreformen im Rahmen der Totalrevision der Ostschweizer Kantonsverfassungen. In: *LeGes* 1999/2, S. 41–59.

Biaggini, Giovanni (Hg.) (2017a): BV Kommentar Bundesverfassung der Schweizerischen Eidgenossenschaft. Switzerland. 2., überarbeitete und erweiterte Aufl. Zürich: Orell Füssli Verlag (Orell Füssli Kommentar (OFK)).

Biaggini, Giovanni (2017b): Vorbemerkungen zu BV 50. In: Giovanni Biaggini (Hg.): BV Kommentar Bundesverfassung der Schweizerischen Eidgenossenschaft. 2., überarbeitete und erweiterte Auflage. Zürich: Orell Füssli Verlag (Orell Füssli Kommentar (OFK)), S. 551–552.

Bifulco, Raffaele (2006): The Italian Model of State-Local Autonomies Conferences (also) in the light of Federal Experiences. In: Jörg Luther, Paolo Passaglia und Rolando Tarchi (Hg.): A World of Second Chambers. Handbook for Constitutional Studies on Bicameralism. Milano: Giuffrè, S. 1051–1083.

Bin, Roberto; Falcon, Giandomenico (2012): Diritto regionale. Bologna: il Mulino.

Bischoff, Ivo; Bergholz, Christian; Blaeschke, Frédéric (2014): Bürgerpräferenzen zum Thema Interkommunale Zusammenarbeit. Ergebnisse einer Befragung in drei hessischen Landkreisen. Gutachten im Auftrag des Hessischen Ministeriums des Inneren und für Sport. Online verfügbar unter https://interkommunales.nrw/wp-content/uploads/2016/10/B%C3%BCrgerpr%C3%A4ferenzen.pdf, zuletzt geprüft am 06.04.2023.

Bischoff, Ivo; Wolfschütz, Eva (2021): Inter-municipal Cooperation in Administrative Tasks – The Role of Population Dynamics and Elections. In: *Local Government Studies* 47 (4), S. 568–592.

Biwald, Peter; Hack, Hans; Wirth, Klaus (2006): Interkommunale Kooperation. Zwischen Tradition und Aufbruch. HWien, Graz: NWV, Neuer Wissenschaftlicher Verlag (Öffentliches Management und Finanzwirtschaft, 3).

Biwald, Peter; Szczepanska, Katarzyna; Hochholdinger, Nikola (2004): Leistungsfähige Gemeinden durch interkommunale Zusammenarbeit. Grundlagenpapier für den Österreichischen Städtetag 2004. KDZ – Zentrum für Verwaltungsforschung. Wien.

Blesse, Sebastian; Rösel Felix (2017): Was bringen kommunale Gebietsreformen? Kausale Evidenz zu Hoffnungen, Risiken und alternativen Instrumenten. Discussion Paper No. 17-049. Hg. v. ZEW. Zentrum für Europäische Wirtschaftsforschung GmbH.

Bogdandy, Armin von (2012): Comparative Constitutional Law: A Contested Domain: A. Comparative Constitutional Law: A Continental Perspective. In: András Sajó und Michel Rosenfeld (Hg.): The Oxford Handbook of Comparative Constitutional Law. Oxford: Oxford University Press, S. 26–35.

Boggero, Giovanni (2018): Constitutional Principles of Local Self-Government in Europe. Leiden, Boston: Brill (Studies in Territorial and Cultural Diversty Governance, Band 9).

Bogumil, Jörg; Holtkamp, Lars (2006): Kommunalpolitik und Kommunalverwaltung. Eine praxisorientierte Einführung (Schriftenreihe, Band 1329). Wiesbaden: Springer VS.

Bogumil, Jörg; Kuhlmann, Sabine (Hg.) (2010): Kommunale Aufgabenwahrnehmung im Wandel. Kommunalisierung, Regionalisierung und Territorialreform in Deutschland und Europa. 1. Aufl. Wiesbaden: VS Verlag für Sozialwissenschaften (Stadtforschung aktuell, Band 115).

Boin, Arjen; Lodge, Martin (2016): Designing Resilient Institutions for Transboundary Crisis Management: A Time for Public Administration. In: *Public Administration* 94 (2), S. 289–298.

Bolgherini, Silvia (2011): Local Government and Inter-Municipal Cooperation in Italy and Germany. In: *PIFO Occasional Papers* (12).

Bolgherini, Silvia (2015): Navigando a vista. Governi locali in Europa tra crisi e riforme. Bologna: il Mulino.

Bolgherini, Silvia; Casula, Mattia; Marotta, Mariano (2018a): Il dilemma del riordino. Unioni e fusioni dei comuni italiani. Bologna: Società editrice Il mulino.

Bolgherini, Silvia; Casula, Mattia; Marotta, Mariano (2018b): Municipal Reaction to Functional Rescaling in Italy. In: *International Journal of Public Sector Management* 31 (4), S. 448–465.

Bolgherini, Silvia; Casula, Mattia; Marotta, Mariano (2019): Making Size and Democracy Multidimensional: Beyond the Gap between Capacity and Proximity. In: *disP – The Planning Review* 55 (2), S. 49–62.

Bolgherini, Silvia; Grimaldi, Selena; Paparo, Aldo (2021a): Assessing Multi-level Congruence in Voting in Comparative Perspective. Introducing the Municipal Level. In: *Local Government Studies* 47 (1), S. 54–78.

Bolgherini, Silvia; Klotz, Greta (2022): I sindaci tra politica territoriale e vincoli di governance. Come le élite locali valutano gli strumenti di cooperazione orizzontale tra comuni. In: *Regional Studies and Local Development* May 2022, S. 69–116.

Bolgherini, Silvia; Klotz, Greta; Fromm, Uwe (2020): Dataset on Local Autonomy in Selected Alpine Regions, 2020. In: GESIS Data Archive Datorium, Online verfügbar unter https://doi.org/10.7802/2054, zuletzt geprüft am 06.04.2023.

Bolgherini, Silvia; Klotz, Greta; Fromm, Uwe (2021): Context-Driven Local Autonomy. The Importance of Differentiated Assessments in Asymmetric Countries. In: *Revue internationale de politique comparée* 28, S. 207–255. Online verfügbar unter https://www.cairn.info/revue-internationale-de-politique-comparee-2021-1-page-207.htm, zuletzt geprüft am 06.04.2023.

Bolgherini, Silvia; Lippi, Andrea (2021): Oblique-change Matters: 'Bradyseismic' Institutional Change in Local Government. In: *Italian Political Science Review* 51, S. 117–135.

Bolgherini, Silvia; Paparo, Aldo (2023): Process Matters. The Variegated Effects of Municipal Amalgamation Features on Voter Turnout Revealed in a 10-country Comparative Investigation. In: *European Political Science Review* 36, S. 1–19.

Bolleyer, Nicole (2009): Intergovernmental Cooperation: Rational Choices in Federal Systems and Beyond. Oxford: Oxford University Press.

Bolleyer, Nicole (2013): Paradoxes of Self-coordination in Federal Systems. In: Arthur Benz und Jörg Broschek (Hg.): Federal Dynamics. Continuity, Change, and the Varieties of Federalism. 1. Aufl. Oxford: Oxford University Press, S. 321–342.

Bolleyer, Nicole; Bytzek, Evelyn (2009): Government Congruence and Intergovernmental Relations in Federal Systems. In: *Regional & Federal Studies* 19 (3), S. 371–397.

Bolleyer, Nicole; Swenden, Wilfried; McEwen, Nicole (2014): Constitutional Dynamics and Partisan Conflict: A Comparative Assessment of Mulit-Level Systems in Europe. In: *Comparative European Politics* 12 (4–5), S. 531–555.

Botschaft der Regierung an den Grossen Rat (2010–2011): Bericht und Botschaft über die Gemeinde- und Gebietsreform. Heft Nr. 8/2010–2011.

Botschaft der Regierung an den Grossen Rat (2017–2018): Totalrevision des Gemeindegesetzes. Heft Nr. 3/2017–2018.

Botschaft der Regierung an den Grossen Rat (2018–2019): Gemeindestrukturbericht. Heft Nr. 8/2018–2019.

Bouckaert, Geert; Kuhlmann, Sabine (2016): Introduction: Comparing Local Public Sector Reforms: Institutional Policies in Context. In: Sabine Kuhlmann und Geert Bouckaert (Hg.): Local Public Sector Reforms in Times of Crisis. London: Palgrave Macmillan UK, S. 1–20.

Bowman, Ann O'M (2004): Horizontal Federalism: Exploring Interstate Interactions. In: *Journal of Public Administration Research and Theory: J-PART* 14 (4), S. 535–546.

Brauneder, Wilhelm; Lachmayer, Friedrich (1992): Österreichische Verfassungsgeschichte. 6. Aufl. Wien: Manz.

Bröthaler, Johann; Sieber, Lena; Schönbäck, Wilfried; Maimer, Alexander; Bauer, Helfried (2002): Aufgabenorientierte Gemeindefinanzierung in Österreich. Befunde und Optionen. Wien: Springer (Springer Wirtschaftswissenschaften).

Brüesch, Andrea (2006): Art. 62 Interkommunale Zusammenarbeit. In: Bänziger, Mengiardi, Toller & Partner (Hg.): Kommentar zur Verfassung des Kantons Graubünden. Chur: Südostschweiz Buchverlag.

Bryman, Alan (2012): Social Research Methods. 4. Aufl. Oxford, New York: Oxford University Press.

Bučaitė-Vilkė, Jurga (2021): *Participation of Interest Groups at Local Level: Any Space for Democracy in Inter-Municipal Cooperation*? In: Marta Lackowska, Katarzyna Szmigiel-Rawska und Filipe Teles (Hg.): Local Government in Europe: New Perspectives and Democratic Challenges. 1. Aufl. Bristol: Bristol University Press, S. 141–160.

Bundi, Martin; Rathgeb, Christian (Hg.) (2003): Die Staatsverfassung Graubündens. Zur Entwicklung der Verfassung im Freistaat der Drei Bünde und im Kanton Graubünden. Chur, Zürich: Verlag Rüegger.

Bußjäger, Peter (2004): Der Österreich-Konvent als Chance oder Inszenierung? – der Bundesstaat Österreich vor einem neuen Anlauf der Verfassungsreform. In: Europäisches Zentrum für Föderalismus-Forschung Tübingen (Hg.): Jahrbuch des Föderalismus 2004. Föderalismus, Subsidiarität und Regionen in Europa. Baden Baden: Nomos, S. 248–263.

Bußjäger, Peter (2009a): Intergouvernementale Beziehungen im Bundesstaat. In: Ferdinand Karlhofer und Günther Pallaver (Hg.): Politik in Tirol. Jahrbuch 2010. Innsbruck, Wien, Bozen: Studienverlag, S. 119–128.

Bußjäger, Peter (2009b): Local Government Cooperation in Austria: Options and 81 Benefits for the Communities. In: Bertus de Villiers (Hg.): Crossing the Line. Dealing with Cross-border Communities. Johannesburg: KAS, S. 81–91.

Bußjäger, Peter (2012a): Die zentrale Novelle BGBl. I Nr. 2011/60 auf dem Gebiet der Gemeindekooperation. In: Kommunalwissenschaftliche Gesellschaft (Hg.): Gemeindekooperationen – vom Kirchturmdenken zur vernetzten Region. Wien: MANZ'sche Verlags- und Universitätsbuchhandlung GmbH, S. 5–19.

Bußjäger, Peter (2012b): Neue Perspektiven der Gemeindezusammenarbeit? Die B-VG-Novelle BGBl. I Nr. 60/2011 und ihre Relevanz für die interkommunale Kooperation. In: *Journal für Rechtspolitik* 20, S. 99–105.

Bußjäger, Peter (2014): Neue Rechtsgrundlagen der Gemeindekooperation in Österreich. In: Elisabeth Alber und Carolin Zwilling (Hg.): Gemeinden im Europäischen Mehrebenensystem: Herausforderungen im 21. Jahrhundert. Baden-Baden: Nomos, S. 43–60.

Bußjäger, Peter (2015): Intergovernmental Relations in Austria: Co-operative Federalism as Counterweight to Centralized Federalism. In: Johanne Poirier, Cheryl Saunders und John Kincaid (Hg.): Intergovernmental Relations In Federal Systems. Comparative structures and dynamics. Don Mills, Ontario: Oxford University Press, S. 81–107.

Bußjäger, Peter (2016a): Die bundesstaatliche Kompetenzverteilung in Österreich. In: Anna Gamper, Peter Bußjäger, Ferdinand Karlhofer, Günther Pallaver und Walter Obwexer (Hg.): Föderale Kompetenzverteilung in Europa. Baden Baden: Nomos, S. 523–574.

Bußjäger, Peter (2016b): Schlussfolgerungen und Handlungsempfehlungen für die Diskussion über die Reform der bundesstaatlichen Kompetenzordnung in Österreich. In: Anna Gamper, Peter Bußjäger, Ferdinand Karlhofer, Günther Pallaver und Walter Obwexer (Hg.): Föderale Kompetenzverteilung in Europa. Baden Baden: Nomos, S. 807–821.

Bußjäger, Peter (2020): Die Kooperation der Bezirkshauptmannschaften und die Digitalisierung. In: Peter Bußjäger, Josef Kronister und Christoph Schramek (Hg.): Herausforderungen der Bezirksverwaltung. Wien: Institut für Föderalismus (Schriftenreihe Institut für Föderalismus, 131), S. 37–52.

Bußjäger, Peter; Baur, Stephanie; Keuschnigg, Georg; Sonntag, Niklas (2016a): Interkommunale Zusammenarbeit in Tirol. Strukturen und Potenziale im überregionalen Vergleich. Innsbruck: Institut für Föderalismus.

Bußjäger, Peter; Hornsteiner, Florian; Keuschnigg, Georg (2016b): Interkommunale Zusammenarbeit in Vorarlberg. Strukturen und Möglichkeiten – eine Praxisanalyse. Innsbruck: Institut für Föderalismus.

Bußjäger, Peter; Lütgenau, Stefan; Thöni, Erich (Hg.) (2012): Föderalismus im 21. Jahrhundert. Effizienz und Verantwortung im modernen föderalistischen Staat. Innsbruck: Institut für Föderalismus (FÖDOK).

Bußjäger, Peter; Schramek, Christoph (2020): Föderalismus und Verfassung. In: Andrea Tony Hermann, Daniela Ingruber, Flooh Perlot, Katrin Praprotnik und Christina Hainzl (Hg.): regional.national.föderal. Zur Beziehung politischer Ebenen in Österreich. 1. Aufl. Wien: Facultas, S. 29–42.

Bußjäger, Peter; Sonntag, Niklas (Hg.) (2012): Gemeindekooperationen. Chancen nutzen – Potentiale erschließen. Wien: new academic press.

Calciolari, Stefano; Cristofoli, Daniela; Macció, Laura (2013): Explaining the Reactions of Swiss Municipalities to the "Amalgamation Wave". At the

Crossroad of Institutional, Economic and Political Pressures. In: *Public Management Review* 15 (4), S. 563–583.

Camera dei deputati (2018): Temi dell'attività parlamentare, Commissione: V Bilancio e Affari Costitutzionali, "Unioni e fusioni di comuni". Online verfügbar unter https://www.camera.it/leg17/465?tema=unioni_fusioni_comuni#m, zuletzt geprüft am 06.04.2023.

Camera dei deputati (2021): Unioni e fusioni di comuni. Hg. v. Camera dei deputati.

Camões, Pedro J.; Tavares, António; Teles, Filipe (2021): Assessing the Intensity of Cooperation: A Study of Joint Delegation of Municipal Functions to Intermunicipal Associations. In: *Local Government Studies* 47 (4), S. 593–615.

Carpani, Guido (2009): La collaborazione strutturata tra Regioni e tra queste e lo Stato. Nuovi equilibri e linee evolutive dei raccordi "verticali" e "orizzontali". In: *federalismi.it* (19). Online verfügbar unter: https://www.federalismi.it/nv14/articolo-documento.cfm?artid=14154, zuletzt geprüft am 06.04.2023.

Ceccherini, Eleonora (2021): Intergovernmental Relationships in Italy: A Feeble but Useful Model. In: Erika Arban, Giuseppe Martinico und Francesco Palermo (Hg.): Federalism and Constitutional Law. The Italian Contribution to Comparative Regionalism. London: Routledge, S. 65–81.

Clark, Gordon L. (1984): A Theory of Local Autonomy. In: *Annals of the Association of American Geographers* 74 (2), S. 195–208.

CoE, UNDP, & LGI (2010): Toolkit manual – Inter-municipal cooperation. Online verfügbar unter http://www.municipal-cooperation.org/images/4/4c/IMC_Toolkit_Manual.pdf, zuletzt geprüft am 06.04.2023.

Colapinto, Filippo (2015): La fusione e l'incorproazione di Comuni. In: Bruno Di Giacomo Russo und Antonello Tarzia (Hg.): Il nuovo governo locale. Analisi della Legge n. 56/2014. Napoli: Editoriale scientifica (Temi giuridici ed economici, 5), S. 141–169.

Collevecchio, Marcello (2019): Gli enti locali innanzi a leggi lesive della loro autonomia ed attribuzioni. Utili spunti della sentenza della Corte Costituzionale n. 33 del 2019 per l'accesso in Corte e valutazioni sulla effettivita' della tutela degli enti locali. In: *federalismi.it* (13). Online verfügbar unter: https://www.federalismi.it/nv14/articolo-documento.cfm?Artid=38887, zuletzt geprüft am 06.04.2023.

Congress of Local and Regional Authorities (2017a): Comparative Analysis on the Implementation of the European Charter of Local Self-Government in 47 Member States (CG32(2017)22final), 28 March 2017.

Congress of Local and Regional Authorities (2017b: Local and Regional Democracy in Italy. Hg. v. Council of Europe (CG33(2017)17final).

Congress of Local and Regional Authorities (2017c): Local and Regional Democracy in Switzerland. Report CG33(2017)14final, 20 October 2017.

Congress of Local and Regional Authorities (2019): The Congress' Contribution to the Reflection on the Future of the Council of Europe (Helsinki Ministerial Session, 16–17 May 2019).

Congress of Local and Regional Authorities (2020): Developing Urban-Rural Interplay. Report, CG-FORUM(2020)02–03final, 7 December 2020.

Congress of Local and Regional Authorities: Recommendation 221 (2007). Institutional Framework of Inter-municipal Co-operation.

Corrado, Federica; Dematteis, Giuseppe; Di Gioia, Alberto (Hg.) (2014): Nuovi Montanari. Abitare le Alpi nel XXI secolo. Milano: FrancoAngeli.

Council of Europe (2002): Report on Relations Between the Public, the Local Assembly and the Executive in Local Democracy (The Institutional Framework of Local Democracy) – CPL (9) 2 Part II.

Courchene, Thomas (2004): Hourglass Federalism. In: *Policy Options* 25 (4), S. 12–17.

Crameri, Reto (2019): Gemeinden im Kanton Graubünden – Aufgaben und Autonomie. Zürich/St. Gallen: Dike Verlag.

Dahl, Robert A. (1994): A Democratic Dilemma: System Effectiveness versus Citizen Participation. In: *The Journal of Public and International Affairs* 109 (1), S. 23–34.

Dahl, Robert A.; Tufte, Edward R. (1973): Size and Democracy. Stanford: Stanford University Press.

Dardanelli, Paolo (2019): Conceptualizing, Measuring, and Mapping State Structures—with an Application to Western Europe, 1950–2015. In: *Publius: The Journal of Federalism* 49 (2), S. 271–298.

Denicoló, Guido; Januth, Andreas; Pallaver, Günther; Decarli, Peter (2016): Südtirols Gemeinden vor neuen Herausforderungen. In: Ferdinand Karlhofer und Günther Pallaver (Hg.): Politik in Tirol. Jahrbuch 2016. Innsbruck: Studienverlag, S. 177–202.

Denters, Bas; Rose, Lawrence E. (2005a): Towards Local Governance? In: Bas Denters und Lawrence E. Rose (Hg.): Comparing Local Governance. Trends and Developments. Basingstoke: Palgrave Macmillan (Government Beyond The Centre), S. 246–262.

Denters, Bas; Rose, Lawrence E. (Hg.) (2005b): Comparing Local Governance. Trends and Developments. Basingstoke: Palgrave Macmillan (Government Beyond The Centre).

Denters, Bas; Steyvers, Kristof; Klok, Pieter-Jan; Cermak, Daniel (2018): Political Leadership in Issue Networks: How Mayors Rule Their World? In: Hubert

Heinelt, Annick Magnier, Marcello Cabria und Herwig Reynaert (Hg.): Political Leaders and Changing Local Democray. The European Mayor. Cham: Palgrave Macmillan, S. 273–296.

Denters, S. A. H.; Goldsmith, Michael; Ladner, Andreas; Mouritzen, Poul Erik; Rose, Lawrence E. (2014): Size and Local Democracy. Cheltenham: Edward Elgar.

Deplazes, Lothar: Churrätien. In: Historische Lexikon der Schweiz (HLS), Version vom 21.04.2016. Online verfügbar unter https://hls-dhs-dss.ch/de/articles/008094/2016-04-21/, zuletzt geprüft am 06.04.2023.

Deplazes, Lothar; Surchat, Pierre: Chur (Diözese, Fürstbistum). In: Historische Lexikon der Schweiz (HLS), Version vom: 27.01.2022. Online verfügbar unter https://hls-dhs-dss.ch/de/, zuletzt geprüft am 06.04.2023.

Di Brivio Carpegna, Elena (2018): Il CAL tra sogno e realtà. Problemi attuali delle istituzioni di raccordo nel sistema regionale delle fonti. In: *federalismi.it*, 5/2018. Online verfügbar unter https://www.federalismi.it/nv14/articolo-documento.cfm?Artid=35863, zuletzt geprüft am 06.04.2023.

Diggelmann, Oliver; Hertig, Maya; Schindler, Benjamin (Hg.) (2020): Verfassungsrecht der Schweiz. Droit constitutionnel suisse. Zürich: Schulthess.

Dipartimento per lo Sviluppo e la Coesione Economica (2012): Le aree interne: di quali territori parliamo? Nota esplicativa sul metodo di classificazione delle aree. Analisi statistiche prodotte dal Comitato Tecnico Aree Interne. Online verfügbar unter https://www.agenziacoesione.gov.it/wp-content/uploads/2021/01/Nota_metodologica_Aree_interne-2-1.pdf, zuletzt geprüft am 06.04.2023.

Donati, Daniele (2018): Ex uno plures. The New Models of Government for the "Large Area" in the Recent Reforms in Italy. In: Alexander Grasse, Markus Grimm und Jan Labitzke (Hg.): Italien zwischen Krise und Aufbruch. Reformen und Reformversuche der Regierung Renzi. Wiesbaden: Springer VS, S. 85–128.

Donno, Marzia de (2016): Le politiche regionali di riordino territoriale locale: Unioni, fusioni e altre forme associative tra Comuni. In: Franco Bassanini, Floriana Cerniglia, Alberto Quadrio Curzio und Luciano Vandelli (Hg.): Territori e autonomia. Un'analisi economico-giuridica. Bologna: il Mulino, S. 95–123.

Donno, Marzia de (2019): La riforma del governo locale nella legge Delrio: qualche riflessione cinque anni dopo. In: *federalismi.it* 7/2019. Online verfügbar unter https://www.federalismi.it/nv14/articolo-documento.cfm?Artid=38319, zuletzt geprüft am 06.04.2023.

D'Orlando, Elena; Grisostolo, Francesco Emanuele (2018): La disciplina degli enti locali tra uniformità e differenziazione. In: Francesco Palermo und Sara

Parolari (Hg.): Le variabili della specialitá. Napoli: Edizioni scientifiche italiane, S. 99–159.

Drumaux, Anne; Joyce, Paul (2017): Leadership in Europe's Public Sector. In: Edoardo Ongaro und Sandra van Thiel (Hg.): The Palgrave Handbook of Public Administration and Management in Europe, Basingstoke, Hampshire: Palgrave Macmillan, S. 121–139.

Eberhard, Harald (2012a): Die öffentlich-rechtliche Vereinbarung zwischen Gemeinden. In: Peter Bußjäger und Niklas Sonntag (Hg.): Gemeindekooperationen. Chancen nutzen – Potentiale erschließen. Wien: new academic press, S. 29–48.

Eberhard, Harald (2012b): Gemeinderecht. In: Erich Pürgy: Das Recht der Länder. Wien: Sramek (Öffentliches Recht), S. 593–648.

Eberhard, Harald (2013a): Austria. Municipalities as the "Third Tier" of Austrian Federalism. In: Carlo Panara und Mike Varney: Local Government in Europe. The "Fourth Level" in the EU Multi-Layered System of Governance. Milton Park, Abingdon, Oxon: Routledge (Routledge Research in EU law).

Eberhard, Harald (2013b): Neue Perspektiven für Gemeindekooperationen. In: *Österreichische Gastronomie- und Hotelzeitung (ÖGZ)* 11, S. 30–31.

Egner, Björn; Sweeting, David; Klok, Pieter-Jan (Hg.) (2013): Local Councillors in Europe. Wiesbaden: Springer VS (Urban and Regional Research International, 14).

Ehrenzeller, Bernhard; Ehrenzeller, Kaspar (2016): „L'amour de la complexité" im Bundesstaat Schweiz – Kompetenzzuteilung und Kompetenzwahrnehmung in Bund und Kantonen. In: Anna Gamper, Peter Bußjäger, Ferdinand Karlhofer, Günther Pallaver und Walter Obwexer (Hg.): Föderale Kompetenzverteilung in Europa. Baden Baden: Nomos, S. 31–66.

Elazar, Daniel Judah (1994, 1991): Federal Systems of the World. A Handbook of Federal, Confederal and Autonomy Arrangements. 2. Aufl. London: Longman.

Eller, Mathias (2020): Mehr-Ebenen-Föderalismus in Österreich. Die Funktionen der Gemeinde im Lichte vertikaler Gewaltenteilung und der Bundesstaatlichkeit. 1. Aufl. Wien: new academic press (Schriftenreihe Institut für Föderalismus, Band 128).

Engl, Alice (2014): Zusammenhalt und Vielfalt in Europas Grenzregionen: der Europäische Verbund für territoriale Zusammenarbeit in normativer und praktischer Dimension. Baden-Baden: Nomos.

Engl, Alice (2016): Bridging Borders Through Institution-building: The EGTC as a Facilitator of Institutional Integration in Cross-border Regions. In: *Regional & Federal Studies* 26 (2), S. 143–169.

Engl, Alice (2019): Horizontale und vertikale Kooperation in der Europaregion – Grundlagen und Grundfragen. In: Peter Bussjäger, Esther Happacher und Walter Obwexer (Hg.): Verwaltungskooperation in der Europaregion. Potenziale ohne Grenzen? 1. Aufl. Baden-Baden: Nomos (Grenz-Räume, 2), S. 77–103.

Engl, Alice; Woelk, Jens (2011): Der Europäische Verbund für territoriale Zusammenarbeit (EVTZ): Vorgeschichte und Entwicklung des neuen unionsrechtlichen Instruments. In: Peter Bussjäger (Hg.): Der Europäische Verbund territorialer Zusammenarbeit (ETVZ). Neue Chancen für die Europaregion Tirol-Südtirol-Trentino. Wien: Braumüller (Schriftenreihe Institut für Föderalismus, Band 113), S. 9–53.

Engl, Alice; Zwilling, Carolin (2013): Herausforderungen für den Brennerraum: Der Europäische Verbund für territoriale Zusammenarbeit (EVTZ) Europaregion Tirol-Südtirol-Trentino. In: Ferdinand Karlhofer und Günther Pallaver (Hg.): Politik in Tirol. Jahrbuch 2013. Innsbruck: Studienverlag, S. 133–155.

ESPON (2017): Revealing Territorial Potentials and Shaping New Policies in Specific Types of Territories in Europe. Islands, Mountains, Sparsely Populated and Coastal Regions. Luxembourg.

ESPON, University of Geneva (2012): European Perspectives on Specific Types of Territories. Applied Research 2013/1/12, Final Report/Version 20/12/2012. Luxembourg.

Eurac Research, Institut für Public Management; Südtiroler Gemeindenverband (2015): Startpaket für Gemeindepolitiker. Ein Leitfaden. Bolzano/Bozen: Eurac Research und Südtiroler Gemeindenverband.

Europäische Kommission (2017): Mitteilung der Kommission an den Rat und das Europäische Parlament, Stärkung von Wachstum und Zusammenhalt in den EU-Grenzregionen, COM(2017) 534 final.

Europäische Kommission (2018): Vorschlag für eine Verordnung des Europäischen Parlaments und des Rates über einen Mechanismus zur Überwindung rechtlicher und administrativer Hindernisse in einem grenzübergreifenden Kontext, COM(2018 373) final.

Europarat (1988): Europäische Charta der Kommunalen Selbstverwaltung. ETS No. 122.

Europaregion Tirol-Südtirol-Trentino (2022): Haushaltsvoranschlag 2023–2025. Online verfügbar unter https://www.europaregion.info/fileadmin/downloads/Transparente_Verwaltung/10._Bilanzen/20220929_Bilancio_preventivo_HHVoranschlag_2023-2025_Completo.pdf, zuletzt geprüft am 06.04.2023.

Eurostat (2019): Methodological Manual on Territorial Typologies – 2018 Edition. Brussels: European Union.

Eythórsson, Grétar Thór (2018): Bigger and Stronger Together: How Icelandic Municipalities Solve Their Lack of Capacity and Scale Economy. In: Filipe Teles und Pawel Swianiewicz (Hg.): Inter-Municipal Cooperation in Europe. Institutions and Governance. Cham: Palgrave Macmillan, S. 209–224.

Eythórsson, Grétar Thór; Gløersen; Erik; Karlsson, Vífill (2015): Municipalities in the Arctic in Challenging Times. West Nordic Local Politicians and Administrators on Municipal Structure, Local Democracy, Service Provision and Adaptive Capacity in Their Municipalities. Results From a Survey Among Elected Local Officials and Bureaucrats in the Faroe Islands, Greenland and Iceland. University of Akureyri, Spatial Foresight GmbH, University of Akureyri Research Centre & West Iceland Regional Office.

Fallend, Franz (2010): Vom Konsens zum Konflikt? Treibende Kräfte, Entscheidungsmuster und aktuelle Entwicklungen der Bund-Länder-Beziehungen in Österreich. In: Peter Bussjäger (Hg.): Kooperativer Föderalismus in Österreich. Beiträge zur Verflechtung von Bund und Ländern. Wien: Braumüller (Schriftenreihe Institut für Föderalismus, Band 111), S. 1–17.

Fankhauser, Eva-Maria (2020): Fusion von Schwaz, Vomp, Stans, Pill: Mandatar will Gemeinden einen. In: *Tiroler Tageszeitung*, 10.06.2020. Online verfügbar unter https://www.tt.com/artikel/17028933/fusion-von-schwaz-vomp-stans-pill-mandatar-will-gemeinden-einen, zuletzt geprüft am 06.04.2023.

Feiock, Richard C. (2013): The Institutional Collective Action Framework. In: *The Policy Studies Journal* 41 (3), S. 397–425.

Feiock, Richard C.; Scholz, John T. (2010b): Self-Organizing Governance of Institutional Collective Action Dilemmas. An Overview. In: Richard C. Feiock und John T. Scholz (Hg.): Self-Organizing Federalism: Collaborative Mechanisms to Mitigate Institutional Collective Action Dilemmas. Cambridge: Cambridge University Press, S. 3–32.

Feiock, Richard C.; Scholz, John T. (Hg.) (2010a): Self-Organizing Federalism: Collaborative Mechanisms to Mitigate Institutional Collective Action Dilemmas. Cambridge: Cambridge University Press.

Felder, Flavien (2021): The System of Local Government in Switzerland. In: Eva Maria Belser, Flavien Felder, Erika Schläppi, Kelly Bishop: Local Government in Switzerland. Responses to Urban-Rural Challenges. Bolzano/Bozen: Eurac Research, S. 1–19.

Fetz, Ursin (2009): Gemeindefusion. Unter besonderer Berücksichtigung des Kantons Graubünden. Zürich: Schulthess Jur. Medien (Zürcher Studien zum öffentlichen Recht, Band 187).

Fetz, Ursin; Bühler, Daniel (2005): Leitfaden für Gemeindefusionen. Chur: HTW Chur.

Fetz, Ursin (2020): Bündner Gemeinderecht. Zürich: Schulthess.

Fiechter, Julien (2010): Politische Gemeinden und lokale Autonomie in der Schweiz. Eine Studie zur normativen Bedeutung und empirischen Erfassung der Gemeindeautonomie und ihrer Ausprägung im kantonalen und lokalen Vergleich. Chavannes, Lausanne: Cahier de l'IDHEAP 251/2010

Fleiner, Thomas (2006): Swiss Confederation. In: Akhtar Majeed, Ronald L. Watts und Douglas M. Brown (Hg.): Distribution of Powers and Responsibilities in Federal Countries. Montreal: McGill-Queen's University Press, S. 266–294.

Fleiner, Thomas; Misic, Alexander (2001): Föderalismus als Ordnungsprinzip der Verfassung. In: Daniel Thürer, Jean-François Aubert und Jörg Paul Müller (Hg.): Verfassungsrecht der Schweiz/Droit constitutionnel suisse. Zürich: Schulthess, 429 ff.

Fleurke, Frederik; Willemse, R. (2004): Approaches to Decentralization and Local Autonomy. A Critical Appraisal. In: *Administrative Theory & Praxis* 26 (4), S. 523–544.

Fleurke, Frederik; Willemse, Rolf (2006): Measuring Local Autonomy. A Decision-making Approach. In: *Local Government Studies* 32 (1), S. 71–87.

Franzke, Jochen; Klimovský, Daniel; Pinteric, Uros (2016): Does Inter-Municipal Cooepration Lead to Territorial Consolidation? A Comparative Analysis of Selected European Cases in Times of Crisis. In: Sabine Kuhlmann und Geert Bouckaert (Hg.): Local Public Sector Reforms in Times of Crisis. London: Palgrave Macmillan UK, S. 81–98.

Franzke, Jochen; Schaap, Linze (2021): Beyond Charter and Index: Reassessing Local Autonomy. In: Tomas Bergström, Jochen Franzke, Sabine Kuhlmann und Ellen Wayenberg (Hg.): The Future of Local Self-Government. European Trends in Autonomy, Innovations and Central-Local Relations. Basingstoke: Palgrave Macmillan (Palgrave Studies in Sub-national Governance), S. 31–42.

Freiburghaus, Rahel; Vatter, Adrian (2023): Switzerland: Real Federalism at Work. In: John Kincaid und J. Wesley Leckrone (Hg.): Teaching Federalism. Multidimensional Approaches. Cheltenham: Edward Elgar Publishing Inc., S. 254–264.

Frizzoni, Walter (2004): Das Rechtsetzungsverfahren im Kanton Graubünden. In: *LeGes* 15 (1), S. 53–74.

Gabriel, Oscar (2007): Bürger und Demokratie im vereinigten Deutschland. In: *Politische Vierteljahresschrift* 48 (3), S. 540–552.

Gamper, Anna (2005): A "Global Theory of Federalism". The Nature and Challenges of a Federal State. In: *German Law Journal* 06 (10), S. 1297–1318.

Gamper, Anna (2006a): Die Stellung der Gemeinden im Vergleich europäischer Bundesstaaten. In: Europäisches Zentrum für Föderalismus-Forschung Tübingen (Hg.): Jahrbuch des Föderalismus 2006. Baden-Baden: Nomos, S. 66–82.

Gamper, Anna (2006b): Republic of Austria. In: Katy Le Roy, Cheryl Saunders und John Kincaid (Hg.): Legislative, Executive, and Judicial Governance in Federal Countries. Montreal: McGill-Queen's University Press.

Gamper, Anna (2006c): The Austrian Bundesrat. In: Jörg Luther, Paolo Passaglia und Rolando Tarchi (Hg.): A World of Second Chambers. Handbook for Constitutional Studies on Bicameralism. Milano: Giuffrè, S. 781–828.

Gamper, Anna (2008a): Introduction to the Study of the Law of the Austrian Federal Constitution. In: *ICL-Journal* (2), S. 92–111.

Gamper, Anna (2008b): The "Third Thier" in Austria: Legal Profiles and Trends of Local Government. In: *Hrvatska Javna Uprava* 8 (1), S. 71–94.

Gamper, Anna (2012): Local Government in Austria. In: Angel Manuel Moreno: Local Government in the Member States of the European Union. Madrid: Instituto Nacional de Administración Pública (Administracion local y autonómica), S. 23–44.

Gamper, Anna (2013): Verfassungsrechtliche Aspekte der Gemeindezusammenlegung in Tirol. In: Ferdinand Karlhofer und Günther Pallaver (Hg.): Politik in Tirol. Jahrbuch 2013. Innsbruck: Studienverlag, S. 159–177.

Gamper, Anna (2014): Von der Charta der lokalen zur Charta der regionalen Selbstverwaltung? In: Elisabeth Alber und Carolin Zwilling (Hg.): Gemeinden im Europäischen Mehrebenensystem: Herausforderungen im 21. Jahrhundert. Baden-Baden: Nomos, S. 177–190.

Gamper, Anna (2019): Entstehung und Constitutional Engineering des Bundesstaats. In: Peter Bußjäger (Hg.): 3. November 1918. Die Länder und der neue Staat. Beiträge zur Festveranstaltung und zum Symposium „100 Jahre selbständiges Land Vorarlberg", Wien: new academic press, S. 17–38.

Gamper, Anna (2020): Präambel. In: Peter Bußjäger, Anna Gamper und Christian Ranacher (Hg.): Tiroler Landesverfassungsrecht. Wien: Verlag Österreich, S. 29–44.

Gamper, Anna; Pernthaler, Peter (2005): Local Government in Austria. In: Nico Steytler (Hg.): The Place and Role of Local Government in Federal Systems. Johannesburg: Konrad-Adenauer-Stiftung (Occasional papers).

Gaspari, Oscar (1998): L'attività della Conferenza Stato-Città e autonomie locali. Una scheda informativa 1998In: *Le istituzioni del federalismo* (1), S. 43 ff.

Gehler, Michael (1990): Die politische Entwicklung Tirols in den Jahren 1918 bis 1938. In: Meinrad Pizzinini (Hg.): Zeitgeschichte Tirols. Innsbruck, Wien, Bozen: Tyrolia-Verlag, Athesia Verlag, S. 55–87.

Gehler, Michael (2009): Tirol im 20. Jahrhundert. Vom Kronland zur Europaregion. Innsbruck, Wien: Tyrolia-Verlag.

Gehler, Michael (Hg.) (1999): Tirol. „Land im Gebirge“: Zwischen Tradition und Moderne. Wien: Böhlau Verlag.

Geissler, René; Ebinger, Falk: Austria. In: Hertie School of Government und Bertelsmann Stiftung (Hg.): Local Public Finance in Europe. Country Reports. Berlin, S. 9–16.

Gemeindenverband (2004): Festschrift. 50 Jahre Südtiroler Gemeindenverband. Frangart: Gemeindenverband Gen.m.b.H. Online verfügbar unter https://www.gvcc.net/system/web/getDocument.ashx?ncd=1&ltc=1&fileid=1032066, zuletzt geprüft am 06.04.2023.

Gerring, John (2004): What Is a Case Study and What Is It Good for? In: *American Political Science Review* 98 (2), S. 341–354.

Gerring, John (2008): Case Selection for Case-Study Analysis: Qualitative and Quantitative Techniques. In: Janet M. Box-Steffensmeier, Henry E. Brady und David Collier (Hg.): The Oxford Handbook of Political Methodology. Oxford: Oxford University Press (The Oxford Handbooks of Political Science), S. 645–684.

Geschäftsstelle der Österreichischen Raumordnungskonferenz (ÖROK) (2013): ÖREK Partnerschaft „Kooperationsplattform Stadtregionen“. Expertenpapier im Auftrag der Partnerschaft Mehrwert stadtregionaler Kooperation. Wien.

Gibbins, Roger (2001): Local Governance and Federal Political Systems. In: *International Social Science Journal* 53 (1), S. 163–170.

Goldsmith, Michael (2002): Central Control over Local Government. A Western European Comparison. In: *Local Government Studies* 28 (3), S. 91–112.

Goldsmith, Michael (2012): Cities in Intergovernmental Systems. In: Peter John, Karen Mossberger und Susan E. Clarke (Hg.): The Oxford Handbook of Urban Politics. New York: Oxford University Press, S. 133–151.

Goldsmith, Michael J.; Page, Edward C. (Hg.) (2010): Changing Government Relations in Europe: From Localism to Intergovernmentalism. Oxon, New York: Routledge.

Gösweiner, Florian (2010): Die Planungsverbände als neue Form der Gemeindekooperation. Versuch einer Evaluierung. Diplomarbeit. Universtität Innsbruck.

Grasse, Alexander; Grimm, Markus; Labitzke, Jan (2018): Zwischen Krisenbewältigungspolitik, Novitismus und Italia 3.0. Eine vorläufige Bilanz der „Ära Renzi“. In: Alexander Grasse, Markus Grimm und Jan Labitzke (Hg.): Italien zwischen Krise und Aufbruch. Reformen und Reformversuche der Regierung Renzi. Wiesbaden: Springer VS, S. 519–578.

Grießer, Jochl (2019): Das Dilemma der kommunalen Verwaltung in Klein- und Kleinstgemeinden. In: Föderalismus-Blog, Institut für Föderalismus. Online verfügbar unter https://foederalismus.at/blog/das-dilemma-der-kommunalen-verwaltung-in-klein-und-kleinstgemeinden_210.php, zuletzt geprüft am 06.04.2023.

Grosser Rat, Kanton Graubünden (2011a): Wortlautprotokoll des Grossen Rates des Kantons Graubünden. Session vom 14. Februar 2011 bis 16. Februar 2011. 15. Februar 2011. Online verfügbar unter https://www.gr.ch/DE/institutionen/parlament/protokolle/Seiten/IndexProtokolleGR.aspx, zuletzt geprüft am 06.04.2023.

Grosser Rat, Kanton Graubünden (2011b): Wortlautprotokoll des Grossen Rates des Kantons Graubünden. Session vom 14. Februar 2011 bis 16. Februar 2011. Eröffnungssitzung 14. Februar 2011. Online verfügbar unter https://www.gr.ch/DE/institutionen/parlament/protokolle/Seiten/IndexProtokolleGR.aspx, zuletzt geprüft am 06.04.2023.

Gurr, Ted Robert; King, Desmond S. (1987): The State and the City. Chicago: University of Chicago Press.

Häfelin, Ulrich; Haller, Walter; Keller, Helen (2012): Schweizerisches Bundesstaatsrecht. 8., vollständig überarbeitete und erweiterte Aufl. Zürich: Schulthess Juristische Medien.

Haidacher, Christoph; Mersiowsky, Marc (Hg.) (2015): 1363–2013. 650 Jahre Tirol mit Österreich. Innsbruck: Universitätsverlag Wagner.

Halperin, Sandra; Heath, Oliver (2012): Political Research. Methods and Practical skillsOxford: Oxford University Press.

Hanes, Niklas; Wikström, Magnus; Wangmar, Erik (2012): Municipal Preferences for State-Imposed Amalgamations: An Empirical Study Based on the Swedish Municipal Reform of 1952. In: *Urban Studies* 49 (12), S. 2733–2750.

Hänni, Peter; Meier, Thomas (2014): Gemeindefusionen in der Schweiz. In: Elisabeth Alber und Carolin Zwilling (Hg.): Gemeinden im Europäischen Mehrebenensystem: Herausforderungen im 21. Jahrhundert. Baden-Baden: Nomos, S. 61–76.

Hansen, Stephen; Palfrey, Thomas R.; Rosenthal, Howard (1987): The Downsian Model of Electoral Participation: Formal Theory and Empirical Analysis of the Constituency Size Effect. In: *Public Choice* 52, S. 15–33.

Hansen, Sune Welling (2013): Polity Size and Local Political Trust. A Quasi-experiment Using Municipal Mergers in Denmark. In: *Scandinavian Political Studies* 36 (1), S. 43–66.

Hansen, Sune Welling (2015): The Democratic Costs of Size: How Increasing Size Affects Citizen Satisfaction With Local Government. In: *Political Studies* 63 (2), S. 373–389.

Happacher, Esther; Obwexer, Walter (Hg.) (2013): 40 Jahre Zweites Autonomiestatut. Südtirol Sonderautonomie im Kontext der europäischen Integration. Wien: Facultas.

Happacher, Esther; Terzer, Benedikt (2018): Il governo locale – Alto Adige/Südtirol. In: Esther Happacher und Roberto Toniatti (Hg.): Gli ordinamenti dell'Euregio. Una comparazione. Milano: F. Angeli (TSM, Trentino School of Management, 37), S. 208–220.

Harguindéguy, Jean-Baptiste; Cole, Alistair; Pasquier, R. (2021): The Variety of Decentralization Indexes: A Review of the Literature. In: *Regional & Federal Studies* 31 (2), S. 185–208.

Haus, Alexander; Ladner, Andreas (2020): Wer hat die Macht in den Gemeinden? Eine Analyse über den Einfluss politischer Akteure auf die lokale Politik in der Schweiz. In: *Swiss Yearbook of Swiss Administrative Sciences* 11 (1), S. 66–80.

Heinelt, Hubert (2021): Urban Leadership: German and Polish Mayors in Comparison. In: Marta Lackowska, Katarzyna Szmigiel-Rawska und Filipe Teles (Hg.): Local Government in Europe: New Perspectives and Democratic Challenges. 1. Aufl. Bristol: Bristol University Press, S. 199–216.

Heinelt, Hubert (Hg.) (2020): The Changing Context of Local Democracy. Role Perception and Behaviour of Municipal Councillors. London: Routledge.

Heinelt, Hubert; Egner, Björn; Richter, Timo Alexander; Vetter, Angelika; Kuhlmann, Sabine; Seyfried, Markus (2018a): Bürgermeister in Deutschland. Problemsichten – Einstellungen – Rollenverständnis. 1. Aufl. Baden-Baden: Nomos (Lokale Politik, Band 1).

Heinelt, Hubert; Hlepas, Nikolaos-Komninos (2006): Typologies of Local Government Systems. In: Henry Bäck, Hubert Heinelt und Annick Magnier (Hg.): The European Mayor. Political Leaders in the Changing Context of Local Democracy. Wiesbaden: VS Verlag für Sozialwissenschaften, S. 21–42.

Heinelt, Hubert; Hlepas, Nikolaos-Komninos; Kuhlmann, Sabine; Swianiewicz, Pawel (2018b): Local Government Systems: Grasping the Institutional Environment of Mayors. In: Hubert Heinelt, Annick Magnier, Marcello Cabria und Herwig Reynaert (Hg.): Political Leaders and Changing Local Democray. The European Mayor. Cham: Palgrave Macmillan, S. 19–78.

Heinelt, Hubert; Kübler, Daniel (Hg.) (2005): Metropolitan Gvernance. Capacity, Democracy and the Dynamics of Place. London: Routledge (Routledge ECPR Studies in European Political Science, 37).

Heinelt, Hubert; Magnier, Annick (2018): Analysing Governance Through Local Leaders' Perceptions. Comparative Surveys, Academic Networks, and Main Results (Review Article). In: *Revista Española de Ciencia Política* (45), S. 157–172.

Heinelt, Hubert; Magnier, Annick; Cabria, Marcello; Reynaert, Herwig (Hg.) (2018c): Political Leaders and Changing Local Democray. The European Mayor. Cham: Palgrave Macmillan.

Henkel, Carsten B. (1992): Akquisitionen und Kooperationen als strategische Alternativen aus Sicht der deutschen Automobilindustrie. Dissertation. St. Gallen, Hochschule.

Hermann, Andrea Tony (2020): Regionale politische Kulturen im österreichischen Föderalismus. In: Andrea Tony Hermann, Daniela Ingruber, Flooh Perlot, Katrin Praprotnik und Christina Hainzl (Hg.): regional.national.föderal. Zur Beziehung politischer Ebenen in Österreich. Wien: Facultas, S. 65–78.

Hertzog, Robert (2010): Inter-municipal Cooperation: A Viable Alternative to Territorial Amalgamation? In: Paweł Swianiewicz (Hg.): Territorial Consolidation Reforms in Europe. Budapest: Local Government and Public Service Reform Initiative, Open Society Institute, S. 285–308.

Hesse, Joachim Jens (Hg.) (1990/1991): Local Government and Urban Affairs in International Perspective. Analyses of Twenty Western Industrialised Countries. Baden-Baden: Nomos.

Hesse, Joachim Jens; Sharpe, Laurence J. (1990/1991): Local Government in International Perspective: Some Comparative Observations. In: Joachim Jens Hesse (Hg.): Local Government and Urban Affairs in International Perspective. Analyses of Twenty Western Industrialised Countries. Baden-Baden: Nomos, S. 603–621.

Higdem, Ulla; Høyer, Hans Christian; Mønness, Erik Neslein; Lesjø, Jon Helge (2020): Changing Attitudes Towards Territorial Municipal Reforms – The Case of Inland Norway. In: *LEX* 18 (2), S. 271–292.

Hilpold, Peter (2005): Die völkerrechtliche Absicherung der Südtirolautonomie. In: Joseph Marko, Sergio Ortino, Francesco Palermo, Leohnhard Voltmer und Woelk Jens (Hg.): Die Verfassung der Südtiroler Autonomie. Die Sonderrechtsordnung der Autonomen Provinz Bozen/Südtirol. Baden-Baden: Nomos, S. 38–46.

Himsworth, Chris (2015): The European Charter of Local Self-Government. A Treaty For Local Democracy. Edinburgh: Edinburgh University Press.

Hitz, Florian; Rageth, Jürg; Martin-Kilcher, Stefanie; Kaiser, Reinhold; Meyer, Werner; Bundi, Martin et al.: Graubünden. In: Historische Lexikon der Schweiz (HLS), Version vom: 11.01.2018. Online verfügbar unter https://hls-dhs-dss.ch/de/articles/007391/2018-01-11/, zuletzt geprüft am 06.04.2023.

Hlepas, Nikos; Chantzaras, Thanos; Panagiotis, Getimis (2018): Leadership Styles of European Mayors: How Much Have They Changed Over the Past 12 Years? In: Hubert Heinelt, Annick Magnier, Marcello Cabria und Herwig

Reynaert (Hg.): Political Leaders and Changing Local Democray. The European Mayor. Cham: Palgrave Macmillan, S. 209–241.

Hollmann, Peter (2007): Planungsverbände als neuer Weg der regionalen Raumordnung und interkommunalen Kooperation im Bundesland Tirol. In: Anna Gamper (Hg.): Interkommunale Zusammenarbeit und überörtliche Raumplanung in der Europaregion Tirol-Südtirol-Trentino. Wien, Baden-Baden: WUV, Nomos, S. 17–36.

Hooghe, Liesbet; Marks, Gary (2003): Unraveling the Central State, but How? Types of Multi-Level Governance. In: *American Political Science Review* 97 (2), S. 233–243.

Hooghe, Liesbet; Marks, Gary; Schakel, Arjan H. (2008): Regional Authority in 42 Democracies, 1950–2006. A Measure and Five Hypotheses. In: *Regional and Federal Studies* 18 (2–3), S. 111–302.

Hooghe, Liesbet; Marks, Gary; Schakel, Arjan H. (2010): The Rise of Regional Authority. A Comparative Study of 42 Democracies. London: Routledge.

Hooghe, Liesbet; Marks, Gary; Schakel, Arjan H.; Chapman Osterkatz, Sandra; Niedzwiecki, Sara; Shair-Rosenfield, Sarah (2016): Measuring Regional Authority. A Postfunctionalist Theory of Governance. Oxford: Oxford University Press.

htr.ch (2018): Drei neue Aktionäre für die TESSVM AG. In: *htr.ch*, 29.10.2018. Online verfügbar unter https://www.htr.ch/edition-francaise/article/tourismus/drei-neue-aktionaere-fuer-die-tessvm-ag-22083.html, zuletzt geprüft am 06.04.2023.

Hueglin, Thomas O. (2013): Comparing Federalism: Variations or Distinct Models? In: Arthur Benz und Jörg Broschek (Hg.): Federal Dynamics. Continuity, Change, and the Varieties of Federalism. 1. Aufl. Oxford: Oxford University Press, S. 26–47.

Hueglin, Thomas O.; Fenna, Alan (2015): Comparative Federalism. A Systematic Inquiry. Second edition. Toronto: University of Toronto Press.

Hulst, Rudie; van Montfort, André (2007a): Comparative Analysis and Conclusions. In: Rudie Hulst und André van Montfort (Hg.): Inter-Municipal Cooperation in Europe. Dordrecht: Springer, S. 211–238.

Hulst, Rudie; van Montfort, André (2012): Institutional Features Of Intermunicipal Cooperation: Cooperative Arrangements And Their National Contexts. In: *Public Policy And Administration* 27 (2), S. 121–144.

Hulst, Rudie; van Montfort, André (Hg.) (2007b): Inter-Municipal Cooperation in Europe. Dordrecht: Springer.

Hulst, Rudie; van Montfort, André; Haveri, Arto; Airaksinen, Jenni; Kelly, Josephine (2009): Institutional Shifts In Inter-Municipal Service Delivery.

An Analysis of Developments in Eight Western European Countries. In: *Public Organization Review* (9), S. 263–285.

Iff, Andrea; Sager, Fritz; Herrmann, Eva; Wirz, Rolf (2009): Interkantonale und interkommunale Zusammenarbeit. Defizite bezüglich parlamentarischer und direktdemokratischer Mitwirkung (unter besonderer Berücksichtigung des Kantons Bern). Schlussbericht. Bern: Universität Bern, Kompetenzzentrum für Public Management.

Jaag, Tobias (2001): Die Rechtsstellung der Kantone in der Bundesverfassung. In: Daniel Thürer, Jean-François Aubert und Jörg Paul Müller (Hg.): Verfassungsrecht der Schweiz / Droit constitutionnel suisse. Zürich: Schulthess, S. 473–489.

John, Peter (1991): The Restructuring of Local Government in England and Wales. In: Richard Batley und Gerry Stoker (Hg.): Local Government in Europe. London: Macmillan Education, S. 58–72.

John, Peter (2001): Local Governance in Western Europe. London: SAGE.

Just, Dominik (2012): Gemeindeführung im Alpenraum. Ergebnisse einer komparativen Studie in Italien und der Schweiz. Glarus: Südostschweiz Buchverlag.

Kägi-Diener, Regula (2014): BV 50, Art. 50. In: Bernhard Ehrenzeller, Benjamin Schindler, Rainer J. Schweizer und Klaus a. Vallender: Die schweizerische Bundesverfassung St. Galler Kommentar. 3. Aufl. Zürich, St. Gallen: Dike Verlag, S. 1053–1064.

Kahl, Arno; Schlatter, Johanna (2017): Wasserrechtsgesetz. In: Irmgard Rath-Kathrein und Karl Weber (Hg.): Besonderes Verwaltungsrecht. 10. Aufl. Innsbruck: Studia Univ.-Verl., S. 132–164.

Kanton Graubünden (2022): „Regierung will kommunale Politik fördern und Wissen in den Gemeinden sichern.", 03.11.2022. Online verfügbar unter https://www.gr.ch/DE/Medien/Mitteilungen/MMStaka/2022/Seiten/2022110302.aspx, zuletzt geprüft am 06.04.2023.

Kanton Graubünden, Amt für Gemeinden (2016): Beschreibung der neuen Instrumente des Finanzausgleichs. Chur: Amt für Gemeinden Graubünden.

Kanton Graubünden, Amt für Gemeinden (2020): Ginfo, Ausgabe 1/2020, Chur: Amt für Gemeinden Graubünden.

Karlhofer, Ferdinand (2016a): Die Tiroler Gemeindewahlen 2016. In: Alice Engl, Günther Pallaver und Elisabeth Alber (Hg.): Politika 2016. Südtiroler Jahrbuch für Politik. Annuario di politica dell'Alto Adige. Anuar de politica dl Südtirol. Die Gemeinden der Europaregion Tirol-Südtirol-Trentino. Partizipation, Zusammenarbeit, Finanzierung. Ein Vergleich. Bolzano/Bozen: Edition Raetia, S. 127–144.

Karlhofer, Ferdinand (2016b): Gemeindewahlen in Tirol. Eckdaten und Besonderheiten. In: Ferdinand Karlhofer und Günther Pallaver (Hg.): Politik in Tirol. Jahrbuch 2016. Innsbruck: Studienverlag, S. 11–29.

Karlhofer, Ferdinand (2016c): Österreich: Verhandlungsföderalismus im Spannungsfeld von Verfassungsnorm und Verfassungsrealität. In: Anna Gamper, Peter Bußjäger, Ferdinand Karlhofer, Günther Pallaver und Walter Obwexer (Hg.): Föderale Kompetenzverteilung in Europa. Baden Baden: Nomos, S. 607–640.

Keating, Michael (1995): Size, Efficiency and Democracy: Consolidation, Fragmentation and Public Choice. In: David Judge, Gerry Stoker und Harold Wolman (Hg.): Theories of Urban Politics. London: SAGE.

Keating, Michael (1997): The Invention of Regions: Political Restructuring and Territorial Government in Western Europe. In: *Environment and Planning C: Politics and Space* 15 (4), S. 383–398.

Keating, Michael (1998): The New Regionalism in Western Europe: Territorial Restructuring and Political Change. Cheltenham: Edward Elgar.

Kemptner, Anna; Sturm, Franz (2021): Interkommunale Zusammenarbeit durch Gemeindeverbände, Verwaltungsgemeinschaften und Vereinbarungen nach Art. 166b B-VG. In: Katharina Pabel (Hg.): Das österreichische Gemeinderecht. Wien: Manz, S. 3–89.

Kersting, Norbert (2006): Interkommunale Kooperation. Zusammenarbeit oder Wettbewerb. In: *Aus Politik und Zeitgeschichte* (Mai/Juni).

Kersting, Norbert; Vetter, Angelika (Hg.) (2003): Reforming Local Government in Europe. Wiesbaden: VS Verlag für Sozialwissenschaften.

Keuffer, Nicolas (2016): Local Autonomy, a Multifaceted Concept: How to Define it, How to Measure it and How to Create a Comparative Local Autonomy Index? Paper presented at the at the 24th IPSA World Congress, Poznań, Poland, 23–28 July 2016.

Keuffer, Nicolas (2021): Local Self-Government and the Choice for Local Governance Arrangements in Nine Swiss Municipal Tasks. In: Tomas Bergström, Jochen Franzke, Sabine Kuhlmann und Ellen Wayenberg (Hg.): The Future of Local Self-Government. European Trends in Autonomy, Innovations and Central-Local Relations. Basingstoke: Palgrave Macmillan (Palgrave Studies In Sub-national Governance), S. 67–82.

Keuffer, Nicolas; Horber-Papazian, Katia (2020): The Bottom-up Approach: Essential to an Apprehension of Local Autonomy and Local Governance in the Case of Switzerland. In: *Local Government Studies* 46 (2), S. 306–325.

Kiefer, Andreas (2018): 1988–2018: 30 Jahre Europäische Charta der kommunalen Selbstverwaltung – eine Zwischenbilanz ihrer Kernbestimmungen. In: Europäisches Zentrum für Föderalismus-Forschung Tübingen (Hg.):

Jahrbuch des Föderalismus 2018. Föderalismus, Subsidiarität und Regionen in Europa. Baden-Baden: Nomos, S. 387–401.

Kiefer, Andreas; Schausberger, Franz (2009): Republic of Austria. In: Nico Steytler (Hg.): Local Government and Metropolitan Regions in Federal Systems. Montreal & Kingston, London, Ithaca: McGill-Queen's University Press (A Global Dialogue on Federalism, 6), S. 38–74.

Kincaid, John; Chattopadhyay, Rupak (Hg.) (2008): Local Government in Federal Systems. New Dehli [u.a.]: Viva Books (Unity in Diversity, 4).

King, Desmond S.; Pierre, Jon (1990): Challenges to Local Government. London: Sage Publications.

Kjaer, Ulrik; Elklit, Jorgen (2010): Party Politicisation of Local Councils: Cultural or Institutional Explanations for Trends in Denmark, 1966–2005, In: *European Journal of Political Research* (49), S. 337–358.

Klotz, Greta (2019): Gemeinden in Südtirol: ein Blick auf ihre vertikalen und horizontalen Kooperationsformen. In: Europäisches Zentrum für Föderalismus-Forschung Tübingen (Hg.): Jahrbuch des Föderalismus 2019: Föderalismus, Subsidiarität und Regionen in Europa. Baden-Baden: Nomos, S. 393–407.

Klotz, Greta; Liberto, Valentino (2016): Veränderung – um welchen Preis? Cambiamento – a quale prezzo? In: Alice Engl, Günther Pallaver und Elisabeth Alber (Hg.): Politika 2016. Südtiroler Jahrbuch für Politik. Annuario di politica dell'Alto Adige. Anuar de politica dl Südtirol. Die Gemeinden der Europaregion Tirol-Südtirol-Trentino. Partizipation, Zusammenarbeit, Finanzierung. Ein Vergleich. Bolzano/Bozen: Edition Raetia, S. 15–37.

Klotz, Greta; Trettel, Martina (2016): Grenzüberschreitende Zusammenarbeit im Alpenraum: Wechselwirkung zwischen EUSALP und EVTZ? In: *European Diversity and Autonomy Papers* (02), S. 1–36.

Klotz, Greta; Zwilling, Carolin (2020): Italien auf seinem Weg zu Föderalismus und Südtirols (ewiger) Sonderweg. In: Andrea Tony Hermann, Daniela Ingruber, Flooh Perlot, Katrin Praprotnik und Christina Hainzl (Hg.): regional.national.föderal. Zur Beziehung politischer Ebenen in Österreich. Wien: Facultas, S. 253–266.

Kofler, Heinrich (2004): Die Südtiroler Gemeinden unter dem Liktorenbündel (1922–1943). In: Gemeindenverband Gen.m.b.H. (Hg.): 50 Jahre Südtiroler Gemeindenverband. 1954–2004, S. 11–19.

Kommunal (2022): „Ohne die Gemeinden ist keine Krise zu bewältigen", 29.06.2022. Online verfügbar unter https://kommunal.at/ohne-die-gemeinden-ist-keine-krise-zu-bewaeltigen?utm_source=Newsletter&utm_medium=red&utm_campaign=Messe&utm_id=2022-06-30, zuletzt geprüft am 06.04.2023.

Konsortiums der Gemeinden der Provinz Bozen für das Wassereinzugsgebiet der Etsch (1955): Satzung.

Koppenberg, Joachim; Gunzinger, Philipp; Mitterlechner, Matthias (2017): Ein Erfolgsmodell. Gesundheitszentrum Unterengadin: Zehn Jahre integrierte Gesundheitsversorgung. In: *KU Gesundheitsmanagement* 8.

Kopric, Ivan; Hlynsdóttir, Eva Marín; Dzinic, Jasmina; Borghetto, Enrico (2018): Institutional Environments and Mayors' Role Perceptions. In: Hubert Heinelt, Annick Magnier, Marcello Cabria und Herwig Reynaert (Hg.): Political Leaders and Changing Local Democray. The European Mayor, Cham: Palgrave Macmillan, S. 149–172.

Kössler, Karl (2016): Reform of the Second Chamber or Its Perpetuation? The Austrian Dilemma and Its Implications for the Italian Senate. In: *Istituzioni del Federalismo* 37 (2), S. 339–370.

Kössler, Karl (im Erscheinen): Austria. In: Nico Steytler (Hg.): The Forum of Federations' Handbook on Local Government in Federal Systems: Palgrave Macmillan.

Kössler, Karl; Palermo, Francesco (im Erscheinen): The Civil Service in Austria and Italy Between Uniformity and Decentralization: A Focus on Policing. In: Gisela Färber (Hg.): Unity and Diversity of the Civil Service in Federal and Unitary/Decentralized Countries.

Krapp, Max-Christopher (2013): Wettbewerb, Privatisierung und Public Private Partnership als Ausweg aus der Krise? Formen kommunaler Aufgabenerfüllung aus der Sicht deutscher Ratsmitglieder. In: Michael Haus und Sabine Kuhlmann (Hg.): Lokale Politik und Verwaltung im Zeichen der Krise? Wiesbaden: Springer VS, S. 158–176.

Kübler, Daniel; Bijl-Schwab, Brigitte (2014): Politik und Demokratie in der Agglomeration. In: Reto Steiner, Andreas Ladner und Pascal Reist (Hg.): Reformen in Kantonen und Gemeinden,. 1. Aufl. Bern: Haupt Verlag, S. 111–132.

Kübler, Daniel; Ladner, Andreas (2003): Local Government Reform in Switzerland. More "for" Than "by" – But What About "of"? In: Norbert Kersting und Angelika Vetter (Hg.): Reforming Local Government in Europe. Wiesbaden: VS Verlag für Sozialwissenschaften, S. 137–156.

Kübler, Daniel; Pagano, Michael A. (2012): Urban Politics as Multilevel Analysis. In: Peter John, Karen Mossberger und Susan E. Clarke (Hg.): The Oxford Handbook of Urban Politics. New York: Oxford University Press, S. 114–130.

Kuhlmann, Sabine; Bogumil, Jörg (2010): Kommunalisierung, Regionalisierung, Kooperation – die „neue Welle" subnationaler Verwaltungsreform. In: Jörg Bogumil und Sabine Kuhlmann (Hg.): Kommunale Aufgabenwahrnehmung im Wandel. Kommunalisierung, Regionalisierung und Territorialreform in Deutschland und Europa. 1. Aufl. Wiesbaden: VS Verlag für Sozialwissenschaften (Stadtforschung aktuell, Band 115), S. 11–22.

Kuhlmann, Sabine; Bouckaert, Geert (Hg.) (2016): Local Public Sector Reforms in Times of Crisis. London: Palgrave Macmillan.

Kuhlmann, Sabine; Heuberger, Moritz; Dumas, Benoit Paul (2021a): Kommunale Handlungsfähigkeit im europäischen Vergleich, Baden-Baden: Nomos.

Kuhlmann, Sabine; Wayenberg, Ellen; Bergström, Tomas; Franzke, Jochen (2021b): The Essence and Transformation of Local Self-Government in Western Europe. In: Tomas Bergström, Jochen Franzke, Sabine Kuhlmann und Ellen Wayenberg (Hg.): The Future of Local Self-Government. European Trends in Autonomy, Innovations and Central-Local Relations. Basingstoke: Palgrave Macmillan (Palgrave Studies in Sub-National Governance), S. 1–14.

Kuhlmann, Sabine; Wollmann, Hellmut (2013): Verwaltung und Verwaltungsreformen in Europa. Einführung in die vergleichende Verwaltungswissenchaft. Wiesbaden: Springer.

Kuhlmann, Sabine; Wollmann, Hellmut (2019): Introduction to Comparative Public Administration. Administrative Systems and Reform in Europe. 2. Aufl. Cheltenham: Edward Elgar Publishing.

Küpper, Patrick (2016): Abgrenzung und Typisierung ländlicher Räume. Braunschweig (Thünen Working Paper, 68).

Kushner, Joseph; Siegel, David (2008): Citizen Satisfaction With Municipal Amalgamations. In: *Canadian Public Administration* 48 (1), S. 73–95.

Ladner, Andreas (2001): Gemeindereformen in der Schweiz: Strategien, Gemeinsamkeiten und Auslöser. In: *Swiss Political Science Review* 7 (3), S. 1–23.

Ladner, Andreas (2008): Die Schweizer Gemeinden im Wandel: Politische Institutionen und lokale Politik. IDHEAP, Chavannes-Lausanne.

Ladner, Andreas (2011): Wahlen in den Schweizer Gemeinden. Durchführung, Verlauf, Beteiligung und Ergebnisse 1988–2009. Hg. v. Cahier de l'IDHEAP. Lausanne (263/2011).

Ladner, Andreas (2017): Autonomy and Austerity: Re-Investing in Local Government. In: Christian Schwab, Geert Bouckaert und Sabine Kuhlmann (Hg.): The Future of Local Government in Europe. Lessons from Research and Practice in 31 Countries. 1. Aufl. Baden-Baden: Nomos, Edition Sigma (Modernisierung des öffentlichen Sektors. Sonderband, 47), S. 23–52.

Ladner, Andreas; Haus, Alexander (2021): Die Aufgaben der Gemeinden – Ein Blick auf die Empirie. Hg. v. DeFacto. Online verfügbar unter https://www.defacto.expert/2021/07/20/die-aufgaben-der-gemeinden-ein-blick-auf-die-empirie/, zuletzt geprüft am 06.04.2023.

Ladner, Andreas; Keuffer, Nicolas (2018): Creating an Index of Local Autonomy – Theoretical, Conceptual, and Empirical Issues. In: *Regional & Federal Studies* 40 (4), S. 1–26.

Ladner, Andreas; Keuffer, Nicolas; Baldersheim, Harald (2015a): Local Autonomy Index for European Countries (1990–2014). Release 1.0. Hg. v. European Comission. Brussels.

Ladner, Andreas; Keuffer, Nicolas; Baldersheim, Harald (2015b): Local Autonomy Index for the European Countries (1990–2014). Country Profiles. Hg. v. European Commission. Brussels.

Ladner, Andreas; Keuffer, Nicolas; Baldersheim, Harald (2016): Measuring Local Autonomy in 39 Countries (1990–2014). In: *Regional & Federal Studies* 26 (3), S. 321–357.

Ladner, Andreas; Keuffer, Nicolas; Baldersheim, Harald; et al. (2019): Patterns of Local Autonomy in Europe. Basingstoke, Hampshire: Palgrave Macmillan (Governance and Public Management).

Ladner, Andreas; Keuffer, Nicolas; Bastianen, Alexander (2021a): Local Autonomy Index in the EU, Council of Europe and OECD countries (1990–2020). Release 2.0. Hg. v. European Commission. Brussels.

Ladner, Andreas; Mathys, Laetitia (2018): Der Schweizer Föderalismus im Wandel. Überlegungen und empirische Befunde zur territoriale Gliederung und der Organisation der staatlichen Aufabenerbringung in der Schweiz. Lausanne: IDHEAP Institut de hautes études en administration publique (Cahier de l'IDHEAP, 305/2018).

Ladner, Andreas; Steiner, Reto (2003): Die Schweizer Gemeinden im Wandel. Konvergenz oder Divergenz? In: *Schweizerische Zeitschrift für Politische Wissenschaft* 20 (6), S. 233–259.

Ladner, Andreas; Steiner, Reto; Haus, Alexander; Kaiser, Claire; Bernier, Ada; Keuffer, Nicolas; Reichmuth, Lukas (2021b): Dataset: Swiss Municipal Monitoring 1988–2017/Schweizer Gemeindemonitoring 1988 bis 2017.

Ladner, Andreas; Steiner, Reto; Horber-Papazian, Katia; Fiechter, Julien; Jacot-Descombes, Caroline; Kaiser, Claire (2013): Gemeindemonitoring 2009/2010. Bericht zur fünften gesamtschweizerischen Gemeindeschreiberbefragung. Bern: KPM-Verlag (KPM-Schriftenreihe, Nr. 48).

Land Tirol (2015): Förderrichtlinien für überregionale und regionale Radwegprojekte in Tirol. (Gültig im Rahmen des Tiroler Radkonzepts 2015–2020). Online verfügbar unter https://www.tirol.gv.at/fileadmin/themen/verkehr/verkehrsdatenerfassung/downloads/Foerderrichtlinien_Radkonzept_2015_Version_2020.pdf, zuletzt geprüft am 06.04.2023.

Land Tirol (2020a): Tirol in Zahlen 2020. Landesstatistik Tirol. Hg. v. Land Tirol. Online verfügbar unter https://www.tirol.gv.at/fileadmin/themen/statistik-budget/statistik/downloads/bev_2020.pdf, zuletzt geprüft am 15.12.2020.

Land Tirol (2020b): LH Platter: „Gemeinsamer Weg mit zahlreichen Vorteilen für die Bevölkerung". Gemeindefusion von Matrei, Mühlbachl und Pfons offiziell beschlossen., 12.11.2020. Online verfügbar unter https://www.tirol.gv.at/regierung/pressemeldungen/meldung/lh-platter-gemeinsamer-weg-mit-zahlreichen-vorteilen-fuer-die-bevoelkerung/, zuletzt geprüft am 06.04.2023.

Land Tirol (2021): Tirol in Zahlen 2021. Landesstatistik Tirol. Online verfügbar unter https://www.tirol.gv.at/fileadmin/themen/statistik-budget/statistik/downloads/Folder_2021.pdf, zuletzt geprüft am 07.03.2022.

Land Tirol (2022): Tirol in Zahlen 2022. Landesstatistik Tirol. Online verfügbar unter https://www.tirol.gv.at/fileadmin/presse/Bilder/Archiv/Tratter/Statistik/Folder_2022-1.pdf, zuletzt geprüft am 06.04.2023.

Land Tirol, Abteilung Raumordnung und Statistik: Regionsprofile. Online verfügbar unter https://www.tirol.gv.at/statistik-budget/statistik/regionsprofile/, zuletzt geprüft am 06.04.2023.

Landesinstitut für Statistik (ASTAT) (2018): Bevölkerungsentwicklung. 2017. Nr. 27/2018. Hg. v. Autonome Provinz Bozen-Südtirol. Bolzano/Bozen.

Landesinstitut für Statistik (ASTAT) (2022): Statistisches Jahrbuch für Südtirol. Annuario statistico della Provincia di Bolzano. Hg. v. Autonome Provinz Bozen-Südtirol. Bolzano/Bozen.

Lantschner, Emma; Poggeschi, Giovanni (2008): Quota System, Census and Declaration of Affiliation to a Linguistic Group. In: Jens Woelk, Francesco Palermo und Joseph Marko (Hg.): Tolerance Through Law. Self Governance and Group Rights in South Tyrol. Leiden, Boston: Martinus Nijhoff Publishers, S. 219–234.

Lardi, Claudio (2006): Vorwort. In: Christian Rathgeb und Martin Bundi (Hg.): Graubünden zwischen Integration und Isolation, Chur, Glarus, Zürich: Südostschweiz Buchverlag, S. 6–7.

Lazar, Harvey; Leuprecht, Christian (Hg.) (2007): Spheres of Governance. Comparative Studies of Cities in Multilevel Governence Systems. Montréal: McGill-Queen's University Press.

Leach, Steve; Wilson, David J. (2000): Local Political Leadership. Bristol: Policy.

Lechner, Oswald; Lun, Georg; Erschbaumer, Philipp (2011): Eine wirtschaftlich-soziale und demografische Analyse. Südtiroler Gemeinden. Hg. v. Handels-, Industrie-, Handwerks- und Landwirtschaftskammer Bozen. Bolzano/Bozen.

Lee, Youngmi (2016): From Competition to Collaboration. Intergovernmental Economic Development Policy Networks. In: *Local Government Studies* 42 (2), S. 171–188.

Lehnert, Matthias; Miller; Bernhard; Wonka, Arndt (2007): Increasing the Relevance of Research Questions: Considerations on Theoretical and Social Relevance in Political Science. In: Thomas Gschwend und Frank Schimmelfennig (Hg.): Research Design in Political Science. How To Practice What They Preach. Basingstoke, New York: Palgrave Macmillan, S. 21–38.

Leuprecht, Christian; Lazar, Harvey (2007): From Multilevel to "Multi-order" Governance? In: Harvey Lazar und Christian Leuprecht (Hg.): Spheres of Governance. Comparative Studies of Cities in Multilevel Governence Systems. Montréal: McGill-Queen's University Press, S. 1–22.

Linder, Wolf; Iff, Andrea (2011): Das politische System der Schweiz. Hg. v. Federal Department of Foreign Affairs FDFA, Presence Switzerland.

Linder, Wolf; Mueller, Sean (2017): Schweizerische Demokratie. Institutionen, Prozesse, Perspektiven. 4., vollständig überarbeitete und aktualisierte Aufl. Bern: Haupt Verlag.

Linder, Wolf; Steffen, Isabelle (2006): Swiss Confideration. In: Katy Le Roy, Cheryl Saunders und John Kincaid (Hg.): Legislative, Executive, and Judicial Governance in Federal Countries, Montreal: McGill-Queen's University Press.

Lippi, Andrea (2011): Evaluating the "Quasi Federalist" Programme of Decentralisation in Italy Since the 1990s: A Side-Effect Approach. In: *Local Government Studies* 37 (5), S. 495–516.

Lipset, Seymour M.; Stein, Rokkan (1967): Party Systems and Voter Alignments: Cross-National Perspectives. New York: Free Press.

Liver, Peter (2003): Verfassungsgeschichtlicher Überblick. In: Martin Bundi und Christian Rathgeb (Hg.): Die Staatsverfassung Graubündens. Zur Entwicklung der Verfassung im Freistaat der Drei Bünde und im Kanton Graubünden. Chur, Zürich: Verlag Rüegger, S. 13–16.

Longo, Erik (2021): Local Governments and Metropolitan Cities: The Italian Experience and Its Comparative Relevance. In: Erika Arban, Giuseppe Martinico und Francesco Palermo (Hg.): Federalism and Constitutional Law. The Italian Contribution to Comparative Regionalism. London: Routledge, S. 152–169.

Loughlin, John (2001): Subnational Democracy in the European Union. Challenges and Opportunities. Oxford: Oxford University Press.

Luca, Giuseppe de (2015): L'Unione dei Comuni. In: Bruno Di Giacomo Russo und Antonello Tarzia (Hg.): Il nuovo governo locale. Analisi della Legge

n. 56/2014. Napoli: Editoriale scientifica (Temi giuridici ed economici, 5), S. 115–139.

Magnier, Annick; Navarro-Yanez, Clemente (2010): Neither Notables nor Party Men but Established Policymakers. The Intentional and Perverse Effects of Direct Election of Italian Mayors. In: Herwig Reynaert, Kristof Steyvers, Pascal Delwit und Jean-Benoit Pilet (Hg.): Local Political Leadership in Europe. Town Chief, City Boss or Loco President? Baden Baden: Nomos, S. 59–89.

Manaf, Halimah Abdul; Mohamed, Ahmad Martadha; Harvey, William S. (2022): Citizen Perceptions and Public Servant Accountability of Local Government Service Delivery in Malaysia. In: *International Journal of Public Administration* 1 (3), S. 1–10.

Manestra, Stefano; Messina, Giovanna; Peta, Anna (2018): L'Unione (non) fa la forza? Alcune evidenze preliminari sull'associazionismo comunale in Italia. In: *Questioni di Economia e Finanza (Occasional Papers)* 452.

Margadant, Silvio: Confisca. In: Historische Lexikon der Schweiz (HLS), Version vom 18.02.2004. Online verfügbar unter https://hls-dhs-dss.ch/de/articles/030187/2004-02-18/, zuletzt geprüft am 03.05.2022.

Marko, Joseph; Ortino, Sergio; Palermo, Francesco; Voltmer, Leonhard; Woelk Jens (Hg.) (2005): Die Verfassung der Südtiroler Autonomie. Die Sonderrechtsordnung der Autonomen Provinz Bozen/Südtirol. Baden-Baden: Nomos.

Marks, Gary; Hooghe, Liesbet (2004): Contrasting Visions of Multi-Level Governance. In: Ian Bache und Matthew Flinders (Hg.): Multi-level Governance. Oxford: Oxford University Press, S. 15–30.

Matschek, Markus (2011): Interkommunale Zusammenarbeit (IKZ). Wien: MANZ'sche Verlags- und Universitätsbuchhandlung GmbH (Schriftenreihe des Österreichischen Gemeindebundes).

Mayntz, Renate (2010): Governance im modernen Staat. In: Arthur Benz und Nicolai Dose (Hg.): Governance – Regieren in komplexen Regelsystemen. Eine Einführung. Wiesbaden: VS Verlag für Sozialwissenschaften, S. 37–48.

Mayntz, Renate; Scharpf, Fritz W. (Hg.) (1995): Gesellschaftliche Selbstregelung und politische Steuerung. Frankfurt a.M.: Campus Verlag (Schriften aus dem Max-Planck-Institut für Gesellschaftsforschung, Band 23).

Medir Tejado, Lluís; Pano, Esther (2018): Modelling Local Autonomy and Dependence Through Cooperative Relations. In: *International Journal of Public Sector Management* 31 (4), S. 410–425.

MeinBezirk.at (2013): „Bezirkshauptmannschaften und Gemeinden: ‚Zusammenarbeit ist effektiv'", 18.12.2013. Online verfügbar unter https://www.meinbezirk.at/grieskirchen-eferding/c-lokales/bezirkshauptmannschaften-und-gemeinden-zusammenarbeit-ist-effektiv_a790869, zuletzt geprüft am 06.04.2023.

Melcher, Reinhold (2017): Wahrnehmung lokaler Handlungsspielräume im Mehrebenensystem. In: Markus Tausendpfund und Angelika Vetter (Hg.): Politische Einstellungen von Kommunalpolitikern im Vergleich. Wiesbaden: Springer VS, S. 35–79.

Membretti, Andrea (2022): "Vieni a vivere in montagna". Uno sportello per il ripopolamento delle aree montane piemontesi. In: Valentina Chizzola, Francesco Gabbi und Tania Giovannini (Hg.): Vivere la montagna che cambia. Prospettive ed esperienze di welfare generativo. Trento: Fondazione Bruno Kessler.

Membretti, Andrea; Dax, Thomas; Krasteva, Anna (Hg.) (2022): The Renaissance of Remote Places. MATILDE Manifesto. Abingdon, Oxon: Routledge.

Meyer, Kilian (2011): Gemeindeautonomie im Wandel. Dissertation. Universität St. Gallen, St. Gallen.

Meylan, Jean; Gottraux, Martial; Dahinden, Philippe (1972): Schweizer Gemeinden und Gemeindeautonomie. o.O.: Studiengruppe für Gemeindeautonomie in der Schweiz.

Mitterer, Karoline; Prorok, Thomas (2020): Herausforderungen der Gemeinden im österreichischen Föderalismus. In: Andrea Tony Hermann, Daniela Ingruber, Flooh Perlot, Katrin Praprotnik und Christina Hainzl (Hg.): regional.national.föderal. Zur Beziehung politischer Ebenen in Österreich. 1. Aufl. Wien: Facultas, S. 43–60.

Morandell, Theresia; Kössler, Karl (2021): Inter-municipal Cooperation Based on a Model Agreement: A Top-Down Approach in South Tyrol. In: Theresia Morandell, Karl Kössler: Local Government in Italy. Responses to Urban-Rural Challenges, Bolzano/Bozen: Eurac Research. S. 63–69.

Mosca, Lorenzo (2014): Methodological Practices in Social Movement Online Research. In: Donatella Della Porta (Hg.): Methodological Practices in Social Movement Research. Oxford: Oxford University Press, S. 397–417.

Mouritzen, Poul Erik (1989): City Size and Citizens' Satisfaction: Two Competing Theories Revisited. In: *European Journal of Political Research* 17, S. 661–688.

Mouritzen, Poul Erik; Svara, James H. (2002): Leadership at the Apex. Politicians and Administrators in Western Local Governments. Pittsburgh: University of Pittsburgh Press.

Mowbray, Carol T.; Yoshihama, Mieko (2001): Surveys. In: Bruce A. Thyer (Hg.): The Handbook of Soical Work Research Methods. Thousand Oaks: Sage Publications, S. 143–160.

Mueller, Sean (2015): Theorising Decentralisation. Compararative Evidence from Sub-national Switzerland. Colchester: ECPR Press (ECPR Press Monographs).

Mueller, Sean; Vatter, Adrian (2016): Die Schweiz: Reföderalisierung und schleichende Zentralisierung im Schatten der direkten Demokratie. In: Anna Gamper, Peter Bußjäger, Ferdinand Karlhofer, Günther Pallaver und Walter Obwexer (Hg.): Föderale Kompetenzverteilung in Europa. Baden Baden: Nomos, S. 67–101.

Muraoka, Taishi; Avellaneda, Claudia N. (2021): Do the Networks of Intermunicipal Cooperation Enhance Local Government Performance? In: *Local Government Studies* 47 (4), S. 616–636.

Myksvoll, Thomas (2023): Conditional Support From Below? Understanding the Dynamics of Municipal Amalgamation Preferences Among Local Politicians. In: *Regional & Federal Studies* 25 (1), S. 1–28.

Nau.ch Lokal (2023): „Laax spricht sich gegen die Gemeindefusion aus", 29.01.2023. Online verfügbar unter https://www.nau.ch/ort/ilanzglion/laax-spricht-sich-gegen-die-gemeindefusion-aus-66406890, zuletzt geprüft am 06.04.2023.

Navarro, Carmen; Karlsson, David; Magre, Jaume, Reinholde, Iveta (2018): Mayors in the Town Hall: Patterns of Relations and Conflict Among Municipal Actors. In: Hubert Heinelt, Annick Magnier, Marcello Cabria und Herwig Reynaert (Hg.): Political Leaders and Changing Local Democray. The European Mayor. Cham: Palgrave Macmillan, S. 359–386.

Negri, Giuseppe (Hg.) (2006): Manuale dell'ordinamento dei comuni nella Regione autonoma Trentino-Alto Adige. Guida alla formazione di base degli amministratori e dei dipendenti comunali. 2. Aufl. Torriana: EDK ICA (Collana editoriale amministrazione 18).

Nelson, Michael A. (1992): Municipal Amalgamation and the Growth of the Local Public Sector in Sweden. In: *Journal of Regional Science* 32 (1), S. 39–53.

Neubert, Stefan (2008): Kantonale Vernehmlassungsverfahren im Vergleich. In: *LeGes – Gesetzgebung & Evaluation* (2), S. 271–292.

Neuhofer, Hans (1998): Gemeinderecht. Organisation und Aufgaben der Gemeinden in Österreich. 2., völlig neubearbeitete Aufl. Wien, New York: Springer-Verlag (Springers Handbücher der Rechtswissenschaft).

Neuhofer, Hans (2013): Gemeindegebiet und Gemeindebewohner. In: Katharina Pabel (Hg.): Das österreichische Gemeinderecht. Handbuch. Wien: MANZ Verlag Wien, S. 3–67.

Nevola, Gaspare (2003): Introduzione. Perché le Regioni a statuto speciale: questioni di identitá nazionale. In: Gaspare Nevola (Hg.): Altre Italie. Identitá nazionale e Regioni a statuto speciale. Roma: Carocci, S. VII–XLV.

Nicolini, Matteo; Trettel, Martina (2017): Crisis económica y reformas continuas de la administración local en Italia. In: Carlos Prado Vidal und David

Delgado (Hg.): Crisis económica y reforma de las Administraciones públicas. Un estudio comparado. Madrid, S. 253–286.

Nohlen, Dieter (2009): Wahlrecht und Parteiensystem. Wiesbaden: VS Verlag für Sozialwissenschaften.

Nunes Silva, Carlos (2020b): Global Trends in Local Governance. In: Carlos Nunes Silva (Hg.): Contemporary Trends in Local Governance. Reform, Cooperation and Citizen. Cham: Springer (Local and Urban Governance), S. 1–19.

Nunes Silva, Carlos (Hg.) (2020a): Contemporary Trends in Local Governance. Reform, Cooperation and Citizen. Cham: Springer (Local and Urban Governance).

o.A. (2016): „Fusion wird früher oder später Thema". In: *Tiroler Tageszeitung*, 22.01.2016. Online verfügbar unter https://www.tt.com/artikel/11022106/fusion-wird-frueher-oder-spaeter-thema, zuletzt geprüft am 06.04.2023.

Oates, Wallace E. (1972): Fiscal Federalism. New York: Harcourt Brace Jovanovich.

Oates, Wallace E. (1990): Decentralization of the Public Sector. In: Robert J. Bennett (Hg.): Decentralization, Local governments and Markets: Towards a Post-Welfare Agenda. Oxford: Clarendon Press, S. 43–58.

Obwexer, Walter (2011): Der EVTZ als neues unionsrechtliches Instrument territorialer Zusammenarbeit. In: Peter Bussjäger (Hg.): Der Europäische Verbund territorialer Zusammenarbeit (ETVZ). Neue Chancen für die Europaregion Tirol-Südtirol-Trentino. Wien: Braumüller (Schriftenreihe Institut für Föderalismus, Band 113), S. 47–74.

O'Dowd, Liam (2002): The Changing Significance of European Borders. In: *Regional & Federal Studies* 12 (4), S. 13–36.

OECD (2019): Making Decentralisation Work: A Handbook for Policy-Makers. OECD Multi-level Governance Studies. Hg. v. OECD Publishing. Paris.

Öhlinger, Theo (1997): Verfassungsrecht. 3., überarbeitete und erweiterte Aufl. Wien: WUV-Universitätsverlag.

Öhlinger, Theo; Eberhard, Harald (2019): Verfassungsrecht. 12., überarbeitete Aufl. Wien: Facultas.

Oliver, J. Eric (2001): City Size and Civic Involvement in Metropolitan America. In: *American Political Science Review* 94, S. 361–373.

Olivetti, Marco (2003): Lo stato policentrico delle autonomie. In: Tania Groppi und Marco Olivetti (Hg.): La Repubblica delle autonomie. Regioni ed enti locali nel nuovo titolo V. Torino: G. Giappichelli, S. 39–46.

Online-Voting für Tiroler Gemeindekooperationspreis (2020). In: *Kommunal*, 10.02.2020. Online verfügbar unter https://kommunal.at/online-voting-fuer-tiroler-gemeindekooperationspreis, zuletzt geprüft am 06.04.2023.

Onorati, Pino; Sarcone, Valerio; Toro, Laura (2019): Rapporto sulle attività 2018–2019. Conferenza Stato-cittá ed autonomie locali. Hg. v. Presidenza del Consiglio dei Ministri, Ufficio di segreteria della conferenza stato-cittá ed autonomie locali.

Österreichischer Gemeindebund (2017): Siebzig Jahre Österreichischer Gemeindebund. Wien.

Österreichischer Städtebund (2020): Österreichische Gemeindefinanzen 2020. Entwicklungen 2009 bis 2023. Wien (Stadtdialog. Schriftenreihe des Österreichischen Städtebundes).

ÖVP; Grüne (2018): Entschlossen regieren. Tirols Zukunft sichern. Regierungsprogramm für Tirol 2018–2023.

ÖVP; SPÖ (2022): Stabilität in der Krise. Erneuerung für Tirol. Regierungsprogramm für Tirol 2022–2027.

Padovani, Emanuele; Iacuzzi, Silvia; Jorge, Susana; Pimentel, Liliana (2021): Municipal Financial Vulnerability in Pandemic Crises: A Framework for Analysis. In: *Journal of Public Budgeting, Accounting and Financial Management* 33 (4), S. 387–408.

Page, Edward C. (1991): Localism and Centralism in Europe. Oxford: Oxford Univ. Press.

Page, Edward C.; Goldsmith, Michael (Hg.) (1987): Central and Local Government Relations. A Comparative Analysis of West European Unitary States. London: Sage Publications.

Palermo, Francesco (2008): Implementation and Amendment of the Autonomy Statute. In: Jens Woelk, Francesco Palermo und Joseph Marko (Hg.): Tolerance Through Law. Self Governance and Group Rights in South Tyrol. Leiden, Boston: Martinus Nijhoff Publishers, S. 143–159.

Palermo, Francesco (2011): Schlussbemerkungen: grenzüberschreitende Zusammenarbeit und die Entwicklung des integrierten Rechtsraumes in Europa. In: Peter Bussjäger (Hg.): Der Europäische Verbund territorialer Zusammenarbeit (ETVZ). Neue Chancen für die Europaregion Tirol-Südtirol-Trentino. Wien: Braumüller (Schriftenreihe Institut für Föderalismus, Band 113), S. 117–129.

Palermo, Francesco (2012): Italy: A Federal Country without Federalism? In: Michael Burgess und G. Alan Tarr (Hg.): Constitutional Dynamics in Federal Systems. Sub-national Perspectives. Montréal, Québec: McGill-Queen's University Press, S. 237–254.

Palermo, Francesco (2018): La specialità regionale tra asistematicità e rischi (invisibili?). In: Francesco Palermo und Sara Parolari (Hg.): Le variabili della specialitá. Napoli: Edizioni scientifiche italiane, S. 555–568.

Palermo, Francesco (2019): Il ruolo dello Stato nel regionalismo asimmetrico. In: *federalismi.it* 15. Online verfügbar unter http://www.astrid-online.it/static/upload/fran/francesco-palermo.pdf, zuletzt geprüft am 06.04.2023.

Palermo, Francesco (2020): La forma di governo regionale a vent'anni dalla riforma: cosa resta della specialità?.In: *Osservatorio sulle fonti* 2, S. 1063–1075.

Palermo, Francesco (2021): Asymmetries in the Italian Regional System and Their Role Model. In: Erika Arban, Giuseppe Martinico und Francesco Palermo (Hg.): Federalism and Constitutional Law. The Italian Contribution to Comparative Regionalism. London: Routledge, S. 136–151.

Palermo, Francesco; Kössler, Karl (2017): Comparative Federalism: Constitutional Arrangements and Case Law. Oxford: Hart Publishing.

Palermo, Francesco; Parolari, Sara (Hg.) (2016): Il futuro della specialitá regionale alla luce della riforma costituzionale. Napoli: Edizioni scientifiche italiane.

Palermo, Francesco; Valdesalici, Alice (2014): Italy: Autonomism, Decentralization, Federalism or What Else? In: Jaime Lluch (Hg.): Constitutionalism and the Politics of Accommodation in Multinational Democracies. Basingstoke: Palgrave Macmillan (St Antony's Series), S. 108–199.

Palermo, Francesco; Valdesalici, Alice (2019): Irreversibly Different – A Country Study of Constitutional Asymmetry in Italy. In: Patricia Popelier und Maja Sahadžić (Hg.): Constitutional Asymmetry in Multinational Federalism. Managing Multinationalism in Multi-tiered Systems. Basingstoke: Palgrave Macmillan, S. 287–313.

Palermo, Francesco; Wilson, Alex (2014): The Multi-level Dynamics of State Decentralization in Italy. In: *Comparative European Politics* 12, S. 510–530.

Pallaver, Günther (2008): South Tyrol's Consociational Democracy: Between Political Claim and Social Reality. In: Jens Woelk, Francesco Palermo und Joseph Marko (Hg.): Tolerance Through Law. Self Governance and Group Rights in South Tyrol. Leiden, Boston: Martinus Nijhoff Publishers, S. 303–327.

Pallaver, Günther (2010a): Raum, Föderalismus und Politik – Zur regionalen Identitätsbildung in Österreich. In: Peter Bußjäger, Ferdinand Karlhofer und Günther Pallaver (Hg.): Föderalistisches Bewußtsein in Österreich. Regionale Identitätsbildung und Einstellung der Bevölkerung zum Föderalismus. Wien: Braumüller, S. 1–26.

Pallaver, Günther (2010b): Südtirol: Vom ethnischen zum territorialen cleavage. In: Günther Pallaver (Hg.): Politika 10. Jahrbuch für Politik/Annuario di politica/Anuer de pulitica (Südtiroler Gesellschaft für Politikwissenschaft/Società di Scienza Politica dell'Alto Adige/Südtiroler Sozietà per Scienza Pulitica). Bolzano/Bozen: Edition Raetia, S. 377–403.

Pallaver, Günther (2012): South Tyrol. From an Ethnic to a New Territorial Cleavage. In: Günther Pallaver und Claudius Wagemann (Hg.): Challenges for Alpine Parties. Strategies of Political Parties for Identity and Territory in the Alpine Regions. Innsbruck, Wien, Bozen: Studienverlag, S. 101–125.

Pallaver, Günther (2016): Kooperation statt Fusion. Interkommunale Zusammenarbeit in Südtirol. In: Alice Engl, Günther Pallaver und Elisabeth Alber (Hg.): Politika 2016. Südtiroler Jahrbuch für Politik. Annuario di politica dell'Alto Adige. Anuar de politica dl Südtirol. Die Gemeinden der Europaregion Tirol-Südtirol-Trentino. Partizipation, Zusammenarbeit, Finanzierung. Ein Vergleich. Bolzano/Bozen: Edition Raetia, S. 299–310.

Pallaver, Günther (2018): Südtirols Parteien. Analysen, Trends und Perspektiven. Bozen: Edition Raetia.

Panara, Carlo; Varney, Mike (2013): Local Government in Europe. The "Fourth Level" in the EU Multi-Layered System of Governance. Milton Park, Abingdon, Oxon: Routledge (Routledge Research in EU law).

Panasyuk, Sergiy (2018): The Term "Local Authority" in the European Charter of Local-Self Government: Different Meanings Lead to Different Implementation. In: *University of Bologna Law Review* 3 (1), S. 123–141.

Pelinka, Anton; Rosenberger, Sieglinde (2002): Österreichische Politik. Grundlagen, Strukturen, Trends, Wien: Facultas Universitätsverlag.

Pernthaler, Peter (2000): Föderalismus – Bundesstaat – Europäische Union – 25 Grundsätze. Wien: Braumüller Universitäts-Verlagsbuchhandlung Ges.m.b.H.

Peterlini, Elisabeth (2016): Der Rat der Gemeinden. Von schwammigen beratenden Funktionen zum politischen Gewicht in der Landespolitik. In: Alice Engl, Günther Pallaver und Elisabeth Alber (Hg.): Politika 2016. Südtiroler Jahrbuch für Politik. Annuario di politica dell'Alto Adige. Anuar de politica dl Südtirol. Die Gemeinden der Europaregion Tirol-Südtirol-Trentino. Partizipation, Zusammenarbeit, Finanzierung. Ein Vergleich. Bolzano/Bozen: Edition Raetia, S. 73–87.

Peters, B. Guy; Pierre, Jon (2004): Multi-level Governance and Democracy: A Faustian Bargain? In: Ian Bache und Matthew Flinders (Hg.): Multi-level Governance. Oxford: Oxford University Press, S. 75–89.

Phillimore, John (2013): Understanding Intergovernmental Relations: Key Features and Trends. In: *Australian Journal of Public Administration* 72 (3), S. 228–238.

Pierre, Jon (1990): Assessing Local Autonomy. In: Desmond S. King und Jon Pierre (Hg.): Challenges to Local Government. London: Sage Publications, S. 37–54.

Pieth, Friedrich (2003): Politische Organisation, altbünderisches Referendum und Landeseinteilung. In: Martin Bundi und Christian Rathgeb (Hg.): Die Staatsverfassung Graubündens. Zur Entwicklung der Verfassung im Freistaat der Drei Bünde und im Kanton Graubünden. Chur, Zürich: Verlag Rüegger, S. 17–24.

Pilet, Jean-Benoit; Delwit, Pascal; Steyvers, Kristof; Reynaert, Herwig (2010): The Quasi-Presidentialisation of Local Political Systems? In: Herwig Reynaert, Kristof Steyvers, Pascal Delwit und Jean-Benoit Pilet (Hg.): Local Political Leadership in Europe. Town Chief, City Boss or Loco President? Baden Baden: Nomos, S. 397–406.

Pitlik, Hans; Schratzenstaller; Bauer, Helfried; Biwald, Peter; Haindl, Anita (2012): Optionen zur Stärkung der Abgabenautonomie der österreichischen Gemeinden. Hg. v. Österreichisches Institut für Wirtschaftsforschung, KDZ – Zentrum für Verwaltungsforschung. Wien.

Pitlik, Hans; Wirth, Klaus; Lehner, Barbara (2010): Gemeindestruktur und Gemeindekooperaiton. Hg. v. Österreichisches Institut für Wirtschaftsforschung, KDZ – Zentrum für Verwaltungsforschung, Wien.

Pizzinini, Meinrad (Hg.) (1990): Zeitgeschichte Tirols. Innsbruck-Wien, Bozen: Tyrolia-Verlag; Athesia Verlag.

Pizzolato, Filippo (2003): Il principio di sussidiarietà. In: Tania Groppi und Marco Olivetti (Hg.): La Repubblica delle autonomie. Regioni ed enti locali nel nuovo titolo V. Torino: G. Giappichelli.

Plasser, Fritz; Ulram, Peter A. (2003): Regionale Mentalitätsdiffernezen in Österreich: Empirische Sondierungen. In: Herbert Dachs (Hg.): Der Bund und die Länder. Über Dominanz, Kooperation und Konflikte im österreichischen Bundesstaat. Wien: Böhlau (Schriftenreihe des Forschungsinstitutes für Politisch-Historische Studien der Dr.-Wilfried-Haslauer-Bibliothek, Salzburg, Bd. 6/10), S. 421–440.

Plüss, Larissa; Kübler, Daniel (2013): Coordinating Community Governance? Local Councillors in Different Governance Network Arrangements. In: Björn Egner, David Sweeting und Pieter-Jan Klok (Hg.): Local Councillors in Europe. Wiesbaden: Springer VS (Urban and Regional Research International, 14), S. 203–219.

Poirier, Johanne (2019): Intergovernmental Relations in Federal Systems: Ubiquitous, Idiosyncratic, Opaque and Essential. In: *50 Shades of Federalism*. Online verfügbar unter http://50shadesoffederalism.com/theory/intergovernmental-relations-in-federal-systems-ubiquitous-idiosyncratic-opaque-and-essential/, zuletzt geprüft am 06.04.2023.

Poirier, Johanne (2023): Intergovernmental Relations: The Lifeblood of Federalism. In: John Kincaid und J. Wesley Leckrone (Hg.): Teaching Federalism.

Multidimensional Approaches. Cheltenham: Edward Elgar Publishing Inc., S. 79–90.

Poirier, Johanne; Saunders, Cheryl (2015a): Comparing Intergovernmental Relations in Federal Systems: An Introduction. In: Johanne Poirier, Cheryl Saunders und John Kincaid (Hg.): Intergovernmental Relations In Federal Systems. Comparative Structures and Dynamics. Don Mills, Ontario: Oxford University Press, S. 1–13.

Poirier, Johanne; Saunders, Cheryl (2015b): Conclusion: Comparative Experience of Intergovernmental Relations in Federal Systems. In: Johanne Poirier, Cheryl Saunders und John Kincaid (Hg.): Intergovernmental Relations In Federal Systems. Comparative Structures and Dynamics. Don Mills, Ontario: Oxford University Press, S. 440–478.

Poirier, Johanne; Saunders, Cheryl; Kincaid, John (Hg.) (2015): Intergovernmental Relations In Federal Systems. Comparative Structures and Dynamics. Don Mills, Ontario: Oxford University Press.

Pollitt, Christopher; Bouckaert, Geert (2017): Public Management Reform. A Comparative Analysis – Into the Age of Austerity. 4. Aufl. Oxford, New York: Oxford University Press.

Popelier, Patricia (2021): Dynamic Federalism. A New Theory for Cohesion and Regional Autonomy. Milton Park Abingdon Oxon, New York: Routledge (Comparative Constitutional Change).

Porst, Rolf (2014): Fragebogen. Ein Arbeitsbuch. Wiesbaden: Springer VS Wiesbaden.

Pratchett, Lawrence (2004): Local Autonomy, Local Democracy and the 'New Localism'. In: *Political Studies* 52, S. 358–375.

Promberger, Kurt; Resch, Sigrid, Bodemann, Markus; Bernhart, Josef (2005): Management der Gemeinden in Tirol und Südtirol. Innsbruck: Studienverlag.

Prorok, Thomas (2020): Aufgaben von Bezirksverwaltungsbehörden in funktionalen Räumen. In: Peter Bußjäger, Josef Kronister und Christoph Schramek (Hg.): Herausforderungen der Bezirksverwaltung. Wien: Institut für Föderalismus (Schriftenreihe Institut für Föderalismus, Band 131), S. 55–63.

Prorok, Thomas; Mitterer, Karoline; Hochholdinger, Nikola; Haindl, Anita (2013): Struktur, Steuerung und Finanzierung von kommunalen Aufgaben in Stadtregionen. Österreichischer Städtetag 2013. Endbericht. Wien: KDZ – Zentrum für Verwaltungsforschung.

Pürgy, Erich (2012): Bezirksvewaltungsbehörden. In: Erich Pürgy: Das Recht der Länder. Wien: Sramek (Öffentliches Recht), S. 443–462.

Rathgeb, Alois; Maurer, Michael (2020): Kommunale Herausforderungen in Zeiten von Covid-19. Ergebnisse einer Befragung von Tiroler BürgermeisterInnen.

Hg. v. GemNova Dienstleistungs GmbH und Tiroler Gemeindeverband. Online verfügbar unter https://www.gemnova.at/files/bericht_kommunale_herausforderungen_final.pdf, zuletzt geprüft am 06.04.2023.

Rathgeb, Christian (2003): Neue bündnerische Verfassungsgeschichte (ab 1798 bis heute). In: Martin Bundi und Christian Rathgeb (Hg.): Die Staatsverfassung Graubündens. Zur Entwicklung der Verfassung im Freistaat der Drei Bünde und im Kanton Graubünden. Chur, Zürich: Verlag Rüegger, S. 105–171.

Rathgeb, Christian (2006): Neuere Verfassungsentwicklung in Graubünden – ein Überblick. In: Christian Rathgeb und Martin Bundi (Hg.): Graubünden zwischen Integration und Isolation. Chur, Glarus, Zürich: Südostschweiz Buchverlag, S. 9–42.

Rathgeb, Christian; Bundi, Martin (Hg.) (2006): Graubünden zwischen Integration und Isolation. Chur, Glarus, Zürich: Südostschweiz Buchverlag.

Regierung des Kantons Graubünden (2022): Sitzung vom 10.05.2022, Protokoll Nr. 436/2022.

Regionalmanagement für den Bezirk Schwaz (2018). In: *Kommunal*, 02.05.2018. Online verfügbar unter https://kommunal.at/regionalmanagement-fuer-den-bezirk-schwaz, zuletzt geprüft am 06.04.2023.

Reingewertz, Yaniv; Serritzlew, Soren (2018): Special Issue on Municipal Amalgamations. Guest Editors' Introduction. In: *Local Government Studies* 45 (5), S. 603–610.

Reitel, Bernard; Wassenberg, Birte; Peyrony, Jean (2018): The INTERREG Experience in Bridging European Territories. A 30-Year Summary. In: Eduardo Medeiros (Hg.): European Territorial Cooperation. Cham: Springer, S. 7–23.

Requejo Coll, Ferran (2011): Decentralisation and Federal and Regional Asymmetries in Comparative Politics. In: Ferran Requejo Coll und Klaus-Jürgen Nagel (Hg.): Federalism Beyond Federations. Asymmetry and Processes of Resymmetrization in Europe. Farnham: Ashgate (Federalism Studies), S. 1–12.

Rhodes, Roderick Arthur William (1981): Control and Power in Central-local Government Relations. Farnborough: Gower.

Richter, Dagmar (2005): Sprachenordnung und Minderheitenschutz im schweizerischen Bundesstaat. Relativität des Sprachenrechts und Sicherung des Sprachfriedens. Berlin, Heidelberg: Springer-Verlag.

Riedmann, Josef (2001): Geschichte Tirols. 3. Aufl. Wien, München: Verlag für Geschichte und Politik; Oldenbourg (Geschichte der österreichischen Bundesländer).

Risse, Horst; Andrew, Caroline; Singh, Dalbir; Keswany, Suresh (2008): Local Government in Federal Systems. In: John Kincaid und Rupak Chattopadhyay

(Hg.): Local Government in Federal Systems. New Dehli [u.a.]: Viva Books (Unity in Diversity, 4).

Riz, Roland; Happacher, Esther (2013): Grundzüge des Italienischen Verfassungsrechts unter Berücksichtigung der verfassungsrechtlichen Aspekte der Südtiroler Autonomie. 4. erweiterte und überarbeitete Aufl. Innsbruck: Studia Universitätsverlag.

Rodríguez-Teruel, Juan; Daloz, Jean-Pascal (2018): Surveying and Observing Political Elites. In: Heinrich Best und John Higley (Hg.): The Palgrave Handbook of Political Elites. London: Palgrave Macmillan, S. 93–113.

Rolla, Giancarlo (2003): L'autonomia dei comuni e delle province. In: Tania Groppi und Marco Olivetti (Hg.): La Repubblica delle autonomie. Regioni ed enti locali nel nuovo titolo V. Torino: G. Giappichelli.

Rubin, Herbert J.; Rubin, Irene S. (2005): Qualitative Interviewing. The Art of Hearing Data. 2. Aufl. Thousand Oaks: Sage Publications.

Ruggiu, Ilenia (2011): Il sistema delle conferenze ed il ruolo istituzionale delle Regioni nelle decisioni statali. In: *Le Regioni* 2–3, S. 529–556.

Rühli, Lukas (2012): Gemeindeautonomie zwischen Illusion und Realität. Kantonsmonitoring 4: Gemeindestrukturen und Gemeindestrukturpolitik der Kantone. Hg. v. Avenir Suisse. Online verfügbar unter https://www.avenir-suisse.ch/publication/kantonsmonitoring-4-gemeindeautonomie-zwischen-illusion-und-realitat/, zuletzt geprüft am 05.04.2023.

Rühli, Lukas (2016): Noch 2294 Gemeinden in der Schweiz. Warum Fusionsförderung durch die Kantone sinnvoll ist. Hg. v. Avenir Suisse. Online verfügbar unter https://www.avenir-suisse.ch/noch-2294-gemeinden-in-der-schweiz/, zuletzt geprüft am 05.04.2023.

Ryan, Roberta; Hastings, Catherine; Grant, Bligh; Lawrie, Alex; Ní Shé, Éidín; Wortley, Liana (2016): The Australian Experience of Municipal Amalgamation. Asking the Citizenry and Exploring the Implications. In: *Australian Journal of Public Administration* 75 (3), S. 373–390.

Salat, Levante; Constantin, Sergiu; Osipov, Alexander; Székely, István Gergö (Hg.) (2014): Autonomy Arrangements Around the World: A Collection of Well and Lesser Known Cases. Cluj-Napoca: Editura Institutului pentru Studierea Problemelor Minoritatilor Nationale.

Salcher, Christine; Hauser, Josef; Musch, Janine (2020): Interkommunale Zusammenarbeit in Tirol. Hg. v. Land Tirol Abteilung Gemeinden. Innsbruck.

Sandner, Günther (2012): Sozialdemokratie in Österreich. Von den Anfängen der Arbeiterbewegung zur modernen Sozialdemokratie. Wien: Karl-Renner-Institut.

Saunders, Cheryl (2006): Legislative, Executive, and Judicial Insitutions: A Synthesis. In: Katy Le Roy, Cheryl Saunders und John Kincaid (Hg.): Legislative,

Executive, and Judicial Governance in Federal Countries. Montreal: McGill-Queen's University Press, S. 344–384.

Saunders, Cheryl (2009): Towards a Global Constitutional Gene Pool. In: *National Taiwan University Law Review* 4 (3), S. 2–38.

Schachner-Blazizek, Alfred; Schachner-Blazizek, Peter (1995): Gemeinderecht und Gemeindeverwaltung. Die 100 Jahre von 1848–1948. Graz: Leykam.

Schantl, Alexandra; Pichler, Dalilah; Prorok, Thomas (2021): Local Government in Austria. Responses to Urban-Rural Challenges. Bolzano/Bozen: Eurac Research.

Scharpf, Fritz W. (1978): Die Theorie der Politikverflechtung: ein kurzgefasster Leitfaden. In: Joachim Jens Hesse (Hg.): Politikverflechtung im föderativen Staat. Studien zum Planungs- und Finanzierungsverband zwischen Bund, Ländern und Gemeinden. 1. Aufl. Baden-Baden: Nomos, S. 21–31.

Scharpf, Fritz W. (2000): Interaktionsformen. Akteurzentrierter Institutionalismus in der Politikforschung. Opladen: Leske + Budrich (UTB für Wissenschaft Uni-Taschenbücher Politikwissenschaft, 2136).

Schenk, Emanuel (1997): Das Vernehmlassungsverfahren aus der Sicht der Praxis. In: *LeGes – Gesetzgebung & Evaluation* (1), S. 83–88.

Schennach, Martin P. (2016): Zur historischen Entwicklung der Kompetenzverteilung in Österreich. In: Anna Gamper, Peter Bußjäger, Ferdinand Karlhofer, Günther Pallaver und Walter Obwexer (Hg.): Föderale Kompetenzverteilung in Europa. Baden Baden: Nomos, S. 489–521.

Schmidt, Manfred G. (2004): Wörterbuch zur Politik. 2. Aufl. Stuttgart: Kröner.

Schmidt, Kerstin; Große Starmann, Carsten (2006): Kommunen im demographischen Wandel. In: Aus Politik und Zeitgeschichte: Kommunen im Wandel. APuZ 21–22/2006, S. 10–17.

Schmitt, Nicolas (2012): New Constitutions for All Swiss Cantons: A Contemporary Challenge. In: Michael Burgess und G. Alan Tarr (Hg.): Constitutional Dynamics in Federal Systems. Sub-national Perspectives. Montréal, Québec: McGill-Queen's University Press, S. 140–163.

Schuler, Frank (2006): Entstehungsgeschichte. In: Bänziger, Mengiardi, Toller & Partner (Hg.): Kommentar zur Verfassung des Kantons Graubünden. Chur: Südostschweiz Buchverlag.

Schwab, Christian; Bouckaert, Geert; Kuhlmann, Sabine (2017a): Conclusion: Lessons and Advice for Future Local Government in Europe Seite. In: Christian Schwab, Geert Bouckaert und Sabine Kuhlmann (Hg.): The Future of Local Government in Europe. Lessons from Research and Practice in 31 Countries. 1. Aufl. Baden-Baden: Nomos, Edition Sigma (Modernisierung des öffentlichen Sektors. Sonderband, 47), S. 101–112.

Schwab, Christian; Bouckaert, Geert; Kuhlmann, Sabine (Hg.) (2017b): The Future of Local Government in Europe. Lessons from Research and Practice in 31 Countries. 1. Aufl. Baden-Baden: Nomos, Edition Sigma (Modernisierung des öffentlichen Sektors. Sonderband, 47).

Schweizerischer Bundesrat (2015): Agglomerationspolitik des Budnes 2016+. Für eine kohärente Raumentwicklung Schweiz,. Bericht vom 18. Februar 2015. Bern.

Seidman, Irving (2006): Interviewing as Qualitative Research. A Guide for Researchers in Education and the Social Sciences. 3. Aufl. New York: Teachers College Press.

Seiler, Hansjörg (2001): § 31 Gemeinden im schweizerischen Staatsrecht. In: Daniel Thürer, Jean-François Aubert und Jörg Paul Müller (Hg.): Verfassungsrecht der Schweiz / Droit constitutionnel suisse. Zürich: Schulthess, S. 491–506.

Sellers, Jefferey; Lidström, Anders (2007): Decentralization, Local Government, and the Welfare State. In: *Governance* 20 (4), S. 609–632.

Servizio studi del Senato (2016): Il "sistema delle Conferenze". Dossier XVII Legislatura. 275. Aufl. Hg. v. Servizio studi del Senato.

Servizio studi del Senato (2019): Il processo di attuazione del regionalismo differenziato. 104. Aufl. Hg. v. Servizio studi del Senato.

Seuberlich, Marc (2012): Interkommunale Zusammenarbeit als Rettungsanker? – Wie die Länder dieses Instrument für ihre Kommunen nutzen. In: *dms – der moderne staat – Zeitschrift für Public Policy, Recht und Management* 5 (1), S. 105–124.

Shah, Anwar (2007): Principles of Fiscal Federalism. In: Anwar Shah (Hg.): The Practice of Fiscal Federalism: Comparative Perspectives. Montréal, London: McGill-Queen's Univ. Press (A Global Dialogue on Federalism), S. 3–42.

Sharpe, Laurence J. (1970): Theories and Values of Local Government. In: *Political Studies* 18 (2), S. 153–174.

Shrestha, Manoj K.; Feiock, Richard C. (2009): Governing US Metropolitan Areas. In: *American Research Politics* 37 (5), S. 801–823.

Sio, Lorenzo de; Vezzoni, Cristiano (2013): How Far is the City? Geographical Remoteness and Voting Behaviour in Italy and France. In: *Rivista Italiana di Scienza Politica* (2), S. 253–275.

Slack, Enid; Chattopadhyay, Rupak (2013): Governance and Finance of Metropolitan Areas in Federal Systems. Don Mills: Oxford University Press.

Soguel, Nils C. (2006): The Inter-municipal Cooperation in Switzerland and the Trend Towards Amalgamation. In: *Urban Public Economics Review* 6, S. 169–188.

Soguel, Nils C.; Jaquerod, Manon (2021): The Resistance Threshold to the Amalgamation of Jurisdictions: MP's Attitudes About Budget Control and Social Identification in the Swiss Cantons. In: Tomas Bergström, Jochen Franzke, Sabine Kuhlmann und Ellen Wayenberg (Hg.): The Future of Local Self-Government. European Trends in Autonomy, Innovations and Central-Local Relations. Basingstoke: Palgrave Macmillan (Palgrave Studies in Sub-national Governance), S. 131–144.

Sonntag, Niklas (2016): Interkommunale Zusammenarbeit und Gemeindezusammenlegungen in Tirol. Rechtliche Rahmenbedinungen und Praxix. In: Alice Engl, Günther Pallaver und Elisabeth Alber (Hg.): Politika 2016. Südtiroler Jahrbuch für Politik. Annuario di politica dell'Alto Adige. Anuar de politica dl Südtirol. Die Gemeinden der Europaregion Tirol-Südtirol-Trentino. Partizipation, Zusammenarbeit, Finanzierung. Ein Vergleich. Bolzano/Bozen: Edition Raetia, S. 323–338.

Soukopová, Jana; Vaceková, Gabriela (2016): Internal Factors of Intermunicipal Cooperation. What Matters Most and Why? In: *Local Government Studies* 44 (1), S. 105–126.

Soukopová, Jana; Vaceková; Gabriela; Klimovský, Daniel (2017): Local Waste Management in the Czech Republic: Limits and Merits of Public-private Partnership and Contracting Out. In: *Utilities Policy* 48, S. 201–209.

Staderini, Francesco; Caretti, Paolo; Milazzo, Pietro (2019): Diritto degli enti locali. Milano, Padova: Wolters Kluwer; CEDAM (CEDAM scienze giuridiche).

Steen, Trui; Teles, Filipe; Torsteinsen, Harald (2017): Improving Local Service Delivery: Increasing Performance through Reforms. In: Christian Schwab, Geert Bouckaert und Sabine Kuhlmann (Hg.): The Future of Local Government in Europe. Lessons from Research and Practice in 31 Countries. 1 Edition. Baden-Baden: Nomos, Edition Sigma (Modernisierung des öffentlichen Sektors, Sonderband, 47), S. 53–77.

Steenbergen, Marco; Marks, Gary (2007): Evaluating Expert Judgments. In: *European Journal of Political Research* 46 (3), S. 347–366.

Steinacker, Annette (2010): The Institutional Collective Action Perspective on Self-Organizing Mechanisms. Market Failures and Transaction Cost Problems. In: Richard C. Feiock und John T. Scholz (Hg.): Self-Organizing Federalism: Collaborative Mechanisms to Mitigate Institutional Collective Action Dilemmas. Cambridge: Cambridge University Press, S. 51–72.

Steinbock, Heinz (2022): Die Sorgen der Gemeinden. In: *OÖ Nachrichten*, 30.06.2022. Online verfügbar unter https://www.nachrichten.at/politik/innenpolitik/die-sorgen-der-gemeinden;art385,3673961, zuletzt geprüft am 06.04.2023.

Steiner, Reto (2002): Interkommunale Zusammenarbeit und Gemeindezusammenschlüsse in der Schweiz. Erklärungsansätze, Umsetzungsmöglichkeiten und Erfolgsaussichten. Bern, Stuttgart, Wien: Paul Haupt.

Steiner, Reto (2003): The Causes, Spread and Effects of Intermunicipal Cooperation and Municipal Mergers in Switzerland. In: *Public Management Review* 5 (4), S. 551–571.

Steiner, Reto (2006): Interkommunale Zusammenarbeit und Gemeindezusammenschlüsse in der Schweiz. In: Peter Biwald, Hans Hack und Klaus Wirth: Interkommunale Kooperation. Zwischen Tradition und Aufbruch. Graz: Neuer Wissenschaftlicher Verlag (Öffentliches Management und Finanzwirtschaft, 3), S. 35–59.

Steiner, Reto; Kaiser, Claire (2018a): Amalgamation and Inter-Municipal Cooperation: Alternative or Consecutive Reform Strategies? An Analysis Based on an Empirical Longitudinal Study of Swiss Local Governments. Paper, ECPR General Conference, 22–25 August 2018.

Steiner, Reto; Kaiser, Claire (2018b): Inter-municipal Cooperation in Switzerland. In: Filipe Teles und Pawel Swianiewicz (Hg.): Inter-Municipal Cooperation in Europe. Institutions and Governance. Cham: Palgrave Macmillan, S. 173–187.

Steiner, Reto; Kaiser, Claire; Eythórsson Grétar Thór (2016): A Comparative Analysis of Amalgamation Reforms in Selected European Countries. In: Sabine Kuhlmann und Geert Bouckaert (Hg.): Local Public Sector Reforms in Times of Crisis. London: Palgrave Macmillan UK, S. 23–42.

Steiner, Reto; Kaiser, Claire; Reichmuth, Lukas (2017): Gemeindebefragung 2017 – Zustand der Gemeinden des Kantons Bern. Ergebnisse einer nationalen Gemeindebefragung. Studie im Auftrag des Amtes für Gemeinden und Raumordnung. Hg. v. Schweizerisches Institut für öffentliches Management.

Steiner, Reto; Ladner, Andreas; Kaiser, Claire; Haus, Alexander; Amsellem, Ada; Machljankin, J. (2019): Gemeindemonitoring der Schweizer Gemeinden [Dataset]. Lausanne.

Steiner, Reto; Ladner, Andreas; Reist, Pascal (Hg.) (2014): Reformen in Kantonen und Gemeinden. 1. Aufl. Bern: Haupt Verlag.

Steiniger, Rolf (1997): Südtirol im 20. Jahrhundert. Innsbruck, Wien: Studienverlag.

Steiniger, Rolf (2003): Südtirol. Vom Ersten Weltkrieg bis zur Gegenwart. Innsbruck: Studienverlag.

Stepan, Alfred (1999): Federalism and Democracy: Beyond the US Model. In: *Journal of Democracy* 10 (4), S. 19–34.

Steytler, Nico (2007): Comparative Reflections on Local Government and Metropolitan Regions in Federal Systems. In: Raoul Blindenbacher und Chandra

Pasma (Hg.): Dialogues on Local Government and Metropolitan Regions in Federal Countries. Ottawa: Forum of Federations and International Association of Centers for Federal Studies.

Steytler, Nico (2009a): Comparative Conclusions. In: Nico Steytler und John Kincaid (Hg.): Local Government and Metropolitan Regions in Federal Countries. Montreal et al.: McGill-Queen's University Press (A Global Dialogue on Federalism, 6).

Steytler, Nico (2009b): Introduction. In: Nico Steytler (Hg.): Local Government and Metropolitan Regions in Federal Systems. Montreal et al.: McGill-Queen's University Press (A Global Dialogue on Federalism, 6), S. 3–6.

Steytler, Nico (2023): Local Governments in Federal Systems: Deepening Federal Democracy? In: John Kincaid und J. Wesley Leckrone (Hg.): Teaching Federalism. Multidimensional Approaches. Cheltenham: Edward Elgar Publishing Inc., S. 123–132.

Steytler, Nico (Hg.) (2024): The Forum of Federations' Handbook on Local Government in Federal Systems: Palgrave Macmillan.

Steytler, Nico; Kincaid, John (Hg.) (2009): Local Government and Metropolitan Regions in Federal Countries. Montreal: McGill-Queen's University Press (A Global Dialogue on Federalism, 6).

Steyvers, Kristof; Reynaert, Herwig; Delwit, Pascal; Pilet, Jean-Benoit (2010): Comparing Local Political Leadership in Tranformation. In: Herwig Reynaert, Kristof Steyvers, Pascal Delwit und Jean-Benoit Pilet (Hg.): Local Political Leadership in Europe. Town Chief, City Boss or Loco President? Baden Baden: Nomos, S. 9–28.

Steyvers, Kristof; Reynaert, Herwig; Valcke, Tony (2016): 'Army of One or Join the Club'? Comparing Local Political Leadership in Europe. In: Ludger Helms (Hg.): Comparative Political Leadership. 1. Aufl. Basingstoke: Palgrave Macmillan (Palgrave Studies in Political Leadership Series), S. 227–248.

Stoker, Gerry; Bunting, Hannah; McKay, Lawrence (2023): Trust and Local Government: A Positive Relationship? In: Filipe Teles (Hg.): Handbook on Local and Regional Governance. Cheltenham: Edward Elgar Publishing (Elgar Handbooks in Public Administration and Management), S. 49–64.

Stol.it (2021): Zwischengemeindliche Zusammenarbeit: 332.000 Euro für 6 Gemeinden. In: *Stol.it*, 11.08.2021. Online verfügbar unter https://www.stol.it/artikel/politik/zwischengemeindliche-zusammenarbeit-332000-euro-fuer-6-gemeinden, zuletzt geprüft am 06.04.2023.

Strandberg, Kim; Leino, Mikko; Lindell, Marina; Christensen, Henrik Serup; Setälä, Maija (2022): Citizens' Intertemporal Perspectives on Municipal Mergers and the Role of Deliberation for These. In: *Journal of Contemporary European Studies* 11 (2), S. 1–15.

Strandberg, Kim; Lindell, Marina (2020): Citizens' Attitudes Towards Municipal Mergers – Individual-Level Explanations. In: *Scandinavian Political Studies* 43 (4), S. 296–316.

Strasak, Sebastian (2014): Die Entwicklung der Tiroler Landesverfassung seit dem Jahr 1861. Dissertation. Institut für Römisches Recht und Rechtsgeschichte. Universtität Innsbruck, Innsbruck.

Straßheim, Holger (2013): Vernetzung als lokale Krisenstrategie? Perspektiven der interpretativen Governance- und Verwaltungsforschung. In: Michael Haus und Sabine Kuhlmann (Hg.): Lokale Politik und Verwaltung im Zeichen der Krise? Wiesbaden: Springer VS, S. 121–138.

Strebel, Michael A. (2018): Incented Voluntary Municipal Mergers as a Two-Stage Process: Evidence from the Swiss Canton of Fribourg. In: *Urban Affairs Review* 54 (2), S. 267–301.

Strebel, Michael A.; Kübler, Daniel (2021): Citizens' Attitudes Towards Local Autonomy and Inter-local Cooperation. Evidence from Western Europe. In: *Comparative European Politics* 19 (2), S. 188–207.

Sturm, Roland (2005): Austria (Federal Republic of Austria). In: Ann Lynn Griffiths und Karl Nerenberg (Hg.): Handbook of Federal Countries, Montréal et al: McGill-Queen's University Press, S. 45–57.

Südtiroler Gemeindenverband Genossenschaft (2022): Tätigkeitsbericht 2022. Online verfügbar unter https://www.gvcc.net/de/Organisation/Aktuelles/Taetigkeitsberichte, zuletzt geprüft am 06.04.2023.

Südtiroler Gemeindenverband Genossenschaft (o.J.): Konsortium WEG Etsch-Bozen. Online verfügbar unter https://www.gvcc.net/de/Konsortium_WEG_Etsch_-_Bozen, zuletzt geprüft am 06.04.2023.

Südtiroler Landesverwaltung (2012): Vereinbarungen über die Gemeindefinanzierung für das Jahr 2012. 4. Zusatzvereinbarung Gemeindefinanzierung für 2012. Online verfügbar unter https://www.provinz.bz.it/verwaltung/oertliche-koerperschaften/gemeinden/vereinbarungen-gemeindenfinanzierung.asp?publ_page=5, zuletzt geprüft am 06.04.2023.

Südtiroler Landesverwaltung (2019): Vereinbarungen über die Gemeindefinanzierung für das Jahr 2019. 7. Zusatzvereinbarung Gemeindefinanzierung für 2019. Online verfügbar unter https://www.provinz.bz.it/verwaltung/oertliche-koerperschaften/gemeinden/vereinbarungen-gemeindenfinanzierung.asp?publ_page=5, zuletzt geprüft am 06.04.2023.

Südtiroler Landesverwaltung (2021a): Vereinbarungen über die Gemeindefinanzierung für das Jahr 2021. 2. Zusatzvereinbarung Gemeindenfinanzierung von 2021. Online verfügbar unter https://www.provinz.bz.it/verwaltung/oertliche-koerperschaften/gemeinden/vereinbarungen-gemeindenfinanzierung.asp, zuletzt geprüft am 06.03.2023.

Südtiroler Landesverwaltung (2021b): Vereinbarungen über die Gemeindefinanzierung für das Jahr 2021. 8. Zusatzvereinbarung Gemeindenfinanzierung von 2021. Online verfügbar unter https://www.provinz.bz.it/verwaltung/oertliche-koerperschaften/gemeinden/vereinbarungen-gemeindenfinanzierung.asp, zuletzt geprüft am 06.04.2023.

Südtiroler Landesverwaltung (2021c): Vereinbarungen über die Gemeindenfinanzierung für das Jahr 2021. Vereinbarung vom 29. Dezember 2020. Online verfügbar unter https://www.provinz.bz.it/verwaltung/oertliche-koerperschaften/gemeinden/vereinbarungen-gemeindenfinanzierung.asp, zuletzt geprüft am 06.04.2023.

Südtiroler Landesverwaltung (2022a): Vereinbarungen über die Gemeindefinanzierung für das Jahr 2022. 2. Zusatzvereinbarung Gemeindenfinanzierung für 2022. Online verfügbar unter https://www.provinz.bz.it/verwaltung/oertliche-koerperschaften/gemeinden/vereinbarungen-gemeindenfinanzierung.asp, zuletzt geprüft am 06.04.2023.

Südtiroler Landesverwaltung (2022b): Vereinbarungen über die Gemeindefinanzierung für das Jahr 2022. 9. Zusatzvereinbarung Gemeindefinanzierung für 2022. Online verfügbar unter https://www.provinz.bz.it/verwaltung/oertliche-koerperschaften/gemeinden/vereinbarungen-gemeindenfinanzierung.asp?publ_page=5, zuletzt geprüft am 06.04.2023.

Südtiroler Landtag (2017): Sitzungs- und Wortprotokoll der 183. Sitzung vom 9. November 2017. Rede von Landesrat Arnold Schuler am 09.11.2017. Online verfügbar unter https://www.landtag-bz.org/de/datenbanken-sammlungen/legislaturperiode-15.asp?somepubl_page=2, zuletzt geprüft am 06.04.2023.

Svensson, Sara (2013): Social Capital and Governance in European Borderlands: A Comparative Study of Euroregions as Policy Actors. Dissertation. Doctoral School of Political Science, Public Policy and International Relations. Central European University, Budapest.

Svensson, Sara (2015): The Bordered World of Cross-border Cooperation: The Determinants of Local Government Contact Networks within Euroregions. In: *Regional & Federal Studies* 25 (3), S. 277–295.

Swianiewicz, Pawel (2014): An Empirical Typology of Local Government Systems in Eastern Europe. In: *Local Government Studies* 40 (2), S. 292–311.

Swianiewicz, Pawel (2016): If Territorial Fragmentation Is a Problem, is Amalgamation a Solution? – Ten Years Later. In: *Local Government Studies* 44 (1), S. 1–10.

Swianiewicz, Pawel (2018): Actors in Inter-municipal Cooperation. In: Filipe Teles und Pawel Swianiewicz (Hg.): Inter-Municipal Cooperation in Europe. Institutions and Governance. Cham: Palgrave Macmillan, S. 43–56.

Swianiewicz, Paweł; Gendźwiłł, Adam; Houlberg, Kurt; Klausen, Jan Erling (2022): Municipal Territorial Reforms of the 21st Century in Europe. London: Routledge.

Swianiewicz, Pawel; Teles, Filipe (2018): Inter-municipal Cooperation. Diversity, Evolution and Future Research Agenda. In: Filipe Teles und Pawel Swianiewicz (Hg.): Inter-Municipal Cooperation in Europe. Institutions and Governance. Cham: Palgrave Macmillan, S. 335–350.

Tausendpfund, Markus; Vetter, Angelika (Hg.) (2017): Politische Einstellungen von Kommunalpolitikern im Vergleich. Wiesbaden: Springer VS.

Tavares, António (2021): Advancing the Research Agenda on Local Territorial Reforms: Taking Time and Space Seriously. In: Marta Lackowska, Katarzyna Szmigiel-Rawska und Filipe Teles (Hg.): Local Government in Europe: New Perspectives and Democratic Challenges. 1. Aufl. Bristol: Bristol University Press, S. 3–17.

Tavares, Antonio F.; Camões, Pedro J. (2010): New Forms of Local Governance: A Theoretical and Empirical Analysis of Municipal Cooperations in Portugal. In: *Public Management Review* 12 (5), S. 587–608.

Tavares, António; Feiock, Richard C. (2018): Applying an Institutional Collective Action Framework to Investigate Intermunicipal Cooperation in Europe. In: *Perspectives on Public Management and Governance* 1 (4), S. 299–316.

Teles, Filipe (2013): Facilitative Mayors in Complex Environments. Why Political Will Matters. In: *Local Government Studies* 40 (5), S. 809–829.

Teles, Filipe (2014): Facilitative Mayors in Complex Environments: Why Political Will Matters. In: *Local Government Studies* 40 (5), S. 809–829.

Teles, Filipe (2016): Local Governance and Inter-Municipal Cooperation. Basingstoke, Hampshire: Palgrave Macmillan.

Teles, Filipe; Kettunen, Pekka (2016): Why Municipal Cooperation Matters? Diversity and Research Agendas. In: Ugur Sadioglu und Kadir Dede (Hg.): Theoretical Foundations and Discussions on the Reformation Process in Local Governments: IGI Global, S. 140–152.

Teles, Filipe; Swianiewicz, Pawel (Hg.) (2018a): Inter-Municipal Cooperation in Europe. Institutions and Governance. Cham: Palgrave Macmillan.

Teles, Filipe; Swianiewicz, Pawel (2018b): Motives for Revisiting Inter-municipal Cooperation. In: Filipe Teles und Pawel Swianiewicz (Hg.): Inter-Municipal Cooperation in Europe. Institutions and Governance. Cham: Palgrave Macmillan, S. 1–14.

The Congress of Local and Regional Authorities (2011): Local and Regional Democracy in Austria. CG(20)8, 3 March 2011. Hg. v. Congress of Local and Regional Authorities.

The World Bank (2021): Urban Population (% of total population). United Nations Population Division. World Urbanization Prospects: 2018 Revision. Online verfügbar unter https://data.worldbank.org/indicator/SP.URB.TOTL.IN.ZS?end=2020&start=1960&view=chart, zuletzt geprüft am 06.04.2023.

Thom, Norbert; Steiner, Reto (2003): Interkommunale Zusammenarbeit und Gemeindezusammenschlüsse in der Schweiz. In: Ernst Bernd Blümle, Helmut Pernsteiner, Robert Purtschert und René Andeßner (Hg.): Öffentliche Verwaltung und Nonprofit-Organisationen: Festschrift Reinbert Schauer. Wien: Linde Verlag Ges.m.b.H.

Thöni, Erich (2013): Gemeindezusammenlegungen und Gemeindekooperationen aus (polit-)ökonomischer Sicht. In: Ferdinand Karlhofer und Günther Pallaver (Hg.): Politik in Tirol. Jahrbuch 2013. Innsbruck: Studienverlag, S. 179–198.

Thyer, Bruce A. (Hg.) (2001): The Handbook of Soical Work Research Methods. Thousand Oaks: Sage Publications.

Tirol will Fusionen von Gemeinden fördern (2017). In: *Wiener Zeitung*, 02.05.2017. Online verfügbar unter https://www.wienerzeitung.at/themen/stadt-und-land/889550-Tirol-will-Fusionen-von-Gemeinden-foerdern.html, zuletzt geprüft am 06.04.2023.

Tirol.orf.at (2020): „Wipptaler sind für Gemeindefusion". 20.09.2020. Online verfügbar unter https://tirol.orf.at/stories/3067751/, zuletzt geprüft am 06.04.2023.

Tirol.orf.at (2023a): „Sanierung der GemNova gescheitert". 10.07.2023. Online verfügbar unter https://tirol.orf.at/stories/3215269/, zuletzt geprüft am 30.08.2023.

Tirol.orf.at (2023b): „GemNova Pleite: Heftige Kritik und Zuspruch". 10.07.2023. Online verfügbar unter https://tirol.orf.at/stories/3215283/, zuletzt geprüft am 30.08.2023.

Tiroler Gemeindekooperationspreis – GEKO 2020 (2020). In: *Bergsteigerdörfer*, 21.09.2020. Online verfügbar unter https://www.bergsteigerdoerfer.org/5346-0-Tiroler-Gemeindekooperations-Preis.html#mainheader, zuletzt geprüft am 06.04.2023.

Tiroler Gemeindeverband (2001): Kommentar zur Tiroler Gemeindeordnung 2001 TGO.

Tiroler Gemeindeverband (2022): Kommentar zur Tiroler Gemeindeordnung. 3. Aufl. Hg. v. Tiroler Gemeindeverband. Online verfügbar unter https://www.gemeindeverband-tirol.at/uploads/TGO_Elektronische_Fassung_Stand_Mai_2022.pdf, zuletzt geprüft am 30.08.2023.

Toonen, Theo A.J. (2009): Multi-level Governance and Intergovernmental Relations: Integrating the Theoretical Perspective. In: Eduardo Ongaro,

Andrew Massey, Marc Holzer und Ellen Wayenberg (Hg.): Governance and Intergovernmental Relations in the European Union and the United States. Cheltenham: Edward Elgar, S. 29–50.

Treib, Oliver (2015): Akteurzentrierter Institutionalismus. In: Georg Wenzelburger und Reimut Zohlnhöfer (Hg.): Handbuch Policy-Forschung. Wiesbaden: Springer VS, S. 277–303.

Troi, Gudrun; Fischer, Sabine Romy (2021): Leitfaden für die Zwischengemeindliche Zusammenarbeit. Bolzano/Bozen: Autonome Provinz Bozen-Südtirol. Online verfügbar unter https://www.provinz.bz.it/verwaltung/oertliche-koerperschaften/gemeinden/vereinbarungen-gemeindenfinanzierung.asp?publ_page=1, zuletzt geprüft am 06.04.2023.

Tronconi, Filippo; Verzichelli, Luca (2016): Empowering Sub-National Elites? The Effects of Personalisation and Federalisation on Multi-Level Career Paths. Paper presented at the XXIV IPSA World Congress of Political Science, Poznań, July 23–28.

Vakulenko, Veronika; Bourmistrov, Anatoli; Grossi, Giuseppe (2022): Through the Prism of Cognition. Exploration of Local Political Leaders' Behaviour During Incented Voluntary Municipal Amalgamation. In: *Local Government Studies* 3 (33), S. 1–25.

Valdesalici, Alice (2018): Autonomia finanziaria e specialitá: un modello per sei sistemi ad alto tasso di differenziazione. In: Francesco Palermo und Sara Parolari (Hg.): Le variabili della specialitá. Napoli: Edizioni scientifiche italiane, S. 161–198.

Valdesalici, Alice (2021): Financial Relations in the Italian Regional System. In: Erika Arban, Giuseppe Martinico und Francesco Palermo (Hg.): Federalism and Constitutional Law. The Italian Contribution to Comparative Regionalism. London: Routledge, S. 82–99.

van Deth, Jan W.; Tausendpfund, Markus (2013): Einführung: Ist alle Politik lokale Politik? In: Jan W. van Deth und Markus Tausendpfund (Hg.): Politik im Kontext, ist alle Politik lokale Politik? Individuelle und kontextuelle Determinanten politischer Orientierungen. Wiesbaden: Springer VS, S. 9–32.

van Genugten, Marieke; van Thiel, Sandra; Voorn, Bart (2020): Local Governments and Their Arm's Length Bodies. In: *Local Government Studies* 46 (1), S. 1–21.

Vandelli, Luciano (2012a): Crisi economica e trasformazioni del governo locale. Roma: Istituto della enciclopedia Italiana – Treccani.

Vandelli, Luciano (2012b): Local Government in Italy. In: Angel Manuel Moreno (Hg.): Local Government in the Member States of the European Union. 1 Aufl. Madrid: Instituto Nacional de Administración Pública (Administracion local y autonómica), S. 339–364.

Vandelli, Luciano (2013): Il sistema delle autonomie locali. 5. Aufl. Bologna: il Mulino.

Vandelli, Luciano (2014): Il governo locale. Bologna: il Mulino.

Vandelli, Luciano (2015): Il sistema delle autonomie locali. Bologna: il Mulino.

Vatter, Adrian (2018): Das politische System der Schweiz. Baden-Baden: Nomos (Studienkurs Politikwissenschaft).

Verwaltungsrichter-Vereinigung (2013): Zehn Jahre danach: Der Österreich-Konvent trägt späte Früchte, 26.06.2013. Online verfügbar unter https://uvsvereinigung.wordpress.com/2013/06/26/zehn-jahre-danach-der-osterreich-konvent-tragt-spate-fruchte/, zuletzt geprüft am 06.04.2023.

Villamena, Stefano (2013): Italy – Organisation and Responsibilities of the Local Authorities in Italy Between Unity and Autonomy. In: Carlo Panara und Mike Varney: Local Government in Europe. The "Fourth Level" in the EU Multi-Layered System of Governance. Milton Park, Abingdon, Oxon: Routledge, S. 183–230.

Vodyanitskaya, Elena (2016): Local Government. Encyclopedia Entries. In: Max Planck Encyclopedia of Comparative Constitutional Law, Oxford: Oxford University Press

Voorn, Bart; van Genugten, Marieke L.; van Thiel, Sandra (2017): The Efficiency and Effectiveness of Municipally Owned Corporations. A Systematic Review. In: *Local Government Studies* 43 (5), S. 820–841.

Walter, Maggie (Hg.) (2013): Social Research Methods. Oxford: Oxford University Press.

Wanner, C. (2006): Risiken und Chancen von Gemeindefusionen. In: *Schweizer Gemeinde* 3, S. 14–15.

Watts, Ronald L. (1999): Comparing Federal Systems. 2. Aufl. Montréal:, London: McGill-Queen's University Press.

Watts, Ronald L. (2006): Comparative Conclusions. In: Akhtar Majeed, Ronald L. Watts und Douglas M. Brown (Hg.): Distribution of Powers and Responsibilities in Federal Countries. Unter Mitarbeit von Akhtar Majeed, Ronald L. Watts, Douglas M. Brown und John Kincaid. Montreal: McGill-Queen's University Press, S. 322–350.

Watts, Ronald L. (2008): Comparing Federal Systems. 3. Aufl. Montréal: McGill-Queen's University Press; Chesham.

Watts, Ronald L.; Kincaid, John (2008): Introduction. In: John Kincaid und Rupak Chattopadhyay (Hg.): Local Government in Federal Systems. New Dehli et al.: Viva Books (Unity in Diversity, 4).

Wayenberg, Ellen; Kuhlmann, Sabine (2017): Comparative Local Government Reseearch: Theoretical Concepts and Empirical Findings From a European

Perspective. In: Edoardo Ongaro und Sandra van Thiel (Hg.): The Palgrave Handbook of Public Administration and Management in Europe. Basingstoke, Hampshire: Palgrave Macmillan, S. 841–863.

Weber, Karl (2020): Artikel 72 Bestand. In: Peter Bußjäger, Anna Gamper und Christian Ranacher (Hg.): Tiroler Landesverfassungsrecht. Wien: Verlag Österreich, S. 1021–1031.

Wieser, Armin (2021): Vereinigung von Gemeinden in Tirol. Rechtliche, wirtschaftliche und organisatorische Rahmenbedingungen für künftige Gemeindefusionen. Rechtswissenschaftliche Facharbeit im Rahmen des rechtskundigen Verwaltungsdienstes im Amt der Tiroler Landesregierung, Innsbruck.

Wimmer, Andreas (2020): Art. 77a Vereinbarungen zwischen Gemeinden. In: Peter Bußjäger, Anna Gamper und Christian Ranacher (Hg.): Tiroler Landesverfassungsrecht. Wien: Verlag Österreich, S. 1095–1101.

Wirth, Klaus (2006): Strategien zur Motivation – Monetäre und nichtmonetäre Anreize der Länder. In: Peter Biwald, Hans Hack und Klaus Wirth: Interkommunale Kooperation. Zwischen Tradition und Aufbruch. Wien, Graz: NWV, Neuer Wissenschaftlicher Verlag (Öffentliches Management und Finanzwirtschaft, 3), S. 167–170.

Wirth, Klaus (2012): Spekulationen, Hoffnungen, aber wenig handfeste Fakten? Warum Gemeindekooperationen dennoch eine gute Sache sind. In: Peter Bußjäger und Niklas Sonntag (Hg.): Gemeindekooperationen. Chancen nutzen – Potentiale erschließen. Wien: new academic press, S. 49–56.

Wirth, Klaus; Biwald, Peter (2006): Gemeindekooperationen in Österreich – Zwischen Tradition und Aufbruch. In: Peter Biwald, Hans Hack und Klaus Wirth: Interkommunale Kooperation. Zwischen Tradition und Aufbruch. Wien, Graz: NWV, Neuer Wissenschaftlicher Verlag (Öffentliches Management und Finanzwirtschaft, 3), S. 19–34.

Wirth, Klaus; Hack, Hans (2006): Interkommunale Kooperation als gesteuerter Entwicklungsprozess. In: Peter Biwald, Hans Hack und Klaus Wirth: Interkommunale Kooperation. Zwischen Tradition und Aufbruch. Wien, Graz: NWV, Neuer Wissenschaftlicher Verlag (Öffentliches Management und Finanzwirtschaft, 3), S. 300–314.

Wirth, Klaus; Matschek, Markus (2005): Interkommunale Zusammenarbeit. Möglichkeiten, Grenzen und aktueller Entwicklungsbedarf. In: *ÖGZ* 71 (8).

Woelk, Jens (2005): Südtirol im kooperativen Regionalismus Italiens. Institutionen und Verfahren in den Beziehungen zwischen Staat und Regionen. In: Joseph Marko, Sergio Ortino, Francesco Palermo, Leohnhard Voltmer und Woelk Jens (Hg.): Die Verfassung der Südtiroler Autonomie.

Die Sonderrechtsordnung der Autonomen Provinz Bozen/Südtirol. Baden-Baden: Nomos, S. 239–296.

Woelk, Jens (2014): Italien: auf der ständigen Suche nach Gleichgewicht. In: Elisabeth Alber und Carolin Zwilling (Hg.): Gemeinden im Europäischen Mehrebenensystem: Herausforderungen im 21. Jahrhundert. Baden-Baden: Nomos, S. 105–128.

Woelk, Jens (2016): Südtirols Zukunft: Freistaat oder Vollautonomie? In: Rudolf Hrbek und Martin Große Hüttmann (Hg.): Föderalismus – Das Problem oder die Lösung? Sammelband zur Ringvorlesung anlässlich des 20-jährigen Bestehens des EZFF. Baden-Baden: Nomos (Schriftenreihe des Europäischen Zentrums für Föderalismus-Forschung Tübingen (EZFF), Band 46), S. 84–102.

Woelk, Jens; Palermo, Francesco; Marko, Joseph (Hg.) (2008): Tolerance Through Law. Self Governance and Group Rights in South Tyrol. Leiden, Boston: Martinus Nijhoff Publishers.

Wolff, Stefan (2008): Complex Power Sharing as Conflict Resolution: South Tyrol in Comparative Perspective. In: Jens Woelk, Francesco Palermo und Joseph Marko (Hg.): Tolerance Through Law. Self Governance and Group Rights in South Tyrol. Leiden, Boston: Martinus Nijhoff Publishers, S. 329–370.

Wright, Deil Spencer (1978): Understanding Intergovernmental Relations. Duxbury Press.

Yin, Robert K. (2003): Case Study Research: Design and Methods. Thousand Oaks: Sage Publications.

Zwilling, Carolin (2007a): Die Spezialität der Autonomen Provinz Bozen innerhalb der italienischen Verfassungsrechtsordnung. In: Francesco Palermo, Rudolf Hrbek, Carolin Zwilling und Elisabeth Alber (Hg.): Auf dem Weg zum asymmetrischen Föderalismus? Baden-Baden: Nomos, S. 116–129.

Zwilling, Carolin (2007b): Verfassungsrechtliche Asymmetrie in Italien am Beispiel der Südtiroler Sonderautonomie. In: Europäisches Zentrum für Föderalismus-Forschung Tübingen (Hg.): Jahrbuch des Föderalismus 2007. Baden-Baden: Nomos, S. 341–354.

Zwilling, Carolin (2017): Italiens Regionen zwischen Reform und Stillstand. In: Europäisches Zentrum für Föderalismus-Forschung Tübingen (Hg.): Jahrbuch des Föderalismus 2017, S. 369–383. Baden-Baden: Nomos.

Zwilling, Carolin; Engl, Alice (2014): Gemeinden und grenzüberschreitende Zusammenarbeit: neue Chancen durch den Europäischen Verbund territorialer Zusammenarbeit. In: Elisabeth Alber und Carolin Zwilling (Hg.): Gemeinden im Europäischen Mehrebenensystem: Herausforderungen im 21. Jahrhundert. Baden-Baden: Nomos, S. 311–328.

Zwilling, Carolin; Klotz, Greta (2017): Grenzüberschreitende Kooperation im Mehrebenensystem des Alpenraums: Implikationen für den Tourismus.

In: Peter Bußjäger und Christian Gsodam (Hg.): Tourismus und Multi-Level-Governance im Alpenraum. Wien: new academic press (Schriftenreihe Institut für Föderalismus, Band 124), S. 69–95.

Zwilling, Carolin; Mitterhofer, Johanna (2016): Grenzüberschreitende Zusammenarbeit von Gemeinden in der Europaregion. In: Alice Engl, Günther Pallaver und Elisabeth Alber (Hg.): Politika 2016. Südtiroler Jahrbuch für Politik. Annuario di politica dell'Alto Adige. Anuar de politica dl Südtirol. Die Gemeinden der Europaregion Tirol-Südtirol-Trentino. Partizipation, Zusammenarbeit, Finanzierung. Ein Vergleich. Bolzano/Bozen: Edition Raetia.

8.2. Internetquellen

Abwasserkonsortium Pustertal: https://www.abwasserkonsortium-pustertal.bz.it/, zuletzt geprüft am 06.04.2023.

Agglomeration Freiburg: www.agglo-fr.ch/de, zuletzt geprüft am 06.04.2023.

Alpenkonvention, Liste der Administrativen Einheiten des Alpenraums: www.alpconv.org/fileadmin/user_upload/fotos/Banner/Organisation/contracting_parties/Liste_der_administrativen_Einheiten_des_Alpenraums.pdf, zuletzt geprüft am 19.05.2023.

Alpine Pearls: https://www.alpine-pearls.com/, zuletzt geprüft am 06.04.2023.

Amt für Wirtschaft und Tourismus, BIP der Kantone: www.gr.ch/DE/institutionen/verwaltung/dvs/awt/statistik/Volkswirtschaft/Seiten/BIP_der_Kantone.aspx, zuletzt geprüft am 06.04.2023.

Autonome Provinz Bozen, Gemeindefinanzierung und Haushaltsausgleich, http://www.provinz.bz.it/verwaltung/oertliche-koerperschaften/gemeinden/gemeindenfinanzierung-haushaltsausgleich.asp, zuletzt geprüft am 19.05.2023.

Autonome Provinz Bozen, Investitionsfonds: www.provinz.bz.it/de/dienstleistungen-a-z.asp?bnsv_svid=1002000, zuletzt geprüft am 06.04.2023.

Autonome Provinz Bozen, Laufende Finanzierungen: www.provincia.bz.it/verwaltung/oertliche-koerperschaften/gemeinden/laufende-finanzierungen.asp, zuletzt geprüft am 06.04.2023.

Autonome Provinz Bozen, Rechnungsrevisoren der Gemeinden: www.provincia.bz.it/verwaltung/oertliche-koerperschaften/gemeinden/rechnungsrevisoren-gemeinden.asp, zuletzt geprüft am 05.04.2023.

Autonome Provinz Bozen, Vereinbarungen über die Gemeindenfinanzierung, https://www.provinz.bz.it/verwaltung/oertliche-koerperschaften/gemeinden/vereinbarungen-gemeindenfinanzierung.asp, zuletzt geprüft am 06.04.2023.

Autonomie locali italiane ALI: aliautonomie.it/chi-siamo, zuletzt geprüft am 06.04.2023.

Autonomiekonvent: www.konvent.bz.it, zuletzt geprüft am 06.04.2023.

Bundesministerium Finanzen, Konsultationsmechanismus, www.bmf.gv.at/themen/budget/finanzbeziehungen-laender-gemeinden/konsultationsmechanismus.html, zuletzt geprüft am 06.04.2023.

Cantone Ticino, Ufficio di statistica, Definizioni: www3.ti.ch/DFE/DR/USTAT/index.php?fuseaction=definizioni.comuni, zuletzt geprüft am 06.04.2023.

Conferenza Stato-città ed autonomie locali: www.conferenzastatocitta.it/it/, zuletzt geprüft am 06.04.2023.

Council of Europe, Congress of Local and Regional Authorities, 36th Congress Session – Chamber of Local Authorities: search.coe.int/congress/pages/result_details.aspx?objectid=090000168093c77f, zuletzt geprüft am 06.04.2023.

Die Mitte Graubünden: gr.die-mitte.ch/die-mitte/, zuletzt geprüft am 17.05.2022.

Energia Alpina: https://www.energia-alpina.ch/, zuletzt geprüft am 06.04.2023.

Eurac Research, Institut für Public Management: www.eurac.edu/de/research/autonomies/pubman/publications/Pages/default.aspx, zuletzt geprüft am 28.03.2023.

Eurostat, Lokale Verwaltungseinheiten: ec.europa.eu/eurostat/de/web/nuts/local-administrative-units, zuletzt geprüft am 16.03.2020.

Eurostat, Verstädterungsgrad: ec.europa.eu/eurostat/de/web/degree-of-urbanisation/background, zuletzt geprüft am 06.04.2023.

EUSALP, EU Strategy for the Alpine Region, 7 Countries and 48 Regions: https://www.alpine-region.eu/7-countries-and-48-regions, zuletzt geprüft am 06.04.2023.

EUSALP, EU Strategy for the Alpine Region: Objectives, www.alpine-region.eu/objectives, zuletzt geprüft am 06.04.2023.

Gemeinde Bozen, Amtliche Volkszählung 2011: www.gemeinde.bozen.it/UploadDocs/23711_Pressemitteilung_bil_bev18.pdf, zuletzt geprüft am 26.06.2020.

Gemnova, Starker Auftakt zu „Zukunft Gemeinde“: https://www.gemnova.at/aktuelles/starker-auftritt-zu-zukunft-gemeinde.html, zuletzt geprüft am 06.04.2023.

Gemnova: www.gemnova.at/unternehmen.html, zuletzt geprüft am 06.04.2023.

GEVAG: https://gevag.ch/, zuletzt geprüft am 06.04.2023.

Hauptstadtregion Schweiz, Organisation: hauptstadtregion.ch/organisation/, zuletzt geprüft am 06.04.2023.

Interessensgemeinschaft der Kleingemeinden Graubündens, Unsere Aufgaben, www.ig-kleingemeinden.ch/unsere-aufgaben.shtml, zuletzt geprüft am 05.04.2023.

Istituto Nazionale di Statistica ISTAT, Codici statistici delle unitá amministrative territoriali, novitá per l'anno 2019: www.istat.it/it/archivio/6789, zuletzt geprüft am 23.03.2022.

Istituto Nazionale di Statistica ISTAT, Populazione residente al 1° gennaio, dati.istat.it/Index.aspx?QueryId=19101, zuletzt geprüft am 10.05.2019.

Istituto Nazionale di Statistica ISTAT: Principali statistiche geografiche sui comuni: https://www.istat.it/it/archivio/156224, zuletzt geprüft am 06.04.2023.

Kanton Bern, Regionalkonferenzen: https://www.gemeinden.dij.be.ch/de/start/gemeindereformen/organisation-und-zusammenarbeit/regionalkonferenzen.html, zuletzt geprüft am 19.05.2023.

Kanton Freiburg, Amt für Gemeinden, Übersicht der Gemeindezusammenschlüsse: www.fr.ch/de/ilfd/gema/datei/gemeindezusammenschluesse?page=4#detail, zuletzt geprüft am 06.04.2023.

Kanton Glarus, GL 2011: 3 starke Gemeinden – ein wettbewerbsfähiger Kanton: www.gl.ch/gl2011/gl-2011-3-starke-gemeinden-ein-wettbewerbsfaehiger-kanton.html/365, zuletzt geprüft am 06.04.2023.

Kanton Graubünden, Amt für Gemeinden: Entwicklung und Anzahl der Gemeinden: https://www.gr.ch/DE/institutionen/verwaltung/dfg/afg/Dokumentenliste/Entwicklung%20Anzahl%20Gemeinden%20GR.pdf, zuletzt geprüft am 06.04.2023.

Kanton Graubünden, Amt für Wirtschaft und Tourismus, Bevölkerungsstand und -struktur, www.gr.ch/DE/institutionen/verwaltung/dvs/awt/statistik/Bevoelkerung/Seiten/Bevoelkerungsstand_und_-struktur.aspx, zuletzt geprüft am 06.04.2023.

Kanton Graubünden, Amt für Wirtschaft und Tourismus, Bevölkerungsbewegung: www.gr.ch/DE/institutionen/verwaltung/dvs/awt/statistik/Bevoelkerung/Seiten/Bevoelkerungsbewegung.aspx, zuletzt geprüft am 06.04.2023.

Kanton Graubünden, Amt für Wirtschaft und Tourismus, Gemeindefusionen, Entwicklung der Anzahl Gemeinden Graubündens: www.gr.ch/DE/institutionen/verwaltung/dfg/afg/Dokumentenliste/Entwicklung%20Anzahl%20Gemeinden%20GR.pdf, zuletzt geprüft am 06.04.2023.

Kanton Graubünden, Amt für Wirtschaft und Tourismus, Sprache, Religion: www.gr.ch/DE/institutionen/verwaltung/dvs/awt/statistik/Bevoelkerung/Seiten/Sprache,_Religion.aspx, zuletzt geprüft am 06.04.2023.

Kanton Graubünden, Arbeitslosigkeit September 2018: https://www.gr.ch/DE/Medien/Mitteilungen/MMStaka/2018/Seiten/2018100801.aspx, zuletzt geprüft am 19.05.2023.

Kanton Graubünden, Grosser Rat, Mitglieder: www.gr.ch/DE/institutionen/parlament/organisation/Seiten/Mitglieder.aspx, zuletzt geprüft am 06.04.2023.

Kanton Graubünden, Mustergemeindeverfassung für Gemeinden ohne Gemeindeparlament (Stand: Juni 2018): www.gr.ch/DE/institutionen/verwaltung/dfg/afg/Dokumentenliste/Mustergemeindeverfassung_dt%20mit%20Hinweisen.pdf, zuletzt geprüft am 06.04.2023.

Kanton Graubünden, Standeskanzlei Graubünden, Metropolitankonferenz Zürich: https://www.gr.ch/IT/istituzioni/amministrazione/staka/aussenbeziehungen/interkantonales/Seiten/Metropolitankonferenz-Z%C3%BCrich.aspx, zuletzt geprüft am 19.05.2023.

Kanton Graubünden, Standeskanzlei Graubünden: Wahlanleitung für die Gesamterneuerungswahlen vom 15. Mai 2022 Grosser Rat und Regierung: https://www.gr.ch/DE/publikationen/abstimmungenwahlen/Grossratswahlen-2022/Documents/Wahlanleitung_15_Mai_2022_dt_lowres_final.pdf, zuletzt geprüft am 06.04.2023.

Kanton Graubünden, Totalrevision Kantonsverfassung Graubünden: Vernehmlassung eröffnet: www.gr.ch/DE/Medien/Mitteilungen/MMStaka/2000/Seiten/DE_14273.aspx, zuletzt geprüft am 06.04.2023.

Kanton Thurgau, Dienststelle für Statistik, Bezirke und Gemeinden: statistik.tg.ch/verzeichnisse/bezirke-und-gemeinden.html/6777#js-accordion_control-01, zuletzt geprüft am 06.04.2023.

Land Steiermark, Gemeindestrukturreform, www.gemeindestrukturreform.steiermark.at/, zuletzt geprüft am 06.04.2023.

Land Tirol, Bevölkerung in Tirol: www.tirol.gv.at/statistik-budget/statistik/wohnbevoelkerung/, zuletzt geprüft am 16.05.2023.

Land Tirol, Demografische Daten Tirol 2020: https://www.tirol.gv.at/fileadmin/themen/statistik-budget/statistik/downloads/Bevoelkerung/bev_2020.pdf, zuletzt geprüft am 19.05.2023.

Land Tirol, Landtagswahlen seit 1945: www.tirol.gv.at/fileadmin/landtag/downloads/2013/Homepage/Landtagswahlen_seit_1945.pdf, zuletzt geprüft am 06.04.2023.

Landesinstitut für Statistik ASTAT, Bevölkerung: astat.provincia.bz.it/de/bevoelkerung.asp, zuletzt geprüft am 26.06.2020.

Landesinstitut für Statistik ASTAT, BIP, öffentliche Finanzen und Non-Profit: astat.provinz.bz.it/de/oeffentliche-finanzen-non-profit.asp, zuletzt geprüft am 26.06.2020.

Landesinstitut für Statistik ASTAT, Erwerbstätige und Arbeitsuchende: internationaler und regionaler Vergleich – 2018: astat.provinz.bz.it/de/aktuelles-publikationen-info.asp?news_action=4&news_article_id=627349, zuletzt geprüft am 26.06.2020.

Landesinstitut für Statistik ASTAT, Südtirol in Zahlen: astat.provinz.bz.it/de/suedtirol-in-zahlen.asp, zuletzt geprüft am 06.04.2023.

Landesinstitut für Statistik ASTAT, Volkswirtschaftliche Gesamtrechnung Südtirols – 1995–2017: astat.provinz.bz.it/de/aktuelles-publikationen-info.asp?news_action=4&news_article_id=628749, zuletzt geprüft am 08.01.2020.

Landesinstitut für Statistik ASTAT, Wohnbevölkerung nach Geschlecht (amtliche Wohnbevölkerung): qlikview.services.siag.it/QvAJAXZfc/opendoc.htm?document=gemeindedatenblatt.qvw&host=QVS%40titan-a&anonymous=true, zuletzt geprüft am 06.04.2023.

LEADER-Gebiet „Eisacktaler Dolomiten“: www.eisacktalerdolomiten.eu/, zuletzt geprüft am 06.04.2023.

LOGOV Local Government and the Changing Urban-Rural Interplay, Country Reports: www.logov-rise.eu/country-map/, zuletzt geprüft am 06.04.2023.

OANDA: www.oanda.com, zuletzt geprüft am 26.06.2020

OECD Regional Well-Being, Eastern Switzerland: www.oecdregionalwellbeing.org/CH05.html, zuletzt geprüft am 06.04.2023.

OECD Regional Well-Being, Province of Bolzano-Bozen: www.oecdregionalwellbeing.org/ITH1.html, zuletzt geprüft am 06.04.2023.

OECD Regional Well-Being, Tyrol: www.oecdregionalwellbeing.org/AT33.html, zuletzt geprüft am 06.04.2023.

Österreichische Raumordnungskonferenz: https://www.oerok.gv.at/, zuletzt geprüft am 06.04.2023.

Österreichischer Gemeindebund, Nur mehr 2.093: Nach Fusion zwei Gemeinden weniger in Österreich: gemeindebund.at/nur-mehr-2-093-nach-fusion-zwei-gemeinden-weniger-in-oesterreich/, zuletzt geprüft am 06.04.2023.

Österreichischer Gemeindebund: gemeindebund.at/ueber-den-gemeindebund/, zuletzt geprüft am 06.04.2023.

Österreichischer Städtebund: www.staedtebund.gv.at/organisation/oesterr-staedtebund/, zuletzt geprüft am 06.04.2023.

Regionalmanagement Tirol: https://www.rm-tirol.at/en/, zuletzt geprüft am 06.04.2023.

Schweizer Eidgenossenschaft, Raumgliederungen: www.agvchapp.bfs.admin.ch/de/typologies/results?SnapshotDate=01.01.2020&SelectedTypologies%5B0%5D=HR_DEGURB2011, zuletzt geprüft am 06.04.2023.

Schweizerische Arbeitsgemeinschaft für die Berggebiete: www.sab.ch/politik/, zuletzt geprüft am 16.05.2023.

Schweizerische Eidgenossenschaft, Bundesamt für Statistik, Amtliches Gemeindeverzeichnis der Schweiz: www.bfs.admin.ch/bfs/de/home/grundlagen/agvch.assetdetail.20604220.html, zuletzt geprüft am 06.04.2023.

Schweizerische Eidgenossenschaft, Bundesamt für Statistik, Analyseregionen, www.bfs.admin.ch/bfs/de/home/statistiken/querschnittsthemen/raeumliche-analysen/raeumliche-gliederungen/analyseregionen.html#accordion1680597953454, zuletzt geprüft am 06.04.2023.

Schweizerische Eidgenossenschaft, Bundesamt für Statistik, Kantonportraits: www.bfs.admin.ch/bfs/de/home/statistiken/regionalstatistik/regionale-portraets-kennzahlen/kantone.html, zuletzt geprüft am 06.04.2023.

Schweizerische Eidgenossenschaft, Eidgenössisches Finanzdepartment EFD, https://www.efv.admin.ch/dam/efv/de/dokumente/finanzausgleich/dokumentation/NFA_ueberblick_2008_d.pdf.download.pdf/NFA_ueberblick_2008_d.pdf, zuletzt geprüft am 06.04.2023.

Schweizerische Eidgenossenschaft, Statistischer Atlas der Schweiz, www.atlas.bfs.admin.ch/maps/13/de/14045_229_228_227/22541.html, zuletzt geprüft am 06.04.2023.

Schweizerische Eidgenossenschaft, Vernehmlassungen, www.admin.ch/gov/de/start/bundesrecht/vernehmlassungen.html, zuletzt geprüft am 05.04.2023.

Schweizerischer Gemeindeverband, Mitglieder: www.chgemeinden.ch/de/verband/mitglieder/index.php, zuletzt geprüft am 05.04.2023.

Schweizerischer Gemeindeverband: www.chgemeinden.ch, zuletzt geprüft am 05.04.2023.

Schweizerischer Städteverband, Statuten: staedteverband.ch/cmsfiles/statuten_ssv_deutsch_ab_2017.pdf?v=20200702170124, zuletzt geprüft am 05.04.2023.

Seab AG, Die Unternehmensgeschichte: https://www.seab.bz.it/de/seab-ag/die-unternehmensgeschichte?mlid=1263, zuletzt geprüft am 06.04.2023.

Seniorenheim Sternguet: https://www.vds-suedtirol.it/de/swh/497/document/home, zuletzt geprüft am 06.04.2023.

Stadt Innsbruck, Ergebnisse der Gemeinderatswahlen, www.innsbruck.gv.at/data.cfm?vpath=redaktion/ma_i/allgemeine_servicedienste/statistik/dokumente38/wahlen2/gemeinderatswahlen_50.pdf, zuletzt geprüft am 29.10.2020.

Stadtgemeinde Leifers, Schwimmbad Leifers: https://www.gemeinde.leifers.bz.it/de/Schwimmbad, zuletzt geprüft am 06.04.2023.

Stadtwerke Brixen, Das Unternehmen. Die Stadtwerke Brixen AG im Überblick: https://www.asmb.it/de/unternehmen/, zuletzt geprüft am 06.04.2023.

Statistik Austria, Gemeindeverzeichnis Stand 1.1.2020: https://www.statistik.at/, zuletzt geprüft am 17.03.2021.

Statistik Austria, Regionale Gliederungen https://www.statistik.at/services/tools/services/regionales/regionale-gliederungen, zuletzt geprüft am 23.03.2023.

Südtiroler Gemeindeverband Genossenschaft, Satzung: www.gvcc.net/de/Organisation/Organe/Satzung, zuletzt geprüft am 06.04.2023.

Südtiroler Landtag, Sitzungs- und Wortprotokolle, Wortprotokoll der Landtagssitzung Nr. 123 vom 09.11.2017, Rede von Landesrat Arnold Schuler am 09.11.2017, https://www.landtag-bz.org/de/sitzungs-und-wortprotokolle, zuletzt geprüft am 06.04.2023.

Tripartite Konferenz: www.tripartitekonferenz.ch, zuletzt geprüft am 05.04.2023.

Unione Nazionale Comuni Comunità Enti Montani UNCEM: www.uncem.it/uncem, zuletzt geprüft am 06.04.2023.

Wirtschaftskammer Österreich, Basisdaten für Österreichs Bundesländer: wko.at/statistik/bundesland/basisdaten.pdf, zuletzt geprüft am 06.04.2023.

ZHAW Zürcher Hochschule für Angewandte Wissenschaften, Schweizer Gemeindemonitoring: www.zhaw.ch/de/sml/institute-zentren/ivm/forschung-und-beratung/schweizer-gemeindemonitoring/, zuletzt geprüft am 06.04.2023.

www.ingramcontent.com/pod-product-compliance
Ingram Content Group UK Ltd.
Pitfield, Milton Keynes, MK11 3LW, UK
UKHW041120041026
8980IPUK00032B/965

9 783631 930809